FERNANDO
HENRIQUE
CARDOSO
**DIÁRIOS DA
PRESIDÊNCIA
1999-2000**

Congresso Nacional. Foto de Marcel Gautherot. Instituto Moreira Salles.

FERNANDO HENRIQUE CARDOSO
DIÁRIOS DA PRESIDÊNCIA
VOLUME 3
1999-2000

COMPANHIA DAS LETRAS

Copyright © 2017 by Fernando Henrique Cardoso

Grafia atualizada segundo o Acordo Ortográfico da Língua Portuguesa de 1990, que entrou em vigor no Brasil em 2009.

CAPA E PROJETO GRÁFICO
Victor Burton

FOTO DE CAPA E PÁGINA 2
Marcel Gautherot/ Acervo Instituto Moreira Salles
Acervo Pres. F. H. Cardoso (lombada)

NOTAS E CHECAGEM
Érico Melo

PREPARAÇÃO
Ciça Caropreso

ÍNDICE REMISSIVO
Luciano Marchiori

REVISÃO
Angela das Neves
Valquíria Della Pozza

Dados Internacionais de Catalogação na Publicação (CIP)
(Câmara Brasileira do Livro, SP, Brasil)

Cardoso, Fernando Henrique
   Diários da presidência, 1999-2000 / Fernando Henrique Cardoso. — 1ª ed. — São Paulo : Companhia das Letras, 2017.

ISBN 978-85-359-2870-9

1. Brasil — Políticas e governo — 1999-2000 2. Brasil — Presidentes — Biografia 3. Cardoso, Fernando Henrique, 1931 — I. Título.

17-00839   CDD-923.181

Índice para catálogo sistemático:
1. Brasil : Presidentes : Biografia   923.181

[2017]
Todos os direitos desta edição reservados à
EDITORA SCHWARCZ S.A.
Rua Bandeira Paulista, 702, cj. 32
04532-002 — São Paulo — SP
Telefone: (11) 3707-3500
www.companhiadasletras.com.br
www.blogdacompanhia.com.br
facebook.com/companhiadasletras
instagram.com/companhiadasletras
twitter.com/cialetras

SUMÁRIO

Apresentação | 11
Lista de siglas | 19

1999

3 A 11 DE JANEIRO DE 1999
Posse do segundo mandato. Negociações para a aprovação do ajuste fiscal no Congresso. Sucessão de Gustavo Franco | 29

13 A 20 DE JANEIRO DE 1999
Francisco Lopes assume o BC. Fracassa a implantação da banda cambial. Pânico nos mercados. Vitória na votação do ajuste | 48

22 A 25 DE JANEIRO DE 1999
Continua a desvalorização do real. Novas negociações com o FMI. Alternativas para a solução da crise | 60

28 DE JANEIRO A 2 DE FEVEREIRO DE 1999
Ápice da crise cambial. Conversas com Bill Clinton e Robert Rubin. Demissão de Francisco Lopes | 73

3 A 14 DE FEVEREIRO DE 1999
Armínio Fraga empossado no BC. Queda na popularidade do presidente | 90

14 A 23 DE FEVEREIRO DE 1999
Denúncia de Paul Krugman. Fórum Empresarial Mercosul-Europa. Dificuldades no câmbio | 100

24 DE FEVEREIRO A 4 DE MARÇO DE 1999
Conversa com Stanley Fischer. Negociações para a votação da CPMF. Reunião com governadores na Granja do Torto. O dólar dispara e os juros sobem | 109

5 A 16 DE MARÇO DE 1999
Reação positiva dos mercados. Vitória da CPMF na Câmara. Conversa com Lula | 119

20 DE MARÇO A 2 DE ABRIL DE 1999
Aprovação da CPMF. Reichstul, novo presidente da Petrobras. Crise no Paraguai. Os juros caem. Descanso no Rio | 129

3 A 13 DE ABRIL DE 1999
Otan, Kosovo e ONU. Reflexões sobre o PSDB. CPI do sistema financeiro | 138

18 A 25 DE ABRIL DE 1999
Turnê europeia: Portugal, Alemanha e Inglaterra.
Casos Marka e FonteCindam. Jantar com ACM | 146

27 DE ABRIL A 7 DE MAIO DE 1999
Depoimento de Chico Lopes. Visitas do presidente do México
e da rainha da Dinamarca. A economia reage | 158

12 A 14 DE MAIO DE 1999
Viagem aos Estados Unidos. Conversa com Clinton.
Reunião com o PMDB | 171

15 A 27 DE MAIO DE 1999
Convenção nacional do PSDB. Derrota do impeachment.
Grampos do BNDES | 180

1º A 12 DE JUNHO DE 1999
Viagens ao México e à Argentina. Continuação dos casos dos grampos.
Crise no Ministério da Justiça | 194

13 DE JUNHO A 2 DE JULHO DE 1999
Temer e ACM se desentendem. Cai o novo diretor da Polícia Federal.
A "MP da Ford" | 213

3 A 17 DE JULHO DE 1999
Problemas do regime automotivo. Reformulação do ministério.
Mário Covas, candidato à sucessão. Morte de Franco Montoro | 234

23 A 31 DE JULHO DE 1999
Ainda a Ford da Bahia. Visita de Estado ao Peru. Conversa com Emílio
Odebrecht. Greve dos caminhoneiros. A revolução burguesa | 254

3 A 13 DE AGOSTO DE 1999
Temer, ACM e Bornhausen. Popularidade despenca.
Dificuldades e vitórias no Congresso | 272

15 A 27 DE AGOSTO DE 1999
Furnas. Viagem ao Acre. Preocupação com Colômbia e Venezuela.
Marcha dos Cem Mil | 287

28 DE AGOSTO A 4 DE SETEMBRO DE 1999
Novamente os grampos do BNDES. Programa Avança Brasil.
Demissão de Clóvis Carvalho. Encontro com Hugo Chávez | 300

5 A 17 DE SETEMBRO DE 1999
Alcides Tápias no Ministério do Desenvolvimento.
Massacre no Timor Leste. FMI e Consenso de Washington.
Embate com a bancada ruralista | 312

21 DE SETEMBRO A 9 DE OUTUBRO DE 1999
Redução dos juros. Estatuto da Microempresa. Jantar com grandes
empresários. O STF barra a contribuição de inativos | 326

13 A 24 DE OUTUBRO DE 1999
   Nova redução dos juros. Turbulência nos mercados.
   Disputa pelo terceiro escalão. Reuniões com os governadores | 340

27 DE OUTUBRO A 5 DE NOVEMBRO DE 1999
   Viagem a Minas Gerais. Problemas na Cemig.
   Visita de Fernando de la Rúa | 357

10 A 22 DE NOVEMBRO DE 1999
   Primeira viagem a Cuba. Conferência da Terceira Via.
   Audiência com o papa | 368

24 DE NOVEMBRO A 6 DE DEZEMBRO DE 1999
   Reforma tributária. Limite às medidas provisórias.
   A Chama do Conhecimento Indígena. Aniversário do BID em Petrópolis | 385

13 A 18 DE DEZEMBRO DE 1999
   Viagem ao Uruguai e à Argentina. Reunião com artistas.
   Crises na Aeronáutica e no Ministério da Defesa | 399

24 A 31 DE DEZEMBRO DE 1999
   Borges e a imprensa. Descanso na Marambaia. Balanço do ano | 414

2000

3 A 15 DE JANEIRO DE 2000
   Enchentes. Viagem a Minas Gerais. Votação da DRU. Jantar com ACM | 429

16 A 26 DE JANEIRO DE 2000
   Jantar com senadores. Demissão de Élcio Álvares. Aprovação da Lei de
   Responsabilidade Fiscal na Câmara | 444

29 DE JANEIRO A 10 DE FEVEREIRO DE 2000
   Viagens ao Rio Grande do Sul e Amazonas. Posse de Gilmar Mendes na AGU.
   Nova reunião com governadores. Visita do presidente paraguaio | 456

13 A 25 DE FEVEREIRO DE 2000
   Conversa com Orestes Quércia. Disputas partidárias na Câmara.
   Sucessão no BNDES. Projeto Genoma Xylella | 468

27 DE FEVEREIRO A 16 DE MARÇO DE 2000
   Francisco Gros assume o BNDES. Carnaval na Marambaia.
   Viagens ao Uruguai, Portugal e Chile. Salário mínimo e teto salarial | 485

18 DE MARÇO A 8 DE ABRIL DE 2000
   A situação eleitoral. Definição do salário mínimo.
   Viagens à Costa Rica e à Venezuela | 500

12 A 21 DE ABRIL DE 2000
   Impasse com o PFL. Aprovação da Lei de Responsabilidade Fiscal.
   Demissão de José Carlos Dias | 518

24 DE ABRIL A 5 DE MAIO DE 2000
    Festejos do V Centenário. Demissão de Rafael Greca.
    Onda de ocupações do MST | 530
8 A 20 DE MAIO DE 2000
    ACM contra Jader e Geddel. O Congresso aprova o novo salário mínimo.
    Jantar com Michel Temer | 544
21 DE MAIO A 5 DE JUNHO DE 2000
    Cotidiano no Alvorada. Crise no Peru. Exposição de Hannover.
    Conferência da Terceira Via em Berlim | 560
8 A 20 DE JUNHO DE 2000
    Reunião com o PSDB. Ônibus 174. Reunião do Grupo do Rio na Colômbia.
    Lançamento do Plano Nacional de Segurança Pública | 579
20 DE JUNHO A 11 DE JULHO DE 2000
    Discussão da reforma tributária. Visita à Argentina.
    Escândalo das obras do TRT. Visita do rei da Espanha | 595
15 A 31 DE JULHO DE 2000
    Ainda o escândalo do TRT. Viagem a Moçambique.
    O "caso" Eduardo Jorge. Programa de combate à pobreza | 616
1º A 16 DE AGOSTO DE 2000
    O empresariado defende o governo. Enchentes no Nordeste.
    Visita de Madeleine Albright | 638
18 DE AGOSTO A 4 DE SETEMBRO DE 2000
    Código de Conduta. Nova rusga com Itamar.
    I Cúpula Sul-Americana | 652
10 A 22 DE SETEMBRO DE 2000
    Visitas do primeiro-ministro de Cingapura e do herdeiro do trono saudita.
    Problemas com o MST e Itamar. Projeto Alvorada | 666
25 DE SETEMBRO A 11 DE OUTUBRO DE 2000
    Visita do presidente indonésio. Primeiro turno das eleições municipais.
    Viagens à Alemanha e aos Países Baixos | 681
13 A 23 DE OUTUBRO DE 2000
    Conversas com Sarney e Jader. Conferência de Defesa em Manaus.
    Crise na Argentina. Disputa PFL × PMDB | 702
25 DE OUTUBRO A 14 DE NOVEMBRO DE 2000
    Prêmio Príncipe de Astúrias. Segundo turno das eleições.
    Primeira mulher no STF. Denúncias de caixa dois | 718
15 A 24 DE NOVEMBRO DE 2000
    Cúpula Ibero-Americana no Panamá. Reuniões com a CUT e a Força Sindical.
    Acirramento da disputa partidária no Congresso | 736

25 DE NOVEMBRO A 10 DE DEZEMBRO DE 2000
Críticas da imprensa. Posse do novo presidente do México.
Encontro com Eduardo Jorge | 751

14 A 31 DE DEZEMBRO DE 2000
ACM ataca o presidente. Visita do presidente sul-africano. Reunião com o PMDB. Cúpula do Mercosul em Florianópolis. Descanso em Buritis | 775

Índice remissivo | 793
Sobre o autor | 851

APRESENTAÇÃO

Este terceiro volume dos *Diários da Presidência* abrange os anos 1999 e 2000. Não repetirei, nesta apresentação, o que já escrevi sobre o período de meu primeiro mandato para ressaltar quanto a política se repete no dia a dia. As brigas entre os partidos, tanto os que formam a "oposição" como os da "base aliada", e entre os componentes de cada bloco, são constantes e triviais. Luta-se pelo que parece essencial, a manutenção de um pedaço de poder (seja no governo, seja em cada corpo legislativo) e, sobretudo, em nosso caso, pela continuidade de redes de apoio, clientelísticas e corporativas. Essas desavenças formam o cotidiano da luta partidária e, neste volume, elas irrompem a cada instante.

Sob essa trama, desenvolve-se o grande jogo da política, no sentido da condução de medidas que afetam o interesse público. Contudo, é por meio do jogo entre partidos e interesses menores que se vão desenhando as divergências sobre o que para uns parece ser um bem para o país e para outros um mal. É em meio a muito aturdimento que os governos tomam decisões e, quando podem e têm consistência, dão rumo à coisa pública. Tudo isso aparece nos registros deste e dos demais volumes dos *Diários*.

O que é distintivo na primeira parte deste volume é o esforço enorme feito para superar a "crise do real" que estourou em janeiro de 1999. Os resultados da recuperação posterior da economia e das políticas governamentais, especialmente das sociais, veem-se mais claramente nos anos 2000, em que muita coisa foi feita. Não obstante, a percepção geral é a de que no primeiro mandato consegui fazer algo, enquanto o segundo foi perdido. Os mais malévolos sabem até — ou pensam saber — o porquê disso: por causa da luta pela reeleição. Ela teria me levado a fazer acordos com o demo (de diabo, e não de povo...) e deixar de lado as tão ambicionadas (pelos grupos dominantes e esclarecidos) reformas.

Ora, no volume anterior eu já chamara a atenção para o apoio generalizado, do Congresso e da sociedade, à emenda da reeleição. Foi esse apoio que permitiu que eu obtivesse a maioria dos votos populares já no primeiro turno. Aliás, no volume 2, que corresponde ao período da emenda constitucional e à eleição, há poucas referências à campanha eleitoral, ao passo que são numerosas as menções sobre as dificuldades para manter a política econômica que se estabeleceu depois do real. A reeleição permitiu que ela fosse assegurada mesmo em condições adversas.

A crise de janeiro de 1999 marcou profundamente o governo. As primeiras reações depois que o mercado impôs uma derrota às tentativas de mudar o curso das coisas com o alargamento da banda de flutuação cambial foram de muito desalento. A despeito das tentativas de ultrapassar, sem solavancos, os efeitos negativos da valorização do real por parte dos que estavam à frente das decisões econômicas, a verdade é que o valor da moeda brasileira despencou mais do que prevíramos.

Tive que mudar rapidamente pessoas no governo e apoiar novas políticas para superar riscos financeiros sistêmicos (especialmente na BM&F) e mesmo, em algumas cidades, a busca imediata de liquidez pelos depositantes. Foi preciso restabelecer a confiança na moeda, na solvência do Estado e na economia brasileira. A despeito de decisões dessa complexidade dependerem de muitos fatores e de numerosas pessoas, assumi a responsabilidade política do processo, como se vê nestes *Diários*. Assim como eu anunciara antes das eleições que marcharíamos para um ajuste fiscal que poderia requerer o apoio do FMI, não hesitei em manter o ministro da Fazenda e nomear em curto espaço de tempo dois presidentes para o Banco Central, com todo o desgaste que isso acarretou. Apesar dos obstáculos e dos zigue-zagues, mantivemos o rumo e conseguimos salvar o que conquistáramos em matéria de estabilidade econômica.

O desalento que se abateu sobre o governo e o país com a crise de janeiro de 1999 não só alcançou os partidos que me apoiavam como a própria sociedade. Ainda que no início a população tivesse mantido seu apoio ao governo, em seguida a perda de popularidade foi inevitável. Gostemos ou não, a razão assiste aos que pensam que o bolso das pessoas é decisivo para as escolhas políticas delas, e é natural que assim seja. Errou, pagou.

A História é caprichosa. Embora a economia tenha se recuperado e a inflação voltado ao controle relativamente rápido, a perda de apoio dos partidos e da população permaneceu até meados de 2000. Ora, já no segundo semestre de 1999 havia sinais de que evitáramos o temporal. O que mais temíamos ao manter elevadas as taxas de juro era a insuficiência do controle nos gastos públicos. Qualquer afrouxamento da política monetária sem um programa firme e duradouro de ajuste fiscal pareceria levar o país à ruína. Não obstante, como se pode ver em minhas conversas telefônicas com o diretor do FMI, Stanley Fischer, já em abril de 1999 os dados de inflação mostravam que não haveria a "volta ao passado", apesar da desvalorização. Por quê? Primeiro porque a queda da inflação de mais de 2 mil por cento ao ano em 1993 para menos de 2% em 1998 havia reduzido enormemente o grau de indexação da economia brasileira. Segundo porque a reestruturação dos bancos públicos (Proes) e privados (Proer), bem como das dívidas dos estados e de algumas prefeituras, e a adoção de um programa de ajuste fiscal pelo governo federal haviam afastado o risco de quebradeira do sistema financeiro e de insolvência do Estado.

O Plano Real não fora apenas a URV e a troca de moedas de 1994, mas o trabalho penoso de ajustes orçamentários, privatizações e mudança de regime fiscal que se espraiou anos afora. O tripé econômico de 1999 baseava-se em manter o câmbio flutuante, estabelecer o regime de metas de inflação e seguir a Lei de

Responsabilidade Fiscal. Inovava sobre o que se plantara antes. Era a continuidade do Plano Real em novas circunstâncias.

Esse processo e seus resultados, entretanto, não foram registrados naquele momento pelos partidos políticos, com exceção de alguns parlamentares que se deram conta das transformações. No geral, no meio político houve a impressão de que o governo estava acabado. Resultado: tanto as oposições como as lideranças mais afoitas ou com melhores perspectivas de substituir PSDB/FHC armaram obstáculos incessantes no Congresso e nas ruas. Havia que balançar mais o governo com o vendaval de CPIs, marchas de protesto e o refrão de que o governo nada fazia pelo social, que era neoliberal, que só cuidava do mercado.

Tentei convencer o país de que deveríamos enfrentar a mudança havida na maneira de produzir e no entrelaçamento entre os mercados, em grande parte por causa das novas tecnologias de transporte e de comunicações, que ampliaram globalmente o escopo das empresas. As antigas políticas ditas "de substituição das importações", a ação abrangente do Estado como indutor e controlador do crescimento econômico, o protecionismo e os privilégios fiscais não poderiam mais, como fizeram a seu tempo, servir de sustentáculo para o crescimento econômico. As políticas de modernização do Estado e da economia, em vez de serem compreendidas como um esforço de adaptar o país às condições contemporâneas, combinando integração competitiva na economia global e inclusão social, para melhor defender os interesses nacionais e populares, transformaram-se, na retórica das oposições (com boa penetração nas bases aliadas), em defesa fundamentalista do mercado. Criaram-se, assim, bases para uma "luta ideológica" contra um governo que estaria desnacionalizando e servindo ao mercado internacional, deixando à margem os pobres e a empresa nacional.

Na verdade, o chamado tripé posto em marcha pós-crise de 1999 funcionou e, já no ano 2000, a economia cresceu 4,3%. O mesmo tripé" que, pelos seus resultados positivos, logo se tornaria bandeira positiva, tanto assim que em seu primeiro mandato o governo Lula tratou de segui-lo e ajustou com o FMI um superávit primário que ultrapassou de longe os níveis com os quais meu governo concordara. E deu certo. Mas uma coisa é o mercado e os dados, outra a sensibilidade político-popular. A despeito dos esforços para mostrar que o governo cuidava do social (e os dados são eloquentes: na educação, na saúde, na reforma agrária, nos índices de IDH ou no Gini, nas bolsas-escola, nos aumentos reais do salário mínimo e na média salarial das famílias etc.), o refrão da mídia e da oposição era outro: há avanços (poucos) na economia, mas não no social. *Verba volant*, mas suas marcas ficam.

Não preciso ir mais longe para chamar a atenção para esse desencontro entre o que se deseja e se está fazendo e o que os outros atribuem a nossos desejos e insistem em que não se está fazendo. Apenas um esclarecimento: não se trata apenas de falha de comunicação da propaganda. É desencontro simbólico:

quem faz a estabilização e se mantém firme com ela, quem entende que o mundo mudou e não se agarra ao passado colide com valores arraigados na cultura nacional e paga o preço que todo reformador acaba, momentaneamente, pagando. Meus conselhos em 1999 ao Armínio Fraga, recém-nomeado para presidir o Banco Central e que iria ser sabatinado no Senado, insistiam nisso: "O Brasil não gosta do sistema capitalista. Os congressistas não gostam do capitalismo, os jornalistas não gostam do capitalismo, os universitários não gostam do capitalismo. [...] Eles gostam do Estado, eles gostam de intervenção, de controle de câmbio, enfim, no que você puder ser conservador é melhor do que ser liberal".

Quero passar a outro tema, correlato, que marcou muito o debate dos anos descritos neste volume. Através dele se vê quanto o governo persistia em aprovar reformas na Constituição, para adaptar o país às mudanças mundiais e a nossos próprios avanços. Tarefa sempre hercúlea, e mais ainda depois de uma súbita desvalorização da moeda e de lutas intensas pelo poder nos partidos e entre eles. Tudo servia de pretexto para dificultar a ação governamental. Os grandes líderes políticos da época, sobretudo, e, paradoxalmente, os que em tese apoiavam o governo, chocavam-se uns com os outros e às vezes com o governo e comigo. O que fazer? Persistir na pedagogia e usar os instrumentos de poder que a Constituição assegura ao Executivo para avançar nas negociações congressuais. Nos regimes democráticos, o Executivo não pode imaginar que o Congresso simplesmente obedece. Sim e não; concorda e desafia; tem sua própria pauta, nem sempre coincidente com a do governo.

Em nossa cultura política, e com o desenho político partidário em vigor, o presidente ou o governo só obtém maioria congressual com alianças. Precisam, portanto, entrar no corpo a corpo com os parlamentares para obter resultados legislativos, com toda a carga tradicional de redes de clientelismo e troca de favores. Com isso, ganham logo senão o repúdio, o distanciamento da sociedade. Para aprovar medidas legislativas, mesmo as requeridas pela maioria da sociedade, ou o governo tem o apoio de partidos e líderes, ou fica isolado e perde. Nesse contexto de acusações e brigas entre partidos e seus líderes, o presidente e o governo saem chamuscados, e a lenha para aumentar a fogueira é quase sempre a mesma: acusações de corrupção.

Páginas e páginas deste *Diários* referem-se a esse tipo de acusação. Nem sempre — na verdade raramente — elas se referem à figura do presidente, mas de qualquer modo o atingem. Daí minha reiterada indignação, e mesmo exageros e irritações, com as acusações que considerava falsas e que eram acolhidas pelos jornais: entre os políticos e a sociedade, o grande instrumento de relacionamento é a mídia. No período abrangido por este *Diários*, as mídias sociais ainda não contavam, mas a imprensa e a TV eram essenciais para interpretar e transmitir à sociedade o que acontecia na esfera política e na vida pública.

Nas sociedades democráticas contemporâneas, não há jogo político sem mídia. Queira-se ou não, ela é um ator político relevante, tanto ou mais do que as grandes corporações do Estado e da sociedade. Os agentes políticos, inclusive os governamentais, sabem disso e tratam de usar os canais de informação para que eles reproduzam o que ocorre no processo social, político e econômico segundo sua visão. A mídia, por sua vez, tem seus próprios filtros, visão e interesses. É um jogo complexo e do qual ninguém que tenha exercido o poder pode dizer: "Dessa água eu não bebi".

É patente, em muitas páginas, minha indignação com acusações rasteiras e falsas (tipo dossiê Cayman e planilhas de contribuições eleitorais em caixa dois) ou com ilações inapropriadas (tipo grampos do BNDES), ou ainda com a utilização de investigações que o próprio governo abriu para desmoralizá-lo (caso Sudam e Sudene). Isso sem esquecer do chamado caso Eduardo Jorge, um conjunto de alegações que a Justiça julgou improcedentes e que eram usadas irresponsavelmente contra um ex-ministro, para ao atingi-lo e alcançar a mim e ao governo. Não que eu desconhecesse o papel da mídia, sua independência crítica e seu direito de investigar. É que em alguns casos, segundo minha ótica, ela havia ultrapassado os limites do razoável, insinuando ou insistindo em algo que inexistia.

Nada disso levou o governo ou o presidente a cortar recursos para algum órgão de imprensa e muito menos pedir a cabeça de jornalistas. Pelo contrário; no plano pessoal sempre me relacionei bem com os proprietários dos veículos de comunicação e com seus jornalistas. Em algumas destas páginas, posso ter abusado do direito subjetivo de espernear, pelo que me desculpo. Mas nelas, quando me refiro a pessoas e mesmo a fatos, faço-o registrando sempre minhas percepções de momento. Não se trata de julgamentos objetivos, embora eu tenha procurado reagir *sine ira et studio* ao que sabia ou vinha até mim.

Por fim, dois temas mais. Estas páginas mostram o esforço feito para reposicionar o Brasil no jogo internacional. A partir da visão de que a globalização levaria a um novo equilíbrio no poder mundial, relacionei-me com chefes de Estado de países muito distintos em seus regimes políticos e em suas práticas, dos Estados Unidos à China, passando necessariamente pela Europa, mas convencido de que nossa praia é a América Latina e até mesmo, mais especificamente, a América do Sul. O encontro entre presidentes desta última região (com o cuidado específico de mostrar ao México que as razões dessa opção eram de geografia e não de cultura ou poder) foi um marco nessa direção.

Haver logrado a paz nos conflitos entre Peru e Equador foi um sinal inequívoco de quanto o Brasil pode fazer na América do Sul. O mesmo pode ser dito do respeito demonstrado à democracia no Paraguai, quando ela esteve ameaçada por um golpe militar, e na Venezuela, quando Chávez foi deposto do poder por um golpe cívico-militar em abril de 2002. São exemplos de que, sem arrogância e prosápia, é possível exercer uma liderança construtiva na região, sem se fechar para o mundo. Para mim, o bom relacionamento entre Brasil e Argentina e o fortalecimento do Mercosul — portanto também do Uruguai e do Paraguai — não visavam impedir negociações comerciais mais amplas (tipo Alca ou com a União Europeia), e sim reforçar a posição brasileira ao negociar com parceiros mais fortes.

Sem alardear independência, praticamos com naturalidade uma política externa independente, que colocava em primeiro lugar os interesses nacionais, tal como eles podem se firmar no mundo contemporâneo. Foi no período abrangido por este livro que se começou a falar de Brics, em 1999. Um novo mundo. Nesse novo mundo, tomem ou não parte dos Brics, África e Ásia devem ser levadas em consideração, especialmente pelo Brasil, dada nossa tradição de repúdio ao colonialismo, o que facilita o diálogo com países e regiões emergentes.

Reflexão que ora ganha um novo momento, posto que as recentes eleições americanas, o estupendo crescimento da China, assim como os conflitos no Oriente Médio, nos quais a Rússia volta a ter papel relevante, e as consequências do Brexit para a Europa, desafiam novamente o Brasil a agir para preservar seus interesses no cambiante tabuleiro internacional. Quanto mais nos mostrarmos fortes e afirmativos em nossos valores domesticamente e em nossa região, mais relevante será nosso peso no cenário global.

Dito isso, há inúmeros registros neste livro de minha convicção democrática e do esforço para, a despeito de tudo, e principalmente de nossa herança cultural autoritária e populista, preservar as instituições democráticas e, mais do que elas, o comportamento democrático (diga-se de passagem que me alegra, ao reler estas páginas, ver quanto o "problema" militar, como ameaça à democracia, desapareceu de nosso horizonte). Como sociólogo e relativo conhecedor de nossa história, sempre fui consciente das dificuldades em mudar nossa maneira de sentir e agir em favor do estilo democrático. Para a liderança democrática, a "obediência" não é automática; requer convencimento, além de legalidade e legitimidade. Paga-se um preço por exercer a liderança de maneira democrática. Quantas vezes fui acusado de ser vacilante, quando apenas quis dar ouvidos e levar em consideração outros pontos de vista? E também acusado de me demorar em tomar decisões, como se o tempo não fosse ele um ingrediente igualmente fundamental da construção política.

Eu sabia que, mesmo com a vasta maioria de votos populares recebidos, eu só poderia governar com apoios no Congresso e na sociedade. Tratei penosamente de consegui-los, e nem sempre fui exitoso. Cobrei um alto preço de meu partido, o PSDB (que nem sempre se convenceu, na integralidade, das renovações que meu governo tinha em mente), para obter o apoio das demais forças políticas que sustentaram o governo. O equilíbrio no Congresso dependia de que um dos grandes partidos coligados presidisse a Câmara e o outro o Senado. Até que o PSDB obteve maioria na Câmara e apresentou líderes com capacidade e apoio para ganhar a presidência da Casa. Provavelmente a partir desse ponto, as condições da aliança que sustentava o Executivo começaram a se complicar. Esperemos o próximo volume, sobre os dois anos finais do segundo mandato, para ver como reagi às novas circunstâncias.

Política é assim mesmo: por mais que se tenha projetos e rumos, ela é feita por pessoas, com seus interesses e valores, e a ocasião pesa. A política está sempre em mutação.

LISTA DE SIGLAS

ABA Associação Brasileira de Antropologia
Abap Associação Brasileira de Agências de Publicidade
ABB Asea Brown Boveri
Abia Associação Brasileira das Indústrias da Alimentação
Abin Agência Brasileira de Inteligência
Abras Associação Brasileira de Supermercados
ACC Adiantamento de Crédito de Câmbio
ADCs Ações Declaratórias de Constitucionalidade
ADFL Aliança das Forças Democráticas para a Libertação do Congo-Zaire
Adins Ações Diretas de Inconstitucionalidade
ADVB Associação dos Dirigentes de Vendas e Marketing do Brasil
AEB Associação de Comércio Exterior do Brasil
AES Applied Energy Services Corporation
AGF Aquisição do Governo Federal
AGU Advocacia-Geral da União
Ajufe Associação dos Juízes Federais do Brasil
Aladi Associação Latino-Americana de Integração
Alca Área de Livre Comércio das Américas
ALN Ação Libertadora Nacional
ANA Agência Nacional de Águas
Anac Agência Nacional de Aviação Civil
Anatel Agência Nacional de Telecomunicações
Aneel Agência Nacional de Energia Elétrica
Aner Associação Nacional de Editores de Revistas
ANJ Associação Nacional de Jornais
ANP Agência Nacional do Petróleo, Gás Natural e Biocombustíveis
Antaq Agência Nacional de Transportes Aquaviários
ANTT Agência Nacional de Transportes Terrestres
Anvisa Agência Nacional de Vigilância Sanitária
Apec Asia-Pacific Economic Cooperation
Apex Agência de Promoção de Exportações e Investimentos
Arbed Aciéries Réunies de Burbach-Eich-Dudelange
Banespa Banco do Estado de São Paulo S.A.
Banestado Banco do Estado do Paraná S.A.
BBC British Broadcasting Corporation
BBV Banco Bilbao Vizcaya

BC Banco Central
BID Banco Interamericano de Desenvolvimento
BIS Bank for International Settlements
BNDES Banco Nacional de Desenvolvimento Econômico e Social
Bonex Bonos Externos
Bope Batalhão de Operações Especiais
BR Petrobras Distribuidora
BRICS Brazil, Russia, India, China, and South Africa
Cade Conselho Administrativo de Defesa Econômica
Cadin Cadastro Informativo de Créditos Não Quitados do Setor Público Federal
Caic Centro de Atenção Integral à Criança
Camex Câmara de Comércio Exterior
Capes Coordenação de Aperfeiçoamento de Pessoal de Nível Superior
Cenp Conselho Executivo das Normas-Padrão
CBF Confederação Brasileira de Futebol
CBN Central Brasileira de Notícias
CC5 Carta Circular nº 5
CCC Comando de Caça aos Comunistas
CCR Convênio de Pagamentos e Créditos Recíprocos
CD Compact Disc
CDSE Companhia de Desenvolvimento do Sudeste
CDU Christlich Demokratische Union Deutschlands
Ceal Conselho Empresarial da América Latina
CEBDS Conselho Empresarial Brasileiro para o Desenvolvimento Sustentável
Cebrap Centro Brasileiro de Análise e Planejamento
Cebri Centro Brasileiro de Estudos e Relações Internacionais
Cefet Centro Federal de Educação Tecnológica
Cehab Companhia Estadual de Habitação do Rio de Janeiro
Cemig Companhia Energética de Minas Gerais S.A.
CEO Chief Executive Officer
Cepal Comissão Econômica da ONU para a América Latina e o Caribe
Cesp Companhia Energética de São Paulo S.A.
CGT Confederação Geral dos Trabalhadores
Chesf Companhia Hidro Elétrica do São Francisco
Cimi Conselho Indigenista Missionário
CNBB Conferência Nacional dos Bispos do Brasil
CNI Confederação Nacional da Indústria
CNM Confederação Nacional dos Municípios
CNN Cable News Network
CNPq Conselho Nacional de Desenvolvimento Científico e Tecnológico
CNT Confederação Nacional do Transporte

CNTE Confederação Nacional dos Trabalhadores em Educação
Coaf Conselho de Controle de Atividades Financeiras
Codesp Companhia Docas do Estado de São Paulo
Codevasf Companhia de Desenvolvimento dos Vales do São Francisco e do Parnaíba
Cofins Contribuição para o Financiamento da Seguridade Social
COI Comitê Olímpico Internacional
Conade Conselho Nacional dos Direitos da Pessoa com Deficiência
Conic Conselho Nacional das Igrejas Cristãs do Brasil
Contag Confederação Nacional dos Trabalhadores na Agricultura
Conpib Conselho Nacional dos Povos Indígenas do Brasil
Copel Companhia Paranaense de Energia
Copene Companhia Petroquímica do Nordeste S.A.
Copesul Companhia Petroquímica do Sul
Copom Conselho de Política Monetária do Banco Central
Cosesp Companhia de Seguros do Estado de São Paulo
Cosipa Companhia Siderúrgica Paulista
Coteminas Companhia de Tecidos Norte de Minas S.A.
CPE Companhia de Propósito Específico
CPI Comissão Parlamentar de Inquérito
CPLP Comunidade dos Países de Língua Portuguesa
CPMF Contribuição Provisória sobre Movimentações Financeiras
CRT Companhia Rio-Grandense de Telecomunicações
CSN Companhia Siderúrgica Nacional
CTA Centro Técnico Aeroespacial
CTNBio Comissão Técnica Nacional de Biossegurança
CUT Central Única dos Trabalhadores
DAC Departamento de Aviação Civil
DAS Direção e Assessoramento Superior
DEM Democratas
Dieese Departamento Intersindical de Estatística e Estudos Socioeconômicos
DNER Departamento Nacional de Estradas de Rodagem
DNIT Departamento Nacional de Infraestrutura de Transportes
DNOCS Departamento Nacional de Obras Contra as Secas
DOI-Codi Destacamentos de Operações de Informações / Centros de Operações de Defesa Interna
DPA Deutsche Presse-Agentur
DRU Desvinculação de Recursos da União
EBC Empresa Brasileira de Comunicação
EDF Électricité de France
EGF Empréstimo do Governo Federal
Eletronorte Centrais Elétricas do Norte do Brasil S.A.

ELN Ejército de Liberación Nacional
Embraer Empresa Brasileira de Aeronáutica S.A.
Embrapa Empresa Brasileira de Pesquisa Agropecuária
Embratel Empresa Brasileira de Telecomunicações S.A.
EPL Ejército Popular de Liberación
ESG Escola Superior de Guerra
ETA Euskadi Ta Askatasuna
Faap Fundação Armando Álvares Penteado
FAB Força Aérea Brasileira
FAO Organização das Nações Unidas para Alimentação e Agricultura
Fapesp Fundação de Amparo à Pesquisa do Estado de São Paulo
Farc Forças Armadas Revolucionárias da Colômbia
Farsul Federação da Agricultura do Estado do Rio Grande do Sul
FAT Fundo de Amparo ao Trabalhador
FBI Federal Bureau of Investigation
FDP Freie Demokratische Partei
Febem Fundação do Bem-Estar do Menor
FED Federal Reserve
FEF Fundo de Estabilização Fiscal
Fenabrave Federação Nacional da Distribuição de Veículos Automotores
Fenaseg Federação Nacional das Empresas de Seguros Privados e de Capitalização e Previdência Complementar Aberta
Fetag Federação dos Trabalhadores na Agricultura
Fetransul Federação das Empresas de Logística e Transporte de Cargas no Estado do Rio Grande do Sul
FGTS Fundo de Garantia por Tempo de Serviço
Fiergs Federação das Indústrias do Rio Grande do Sul
Fies Fundo de Financiamento ao Estudante de Ensino Superior
Fiesp Federação das Indústrias do Estado de São Paulo
Fifa Federação Internacional de Futebol
Finam Fundo de Investimentos da Amazônia
Finor Fundo de Investimentos do Nordeste
Fipe Fundação Instituto de Pesquisas Econômicas
Firjan Federação das Indústrias do Estado do Rio de Janeiro
Fistel Fundo de Fiscalização das Telecomunicações
Flacso Facultad Latinoamericana de Ciencias Sociales
FMI Fundo Monetário Internacional
FMLN Frente Farabundo Martí para la Liberación Nacional
Frepaso Frente País Solidario
Funai Fundação Nacional do Índio
Funcef Fundação dos Economiários Federais

Fundef Fundo de Manutenção e Desenvolvimento do Ensino Fundamental e de Valorização do Magistério
Funres Fundo de Recuperação Econômica do Estado do Espírito Santo
Funttel Fundo para o Desenvolvimento Tecnológico das Telecomunicações
Fust Fundo de Universalização dos Serviços de Telecomunicações
G7 Grupo dos Sete
G8 Grupo dos Oito
Gedic Grupo Executivo de Desenvolvimento da Indústria do Cinema
GM General Motors
GSI Gabinete de Segurança Institucional
Ibama Instituto Brasileiro do Meio Ambiente e dos Recursos Naturais Renováveis
IBGE Instituto Brasileiro de Geografia e Estatística
Ibope Instituto Brasileiro de Opinião Pública e Estatística
ICMS Imposto sobre Circulação de Mercadorias e Serviços
ICSU International Council for Science
Idesp Instituto de Estudos Econômicos, Sociais e Políticos de São Paulo
IDH Índice de Desenvolvimento Humano
Iedi Instituto de Estudos para o Desenvolvimento Industrial
Ifri Institut Français des Relations Internationales
Inae Instituto Nacional de Altos Estudos
Incor Instituto do Coração da Universidade de São Paulo
Incra Instituto Nacional de Colonização e Reforma Agrária
Indesp Instituto Nacional do Desporto
Infraero Empresa Brasileira de Infraestrutura Aeroportuária
INSS Instituto Nacional do Seguro Social
IPA Índice de Preços no Atacado
IPC Índice de Preços ao Consumidor
IPCA Índice Nacional de Preços ao Consumidor Amplo
Ipea Instituto de Pesquisa Econômica Aplicada
IPI Imposto sobre Produtos Industrializados
Iprev Instituto de Previdência do Estado de Santa Catarina
IPT Instituto de Pesquisas Tecnológicas
IPTU Imposto Predial e Territorial Urbano
IRA Exército Republicano Irlandês
IRPJ Imposto sobre a Renda das Pessoas Jurídicas
ISO International Organization for Standardization
ITA Instituto Tecnológico de Aeronáutica
ITR Imposto Territorial Rural
IVA Imposto sobre Valor Agregado
JB *Jornal do Brasil*
JIIA The Japan Institute of International Affairs

MAM   Museu de Arte Moderna
MDIC Ministério do Desenvolvimento, Indústria e Comércio Exterior
MEC   Ministério da Educação
Medef Mouvement des Entreprises de France
Mercosul Mercado Comum do Sul
MIT   Massachusetts Institute of Technology
MP   Medida Provisória
MPF   Ministério Público Federal
MPLA Movimento Popular de Libertação de Angola
MR-8 Movimento Revolucionário Oito de Outubro
MST   Movimento dos Trabalhadores Rurais Sem Terra
Nafta North America Free Trade Agreement
OAB   Ordem dos Advogados do Brasil
Oban Operação Bandeirante
ODM   Objetivos de Desenvolvimento do Milênio
OEA   Organização dos Estados Americanos
OIT   Organização Internacional do Trabalho
OLP   Organização para Libertação da Palestina
OMC   Organização Mundial do Comércio
ONG   Organização Não Governamental
ONU   Organização das Nações Unidas
Opaq Organização para a Proibição de Armas Químicas
Opep Organização dos Países Exportadores de Petróleo
Oscips Organizações da Sociedade Civil de Interesse Público
Osesp Orquestra Sinfônica do Estado de São Paulo
Otan Organização do Tratado do Atlântico Norte
OTCA Organização do Tratado de Cooperação Amazônica
PAI   Plano de Ação Imediata
PAN   Partido Acción Nacional
Parlatino Parlamento Latino-Americano
PCB   Partido Comunista Brasileiro
PCdoB Partido Comunista do Brasil
PDS   Partei des Demokratischen Sozialismus
PDS   Partito Democratico della Sinistra
PDT   Partido Democrático Trabalhista
PEC   Proposta de Emenda Constitucional
Peti Programa de Erradicação do Trabalho Infantil
Petrobras Petróleo Brasileiro S.A.
Petros Fundação Petrobras de Seguridade Social
PF   Polícia Federal
PFL   Partido da Frente Liberal
PIB   Produto Interno Bruto

PMDB Partido do Movimento Democrático Brasileiro
Pnad Pesquisa Nacional por Amostra de Domicílios
PNBE Pensamento Nacional das Bases Empresariais
PNUD Programa das Nações Unidas para o Desenvolvimento
PPA Plano Plurianual de Ação
PPB Partido Progressista Brasileiro
PPG7 Programa Piloto para a Proteção das Florestas Tropicais do Brasil
PPS Partido Popular Socialista
Previ Caixa de Previdência dos Funcionários do Banco do Brasil
PRI Partido Revolucionario Institucional
Proálcool Programa Nacional do Álcool
Proer Programa de Estímulo à Reestruturação e ao Fortalecimento do Sistema Financeiro Nacional
Proes Programa de Incentivo à Redução do Setor Público Estadual na Atividade Bancária
Proex Programa de Financiamento às Exportações
Proinfo Programa Nacional de Informática na Educação
Pronaf Programa Nacional de Agricultura Familiar
PSD Partido Social Democrático
PSDB Partido da Social Democracia Brasileira
PDSI Partito Socialista Democratico Italiano
PSI Partito Socialista Italiano
PSTU Partido Socialista dos Trabalhadores Unificado
PT Partido dos Trabalhadores
PTB Partido Trabalhista Brasileiro
PUC Pontifícia Universidade Católica
RAI Radiotelevisione Italiana
RBS Rede Brasil Sul
Refis Programa de Recuperação Fiscal
Renach Registro Nacional de Carteiras de Habilitação
Renavam Registro Nacional de Veículos Automotores
Renor Refinaria do Nordeste
RPR Rassemblement pour la République
Sabesp Companhia de Saneamento Básico do Estado de São Paulo S.A.
SBPC Sociedade Brasileira para o Progresso da Ciência
SBT Sistema Brasileiro de Televisão
SDE Secretaria de Direito Econômico
SDI Socialisti Democratici Italiani
Sebrae Serviço Brasileiro de Apoio às Micro e Pequenas Empresas
Secovi Sindicato das Empresas de Compra, Venda, Locação e Administração de Imóveis Residenciais e Comerciais de São Paulo
Selic Sistema Especial de Liquidação e Custódia

Senad Secretaria Nacional Antidrogas
Serpro Serviço Federal de Processamento de Dados
Sest Secretaria de Controle de Empresas Estatais
SIN Servicio de Inteligencia Nacional
SIP Sociedade Interamericana de Prensa
Sistel Fundação Sistel de Seguridade Social
Sivam Sistema de Vigilância da Amazônia
SNI Serviço Nacional de Informações
STF Supremo Tribunal Federal
STJ Superior Tribunal de Justiça
STM Superior Tribunal Militar
Sudam Superintendência do Desenvolvimento da Amazônia
Sudeco Superintendência do Desenvolvimento do Centro-Oeste
Sudene Superintendência do Desenvolvimento do Nordeste
SPD Sozialdemokratische Partei Deutschlands
SUS Sistema Único de Saúde
Susep Superintendência de Seguros Privados do Banco Central
TCU Tribunal de Contas da União
Telebrás Telecomunicações Brasileiras S.A.
Telemig Telecomunicações do Estado de Minas Gerais S.A.
Telerj Telecomunicações do Estado do Rio de Janeiro S.A.
TJLP Taxa de Juros de Longo Prazo
TR Taxa Referencial
TRT Tribunal Regional do Trabalho
TSE Tribunal Superior Eleitoral
TST Tribunal Superior do Trabalho
UCR Unión Cívica Radical
UDI Unión Demócrata Independiente
UDR União Democrática Ruralista
UFPA Universidade Federal do Pará
UN United Nations
UGT União Geral dos Trabalhadores
Undime União Nacional dos Dirigentes Municipais de Educação
UnB Universidade de Brasília
UNE União Nacional dos Estudantes
Unesco Organização das Nações Unidas para a Educação, a Ciência e a Cultura
Unifesp Universidade Federal de São Paulo
Unita União Nacional para a Independência Total de Angola
URV Unidade Real de Valor
ITU International Telecommunications Union
Varig Viação Aérea Rio-Grandense S.A.

FERNANDO HENRIQUE CARDOSO
DIÁRIOS DA PRESIDÊNCIA
1999

Estes *Diários* contam com notas de edição que têm por objetivo situar o leitor acerca de acontecimentos não totalmente explicitados na narrativa, bem como apresentar informações biográficas necessárias para a compreensão do contexto. Alguns poucos personagens não puderam ser identificados.

3 A 11 DE JANEIRO DE 1999

Posse do segundo mandato. Negociações para a aprovação do ajuste fiscal no Congresso. Sucessão de Gustavo Franco

Hoje é domingo, 3 de janeiro. Primeiro retomarei fatos do fim do ano. O [Robert] Rubin, ministro da Fazenda* dos Estados Unidos, me telefonou na semana passada, primeiro para me felicitar, depois para me dizer das preocupações deles com a percepção dos mercados lá fora de que o governo perdeu o controle do ajuste fiscal.** Ele sabe que não é verdade, mas espera muito que eu declare meu compromisso com o ajuste, porque o meu prestígio nos Estados Unidos é muito grande. Ao mesmo tempo que me incentiva, está mostrando certa preocupação.

Mesma coisa fez o [Michel] Camdessus,*** que me telefonou na quinta-feira, dia 31, depois de eu haver sido empossado, e aí com mais alegria, para me felicitar com aquele jeito francês dele, muito simpático. Pessoalmente, vai me apoiar sempre. Eu me antecipei e dei o cronograma de como eu achava que íamos apresentar as medidas. Tanto Camdessus quanto o Rubin já sabiam das medidas adicionais que havíamos tomado,**** então os dois nos encorajaram.

---

* Secretário do Tesouro.

** O Brasil sofria os efeitos da crise russa, iniciada com as moratórias interna e externa decretadas por Moscou em agosto de 1998. O default russo ocasionou forte ataque especulativo ao real e a outras moedas emergentes. As reservas cambiais do Brasil, que eram de US$ 74 bilhões em abril de 1998, caíram para US$ 36 bilhões em dezembro. No final de outubro, o governo lançara o Programa de Estabilização Fiscal, composto de medidas de ajuste econômico negociadas com o FMI, o Banco Mundial, o BID e os EUA para a obtenção de um empréstimo de US$ 41,5 bilhões, dos quais 29 bilhões estariam disponíveis em até três meses. O país se comprometeu a gerar mais de R$ 28 bilhões de economia em 1999 e a manter um superávit primário de 2,8% nas contas públicas até 2001. No entanto, em dezembro a Câmara rejeitara uma medida provisória integrante do pacote fiscal, que criava a contribuição previdenciária de servidores federais aposentados e pensionistas e aumentava as alíquotas cobradas dos funcionários da ativa.

*** Diretor-gerente do FMI.

**** Entre as medidas do pacote de ajuste, incluíram-se cortes de R$ 8,7 bilhões no orçamento; aumentos de alíquota da CPMF, de 0,20% para 0,38%, e da Cofins, de 2% para 3%; e cobrança de contribuição previdenciária de aposentados e pensionistas. O governo esperava aprovar o aumento da CPMF até o final de março para arrecadar R$ 14 bilhões adicionais ainda em 1998, valor correspondente à metade do ajuste fiscal. O Congresso fora convocado a funcionar durante o recesso legislativo para acelerar a tramitação do pacote.

Diga-se, de passagem, que no jantar daquela noite da posse esteve aqui o [Olavo] Setúbal,* muita gente compareceu,** um jantar agradável. Olavo me contou que um banqueiro amigo dele foi chamado pelo Fundo Monetário, que disse que eles precisavam apoiar o Brasil. Eles entenderam isso como um recado político e foram ver o staff do Fundo. O staff do Fundo disse a mesma coisa, que o Brasil estava fazendo o necessário, que era um erro [não nos apoiar], era preciso entender que o Brasil estava fazendo um esforço grande e que eles tinham que apoiar. Pelo menos uma ou outra boa notícia vem de vez em quando.

Ontem telefonei para o Rubens Barbosa*** para dizer que vou nomeá-lo embaixador nos Estados Unidos. Ele queria muito isso. Conversei várias vezes com [Luiz Felipe] Lampreia,**** com Sebastião Rego Barros.***** Na verdade, como eu já disse aqui, hoje o relacionamento com os Estados Unidos, acabo de provar isso depois da conversa com Rubin, se faz diretamente. É comigo, com o Lampreia e com o [Pedro] Malan.****** Claro que eles são os grandes interlocutores. O embaixador vai se ocupar muito mais de questões como problemas de exportação de cítricos, de siderurgia,******* e o Rubens fará isso bastante bem. Ele ficou naturalmente eufórico.

Falei também longamente com o Celso Amorim.******** Celso telefonou, telefona sempre, eles todos querem saber para que posto vão. No caso, o Celso Amorim vai para o lugar que foi do Celso Lafer.********* Na verdade, o mais indicado seria o Sérgio Amaral,********** que é muito bom, e talvez o Celso Amorim no lugar do Sérgio Amaral. Mas é mais complicado. Celso Amorim está preocupado com Angola. E com razão. Há uma guerra de novo em Kuito, uma cidade que eu visitei,*********** o [Jonas] Savimbi************ se preparou para resistir. O go-

* Presidente da Itaúsa, controladora do Banco Itaú.
** O jantar no Alvorada teve 114 convidados. Na mesa do presidente, sentaram-se Antônio Carlos Magalhães, presidente do Senado (PFL-BA), o banqueiro Olavo Setúbal e o presidente do BID, Enrique Iglesias.
*** Embaixador do Brasil em Londres.
**** Ministro das Relações Exteriores.
***** Secretário-geral do Itamaraty, designado para a embaixada brasileira em Buenos Aires.
****** Ministro da Fazenda.
******* O suco de laranja e o aço brasileiros estavam submetidos a elevada sobretaxa de importação nos EUA.
******** Embaixador do Brasil na ONU e presidente do Conselho de Segurança na ocasião.
********* Recém-empossado ministro do Desenvolvimento, Indústria e Comércio, entre 1995 e 1998, Lafer representou o Brasil junto aos órgãos da ONU sediados em Genebra.
********** Embaixador e porta-voz da Presidência da República.
*********** Alusão à viagem presidencial de novembro de 1996 à África do Sul e Angola, onde Fernando Henrique visitou tropas brasileiras integradas às forças de paz da ONU.
************ A guerrilha da Unita (União Nacional para a Independência Total de Angola), comandada por Savimbi, vinha sendo pressionada pela ONU para respeitar o cronograma do final

verno angolano agora quer resolver pela força o que não conseguiu resolver por meios pacíficos. Fiquei de pensar na possibilidade de escrever uma carta pessoal ao [Bill] Clinton* sobre Angola. Acho que devo fazer isso.

Ontem o sábado transcorreu calmo, os jornais meio críticos sobre o meu discurso de posse,** sobretudo o *Estadão*. Mal sabem eles que, na correria em que estou, eu praticamente não o escrevi. Na posse o Antônio Carlos [Magalhães] teve uma explosão emocional,*** os brasileiros gostam desse tipo de histrionismo. Uma explosão emocional a meu favor, sobre a necessidade de se ter coragem para fazer as coisas de um modo que dizem ser o dele; ele afirmou que eu tenho essa coragem. Mas o contraponto ficou lá, e os brasileiros gostam muito mais do show que da eficácia. Eu sou mais pela eficácia.

HOJE É QUARTA-FEIRA, DIA 6 DE JANEIRO. São dez horas da manhã. Na segunda-feira passada, dia 4, depois do beija-mão do corpo diplomático, eu completei as cerimônias de posse com um almoço no Itamaraty, onde estavam vários presidentes latino-americanos, sobretudo os próximos, Paraguai,**** Argentina,**** Peru**** e Equador.**** Os presidentes do Chile,***** Uruguai***** e Venezuela***** me telefonaram, a Colômbia mandou o vice-presidente****** e a Bolívia mandou um presente.

A cerimônia foi simples, eu só a fiz porque os presidentes, por conta própria, resolveram vir. Nós marcamos a posse com austeridade, até porque há muitos problemas no país para eu me preocupar com cerimônia de posse. Na verdade, reelei-

---

da guerra civil e cumprir o cessar-fogo estabelecido com o governo angolano, dominado pelo MPLA (Movimento Popular de Libertação de Angola) do presidente José Eduardo dos Santos.
* Presidente dos EUA.
** Na solenidade de posse no plenário da Câmara, o presidente afirmou em seu discurso não ter sido reeleito para atuar como "gerente da crise". "Fui escolhido pelo povo para superá-la e para cumprir minhas promessas de campanha." Na ocasião, além de destacar as realizações do primeiro mandato, Fernando Henrique cobrou apoio do Congresso para a aprovação do ajuste fiscal. Ao final do discurso, o presidente citou a mensagem de despedida do ex-ministro Sérgio Motta, morto em abril de 1998: "'Não se apequene. Cumpra seu destino histórico. Coordene as transformações do país'. Assim farei".
*** Depois de Fernando Henrique, cujo discurso homenageou o ex-deputado Luís Eduardo Magalhães, morto em abril de 1998, o presidente do Senado quebrou o protocolo e também discursou. ACM garantiu ao presidente que o Congresso apoiaria as medidas necessárias para a superação da crise.
**** Raúl Cubas, Carlos Menem, Alberto Fujimori e Jamil Mahuad.
***** Eduardo Frei, Julio Sanguinetti e Rafael Caldera.
****** Gustavo Bell. A Colômbia era presidida por Andrés Pastrana.

ção não é a mesma coisa que eleição, as pessoas já se conhecem, não há novidades, não há entusiasmo nas ruas. A eleição ocorreu há três meses. Depois dela houve muita coisa, eleições estaduais, crises e uma porção de complicações.*

Além do mais, o Congresso que aí está é o Congresso antigo, portanto um Congresso cheio de derrotados. Isso é um erro da nossa engenharia institucional. A posse devia se dar no máximo vinte dias depois da eleição, depois do segundo turno.** No caso da reeleição, tudo fica velho; no caso da eleição, quem está no poder não tem mais poder e os que teriam poder ainda não o têm. Seria melhor mudar mais depressa. Acho um erro deixar como está.

No almoço, fiz um discurso mais ao meu estilo. A imprensa brasileira nem notou que eu critiquei o unilateralismo americano, portanto o bombardeio no Iraque,*** e também a globalização assimétrica. Isso caiu como se não fosse nada, porque não têm noção da sua importância no mundo. A nossa imprensa continua provinciana, ela gosta mesmo é da picuinha, da intriga.

Aliás essa matéria até que não tem sido tão farta assim. A não ser por um ou outro desses casinhos habituais, ficam imaginando que eu passo o tempo cuidando da briga entre PFL**** e PSDB, quando isso é assunto do Congresso e dos jornalistas. O povo não está nem aí. Eu também não. Eu faço o que é necessário somente para equilibrar as forças.

Afora isso, nessa segunda-feira, dia 4, jantei com o Pedro Malan e o Gustavo Franco.***** Nosso jantar durou até uma hora da manhã, para discutir a política cambial. Uma novidade boa é que até o Gustavo Franco aceita que é preciso mudar o estilo da política cambial por causa da política de juros. Há uma divergência entre ele e o Chico [Francisco] Lopes.****** O Gustavo, pelo que vi, não quer sair do cargo, é imaginativo e já se aferrou a novas ideias, propõe uma desvalorização em espiral, um pouco ao estilo da serpente, que a Europa teve, em que se faz a flutuação ba-

---

* Fernando Henrique foi reeleito no primeiro turno em 4 de outubro de 1998. Houve segundo turno para a escolha de governadores de doze estados e do Distrito Federal, realizado em 25 de outubro.

** Os parlamentares eleitos são empossados em 1º de fevereiro e os trabalhos legislativos se iniciam duas semanas depois.

*** Entre 16 e 19 de dezembro de 1998, durante a Operação Raposa do Deserto, aeronaves norte-americanas e britânicas bombardearam centenas de alvos no Iraque, sobretudo em Bagdá. Os EUA e o Reino Unido, que não tinham autorização da ONU para a operação, reagiram à recusa do ditador iraquiano, Saddam Hussein, em permitir o acesso de inspetores internacionais a instalações suspeitas de abrigar armas de destruição em massa.

**** Partido da Frente Liberal, fundado em 1985 e extinto em 2007 para a criação do Democratas (DEM).

***** Presidente do Banco Central.

****** Diretor de Política Monetária do BC.

seada na média da desvalorização ou da valorização dos últimos dez dias. O Chico Lopes prefere, e acho que também é a opinião do André Lara [Resende],* uma desvalorização de 5% a 7%** de cara, e depois um cone.***

Por trás dessas divergências existem também os interesses. Ou seja: Gustavo não quer sair da presidência e Chico quer ir para a presidência do Banco Central.

O difícil é que estamos repetindo o que aconteceu em fevereiro de 1995,**** ou seja, a equipe não está coesa. E se eu demito um, para o outro realizar a modificação, o mercado inteiro fica sabendo na hora, e aquele que sair sai criticando. Situação delicada. Vou ter que chamar os dois, o Malan sabe disso. Vamos ter que colocar os dois numa linha de entendimento provisório e tomar uma decisão sobre qual vai ser o tipo de medida e avançar.

Com o que não posso mais concordar é com essa taxa de juros na lua***** e com a placidez com que tanto o Gustavo quanto o Malan, um pouco, olham para tudo isso, como se bastasse o ajuste fiscal. Algo vai ser feito, será feito. E quero que seja feito nos próximos dez dias. Ninguém pode saber disso, naturalmente, é sigiloso, até agora ninguém soube. Acho essa divergência complicada. Qualquer mexida agora pode ter cheiro de desastre. Precisamos sair dessa armadilha cambial na qual estamos metidos. Noto o Pedro muito aflito porque ele não consegue se ver sem o Gustavo. O Pedro acha que tem responsabilidade moral pela política anterior, que não pode queimar o Gustavo, mas não quer permanecer [como ministro], como se não tivesse nada a ver com ela. Obviamente, eu não posso também me dar ao luxo de mexer agora no Pedro Malan, mesmo que ele queira. Ele também não quer [me abandonar], porque tem senso de responsabilidade...

Essa é a minha atribulação central. A outra, a questão dos presos políticos, se acalmou. Eles pararam com a greve de fome quando decidimos fazer a transferência.******

---

* Ex-presidente do BNDES (1998).
** O dólar comercial estava cotado a R$ 1,21 em 6 de janeiro de 1999.
*** Formato geométrico da banda de variação cambial estudada pelo governo.
**** Alusão à crise interna na área econômica do governo que levou à demissão de Pérsio Arida da presidência do Banco Central. O mercado reagiu mal à política cambial do BC, então favorável a uma desvalorização mais veloz do real para combater os efeitos da crise mexicana, deflagrada em dezembro de 1994.
***** No início de janeiro de 1999, a taxa básica de juros (Selic) estava em 28,95%.
****** Oito condenados pelo sequestro do empresário Abílio Diniz, ocorrido em dezembro de 1989, encerraram uma greve de fome de 46 dias, iniciada para exigir sua transferência aos países de origem. Os condenados, sete dos quais estrangeiros, cumpriam pena na Casa de Detenção do Carandiru, em São Paulo, e estavam internados no Hospital das Clínicas da USP. Os presos se beneficiaram da antecipação da assinatura de tratados de extradição com a Argentina e o Chile. O único brasileiro do grupo conseguiu ser transferido para uma penitenciária no Ceará, seu estado natal.

Ontem, Michel Temer* me disse que o Congresso deve votar nesta semana o convênio que, ao legalizar qualquer decisão do governo do Brasil, melhora muito a nossa situação. Ou seja, aceitar o tratado com o Chile e a Argentina agora depende mais do Chile e da Argentina. Se quiserem fazer greve de fome, que façam contra o governo dos países deles. Eu, por outro lado, não vou nem expulsar nem indultar, porque o crime de sequestro não pode ser objeto de benesses dessa natureza, por mais que achem, e eu também acho, que a Justiça tenha sido cruel com eles. Foi uma pena muito pesada para quem não matou ninguém — e num país como o nosso, onde as penas não são tão duras assim. Mas esse é o meu julgamento. Tenho que respeitar as decisões da Justiça, senão nada mais vai ficar em pé no Estado de Direito no Brasil.

Fora essas questões que me atormentam, o resto é a complementação do governo. Tive uma boa conversa com o Celso Lafer a respeito do BNDES, ele trouxe aqui o atual vice-presidente, que é o Pio Borges. Eu sei que há dificuldades com alguns setores industriais brasileiros, mas tive uma excelente impressão do que ele me expôs sobre os problemas da indústria no Brasil. E, na bucha, perguntei ao Pio se ele não queria ficar. O Celso fez que sim com a cabeça, eu fui em frente, ele aceita. Quero ver se ponho o Luiz Orenstein** como vice; vai ser mais difícil, porque ele está numa empresa privada. Para a presidência ele iria, já para a vice-presidência, não. Pedro Malan prefere o Pio Borges na Petrobras, eu também, mas não posso deixar de fortalecer já o Celso Lafer. E o BNDES é o braço atuante do Ministério da Indústria e do Desenvolvimento. Conversei muito com o Celso sobre pessoas para ele levar adiante as transformações.

É o que tenho feito. Daqui a pouco vou receber o Bresser [Luiz Carlos Bresser-Pereira]*** e depois o Andrea Matarazzo**** para discutir as pessoas que vão controlar o ministério com ele e o rumo que eles vão tomar. Sobretudo o Andrea, que, neófito, está muito inquieto com questões de prestígio, de status, e com alguma razão, porque ele vem de fora, o corpo de burocratas tende a se fechar e os que chegaram há quatro anos também se fecham.

Nesse meio-tempo continuo preocupado com a questão Eduardo Jorge [Caldas Pereira].***** Eduardo está choroso com os que teriam traído o governo apoiando o Cristovam [Buarque] e não o [Joaquim] Roriz. Anteontem mandei a carta de demis-

---

* Deputado federal (PMDB-SP) e presidente da Câmara.
** Diretor do Banco Opportunity.
*** Ministro de Ciência e Tecnologia.
**** Secretário de Comunicação de Governo da Presidência da República, com status de ministro.
***** Ex-coordenador operacional da campanha de Fernando Henrique à reeleição e ex-secretário-geral da Presidência (1995-8). O senador tucano José Roberto Arruda se queixara da suposta falta de empenho de Jorge na promoção de sua candidatura ao governo do DF, batida no primeiro turno pelas candidaturas do peemedebista Joaquim Roriz e do petista Cristovam Buarque. Roriz recebeu apoio de Fernando Henrique no segundo turno e venceu o pleito.

são do [José Roberto] Arruda,* uma carta normal, o Arruda ficou muito abalado, me disse o Pimenta [João Pimenta da Veiga Filho].** Ontem era o aniversário dele, eu telefonei. Eu também não posso maltratar o Arruda só porque ele brigou com Eduardo Jorge. Aliás, este veio aqui e me disse que, como o Arruda saiu, ele vai atacá-lo. Eu disse: "É bobagem levar isso com o fígado, não há razão". Mas não adianta, ele vai criticar o Arruda. Isso não para nunca.

Nessas horas de mudança de governo, e de muita política, é que se vê quanto a paixão domina o comportamento dos seres humanos, é ciúme, inveja, mesmo nos melhores, como Eduardo. Ficam muito mordidos por questões dessa natureza.

No PFL: crise. Antônio Carlos faz crer que há um problema imenso na República, e o pessoal do Marco Maciel*** e do Jorge Bornhausen**** se sentiu diminuído, porque Antônio Carlos teria feito ministros e eles não. Problema deles. Isso tudo foi o Zequinha [José Sarney Filho],***** ou melhor, foi o [José] Sarney,****** quando colocou o Zequinha. Mas o PFL endossou o Zequinha, não posso contemplar todos os problemas do PFL. Tenho muita consideração pelo Marco, vou tentar solucionar. Pedro Malan não quer que o Emílio Carazzai entre para a Caixa Econômica [Federal].******* Por preconceito, eu diria, porque quando pusemos o [Sérgio] Cutolo******** ninguém sabia quem era ele. As informações que tenho sobre Carazzai são todas positivas. O Pedro também defende a turma dele com unhas e dentes em nome da austeridade e de certa política econômica. Com boas intenções, mas se fecham muito. Essa é outra dificuldade, e tenho que evitar que haja uma crise com o PFL, porque isso desorganiza todo o sistema.

Superamos uma dificuldade, que era o não pagamento da convocação extraordinária aos parlamentares, por uma decisão judiciária; se não houvesse o pagamento, eles não iriam votar.********* Ontem, me disse o Temer, havia 380 deputados na Casa, o que é muito. O Temer disse que hoje votarão. Por outro lado, também no

---

* Arruda deixou a liderança do governo no Congresso. Foi interinamente substituído pelo vice-líder, Luiz Carlos Hauly, deputado federal pelo PSDB-PR.
** Ministro das Comunicações e articulador político do governo.
*** Vice-presidente da República (PFL).
**** Senador eleito (PFL-SC) e presidente nacional do partido.
***** Ministro do Meio Ambiente e Recursos Hídricos.
****** Senador (PMDB-AP).
******* O empresário paranaense radicado em Pernambuco, diretor do grupo Bompreço, fora indicado para a presidência do banco por Marco Maciel.
******** Presidente da Caixa Econômica Federal.
********* A Advocacia-Geral da União conseguiu derrubar duas liminares concedidas pela Justiça Federal que impediam o pagamento de R$ 16 mil aos deputados federais, correspondentes a salário e jetons pela convocação extraordinária de janeiro. O teto federal era de R$ 12,7 mil — R$ 54,3 mil em abril de 2016, com correção do IGP-DI.

Senado se espera que hoje votem a CPMF.* O Antônio Carlos tem essa vantagem. Ele faz a turma funcionar, trabalhar.

Itamar [Franco]** corcoveando com o negócio da dívida, não quer pagar.*** O que quer, na verdade, é criar um caso político. Daqui a pouco vou ter que dar uma paulada firme nele.

Dante de Oliveira**** também fala em não pagar a dívida. Ele gastou como pôde para fazer estradas. Tem que entender que o momento agora é de austeridade. E Olívio Dutra,***** com seu mau humor provinciano, também embarca nessa; o [Anthony] Garotinho****** é outro que não quer pagar a dívida.******* Vamos ter que ser muito duros, porque vão ter que pagar, não há alternativa.

Já fiz o registro de que falei por telefone com o Rubin, ministro da Fazenda dos Estados Unidos, e com o Camdessus, que ambos me felicitaram pela reeleição e no final me alertaram para o fato de que os mercados estão com medo de que o governo não seja capaz de fazer o ajuste fiscal. Pois o Pedro Malan ecoa esse mesmo medo aqui. Eu disse que estamos na lona, mas que estamos fazendo o possível. Não podemos acreditar nos fantasmas criados por nós mesmos, difundidos pela imprensa e nos quais depois o mundo afora acaba por acreditar, de que não faremos [o ajuste fiscal]. Nós estamos fazendo.

[José] Serra******** tem uma atitude compreensiva e cooperativa. Paulo Renato [Souza]********* também. Acho que nesse aspecto as coisas melhoraram. Ciumeira de todos escorraçando Pimenta, sobretudo no PMDB. [Eliseu] Padilha,********** que estava muito lançado como meu coordenador político. Pimenta tem que ter habilidade; ele é hábil. Não pode exibir o poder que terá, sendo uma pessoa competente como é, para articular.

---

* Votação em primeiro turno da PEC 34/1998, sobre o aumento da alíquota da CPMF e sua prorrogação até o final de 2001.
** Governador de Minas Gerais (PMDB).
*** Sob a alegação de penúria financeira, em 6 de janeiro o governo mineiro decretou moratória da dívida do Estado com a União por noventa dias. O Planalto respondeu com a suspensão de repasses federais a Minas Gerais.
**** Governador de Mato Grosso (PSDB).
***** Governador do Rio Grande do Sul (PT).
****** Governador do Rio de Janeiro (PDT).
******* Alguns estados que reivindicavam a renegociação da dívida com a União ameaçaram seguir o exemplo de Minas Gerais e suspender o pagamento das parcelas com vencimento em janeiro e fevereiro.
******** Ministro da Saúde.
********* Ministro da Educação.
********** Ministro dos Transportes.

Começam a aparecer pesquisas. Pesquisa no *Estado de S. Paulo*, do Ibope, boa.* Vi uma do Vox Populi cujo conteúdo real não sei avaliar, dizendo que minha popularidade não caiu, mas que o pessimismo aumentou. Não sei se é verdade.** Acho que isso é mais o Vox Populi. O presidente da CNT*** perdeu a eleição em Minas — confiaram no Vox Populi, devem estar irritados — e já anunciou que nos próximos meses a minha popularidade vai cair. Ele perde a eleição e acha que quem vai perder a popularidade sou eu. É extraordinário o nível da nossa politicalha e a acolhida que a imprensa dá a tudo que tem um viés mais ou menos crítico — vem com manchete, com grande gritaria.

Fora essa acomodação inicial do governo, que é natural, mas que atormenta, tenho tido dias muito cansativos. Continuo extenuado, mas venho dormindo bem e acho que vamos começar a colocar as coisas no lugar, sobretudo se o Congresso entrar em regime de votação, como parece ser o caso.

Ainda uma preocupação. Petrobras. Tenho corrido por ceca e meca atrás de um nome para a presidência da Petrobras. Muito difícil. Não temos encontrado uma convergência forte. Pedro Parente**** poderia até ser, mas quebra a perna do Malan. Por outro lado, sempre se repete o nome do Antônio Maciel.***** O [José Paulo] Silveira, que é pessoa equilibrada e é o gerente-geral do Brasil em Ação,****** acha que o Maciel seria o melhor. Eu pensei também no Pio Borges. Enfim, estamos nessa ida e vinda sobre a Petrobras, que não resolvemos. Nem atamos nem desatamos.

Ontem tive uma conversa longa com o novo presidente do Banco do Brasil, o [Andrea] Calabi, para explicar as confusões do banco, a questão do Jair Bilachi,******* que o Eduardo Jorge garante ser correto. Aliás, o Calabi diz que todos do Banco também acham isso. De qualquer maneira, ele foi vítima de uma espécie de "golpe" para salvar o nome do Banco do Brasil. Isso não é bom, porque não é justo, mas também há problemas e não existe muita confiança em todos os diretores.

---

* Segundo o levantamento, realizado às vésperas da posse no segundo mandato, Fernando Henrique tinha aprovação popular de 40% (ótimo/bom) e rejeição de 15% (ruim/péssimo).

** O Vox Populi mediu aprovação de 27% ao governo, a mais baixa desde 1995, e 33% de rejeição. Sobre as expectativas econômicas, 75% disseram esperar a volta da inflação (eram 35% em outubro de 1998).

*** Clésio Andrade, candidato a vice-governador pelo PFL na chapa do tucano Eduardo Azeredo, que se candidatara à reeleição e fora derrotado por Itamar Franco no segundo turno.

**** Secretário executivo do Ministério da Fazenda.

***** Presidente do grupo Itamarati, ex-secretário executivo do Ministério da Indústria, do Comércio e do Turismo.

****** Plano de metas econômicas lançado em agosto de 1996.

******* Ex-presidente da Previ, fundo de previdência do Banco do Brasil. Bilachi fora exonerado no final de 1998, acusado de improbidade nos casos da privatização da Telebrás e da falência da construtora Encol.

Eu recomendei ao Calabi que pouco a pouco fosse mudando, porque é preciso também arejar essa área.

HOJE É SEXTA-FEIRA, 8 DE JANEIRO, três horas da tarde. Ontem foi um dia importante. O Gustavo Franco almoçou aqui e discutiu comigo as mudanças de câmbio que ele acha apropriadas. Discutiu com muita franqueza e fraternidade sua permanência ou sua substituição pelo Chico Lopes. Eu disse que ainda não tinha decidido, mas quis saber, no caso de eu me decidir pelo Chico, o que aconteceria com ele. Ele disse que entraria em férias, deixaria o Chico operar as mudanças que achasse convenientes e, na volta, sairia. Eu falei: "Bom, faço questão de você perto de mim e do Malan, porque precisamos de interlocutores, e por mil razões". Ele topou, eu o indicaria como chefe da minha assessoria especial. Depois ele me explicou que seu pai, de 83 anos, é quem está tomando conta dos negócios e que já não consegue tomar conta direito, que sua mãe tem problemas de saúde e sua mulher, problemas gerenciais na empresa dela.* Isso tudo dito com muita calma, com muita elegância. Eu sempre gostei do Gustavo. Mais uma vez apreciei o modo objetivo como discutiu comigo sua permanência ou sua saída. No caso de permanecer, ele ficará apenas um ano, por causa desses problemas de família.

À tarde, chamei o Chico Lopes. Ele está disposto a ficar. Fica por quatro anos, assume o Banco, faz o que tem que fazer. Está louco para fazer modificações, explicou quais: uma variação mais brusca na taxa de câmbio, tendo em vista baixar os juros. Como, aliás, também no caso do Gustavo, o objetivo é baixar os juros. Não se trata de desvalorizar, de permitir que o câmbio fique muito valorizado, mas de liberar a taxa de juros, a política monetária da política cambial. Ele me deixou um documento em que explica o modo como faria isso, um documento muito técnico. As linhas gerais eu entendi, mas as técnicas, não.

Voltei a falar com Pedro Malan, eu disse que tinha decidido ficar com Chico Lopes e que iria comunicar isso ao Gustavo. Até porque eu tinha dito ao Gustavo que iria poupar o Malan do incômodo dessa decisão, difícil para todos nós, para mim e para o Malan mais ainda. Acho que o Gustavo entendeu que a minha inclinação pelo Chico é pelas razões já alegadas, de que ele está mais determinado a fazer as coisas. Não sei se fará bem. Vamos ver.

Mas acho que precisamos mudar, acho que chegamos ao limite de sustentar essa política de juros altos e, realmente sem mexer um pouco na taxa de câmbio será quase impossível mudar.

À noite jantei com Paulo Renato e com Zé Gregori [José Gregori]** para conversar sobre as coisas do Itamar. Eles falaram também sobre o BC e eu defendi o

---

* Cristiana Laet, presidente da Erco Engenharia.
** Secretário nacional de Direitos Humanos, com status ministerial.

oposto [do ponto de vista deles], ou seja, a política atual, até porque eu não tenho alternativa, senão a coisa toda desanda.

Quanto ao Itamar, ele deu mais uma pirueta. O [Henrique] Hargreaves* também. Depois desmentiu, dizendo que não iriam pagar títulos da dívida de Minas.** Isso teve repercussão mundial. Caíram as bolsas no Japão, nos Estados Unidos, na Inglaterra.*** Mas não foi bem por isso. Utilizaram aqui no Brasil as declarações do Itamar para atribuir a ele a responsabilidade. E pau em cima do Itamar. Mas que eles foram irresponsáveis, foram. Depois o Hargreaves falou comigo, pediu que eu receba o Itamar na segunda-feira. Pediu que eu o convide. Perguntei se devia fazer isso por telefone. Não, por fax, ele disse. Depois fiquei com receio de duas coisas: primeiro de usar o fax e ele não vir. Segundo, de ele vir e promover outra vez um carnaval, usando a plataforma da Presidência para fazer barulho. Itamar não tem noção do que está fazendo. Ele age sem medir as consequências econômicas. Porque ele não entende do assunto, essa nunca foi a perspectiva dele.

Falei com Zé de Castro [José de Castro Ferreira],**** que me disse que é isso mesmo, que provavelmente foi [Alexandre] Dupeyrat quem escreveu a nota usando a palavra "moratória". Eu sei que o Zé Aparecido [José Aparecido de Oliveira]***** também surgiu por lá na última hora. Deu a impressão de ser uma coisa concertada.

Eu soube, por outro lado, que eles estão preparando uma armadilha para a Cemig,****** para pôr pessoas******* que vão questionar no Conselho de Administração a venda de parte da empresa. Ou seja: Itamar se dedica à picuinha e à briga, sem se preocupar com os efeitos disso na economia brasileira e mesmo mundial. É patético que o Brasil ainda veja pessoas como Itamar, com esse grau de despreparo para governar.

* Secretário da Casa Civil do governo mineiro.
** O secretário da Fazenda de Minas Gerais, Alexandre Dupeyrat, anunciou em 7 de janeiro a suspensão do pagamento de US$ 108 milhões em eurobonds da dívida externa de Minas a vencer em 10 de fevereiro.
*** A Bolsa de São Paulo caiu 5,1%. Tóquio e Nova York fecharam com pequenas altas após grande volatilidade nos pregões. Em Londres, queda de 0,8%. Os títulos da dívida externa brasileira (c--bond) perderam 3% do valor de face.
**** Ex-advogado-geral da União no governo Itamar Franco.
***** Ex-embaixador em Portugal no governo Itamar e assessor especial de relações internacionais do governo mineiro.
****** Em maio de 1997, a estatal energética de Minas Gerais tivera 33% de suas ações com direito a voto e 14% do capital não votante vendidos por R$ 1,3 bilhão — dos quais 600 milhões financiados pelo BNDES — ao consórcio formado pelas norte-americanas Southern Eletric e AES e pelo Banco Opportunity, além de fundos de pensão.
******* José Aparecido de Oliveira e Aureliano Chaves, ex-vice-presidente da República (governo Figueiredo) e ex-ministro de Minas e Energia (governo Sarney).

Hoje de manhã reuni o ministério, fiz um discurso forte no sentido de congraçamento e sobre termos que levar adiante as transformações, mas sem nos esquecer das pessoas, da qualidade de vida. Depois fizemos uma exposição, aí falaram o Malan e o Paulo Paiva,* mas eu pontilhei bastante, para mostrar que o déficit recorde da Previdência,** o rombo da Previdência, acarreta a taxa de juros elevada. Como acabei de registrar, não é só isso; o déficit cambial também. Mas essa parte fica sempre obscurecida, porque não dá para discutir em público. Espero que a gente encaminhe numa boa direção.

O momento não é positivo, porque essa onda provocada depois das declarações do Itamar serve para complicar ainda mais as coisas. Apesar de termos vencido, na quarta-feira, a questão da CPMF,*** uma vitória marcante, ela foi apagada pelo zigue-zague provocado pelo dr. Itamar Franco.

HOJE É SÁBADO, 9 DE JANEIRO, meio-dia e trinta. As repercussões da minha fala na reunião do ministério foram excelentes. Todos os jornais, grande destaque, dureza, dureza com Itamar, Itamar isolado, os outros governadores não o apoiam, nem mesmo o Garotinho e o Zeca do PT [José Orcírio Santos].**** Olívio Dutra é mais esperto, mandou o secretário de Fazenda***** vir negociar com Pedro Parente. Enfim, parece que se reverte esse clima.

Jader [Barbalho]****** está atrás de mim, vou falar com ele hoje, o PMDB ficou preocupado, Itamar afinal é do PMDB. Tenho que ver isso com jeito. Itamar é o irresponsável de sempre. Todo mundo sabe que para fazer o Real foi uma dificuldade imensa, por causa justamente dessa gente que está com ele hoje, sobretudo o [Alexandre] Dupeyrat, mas outros também. Menos o Zé de Castro, que sempre ajudou, o Hargreaves, que também foi neutro, e o [Mauro] Durante.******* Agora, o Zé Aparecido nunca entendeu nada, o Dupeyrat é um desastre e o Mauro Santayana******** uma tragédia. Enfim, essa gente miúda que anda com Itamar não tem noção de economia, do mundo moderno, do que seja o Brasil. Das tarefas

---

* Ministro do Orçamento e Gestão, pasta sucessora do Planejamento.
** Em janeiro de 1999, o déficit total da Previdência alcançou R$ 43,5 bilhões (154 bilhões em abril de 2016, corrigidos pelo IGP-DI), dos quais 36 bilhões referentes ao funcionalismo público.
*** O governo venceu o primeiro turno da votação no Senado por 61 a 12.
**** Governador de Mato Grosso do Sul.
***** Miguel Rosseto, também vice-governador (PT).
****** Senador (PMDB-PA) e presidente nacional do partido.
******* No governo Itamar Franco, Durante foi secretário-geral da Presidência; Hargreaves, ministro-chefe da Casa Civil; José de Castro, consultor-geral da República; e Alexandre Dupeyrat, ministro da Justiça, além de assessor especial da Presidência.
******** Jornalista, assessor político e redator dos discursos de Itamar Franco.

históricas, nada. Eles veem o mundo, primeiro, sob a ótica dos anos 1960, depois com um oportunismo mesquinho. Itamar está enraivecido porque tem despeito de mim, obviamente.

Eu sempre disfarço isto, mas fui a ama-seca dele quando ele era presidente da República. Impedi mil crises, inclusive com os militares. Depois do episódio da Lílian Ramos,* fui procurado pelo general [Romildo] Canhim** — o Itamar ainda estava no Rio, ou em Juiz de Fora, ou no Sul, não sei bem, foi em fevereiro de 1994 —, que me disse o seguinte: que os chefes militares, ministros, generais, estavam reunidos e queriam saber de mim se, havendo a possibilidade da substituição de Itamar pelo Congresso, e eles pensavam possivelmente no Jarbas Passarinho,*** se eu continuaria ministro da Fazenda. Eu disse ao Canhim que não, que nem um dia.

Quando Itamar regressou do périplo que fez — ele tinha ido ao Rio Grande do Sul, a uma Festa da Uva,**** era a primeira vez que ele voltava a Brasília depois de ser flagrado pela Globo cantando essa Lílian Ramos, numa cena ridícula de televisão — eu o puxei para um canto na Base Aérea e disse: "Olha, Itamar, você deve ter mais informações do que eu sobre a situação militar. Pois bem, acho que você deve afastar o Maurício Corrêa***** e o Mauro Durante,****** porque os militares consideram a situação grave. Isso tudo foi uma coisa muito ruim para você e para o país, repercussão péssima". Itamar ficou de avaliar, não afastou ninguém e progressivamente fomos reconstruindo as coisas.

Recordo que, em outra ocasião, o general Zenildo [de Lucena]******* me convidou para almoçar. Eu fui, creio que estava o general Gleuber [Vieira]******** também, não tenho certeza. Não sei se foi o conselheiro Eduardo Santos,********* mas alguém foi comigo e presenciou a conversa. O Zenildo, que é um homem educadíssimo, estava preocupado com a falta de firmeza do Itamar, e eles achavam importante que eu tivesse uma posição de destaque para poder levar o Brasil para a frente na parte econômica.

Estou apenas contando dois episódios de como era o relacionamento de Itamar com o Brasil e comigo. Ele comigo, sempre bem. E eu também sempre bem

---

* No Carnaval de 1994, Itamar foi fotografado no sambódromo da Marquês de Sapucaí abraçado à modelo Lílian Ramos, destaque da Viradouro.
** General da reserva e ministro da Secretaria de Administração Federal à época do episódio.
*** Senador pelo PPR-PA e presidente da CPI do Orçamento à época.
**** XX Festa Nacional da Uva de Caixas do Sul.
***** Ministro da Justiça na época do episódio, em 1999 era ministro do STF.
****** Secretário-geral da Presidência em 1994. A imprensa da época apontou Durante como responsável pela ida de Itamar à Sapucaí. Corrêa foi fotografado supostamente bêbado no camarote das autoridades.
******* Ex-ministro do Exército (1992-9).
******** Subchefe do Estado-Maior do Exército em 1994 e comandante do Exército em 1999.
********* Diplomata, assessor internacional da Presidência, hoje embaixador.

com ele. Sempre ajudei. Nunca, até hoje, repliquei os desaforos que ele andou me fazendo sendo ainda meu embaixador.* Viajando pelo mundo todo com seus assessores, gastando uma fortuna. Até hoje os ex-presidentes, apesar de terem outras posições, possuem vários assessores, todos pagos pela Presidência da República. Itamar fala a toda hora que é um homem simples, que tem austeridade, mas não hesita um só instante em nomear o pessoal dele.

Zé de Castro me contou pelo telefone outro dia que Itamar mandou para Londres, para assistir à eleição do Tony Blair,** o comandante Carvalho [Antônio Carlos de Carvalho]*** e o Dupeyrat, e que o Dupeyrat a única coisa que fez foi visitar o túmulo de Marx em Londres. Isso mostra o fetichismo desse homem, que não tem nada na cabeça, noção de nada, e hoje é secretário da Fazenda de Minas Gerais.

Enfim, são circunstâncias com as quais vou ter que lidar nos próximos quatro anos. Itamar dará trabalho o tempo todo porque ele tem mágoa, despeito, quer voltar à Presidência e não tem a noção da responsabilidade pública que um governador que foi ex-presidente da República deve ter, e tem menos noção ainda do que é o mundo de hoje, quais são as forças sociais básicas de um país como o Brasil. Deixemos Itamar em paz.

Eu disse o que penso no discurso que fiz no ministério. Hoje a maior dificuldade que enfrentamos é a classe média. A classe média burocrática, a classe média que está instalada em vantagens no Estado, direta ou indiretamente. Esse o maior problema e o que causa muita dificuldade junto aos formadores de opinião. Por quê?

Primeiro os jornalistas. Mesmo um homem como o Márcio Moreira Alves**** recebe da Previdência porque foi perseguido pelo regime militar. Ele não era funcionário público na época, mas tem uma indenização.***** Hermano Alves****** está em Portugal, Mário Soares******* já me escreveu, e também quer uma indenização. Há vários com indenização. Não que não mereçam, mas é

---

* Antes de romper com Fernando Henrique, em 1998, Itamar Franco servira como embaixador do Brasil na Itália e na OEA, em Washington.

** Premiê britânico.

*** Capitão da Marinha na reserva, ex-ajudante de ordens da Presidência e presidente da Prodemge, estatal mineira de processamento de dados.

**** Colunista de *O Globo* e ex-deputado federal pelo MDB, teve o mandato cassado em 1968.

***** A partir de 1995, com a implantação da Comissão de Mortos e Desaparecidos Políticos do Ministério da Justiça e o reconhecimento oficial do papel do Estado nas violações de direitos humanos durante a ditadura militar (1964-85), ex-perseguidos políticos foram autorizados a pleitear o recebimento de indenização financeira da União.

****** Ex-deputado federal pelo MDB, cassado em 1968.

******* Ex-presidente de Portugal.

que eles ficam amedrontados com a possibilidade de mudança desse sistema, digamos, paternalista do Estado brasileiro e isso, subjetivamente, mina a capacidade que eles têm de analisar as questões do governo e mina o apoio que possam dar.

Faço honra ao Marcito, que tem sido um dos melhores jornalistas, ele é independente e vê as coisas. Mas, de qualquer maneira, dei apenas como exemplo [dessa mentalidade].

E há mais do que isso. Toda a universidade é temerosa. A média de aposentadorias é com menos de cinquenta [anos]. Os salários não são altos, mas são suficientes para, depois de aposentados, os funcionários da universidade melhorarem de vida com outro emprego.

A mesma coisa se aplica aos parlamentares e seus familiares. Eu disse mais na reunião do ministério: cada um de nós, diplomatas, militares, professores, parlamentares, nós somos o principal entrave à mudança necessária, porque se trata de tirar recursos de gente que recebe benefícios do Estado brasileiro sobretudo por causa da Previdência. São 800 mil aposentados recebendo 20 bilhões de reais. Ou seja, uma renda média per capita equivalente à de um país da União Europeia, e isso num país, como eu disse em meu discurso, de miseráveis que recebem 120 reais de salário mínimo.*

É impressionante. Essa é a dificuldade.

É fácil, hoje, tributar a terra, criar imposto sobre o latifúndio. Essa não é a questão. Já fizemos.** É fácil fazer imposto em cima de bancos ou de organizações financeiras.*** Eles se defendem, obviamente, e lucram muito. O Congresso aprova medida contra eles, mas não aprova medidas que firam os interesses dessa classe média encastelada em interesses burocráticos. Essa é a questão.**** E ela não é posta de manifesto por ser desagradável. Tem que dar nome aos bois. É claro que existe outra classe média — por exemplo, em São Paulo, no Rio, em Minas mesmo, no Paraná — que não tem nada a ver com isso, mas ela fica contaminada pela existência desses formadores de opinião que refletem a classe média burocrática e os interesses que ela tem de defender seu patrimônio.

Enfim, não se trata de uma luta de classes tradicional, é outro estilo de luta contra os privilégios, mas é esse o problema que estou enfrentado neste momento.

---

* O salário mínimo era de R$ 130, equivalentes a R$ 556 em abril de 2016 (IGP-DI).
** Sancionada pelo presidente em 19 de novembro de 1996, a lei nº 9393 aumentou o Imposto Territorial Rural para propriedades consideradas improdutivas.
*** Alusão à medida provisória integrante do ajuste fiscal que reajustou o Imposto sobre a Renda das Pessoas Jurídicas (IRPJ), aprovada pelo Congresso em 13 de janeiro.
**** Tratava-se de aprovar a reforma da Previdência dos funcionários públicos, inclusive a criação da contribuição de inativos.

Não creio que haja nada mais a registrar. Vou receber o Jader mais tarde. A Ruth vai para o Rio hoje e amanhã para a Europa,* eu fico por aqui. Amanhã vou à fazenda.**

Ia me esquecendo de uma das principais questões a registrar. É que, como já antecipei, depois de longas conversas com o Gustavo Franco e com o Chico Lopes, informei ontem ao Pedro Malan que será o Chico Lopes o novo presidente do Banco Central. Malan estava no Rio, conversamos por telefone, e depois falei sobre o Carazzai ir para a Caixa Econômica. Malan resistiu um pouco, mas finalmente cedeu. Claro que há limites, cautelas, para que a diretoria da Caixa Econômica responda à política econômica e não aos interesses do PFL. Mas o Carazzai nem sequer é membro do PFL, é apenas amigo do pessoal do Marco.

Depois eu disse ao Malan que ia avisar o Gustavo Franco da decisão. E efetivamente, à noite, telefonei para o Gustavo Franco e disse que íamos trocar a guarda e que a condição sine qua non era que ele ficasse no governo, junto ao meu gabinete. Ele respondeu que tudo bem. Acho que ele já esperava. Hoje de manhã telefonei para o Chico Lopes e disse que eu contava que na próxima quarta-feira ele fizesse as mudanças programadas, que são mais do que urgentes.

Tomei todas essas decisões sozinho. Quem decidiu a mudança no Banco Central fui eu, quem decidiu que estava na hora de não postergar mais fui eu, apesar de saber que não temos quase ninguém para fazer o que é preciso, porque com a saída do André [Lara Resende] e do Beto [José Roberto Mendonça de Barros],*** e agora do Gustavo, sobraram só o Chico Lopes e, talvez, o Demósthenes [Pinho Neto],**** que eles chamam de Tintim, e o Amaury Bier.***** Não obstante, não dava para ficar imobilizado. Vi que o Pedro Malan não tinha condições de enfrentar essa parada, estava muito abalado com a decisão de tirar o Gustavo, então tomei eu a decisão.

HOJE É SEGUNDA-FEIRA, 11 DE JANEIRO. Ontem, domingo, fui para a fazenda com o [Luiz Felipe] Lampreia, o Gelson [Fonseca]****** e o [Luiz Felipe] Seixas Corrêa.******* Conversas normais. Na volta, jantei com o José Sarney Filho, o Zequinha Sarney, mais o Fabio Feldmann******** e com o secretário executivo do

---

* A primeira-dama viajou de férias, acompanhada de Paulo Henrique Cardoso, filho mais velho do casal presidencial.
** Fazenda Córrego da Ponte, em Buritis (MG).
*** Ex-secretário executivo da Câmara de Comércio Exterior.
**** Diretor da Área Externa do Banco Central.
***** Secretário de Política Econômica do Ministério da Fazenda.
****** Assessor diplomático da Presidência.
******* Secretário-geral do Itamaraty.
******** Ex-secretário estadual do Meio Ambiente de São Paulo.

ministério do Meio Ambiente, que eu creio se chama Luiz Carlos.* Quero dar mais força à questão do meio ambiente.

Hoje falei com Pedro Malan, que esteve aqui. Esses dias o Pedro andou me telefonando, está preocupado, como é natural, com a mudança da política de câmbio. Infelizmente, ainda hoje vejo pelos jornais que os governadores estão a falar dos juros, e pode parecer que vamos mudar a política de câmbio sob pressão, não sei. O fato é que preciso fazer isso o quanto antes.

Aquela dificuldade com o Gustavo. O Pedro Malan tem muito apreço por ele, eu também; como fazer a operação sem magoá-lo? Por outro lado, o Chico Lopes é muito intolerante nisto de não aceitar nenhum palpite do Gustavo. Enfim, dificuldades mais pessoais que técnicas, mas que acabam tendo reflexo político e podem atrapalhar as coisas.

No que diz respeito ao relacionamento com os governadores e com Itamar, de novo recebi o [Djalma] Morais hoje de manhã, que vai ser presidente da Cemig e que, por isso, abre mão da BR Distribuidora. Parece que era um movimento dos ajudantes de Itamar para dar um pouco mais de sensatez a ele. Eu acho a situação delicada, porque politicamente Itamar plantou uma semente complicada, que é a de Minas isolada, não sei o quê. Isso é complicado e não é a minha intenção agravar. Por outro lado, tem a questão da autoridade. Ficam todos cobrando, dizendo que não posso ceder nada ao Itamar. Ao Itamar, não, mas ao interesse do Brasil, sim.

Fora isso, almocei com o João Saad, o pessoal da TV Bandeirantes, o Pimenta e o Andrea Matarazzo, para discutir as coisas habituais.

Acabei de falar por telefone com Fidel Castro, para dizer a ele que o Luciano Martins** vai ser o nosso embaixador lá [em Cuba]. Fidel muito amável, mas falando sempre de Colômbia e Venezuela.*** Quer um encontro comigo lá em Caracas.****

Falei também com Antônio Carlos por telefone, sobre o teto salarial que precisamos definir***** e hoje espero que, com o Pedro Malan e o Chico Lopes, seja possível estabelecer o encaminhamento dessa questão, porque, no fundo, o que está nos sufocando a todos é a taxa de juros.

---

* José Carlos Carvalho.
** Sociólogo, coordenador do Grupo de Análise e Pesquisa (GAP), assessoria especial da Presidência.
*** Alusões ao recém-iniciado processo de paz do governo colombiano com a guerrilha das Farc (Forças Armadas Revolucionárias da Colômbia) e à expectativa em relação ao governo de Hugo Chávez, eleito à presidência venezuelana.
**** Fernando Henrique acabou não viajando à Venezuela para a posse de Chávez, em 2 de fevereiro de 1999.
***** O Congresso aprovou em regime de urgência um decreto legislativo para suspender provisoriamente o teto salarial dos deputados e permitir o pagamento extra pela convocação no recesso.

Hoje ainda é dia 11. Acabei de jantar quase à meia-noite, com Clóvis [Carvalho],* Pedro Malan e Francisco Lopes. Longa discussão, de novo, sobre as medidas a serem adotadas. A decisão já está tomada por mim há algum tempo. O Chico Lopes me entregou mais uma versão do paper que ele organizou, para mostrar o que vai fazer na quarta-feira, dia 13. Vai ser uma data importante, porque estamos mudando, na prática, o regime cambial.** Não sei como isso vai ser encarado, se haverá corrida contra o real, se seremos capazes de aguentar, mas vamos sair do imobilismo, que é o que está levando ao sufoco da taxa de juros.

Pedro Malan reagiu mal à ideia de que o Gustavo não continuasse na presidência do Banco, mesmo que formalmente, enquanto o Chico operasse. O Chico disse que isso não tinha sentido, que seria uma encenação facilmente perceptível, e ruim para ele e para o Gustavo. Essa acabou sendo a conclusão. Malan, então, propôs que Gustavo fosse secretário executivo do Ministério da Fazenda, com a condição de que eu colocasse o Pedro Parente na Petrobras. Eu não tenho resistência a colocar o Pedro Parente na Petrobras, mesmo ele não tendo experiência de empresa; eu acho que ele é um homem de visão, um homem de governo, e a Petrobras precisa estar mais afinada com o governo. O Duda [David Zylbersztajn]*** também pensa assim sobre o Pedro Parente. Noto resistências no Clóvis pelo fato de o Pedro Parente nunca ter dirigido uma empresa desse porte. De qualquer maneira, a resistência do Clóvis é mais, digamos, simbólica, porque ele não vai se mover contra. Por outro lado, não creio que o Gustavo aceite ser secretário executivo. Isso faz com que eu mantenha o meu convite para que ele chefie a minha assessoria econômica. Não sei se há solução melhor do que essa. Vamos ver. Estou determinado, acho que contemporizamos demais, e agora não dá mais tempo, temos que fazer essa mudança.

Hoje estive também com o Beto Mendonça. Ele é da opinião de que a mudança deve ser feita no Carnaval ou na Semana Santa, mas que não pode passar de abril. Mal sabe ele que estamos discutindo essa mudança para daqui a horas.

Amanhã vou ao Rio de Janeiro para a inauguração do parque gráfico do *Globo*,**** depois a Sergipe, para a casa do Albano Franco,***** onde vou passar quatro ou cinco dias de férias, no sol. Ao mesmo tempo, amanhã, os governa-

---

* Ministro-chefe da Casa Civil.
** O governo preparava a implantação de uma banda de variação cambial entre R$ 1,20 e R$ 1,32, e flutuação de até 6% em relação ao centro da banda. A meta era iniciar uma desvalorização controlada de 12%-15% do real até janeiro de 2000.
*** Diretor-geral da Agência Nacional do Petróleo, Gás Natural e Biocombustíveis (ANP) e genro de Fernando Henrique, casado com Beatriz Cardoso.
**** Novo parque gráfico dos jornais *O Globo* e *Extra* em Duque de Caxias, na Baixada Fluminense.
***** Governador de Sergipe (PSDB). O presidente viajou para a Praia do Saco, localidade no município de Estância, a 60 km de Aracaju.

dores estarão reunidos no Maranhão.* Creio que haverá um manifesto; além de combaterem a moratória, eles também vão fazer alusões à política de juros. Isso pode até atrapalhar as nossas decisões, porque depois vão falar que elas foram tomadas por causa do que eles venham a dizer. Mas não posso contar a ninguém que já as tomamos, pois é um assunto realmente estratégico e ultrassecreto. Só conversei sobre isso com Pedro Malan, Gustavo Franco, Francisco Lopes e Clóvis Carvalho, com mais ninguém. Ninguém mesmo. Se algo vazar, a responsabilidade não será minha.

O Pedro está muito assustado, achando que já é um milagre ainda não ter vazado nada. Eu vejo que passou a ideia de que vamos tirar o Gustavo, mas não a de que vamos mudar, e mudar já, o regime cambial.

Não sei qual vai ser a reação do Fundo Monetário. Se tudo der certo, certamente Stanley Fischer** vai achar ótimo. Se não der certo, o Fundo não tem responsabilidade, porque não foi ele que nos incentivou a tomar essa decisão. Isso mostra também o grau de liberdade que tem nosso relacionamento com o Fundo Monetário. Vamos torcer para que tudo dê certo.

---

* Catorze governadores alinhados ao Planalto se reuniram em São Luís, a convite da governadora Roseana Sarney (PFL), para discutirem a renegociação das dívidas estaduais com a União, declarar apoio ao ajuste fiscal e criticarem a moratória de Minas Gerais.
** Diretor-gerente adjunto do FMI.

13 A 20 DE JANEIRO DE 1999

Francisco Lopes assume o BC. Fracassa a implantação da banda cambial. Pânico nos mercados. Vitória na votação do ajuste

Hoje é quarta-feira, 13 de janeiro. Ontem, dia 12, como programado, fui ao Rio para a inauguração da gráfica do *Globo*, fiz um discurso rápido, falei com a imprensa. Me perguntaram sobre o Malan e o Gustavo Franco, eu disse que o Malan era essencial e tal, que não mudará, mas não falei nada do Gustavo Franco, porque não queria ser pego no contrapé.

E de lá voei para Aracaju. Fui recebido por dona Leonor [Barreto Franco], mulher do Albano Franco. Albano foi para o Maranhão, eu mesmo disse para ele ir à reunião dos governadores, e ficamos lá, fui com Leôncio Martins Rodrigues e com os meus ajudantes de ordens mais próximos.

A certa altura, falei com a Roseana Sarney, que me disse que a reunião foi muito boa. Eu já tinha recebido a nota dos governadores, tudo tranquilo, e estávamos lá depois do jantar, jogando um poquerzinho, quando toca o Clóvis várias vezes. A situação era de muito boato, de muita dificuldade e preocupação, tanto que, tarde da noite já, ele pediu que eu voltasse a Brasília.* Coisa que fiz, como se está vendo aqui, estou gravando de Brasília. Praticamente não descansei nada em Aracaju, vim correndo, já fiz um pronunciamento ao país** para dizer o que era necessário a fim de acalmar a situação, se é que é possível acalmá-la. Falei com Camdessus, que não teve uma conversa ruim comigo.

O problema é o seguinte: o Fundo Monetário acha que é preciso avançar mais na questão fiscal. Chamei o Malan para assistir à minha conversa com Camdessus. O Malan, o Pedro Parente, o Clóvis, o Sérgio Amaral, o Andrea Matarazzo e ainda o Amaury Bier.

Eu disse a eles: O que é que eles querem? Algum sinal na privatização. Já sei: ou a Petrobras ou o Banco do Brasil. Pois bem, não vou privatizar nem um nem outro. Eles estão botando o sarrafo cada vez mais alto para nós saltarmos. E mais: ficam falando da questão fiscal, mas estamos avançando no fiscal, que ninguém duvide disso. O Congresso está cedendo. Agora, como é que vamos quebrar os ritos da democracia? No fundo, o desejo dos países industrializados e do Fundo Monetário é a

---

* Após os anúncios da demissão de Gustavo Franco e da implantação da banda cambial, o dólar disparou 8,9%. A Bolsa de São Paulo chegou a cair 10%, mas fechou a −5%. Os juros futuros e interbancários subiram até 7%. No fim do dia, a saída de dólares do país alcançou US$ 1,1 bilhão.

** O presidente falou à imprensa. O pronunciamento à nação em cadeia de rádio e TV foi ao ar em 15 de janeiro.

quebra da democracia. Querem que se vá depressa, o que a lei não permite. É preciso que se entenda isso, e o Fundo não pode exigir o que a democracia não permite.

Eles ficaram preocupados com a minha análise. Eu não vou dizer isso em público, mas é o meu pensamento. Pedro Parente comentou: "Pois é, o pessoal do Fundo é muito ingênuo". É mesmo, em matéria institucional. E contraditório. Querem democracia, avanço social e juros altos.

A preocupação básica do Camdessus era que houvesse um afrouxamento da política monetária e da fiscal. Eu disse que não, que essa não é a ideia. "Ah, porque eu acho o Gustavo Franco mais rígido do que o atual", ele falou. Eu disse que não, que isso não era verdade. Camdessus ficou de dar uma nota de apoio ao que vamos fazer. Eu repeti tudo a ele, reiterei os avanços feitos pelo Congresso e o que vamos votar hoje à tarde, os prazos de que eu preciso para votar o resto.

Há uma grande inquietação nos mercados internacionais e, de novo, uma tentativa de corrida contra o real. E há o temor de perder alguns bilhões de dólares das reservas. Agora são os especuladores nacionais, utilizando moeda nacional para comprar dólar para depois fazer o lucro na especulação. Isso exige aumentar mais a taxa de juros para contê-los. A taxa de juros já está alta e ainda assim não contém a especulação. Vamos ter um braço de ferro duro com os que estão especulando mais uma vez. Só que agora, se vencermos esta parada, vamos sair da armadilha juros-câmbio.

Vejo pelas notícias que alguns começam a entender que a desvalorização vai permitir exportar mais, pelo menos para a Argentina. Os argentinos estão reclamando. O Clinton, de novo, perfeito no seu apoio a nós. Deu uma declaração positiva. Falei há pouco com o Jader, que disse que o PMDB fechou integralmente conosco e que também considera Itamar um louco, perdido. Eu soube que Itamar, amanhã, vai falar sobre o imposto da Cemig. O Jader considera que Itamar não tem solução. Falei para Antônio Carlos continuar firme, apoiando, o Michel Temer também, enfim, agora *les jeux sont faits...*

HOJE É SÁBADO, DIA 16 DE JANEIRO. Terminei a gravação anterior dizendo *"les jeux sont faits"*. Infelizmente os jogos aconteceram e nós perdemos a primeira rodada.

Quinta-feira foi um dia desastroso, as perdas em dólar na compra da moeda por particulares subiram muito, o Banco Central teve que vender no teto da banda estabelecida de 1,32. Grande apreensão, fiquei até tarde examinando o quadro. As coisas no Brasil pareciam mais calmas, mas de repente se viu que não, porque o [Cláudio] Mauch anunciou que se demitiria do Banco Central,* coisa que ele já havia decidido fazia muito tempo, não havia nenhuma razão para anunciar isso num

---

* Mauch demitiu-se da Diretoria de Fiscalização do BC.

dia tão nervoso e com o mercado aberto. Serviu de pretexto para que os verdadeiros sentimentos dos mercados explodissem.*

As bolsas caíram dez pontos percentuais, as vendas foram suspensas, caíram no Rio, em São Paulo, em Buenos Aires, no México e até mundo afora. Um susto imenso para todos nós.

Eu já tinha ido para a fazenda no fim da tarde, na expectativa de que as coisas não fossem ficar tão catastróficas. Eu havia tido uma conversa longa com o Beto Mendonça, outra com o André Lara Resende, eles se mostraram mais ou menos animados. André estava em Paris, pedi que ele falasse com Pedro, que, justiça seja feita, desde o início ficou muito preocupado com o mecanismo proposto pelo Chico Lopes. Quando eu movi a pedra, ou seja, quando tirei o Gustavo e botei o Chico, o que eu quis foi mudar a política cambial e a de juros. O próprio Gustavo Franco, no pronunciamento que fez quando deixou o Banco Central, disse textualmente: "O presidente da República resolveu mudar a política de câmbio e juros". E o Chico Lopes era o instrumento de que eu dispunha para essa mudança. Não havia mais ninguém em volta.

Fui para a fazenda, como disse. À noite, Pedro Malan me ligou, muito apreensivo. Ele já reconhecia um grande desastre e começamos a discutir alternativas. Ele já tinha falado com o Stanley Fischer, já tinha conversado com meio mundo, e as alternativas eram apertadas. Recomendei a ele que uma coisa fosse garantida: que não se esvaziassem os dólares [reservas cambiais]. Ou seja, que alguma medida tinha que ser tomada para sustar a fuga de dólares. Ele me falou que no dia seguinte, ou seja, na sexta-feira de manhã, eles iriam ter uma reunião no Banco Central e que na quinta-feira mesmo iriam jantar ele, Chico Lopes e não sei se o Pedro Parente, mas certamente o diretor de política externa, o Tintim, Demósthenes [Pinho Neto], e também o assessor direto do Pedro Malan, profissional muito bom, o Amaury Bier. Essa reunião terminou tarde, ele só me contou sobre ela às sete e meia da manhã de ontem, sexta-feira.

Pedro me fez de novo o resumo do panorama. Na conversa de quinta-feira à noite com Fischer, surgiram quatro alternativas. A primeira era de fechamento do mercado, para no fim de semana discutir com o Fundo o que fazer; a segunda alternativa era criar um *currency board*, ou seja, fixar a taxa do dólar [garantida por uma quantidade de moedas de reserva],** mas isso não poderia ser feito de imediato; outra possibilidade era deixar o dólar flutuante; e a última, ampliar a banda, de modo que fosse defensável um teto mais alto. Nesse caso, Pedro disse que achava

---

* A saída de dólares subiu a US$ 1,8 bilhão. O pânico nos mercados foi amplificado pela decisão do governo de Minas Gerais de ratificar a moratória de eurobonds, o que causou a suspensão do recebimento de parcelas de empréstimos do BID e do Banco Mundial ao estado.

** Na prática, a medida equivale à dolarização da economia, tal como implantada na Argentina em 1989, no primeiro mandato de Carlos Menem.

que o centro da banda devia ser o teto anterior de 1,32. Enfim, eram essas as alternativas possíveis.

Voltei a dizer que me parecia que nós precisávamos defender as reservas e que eu não tinha medo de tomar nenhuma dessas decisões. Só não sou simpático ao *currency board* porque acho que no Brasil não vai funcionar. Então, era ou banda larga ou deixar o câmbio flutuar, o que é sempre arriscado.

Essa comunicação de ontem, sexta-feira, o dia das decisões, foi a última que tive com Malan antes de ele se reunir com o pessoal do Banco Central.

Depois disso, também na noite de quinta, falei com Chico Lopes, que chegou preocupado, achando que a partida estava jogada. Eu disse ao Pedro: "Vejo o Chico meio desorientado". Pedro concordou comigo.

Só depois fui informado de que eles tinham tomado a decisão de deixar [o dólar] flutuar. Muito bem, eu disse, está bem, apoiei. Além do mais, não tinha muito como não apoiar: àquela altura o mercado estava aberto e, para a nossa surpresa, para a minha surpresa, o [Aldo] Miyaguti, meu ajudante de ordens, o major Miyaguti, que acompanha a Bolsa, me informou lá na fazenda que o dólar estava sendo cotado a R$ 1,55. Fiquei surpreso, não achei um pulo muito grande.

Falei de novo com Pedro Malan, ainda nessa apreensão, o Pedro vendo as coisas evoluírem, ele muito tenso, nós todos, então decidi voltar para Brasília e ter um encontro com ele às três horas da tarde.

Cheguei às duas horas. Fiquei pouquíssimo na fazenda, não consegui descansar um minuto nesse tempo todo. Aqui, recebi um telefonema do [Enrique] Iglesias,* muito satisfeito com a reação, com a repercussão muito favorável do mercado mundial.**

Devo dizer, de passagem, que eu tinha falado com o [Julio] Sanguinetti lá na fazenda. Ele não estava assustado, disse que no Uruguai as coisas iam bem.

Depois dessa reação do Iglesias, que me disse "Olha, foi ótimo, aqui a repercussão está boa, como é que está a Bolsa aí?", fiquei vendo que a Bolsa não parava de subir. Aliás, ainda na fazenda, ontem de manhã, eu tinha acompanhado e visto as bolsas dispararem a mais de 20%. No final, terminaram em 33%.***

Recebi um recado para telefonar para o Armínio Fraga.**** Ele me disse: "Parabéns, presidente, deram a volta por cima, o câmbio está flutuando, mas, pelo amor de Deus, na segunda-feira não façam mais nada, não ditem regra nenhuma, deixem assim, está resolvido o impasse entre câmbio e juros, e num nível muito razoável. Isso vai ter que continuar com o ajuste fiscal, mais nada!".

---

* Presidente do BID.
** O c-bond subiu 15,2%. A perda de divisas baixou para US$ 370 milhões.
*** Foi a segunda maior alta da história da Bolsa paulista: 33,4%. O dólar fechou a R$ 1,44, com valorização de 17,3% em três dias.
**** Ex-diretor de Assuntos Internacionais do BC (1991-2) e diretor do Soros Fund Management.

Fui para a reunião com a cúpula da área econômica, mais o Clóvis, no próprio Palácio da Alvorada, mais tarde mandei chamar o Sérgio Amaral e depois o Andrea Matarazzo. Sérgio já estava redigindo um discurso, porque antes da reunião com o Banco Central eu já tinha combinado com ele que iria falar ao país. Para acalmar o país. O Sérgio também me deu conta do número de pessoas com as quais havia falado, todos muito positivos, menos o Maílson da Nóbrega,* que defendia a âncora cambial. Maílson é um grande aliado do governo, tem sido fiel esse tempo todo, por isso eu tinha dito "Fale especificamente com o Maílson, explique".

No balanço que fizemos aqui, foi isto mesmo: nós tínhamos pulado o Rubicão um pouco por acaso, empurrados pelas circunstâncias. A decisão que eu havia tomado, na verdade já desde 1998, de mudar o regime cambial, foi por razões óbvias, por causa da taxa de juros e da impossibilidade de a economia crescer, da camisa de força em que estávamos.

O medo que todos tínhamos e, evidentemente, que ainda temos, porque vamos ver o que acontece na semana que vem, era de que o Brasil, como não é Inglaterra, desse em México.** Eis que o Brasil não é Inglaterra, mas também não é México. A Inglaterra fez uma desvalorização,*** o mercado aceitou, e acabou, não aconteceu nada. O México fez uma desvalorização, o mercado não aceitou e deu um pulo, desvalorizou muito. Como me disse o [Ernesto] Zedillo**** na crise de setembro.*****

Agora, o Brasil fez a desvalorização, deixou o mercado fazer a desvalorização, ela está ao redor de 18% hoje, mais do que tínhamos feito, de 8%, subiu um pouco mais, 10%.****** Os que diziam que o real estava sobrevalorizado em 31% quebraram a cara; os que diziam que não era preciso desvalorizar, também. O fato é que se ficarmos nesse nível, ao redor de 20% de desvalorização, com uma economia não indexada, é possível, através de uma política monetária austera, controlar a subida da inflação.

Como o Congresso está assustadíssimo, eu falei com Michel Temer e ele propôs que votássemos até o fim de semana que vem as medidas do ajuste fiscal. Falei

---

* Sócio da consultoria Tendências e ex-ministro da Fazenda (1988-90) no governo Sarney.
** Alusão à crise cambial de dezembro de 1994, apelidada de Efeito Tequila, que forçou o governo mexicano a solicitar uma linha de crédito de US$ 18 bilhões ao FMI.
*** Em setembro de 1992, um ataque especulativo contra a libra esterlina, liderado por um fundo de George Soros, obrigou o governo britânico a gastar mais de £ 3 bilhões para segurar a cotação da moeda.
**** Presidente do México.
***** Mês do agravamento da crise internacional deflagrada pela moratória russa e pelo colapso do rublo.
****** No fechamento da sexta-feira 15 de janeiro de 1999, o dólar valia R$ 1,44, desvalorização nominal de 19% em relação ao R$ 1,21 do primeiro dia útil do ano.

com Antônio Carlos, falei com Arnaldo Madeira,* combinei que faríamos na segunda-feira uma declaração conjunta nessa direção. Parece que, efetivamente, a economia brasileira começou a passar para o outro lado, o das grandes economias industriais, até para nossa surpresa.

Claro, mil problemas, muitas confusões ocorrerão por causa desse zigue-zague, mas se não atravessarmos esse Rubicão não vamos conseguir divisar um final de mandato meu com maiores perspectivas de crescimento da economia. Naturalmente os Itamares da vida vão continuar a dizer bobagens, Itamar anda desatinado, está ligado lá ao pessoal do Zé Dirceu [José Dirceu],** mas uma coisa assim muito baixa, e com ódio, dizendo que só cuidei da reeleição. Já ele não cuida de nada, a não ser de criar dificuldades para o Brasil.

São episódios desagradáveis, e eles vão ser persistentes, mas que não têm efeito sobre o conjunto da economia brasileira e, portanto, do povo brasileiro. Tenho que me preocupar é com o povo brasileiro.

Fiz um pronunciamento e vi, pela transcrição no jornal *O Estado de S. Paulo*, que eu estava gaguejante, parecendo nervoso. Mal sabem eles que tudo foi feito no atropelo e foi quase direto para a Radiobrás,*** eu quase não tive tempo de rever as coisas, foi quase direto também para a *Hora do Brasil*,**** terminamos de gravar o pronunciamento um minuto antes de ir para o ar. Eu não estava nervoso, estava era cansado, naturalmente é difícil fazer tudo isso de modo simultâneo. Mas não tem importância, o importante é que aconteceu mais uma vez: quando parece que vem o inevitável, o inesperado se apresenta. Tomara mesmo que tenha sido assim, vamos ver na próxima semana.

Pedro Malan, Chico Lopes, Demósthenes e Amaury viajaram para os Estados Unidos. Vão conversar nesse fim de semana com o Fundo Monetário, com o Tesouro, com o Banco Mundial e com o BID. Me darão notícias.

É quase certo que na segunda-feira o que vamos fazer é: nada. Vamos deixar o câmbio flutuar. Se assim for, isso mostra que o Brasil passa a operar como uma economia normal, industrializada, como a dos Estados Unidos, da Inglaterra, da França, da Alemanha. O Banco Central só intervirá no que eles chamam de *dirty floating*: deixa flutuar, mas de vez em quando atua para evitar um desregramento. Não é preciso nem anunciar essa regra publicamente, porque quando a gente deixa os mercados mais soltos eles ficam mais inquietos. Os mercados brasileiros nunca tiveram o câmbio livre na história, não sabem como operar. Então o setor privado também vai ter que apanhar um pouco para saber se vende ou se compra dólares, em que momento vende, em que momento compra.

* Deputado federal (PSDB-SP), líder do governo na Câmara.
** Presidente nacional do PT e deputado federal eleito por São Paulo.
*** Estatal federal de comunicação que antecedeu a Empresa Brasileira de Comunicação (EBC).
**** Isto é, o programa diário *A Voz do Brasil*, até 1962 intitulado *Hora do Brasil*.

O Joseph Safra* telefonou para me felicitar. Eu já tinha recebido também as congratulações do Paulo Cunha,** todos dizendo que é de uma coragem imensa o que estamos fazendo.

Claro, os críticos não veem assim: dizem que fui contraditório, que eu sempre defendi outra política. Queriam que eu fizesse o quê? Que atacasse a política do Banco Central? Tive que criar condições pessoais e políticas para mudar a equipe. Houve o desastre do grampo, que inviabilizou a equipe que estávamos formando,*** agora fui obrigado a retirar uma das pessoas que eu mais prezo, que mais ajudaram o Brasil, o Gustavo Franco, mas que se opunha a qualquer mexida, e resolvi botar o Chico Lopes e fazer o Pedro se sentir seguro.

Acho que o Pedro ainda não está seguro [com a nova política], mas está mais seguro. Declarei com todas as letras que ele é o ministro da Fazenda, e reitero: o Pedro Malan é um grande diplomata financeiro, é um servidor público, um homem leal, e a presença dele à testa do ministério é indispensável. Eu entendo, mais adiante ele pode se cansar, mas agora não, e não há ninguém melhor do que ele neste momento para levar adiante esta dificílima transição, com a inauguração de outro momento da nossa história. Daqui por diante é ajuste fiscal. Não há alternativa, temos que fazer e os governadores vão ter que entender. Haverá um pouquinho de inflação, isso vai ajudar um pouco as contas públicas, mas é preciso tomar cuidado para que não voltemos à espiral inflacionária, via, justamente, gasto público excessivo e expansionismo. Ou seja, a política monetária tem que ser realmente dura.

Ainda neste mesmo sábado, dia 16, cinco horas da tarde. Almoçaram hoje aqui o Serra, o Paulo Renato, o Pimenta da Veiga, o Eduardo Graeff,**** mais as mulheres, e a Luciana [Cardoso],***** a Edna [Nishiya], minha massagista, que veio fazer massagem em mim e na Luciana.

Li todos os jornais estrangeiros nestes últimos dias. Claro, vista de fora a nossa situação era ambígua, na direção do desastre, até a liberação do câmbio ontem. Não se sabe ainda o que vai acontecer na segunda-feira, e não tenho notícias do Pedro Malan. Ainda estamos numa fase de inquietação. O fato é que essa decisão, como já registrei aqui, começou a ser tomada no ano passado e só mudei o Gustavo quando percebi que ele não iria modificar um átomo da política cambial. Para ele também

---

* Presidente do Banco Safra.
** Presidente do grupo Ultra.
*** O escândalo dos grampos do BNDES, em novembro de 1998, provocou as demissões de André Lara Resende, presidente do banco, e Luiz Carlos Mendonça de Barros, ministro das Comunicações.
**** Secretário de Relações Institucionais da Presidência.
***** Filha de Fernando Henrique.

seria insustentável e, para o país, o preço seria muito alto em termos de divisas e taxa de juros.

É preciso que agora as taxas de juros baixem, mas a política monetária depende do ajuste fiscal. Isso é o que diz o mercado, essa coisa mágica que existe por aí. Mas dependeremos menos da apreciação do mercado à medida que o câmbio for flutuante e o valor do real puder ser ajustado mais livremente. A especulação não virá. Supõe-se. Suponho também que os entendimentos que estão se realizando com o FMI neste momento não darão um choque nessa direção. É difícil que deem porque eles sempre gostaram de flutuações. Em todo caso, nunca se sabe. Acho que eles gostam mais de ter os países sob controle do que de se aferrarem a suas visões.

Li as revistas. Especulam. Eu abatido, Itamar radiante. Talvez até seja verdade. Com a irresponsabilidade de Itamar, ele até pode estar radiante. E, se tinha pretensões de ser o pai do real, cometeu infanticídio, porque só fez declarações para liquidar com o real. Aliás, Itamar não sabe nada de nada, nunca soube. Eu sempre fui fidalgo com ele, mas se na época em que fui ministro da Fazenda eu tivesse minhas anotações, como tenho agora, ver-se-ia qual foi o trabalho que Itamar me deu no dia a dia com a sua incompreensão dos problemas. Itamar não tem noção, quer promoção pessoal. Não era tanto assim, agora parece que está realmente com sede de vingança porque não foi candidato a presidente da República. Queria ser.* Vê-se nessas horas o temperamento das pessoas. Itamar gosta do poder, é egocêntrico e vingativo. Eu não tinha percebido essa primeira característica nele, gostar de poder, ele não parecia disso; egocêntrico, sim, sempre num sentido menor, e vingativo. Mas nunca tinha visto essa sede de poder, nunca acreditei nisso. Mas estou vendo que é assim.

As revistas falam da "rasteira" que dei no Gustavo Franco. Ora, não dei rasteira nenhuma. Está tudo registrado no dia a dia aqui.

Na versão do Expedito [Filho, da *Veja*] e na versão do Andrei Meireles,** se diz que eu recebi a informação do Malan quando estava no Rio de Janeiro, me preparando para ir a Sergipe. Eu teria ido ao banheiro para falar pelo telefone, quando então o Malan me deu a notícia do boato sobre a substituição do Gustavo Franco, a informação teria vazado. É mentira. Eu falei pelo telefone com a Roseana Sarney sobre o encontro dos governadores. E conversamos a meu chamado, não foi ela que me chamou. Eu a chamei. É mais uma das invencionices.

Na terça-feira, dia 12, não havia ainda nenhuma informação; boato já havia, sim. Mas não sei quem soltou, porque de fato eu não disse a ninguém, a rigorosamente ninguém. Aliás, eu ainda não tinha certeza da mudança, porque até a última hora quis avaliar a reação do Pedro e a disposição do Chico. Enfim, não foi uma

---

* O PMDB, partido de Itamar, decidira não lançar candidatura própria nas eleições presidenciais de 1998 numa convenção extraordinária realizada em março do mesmo ano.
** Editor de *IstoÉ*.

decisão simples. Mas certamente foi minha, porque o Pedro estava tão ligado ao Gustavo que não tinha condições de mexer nele. E foi minha porque eu queria mudar a política. Vamos ver, só a história julgará mais tarde, depois de muitos abalos causados ao Brasil, se terá sido uma grande jogada. Ou não! Se o abalo for grande, será um desastre. Se for rápido, se retomarmos o crescimento, tudo terá sido um êxito. Não depende só de nós.

O ciclo mundial está oscilante. Não sei se não estamos realmente terminando um ciclo de expansão na Europa e nos Estados Unidos. Se estivermos, isso dificultará o caminho brasileiro. Não de todo, porque o nosso mercado interno é muito poderoso. E tenho certeza de que a baixa na taxa de juros provocará aqui uma grande animação. Nosso problema será fiscal mesmo. Precisamos segurar a tendência ao gasto dos estados, dos municípios e da União e fazer com que, efetivamente, a inflação não volte. Precisamos ter uma política monetária austera, dura, orientada para impedir o crescimento da inflação e não pela questão de câmbio.

No início do real foi um pouco assim, a taxa de juros dependia muito da expectativa que se formou sobre crescimento econômico. Claro que o pessoal que estava no controle do Banco Central jamais foi favorável a crescimentos muito rápidos. Eles acreditavam na teoria de que 4% [de crescimento do PIB ao ano] estava bom, porque o crescimento da população era de 1, 1,3, 1,4. Isso correspondia aos anos 1970. Foi a nossa ladainha nesses anos todos, e era verdadeira, porque o Brasil cresceu bastante. Hoje as pessoas não querem reconhecer, mas cresceram. Eu acho que, com a redefinição do rumo e com competência, retomaremos o crescimento. E esses críticos todos, notinhas de jornal etc. morrerão no lixo da história.

HOJE É DIA 19 DE JANEIRO, TERÇA-FEIRA, um dia de um pouquinho menos apreensão. Ontem a coisa mais notável foi, no fim do dia, já quase noite, uma conferência telefônica, Pedro Malan [nos Estados Unidos] de um lado e aqui eu, Chico Lopes, Clóvis, Demósthenes e Pedro Parente. Pedro Malan discutia a taxa de juros. O Stanley Fischer desejando que ela subisse a 35%, mas já tínhamos decidido aumentar a banda, como aumentamos, para até 41%.* O Pedro Malan achava que era preciso um mínimo de 32%, eu e Chico Lopes queríamos 31%. Acabamos ficando nos 32%, porque eu não quis aumentar as dificuldades do Pedro Malan com o Fundo Monetário e, em particular, com o Stanley Fischer. Eles se sentiram lesados porque não foram informados por nós do que iríamos fazer. Tomamos

---

* O Comitê de Política Monetária alargou a banda de juros, cujo teto foi de 36% para 41% (correspondente à taxa interbancária, ou Tban). O piso da banda foi fixado em 25%, mesmo patamar da taxa básica (Selic), antes em 28,95%. O governo também anunciou que os juros flutuariam diariamente entre esses percentuais conforme a evolução do mercado de câmbio.

decisões unilateralmente. A primeira decisão não deu certo, a segunda foi aplaudida pelo mundo, mas não pelo Fundo, que ficou meio contrariado, mas teve que apoiá-la. Acho que eles podem nos fazer um grande mal se não tivermos a capacidade de bater e soprar.

Resultado, hoje, dia 19, o câmbio abriu a 1,32 [real por dólar]. Foi ontem à noite essa discussão, então houve um recuo na cotação do dólar diante do real. Quer dizer, o real se valorizou um pouquinho.*

Falei por telefone, hoje, com o Pérsio Arida,** que também está animado, como ficou o Armínio Fraga. O Pérsio disse que temos que aguentar firme, que os mercados oscilam, acabam chegando a um ponto de equilíbrio e que a situação está razoavelmente boa.

Ontem, segunda-feira, também foi um dia de inquietação. Por quê? O câmbio se desvalorizou um pouco mais do que imaginávamos.*** E, claro, houve alguns vaivéns, e isso sempre tumultua. Fiz uma apresentação, juntamente com o Antônio Carlos Magalhães e com Michel Temer, sobre a nossa posição, que foi bastante firme e clara no sentido de que vamos votar esta semana as medidas de ajuste fiscal. De manhã fui a Curitiba inaugurar uma fábrica da Volkswagen-Audi.****

Fiz um discurso forte, fui amplamente aplaudido, quase ovacionado, porque disse as coisas que precisava dizer: que não vamos permitir que haja nem aumento de preços nem leniência dos empresários com a questão do emprego, e que iremos tomar as medidas necessárias para, nas novas condições, fazermos o Brasil continuar avançando. Entre essas medidas, se fosse o caso, eu baixaria a tarifa de importação para combater a inflação.

Fora isso, as conversas habituais. Na verdade, hoje já se vê isso com mais tranquilidade, parece que as pessoas vão se habituando progressivamente ao câmbio flutuante. Acabei de falar com Rubens Barbosa, que ainda é nosso embaixador na Inglaterra — irá para os Estados Unidos depois —, e ele me disse que os ingleses estão insistindo muito em que a situação brasileira é como a da Inglaterra em 1992. Diante de um ataque do Soros, a Inglaterra precisou sair do sistema monetário europeu e teve que desvalorizar. Mas na verdade não aconteceu nada de mais grave: subiram um pouco a taxa de juros e em seguida as coisas se acalmaram.

Realmente esse é o teste. É saber se o Brasil está mais para Inglaterra ou mais para o México ou para a Ásia de quando houve a explosão.*****

---

* O dólar comercial valia R$ 1,55 no fechamento de 19 de janeiro.
** Diretor do Banco Opportunity e ex-presidente do Banco Central (1995).
*** Dólar a R$ 1,59 em 18 de janeiro.
**** Em São José dos Pinhais, região metropolitana da capital paranaense, com investimento de US$ 750 milhões.
***** Alusão à crise cambial iniciada no Sudeste Asiático em julho de 1997, que se alastrou para outros mercados emergentes.

Hoje é o terceiro dia depois da decisão de flutuação cambial, não houve explosão. O câmbio oscila, um pouco para baixo, um pouco para cima, mas não há nenhuma explosão. A verdade é que mudamos a política econômica, mudamos a política de câmbio (até um pouco atropeladamente) e mudaremos em seguida a de juros. Com todos os efeitos que isso tem. Num momento difícil, porque é momento de crise internacional e nacional, e porque Itamar está cada vez mais ensandecido e os governadores se aproveitam disso.

É claro que há uma situação real por baixo, a situação financeira dos estados, mas não é isso que motiva Itamar. É uma espécie de vingança por não estar na Presidência, mostrando mesmo um temperamento pequenininho. Ele sempre teve esse jeito, mas não imaginei que fosse desencadear com tanta fúria uma onda prejudicial ao Brasil. Por trás de Itamar, deve ter a pena do Mauro Santayana, a volúpia do Zé Aparecido e a estupidez, a burrice do Dupeyrat. Mas isso tem efeito negativo e cria onda para lá e para cá, quer dizer, cria um problema desnecessário, adicional a dificuldades que já temos e que causam preocupação.

Claro que não foram as declarações de Itamar que provocaram isso tudo. É como a história do japonês que apertou a válvula da descarga na hora em que explodiu a bomba atômica em Hiroshima. A coisa já vinha mal e ia estourar, porque tínhamos resolvido mudar. Mas certamente o Itamar contribuiu para um maior grau de incerteza.

Acho que vamos poder equacionar os problemas. Espero que a votação no Congresso, entre hoje e amanhã,* reafirme nossa capacidade de condução política e, em consequência, acalme os ânimos do país e, depois, do mercado.

HOJE É QUARTA-FEIRA, 20 DE JANEIRO, meia-noite praticamente. Almocei com Tasso [Jereissati]** e com o Serra, discutimos os problemas de sempre. Antes disso eu tinha recebido o Roberto Freire,*** como amigo, que veio me transmitir ideias muito boas sobre mudança de enfoque, de ligar mais para a sociedade e menos para o Congresso, falou de um projeto para o Brasil, enfim, coisas com as quais concordo. Até discuti um pouco com ele que projeto seria esse. Gostei da conversa.

Depois desse almoço fui para o Palácio do Planalto. Recebi o Almir Gabriel,**** que está bem mais feliz porque, depois de quatro anos de governo, colocou o Pará

---

* A Câmara aprovou o regime de urgência e em seguida o próprio projeto de lei 4898/1999, sobre o aumento do recolhimento previdenciário para funcionários federais da ativa e a taxação dos inativos, que substituíra a MP rejeitada em dezembro de 1998. O projeto foi convertido na lei nº 9783, de 28 de janeiro de 1999.
** Governador do Ceará (PSDB).
*** Senador (PPS-PE).
**** Governador do Pará (PSDB).

nos trilhos, e temos feito muita coisa no Pará. Depois fiquei na expectativa da decisão do Congresso sobre o aumento da contribuição dos inativos e dos funcionários em geral para a Previdência.

Jader me telefonou, pressionando para aumentarmos o patamar que os funcionários deveriam ter de isenção, até 1200 reais e não seiscentos reais do salário. A ideia até ficou simpática, mas o pessoal tanto da área política, líderes no Congresso, quanto da área técnica acha melhor não mexer mais no projeto.*

Votação. Assisti a tudo até o final, até quase onze horas da noite. Primeira urgência, ganhamos de maneira estrondosa, 354 votos a favor e cento e poucos contra.** Depois de algumas horas de discussão, o próprio projeto: 334 votos a favor e 140, mais ou menos, contra.*** Eu já tinha telefonado para o Malan, que estava nos Estados Unidos quando saiu a urgência, para aliviá-lo um pouco, e garanti que iríamos ganhar. Mas eu próprio fiquei surpreso com uma vitória tão esmagadora.

Fui até a sala de briefing do Planalto, falei ao país pela televisão, pela rádio, pela imprensa, para agradecer ao Congresso e reafirmar a minha confiança em que estamos superando as dificuldades. Isso é verdade. Hoje todas as informações foram nessa direção e o mercado está mais calmo.**** O Serra até disse que sou um homem de muita sorte, porque ele não conhece outro caso de um país subdesenvolvido que tenha deixado o câmbio flutuar e não tenha sofrido uma grande desorganização na economia. Eu ponderei que não sou eu que sou feliz e tenho sorte. O Brasil é que já é uma economia mais para Inglaterra do que para Indonésia.***** Vamos ver quem tem razão.

---

* Segundo o texto em votação, inativos que recebiam até R$ 600 ficaram isentos. Entre R$ 600 e R$ 1200, uma alíquota de 11% incidiu sobre o excedente do teto de isenção. Entre R$ 1200 e R$ 2500, taxação de 20% sobre o excedente de R$ 1200, e de 25% para aposentadorias e pensões acima de R$ 2500. O recolhimento da nova cobrança começou em 1º de maio de 1999. O governo calculava aumentar a arrecação previdenciária em R$ 4,1 bilhões.

** O placar da votação pela urgência da tramitação do projeto de lei na Câmara foi de 352 votos contra 143.

*** O PL 4898/1999 foi aprovado por 335 a 147.

**** A Bolsa paulista fechou em alta de 3,97%. A saída de dólares foi de US$ 338 milhões e a Selic encerrou o dia a 32%.

***** A Indonésia adotou um regime de câmbio flutuante em agosto de 1997. Dias depois, a rupia indonésia, até então atrelada ao dólar, atingiu a cotação mais baixa da história. O país foi obrigado a solicitar um empréstimo de US$ 23 bilhões ao FMI.

22 A 25 DE JANEIRO DE 1999

Continua a desvalorização do real. Novas negociações com o FMI. Alternativas para a solução da crise

Sexta-feira, 22 de janeiro, oito horas da manhã. Terminei a quarta-feira dizendo que achava o Brasil mais perto da Inglaterra do que da Indonésia. Pois bem, ontem o dia foi de não confirmar isso. Confusão nas bolsas.* Isso independentemente da votação extraordinária que tivemos. Especulação, boatos sobre o que vamos fazer, o que não vamos, boatos que o Malan cai, enfim, um dia infernal.

O dólar bateu em 1,80, terminando o dia em 1,70. Mas, obviamente, todo mundo já percebendo que alguma coisa está solta no mercado.

Falei com o Tasso por telefone, que também é empresário. Ele me disse que os negócios andam parados e que o mercado está sem parâmetros, que não estão conseguindo trabalhar com o câmbio flutuante; ele espera que o Banco Central dê alguma norma. Essa coisa de economia livre de mercado num país subdesenvolvido como ainda é o Brasil, com essa mentalidade de que é preciso ter as amarras do Estado, é complicada. Mais do que podemos imaginar.

Claro, passei o dia pendurado no telefone, ouvindo informações daqui e dali, mas nada que pudesse realmente esclarecer os rumos a serem seguidos. No fim do dia falei com Malan, que tinha voltado dos Estados Unidos muito aflito e me pediu que eu conversasse com Chico Lopes. Falei com Chico Lopes, e ele, àquela altura, umas quatro e meia da tarde, achou que o melhor era esperar um pouco antes de intervir no mercado. Ele disse que era preciso ter calma, e assim foi. Eu disse que não ia ter intervenção no mercado.

No fim do dia, Jader apareceu na minha sala com a cara amarrada, dizendo que o PMDB estava sendo lesado nas nomeações de segundo escalão. Na verdade, o que eles queriam mesmo — foi o que me disseram no fim — era colocar o [Wellington] Moreira Franco** na presidência da Petrobras, para compensar um desequilíbrio ocasional pelas nomeações do PFL, especialmente a do Carazzai na Caixa Econômica. Eu gosto do Moreira, disse que ainda estava pensando, que não tinha ninguém para a Petrobras, mas que o perfil era outro, que não podia ser um político. Tinha que ser uma pessoa de larga experiência, porque a maior empresa do Brasil, uma das maiores do mundo, não podia ser dirigida por alguém que nunca entrou numa empresa.

---

* Queda de 4,59% na Bolsa paulista e de 1,4% na carioca. O país perdeu US$ 282 milhões em divisas.
** Deputado federal (PMDB-RJ).

De manhã eu tinha reunido as lideranças todas para agradecer as votações do dia anterior e para pedir que andassem mais depressa com a CPMF e terminassem as votações. Foi boa a reunião, mas ninguém esperava ter uma tarde tão agitada.

À noite jantei com [José Arthur] Giannotti, que estava em Brasília, e com o Juarez [Brandão] Lopes* e o Celso Lafer. Procurei disfarçar minha tensão, mas foi difícil, e às onze da noite chegou o Pedro Malan. Estava muito aborrecido, dizendo que o Chico tinha aplicado de modo infeliz a fórmula que inventou. Que a situação no FMI ficou muito difícil, porque eles foram pegos de surpresa, e que ele tinha o tempo todo tentado restabelecer relações com Larry Summers** e com Stanley Fischer. Pedro não gostou da atitude do Michel Camdessus, que foi mais duro no FMI. Ele teve boas conversas em Nova York com o presidente do Fed*** e com o [Alan] Greenspan.**** Ambos achando desnecessário aumentar os juros, contrariamente ao que quer o Fundo Monetário.

Contou também que Oskar Lafontaine, ministro da Fazenda da Alemanha, telefonou para dizer que não concorda com o aumento de juros. Só não falam alto porque têm medo dos Estados Unidos. Veja em que dificuldade nós estamos. Há divisões dentro do Primeiro Mundo sobre qual é a melhor medicina.

O Pedro me disse que eu devia ir pensando em outra equipe, que ele talvez não continue. Não que não queira, ele certamente será sempre leal ao governo e a mim, mas pode estar demasiado queimado. Eu disse que ele afastasse essa ideia, porque não tem outro. Comecei a pensar, a pensar alto. Pensamos no André [Lara Resende], que está em Paris. Eu tinha falado até com Mendonça [Luiz Carlos Mendonça de Barros]***** a respeito por telefone, ele está na Inglaterra, estava com Rubens Barbosa e este me telefonou de lá. Ninguém tem grande contribuição a dar, e o Tasso me contou que o Pérsio [Arida], que a mim dissera que estava tudo às mil maravilhas, a ele disse que estava tudo ruim e que alguma coisa precisava mudar. É sempre a mesma história. Pérsio escreveu um artigo deixando mal o Malan. Neste momento isso é absolutamente desastrado, não era para fazer.

Combinamos com o Pedro que hoje o Banco do Brasil vai intervir discretamente, para ver se contém a alta do dólar, e que no fim de semana eles vão preparar alguma medida mais pensada e conversada para resolver a questão, para tentar mudar um pouco a regra, o parâmetro, não sei de que maneira.

Ele me pediu que eu falasse com o André em Paris, coisa que tentarei, para que vá aos Estados Unidos conversar com Summers e com o Stanley, explicar as coisas

---

* Diretor do Núcleo de Estudos de Pesquisas Agrárias, assessoria do Ministério do Trabalho e Emprego.
** Subsecretário do Tesouro norte-americano.
*** William McDonough.
**** Presidente do Federal Reserve Board, o Banco Central dos EUA.
***** Ex-presidente do BNDES (1995-8).

e ganhar um pouco mais de confiança. Fiquei de falar com Gustavo Franco para ver sua nomeação para a posição que eu havia pensado para ele, de meu assessor, ele precisa. Eu disse também que iria falar com André sobre o Beto [Mendonça] vir para esse Conselho,* porque vamos ter que reforçar a equipe.

Hoje foi, portanto, um dia extremamente inquietante. Eu disse, em uma conversa ontem, que me parece que a lógica do sistema mundial vai ser ter o dólar como moeda em nossa área, na Europa outra moeda, o euro, e outra na Ásia, o iene. Dito e feito. Hoje ouço de manhã, na televisão, que o [Carlos] Menem** já está se antecipando, discutindo a dolarização, e a união monetária da Argentina com os Estados Unidos. Isso é um golpe de morte no Mercosul, e aí o Brasil ou fica isolado ou entra na Alca,*** em condições piores do que nunca.

Quanto às questões do dia a dia de ontem, tive um bom encontro com o governador do Acre, Jorge Viana,**** que veio com Marina Silva***** e com o irmão dele, que é senador também.****** Excelentes pessoas, conversa muito boa. Eles querem uma aproximação minha com setores de esquerda, eles estão dispostos a isso, foi muito bom, é de gente assim que o Brasil precisa.

Recebi o deputado Marcelo Barbieri.******* Marcelo, que eu conheço desde que nasceu,******** veio com a ideia de que eu devia mudar as regras do mundo, que eu devia chamar uma reunião e fazer isso. É, Marcelo, se eu pudesse! Mas não temos força para isso. É muito ingênuo, as pessoas não percebem o poder das economias atuais integradas na globalização, imaginam que haja um caminho alternativo por decisão individual. Moratória unilateral, por exemplo, não no caso de dinheiro, mas moratória contra as regras do mundo.

Recebi o sr. John Hess, da Amerada Hess,********* uma empresa importantíssima na área do petróleo. Ele é filho do fundador,********** é um homem falante,

---

* Fernando Henrique planejava criar um conselho de assessores econômicos, vinculado à Presidência da República e chefiado por Lara Resende.
** Presidente da Argentina.
*** Área de Livre Comércio das Américas, cuja criação fora acertada pelos países do continente na I Reunião de Cúpula das Américas, em dezembro de 1994. Segundo o acordo, a Alca deveria entrar em vigor em 2005.
**** Pelo PT.
***** Senadora (PT-AC).
****** Tião Viana (PT).
******* PMDB-SP.
******** O pai de Barbieri, natural de Araraquara, construiu a casa dos pais de Ruth Cardoso. Na década de 1950, Leonardo Barbieri, tio do deputado paulista, foi colega do pai de Fernando Henrique, o general Leônidas Cardoso, na Câmara dos Deputados.
********* *Chairman* e CEO. A Amerada Hess atualmente se denomina Hess Corporation.
********** Leon Hess.

bastante simpático, veio com [Nicholas] Brady,* o famoso dos *Bradies bonds*** que eu conheci quando ele era secretário do Tesouro dos Estados Unidos. Vieram dizer que querem investir 1 bilhão de dólares no Brasil.*** Muito animado, Brady me pediu que eu fosse aos Estados Unidos para falar do Brasil, em uma grande reunião em Nova York — há uns clubes que reúnem centenas de altos executivos —, que isso teria um efeito extraordinário, porque ficaram muito impressionados com o que eu disse sobre minha disposição de mudar as coisas.

HOJE É SÁBADO, DIA 23 DE JANEIRO. Ontem, do ponto de vista do câmbio, o dia transcorreu um pouco melhor, mas ainda assim aflitivo.

O Banco do Brasil fez algumas intervenções e finalmente o dólar fechou praticamente igual ao que havia fechado na quinta-feira.****

Conversei com Pedro Malan, que disse que neste fim de semana eles vão examinar com mais profundidade o rumo a seguir e que tornaria a conversar comigo.

Ontem de manhã, recebi o Lampreia, que veio conversar sobre a Argentina, que está nervosa, fazendo ameaças de dolarizar a economia e de se integrar à área do dólar, o que significa Alca e ficar de costas para o Mercosul. Isso leva tempo e não creio que o façam, porque haverá eleições,***** agora é muito difícil fazer isso lá. Nós todos estamos preocupados com o futuro do Mercosul, porque há que reconhecer que essa desvalorização vai afetar o Mercosul. Mas nós estabeleceremos regras. Na verdade, na União Europeia os países também desvalorizaram e revalorizaram o tempo todo, a Inglaterra saiu do sistema. Enfim a coisa econômica é sempre assim, cheia de corcovas.

Depois disso falei longamente com Raul Jungmann,****** que está se queixando muito da maneira como o Clóvis está dirigindo as coisas. Aliás, a queixa contra o Clóvis se avoluma. É Paulo Renato, é Serra, é Tasso, agora Raul, Eduardo Jorge. Todos acham que Clóvis está com muito poder e que ele é discricionário, que deixa tudo nas mãos do pessoal dele, que não tem nível. O Raul está com medo de que diminuamos o prestígio do ministério dele e que isso diminua sua ação. Fiz algumas ponderações, mostrando a falta de razão de ser das queixas.

* Membro do *board* da Amerada Hess.
** Títulos emitidos por países emergentes na renegociação de suas dívidas externas no âmbito do Plano Brady (1989). Em abril de 1994, no final da gestão de Fernando Henrique no Ministério da Fazenda, o governo brasileiro aderiu ao plano e transformou a dívida externa com credores privados em títulos com prazos e condições de pagamento mais favoráveis.
*** A Amerada Hess se associou a outras empresas privadas e à Petrobras para a exploração de quatro blocos de petróleo e gás nas bacias de Campos e Santos.
**** A cotação foi de R$ 1,71.
***** Eleições presidenciais marcadas para 24 de outubro de 1999.
****** Ministro da Reforma Agrária.

Lampreia almoçou comigo aqui. Depois do almoço houve uma cerimônia de aniversário do Código do Trânsito,* discursos.

Recebi Ari de Carvalho, dono do jornal *O Dia*, do Rio de Janeiro. Ele está querendo comprar a Manchete.** Todo mundo quer comprar a Manchete, mas na hora H fica difícil, porque ela deve muito.

Depois recebi o Paulo Godoy,*** que está cheio de problemas com uma empresa dele, tem dinheiro emprestado em dólar, enfim, o trivial ligeiro. Eu tenho falado com uns e outros sobre isso. Pedi ao Pimenta, ao Pio Borges e ao Andrea Calabi que se organizassem para atendermos rapidamente às empresas que estão com dificuldades com essa mudança do dólar, porque não é justo que não as apoiemos neste momento de transição.

Foi de novo um dia aflitivo, e não se sabe ainda qual vai ser o futuro de tudo isso.****

Hoje, sábado, passei a manhã lendo papéis e falei por telefone com Iglesias, que me telefonou. Espantado, não entende por que as coisas estão tão incertas no Brasil se os fundamentos da economia avançaram bem, especialmente depois desse ajuste fiscal aprovado pelo Congresso. Ainda nesta semana o Congresso aprovou o orçamento com os cortes, não se pode pedir mais nada ao Congresso, e os mercados continuam oscilando por pura especulação.

Iglesias disse o que eu já sabia, que o FMI, basicamente o Camdessus e o Stanley Fisher, de um lado, e com menos ênfase, me parece, o Larry Summers, do Tesouro, de outro lado, que os dois grupos desejam que haja aumento da taxa de juros. O Greenspan, presidente do Federal Reserve, a comunidade financeira de Nova York e alguns governos europeus, como o da Alemanha, notadamente, o próprio Iglesias e quase todo mundo aqui no Brasil acham uma loucura aumentar ainda mais a taxa de juros. Essa é a divisão crucial neste momento. É uma decisão que vamos ter que tomar, como sustentar esta situação toda sem elevar a taxa de juros? Mas acho que seria politicamente desastroso, além de economicamente também. Não sei se há alguma relação, a esta altura, entre mexer na taxa de juros e diminuir a volatilidade do câmbio. Nesta noite vou discutir essas coisas com Malan — pelo menos é o que eu penso.

Há pouco, falei por telefone com o Beto Mendonça, que é sempre o mais calmo deles todos, o mais equilibrado. Ele me disse que é assim mesmo, que é preciso esperar a flutuação.

---

* O Código de Trânsito Brasileiro, ou lei nº 9503, de 23 de setembro de 1997, entrou em vigor em janeiro de 1998.
** Rede Manchete. Controlada pelo Grupo Bloch (que também editava a revista semanal *Manchete*), saiu do ar em 1999. Suas concessões foram adquiridas pela RedeTV!
*** Presidente da Associação Paulista dos Empresários de Obras Públicas e da Alusa Companhia Técnica de Engenharia Elétrica, concessionária de telefonia celular no interior de São Paulo.
**** A perda de divisas foi de US$ 470 milhões. A Bolsa de São Paulo caiu 1,8%.

Falei com Celso Lafer, que me reportou as conversas que teve na Fiesp, onde aquele tal de [Mário] Bernardino,* que sempre foi contra, que sempre pediu que houvesse valorização do dólar e desvalorização do real, agora está desesperado com o que está acontecendo, porque não tem parâmetros. Horacinho Lafer [Horácio Lafer Piva],** muito jovem e sem experiência, fez declarações de que eu estava em férias no momento da crise. Ora, eu não tirei férias nenhuma, quando fui a Sergipe fui para despistar, para não dar a impressão de que ia haver alguma mudança grave no Brasil, e voltei correndo.

O responsável pela Grendene*** tem estado muito nervoso; ele possui uma indústria "montadora", parques de *assemblage*, sempre reclamou disso, sempre disse que precisávamos ter uma verdadeira indústria nacional. Nós estamos fazendo o que ele sempre pediu que fosse feito, e agora estão todos nervosos, porque dói fazer. E o pior não é que dói para os empresários, é que dói para o povo. Se houver inflação, doerá para o povo e vai perturbar todo o meu relacionamento com o país. Vamos enfrentar, não temos, aliás, alternativa senão enfrentar. E, em política, como na economia, é vencer e vencer.

HOJE É DOMINGO, 24 DE JANEIRO. Ontem foi um dia tensíssimo.

Pedro Malan veio aqui no final do dia e conversamos amplamente sobre a crise. Antes de ele chegar, André Lara respondeu ao telefonema que eu havia feito a ele, eu pedi que André ajudasse. Primeiro dando força, depois falando com o Stanley Fischer, que ouve muito o André, e por último perguntei se ele podia vir ao Brasil, sem que fosse às carreiras. Ele disse que não queria mesmo vir correndo, com medo das interpretações. Isso até ontem estava certo.

Depois falei com [Affonso Celso] Pastore.**** O Celso Lafer estava na casa do Pastore, ou Pastore na casa do Celso, e este passou o telefone para Pastore. Ele tem uma visão dura, eu não diria pessimista, mas realista, ele acha que não havia outra coisa a fazer. Acha que não adianta mexer nos juros, acha que tudo isso deriva da insuficiência do esforço fiscal e que os investidores perceberam como é insuficiente o ajuste fiscal.

Isso bate com o texto que o Malan me deu em novembro, antes mesmo da [mudança cambial]. É a preocupação maior de um grupo de empreendedores, de investidores americanos, não me lembro que autor dizia com toda a clareza, fazia as contas e mostrava que depois que o Congresso brasileiro, no ano passado, se recusou a ficar para votar e saiu de férias para ir jogar futebol,***** e depois, em dezem-

---

* Vice-presidente da Fiesp.
** Presidente da Fiesp.
*** Alexandre Grendene.
**** Economista, ex-presidente do Banco Central (1983-5).
***** Alusão à Copa do Mundo da França, realizada em junho e julho de 1998.

bro, recusou as medidas dos aposentados, o desânimo foi muito grande. Isso pode ser pretexto, mas também é certo que há um problema fiscal, as contas são feitas e se vê que temos dificuldades em avançar.

Agora inventam uma pinça. Por um lado, que seremos obrigados a reestruturar a dívida interna,* o que não é necessariamente certo; por outro lado, que não vamos ter dinheiro para honrar os compromissos deste ano. Portanto é o fantasma da moratória. Por isso a palavra que Itamar pronunciou foi tão desastrada. Ela acendeu nos corações e nas mentes de todos os investidores de fora e de dentro do país a ideia de que iríamos dar o cano e ir para a moratória.

O Pastore acha que agora é enfrentar, que haverá inflação e ela ajudará a colocar as contas em ordem, que temos que resistir aos governadores.

Paulo Renato me telefonou dizendo que esteve em contato com o secretário da Fazenda do Rio Grande do Sul, que é amigo dele. O rapaz era trotskista, mas agora deseja um capitalismo civilizado. Apenas eles não sabem o que significa a regra do capitalismo, por isso o Olívio Dutra foi para a Justiça e faz declarações desastradas. Veja quantas frentes eu tenho.

Aí chegou o Malan e me mostrou oito alternativas contra a crise. Uma delas boa. Eu disse que qualquer alternativa que escolhêssemos não poderia ser adotada sem apoio externo. Porque não temos mais força, como aconteceu da outra vez, eu bancando sozinho para mexer no câmbio. Ele concordou e vai falar com Stanley Fischer. Não sei se falou para saber qual das alternativas. Malan escolheu duas alternativas mais consistentes no final. Na verdade, o que ele mais gostaria de fazer seria determinar um ponto médio em uma banda invisível [isto é, não estabelecida publicamente], cerca de 1,45, 1,50 real por dólar, e depois fazer uma espécie de *currency board* limitada: o ponto de referência da banda se moveria a cada 21 dias pela média dos últimos 21 dias de desvalorização. Em suma, a desvalorização não ultrapassaria certo percentual.

Tenho medo de que essas tecnicalidades sejam desfeitas pelo mercado como um castelo de cartas, se não houver uma montanha de dinheiro para sustentá-las. Portanto, necessitamos ter por trás de nós o Fundo Monetário, o G7 etc., senão o castelo desaba.

Refazendo aqui os cálculos, vejo que quando falei com o pessoal técnico a respeito das mudanças e sobre eu não consultar o Fundo, eles foram unânimes. André, Malan, Gustavo e também o Chico Lopes disseram que não, que se o Fundo fosse consultado seria só para nos dizer não, que dava para fazermos sem ele.

Acho que fizemos uma violência e a nossa confiança diminuiu muito. Em função disso, o Malan me disse o seguinte: ele acredita que o Chico Lopes não tem mais condição de presidir o Banco Central, e não tem mesmo. Aliás, também o Celso Lafer me telefonou uma segunda vez para dizer que o Pastore acha que temos que

---

* Estimada em R$ 300 bilhões em janeiro de 1999.

mudar o Chico Lopes, mas que devemos manter o Malan. O Sérgio Amaral já tinha me dito que o Ibrahim Eris* e mais não sei quem que ele encontrou no avião, acho que foi o [Paulo César] Ximenes,** independentemente um do outro, disseram que era preciso trocar o Chico Lopes. E todos propõem que se ponha o Armínio Fraga. Malan deu uma lista de pessoas: o Armínio em primeiro lugar, em segundo o André e vários outros. Eu disse: "Até o Pastore eu vou, mais adiante não". Estavam na lista o Paulo Rabelo [de Castro]*** e o Paulo Guedes.**** Paulo Rabelo não dá. Eu não os conheço e os vejo numa linha ultra, ultraliberal. Também não dá.

Depois disso, o Malan colocou o caso dele. Ele acha que está desgastado, sem credibilidade, que precisa ir embora. Eu disse: "Pedro, vamos ver isso, não é assim, não tenho ninguém mais competente, com credibilidade internacional e local do que você". Eu vejo que no fundo Malan está cansado, que ele gostaria mesmo de ir embora. Analisei com ele, que ficou um pouco na dúvida. Entre os nomes que ele propôs, tem o do André, que fica três, quatro meses e vai-se embora, o do Maílson, que parece estável, e outros, como o próprio Pérsio, são menos viáveis. Tem o Dionísio [Carneiro],***** mas não são pessoas com a mobilidade que Malan tem, com a capacidade de falar no exterior como ele fala, e aqui dentro também. Eu só vejo talvez o André, embora com essa durabilidade curta no governo.

Malan colocou por gentileza o nome do Serra, do Paulo Renato, do Clóvis. De todos esses, o único competente para isso é o Serra. Serra me mandou um artigo mostrando algumas coisas boas que a Malásia fez, encorajando um modelo de desenvolvimento endógeno que vai agradar muito ao PT.****** Curioso como Serra é voluntarista, ele acredita que, se estivesse na Presidência — ele não disse isso — ou no Ministério da Fazenda, alguém com a força dele faria isso e salvaria o Brasil.

Mas são essas as alternativas. A história é assim mesmo, é cruel, ela me deixou diante de uma única e grande tarefa. Aliás, li o editorial do *Estado de S. Paulo* de hoje, que se refere a mim e diz que agora só resta a reforma fiscal, a tributária e essas coisas todas do plano de ajuste fiscal que fizemos. E é verdade.

E lutar com os governadores que não entendem do assunto e vão fazer uma pressão imensa. Não posso pedir mais nada ao Congresso. O Congresso deu tudo que nós pedimos. Isso eu disse ao Pastore também. Não há mais nada a pedir. O mercado está colocando o sarrafo cada vez mais alto para pularmos, e assim não dá para pular.

---

* Economista, ex-presidente do Banco Central no governo Collor.
** Ex-presidente do Banco do Brasil (1995-9).
*** Economista filiado ao PFL.
**** Vice-presidente executivo do Banco Pactual.
***** Professor de economia da PUC-RJ.
****** O governo da Malásia optara pela fixação do câmbio e pelo controle de capitais para combater os efeitos da crise de 1997. O país entrou em recessão e o PIB despencou 6,2% em 1998.

Resta também falar politicamente com os Estados Unidos. Eu já comentei com Paulo Tarso [Flecha de Lima]* que quero ter uma comunicação telefônica com Clinton. Também falei com Lampreia ontem, para que ele converse com Madeleine Albright.** Por quê? Porque provavelmente os capitais americanos de curto prazo já foram embora com o empréstimo que o FMI fez para garantir alguma sustentação da taxa de câmbio. Então, economicamente, os capitais americanos já não estão tão interessados em salvar o Brasil.

Politicamente, que alternativa tenho? O país vai ficar contra, o Congresso é contra [maior aperto fiscal], ou eu capitulo diante das forças, digamos, de fechamento da economia, de perturbação no continente da América do Sul, ou me fortaleço politicamente e realizo esse esforço fiscal. Mas preciso de algum apoio do Fundo Monetário e do Tesouro americano.

Essa é a situação nua e crua como a vejo hoje. Não me faltam forças para enfrentar e, digamos, liberar as forças produtivas do Brasil. Portanto vai ser um ano de dureza no que diz respeito à questão fiscal, mas essa é a decisão. Nem é a decisão, pois ela já está tomada; é a empreitada na qual temos que nos meter, e para isso preciso de homens fortes no governo junto comigo.

São dez e meia da manhã de domingo, Pedro Malan acabou de me telefonar para relatar a conversa que teve ontem à noite com o Stanley Fischer. Hoje vai me telefonar o Michel Camdessus, eles no Fundo preferem que façamos um *currency board*, quer dizer, uma situação semelhante à da Argentina, mas estão dispostos a discutir uma alternativa, que seria a de definirmos um alvo para a inflação, o máximo de inflação aceitável, e também que definíssemos o montante do agregado monetário. Uma coisa está ligada à outra: a massa de recursos disponíveis.

Tudo isso tem em vista segurar a taxa de juros alta, para evitar um descontrole na economia. Essa linha acaba sendo a discussão real, porque o *currency board*, ele sabe que não temos condições, nós não queremos nem aceitaremos. Mesmo assim, eles estão querendo preservar, sobretudo neste caso o Camdessus, uma maior taxa de juros para garantir certo controle sobre a economia. Não deixa de ter racionalidade formal, mas falta racionalidade substantiva, quer dizer, como é que eu vou impor mais taxa de juros a este país, diante do Congresso, dos empresários e dos trabalhadores? Parece que isso é apenas um detalhe para eles, eles nunca discutem.

São duas horas da tarde, acabo de receber um telefonema do Michel Camdessus. Qual o teor da conversa? Ele disse que gostaria de ficar mais próximo de mim, que

---

* Embaixador do Brasil em Washington.
** Secretária de Estado dos EUA.

acha muito importante eu poder ter alguém como ele, que sabe das minhas dificuldades, ele conhece a diversidade de opiniões sobre o que é melhor fazer, tanto aqui como nos Estados Unidos, que há muita gente que pensa que o Brasil é diferente. Eu respondi que o Brasil é diferente, mas há problemas que são gerais. Ele concordou e disse que é preciso tomarmos decisões como brasileiros e que, portanto, as decisões devem ser nossas. Entendi isso um pouco como lavar as mãos e disse que para qualquer decisão eu gostaria de ter a compreensão e o apoio do Fundo. É claro que isso não diminui a nossa liberdade de decisão. Ele na verdade insistiu nessa liberdade, no respeito à nossa condição de governo. Depois me disse que temos três alternativas.

A primeira é continuar a fazer o que o Chico [Lopes] está fazendo e fez na semana passada: deixar flutuar [o câmbio], sem reforçar a política monetária, ou seja, sem mexer na taxa de juros. A segunda alternativa é a aplicação dos acordos que tinham sido feitos em Washington, ou seja, preservar os ganhos do Plano Real e evitar de toda maneira a inflação com a maior energia possível; isso implicaria, no início, uma taxa de juros elevada, mas também seria preciso deixar bem claro que seria só num dado momento, senão a dívida interna explodiria.

Camdessus disse que é muito frequente que quanto mais forte é a taxa de juros inicial, mais depressa é a queda. Eles têm exemplos que mostram claramente como com inflação mais baixa não existiria o problema da taxa de juros. E só depois, quando o equilíbrio estiver restabelecido, nós teríamos uma nova banda com as intervenções necessárias, como o Chico Lopes quer fazer. Ou seja, fazer bem-feito o que, segundo ele, foi malfeito na primeira tentativa. Ele não disse por quem, mas é óbvio.

E a terceira possibilidade é o *currency board*, como na Argentina, que o [Domingo] Cavallo* me explicou, que seria a melhor maneira de, mais rapidamente, caírem as taxas de juros. E disse que estão dispostos a nos apoiar também nessa hipótese.

Ele pensa na segunda alternativa como um caminho melhor para se chegar à terceira alternativa. Eu disse a ele das dificuldades que temos, mostrei o que o Congresso fez, elogiei o Congresso, ele também, eu disse que já fizemos o nosso ajuste fiscal, por isso chegamos até aqui. Ele disse que o Enrique [Iglesias] tinha mencionado a ele a minha decepção por, depois de tantos avanços havidos, estarmos perdendo credibilidade. E me falou uma coisa que eu não sei se é jogo ou não: que na verdade os americanos é que não confiam mais em nós. Que o governo americano perdeu a confiança. Deve ser o Larry Summers, talvez seja verdade e que ele, Camdessus, maliciosamente, a expressão foi dele, tratará de dizer em público que nos apoia. Dependendo da nossa decisão, ele mesmo fará uma nota forte e, se for necessário, virá ao Brasil. Enfim, voltamos à velha fórmula que mencionei e critiquei há pouco.

* Ex-ministro da Economia da Argentina (1991-6) e candidato às eleições presidenciais de 1999.

Eu disse que teremos uma semana crítica não só por causa do mercado, mas porque são as últimas votações [do ajuste] na Câmara dos Deputados. Tenho medo de que uma decisão de elevar a taxa de juros tenha um efeito mais negativo ainda na Câmara dos Deputados e venha a nos dificultar a aprovação das medidas de que mais precisamos.

Por sorte, amanhã, segunda-feira, só a Bolsa do Rio vai estar aberta.* De qualquer forma, estão aí as novas alternativas, vou telefonar para Pedro Malan e conversar com ele sobre que rumo dar. Devo dizer que Michel Camdessus foi enfático na defesa da credibilidade do Malan, a mesma coisa que eu penso. Seria insensato mexer no Malan agora. Não me passou a mesma segurança sobre Chico Lopes. Ele francamente me disse que estava um pouco decepcionado, mas que a equipe é minha, que ele a respeita e não quer se meter nisso. Sinal de que aceita que Malan fique sem que isso perturbe a credibilidade, mas que dificilmente Chico Lopes terá a respeitabilidade do sistema financeiro internacional pelos erros que cometeu.

HOJE É SEGUNDA-FEIRA, DIA 25 DE JANEIRO, são oito e meia da manhã. Vou registrar primeiro o que faltou registrar de ontem.

De significativo somente um telefonema do Stanley Fischer. Deviam ser mais ou menos oito e meia da noite quando ele ligou, eu estava jantando. Ele se referiu à conversa que teve com Camdessus, o qual, por sua vez, falou da conversa que tivera comigo. Estava muito entusiasmado com a minha firmeza. O Stanley me disse com toda a franqueza que ele é favorável ao *currency board*, que sabe que a minha equipe resiste a isso, mas que ele acha que essa é a melhor maneira de garantir a estabilidade e de baixar a taxa de juros, e que está disposto a me mostrar isso e mandar uns papers e não sei mais o quê.

Ele acha sério o problema de credibilidade e que agora temos que demonstrar primeiro a nossa capacidade de pagamento da dívida interna. Segundo ele, só o governo brasileiro e o Fundo Monetário concordam que não há problema com a dívida interna, portanto é preciso fazer um esquema para mostrar isso ao mundo. Depois há a questão externa, ele acha que esse é o lado mais difícil de convencer; acha que será necessário, em dado momento, reunir os banqueiros internacionais, mas que é possível apresentar um cronograma de desembolso para demonstrar, mais uma vez, a viabilidade de o Brasil honrar seus compromissos, porque existe uma onda geral de que o Brasil não vai fazê-lo.

Fora isso, quero registrar que ele também acredita que Pedro Malan é uma pessoa muito boa, disse que já falou com o André sobre isso. André, depois de vir ao Brasil, ficou de ir aos Estados Unidos conversar com ele. Ele foi enfático na defesa

---

* Feriado de aniversário da cidade de São Paulo.

da permanência do Pedro Malan, o que coincide com o meu ponto de vista. Eu disse a ele: "Só quem não pensa assim é o Pedro Malan, que falou em se demitir, o que não teria sentido". Ninguém melhor do que o Malan — palavras do Fischer — para mostrar que o Brasil tem uma âncora forte de credibilidade. Acho que isso foi, na essência, o que me disse o Stanley Fisher.

Curiosamente ele voltou a defender o *currency board*, mencionou o Cavallo, perguntou se Cavallo já tinha me explicado. Eu disse que não, que ele havia me explicado como fez a dolarização da dívida interna, o que, na verdade, é um passo para o *currency board*, mas que certamente, eu disse, o Cavallo ficaria feliz de vir aqui outra vez para conversar comigo. Ele disse que sim, porque Cavallo gosta demais de conversar, de falar.

A tarde transcorreu muito tranquila, vez por outra falei com o Pedro por telefone e praticamente com mais ninguém, a não ser com o Pedro Paulo Poppovic.* Fiquei arrumando meus livros e meus papéis, e lendo um pouco para botar a cabeça em ordem. E até lendo um romance de que eu gostei muito que o Serra me emprestou, chamado *Quando Nietzsche chorou*.** Mexi muito nos papéis, reli os textos de Gustavo Franco e do Francisco Lopes de alguns meses atrás. Eu reafirmo a minha admiração pelo Gustavo. Com uma clareza extraordinária, o Gustavo faz a defesa da política dele, esquecendo apenas que havia uma mudança na situação internacional; naquela altura ele não dava tanta importância a isso, mas a descrição que ele faz do que aconteceria se mexêssemos no câmbio bateu, foi o que ocorreu. Ele defende a política que praticou, o que é indefensável hoje, porque uma desvalorização de 7,5% ao ano (ele fala em três, quatro anos com tranquilidade) não se coaduna com a dinâmica dos mercados financeiros. Três, quatro anos para a estabilização da moeda, com desvalorização progressiva, levaria a um embate com a expectativa de mercado. Esse ritmo não seria mais compatível com as mudanças ocorridas na economia mundial.

Hoje de manhã li duas coisas: a entrevista do [James] Tobin*** defendendo o que nós fizemos — ele acha que se deve baixar a taxa de juros, é a posição, digamos, desenvolvimentista — e umas loucuras do Luís Costa Pinto**** sobre o André. Ele diz que eu falo até sete vezes por dia com o André. Ora, eu tive uma imensa dificuldade de falar com o André, falei duas ou três vezes no decorrer deste mês. E que falo com [Edmar] Bacha***** a toda hora. Mentira, só falei uma vez com Bacha, e muito pouco. Luís Costa Pinto também insinuou que o André será o homem forte e que está

---

* Secretário de Educação à Distância do Ministério da Educação.
** De Irvin D. Yalom.
*** Economista norte-americano, prêmio Nobel de economia de 1981.
**** Editor de *Época*.
***** Diretor do Banco BBA em Nova York e ex-assessor especial do Ministério da Fazenda durante a implantação do Plano Real.

preparando um novo plano. A *Folha* [*de S.Paulo*] publicou um editorial de primeira página dizendo que precisamos centralizar o câmbio.*

O Serra tinha me dado, como registrei, um artigo que ia ser publicado na *Folha*, sobre a Malásia, fiquei com a pulga atrás da orelha. Mandei verificar quem deu as informações ao Luís Costa Pinto, foram duas pessoas: Serra e Tasso. Tasso falou comigo mais de uma vez sobre a vinda do Serra para o Ministério da Fazenda, logo Serra está quieto, mas está se mexendo nesse sentido. Telefonei para ele à noite, quase meia-noite ou um pouco depois de meia-noite, e ele fez de conta que não tinha lido o editorial da *Folha*. Pode ser um dos incentivadores não digo do editorial, mas ajuda a dar segurança ao Frias [Octavio Frias de Oliveira]. Serra me fez uma ponderação correta: quem quer fazer centralização do câmbio não diz. É verdade, mas é possível que ele tenha dito. Não sei, não quero prejulgar. Certamente ele falou com o Lula Costa Pinto, e agora esse silêncio dele é sinal de que é candidato de novo ao Ministério da Fazenda.

Isso perturba porque perturba o Malan. Ele me telefonou inúmeras vezes à noite. E até tarde da noite. Eu estava no cinema, tinha ido ver um filme que se chama *Cartas na mesa*.** Imaginam no filme que o mercado é um jogo de pôquer, bem instrutivo. Eu assisti sozinho. Malan me interrompeu duas vezes, porque cismou que eu teria concordado com o Camdessus sobre abrir o mercado aumentando a taxa de juros. Acabei de ouvir de novo o que eu tinha gravado sobre a conversa com Camdessus, mas não tocamos nesse assunto, eu não me lembro. Eu disse ao Pedro: "Eu tenho anotações da minha conversa com Camdessus. Olha, Pedro, eu a relatei a você ipsis litteris, isso não existiu". Mais tarde o Pedro me telefonou outra vez, desanuviado, para dizer que dali a alguns minutos o Francisco Lopes ia me telefonar para dizer o que ele vai fazer. Aparentemente eles vão subir um pouco os juros, tendo em vista a inflação que já comeu uma parte da taxa de juros real.

Enfim, continuamos com grandes incertezas e agora com os horizontes mais toldados ou, se outros quiserem, em vez de toldados, abertos a ideias, digamos, heterodoxas. Mas entre a heterodoxia e a ortodoxia, vamos ficar meio estatelados diante do mercado... é inacreditável que a economia capitalista contemporânea tenha virado, como virou, um verdadeiro cassino.

---

* Concentração de todas as operações cambiais no Banco Central, medida de controle da entrada e saída de dólares do país.
** *Rounders* (1998), longa-metragem dirigido por John Dahl. O presidente assistia aos filmes em lançamento no Brasil no cinema do Palácio da Alvorada.

28 DE JANEIRO A 2 DE FEVEREIRO DE 1999

Ápice da crise cambial. Conversas com Bill Clinton e Robert Rubin. Demissão de Francisco Lopes

Hoje é quinta-feira, dia 28 de janeiro, são sete e meia da manhã. Ontem eu deixei de anotar o que aconteceu na segunda, terça e quarta-feira. Vamos registrar, sem muita ordem, as coisas principais.

Acho que na segunda-feira, dia 25, o Chico Lopes não me telefonou. Ele não mexeu na taxa de juros porque achou inoportuno; ele ia vender alguns títulos cambiais no dia seguinte e isso poderia perturbar.

Nessa segunda-feira, recebi o Roberto Santos,* conversei com Fabio Feldmann de manhã sobre o Ministério do Meio Ambiente e recebi o Eliseu Padilha, que fez uma longa exposição sobre o que ele está realizando no Ministério dos Transportes. Foi um dia mais ou menos normal da minha rotina, mas em geral continuam sendo dias de um comportamento extremamente nervoso dos mercados, um sobe e desce muito grande.**

Terça-feira a Ruth chegou com as crianças*** e até imaginei ir buscá-la, mas não foi possível, porque ela mudou o horário para primeiro passar pelo Rio de Janeiro. Então fui ao Planalto receber as credenciais de alguns embaixadores.

Em seguida recebi o [Ronaldo] Sardenberg**** e conversamos sobre a crise, expliquei que estamos num braço de ferro entre os que querem, no Fundo Monetário, que aumentemos a taxa de juros, os americanos, e as resistências que temos a isso, porque vai gerar uma redução de liquidez interna e não vai resolver a questão. O verdadeiro braço de ferro é esse.

O que aconteceu vem sendo uma inversão do que ocorreu no ano passado, quando, depois do acordo com o Fundo Monetário, lá pelo começo de novembro, o Banco Central começou a baixar a taxa de juros. Não estava na previsão. O Chico Lopes entendeu que devia baixar e nós todos ficamos felizes com isso. Até que em dezembro o Congresso rejeitou a medida de ajuste no caso do pagamento da contribuição de inativos, e isso deu a sensação em Washington, tanto ao Fundo Monetário quanto ao Tesouro, de que, de um lado a política monetária era frouxa e, de outro, o próprio presidente havia desistido de lutar pelo ajuste fiscal. Daí por diante, essas instituições passaram a disseminar certo descrédito com o Brasil, o que acelerou a crise.

* Deputado federal (PSDB-BA).
** O dólar fechou a segunda-feira, 25 de janeiro, em R$ 1,80. O c-bond perdeu 4,6% do valor de face.
*** Netos de Fernando Henrique.
**** Ministro extraordinário de Projetos Especiais.

Quando mudamos a política, alterando a direção do Banco Central, isso foi uma surpresa desagradável para eles. Em vez de apoiarem o que fizemos quando o câmbio flutuou e houve o resultado positivo nas Bolsas, sem estourar o real, eles se calaram. Esse silêncio pesado ou então as falas constrangidas do Fundo e do Tesouro passaram ao mercado a sensação de que não tínhamos solidez para levar adiante o processo e que as coisas iam se agravar.

Isso só foi se formando em meu juízo quando comecei a juntar os depoimentos de uns e de outros. Então conversei sobre essa questão com Sardenberg, que é discreto, que é embaixador, para mostrar como na verdade estamos lutando contra a opinião do Fundo e que aqui no Brasil não há essa percepção.

Depois do almoço recebi o Edmundo Klotz, que é da Abia, e também o [Francisco] Dornelles.*

A terça-feira também foi um dia bastante nervoso** — todos esses dias têm sido —, mas não foi tão ruim assim.

À noite, recebi o Joseph Safra e o Antônio Ermírio de Moraes.*** O Antônio me telefonou, pedindo para vir aqui, porque o Safra estava aflito. Na verdade eles não trouxeram nada de novo, o Safra disse que estava sentindo falta de liquidez no mercado, estava preocupado com isso e no fundo queria dizer que é preciso haver um acordo com o FMI. Expliquei um pouco as questões, naturalmente eu não quis abrir o jogo, eles insinuaram que eu devia mudar a equipe por causa da credibilidade. Depois, como viram que eu estava firme com Malan, recuaram, mas é verdade que uma das mensagens foi essa, que era preciso mudar as pessoas. O Safra sugeriu que chamássemos o Roberto Campos**** para ajudar a convencer os banqueiros, para que eles acreditassem na posição do Brasil. Disse que Campos poderia fazer uma viagem aos Estados Unidos. Não é má ideia. Safra gosta muito do Pastore também.

Falei com Pastore depois e recebi dele um papel interessante que ele tinha escrito em janeiro e que mostra, grosso modo, o que estávamos fazendo, prevendo o que iria acontecer.

Também recebi um papel do Bresser favorável a uma discreta centralização de câmbio. Como se fosse possível ser discreto nessa matéria. Ele me enviou também um texto muito bom de um economista que eu não conheço, de um desses bancos de investimento, que dizia coisas sensatas desde outubro do ano passado. Curiosamente, só agora começo a receber as informações mais corretas sobre a situação daquela época. Isso na terça-feira.

---

* Ministro do Trabalho e Emprego.
** O dólar chegou a R$ 1,97, mas fechou o dia a R$ 1,87. A fuga de dólares se ampliou para US$ 529 milhões. Por outro lado, a Bolsa de São Paulo subiu 6,34%.
*** Presidente do grupo Votorantim.
**** Deputado federal (PPB-RJ) e ex-ministro do Planejamento (ditadura militar).

Nesse meio-tempo, conversas incessantes com todos, e com Pedro Malan, que estava combinando a vinda a Brasília tanto do André quanto do Armínio Fraga, que ocorreu ontem, quarta-feira, dia 27.

Fingi para todo mundo que eu não sabia de nada, mas é claro que o Pedro vinha conversando o tempo todo comigo sobre a situação. O Pedro esteve aqui algumas vezes e continuou insistindo muito que ele precisava sair, que ele até podia ir para Washington, se estivesse baseado na embaixada, mas que eu deveria colocar alguém no lugar dele. Vira e mexe eu não vejo quem, porque o André não tem condição de ficar num posto dessa natureza, ele não gosta. Pedro gostaria que o Armínio Fraga fosse para o Banco Central, o que até tem mais razoabilidade. Não obstante, o Elio Gaspari escreveu um artigo demolidor, porque disse que essa turma ganha dinheiro lá fora, e aceita vir para cá para voltar lá para fora. Essas circunstâncias são verdadeiras, mas são da essência desse regime capitalista, que é assim mesmo. Nos criticam como se fosse um pecado que algumas pessoas de valia sejam usadas pelo governo.

Ontem, quarta-feira, do ponto de vista financeiro o dia transcorreu mais calmo. O Safra tinha a informação de que havíamos perdido 500 milhões de dólares. Eu cheguei com Chico Lopes, e não era verdadeiro.* Há uma confusão nesse ponto. As reservas pararam de ser utilizadas. As pessoas não percebem. E, como está havendo uma diminuição do valor futuro do dólar, todo mundo pensa que é o Banco Central que está intervindo, gastando reservas, mas não é o Banco Central.

Houve também um fato muito grave que preciso relatar. Ontem *O Estado de S. Paulo* escreveu um editorial fortíssimo a respeito do Serra e do Malan, dizendo que se eu quiser demonstrar apoio ao Malan tenho que demitir o Serra. E o *Jornal da Tarde*** diz isso com mais força ainda, com a foto do Serra. Ou eles têm alguma informação concreta sobre algumas mexidas do Serra, ou o Serra está simbolizando tudo aquilo que o *Estadão* não gosta. O que é símbolo positivo para a *Folha* não é para o *Estadão*, e o *Estadão* está em guerra com a *Folha*. Vejam quanta complicação!

Ontem recebi o Marcílio Marques Moreira,*** que não me disse nada que eu não soubesse. Todo mundo sabe mais ou menos as mesmas coisas. Recebi credenciais de embaixadores e conversei com o Clóvis, como sempre, assuntos de rotina do governo.

À tarde, falei com Jarbas Vasconcelos, de Pernambuco.**** Conversa muito ponderada. Estou resolvendo agora, com Pimenta, com a Roseana, com o Tasso, o que fazer com os pedidos dos governadores chamados de oposição,***** que querem ser

---

* A perda cambial foi de US$ 217 milhões. A moeda norte-americana fechou o dia a R$ 1,88.
** O jornal paulistano, publicado pelo grupo Estado, deixou de circular em 2012.
*** Embaixador e ex-ministro da Fazenda no governo Collor.
**** Governador (PMDB).
***** Anthony Garotinho (PDT-RJ), Itamar Franco (PMDB-MG), João Capiberibe (PSB-AP), Jorge Viana (PT-AC), Olívio Dutra (PT-RS), Ronaldo Lessa (PSB-AL) e Zeca (PT-MS).

recebidos por mim, para evitar ciumeiras dos outros governadores. Estamos chegando a algum entendimento.

Depois, tive um encontro com o grupo de assessores da Presidência, capitaneado pelo Luciano Martins. Ouvi uma exposição consistente sobre uma pesquisa que o Luciano tinha feito. Enfim, vou levando a rotina.

À noite vim para cá e aqui, sim, me encontrei com o Pedro Malan, com o Chico Lopes, com o André e com o Armínio Fraga. Conversa tensa. André sem ânimo de voltar, sem ânimo para coisa nenhuma. O Chico Lopes decidido a seguir com a política que ele acha certa, de não disparar a taxa de juros. Diga-se de passagem, ele aumentou — já tinha aumentado para 32% e qualquer coisa — para 35% a taxa anual de juros [Selic]. Disse que comunicou isso ao Stanley Fischer ou ao Michel Camdessus, que teria ficado mais aliviado. Pedro Malan muito tenso. Suspendeu a viagem a Davos.* Nesse meio-tempo eu tinha falado com o Lampreia, que foi para Davos na expectativa de que o Malan estivesse lá.

Na área diplomática, conversei com Sebastião Rego Barros, por causa das relações com a Argentina. Na terça-feira, o Chico Lopes fez uma exposição no Senado, razoavelmente boa, mas mexeu com Menem, porque disse que este teria tomado uma decisão insensata para a Argentina. O Menem, claro, reagiu e disse que nós tínhamos que fazer o Bonex,** os títulos para a dívida interna, para preparar o *currency board*. Eles fizeram isso. Confusões de todo tipo, amainei pelo porta-voz, elogiei o Menem, tenho falado com o Sanguinetti, que tem uma postura construtiva, tenho falado com Iglesias, que continua me telefonando com uma atitude muito encorajadora. Não falei com o Camdessus nem com o Stanley porque não quero entrar demais nesse tipo de negociação.

Hoje, quinta-feira, depois de falar com o Clinton, vamos ver se teremos as ideias mais claras.

Para retomar o jantar de ontem: nota-se o Chico muito renitente, o Pedro Malan insistindo na vinda de uma missão do Fundo, ele falou na nossa frente até com o Stanley Fischer. O Stanley também está mais animado, porque nesses dias o Congresso teve um desempenho esplêndido. Votou tudo: o Orçamento tal como pedimos, até mesmo avançaram as datas de contagem para a CPMF. Realmente o Congresso tem sido muito favorável ao dar apoio decidido para o ajuste fiscal.*** Pela primeira vez vejo o Congresso consciente do problema. A ponto de o Stanley Fischer cumprimentar o Pedro Malan pelos êxitos que tivemos.

---

* Sede do Fórum Econômico Mundial, na Suíça.
** Abreviação de *bonos externos 89*, nome dos títulos públicos com vencimento em dez anos lançados para reestruturar a dívida interna e preparar a dolarização da economia argentina em 1989.
*** Em 27 de janeiro, a Câmara e o Senado decidiram se autoconvocar para acelerar a tramitação da PEC sobre o aumento da CPMF entre 3 e 12 de fevereiro. No mesmo dia, o Senado ratificou em votação simbólica o projeto de lei sobre a cobrança previdenciária de inativos; e a Câmara apro-

Só que isso, que era o pomo de discórdia há um mês ou dois, hoje parece que não é nada, porque hoje eles querem que aumentemos a taxa de juros. Quer dizer, o Fundo Monetário insiste em continuar pondo o sarrafo cada vez mais alto para nós pularmos.

Depois dessa conversa toda, vejo que alguém certamente virá, ou melhor, que o Malan vai falar com o Camdessus para que mande um emissário do Fundo nesses dias.

O Malan fica aqui, o Armínio Fraga volta aos Estados Unidos. O Armínio concorda com o que estamos fazendo, o André também, todos eles acham que é insensato esse descrédito com o Brasil. Não se entende por que tanta pressão sobre nós. Não tem nenhum sentido o real estar cotado, com relação ao dólar, a R$ 1,90. Não tem sentido. O máximo que se poderia aceitar seria R$ 1,50, e olhe lá. Apesar das apostas contra nós, a verdade é que as expectativas do mercado pararam um pouco de subir desabaladamente. Noto que houve um *overshooting*, como dizem no jargão, e em dado momento isso vai ter que cair.

Claro que a minha preocupação é imensa por estar vendo rolar por terra abaixo toda a política de estabilização que levamos tantos anos para implementar. E nem sei se essa taxa de juros é um instrumento efetivo para a volta da estabilização.

Hoje terei de novo um dia difícil, de muitas reuniões, vou receber os sindicalistas da CUT e da Força Sindical. Até o Ciro Gomes* vai estar comigo hoje, veja quanta confusão há no Brasil.

Vou agregar ainda alguns comentários.

O Zé Gregori esteve comigo, muito assustado, e com alguma razão, por causa do Tarso Genro,** que está propondo um encurtamento do mandato. O Zé disse que precisamos reagir a isso. Já reagimos, o Teotônio [Vilela Filho]*** escreveu um artigo forte, o Lula [Luiz Inácio Lula da Silva]**** hoje disse que não é hora de propor encurtamento de mandato, é só o que faltava! A menos de um mês da posse do segundo mandato, já esses que não aceitam a derrota começam a estrilar.

Por outro lado, todos os jornais agora estão dizendo que o desastre é tudo culpa minha: desastre, fracasso... A história se vai reescrevendo. O Brasil é o único país onde a história é escrita a partir da perspectiva de quem perdeu. Depois que ganhei as eleições, aumentou muito a boa vontade com quem perdeu. Aqui quem ganhou sempre leva mais paulada.

---

vou por 301 a 27 um artigo do projeto da Lei de Responsabilidade Fiscal (lei complementar nº 101, promulgada em maio de 2000) para limitar os gastos dos estados e municípios com pagamento de pessoal a 60% das receitas.
* Ex-ministro da Fazenda (1994) e candidato presidencial do PPS nas eleições de 1998.
** Ex-prefeito petista de Porto Alegre (1993-7).
*** Senador (PSDB-AL) e presidente nacional do partido.
**** Presidente de honra do PT, segundo colocado nas eleições ao Planalto em 1998.

Claro que neste momento todos os que podem morder, mordem. A fome em primeiro lugar. Mas não é só isso, não.

Hoje houve uma confusão também grave, porque o *Estadão* fez aquele editorial duro sobre o Serra, o *Jornal da Tarde* outro ainda pior, e isso cria mais um embaraço para mim, porque ficam pressionando pela demissão do Serra. Ele, na verdade, não fez nenhum movimento na direção de desestabilizar o Malan nem de se colocar como candidato imediato ao Ministério da Fazenda.

Agora são nove e meia da noite. O dia transcorreu um pouquinho mais calmo.*

Recebi o [Luiz] Marinho, presidente do Sindicato de São Bernardo,** e o Paulinho [Paulo Pereira da Silva], presidente do Sindicato dos Metalúrgicos de São Paulo, os dois maiores sindicatos de metalúrgicos do Brasil. Discutimos medidas para acelerar a produção de automóveis e diminuir o desemprego,*** baixando o IPI. Clima dessa reunião, melhor impossível. Tudo muito amável, enfim, expliquei a situação, o Marinho fez algumas objeções, expliquei o que pude.

Depois disso recebi o Ciro Gomes. Conversa mais formal, mais fria. O Ciro disse que me respeitava pessoalmente, que na campanha tinha usado adjetivos impróprios, não precisava de adjetivos, que ele não se arrepende do que fez, mas enfim... Todo assim moço educado. Falei bastante sobre Itamar, ele também não está apoiando Itamar, depois conversamos rapidamente sobre a situação nacional, o problema, disse ele, é a dívida interna, é preciso fazer um acordo para renegociar, para alongar prazo, não sei o quê, que essa dívida é impagável. Enfim, essas coisas.

Conversei com o presidente Clinton, que chamo de Bill, ele me chama de Henrique. Longa conversa, uns quinze minutos, basicamente sobre o Brasil. Elogiei o discurso dele do *State of the Union***** e depois conversamos sobre nossa situação, preocupação minha e dele. Pedi o apoio claro, direto e até pessoal dele junto ao FMI e ao Tesouro, porque se não tivermos isso vai ser difícil [superar a crise]. Falei dos progressos que fizemos no ajuste fiscal, disse que alguns governadores estão com uma consciência mais clara da questão. A verdade é que o problema dos governadores passou a ser um *issue* internacional, e não é tão grave assim. Ou melhor, a situação é grave, mas a relação com os governadores não.

Eu disse a ele que logo viria uma missão do Fundo aqui, que era preciso ele externar com clareza o apoio ao Brasil. Ele disse que o Brasil é muito importante

---

* O dólar subiu a R$ 1,92, com perda cambial de US$ 200 milhões.

** Sindicato dos Metalúrgicos do ABC, filiado à CUT.

*** No início de janeiro, a Ford demitira 2,8 mil funcionários de sua fábrica em São Bernardo do Campo (SP). A fábrica foi ocupada pelos metalúrgicos. Em 2 de fevereiro, a empresa concordou em suspender as demissões.

**** Relatório anual apresentado pelo Executivo norte-americano ao Congresso.

para os Estados Unidos. Eu disse: "Olha, toda a minha política foi no sentido de que nossas relações sejam mais próximas, seria uma pena se não tivéssemos agora a possibilidade de seguir adiante o nosso desenvolvimento". Ele fez grandes elogios à minha capacidade de liderança.

HOJE É 30 DE JANEIRO, SÁBADO, são seis horas da tarde. Quero retomar a conversa do dia 28 com Clinton. O principal creio que já foi dito, mas de qualquer maneira vou retomar. A conversa, além de ser amistosa, teve alguns momentos que merecem ser registrados.

O Clinton disse que todas as informações que ele tinha recebido do Brasil eram positivas, sobretudo o Congresso ter aprovado as coisas na área fiscal, mas que persistia certo rumor de falta de confiança recíproca entre Tesouro e FMI, por um lado, e sobretudo Banco Central por outro. Ele não entrou em detalhes, mas deixou transparecer que era importantíssimo essa *confidence building*,* como eles chamam. Eu disse a ele que também era muito importante que o Fundo Monetário expressasse a confiança nas decisões do Brasil, porque até agora não tinha expressado, embora tivéssemos ganho todas as batalhas do Congresso e o ajuste fiscal estivesse sob controle. Então ele mencionou os governadores, eu disse que o problema dos governadores rebeldes era muito menor do que se imaginava pelo mundo afora. Abre parênteses: malefícios da bravata do Itamar. Fecha parênteses. Eu disse que tínhamos condições de controlar a situação e que estávamos avançando nas negociações com os governadores.

Discuti muito a questão de que não adianta, a esta altura, aumentarmos as taxas de juros, porque elas não têm mais efeito sobre a taxa de câmbio. Mas não entrei em detalhes, porque nem ele é homem de detalhes econômicos nem convinha a mim, como presidente da República, detalhar esse tipo de coisa.

Eu disse que era necessário ele se manifestar, até pessoalmente, para o ministro da Fazenda dos Estados Unidos, Robert Rubin, a fim de que que houvesse maior simpatia, digamos assim (eu usei outra expressão), do Fundo Monetário para com nosso programa no Brasil, e que não poderíamos fazer nada que fosse eficaz se não houvesse esse apoio. Transmiti imediatamente a conversa ao Pedro Malan, mas me esqueci de transmiti-la ao Gelson [Fonseca]. Falei com ele só às dez da noite, e disse a Ana [Tavares]** que havia falado.

No dia seguinte, ontem, o *Correio Braziliense* declarou que eu tinha combinado com Clinton uma nova reforma, uma nova qualquer coisa na Previdência Social, o que é totalmente mentiroso. Não toquei nesse assunto com Clinton, nem cabe entrar em negociação com ele sobre o que vou fazer na política interna do Brasil.

---

* "Construção de confiança", em inglês.
** Secretária de Imprensa da Presidência.

Posso discutir os efeitos da política macroeconômica, porque isso tem a ver tanto com os recursos que os americanos colocaram no apoio a nós,* como também tem a ver com a economia internacional.

Fui a São Paulo ontem de manhã, para a inauguração de uma nova instalação da central de jornalismo da Globo.** Fiz discurso, falei indiretamente, citei Churchill em sua frase famosa de "sangue, suor e lágrimas",*** mas pedi que não se falasse em sangue, que suor nós teríamos que ter para resolver a situação, e lágrimas, pelo tempo que perdemos não resolvendo antes. Mas que haveria um horizonte etc.**** Depois desse discurso, visitei as novas instalações e, na saída do prédio, fiz uma declaração mais enfática às televisões e às rádios sobre a situação do Brasil, dizendo que eu apoiava o que o Pedro Malan estava dizendo contra a moratória, contra a reestruturação da dívida interna, porque não é necessário, temos reservas.

Fui para casa, lá conversei com Andrea Matarazzo sobre o que fazer para soerguer a minha imagem, que está atingida, obviamente, e depois disso fui encontrar o Mário Covas.*****

Antes de encontrar o Mário Covas, recebi telefonemas tanto do general [Alberto] Cardoso****** quanto do pessoal do palácio, do Lucena,******* e do Pedro Malan, muito aflitos porque havia boatos em Brasília de que na segunda-feira iríamos decretar feriado bancário, confiscar a poupança, enfim, o que Collor [Fernando Collor de Mello]******** fez. Isso me indignou.

---

* Os US$ 41,5 bilhões do pacote de ajuda internacional ao Brasil se compunham de 18 bilhões do FMI; US$ 4,5 bilhões do BID e a mesma quantia do Banco Mundial; e US$ 14,5 bilhões em linhas de crédito garantidas pelos bancos centrais do G10, liderados pelo Federal Reserve.
** No bairro de Santo Amaro, zona sul da capital paulista.
*** Referindo-se ao esforço de guerra contra as potências do Eixo, em seu primeiro discurso como premiê britânico na Câmara dos Comuns, em maio de 1940, Winston Churchill afirmou não ter nada a oferecer ao país senão "sangue, labuta, lágrimas e suor" (*"I have nothing to offer but blood, toil, tears, and sweat"*).
**** No registro da Biblioteca da Presidência: "Há pouco tempo, eu disse: sangue, não; suor e lágrimas, sim. Lágrimas por não termos feito o que já poderíamos ter feito. Suor, porque temos certeza de que vamos fazer o que é necessário para que o Brasil continue a ser um Brasil próspero, um Brasil que possa ter essas marcas do seu avanço, do seu temperamento de um país que é confiante em si porque trabalha e — porque trabalha — acredita. Não tem medo de suar. Vai evitar, se for necessário, as lágrimas. Saberá derramá-las, mas olhando sempre para o horizonte. E o horizonte só pode ser de confiança".
***** Governador de São Paulo (PSDB).
****** Ministro-chefe do Gabinete de Segurança Institucional (GSI) da Presidência.
******* José Lucena Dantas, chefe do gabinete pessoal do presidente.
******** Ex-presidente da República (1990-2).

Fui encontrar Mário Covas no Palácio dos Bandeirantes e, antes de falar com ele, fiz uma declaração a todas as rádios e televisões, aí muito mais enfática. Chamei os especuladores de chacais e disse que o povo podia confiar em mim, que eu não iria fazer isso, que eu tinha milhões de votos, o respeito, toda uma história de vida e que não iria agora me meter a tomar a poupança da população sem nenhuma razão, que isso era um pânico que estava sendo induzido.

Parece que a fala teve efeito positivo, eu não vi, mas parece que todos os telejornais reproduziram, e os jornais de hoje também estão mais mansos.

Conversei com Mário longa e tranquilamente. Ele acha que eu tenho que mudar a equipe, inclusive o Pedro Malan. Discuti em profundidade com ele, como já tinha feito com Pedro. Eu disse: "Eu mudo, mas o problema é botar quem? Não é fácil, não se encontra uma pessoa. O Pedro Malan está aberto, tem tido uma grande franqueza e uma solidariedade excepcionais comigo e com o Brasil. Eu tenho medo de introduzir mais um elemento de instabilidade". O Mário me disse que eu tinha que recobrar a confiança da população em mim, no que ele tem razão, que ele sabe das dificuldades e que qualquer que fosse a decisão ele seria solidário comigo. Conversamos um pouco sobre a reunião dos governadores,* ele se dispõe a vir a Brasília para a reunião de um grupo de governadores.

Encontrei no Mário uma disposição excelente. E mais: fiquei contente, porque o vi com uma disposição física muito boa também. Está fazendo quimioterapia, encara isso com tranquilidade, são quatro sessões espaçadas de dois meses cada uma, ficará dois dias no hospital e dois ou três em casa em cada uma das sessões, para garantir a cura.** Achei o Mário realmente muito bem-disposto, saí de lá contente.

Vim de avião com a Ruth, que tinha ido do Rio para São Paulo, e com Michel Temer. Jantamos no avião, o Sérgio Amaral também estava.

Repassando as coisas, eu tinha falado com o Mário sobre as manobras do PMDB para fazer aliança com o PTB a fim de aumentar a bancada, e disse ao Temer que se começarem por aí vai dar um mau resultado, porque o PSDB faz aliança com o PFL e elegem outro presidente [da Câmara].

O Mário mencionou que eu tinha que tomar cuidado, porque há muitos rumores sobre corrupção na área do Ministério dos Transportes.*** É verdade, há indícios, mas já falei para o ministro derrubar todo mundo. Ele disse que depois das votações iria fazer as mudanças. Que faça mesmo, que haja reclamações. Isso pega um

---

* O presidente agendara para 8 de fevereiro uma audiência com governadores da situação sobre a renegociação da dívida dos estados. No dia seguinte, receberia governadores da oposição.
** Covas retirara um tumor da bexiga em dezembro de 1998.
*** Meses depois, foram publicadas denúncias de corrupção envolvendo a direção do DNER, subordinado aos Transportes, com a emissão de falsos precatórios de indenizações e desapropriações em obras viárias.

grupo grande de deputados que têm ligações com o PMDB e alguns até com o PSDB. Temos que fazer a derrubada dessa gente. Vou insistir com o ministro dos Transportes, senão sua falta de ação vai ser entendida como solidariedade.

Na ida a São Paulo o Antônio Carlos estava comigo, fomos conversando bastante, e convidei o [Arnaldo] Madeira para almoçar no avião conosco. Antônio Carlos estava um pouco mais desafiante em sua nova posição, praticamente reeleito presidente do Senado, e Michel, que também tinha sido, não estava tanto. Mas a conversa foi só sobre generalidades.

Isso foi ontem, dia terrível. À noite fui fazendo balanço, boatos de todo tipo, o dólar foi para dois reais e tanto, uma coisa desatinada.*

Hoje, sábado, revi tudo, conversei com Malan, ele veio almoçar aqui junto com Pedro Parente. Eles acham que eu devo chamar o Armínio Fraga para substituir o Chico Lopes, o que parece certo. Armínio já se dispôs a vir, quando esteve aqui conosco disse que numa emergência viria. Autorizei os dois Pedros a aprofundarem a questão. Noto que Pedro Parente acredita ser necessária uma mudança mais radical na Fazenda. Não noto que o Pedro Malan vá resistir a essa mudança, mas ele tem senso de responsabilidade e sabe que não encontrei uma figura que possa substituí-lo. Conversamos sobre isso várias vezes.

O Lampreia, que está em Davos, mandou uma nota bastante grande do Goldman Sachs, ele é muito amigo do Peter Sutherland, presidente do Conselho do banco. Uma análise interna que a meu ver contém uma avaliação equivocada da reestruturação da dívida interna.

Nesse meio-tempo, o Pedro Malan me telefonou, porque o Cavallo quer fazer uma verdadeira panfletagem a favor do *currency board* e o Pedro acha (Cavallo falou com ele) que devemos abrir os olhos, porque se pode fazer um *currency board* sem o Bonex, que foi o sistema usado na Argentina. Era um título especial, no fundo fizeram uma reestruturação da dívida que pode ser entendida como um calote na dívida interna. É muito perigoso falar de *currency board* por causa dessa conotação de Bonex.

Diz o Pedro que o Cavallo vai escrever um artigo no *Estadão* de domingo, explicando que não é preciso dar o calote. Pediu que eu falasse com o Pérsio (eu tinha dito a ele que queria falar com o Pérsio), e falei.

O Pérsio intelectualmente é a favor do *currency board* e acha que com essa medida é possível baixar os juros para 6% de imediato, o que provocaria uma contração fiscal, mas daria certo alívio ao setor produtivo. É possível que seja assim.

O Pedro pediu que eu falasse também com o André Lara. Falei de novo com ele, conversamos extensamente, e o André tem opiniões não muito divergentes

---

* O dólar chegou a ser cotado a R$ 2,15, mas fechou a R$ 1,98. O fluxo cambial foi positivo e a Bolsa de São Paulo subiu 2,3%. Os juros futuros foram a 63% para o mês de fevereiro, e a taxa básica fechou o dia em 37%.

das opiniões do Pérsio, mas acha que é preciso ver se dá, politicamente, para fazer o *currency board* sem que se produza um desajustamento.

Tanto Pérsio quanto André consideram o *currency board* um passo atrás na flutuação. O Pérsio acha que estamos diante de uma bolha que vai furar.

Na conversa com o André, eu disse a ele que já havia contado ao Pedro Malan que hoje de manhã conversei com o Robert Rubin, ministro da Fazenda dos Estados Unidos, que está em Davos. Conversa longa e boa, gosto do jeito como ele fala. Voltou à tona a questão da falta de *confidence* e basicamente, no caso, é em relação ao Banco Central. Evitei entrar em detalhes, pedi que ele mandasse o Stanley vir aqui conversar, porque eu cancelei a viagem à Venezuela que faria na segunda-feira, para falar com o Stanley e revermos essa questão.

Reiterei meus argumentos e avancei com outro com o qual ele está de acordo: se subirmos a taxa de juros como fizemos, o mercado que olha para o câmbio não vai dar bola para isso e o mercado que olha para a dívida interna vai achar que tornamos mais difícil ainda o pagamento dessa dívida. Logo, piora a situação. E que essa é uma imposição do Fundo que não tem cabimento, que é preciso rever. Ele [Rubin] disse que também concorda que o meu ponto tem base. Pedi que me desse sugestões, mas não deu nenhuma, na verdade. Fez apenas uma recomendação forte de que precisamos chegar a um entendimento com o Fundo. Com o que eu concordo, mas precisamos saber ao redor do quê. Ele me disse que estava ao lado do Larry Summers, que não disse nada durante toda a conversa. Eu dialogo melhor com o Rubin do que com o Larry Summers, que é mais arrogante. Nunca tive nenhum dissabor com ele, mas não é uma pessoa com quem eu me sinta tão à vontade quanto me sinto com Rubin.

Basicamente o que o Rubin disse foi que precisamos de um entendimento e que ele se preocupa com a inflação. Eu respondi: "É certo isso. Mas acontece que ninguém está de imediato pensando em inflação no Brasil, porque não ocorreu; o que ocorreu foi uma disparada do dólar".* Quando tomo medidas preventivas contra a inflação que não têm efeito sobre o dólar, as pessoas acham que estou errado dos dois lados, e há um grão de verdade nisso.

Reportei essa conversa ligeiramente a Malan e ligeiramente ao André, e André me disse: "Pois é, estamos no pior dos mundos, porque o dinheiro que o Fundo nos deu só serviu para imobilizar os recursos que temos em nossas reservas. Nossas reservas são altas, é como se tivéssemos feito a flutuação com reserva zero, por isso o mercado nos desafia e não temos como responder". Ele disse que com um peteleco nós teríamos derrubado a especulação na quinta-feira. Era essa a sensação dele. Nós não demos esse peteleco porque isso seria sentido pelo Fundo Monetário como *dirty floating* e, portanto, eles não iriam nos apoiar.

---

* Em janeiro de 1999, a inflação acumulada em doze meses foi de 1,65% (IPCA).

Recebi também uma nota do broadcast, transmitida pelo Setúbal ao Marco Maciel, em que o [Paul] Volcker* diz que os mercados são irracionais e que não voltam sozinhos ao ponto de equilíbrio. Acho isso verdadeiro.

Vivemos de novo aquele dilema, que, aliás, já está resolvido na minha cabeça. Ou entramos firme, ou a especulação não para de subir. E para entrar firme precisamos da compreensão do Fundo, porque esse é o caminho.

Pedi que André falasse com Stanley Fischer, e ele se dispôs. André estava muito mais assustado com a perspectiva de ter uma posição formal no governo. Essa posição informal, ele topa de boa vontade.

Falei também com o senador Fernando Bezerra,** presidente da CNI, ele estava muito aflito ontem, mas disse que depois da minha fala houve uma volta à confiança nos mercados.

Diga-se de passagem que a *Folha*, amanhã, como sempre vai publicar uma pesquisa feita na cidade de São Paulo para demonstrar a perda de confiança em mim.*** Quer dizer, quer arrebentar o país. A única pessoa que pode fazer alguma coisa efetiva sou eu, e eles ficam dizendo que o povo não tem confiança. Como pode ter neste momento? E a *Folha* publica isso, passando de todos os limites. A *Folha* quer ser governo e, ao querer ser governo, só atrapalha o Brasil. É isso que está acontecendo.

Mas isso é detalhe, nós é que abrimos o flanco e chegamos a esse ponto. Agora vamos reconstruir penosamente a chamada confiança.

Hoje vou jantar com a Ruth na embaixada da China, porque faz dois anos que o embaixador**** nos amola com esse jantar. Deve ser agradável do ponto de vista da comida, mas quebra uma regra do Itamaraty: o presidente só vai a embaixadas quando visita um país. Isso para evitar uma sequência de visitas a embaixadas, o que seria muito cansativo para todos nós.

HOJE É DOMINGO, DIA 31 DE JANEIRO, uma hora da tarde. Ontem, depois do que registrei aqui e antes mesmo de ir para o jantar na embaixada da China, falei com Armínio Fraga, depois que o Pedro Malan e o Pedro Parente me disseram que haviam conversado com ele. Armínio está disposto a vir imediatamente para

---

* Ex-presidente do Federal Reserve Board (1979-87).
** PMDB-RN.
*** Com a manchete de capa "FHC e Plano Real têm a sua pior avaliação em SP", o diário paulistano publicou os resultados de uma pesquisa do Datafolha no município. A aprovação do governo estava em 22% (ótimo/bom), contra uma rejeição de 38% (ruim/péssimo). Para 70% dos entrevistados, o presidente perdera o controle da crise. Para 59%, Fernando Henrique enganara o país ao prometer a manutenção da estabilidade do real na campanha de 1998. O Plano Real tinha 32% de aprovação e idêntica desaprovação, no maior patamar desde seu lançamento, em 1994.
**** Li Guoxin.

assumir a presidência do Banco Central. Temos problemas jurídicos, porque o Senado não está funcionando e o presidente não pode ser nomeado senão depois de ouvido pelo Senado. Mas isso se contorna.

O Pedro deseja que ele próprio [Pedro Malan] e o Chico Lopes apresentem a renúncia.

Com Armínio a conversa foi boa. Vem com ânimo, está disposto. Ele examina a possibilidade do *currency board*, mas avalia outras possibilidades também. Falou da necessidade de privatização do Banco do Brasil e da Caixa Econômica, assuntos delicadíssimos. Eu disse que era melhor irmos devagar, que podíamos anunciar uma fusão, qualquer coisa assim, pois receio criar mais uma onda imensa contra o governo por causa da privatização do Banco do Brasil. E no momento não resolve. Acho que devemos tomar outras medidas.

Mas o Armínio não insistiu no ponto, embora eu tenha certeza de que é o pensamento dele. Como todos os economistas da mesma escola, ele acha uma irracionalidade manter o Banco do Brasil. A defesa do Banco é a de que ele se incumbe da política agrícola, e isso é certo, o que significa transferir renda de uns setores para os outros. Isso também pode ser feito, ou melhor se faria, dizem os críticos, se houvesse um acordo explícito pelo Congresso no orçamento, sob a forma de subsídios. Ainda assim tenho dúvidas, porque os bancos não têm a capilaridade do Banco do Brasil e sempre resistirão a esse tipo de mecanismo. Acho que mais adiante se pode pensar nisso, mas agora é prematuro.

Em todo caso, o Armínio vem cheio de ideias e suponho que terá uma boa receptividade no mundo. Muito dificilmente a terá aqui no Brasil, porque ele vem do [George] Soros, vai ser dito que é um especulador a mais, e vou dizer que é *similia similibus curantur*,* que é preciso justamente pegar quem sabe fazer manobras desse tipo. Aliás, ele me disse que houve erro de operação na sexta-feira, porque teria sido fácil ter derrubado algumas especulações através do câmbio futuro, como também teria sido fácil ter vendido um pouco de dólares (que estavam subindo de valor), uma coisa pequena, de 20 a 30 milhões de dólares, e não houve operação alguma.

Isto é o que eu ouço de todo mundo: "Falta operador no Banco Central". E para o câmbio flutuar, precisa haver operador.

Hoje de manhã, nada de novo, a não ser conversas com Pedro Malan e Pedro Parente. Voltarão a me ver à tarde.

Pedro Malan, muito tenso, falou outra vez da necessidade da demissão dos dois. Não encontrou Chico Lopes. O Chico é muito peculiar. Diante de toda essa situação, não me telefonou uma única vez. Foi para o seu sítio. Acho que ele está certo em deixar que as coisas aconteçam. Eu li por cima a *Folha*, há um bom artigo do Bresser sobre o que fazer com o CNPq. De resto, equilibrando seu viés, a *Folha*

---

* "Semelhante se cura com semelhante", em latim.

ataca também o Zeca do PT, dizendo que ele está nomeando parentes. Quando você vai ver, é nomeando para funções menores gente que já trabalhava no gabinete. Enfim, essas mesquinharias que fazem o gáudio dos pseudomoralistas do Brasil.

É o momento. É como se eu tivesse sido liquidado, o Real liquidado, o Brasil liquidado, e um comentarista domingueiro da *Folha* a dizer que agora é preciso reconhecer que o Real fez muita coisa boa. Agora, né? Eles acham que vai tudo para o beleléu. Se enganam. Eu vou lutar, vou assumir diretamente o controle da situação e vamos vencer essas dificuldades, claro que em outro patamar. Pelo menos essa é a minha disposição, tranquila mas firme.

Agora vou almoçar na casa da Gilda [Cardoso de Oliveira], minha irmã, com a Ruth, com os meus sobrinhos, depois volto para conversar com Pedro Malan e Pedro Parente. Mais tarde vou receber Jorge Bornhausen e, à noite, vamos ver um filme.

Ainda em tempo. É curiosa a posição dos críticos. Tudo é assim: "Bem que eu disse...", mas disse o quê? Queriam o quê? Não queriam que eu fizesse a correção da valorização do real? Não sabiam que a correção é isso? Que é custosa e tem efeitos negativos antes de se firmar? Todos pediam que eu mudasse de política: a Fiesp, os sindicatos, a *Folha*, todo mundo. Agora esses mesmos gritam, porque não se dão conta de que estamos sentindo as dores do parto. Quando os juros caírem, e eles vão cair, quando tivermos uma cotação do dólar mais aceitável, e teremos, quando voltarmos a exportar, e voltaremos, quando voltarmos a crescer, e voltaremos, quero ver o que dirão os críticos.

TERÇA-FEIRA, 2 DE FEVEREIRO. Ontem foi um dia de decisões bastante penosas para mim. Passei a manhã no Palácio da Alvorada, fiz uma gravação de rádio, como faço habitualmente,* mas o tempo todo preocupado, porque eu sabia que teríamos que tomar uma decisão relativa ao Armínio Fraga e ao Francisco Lopes.

No domingo à tarde, na volta da casa da Gilda, minha irmã, como eu registrei que aconteceria, me encontrei com Pedro Parente e com Pedro Malan. Este já tinha me dado sua carta de demissão, e insistia nisso, porque ele não se sente bem em demitir o Chico Lopes.

Conversamos e de novo eu disse: "O problema é que não vejo quem possa te substituir neste momento. Vamos por partes. Vamos fazer primeiro a substituição do Chico Lopes". Pedro não falou com Chico Lopes. Parece que ele andou telefonando para algumas pessoas, mas não abriu o jogo diretamente com ninguém. Nem podia, porque a decisão não estava realmente consolidada.

O Pedro Parente teve uma reunião com o pessoal do Fundo, na verdade rotina, mas que aqui no Brasil, com esse colonialismo mental, transformaram numa

---

* Fernando Henrique gravava semanalmente o programa *Palavra do Presidente*, transmitido pela Radiobrás.

grande reunião. Importante mesmo seria quando chegasse o Stanley Fischer, como chegou, na madrugada de hoje.* Até agora não havia ninguém do Fundo, a não ser esses técnicos de meia-pataca a fazer contas para cá e contas para lá, e brigando com a nossa burocracia.

Foram embora. Eu vi o Pedro muito tenso o tempo todo. Falei com ele várias vezes por telefone, falei com Armínio Fraga mais uma vez, reafirmei o compromisso e depois fui ao cinema ver *La vita è bella*.** Um filme interessante, muito bom, gostei bastante. Estávamos eu e a Ruth, convidamos o Sérgio Amaral e a Rosário [Amaral],*** bem como o embaixador Zoza Médicis [João Augusto de Médicis],**** além do Zé Gregori e da Maria Helena [Gregori].***** Foi um momento de descontração. Zé Gregori me trouxe uns documentos, de umas posições que ele tem tido, nessas horas Zé é muito cooperativo, muito ativo. Isso no domingo.

Na segunda-feira, ontem portanto, depois de ter passado a manhã como já descrevi, o Pedro veio almoçar comigo e com a Ruth. Voltamos a repassar tudo, ele insiste que precisa se sentir à vontade, faz questão da carta de demissão, eu acho um erro, mas, enfim, o que vou fazer? Eu disse então que chamaria o Chico Lopes.

À tarde fui ao Palácio do Planalto, fiz meus despachos normais, Pedro me telefonou para saber se eu já havia chamado o Chico Lopes, eu disse que não, porque o Walder de Góes****** já estava botando na telinha [internet], antecipando a nomeação do Armínio Fraga. Eu telefonei para o Chico Lopes.

Chamei o Clóvis, eu já tinha contado tudo a ele de manhã, nos despachos normais. Clóvis é sempre solidário nessas horas, conversamos, passamos tudo a limpo outra vez, e depois recebi o Chico Lopes sozinho.

Falei ao Chico com franqueza e simplicidade: "O Pedro me disse que você falou em sua demissão também". Na verdade, Chico Lopes não apresentou demissão, mas disse que o cargo estava sempre à minha disposição. Eu contei que tinha decidido trazer o Armínio Fraga. O Chico disse que era bom, que o Armínio era da linha dele, mas que haveria a questão do Soros. Eu respondi que sabia do problema. Ele perguntou se o Armínio realmente viria, eu disse que sim, ele perguntou quem tinha falado com o Armínio, dei a entender que eu também tinha falado.

---

* Acompanhado de um staff técnico, Fischer chegou ao Brasil para três dias de reuniões com a equipe econômica. O Fundo suspendera o repasse de uma parcela de US$ 9 bilhões do pacote de ajuda até a renegociação dos termos do acordo com o Brasil após a desvalorização cambial.
** Longa-metragem de 1997 dirigido e estrelado por Roberto Benigni.
*** Mulher de Sérgio Amaral.
**** Subsecretário-geral do Itamaraty.
***** Mulher de José Gregori.
****** Colunista do *Jornal do Brasil*.

O Chico achou que era erro meu [mudar], que as coisas estavam melhorando. De fato, o mercado ontem foi calmo, o dólar baixou bastante.* A despeito de toda a correria de sexta-feira, com a nossa contraofensiva de rádio e televisão o mal-estar público acabou diminuindo, os mercados também sentiram e o dólar caiu. Na verdade hoje de manhã abriu a R$ 1,76, quando tinha chegado a R$ 2,15 no outro dia. Claro que houve erro de operação, não sei se erro ou falta de condição de operação do Banco Central, pois toda a cultura do Banco Central é para o câmbio fixo e não para o câmbio flutuante.

Gosto bastante do Chico, ele é realmente um cavalheiro, mas um pouco distante das coisas. Ele diz: "Vai haver inflação de uns 30%", com uma platitude, como se fosse uma coisa que não afetasse a todos nós, a minha política, minha credibilidade, tudo. Ele acha isso normal, porque depois vai haver um crescimento grande e eu vou ter um bom final de governo. Tudo isso é verdade, mas a travessia é muito dura, e ele parece que não vê esse lado político.

Chico entendeu que eu estava cortando a cabeça dele para entregar a alguém na pira da sanha política. Em parte, porque há também as complicações internacionais e a dificuldade de operação do Banco Central. E também porque a relação dele com Pedro Malan não funciona, é ruim. Pedro tentou postergar a sabatina [do Chico] no Senado, o Chico pediu que não se postergasse.**

Antônio Carlos se opôs à postergação, mas teria sido mais sábio termos postergado a sabatina, o que evitaria o constrangimento de mudar o nome do indicado para o BC depois de ele ter sido sabatinado e aprovado. Mas não tenho alternativa agora a não ser avançar. E vou avançar.

Depois avisei o Pedro Malan, que me telefonou duas vezes para saber se eu tinha mesmo dito [o que deveria dizer ao Chico, sobre a demissão]. Eu disse: "Pedro, falei tudo, menos que o Armínio está para chegar amanhã". Marquei uma reunião à noite, no Palácio da Alvorada. Pedro Malan pediu que eu o escusasse dessa reunião porque ele está com a filha,*** recém-chegada depois de um mês. "Tudo bem", eu disse, "vou falar mais uma vez com o Chico Lopes, vou levar o Clóvis." Mas no fim o Pedro Malan veio.

Voltamos a conversar. A conversa foi mais tensa, visto que a desconfiança do Chico Lopes era grande. Malan insistiu na sua própria carta de demissão, o que mostrou que ele está agindo limpamente com Chico Lopes. Aqui todo mundo está agindo limpamente, é uma questão de Estado, de necessidade de fazer, duríssima.

Dizem que eu não gosto de demitir, mas na hora H quem pega duro e faz, como na demissão do Chico, sou eu. Faço de conta que não pego duro, a imprensa registra

---

* A moeda norte-americana fechou a R$ 1,91, enquanto a Selic subiu para 39%.
** A sabatina de Francisco Lopes na Comissão de Assuntos Econômicos do Senado fora realizada em 26 de janeiro. Seu nome foi aprovado por 23 votos a 2. Com a precipitação da crise, a votação em plenário não chegou a acontecer.
*** Cecília Malan.

que não peguei, e os políticos usam isso. Mas é meu estilo, não gosto de parecer que estou afrontando todo mundo por ter tais e tais poderes ou tais e tais qualidades de determinação e coragem. Mas fui eu que enfrentei a parada.

Discuti muito ontem à noite com Pedro Malan, para que ele, hoje cedo, desse à imprensa a versão de que ele é que havia tomado a decisão de demitir Chico Lopes, que ele anunciasse. Eu disse: "Eu posso tranquilamente fazer isso, mas aí você não é mais o ministro da Fazenda".

O Chico foi mais que cordial nessa hora, disse que tudo bem, que ele diria que apresentou a demissão em caráter pessoal. Ninguém vai acreditar, mas assim foi feito.

Hoje de manhã Pedro me mandou uma nota que ele tinha preparado, eu fiz algumas correções nela. Antes de vir aqui, ele passou na casa do Antônio Carlos com Pedro Parente, que me telefonou ontem dizendo que eu deveria falar com Antônio Carlos [para explicar a substituição de Chico Lopes por Armínio Fraga]. Eu disse: "Não posso fazer isso, eu sou o presidente da República, eu tomo a decisão. Agora, se o Pedro Malan achar que deve (o Pedro Malan falara antes com Antônio Carlos sobre a troca de nomes no Senado), que passe lá para dar uma explicação, porque assim o Antônio Carlos fica favorável". E foi bom, porque o Antônio Carlos já deu hoje uma declaração favorável e muito firme. Insisti bastante com o Pedro antes que a Globo desse o furo. Desde ontem eu sabia que a Globo estava de posse da informação de que Armínio Fraga viria para cá, porque a família do Armínio nos Estados Unidos já havia confirmado a vinda dele e revelado a função.

Pedro Malan fez a apresentação. As repercussões até agora foram mais positivas que negativas, um ou outro, digamos, mais de inspiração oposicionista, cita o fato óbvio, a questão do Soros,* mas em geral os mercados aparentemente assimilaram a nomeação do Armínio. Daqui para a frente abrem-se novas lutas, mas parece que avançamos um pouco. São duas e meia da tarde. Sabe Deus o que pode acontecer até o fim do dia.

Em tempo, recebi agora de manhã Jaime Lerner,** para conversar sobre a dívida dos estados. Ele tem a ideia de fazer um fundo previdenciário. Falei com o ministro da Previdência,*** que me alertou para o fato de que, da forma como os governadores estão apresentando a proposta, ela não é viável. Mas, de qualquer maneira, desvia a questão dos governadores do não pagamento de um contrato para a formação de um fundo para fazer face ao problema real que eles têm com a Previdência nos estados.

---

* Lula e Itamar Franco, entre outros líderes da oposição, acusaram o governo de ceder soberania ao FMI e de se submeter à "agiotagem internacional", referindo-se ao vínculo entre Armínio Fraga e o investidor George Soros.
** Governador do Paraná (PFL).
*** Waldeck Ornelas.

3 A 14 DE FEVEREIRO DE 1999

Armínio Fraga empossado no BC. Queda na popularidade do presidente

Hoje é 3 de fevereiro, quarta-feira, meia-noite. Como eu disse aqui ontem, ficamos torcendo para ver o que aconteceria com a mudança de orientação do Banco Central, e até o final da tarde fomos de maneira relativamente tranquila. A tendência de queda de valor da Bolsa aconteceu na segunda-feira, antes portanto do Armínio.* A repercussão da nomeação do Armínio foi boa, salvo, naturalmente, nos setores de oposição, que disseram que ele é homem do Soros. Itamar perdeu a compostura e afirmou que o ministro da Fazenda é o Stanley Fischer e que quem vai mandar no Banco Central é o Soros. Disse: "Vou ter que melhorar o meu inglês". Alguém perguntou a ele: "Melhorar ou aprender?".

Acho que é isso, até hoje não respondi nada, ninguém vai entender assim, mas é verdade, por achar que não cabe a mim baixar o nível com uma pessoa a quem dei todo o apoio quando ministro e consideração, quando fui presidente pela primeira vez. E agora ele está aí nessa guerrilha boba.

Hoje à noite, o Bresser e o [Yoshiaki] Nakano** conversaram longamente comigo. Nakano mostrou o que se sabe hoje, ou seja, que essas experiências de câmbio fixo dão no que dão em toda parte, e no Brasil também. Ele tem uma visão pessimista, mas é um homem objetivo. Até poderia ter sido ministro de alguma coisa, como do Orçamento. Bresser foi quem quis trazê-lo aqui, Bresser certamente também gostaria de ser ministro da Fazenda, é imaginativo, mas já andou falando por aí de centralização de câmbio, de moratória, enfim, não tem contenção verbal.

O Parente chegou aqui também, jantou comigo, e hoje de manhã recebi o Stanley Fischer com a Teresa Minassian,*** junto com Malan e Armínio, que vi pela primeira vez depois que assumiu as novas funções. Pedro Parente e Murilo Portugal, nosso representante no Fundo Monetário, vieram também. Conversa boa. Eles estão propondo metas de inflação moderadas e de taxa de juros razoáveis. Vamos ver a discussão final.

No fim do café da manhã, o Stanley me chamou num canto para dizer que precisávamos entender que os americanos estão dispostos a nos ajudar e que os

---

* A Bolsa de São Paulo fechou em alta de 8,8% na segunda-feira, 1º de fevereiro; a Bolsa carioca subiu 6,6%.
** Secretário da Fazenda do estado de São Paulo.
*** Vice-diretora do Departamento do Hemisfério Ocidental do FMI e chefe das negociações do pacote de ajuda ao Brasil em 1998.

europeus são mais restritivos, que agora houve certo estremecimento com os americanos, pelas razões já expostas aqui.

Mais adiante chegou o Sanguinetti,* ele muito bem, dizendo que compreende o momento, ridicularizando a posse do Chávez na Venezuela — o Lampreia também —, que foi um desastre, ele começou jurando a Constituição "moribunda" nas palavras dele, e por aí foi na demagogia, vamos ter problemas com o populismo venezuelano.

Sanguinetti disse que mais tarde vamos discutir as questões com o Uruguai. O que o Uruguai quer é ter um fluxo de comércio com o Brasil, o comércio atingiu 1 bilhão de dólares este ano, o que para eles é muitíssimo. Enfim, trata-se de um homem maduro e amigo.

Falei pelo telefone com o presidente do Paraguai, [Raúl] Cubas, para que ele não se sentisse desprestigiado com a vinda do Sanguinetti; vou estar com Menem depois. Em princípio vamos ter um encontro no Rio, no dia 22,** com os presidentes desses quatro países.

O dia transcorreu com o dólar mais ou menos estável, recebi Tasso para fazer observações de uma conversa que teve, entre outros, com o André e com o Pérsio. Tasso muito crítico do Malan, ele quer mudanças. Não posso fazer modificações, não é o momento. Malan hoje até que me pareceu mais tranquilo.

Falei com todos os líderes para que haja presença nas votações da CPMF nos feriados [de Carnaval], isso é bom para estimulá-los. E recebi o senador Iris Rezende e o senador Mauro Miranda.***

Recebi também uma senhora da Alcatel da França, ela me disse que vai continuar investindo aqui, provavelmente irá centralizar a parte latino-americana da Alcatel no Brasil.****

Depois recebi cerca de quinze empresários de alimentação, de produtos de higiene, supermercadistas e atacadistas. Todos garantiram que não vão repassar para os preços a subida de custos que haverá, que estão dispostos a ajudar porque há uma competição muito forte, aumentou muito a produtividade, estão confiantes no Brasil. Curioso, esse clima de confiança no país permanece forte.

Fui informado de uma pesquisa de opinião sobre mim e sobre o governo, e a avaliação já melhorou em função das últimas medidas tomadas, do Armínio e sei lá mais por quê. Mas melhorou.

Agora à noite tive uma longa conversa com Serra, que eu não tinha visto nestes últimos dias. Passei a ele as informações sobre o que aconteceu, ele estava indig-

---

* O presidente uruguaio veio ao país em visita de trabalho.
** Por ocasião da I Reunião do Fórum Empresarial Mercosul-Europa, no Hotel Copacabana Palace.
*** Ambos do PMDB-GO.
**** A America Star, subsidiária da Alcatel, disputava uma licitação da Anatel para a exploração de satélites de telecomunicações no país.

nado, porque o Antônio Carlos fez crer que ele, Antônio Carlos, foi quem pôs o Armínio no Banco Central, o que é pura imaginação. Antônio Carlos só soube disso na manhã em que o Malan ia anunciar a troca, pelas razões já expostas, de que era preciso comunicar ao Senado que iríamos mudar a pessoa indicada para o BC, e o Senado tem que aprovar. Mas ele não teve a menor participação ou ingerência na escolha de Armínio.

Antônio Carlos sempre faz isso para ficar bem perante a imprensa, e a imprensa maldosa noticia, para o pessoal do PMDB, os amigos e, quem sabe, a população em geral acharem que estou por baixo, que quem manda é o Antônio Carlos. Bobageira dessa pequena intriga que vira objeto de falsa disputa no Brasil. O fato é que continuo tendo que assumir as responsabilidades sem exibir minhas decisões, porque não convém, não é próprio, mas penosamente, porque não tenho nenhum prazer em saber das maldades de uns e de outros.

Eu também soube que Chico Lopes deu uma entrevista ao *Globo* em que se queixa, dizendo-se traído — não sei, eu não li a entrevista — na conversa que tivemos aqui com Armínio, Malan e ele. Entretanto, não foi ali que se decidiu pela saída dele; decidimos depois da sexta-feira. E Chico fez uma consideração: quem sabe se tivéssemos demorado um dia, não teria mudado para Armínio, porque então a estabilização teria avançado. Mas a gente sabe das dificuldades que existiam quanto à credibilidade do Chico aqui e lá fora em razão do mau manejo das primeiras medidas de ruptura do sistema introduzido pelo Gustavo Franco. E o Chico deve estar se sentindo usado por nós, ou por mim, como um instrumento para que se mudasse o Gustavo, apenas, sem a intenção de que ele fosse de fato para o BC.

Isso é inevitável, o ressentimento sempre vem depois dessas mudanças... Se Itamar, em quem não mexi, tem um ressentimento brutal por não ter conseguido ser presidente da República, imagine as pessoas que fui realmente obrigado a mudar de posição e depois assumir a responsabilidade por isso? Claro que ficam ressentidas. Eu gosto do Chico, tive pouca convivência com ele, mas sei que é um homem íntegro, inteligente, criativo; apenas me parece que não teve noção de todo o processo. Ninguém pode saber dessas coisas práticas da vida política sem ter tido experiência dela.

Em tempo, falei com Domingo Cavallo por telefone, ele voltou da Suíça, de Davos, está em Buenos Aires, ele sempre muito amistoso. Embora tenha essa ideia da conversibilidade — que ele tem genuinamente —, está sempre disposto a apoiar qualquer que seja a nossa decisão. Eu o respeito pelo talento que tem e pela generosidade de se pôr sempre às ordens para ajudar nas dificuldades. Gostei da conversa com ele.

HOJE É SEXTA-FEIRA, DIA 5 DE FEVEREIRO, meia-noite. Hoje Cavallo veio aqui e almoçou comigo, com Malan, com Armínio Fraga e com o [Marcos] Caramuru, que trabalha com Malan.* Expôs suas ideias mais uma vez, disse uma coisa que me parece razoável, que não devemos recusar de plano o *currency board*. Não para fazê-lo, mas porque se o recusarmos de plano vai ficar a impressão de que num aperto maior vamos centralizar o câmbio, e aí, sim, haveria muita fuga de recursos. Ele defende de qualquer forma a conversibilidade, acha que temos reservas suficientes** para fazer um *currency board*. O Armínio Fraga concorda com termos reservas.

Claro que ele está jogando de acordo com os interesses de uma unificação de moedas no futuro, da Argentina e Mercosul, e sempre há riscos nesse *currency board*. E se não der certo? Já tivemos a experiência frustrada do alargamento da banda [de flutuação do real], acho que agora temos que aguentar a política definida e ver se conseguimos fazer com que o dólar comece a despencar. Tem que despencar, não pode ficar nesse nível de R$ 1,80, que é muito elevado; precisa ir para R$ 1,60, que é o razoável, 1,50, 1,60. É questão de paciência e de aumentar as exportações e a credibilidade.

Ontem a exposição à mídia feita pelo Malan e pelo Stanley Fischer não teve bom resultado. Eu também achei confuso o que o Fischer disse. Malan não estava seguro, os dois juntos não transmitiram uma boa imagem, porque um é do FMI e o outro é ministro do Brasil. Eu tinha dito ao Pedro para ele não falar, só o Fischer, não sei por que fizeram isso. O Pedro não está com a estrutura de comunicação dele funcionando bem.

Depois do almoço de hoje, recebi no Planalto o Juan Villalonga, que é da Telefónica da Espanha. Muito eufórico, veio dizer que vão continuar investindo muito mais, porque o Brasil tem um potencial brutal, vai continuar crescendo. Falei sobre a RBS — houve um acordo entre a Telefónica e o pessoal da RBS —, para evitar uma posição de dificuldade, porque a RBS não tem cabedal para enfrentar sozinha a parada com a concorrência.*** A Telefónica queria ficar com o Rio Grande do Sul, mas como ganhou São Paulo viu-se impedida de concorrer no Sul. Eu não sei qual vai ser a solução, isso é lá problema deles, mas seria bom que houvesse uma atenção

---

* Secretário de Assuntos Internacionais do Ministério da Fazenda.
** Em 3 de fevereiro de 1998, as reservas internacionais do Brasil eram de US$ 36,1 bilhões, aí incluídas as primeiras parcelas do empréstimo internacional.
*** A multinacional espanhola e a RBS eram sócias na telefonia fixa do Rio Grande do Sul através da Companhia Rio-Grandense de Telecomunicações (CRT), parcialmente privatizada em dezembro de 1996. Os dois grupos também dividiam o controle da telefonia fixa de São Paulo, vendido ao consórcio liderado pela Telefónica no leilão do Sistema Telebrás em julho de 1998.

especial, para não perdermos mais um grupo econômico importante, um grupo de difusão também importante.

Mesma coisa o João Roberto Marinho.* Ele me telefonou porque também querem sair da associação, que no caso deles é com os italianos,** não tenho certeza, e há entraves na Anatel. Ela é independente, não sei o que vai fazer sobre o assunto.

Fora isso, um grande bafafá depois de eu ter conversado com o governador [José] Maranhão,*** que eu achei cordato, mas que parece que na reunião com os governadores foi um dos mais aflitos; comigo mostrou-se muito cordato. Houve um grande bafafá também sobre a reunião que Itamar e Olívio Dutra fizeram no Rio Grande do Sul,**** porque eles publicaram uma série de exigências inaceitáveis, todas elas demagógicas: no fundo querem que o Tesouro Nacional pague o ajuste dos estados, o que já não é mais possível. Chega de tanta exploração. Itamar está querendo uma subversão mesmo, ele pensa que ele, o Zé Aparecido e o Mauro Santayana estão na revolução liberal de 1842 em Minas,***** querem uma aliança com o Sul para fazer a polícia militar e os brigadistas do Sul se unirem numa espécie de revolução federativa. Esse é o sonho deles. Parece piada, mas é isso mesmo.

O Serra acabou de me confirmar que o Zé Aparecido e o Aureliano Chaves estiveram na *Folha* e que o clima era este: a *Folha* naturalmente vai publicar de novo, no domingo, uma pesquisa para mostrar que vamos mal. O Serra ponderou ao Frias que é um absurdo, estava presente o filho do Frias [Otavio Frias Filho], que concordou com Serra, mas o Frias disse que é um fato. Está bem que seja um fato, mas um fato que me enfraquece, e mais e mais. Não estou entendendo aonde eles querem chegar, se isso é uma aliança implícita, tácita, mesmo que eles não queiram, com as posições extremadas do PT e do Itamar. O PT também está ficando com as asinhas mais voadoras numa posição mais golpista.****** Como disse, parece piada, mas é o que está se desenhando nestes dias. É claro que vou contra-atacar e espero que as outras forças contra-ataquem também.

---

* Vice-presidente das Organizações Globo.
** A Globopar era sócia da Telecom Italia e do Bradesco na exploração da telefonia celular do Rio Grande do Sul.
*** Governador da Paraíba (PMDB).
**** Sete governadores de oposição reunidos em Porto Alegre publicaram uma carta ao presidente com nove condições para o restabelecimento do diálogo sobre a renegociação das dívidas estaduais, entre as quais a suspensão do bloqueio de repasses federais e a redução dos juros cobrados pela União.
***** Rebelião deflagrada em São Paulo e Minas Gerais por políticos opositores da centralização burocrática promovida pelo gabinete conservador.
****** A bancada petista anunciou a intenção de submeter um pedido de impeachment de Fernando Henrique à Presidência da Câmara.

No meio disso, briga do PFL com PMDB e PSDB, mais com PSDB do que com PMDB, questão de número de deputados, que puxa para cá, puxa para lá.* É uma dinâmica dos partidos que não tem muito a ver com a dinâmica de governo, mas que a perturba. O que eu quero de fato é que o Congresso aprove a CPMF e que eventualmente apoie o imposto de combustível,** que é a única maneira de reforçar o caixa sem provocar uma gritaria geral no Congresso.

Esse é o panorama que continua apertado e meio sombrio.

Respondi à carta dos sublevados do Sul com uma nota digna, não agressiva mas firme, dizendo que cancelei a reunião — não usei a expressão "cancelei" —, botei em dúvida a intenção deles de virem falar comigo, e a reunião fica suspensa, porque não tem sentido, depois de uma agressão pública dessa, recebê-los no palácio para tomar café da manhã.

DOMINGO, 7 DE FEVEREIRO, um dia tranquilo, mais calmo. Pimenta veio examinar a questão do que fazer com os governadores que anunciam que virão aqui na sexta-feira de manhã, de qualquer maneira, o que é uma grosseria adicional.

Eu quis falar com o Garotinho, para dizer que se ele vier sozinho, em outra hora, em outro dia, será bem recebido.

Agora à noite recebi um telefonema do Padilha dizendo que o [Pedro] Simon*** quer falar comigo amanhã. Ele tem estado em contato com o Olívio Dutra. Simon sempre em contato com as hostes adversárias. Só na hora das eleições é que não, aí anda grudado em mim para se eleger. Fora disso senta do outro lado...

Pesquisa na *Folha*, já disse aqui, péssima.**** Não podia ser diferente, e os jornais nesse chove não molha, nessa indecisão. Vai ser assim até que eu decida, realmente, dar um rumo mais firme para o Brasil, até que eu possa falar com mais desembaraço e tentar reanimar o país.

---

* Dezenas de parlamentares da base aliada solicitaram mudança de partido à Mesa da Câmara no primeiro dia de seus mandatos.

** Proposto pelo ministro dos Transportes, Eliseu Padilha, o "imposto verde" — a ser cobrado sobre a venda de gasolina das refinarias à distribuidoras — pretendia adicionar até R$ 2 bilhões à arrecadação do governo federal e estava incluído no Orçamento da União de 1999, embora ainda não tivesse sido aprovado pelo Congresso.

*** Senador (PMDB-RS).

**** Em pesquisa nacional sobre o desempenho do governo, o Datafolha mediu 36% de ruim/péssimo e 21% de ótimo/bom. Foi a primeira vez desde 1995 que a desaprovação de Fernando Henrique superou sua aprovação. A rejeição ao combate à crise também foi de 36%. A nota média dada ao governo foi de 4,7, contra 5,6 em dezembro. Entre os eleitores do presidente, 23% declararam desaprovar seu governo.

Amanhã vou ter uma reunião com o Pedro Parente, o [José] Cechin* e o Pimenta, para ver o que fazer sobre os estados; depois vou me encontrar com o Simon. Vi um filme bom, *As portas da justiça*,** com Gian Maria Volontè. Ruth e eu passamos o dia inteiro arrumando papéis, livros, as nossas coisas, para deixar este palácio um lugar mais agradável onde viver.

HOJE É QUARTA-FEIRA, 10 DE FEVEREIRO, são dez e meia da manhã. Acabei de ter uma conversa com Pedro Malan, e já tinha tido outras, que mencionarei daqui a pouco. Mas vamos retomar o fio da meada destes últimos dias em que não registrei praticamente nada.

No domingo passado, recebi no fim do dia o Pimenta da Veiga, com quem conversei a respeito dos governadores. Pimenta sugeriu, depois de inúmeros vaivéns nossos, que ele, Pedro Malan e o ministro da Previdência, [Waldeck] Ornelas, recebessem os governadores. Ele se comunicou por telefone com o Garotinho, e essa forma foi aceita, embora Garotinho tenha se decepcionado por eu ter cancelado a reunião. Na verdade suspendi o encontro conjunto com os governadores. A solução que encontramos evitou a demagogia de eles se dirigirem ao palácio, encontrarem a porta fechada e fazerem de conta que eu sou intolerante [se viessem, como anunciado, sem marcar comigo].

Na segunda-feira, passamos o dia nas idas e vindas dessa negociação com os governadores, mas tudo caminhando razoavelmente bem...

Recebi o Luiz Fernando Levy, que é da *Gazeta Mercantil*,*** ele veio se queixar de duas coisas basicamente: do imposto sobre exportações**** — no editorial de hoje a *Gazeta* fala disso também — e de que o governo está sem interlocução. Há aqueles foros que ele organiza,***** que nunca foram acionados; o governo, diz ele, embora tenha um discurso de parceria com o setor privado, na prática age de modo autônomo, burocraticamente. Enfim, quer canais de acesso, e quer que o governo utilize os foros da *Gazeta Mercantil*.

Ontem de manhã fui até a fronteira entre Corumbá e Mutún na Bolívia. Encontrei o presidente [Hugo] Banzer, inauguramos o gasoduto.****** Na ida viajei com

---

* Secretário executivo do Ministério da Previdência Social.
** *Porte aperte* (1990), longa dirigido por Gianni Amelio.
*** Jornal de economia e negócios extinto em 2009.
**** A Lei Kandir (lei complementar nº 87, de 13 de setembro de 1996) concedera isenção de ICMS à exportação de produtos primários e semielaborados, e gerava queixas dos governos estaduais por suposta perda de arrecadação.
***** O jornal organizava anualmente o Fórum de Líderes Empresariais.
****** Os presidentes inauguraram o trecho de 2 mil km do Gasoduto Brasil-Bolívia (Gasbol) entre Santa Cruz de la Sierra e Campinas (SP), com capacidade inicial de bombear 2,5 milhões de m³ de gás natural por dia.

vários ministros e deputados, aquelas conversas de sempre. Alguma preocupação expressa pelo Lampreia sobre a posição da Argentina na negociação que terei de fazer com o presidente Menem na sexta-feira em Campos do Jordão.* E também uma preocupação com o gás propriamente dito, sobre o novo ministro de Minas e Energia** e o antigo, o Raimundo Brito, que estava comigo no avião. O preço do gás ficou mais difícil de ser absorvido por causa da desvalorização do real, então o gás passa a ser mais caro do que se imaginava, e isso vai causar problemas no futuro. Alertei o presidente Banzer sobre essa questão, porque talvez tenhamos que renegociar o valor do contrato de gás com a Bolívia para que o preço seja competitivo aqui [com outras fontes energéticas].

Acho que isso foi o que houve de mais significativo, a inauguração em si foi muito importante, o momento é ruim, precisamos de ânimos mais fortes por causa da situação geral do Brasil, mas a obra é muito importante.

Falei por telefone nesses dias todos tanto com Pedro Malan como com Armínio Fraga. O dólar subiu e baixou.*** O Armínio já está montando a equipe dele, hoje de manhã me comunicou qual será. Gente de nível técnico bom. Pedro Malan esteve aqui para discutir também esse assunto. Eu disse a ele que temos que pensar no que fazer com o Ministério do Planejamento**** se o Paulo Paiva for embora. Ele sugeriu de novo o nome do Rogério Werneck,***** eu disse que tínhamos que ver com o Clóvis se ele mesmo não quer ser deslocado para o Planejamento, o que não seria má solução, e colocar talvez o Pedro Parente na Casa Civil.

Negociações do acordo automobilístico, Antônio Carlos se meteu nisso, o Mário Covas é favorável, agora acabei de receber um telefonema do Paulinho Pereira, do Sindicato dos Metalúrgicos [de São Paulo], me pedindo que eu interferisse, o que não posso fazer, porque não me corresponde. Há um impasse na negociação, a Fazenda é contra baixar imposto [IPI] sob o pretexto de garantir emprego, vamos ver o que sai disso aí.

Recebi hoje de manhã o Padilha e o Renan [Calheiros],****** eles estão preocupados em acalmar o Itamar, não vão conseguir. Preocupam-se em garantir uma posição mais tranquila do PMDB comigo, pelo menos nesta fase. Também falei com Renan que precisamos mudar a Funai******* de cabo a rabo, fazer uma agência, entrar

---

* Reunião de trabalho com o presidente argentino.
** Rodolfo Tourinho.
*** O dólar comercial fechou o dia 10 de fevereiro cotado a R$ 1,89.
**** Isto é, Orçamento e Gestão.
***** Professor do Departamento de Economia da PUC-RJ.
****** Ministro da Justiça.
******* O presidente da Funai, Silvestre Sullivan, morrera em 1º de fevereiro, num acidente aéreo em Goiânia.

duro lá, posso até nomear quem eles [PMDB] querem, o Márcio Lacerda,* que parece ser um homem de bem. Mas desde que haja um programa de transformação efetiva da Funai.

Continua um clima de muito suspense, tudo em suspenso porque não se sabe o que vai acontecer com a inflação e com o câmbio.

Ontem convidei o Pérsio Arida para vir jantar, ele acabou dormindo aqui e hoje de manhã também conversamos. O Pérsio é otimista, acha que o pior já passou, que o que tínhamos de fazer fizemos, que desobstruímos o horizonte. Há mil problemas operacionais, a Fazenda está enfraquecida, precisa de mais gente, ele deu sugestões. Em março ele se afasta de onde trabalha, vai ficar disponível, mas não quer vir para o governo. No fim, acho que poderia vir mais tarde, ele sempre muito criativo.

A dúvida maior do Pérsio é a minha também: que a bolha financeira americana** pode estourar, e aí estoura tudo. Ele acha que temos condições de atravessar esse temporal, e nisso eu penso exatamente como ele. Não adianta responder topicamente, isto e aquilo, um problema hoje, outro amanhã, popularidade, porque tudo vai depender de reorganizarmos ou não a economia em novas bases. Se conseguirmos, volta o crescimento econômico, caem os juros. Se não conseguirmos, aí serão quatro anos de agonia.

Na segunda-feira vimos também um filme bom, *Carne trêmula*.*** Ruth foi hoje para São Paulo e depois eu vou para Ibiúna.**** Eles todos já estarão lá, Bia [Beatriz Cardoso] e Duda [David Zylbersztajn], Ruth e as crianças, marcamos para sexta-feira, depois de eu me encontrar com Menem em Campos do Jordão.

HOJE É QUINTA-FEIRA, 11 DE FEVEREIRO, são dez da manhã, estou esperando a visita do presidente do Paraguai, Cubas.

Ontem sancionei a Lei de Genéricos,***** uma coisa importante para o controle de medicamentos, para a população poder saber do que se trata e para o barateamento dos remédios. Discurso bom do Serra.

Depois recebi o [Luiz] Sandoval, do grupo Silvio Santos, que quer continuar investindo, o Bill Rhodes, do Citibank, que veio falar mais ou menos o que já se sabe sobre o que o mundo pensa do Brasil, sobre a falta de confiança, que precisamos reganhar a confiança, coisas gerais.

---

* O ex-deputado federal e ex-senador (PMDB-MS) foi empossado na fundação em 22 de fevereiro.
** Onda especulativa com ações de empresas de tecnologia e internet iniciada em 1997. A bolha começou a entrar em colapso no início de 1999.
*** Longa-metragem de 1997 dirigido por Pedro Almodóvar.
**** Município do interior paulista onde Fernando Henrique tem um sítio.
***** Lei nº 9787, de 10 de fevereiro de 1999, que regulamentou a produção e a comercialização de medicamentos pelo nome do(s) princípio(s) ativo(s), sem patente comercial.

Recebi o Salim Schahin, do grupo Schahin, que veio reclamar da taxa de juros do Banco do Brasil para os produtos que ele fornece à Petrobras. Me pareceu um absurdo mesmo. O Banco do Brasil pediu 22% acima da Selic, depois baixou para 17%. Contudo, é preciso ver por quanto o Banco do Brasil capta, esse é o problema.

Mais adiante, muitas discussões: Paulo Renato sobre Clóvis, Ana Tavares, também o nosso Eduardo Graeff, nada de mais significativo.

A questão dos governadores distendeu um pouco. O Renan e o Padilha disseram que iam falar com o Itamar, se propuseram a ir lá, depois ouvi dizer que iriam com um recado meu, o que enfraquece a minha posição pública. Telefonei para o Padilha à noite, para reclamar, porque Itamar fez novos agravos à decisão do Supremo contra a União, a uma decisão que tinha sido favorável a nós.*

Soube também que Hargreaves está querendo contratar o Cláudio Humberto,** que é um jornalista infame do tempo do Collor, para colocar no jornal de Minas [*Estado de Minas*], contra nós, contra mim em especial, enfim, continuam armando.

---

* Em 10 de fevereiro, o STF desbloqueou os repasses federais a Minas, mas o governo recorreu. Dois dias depois, o Supremo autorizou o governo gaúcho a continuar depositando judicialmente as parcelas de seu débito com a União.
** Ex-porta-voz da Presidência (governo Collor).

14 A 23 DE FEVEREIRO DE 1999

Denúncia de Paul Krugman. Fórum Empresarial Mercosul-Europa. Dificuldades no câmbio

Hoje é 14 de fevereiro, domingo de Carnaval. Na sexta-feira, antes de vir para Ibiúna, onde estou agora, fui a São José dos Campos encontrar-me com Menem.* Não deu para ir até Campos do Jordão porque o tempo estava ruim. Falei com Menem em particular, apenas eu e ele. O encontro foi o melhor possível. Menem é esperto, sabe tudo, não quer criar dificuldades, ele viu também que na entrevista que dei na véspera ao Mariano Gondrona, de Buenos Aires,** amenizei todos os temas que poderiam ser difíceis no nosso relacionamento bilateral e no dele comigo. Até mesmo colocando o tema que ele propôs, o da dolarização, como um programa argentino, dizendo que não nos afetaria, isso como uma forma de dar uma saída. Eu disse a ele que entendi que ele, Menem, falou de dolarização para evitar uma corrida contra o peso. Que tinha sido um jeito de dizer ao mundo que ele tem um recurso adicional para seguir adiante, dolarizando.

Fizemos uma nota conjunta, que as chancelarias e os dois ministérios econômicos prepararam. Cedemos num ponto que na verdade tínhamos mesmo que ceder, porque nos convém, que é eliminar o subsídio de exportação para a equalização da taxa de juros em função da situação cambial anterior.*** A situação cambial nova permite a exportação de qualquer maneira, mesmo cortando os subsídios, porque assim economizamos fiscalmente e não amedrontamos os argentinos comercialmente.

Depois disso, vim a Ibiúna, estou com a Ruth, a Bia, o Duda, a Júlia e o Pedro**** dentro da tranquilidade. Ontem telefonemas cruzados com o Jader, que é firme e está solidário comigo contra as loucuras do Itamar, que ameaçou usar a polícia militar e outras palhaçadas mais.***** Itamar perdeu o sentido de tudo, e o curioso é que eu li na *Folha* de ontem um artigo intitulado "Napoleão de hospício", do Fer-

---

* A reunião aconteceu no Centro Técnico Aeroespacial.
** Sociólogo e professor argentino, apresentador do programa televisivo semanal *Hora Clave*.
*** Para compensar a desvalorização cambial, vantajosa para os exportadores brasileiros, o Planalto retirou do Programa de Financiamento às Exportações (Proex) as vendas destinadas a países do Mercosul.
**** Netos de Fernando Henrique.
***** Em 12 de fevereiro, o governador mineiro convocou o comando da PM para discutir a segurança das instituições do estado e da população diante do "caos social" anunciado pela retenção dos recursos federais, classificada como "agressão ao povo mineiro".

nando Rodrigues. Nessa hora de vacas magras, todos vêm como urubus na carne para cima de mim. Eu fico firme porque tenho certeza que daqui a pouco as vacas vão ficar gordas de novo.

Padilha me informou que a reunião dele com Itamar foi um desastre. Eu sabia que seria, o Padilha tinha ilusões porque se sente responsável, porque apoiou o Itamar na campanha para governador, queria ver se solucionava o impasse e não conseguiu. Itamar fica contra de qualquer maneira porque entrou num delírio inspirado pelo Mauro Santayana e pelo Dupeyrat. Não há o que fazer, são dois despistados, gente fora do mundo, que exerceram vários postos no passado, ademais raivosos. Itamar entra nessa, vai dar besteira.

Vou levar isso com a calma que eu puder, até eu chegar ao ponto de ter que ser mais duro com ele, porque ele já vai passando de todos os limites. Mas o povo vai perceber a insensatez de Itamar mais rápido do que os críticos imaginam.

Falei ontem com o ministro Paulo Paiva para ver os cortes do Orçamento: a briga de sempre, a Fazenda quer cortar muito, o Planejamento (o Orçamento, na verdade, porque o nome do ministério mudou) acha que assim não dá, que o Congresso vai reagir, que é melhor não anunciar cortes de uma maneira drástica neste momento, porque ainda dependemos da CPMF. Acho que o Paulo Paiva tem razão. Paulo Paiva é fiscalista, não tem visão demagógica alguma, mas tem realismo. E o Pedro Malan quer mostrar um quadro duro, para que o Fundo entenda nosso esforço. Ora, basta nos comprometermos com uma meta de superávit primário. Como obtê-lo, é problema brasileiro. Então concordei com o Paulo Paiva ontem à noite, embora na véspera, na sexta-feira, numa conferência telefônica com o Pedro Malan, o Martus [Tavares]* e o Pedro Parente, eu não tenha entendido muito bem o problema. Concordei que era preciso ser bastante rigoroso. Só agora, quando o Martus me mandou um texto por escrito, eu vi do que se tratava, e acho que o Martus tem razão. Creio que o Pedro Parente concordará com o Martus também.

Vejo hoje nos jornais uma intriga do Paul Krugman,** dizendo, sem afirmar com todas as letras, que eventualmente o Armínio Fraga teria dito ao Soros o que iria acontecer no Brasil. É mentira. Armínio, como ele disse, foi sondado pelo Pedro Parente para ser presidente do Banco Central num sábado e falou comigo e com o Malan no domingo. Chico Lopes pediu demissão na segunda de manhã. Os episódios de especulação que aconteceram, se é que houve, foram anteriores a isso, se deram quando o Chico Lopes ainda era presidente do Banco Central e não estava

---

* Secretário executivo do Ministério do Orçamento e Gestão.
** Economista norte-americano e professor do MIT, Krugman publicou em 12 de fevereiro de 1999, em sua coluna na revista eletrônica *Slate*, a denúncia de que o Quantum Fund, do megainvestidor George Soros, especulara com títulos da dívida do país com base em informações privilegiadas de Fraga sobre a mudança de comando do BC, no período agudo da crise cambial de janeiro. A coluna rapidamente repercutiu nos jornais brasileiros.

em jogo a sua substituição. Essa mudança precipitou-se no final de semana ao qual o Armínio Fraga faz referência.

A visita que Armínio fez ao Brasil junto com o André Lara, quando jantaram no Alvorada comigo, com Pedro Malan e com Chico Lopes, não foi para tratar da substituição do Chico ou de uma nova política. Perguntei ao Armínio se ele poderia, se fosse o caso, antecipar a vinda para o Brasil, que ia ocorrer em junho. Ele respondeu: "Não, bom é não antecipar nada". Eu disse: "Também acho, mas de repente...". Entretanto, nem eu imaginava que algo fosse ocorrer alguns dias depois; eu imaginava que ocorresse lá para abril, maio. Enfim, vê-se que o Krugman foi leviano.

HOJE É SEXTA-FEIRA, DIA 19 DE FEVEREIRO. Voltei de Ibiúna há dois dias, estou aqui em Brasília.

O Paulo Paiva me telefonou, acho que na terça-feira, dizendo que tinham chegado a um entendimento sobre os cortes no Orçamento. Isso deve ser confirmado hoje, porque o Pedro Parente e o Martus vieram aqui e fizemos os entendimentos necessários para evitar que haja um conflito com o Congresso. Nem vou vetar o orçamento já aprovado nem vamos anunciar agora as restrições que serão impostas mais adiante na execução financeira. Em vez de fazermos um barulho por antecipação, aplicaremos na prática as medidas necessárias para a contenção do gasto.

Em Ibiúna, fiquei jogando pôquer com o Duda, a Maria Helena Gregori e o Boris Fausto, para nos distrairmos. Jogamos todos os dias, ninguém ganhou, ninguém perdeu, nem era esse o objetivo. Jantei um dia na casa do Bresser com Carlos Lemos* e o Zé Gregori. Bresser discutiu alguns temas econômicos, eu fui evasivo, expliquei algumas coisas, eles queriam que eu as dissesse em público, respondi que não posso dizer publicamente, porque neste momento minha credibilidade é baixa. É preciso dar tempo ao tempo e, num dado momento, darei as explicações necessárias, quando for possível ser convincente para mostrar que se abre uma nova perspectiva para a economia brasileira.

Encontrei, na casa do Zé Gregori, o Max Feffer,** que foi almoçar lá, assuntos gerais. Roberto Schwarz apareceu na casa do Gabriel Bolaffi*** e depois foi me visitar, conversamos muito. Roberto sabe pouco de coisas concretas, vive num mundo conceitual procurando entender do que se trata, expliquei muitas coisas para a Grecia, mulher dele. Voltamos para Brasília, chegamos quarta-feira no fim do dia, vim no avião com Juarez Brandão Lopes, conversamos sobre reforma agrária, o que estão fazendo por lá. Juarez tinha estado em Ibiúna também.

---

* Arquiteto, amigo pessoal de Fernando Henrique e seu vizinho de sítio em Ibiúna.
** Presidente da Companhia Suzano de Papel e Celulose e da Suzano Petroquímica.
*** Sociólogo brasileiro, professor da Faculdade de Arquitetura e Urbanismo da USP.

Ruth acha que eu tenho uma paciência ilimitada e que devia parar de dar tantas explicações, mas é meu estilo, e acho Roberto um argumentador. Pelo menos ele quer entender as coisas, embora tenha uma visão, digamos, marxista antiga: ele acha que logo virá a hecatombe do capitalismo, então convém dar minhas razões. Dei a ele um artigo do Soros sobre a última chance do capitalismo.* Ele ficou encantado com o artigo, disse que parecia ter sido escrito pelo [Robert] Kurz,** que é o guru dele, salvo a parte final em que o Soros propõe a receita para salvar o capitalismo. No resto, a visão é muito parecida com a do Kurz, ele disse. Eu não sei, não conheço o Kurz nem quero conhecer, porque ele é desses que fazem análises conceituais abstratas, e eu estou na vida prática. Foi a única discussão mais sofisticada havida em Ibiúna.

Aqui, entre ontem, quinta-feira e hoje, pouca coisa aconteceu. Claro que continua se desdobrando a novela Krugman. O Krugman fez vários desmentidos, pediu desculpas, deu a volta por cima sobre si mesmo, pediu desculpas outra vez. A Ana Tavares entrou em parafuso, influenciada pelo Gilmar [Mendes],*** achando que era preciso mover uma ação contra Krugman, coitado, ação que o Armínio deveria mover. A ação teria como resultado desculpas e, como o Krugman já as apresentou, o máximo que Armínio pode querer agora é uma indenização, aí a emenda vai ser ainda pior do que o soneto! Vão dizer que ele é um dinheirista.

Creio que o episódio Krugman vai ser explorado pela oposição, mas não tem mais repercussão nenhuma, porque ele foi além dos limites.

Li bons artigos publicados no *New York Times* que peguei pela internet. O jornal coligiu artigos sobre a crise, sobretudo a do Sudeste da Ásia. É muito interessante ver as divergências entre os economistas, a visão dos americanos, a ação tanto do Fundo Monetário como, sobretudo, do Tesouro, o Rubin aliado sempre do Summers fazendo uma defesa do fundamentalismo do mercado, como diria o Soros, enfim, os desastres ocorridos por lá. Não falam diretamente do Brasil, mas nós percebemos o que poderia acontecer com o Brasil se não tivéssemos parado a tempo a política anterior. Quando ainda tínhamos reservas.

Vou discutir com o Paulo Paiva e os assessores o PPA, o Plano Plurianual [de Ação],**** a compatibilização do programa de campanha com este plano. Tenho certeza de que daqui a alguns meses todo mundo vai estar vendo o Brasil de novo num quadro mais venturoso. O difícil é passar esses meses, que são realmente duros, mas estou com convicção nessa direção.

---

* "Capitalism's Last Chance?", *Foreign Policy*, n. 113, inverno 1998-9, pp. 55-66.

** Filósofo marxista alemão, autor de *O colapso da modernização: Da derrocada do marxismo de caserna à crise da economia mundial* (São Paulo: Paz e Terra, 1999), originalmente publicado na Alemanha em 1991.

*** Subchefe da Casa Civil para Assuntos Jurídicos.

**** Conjunto de programas de desenvolvimento com metas fixadas para o triênio 2000-3.

Li hoje um artigo do [Luis] Nassif* que reproduz ideias do Calabi com as quais estou de acordo, na linha do que acabo de mencionar. As saídas boas para o Brasil começam a se mostrar aqui e ali em editoriais, sobretudo no *Estadão*, que tem sido perfeito nesses anos todos e continua apoiando muito o país e as nossas políticas. Vejo aqui e ali gente a vislumbrar um horizonte melhor. Também na *Gazeta Mercantil* há editoriais e artigos que começam a mostrar as mudanças possíveis nas exportações, a retomada de crescimento e coisas do gênero. É questão de paciência.

As conversações com o Fundo continuam lentamente, mas avançando. Pedro Malan está no Rio de Janeiro, tenho falado com ele e com Pedro Parente. O que se vê sobre essas negociações é que o Fundo, como sempre, tem sua burocracia, é detalhe pra cá, detalhe pra lá, quer nos amarrar, quer que se aprove primeiro a CPMF para depois liberar a parcela de nove bilhões de dólares. Isso vai acontecer, temos que aprovar a CPMF, mas não por causa do Fundo, e sim por causa do nosso Orçamento. Entretanto, aqui no Brasil tudo vai aparecer como "exigências" do Fundo. Aliás, na linguagem usada pelos jornalistas, tudo é "exigência" a nós — os americanos exigem isso, exigem aquilo, nunca ponderam ou pedem; não, não, é uma exigência. Esse complexo colonialista que nós temos e que viceja em nossa subintelectualidade tem apoio das camadas médias, via universidades e sobretudo por intermédio de alguns jornalistas ligeiros de análise.

Discuti bastante sobre a Funai, primeiro com o ministro da Justiça, o Renan, que sugeriu o nome do Márcio Lacerda. Ontem jantei com o Márcio Santilli** e com um rapaz chamado Pacheco [João Pacheco de Oliveira] que é antropólogo, com a Ruth e o Eduardo Graeff. O Márcio Santilli acha que seria bom botar logo o Márcio Lacerda e mudarmos a Funai. Eu queria acabar com tudo já, dar um choque, ele acha que não, que deve ser uma operação mais lenta. Já falei com o Renan. Espero que ele traga hoje o Márcio Lacerda para enfrentarmos a questão.

Hoje, na conversa com Pedro Parente, surgiu o nome do Maílson para ministro de Orçamento e Gestão. Não achei má ideia. O Pedro Malan precisa de alguém mais para ajudá-lo a propor caminhos, abrir horizontes, não sei se o Maílson é a pessoa, mas não há muitos no Brasil. Resultou da conversa com Pedro Parente que é preciso reforçar a equipe econômica. Não tanto com formuladores nem operadores, mas com alguém que cuide do rumo, que deixe mais claro o rumo do Brasil. Eu não posso entrar toda hora no dia a dia. Temos que arranjar alguém que fale. Quem sabe o Maílson. Preciso pensar, refletir um pouco mais sobre isso.

Talvez o Duda tenha razão, o Pedro Parente deveria ir para a Petrobras. Estou dando voltas por aqui, não consigo encontrar ninguém, por que não colocar Pedro Parente, que está com energia, para dirigir a Petrobras? Talvez seja uma boa saída.

---

* Colunista da *Folha de S.Paulo*.
** Antropólogo, ex-presidente da Funai (1995).

Ele é um homem honesto, entende a política de governo e certamente poderá bem cercar-se na Petrobras.

Vou receber daqui a pouco o ministro Antônio de Pádua Ribeiro, presidente do STJ, nós vamos aumentar muito o número de varas responsáveis pela execução judiciária das dívidas financeiras, para apertar os devedores do Estado.*

É importante notar também que o Supremo Tribunal, dessa vez por intermédio do [José Carlos] Moreira Alves,** tomou uma decisão lapidar, destituindo de razão qualquer das demandas de Minas Gerais contra a União.

HOJE É SÁBADO, DIA 20 DE FEVEREIRO, aniversário da Luciana. Almoçamos com ela e com Getúlio [Vaz],*** depois de termos, Ruth e eu, feito muitos alongamentos e esporte na piscina. Vamos ver mais tarde um filme, acho que do [Steven] Spielberg, com várias pessoas ligadas a nós.

Fora isso, telefonemas, falei com várias pessoas sobre a situação difícil de Minas. Conversei com d. Serafim [Fernandes de Araújo], que é cardeal,**** ontem o [José Israel] Vargas***** me disse que o Aureliano [Chaves] tinha falado que a única pessoa que podia intermediar alguma coisa com o Itamar seria o cardeal, mas que mesmo assim era difícil. O cardeal me disse que tem poucas esperanças, dado que Itamar é como é, e que o resto é conversa fiada de quem não conhece o Itamar.

Otávio Noronha esteve comigo, me trouxe algumas propostas, uma de que eu gostei: ele quer indicar duas mulheres para o STJ. Não sei se vai ser possível nomear as duas, mas uma certamente indicarei. Foi bom porque alertei para o fato de dia 8 de março ser o Dia Internacional da Mulher, uma boa oportunidade para fazer essa nomeação.

Falei com Armínio Fraga. Ele relatou extensamente conversas havidas nos Estados Unidos. Como ele disse, a passagem agora é mais estreita para o Brasil avançar, mas temos que avançar de qualquer maneira, isso é importante.

---

* A proposta de ampliar o combate à sonegação, discutida no âmbito da reforma do Judiciário, fora aprovada pela Comissão de Constituição e Justiça do Senado em 27 de janeiro. O projeto previa a criação de cem novas varas federais de execução fiscal.
** O ministro do STF cassou uma liminar que impedia o bloqueio de recursos do Fundo de Participação dos Estados para Minas Gerais, resposta federal à moratória decretada por Itamar Franco.
*** Marido de Luciana Cardoso.
**** Cardeal-arcebispo de Belo Horizonte.
***** Ex-ministro de Ciência e Tecnologia (1995-9) e vice-presidente do Conselho Nacional de Ciência e Tecnologia.

DIA 23 DE FEVEREIRO, TERÇA-FEIRA, quase meia-noite. Domingo fui ao Rio, onde participei da abertura da reunião sobre comércio entre os europeus e os latino-americanos. Compareceram todos os presidentes do Mercosul, menos o Menem, que estava doente; falei com ele por telefone. Fiz um discurso, depois fui dormir na Gávea Pequena* pela primeira vez.

No dia seguinte de manhã, segunda-feira, fui ao Espírito Santo.** Lá ouvi um discurso do José Ignácio [Ferreira]*** muito bom, forte, pelo ajuste fiscal. Também fiz uma fala na qual, sem citar diretamente Itamar, do contexto deduziram que me referia a ele.**** Embora eu depois tenha negado que me referi à sua pessoa, isso vai dar alguma complicação na reunião de sexta-feira.

Voltei para Brasília, me reuni com o pessoal do Comunidade Solidária e com a Ruth.*****

Depois jantei com Vilmar [Faria]****** para discutir outra questão da agenda social, que foi materializada hoje, quando me reuni com os ministros da área social mais o Vilmar e também o Milton Seligman,******* para discutirmos como coordenar melhor nosso trabalho e o da Wanda Engel.********

Antes dessa reunião, fui a São Paulo, na divisa com Mato Grosso [do Sul] e Paraná, para a inauguração da usina que vai se chamar Engenheiro Sérgio Motta em Porto Primavera.********* Belo discurso do Mário Covas. A Wilma Motta********** fez um discurso emocional e eu também discursei. Voltamos para cá.

---

* Residência oficial da Prefeitura do Rio no Alto da Boa Vista.
** O presidente inaugurou um laboratório do Programa Nacional de Informática na Educação (Proinfo) numa escola municipal de Vila Velha, durante a cerimônia de início simbólico do ano letivo.
*** Governador do Espírito Santo (PSDB).
**** No início de seu discurso, o presidente criticou o suposto caráter faraônico dos Caics (Centros de Atenção Integral à Criança) construídos pelo governo Itamar. Na sequência, Fernando Henrique empregou uma metáfora histórica para fustigar o antigo aliado: "Este estado [ES] sofreu muito. [...] E, se [o estado] naufragou, se enforcou na sua própria corda. Se enforcou na sua própria corda de Silvério dos Reis e não de Tiradentes, porque tem muita gente cuja corda na mão é de Silvério dos Reis e não de Tiradentes. Não têm a coragem de enfrentar os problemas e buscam refúgio na falsidade, buscando ginásticas mentais para fazer de conta que estão fazendo".
***** Programa de combate à pobreza criado em 1995 e presidido pela primeira-dama, Ruth Cardoso.
****** Assessor especial da Presidência para a área social.
******* Indicado à secretaria executiva do programa Comunidade Solidária, ex-ministro da Justiça e ex-secretário executivo da pasta (1995-7).
******** Secretária de Estado de Assistência Social, com status de ministra.
********* Inauguração das três primeiras turbinas da usina no rio Paraná, pertencente à Cesp, estatal paulista de energia. A UHE Engenheiro Sérgio Motta foi concluída em 2003, com potência instalada de 1540 MW.
********** Viúva de Sérgio Motta.

Conversei longamente com Pimenta para preparar a reunião de sexta-feira dos governadores.

Falei por telefone extensamente com Armínio Fraga. Uma boa conversa sobre a sabatina dele, que vai ser, provavelmente, na quinta-feira e não na sexta, como o Antônio Carlos teria querido e o Pimenta também. Sexta-feira vai ser um dia nervoso, é o último dia do mês e haverá fechamento do câmbio futuro, pode haver especulação. Melhor deixar o Armínio no BC.

Conversei com ele sobre o que fazer, não fazer, me preocupei com a situação das reservas.* Armínio disse que hoje tiveram que intervir, porque o dólar foi a 2,07, nós baixamos de novo para dois,** mas assim mesmo é muito alto. Armínio acha que temos que ficar em termos reais por volta de 1,75, 1,80, isso com inflação daria 1,65, 1,70, o que corresponde a 25% de desvalorização do câmbio anterior, que ele acha razoável.

Discutimos as metas de trajetória da taxa real de juros. Pelo acordo com o Fundo seria ao redor de 10% em termos reais; a meta de inflação, de dezembro a dezembro, pode chegar a 16%, algo assim. Tudo isso são metas um pouco vagas.

Eu disse ao Armínio algumas coisas que penso: "Armínio, você vai fazer esse debate no Senado, não se impressione, você tem que ser aprovado. O debate é como jornal do dia seguinte: no dia seguinte ninguém mais se lembra. Não responda ponto por ponto com irritação; não se esqueça de que seu objetivo é ser aprovado pelo Senado. E você vai ser. Agora, não se esqueça também do seguinte: o Brasil não gosta do sistema capitalista. Os congressistas não gostam do capitalismo, os jornalistas não gostam do capitalismo, os universitários não gostam do capitalismo. E no capitalismo têm horror aos bancos, ao sistema financeiro e aos especuladores. Então seu ponto débil vai ser sua relação com Soros. Eles não sabem que não gostam do sistema capitalista, mas não gostam. Eles gostam do Estado, eles gostam de intervenção, de controle de câmbio, enfim, no que você puder ser conservador é melhor do que ser liberal".

No Brasil é assim. Essa é uma dificuldade imensa que nós [que estamos no governo] temos: estamos propondo a integração do Brasil ao sistema internacional. No Brasil não se gosta nem do capitalismo nacional, quanto mais do internacional, e desconfiam de nossa ligação com o sistema internacional. O ideal, o pressuposto, o que está por trás das cabeças é um regime não capitalista e isolado, com Estado forte e bem-estar social amplo. Quer dizer, tudo utópico, as pessoas não têm consciência. Veja o Antônio Carlos, que acabou de fazer um discurso, ontem, atacando

---

* Descontados os US$ 9,3 bilhões já concedidos pelo FMI, as reservas cambiais do país eram de US$ 26,4 bilhões em 23 de fevereiro de 1999. O piso de reservas próprias previsto pelo acordo com o Fundo era de US$ 20 bilhões.

** A moeda norte-americana bateu em R$ 2,08 e fechou a R$ 2,01. Foi a primeira intervenção do BC no mercado de câmbio desde meados de janeiro.

o FMI. As preferências que mencionei estão no subconsciente dos brasileiros. Essa é a nossa dificuldade, é uma questão católica. Veja a Igreja: a CNBB acabou de fazer um manifesto anticapitalista,* nós não somos protestantes.** É mais fácil apoiar o sistema capitalista, ou pelo menos ser tolerante com ele, em uma cultura protestante, mas nós não o toleramos. Então, como não o toleramos, tudo que é feito por alguém, ou por algum governo, que se propõe a promover a integração do Brasil com a nova divisão internacional do trabalho é visto como "neoliberal".

Isso é xingamento. Na prática quer dizer que eles creem que nós temos desprezo, ojeriza ou distância do social. Mesmo que se mostre por a + b que esse governo, o meu governo, foi quem mais fez pelo social, não adianta, porque também foi o governo que mais fez pela integração do Brasil ao sistema mundial. E isso não é bem-visto aqui. Acho que a situação se resume a isso. Nós temos que saber que é assim, que no horizonte histórico não há alternativa [ao capitalismo], porque, se houvesse, até eu preferiria essa alternativa. Não obstante, as pessoas vão marchando como se houvesse. Pode ser até grandioso, mas marcham como gado que vai para o corte, porque não gostam do sistema capitalista.

Acho que Armínio entendeu o que eu quis dizer. Espero que, ao falar com os senadores, ele tenha isso presente e não pense que, ao defender com brilhantismo as virtudes do que ele vai fazer para que o Brasil possa ser mais capitalista, vá comover alguém; não vai comover. Vão votar por ele, mas ficarão com raiva.

---

* Por ocasião do lançamento da Campanha da Fraternidade 1999, em 17 de fevereiro, a entidade episcopal publicara um documento com elogios à moratória da dívida externa e críticas à política econômica do governo, tida como causadora de desemprego e submissa ao capitalismo financeiro internacional, "um sistema iníquo e idolátrico".

** Alusão ao clássico de Max Weber, *A ética protestante e o espírito do capitalismo* (1905).

24 DE FEVEREIRO A 4 DE MARÇO DE 1999

Conversa com Stanley Fischer. Negociações para a votação da CPMF. Reunião com governadores na Granja do Torto. O dólar dispara e os juros sobem

Hoje é quarta-feira, dia 24 de fevereiro — aliás, seria aniversário do meu pai,* se ele estivesse vivo.

Ontem tive uma longa conversa com Stanley Fischer. Primeiro fui alertado pelo Malan de que o Stanley queria falar comigo para forçar alguma coisa relativa às metas do ajuste fiscal, porque eles acham que 3,1% do PIB é pouco, eles querem mais. E também porque querem que se avance na privatização. Conversa longa com Stanley, eles querem três e qualquer coisa, 3,2%, 3,25%, do PIB como resultado [do superávit] primário. E querem também algo mais: a privatização, Banco do Brasil. Não ousou falar de Petrobras. Enfim, é por aí. Ele está de acordo com a situação monetária. Acha que com Armínio o entendimento está perfeito. Eu ponderei os mesmos argumentos do Pedro Malan, reafirmei com força a posição do Pedro, que não quer ceder. Não se chegou a nada de mais prático, porque não era o objetivo.

Acho até possível ir além dos 3,1% de superávit. Por que, então, não se concorda? Além de não querermos ser cínicos, como em certas ocasiões o Delfim [Netto]** foi, ao concordar com metas para não cumprir, neste momento não vamos escapar das exigências do Fundo, não dá para enganá-los. Vamos sofrer o custo da nossa realidade, queiramos ou não. E se não for para fazermos, é melhor dizer que não faremos. Vamos fazer o máximo possível não porque eles querem, mas porque precisamos realizar esse ajuste. Se não conseguirmos, é mais fácil que eles aceitem o que fizemos desde que tenhamos definido uma meta realista. Em seguida relatei ao Pedro minha conversa com Stanley.

Hoje, quarta-feira, recebi de manhã alguns ministros para despachos mais ou menos de rotina. Serra almoçou aqui para discutir o Ministério da Saúde.

O dólar voltou a subir ontem, houve intervenção do Banco Central, hoje caiu de novo.*** Ontem o motivo da subida foi estarmos nos aproximando da sexta-feira, que é o dia das apostas, do pagamento das compras de dólares a futuro.****

---

* General Leônidas Cardoso.
** Deputado federal (PPB-SP) e ex-ministro da Fazenda e do Planejamento na ditadura militar.
*** O dólar fechou o dia 24 de fevereiro a R$ 2,00, depois de atingir R$ 2,04.
**** Os contratos de dólar futuro na BM&F de São Paulo estavam cotados na faixa de R$ 1,99 (março) a R$ 2,05 (maio).

Hoje à tarde recebi a CNBB, d. Jayme Chemello,* Marcelo Carvalheira** e d. [Raymundo] Damasceno.*** Conversa amabilíssima. Vieram me trazer a publicação da CNBB sobre desemprego, dizendo que ela não contém ataques ao governo, tem ataques, dizem eles, numa frase minha, contra a especulação. Na verdade, o ataque é implícito: ressaltam a questão do desemprego num panorama de crítica, não há dúvida. Expliquei a eles os erros palmares que cometiam ao falar exclusivamente de perdão da dívida externa, uma vez que isso adianta pouco para o Brasil, pois a dívida grave para nós é a interna. Mas a conversa foi em tom de grande cordialidade, sobretudo de d. Jayme Chemello, a quem acho um homem franco e por quem tenho simpatia.

Voltei a falar com Pedro Malan agora à noite. Ele está afinando com o Stanley Fischer os rumos da negociação. Pedro está cansado, eu também.

Recebi o general Gleuber à tarde, que está preocupado com a situação na Colômbia. A nossa fronteira com a Colômbia é bastante indefesa. Também mostrou apreensão com o que possa haver com o clima negativo que impera no Brasil.

Falei com Antônio Carlos, que disse que a sabatina do Armínio vai ficar mesmo para sexta-feira, porque é impossível na quinta. O que não é lá muito bom.

Voltei a ver com Pimenta e Maurício Corrêa, que é amigo de Itamar, se há algum modo de torná-lo um pouco mais sereno. Mas ele está ensandecido, imaginando Minas cercado, em chamas, ele morrendo queimado na pira da pátria, que é o Palácio da Liberdade em Belo Horizonte. Uma coisa patológica. Eu fiz declarações que não devia ter feito sobre o Silvério dos Reis, ele não respondeu porque disse que eu fiz de maneira transversa e que ele não podia botar a carapuça na cabeça, mas está ficando cada vez mais enfurecido. Claro que a minha declaração não agradou a ninguém, eu acho que não devia me meter a brigar com Itamar. Na verdade, foi entusiasmo de comício, mas também estou suportando calado há muito tempo os insultos e as agressões diárias do Itamar. Preciso ter mais paciência para poder aguentar até quando possa.

HOJE É QUINTA-FEIRA, DIA 25 DE FEVEREIRO, são onze horas da noite. De manhã fui ao Paraná para a inauguração de uma fábrica de aglomerado de madeira, a Tafisa, são 36 fábricas pelo mundo afora. Essa que eu vi em uma cidade quase na divisa com Santa Catarina é impressionante. Inauguração como de hábito, discursos, curiosamente o Delmiro Azeredo, que é o presidente da empresa, um português com quem estive no Porto, se referiu à reunião de governadores de amanhã. Também o Jaime Lerner se referiu a ela, e, aliás, fez um bom discurso de apoio ao governo e a

---

* Presidente da CNBB e bispo de Pelotas (RS).
** Vice-presidente da CNBB e arcebispo de João Pessoa.
*** Secretário-geral da CNBB e arcebispo de Aparecida (SP).

mim, às reformas, antecipando o ponto de vista dele na reunião de amanhã. Como os dois mencionaram a reunião, isso me ensejou fazer, no final, um apelo à concórdia entre todos os governadores, para que pensassem no Brasil.

De lá voltei. Tive uma reunião com o diretor do Programa de aids das Nações Unidas,* que esteve aqui hoje para o Dia Mundial da Aids.**Quis estar no Brasil por causa dos avanços que esse programa tem tido entre nós. Presentes o Serra, que fez um excelente discurso, e o Marco Maciel. Aproveitei para falar um pouco mais do programa social, desmistificar a ideia de que não fazemos nada pelo social; pelo contrário, foi o governo que mais fez, já registrei muitas vezes aqui as razões pelas quais, apesar disso, ideologicamente não absorvem esse fato.

Recebi no Paraná o ministro da Economia de Portugal,*** que esteve na inauguração da fábrica [de aglomerado de madeira] e fez um excelente discurso de apoio ao Brasil, com uma mensagem concreta do [António] Guterres:**** 1 bilhão de reais de investimentos no nosso país, 1 bilhão de dólares no ano em curso mais 1 bilhão para empréstimos. Enfim, apoio decidido, ficou muito bem.

Falei com os líderes do governo, ausente o líder do PMDB.***** O PMDB está amuado. Eles pretendem forçar a nomeação de pessoas. Não quero citar nomes, mas em geral são pessoas que não têm a competência adequada para o cargo ou, pior, a têm, mas a quem falta consistência moral para o exercício do cargo. Estamos na difícil faina de defendermos o cofre e, ao mesmo tempo, obtermos os votos no Congresso. Nossa realidade política é assim. O PMDB quer posições que deem acesso a recursos, e temos que fazer uma tourada o tempo todo para evitar que isso vire um escândalo ou que eles realmente usem esses recursos malversando-os. Ao mesmo tempo, não podemos romper com o PMDB, porque sem ele não há votos que passem no Congresso. Eles são cem deputados.

Essa é a realidade da política brasileira. Os que estão na academia, os que estão na imprensa, os que estão na vida cotidiana nem imaginam a luta que travamos para fazer o Brasil avançar, para obter os apoios necessários no Congresso e, ao mesmo tempo, fazer com que isso seja feito de forma a não comprometer a moralidade do governo. É duro, muito duro.

Realmente há casos quase escancarados, sobretudo no PMDB, que é um partido grande e pode se dar ao luxo de fazer esse tipo de abordagem, e faz. Como eles sabem que temos a votação da CPMF, absolutamente indispensável para o equilíbrio financeiro do Brasil, vão redobrar os esforços.

---

* Peter Piot, diretor executivo do Unaids.
** Piot veio ao Brasil para lançar o programa anual da ONU de prevenção e combate à doença. O Dia Mundial de Luta Contra a Aids é comemorado em 1º de dezembro.
*** António de Sousa Franco, ministro das Finanças.
**** Primeiro-ministro de Portugal.
***** Geddel Vieira Lima (PMDB-BA), líder do partido na Câmara.

De resto, passei a noite telefonando para uns e outros, Pimenta, Pedro Malan, para saber como anda a questão dos governadores. Li o texto que eles me prepararam com as tabelas sobre o que eu quero falar amanhã. Discuti com Pedro Malan e com o Pimenta a forma de expor o ponto de vista político. Parece que as coisas vão razoavelmente bem. A oposição certamente vai fazer seu carnaval, fingir que está presente [os governadores dos partidos de oposição], vai fazer discurso para sair, mas o que eu posso fazer? Espero que haja um clima melhor no conjunto dos governadores. Farei o possível e o impossível para obtê-lo.

Falei com Olavo Setúbal, que tinha dito ao Marco Maciel que estava inquieto com informações sobre o FMI. Ele já não estava tão inquieto assim, não há razão para inquietação. Olavo, sempre muito correto nas coisas com o governo. Ele me disse que na Argentina o Banco Itaú é quem tem a maior parte da dívida interna do Brasil, vai continuar comprando títulos do governo, confia no governo, vai até o fim com o governo e com o Brasil. Os argentinos ficaram estupefatos com a reação dele. Ele disse que fez isso porque seus clientes também estão confiando. Enfim, uma posição corajosa que me deixou mais uma vez muito satisfeito com o jeitão de Olavo Setúbal, um cara de valor. De caráter.

Conversei também com Marco Maciel, outro homem de caráter, a respeito da reunião dos governadores e da conversa com Setúbal, porque foi Marco quem a tinha transmitido a mim.

HOJE É SEGUNDA-FEIRA, 1º DE MARÇO. Na sexta-feira, dia 26, reunião dos governadores, sucesso absoluto.* As repercussões foram as melhores possíveis. Ao contrário do que eu imaginava, a oposição lá presente entendeu o jogo e aceitou as minhas propostas, saiu falando bem, Itamar isolado. Marquei com Olívio Dutra outra reunião para amanhã, terça-feira, para discutirmos o caso Rio Grande. Nada de renegociação das dívidas, mas farei o que puder para aliviar as finanças dos estados. O clima foi realmente excepcional.

Sábado de manhã, chamei aqui o nosso ministro [da Justiça] e o Seligman. Há uma crise na Polícia Federal porque a *CartaCapital* transcreve trechos de uns diálogos embrulhados do diretor da polícia, o [Vicente] Chelotti, que não deixam nada claro, mas com expressões desagradáveis sobre o senador Iris Rezende, uma insinuação sobre o senador Antônio Carlos e aquela velha história de que eles te-

---

* A reunião na Granja do Torto, que fora convocada pelo presidente, contou com a presença de todos os governadores, com exceção de Itamar Franco. Entre as decisões anunciadas, destacou-se o compromisso pela não renegociação das dívidas estaduais com a União. Em contrapartida, o governo prometeu enviar ao Congresso um projeto de lei para regulamentar a utilização de precatórios judiciais nas despesas dos estados, além da revisão de pontos da Lei Kandir para compensar suas perdas de arrecadação de ICMS.

riam gravações minhas,* coisa que não é verdadeira. Podem até ter, mas trata-se de gravações absolutamente ingênuas, creio que relativas ao episódio do embaixador Júlio César [Gomes dos Santos].** Vira e mexe volta essa história.

O Chelotti passou do limite. Ele é um colono do Rio Grande do Sul, franco. Acho que é um homem correto, mas faz declarações intempestivas e leva a Polícia dessa maneira. Mas ele pertence ao lado honesto da Polícia, pelo menos é o que me dizem. Então chamei o Seligman, que é amigo dele. Acho que é preciso mudar, e mudar com alguém que esteja do mesmo lado, isto é, que não vá servir ao jogo de interesses mais escusos que ainda existe na Polícia Federal.

Um complicador, o pessoal do Exército não gosta de nenhum deles na Polícia Federal. Vamos ver o que vai dar para resolver.

No sábado jantamos na casa do Lampreia, conversas sociais.

Ontem, domingo, passamos o dia aqui, Ruth e eu, à noite chegou Giannotti, veio jantar comigo, revimos algumas questões. Giannotti veio se informar, escreveu um artigo, que não li, que pelo jeito reclama da base do governo e das oscilações. Eu disse: "Giannotti, não, esqueça isto: sem essa base eu não governo, e ela é assim mesmo. Não tenhamos ilusão de que no futuro, com a reforma dos partidos, haverá melhoras grandes. Mesmo que reformemos os nossos partidos, a nossa cultura política é atrasada. Há interesses pessoais sobrepondo-se a tudo o mais, e os partidos vão continuar sendo aglomerados como são os que aí estão".

Temos quatro ou cinco importantes, o resto não existe mais. Mas isso não muda. Se houver fidelidade partidária, a cúpula do partido até vai ter mais força para pressionar o presidente da República, é mais complicado. Não adianta teorizar eventualidades, precisamos ganhar a eleição e para governar precisamos ter voto. Se eu contrariar os partidos, eles votam contra a CPMF, e o ajuste fiscal vai para o espaço.

Antônio Carlos mandou uma carta, bastante dura, reclamando da indicação de Ney Suassuna,*** da qual ele já estava sabendo. Tinha até combinado comigo que deixaríamos Jader vetar o [José] Fogaça.**** Mas agora se tomou de pruridos e apro-

---

* A revista publicou transcrições nas quais Chelotti se gabava de ser intocável na diretoria-geral da PF ("minha cadeira tem cola Superbonder") e de ter "nas mãos" o ex-ministro da Justiça Iris Rezende. O diretor-geral supostamente reuniria gravações comprometedoras sobre o senador goiano e o presidente da República, além de evidências sobre o envolvimento de ACM no caso da Pasta Rosa e sua alegada sociedade numa offshore internacional com Ângelo Calmon de Sá, ex-controlador do banco.
** Isto é, o episódio dos grampos do caso Sivam, no final de 1995, que provocou a queda do ex--chefe do Cerimonial da Presidência.
*** Suassuna (PMDB-PB) foi indicado pelo presidente da Comissão de Assuntos Econômicos do Senado, Fernando Bezerra, para relatar a sabatina de Armínio Fraga e dos novos diretores do BC.
**** Senador (PMDB-RS).

veitou — está com ar de grande moralista — para reclamar que devíamos ter uma atitude mais dura nessa matéria e em certos setores, e que vou me arrepender do meu erro no que diz respeito ao Suassuna. Antônio Carlos está botando as manguinhas de fora. Deu duas entrevistas que eu não li, mas a Ruth leu, e a Bia também comentou comigo. Queixou-se do FMI, dizendo que com ele seria diferente. Ora, o partido dele quer mais do que FMI, ele sabe que é assim. Mas quer se posicionar e sabe que a melhor maneira de se posicionar é fazer de conta que ele faria diferente de mim e melhor.

Vou responder à carta do Antônio Carlos. Já telefonei para ele. Comentei sobre a Polícia Federal, ele perguntou se eu tinha recebido a carta, eu disse que sim, mas que a responderia e falaria com ele pessoalmente. Vou responder nos mesmos termos. Duro também. Vou recordar a ele que Luís Eduardo [Magalhães], que ele cita na carta, a contragosto nos fez engolir o Afrísio [Vieira Lima]* na Bahia, o qual, segundo Luís Eduardo, tratava-se de um risco. Não obstante está lá até hoje no porto. Por quê? Feio é eu compactuar? Não! São as condições políticas que nos levam a isso, para obter o apoio do PMDB e do Geddel, que hoje é líder do PMDB. Isso foi feito sob a égide de Luís Eduardo Magalhães, filho do Antônio Carlos, pessoa que sempre respeitei. Então não me venha cantar de galo moralista, esquecendo-se de que ele próprio apoiou o [Paulo] Maluf,** que ele próprio tinha ligações estreitas com o Gilberto Miranda.*** Por quê? Para se eleger presidente do Senado. De uma maneira elegante, escreverei isso tudo na carta.

Hoje, segunda-feira, recebi o [Rodolfo] Tourinho, ministro de Minas e Energia, junto com Clóvis, para discutirmos o conselho da Petrobras. Quero nomear o conselho esta semana, para dar um sinal de que as coisas vão mudar na Petrobras.

Também recebi o Padilha, que veio se queixar de muitas coisas, verbas e tal. Queria saber o que vou fazer diante da atitude deles com relação ao Itamar. Perguntou se vou tirá-los do palco. Isso porque o Aécio [Neves]**** disse, através do Tales Faria, na *IstoÉ*, que só estou esperando a aprovação da CPMF para dar um pontapé no PMDB. Resultado: o Geddel, que é ousado, disse que antes disso o presidente receberá um pontapé do PMDB. Reclamei duramente com o Padilha não só do Aécio, mas do Geddel também.

Falei com Pimenta e vou fazer uma reunião chamando todos eles, porque assim não dá. Temos que colocar um ponto final nisso. Aécio não podia ter feito esse comentário. Não sei o que vai acontecer com o PMDB. Muita gente desejaria tirar o

---

* Presidente da Companhia das Docas do Estado da Bahia (federal), pai do deputado Geddel Vieira Lima e antigo desafeto de ACM.

** ACM apoiara a candidatura de Maluf ao governo paulista em 1998, derrotada pela de Covas, a despeito da aliança nacional entre PSDB e PFL.

*** Empresário e ex-senador (PMDB-AM).

**** Deputado federal (PSDB-MG).

PMDB do governo. Eu, quando vejo alguns peemedebistas, me dá a maior vontade de fazer isso, mas quando olho para outros que não são peemedebistas percebo que não é só o PMDB, que é algo que existe em todos os lados. Veja esse caso do Antônio Carlos e do FMI, por todos os lados existem vacilações, traições e às vezes até desonestidade. Não obstante, não é assim que se faz política, é preciso evitar esse passionalismo. Se eu rompo com o PMDB, rompo com cem deputados... Cadê a governabilidade? Como se dá tranquilidade para que o país possa avançar? Este é o duro ofício de ser presidente da República sendo honesto, tendo projeto, tendo propósito, pensando o tempo todo só no bem do país e do povo: engolir sapos sem cessar e ainda, de repente, as pessoas pensarem que o sapo é você.

HOJE É TERÇA-FEIRA, DIA 2 DE MARÇO. Reuniões incessantes com a bancada do PFL na Câmara, quase setenta deputados, mesma coisa à noite com o PSDB, para saudá-los pela volta aos trabalhos e pedir que votem a CPMF.

Almocei com Armínio Fraga, que me deu um panorama preocupante da situação. O dólar subiu muito.* Ele tem pouca munição no Banco Central, nas reservas não se pode mexer demais, porque ficamos a ver navios, ainda não está fechado o acordo com o Fundo, embora bem encaminhado. Portanto, situação difícil. O Armínio, que é bem animado, não estava tão eufórico como antes, quando acertei com ele que iríamos atravessar o temporal. Hoje o dólar foi lá para cima e depois caiu. Armínio disse que ia aumentar o compulsório, coisa que fez (ele me telefonou de novo agora à noite).**

Falei por telefone com Delfim, que está animado. Com Roberto Campos também, convidei-o para almoçar aqui amanhã com o Henrique Meirelles, do BankBoston, para sentir a situação. Ele pensa como nós. Acha que há um desconhecimento da situação brasileira e que é só esclarecer que melhora.

Recebi o sr. Ernest-Antoine Seillière, o presidente do movimento das empresas da França,*** com uns trinta empresários, todo mundo muito confiante no Brasil.

Fora isso, longa conversa com Olívio Dutra e seus assessores, e com Pedro Malan e Pedro Parente, que estavam bastante irritados, e com razão. Levei a coisa com jeito, demos alguns passos no sentido de desarmar os espíritos e desarmar a atitude do Rio Grande. Isso é bom para isolar Itamar e porque Olívio me parece uma

---

* Em 2 de março, o dólar alcançou R$ 2,22, fechando a R$ 2,16 depois da intervenção do BC. Na véspera, a cotação média fora de R$ 2,02 depois de chegar a R$ 2,17. Em uma semana, a fuga cambial alcançava quase US$ 500 milhões.
** O BC subiu as alíquotas dos compulsórios bancários de 20% para 26,5% (depósitos com base em 5 de março) e 30% (base em 12 de março) para aumentar a procura por títulos públicos e diminuir a liquidez do sistema financeiro, com repercussões na taxa inflacionária.
*** Mouvement des Entreprises de France (Medef), a maior entidade patronal francesa.

pessoa, digamos, fiscalmente responsável. Foi a impressão que tive. Ele disse que fez um trabalho profundo quando foi prefeito, que resolveu a situação de Porto Alegre e que está comprometido com isso. Eu respondi: "Tudo bem, mas por que então, em vez de ir para a Justiça, de fazer declarações, você não conversou? Nós podemos contornar o temporal, há coisas que temos condições de fazer". Não foi ruim a conversa.

Itamar teve um encontro com o PMDB, mas não sei o resultado.

Nesse meio-tempo, PMDB e PSDB às turras por causa de nomeações, o PMDB cada vez mais descarado, querendo botar gente sem condição para exercer cargos, e o PSDB reclamando. Aécio dando choque, Padilha tentando fazer mediação, mas no fundo é realmente um assalto às posições de Estado, alguns deles visivelmente com objetivos não tão puros, como se viu há pouco.

Tivemos uma reunião, Aécio, Pimenta, Zé Abrão [José Abrão],* Madeira, Graeff e eu. O Aécio está no seu limite, quer brigar, tem votação de CPMF na semana que vem e na outra semana também. Nós aqui, no governo, sempre sentindo o facão dessas votações que requerem maioria absoluta, e sendo chantageados pelos que dizem apoiar o governo.

É realmente impressionante. Esse sistema político está no limite. Acho que depois da CPMF vai acabar dando uma confusão maior. Confusão nacional por causa da situação extremamente apertada que estamos tentando atravessar, os bancos não soltam o financiamento nem mesmo para as exportações, sem nenhuma razão objetiva, criando uma série de sufocos que vão acabar nos atropelando.

HOJE É QUINTA-FEIRA, 4 DE MARÇO, onze e meia da noite. Quarta-feira fui à posse do Milton Seligman, fiz um discurso cobrando empenho de todos na defesa da nossa política social. Todo mundo agora diz que estamos prejudicando nossa própria política social; pelo menos assim a oposição reconhece o que fizemos, e fizemos bastante. Quanto aos cortes na área social, temos que explicar que não é algo drástico, como dizem. Temos que ser mais firmes na defesa dos nossos programas.

À tarde dei entrevista às revistas *Época* e *IstoÉ*. Não estava programado, mas foi bom, porque comecei a expor meus pontos de vista.

Depois recebi a bancada do PTB da Câmara dos Deputados, discursei sobre a situação da bancada, do cenário, um pouco repetição do que fiz com todas as bancadas.

À noite jantei com o Clóvis e com o Malan. Malan está propondo que em lugar de Paulo Paiva, que deve ir para o BID, nós nomeemos o Pedro Parente; Clóvis apoia a ideia, eu também. Não é oportuno trazer alguém de fora. Além disso, para esse lugar de Orçamento e Gestão, tem que ser uma pessoa que conheça bem Brasília.

---

* Secretário de Assuntos Federativos, subordinado à Secretaria-Geral da Presidência.

Pedro Parente é qualificado, é leal, trabalhador. Malan propõe que o Pedro Parente seja substituído por alguém que exerça uma junção das funções dele com as do secretário executivo adjunto, cujo nome eu não me recordo agora.* [Edward] Amadeo** sairia da Secretaria do Planejamento para se encarregar da parte propriamente de finanças da Fazenda. O Clóvis se opõe, acha que isso não resolve, porque continuará faltando a coordenação do Pedro Parente e que essa divisão não vai ajudar. Fora isso, continuamos conversando sobre a Petrobras. Malan voltou a falar do nome da Maria Silvia Bastos [Marques]*** na Petrobras.

Hoje, quinta-feira, muito trabalho, muito mesmo. Comecei cedo com Sarney Filho, que vai indo muito bem. Está bastante ativo, chacoalhando a área dele.

Depois recebi Antônio Carlos. Como eu disse, ele tinha me enviado uma carta longa, à qual respondi mais moderadamente em comparação com a dele. A carta dele pretendeu ser mais dura e ao mesmo tempo afetuosa, mas apontando para o fato de que o governo poderia perder crédito moral por causa de nomeações. Ele não disse claramente isso, mas insinuou; é basicamente a questão do PMDB que ele tem atravessada na garganta. Eu respondi, lhe dei a carta para ler, mencionei o que tinha sido feito na Bahia pelo Luís Eduardo, a contragosto, a nomeação do pai de Geddel. Dei esse exemplo e mencionei também certos paulistas de quem ele recebeu apoio e que deram trabalho. Eu pensava no Maluf e no Gilberto Miranda, ele entendeu. Que não me venha ele com essa coisa hipócrita e entenda o jogo da política, que, se não pode ser feita na base do puro realismo, tem que ter alguns grãos de realismo, porque precisamos dos votos e da maioria. E maioria se faz criando condições para que ela vote a favor.

À tarde houve a cerimônia de posse do Cutolo,**** que falou sobre questões urbanas.

Recebi o presidente da Câmara dos Deputados do Chile,***** recebi o prefeito de Fortaleza.****** Depois também o Raul Jungmann com a Contag, que veio discutir o Grito da Terra, mas muito bem, o Manoel Santos [Manoel José dos Santos], que é o presidente da Contag, e mais ou menos umas vinte pessoas levantando as questões de sempre, mas em um clima positivo.

Dei uma longa entrevista à *Veja*, como já tinha feito com as outras revistas semanais.

Nesse meio-tempo falei com Ney Suassuna. É um problema, Antônio Carlos tem muita resistência à nomeação que eu possa fazer de Ney Suassuna para líder

---

* Cincinato Rodrigues.
** Secretário de Planejamento e Avaliação da Presidência.
*** Diretora superintendente da CSN.
**** O ex-presidente da Caixa assumiu a Secretaria de Planejamento Urbano, com status de ministro.
***** Gutenberg Martínez.
****** Juraci Magalhães (PMDB).

da maioria.* Eles brigaram a tapas,** eu me esqueci disso, provavelmente essa é a principal razão do semiveto do Antônio Carlos. Eu disse isso ao Ney, disse que vamos ganhar tempo para ver como manobrar essa nomeação. Por outro lado, parece razoável que, sendo o PMDB a maior bancada, o líder do governo seja recrutado no PMDB.

Hoje Armínio Fraga começou a mexer na taxa de juros, para cima outra vez,*** enxugou a liquidez, aumentamos o compulsório. O câmbio reagiu positivamente, caiu um pouco, o dólar ficou mais estável, há sinais de retorno de fluxos de capital para financiar a exportação.**** Tomara que sejam sinais de uma época melhor.

Malan acaba de me telefonar porque os americanos introduziram de última hora a história da corrupção nos empréstimos do Banco Mundial e querem mandar uma missão ao Brasil para examinar isso. Pedro ficou fora de si, acha um desaforo, eu também acho, mais tarde ele me telefonará para discutir mais sobre o assunto.

Lidar com os americanos dessa maneira como estamos tendo que lidar agora é altamente desagradável. Seria muito melhor se tivéssemos evitado tudo isso tendo feito o que deveríamos ter feito antes, ou seja, ter posto as contas em ordem, ou termos feito uma desvalorização razoável há mais tempo.

---

* Na ocasião, o líder do governo no Senado era Sérgio Machado (PSDB-CE).

** Em março de 1996, no intervalo de um depoimento do ex-presidente do BC Gustavo Loyola ao Senado, ACM e Suassuna se acusaram mutuamente de corrupção e quase trocaram socos, tendo sido contidos por colegas.

*** A Selic subiu de 39% para 45%.

**** Dólar a R$ 2,10 no fechamento, queda de 2,9%. A Bolsa de São Paulo subiu 3,9%.

5 A 16 DE MARÇO DE 1999

Reação positiva dos mercados. Vitória da CPMF na Câmara. Conversa com Lula

Sexta-feira, 5 de março. Hoje fui ao Tocantins, a uma localidade chamada Formoso. Lá no centro do estado, numa direção mais a oeste. Projeto extraordinário, 30 mil hectares de terra irrigada, irrigação para plantio de arroz, fui dar início à colheita.* Com uma máquina, eu colhendo o arroz.

Ontem, pela primeira vez, houve uma reação positiva mais consolidada dos mercados diante das decisões do Armínio Fraga e de outras medidas que tomamos. Ele não só passou a ideia de que vamos dispor de recursos do Fundo Monetário — embora isso ainda não tenha ocorrido, há indícios de que deverá ocorrer — como também mencionou a elevação da taxa de juros, somada à determinação do governo federal de ser mais duro nos cortes. Enfim, essas coisas sangrentas que o chamado mercado [financeiro] gosta. Mercado cada vez mais ignorante, mais pretensioso e que nem se sabe quem é. No fundo são interesses especulativos mesmo. Disfarçados de uma grande rigidez teórica e também prática a julgar todo mundo, sem ter noção efetiva da situação de cada país, de cada região.

É impressionante a irracionalidade do capitalismo contemporâneo e a que ponto ela chegou. Não obstante, mesmo com toda essa irracionalidade ele é a única força motora da história neste momento. Isso é cruel porque, por não haver alternativa, o caminho a percorrer é sempre sujeito a solavancos, a idas e vindas. Mas o que se pode fazer?

Acho que, se o lado cambial desanuviar, o cenário melhora. A taxa de inflação está significativamente menor do que imaginávamos.** Apesar do burburinho que a imprensa faz, televisão, tudo isso (eles misturam índices, tomam preços no atacado na base de listas de preços das indústrias e não de preço praticado), quando se olha o índice do consumo na Fipe de São Paulo,*** que em geral sai mais alto, tem-se em fevereiro 1,4% e no ano todo, até agora, um pouco mais de 2%.**** Para março se espera que talvez seja por aí ou um pouco mais, o que significa que lá para abril, época de definição de ajuste do salário mínimo, vamos chegar

---

* Cerimônia de abertura simbólica da safra de grãos 1998-9 no Distrito de Irrigação Formoso, gerido por cooperativas agrícolas de Formoso do Araguaia, no sudoeste do estado, a 250 km de Palmas.

** Em fevereiro de 1999, o IGP-M da Fundação Getulio Vargas foi de 3,61%.

*** Índice de Preços ao Consumidor (IPC), calculado pela Fundação Instituto de Pesquisas Econômicas da USP.

**** Isto é, 1,9%.

com 7% de inflação. Se for assim, se realmente mantivermos uma política firme, é possível que, na média, a inflação do ano não ultrapasse os 11%, 12%, que é a expectativa do Fundo Monetário, e, portanto, que a taxa de juros possa cair significativamente.

Hoje e ontem sentimos os primeiros sinais mais alentadores depois desse torvelinho todo.* Claro, agora ficam as cobranças.

Também ontem, Roberto Campos almoçou comigo junto com Armínio Fraga, ele vai ajudar a difundir nos bancos nossa situação, que é melhor do que eles pensam. Porém é só os deputados saírem daqui — eu recebi todos — que começam a fazer reparos às coisas. As únicas notícias que saem na imprensa são as negativas, até o Fetter [Júnior], do Rio Grande do Sul,** que aqui não falou nada, diz que falou, que falou criticamente. Quem realmente fez isso foi o Gerson Peres,*** contra o aumento da gasolina.**** Em geral, as reuniões feitas com as bancadas foram positivas.

Os jornais dizem que todos saíram descontentes, que isso vai dificultar a votação da CPMF. Mentira, até porque ontem a votação foi esmagadora, na comissão especial deu 24 a 7. Esmagadora, e vai se reproduzir no plenário.

Mas a necessidade permanente de ver o abismo por perto, como a imprensa coloca — e ela vive disso —, é terrível, porque diminui o ânimo da população. Claro, a população também tem mil razões para estar descontente, e deve estar mesmo, os efeitos práticos da desvalorização ainda não se fizeram sentir de forma aguda no cotidiano.

Por outro lado, o índice de desemprego — que dizem ser catastrófico — atingiu 7,7%.***** É alto, mas não chega a ser catastrófico. Eu pensei que seria mais alto. Em São Paulo foi mais alto, 9%.****** E jogam sempre com os índices Dieese [que são mais altos]******* com grande irresponsabilidade, como se medissem a mesma coisa. Isso é o cotidiano.

---

* Em 6 de março, a cotação do dólar caiu a R$ 1,99. No mesmo dia, o FMI e o governo brasileiro anunciaram a conclusão das negociações para a primeira revisão do acordo de ajuda financeira. O país se comprometeu a realizar cortes orçamentários adicionais de 0,5% do PIB. Assim, a meta de superávit primário para o exercício de 1999 passou a 3,1% do PIB.
** Deputado federal (PPB).
*** Deputado federal (PPB-PA).
**** Naquela semana, o combustível subira 11,5% nas refinarias. Além disso, avançava a discussão parlamentar sobre o "imposto verde".
***** Taxa medida pelo IBGE.
****** Isto é, 9,2%.
******* Na Grande São Paulo, o Dieese mediu 17,8% de desemprego. O órgão intersindical e o IBGE tinham critérios distintos para a definição de trabalhador desempregado a partir da contagem do número de semanas depois da demissão.

Mas pelo menos se começa a ter alguma expectativa mais positiva, parece que as linhas de financiamento de exportação começam a voltar. Tomara que eu não esteja enganado.

HOJE É SÁBADO, DIA 6 DE MARÇO. Acabei de falar com o Rubin, secretário do Tesouro dos Estados Unidos, que se congratulou comigo pelo acordo com o Fundo, mas reiterou o que tem sido dito em rumores há muito tempo, que o sistema bancário mundial está perplexo porque o Brasil não informa o que se faz aqui e eles acham que falta transparência. No fundo, atribuem isso a um problema de falta de comunicação do Pedro Malan. Pedro sabe disso, me tinha alertado antes e estava muito preocupado que o Rubin fosse falar comigo sobre regras anticorrupção do Banco Mundial que eles querem analisar. Mas não foi isso que o Rubin me disse.

Falou de forma muito amigável, dizendo que realmente falta comunicação, falta confiança, quase confiança em termos da relação pessoal, de mais abertura. Eu transmiti ao Pedro, que me disse que está montando uma equipe para passar informações ao mundo, aos bancos, sobre nossa situação. Pedro tomou várias medidas boas, mas falta a coisa quase política, de conversar, de abrir o jogo, para conquistar nossos objetivos.

Além disso, Rubin mencionou a questão da política monetária, mas não aprofundou. O Pedro me explicou o que era. É que o Armínio quer ter mais discricionariedade no uso das reservas para controlar a taxa de câmbio, e os americanos não. Querem algo à la México. Pedro retorquiu: "O México acertou uma regra clara só depois que sentiu mais estabilizada a relação peso-dólar, e aqui ela ainda não está". Acho que o Pedro tem razão.

O Pedro também disse que o Larry Summers vai falar com ele hoje. Não invejo a sorte dele, Larry é arrogante.

Está nos jornais que o Pedro Parente vai substituir o Paulo Paiva. Falei com Paulo Paiva, que está aflito, porque essa notícia põe em instabilidade o PTB e temos a votação da CPMF. É verdade que há a ideia de botar o Pedro Parente no lugar do Paulo Paiva.

HOJE É TERÇA-FEIRA, DIA 9 DE MARÇO, onze horas da noite. Falei por telefone com Iglesias e com Michel Camdessus, que estava na casa do Iglesias em Washington. O Iglesias telefonou para me felicitar pelo acordo, e o Camdessus estava eufórico.

No domingo, dia 7, passei a tarde com os que estavam conosco pelo aniversário da Isabel* e no fim do dia fui ao Rio de Janeiro, onde dormi, para que no dia seguin-

---

* Neta de Fernando Henrique, filha de Luciana Cardoso e Getúlio Vaz.

te, portanto ontem, segunda-feira, eu fizesse uma conferência de manhã na Escola Superior de Guerra.* Lá, foi a primeira vez que apresentei de forma mais organizada meu pensamento a respeito da conjuntura atual. Fui bastante aplaudido pelos militares. Falei de tudo. Sem exceção, do Fundo Monetário, das dificuldades, das perspectivas e tudo o mais.

Na volta para Brasília, ontem mesmo, vim a bordo com o brigadeiro [Walter] Bräuer, ministro da Aeronáutica, com o Élcio Álvares, ministro [ainda extraordinário] da Defesa,** e com o general Cardoso. Almoçamos alegremente, tratando de temas vários, sem a menor tensão.

Chegamos e trabalhei incessantemente. Além dos despachos normais, aferições com os líderes para ver como está a CPMF e discussões por telefone com Pedro Malan, com Armínio, para saber como estavam as coisas econômicas. Há sinais positivos, como disse Armínio, o dólar começou realmente a se desvalorizar em relação ao real.*** À noite, jantei com Maílson da Nóbrega, Sérgio Abranches, [Murillo de] Aragão, que é um consultor importante do grupo Arko Advice e que escreve uma carta bastante lida aqui, ela é boa, chamada *Letter Express*, e também com Raul Velloso.

Raul tem ideias específicas sobre como seguir adiante com a reforma da Previdência, ele considera essencial que se avance mais. Eu também. Sérgio Abranches com certo pessimismo. Maílson mais equilibrado, olhando para a frente, Aragão também. Foi uma boa conversa, durou até uma da manhã. Sérgio Amaral também participou.

Hoje acordei bastante cansado, porque dormi pouco.

Recebi credenciais de embaixadores da Índia, Rússia e Irlanda, aquela conversa habitual com os embaixadores. Falei rapidamente com Lampreia, que vai para os Estados Unidos.

Depois recebi o Lúcio Alcântara**** para discutir questões do Instituto Teotônio Vilela, do PSDB.***** Falei com Teotônio Vilela Filho por telefone, ele voltou de Alagoas, está bem-disposto, me disse que a votação deve transcorrer normalmente. Falei com Inocêncio de Oliveira,****** com Madeira, telefonei para o Fleury [Luiz Antônio Fleury Filho],******* eu queria evitar que houvesse recuos do PTB na votação da Previdência, enfim, o habitual desses dias de vésperas de votação.

---

* Palestra para os estagiários da escola.
** O brigadeiro Bräuer, o general Gleuber Vieira e o almirante Sérgio Chagas Teles ocuparam interinamente as pastas militares durante o período de transição até a criação legal do Ministério da Defesa, pela sanção da lei complementar nº 97, de 9 de junho de 1999.
*** Dólar a R$ 1,90 no fechamento de 9 de março.
**** Senador (PSDB-CE).
***** *Think tank* do partido.
****** Deputado federal (PFL-PE) e líder do partido na Câmara.
******* Deputado federal (PTB-SP) e ex-governador de São Paulo (1991-5), Fleury propusera um des-

A votação, neste momento, está se desenrolando, tenho sempre preocupação, porque nunca se sabe qual será o resultado, apesar de a liderança estar muito confiante na vitória da elevação da contribuição da CPMF. A oposição não quer nem saber. Está contra, como se fosse patriótico agir assim.

Estive com Malan, que jantou comigo. Passamos as coisas em revista. Ele vai viajar amanhã para Frankfurt, depois Paris, enquanto o Armínio vai para Nova York e depois para Londres. Tudo isso em busca de reabertura de linhas de financiamento.

A esse respeito, recebi hoje a visita do [Marcus Vinicius] Pratini de Moraes,* para falar sobre exportações. Ele está confiante, mas acha que é preciso aumentar o ACC.**

Recebi um telefonema do José Ermírio [de Moraes] Filho,*** na mesma linha. Os exportadores estão começando a ficar mais ativos, eficazes, porque foi publicado ontem o memorando de entendimento com o Fundo, que fala num aumento muito expressivo das exportações. O memorando foi bem-aceito pelo mercado, as bolsas subiram, enfim, o clima começou a ficar mais positivo.

Recebi uma carta do Clinton, encorajadora, boas palavras, vamos ver como as coisas evoluem.

Na área política, estamos em compasso de espera, pensando no PMDB, eles andam ansiosos por causa de um imposto que dificilmente vai sair**** e querem verbas para as obras do Ministério dos Transportes, o que tem uma justificativa prática e suspeitas não comprováveis. Na verdade vamos ter que fazer alguma obra de conservação, as coisas indispensáveis.

Pedro Malan está preocupado com a conotação de maiores gastos em um momento de cortes. Estamos cortando bastante. Everardo [Maciel]***** ainda não tinha me dito que a arrecadação teve um excedente importante graças a uma interpretação que ele conseguiu em juízo no julgamento de alguns casos contra a Fazenda.****** Isso vai possibilitar um aumento grande na arrecadação de

---

taque para manter a alíquota da CPMF em 0,2%, mesmo patamar do final de 1998, quando o imposto expirou.

* Presidente da Associação de Comércio Exterior do Brasil (AEB).
** Adiantamento de Crédito de Câmbio. Pratini de Moraes levou ao presidente a sugestão de utilizar US$ 3 bilhões das reservas cambiais na composição de linhas de crédito para a antecipação de recursos em moeda nacional ao exportador, antes do embarque da mercadoria ou da prestação do serviço internacional.
*** Presidente do conselho de administração do grupo Votorantim.
**** O Imposto Seletivo sobre os Combustíveis ou "imposto verde", apoiado pelo ministro Eliseu Padilha.
***** Secretário da Receita Federal.
****** Em fevereiro de 1999, o governo obteve R$ 2,2 bilhões adicionais (crescimento de 18,7% em relação a 1998) com o aumento do volume de negócios cambiais tributáveis e o pagamento de débitos de grandes contribuintes que desistiram de processos judiciais contra a Receita, mediante a concessão de incentivos fiscais.

fevereiro, o que é positivo. Mas não podemos brincar com a questão das receitas nem dar a impressão de que temos mais dinheiro e que vamos gastá-lo, em vez de fazermos o que é preciso, que é reduzir a dívida. A matéria merece um cuidado especial.

HOJE É DIA 11 DE MARÇO, QUINTA-FEIRA. Ontem de manhã recebi o Tasso. Ele veio a Brasília conversar com Antônio Carlos, que quer decidir as novas alianças; na prática pretende afastar o PMDB. E mudar o governo, enxugar o ministério, o Bornhausen, que, aliás, também veio a Brasília ontem e tem as mesmas ideias que o Tasso. Eu disse ao Tasso que primeiro precisamos fazer uma reunião do PSDB, porque o Antônio Carlos pretende fazer crer à sociedade que é ele quem está impondo mudanças, e tudo que eu disser será visto como obra dele. Mesmo que Antônio Carlos não faça isso de uma maneira diretamente negativa, acabará dando essa impressão. Além do mais, as pessoas falam de governo para o Tasso sem ter noção do que seja a máquina pública.

Almocei com Paulo Renato para discutir questões do Ministério da Educação. A tarde transcorreu mais ou menos normal, recebi grupos dos assentamentos que vieram dizer que o governo não está impedindo os transgênicos.* Recebi a Associação Brasileira de Agências de Publicidade, Abap. De importante mesmo foi que vencemos a votação da CPMF, uma vitória muito forte.**

À noite, estive com a Rosiska [Darcy de Oliveira]*** e a Ruth, discutindo o Conselho da Mulher. Antes disso passei em revista com o Celso Lafer, o Eduardo [Santos] e o nosso Pio Borges a reestruturação do setor produtivo brasileiro: papel e celulose, indústrias petroquímicas e ferro e aço.

E muita confusão. O Zé Gregori, segundo a Rosiska, não se mostrou aberto o suficiente para entender o papel do Conselho dos Direitos da Mulher. Rosiska está muito queixosa, se queixa também de uma medida tomada pelo [Waldeck] Ornelas, que não quer pagar salário acima de R$ 1.200,00 às mulheres que se licenciam do trabalho. Acabei de falar com Ornelas. Não é bem assim. É que foi aprovada uma

---

* Solenidade de lançamento do Programa de Produtividade e Cidadania, parceria do Ministério da Reforma Agrária com entidades sindicais do campo. Em 8 de março, o governador Olívio Dutra baixara decreto para proibir o cultivo experimental e comercial de alimentos transgênicos no Rio Grande do Sul. O governo federal discutia a regulamentação dos transgênicos no âmbito da Comissão Técnica Nacional de Biossegurança (CTNBio).
** Por 358 votos a 135, o plenário da Câmara aprovou em primeiro turno a prorrogação da CPMF por 36 meses e o aumento da alíquota do tributo para 0,38%, com vigência a partir de 17 de junho de 1999.
*** Presidente do Conselho Nacional dos Direitos da Mulher.

emenda à Constituição que proíbe a Previdência de pagar acima de R$ 1.200,00.* Não obstante, existe lei que garante o auxílio-maternidade, as empresas é que devem pagar a licença, e o que ele pode fazer é fiscalizar a lei. Isso veio a mim como se fosse um ato imperdoável de insensibilidade do Ministério da Previdência ao tratar das demandas das mulheres. Como se vê, a coisa é um pouco diferente.

As pesquisas da CNT e do Vox Populi estão mostrando uma queda acentuada de popularidade e, de resto, mostram um horizonte pior do ponto de vista da população.** Na verdade o horizonte está começando a melhorar.

Falei com Malan, falei com Armínio, que viajaram para o exterior, o dólar caiu,*** temos até boas possibilidades de superar as dificuldades mais depressa do que imaginávamos. Vou começar a falar com a mídia com mais força, porque acho que é o momento de lançar uma ofensiva para sair deste marasmo.

HOJE É SEXTA-FEIRA, 12 DE MARÇO, continuação do que eu havia começado a gravar.

Dei uma entrevista longa para *O Estado de S. Paulo*, que foi prejudicada pela presença do Fernão Mesquita.**** Sem maiores informações sobre as coisas que acontecem aqui, ele tinha ideias fixas sobre o inchaço do Estado, principalmente na questão da reforma tributária. Mesmo assim, falei bastante.

Hoje despachei de manhã, depois recebi Boris Casoy.***** Eu gosto dele, o Boris tem dor de consciência pela pergunta que me fez quando fui candidato à prefeitura de São Paulo em 1985, ele foi instigado pela *Folha*.****** O Boris é um bom sujeito, um homem inteligente, combativo, tem lá suas posições, às vezes um tanto exageradas, mas é correto como jornalista.

No almoço, recebi o Teotônio Vilela [Filho] para discutir as questões do PSDB.

Recebi o Luiz Nascimento,******* ele está com problema de rolagem de uma dívida, mas sua empresa é sólida, são pessoas que têm feito bastante bem as coisas.

---

* Segundo a emenda constitucional nº 20, de 15 de dezembro de 1998, a partir de sua promulgação o benefício máximo a ser pago pela Previdência Social não poderia passar de R$ 1,2 mil.

** A pesquisa do Vox Populi, encomendada pela CNT, mensurou 47% de insatisfação com o governo Fernando Henrique. Em dezembro de 1998, a taxa era de 23%. Ainda segundo o Vox Populi, 80% dos entrevistados esperavam mais desemprego, enquanto 73% acreditavam no retorno da inflação.

*** R$ 1,88 em 11 de março.

**** Diretor de redação do *Jornal da Tarde*, do grupo Estado.

***** Apresentador do telejornal noturno e do programa *Passando a Limpo*, da Rede Record.

****** Referência ao episódio do debate eleitoral durante a campanha à prefeitura de São Paulo de 1985, quando Casoy, o mediador, perguntou a Fernando Henrique se ele acreditava em Deus.

******* Vice-presidente do conselho de administração do grupo Camargo Corrêa.

Falei com Armínio Fraga, que estava em Londres muito contente com o resultado das negociações com os bancos, e vi pela televisão que a mesma coisa se aplica às negociações na Alemanha. Armínio falou com os Estados Unidos e a Inglaterra, na Alemanha foi o Malan quem cuidou das negociações. Malan está em Paris ou indo para Paris. Isso alivia um pouco a rolagem das dívidas para o financiamento de exportações. Falaram em manter 28 bilhões de dólares. Ainda é muito pouco, mas já é alguma coisa.

HOJE É SÁBADO, DIA 13 DE MARÇO. São onze horas da manhã. Acabei de falar com o Lula, uma conversa telefônica muito boa, muito tranquila, eu liguei para ele. Ele está crítico da posição do [Leonel] Brizola* e do pedido [pelas oposições] de minha renúncia,** e também muito crítico do Itamar. Vai falar com ele, disse que Itamar passou dos limites. Está disposto a mandar algumas pessoas virem conversar não comigo, mas com gente que eu indique, para preparar alguns pontos e botar o Brasil de novo nos trilhos.

Falamos sobre Olívio Dutra — ele gosta muito do Olívio —, que ficou chateado porque na semana passada suspendemos uma remessa de dinheiro por ele não ter pago a dívida. Precisaríamos arranjar uma fórmula para sair dessa pendência com o Rio Grande do Sul, desse paga não paga. Vamos ver se a gente consegue, com alguma criatividade, encontrar caminhos de conciliação também nesse caso.

HOJE É 16 DE MARÇO, TERÇA-FEIRA. Ontem, segunda-feira, recebi de manhã o Geddel, que veio conversar sobre a reunião da bancada com o Itamar, que pediu a solidariedade do PMDB a Minas, ou seja, apoio para que Minas não pague a dívida com o governo federal. A resposta até agora tem sido negativa para o Itamar. Geddel falou bastante a respeito do Antônio Carlos, da dificuldade de se fazer política na Bahia por causa do estilo sufocante de Antônio Carlos.

O dia transcorreu muito calmo, o dólar caiu, houve boas notícias da Europa. Hoje Malan e Armínio Fraga falaram comigo de Paris, com o Paulo Paiva e o embaixador [Marcos] Azambuja*** também, e até com certa euforia, por causa das reações havidas. Há apoios fortes do [Jacques] Chirac**** e do [Lionel] Jospin,***** e entusiasmo do Camdessus, o Malan disse ao Paulo Paiva na conversa que tiveram.

* Presidente nacional do PDT.
** Em entrevista ao *Jornal do Brasil* de 7 de março, o ex-governador pedetista defendera a renúncia do presidente como única solução constitucional possível para a crise.
*** Embaixador do Brasil na França.
**** Presidente da França.
***** Primeiro-ministro da França.

Por fim as coisas estão clareando do ângulo do comércio internacional, pela volta do financiamento, pela queda do dólar, pela inflação mais moderada do que imaginávamos (em nenhum mês subiu mais de 1,5%). E neste mês a expectativa de preços ao consumidor da Fipe é de 1,2%. Quem sabe a gente possa superar mais depressa essas dificuldades.

À tarde recebi o Ricardo Teixeira* para tratar do Campeonato Mundial de futebol em 2006 no Brasil** e do Mundial de Clubes em 2002.*** Recebi também o [Gerson] Camata,**** que veio fazer um pedido sobre a Petrobras. Adiamos a nomeação da diretoria da Petrobras, daqui a instantes vou conversar com a Maria Silvia para ver se ela assume a presidência. Parece que sim, isso terá um impacto forte, evitaremos a colocação de políticos na Petrobras, como é natural que se evite. E mudei a data de constituição do conselho, para escapar da marola na votação da CPMF.

Itamar insiste na posição suicida de não querer que se vote a CPMF. Esteve com o Lula ontem, hoje saiu nos jornais, é renitente e não aceita participar do grupo de governadores de oposição. Portanto está isolado, quer ficar isolado, como é do seu estilo. Na conversa telefônica que tive com o Lula, não senti nele entusiasmo em ver Itamar em seu lugar, e é disso que se trata. Itamar ocuparia o lugar do Lula se o PT se aproximasse muito do Itamar; acho que Zé Dirceu é quem deve estar mais propenso a isso.

Voltando ao nosso tema, à noite jantei no Palácio da Alvorada com a redação de *O Globo*: o Dacio Malta, a Tereza Cruvinel, a Helena Chagas e o [Jorge Bastos] Moreno. Conversas vagas, tentei mostrar que eles estão tomando posições equivocadas no que diz respeito à mudança de ministério, à reestruturação, enfim sobre o estado da economia. Eles não reagiram, mas a conversa foi muito agradável e se estendeu até meia-noite e trinta.

Hoje de manhã recebi o Expedito Prata,***** com quem conversei sobre a possibilidade de formação, junto com a Danielle [Ardaillon]****** e o Nê [Jovelino Mineiro], de um centro de documentação, para eu ter onde colocar meus papéis quando deixar a Presidência.

Cabe ainda dizer algo sobre política internacional. O Chávez, presidente da Venezuela, me telefonou no sábado, e foi me dizendo que no dia 19 de abril nos encontraríamos na fronteira, coisa que ainda não está combinada. Recebi um longo

---

* Presidente da Confederação Brasileira de Futebol (CBF).
** A candidatura brasileira à sede da Copa de 2006 acabou derrotada pela da Alemanha.
*** O campeonato ocorreu em janeiro de 2000, com partidas em São Paulo e no Rio de Janeiro.
**** Senador (PMDB-ES).
***** Diretor de Relações Corporativas da Telefónica no Brasil e ex-assessor pessoal de Fernando Henrique e Sérgio Motta.
****** Antropóloga, assessora de Fernando Henrique para a organização de seus documentos pessoais na Presidência.

relatório do Seixas Corrêa mostrando a precariedade da situação da Venezuela e o desabusado das posições do Chávez. Isso vai dar trabalho. É uma pessoa que tem ímpetos, e me parece que ele se vê como um transformador da Venezuela, provavelmente até com boas intenções, mas um tanto defasado e sem bases para fazer as mudanças que, imagino, ele poderia fazer em benefício do povo. Um tanto na visão dos anos 1960, me parece.

Também com relação ao Paraguai muita incerteza. O [Juan Carlos] Wasmosy* telefonou, queria falar comigo, pedi que o Eduardo [Jorge] o atendesse. Ele apenas queria me alertar para o fato de que realmente hoje, terça-feira, iam votar o impeachment do [Raúl] Cubas Grau.** À tarde recebi as informações, e também conversas com a chancelaria mostraram outra coisa: eles não conseguiram, e acho difícil que consigam tirar o Cubas Grau. Aliás, só complicaria a situação, porque isso tenderia à desestabilização geral do Paraguai.

Os americanos estão jogando essa cartada de desestabilização por causa do Oviedo, mas essa não é a política brasileira, que prefere manter a institucionalidade democrática. O Paraguai é muito delicado, qualquer mexida lá, e ninguém sabe aonde vai parar.

* Ex-presidente do Paraguai.
** A Câmara dos Deputados paraguaia marcara para o início de abril a abertura de um processo de impedimento contra o presidente pela recusa de cumprir uma ordem judicial da Suprema Corte para reconduzir à cadeia o general Lino Oviedo, liderança do Partido Colorado — mesma legenda do presidente Cubas —, condenado a dez anos de prisão por uma tentativa de golpe em 1996. A sede do partido fora ocupada dias antes por apoiadores de Oviedo, para impedir a eleição de dirigentes contrários ao presidente.

20 DE MARÇO A 2 DE ABRIL DE 1999

Aprovação da CPMF. Reichstul, novo presidente da Petrobras. Crise no Paraguai. Os juros caem. Descanso no Rio

Hoje é sábado, 20 de março. Passei esses dias todos sem registrar nada aqui porque não houve nada de muito especial, salvo o seguinte.

Nós aprovamos a CPMF numa votação estrondosa, 357 votos a favor,* num dia difícil, que é a quinta-feira. Isso muda muito a nossa capacidade de implementar o ajuste fiscal e desfaz as lendas de que o governo está perdendo o controle político da situação.

Esta semana foi marcada basicamente por isso.

Falei por telefone com Malan, depois com Armínio. Armínio voltou. Na verdade, já existe confiança em que vamos ser capazes de sair do buraco. Os banqueiros internacionais prometeram manter as linhas de crédito. A reunião em Paris foi um sucesso, a presença do Malan e do Armínio foi muito positiva, enfim, parece que desse lado as coisas melhoraram. E como também aqui, com a votação da CPMF, houve fortalecimento do nosso controle sobre o déficit fiscal, vamos ter um resultado mais rápido e positivo do que se imaginava. Por fim, as taxas de inflação caíram também.** Começa a haver luz no fim do túnel.

A Maria Silvia não aceitou a presidência da Petrobras. Falei ontem com outro candidato, e vamos ver se vai dar certo. Espero que a gente saia dessa incerteza.

Também ontem recebi o Luiz Roberto Ponte*** e o Benjamin Steinbruch.**** Benjamin veio reclamar da situação em que se encontra, disse que é preciso diferir o baque patrimonial causado às empresas pela desvalorização da moeda, e também quis saber a opinião do governo sobre ele largar a Vale ou a CSN, assunto que, na verdade, não é meu, foi mera deferência dele.

O Élcio Álvares veio fazer um relatório sobre como andam os ministérios militares nos quais ele está mexendo; eles vão razoavelmente bem, dentro das circunstâncias.

Depois tive uma cerimônia para comemorar 500 mil cartas de crédito da Caixa Federal,***** discurseira.

* Houve 125 votos contrários e uma abstenção no segundo turno da votação da PEC da CPMF, convertida na emenda constitucional nº 21, de 18 de março de 1999.
** A Fipe aferiu um índice de 0,96% na quadrissemana, contra 1,24% na medição anterior.
*** Presidente da Câmara Brasileira da Indústria da Construção.
**** Presidente dos conselhos de administração da Vale e da CSN.
***** Comemoração da marca de 500 mil cartas de crédito imobiliário concedidas pelo banco estatal.

Recebi a governadora de Nova Jersey, Christine Whitman, muito simpática. Recebi Norman Gall,* que conheci há muitos anos em Princeton. Ele fez uma longa entrevista comigo.

Ontem à noite dei um depoimento, também longuíssimo, ao Ronaldo Costa Couto para o livro que ele está fazendo.** Recebi o [Franco] Montoro.*** Recebi o Aécio e o Teotônio para discutirmos questões do PSDB.

Falei com o Jorge Bornhausen, estive na festa de aniversário do [Rafael] Greca,**** Bornhausen estava presente, e tive outros encontros dessa natureza.

Estive na fazenda do Sarney***** no fim de semana passado. Ele me falou sobre a empresa Sharp, que está com muitos problemas, enfim, a rotina da administração.

O problema com o PMDB já foi superado, o partido sempre com as desconfianças sobre se vai ser parte do governo ou não, se o PSDB é isso ou aquilo. Eles continuam tentando as nomeações, parece que o Jader não está lá muito bem-humorado comigo porque não o chamei. Não o chamei porque não tinha ainda o que dizer.

Também estive analisando as repercussões da posição de Antônio Carlos sobre a CPI do Judiciário,****** e acho até bom, porque agita uma área que precisa ser sacudida.

Ontem tive uma reunião do Fundef, o fundo de revalorização dos professores, promovida pelo Ministério da Educação.******* Paulo Renato fez uma bela prestação de contas, eu discursei. O trecho relativo às cassandras que estão chorando antes da hora, imaginando que a inflação voltou, dizendo que não há mais solução para o país, foi difundida pelas TVs.********

À noite, recebi o Ronaldo Caiado********* com o Heráclito [Fortes],********** vice-presidente da Câmara, simplesmente para evitar que o Ronaldo fique muito solto, porque o Heráclito acha isso importante. Vê-se que o clima efetivamente melhorou.

---

* Diretor executivo do Instituto Fernand Braudel de Economia.
** *História indiscreta da ditadura e da abertura 1964-1985*. Rio de Janeiro: Record, 1999.
*** Deputado federal (PSDB-SP).
**** Ministro do Esporte e Turismo e ex-prefeito de Curitiba (PFL).
***** Fazenda São José do Pericumã, na divisa entre Goiás e o Distrito Federal.
****** O presidente do Senado patrocinava a criação de uma CPI para investigar denúncias de nepotismo e venda de sentenças em diversos tribunais estaduais.
******* Cerimônia de abertura do seminário "Balanço do primeiro ano do Fundef".
******** No registro da Biblioteca da Presidência: "O Brasil, em dez anos, nessa área [educação básica] será outro. Nós estamos vendo o efeito de um ano. É claro que as cassandras de sempre vão pegar um dado aqui e ali para dizer: 'Ah, mas em 99 não vai crescer, tem a crise, a inflação'. Deixem a inflação conosco. Vamos combatê-la. Estamos combatendo. Já está dando resultado, para decepção das cassandras".
********* Deputado federal (PFL-GO), crítico da política agrícola e fundiária do governo.
********** Deputado federal (PFL-PI).

Neste sábado, passamos o dia inteiro organizando papéis, lendo, nem sei se vou receber alguém.

Convém também registrar que estive com Raul Velloso, que veio discutir a sustentabilidade de um novo programa de ajuste fiscal. Ele acha que é bem mais suave que o anterior. Mostrou isso com dados, que não estavam num paper que ele escreveu e que eu já havia lido. Entretanto, disse que continua havendo o que ele chama de "boca de jacaré",* ou seja, no INSS vamos ter déficit crescente, e a Constituição amarrou a possibilidade de cobrarmos contribuição dos inativos do INSS. Então vamos ter que inventar alguma solução engenhosa, porque, segundo ele, a partir de certo momento todo mundo vai verificar que existe essa fragilidade, e vai começar a pressionar de novo o Brasil por causa disso.

HOJE É SEGUNDA-FEIRA, 22 DE MARÇO, dia aliás histórico, porque é o dia do movimento do [Daniel] Cohn-Bendit em Nanterre.**

Ontem recebi o [Henri] Philippe Reichstul. Chamei-o para decidir sobre a Petrobras. Ele topou, um tanto assustado. Confesso que não sei se o Philippe tem todas as condições para ser presidente da Petrobras, mas depois que a Maria Sílvia não aceitou ficamos com essa alternativa. Ele é um homem sério, casado com a filha*** do Severo [Gomes],**** eu o indiquei para Oxford há muitos anos, onde pesquisou a questão das empresas estatais, foi secretário da Sest, que devia controlar as estatais na época do Sarney,***** tem experiência financeira, então pode ser positivo. Vamos ver. Fiz um conselho meramente técnico na Petrobras. Claro que terei um desgaste político, mas a sociedade provavelmente vai gostar da decisão.

Conversei com Paulo Renato, passando em revista as coisas. Hoje de manhã discuti o Plano Plurianual com vários ministros e despachei com o advogado-geral da União.******

* Formato gráfico da defasagem crescente entre arrecadação e despesa da Previdência Social.
** O ex-líder estudantil, aluno de Fernando Henrique em Nanterre e então deputado verde no Parlamento Europeu, foi um dos cabeças do Movimento 22 de Março, em 1968, deflagrado com a ocupação da administração da Universidade de Paris, Nanterre, em protesto contra a prisão de manifestantes. O movimento foi o estopim das greves e agitações sociais do Maio de 1968.
*** Maria Augusta Gomes Reichstul.
**** Ex-senador (PMDB-SP).
***** Atualmente denominada Comissão de Controle de Empresas Estatais, órgão do Ministério do Planejamento.
****** Geraldo Quintão.

HOJE É QUINTA-FEIRA, DIA 25, duas horas da tarde. Na terça-feira recebi o Xico Graziano [Francisco Graziano],* que veio falar das dificuldades da bancada do PSDB e da necessidade de maior contato comigo. Os deputados, os líderes políticos, sempre dizem a mesma coisa, que é preciso ter mais contato. Eu tenho contato com muitos o tempo todo, mas é sempre insuficiente.

Depois sancionei uma lei sobre o Terceiro Setor,** discursei. Já de manhã eu tinha feito um discurso muito forte na CNI,*** fui aplaudido em pé durante muito tempo, o que mostrou que o que eu disse caiu no gosto, apesar de eu ter feito um discurso igual aos de sempre. Verdadeiro, forte, dizendo as coisas como eu penso.

À tarde, recebi o James Billington, que é o diretor da Biblioteca do Congresso Americano.

Em seguida despachei com o ministro do Exército, um homem muito bom e sensato, o general Gleuber, gostei bastante. Mais tarde recebi o [Luiz Antônio] Medeiros,**** que quer combinar comigo, e ele tem razão, um mecanismo pelo qual haveria um afrouxamento das regras de assistência social, mais recursos. Mas quer que isso venha como um pedido dele. Achei razoável.

Nessa mesma terça-feira, jantei com o Bolívar Lamounier***** e o Juarez [Brandão Lopes], uma coisa bastante distendida.

Na quarta de manhã, ontem, dei uma longa entrevista à *Folha*, que saiu hoje, explicando um pouco as questões econômicas tais como as vejo.

Depois dessa entrevista, fui para a abertura do novo programa do Comunidade Solidária, na parte relativa à Secretaria Executiva,****** e mostrei que vai haver mais ligação com o Pronaf, que é o Programa Nacional de Agricultura Familiar, agricultura local.

---

* Deputado federal (PSDB-SP) e ex-presidente do Incra (1995).

** A lei nº 9790, de 23 de março de 1999, estabeleceu o regime jurídico das Organizações da Sociedade Civil de Interesse Público (Oscips) e regulou suas relações com o poder público através de termos de parceria.

*** O presidente falou na abertura da conferência internacional "A indústria no início do século XXI", na sede da CNI em Brasília.

**** Deputado federal (PFL-SP), ex-presidente da Força Sindical.

***** Cientista político, diretor-presidente do Instituto de Estudos Econômicos, Sociais e Políticos de São Paulo (Idesp).

****** O presidente discursou no VII Encontro dos Interlocutores Estaduais do Programa Comunidade Solidária, no Palácio do Planalto.

À tarde, recebi o presidente mundial da Nokia,* que veio dizer que está fazendo um grande investimento em Manaus.** Recebi também o presidente da Asea Brown Boveri,*** também muito animado com o Brasil.

Despachei com o ministro da Marinha**** e falei longamente com o Vicente Bogo***** sobre a situação no Rio Grande do Sul. O resto foi rotina.

Hoje de manhã, fui à missa da Anunciação de Nossa Senhora, aqui no Palácio da Alvorada. A Idalina, nossa camareira, é muito católica, gosta quando eu vou à missa, e fui.

Recebi Moreira Franco para ver a relação com o PMDB, cada vez mais complicada. O PMDB desconfia que o governo não gosta dele. Talvez tenha alguma razão, mas não quanto a mim. De qualquer forma, já falei com Moreira mais de uma vez, porque preciso que ele me ajude na parte política. Não adianta nomear o Moreira diretor da Petrobras, nem da BR [Distribuidora]. Quero botar uma pessoa de nível técnico, e não político, nessas funções. Moreira ajuda muito do ponto de vista político.

Antônio Carlos está fazendo um longo discurso — não terminou até agora, duas da tarde —, depondo à CPI do Judiciário.****** Ele acertou na mosca, porque a população é contra a Justiça demorada, dizem que é corrupta, e por aí vai. É uma coisa corajosa do Antônio Carlos, e perigosa também, mas ele sabe manter os limites. Perigosa do ponto de vista do choque institucional. Moreira me alertou para isso e também para o embate entre Antônio Carlos e Michel Temer. O PMDB é complicado.

Nesse meio-tempo, Paraguai em crise. Confusões, querem o impeachment do Cubas, mataram o [Luis María] Argaña,******* a toda hora estou pendurado no telefone para ver se a gente acalma a situação. Não temos ingerência direta no Paraguai, a não ser em casos-limite, e não nos convém ter ingerência no Paraguai nem em lugar nenhum. Mas está ficando difícil. Acho que quem tem mesmo força popular e militar é o [Lino] Oviedo,******** e lá tudo foi feito para evitar que Oviedo assumisse o

---

* Matti Alahuhta.

** A companhia finlandesa anunciou investimentos de US$ 50 milhões na ampliação de sua fábrica de celulares na Zona Franca de Manaus.

*** Grupo suíço-sueco, atual ABB Group.

**** Almirante Sérgio Chagas Teles.

***** Ex-vice-governador do Rio Grande do Sul pelo PSDB (1995-9).

****** A comissão ainda não fora instalada. ACM prometera para o dia seguinte a formalização do pedido de abertura da CPI e discursou para apresentar mais evidências da corrupção de juízes.

******* O vice-presidente do Paraguai, apoiador do impeachment de Raúl Cubas, foi morto a tiros em seu carro oficial, perto de sua residência no centro de Assunção. Um guarda-costas também morreu. O governo fechou as fronteiras do país e determinou estado de prontidão nos quartéis. No dia seguinte, a Câmara aprovou a instalação do processo de impeachment contra Cubas.

******** O general Oviedo, correligionário de Cubas e Argaña no Partido Colorado, fora impedido de disputar as eleições presidenciais de 1998.

poder. Agora, de novo, se coloca um dilema. Se derrubarem o Cubas, quem vai assumir o comando? Acho que o Paraguai vai entrar numa fase de muita dificuldade.

Além desse, outro problema: a Otan está bombardeando a Iugoslávia por causa do Kosovo.* Enfim, o mundo não está calmo.

Armínio Fraga baixou a taxa de juros em três pontos porque a situação é muito melhor do que se imaginava. Menos inflação, bem menos inflação, agora começa a entrar capital, acabei de ver na televisão que a taxa do dólar está a R$ 1,80, não imaginávamos que pudesse baixar tão rápido.

HOJE É SEXTA-FEIRA, DIA 2 DE ABRIL. Passei esse longo tempo sem gravar. As linhas principais a serem anotadas são as seguintes.

Estive no Rio de Janeiro no fim de semana passado e voltei para o Rio nesta quarta-feira, dia 31. No domingo em que cheguei ao Rio, dia 28, falei por telefone com o Cubas. Ele me disse que precisava conversar com Oviedo, que a situação estava difícil e que ele queria que eu mandasse ajuda para a polícia dele: balas de borracha e gás lacrimogêneo. Eu disse que se ele tivesse necessidade de vir para o Brasil, que viesse. Enfim, dei a entender que era até melhor que saísse do Paraguai, mas sem insistir.

À noite, fui para São Paulo, e de lá falei de novo com o Cubas, antes de ele se dirigir ao país. Ele me disse que iria apresentar sua renúncia, portanto ouviu minhas palavras de domingo à tarde. Fui hábil, repeti que nada compensaria um banho de sangue ou uma guerra civil. Então o felicitei por ter tomado essa atitude e perguntei pelo Oviedo. Ele me disse que ia liberar o Oviedo, que não iria entregá-lo preso aos adversários. Disse também que já se sentia desobrigado para com o Oviedo, disse que ele, Cubas, escolheu o caminho dele, que Oviedo também escolheu seu caminho e que ele já tinha feito o máximo que podia fazer. Reiterei a minha oferta de asilo.

Na segunda-feira passada, dia 29, Cubas pediu asilo, eu mandei dar e ele veio para o Brasil.**

Nessa mesma segunda-feira, conversei com Mário Covas sobre vários caminhos para o Brasil, para o PSDB, e marquei para a outra segunda-feira, em Brasília, um encontro para avaliarmos a situação dos partidos, em especial do PMDB. Depois estive no SBT, em São Paulo,*** para uma conversa bastante solta e amável com os comunicadores de lá.

---

* Então uma província de maioria albanesa da Iugoslávia (na época formada pelas repúblicas da Sérvia e do Montenegro), o Kosovo lutava pela independência na esteira da desintegração do país.
** Raúl Cubas renunciou na tarde de 28 de março de 1999. No dia seguinte viajou para Florianópolis, onde possuía um apartamento, já como asilado político. Foi substituído na presidência por Luis Ángel González Macchi, presidente do Senado.
*** Fernando Henrique almoçou com o presidente do grupo SBT, Luiz Sandoval, e estrelas da emissora como Hebe Camargo, Gugu Liberato e Ratinho.

Voltei para Brasília no fim do dia, me encontrei com Pimenta e discutimos a situação. Ele é favorável a uma ruptura com o PMDB — segundo ele, Antônio Carlos também é. Não obstante, recebemos em seguida, eu e o Pimenta, o Moreira Franco. Reiterei ao Moreira se ele queria vir trabalhar no meu gabinete como assessor político. Moreira insistiu em pretensões maiores.

Terminado esse encontro, despachei com Clóvis, e nada mais de especial.

Na terça-feira, dia 30 de março, despacho de manhã com Sérgio Cutolo, para ele me mostrar o desenvolvimento de um programa de habitação e de saneamento; recebi o Rafael Greca, formalmente, para despacho; dei posse ao Conselho da Comunidade Solidária, discurso; me encontrei à tarde com o Seymour Lipset,* com Torcuato di Tella** e com Lúcio Alcântara, muito simpaticamente; recebi com Madeira a Frente Parlamentar da Saúde, discurso sobre a saúde; e conversei com Max Feffer, que veio pedir que não deixássemos o real se valorizar.

E ainda dei uma longa entrevista ao [Ricardo] Noblat, para o *Correio Braziliense*. Em seguida, jantei com Hélio Jaguaribe na casa do Roberto [Jaguaribe],*** filho dele, com Lampreia, Bresser, Lafer, [Francisco] Weffort,**** [Fernando] Lourenço Fernandes,***** Gelson Fonseca etc. Um jantar muito agradável que terminou a uma hora da manhã. Eu fui diretamente do Palácio do Planalto para lá, porque tinha sido um dia de muito trabalho.

Nesse meio-tempo, as coisas foram acontecendo. No Paraguai, tudo mais calmo, Cubas já no Brasil.

Em seguida, a questão econômica, todos os indicadores favoráveis, todos sem exceção. Não preciso repetir, porque os jornais e as revistas marcam isso. E todos os jornais de repente passam de pessimistas a otimistas. Nos dois extremos com pouca base. Tenho repetido a expressão do [Hans] Tietmeyer, presidente do Banco Central da Alemanha, que disse que a situação do Brasil não era tão ruim quanto parecia. E porque não era tão ruim foi possível mudar mais rapidamente.

Provavelmente não será tão boa quanto alguns estão dizendo, mas o fato é que agora a taxa do dólar favorece o real, leva a uma forte valorização do real,****** o ajus-

---

* Cientista político norte-americano, professor da Universidade Harvard.

** Lipset e seu colega argentino, professor da Universidade de Buenos Aires e irmão do chanceler Guido di Tella, estavam em Brasília para participar de um seminário do Instituto Teotônio Vilela sobre o futuro da social-democracia.

*** Embaixador, diretor-geral do Departamento de Promoção Comercial e Investimentos do Itamaraty.

**** Ministro da Cultura.

***** Historiador carioca, especialista em história marítima.

****** Em 1º de abril, o dólar atingiu R$ 1,72. Na terceira prévia de março, o IPC-Fipe desceu a 0,8% na Grande São Paulo. Entrementes, o FMI anunciou a liberação da segunda parcela do empréstimo ao Brasil para a primeira semana de abril.

te fiscal vai bem, com superávits acentuados,* também as contas internas vão se acertando, enfim os efeitos positivos da desvalorização começam a aparecer e a compensar os negativos.

O dia seguinte, esta última quarta-feira, 31 de março, foi ainda mais pesado que o anterior. Comecei dando uma entrevista à Rádio Bandeirantes, coisa que não fazia havia muito tempo, e tomei o café da manhã com Pimenta e com o Bornhausen. Ambos propondo ruptura com o PMDB, e Pimenta disse que Antônio Carlos falou com ele sobre isso.

Nesse meio-tempo estão no Congresso apresentando CPIs relativas tanto à questão dos bancos** quanto à do Judiciário, em uma briga entre Antônio Carlos e o Jader. Chamei o Jader na sexta-feira, que me disse que ele já tinha lançado a CPI e que ela seria muito restrita. Sugeriu que indicaria pessoas sensatas nas comissões. Afirmou que não podia deixar Antônio Carlos sozinho com a questão do Judiciário, que [a CPI dos Bancos] de forma alguma comprometeria o governo. Enfim, conversa para disfarçar uma situação embaraçosa, porque para o governo nunca é bom uma CPI que mexa com o sistema financeiro.

Dei uma declaração dizendo que o governo não tem o que esconder e, portanto, que a CPI é um problema do Congresso. Jader propôs também que o ajuste se inicie no Senado e não na Câmara, o que parece bastante razoável. Contei a ele o teor da minha conversa com Moreira Franco, ele pareceu mais ou menos conforme e disse que gostaria de manter a interlocução comigo via Eduardo Jorge.

Depois do café da manhã da quarta-feira com o Pimenta e o Bornhausen, houve a reunião do sistema nacional antidrogas*** e em seguida dei entrevistas incessantes: ao *Financial Times*, ao *Economist*, ao *Wall Street Journal* e também à Reuters.

Voltei ao Palácio da Alvorada para um encontro com Andrea Matarazzo e outras pessoas, o Alex Periscinoto**** inclusive, para discutir, com base em uma pesquisa, uma fala que eu farei ao país agora em abril.

---

* O governo central alcançou 2% de superávit primário até fevereiro, próximo à meta de 2,7% para o primeiro trimestre de 1999.

** Com apoio do líder do PMDB no Senado, o PT da Câmara reuniu assinaturas suficientes para a abertura de uma CPI mista destinada a investigar os lucros de bancos de investimentos e corretoras desde a desvalorização do real. O deputado Aloizio Mercadante (PT-SP) denunciou que nove instituições haviam mudado de posição no mercado às vésperas do colapso da moeda, em meados de janeiro. Além disso, ainda durante a gestão de Francisco Lopes, o BC teria vendido dólares com cotação subsidiada para salvar os bancos Marka e FonteCindam, altamente expostos a contratos cambiais, causando prejuízos da ordem de R$ 1,5 bilhão aos cofres públicos.

*** O presidente discursou na abertura da I Reunião do Sistema Nacional Antidrogas, coordenado pela Secretaria Nacional Antidrogas da Casa Militar (GSI).

**** Assessor de marketing político da Secretaria de Comunicação Social da Presidência.

Depois disso fui ao Rio de Janeiro. Cheguei na quarta-feira à noite e só estive com minha família, o Duda, a Bia, as crianças, o Paulo Henrique, a Vanvan [Evangelina Seiler].* No fim de semana passado, tínhamos ido, aqui no Rio, a uma festa na casa da Rosiska, com muita gente, foi muito simpático, velhos amigos, entre eles Fernando Gasparian,** Luciano Martins, dezenas de pessoas.

Ontem, quinta-feira, eu estava extremamente cansado, não saí daqui, recebi de novo o Moreira Franco. O PMDB está mais assanhado, os jornais mostram isso, Moreira preocupado com declarações, sobretudo as do Geddel, dadas em festinhas, ele deve ter me envolvido em suas brincadeiras. Eu não levo isso muito ao pé da letra, mas é ruim o PMDB criar um clima que leve o PSDB e o PFL, daqui a pouco, a pedir ações duras minhas, que sejam compensatórias ao PMDB, porque o PMDB está exagerando nas suas pretensões.***

No dia em que cheguei aqui, quarta-feira agora, me encontrei com Benjamin Steinbruch e com a Maria Silvia Bastos, para discutirmos a separação entre a CSN e a Vale do Rio Doce, em um programa de reestruturação do setor siderúrgico. Assim como estamos fazendo a reestruturação do setor petroquímico.

Estou acompanhando essas questões de perto, através do BNDES, porque acho fundamental organizar melhor tanto o setor siderúrgico quanto o petroquímico, o de papel e celulose e outros setores de importância, porque temos que botar em ordem os eixos do capitalismo que funciona no Brasil, valorizando os capitalistas nacionais. Embora muitos deles estejam associados a multinacionais, é preciso robustecer sua presença e tê-la mais organizada. Os capitalistas nacionais sempre fazem a mesma coisa: dão um passo maior do que a perna, ficam endividados, não podem pagar, e quebram ou vendem. Para evitar isso, queremos dar um pouco mais de racionalidade ao processo de seu fortalecimento. É uma vintena de grupos importantes que precisam ser, digamos, reestruturados para que possam enfrentar os males que vêm pela frente, suponho eu, para que tenham um horizonte mais aberto com a mudança do sistema cambial e também estejam mais atentos à necessidade de capitalização.

Hoje, sexta-feira, fomos todos os que mencionei da família para a Marambaia**** passear de barco. Foi um dia admirável, muito agradável; almoçamos lá, voltamos e agora vou receber outros familiares meus, primos e tias que ainda existem, e depois vou jantar com Rafael de Almeida Magalhães***** e Sebastião Rego Barros.

---

* Mulher de Paulo Henrique Cardoso.
** Ex-deputado constituinte e proprietário da editora Paz e Terra.
*** A CPI do Judiciário fora aberta por ACM em 26 de março. As lideranças do PMDB, do PFL e do PSDB disputavam entre si as indicações dos membros, da relatoria e da presidência da comissão, dissenção que se estendeu à composição da CPI do sistema financeiro, criada em 31 de março.
**** Fernando Henrique e família passaram o feriado de Páscoa na residência carioca da Gávea Pequena e navegaram a passeio até a restinga, onde haviam se hospedado no Réveillon de 1998.
***** Secretário executivo do Conselho Coordenador das Ações Federais no Rio de Janeiro.

3 A 13 DE ABRIL DE 1999

Otan, Kosovo e ONU. Reflexões sobre o PSDB.
CPI do sistema financeiro

Hoje é sábado, 3 de abril. Os dias continuam a transcorrer calmos, tempo bom. Almoçamos com a Rosiska e com Miguel Darcy [de Oliveira], que ainda estão aqui. Fiquei lendo um pouco. Passei os olhos em quase todos os papéis que eu tinha trazido, artigos publicados em vários jornais do mundo, relatórios oficiais, alguns secretos, do Itamaraty, um sobre Angola, outro de informações sobre a Iugoslávia, enfim pondo em ordem a minha vida.

Iugoslávia: os americanos (a Otan, na verdade) estão fazendo um bombardeio trágico ali, porque inútil. Estão se encurralando pela ideia de que vão obrigar o Milošević a mudar de política. Só com bombardeios não vão; ou mandam tropa por terra, ou não acontece nada. Se mandam entrar por terra, é uma guerra na Europa, os russos inquietos com isso, como é natural, e a gente assiste à destruição das Nações Unidas.* Ainda bem que o Brasil não lutou para estar no Conselho de Segurança.** Ao contrário do que todos os apressados diziam, não foi essa nossa posição. Sempre achamos melhor deixar que isso venha com naturalidade.

Agora é inútil, os americanos mataram o Conselho de Segurança, bombardeiam sem pedir autorização. Esse é o ponto que o [Boris] Iéltsin*** levanta, e com razão. Foi um escárnio o que eles fizeram com a Otan no que diz respeito à Iugoslávia, embora o Milošević seja um bandido e o assassinato em massa no Kosovo seja imperdoável. Mas a política mundial, que nós imaginávamos que, depois do fim da Guerra Fria, fosse passar por um predomínio dos Estados Unidos, não passou pela supremacia moral deles; os americanos estão perdendo a capacidade de conduzir o mundo. Acerca disso, há um artigo admirável do [Samuel] Huntington**** na *Foreign Affairs* sobre os americanos chamado "The Lonely Superpower".*****

Fora isso, passei os olhos na *Veja*, li um artigo do filho do Villas-Bôas [Corrêa], Marcos Sá Corrêa, que escreve sempre na revista, com certa ligeireza. Dizendo o se-

---

* A Otan não contava com mandato expresso do Conselho de Segurança da ONU para intervir nos Bálcãs, devido aos vetos da Rússia e da China. O Brasil, que era membro rotativo do conselho, votou contra uma proposta russa sobre o final imediato dos bombardeios, analisada no mesmo dia do início das hostilidades.
** Referência à pretensão histórica do Brasil de integrar o grupo de países com assento permanente e direito a veto no Conselho de Segurança: China, EUA, França, Reino Unido e Rússia.
*** Presidente da Rússia.
**** Diretor do Center for International Affairs da Universidade Harvard.
***** O artigo saiu na edição da revista de março-abril de 1999.

guinte: que eu agora resolvi botar as mãos na Petrobras porque nomeei o Reichstul. Mas primeiro ele estranha: por que só agora? Segundo, por que no exato momento em que estamos dividindo o resto do patrimônio com os partidos?

A explicação do por que "agora" é: porque foi necessário primeiro passar a Lei da exploração do petróleo,* tínhamos que aprovar a MP,** assim como tínhamos que fazer um novo estatuto, e não queríamos provocar uma briga imensa na Petrobras. O [Joel] Rennó*** foi muito útil em todo esse processo. Ele estava lá não pelos partidos, mas para dar continuidade à administração do Itamar. O Rennó tinha mudado o eixo da compra do petróleo, como eu queria quando era ministro do Exterior, saiu do mundo árabe para a Argentina e para a Venezuela. Como eu já disse, a ação do Rennó permitiu a flexibilização do monopólio. Esses jornalistas não sabem das coisas e opinam como se fossem deuses.

Segundo ponto: não estou fazendo divisão de patrimônio nenhum. Os partidos não penetraram nada na gestão da área econômica. Nada. É só pelo gosto mesmo de botar uma pitadinha de tempero. Não sabem nem cozinhar o refogado e querem pôr pimenta. Como estou na praia sem trabalhar, posso fazer esses registros inúteis das opiniões de alguns jornalistas. Eles têm obrigação de escrever, não sabem sobre o quê escrever e, se possível, escrevem contra a política do governo, quando não contra o presidente.

HOJE É DOMINGO, DIA 4 DE ABRIL. Estamos a meia hora de voltar para Brasília.

Foi um dia tranquilo, agradável, praticamente só com a família, a Bia, as crianças comendo ovos de Páscoa, eu e a Ruth nadamos, Duda, a Bia, a minha sobrinha Andreia [Cardoso], o Paulo Henrique, a Vanvan, enfim muito bom.

No fim do dia recebi o Jorge Serpa,**** sempre imaginativo, trocando ideias a respeito do papel do Brasil no mundo. Continua a guerra na Iugoslávia, cada vez mais trágica. Os americanos perderam realmente o rumo das coisas, bombardeiam, bombardeiam, não conseguem obter o efeito que imaginavam, a opinião pública mundial vai esquecendo que eles estão lá porque o Milošević é realmente um nazista, só pensa em pureza racial, vai esquecendo essa questão para ficar vendo só o bombardeio numa cidade relativamente indefesa; a falta de legitimidade americana é crescente.

---

* Lei nº 9478, de 6 de agosto de 1997, que quebrou o monopólio estatal no setor petrolífero.
** A MP 1670, de junho de 1998, foi aprovada e reeditada diversas vezes até sua conversão na lei nº 9847, de 26 de outubro de 1999, que regula a fiscalização e a gestão do abastecimento nacional de combustíveis.
*** Ex-presidente da Petrobras (1992-9).
**** Advogado e empresário.

Li um capítulo das memórias do [Henry] Kissinger,* leitura que vale a pena para refletir um pouco mais. Ele pelo menos tinha certa noção dos Estados Unidos, imaginava o que fazer na política com o Brasil, com a América Latina, com o mundo. Hoje tenho a impressão de que os americanos voltam, como diz o Huntington, a ser um *"lonely power"*. Estão isolados, embora vestidos como paladinos da virtude maior de salvadores da humanidade, com o apoio dos ingleses e com os europeus também meio pasmados, enquanto o resto do mundo os olha com muita desconfiança.

Dei uma longa entrevista ao *Correio Braziliense* que não sei avaliar; acho que foi longa demais. As notícias continuam positivas quanto à economia.

Ah, sim, ontem jantamos com Marcelo Alencar** e com a Célia [Alencar], mulher dele, mais amenidades do que política, no fim algumas reivindicações justas para o PSDB do Rio de Janeiro. Marcelo está preocupado com a situação do PSDB na política nacional, ele tem ideias e coragem de dizer as coisas. Também considera fora de propósito a sugestão de ruptura com o PMDB, feita por nós mesmos. Embora o Pimenta e o Bornhausen estejam muito entusiasmados com essa linha, não vejo muita lógica nessa precipitação. Claro, o PMDB está fazendo provocações, Jader deu uma longa entrevista cantando de galo, mas são detalhes. Não posso ficar prestando atenção aos detalhes, porque caio na conversa da imprensa: "O presidente sem força", "o presidente sem isso e aquilo". Tenho que olhar o país no conjunto, e não mirar nessas alfinetadas ocasionais.

Quando estive com o Philippe Reichstul e conversei longamente sobre a Petrobras, o encontrei um pouco assustado, mas com o pé no chão, sem querer mudar tudo de repente. A Petrobras é uma empresa que se modernizou bastante, o Rennó já fez um bom trabalho interno, enfim, Philippe tem um juízo bastante equilibrado sobre a Petrobras.

A estadia nesses quatro dias aqui na casa da Gávea Pequena valeu a pena. Me recordei de muitas coisas. Aqui morou o Dulcídio do Espírito Santo Cardoso,*** primo-irmão do meu pai.

Quando, anteontem, recebi alguns primos que vieram nos ver, todos conheciam a casa da época dos anos 1950. Ela passou para a prefeitura em 1916 e desde então foi casa de governo que serviu a presidentes, prefeitos, governadores. É uma casona velha e simpática, com um jardim extraordinário. Essa floresta da Tijuca é realmente um privilégio.

---

* Fernando Henrique lia o terceiro volume das memórias do ex-assessor de segurança nacional e ex-secretário de Estado dos EUA, *Years of Renewal* (Nova York: Simon & Schuster, 1999), recém-lançado. Edição brasileira: *Anos de renovação*. Rio de Janeiro: Topbooks, 2001.
** Ex-governador tucano do Rio de Janeiro (1995-9).
*** Prefeito nomeado do Distrito Federal (Rio de Janeiro) em 1952-4.

HOJE É TERÇA-FEIRA, DIA 6 DE ABRIL. Recebi de manhã o pessoal* da comemoração dos quinhentos anos, para botar um pouco de ordem na casa. O Greca assumiu o comando. Depois recebi o Germano Rigotto,** muito entusiasmado, que veio falar da reforma tributária.

Almocei com a turma do *Jornal do Brasil*, redatores e tal, com o Noêmio Spínola, que é um homem muito equilibrado, boa conversa.

Fui à posse do Pedro Parente como ministro do Orçamento, discursei, ele também fez um bom discurso.

À tarde recebi o Tasso com uma pessoa do Rio de Janeiro que me impressionou muito bem, ele pode vir a ser o presidente da agência hídrica do governo*** [Jerson Kelman].

Recebi o senador Luiz Estevão,**** e nada mais.

Continua se agravando o mal-estar das comissões, das CPIs. Agora porque os juízes resolveram que não devem comparecer à CPI, o que pode complicar as coisas. Poderiam, e deveriam, pedir habeas corpus, porque o Supremo então julgaria, buscar qualquer coisa que tivesse um caminho legal. Os caminhos da mera recusa em responder à CPI, acho bastante complicados.

Claro que a CPI do sistema financeiro também vai se complicar, mas a entrevista dada pelo Chico Lopes foi boa, ele dá as razões dele; a CPI do sistema financeiro não tem mesmo objeto.

Em Brasília o clima está muito pesado, de secura no ar, provoca um cansaço muito grande, tive até um semidesmaio quando estava conversando com Madeira, com quem também falei esta manhã sobre questões políticas, CPIs e tudo o mais.

HOJE É SEXTA-FEIRA, DIA 9 DE ABRIL. Vou relatar primeiro o dia de ontem. Passei a manhã dando entrevistas a jornais alemães, um chamado *Handelsblatt*, ao *Die Zeit* e também à agência DPA.

Em seguida, recebi o [Luís Paulo] Conde, prefeito do Rio de Janeiro,***** que veio pedir apoio para a renegociação da dívida dele. Na embaixada da Alemanha, tive um almoço com o embaixador****** e vários empresários, inclusive um diretor do Deutsche Bank, que deu explicações sobre a visão pessimista que

---

* Comissão Nacional do V Centenário do Descobrimento do Brasil, ligada ao Ministério da Cultura.
** Deputado federal (PMDB-RS), presidente da comissão especial da reforma tributária na Câmara (PEC 175/95).
*** Agência Nacional de Águas, criada em 2000 pela lei nº 9984.
**** PMDB-DF.
***** PFL.
****** Claus-Jürgen Duisberg.

o pessoal do Deutsche tinha a respeito do Brasil; agora mudaram de ponto de vista. É sempre assim.

Depois desse almoço, me reuni com Pimenta, Madeira e Eduardo Graeff para discutirmos a penosa questão das nomeações, sobretudo do PMDB, o que é sempre uma dor de cabeça. Dei ainda uma entrevista para um jornal da Ucrânia.*

Recebi os novos oficiais-generais** e, no fim do dia, estive com os ministros militares e com o ministro da Defesa, para discutir a Previdência dos militares. Estamos preparando uma lei para assegurar que eles passem a contribuir para a Previdência.***

Estive também com uns quinze deputados do PSDB. Os problemas de sempre: autonomia do partido diante do governo, positiva ou negativa, presença do partido no governo, críticas que o Antônio Carlos faz ao presidente, e por aí vai. Dei minha opinião. O partido tem que ter autonomia, no sentido de guardar certa distância do governo. O problema não advém de o partido não ter mais presença no governo, não é nada do que eles reclamaram; eles precisam, sim, é ter mais presença no Congresso, na mídia, brigar.

E a questão central: ter conceito, incorporar o nosso programa, o nosso projeto, que é um projeto real, existente. O partido pode avançar nesse projeto, ele precisa se sentir mais solto, até brigar com os outros partidos. Quem não pode brigar sou eu, coisa que eles me pedem o tempo todo, especialmente depois que o Sérgio [Motta] morreu.**** Querem que eu brigue e, se eu brigar, crio uma crise na minha base política. Se o partido brigar, é normal, está lutando por espaço.

No fundo é a fragilidade do partido, mas eles querem insistir na fragilidade do governo e de sua imagem. Criticam especificamente a falta de ação interessada do presidente da República na defesa do partido. Mas o clima foi bom, eles entenderam os argumentos, eu insisti muito em que a agenda tem que ser social. Na questão relativa à população mais pobre, o governo, acertando na área econômica, tem condição de falar com essa massa.

Nosso problema está no outro nível, nas classes politizadas, na classe média basicamente. *O Globo* tinha dito isso, e é verdade, o partido deve olhar os setores, as correntes da opinião política. É nessa área da classe média que o PSDB precisa ter um programa e uma luta com o PT, com os outros partidos, de direita e esquerda: a questão da saúde, da educação de base, da universidade, as reformas, porque as reformas alteram o estilo de vida das classes médias, é esse o ponto difícil.

---

* O chanceler ucraniano, Boris Tarassiuk, visitou o Brasil em abril de 1999.
** Cerimônia de apresentação dos generais recém-promovidos.
***A MP 2131, baixada em dezembro de 2000, instituiu a cobrança previdenciária de aposentados e pensionistas das Forças Armadas.
**** O ex-ministro das Comunicações era o principal articulador político do governo.

Um partido como o nosso, que tem compromisso real com os interesses do povo, embora não com o populismo, não pode deixar de lutar contra privilégios que não são só os dos ricos. Os ricos estão pouco se lixando com a Previdência; quem não está querendo que se mexa na Previdência é a classe média. Nós temos que modificar o tipo de Previdência à qual a classe média teve acesso até hoje, em detrimento do equilíbrio fiscal e da massa da população.

Eles entenderam o argumento, e eu disse que não podíamos deixar essa bandeira do monopólio do social ir para o outro lado. Também expliquei que não se trata de um problema de comunicação do governo, não é fazer publicidade sempre, "O governo faz tanta coisa e não reconhecem". É mais uma questão político-ideológica, eu disse. Não reconhecem o que fazemos porque há uma crosta que não permite que a informação penetre, interesses ideológicos não deixam a informação penetrar. Eu derrotei o Lula duas vezes e isso criou uma reação forte nos setores que se pensam progressistas; é com eles que temos que brigar, mostrar que também somos progressistas, temos que lutar com força aí. Mas gostei do encontro, foi positivo.

Hoje de manhã, dei uma entrevista ao vivo para a CBN e agora vou continuar o dia com uma reunião do ministério na Granja do Torto, para discutir o PPA, o plano de desenvolvimento.

Preocupa-me fortemente a situação da Iugoslávia, do Kosovo. Acho que a Otan e os americanos, por trás, estão entrando num beco sem saída, criando um Vietnã no coração da Europa. O Brasil ofereceu espaço a 20 mil sérvios de origem albanesa. Isso é uma audácia, porque já temos muitas dificuldades, mas é positivo como gesto e também porque é uma população que pode nos ajudar aqui.

HOJE É DOMINGO, DIA 11 DE ABRIL. Fim de semana tranquilo. Ontem, sábado, passei o dia praticamente fazendo ensaios para a gravação de um programa* que vai ao ar amanhã, explicando ao povo o que aconteceu no Brasil. Registrei a resistência que estamos tendo para manter o compromisso com a estabilidade.

À noite fui ao cinema, aqui no palácio mesmo, ver *O resgate do soldado Ryan*,** junto com Zé Gregori, Seixas [Corrêa], do Itamaraty, Ruth e as esposas.***

Hoje o dia também foi calmo, só conversei com Serra no fim da tarde e com Sarney, com quem estive depois do almoço. Com Sarney discuti toda a situação, ele tem uma visão que não é muito diferente da que eu percebo sobre o que está acontecendo no Senado e no Congresso. Sarney é um dos políticos mais astutos, mais competentes do país. Ele disse que a disputa entre o Antônio Carlos e o Jader

---

* Pronunciamento em cadeia nacional de rádio e TV sobre os cem primeiros dias do segundo mandato e as medidas anticrise adotadas pelo governo.
** *Saving Private Ryan* (1998), longa dirigido por Steven Spielberg.
*** Maria Helena Gregori e Marilu Seixas Corrêa.

é uma disputa entre os partidos, como eu também acho, que não há nenhum objetivo direto de me atingir nem ao governo e que temos que ir com prudência. Certamente as inquietações dos partidos, isso de um eliminar o outro, são boas para os partidos, mas não para o governo. Ele acha que o fundamental que eu consegui nesses anos foi a governabilidade, graças a ouvir toda gente, fez elogios à minha perseverança nesta crise, disse que depois do Cruzado II* ele entrou em depressão e viu que eu resisti psicologicamente. Foi uma visita de cortesia, ele está muito contente com a presença do Zequinha no governo, e isso, naturalmente, ajuda a motivá-lo para uma ação mais construtiva.

Passei o resto do dia lendo os discursos que vou fazer na Europa, lendo jornais, arrumando livros.

HOJE É TERÇA-FEIRA, DIA 13 DE ABRIL, aniversário de Paulo Henrique. Ruth e eu vamos jantar com ele no Rio de Janeiro e em seguida viajaremos, ela para Portugal, onde a deixarei, e eu para a Alemanha. Dois dias depois volto a Portugal.**

Ontem de manhã, recebi o Marconi Perillo,*** em seguida a bancada de Goiás. O que a bancada quer? A mesma coisa que todas as bancadas. Ela se compõe de deputados do PSDB, PFL, PPB. Querem alguns cargos, apoio do governo federal ao Perillo, recurso para o Estado, enfim, o trivial ligeiro que uns acusam os outros de fazer, como se fosse escândalo. Até me irritei um pouco com um deputado que disse que a decisão dependia só da minha vontade política. Eu disse: "Não é isso, não, tem que ter base técnica. Se houver base técnica, sim, do contrário não adianta, porque vontade política foi o que deu confusão no Brasil no passado".

Depois, cerimônia da medalha da Grã-Cruz da Ordem Nacional do Mérito para Fernanda Montenegro.**** Aí, sim, emocionante. Ela fez um belo discurso, eu fiz o meu discursinho, tudo com muita emoção, depois um coquetel. Vim para o Alvorada, almocei, acompanhado pelo Tasso Jereissati, com o presidente da Coca-Cola,***** que veio anunciar um grande investimento no Brasil.

Recebi, já no Planalto, o [Geraldo] Quintão, muito aborrecido porque saiu na IstoÉ que o Serra — atribuiu-se ao Serra — teria dito que ele, Quintão, tinha velhos argumentos sobre os fabricantes de cigarro para não entrar numa ação nos Estados

---

* Plano econômico implantado em novembro de 1986, marcou o fracasso da nova moeda criada em fevereiro daquele ano, o cruzado, com o descongelamento dos preços dos combustíveis e das tarifas de energia elétrica.
** O presidente viajou para visitas de trabalho à Alemanha, a Portugal e ao Reino Unido.
*** Governador de Goiás (PSDB).
**** A protagonista de Central do Brasil (1998) concorrera ao Oscar de melhor atriz.
***** Douglas Ivester.

Unidos.* O que, naturalmente, é uma coisa sem pé nem cabeça. Quintão é corretíssimo, ele está vendo com muito cuidado, porque não é fácil. Diz que é complicado o Brasil, como país soberano, entrar com uma ação contra um fabricante de cigarros nos Estados Unidos.

Depois despachei com o pessoal da casa, dei entrevistas abundantes a emissoras de rádio portuguesas, porque vou fazer uma visita a Portugal, recebi gente sem parar até tarde no Palácio do Planalto. Vim para casa e jantei com Emílio Odebrecht** e o Nê, fui ficando até tarde também, discutindo a siderurgia, a reestruturação da petroquímica... Dormi mal.

Acordei, dei entrevista para uma rádio de Minas, a Rádio Itatiaia, falei uns quarenta minutos, depois arrumei papéis, fiz a mala e agora vou receber primeiro o *New York Times*, depois o líder do governo na Câmara, vou ao Palácio do Planalto e participo de uma cerimônia de transferência para os estados de parte da responsabilidade da reforma agrária e também de agilização do mecanismo de compra direta de terras.*** Volto para cá, pego o avião para o Rio de Janeiro, e vamos ver o que registro mais tarde.

---

* Em março de 1999, o ministro da Saúde anunciou a intenção de processar companhias norte-americanas de cigarros para compensar em US$ 50 bilhões os prejuízos causados ao SUS por doenças ligadas ao tabagismo. Em novembro do ano anterior, as indústrias de tabaco haviam fechado um acordo judicial com 46 estados americanos para ressarcimento semelhante, no valor de US$ 206 bilhões ao longo de 25 anos.
** Presidente do grupo Odebrecht.
*** O presidente assinou o decreto nº 3027, que regulamentou o Banco da Terra (programa de crédito do BNDES para reforma agrária), além de atos de descentralização da gestão fundiária com governos estaduais.

18 A 25 DE ABRIL DE 1999

Turnê europeia: Portugal, Alemanha e Inglaterra. Casos Marka e FonteCindam. Jantar com ACM

Hoje é domingo, dia 18 de abril, estou em Lisboa. Voltando ao dia 13: fui ao Rio de Janeiro, era o aniversário do Paulo, muita gente estava lá, tive uma longa conversa com a Lilibeth Monteiro de Carvalho, ex-mulher de Fernando Collor de Mello. Curiosa a percepção que ela tem do Fernando, a impressão que me deu é que tem uma visão simpática dele, sobretudo acha que ele não é uma pessoa ligada a dinheiro, mas ao poder. E que perdeu o poder muito jovem e não se defendeu quando começaram os ataques. Enfim, uma visão diferente da que as pessoas normalmente têm.

Ela falou também do Ciro, mas com menos entusiasmo; gosta muito da mulher do Ciro.* Confesso que não vejo que o Ciro tenha sequer as qualidades que o Fernando Collor tem, ou seja, aquele tipo de audácia renovadora. Ciro é mais oportunista, embora pessoalmente, talvez, muito mais dentro das normas do que o outro.

Viemos para a Europa, para Bonn. Vale a pena registrar, primeiro, o encontro com os industriais alemães.** Fiz uma longa palestra em inglês, com debate e um clima muito positivo com relação ao Brasil. O [Hans-Olaf] Henkel, presidente da Confederação da Indústria da Alemanha, puxou a fila, e praticamente todos que falaram, e muitos falaram, reconheceram que estamos dando a volta por cima. Tive um jantar com alguns desses empresários (eram mais de trezentos na sala de conferência) no qual a confiança se reafirmou. Lá estava também o ministro da Economia, que se chama [Werner] Müller, que não me impressionou particularmente. Ele fala um inglês acanhado, é embaraçado, mas não foi por isso que sua presença não me impressionou.

Estava também um diretor acho que da Hoescht*** ou da Mercedes, de uma dessas duas empresas, acho que era da Hoescht, que é mais indústria química. Quero notar primeiro o clima positivo também nas perguntas e o ânimo sobre questões do Brasil. E da Mercedes-Benz em particular, que vai inaugurar sua fábrica nesses dias em Juiz de Fora, ela também mostrando entusiasmo, apesar de Itamar. Todos se referiram muito a ele, Henkel também, como se Itamar fosse um desvairado.

---

* Patrícia Saboya.
** O presidente palestrou na sede da Bundesverband der Deutschen Industrie (Confederação da Indústria Alemã), em Colônia.
*** Fundiu-se com a Rhône-Poulenc em 1999 para a criação da Aventis, por sua vez fundida com a Sanofi em 2004.

Nesse mesmo dia almocei com o [Gerhard] Schröder,* almoço calmo. Schröder me pareceu um homem, digamos assim, de porte médio tanto na estatura física quanto política, embora conhecedor dos temas de trabalho. Falou de vários problemas, e também do Kosovo, para o qual ele está buscando uma solução política, envolvendo a Rússia. Mostrou-se muito constrangido com a questão do Kosovo, defendeu a intervenção da Otan, mas acha que deve haver algum esforço para que as Nações Unidas e a Rússia voltem a atuar. Pediu que o Brasil entre no circuito, dadas nossas boas relações com a Iugoslávia e com a Rússia. Concordei com ele.

Depois discutimos a questão que me interessava de fato, que era passar a ele o panorama da economia brasileira. Falamos sobre a situação financeira internacional, e também houve convergência sobre a necessidade de dispormos de algum instrumento capaz de fornecer liquidez ao sistema internacional.

Os alemães têm posição que coincide com a nossa. E mais ainda sobre a Cúpula de junho no Rio de Janeiro.** Na ida para a Alemanha, conversando com Felipe Lampreia e com Frank Thompson-Flores [Francisco Thompson-Flores Neto],*** imaginávamos que haveria restrições e reticências quanto ao momento, à oportunidade da Cúpula, já que a Europa está envolvida com a guerra e também porque começam a se generalizar os escândalos de corrupção.**** Mais ainda: o [Romano] Prodi, que será o novo chefe da Comissão Europeia, só vai tomar posse em agosto.

Mas não foi esse o clima que encontrei na Alemanha. Pelo contrário, o Schröder muito animado com a União Europeia e a América Latina. Eu disse a ele que seria uma boa ideia convidar o Prodi, ele gostou da minha sugestão. Falamos muito sobre a política agrícola, ele disse claramente que os alemães estão dispostos a mudar a política agrícola porque estão sustentando, em parte, o custo da política protecionista da Europa. Sugeri investimentos franceses e italianos na área de agrobusiness como forma de compensação e de transferência de interesses da Europa com a América do Sul, sobretudo para a Argentina e o Brasil, os dois países com mais peso nisso tudo. Ele também achou boa a ideia.

No dia seguinte, recebi de manhã o ex-chanceler [Helmut] Kohl.***** Ele estava vibrante como sempre. Parecia até que estava no auge do poderio político, com as

---

* Chanceler (primeiro-ministro) da Alemanha.
** I Reunião de Chefes de Estado e de Governo da América Latina e Caribe e da União Europeia.
*** Embaixador do Brasil no Vaticano, ex-embaixador em Bonn (1992-5).
**** Alusão ao escândalo de nepotismo e corrupção que envolvia membros do gabinete de Jacques Santer na Comissão Europeia. Em março de 1999, o Parlamento Europeu — órgão fiscalizador da Comissão — publicou um relatório com críticas e acusações ao gabinete Santer, cujos membros renunciaram em seguida. Em setembro do mesmo ano, o ex-primeiro-ministro italiano assumiu a presidência da Comissão Europeia.
***** Chefe do governo da Alemanha Ocidental entre 1990 e 1992 e chanceler da Alemanha reunificada até 1998.

ideias que já me expôs algumas vezes, entre as quais a presença dele como consultor da Casa Europeia e que o Brasil faria a mesma coisa na Casa Sul-americana, do Mercosul.* O Kohl é muito entusiasta dessas teses todas, que já registrei na minha conversa com o Schröder. Na verdade o Kohl as defende com mais presença, com mais força. Ele me disse que não vai ficar calado nem quieto num canto, que daqui a pouco volta a falar. Como todos, se expressou com liberdade, disse que irá se encontrar com Clinton, pediu que se eu o visse transmitisse recomendações afetivas dele. Disse que foi Clinton quem recomendou que ele, Kohl, fosse ao Brasil.** Eu disse que achava bom que uma pessoa independente como ele desse uma palavra sobre nós e sobre o mundo. Ele concordou, disse que aceita e que irá ao Brasil.

De lá viemos para Lisboa, para um encontro de afetividade e de interesses com todos os nossos amigos de Portugal. A começar pelo primeiro-ministro, que é um homem a quem tenho em altíssima conta, ele realmente é um líder, um homem de visão, um intelectual e ao mesmo tempo um homem prático, o António Guterres. Tivemos uma reunião de trabalho boa.*** Aí os encontros são totais. Na mesma direção do que eu já disse aqui sobre a Europa, ele muito constrangido com a posição de Portugal no Kosovo, porque Portugal tem três F-16 rodando por lá, o que não pegou bem, o Guterres está preocupado. Há uma explicação mais ampla para a atitude portuguesa, que ele mesmo me deu e que o Mário Soares reafirmou. É que nas reuniões havidas sobre a agenda para o ano 2000 a Europa concordou em manter um nível muito elevado de apoio a Portugal, o que vai ser muito bom para o país: transferência de recursos como reparação. Isso, no entanto, limitou a capacidade de Portugal defender pontos de vista muito discrepantes da Europa, deixando o país de alguma maneira atrelado à aventura da Otan na Iugoslávia.

Sobre Angola, tanto ele quanto Mário Soares, com quem já falei sobre isso, não veem solução; acham que não há onde agarrar, que o governo de Angola está muito isolado, parece que a corrupção é grande também, eles erraram na questão militar, quase perderam a guerra, agora parece que se recompuseram. Eles sabem que o Brasil enviou Tucanos para o MPLA.**** Talvez essa seja a razão pela qual o [Jonas]

* Delegação do Parlamento Europeu para o Mercosul e sua homóloga sul-americana.
** O ex-chanceler alemão visitou o Brasil à testa de uma comitiva de ministros e empresários em setembro de 1996.
*** O encontro bilateral aconteceu no Centro Cultural de Belém.
**** Movimento Popular de Libertação de Angola, ex-guerrilha e partido político do presidente José Eduardo dos Santos. Em agosto de 1998, por ocasião da visita de Santos ao Brasil, o país vendeu seis caças Tucano EMB-312 ao governo angolano, que os empregava para bombardear posições da guerrilha comandada por Jonas Savimbi, a Unita. Dois anos antes, uma empresa brasileira fornecera a Angola sistemas móveis de mísseis terra-terra.

Savimbi tenha criticado quando, na verdade, eu não falei de Unita, falei que a situação de Angola é, em geral, aflitiva.*

Depois desse encontro, demos uma declaração pública muito boa. Claro que os jornais brasileiros registraram pouco, o *Estadão* disse até que Portugal não apoiou o Brasil na questão agrícola, o que não é a verdade, o Guterres apoiou integralmente, foi muito claro nessa matéria.** A carta portuguesa tem os mesmos pontos de vista, Portugal continua a investir fortemente no Brasil, de maneira que é uma incompreensão dizer isso.

Digo, de passagem, que me irritei profundamente com o que a Polícia Federal e os procuradores fizeram na casa de Chico Lopes.*** É inaceitável, é um desaforo. Fui duro nas declarações, repercutiram, saíram no Brasil.**** Falei com o Renan, falei com Malan, aliás, foi Malan quem me alertou sobre o assunto, que é inaceitável. Agora inventaram que o Chico Lopes teria vazado isso e aquilo; não vazou nada, Chico é um homem com dignidade, isso é realmente uma nojeira.

Li a revista *Veja*, que finge fazer uma catilinária gravíssima; poderá fazer contra o tal italiano do Banco Marka.***** Dão uma entrevista do Chico Lopes, dizem que ele é um homem honrado, mas fazem de conta que tem patifaria no ar. Eu acho que não tem patifaria nenhuma. O que tem são as divisões no Banco Central e a defesa do sistema financeiro. Se não defendem o sistema financeiro, é pior. E quando defendem o sistema financeiro, é isso que acontece. Ninguém gosta desse sistema, nem eu, mas é o que temos.

---

* Na entrevista coletiva em Lisboa, o presidente comparou a gravidade da situação em Angola à da Iugoslávia.

** O premiê português declarou ao final do encontro com Fernando Henrique que a Europa precisava "ter abertura aos ajustamentos indispensáveis para ter em conta os interesses do Mercosul", embora na declaração oficial não se comprometesse a trabalhar pelo fim dos subsídios agrícolas da UE.

*** Em 16 de abril, com base num requerimento do MPF, policiais federais do Rio de Janeiro entraram no apartamento de Francisco Lopes para colher evidências de sua suposta participação no favorecimento aos bancos Marka e FonteCindam durante a crise cambial de janeiro.

**** Na versão da *Folha de S.Paulo*, o presidente considerou a operação policial uma "exploração escandalosa de um problema que pode ser real ou não. Nem isso se sabe. Não há nada que justifique o que aconteceu". E empregou uma comparação com a ditadura de 1964-85: "O arbítrio, às vezes, existe por parte daqueles que devem coibi-lo. Me parece que estamos em um desses casos [...]. Lutei muito contra o regime militar, fui vítima dele. Acho que é preciso respeitar o Estado de Direito e acho grave que, no Estado de Direito, aqueles que são os detentores do poder legal para decisões dessa natureza não reflitam mais ao tomar decisões desse tipo, porque realmente não existe um motivo, pelo menos que tenha sido trazido ao conhecimento público, para esse tipo de ação. [...] Não creio que tenha havido bom senso".

***** Salvatore Cacciola.

Falei sobre isso com Guterres. Ele está desesperado, porque não vê alternativa na Europa a não ser seguir a cartilha ortodoxa, com a qual não concorda. Eles, em Portugal, estão aumentando o endividamento e dizem que, se não fosse a cobertura da União Europeia, já estariam sob ataques de especulação cambial, porque estão com o orçamento desequilibrado. "Estou mantendo o orçamento desequilibrado", disse Guterres, "para manter o nível de emprego, para que não haja desemprego em Portugal. Mas não sei até quando isso será possível."

Guterres tem uma visão pessimista da Europa do ponto de vista econômico. Ele teme que, embora os bancos centrais tenham baixado as taxas de juros para 2,5%, o que é positivo, Alemanha e Inglaterra entrem num processo de desaceleração e a França acompanhe.

Na sua opinião, a Europa politicamente é um desastre — palavras dele. Diz que não há uma liderança, não acredita na liderança do Prodi, acha a Itália carta fora do baralho. O [José María] Aznar* é mais conservador, porém mais ativo. Guterres não vê ninguém com visão maior.

Tony Blair, que é o líder efetivo possível, é muito ligado aos americanos, não vai jogar uma cartada própria, ou seja: a Europa está absolutamente vinculada à visão que interessa aos americanos. Ele vê o Schroeder de uma maneira pálida. Enfim, não sente que haja lideranças na Europa, o que o preocupa muito, porque pode levar a Europa a não desempenhar o papel que ela potencialmente poderia desempenhar no mundo.

Tive um encontro com Jorge Sampaio,** que repassou essas percepções e apreensões. Jorge Sampaio é um intelectual, um homem muito simpático também, firme e com uma visão clara das coisas, é candidato à reeleição. Sampaio falou comigo sobre Itamar com muita preocupação, porque conheceu Itamar aqui no Brasil. Como é possível que um homem desses seja eleito governador de Minas? Coisas da política brasileira.

Jantei na casa do Mário Soares com a Maria de Jesus [Barroso Soares], sua mulher, o Manuel Alegre e a mulher dele;*** Alegre é vice-presidente da Assembleia da República, intelectual português e muito amigo do Mário. Estavam presentes também o Guterres e sua filha (ele tem uma filha e um filho, a mulher morreu)**** mais a nora e o filho do Mário Soares.***** Jantar agradabilíssimo na quinta que ele tem em Sintra, muito simpática, muito bonita, cheia de livros e com uma horta feita por ele; é a casa onde passam os fins de semana e um

---

* Presidente do governo espanhol.
** Presidente de Portugal.
*** Mafalda Durão Ferreira.
**** Luísa Guterres morreu aos 51 anos, em 1998, deixando dois filhos, Pedro e Mariana Guterres.
***** Maria Olímpia e João Barroso Soares, presidente da Câmara Municipal de Lisboa (cargo equivalente ao de prefeito).

pouco mais. Mário muito bem, eu e ele já tínhamos conversado no automóvel, nossas ideias são grosso modo as mesmas, com mais veemência sobretudo na questão do Kosovo.

Há um clima impressionante de absoluta fraternidade entre a liderança portuguesa e o Brasil. Mário também falou do Itamar, disse que telefonou para Zé Aparecido ainda esta semana e que o homem a quem eles mais têm como inimigo é o Pimenta.

Diga-se de passagem que também visitei a CPLP, pois o Marcolino Moco, seu presidente, me pediu esse gesto, visto que por aqui vivem dizendo que o Brasil não se preocupa com a CPLP. Lá estavam todos os embaixadores dos países de língua portuguesa, fiz um discurso, enfim a rotina de uma reunião de trabalho.

Hoje passamos o dia em Évora, almoçamos magnificamente num restaurante chamado Fialho, fomos com os embaixadores que viajam comigo, são muitos, mais o Pimenta, a mulher,* a Ruth, além do Luiz Felipe e da Lenir [Lampreia].** Agora estamos arrumando as malas para irmos amanhã para a Inglaterra.

HOJE É 21 DE ABRIL, QUARTA-FEIRA, dez horas da noite. Estou de volta ao Brasil. Na Inglaterra houve uma incessante recepção de gente, jornalistas, intelectuais, políticos etc. Dois dias muito densos, muitas entrevistas, CNN, BBC, Reuters, todos os jornais, *Financial Times* etc. O que ficou de marcante?

Encontro com Tony Blair. Ele foi simpaticíssimo, como costuma ser, foi até a rua me receber, me apresentou o pessoal lá da Irlanda (do Norte) que estava negociando a finalização dos acordos de paz,*** depois fomos a uma sala ao lado da dele. Conversamos sobre o Kosovo, sobre a União Europeia, sobre a vinda dele ao Brasil para nos apoiar, porque queremos uma reunião entre a União Europeia e o Mercosul. Ele não vinha, mas na hora disse que viria e me convidou para ir uma semana antes a Florença, para uma reunião sobre a Terceira Via.****

Disse duas vezes uma frase forte. Olhando para mim e de maneira informal ele disse: "Nós devemos a você, ô cara". Assim mesmo, em inglês naturalmente. "Foi

---

* Anna Paola Pimenta da Veiga.
** Mulher do ministro das Relações Exteriores.
*** O Acordo de Belfast, firmado em abril de 1998 e efetivado em dezembro do ano seguinte, culminou no processo de paz iniciado em 1994, que acabou com décadas de conflito separatista.
**** A reunião em Florença (Itália) aconteceu em outubro de 1999. Compareceram os presidentes e primeiros-ministros de Estados Unidos (Bill Clinton), Alemanha (Gerhard Schröder), França (Lionel Jospin), Inglaterra (Tony Blair), Itália (Romano Prodi, então presidente da Comissão Europeia) e Brasil, alinhados à "Nova Esquerda" ou Terceira Via proposta pelo premiê britânico como alternativa à dicotomia política entre esquerda e direita no contexto pós-Guerra Fria.

por sua causa que nós apoiamos o Brasil. Os empréstimos dados pelo G7* foram pelo seu prestígio." Enfim, coisa assim, pessoal.

Conversamos sobre o que está acontecendo na Europa, sobre a nova arquitetura financeira internacional, e demos uma entrevista à imprensa, com fotografias etc.

Na reunião com os intelectuais, dois me impressionaram bastante. Um eu já conhecia, o Will Hutton,** e o outro, filho do sociólogo [Ralph] Miliband, se chama David Miliband;*** este é muito bom, trabalha com Tony Blair. Havia outros, um chamado John [Gray], algo assim, que é da London School of Economics, mais uns quatro ou cinco. Eles me impressionaram muito porque são tidos como críticos (eu tinha lido dois artigos, um de cada um deles) do governo de Tony Blair. Mas lá não pareciam tão críticos, mostraram quanto se avançou na reformulação da agenda, na reformulação do orçamento, com uma preocupação social efetiva, distribuição de renda, todos dizendo que o governo Blair tem sido extremamente positivo, criando mesmo o New Labour.****

Depois tive um almoço com um grupo de pessoas muito interessantes,***** inclusive Eddie George, o governador do Banco da Inglaterra, esse é ótimo. Eu tinha lido alguns documentos dele, ele apoia muito o Brasil e é crítico da política do Fundo Monetário. Quanto à taxa de juros, acha que não se deve criar uma recessão no Brasil, que em vez de estar apertando muito a política monetária é melhor privatizar e evitar a recessão. Enfim, é extraordinário um presidente de Banco Central dizer isso.

Tive uma longa conversa com Gordon Brown, ministro da Fazenda da Inglaterra,****** muito bom também. Ele me mostrou em detalhe como faz o orçamento, hoje toda a parte da política monetária é com o Banco da Inglaterra, ele se ocupa basicamente do orçamento e das políticas sociais. Insistiu muito nisso. Acho que é uma coisa que está avançando, algo bem criativo. Além desses personagens mais conhecidos, circularam muitos outros. Ex-ministros, por exemplo, da Margaret Thatcher,******* como Douglas Hurd******** e Gerald

---

* Dos US$ 41,5 bilhões emprestados ao Brasil no pacote de ajuda externa, 14,5 bilhões se constituíram de linhas de crédito do BIS (Bank for International Settlements) garantidas pelos bancos centrais do G10 (G7 mais Suécia, Suíça, Bélgica e Holanda).
** Economista, editor executivo de *The Observer*, edição dominical do diário *The Guardian*.
*** Diretor da assessoria econômica do governo britânico (Number 10 Policy Unit).
**** Novo Trabalhismo, política de renovação do Labour Party liderada por Tony Blair.
***** O presidente almoçou com empresários e financistas na sede da CBI (Confederação da Indústria Britânica).
****** *Chancellor of the Exchequer*, cargo equivalente ao de secretário do Tesouro.
******* Ex-primeira-ministra do Reino Unido (1979-90).
******** Ex-ministro do Interior, da Irlanda do Norte e de Assuntos Europeus.

Kaufman,* homem muito influente no tempo da Thatcher e um dos que ajudaram a derrubá-la no final do governo.

Em um dos muitos jantares e almoços, encontrei-me com um canadense que é dono do *Daily Telegraph* e de vários veículos de comunicação na Inglaterra,** estive com o editor-chefe do *Financial Times*,*** enfim, passei em revista a cúpula dos jornalistas ingleses. Ficou clara a intenção de apoio do Tony Blair, para termos no Brasil uma cúpula entre Europa e América Latina.

As notícias na Europa sobre a recuperação da economia brasileira em geral têm sido boas. Existe uma ou outra dúvida, quase sempre posta por brasileiros. Noutro dia mesmo saiu um artigo interessante sobre o Brasil no *Financial Times*, mas no final uma dúvida: "Enquanto não houver reforma tributária, ainda haverá incertezas". Isso é exatamente o que tinha dito um economista brasileiro citado por esse autor. Quer dizer, alguns economistas brasileiros, muitos deles interessados mesmo nesse negócio de mercado, ficam dando opinião. No caso do Winston [Fritsch],**** é mais por pureza, mas fica dando opiniões que não são congruentes com os nossos objetivos nem com a realidade. A reforma tributária é muito importante, mas ela não vai afetar os mercados nos próximos anos.

O Brasil já cresceu, deixou de crescer, teve inflação, deixou de ter, e isso com o mesmo sistema tributário, o qual, aliás, está sendo modificado pelo governo. Constantemente. É que as pessoas não percebem, porque existe uma obsessão fundamentalista no que diz respeito à reforma.

A única coisa que me preocupou foram os acontecimentos no Brasil, da CPI dos Bancos. Malan me telefonou aflito porque teriam invadido a casa do Chico Lopes.***** Eu telefonei para o Renan, que me disse que iria tomar providências, mas ele não sabia do acontecido, porque tudo foi feito mediante uma ordem do Ministério Público e não da Polícia Federal. Na primeira manifestação que fiz, ao lado do Guterres, me manifestei contra essa forma violenta de invasão de privacidade, embora houvesse base legal para isso. Base legal arrancada pelos procuradores não sei com que fundamento.

** Parlamentar trabalhista que chefiou diversas pastas no gabinete sombra da oposição (Official Loyal Opposition Shadow Cabinet) durante o governo conservador chefiado por Thatcher, inclusive Interior e Relações Exteriores.

** Conrad Black, presidente da Hollinger International (atualmente denominada Sun-Times Media Group), controladora de jornais como o *Telegraph* e o *Chicago Sun-Times*.

*** Richard Lambert.

**** Economista, participou da formulação do Plano Real como secretário de Política Econômica do Ministério da Fazenda (1993-4). Em 1999, presidia o banco Dresdner Kleinwort Benson.

***** Na mesma operação, foram vasculhadas as residências dos presidentes dos bancos Marka e FonteCindam, Salvatore Cacciola e Luís Antônio Gonçalves, respectivamente. No dia seguinte à busca policial em seu apartamento, Francisco Lopes foi convocado a depor na CPI dos Bancos.

Nesses dias na Inglaterra, eu soube de outro acontecimento desagradável. É que na busca na casa do Chico Lopes encontraram um documento relativo a um recurso de 1,6 milhão de dólares, que seria dele, estaria na mão de terceiros, de um amigo, e há uma carta desse amigo dizendo que o dinheiro está disponível para quando ele quiser.* Isso foi também uma violência, porque a carta é dirigida à mulher dele,** no caso de ele morrer, não tem nada a ver com o caso em pauta do Banco Central. Mas vai dar complicação, porque o Chico vai ter que explicar a origem desse dinheiro e, até que explique, vai ficar complicado.

Há também outras preocupações, não tanto no que diz respeito ao Banco FonteCindam, mas ao Banco Marka, porque o Banco Central vendeu dólar a uma taxa de R$ 1,27, quando a banda variava de R$ 1,2 a R$ 1,32. Isso foi no regime de banda, portanto não ainda no regime de câmbio flutuante. Mesmo assim vai ser difícil explicar; explicar não, convencer que isso foi feito para evitar que houvesse um efeito dominó no sistema financeiro, porque havia um risco sistêmico. Essas são preocupações para a próxima semana.

HOJE É SEXTA-FEIRA, DIA 23 DE ABRIL, onze horas da noite. Acabei de jantar com Paulo Henrique aqui, porque a Ruth foi para São Paulo. Hoje despachos normais, dei entrevistas etc. E nada de novo nessa frente horrível da CPI dos Bancos.

Tive uma longa conversa com Padilha, em que ele concordou comigo. Eu disse: "Olha, não dá para continuar desse jeito. Eu vou chamar os chefes dos partidos e vamos botar ordem na casa. O presidente da CPI e o relator*** não são políticos de treinamento nacional, estão diante dos holofotes, vai ser um risco muito grande. Independentemente do que possa ter acontecido com o Chico Lopes".

Quanto ao Chico Lopes, nada de novo. Ontem o Malan jantou aqui, conversamos também sobre Chico Lopes, aparentemente a história é a mesma que já registrei aqui e, fora isso, as ligações que agora estão fazendo de todo mundo com todo mundo. Mas a coisa está malparada. A verdade é essa. A área econômica vai bastante bem, digamos, vendemos lá fora os títulos da República com 670 *basic points* acima do *prime rate* e um juro de menos de 12%, o que é muito no mundo, mas no Brasil é maravilhoso. O fato é que colocamos 2 bilhões de dólares no mercado.

Armínio Fraga falou comigo por telefone hoje, vão lançar mais títulos ainda, para trocar papéis antigos por novos, os *bradies*, ganhando certa porcentagem nis-

---

* A polícia encontrou um bilhete de Sérgio Bragança, um dos sócios da Macrométrica, datado de 1996, que registrava a existência de US$ 1,675 milhão de Lopes no exterior, mantidos numa conta sob controle de Bragança.
** Araci Pugliese.
*** Senadores Luís Carlos Belo Parga (PFL-MA) e João Alberto (PMDB-MA), respectivamente.

so. Um por cento por ano, me disse o Armínio.* Eu falei com ele sobre a necessidade de o Banco Central andar depressa com as investigações.

Curiosamente, vi no *Estado de S. Paulo* de hoje que eles interpretaram que eu teria dito, não sei em que lugar da Europa, que era preciso ir mais depressa, como se fosse uma resposta ao Mário Covas. Eu nunca disse isso; pelo contrário, disse que era preciso fazer a coisa apropriada, o *Estadão* põe entre aspas "apropriada", como se fosse uma maneira de fazer lento para esconder alguma coisa. É inacreditável o que se diz e o que sai. Na verdade, o *Estadão* está baseado no próprio jornalista dele.** Mas eles nunca colocam a pergunta que me fizeram, dão sempre a resposta que eu dei, o que deixa sempre margem a uma enorme confusão. Mas, enfim, faz parte do jogo.

Estive com Luís Carlos Santos,*** disse a ele que iríamos mudar a direção do grupo Petrobras,**** mas que ele não iria para lá, que eu ia botar um técnico e tal, e abri a perspectiva de Furnas, que vai ser privatizada em um ano. Ele topa, porém vai ser muito difícil que os outros o topem, mas o importante é a conversa que tive com ele. Trata-se de uma pessoa muito hábil politicamente, ele estava com os olhos um pouco saltados demais, fiquei preocupado com sua saúde.

Vou ter que dar uma virada no jogo. Só tem um jeito: aceitar a demissão coletiva do ministério daqui a algumas semanas. Vou dizer aos partidos que vou fazer o ministério como eu quiser, e depois quero saber quem está com o governo. Quem estiver com o governo formará o bloco majoritário no Congresso. Quem não estiver, paciência, porque estou cansado de ter os aliados que tenho e também porque estou cansado das piruetas de Antônio Carlos.

Antônio Carlos vem jantar aqui no domingo, certamente para me dar lições, e está começando a passar dos limites, porque enquanto era brincadeira de jornal,

---

* Em 19 de abril, o país realizou sua primeira emissão de títulos soberanos em vários meses, pagando juros de 11,62% ao ano para renovar até 2004 um lote de *bradies* com vencimento em 2001, no total de US$ 2 bilhões. Dias depois, também encontrou boa procura a oferta de US$ 1 bilhão em novos títulos da dívida brasileira, os *global bonds*, negociáveis em mercados de todos os continentes e igualmente datados para 2004. As operações na Bolsa de Nova York tiveram intermediação dos bancos Salomon Smith Barney e Morgan Stanley.

** O governador paulista criticou pela imprensa as ações do governo no Senado para controlar as CPIs dos Bancos e do Judiciário, ponderando que, em vez disso, o Planalto deveria se antecipar aos parlamentares e "furar o tumor" da corrupção. Horas depois, em Londres, em resposta à questão de um jornalista brasileiro sobre a declaração de Covas, o presidente empregou o advérbio "apropriadamente" para opinar sobre a maneira com que deveriam ser conduzidas as investigações sobre os casos pela PF e pelo Ministério Público. O artigo de que Fernando Henrique trata, intitulado "É preciso furar o tumor", saiu como editorial na seção "Notas e informações", com a ilação de que a palavra pronunciada na Inglaterra teria o verdadeiro sentido de "com certo vagar".

*** Ex-deputado federal (PMDB-SP) e ex-ministro da Coordenação Política (1997-8).

**** Depois da sucessão de Joel Rennó, o Planalto preparava a renovação do conselho de administração da Petrobras. Santos e Moreira Franco pleiteavam a indicação à presidência da empresa como representantes do PMDB.

tudo bem. Agora, quando ele começa a acreditar que pode mesmo me dar lições, vai perder, porque nessas coisas não há brincadeira; quem se impõe e tem voto é quem manda, que é o presidente da República, e ele vai entender. Ele entende! Em todo caso, tenho que me preparar para a virada. Não o que o Pimenta e o Bornhausen quiseram fazer, que o Antônio Carlos pediu e passou para a imprensa, que era afastar o PMDB. Não. Tenho que afastar os que não se alinham comigo, de qualquer partido que seja. E temos que dar uma virada de mesa mesmo.

Hoje Serra conversou comigo, disse que estou sem ministro da Fazenda e sem ministro da Justiça, depois explicou melhor o que ele pensa. Ministro da Fazenda, porque acha que o Malan não assumiu nenhuma posição nessa crise do Banco Central. Não falou nada, não defendeu, como se não fosse com ele. E sem ministro da Justiça porque, disse Serra, o Renan escreveu um artigo dizendo que está apurando, como se fosse quase um artigo da oposição e não do ministro da Justiça do Brasil.

Há jogos dúplices e tríplices aí. Vamos ver como o Jader vai reagir a isso tudo. Na verdade, vou dizer aqui, cabeça a cabeça, você é um ser desconfiado, inteligente e audacioso. O Antônio Carlos, que sabe tudo, é sempre sinuoso, fica dançando de um lado para o outro, mas é um político que sabe das coisas. O Sarney que, de todos, talvez seja quem mais saiba, neste momento está às mil maravilhas comigo. Mas poucos pensam politicamente. Tem o Pimenta, com quem dá para conversar. O nosso líder no Congresso, o Madeira, de quem eu gosto, também, sabe conversar. Mas pouca gente tem prazer pela conversa política. Mesmo os mineiros que vieram aqui outro dia, como o Roberto Brant* e outros mais, não chegam a ter essa paixão, embora o Roberto Brant tenha luzes. O Moreira Franco também conversa sobre política.

Esse é o clima que estamos vivendo. De certa pobreza na política, de incapacidade de ver que o Brasil conseguiu sair do buraco, mas que pode voltar a ele se não tivermos um caminho. A Câmara não votou nada até hoje nesta legislatura, zero.

Estive com o ministro da Aeronáutica, que está acabrunhado porque encontraram cocaína num avião da Aeronáutica.** Claro que é uma coisa isolada, mas sempre é desagradável; não creio que exista nada mais.

HOJE É DOMINGO, DIA 25 DE ABRIL, portanto dia da Revolução dos Cravos em Portugal. Passei o dia lendo documentos, arrumando meus papéis, dando entrevistas.

Hoje vem jantar aqui Antônio Carlos. Ele já colocou tudo no jornal, como registrei aqui, para criar o clima e depois dar uma declaração à imprensa dizendo que está me orientando, dando ordens ao governo etc. Os políticos mais ingênuos

---

* Deputado federal (PSDB-MG).

** Em 19 de abril, 33 quilos de cocaína (equivalentes a US$ 3 milhões) foram apreendidos num Hércules C-130 da FAB que partira do Rio com destino à Espanha. A aeronave fazia escala na base aérea do Recife, quando sofreu revista da Polícia Federal e da inteligência da Aeronáutica.

(embora possa parecer contraditório, está cheio de político ingênuo, sobretudo no meu partido) vão achar que é isso mesmo, que eu preciso reagir, que é o Antônio Carlos quem manda etc. etc.

De manhã, li um artigo no *Estado de S. Paulo*, de Vera Brandimarte, chamado "Surpreso com a demissão, Lopes pediu saída de Malan". Ela descreve com muita correção tudo o que aconteceu, digamos, de setembro [de 1998] para cá. A moça é bem informada, socorreu-se de muitas fontes. Se alguém tiver interesse, no futuro, de cotejar o que registrei nas anotações que faço diariamente neste tape com esse artigo do Estado, vai ver que ela registrou as coisas corretamente. Há uma ou outra informação que nem eu tinha a respeito dos procedimentos dos personagens envolvidos. Mas, grosso modo, qualquer historiador pode confiar na descrição que ali está.

Já que estou aqui para registrar, recebi o livro do Ted Goertzel intitulado *Fernando Henrique Cardoso: Reinventing Democracy in Brazil*.* Eu não li. Já tinha lido a primeira versão e li o epílogo, que aparentemente ele se julgou no dever de colocar porque o livro sai agora e os comentários dele foram feitos sobre o meu primeiro mandato. O epílogo está correto, apesar de um pouco mais preocupado com o futuro, como é natural. Até começou a dizer que a economia vai estar sob controle de novo, embora tenha citado o Paul Singer e a Conceição Tavares [Maria da Conceição Tavares] para dizer dos descaminhos a que eu teria levado o Brasil. Vão ver logo que voltamos ao trilho.

Já é quase meia-noite. Jantei com Antônio Carlos. Ele falou sobre o que eu teria dito na Europa a respeito da CPI do Judiciário. Eu disse: "Olha, tem uma fita que você precisa ver. Eu não falei nada, eu é que fiquei surpreso com suas declarações,** você devia ter checado". Ele disse: "Ah, você vai ver que eles jogaram um contra o outro". Eu disse: "É, como eles fizeram comigo e o Covas também, como se eu tivesse respondido ao Covas, e eu não sabia, na Europa, de nenhuma declaração do Covas, que, aliás, não era contraditória com o que eu disse. Agora, eu também não gostei da sua declaração". Enfim.

Na hora da saída, ele disse que eu devia relevar qualquer coisa e eu respondi em francês: *"Cela va sans dire"*. Mas não deixei passar em brancas nuvens. Fora isso, discutimos questões gerais, o que se faz ou não faz com a CPI dos Bancos, como damos conta dela, para diminuir o fogo sobre ela. Ele está contente com o filão que pegou com a questão da CPI do Judiciário,*** nada mais de novo. O jantar foi até menos difícil do que se poderia imaginar, tendo em vista as declarações que fez e o aborrecimento que elas me causaram e que eu o fiz sentir.

---

* Boulder: Lynne Rienner, 1999. Edição brasileira: *Fernando Henrique Cardoso e a reconstrução da democracia no Brasil*. São Paulo: Saraiva, 2002.

** Antônio Carlos Magalhães afirmara à imprensa que o presidente "fala errado sobre as coisas do Brasil" sempre que viaja ao exterior.

*** Àquela altura, a CPI começava a desvendar o esquema do superfaturamento na construção da sede do Tribunal Regional do Trabalho da 2ª Região (São Paulo), liderado pelo juiz Nicolau dos Santos Neto.

27 DE ABRIL A 7 DE MAIO DE 1999

Depoimento de Chico Lopes. Visitas do presidente do México e da rainha da Dinamarca. A economia reage

Hoje é terça-feira, dia 27 de abril. Ontem foi um dia cheio de tensões. Por quê? Porque o Chico Lopes foi depor na CPI e, ao invés de depor, ele, aconselhado pelos advogados, se recusou a prestar qualquer declaração, porque se considerava réu e não testemunha. Como testemunha é obrigado a dizer tudo que sabe; como réu ele pode calar em defesa própria. Isso criou um impasse enorme, depois houve algumas cenas de baixaria explícita, uma senadora gritando: "Teje preso",* e coisas do estilo, o presidente da Comissão, [Luís Carlos] Belo Parga, dando voz de prisão. Ele provavelmente sabia que ia ser preso, porque já estava com um delegado da Polícia Federal,** alguns advogados,*** e foi para a Polícia Federal depor.****

Provavelmente o que vai acontecer — eu não me informei ainda — é que ele vai pagar uma fiança e ser liberado. Com isso, ele colocou em risco a autoridade moral da CPI. Antônio Carlos me telefonou, estava muito aflito, porque não tem mais condições de defender o Chico Lopes, e eu disse: "Bom, nem eu!".

Dei uma declaração curta dizendo que ele, como agente público, tinha obrigação de prestar esclarecimentos e que eu confiava na solidez das instituições democráticas. O Banco Central deu uma nota dizendo que continuaria prestando os esclarecimentos necessários, ou seja, caracterizando o fato como um ato individual do Chico Lopes, como, aliás, foi. Sabe lá Deus quais serão as consequências.

Acabei de falar com meus ajudantes de ordem agora de manhã, eles acham que a CPI extrapolou, que não podia prender e que estão se comportando mal lá por causa dessa senadora e de outros mais. Enfim, não sei como a opinião pública vai ver tudo isso. Eu vejo com preocupação, porque houve exageros, desde os pro-

---

* Heloísa Helena (PT-AL).
** Itanor Carneiro.
*** Durante a sessão da CPI, Lopes estava acompanhado de apenas um advogado, Luís Guilherme Vieira.
**** Lopes, que fora convocado a depor na semana anterior, mas não comparecera, foi autuado por desobediência, desacato a autoridade e falso testemunho (calar a verdade). Os senadores também determinaram a quebra dos sigilos fiscal, bancário e telefônico do ex-presidente do BC, assim como os de sua mulher e dos sócios da consultoria Macrométrica. Lopes não chegou a passar a noite preso. As bolsas do Rio e de São Paulo fecharam em queda, com temores de que a investigação atingisse membros da equipe econômica e paralisasse a votação das reformas no Congresso.

curadores* até a juíza.** Até agora o modo como as pessoas são tratadas na CPI é um espetáculo de massacre moral, mas, ao mesmo tempo, não se pode desmoralizar as instituições parlamentares.*** É sempre assim, essa questão é muito delicada.

No domingo eu tinha telefonado para o Carlos Velloso**** para tomarmos um café, vou ter de ver como acalmar os ânimos. Recebi o Pimenta no domingo e o Jader ontem. Recebi o Moreira Franco, sempre tentando encaminhar soluções políticas para sairmos do impasse. Isso [que ocorreu na CPI] foi uma surpresa muito grande.

Curiosamente, ontem recebi o chefão da Alstom, uma empresa francesa que se associou agora com a AAEE, ou com a ABM, algo assim,***** outra das grandes empresas europeias, para formar um consórcio mundial gigante. Veio dizer que o Brasil está produzindo locomotivas, que estão exportando daqui geradores para a China, enfim o país avança e as nossas instituições e os homens que nelas estão trabalhando parecem não ter noção da grandeza do país.

À noite, fiz o programa *Roda Viva*, entrevistado por um daqueles jornalistas conhecidos, famosos.****** Acho que foi longo o programa, foi bom, falei com muita franqueza sobre tudo, inclusive sobre o caso do Banco Central, agora temos que ver a reação de terceiros. Recebi vários faxes, todos muito elogiosos, mas evidentemente quem manda fax para o meu fax direto não quer criticar. Às vezes criticam, sim. A Bia estava muito entusiasmada, alguns consultores também, vamos ver a repercussão.

De qualquer maneira, o ponto nevrálgico agora passa a ser a questão do Banco Central e evitar a paralisação das decisões no Congresso. Foi sobre isso que falei com Madeira, com o Pimenta, com o Jader, com Antônio Carlos, com todos eles. Daqui a pouco vou sair para receber Ernesto Zedillo, o presidente do México, com quem terei longas discussões. Ele virá almoçar no Alvorada.*******

* Bruno Acioli e Maurício Manso.
** Paula Vieira de Carvalho, da 6ª Vara Federal, que autorizara a operação de busca e apreensão no apartamento de Francisco Lopes.
*** Já haviam prestado depoimento à CPI dos Bancos o presidente do BC, Armínio Fraga, e o diretor de Fiscalização do banco, Luiz Carlos Alvarez (15 de abril). Em 27 de abril, foi a vez de Cláudio Mauch, ex-diretor de Fiscalização. Nos dias seguintes falaram os sócios da Macrométrica e um ex-assessor de Francisco Lopes na presidência do BC.
**** Ministro do Supremo Tribunal Federal.
***** Em 1999, a divisão de energia da gigante francesa fundiu-se com a suíço-sueca ABB para formar a joint venture ABB Alstom Power, líder mundial em geração de energia. Nove meses depois, a ABB vendeu sua participação na empresa à Alstom.
****** O programa da TV Cultura de São Paulo foi gravado no Palácio da Alvorada com os entrevistadores Antônio Pimenta Neves (*O Estado de S. Paulo*), Dora Kramer (*Jornal do Brasil*), Luis Nassif (*Folha de S.Paulo*), Merval Pereira (*O Globo*) e Ricardo Noblat (*Correio Braziliense*), com mediação de Marco Antônio Coelho Filho (TV Cultura).
******* O presidente mexicano veio ao Brasil em visita de Estado.

HOJE É QUINTA-FEIRA, DIA 29 DE ABRIL. Como eu tinha registrado, na terça-feira, depois que saí do Alvorada, encontrei-me com Zedillo. Longa conversa, primeiro pessoal. Pontos de entendimento em tudo. Com relação à guerra do Kosovo, com relação a Cuba, ele é favorável a que tenhamos a Cúpula Ibero-Americana em Cuba,* embora tenha tido até mesmo uma altercação com Fidel Castro. Encontrou-se com ele na República Dominicana, eu creio, e Fidel, segundo Zedillo, foi muito arrogante. Depois falamos sobre Estados Unidos, Brasil, México, em uma visão de conjunto, sobretudo na questão econômica, porque eles passaram por experiências parecidas com as nossas. Ele estava muito animado com o que via e com o que sabia sobre o Brasil.

Depois passamos para outra sala, para uma reunião ampliada, com os nossos ministros. Repetimos a longa agenda, muito debate, aliás bastante interessante. Bastante mesmo, revisamos todos os pontos em profundidade, tanto sobre a arquitetura financeira internacional quanto sobre pontos específicos de Mercosul, União Europeia, e até mesmo sobre os aviões da Embraer que o Brasil quer vender ao México.** Tudo caminhou razoavelmente bem e com muitos entendimentos. Depois voltamos para o Alvorada e almoçamos Zedillo, eu, a mulher dele, ela se chama Nilda [Velasco], e Ruth. De novo uma conversa fraterna.

Voltei ao Palácio do Planalto, recebi o almirante Chagas Teles, ministro da Marinha, para despacho de rotina. Sancionei a Lei de Educação Ambiental.*** Recebi meus assessores, como de hábito, assinei um ato sobre direito autoral,**** discursos e, nesse meio-tempo, preocupações, as de sempre, com a CPI, que estava rolando de maneira surpreendente. Como o Chico Lopes deixou de depor, realmente a coisa se complicou muito, como já se viu. Não do ponto de vista dele, mas do ponto de vista do governo, porque pode dar a impressão de que haveria algo escondido no governo, essas coisas que a imprensa vai escarafunchar até ter algum elemento para atacar alguém.

Ontem, quarta-feira, dia 28, fui para São Paulo. Almocei na Fiesp, de novo com Zedillo, discurso dele, discurso meu, empresários presentes,***** muita animação,

---

* A IX Cúpula da Conferência Ibero-Americana foi realizada em Havana em 15 e 16 de novembro de 1999.
** Os presidentes trataram da compra de três aviões-radar pelo México, modelo EMB-145 AEW&C. Além do diálogo sobre o comércio bilateral e internacional, Zedillo e Fernando Henrique assinaram acordos de cooperação para o combate ao narcotráfico e para as comemorações dos quinhentos anos do Descobrimento do Brasil.
*** Lei nº 9795, de 27 de abril de 1999, que instituiu a Política Nacional de Educação Ambiental.
**** O presidente discursou na audiência concedida a artistas e representantes de entidades de proteção de direitos autorais, que propunham alterações na lei sobre o tema promulgada no ano anterior (lei nº 9610, de 19 de fevereiro de 1998).
***** Duzentos empresários brasileiros e mexicanos compareceram ao encontro bilateral, no qual

mas na verdade a relação entre Brasil e México é pequena, não chega a 2 bilhões de dólares nas duas direções. Os investimentos industriais também não são muito grandes, mas existem. Nós queremos que avancem.

Regressei a Brasília para me encontrar aqui com o pessoal próximo, ou seja, com Moreira Franco pela primeira vez,* com Eduardo Graeff, Lucena, para discutirmos a agenda, para discutirmos o que fazer neste zigue-zague da vida política. O Moreira pode ajudar, mas está difícil, porque cada um (no Congresso) está atirando para um lado.

À noite, quando estava jantando aqui com Luciano Martins e com o Gelson, que vão embora como embaixadores,** Ruth e Ana Tavares presentes também, e Georges Lamazière*** e sua mulher, ligou Antônio Carlos. Muito afobado, disse que no dia seguinte, que seria hoje, nós iríamos lançar um programa de habitação**** que não incluía o Nordeste. Coisa da Roseana, que está muito agitada com isso. Eu disse que ele não se preocupasse, que eu não faria isso. Hoje fui me informar, e não era nada disso, é um programa geral que abrange também o Nordeste. Mas como está tudo muito eletrizado, fica essa conversa, um pouco de pressão pra cá, pressão pra lá. Antônio Carlos falou da ida dos ministros ao plenário, não sei o quê, da CPI... Bom! Dito e feito.

Hoje de manhã, Pimenta deu uma declaração dizendo que Malan não deveria ir à CPI. Não devia ter dito isso, porque, se a CPI convocar, Malan vai. Além do mais, falei com Armínio Fraga, que já está no Brasil, e com Malan todos esses dias, e nenhum dos dois tem nenhum problema em ir à CPI. Claro que é melhor não ir, por causa da repercussão internacional, mas não é coisa para se dizer; é questão de atuar discretamente para evitar a ida. Antônio Carlos se excedeu, já tinha se excedido ontem em alegações do tipo "Se fosse eu o presidente, faria e aconteceria". Agora também disse que o Pimenta não mete o bico no Senado, ou no Congresso, não sei bem que expressão ele usou. Enfim, o nível está ficando ruim.

Nesse meio-tempo eu tinha estado com Jader, acredito que foi na terça-feira, ou na segunda-feira mesmo, para discutir a questão da CPI. Jader teve uma atitude que me pareceu razoável, embora seja ele o autor da CPI dos Bancos, a qual já

---

foi anunciado para julho de 1999 o estabelecimento de um regime de preferências tarifárias entre os dois países.

* O deputado peemedebista fora nomeado assessor especial da Presidência em 15 de abril.

** Martins foi designado para a embaixada brasileira em Havana; Fonseca para a representação do país na ONU, em Nova York.

*** Assessor especial da Presidência, assumiu o cargo de porta-voz do Planalto na semana seguinte.

**** Elaborado pela Secretaria de Desenvolvimento Urbano, o Programa de Habitação para População de Baixa Renda previa a construção ou reforma de duzentas mil casas populares e gastos de R$ 3 bilhões. O Nordeste não foi incluído na primeira etapa, reservada às regiões metropolitanas do Rio e de São Paulo.

está dando, e dará, muita dor de cabeça. O espetáculo visto na televisão é lamentável. É realmente lamentável, um samba do crioulo doido. Um pergunta uma coisa, outro responde outra, ninguém se entende, todos se acusam, uma coisa realmente penosa.

O Arruda assumiu o comando porque o Belo Parga teve um problema circulatório, ou sei lá o quê. O Arruda é mais esperto, mais hábil, não sei como vamos levar isso adiante. Hoje passamos o dia em função disso.

Almocei com Jorge Bornhausen para botar um pouco de ordem nas questões do PFL. Amanhã me encontrarei com o Jader, para ver se a gente consegue levar essa CPI para um lado que não seja demasiado desastrado. Quanto nós já perdemos? Já sou eu o responsável, é o governo o responsável, a população mistura tudo.

Hoje lançamos bons programas de qualificação profissional, de habitação, de emprego. Presentes, a CUT, a Força Sindical, muita gente.* O Dornelles é muito hábil, ele levou bem esse programa, montou-o, se impôs à CUT, que queria apresentar a mim, através do Vicentinho [Vicente Paulo da Silva],** suponho, uma questão sobre o salário mínimo.

O salário mínimo vai ser pequeno, estamos discutindo se serão 135 ou 136 reais, Dornelles quer, na verdade, 137 reais, Ornelas aceita 136 reais, enfim, por aí. Serão provavelmente 136 reais, embora tenhamos dito ao Malan 135 reais.*** Mas o Dornelles ponderou que com 136 reais o mínimo volta ao pico de depois do real, o que, neste momento de dificuldades no Brasil, não é mau, para mostrar que continuamos em condições de manter a população de mais baixa renda numa situação mais favorável, embora dentro da pobreza. Infelizmente.

Fora isso, recebi o [José] Néri da Silveira, do STF e que hoje preside o TSE, para discutir a informatização das eleições. Recebi o Ovídio de Ângelis,**** para conversar sobre o que ele está fazendo na área de política regional, com a seca no Nordeste, os problemas se repetem.***** Recebi de todos meus assessores telefonema para cá, telefonema para lá, tendo ainda a CPI como pano de fundo.

---

* Governadores do PFL e do Nordeste não compareceram à solenidade no Planalto por discordarem da exclusão da região na primeira etapa do programa de habitação popular. Na mesma ocasião, o Ministério do Trabalho lançou programas de estímulo à geração de emprego e à requalificação profissional de trabalhadores sindicalizados.

** Presidente da CUT.

*** O salário mínimo foi reajustado em 4,6%, de R$ 130,00 para R$ 136,00, equivalentes a R$ 554,00 em junho de 2016, com correção pelo IGP-DI. Foi o menor reajuste concedido desde o início do Plano Real. As centrais sindicais e a oposição reivindicavam R$ 180,00, o equivalente a pouco mais de US$ 100 na época.

**** Secretário de Políticas Regionais, com status de ministro.

***** Em 1997-8, a seca no Nordeste foi uma das mais intensas já registradas.

Os dados econômicos continuam razoavelmente bons, até o dólar caindo um pouco.* Mas essa poluição política pode complicar, pode atrapalhar. Não sei. Sinto que a chamada base do governo desta vez está desmanchada. É verdadeiramente uma luta por espaço político entre os partidos. Não há dúvida alguma. Agora — não como da vez passada, quando havia a expectativa da minha reeleição — os partidos já começam a se engalfinhar. Vai ser difícil levar adiante os anos que vêm pela frente, embora eu espere que tudo se acalme. As eleições municipais** vão dar o curso do futuro.

Amanhã de manhã, Dia do Diplomata,*** devo ir ao Itamaraty.

Passei o dia pendurado ao telefone, depois de ter feito uma massagem, porque estou extremamente cansado. Dormi mal a noite passada, por fadiga, em São Paulo falei com meio mundo, tentando responder as coisas, sobre a Petrobras, a questão de Furnas, enfim, muitos problemas objetivos ficam prejudicados pelo bruaá das CPIS.

HOJE É QUARTA-FEIRA, DIA 5 DE MAIO. Vamos retomar a sexta-feira, 30 de abril. Como deixei registrado que faria, passei a manhã no Itamaraty, na solenidade do Dia do Diplomata, distribuição de medalhas, discurso para a turma de formandos,**** depois almoço com eles. Fui para o palácio, cerimônia de troca de guarda dos palácios.

À tarde, de significativo, recebi o senador Jader Barbalho, que me disse que havia ondas no Congresso de que talvez fossem chamar o Luiz Carlos Mendonça [de Barros],***** não sei o quê. Eu disse ao Jader que precisamos encaminhar a CPI para uma direção construtiva, como o Banco Central está disposto a fazer, ou seja, discutir mecanismos de aperfeiçoamento de fiscalização etc. Ele, em tese, concorda, e me alertou também de que haveria muito mal-estar sobre um programa que o BNDES irá lançar para socorrer empresas que têm dívidas em dólar.****** Telefonei imediatamente ao Pio Borges para saber do que se tratava. É um programa correto, mas com o clima atual, em que tudo é suspeito, talvez seja imprudente no momento.

* O dólar estava cotado a R$ 1,66 em 29 de abril de 1999.
** Marcadas para 1º de outubro de 2000.
*** Comemorado em 20 de abril, o Dia do Diplomata teve sua solenidade celebrada no dia 30 por causa da viagem presidencial à Europa.
**** Formatura da turma Italo Zappa do Instituto Rio Branco.
***** A corretora Link, que tinha como sócios dois filhos do ex-ministro das Comunicações, entrou na mira da CPI por ter auferido grandes lucros no episódio da desvalorização cambial.
****** Lançado pela diretoria de privatização do banco, o programa de socorro cambial previa a criação de uma Companhia de Propósito Específico (CPE) no exterior para negociar a rolagem de dívidas de empresas brasileiras superiores a US$ 1 bilhão.

Tive um jantar no Palácio da Alvorada com a Roseana Sarney, o Zequinha Sarney e o Jorge Murad, marido dela. O jantar foi basicamente para discutirmos o encaminhamento da CPI, posto que o João Alberto, que é o relator, se responsabilizaria por dar a ela um caminho mais construtivo e sereno. O Zequinha ainda esta semana conversou com o João Alberto e o trouxe para falar comigo. Eu disse: "Apure o que for necessário, mas cuidado para não botar no fogo quem não tem nada com o assunto, e procure evitar que haja uma tensão muito grande por causa dessas questões, prejudicando o Brasil, a economia brasileira".

Ele me pareceu impulsivo, queria logo dizer que o negócio do Banco Marka foi um escândalo. Eu disse: "Você vê lá, não sei, não tenho interesse em defender ninguém, mas é preciso agir com critério". Isso foi nesta semana, como consequência do encontro da sexta-feira.

No fim de semana, no sábado, dei uma longa entrevista para a *Revue Française de Politique Extérieure*,* ou qualquer coisa assim, Eduardo Santos assistiu, foram duas horas de entrevista. Almocei com Vilmar, que veio discutir comigo e com a Ruth questões da assessoria da Presidência e mostrar que há um clima de trabalho ruim no Planalto e na relação dos ministros com o governo. No fundo é uma crítica ao Clóvis, que centralizou muito. Vilmar disse que existe um grande mal-estar. Sou sabedor disso.

Nesse mesmo sábado, recebi mais tarde o Pimenta da Veiga e o Malan. Vieram discutir o encaminhamento da CPI. O Pimenta falou mais amplamente sobre a crise política, insistindo em que em dado momento vamos ter que separar o joio do trigo no PMDB, e eu insistindo em que temos que ver em que momento será isso e que temos que preparar o ambiente, que não pode ser uma coisa inopinada.

No domingo fomos a Pirenópolis, na casa do Sérgio Amaral, uma coisa meramente festiva, passamos um dia muito agradável lá. À noite voltei, descansei um pouco e telefonei ao Antônio Carlos para reclamar das declarações dele nos jornais. Ele sentiu que eu estava realmente irritado, marcamos um encontro para terça-feira, que foi ontem, de manhã.

Telefonei ao Padilha, falei com Fernando Bezerra, com várias pessoas, manifestei minha preocupação com o rumo das coisas e começamos a retomar o controle político.

É curioso. Quando o presidente entra na ação política, toda a imprensa reclama que eu estou perdendo tempo com os parlamentares, na barganha, não sei o quê, o povo não gosta. Quando não entro, é porque está tudo perdido, o governo está isolado, não tem força e efetivamente o Congresso começa a dar cabeçadas. Não tem solução: se ficar parado o gato come, se correr o gato pega.

É uma situação que este presidencialismo nos traz. É muito difícil governar, porque o presidente é chefe de Estado, chefe de governo e chefe de partido, como

---

* Isto é, *Politique Étrangère*, revista publicada pelo Institut Français des Relations Internationales (Ifri).

eu disse tantas vezes, cobram a ação do presidente, e cobram a partir de ângulos diferentes. Quando ele atua, também é julgado por ângulos diferentes, ele está sempre fazendo a coisa errada.

Na segunda-feira, 3 de maio, chegou aqui a rainha da Dinamarca.* Houve a cerimônia de chegada, audiência privada com ela, uma pessoa muito interessante, muito agradável, o marido dela** também, um príncipe francês, o filho, que eu já conhecia, príncipe Frederick, muito simpático, jovem, mas só houve conversas, digamos, formais, de ordem geral.***

Nesse mesmo dia, tive uma conversa longa com o [Rodolfo] Tourinho sobre o encaminhamento da nomeação de Luís Carlos Santos, que é conflituoso. Não é coisa fácil, realmente é complicada. Depois falei com Ney Suassuna, que tem tido um comportamento correto, mas está numa posição muito difícil, porque sopraram que ele seria o líder [do governo no Senado]. Realmente seria, mas não há condições. Expliquei a ele, ele aceitaria até uma posição transitória, mas que não tem sentido. Mais um problema que preciso resolver, mas ele já recebeu o sinal de que o gato subiu no telhado.

À noite, fui para o jantar oferecido à rainha Margrethe no Itamaraty, aliás, muitíssimo agradável. Já registrei aqui a entrevista que dei no sábado para o jornalista Stéphane Montclair, do Departamento de Ciências Políticas da Universidade de Paris.

Retomando o fio da meada, ontem, terça-feira, recebemos a visita de cortesia da rainha Margrethe ao Palácio da Alvorada. Eu tinha almoçado com ela noutro dia na casa da embaixadora da Dinamarca.**** Como custa todo esse cerimonial!

Depois do almoço, recebi o Jaime Lerner, que veio reclamar da situação financeira dos estados; Jaime é um sujeito competente, mas chora muito. Ele melhorou bem o Paraná, mas não conseguiu segurar o gasto de pessoal. E agora, para fazer o que ele quer, uma previdência social com um fundo próprio, deseja que o governo federal ponha dinheiro. O certo seria privatizar a Copel, assim eles teriam recursos. Mas estão resistindo a isso e agora ele inventou de fazer securitização das dívidas de Itaipu com o Estado do Paraná. Dos royalties de Itaipu, porque, como abrimos essa possibilidade com os royalties do petróleo do Rio de Janeiro, ele quer a mesma coisa. É uma maneira de jogar nas costas do governo federal o peso do ajuste.

Também recebi o [Francisco] Turra,***** que veio muito choroso, muito sem força, reclamando de que está se sentindo desamparado, ele não consegue resolver

---

* Margrethe II.
** Príncipe Henrik.
*** A visita oficial da família real da Dinamarca ao Brasil durou duas semanas e incluiu diversas cidades além de Brasília.
**** Anita Hugau.
***** Ministro da Agricultura.

a questão do Ailton Barcelos,* eu disse a ele que pode demitir quem ele quiser. O outro é o Murilo Flores (da Embrapa), que faz, disse ele, guerra de dossiês; mas eu não vejo assim. Eu disse ao Turra: "Faça o que achar necessário, o PPB só o persegue, pense mais no Brasil e em si mesmo, no interesse do governo, eu apoio". Mas não sinto que ele tenha energia para tanto. Ele também veio me dizer que a safra deste ano realmente foi confirmada, será uma grande colheita.**

À noite vim para o Alvorada receber a bancada do PSDB. Uma longa conversa. Artur da Távola,*** Álvaro Dias**** e Geraldo Mello***** fizeram as principais intervenções, além do líder.****** Todos estão solidários mas queixosos, as queixas de sempre, o ministro não responde o telefone, não há fluidez entre governo e bancada, e não há mesmo. Eu disse: "Acho que vocês têm que estar mais presentes, têm que ir para a tribuna, as televisões estão divulgando o que acontece no Senado, não adianta mais a velha técnica, a que Geraldo Mello já havia mencionado com razão, de apenas votar. Nós não temos apenas que ganhar, temos que convencer, nós estamos perdendo a batalha do convencimento". Por certo eles vão ajudar.

O Pimenta tem sido muito ágil, temos trabalhado bastante para botar as coisas em ordem e manter o controle. Pimenta falou com Arruda mais de uma vez. Estamos nos mexendo para encaminhar a questão da CPI de maneira racional. Os depoimentos das duas funcionárias do BC******* que foram ao Senado foram muito bons, desmistificando o "escândalo" que não existe, é mais um escândalo falso. Hoje há um editorial do *Estado de S. Paulo* muito bom, dizendo isso, mostrando que não existe escândalo nenhum.

Aliás, acho que é preciso fazer um livro sobre os vários "escândalos" do governo FHC, para mostrar que não houve nenhum. Foram todos escândalos de fachada. Vou ver quem escreve isso. Desde Sivam,******** Pasta Rosa,********* Grampo [do

---

* Secretário executivo do ministério.
** A safra 1998-9 foi de 82,4 milhões de toneladas de grãos, crescimento anual de 7,5%.
*** Paulo Alberto Monteiro de Barros, senador pelo Rio de Janeiro.
**** Senador pelo Paraná.
***** Senador pelo Rio Grande do Norte.
****** Sérgio Machado, senador pelo Ceará.
******* Tereza Grossi e Maria do Socorro Carvalho, respectivamente chefe do departamento de Fiscalização e ex-chefe do departamento de Reservas Internacionais do BC.
******** Caso de grampos e tráfico de influência em torno da licitação do Sistema de Vigilância da Amazônia, no final de 1995, que derrubou dois assessores próximos do presidente, Francisco Graziano e Júlio César Gomes dos Santos.
********* Caso da lista de políticos aliados que teriam recebido contribuições do Econômico em 1990, cujo nome alude à cor da pasta de cartolina que continha os documentos, apreendidos na sede do banco pelos interventores do Banco Central no final de 1995.

BNDES],* Dossiê Cayman,** tudo falso. Vou ver se encontro alguém capaz de fazer um bom texto sobre essa matéria, incluindo esses falsos escândalos do Banco Central. Porque houve uma perda: nós perdemos apoio com a desvalorização da moeda, mas não houve *inside information* nem coisa nenhuma. Ficou a imprensa a transformar atos normais, de rotina administrativa, em algo suspeito e escandaloso.

À noite, estavam aqui o Fernando Pedreira*** e a Monique [Pedreira], ele lançou um livro com um prefácio meu, *Summa cum laude*, depois estava o Raymond [Frajmund], que é um velho amigo deles, fotógrafo antigo aqui de Brasília e jornalista, mais o Zoza [João Augusto de Médicis]**** e outros personagens, como Fernando Gasparian. Um jantar agradável. Raymond assustado com o grau de radicalismo e de raiva de certos setores contra mim, basicamente o pessoal com o qual ele tem contato, da Receita Federal, mas outros mais.

Hoje de manhã, depois de eu ter despachado por telefone e falado com mil pessoas, recebi o [Antônio] Kandir.***** Ele voltou a usar esta expressão: a sociedade está começando a ficar com raiva. Curioso isso. Por um lado, é uma falta de horizonte e, por outro, esses "escândalos" criam a impressão de que o governo é igual aos outros, que a credibilidade foi-se embora. As pesquisas apontam isso também, e não é fácil contra-atacar nessa matéria, não adianta contra-atacar frontalmente; tem que ser de forma indireta, simbólica. É a tarefa que tenho pela frente.

As medidas que tomamos nos últimos dias estão surtindo efeito na CPI.

Jader acabou de me telefonar, agora à meia-noite, dizendo com muita euforia que ele peitou o Aloizio Mercadante****** e que o Aloísio não tinha nada para apresentar. Houve discussão sobre se o depoimento iria ser aberto ou fechado, nós tínhamos combinado com o PFL que seria fechado, depois o Jader ponderou, falei com Pimenta, Pimenta deve ter falado com ele, e foi aberto. Acho que foi certo ser aberto, porque dessa maneira permitiu que houvesse um desmascaramento desse denuncismo do Aloizio Mercadante e do PT. E da oposição em geral. Tenho a impressão de que essa CPI chegou ao apogeu e já está entrando em declínio. Há falta

---

* Em novembro de 1998, grampos na sede do BNDES gravaram conversas de membros do governo sobre o processo de privatização da Telebrás, concluído em julho daquele ano, através do Banco do Brasil e fundos de pensão estatais. Na ocasião, demitiram-se André Lara Resende, então presidente do BNDES, e Luiz Carlos Mendonça de Barros, ministro das Comunicações.

** Conjunto de documentos forjados publicado no final de 1998, que supostamente comprovava a existência de contas milionárias da cúpula do PSDB nas Ilhas Cayman.

*** Embaixador do Brasil na Unesco.

**** Embaixador do Brasil no Chile.

***** Deputado federal (PSDB-SP) e ex-ministro do Planejamento (1996-8).

****** Deputado federal (PT-SP). Mercadante depôs aos senadores para apresentar supostos indícios de vazamento de informação privilegiada durante a mudança da banda cambial em janeiro.

de material consistente, como, aliás, o editorial admirável de hoje do *Estado de S. Paulo* mostra com toda a clareza.

Esta noite recebi o Armínio Fraga, o Pedro Malan e toda a diretoria do Banco Central. Fiz questão de que eles viessem jantar aqui, porque queria manifestar publicamente minha solidariedade ao Banco Central. Neste momento de dificuldade, de gente que atira pedra no Banco Central, uns sem saber por que e outros sabendo por quê — por questões políticas. Eu quis mostrar a essa gente que os do BC não estão sozinhos. E conversamos sobre a conjuntura, sobre meu discurso nos Estados Unidos* etc.

Tudo isso com muita animação, sobretudo do Armínio Fraga, não só pela conjuntura como porque ele está fazendo mudanças estruturais no banco, mudanças no sistema de fiscalização etc., com muita confiança na retomada do crescimento. Me disseram mesmo que, se não fosse a CPI, a taxa de juros poderia estar, no geral, em 25%, em vez de em 32%. Talvez sim, talvez não, mas certamente estaria mais baixa do que está hoje. Até foi boa a ideia, que eu mesmo dei, de mostrar qual é o custo da CPI comparado com o custo do Banco Marka, para mostrar que a CPI está saindo muito mais caro para o Brasil do que o Banco Marka.

Isso não impede, claro, que se averigue o que houve no Banco Marka, se há culpados. E, se houver, que sejam punidos. Mas mostra que a CPI é um instrumento muito mais de estardalhaço do que de ação efetiva. Aliás, todo mundo sabe disso, que é um instrumento político.

Despachei com dois ou três ministros, coisas de rotina, parece que a situação está calma. Claro que o clima popular é de inquietação, o meu prestígio popular também, popular-eleitoral, sei lá o quê, a avaliação do governo, decaída, compreensivelmente. Entretanto, se tivermos condições de retomar a economia e se essa podridão da CPI não ficar injustamente colada no governo, nos recuperaremos.

HOJE É DIA 7 DE MAIO, SEXTA-FEIRA, meia-noite. O dia começou cedo, com uma reunião com os presidentes de partido, o Jader, o Bornhausen, o Teotônio, eu e Pimenta da Veiga. Boa reunião. Lavamos a roupa suja, cartas na mesa, fiz meu discurso habitual e parece que houve um começo de entendimento do tripé básico de sustentação do governo.

Em seguida fui com Pimenta para outra reunião, tudo aqui no Alvorada, do grupo que agora se reúne toda semana para definir minha agenda e discutir questões políticas fundamentais. Um pouco de altercação entre Pimenta e Moreira Franco. O Moreira partindo do pressuposto de que a reunião da quarta-feira passada com Antônio Carlos, Bornhausen, Pimenta e eu foi para alijar o PMDB. Não foi. Foi para eu discutir com Antônio Carlos o que já tinha discutido com o Jader,

---

* Visita de trabalho entre 8 e 11 de maio de 1999.

a postura diante do governo. Mas havia esse mal-estar e o Moreira insistiu, com razão, que precisamos fazer um esforço grande de aproximação com o PMDB, para tirar a instabilidade da base política. Agora, ele disse, precisamos ir à Câmara, e nós decidimos que quando eu voltar dos Estados Unidos — irei amanhã para lá — haverá uma reunião com o PMDB, que já foi marcada para a próxima quarta-feira. Eu volto na terça-feira à noite para o Brasil.

Recebi o Dante de Oliveira para discutirmos questões da Amazônia. Ele veio com o Antero [de Barros], que hoje é senador,* já foi deputado, conheço-o do tempo da Constituinte. Não houve nada de mais expressivo, salvo rumores de que o [Luiz Carlos] Mendonça de Barros teria dito à IstoÉ, ou sei lá onde, que o grampo do BNDES tinha sido encomendado inicialmente pelo pessoal do [general Alberto] Cardoso, e parece que coloca Eduardo Jorge no meio. Enfim, uma fuxicaria que não ajuda nada.

Conversei por telefone com Antônio Carlos, tomei a decisão de convidar o Fernando Bezerra para líder do governo, porque assim escapo de todos esses que estão sendo falados. Vamos ver se vai funcionar. Recebi o Luís Carlos Santos, muito aflito com a nomeação dele para Furnas porque está sendo bombardeado pela imprensa, o que é verdade, e ele não quer ficar no sereno.

Falei com o Tourinho, quero estar com ele na segunda-feira e ver se ele aceita nossas condições, enfim, para dar um sinal mais ativo de que vamos chamá-lo. Só o Inocêncio de Oliveira, no PFL, insiste na nomeação do Luís Carlos, acho que ele poderia ajudar, porque se comprometeu, como tem que se comprometer, com a privatização. Ele acalma um pouco o povo mineiro, o povo de Itamar, mas vai haver reação forte no PSDB, sobretudo do Covas, que não gosta do Luís Carlos.

Hoje o dia foi mais calmo. Na área econômica também. Preparei discurso para fazer nos Estados Unidos. Os indicadores continuam melhorando, baixamos um pouco mais a taxa de juros, falei agora com Armínio pelo telefone.** O Armínio cheio de imaginação, de ideias, acha que na CPI entraram numa pista descendente depois do fracasso do Aloizio Mercadante.

Ontem estive com o presidente da Venezuela, que pela segunda vez vem ao Brasil, o Hugo Chávez.*** Eu o achei um pouco mais moderado desta vez, nunca se sabe.**** Há coincidências de pontos de vista nos temas mais gerais, só que ele acredita numa América Latina una, com Caribe junto, e tem um sonho bolivariano de ideias generosas e praticidade muito baixa. Imagino que eu já tenha registrado isso, estou apenas repetindo.

---

* PSDB-MT.
** O BC baixou a taxa Selic de 32% para 29,5%. O dólar fechou cotado a R$ 1,67. A Bolsa de São Paulo teve valorização de 2,9%.
*** Chávez visitara Fernando Henrique em dezembro de 1998, ainda como presidente eleito.
**** Os dois presidentes fecharam acordos nos setores petrolífero e energético.

Acabei de jantar com Alain Touraine,* foi muito agradável, discutimos as coisas, ele é um homem muito inteligente. Reconheceu que demos a volta do cabo da Boa Esperança na questão econômica, mas também apontou a dificuldade com a questão do desencantamento que houve no Brasil e que isso afetou o governo. É verdade. Vamos ver como reencantamos o país, se é que é possível. Estavam também o Gelson — que vai embora para os Estados Unidos, como embaixador —, o Vilmar, o Seligman e a Ruth. A conversa levou muitas horas, mas foi boa, sobre o Brasil, a França, a Europa, enfim, uma revisão do mundo.

* Sociólogo francês.

12 A 14 DE MAIO DE 1999

Viagem aos Estados Unidos. Conversa com Clinton. Reunião com o PMDB

Hoje é quarta-feira, 12 de maio, estou de volta a Brasília. Como relatei no último registro, na sexta-feira, dia 7, fui para os Estados Unidos. Passamos praticamente o dia inteirinho viajando, fomos com pouca gente e, lá chegando, não houve nada de extraordinário, a não ser um jantar muito bom na casa de Paulo Tarso e da Lúcia [Flecha de Lima], que são nossos embaixadores. Foi só uma coisa social.

No dia seguinte de manhã, recebi um grupo de americanos mais ou menos ligado ao pessoal da Casa Branca. Depois fomos almoçar na casa do nosso embaixador na OEA, que é o Carlos Alberto [Leite Barbosa], e da mulher dele, Marie-Laure [Solanet], que também é uma moça muito agradável, e estava lá o Enrique Iglesias. Passamos em revista as coisas habituais, Iglesias muito entusiasmado, como de hábito. Perguntei se ele tinha interesse de ir para a OMC, e me pareceu que se as uvas estiverem maduras ele vai. Mas que não vai dar nenhum passo para amadurecê-las.

Nesse meio-tempo o Lampreia havia me alertado de que o nome do Celso Lafer talvez voltasse à baila. O que eu achava? Acho bom, porque é um posto importante para o Brasil. Mas acho difícil que eles coloquem lá um brasileiro.

Voltei para a embaixada e recebi o Larry Summers. Mais de uma hora, uma hora e meia quase, de conversa. Ele estava todo amável, preocupado com essas coisas com que os economistas se preocupam, mas com uma atitude muito positiva com relação ao Brasil e especialmente com relação a mim. O Stanley Fischer, que encontrei mais tarde, disse que isso faz parte do treinamento, da formação, da educação do Larry para substituir o Rubin. Pode ser que seja. Mas o fato de ele ter tido contato comigo, a pedido dele, foi bom. É raro ver o Larry Summers assim informal, falando sobre todos os assuntos do Brasil, do mundo, como ele os vê, como não vê, as dificuldades, as compreensões e incompreensões.

Depois recebi alguns CEOs de empresas, porque o Paulo Tarso queria. Recebi um da Raytheon,* um senhor já em vias de se aposentar, muito perplexo com a Raytheon do Brasil, com a questão Sivam, atribuindo muito da responsabilidade aos franceses e ao Gilberto Miranda.** Disse que nunca tinha visto uma sanha da-

---

* Dennis Picard.
** O então senador pelo Amazonas, relator do parecer que autorizou o Brasil a contrair o empréstimo internacional para a construção do Sivam, em 1994, foi acusado de trabalhar pela vitória da Raytheon sobre a francesa Thomson na licitação dos equipamentos do sistema.

quele tipo e que o processo, segundo ele, sempre foi correto e, não obstante, fizeram muita onda.

Em seguida estive com os americanos sócios da Cemig de Minas.* Preocupados com as coisas do Itamar, mas já compreendendo melhor a situação, e mais preocupados, na verdade, com a definição clara das regras do jogo do setor elétrico, sobretudo em matéria de tarifa, inflação, câmbio, essas coisas.

Fui com a Ruth, acompanhado também do Lampreia, do Paulo Tarso e da Lúcia Flecha de Lima, a um jantar em homenagem ao Prêmio Nobel Amartya Sen,** da Índia, que é casado com uma antiga amiga minha, a Emma Rotschild, do ramo inglês da família Rotschild. Essa senhora, eu a conheci há muitos anos, quando era bem mais moça, muito simpática, boa historiadora da economia, competente. Amartya fez uma exposição muito competente sobre o approach dele na questão do cálculo racional,*** mostrando quanto de mais informação é preciso obter para tomar decisões e que o voto de massa não resolve a situação.

Jantei ao lado da Jane Fonda, ela é mulher do Ted Turner, que é o doador dos recursos que formam a UN Foundation, da qual a Ruth é membro do conselho.**** À minha mesa estava também o Stanley Fischer, além de um ministro da Suprema Corte americana.***** Stanley já tinha conversado um pouco comigo, sempre se desdobrando em amabilidades e muito contente com o êxito do Brasil, que considera um êxito dele também, o que é verdade até certo ponto. Embora tenhamos tido pontos de atrito, o Stanley foi um dos que, nos momentos difíceis, mais tiveram abertura conosco.

Na segunda-feira, recebi de manhã o Rubin — Bob Rubin, secretário da Fazenda americana, ministro da Fazenda dos Estados Unidos, pessoa de quem sempre gostei, porque é um homem educado, racional. Foi com uma equipe grande, de cinco ou seis auxiliares, passamos em revista tudo, ele sempre numa atitude bastante objetiva e favorável. Ele sabe das dificuldades, das possibilida-

---

* Em 1997, as norte-americanas AES e Southern Electric, associadas ao Banco Opportunity, compraram 33% das ações ordinárias da estatal mineira de energia. O governo de Minas permanecia como controlador da empresa, cuja privatização total era rechaçada por Itamar Franco. O presidente se reuniu com Roger Sant, CEO da AES.
** Nobel de economia em 1998 por seu trabalho sobre a economia do bem-estar social.
*** Amartya Sen formula seus conceitos de justiça e iniquidade econômicas com base na análise dos limites éticos da argumentação racional, fundamento da ciência política desde o iluminismo.
**** Vinculada à ONU e destinada ao financiamento de políticas de desenvolvimento social, solução de conflitos e meio ambiente em todo o mundo, a fundação privada se estabelecera um ano antes com a doação de US$ 1 bilhão pelo magnata das comunicações, proprietário da rede de notícias CNN e *chairman* da instituição, sediada em Washington.
***** Stephen Breyer.

des, e acha que o pior já passou. Falei do Fundo de Contingência,* ao qual ele também é favorável, repassamos a questão da economia europeia ser fechada, assim por diante.

Eu já tinha estado com Rubin de manhã, depois de um breakfast na *Brazilian-American Chamber of Commerce*.** Foi um sucesso. Fiz um discurso transmitindo notícias do Brasil e não me esqueci de falar daquilo que é a obsessão americana no momento, a *"no complacency"*, quer dizer, não transigir aceitando os êxitos mais fáceis, avançar sempre, é essa ideologia americana voltada para a competição no mercado e na política. E a palavra *"complacency"* parece que é chave. Como eu a usei, gostaram e me aplaudiram em pé.

Depois desse encontro é que conversei com Rubin, e ainda fui ao Banco Interamericano de Desenvolvimento ver o Iglesias. Mais tarde participei de um almoço no Eximbank, onde mais de mil, 1200 pessoas, se sentaram num enorme salão que existe lá, no maior hotel de Washington.*** Discursei também.

O presidente do Eximbank é o [James] Harmon, grande amigo de Clinton, um homem que esteve aqui conosco e nos ajudou num momento difícil, deu mais de 1 bilhão de dólares de crédito para o Brasil**** e fez uma apresentação muito positiva sobre nosso esforço. Nos Estados Unidos, fui recebido como tendo vencido a segunda batalha. A primeira foi a do real, a segunda foi a da crise. É verdade. Mas no Brasil ainda não perceberam isso e querem me engessar politicamente.

No Eximbank, fiz um discurso mais formal,***** e de novo fui aplaudido em pé e prolongadamente. Aliás, desde a entrada foi uma ovação e, na saída, outra. Não creio que a mídia brasileira tenha registrado isso, porque não interessa neste momento. Em seguida, fui me encontrar com Clinton na Casa Branca.

O encontro com Clinton foi mais um momento de forte emoção, porque eu queria agradecer o que ele tinha feito, o empenho dele, e também levantar alguns pontos que já mencionarei. O encontro, no início, foi com Lampreia, Paulo de Tarso, não me lembro agora o nome do nosso embaixador na OEA [Carlos Alberto Leite Barbosa] e o *note taker*, que geralmente é o Eduardo Santos. Com Clinton estavam

---

* Durante as crises asiática e russa, em 1997-8, diversos chefes de Estado e governo se declararam simpáticos à criação de um fundo multilateral para o socorro emergencial a países em momentos agudos de ataques especulativos contra as moedas nacionais.

** No InterContinental Hotel.

*** Cerimônia comemorativa do 65º aniversário do banco estatal de fomento ao comércio exterior, no Hilton Hotel.

**** Em dezembro de 1998, pela primeira vez desde 1991, o Eximbank abriu uma linha de crédito para o setor público brasileiro.

***** Em seu discurso, o presidente previu que no final de 1999 o Brasil teria inflação de 7%, juros de 12% e recessão menor que a esperada, ressaltando que o pior da crise já passara. Fernando Henrique acenou ao empresariado norte-americano com o anúncio de privatizações de até R$ 37 bilhões.

a Madeleine Albright, Rubin, com a pessoa estratégica* mais quatro ou cinco assessores. Clinton estava preocupadíssimo com o Kosovo. Conversamos sobre o Kosovo com Madeleine Albright, sobre questões do Brasil e no finalzinho um rapaz impertinente mencionou a pirataria de CDs.** Eu, para rebater, falei do contrabando de armas que vêm dos Estados Unidos e da minha preocupação em acabar com os focos de contrabando de armas no Brasil, para mostrar que era um tema americano também.

Clinton muito amável como sempre, discutindo as coisas comigo com muita facilidade.

Depois os assessores foram embora e nós dois ficamos sozinhos. Aí repetimos a conversa. O que eu senti? Na verdade, ele me deu a impressão que sabe, como dizem os espanhóis, que deu *una metida de pata**** na coisa de Kosovo. Ele me disse que foi um desgaste e que as forças das Nações Unidas não tinham comando, que deviam ter agido bem mais rápido, por causa dessas questões de direitos humanos e não sei o quê. Mas claro que ele está preocupado com a bomba que caiu na embaixada da China.**** Imagine só, disse ele, "Como é que pode passar pela cabeça deles que eu mandei fazer isso de propósito? Eu jamais faria isso". Mas ele não conseguiu falar por telefone com o Zhu Rongji.***** Então, ele disse, a direita nacionalista chinesa está aproveitando para atacar a política americana de defesa dos direitos humanos e dificultar a vida dos dirigentes chineses. Estão obcecados com essa questão.

Clinton me disse que eles erraram em relação a equipamentos, bombas, inteligência. Considerou, ponto 1, que não existe guerra limpa, que toda guerra é suja. Ponto 2, que não há tecnologia que vença a guerra. Ponto 3, que não basta uma boa causa, é preciso gana de lutar por ela. Os americanos pensam ter uma boa causa, mas gana de vencer por enquanto é uma coisa muito utópica. Pensam que com a tecnologia controlam tudo, mas está se vendo que não.

Fiquei com a sensação de que eles vão mandar forças terrestres. É difícil controlar o Kosovo sem deixar tropas lá. Creio que agora eles vão querer que a ONU legitime a ação e o comando que tiveram no processo. Eles disseram isso ao Lampreia, mas temos que manter nossa posição, que é diferente. Achamos desde o início que a ONU deveria assumir o comando do processo. Os americanos não qui-

---

* Douglas Sosnik, conselheiro sênior para política e estratégia.
** Os EUA desejavam que o Brasil combatesse com mais rigor a produção e a venda de cópias piratas de CDs musicais e informáticos, que prejudicavam sobretudo empresas norte-americanas.
*** Expressão equivalente a "meter os pés pelas mãos".
**** Em 7 de maio de 1999, a sede da representação chinesa em Belgrado foi parcialmente destruída por cinco bombas lançadas de um bombardeio B-2 norte-americano integrante da coalização ocidental.
***** Primeiro-ministro da China.

seram. O Clinton me disse que o Chirac está mais incendiário do que ele próprio. Aproveitei para contar que na noite anterior a Jane Fonda tinha me dito que estava furiosa com as posições do Clinton nessa questão da guerra. O Clinton disse que parte da esquerda está contra.

Enfim, era essa a preocupação obsessiva do Clinton.

Num dado momento, falou muito sobre Milošević, disse que o pai e a mãe dele se suicidaram* e que quando o sacrifício é grande demais o coração vira uma pedra. Ele acha que a demonstração de nacionalismo de Milošević, que o que ele sofreu na guerra — parece que a mãe da mulher dele também foi assassinada** —, enfim, tudo isso o enrijeceu. Os americanos são assim, sempre têm uma explicação psicológica para fatos sociais. Mesmo o Clinton.

Além disso, comentei que seria bom eu ir à reunião do G7 em Colônia,*** não para participar, mas para discutir a questão do Brasil. Ele tomou nota em um papel. Falou da Hillary. Disse que ela vai se candidatar em Nova York, tem boas chances de vencer.****

Enfim, foi uma conversa relaxada, embora ele estivesse com uma cara cansada. Explicou que uma alergia o tinha atacado por causa da primavera. Depois me acompanhou até a porta. Na saída estava o embaixador americano na ONU, [Bill] Richardson, o mesmo que veio ao Brasil logo no início da guerra do Iraque***** e tinha uma teoria de que tudo ia ser muito fácil, que o bombardeio seria uma sopa, que iriam destruir o poderio do Saddam Hussein — e nada disso aconteceu.

Após esses vários encontros, falei rapidamente com a imprensa, e o Clinton pôs o helicóptero dele à minha disposição, para eu ir até a base de Andrews, porque eu tinha um jantar no Economic Club em Nova York. No avião vestimos black tie e fomos para esse jantar de setecentas e poucas pessoas, todo mundo de black tie, o establishment financeiro de Nova York. Fiz um discurso mais ou menos na mesma linha dos anteriores, passando meu recado de otimismo e, ao mesmo tempo, de controle da situação. Me fizeram perguntas, eu respondi. Eu leio mal um texto em inglês, não leio bem nem em português, mas sem ler

---

* O pai, a mãe e o irmão do presidente sérvio se suicidaram nos anos 1960-70.

** A mãe de Mirjana Marković integrou a resistência guerrilheira à invasão nazista dos Bálcãs e foi executada pela Gestapo.

*** O G8 (G7 mais a Rússia, admitida pela primeira vez) realizou sua 25ª reunião na Alemanha entre 18 e 20 de junho de 1999.

**** Nas eleições de novembro de 2000, a primeira-dama foi eleita ao Senado pelo Partido Democrata do estado de Nova York.

***** O diplomata norte-americano viajou a Brasília em fevereiro de 1998 para negociar o apoio brasileiro a uma intervenção militar no Iraque, que se recusava a permitir a inspeção internacional de seu arsenal químico e biológico. O Brasil então integrava o Conselho de Segurança da ONU como membro rotativo.

em inglês fica uma fala mais capenga. Quando entro num debate direto, é mais agradável, porque me movo com mais fluidez. De novo me aplaudiram em pé, toda essa gente que lá estava.

Saímos e fomos jantar num restaurante, porque quase não comi no Economic Club, um jantar italiano. Lá estavam o embaixador [Flávio] Perri, nosso cônsul em Nova York, o Lampreia, a Ana e o Fred Araújo [Frederico Araújo].*

De lá voltamos [para Washington]. Dormi.

Ontem de manhã, recebi o David Rockefeller, uma conversa amável sobre o Centro de Pesquisa que ele criou, o Center for Latin American Studies, em Harvard. Aqui no Brasil imaginam que estive com David discutindo investimentos no Brasil, imagine só!

Estive com quinze grandes investidores americanos,** repeti a cena, então em conversas mais informais. Nenhum deles, aliás, falou sobre CPI, foram só perguntas sobre a virada do Brasil, apenas um ou outro fez uma pergunta mais cética.

Depois dei uma rápida entrevista à imprensa brasileira. Vieram com a questão de se o Pedro Malan estava ou não no edifício do Banco Central,*** eu me irritei, porque o Pedro Malan já tinha respondido que não, ele é um homem sério, e como os jornalistas brasileiros insistiam nisso e lá estava um rapaz americano da Reuters, respondi em inglês, porque não quis deixar dúvidas sobre a minha opinião a respeito do Malan e dessa sujeirada de ele ter ou não participado do Banco Marka.

Voltamos para o Brasil e ontem à noite ainda vi na televisão grande parte do depoimento do Tintim, Demósthenes Madureira Pinho Neto, diretor do Banco Central.**** Foi excelente, ele explicou realmente o que fizeram com o Banco Marka para evitar uma crise sistêmica. Quer dizer, uma coisa limpa que está sendo suja por essa nojeira da política brasileira. Aliás, vi — e não gostei — o Casildo Maldaner, senador por Santa Catarina,***** ligado ao governador de lá,****** um rapaz por quem eu até tinha simpatia, até ver que era um fazedor de confusões, precatórios e coisas do estilo, insinuando que o Demostinho Madureira

---

* Embaixador, chefe do Cerimonial do Itamaraty.
** O café da manhã, promovido pelo Citigroup, contou com a presença de representantes de doze grandes corporações norte-americanas, entre as quais Coca-Cola, DuPont, Philip Morris, General Electric, Procter & Gamble e Ford. David Rockefeller também participou do encontro.
*** Segundo a Folha de S.Paulo, funcionários do BC teriam afirmado em depoimento à Polícia Federal que o ministro da Fazenda visitara o gabinete da diretoria de Política Monetária do BC no dia 15 de janeiro de 1999, quando se decidiu a concessão de auxílio cambial aos bancos Marka e FonteCindam. A diretoria, responsável pela operação, era acumulada por Francisco Lopes com a presidência do BC.
**** O diretor da Área Externa do BC depôs à CPI dos Bancos.
***** PMDB.
****** Esperidião Amin (PPB).

teria feito coisas ao estilo da Casa da Dinda.* Uma maledicência do Casildo, que, aliás, sempre foi muito simpático, mas está com essa atitude de querer me misturar, como se corrupção houvesse no governo.

Esse é o modo do PT e dos adversários do governo agirem agora. Como não há corrupção, pegaram as viagens de avião dos ministros,** uma coisa que não deveria existir, mas que sempre houve no Brasil e nunca ninguém disse nada, porque na verdade os aviões da Força Aérea têm que voar. Às vezes os ministros usam o avião para ir a algum lugar de férias. No passado usavam jatinho de empresários. Acho que isso, sim, é inaceitável. É melhor usar a Força Aérea, é preciso haver regulamentação. Não há regulamentação. Nunca houve, digamos, transgressão. O Clóvis pagou a última viagem.*** Parece que outros ficaram apavorados quando o assistente do Clóvis comunicou isso, porque os demais teriam que pagar. Agora os procuradores estão em cima das viagens, inclusive as da procuradora-geral da República.**** A procuradora está na Itália, caçando mafiosos... É uma coisa patética.

HOJE É SEXTA-FEIRA, 14 DE MAIO. Ontem dia denso de trabalho. Acordei cedo, nadei, recebi aqui mais de trinta prefeitos, falei com eles uma hora e meia sobre os problemas do pacto federativo, conversa bastante amena, embora estejam na manifestação mais de 4 mil prefeitos; também a passeata que fizeram foi tranquila.***** Boa parte dos prefeitos é do PSDB.

Depois disso, me reuni com a direção do PMDB. Estavam o Jader, o presidente da Câmara, Michel Temer, os líderes****** e os ministros do PMDB.******* A reunião

---

* Alusão ao nome da residência particular do ex-presidente Fernando Collor de Mello no Lago Norte, em Brasília, celebrizada em 1992 por reportagens sobre o luxo de seus jardins, supostamente construídos com dinheiro do esquema de corrupção capitaneado por PC Farias.
** Os ministros Clóvis Carvalho, Paulo Renato Souza e Raul Jungmann, além de Geraldo Brindeiro, procurador-geral da República, foram acusados pela imprensa de usar jatinhos da FAB para viagens de férias a Fernando de Noronha entre 1997 e 1999.
*** Carvalho viajara a Noronha em janeiro de 1999 e no Carnaval de 1999.
**** Adrienne Senna, procuradora do MPF e presidente do Conselho de Controle de Atividades Financeiras (Coaf) do Ministério da Fazenda, responsável pela investigação de crimes de lavagem e evasão de divisas.
***** Com 3 mil participantes, entre prefeitos e vereadores, a Confederação Nacional dos Municípios (CNM) promovia três dias de protestos em Brasília para pleitear compensações das perdas orçamentárias ocasionadas pelo Fundo de Estabilização Fiscal e tentar forçar a renegociação das dívidas das prefeituras com a União.
****** Geddel Vieira Lima (líder do PMDB na Câmara) e Jader Barbalho (líder no Senado e presidente nacional do partido).
******* Eliseu Padilha (Transportes) e Renan Calheiros (Justiça).

foi boa, houve a reiteração da importância que atribuo à presença do PMDB no governo, porque precisamos constituir uma maioria, a despeito das opiniões de alguns setores do PSDB que estão inquietos e são favoráveis a que o próprio governo decida se desfazer da maioria. Os que querem uma atitude mais dura com o PMDB usam outros argumentos: dizem que é preciso não confundir querer o PMDB no governo com o avanço de espaço do PMDB no governo. Aí é uma luta por espaço e também certa concepção de que o PMDB é um partido que não tem as mãos tão limpas quanto o PSDB.

Esse tipo de tema é discutível, porque sempre se acusa o outro de fazer aquilo que é terrível e nunca se olha para o próprio umbigo. Embora seja indiscutível que o PSDB, desse ponto de vista, tem uma vantagem proporcional nítida em comparação com os demais partidos da aliança. São os azares da política. Jader menciona muito a necessidade dos espaços não como fisiologia, mas como participação. Enfim, a cantilena que se conhece e que é verdadeira na política em geral e não só no Brasil, embora às vezes tome aspectos acentuados aqui.

Fiquei mais tarde sozinho com Michel Temer, que se queixou de que ele tem se dedicado muito à defesa do governo, o que é verdade. Michel quer ter espaço na política paulista, e tem todo o direito de ter. Concordo com ele. O problema é ver como vai se organizar a política em São Paulo, senão quem acaba ganhando é o PT. Não somos nem nós nem o PMDB.

Almocei com Malan, com Everardo Maciel e com o Bier, Amaury Bier, para ver questões de organização da Receita e também para que, quando chegasse Paulo Renato, pudéssemos discutir o crédito educativo.* Assunto complexo, a classe média está muito queixosa, e com razão. Por outro lado, as mantenedoras das escolas filantrópicas estão desesperadas, porque passaram a pagar o INSS, a Previdência, como é certo. O crédito educativo ampliado facilita muito as coisas.**

Recebi pouca gente hoje, as coisas estão mais calmas. Notícias econômicas: todas positivas. Realmente positivas. Até o PIB cresceu no primeiro trimestre deste ano, comparado com o último trimestre do ano passado. Apesar de toda a recessão, cresceu 1%.*** Essa economia é extraordinária, este país é incrível mesmo. Os pessi-

---

* O Ministério da Educação elaborava um projeto de lei para reestruturar o Programa de Crédito Educativo, destinado a estudantes de instituições privadas de ensino superior. A MP 1827, de 27 de maio de 1999, convertida na lei nº 10260, de 12 de julho de 2001, criou o Fundo de Financiamento ao Estudante de Ensino Superior (Fies), supervisionado pelo MEC e gerido pela Caixa Econômica Federal.
** Segundo a lei nº 9732, de 11 de dezembro de 1998, instituições particulares com caráter filantrópico que cobravam mensalidade passaram a pagar contribuição previdenciária. Em contrapartida, muitas delas cancelaram sua inscrição no Programa de Crédito Educativo, o que ocasionou a suspensão de bolsas de milhares de estudantes. O governo reformulou o texto da MP em preparo, para flexibilizar o limite de crédito financiável pelo Fies, até então fixado em 70% da mensalidade.
*** Depois de seis meses de recessão, o PIB cresceu 1,02% entre janeiro e março de 1999 sobre o

mistas devem estar cada vez mais roendo as unhas de desespero, porque no Brasil o pessimismo não pega.

Os depoimentos da CPI estão cada vez mais chochos. Alguns senadores, desesperados porque não encontram indícios para acusações, já ficam falando que é preciso encontrar alguém que possa fazer uma delação, tipo um motorista, uma secretária, estão sempre tentando comparar com o caso Collor. Curioso isso. O imaginário político, talvez o popular também, é sempre o mesmo: há alguma bandalheira. Eu não vi realmente bandalheira na ação do Banco Central até agora. O que vejo são decisões que podem ser discutidas, e são discutíveis, mas nada de bandalheira. O Malan está indignado, até escreveu uma carta violenta para a *Folha de S.Paulo*, porque o jornal insinuou que ele estaria na discussão do Banco Marka. Malan poderia ter dito que, mesmo que estivesse, não haveria problema nenhum, porque não houve nada de errado em relação ao Banco Marka. Não houve mesmo, eu digo do ponto de vista ético, do ponto de vista da conduta pessoal. Pode ter havido um erro de avaliação, e essa é outra questão.

À noite, estive longamente com Calabi, para passar em revista a ação da área econômica de um lado mais prático, operacional. Eu não estou muito satisfeito com o modo como o BNDES está levando a reestruturação dos grandes setores brasileiros, porque me dá a impressão de que a burocracia do BNDES tem *parti pris*, eles têm preferência, estão passando dos limites entre ter uma estratégia de organização global da economia e interferir na vinculação de um empresário com outro. Isso acaba dando errado, está errado, gera denúncias, além disso sou favorável a que haja uma reestruturação, aí sim, com *parti pris* geral a favor do setor nacional. Internacionalização, tudo bem, abertura da economia, tudo bem, mas com limites. Estamos chegando a uma situação que não dá para continuar, estamos sem nenhuma defesa; "defesa" é um modo forte de dizer, mas é preciso haver uma preocupação estratégica (dentro dos limites do razoável, sem subsídios inaceitáveis) com a higidez das empresas nacionais.

---

trimestre anterior. Na comparação com o mesmo período do ano anterior, houve queda de 0,99%. O PIB crescera 0,15% em 1998. A inflação em abril de 1999 foi de 0,4%. O desemprego medido pelo IBGE atingiu 8% em abril.

15 A 27 DE MAIO DE 1999

Convenção nacional do PSDB. Derrota do impeachment. Grampos do BNDES

Hoje é sábado, dia 15 de maio, mais ou menos meio-dia. A sexta-feira foi calma. De manhã recebi Antônio Carlos, que veio me dizer que acha inconveniente o lançamento de candidaturas presidenciais agora. Por que isso? Porque hoje há a convenção do PSDB. Já houve a do PFL, na qual ele foi lançado por alguns convencionais, mas ele acha que não se deve incentivar candidaturas neste momento. Está temeroso, decerto, que eu apoie a candidatura Covas desde já. Eu não sou desatinado, nem Covas. Certamente não o faremos. Resultado: declarações de Covas e Antônio Carlos coincidentes e eu apoiando os dois, dizendo que não é adequado lançar candidaturas. Mas será inevitável o lançamento dentro de cada partido, e na mídia haverá boatos sobre candidaturas. Ainda mais agora que o espírito da mídia não funciona em *real time*, é em *time anticipation*, estão sempre antecipando o futuro. Mas são fatos da vida, não adianta chocar-se contra eles.

Depois da reunião com Antônio Carlos, longa reunião de rotina das sextas-feiras com os que trabalham mais próximos a mim no gabinete, revisando o que aconteceu na semana passada, registrando vários avanços tanto na área política como na econômica e reprogramando o que fazer na semana subsequente.

Isso tudo foi muito noticiado, só que com confusão, como se a minha conversa com Antônio Carlos tivesse sido em conjunto com todos os que estiveram aqui reunidos.

Tive um almoço com a Mariângela Hamu, que é do *Estado*, com a Sonia Racy e a Ana. Enfim, *background information* para a imprensa.

Fui ao Palácio do Planalto, onde assinei um decreto restringindo o uso dos aviões da FAB pelos ministros.* Isso me preocupa muito. A prática foi tradicional no Brasil, mas a exploração do fato, em um contexto em que a mídia e as oposições estão confundidas para desmoralizar o governo, para minar a autoridade do governo e do presidente, deve ser evitada.

Hoje de manhã, na GloboNews, vi o Alexandre Garcia entrevistando o [José] Genoino** e não sei mais quem sobre ética no governo. Mãos limpas, e Genoino tem como tribuna a GloboNews! Ontem era o Aloizio Mercadante, e assim vai. Como se a Globo estivesse unida ao PT.

---

* O decreto nº 3061, de 14 de maio de 1999, restringiu as viagens de ministros em jatinhos da FAB a deslocamentos em serviço ou para suas residências fora de Brasília.
** Deputado federal (PT-SP), líder do partido na Câmara.

Ontem à noite convidei Mário Covas, Tasso, Serra, Paulo Renato, Pimenta, Madeira e Teotônio para discutirmos a formação da Executiva do PSDB, que será feita hoje. Pimenta me tinha dito, e eu confirmei à noite com ele, que teve um encontro com João Roberto Marinho e que o ponto sensível dos Marinho é a questão dos bispos da Record,* e talvez por isso a Globo esteja numa campanha muito forte, só vendo o lado ruim do governo e do Brasil. Assim fica difícil.

Li um artigo excelente do Alberto Dines, publicado hoje no *Jornal do Brasil*,** onde ele mostra, digamos, as sementes do fascismo da atitude catastrofista, que chama muita atenção para fatos negativos e em que as nuances desaparecem. Os fatos negativos, que fazem estridência, são os que contam, e os fatos positivos, os processos desenvolvidos ao longo do tempo, desaparecem. Ele acha que isso é germe para uma atitude fascista, e é. Ele diz: vira denuncismo e vira falta de tolerância. É falta de respeito às regras confundir o uso de um avião para ir a Fernando de Noronha, ou para qualquer lugar que seja, com corrupção.

O panorama é este: uma espécie de tentativa de colocar o que aconteceu na Itália do Mãos Limpas,*** com os procuradores à frente, num país como o Brasil, onde há muita bandalheira. Certamente este governo, o meu governo, tem se defendido ferozmente para evitar que haja penetração de bandalhos. Pode haver, há aqui e ali, mas no núcleo do poder não há. Apresentar, como vi na GloboNews, a questão do Banco Central como se fosse quebra de ética de funcionários do governo é um escândalo. O que houve lá foi uma decisão, certa ou errada, mas uma decisão compartilhada por funcionários com o objetivo do Banco Central defender a moeda.

Outra coisa é o Chico Lopes. Um capítulo à parte. Mantenho em suspenso meu julgamento porque não sei efetivamente o que acontece na alma dele, no comportamento dele. Estranhei ele não ter falado nada, estranhei, embora sabendo que consta ser herança do pai o dinheiro que estava lá fora, mas também achei estranho a ligação que ele mantém com a Macrométrica. Não acho que tenha sido adequado.

Fora isso, vamos à convenção do partido. Os partidos são todos iguais, são congressuais. O PSDB também. A pressão dos deputados é o que conta. A Executiva será composta de deputados e senadores, todos lutando por prestígio, que no dia seguinte desaparece, ninguém mais fala das tarefas do partido, nem eles. Não vão ter a devoção necessária para as tarefas cotidianas do partido, que assim não deixa de ser apenas congressual. Não os vejo se enraizando na sociedade. Nenhum partido. O PT, que tinha enraizamento, perde-o crescentemente.

* Isto é, da Igreja Universal do Reino de Deus, controladora da Rede Record.
** "Trepidação e trevas", sobre o denuncismo e o maniqueísmo da mídia.
*** Desencadeada na Itália em 1992, a operação anticorrupção flagrou milhares de políticos e empresários em esquemas de desvios, propinas e ligações com a máfia. As investigações da *Mani Pulite* levaram à condenação de mais de mil acusados e provocaram o colapso dos partidos mais importantes do país.

O que conta mesmo no PSDB é o presidente e o secretário-geral. Os outros membros da Executiva são figurantes, cujo momento de glória é o momento da convenção; depois as disputas tremendas para ver quem vai ser o quê desaparecem. E sempre sobra para mim: porque entrei no meio, vou ter que nomear o Arthur Virgílio Neto* para líder do governo. Eu queria nomear o Ronaldo Cezar Coelho,** que é devotado ao partido, ao Mário Covas, a mim, e nunca teve a menor retribuição. Não conseguirei. Por quê? Porque o partido quer tirar o Arthur da direção e tem que colocá-lo em algum lugar. Eu concordei porque acho que o Arthur pode ser útil neste momento. Temos um bom líder, o Madeira, mas que não é da tribuna como o Arthur. E no momento precisamos de mais agressividade.

A guerra no Kosovo me espanta crescentemente. O bombardeio da Otan está criando um clima muito negativo. É uma insensatez. O Brasil se posicionou discretamente contra (porque o assunto não passava pelo Conselho de Segurança), mas também preocupado em não dar a sensação de que estamos apoiando Milošević e sua limpeza étnica. O Dines, no mesmo artigo a que me referi, diz uma coisa sensata: é preciso ser contra o bombardeio da Otan e contra o Milošević. É a posição do governo do Brasil e a minha.

HOJE É DOMINGO, DIA 16 DE MAIO, estou me preparando para ir à fazenda. São dez horas da manhã, acabei de falar com a Ruth por telefone, ela chegou dos Estados Unidos, está na casa da Bia, virá à noite para cá.

Ontem, além do que registrei, fui à Convenção do PSDB.*** Lá, Mário fez um bom discurso de apoio a mim e eu fiz um discurso forte, fui aplaudido o tempo todo em pé, mostrando aos tucanos que quem tem vontade de fazer as coisas não arrefece fácil. Foi bom, uma boa convenção. As convenções são todas mais ou menos chochas, mas ontem levantei a plateia e, no fim, fiquei quatro minutos sob aplausos.

Depois, arrumando minhas coisas, fui vendo na televisão um incrível depoimento do Cacciola**** e as bobagens do Pedro Simon, que não perde a vez de me atacar. Na eleição, sou o maior homem da história, porque quer meus votos. Agora faz demagogia barata. O [Roberto] Requião***** nem se fala. Daquela alma só sai pestilência. O Cacciola, esperto, hábil e aquela coisa de que eu também não gosto, de mercado financeiro.

---

* Deputado federal (PSDB-AM) e secretário-geral do partido.
** Deputado federal (PSDB-RJ).
*** O presidente falou no encerramento da convenção, realizada no auditório do Hotel Nacional, em Brasília.
**** O dono do Banco Marka depôs durante nove horas à CPI dos Bancos. Ao final da sessão, a comissão aprovou o envio ao BC de um pedido de liquidação extrajudicial do banco.
***** Senador (PMDB-PR).

À noite jantei com Pedro Malan, discutimos de novo a economia, repassamos tudo, e agora estou indo para a fazenda.

HOJE É QUARTA-FEIRA, DIA 19 DE MAIO. No domingo fui à fazenda com o Pimenta e o Paulo Renato, passamos o dia sem nenhuma discussão mais relevante do ponto de vista político. Voltei para casa no domingo mesmo, a Ruth tinha chegado dos Estados Unidos, fomos ver um filme e nada mais.

Na segunda-feira, dia 17, tivemos um encontro com Medeiros e o Paulinho Pereira da Silva, da Força Sindical, que vieram fazer uma proposta relativa ao desemprego nas cidades. De fato, fácil de formular, dificílimo de financiar, de fazer, porque no fundo é dinheiro público, com cesta básica e mais salário mínimo para quem esteja desempregado. Já não é o seguro-desemprego; é uma extensão dele, um pouco demagógico e um pouco preocupação legítima com a situação dos desempregados, que, no curto prazo, não tem solução a não ser, realmente, através de apoio direto.

Almocei com o ministro Carlos Velloso, futuro presidente do Supremo. Desse almoço derivou o seguinte. Primeiro: nós vamos perder a questão da contribuição dos inativos, na base de 25%, porque, acho eu, eles vão considerar confiscatório.* Segundo, ele não aceita a progressividade nessa contribuição, porque o benefício é igual para todos. Ou seja: teria sido mais fácil uma taxa única, uma alíquota única, para todos os que são servidores, sejam aposentados, sejam da ativa. Essa foi a nossa proposta.

A Câmara recusou e criou esse mecanismo mais complexo de sancionar quem mais ganha e aliviar quem menos ganha. Resultado: vamos perder na Justiça, me parece. Então propus outra coisa, que por medida provisória modificássemos esse critério baixando a alíquota. Não evita a progressividade, mas pelo menos o aspecto confiscatório. Acho que esse caminho permite avançar. Cheguei à conclusão também de que houve confusão na Câmara ao aprovar uma emenda que a oposição apresentou e que na verdade faz com que haja dois critérios para a aposentadoria, o de contribuição e o de tempo de serviço. Não ficou claro.

Rejeitaram essa duplicidade, mas o texto não é claro. A ideia inicial do governo, não minha, mas do governo, basicamente acho que da Casa Civil, era mostrar que o texto da Constituição permite regulamentar por decreto, criando a cumulativi-

---

* Em abril de 1999, o ministro do STF concedera liminar a um mandado de segurança impetrado por dois servidores federais aposentados, autorizando-os a não pagar a contribuição previdenciária de 25% instituída em janeiro, no quadro do pacote de ajuste fiscal do governo. Com base no artigo 150 da Constituição, Velloso inferiu que o caráter progressivo da cobrança lhe conferia "efeito de confisco", vedado pela Carta de 1988. A liminar foi apreciada pelo plenário do Supremo em setembro de 1999, e a maioria dos ministros votou por sua confirmação.

dade [das contribuições]. Eu já não concordei com isso, apenas publiquei reproduzindo no decreto o texto constitucional. Mas a gritaria era muito grande. A melhor solução seria a que não foi tomada ontem, terça-feira, 18 de maio. Era dizer que, enquanto a Câmara não decidisse, nós iríamos adotar um só critério. E que eu mandaria um projeto de lei.

Isso vai ser uma nova confusão e mostra a resistência da sociedade brasileira e do Congresso ao óbvio: é preciso ter uma idade mínima para a aposentadoria, senão o sistema previdenciário não se mantém em pé. Não obstante a obviedade dessa proposição, o Congresso é reticente porque temos no Brasil um valor absoluto: o não trabalho remunerado. Isso sob o pretexto de beneficiar os mais pobres. Na verdade, quem se aposenta mais cedo são os da classe média, sobretudo os da classe média alta, mas isso é apresentado distorcidamente. Enfim, foi muito bom o encontro com Velloso, trocamos várias ideias, e isso tudo de forma indireta. Claro, ele é ministro do Supremo, nem eu pergunto diretamente nem ele responde diretamente às questões. Mas dá para inferir que essa é a situação.

Na terça-feira, ontem, dia 18, apresentação de credenciais depois da natação. Chamei o Arthur Virgílio porque ele vai ser designado líder do governo no Congresso neste ano.

Tive uma reunião sobre a reforma tributária com Rigotto, Mussa Demes* e Kandir mais o Everardo, da Receita, para dizer que o governo apoia. Eles reclamam muito, mas neste momento dá para fazer a reforma tributária.

Chamei depois do almoço o Ronaldo Cezar Coelho, que queria ser líder, para explicar por que não deu. Ronaldo Cezar passou a ser primeiro vice-líder do Virgílio e vamos ter rodízio no ano que vem.

Recebi o embaixador Walter Moreira Salles,** uma visita de cortesia muito agradável, junto com o Roberto Bornhausen.***

Chamei o Fernando Bezerra, que vai ser o líder do governo no Senado, e passei o tempo todo discutindo com ele questões relevantes: as pressões de recursos, ajustes fiscais, recursos para fazer isto e aquilo no Brasil, esse difícil equilíbrio entre o que é necessário para botar as finanças em ordem e o que seria necessário para botar a sociedade em melhor condição — isso se tivéssemos dinheiro disponível. Só que não temos o dinheiro e eles querem usar sempre o dinheiro de empréstimos, o que significa um endividamento crescente.

Depois fui jantar na casa de Ana Amélia Lemos,**** que é a representante da RBS, com todos os Sirotsky.***** Jantar agradável, com muito discurso, o Esperidião Amin

---

* Deputado federal (PFL-PI), relator da comissão especial da reforma tributária.
** Fundador do Unibanco e ex-embaixador do Brasil nos EUA (governos Vargas e JK).
*** Presidente do Unibanco.
**** Diretora da RBS em Brasília.
***** Comemoração do aniversário de fundação do grupo de telecomunicações sediado em Porto Alegre.

fez um belo discurso e depois jantamos. Estavam presentes todas as bancadas, inclusive a do PT. E olha só o Brasil: a primeira pessoa que veio, alegre, falar comigo para tirar fotografia: a senadora Emília Fernandes.* Isso porque eu corrigi uma questão malposta sobre Ana Amélia. Alguém para a elogiar falou do "nosso homem em Brasília". Eu disse: "Não, ela é uma mulher que trabalha, competente", enfim, defendi um ponto de vista "politicamente correto", eles ficaram felizes com isso. Estava lá a Esther Grossi,** que também veio conversar.

Casildo Maldaner, que tinha falado mal de mim na televisão, insinuando uma comparação de Collor comigo, mesmo sabendo que eu não gostei, era todo delicadezas e salamaleques. Também estava o Paulo Paim,*** só que o Paulo Paim sempre foi gentil comigo, ele é uma pessoa cordial. Hoje de manhã eu soube que nesse mesmo dia, ontem, eles tinham votado a favor do pedido de impeachment do PDT contra mim.**** Um pedido completamente sem base, e, me disse Pimenta, fizeram discursos, sobretudo um tal de Milton Temer,***** que é um desarvorado, extremamente agressivo no plano pessoal.

Essa gente perdeu a noção, ou melhor, não perdeu; viraram políticos tradicionais. Eles sabem que para ganhar a eleição têm que me atacar. E os ataques são no plano pessoal. Ou seja, essa esquerda realmente apela. Apela exatamente como qualquer outro partido em busca de uma só coisa: poder. Domina a ideia de poder para manter o poder, porque eles não vão mudar coisa nenhuma, e vão ter que alterar suas visões, porque a realidade vai se impor. Em vez de ser, como Lula dizia — um brasileiro igualzinho a você —, é um partido igual aos outros. Esse conjunto de partidos — no caso PT, PDT, PC do B — tem um único objetivo, um único inimigo: FHC. Por quê? Porque eles sabem que estou mudando o Brasil, que eu tenho força, que posso voltar a ter prestígio popular. Então, estão mirando o alvo, que sou eu. Nossos aliados e o meu partido, sem perceber isso, discutem teses, discutem espaço no governo e não fazem a defesa da pessoa do presidente.

Hoje, quarta-feira, 19, tive uma reunião, agora de manhã, com os presidentes dos partidos aliados: Bornhausen, o presidente do PMDB, que é o Jader, e o Teotônio mais o Pimenta. Pimenta me alertou sobre a atitude dos partidos adversários, uma

---

* PDT-RS. Fernandes, membro da CPI dos Bancos, instara o então presidente da comissão, Belo Parga, a decretar a prisão de Francisco Lopes durante seu depoimento no Senado.
** Deputada federal (PT-RS).
*** Deputado federal (PT-RS).
**** O plenário da Câmara recusou por 342 votos a 100 um recurso dos partidos de oposição contra a decisão do presidente da Câmara, Michel Temer, de arquivar um pedido de impeachment contra Fernando Henrique por suposto crime de responsabilidade na execução do Proer, lançado em 1995.
***** Deputado federal (PT-RJ), autor do pedido de impeachment arquivado. Temer negara outros três pedidos semelhantes, registrados por partidos de oposição.

coisa muito pessoal. Também discutimos a regulamentação das medidas provisórias.* O assunto tal como está no Congresso, com o espírito de independência da Câmara, não leva senão a uma grande confusão. O país não pode ser governado sem medidas provisórias, e tal como eles propuseram tudo passa para o Congresso. Vamos perder a capacidade decisória e o Congresso vai se embananar mais do que já está. Uma questão a ser debatida. Debatida não, é preciso ação para frear. Discuti também a proposta do Jader sobre a desincompatibilização dos candidatos a prefeito.** Por quê? Porque isso vai dar muita confusão no ano que vem. Acho que ele tem razão nessa matéria. E voltamos a falar sobre a reforma política, que está andando*** e, se for na direção que queremos, consolidamos um sistema de partidos.

HOJE É DOMINGO, DIA 23 DE MAIO. Na quarta-feira, dia 19, recebi aqui o Greca com o Emerson Fittipaldi e um grupo de corredores de automóvel,**** depois fui ao Palácio do Planalto receber o chanceler paraguaio, [Miguel] Saguier, e outros ministros, inclusive [Guillermo] Caballero Vargas.***** Vieram agradecer a atitude do governo brasileiro na última crise do Paraguai. Não tocaram no assunto Cubas nem na questão de Itaipu, que, na verdade, é o que mais os motiva. Mas não tiveram ocasião de falar comigo, porque fui bastante falastrão, para evitar que entrassem em assuntos que não nos interessam.

Depois recebi o Mário Covas com Celso Lafer e o pessoal do setor sucroalcooleiro, cercado de trabalhadores, mas na verdade foram discutidos interesses dos plantadores de cana e dos usineiros. Vieram ciosos, reclamando, querendo ações do governo federal, quase todas já tomadas.****** O que acontece é que o setor su-

---

* Com a entrada em vigor da emenda constitucional nº 19 (reforma administrativa), prevista para 4 de junho, diversas MPs sobre a administração pública que ainda não haviam sido votadas pelo Congresso se tornariam inconstitucionais.
** A Comissão de Constituição e Justiça da Câmara discutia uma PEC apresentada pelo deputado José Carlos Aleluia (PMDB-BA), chancelada pelo presidente do PMDB, para que prefeitos candidatos à reeleição em outubro de 2000 se desincompatibilizassem do cargo seis meses antes do pleito.
*** Em 12 de maio, a Comissão de Constituição e Justiça do Senado aprovara um projeto de lei proposto pelo senador Sérgio Machado para proibir coligações partidárias em eleições proporcionais.
**** O presidente recebeu os pilotos Emerson Fittipaldi, André Ribeiro e Luiz Garcia. Fittipaldi patrocinara a realização do GP Rio 200, etapa carioca da Fórmula Indy, disputada dias antes no autódromo de Jacarepaguá.
***** Ministro de Indústria e Comércio do Paraguai.
****** Empresários e sindicalistas do setor reivindicavam o aumento dos subsídios federais, sob a alegação de que a desregulamentação do mercado alcooleiro, iniciada em 1996, diminuíra drasticamente suas margens de lucro.

croalcooleiro nunca se organizou de forma efetiva. Quando há boas condições de mercado, há superprodução, aí eles querem que o governo compre o excedente para poder garantir os preços. Está acontecendo de novo. Também é verdade que o governo nunca definiu com clareza o que vai fazer com o Proálcool. Por sorte, depois dessa reunião, o Celso Lafer, no dia seguinte, deu entrevistas mais afirmativas sobre o Proálcool.

Sempre fui favorável a manter o Proálcool e um mecanismo de sustentação da produção de cana, não só porque ela ocupa mão de obra, mas também porque é uma alternativa ao petróleo. A cana não é poluente, e a diversificação é útil. Entretanto, é preciso que esse mecanismo seja de mercado, isto é, que haja compradores para os produtos da cana. Eles querem sempre que se aumente o aditivo de álcool na gasolina, já o fizemos, faremos de novo um pouquinho mais,* querem no diesel, aí é mais difícil. É possível usar o bagaço da cana para produzir energia, mas tudo isso leva tempo e não resolve o que eles querem, que é dinheiro para comprar os 2 milhões de litros de álcool excedentes. Vamos encaminhar parcialmente a questão.

Depois recebi Eliseu Padilha com o Martus, e discutimos como financiar a construção das estradas. Já tenho uma saída, dada por Everardo, que é através de uma manipulação de impostos, de tal maneira que haja uma taxação direta no imposto sobre combustíveis com um contribuinte substituto. Com isso é possível aumentar a arrecadação e se pode financiar, embora muito mais modestamente do que Padilha imagina. De qualquer maneira, é possível resolver a questão das estradas no Brasil, que de fato é angustiante.

Na quinta-feira, veio nos visitar a presidente da Guiana, Janet Jagan, e passamos a manhã por conta de solenidades e depois almoçamos no Itamaraty.

Recebi o [Euclides] Scalco,** que veio me falar também sobre o Paraguai. Recebi Ney Suassuna, com demandas da Paraíba. Agora que ele não é mais líder se sente mais credor e eu mais devedor.

Na sexta-feira, a reunião de rotina que agora temos com o pessoal que trabalha comigo — Pimenta da Veiga, Andrea Matarazzo, Moreira Franco, Vilmar e Eduardo Graeff —, para fazer o balanço da semana. Um balanço patético, porque a semana foi dominada por um falso problema: a comemoração do meu aniversário através de um contrato absurdo de 800 mil reais com Elba Ramalho, uma notícia totalmente inverossímil. Isso foi publicado no *Diário Oficial*, dizem que por engano, porque havia num manual de treinamento do Ministério da Administração esses exemplos abstrusos, inclusive uma conferência do Pelé contratada por um preço absurdo.*** Não tem sentido dar exemplos com casos concretos e menos ainda com

---

* O governo aumentou de 22% para 24% o teor de álcool anidro adicionado à gasolina automotiva.
** Diretor-geral da Itaipu Binacional.
*** O *Diário Oficial* de 19 de maio de 1999 publicou a suposta contratação pela Sudam da cantora paraibana para a comemoração do aniversário do presidente. Na época o cachê usual de Elba Ramalho era de R$ 30 mil. Pelé, por sua vez, receberia R$ 500 mil para uma palestra.

o nome do presidente. Foram demitidos uns três da Secretaria de Administração, responsáveis por esse desatino. E a oposição fez um carnaval, como se o caso fosse verdadeiro, uma grande onda. Como estamos na maré baixa, tudo pega. Mas era simplesmente uma farsa.

O Fabio Feldmann também esteve comigo na sexta-feira, para discutir, como sempre, meio ambiente. O Fabio hesita entre ir para o exterior e ficar aqui, quer ajudar numa porção de coisas. Ele tem boas ideias, mas não decide em que local vai trabalhar de maneira persistente.

Recebi o Josa Nascimento Brito [José Antônio Nascimento Brito], que me disse que estão acertando a situação do *Jornal do Brasil*, diferentemente do que eu imaginava, através de acordos com empresas, inclusive com um grupo estrangeiro.* Todos os jornais estão interessados numa lei do Aloysio Nunes [Ferreira]** que permite certa participação de estrangeiros.*** Eu sou restritivo. Acho que essa participação tem que ser limitada, porque não é de bom alvitre para o Brasil que o setor jornalístico e o televisivo fiquem na mão de empresas estrangeiras. Tocou o telefone, era Roberto Marinho. Falei para que ele não viesse aqui na segunda-feira, amanhã, eu o tinha convidado através de Pimenta.

Como não fui à solenidade da Fiat, recebi o presidente da empresa,**** que se queixava muito de Minas Gerais, do comportamento de Itamar,***** disse que se pudesse sair de Minas sairia, que os fornecedores não querem mais ir para Minas... Enfim, o de sempre, um pouco para me agradar, um pouco porque é verdade.

Ontem, sábado, passei o dia inteiro aqui. Só recebi Pimenta da Veiga. Depois almocei com Vilmar Faria e com Raul Jungmann, para discutir a situação política, a queda da minha popularidade. Um índice do Vox Populi diz que envergonho mais o Brasil do que Collor, o que já é um absurdo, mas as respostas são induzidas.****** De qualquer maneira, continua a tentativa de me impossibilitar uma

---

* Em 2001, a família Nascimento Brito arrendou o diário carioca, que passava por dificuldades financeiras, para o empresário Nelson Tanure.
** Deputado federal (PSDB-SP).
*** A PEC 455/1997, transformada na emenda constitucional nº 36, de 28 de maio 2002, autorizou a participação de estrangeiros na composição societária de empresas jornalísticas e de radiodifusão, até o limite de 30% do capital.
**** Roberto Vedovato, presidente da Fiat do Brasil. A montadora italiana lançou um modelo comemorativo do Palio para os quinhentos anos do Descobrimento.
***** O governador mineiro revogara incentivos fiscais concedidos à Fiat por seu antecessor, Eduardo Azeredo (PSDB).
****** O Vox Populi realizou pesquisa de opinião sobre o desempenho do presidente para a Confederação Nacional do Transporte. Fernando Henrique obteve 15% de ótimo/bom e 51% de ruim/péssimo. Para 26% dos entrevistados, Fernando Henrique era o brasileiro que mais envergonhava o país, seguido por Collor (16%), Sérgio Naya (5%) e Francisco Lopes (4%).

presença política mais ativa. Vou, com paciência, persistência e firmeza, saltar esse obstáculo.

Conversei com Pimenta sobre o Sistema Globo de Televisão, que tem uma visão muito negativa do governo. Acabamos percebendo as razões: alguma preocupação com a lei geral de comunicação,* mas não é essa a questão fundamental. É que eles têm que competir com a Record. A Record está com os bispos, os bispos estão realmente levando para o popularesco, com essa coisa de escândalo, que chama a atenção do povo. Preocupação que eles têm com o crescimento da presença desse credo da Igreja Universal nos meios de comunicação. Preocupação que eu também tenho.

Diga-se de passagem que a conversa que tive com os presidentes de partido, quando apoiei medida que não é minha, senão do Senado, de dar certa disciplina partidária, foi transmitida como se fosse uma opinião minha contra os pequenos partidos, e já houve um forte discurso dos bispos da Igreja Universal contra mim, dizendo que sou arbitrário, que quero fechar o sistema político etc.** De fato, não faz nenhum sentido uma Igreja criando uma legenda partidária. Daqui a pouco vamos ter aqui questões do tipo fundamentalista, porque as religiões obscurecem os conflitos propriamente políticos e os tornam fundamentalistas. Isso é grave.

HOJE É QUARTA-FEIRA, DIA 26 DE MAIO. Semana muito agitada até agora.

Não saí do Alvorada, porque houve reformas no meu gabinete no Planalto. Fiquei aqui e recebi o Wagner Antônio Pimenta, presidente do Tribunal Superior do Trabalho, com mais dois colegas dele, os quais vieram reclamar da eventualidade do fim do TRT, na versão que o Aloysio Nunes Ferreira está apresentando.*** Eles têm alguma razão, não é tão fácil assim acabar com os tribunais, mas também é preciso racionalizá-los, acabar com os juízes classistas e diminuir o peso normativo da Justiça do Trabalho.

Recebi o senador José Alencar, de Minas,**** que veio trazer um projeto de renegociação das dívidas dos estados, favorável a Minas naturalmente. É um homem educado, ponderado, conhece o mundo, grande empresário e muito ligado a Itamar. Um homem que sabe das coisas. Em todo caso, o que ele propõe não é aceitável, vamos ter que manter a credibilidade dos contratos.

---

* Isto é, a PEC 455/1997.
** A Igreja Universal assumira informalmente o controle do Partido Liberal (PL), que apoiara Ciro Gomes e elegera doze deputados nas eleições de outubro de 1998.
*** O deputado tucano era relator da comissão especial da reforma do Judiciário. Uma PEC de sua autoria propunha a extinção do Tribunal Superior do Trabalho e dos tribunais regionais, bem como o fim da categoria de juízes classistas.
**** PMDB.

Na noite de segunda-feira, eu estava vendo um filme, *Além da linha vermelha*,* uma coisa assim, quando de repente me telefonou a Ana Tavares para dizer que a *Folha* sairia com novos problemas relativos aos grampos do BNDES. Imaginei que fosse alguma coisa em cima do André [Lara Resende] e do Mendonça [Luiz Carlos Mendonça de Barros] outra vez. Fui dormir. Vi só uma parte do filme, porque já era muito tarde quando comecei a vê-lo.

Na terça de manhã, quando acordo: tempestade. A *Folha* disse que eu, Fernando Henrique, iria participar de uma manobra para favorecer — não me lembro a manchete que eles fizeram — o Opportunity.** Confusão geral no país. Claro que é má-fé, os fatos verdadeiros são os que estão transcritos pela imprensa, grampo de telefone, que é uma vergonha. Dizem que o grampo teria sido feito por um tal de Eduardo Cunha,*** que foi ligado ao Collor; mas também há quem diga que não, que foi realmente essa gente de informação. É difícil saber.

O fato é que o Fernando Rodrigues recebeu muita documentação falsa do Gilberto Miranda que passou por verdadeira, insinuando de novo algo a respeito do dossiê Cayman.**** Pegou não sei quantas fitas e, na gravação, aparecem dois diálogos meus. Um com André, outro com Mendonça. O diálogo com André não diz nada. Ele está insistindo comigo na necessidade de a Previ não ficar associada ao Grupo Carlos Jereissati, La Fonte, porque esse grupo, segundo as informações dele, é de aventureiros e o dinheiro do La Fonte é inexistente. Agora a Previ é sócia do La Fonte. Além do mais, estavam ligados ao Grupo da Banco do Brasil Seguradora,***** que é do governo e da própria Previ. Então é dinheiro público comprando para o setor privado uma empresa que era pública. O que seria ruim, porque eles não teriam capacidade operacional.

Eu nem sabia do Opportunity no meio dessa história. O que eu sabia é que os italianos estavam interessados, os portugueses estavam interessados, e por aí ia. Eu não fazia ideia das outras ligações, porque ainda não tinha havido o leilão. Reagi como quem diz: olha, precisa verificar isso, precisa evitar que haja a penetração de capitais privados através de dinheiro público nessas coisas. Foi tudo o que aconteceu. Eu, na verdade, não tive nenhuma ação a não ser as conversas com Mendonça,

---

* *The Thin Red Line* (1998), longa dirigido por Terrence Malick.
** O diário paulistano trouxe na capa a manchete: "FHC tomou partido de um dos grupos no leilão da Telebrás".
*** Subsecretário de Habitação do governo fluminense e ex-presidente da Telerj, estatal telefônica do Rio de Janeiro.
**** Segundo a investigação do dossiê Cayman, Gilberto Miranda intermediou a venda dos documentos, forjados por dois brasileiros residentes nos EUA, ao irmão do ex-presidente Collor, o empresário Leopoldo Collor, que os revendeu a Paulo Maluf.
***** Brasil Veículos e Aliança do Brasil, subsidiárias da BB Seguros.

com o próprio Ricardo Sérgio [de Oliveira],* porque o interesse do governo era colocar mais grupos em concorrência. Enfim, tudo de boa-fé, sem nenhuma pressão. Se eu quisesse pressionar até mesmo diretamente a BB Seguros, seria fácil, no Banco do Brasil, o principal acionista é o governo.

Mas tudo isso aparece como se fosse um grande deslize. "O presidente envolvido", e não como se fosse, como eu disse na nota que eu mesmo redigi e que foi publicada, simplesmente uma preocupação em aumentar a concorrência para aumentar o valor do patrimônio e uma preocupação que as empresas que viessem a comprar fossem sólidas e capazes de operar. Só isso. Mas a *Folha* deu treze páginas sobre a matéria. Tudo depois de o Zé Gregori estar com o Frias na sexta-feira, o Celso Lafer almoçar com ele na segunda-feira. Na véspera da reportagem, o Marco Maciel teve um almoço lá e o Frias calado sobre a reportagem, me mandou um abraço dizendo que é muito ligado a mim, que me respeita muito... A *Folha* está numa linha, digamos, de fundamentalismo de mercado. Tomando conta do mercado através do sensacionalismo. É uma falta de responsabilidade, um desprezo pelos interesses do país e um deslize pessoal comigo, porque eles me conhecem e sabem que esse não é meu estilo. Também não o do André.

Eu me movimentei. Apoio geral dos partidos da base. Pimenta deu uma entrevista, dias de muita tensão. Isso tudo é negativo, porque acaba repercutindo no exterior como se houvesse envolvimento do presidente em escândalos. As bolsas caíram, a taxa de juros subiu, o dólar subiu,** enfim um grande mal. Se fôssemos contabilizar o mal que a *Folha* tem feito, prejudicando a economia nacional, veríamos que é grande. São defensores de um niilismo arrogante que está arruinando o Brasil.

Isto foi na terça-feira, ontem, um dia extremamente tenso. À noite jantou aqui o João Roberto Marinho. Depois chegaram o Toninho Drummond [Antonio Carlos Drummond]*** e o [Jorge Bastos] Moreno. Conversamos muito. O João Roberto é totalmente solidário com nossas posições, mas o jornal, a televisão, o *Jornal Nacional* e a GloboNews estão na lógica da imprensa.

A crise que estamos vivendo no Brasil é política, e não só dos partidos. O PT vai de cambulhada. Ainda ontem recebi o Jorge Viana, governador do Acre, ele é do PT, que me disse que o PT se sente obrigado a ir em frente nos ataques porque a imprensa cobra do PT mais ação. Então o PT entra nessa coisa de impeachment, de CPI, um denuncismo sem base. Mas o epicentro da crise é a imprensa.

---

* Ex-diretor da Área Internacional do BB.
** A Bolsa paulistana caiu 4,95% depois de ter perdido 4,9% no dia anterior, por temores de uma iminente desvalorização do peso argentino. O dólar atingiu R$ 1,76, mas fechou a R$ 1,73. As taxas de juros futuros tiveram ligeira subida.
*** Diretor da Rede Globo em Brasília.

A imprensa está nessa coisa de denuncismo, nessa coisa destrutiva. Aliás, não é só a imprensa brasileira, é mundial, sem responsabilidade. Ela não responde a ninguém. Ontem à noite o Moreno, que é jornalista antigo, disse: "Pois é, todos nós sabemos que o senhor é honesto, que seu governo é basicamente composto de gente honesta e que tudo isso é fomentado por gente do tipo do Gilberto Miranda, no entanto, daqui a pouco, quem não falar mal do senhor vai ficar mal no meio jornalístico". É um fenômeno curioso esse, uma febre, uma afirmação pelo sensacionalismo e pela destruição da autoridade, qualquer que seja ela. Com as informações em tempo real, é uma tragédia, porque o dia inteiro há sustos, suposições, ameaças, chantagens, governar daqui para a frente vai ser cada vez mais difícil.

Estou apenas tentando explicar como são as coisas, porque as notícias não derivam do meu comportamento, que é totalmente isento nessa matéria. Não tenho interesse em empresa nenhuma, não estou ligado a nenhum grupo de interesse econômico, não tenho sequer, do ponto de vista pessoal, vocação para ficar cuidando de dinheiro. Não obstante, estamos sempre no olho do furacão. E tudo num ambiente de muito nervosismo. A Ana Tavares está bastante tensa, coitada, é uma lutadora, uma guerrilheira extraordinária, de um zelo excepcional, mas nesses momentos ela fica difícil também, acabo brigando com ela, o que não é justo, porque a Ana é das que mais me defendem.

Ontem o Luciano Martins e Bresser almoçaram aqui. Bresser discutiu um pouco o Ministério de Ciência e Tecnologia e Luciano a questão de Cuba, porque ele vai para Cuba como embaixador.

Depois recebi o Aécio Neves, que tinha estado com o Itamar Franco e queria me dar conta do que tinha dito a Itamar. Ele acha que temos uma brecha com Itamar se conseguirmos levá-lo à possibilidade de obter empréstimos externos, mas eu não acredito. Itamar tratou bem o Aecinho porque é amigo do pai dele.* Como ele não tem base política, continua desarvorado, agora se aliando com [Orestes] Quércia,** imagina. Quércia, Itamar e Newton Cardoso, isso é a renovação do PMDB! Patético!

HOJE, QUINTA-FEIRA, 27 DE MAIO, recebi de manhã Jorge Bornhausen, que me trouxe uma nota muito boa do PFL não só de apoio, mas de crítica à oposição pelo que tem feito com a exploração dos factoides que estão inventando. Ele veio junto com Odelmo Leão.***

Recebi a executiva nacional do PPB, que veio hipotecar solidariedade a mim contra o Maluf. Estavam Delfim, Amin, Dornelles e outros líderes do PPB.

---

* Aécio Ferreira da Cunha, membro do conselho de administração de Furnas.
** Ex-governador de São Paulo (1987-91).
*** Deputado federal (PPB-MG), líder do partido na Câmara.

À tarde recebi o governador de Pernambuco, o Jarbas Vasconcelos, acompanhado do vice-presidente. À noite tive um jantar no Alvorada sobre o Rio Grande do Sul. Empresários e alguns formuladores de políticas vieram com a proposta de se realizar um esforço para manter viva a ideia de um Rio Grande do Sul que possa avançar como o novo Brasil, fazendo contrapeso ao Olívio Dutra.

Fora isso, a tormenta de sempre. Tormenta das fitas da *Folha*, repercussões, tudo desencontrado. A imensa maioria do Congresso reagiu fortemente a meu favor, mas a oposição volta a falar de impeachment, e a montagem da *Folha* é estarrecedora.

Dei uma longa entrevista à *Veja*, também nesta quinta-feira, em que explico tudo com mais detalhes. Peguei o texto da minha conversa com o André e fiz verem que tanto André quanto eu queríamos mais competidores e de melhor qualidade. E que havia a preocupação de a Previ e o Banco do Brasil se meterem com a turma de Carlos Jereissati, que não tinha base econômica para se lançar em uma empresa como a Telemar. Carlos Jereissati sabia desses temores, por isso me procurou depois para perguntar se eu estava contra ele, não sei o quê. A turma da *Veja* veio com a ideia de que meu diálogo não tinha nada de mais e que eu estaria sendo envolvido pelo André. Imaginaram que eu era ingênuo, se posso dizer assim, enquanto o André estaria me forçando a uma negociata com o Opportunity. Rebati o quanto pude essa tese, mas está no subconsciente deles: eu, boa pessoa, presidente impoluto; meus auxiliares, malandros. Esse também é o tema sobre o PFL; ele um perigo e o PSDB ingênuo... Não sei se consegui rebater com força suficiente para mudar a posição da *Veja*.

Ontem foi quarta-feira. De manhã recebi a bancada de Minas Gerais, 29 deputados vieram hipotecar solidariedade a mim, com firmeza, portanto a maioria de Minas Gerais contra o Itamar.

Depois houve uma solenidade sobre o Crédito Educativo. Desabafei, e o meu desabafo saiu em todos os jornais, televisões etc.*

---

* Durante a solenidade de lançamento do novo programa de crédito estudantil, o presidente rebateu as acusações levantadas pelo grampo do BNDES. Na versão de seu discurso registrada na Biblioteca da Presidência: "Alguns imaginam que o governo ter-se-á embrenhado em assuntos privados quando, na verdade, estava defendendo o interesse público com energia, com a serenidade que nos caracteriza, com a tranquilidade do dever cumprido, com, eu até diria, a satisfação de dizer que chego aos 68 anos tendo toda uma vida de trabalho e que nunca — friso — nunca tive qualquer coisa, a mais remota, que pudesse criar suspeição de algum interesse no exercício do cargo público que não fosse o povo, que não fosse o meu país. Nunca".

1º A 12 DE JUNHO DE 1999

Viagens ao México e à Argentina. Continuação dos casos dos grampos. Crise no Ministério da Justiça

Hoje é 1º de junho, terça-feira, só agora retomo o que estava gravando sobre a quinta-feira, 27 de maio. Aliás esqueci de me referir: naquela quinta-feira tomei café da manhã com Armínio Fraga, sempre muito bom de conversa, decidido, fazendo o que tem que ser feito, entusiasmado. E com muitas perspectivas positivas do que vai acontecer no Brasil.

Além disso, já registrei sobre a bancada de Minas e a solenidade de assinatura dos atos do crédito educativo. O desabafo que fiz teve repercussão enorme, as televisões todas repetiram o dia inteiro. Tive a posse do Conselho de Ética do Serviço Público,* quando fiz outro discurso, e a sessão de posse do presidente do Supremo Tribunal Federal, ministro Carlos Velloso. Collor não apareceu, Itamar estava lá, mas eu nem vi. O Velloso fez um discurso de reforma, propositivo, correto.

Cotejando o que disse o Velloso no dia 27 com o que fez o Aloysio Nunes Ferreira hoje na proposta de reforma do Judiciário, acho que Aloysio propôs uma porção de coisas avançadas. Elas dificilmente passarão, mas vão viabilizar a reforma sensata que Velloso está propondo. Já é um avanço.

Na sexta-feira de manhã, fui ao México.** No avião estavam só o ministro interino, o Seixas Corrêa, mais meus ajudantes diretos. Chegamos ao México, primeiro descansei um pouquinho, depois fui direto ao jantar formal com Zedillo.

No sábado, passamos o dia todo reunidos. Só os presidentes, na Casa de Los Pinos, onde o presidente do México reside e trabalha. Além de Zedillo, estavam vários outros, e ele foi um dos que mais falaram. Falou sobre o futuro, sobre a nossa reunião no Rio de Janeiro,*** e, em consonância com o que eu penso, falou sobre o acordo comercial com a Europa, a reforma do sistema financeiro, a grande questão política da guerra na Europa. Quem organizou o debate fui eu, porque o

---

* Recém-instituída por decreto, a Comissão de Ética Pública compunha-se de seis membros indicados pelo presidente. Foi criada para "proceder à revisão das normas que dispõem sobre conduta ética na Administração Pública Federal, elaborar e propor a instituição do Código de Conduta das Autoridades" do Executivo federal, além de receber e investigar denúncias de corrupção. Atualmente, a comissão tem sete membros.

** Fernando Henrique compareceu à XIII Reunião de Chefes de Estado e de Governo do Mecanismo Permanente de Consulta e Concertação Política da América Latina e do Caribe — o Grupo do Rio —, realizada na Cidade do México.

*** Referência à I Reunião de Chefes de Estado e de Governo da América Latina, Caribe e União Europeia (Cimeira do Rio), agendada para 28 e 29 de junho de 1999.

Zedillo me passou a palavra. Menem teve uma atuação discreta mas firme, sempre apoiando as posições brasileiras, e com muita franqueza, dizendo até que o Brasil não prejudicou a Argentina com a desvalorização porque nós nos acertamos logo depois da crise.

Estava lá também o Sanguinetti, que, aliás, tinha feito na véspera uma saudação ao presidente do México num discurso admirável. Ele sempre dá opiniões muito sensatas e inteligentes. O [Eduardo] Frei* não foi, ele estava doente, mas foi o [José Miguel] Insulza, que é o chanceler e que também deu opiniões bastante sensatas. E estava também o Chávez, que foi a sensação da festa porque se queria saber o que ele iria dizer.

O Chávez me parece que é a pimenta necessária para o tempero tomar gosto. Gostei, não é a primeira vez que digo isso aqui. Não é nenhum insensato. Ele tem uma vontade que me pareceu genuína de mudar as coisas — um tanto precipitado, por isso já deu um golpe,** mas não é um golpista. É mais do que isso; é um homem que tem certo sentimento do seu povo e certa visão bolivariana, quem sabe fora de moda, mas que modifica as coisas na Venezuela. Não achei ruim a intervenção dele. Até discretamente eu o apoiei. Os outros foram menos eficazes na falação.

No sábado à noite, jantei com Zedillo, eu, Ruth e o presidente do Equador, Jamil Mahuad, de quem eu gosto e que também diz coisas sensatas, principalmente sobre seu país. Cada um de nós falou sobre seu respectivo país, sobretudo da parte financeira, bancos, crises. Todos os países sofreram crises. A do Brasil foi a menor e a mais bem resolvida com o Proer, todos que falaram sobre crise reconheceram isso. Nesse jantar de quatro, cinco pessoas, ouvimos música mexicana, bastante agradável, aquela coisa simpática que o Zedillo e a Nilda [Zedillo], mulher dele, pessoa também interessante, souberam organizar.

No dia seguinte, domingo, voltamos para o Brasil. Na viagem apenas nos divertimos jogando cartas e conversando. À noite lemos os jornais, saiu a *Veja*, a entrevista*** ficou magnífica, realmente muito boa; esse rapaz, o redator-chefe, o Tales [Alvarenga],**** é um homem realmente de talento, correto, publicou tudo muito bem, e as opiniões da *Veja* também. Eu até diria que ele ajudou a mudar o tom da conversa aqui no Brasil. Meus discursos, mas também essa entrevista da *Veja*,

---

* Presidente do Chile.
** Tenente-coronel do Exército, Chávez fora preso em 1992 por uma tentativa de golpe de Estado. Anistiado dois anos depois, fundou um partido e entrou na política.
*** O presidente falou a Expedito Filho sobre os grampos do BNDES na edição de 2 de junho de 1999. A entrevista, intitulada "FHC sobre o grampo: 'Foi uma canalhice'", teve chamada de capa e apareceu numa sequência de várias páginas sobre o tema, encerrada com uma matéria crítica sobre o consórcio Telemar e sua dependência de dinheiro público.
**** Diretor de redação. O redator-chefe da revista era Eurípedes Alcântara.

foram muito eficazes. O *Estado de S. Paulo* como sempre com editoriais favoráveis, com muita competência e franqueza, como o Rui [Mesquita]* é.

Ontem, segunda-feira, dia 31, gravei uma entrevista com a TV Bandeirantes, com cinco ou seis jornalistas.** Na hora eu não soube da repercussão, porque ela foi ao ar só hoje, terça-feira. Assisti à noite na televisão, juntamente com Vilmar, a Ruth, Manolo, ou seja, Manuel Castells,*** e o Miguel Darcy de Oliveira. Telefonemas muito positivos, claro que quem me telefonou é porque gostou. Os daqui parece que gostaram também.

Depois de ter gravado de manhã, fui para o Dia Mundial Sem Tabaco.**** Antes falei com Serra e com [Waldeck] Ornelas. Na verdade, a briga de Serra com Ornelas***** foi fabricada pela imprensa. Serra me mostrou a gravação do que ele disse, e ele não disse nada de ofensivo. Ornelas deu uma resposta muito contundente, dizendo coisas que muita gente pensa, que o Serra é desagregador, o que foi mal. Chamei os dois, pedi que parassem com isso e que me apresentassem uma solução para o problema que Serra levantou, que o dinheiro da Previdência enxugaria o da Saúde. Eu até já tinha dito na televisão que o certo era mandar os dois embora por causa do bate-boca, mas os dois são bons ministros.

Recebi um diretor-geral do Greenpeace. Chama-se Thilo Bode,****** como bode mesmo. É um alemão que vai trabalhar na Amazônia, não sei o quê, discutimos bastante, mostrei a importância da Amazônia para nós.

Conversei com o general Cardoso, ele está muito aflito por estar sendo torpemente acusado por essa canalha ligada ao narcotráfico, e com algumas pessoas da

---

* Diretor de *O Estado de S. Paulo*.
** O programa *Entrevista com o presidente* foi comandado por Ricardo Kotscho, diretor de jornalismo da rede Bandeirantes. Na ocasião, Fernando Henrique revelou que registrava seu cotidiano na Presidência em gravações de áudio — as mesmas que originaram estes *Diários*. "Eu registro as coisas, porque assim, no futuro [...] alguém vai ver o que eu fiz. [...] Não digo que eu registre tudo, porque é difícil. Mas o que acho que é principal, eu ponho, mas de uma forma muito pessoal. Não quero usar isso de imediato. São coisas que devem ficar para depois que eu morrer. E espero que eu dure muito tempo."
*** Sociólogo espanhol, professor da Universidade do Sul da Califórnia.
**** Durante a cerimônia comemorativa da data, realizada no Palácio do Planalto, o ministro da Saúde anunciou que os fabricantes seriam obrigados a imprimir frases antitabagistas nas embalagens de cigarros.
***** A imprensa noticiou que os ministros da Saúde e da Previdência haviam altercado, pelo telefone, acerca do fim da isenção de INSS para hospitais filantrópicos com menos de 60% de pacientes do SUS, em vigor desde o final de 1998. Serra, que criticara publicamente a cobrança do imposto como um "ato de sadismo social", foi chamado de "egocêntrico" e "pai da pilantropia" por Ornelas, indicado de ACM.
****** Diretor executivo internacional da ONG. O Greenpeace publicou um relatório sobre o desmatamento da Amazônia e lançou um programa global para a preservação da floresta equatorial.

Polícia Federal envolvidas, como se ele tivesse alguma coisa a ver com o grampo. Queriam que ele fosse acareado com subordinados dele a respeito de como obteve as fitas do grampo.* Lançam dúvidas, é uma coisa realmente patética esse tipo de especulação sobre um homem do nível do general Cardoso.

Fiz uma gravação de rádio. Fiquei o dia inteiro por conta dessas coisas. Foi um dia bem mais calmo, todo mundo com a sensação de que superamos essa crise.

Falei com o advogado-geral da União. É necessário processar a *Folha*, porque o jornal está pondo um anúncio dizendo que podem me ouvir pelo número 0900,** sei lá como eles fazem a gravação. Ou seja, o jornal usou o material criminoso que é o grampo e agora está vendendo, ganhando dinheiro com o grampo, com a invasão da privacidade e com a distorção do que eu disse. Realmente passou de todos os limites.

Depois disso, vim para casa e jantei aqui com Manuel Castells. Conversas gerais, depois fomos ver televisão.

Hoje, terça-feira, 1º de junho, despachei de manhã, depois de fazer bastante exercício na piscina; eu estava muito cansado, esses dias todos sem fazer exercícios físicos. Cortei o cabelo, despachei com Clóvis, com Cutolo, questões de política urbana, recebi o general [Benedito] Leonel,*** que vai para a ONU, e agora estou me preparando para ir a uma cerimônia sobre direitos humanos**** e também para conversar com os governadores do PSDB, que vêm me prestar solidariedade.

QUINTA-FEIRA, DIA 3 DE JUNHO. ***** Na terça-feira à noite, fui à casa de Antônio Carlos para prestar uma homenagem ao presidente da Assembleia da República portuguesa, António [de Almeida] Santos. Eu já estivera com ele e um grupo de deputados portugueses à tarde. Foi uma conversa bastante agradável, que

---

* Em novembro de 1998, quando da publicação dos primeiros diálogos dos grampos do BNDES, o ministro-chefe da Casa Militar da Presidência afirmara que dois agentes da Abin haviam seguido uma denúncia anônima e encontrado duas fitas gravadas sob um viaduto em Brasília. Constatou-se que o material, entregue à Justiça por Cardoso, consistia numa edição das 46 fitas obtidas pela *Folha de S.Paulo*.

** A *Folha* lançou um serviço telefônico especial, cobrado por minuto, para que seus leitores pudessem ouvir trechos das transcrições dos grampos do BNDES.

*** Chefe do Estado-Maior das Forças Armadas com status de ministro. Leonel se tornou conselheiro militar da delegação brasileira nas Nações Unidas.

**** Na solenidade, o presidente assinou decretos para criar o Conselho Nacional dos Direitos da Pessoa com Deficiência (Conade) e o Fórum Nacional de Ouvidores de Polícia, órgãos ligados à Secretaria Nacional de Direitos Humanos. Na mesma ocasião, Fernando Henrique anunciou o envio de um projeto de lei ao Congresso para proibir a venda de armas de fogo em todo o país.

***** Feriado de Corpus Christi.

ocorreu em seguida à reunião com os governadores do PSDB que vieram me hipotecar solidariedade, o que aliás me tocou. Isso me tocou, me emocionou porque, embora eu saiba que essas manifestações deveriam ser entendidas como normais e esperadas, quando elas ocorrem num momento de dificuldade como o que estou vivendo não deixam de ser um ato com sentido pessoal. Eles foram muito explícitos no apoio a mim. Claro, Dante de Oliveira aproveitou a oportunidade para pedir mais dinheiro para Mato Grosso, ele um tanto inquieto, achando que eu devia dar murro na mesa, essas teorias que todos têm. Estavam sob o efeito da entrevista reproduzida pela televisão Bandeirantes na terça-feira, que parece que teve boa aceitação, embora isso seja insuficiente para reverter o quadro que estamos vivendo.

Esse quadro se agravou. Por quê? Porque agora a briga entre a Polícia Federal e a Abin está mais clara. E a perseguição da Polícia Federal ao general Cardoso também. Não gostei do que puseram no jornal: que ele seria acareado com um subordinado seu. Isso é inaceitável. Provocou reação ainda mais forte em mim a notícia de que um juiz* teria mandado grampear os telefones do general. Não foi confirmado. Chamei o advogado-geral da União e disse que não aceito isso. Quem pediu uma coisa dessa ao juiz? O general Cardoso é um homem íntegro, impoluto. Além do mais, chefe do serviço de informações, chefe do serviço de repressão [ao narcotráfico] e chefe da minha Casa Militar. Como seria possível grampear os telefones de um homem que tem essas funções diretamente ligadas à segurança do Estado? Só com o meu conhecimento e consentimento. Pedi que o Quintão examinasse o caso para representar contra esse juiz, se for verdade, e quanto à Polícia Federal nem se fala. Se for mesmo verdade, é caso de demissão de todos na PF e também do ministro Renan. Ele se mostrou inadequado para ser ministro da Justiça. Embora seja bom para fazer agitação diante do público — ele é forte no verbo —, não tem conhecimento específico para se impor à Polícia Federal como tinha o [Nelson] Jobim.** Na mudança ministerial deverei trocar o ministro da Justiça.

Isso está me aborrecendo, e muito. Sinto que é preciso mais energia nessa área, até porque o general Cardoso não pode ser exposto no pelourinho, como estão querendo. Isso é podridão e ligações com a questão do narcotráfico. Não sei se elas existem concretamente, mas quem controla a repressão do narcotráfico? E aí continuam os rumores sobre quem grampeou, quem não grampeou. Falei com Nelson Jobim, que esteve com Miro Teixeira,*** e o Miro Teixeira disse a ele que dois funcionários da antiga Telerj**** foram os que fizeram materialmente o grampo e contaram a ele, Miro, ou a alguém do sindicato, não lembro bem, não tenho cer-

* Alexandre Libonati de Abreu, da 2ª Vara Federal do Rio, responsável pela investigação dos grampos.
** Ministro do STF e ex-ministro da Justiça (1995-7).
*** Deputado federal (PDT-RJ).
**** Privatizada em julho de 1998 no leilão do Sistema Telebrás, fora arrematada pelo consórcio Telemar como parte da Tele Norte Leste.

teza. Mas fizeram por ordem da administração [da Telerj], que por sua vez estava infiltrada pela Abin; não pela Abin como instituição, mas por pessoas da Abin (devem ser mesmo as citadas nos jornais)* e da Polícia Federal. E que eles estão com medo porque foram eles os autores materiais da questão. Isso é interessante, mas o problema maior é: quem usou? Ora, a primeira pessoa que levou fitas gravadas ao André Lara Resende foi o Aloizio Mercadante. É provável que ele saiba que grupo comercial queria utilizá-lo para fazer chantagem. Mas ele não diz, porque não interessa. O PT e companhia bela estão na linha de *"Delenda FHC"*, com a ideia de voltar com o pedido estúpido de impeachment.

Voltando à terça-feira, o jantar na casa de Antônio Carlos foi agradável, de conversa solta. Ele tinha me enviado cópia de uma carta que mandou ao Clóvis Rossi. O Clóvis Rossi disse que eu teria medo de Antônio Carlos. Antônio Carlos respondeu.** É com coisas assim que os brasileiros que leem jornal se deliciam: ver a capacidade que Antônio Carlos tem de ocupar a mídia e o pobre do presidente, temeroso, isolado no seu palácio. Essa é a imagem que querem passar. Acompanho intelectualmente a questão, mas estou ficando cansado disso e também cansado de ter que dar murros na mesa para ser respeitado. Não tem sentido. É uma baixaria a política brasileira, e ela está passando de todos os limites.

Diga-se de passagem que houve reação forte a esse estado de coisas. O [Arnaldo] Jabor escreveu um artigo muito bom esta semana na Ilustrada,*** o Giannotti escreveu um bom artigo,**** o [Alberto] Goldman um excelente artigo também,***** enfim, há vários, o Alberto Dines.****** Há várias reações na área intelectual para pôr um termo a esse estado de coisas.

Na terça-feira, ainda, vi o Aloysio Nunes Ferreira, ele estava feliz. No dia seguinte, ontem, soube pelo Moreira Franco que o Aloysio está chateado porque Dornel-

---

* Além do agente da Abin afastado, Temilson Resende, também foram citados os arapongas Célio Rocha, ex-policial federal, e Adilson Matos, ex-agente da inteligência da Marinha e dono de uma empresa de segurança privada. Condenados em 2002, Matos e Resende cumpriram penas leves em regime aberto e semiaberto.

** Colunista e repórter da *Folha de S.Paulo*. Na coluna de 1º de junho, intitulada "FHC e ACM", o jornalista aventou a possibilidade de que o presidente tivesse "medo físico" do presidente do Senado. "Parece a única explicação para a acomodação do presidente diante da agressividade do senador." Em sua resposta a Rossi, publicada no "Painel do leitor", ACM negou que metesse medo em qualquer pessoa e arrematou em tom contundente: "Respeite a inteligência dos seus leitores e pelo menos se esmere na arte da intriga".

*** "Não se mexe em time que está perdendo", publicado na edição de 1º de junho da *Folha*.

**** "Quanto custa uma estatal?", publicado na seção "Tendências/Debates" da *Folha* de 30 de maio.

***** Deputado federal (PSDB-SP) e vice-presidente nacional do partido. Goldman publicou o artigo "Os honestos e o grampo" na seção "Tendências/Debates" da *Folha* de 31 de maio.

****** "A lei de Sêneca: *Cui prodest?*", publicado na seção de Opinião do *Jornal do Brasil* de 29 de maio.

les falou, em nome do governo, contra a parte de reforma da Justiça do Trabalho no projeto de reforma do Judiciário que ele apresentou. Ocorre que Aloysio não mostrou o projeto nem a mim nem a ninguém do governo. Não precisaria esperar a solidariedade automática do governo. De qualquer maneira, o Aloysio é bom sujeito. Até penso, eventualmente, em colocá-lo no Ministério da Justiça. Não estou fazendo este comentário para diminuí-lo. Entendo a dificuldade que as pessoas que estão no pelourinho acabam por passar, como é o caso do relator de um projeto importante como esse.

Ontem, quarta-feira, dia 2, recebi de manhã o Jaime Lerner, que veio com mais uma ideia para o governo botar dinheiro no Paraná: usar os pedágios das estradas para financiar pesquisa. É uma ideia criativa e me parece razoável. Não acho descabida.

Depois recebi o Amaury Bier, que veio me dizer em pessoa o que Malan já tinha me dito: que temos que liberar o preço da gasolina,* em correspondência com o preço internacional do barril de petróleo,** senão vamos ter um problema fiscal grave. Claro que virá mais uma onda contra mim, dessa vez da classe média, que vai achar que, com o aumento, estamos tomando o dinheiro dela, sem perceber que é ela que está tomando dinheiro do conjunto da população através do subsídio do preço da gasolina.

Depois recebi o Dornelles. Conversa basicamente política, até que ele comentou: "Olha, não se deixe afobar por causa dessas pressões para mudar o ministério. O ministério vai bem, a economia vai bem, não mexa no Malan, não mexa em mim", ele disse, rindo, "não mexa no Ministério da Agricultura" etc. O Dornelles é um político hábil, e eu não estava pensando em mexer nele, não. De qualquer maneira, vê-se que as preocupações com a mudança de ministério vêm dos próprios ministros.

Depois fui me encontrar com o primeiro-ministro tailandês, Chuan Leekpai, que veio em visita oficial no meio desta tormenta, para discutir os problemas da Tailândia. Pior, em inglês, e ele fala mal inglês. Passei uma hora no Itamaraty, depois almoçamos com ele. Estava também o atual ministro das Relações Exteriores,*** que já acompanhara o príncipe herdeiro quando ele veio nos visitar.**** O chanceler é um rapaz simpático, não sei seu nome, formado em Harvard, e o outro é o candidato da Tailândia para substituir o Ruggero na OMC. O Brasil apoia

---

* O governo, que já subira o preço do combustível em mais de 30% desde o começo de 1999, anunciou no final de junho um novo aumento de 18%, para R$ 1,30 (o equivalente a R$ 5,20 em abril de 2016).
** O barril de petróleo era cotado a US$ 20 no mercado norte-americano, o equivalente a US$ 29 em 2016.
*** Surin Pitsuwan.
**** O príncipe Vajiralongkorn visitou o país em março de 1993, quando Fernando Henrique era o chanceler brasileiro.

esse candidato, Supachai [Panitchpakdi], ele se chama. Mas não creio que tenha muita chance.*

Voltei ao Palácio do Planalto, despachos, gravação de programas de televisão. Li hoje um artigo do Manuel Castells, que está aqui conosco, gostei muito. Chama-se "Information Technology in Global Capitalism".** Um texto brilhante, em que ele analisa o sistema capitalista atual em termos de redes, networks, como fluem os capitais etc. Digo isso porque se os membros da CPI dos Bancos entendessem dessas coisas, não fariam tanto escândalo com uma conta chamada cc5, que nem existe mais.*** É uma regulamentação que permite o fluxo de capitais. Porque o que a cc5 faz é registrar os capitais que saem. Se não forem registrados, os capitais saem pelo câmbio negro, ou pelo computador, sem que ninguém saiba. Esquecem de dizer também que eles saem e entram da mesma forma. Compreendo isso, mas a mentalidade média dos brasileiros, inclusive a de jornalistas e políticos, não é capaz de entender essa sociedade de informática e de network. O artigo do Castells mostra as dificuldades que esse mundo cria para os países que não estão integrados, os limites que esse mundo tem também, mas ele aponta para o que eu acho ser uma verdade: a nova tecnologia, assim como cria riquezas imensas, produz também dificuldades imensas e até eventuais catástrofes. Entretanto, ela, se bem usada, pode criar uma nova cidadania. Ele não diz nesses termos, mas é o que eu penso.

Já disse, mas repito: em vez do horroroso mundo novo do [George] Orwell, de *1984*, em que um poder central esmaga tudo, o que há, como diz o Castells, é o Automaton, um sistema de network, de interconexão de decisões financeiras muito complicadas. Ele mostra, primeiro, que existe um elemento de decisão humana nisso; segundo, e o que é mais importante de registrar aqui para os meus fins, que a tecnologia permite também que cada indivíduo participe de alguma maneira dessa network. É o que eu acho que está acontecendo no Brasil. A situação caótica em que vivemos, essa informação fragmentada, está demonstrando claramente que o poder central, o Estado, não tem capacidade para acompanhar as decisões nem a multiplicidade das informações. Neste momento, isso é extremamente negati-

---

* O candidato tailandês foi derrotado pelo neozelandês Mike Moore na eleição para a direção-geral da OMC em setembro de 1999. Panitchpakdi se candidatou novamente em 2001, sendo eleito e reeleito para o período 2002-5.
** Originalmente publicado em Anthony Giddens e William Hutton (org.). *On the Edge. Living in Global Capitalism*. Londres: Jonathan Cape, 2000, pp. 52-74.
*** A CPI descobrira que os bancos Marka e FonteCindam haviam enviado mais de US$ 600 milhões para o exterior desde 1992 através de contas cc5. Previstas pela Carta Circular nº 5, editada pelo Banco Central em 1969, elas foram originalmente criadas para brasileiros residentes no exterior, autorizados a sacar seus recursos fora do país sem a realização de contrato de câmbio. Com o tempo, passaram a ser empregadas para evasão de divisas e lavagem de dinheiro por residentes no país. Para combater fraudes, as contas cc5 haviam sido limitadas ao teto de 10 mil reais em 1996.

vo, porque só aparece a destruição do Estado, destruição esta, aliás, feita pelos que querem fortalecer o Estado, que é a esquerda. Não é feita exatamente por ela, mas ela participa da tarefa demolidora que é criticar incessantemente não só o governo como o Estado. Querem destruir o governo e acabam destruindo os dois. Mas isso também pode ser positivo.

Minha tese é de que a nova network, a rede, possui também um potencial democrático imenso, porque cada cidadão acabará tendo à sua disposição um enorme manancial de informações. Se ele se organizar através dessas networks para reagir, pode participar de uma nova cidadania. Estamos falando, evidentemente, de um novo milênio, de coisas muito abstratas, estou sob a influência do artigo do Castells, que diz, de outra maneira, o que tenho dito aos meus colegas nessas últimas semanas a propósito da crise do grampo. Eles só veem o lado da tragédia. Eu sei que é uma coisa terrível, mas quero ver, além do grampo, o fato de que essa informação instantânea permite, se a sociedade se adaptar a ela, a possibilidade de resgatar uma nova cidadania. Quem sabe eu esteja sendo utópico, coisa que na verdade nunca fui. Até mesmo na adolescência sempre tive uma pitada de realismo muito forte. Mas ele não pode cortar a imaginação das pessoas nem a vontade delas de mudar. Eu tento, mesmo em um momento de tantas dificuldades como o que vivo agora, não me deixar abater pelo pessimismo e pelo niilismo. Deixo-os nas mãos de seus estimuladores, como é o caso de alguns jornalistas.

Serra ontem jantou conosco, comigo e com a Ruth. Mostrou, e pediu muita reserva, uma carta do Otavinho [Otavio Frias Filho] a ele, carta terrível. Otavinho afirma que dizem que eu [Fernando Henrique Cardoso] tenho dito: "Eles pensam que eu disse esqueçam o que escrevi". Otavinho no fundo acha que eu sou igual a todos, que qualquer político é igual ao outro, e isso vale para o Serra também; acha que o meu governo tem feito tão mal ao Brasil que tanto faz eu como Marco Maciel. Essa é a tese intrínseca na ação da *Folha*: ela acha que o governo em si é mau, qualquer governo, que são todos iguais. Ele se põe na posição de Deus, digo eu, com todas as virtudes. Então, tem que ser "*delenda* FHC", porque "*delenda* FHC" não é apenas uma visão petista, mas uma visão do niilismo arrogante de alguns intelectuais. Otavinho pensa que é um grande intelectual. A carta dele é eivada de ódio. O Serra teria influenciado Octavio Frias a tirar o Fernando Rodrigues da *Folha*, e Otavinho o defende. Não é explícito, porque esse rapaz, filho de papai rico, que nunca experimentou as agruras do trabalho, com as incertezas do que vai ser o dia seguinte, é a expressão deste niilismo arrogante.

HOJE É MADRUGADA DA QUARTA-FEIRA, 9 DE JUNHO, são quatro da manhã ainda. Acordei porque estou muito cansado e tenso. Vamos retomar a quinta-feira passada, dia 3, feriado de Corpus Christi.

Padilha conversou longamente comigo sobre os problemas do Ministério dos

Transportes. Eu também falei, en passant, sobre os problemas do PMDB, sobre a permanente incerteza com relação ao PMDB. Repito o que digo sempre: Jader Barbalho é um índio desconfiado, fica olhando, sempre desconfiado. Já dei todos os sinais da minha vontade de ter o PMDB no governo, não nego as dificuldades da luta entre partidos, mas tenho demonstrado que, por compreender o processo político brasileiro, preciso do PMDB no governo. Não obstante, não noto no PMDB senão querer mais para me testar. Padilha disse que me conheceu antes do Jader, que ele me tem lealdade. Em seguida chegaram aqui o Castells e o Vilmar. Conversamos longa e vivamente até tarde, almoçamos aqui e fizemos uma revisão das coisas que realizamos nos últimos anos.

No dia seguinte, sexta-feira, fui cedo ao Amazonas. Castells também foi, e com a mulher dele, russa, chamada Emma [Kiseliova]. Fomos visitar o Urucu* e depois o Projeto Mamirauá.** O Urucu é impressionante. Fiz um discurso emocionado, porque esse projeto é no meio da selva, são 500 milhões de dólares investidos para produzir gás e petróleo, e tudo com o certificado ISO 14000 de respeito ao meio ambiente. É uma obra extraordinária que mostra como o povo brasileiro é capaz de se meter naquela selva cheia de riquezas, tentando não destruí-la. Realmente a Petrobras é uma grande empresa.

Eu disse isso lá com todas as letras, não preciso repetir, a imprensa registra o que aconteceu, registra sempre empobrecendo, porque estavam querendo saber mesmo era minha opinião sobre a reforma da Justiça do Trabalho que o Aloysio Nunes Ferreira propôs. Isso por causa do quiproquó causado pela reação do Dornelles (aliás, autorizada pelo Clóvis, que tinha falado comigo a respeito), cujo objetivo era amenizar o choque que ela iria provocar nos ministros do Tribunal Superior do Trabalho, dos quais ainda dependemos. Sustentei que Aloysio fez um bom trabalho, que eu não o tinha lido ainda, e não tinha lido mesmo, e que mais adiante vamos ver como fica, mas que certamente a Justiça do Trabalho vai mudar.

Depois de Urucu, fomos a Mamirauá e lá dormimos num barco da Marinha, com as solenidades de sempre. A população de Tefé, cidade onde o avião desceu, teve uma reação espontânea, muito alegre comigo, me aplaudindo, me abraçando, fotografias. Apesar dos índices de queda de popularidade, o contato com o povo é sempre assim. Não quer dizer que os índices sejam falsos, mas o povo, quando chega perto do presidente, não é com ódio. Ódio têm os grupos organizados.

* Projeto da Petrobras de extração de gás e petróleo na bacia do rio Urucu. Situado a 700 km de Manaus, o complexo petrolífero começou a operar em 1996. Em Urucu, o presidente assinou termos de compromisso para a construção de um gasoduto entre as capitais de Rondônia e do Amazonas.
** Na reserva ecológica Mamirauá — maior área de várzea protegida do país —, Fernando Henrique anunciou a criação do Instituto de Desenvolvimento Sustentável Mamirauá, organização social ligada ao Ministério de Ciência e Tecnologia. Presidente e comitiva participaram da cerimônia de abertura da Semana do Meio Ambiente, cujo Dia Mundial é comemorado em 5 de junho.

A reserva de Mamirauá é admirável, não vou descrever com detalhes. À noite saímos de barco para ver jacarés, houve uma pane de energia elétrica e ficamos um pouco perdidos lá no meio dos paranás ou igapós do Amazonas, uma experiência extraordinária. Voltamos sem luz naquela noite profunda da Amazônia. Mas o mais impressionante foi quando, no dia seguinte, visitamos de canoa a floresta alagada. É um espetáculo ciclópico, incrível o silêncio da floresta. Havia luminosidade, vinha uma claridade do alto das árvores, vez por outra o barulho de macacos, de peixes que pulam ou de patos que voam. É uma coisa de tocar, comovente, como eu disse no discurso que fiz em seguida, em comemoração ao Dia do Meio Ambiente; o discurso foi televisionado. Naquele mato de Mamirauá, a gente ouve o silêncio. A expressão pode parecer retórica, mas é verdadeira.

Depois desse mergulho no coração do Brasil, todo mundo muito impressionado com a força do que vimos, voltamos e chegamos no sábado à noite. Jantamos com Castells e a Emma, e dormimos.

Passamos o dia seguinte, domingo, conversando, depois fui a Buenos Aires.* Chegamos lá no domingo mesmo, e fui jantar com o pessoal da embaixada no restaurante de um brasileiro, Belarmino [Iglesias],** dono do Rubaiyat, em São Paulo. Dormi na embaixada.

Na segunda-feira de manhã, dia 7, recebi empresários brasileiros e argentinos,*** todos querendo revitalizar o Mercosul, os argentinos, sobretudo um, da Techint, chamado [Roberto] Rocca, bastante arrogante. Tive que cortar a arrogância dele.

Depois fui a uma pequena solenidade, o lançamento de um livro sobre Lasar Segall.**** Presentes o Maurício Segall,***** ele e eu emocionados, lembrando das nossas famílias, de nossos pais, somos amigos há quase cinquenta anos. Maurício era PT *enragé*, agora não sei se ainda é, é uma pessoa muito rígida, uma pessoa de caráter.

Depois fui me encontrar com o Menem. Primeiro o vi sozinho. Não foi muito diferente do que eu informei em público. Ele foi logo me dizendo para eu esquecer o problema da dolarização. Eu tinha tido uma conversa com um empresário argentino chamado Carlos Bulgheroni,****** eu, Lampreia e os outros. Ele estava

---

* Fernando Henrique foi à Argentina em visita de trabalho.
** Cabaña Las Lilas, em Puerto Madero, antiga zona portuária da capital platina.
*** O presidente recebeu a direção do Ceal, que lhe entregou um documento com subsídios para "a coordenação, a harmonização e a convergência das políticas macroeconômicas" no âmbito bilateral.
**** *Lasar Segall*. Buenos Aires: Grupo Velox, 1999. O lançamento aconteceu na embaixada brasileira.
***** Filho do pintor, diretor do Museu Lasar Segall de São Paulo.
****** Presidente do grupo Bridas.

muito preocupado, queria que abríssemos uma negociação com o setor privado americano para poder alimentar a Alca, porque já perdeu as esperanças de que os europeus cedam na questão agrícola. Temeroso, esse Bulgheroni, de que o Menem, para manter a posição de domínio, de prestígio, acabe apoiando a dolarização, a fim de ter um projeto que vá até o fim do governo dele. Insistiu muito nesse ponto Eu tinha isso na cabeça quando conversei com Menem.

Eu já havia dito aos empresários que podíamos partir, mais adiante, para ter uma moeda comum no Mercosul, como Menem propôs algum tempo atrás, mas que o caminho para chegar lá é fazer um pequeno Maastricht,* ou seja, leis de responsabilidade fiscal dos dois lados, metas de ajuste fiscal. Enfim, me pareceu um bom caminho. Menem gostou na hora do assunto, mas não me disse nada de mais especial. Reclamou da questão da siderurgia, do Rio Grande do Sul, da indústria têxtil, de calçados, de alimentação, em suma, do dossiê que existe na negociação entre Brasil e Argentina. Conversa um pouco pro forma da parte dele e da minha também. Depois perguntei o que ele iria fazer quando deixasse o governo. Respondeu que vai cuidar das coisas dele, ficar na política. Acha que o [Eduardo] Duhalde** ganha. Senti o Menem muito tenso, e também não é para menos. Está com um fim de mandato difícil, talvez pior que o começo do seu segundo mandato.

Demos uma entrevista para a imprensa, tudo isso se repetiu, almoçamos e, na saída, Menem me fez uma proposta, pensando num Secretariado do Mercosul. Aí me palpitou que é isso que ele quer para si. Transmiti minha sensação ao Lampreia na volta, no avião. Pode ter sido maldade minha, mas o Lampreia também concordou comigo. Eu creio que isso pesou.

Cheguei aqui tarde, cansado, fiz uma massagem e fui ver um filme antes de dormir.

Ontem, terça-feira, dia 8, o assunto começou a ficar bem mais complicado. Que assunto? Quando eu cheguei na segunda-feira, já havia rumores sobre o Jader, que tinha feito declarações muito duras, atrevidas mesmo, dizendo que não era possível o general Cardoso opinar sobre a parte do PMDB na questão da Polícia Federal.*** O Renan, diga-se de passagem, não recuou das declarações da semana passada, dizendo que os mesmos que pedem para ele botar a sujeira debaixo do tapete amanhã vão pedir o contrário, ou vice-versa. Eu não tinha lido as declara-

---

* Alusão ao Tratado de Maastricht, assinado pelos países-membros da Comunidade Europeia na Holanda, em 1992. O tratado criou a União Europeia e estabeleceu as bases legais do euro.
** Governador da província de Buenos Aires e candidato do Partido Justicialista nas eleições presidenciais argentinas, marcadas para 24 de outubro. Correligionário de Menem, fazia oposição a seu governo altamente impopular, afundado em denúncias de corrupção e às voltas com a estagnação econômica.
*** O partido pleiteava a indicação do diretor-geral da PF.

ções dele, não foi esse o sentido preciso, mas na exploração política foi assim, e ele não desmentiu.

Mais tarde comecei a receber informações de que chamaram o Zé Eduardo [José Eduardo Andrade Vieira],* do Bamerindus, para depor na CPI. Isso foi me enraivecendo, falei com Pimenta, que está sempre disposto a tirar o PMDB do governo e até acha que isso tem que acontecer mais depressa. Conversei por telefone com algumas pessoas, para me informar melhor da situação. Falei com Arruda** da minha estranheza sobre essa coisa de chamar o Zé Eduardo, e fui dormir.

Ontem as coisas estavam realmente muito mais tensas e os jornais davam conta do que estava acontecendo.*** Antônio Carlos me telefonou para saber da minha posição e eu disse que haviam passado do limite. Chamei o Pimenta, conversei com ele longamente, me preparei para a substituição do ministro da Justiça, do Renan, agora ou daqui a pouco, se for o caso. Telefonei para o Fernando Bezerra, que estava em Genebra, reclamei da posição da CPI dos Bancos, falei com a Roseana Sarney e com o Zequinha Sarney, porque o relator está engolindo tudo o que o [Eduardo] Suplicy**** e o Saturnino [Braga]***** pedem. Conversei, enfim, com Paulo Hartung,****** me movimentei. O pior é que o Zé Eduardo está dizendo uma inverdade absoluta: que teria dado a mim 200 mil reais ou 200 mil dólares para a campanha de 1994. É mentira, nunca houve isso. O Zé Eduardo, lá atrás, me contou que tinha dado uma propina a um funcionário do Tesouro. Insisti que ele me dissesse quem era o funcionário, mas ele não me disse. Zé Eduardo está perturbado, ele está sendo usado, e vão usá-lo para fazer provocação na CPI. Veja quanta confusão. É a chamada política do escândalo. Ou seja, se não há escândalo, se cria um. A mídia vive disso e a política também. A política se faz por essa via.

Foi um dia extremamente tenso por todas essas razões e também porque eu tinha que nomear o diretor-geral da Polícia Federal, que não podia ser a pessoa que o Renan indicou e já havia encaminhado.******* O general Cardoso tem diferenças

---

* Ex-ministro da Agricultura (1995-6) e ex-controlador do Banco Bamerindus, vendido ao HSBC em 1997.
** O senador Belo Parga reassumira a presidência da CPI.
*** A CPI começava a investigar o socorro federal a instituições bancárias durante a execução do Proer. Vieira compareceu ao Congresso em 9 de junho. Em seu depoimento, reiterou a denúncia de que o Banco Central e o HSBC haviam agido para provocar a falência do Bamerindus e sua venda ao banco inglês, que recebeu mais de R$ 800 milhões do Proer para sanear a instituição.
**** Senador (PT-SP).
***** Senador (PSB-RJ).
****** Senador (PSDB-ES).
******* Calheiros trabalhava pela efetivação do interino Wantuir Jacini no cargo.

com ele, não o considera competente, acha que é ligado ao Chelotti. Criou-se uma situação de tal natureza, que eu tinha que nomear outro delegado.

Fui ao Palácio do Planalto, recebi pouca gente, o Clésio Andrade* veio se queixar da situação de Minas. Passei o dia praticamente por conta da questão da polícia. Chamei o general, pedi os nomes que ele achava melhores. Na média ficou um tal de Campelo. João Batista Campelo.** Avisei pela imprensa que eu o nomearia ontem mesmo, terça-feira, 8 de junho.

Chamei o Moreira Franco, a quem eu já tinha pedido, desde a semana passada, que visse alternativas para o Ministério da Justiça. Temos alguns nomes: o Sergio Bermudes,*** o Aloysio Nunes Ferreira, há vários nomes que podemos examinar, depende de se querer nomear um político, alguém da magistratura ou um bom advogado. Eu já tinha conversado com o Pimenta, que acha que poderia ser o [José] Fogaça, um bom nome político, para criar amarras com o PMDB. Nesse meio-tempo me telefonou o Michel Temer, para propor que eu nomeasse para a Polícia Federal alguém que não fosse nenhum dos que estavam sendo citados. Eu disse: "É o que eu vou fazer".

Disseram que iriam falar com o PMDB. O Jader me telefonou, porque já tinha sabido desse fato. Me perguntou se eu não ia chamar o Renan. Eu disse que sim, e chamei. Renan, que já sabia da situação, custou a aparecer, porque estava reunido com o PMDB. Eu disse a ele que a posição em que eles tinham me colocado não me dava escolha e que eu iria designar o novo diretor da Polícia Federal.

O Renan disse que nessas condições ele não poderia ficar. Eu disse "Bom, isso vai criar uma crise com o PMDB, pense bem no que você vai fazer, não fui eu quem criou a situação, pense bem". Nesse meio-tempo o Michel e o Wellington Moreira Franco apelaram para que ele não se demitisse, ele pediu tempo, eu disse que tudo bem, mas que no máximo até dez ou onze horas da noite, porque eu tinha ficado de dar o nome ontem mesmo e ia nomear o delegado.

Quando foi quase onze horas da noite, me telefonou o Jader dizendo que o Renan, depois do apelo deles, tinha concordado em ficar; apenas não queria ser desprestigiado. Eu disse: "Vou avisar através do porta-voz**** que o delegado-geral foi designado, que eu chamei o Renan, conversamos e resolvemos designar. Claro que ninguém vai acreditar nisso, todo mundo vai ver o que aconteceu mesmo: que fui eu que nomeei o delegado para mostrar que o PMDB não pode pensar que manda e desmanda no governo". E assim foi feito nesta madrugada, ou melhor, ontem.

Tive um aborrecimento, porque a Ana, que está com o dedo no dique, ficou muito aflita e começou a perder as estribeiras diante do Clóvis e do Lamazière. Ela

---

* Presidente da CNT.
** Delegado federal aposentado e secretário de Segurança de Roraima, ligado a Jader Barbalho.
*** Advogado capixaba radicado no Rio de Janeiro.
**** Embaixador Georges Lamazière.

queria derrubar o Renan, ela é muito partidária do general Cardoso e pensa que minha autoridade se imporia se eu derrubasse o Renan. Mal sabe ela que se eu derrubo o Renan eu compro uma crise imensa com o PMDB. Dei todos os sinais ao Renan de que irá haver uma mudança de governo, dei sinais de que ele ficará pouco tempo e que eu buscarei uma posição confortável para ele, mas não defini qual.

Moreira Franco ficou de olho arregalado, porque possivelmente imaginou que nessa mudança ele ia para uma posição ministerial, e não o Renan. Sei lá o que vai acontecer. As pedras estão lançadas, é uma situação muito tensa. O Pimenta deu declarações duras sobre o PMDB, porque o PMDB realmente foi além de qualquer limite. Vê-se o grau de instabilidade em que estamos.

Conversei com Eduardo Jorge, que tinha sido procurado pelo Jader. Eduardo muito aflito, com medo de que pudesse arrebentar tudo. Ele acha que o momento é de dificuldade para começarmos a balançar, a brigarmos com o PMDB. Eu estava enfurecido, disposto a brigar; no decorrer do dia amainei com as vindas do PMDB, com o mea--culpa do Geddel e também com a posição do Jader. O Renan, coitado, estava em uma situação muito difícil, está cansado da Polícia Federal, aquilo é um inferno verdadeiro, mas ele cutucou a onça com vara curta, mexendo inclusive com o general Cardoso, que é um homem ilibado. Já houve até uma nota do Ministério do Exército (que eu vi quando estava na Amazônia) prestando solidariedade integral a ele, como tinha que ser.

Enfim, é uma crise séria, grave, que mostra que o modo atual de organizar o governo está chegando a um limite. Eu queria ganhar umas semanas para ver se faço as mudanças durante o recesso, com mais tranquilidade. Vou ter que mudar mais profundamente.

Enquanto isso, vai-se ficar discutindo quem manda. Quem tem de verdade mais autoridade não quer esse tipo de discussão rastaquera, que entusiasma e incandesce os corações e as paixões dos que andam discutindo quem manda ou quem tem autoridade.

Ontem vim para casa quase dez horas da noite, para um jantar em homenagem ao Castells, com Paulo Renato, Bresser, o Weffort, o Vilmar, o Abílio [Baeta Neves] (da Capes), o secretário executivo do Ministério de Ciência e Tecnologia,* a Ruth e o Castells. E o Juarez Brandão Lopes. Por isso estou tão cansado. É uma coisa depois da outra.

HOJE É SÁBADO, DIA 12 DE JUNHO. Na quarta-feira, 9 de junho, acordei muito cedo, não deu para fazer nada de mais especial de manhã a não ser me dedicar a coisas de rotina. À tarde recebi o chanceler do Uruguai, Didier Opertti, que aliás é o presidente da Assembleia Geral da ONU. Uma conversa muito boa a respeito das chances que ainda existem na ONU de sobreviver ao escândalo do comporta-

---

* Carlos Américo Pacheco.

mento dos Estados Unidos e da Otan [na Iugoslávia], que desmoralizaram inteiramente os mecanismos internacionais de controle da paz.

Depois recebi o João Paulo Reis Velloso* com Antônio Barros de Castro** e o Roberto Cavalcanti [de Albuquerque].*** Boa conversa. Eles falaram dos resultados do Fórum que realizam todo ano com coisas bastante razoáveis. Eu tenho aqui os documentos, vou lê-los. Convidei o Castro para jantar no Alvorada com Castells e com Vilmar. O Castro veio. Ele tinha dito uma coisa interessante durante nosso encontro da tarde: que a experiência mais bem-sucedida de controle da inflação foi o real. "A experiência mais bem-sucedida de desvalorização da moeda foi essa, vocês ganharam as duas principais batalhas que é possível ganhar". Eu disse: "É verdade, só que apenas nós sabemos disso. Lá fora [no mundo político e da população] ninguém está sabendo dessas vitórias". É curioso.

Tive um encontro no fim do dia com os ministros que estavam por aqui. Eu disse: "Olha, chega de ministros de partidos, precisamos de governo, preciso de unidade". Fiz uma análise da situação. Enfim, não vou repetir aqui, porque são as coisas habituais que eu penso, e disse que precisávamos de uma reação. "Não pode ser uma reação do tipo troglodita, como alguns gostam, estilo Antônio Carlos, tem que haver uma reação inteligente e firme." Os ministros saíram mais reconfortados com a minha disposição de botar ordem na casa. Nessa reunião não estava o Renan.

Nesse meio-tempo, continuou, como até hoje continua, o episódio Renan. Sai, não sai, rumores de cá, rumores de lá. Veio falar comigo o Temer, veio falar comigo o Padilha, o Jader não veio, está lá com seu jeitão desconfiado, preparando o bote. Provavelmente na próxima terça-feira, se não acontecer nada de novo, Renan vai pedir demissão. Eu o convoquei para um encontro na segunda-feira agora, dia 14. Vou até telefonar para ele, para sentir o pulso da situação. Esse é o pano de fundo dessa questão toda.

Na quinta-feira de manhã, dia 10, o mais importante foi a sanção do projeto de lei do Ministério da Defesa. Fiz um discurso emocionado, recordando a quantidade imensa de antepassados meus que serviram ao Estado, desde meu bisavô até outros militares.**** Disse que eu não estava extinguindo instituições seculares,

---

* Ex-ministro do Planejamento (1969-79), presidente do Instituto Nacional de Altos Estudos (Inae) e coordenador do Fórum Nacional, seminário de discussão econômica realizado pelo Inae em parceria com o BNDES.
** Ex-presidente do BNDES (1992-3) e professor da Universidade Federal do Rio de Janeiro (UFRJ).
*** Economista, diretor técnico do Fórum Nacional.
**** O bisavô de Fernando Henrique, Felicíssimo do Espírito Santo, terminou a carreira militar no posto honorífico de brigadeiro do Império, além de ter exercido mandatos de deputado, senador e presidente provincial. O avô do presidente, Joaquim Inácio Cardoso, alcançou a patente de marechal, assim como seu tio-avô Augusto Inácio. O pai de Fernando Henrique, Leônidas Cardoso, também chegou ao generalato e foi deputado federal. Seus primos Dulcídio e Ciro do Espírito

mas fazendo-as renascer dentro do Ministério da Defesa, que os comandantes das Forças têm para mim o mesmo prestígio que os antigos ministros e que é preciso entender como foi tão difícil, tão traumático, criar o Ministério da Defesa no Brasil. O marechal Castello Branco tentou e não conseguiu (eu não falei isso em público, mas é verdade). Eu o fiz sem que houvesse mossa, sem nenhuma reação contrária, graças ao meu estilo de buscar convergências para chegar a um objetivo. Fiz a defesa, portanto, de uma política democrática e inteligente e não troglodita e autoritária, como neste momento querem de mim.

Depois da sanção do Ministério da Defesa, vim para o Palácio da Alvorada e encontrei de novo o nosso [Luiz] Gutemberg, do *Jornal de Brasília*. Longa discussão, pois nem o Gutemberg, que é favorável ao governo, escapa da questão "Ah, mas o governo não faz nada na educação e na saúde". Logo na área de educação e saúde, onde estamos fazendo tanto. Quer dizer: os processos, no Brasil, não são apreendidos nem pela intelectualidade, só os fatos ou os gestos demagógicos. Os fatos ruins, negativos, então, são os que têm peso. Mas a conversa foi longa e boa.

Recebi o presidente da União Latina,* que é o embaixador [Geraldo Holanda] Cavalcanti, para discutirmos uma exposição do barroco brasileiro em Paris,** e à noite o Clóvis e o Pedro Parente, para tratarmos da reformulação da estrutura de governo. Mais tarde, ainda recebi o Amin com o Bornhausen e vários senadores e deputados, para analisarmos a crise do Banco do Estado de Santa Catarina.*** Saíram daqui a uma e meia da manhã, com a infausta notícia da morte do secretário de Segurança de Santa Catarina num desastre de helicóptero.****

Diga-se de passagem que, nesse mesmo dia, outro desastre, dessa vez de carro, matou um assessor de Lula no Espírito Santo — acho que dois assessores dele.*****

Santo Cardoso, ambos generais, tiveram cargos de relevo no Executivo federal. Ciro foi chefe da Casa Militar e ministro da Guerra no segundo governo Vargas; Dulcídio, prefeito indicado do Distrito Federal.

* Organização multilateral fundada em 1972, congrega países de línguas neolatinas (catalão, espanhol, francês, italiano, português e romeno) para iniciativas de integração cultural.

** A mostra Brasil Barroco: Entre Céu e Terra reuniu mais de trezentas obras e esteve em cartaz no Museu Nacional de Belas Artes do Rio entre julho e setembro de 1999. No mês seguinte, a exposição viajou à França e foi inaugurada no Petit Palais, onde permaneceu até janeiro de 2000.

*** O governo catarinense pretendia sanear seu banco estadual (Besc) para privatizá-lo. O Besc foi federalizado no final de 1999 com o aporte de R$ 2,1 bilhões e incorporado pelo Banco do Brasil em 2009.

**** A queda acidental da aeronave da PM catarinense, a 40 km de Florianópolis, matou o secretário Luís Carlos Schmidt de Carvalho e os dois oficiais que pilotavam o aparelho.

***** A comitiva de Lula se dirigia a Vitória pela BR-101 depois de participar de um ato em São Mateus (interior capixaba), quando um dos veículos, parado num engarrafamento, foi abalroado por uma carreta. Morreram o ex-deputado estadual petista Otaviano de Carvalho e a assessora de imprensa Elisabeth Gomes Lima.

Outro fato ruim foi que na terça-feira, dia 8, o Tribunal de Contas da União resolveu subitamente cancelar a licitação de novas áreas de concessão da Agência Nacional do Petróleo.* Por sorte, pedi que o pessoal de Santa Catarina ligado ao [Ademar] Ghisi, que era o relator no TCU, falasse com ele. Eles também conversaram com o Humberto Souto,** eu falei com Iram Saraiva, que é o presidente do Tribunal, o David [Zylbersztajn] estava com o Tourinho, e os dois atuaram muito. No dia seguinte, que foi ontem, sexta-feira, tiveram uma reunião com o Ghisi e com ministros do Tribunal, e eles finalmente suspenderam as objeções à licitação.

Nesse meio-tempo, Pedro Simon, para fazer histrionismo, está convocando os responsáveis pelo leilão para deporem no Senado, para dar a impressão de que existe maracutaia. Simon não faz nada de construtivo pelo Brasil, fica como franco--atirador contra o governo, mas na hora H não rompe.

Ontem de manhã, sexta, a distribuição de medalhas do Mérito Naval, pela primeira vez com o Élcio como Ministro da Defesa. Tudo normal, os militares têm se comportado esplendidamente bem.

No meio disso tudo, um problema complicado. É que o indicado por mim para a Polícia Federal (na verdade indicado a mim pelo general Cardoso, mas agora vejo nos jornais que ora foi indicado pelo Bornhausen, ora pelo Barbalho; é mentira, foi o Cardoso quem indicou) está com a acusação de que teria torturado um padre.*** O padre disse isso. Não há nenhum documento que comprove, mandei procurar. Mas de toda maneira é desagradável. Não sei bem que idade ele teria na época, mas policial é policial. Fico com as barbas de molho. Mário Covas fez uma declaração dizendo que é preciso apurar o fato. O Mário podia calar, dadas as circunstâncias. Eu, quando vou a São Paulo, nunca digo que estou assustado com a falta de segurança na cidade. A minha casa foi assaltada. Nunca digo isso porque tenho responsabilidade política, não faço essas coisas. Mas as pessoas, mesmo os mais amigos, e Covas é realmente amigo, querem tirar suas lasquinhas. A posição pública delas vale mais do que as conveniências políticas do Estado brasileiro.

Ontem, depois da cerimônia do Mérito Naval, passei o dia trabalhando, fiquei bastante cansado. Almocei com o Artur da Távola e o Andrea Matarazzo, para dis-

---

* O plenário do TCU decidiu por 7 votos a 1 suspender a licitação de 27 áreas petrolíferas enquanto a ANP não elucidasse pontos omissos do edital, relativos às regras para a formação de consórcios e à repartição dos blocos de exploração. A abertura dos envelopes com os lances das empresas participantes estava prevista para os dias 15 e 16 de junho.

** Ministro do TCU.

*** José Antônio Monteiro, ex-padre, denunciou o delegado João Batista Campelo como chefe da equipe de torturadores que o seviciara durante sua detenção por motivos políticos na Superintendência da Polícia Federal em São Luís, na década de 1970. Monteiro e outros religiosos torturados integravam uma comunidade eclesial de base instalada no município maranhense de Urbano Santos, quando foram detidos sem acusação formal pela PF.

cutir problemas de publicidade; mais do que isso, a estratégia de comunicação do governo. O Duda também veio e participou de uma parte do almoço. Mais tarde estarei com Moreira Franco, que acha que devemos mudar o governo; ele me parece atuando mais como governo do que como PMDB. Soube depois que ele e Antônio Carlos tiveram uma altercação, porque ele teria feito inconfidência sobre uma opinião de Antônio Carlos. Coisas da política brasileira.

À noite recebi a Wilma Motta* para conversar sobre a vida dela, as dificuldades que está tendo para retomar a vida depois da morte do Sérgio, e também recebi Everardo Maciel, que saiu daqui quase às onze da noite, porque ficamos discutindo a reforma tributária, as questões relativas à Cofins** — que o Superior Tribunal está discutindo — e tomando pulso da Receita Federal.

Hoje, sábado, vou cortar o cabelo agora para fazer uma nova fotografia oficial.

---

* Viúva de Sérgio Motta, ex-ministro das Comunicações (1995-8).
** O aumento da alíquota da Cofins de 2% para 3% da receita bruta das empresas de alguns setores, que fora implementado pelo pacote de ajuste fiscal, era questionado na Justiça por empresários e entidades patronais.

13 DE JUNHO A 2 DE JULHO DE 1999

Temer e ACM se desentendem. Cai o novo diretor da Polícia Federal. A "MP da Ford"

Hoje é domingo, dia 13 de junho, são nove horas da manhã. Passei o sábado praticamente trabalhando nos meus papéis, botando a casa em ordem, depois de ter feito a fotografia oficial e nada de mais importante a não ser as leituras que pude fazer. Entre elas, um trabalho de Gustavo Franco sobre a crise cambial e a taxa de juros. Trabalho como sempre inteligente, um tanto na defensiva, para mostrar, no fundo, que havia uma possibilidade de (ele não diz isto, mas é isto) seguir adiante com a política de desvalorização gradual da taxa de câmbio, e que de repente o presidente mudou. Ele sabe que não foi bem assim. Mas, enfim, o Gustavo mantém a dignidade acadêmica, mandou uma carta a mim, simpática.

Recebi pelo Eduardo Jorge a informação de que o Jader Barbalho quer falar comigo. Telefonei para ele, que virá aqui hoje, agora às nove e meia da manhã. Vamos ver do que se trata. Imagino que o PMDB se sentiu acuado e está querendo reagir. Tenho medo de que estejam preparando outro bote. Tenho que ficar preparado para qualquer emergência. Estamos numa situação estranha, porque temos cortado as bocas fisiológicas e as fontes de roubo. Diminuindo os cargos cobiçados, e o pessoal está nervoso com isso.

Nunca as coisas aparecem como elas são, a imprensa tem um pacto de cumplicidade, subconsciente eu creio, com a bandalheira. Por exemplo, há uma informação, não sei qual é a veracidade dela, dizendo que foi o Paulo Heslander* quem passou os grampos que foram escandalosamente reproduzidos pela *Folha*. Não sei se é verdade, mas o Paulo Heslander realmente tem conexões com o meio das telecomunicações, foi presidente da Telemig** e tem ligações com esse submundo que é capaz de grampear. Que interesse poderia ter o Paulo Heslander, não sei. Estaria magoado porque quis ser diretor da Caixa Econômica ou da BR Distribuidora, e não foi nem uma coisa nem outra?

O fato de não termos entregue esses grandes cartórios, ou mesmo bocas de exploração do Estado através do uso de recursos públicos, para fins privados faz com que muita gente fique inquieta e incômoda. Estamos cortando progressivamente tudo isso. Não se diz nada pela imprensa. Ninguém diz. Nem nós podemos dizer, porque é grave acusar sem prova, e nunca se tem prova de que fulano ou beltrano fez isso ou aquilo. Então estamos agindo sem ser na base da acusação pessoal, mas cortando progressivamente a entrega dessas posições às pressões políticas.

* Deputado federal (PTB-MG).
** Estatal mineira de telefonia comprada em 1998 pelo consórcio Telemar.

Isso torna as pessoas mais nervosas e mais gritantes, elas fazem barulho. É o que está por trás de muito da inquietação da chamada base do governo. Em geral são cargos menores, mas que têm certo efeito clientelista. É o caso do Ibama, do Incra. No caso do Incra, então, é escandaloso; querem nomear o seu superintendente a todo custo. O Raul Jungmann pede liberdade [para as nomeações], e tem todo o direito de tê-la, para nomear quem ele quiser. Ele tem que nomear gente eficiente, e fica a onda, sobretudo porque nesse caso saiu do PMDB. Não são só os do PMDB. Em Pernambuco, por exemplo, não sei se é o PMDB ou o PFL que atrapalha.

Esta é uma decisão que não quero antecipar, mas vou informar aos partidos que Ibama, Incra, Funai passam a ser órgãos que não podem ser discutidos em termos políticos de forma alguma.

Dir-se-á por que não fiz isso antes. Porque eu não tinha força, não tinha condições para fazer. As pessoas não sabem o que é a realidade política, ficam assustadas, mas é assim. A inquietação das bases, as acusações de falta de autoridade, tudo isso tem a ver, em parte, com o fato de estarmos, de maneira o mais suave possível, cortando essas mordomias, essas situações irregulares; mas elas têm que ser eliminadas aos poucos. E quando se faz algo importante, por exemplo, a criação do Ministério da Defesa, isso surge na imprensa como se não fosse nada; na realidade, é uma luta secular. O que Castello Branco não conseguiu fazer eu consegui sem crise nas Forças Armadas. Estamos modernizando o Brasil.

Repito a velha toada. É muito difícil instituir uma liderança democrática. Todos querem o autoritarismo ou o populismo. São as duas formas de exercício da autoridade sancionadas positivamente entre nós. Embora todo mundo critique, no fundo é o que querem. Ou o berro, a espada, o chicote, ao estilo Antônio Carlos, ou então o populismo. Às vezes os dois juntos. Populismo de que tipo? Cede-se às pressões, faz-se demagogia e, com isso, se "legitima" a autoridade. Nós estamos fazendo outra coisa; estamos afirmando uma autoridade legítima, democrática, que convence ou tenta convencer, que articula, que só no limite impõe. Fui obrigado tantas vezes a impor, não tenho receio de impor, mas não quero ser conhecido como um Antônio Carlos do Sul.

HOJE É QUARTA-FEIRA, DIA 16 DE JUNHO. Ontem passei o dia no Paraguai, em Assunção. Reunião do Mercosul,* nada de novo, a não ser rumores de que ia haver um atentado, que iam nos envenenar, essas bobagenzinhas. "Eles" não se

---

* XVI Reunião do Conselho do Mercado Comum e dos Chefes de Estado do Mercosul. A Presidência da República foi assumida por Michel Temer — Marco Maciel representava o Brasil na posse do presidente sul-africano, Thabo Mbeki, sucessor de Nelson Mandela. Em novembro de 1998, o presidente da Câmara assumira o cargo pela primeira vez em circunstâncias semelhantes, quando de uma visita oficial de Fernando Henrique à Suíça.

sabe quem são. Na verdade, o governo do Paraguai está feliz com o governo brasileiro e com a nossa atitude na última crise do Paraguai. Alguma tensão no Mercosul com o Chile, que quer ser membro de pleno direito, mas não quer baixar tarifas. Na verdade, não pode ter a tarifa externa comum igual à nossa, porque as tarifas deles já são muito mais baixas do que as dos outros países do Mercosul.

Reunião com a imprensa, as provocações habituais, queriam saber qual é a minha atitude em relação a esse delegado Campelo, eu respondi, está nos jornais de hoje, que enquanto não houver um indício efetivo do que ele fez, continua no posto. Por enquanto não há um elemento de comprovação. Nós não vivemos em um estado de acusação, mas em um Estado de Direito. Tenho que ter elementos para formar juízo, e se houver esses elementos eu o afasto. Claro que hoje já vem intriga no jornal, como se fosse uma reprimenda minha à Casa Militar, dizendo que ela não me informou das coisas. Não é verdade. A Casa Militar me informou que não consta nada. Hoje de manhã Eduardo Graeff voltou a falar comigo e disse que não conseguiram até agora nenhum elemento que indique comprometimento pessoal desse Campelo com prática de tortura. Enfim, é mais uma brecha política em que estão insistindo. Claro que o Renan, contrariado, deu posse sumariamente ao delegado. Eu até entendo, a situação do Renan é insustentável.

Além disso, aniversário do Pedro (meu neto),* telefonei para ele ontem. Jantamos com o Zoza Médicis [João Augusto de Médicis]** e a mulher,*** eu e a Ruth, conversa geral, agora estou esperando a chegada do governador da Bahia**** com Antônio Carlos e o pessoal da Ford.***** Aí há também confusões. Na segunda-feira fui procurado pelo governador do Espírito Santo, José Ignácio, com a ideia de que a Ford iria para a Bahia por causa da prorrogação do acordo automotivo que dá vantagens de tributos.****** Não há possibilidade de haver tal prorrogação. Ninguém falou desse assunto conosco, mas a intriga já campeia. A Ford deve ter dito isso; havia decidido ir para a Bahia e, para se justificar com o governador do Espírito Santo, deve ter insinuado qualquer coisa nessa direção.

* Filho de Beatriz Cardoso e David Zylbersztajn.
** Designado para a embaixada do Brasil no Chile.
*** Adriana Médicis.
**** César Borges (PFL).
***** Ao fim de uma conturbada batalha fiscal entre os estados da Bahia, São Paulo e Rio Grande do Sul, a montadora norte-americana anunciou a instalação de sua nova fábrica no município baiano de Camaçari, com investimentos de US$ 1,3 bilhão e financiamento de até R$ 1,5 bilhão pelo BNDES.
****** A MP 1532-2, aprovada em 18 de dezembro de 1996 e convertida na lei nº 9440, de 14 de março de 1997, estabeleceu incentivos fiscais a indústrias automobilísticas que se instalassem nas regiões Norte, Nordeste e Centro-Oeste. A MP fixou o dia 31 de maio de 1997 como prazo final para a adesão das montadoras interessadas.

No mais, um bate-boca desmoralizante entre o Antônio Carlos e o Michel Temer. Ontem, aliás, anteontem, segunda-feira, cheguei à noite aqui, eu ia jantar com Serra e com Vilmar Faria para discutir as pesquisas de opinião pública,* as dificuldades e até a hostilidade que há comigo neste momento. Cheguei bastante desanimado por causa da troca de insultos entre eles, o Antônio Carlos e o Michel Temer, e essa troca de insultos continuou ontem. Entretanto, o Temer, que exerce a Presidência porque Marco Maciel estava na África do Sul, ao me receber no aeroporto quando eu voltava do Paraguai, me disse que ele e Antônio Carlos resolveram parar os insultos. Uma coisa realmente inacreditável, um nível rastaquera de acusações. Fico imaginando o povo olhando para essas coisas e botando todos nós no mesmo balaio. O que resulta dessa troca de insultos é isso.

Êxito na questão das licitações de petróleo,** parece que tudo bem, a Justiça desta vez não interferiu negativamente. Boas notícias da economia em geral,*** mas continua o mau humor no país, essa coisa muito desagradável na arena política.

HOJE É DOMINGO, DIA 20 DE JUNHO, estou voltando do Rio de Janeiro, onde fui passar meu aniversário na sexta-feira. Vou reconstruir até aqui.

Na quarta-feira, dia 16, como eu disse, recebi Antônio Carlos, César Borges, o presidente da Ford,**** mais o presidente americano da empresa***** e outras pessoas. Na verdade, é aquilo mesmo, só que ninguém me disse nada sobre o regime automotivo. É normal, no finalzinho, uma adequação da regulamentação existente. Não pediram prorrogação. Eu logo mencionei que haveria dificuldades no Mercosul e na OMC.****** Antônio Carlos, mais esperto, pediu que o governador não insistisse no tema, que se trataria dele depois. Mas comigo não tratou. Ele

---

* O Vox Populi divulgara no início de junho uma pesquisa de opinião com 51% de ruim/péssimo para o desempenho do presidente. A aprovação (ótimo/bom) foi de 15%. 64% dos entrevistados avaliaram o segundo mandato de Fernando Henrique como pior que o primeiro.

** O leilão das áreas para exploração de petróleo e gás — o primeiro desde a quebra do monopólio estatal do setor — rendeu R$ 320 milhões aos cofres públicos, com grande ágio. Dez empresas estrangeiras adquiriram participações nos consórcios de prospecção. A Petrobras arrematou um terço dos blocos licitados. No entanto, quinze das 27 áreas ofertadas pela ANP não atraíram interessados.

*** O dólar vinha se mantendo entre R$ 1,75 e R$ 1,80. Em junho de 1999, a inflação acumulada em doze meses foi de 3,1% (IPCA). O superávit primário nos primeiros quatro meses do ano superara em R$ 2 bilhões a meta acertada com o FMI. Em 16 de junho, o Ibovespa da Bolsa de São Paulo atingiu 11 640 pontos, alta de quase 50% em relação ao clímax da crise cambial de janeiro.

**** Ivan Fonseca e Silva.

***** Martin Inglis, vice-presidente mundial da Ford e presidente da Ford South American.

****** A prorrogação de incentivos fiscais previstos pela lei nº 9440 contrariava regras de concorrência da OMC e acordos com a Argentina sobre o regime automotivo no âmbito do Mercosul.

falou comigo sobre questões gerais e que ia viajar, nem mesmo mencionou com muito empenho a questão do Temer.

Tive uma reunião, à tarde, na Comissão de Defesa* e, nessa comissão, o general Cardoso apresentou um programa para a extinção do plantio da maconha no assim chamado Polígono da Maconha, em Pernambuco. Muito boa a intervenção do governador Jarbas Vasconcelos, firme, dizendo que a maconha não se resolverá somente com ações do Banco do Nordeste, embora apoie essas ações. Ele mostrou que a situação de segurança pública era calamitosa.

Depois disso, chamei o Jarbas, conversamos um pouco, eu o alertei de que vou mudar o governo em julho e que quero contar com ele. Depois recebi o diretor-geral da Elf Aquitaine,** que veio reclamar das condições da exploração do petróleo no Brasil, e mais tarde vim ao Palácio da Alvorada, onde recebi o Tasso Jereissati, presente o Giannotti, grande discussão. O Tasso insistindo na necessidade de uma ruptura com o PMDB, pedindo minha autorização para combinar com o Antônio Carlos.

Eu disse: "Tasso, no momento em que você falar isso para o Antônio Carlos, a mudança não será minha, será dele. Ele vai para o jornal dizer que deu ordem para fazer isso, fazer aquilo... Além do mais, continuo achando difícil dispensar o PMDB". O Giannotti também não concordou com a história do Antônio Carlos, porque tem preconceito contra o PFL, então continuo preocupado, e com razão. A situação é realmente bastante delicada. Como o Serra e o Vilmar me tinham dito na noite anterior, o apoio da opinião pública está se esvaindo em função, provavelmente, não só da crise econômica, mas da sensação de uma desordem muito grande no país, de uma falta de autoridade, como se diz. Autoridade minha, ou a que querem que seja minha.

São aspectos, digamos, não essenciais, mas que aparecem como essenciais neste momento de dificuldade e crise. O Tasso muito amistoso, ele diz isso porque acredita. Respondi que não acho tantas diferenças assim entre os partidos, não dá para dizer que o PMDB é a condensação do mal. Parte dos políticos quer mais ou menos a mesma coisa, poder, e se possível algumas vantagens até mesmo de ordem material, sempre sob o pretexto, e às vezes com a convicção, de que é um mecanismo para garantir as eleições futuras. Eu não concordo, acho que dinheiro de eleição é nas eleições, e não antes delas. Enfim, esse é o pano de fundo da briga no Brasil.

No dia seguinte, quinta-feira, o Giannotti estava aqui cedo, mas nem pude tomar café da manhã com ele; tomei com o [Ibrahim] Abi-Ackel*** e com o Madeira.

---

* Câmara de Relações Exteriores e Defesa Nacional.

** Jean-Luc Vermeulen, vice-presidente executivo de Exploração e Produção. A Elf Aquitaine fundiu-se com a Total em 2003.

*** Deputado federal (PPB-MG) e ex-ministro da Justiça no governo Figueiredo.

Horrorizados os dois, o Abi-Ackel por causa de uma pendenga em Minas, porque quem foi nomeado para o DNER,* Generoso, uma coisa assim,** é o adversário dele na cidade.*** Abi-Ackel ganhou de longe as eleições e o derrotado recebeu como prêmio o DNER, porque votou contra o Itamar, a meu favor. É uma injustiça com o Abi-Ackel, ele tem nível.

Gozado como as pessoas são. Ele é muito preparado, mas eu tinha uma impressão negativa dele por ter sido ministro da Justiça no regime militar e também porque houve uma campanha grande da TV Globo contra ele.**** Mas hoje Abi-Ackel está redimido perante nossos olhos, o Madeira gosta muito dele, é um homem competente. Madeira pediu seu apoio para as reformas que virão, precisamos reformar também o regimento da Câmara. A tese do Abi-Ackel é clara: no Brasil não existe a noção de oposição ao governo, é uma confusão: cada partido para o seu lado e a oposição com o peso mais que proporcional a seu peso real, em virtude do regimento, por incrível que pareça.

Depois recebi rapidamente o Clóvis, em seguida o Esperidião Amin e o Bornhausen, para tratar do Banco de Santa Catarina, com a presença do Pedro Malan e do Armínio Fraga. É sempre a mesma questão, só que lá as pessoas realmente se empenham em colocar as coisas em ordem. O estado em que o governador anterior***** deixou Santa Catarina é desastroso, o banco quebrado e fingindo que não.

Em seguida falei com o Garotinho, com o Conde e com o [José Camilo] Zito, prefeito de Duque de Caxias,****** que vieram me dizer que estão unidos no Rio de Janeiro; acho que foi mais para uma oportunidade de foto, não entendi bem. O Conde muito simpático, o Garotinho muito esperto, sempre dizendo que tem dificuldades com o Brizola.

---

* Departamento Nacional de Estradas de Rodagem, órgão federal extinto em 2001 para a criação do Departamento Nacional de Infraestrutura de Transportes (DNIT).

** Genésio Bernardino de Sousa, ex-deputado federal (PMDB-MG), nomeado para a diretoria-geral do DNER em março de 1999. Nas convenções nacionais do PMDB, em 1998, Sousa votara contra a candidatura própria do partido nas eleições presidenciais.

*** Manhumirim (MG).

**** Em 1985, já no governo Sarney, uma reportagem do *Jornal Nacional* acusou Abi-Ackel de integrar uma rede internacional de contrabandistas de pedras preciosas. Segundo dois informantes norte-americanos, durante sua gestão na pasta da Justiça Abi-Ackel teria atuado como procurador de uma empresa de mineração envolvida no esquema. A Globo também denunciou a suposta leniência da PF na condução de inquéritos contra aliados de Abi-Ackel em Minas Gerais e a venda de vistos de permanência para estrangeiros. O ex-ministro chegou a ser indiciado pela PF, mas foi absolvido pelo STF.

***** Paulo Afonso Vieira (PMDB).

****** PSDB.

Tive ainda um encontro com o Andrea Matarazzo, com Rui Rodrigues,* chamei o Vilmar, que estava por aqui também, para que discutíssemos como fazer com a comemoração do Real,** o que fazer em lugar da comemoração. Houve o lançamento da Semana Nacional Antidrogas, com discurso e tudo, o Renan não apareceu por lá. O general Cardoso discursou, e também esse [Wálter] Maierovitch,*** que é uma pessoa de jeito estranho, falou.

Recebi em seguida o Almir Gabriel, despacho normal de trabalho, e falei com o Rafael de Almeida Magalhães e com o Eliezer Batista,**** que deveriam vir com o pessoal interessado na questão do gás no Brasil, mas vieram sozinhos.

Quinta-feira à noite fui ao Rio de Janeiro, sexta-feira foi meu aniversário, 18 de junho, passei sexta, sábado e domingo no Rio.***** Quando embarquei na quinta, o general Cardoso me disse que o PMDB tinha feito um manifesto contra o homem que nomeamos para a Polícia Federal.****** Ele achava que não havia mais condições da permanência dele, até porque também o PFL se manifestaria contra. Fui ao Rio preocupado com isso, mas já sabedor do que iria acontecer, porque o PSDB estava muito contra, vários senadores falaram comigo, o Arthur Virgílio também, ele me mandou uma carta muito boa sobre esse assunto, o Fernando Bezerra ponderou ao Eduardo Graeff que não dava mais para manter a posição do delegado, então fui viajar preocupado.

Na sexta-feira de manhã, já no Rio de Janeiro, o general Cardoso me informou que o senhor em questão tinha pedido demissão. O general o chamou para dizer que ele precisava se demitir, alegando — como eu tinha dito ao Clóvis nessa mesma manhã por telefone — dificuldades políticas, sem falar na questão da tortura, pois ele nega ter sido torturador. E assim foi feito, aceitei a demissão e pedi que se mantivesse no cargo até amanhã, para eu ver o que faria. Isso rendeu uma enorme pauleira da imprensa sobre a fragilidade da Abin e das informações que o general me deu. É verdade, ele assegurou até o fim que o homem não tinha nada, que era

---

* Diretor de marketing da agência DM9DDB e ex-coordenador do marketing televisivo da campanha presidencial de Fernando Henrique em 1998.

** A entrada do real em circulação completou cinco anos em 1º de julho de 1999.

*** Secretário nacional Antidrogas, subordinado ao Gabinete de Segurança Institucional da Presidência.

**** Ex-presidente da Vale do Rio Doce (governos João Goulart e Figueiredo) e membro do Conselho Coordenador das Ações Federais no Rio de Janeiro.

***** O presidente — que fez 68 anos — e a família se hospedaram na residência oficial da Gávea Pequena.

****** O delegado Campelo depusera à Comissão de Direitos Humanos da Câmara naquele mesmo dia, voltando a negar seu envolvimento com torturas de presos políticos na década de 1970. O relatório da Comissão da Verdade, publicado em 2014, não listou Campelo entre os 377 agentes do Estado envolvidos em violações de direitos humanos durante a ditadura civil-militar.

limpo, não obstante parece que o depoimento do padre sobre ter sido torturado por ele foi convincente, e ele não foi tão convincente assim na reação. Por enquanto tudo subjetivo, mas o suficiente para que sua posição ficasse insustentável. E de novo eu pagarei a conta: vão dizer que quem nomeia, desnomeia; aceita a desnomeação, coisa que, aliás, o Antônio Carlos já disse.

Nesse meio-tempo, o Antônio Carlos desancou o presidente do Supremo Tribunal Federal, Carlos Velloso. Vi pelos jornais, no Rio, que o juiz Velloso queria que eu interferisse. Telefonei para ele e disse: "É difícil, mas em todo caso estou pronto para qualquer ação construtiva, podem contar comigo". A situação é cada vez mais delicada. Telefonei também para o [Nelson] Jobim* e para o Milton Seligman, que conhecem mais a polícia, para ver sugestões de nomes. Agora à noite, quando cheguei do Rio, o general Cardoso insistiu muito num candidato, mas que não é conveniente. Falou também de um juiz, Paulo Castelo Branco,** que também não acho muito conveniente.

Telefonei para o Marco Maciel, para o Bornhausen, e discutimos uma eventual substituição do Renan. Bornhausen lembrou do [Octavio] Gallotti*** e o Marco Maciel lembrou do Aristides Junqueira.**** De posse desses dados, telefonei ao Pimenta da Veiga, pedindo que ele sondasse a questão do Junqueira. Ele gostou mais da sugestão do Junqueira do que da do Gallotti, eu também, o Junqueira é mais afirmativo. Mais tarde o Pimenta telefonou dizendo que estava ótimo ser o Junqueira, ele acha uma boa solução, eu também acho, já fico formando na cabeça um novo ministério.

Conversei esparsamente com o Paulo Henrique, com o Duda, enfim com as pessoas que andavam por aqui, Getúlio, mas não assuntei nome algum, apenas conversei um pouco mais com o Paulo sobre o nome do Lampreia no lugar do Celso Lafer [no Ministério do Desenvolvimento]. O Lampreia me parece ter mais garra do que o Celso para essa área, vamos ver se cola.

Fora isso, continua esse mal-estar generalizado de ataques sucessivos, a conta sempre paga por mim. Um artigo muito duro do Wilson Figueiredo***** a respeito da mudança do chefe de polícia, ele naturalmente não sabe dos meandros das coisas, mas no geral até tem razão, lembra o tempo do Getúlio, que nomeou o irmão, Bejo Vargas [Benjamin Vargas], por 48 horas.****** Ele só se esquece de que naquela época o chefe de polícia era quem mandava e que hoje a Polícia Federal é um órgão de re-

---

* Ministro do STF e ex-ministro da Justiça (1995-7).
** Secretário de Segurança do Distrito Federal.
*** Ministro do STF.
**** Ex-procurador-geral da República (1989-95).
***** Colunista do *Jornal do Brasil*.
****** A nomeação do controverso Benjamin Vargas para a chefia do Departamento Federal de Segurança Pública — a polícia do antigo Distrito Federal e órgão precursor da PF — foi o estopim do golpe militar que depôs Getúlio em 29 de outubro de 1945.

pressão ao contrabando e às drogas, não tem mais o peso que tinha naqueles dias, portanto ele não precisa ficar tão preocupado. De qualquer maneira, isso mostra como o clima geral é desfavorável.

Me disseram que o Arnaldo Jabor queria falar comigo. O Jabor tem uma posição boa, é um homem inteligente, é um astro que passa pelo céu e de repente some. Não se pode pedir às pessoas que sejam coisa diferente do que elas são. Jabor é um crítico que discute a época, um homem de coragem, gosto do Jabor.

De volta a Brasília, aqui estou à espera do Clóvis e do Pimenta, porque vou começar a discutir mais organizadamente o que fazer com o novo governo.

HOJE É TERÇA-FEIRA, 22 DE JUNHO. Ontem recebi o Clóvis, depois chegou o Pimenta, chamei o Marco Maciel, discutimos o que fazer. Primeiro a respeito de nomes para a Polícia Federal. Nos limitamos a dois ou três, falei com o Jobim, com o Seligman, falei com o delegado geral de São Paulo, o de Minas Gerais e o do Paraná.* No final, resolvemos que íamos ver esses nomes; se o Renan não topasse, muito bem, podíamos até partir para uma crise, mas não iríamos recuar. O Marco já tinha me sugerido o nome do Aristides Junqueira para ministro da Justiça, o Pimenta tinha estado com ele, conversamos de novo sobre esse nome, ficou acertado que se houvesse alguma crise o Pimenta falaria à noite com o Aristides Junqueira para ver se ele toparia ser ministro da Justiça.

Efetivamente não aconteceu nada disso, porque à tarde, depois do expediente, quando chamei o Renan, depois de termos nos certificado de que o melhor nome era o do homem [superintendente] de Minas,** que tinha todas as indicações favoráveis, Renan concordou na hora, até alegremente. Depois eu soube que era um dos nomes que ele próprio já tinha achado razoável. Ele disse que não tinha objeção, que eu escolhesse quem quisesse dentre os que estavam nos jornais, desde que tivesse currículo adequado. Esse de Minas não estava nos jornais. Mandei avisar que ia nomeá-lo, só o vi hoje, recebi-o à tarde, tive boa impressão dele. E recomendei que quero profissionalismo, sobretudo para terminar os inquéritos que não terminam nunca, como o dos grampos, do dossiê Cayman e outras infâmias. Quero dele independência, disse para ele não se meter em política, e que o fato de ele não ter tido nenhum apoio político foi positivo, e não negativo. Recebi hoje mesmo uma carta do ministro Carlos Velloso, que é o presidente do Supremo Tribunal, elogiando a escolha. Ele conhece o delegado, achou muito bom, o que é positivo.

Tivemos a cerimônia de apresentação de credenciais de embaixadores e ontem, no período da tarde, fiz uma conferência para estagiários da Escola Superior

* Isto é, os superintendentes regionais da PF nesses estados.
** Agílio Monteiro Filho.

de Guerra.* Falei por quase uma hora sobre as perspectivas do Brasil, os jornais deram pouca coisa do conteúdo e muita coisa da atitude, dizendo que passei dos limites da tolerância.** À tarde ainda, recebi o Arthur Sendas*** com Humberto Mota,**** recebi a direção da CNBB, d. Jayme Chemello, juntamente com o núncio,***** mais o bispo Marcelo Carvalheira e também d. Damasceno, conversa muito boa. Gosto de d. Jayme, homem franco, direto, vieram se informar sobre as bolsas e o pagamento da Previdência para instituições filantrópicas. Eles não sabiam bem, quando explicamos d. Jayme gostou muito.

Muita rotina pesada, botar em ordem papéis, despacho, trabalho, Câmara mais calma, Antônio Carlos me telefonou porque saiu no jornal que quando Pimenta foi embora daqui ontem teria dito que o Congresso Nacional está paralisado. Festa no Congresso, não está paralisado, levei a bronca de todos, não tem cabimento começarem a me atacar por uma coisa que o Pimenta disse de boa-fé, enfim, o trivial ligeiro. Antônio Carlos entrou nessa também do Pimenta, eu disse a ele que não fui eu, que foi o Pimenta, mesmo assim voltei ao assunto com o Velloso, que me telefonou a pretexto de me felicitar pelo aniversário, mas foi é para reclamar do Pimenta.

À noite estive com o Jorge Bornhausen, passamos em revista as coisas, disse a ele a importância de acalmarmos essas brigas. Em princípio ele ficou de ver se era possível um encontro do Antônio Carlos comigo, com o Temer e com o presidente do Supremo na próxima semana. Seria ótimo. Discutimos de novo a mudança de ministério, novas ideias, novos nomes, mas tudo ainda no ar.

---

* O presidente discursou na solenidade de apresentação dos estagiários da ESG de 1999.
** O final da palestra de Fernando Henrique adquiriu tom de desabafo sobre as dificuldades políticas enfrentadas pelo governo, num recado aos partidos da base aliada. No registro da Biblioteca da Presidência: "O Brasil não pode mais conviver com disputas corporativas. Não pode mais conviver. O Brasil tem que ter uma visão muito clara do seu destino, dos seus objetivos. A democracia implica isso. Se bem que a democracia implique a compreensão do outro, em certos graus de tolerância, devo dizer que, no meu caso, a minha tolerância chegou ao limite — chegou ao limite. Chegamos a um momento em que precisamos marchar juntos pelo rumo escolhido pelo povo. E o Presidente representa isso. Em qualquer campo, a decisão tomada há de ser decisão respeitada. Não pode ser decisão que, a cada instante, seja objeto de contestação, por quem quer que seja. Não de contestação de crítica, que sempre é possível, mas de contestação que diz respeito à não cooperação daqueles que estão na obrigação moral, porque são partidários, são aliados [...], porque são partes do Estado, para levar adiante os programas de transformação do Brasil".
*** Presidente do grupo Sendas e da Associação Comercial do Rio de Janeiro.
**** Diretor da Agência de Desenvolvimento Urbano da Prefeitura do Rio.
***** Alfio Rapisarda.

HOJE É DIA 23 DE JUNHO, QUARTA-FEIRA. Ontem falei também com o presidente Jacques Chirac, como sempre muito amável, muitos salamaleques e rapapés para a Ruth. Ele disse que tinha apoiado a decisão de finalmente iniciarmos as negociações no mais tardar em 1º de julho de 2001, para terminarem no mesmo período da Alca. Ele acha que assim se pode marchar para o livre-comércio, está muito contente com a posição da chancelaria brasileira. Aliás, o Luiz Felipe atuou muito bem nessa matéria, permitiu uma recomposição que deu no que deu, essa é a saída. Ele estava muito irritado com o Carlos Menem, que, juntamente com o [José María] Aznar, mobilizara todo mundo contra a França. Não sei o que há de verdade nisso, de fato o Aznar andou atrás de mim, mas não falei com ele.

HOJE É QUINTA-FEIRA, 24 DE JUNHO, quase meia-noite. O dia transcorreu relativamente calmo. Fui à apresentação do Ministério de Orçamento e Gestão sobre o Plano Plurianual e as mudanças de governo.* Depois do bom discurso do Pedro Parente, fiz um discurso explicando as mudanças, as televisões destacaram apenas uma frase minha contrapondo-me aos empresários.** Fiz pensando mesmo no pessoal do Iedi que na comemoração de aniversário foi muito antigoverno,*** como se fossem pessoas inimigas; embora vivam no BNDES buscando apoio, agora se queixam de que não há apoio.

Tive à tarde uma reunião sobre a reforma tributária, que avança bastante bem.**** Almocei com o Serra, passamos em revista muitas coisas, inclusive algo da reforma ministerial. Diga-se de passagem, Paulo Renato deu uma entrevista desastrada, que saiu no *Globo* de hoje, como se ele tivesse conversado comigo, passando a impressão de que o Pedro Malan e o Pimenta estavam garantidos no novo governo. De mim disse que eu já falei com quem devia falar, o que devia falar, e agora vou resolver a reforma do ministério. Eu não disse nada sobre essas

---

* Apresentação do Plano Plurianual e do plano estratégico do Ministério do Orçamento e Gestão.

** No final do discurso, o presidente alvejou setores do empresariado nacional: "É lamentável que alguns confundam o projeto possível e bom para o Brasil com a defesa do passado. Subsídios, taxas de juros subsidiadas, reserva de mercado, Estado guarda-chuva, crítica ao Estado e lucros fáceis. Essa época acabou [...]. As oligarquias industriais ou financeiras que vivem chorando pela falta de esperança no Brasil estão chorando por um passado do qual foram beneficiárias, e que não vão voltar porque nós temos que ter um futuro que beneficie o povo e não os setores que se acastelaram na vida pública. Isso acabou. É um novo Brasil, é um novo projeto".

*** No início de junho, durante a cerimônia de aniversário do Iedi, o presidente recém-empossado do instituto, Paulo Cunha (grupo Ultra), se referira em tom lamentoso à "desesperança dos brasileiros" com o governo e a economia.

**** O governo tentava fechar o texto final do projeto de lei da reforma tributária (PEC 175/95) desde o início do primeiro mandato. A matéria permanecia na comissão especial da Câmara.

questões ao Paulo Renato, não disse com quem falei ou com quem deixei de falar, nem se fica Malan ou se fica Pimenta. Não sei o que deu na cabeça do Paulo Renato. Fui obrigado a desmenti-lo por intermédio do Rafael Greca. Estive à tarde com o Mauro Salles,* cheio de ideias a respeito da nova atitude do presidente e do governo.

Depois encontrei o Rafael Greca, que me prestou contas do que fez no exterior. Voltaram rumores a respeito do dossiê Cayman, fui verificar, os autores da chantagem é que estão com medo, provavelmente porque a polícia está chegando perto de desvendar o que não é segredo, mas que por enquanto aparece como se fosse. Eu próprio não sei exatamente quem são os autores finais do documento.

Pela primeira vez sinais positivos da taxa de desemprego. A média no Brasil caiu de 8% para 7,7%, o que já é bastante razoável, e no Rio de Janeiro é de 5,3%, creio. Mesmo o Dieese deu como resultado uma estabilização em abril, e o fato é que, comparando abril do ano passado — não lembro bem se é abril ou maio — com abril deste ano, estamos melhor do que estávamos no ano passado quanto à taxa de desemprego.** Tomara que seja uma tendência, por enquanto é apenas sinal de que houve uma estabilização. Isso é muito importante, porque é o que mais angustia a sociedade; em níveis internacionais, o desemprego aqui é relativamente baixo, mas em níveis nacionais é elevado, e como exploração política é elevadíssimo.

No Rio de Janeiro, como eu disse, é cinco e alguma coisa, mas a impressão é que há um grande desemprego. Se perguntar à população, as pessoas vão dizer que está todo mundo desempregado, isso por causa do vozerio que se faz na mídia. O importante desses dados é que, se essa tendência continuar, o vozerio da mídia ou para, que é o mais provável, ou reconhece que diminuiu o desemprego; se parar já é uma grande coisa.

Arrumei os meus papéis, amanhã vou a São Paulo, depois ao Rio de Janeiro para tratar da reunião de cúpula. Hoje falei com o Gerhard Schröder, foi simplesmente uma amabilidade do Schröder, que me telefonou para dizer que vem muito contente ao Brasil, está confiante no resultado do nosso encontro.

HOJE É SEXTA-FEIRA, 2 DE JULHO, portanto faz uma semana que não registro nada aqui, e por razões compreensíveis. Passei uma semana bem agitada na chamada Cimeira, que se realizou no Rio de Janeiro.***

---

* Publicitário, dono da Salles Propaganda.
** Em maio de 1999, o Dieese mediu desemprego de 20,3% na Grande São Paulo, mesma marca do mês de abril. Um ano antes, a taxa de desocupação fora de 18,9%, segundo o órgão intersindical. No cálculo do IBGE, o desemprego médio no país fora de 8,2% em maio de 1998 e 8,02% em abril de 1999.
*** A reunião de cúpula América Latina-Caribe-União Europeia aconteceu no Museu de Arte Moderna, no Aterro do Flamengo.

Retomando, na sexta-feira passada, 25 de junho, fui a São Paulo participar de uma solenidade com o Mário Covas, solenidade do IPT, Instituto de Pesquisas Tecnológicas, que fazia cem anos. Muita gente na sala, havia certa apreensão de que poderia haver uma manifestação, não houve manifestação alguma, discursos bons, sobretudo do presidente do IPT, Plínio Assmann, nada além disso. Em seguida, uma cerimônia também de lançamento de programas da Caixa Econômica.*

Em São Paulo, encontrei o Mário Covas bem-disposto, firme. De passagem, conversei com Antônio Ermírio, que vai inaugurar duas usinas hidrelétricas em São Paulo. Ele estava no gabinete do Mário Covas. Depois fui para casa, onde jantei com a Ruth, o Boris Fausto, a Cinira [Fausto]** e a Carmute, Maria do Carmo Campelo de Sousa. Muito agradável. No dia seguinte de manhã, sábado, fomos ao Rio de Janeiro, almocei com a família, várias crianças, isso até a tarde, e ainda dei entrevistas a uma quantidade enorme de televisões: da Alemanha, da CNN, enfim, a roda habitual que acontece antes dos grandes acontecimentos. Fiquei bastante tempo nessa questão, revi papéis, conversei com Eduardo Santos, meu assessor diplomático, e discuti com Ana Tavares questões de publicidade.

À noite jantamos, o Pedro Malan, o Lampreia, o Armínio Fraga e eu, todos com suas mulheres,*** foi muito agradável também, mas aí conversamos um pouco mais em profundidade, discutimos alguma coisa sobre a composição do ministério. Falamos de passagem, porque o Pedro Malan é muito reservado, só fala sozinho comigo. Havia a ideia de uma troca: colocar o Celso Lafer no Ministério das Relações Exteriores e o Lampreia no Ministério do Desenvolvimento, Indústria e Comércio Exterior.

O Lampreia reagiu fortemente, até entendo a razão dele, dizendo que isso esvaziará o Itamaraty, que, ele, Lampreia, nas negociações de comércio exterior trará um peso muito grande. Não quer a troca por essa razão. Além disso, está com vontade de terminar seu período no Itamaraty e, quando eu puder dispensá-lo, de ir para a vida privada. Lampreia me dá essa impressão. Pedro Malan sugere o Pérsio Arida nessa posição [do MDIC]. Não acho que o Pérsio seja, neste momento, a pessoa adequada, não só porque tem a questão do Opportunity, que é uma infâmia, mas que fica pesando na cabeça de todo mundo, como também não sei se o Pérsio tem o drive necessário para a articulação empresarial, que vai ser a função desse ministério. Enfim, começamos a discutir questões dessa natureza. O Lampreia ficou bem situado, entendeu bem do que se tratava, de que tipo de gente eu preciso; ele é um homem competente. Paro agora porque Kofi Annan**** está me chamando pelo telefone.

---

* Assinatura de contrato entre o banco federal e o governo paulista para a construção de habitações populares. Ambas as cerimônias aconteceram no Palácio dos Bandeirantes.
** Mulher de Boris Fausto.
*** Catarina Malan, Lenir Lampreia e Lucyna Fraga.
**** Secretário-geral da ONU.

Vou retomar com o domingo, dia 27.

De manhã, além dos despachos com meus secretários mais diretamente ligados à questão da Cúpula, como Eduardo Santos, recebi o primeiro-ministro da Alemanha, o chanceler Gerhard Schröder, e o Zedillo no palácio da Gávea Pequena para um almoço. Como já disse, no sábado à tarde dei muitas entrevistas a várias televisões, em várias línguas sobre a Cimeira, como eles começaram a chamar a Cúpula. A conversa com Schröder e Zedillo foi um pouco tensa no início, porque ele é um pouco duro e só fala alemão, embora saiba inglês. Depois foi ficando cada vez mais fácil, discutimos os avanços havidos na questão da França, eu havia falado por telefone com o Chirac, que tinha pré-anunciado que a França cederia, e cedeu realmente, as negociações vão ser abertas entre o Mercosul e a União Europeia incluindo as questões agrícolas, houve um mandato negociador para a União Europeia, tudo positivo. O Schröder falou também sobre a Terceira Via comigo e com o Ernesto Zedillo, propôs um encontro entre Zedillo, ele e eu mais o Tony Blair, para fazermos uma ronda política ao redor da Terceira Via, nada mais de substância.

O Clóvis estava com vários assessores dele e meus, ministros, embaixadores, enfim foi um ordenamento da cúpula. De lá saí para encontrar o Massimo D'Alema, primeiro-ministro da Itália, me encontrei com ele no Palácio das Belas Artes do Rio de Janeiro,* foi a primeira vez que o vi. Tive do D'Alema uma impressão menos forte do que imaginava, ele é um homem afável, entende português, eu italiano, conversamos sem dificuldade sobre assuntos gerais, amigos comuns, notadamente o Ricardo Lagos,** do Chile. Ele tem uma visão bastante, digamos, "moderna", foi um líder comunista, aceita o mercado talvez até com mais entusiasmo do que eu. Fora isso, não me passou uma impressão muito forte quanto ao tipo de personalidade, de desempenho, coisa que, aliás, se confirmou no dia seguinte, quando tivemos uma reunião no debate em plena Cúpula. Mas isso não quer dizer que seja assim, pode ter sido uma primeira impressão. Depois inaugurei uma exposição com ele, de artistas italianos que tinham trabalhado no Theatro Municipal do Rio de Janeiro.

Encontrei-me com o Frei, inauguramos uma exposição de coisas mapuches, e tive um longo encontro com o Chirac na Firjan, Federação das Indústrias do Estado do Rio de Janeiro. Uma hora, conversa mais densa com os assessores dele, passamos em revista os vários temas de França e Brasil, bilaterais. Chirac falou muito irritado da atuação do Aznar e do Menem, os quais, segundo ele, eram responsáveis por a França ter sido acusada de emperrar o mandato de negociação da União Eu-

* Isto é, o Museu Nacional de Belas Artes, na Cinelândia. Acompanhado de D'Alema e do presidente chileno, Eduardo Frei, Fernando Henrique abriu três exposições na mesma noite: Arte Italiana entre as Duas Guerras, Noventa Anos do Theatro Municipal e Arte Mapuche.
** Ex-ministro de Obras Públicas do governo chileno, candidato da situação às eleições presidenciais de dezembro de 1999.

ropeia, o que não era bem assim, ele disse. Enfim, *La Comédie-Française*,* ao estilo dele. Mas sempre muito simpático comigo, com o Brasil, uma pessoa de convívio agradável e forte presença.

Terminado isso, fomos a um jantar no Palácio da Cidade, na rua São Clemente, antiga embaixada britânica. Eu estava muito cansado, mas foi bom o jantar, o Conde nos recebeu bem, estava lá também o Anthony Garotinho, muitas delegações de vários países, música boa. De lá voltei à Gávea Pequena para dormir.

O dia seguinte, segunda-feira, 28, foi pesado, reunião sem parar o dia inteiro. Tivemos um almoço excelente na churrascaria Porcão, o Chirac comentou que nunca comeu tão bem nas reuniões de cúpula que está acostumado a frequentar. Disse que isso mostra o grau de civilização do Brasil. De fato a comida foi boa, o ambiente agradável. Na reunião propriamente dita, que transcorreu o dia todo, Chirac expôs o posicionamento da França no que diz respeito à situação financeira internacional. Eu falei bastante, o Schröder um pouco menos, mas a conversa se desenvolveu basicamente entre os três aqui mencionados, com a presença picante do Fidel Castro, que colocou questões a meu ver pertinentes, mas que eu tirei do debate porque iriam dominá-lo o tempo todo e que se referiam ao grau de limitação das interferências bélicas que a Otan está realizando na Europa. Ele perguntou algo assim: Se a Otan, aqui presente, está fazendo um acordo com a América Latina, qual é o sentido dela? Ela vai nos bombardear?

É claro que no nosso documento eu tinha dito que haveria respeito à soberania, à autodeterminação dos povos, portanto não se aplicava o comentário do Fidel Castro, mas ele quis provocar para discutir a questão internacional e também para criticar os Estados Unidos, mostrar medo da dominação americana, o risco de uma intervenção violenta. Depois de que ele falou, na reunião privada com os presidentes, dei a palavra ao Zedillo, que, diga-se de passagem, também teve presença forte na reunião geral. Zedillo falou mais sobre as ONGs, desviou a atenção e ninguém respondeu ao comentário do Fidel Castro. Me passou muito boa impressão também o Robin Cook, ministro do Exterior da Inglaterra, com posições sempre muito diretas e objetivas. Também gostei, como sempre, já o conheço há mais tempo, do Wim Kok, primeiro-ministro da Holanda, homem equilibrado, de posições firmes. Também o da Áustria me impressiona bem, Viktor Klima. Os nórdicos, em geral, parecem todos funcionários de organizações internacionais, corretos, adequados, mas sem brilho, sem força maior.

Da América Latina, eu já disse que quem mais me pareceu criativo foi o Zedillo. O Hugo Chávez também, ele tem presença bombástica. Tive que redefinir o que ele disse, para deixar claro que Chávez era a favor da democracia, não contra. Estava dando a impressão de que ele era contra a democracia não substantiva, digamos assim. Em todo caso, isso mostra que há certa pobreza no panorama internacional.

---

* Companhia teatral do Estado francês, fundada em 1680.

Nessas reuniões, quando os presidentes tomam lugar à mesa — eram 48 chefes de governo —, obviamente as questões já estão resolvidas, estavam todas já bem mastigadas. Aliás, o que o Lampreia fez, o que nós fizemos, foi bastante positivo. Lampreia ficou meio incomodado com o chanceler de Cuba, o Felipito [Felipe Pérez Roque]. Ele era o assessor do Fidel Castro, tinha estado conosco em Brasília quando o Fidel veio jantar aqui,* e agora estava muito impertinente nessa reunião dos presidentes. Mas no geral as coisas saíram bem. Gostei também da ministra do Exterior da Suécia,** que fez uma boa apresentação.

O resto é a rotina dessas ocasiões, um jantar admirável preparado pelo Claude Troisgros, o ambiente estava muito simpático, jantei ao lado da mulher do presidente da Colômbia,*** o Andrés Pastrana, uma moça bonita e simpática. Do meu outro lado estava a Martita Frei [Marta Frei],**** que conheço bem, depois a Nilda Zedillo, mulher do Zedillo, nossa amiga também, seguida do Schröder, do Hugo Banzer e do Chirac. O jantar foi muito agradável, divertido.

Na terça-feira de manhã, retomamos a cúpula na mesma batida e sem nada de extraordinário, conferência de imprensa dada pelo Schröder, por mim, pelo Zedillo e pelo presidente da Comissão Europeia, que é o Jacques Santer, evento meio opaco, já tínhamos dado uma entrevista no dia anterior. Terminadas as fotografias, partimos de volta para Brasília.

De volta na terça-feira mesmo, cheguei no fim do dia, quase na hora do jantar, e comecei a me informar das coisas com o Clóvis e outros mais. Do principal só soube no dia seguinte, na quarta-feira. Recebi primeiro o senador Fernando Bezerra, tive uma conversa franca com ele, que falou um pouco restritivamente do Padilha. Perguntei se ele, em algum momento, aceitaria ser ministro e me pareceu que está à disposição do governo; se eu precisar posso dispor dessa carta. Conversamos sobre o Jader, o Jader preocupado porque não sai a nomeação de quem ele indicou para a Petrobras, algumas objeções dos círculos mais ligados ao PSDB com as dificuldades de sempre, e sempre acusações nas quais nunca se pode ir a fundo. Não se consegue saber se elas são realmente procedentes ou mera insinuação.

Na hora do almoço, além do Fernando Bezerra, chegaram aqui o Arthur Virgílio e o Madeira, que são líderes do governo junto com o Fernando Bezerra. Fiquei sabendo que no dia anterior eles tinham aprovado uma medida provisória acrescida da medida provisória que estava em discussão: uma extensão do regime

---

* Em 6 de setembro de 1998, Fidel Castro fez uma rápida visita a Brasília: jantou com Fernando Henrique no Palácio da Alvorada e passou a madrugada do dia 7 em reunião com Lula e a cúpula do PT num hotel da capital.
** Anna Lindh.
*** Nohra Puyana de Pastrana.
**** Primeira-dama do Chile.

automotivo do Nordeste, para permitir que a Ford vá para a Bahia.* Exatamente o oposto do que eu havia dito aos governadores que tinham me procurado para me informar desse acordo. Não havia esse acordo, mas o fato é que quem encaminhou a votação foi o Ronaldo Cezar Coelho, que tinha almoçado com o Antônio Carlos. Foi uma manobra do Antônio Carlos e dos baianos. Fiquei realmente enraivecido com isso e já voltarei ao tema.

Nesse mesmo dia, quarta-feira, recebi um projeto do Pimenta, a lei geral dos Correios e Telégrafos.** Recebi o Élcio Álvares e os comandantes militares, reclamando de novo da questão do custeio das Forças Armadas, eles até têm razão. Depois veio o Jaime Lerner com um grupo de bispos do Paraná, juntamente com o Raul Jungmann e o general Cardoso. É a situação da reforma agrária, o MST pressionando muito, eles achando que o governo tem que fazer alguma coisa. Fui muito franco, disse que qualquer coisa que fizéssemos não resolveria, o MST hoje é um movimento político, eles não querem terra, querem agitação, e o governador tem que obedecer aos mandados da Justiça, mas claro que deve fazer isso com propriedade. Nós temos recursos, poucos, mas vamos usá-los para assentar mais gente no Paraná.

Recebi depois o deputado [Gerson] Gabrielli,*** que é ligado aos lojistas, com ideias relativas à facilitação do crédito para pequenos empresários no Cadin, um registro dos inadimplentes que deixa todos eles desesperados. Depois vim para o Palácio da Alvorada, onde dirigentes do PSDB vieram me felicitar pelo meu aniversário e ao mesmo tempo deixar suas reivindicações genéricas.

Mais tarde, à noite, recebi o Antônio Carlos mais o Velloso, presidente do Supremo, e o Temer. Antes, de manhã, eu tinha tido um encontro com o Jorge Bornhausen, o Clóvis, o Pimenta e o Marco Maciel, quando discutimos questões genéricas sobre mudança de ministério e, mais especificamente, a posição do Antônio Carlos, que está se excedendo muito. Ele se encontrou conosco à noite, quando voltou do Senado, depois da questão dos precatórios falsos, que foram parar no Banco do Brasil e que eram da prefeitura de São Paulo, haver chegado ao Senado. Sem querer, o Senado nos levou a dar por nulos os precatórios se a Justiça não os validasse, o que significaria um prejuízo para o Banco do Brasil de 5 bilhões de reais.**** Claro, male-

---

* Uma comissão mista do Congresso aprovou uma alteração na MP 1740-32/99, que ficou conhecida como a "MP da Ford". A medida modificou a lei nº 9440 para prorrogar o prazo de adesão das montadoras ao programa de incentivos fiscais até 31 de dezembro de 1999.
** Projeto de lei 1491/99, que "dispõe sobre a organização do Sistema Nacional de Correios, do seu órgão regulador, e dá outras providências". Em 2016, a proposta continua tramitando no Congresso.
*** PFL-BA.
**** A Comissão de Assuntos Econômicos do Senado aprovou a rolagem de R$ 6,1 bilhões de precatórios da prefeitura de São Paulo em posse do Banco do Brasil. Na semana anterior, uma resolução do Senado determinara que o refinanciamento federal de débitos judiciais dos estados e municípios deveria ser antecedido pela legitimação desses títulos na Justiça. O presidente do BB, Andrea

dicência por toda parte, disseram que isso era um acordo meu com o Paulo Maluf. Na verdade eu nunca soube que havia precatórios da prefeitura de São Paulo no Banco do Brasil, nunca fiz acordo nenhum com Maluf que envolvesse precatório de nenhuma natureza. Fiquei indignado.

O fato é que esses precatórios foram parar no Banco do Brasil em abril de 1995, me disseram depois. Numa negociação com o Banespa, quando houve a intervenção. Parecia ser bom negócio para o Banco do Brasil ficar rolando a dívida de São Paulo, que àquela altura não se sabia que era podre, desde que a prefeitura passasse os salários dos funcionários para o Banco do Brasil e não para o Banespa.* Isso foi feito. Mas foi uma coisa meio obscura, tivemos que entrar duro, com desgaste grande, para evitar que o Banco do Brasil quebrasse, e ainda essa maledicência que pôs mal o Banco do Brasil. O *Estado de S. Paulo* fez um editorial muito bom mostrando que eu não tinha nada com isso, telefonei para o Luis Nassif, coisa que nunca faço com jornalista, para dizer: "Nassif, você deu a informação dizendo que foi um acordo político e populista meu com o Maluf, que isso é o preço de eleição, e isso não é verdade".

No dia seguinte ele retificou, e a *Folha de S.Paulo* deu um editorial sobre "tucanos, tucanagens e malufismo",** como se tivesse havido um acordo. São todos muito precipitados e maledicentes, para dizer o mínimo. Aliás, diga-se de passagem, o Lula foi absolvido pelo Tribunal Superior ou Federal de Justiça. Eu o processei porque na campanha Lula disse que a Telebrás tinha sido vendida pela metade do preço para ajudar o caixa da minha campanha.*** Ora, a Telebrás foi vendida caríssimo, as teles se venderam por um preço imenso, eles pegaram uma afirmação irresponsável do Sergio Motta de que elas valiam 40 bilhões de reais; elas foram vendidas por 22 bilhões, ninguém acreditava que chegassem a tanto, e certamente não foi para campanha nenhuma. Os tribunais consideraram que isso foi apenas

---

Calabi, escreveu aos senadores solicitando a revogação da medida para acelerar a renegociação da dívida paulistana e assim evitar a "virtual quebra" do banco. Em 1997, uma CPI apurara denúncias de emissão irregular de precatórios para o suposto pagamento de débitos judiciais, cujos recursos foram desviados para outras finalidades, procedimento vedado pela Constituição. Paulo Maluf e Celso Pitta, respectivamente prefeito e secretário de Finanças de São Paulo na época dos fatos investigados, foram apontados como responsáveis pelos desvios, embora não tenham sido indiciados.

* O Banco do Estado de São Paulo sofreu intervenção federal em 1994 e foi vendido ao Santander em 2000.
** O editorial se intitulou "Conluio tucano-malufista".
*** O presidente de honra do PT fez a acusação numa entrevista, em junho de 1998, durante o processo de privatização do Sistema Telebrás, concomitante à campanha presidencial. Fernando Henrique perdeu em segunda instância uma ação de difamação movida contra Lula, conforme sentença unânime da segunda turma do 3º Tribunal Regional Federal (São Paulo).

uma frase mais esquentada da briga de campanha. Quer dizer, atacar a honra do presidente da República pode! Inacreditável!

Voltando à reunião com o Antônio Carlos, o Velloso e o Temer. Veio também Marco Maciel, eu falei bastante, no começo a reunião estava difícil, o Temer muito tenso. Antônio Carlos chegou tarde, pela razão que eu já expliquei, ele estava no Senado discutindo a questão do Banco do Brasil e os precatórios, a gente ganhou, ele chegou calmo. O Jorge Bornhausen e outros mais já tinham falado com ele, porque Antônio Carlos vem se excedendo enormemente nos últimos tempos, usando palavras inadequadas com todo mundo, até o Ciro Gomes entrou na dança. Acho que o Antônio Carlos não devia fazer bate-boca com o Ciro, pois é tudo que o Ciro quer. A reunião só terminou à uma da manhã de ontem, quinta-feira, dia 1º. Terminou calma, falamos sobre as reformas, eu disse que era preciso criar um clima de harmonia, indiretamente disse a eles o que precisava ser dito: comportem-se! O Velloso tem sido muito correto, não tem entrado em nada disso, o Antônio Carlos discutiu a questão do Senado, das CPIs, o Velloso saiu-se muito bem. No dia seguinte, o Supremo Tribunal reafirmou todas as liminares que tinham sido dadas contra a CPI* e também votou a favor da cobrança da Cofins, por 7 a 3.** Foi uma coisa muito boa para nós, o Velloso tem se desempenhado bem, os outros ministros da mesma forma, com independência, mas com entendimento das situações.

Ontem, dia 1º, quinta-feira, a manhã foi tomada pelas reuniões habituais, mas a preocupação já era a medida sobre a Ford na Bahia. Muita reunião, muita discussão a respeito do assunto, depois relato com mais calma, porque acabou de chegar o Pedro Malan.

Retomando, de manhã recebi o Paulo Renato, que está muito aflito com a área econômica, acha que eles estão impedindo os empréstimos do BID e do Banco Mundial por causa da discussão sobre o acima da linha, o abaixo da linha, uma confusão metodológica muito grande. Confusão, não; existe aí uma camisa de força para impedir a utilização de empréstimos, o empréstimo deve ser lançado imediatamente como endividamento e tanto faz ser de curto prazo como de longo prazo. Ele é computado como endividamento e leva a área econômica a não liberar recursos internos em moeda local correspondente ao externo. Enfim, uma briga antiga.

Depois fui ver com o Matarazzo o que eu falaria à tarde a respeito do quinto aniversário do Real.

* O plenário do STF confirmou liminares favoráveis a investigados pela CPI dos Bancos, entre os quais Francisco Lopes. A comissão ficou impedida de indiciá-los criminalmente a partir da quebra de seus sigilos.

** O STF manteve a cobrança de Cofins de empresas dos setores de mineração, energia e telecomunicações, anteriormente isentas.

À tarde tivemos reunião com o pessoal da área econômica para festejar o quinto ano do Real. Fiz um discurso de vinte minutos, que, segundo a imprensa, foi mais sóbrio que nos outros anos, como era natural, mesmo assim afirmativo. Em seguida, recebi de novo o Pimenta da Veiga e o pessoal da Associação Nacional dos Prestadores de Serviço Móvel Celular com o Luiz Alberto Garcia, da Algar de Minas Gerais e presidente dessa associação. Eles estavam comemorando haver distribuído 10 milhões de telefones celulares no Brasil.

Depois recebi o Teotônio Vilela, o Aécio Neves, o deputado João Castelo,* cada um com uma observação sobre a situação do Brasil. Em seguida me reuni por longo tempo com o pessoal da área do Ministério do Desenvolvimento, Ministério da Fazenda, Orçamento, mais o Clóvis e o Itamaraty, para enfrentar a questão da Ford. Como já disse, houve uma traição, porque esse assunto nunca foi discutido comigo, nunca me comprometi em estender a validade do regime automotivo especial do Nordeste para que a Ford pudesse ser contemplada. Por que não estendi? Porque há problemas com o Mercosul, principalmente, e também com a OMC, e isso nunca esteve em cogitação.

Quando o Antônio Carlos esteve aqui com o César Borges, com o presidente da Ford dos Estados Unidos e o presidente da empresa no Brasil, eu disse claramente que achava ótimo, como acho, que a Ford vá para a Bahia, mas que eu não podia mudar a lei. E agora, nesta terça-feira à noite, mudaram a lei. Só fui saber disso no dia seguinte, quando, na conversa com os líderes, percebi que haviam feito uma mudança de lei. Eu tinha falado com o Antônio Carlos por telefone, foi uma conversa áspera, ele veio tonitruante, ameaçando, a Bahia, não sei o quê, eu disse a ele que era presidente de todos os brasileiros e que, por mais que eu quisesse ter uma fábrica na Bahia, precisava olhar o Brasil todo. Ele então respondeu: "Não, porque fizeram concessões no Rio Grande do Sul, tenho gravado".

Eu disse: "Antônio Carlos, não venha falar comigo de gravações, isso era só o que me faltava". Ele então encolheu a sua petulância, mas sei que vai voltar a ela, pelo estilo dele. Eu me irritei profundamente e disse a ele: "Ninguém me procurou, eu não sabia dessa manobra, acho uma coisa inaceitável, evidentemente não quero prejudicar a Bahia, mas também não posso deixar de ter as considerações que o assunto requer". Isso foi reafirmado à tarde, o Malan rigorosamente contra, o Celso Lafer mais ou menos contra, o Itamaraty fortemente contra, e o Antônio Carlos disse que todos eles — o Itamaraty, não, mas os outros dois — já tinham concordado com ele e que a lei teria sido feita na Casa Civil. Claro que não foi, nesta hora o Antônio Carlos usa qualquer argumento e até mentira para obter os resultados que deseja. Resolvemos não tomar uma decisão naquele dia, pensei que fosse obrigatório, mas não é. Tenho dez dias ou mais para pensar se sanciono ou veto. Nesses dez, quinze dias dá para buscar uma solução, se é que existe solução para uma questão tão delicada como essa.

* PSDB-MA.

Hoje, sexta-feira, 2 de julho, dei uma longa entrevista sobre a política externa do Brasil, depois recebi o Paulo Renato e o Amin, e fui ao lançamento do programa Comunidade Ativa, que é do Comunidade Solidária, Milton Seligman lançando, ele muito competente. À tarde recebi o Paulo Sérgio Pinheiro.* Recebi também o Arruda, que é inteligente, quer ser de novo líder ou ministro, ele faz observações pertinentes, é competente, defende o governo quando tem interesse nisso, mas põe a cara pra bater. Fez críticas pertinentes à desordem que há no Senado e na relação entre o Congresso e o governo, ou seja, o Palácio do Planalto. Recebi ainda o Arthur Virgílio, líder, que vem surpreendendo pela maneira como tem conduzido as questões. Mas foi o vice-líder dele, Ronaldo Cezar Coelho, quem, almoçando com o Antônio Carlos, resolveu apoiar a extensão da lei automotiva. Jantamos aqui, eu e Ruth, com o Celso Lafer, a Mary [Lafer],** o filho dela e um amigo do filho. Fomos para o escritório da Ruth, eu e o Celso, e conversamos fraternalmente sobre a situação dele.

O Celso tem toda a razão, sua situação é difícil, é tiroteio para todo lado, ele acha que há um epicentro, e que pode ser até o PSDB, pela comparação permanente que fazem com a imagem do que seria o Mendonça [Luiz Carlos Mendonça de Barros] como ministro do Desenvolvimento. A análise do Celso coincide com a minha, repeti isso para o Pedro Malan. Todo mundo gostaria que ele entrasse em choque com a política de ajuste fiscal do Pedro Malan. Ele, o Celso, obedecendo às minhas diretrizes, não entra; pelo contrário, sustenta o ajuste, mas ao mesmo tempo está tentando articular aqui e ali o que é possível, porque é necessário. Ele tem mexido bastante, diz que sua equipe é boa e está certo de que é uma questão de estilo (eu tenho o mesmo dele). Celso foi muito correto, disse: "Se você quiser, você sabe, o cargo, você dispõe dele, mas, se for o caso, quero uma saída digna". Quer dizer, não pode ser "fritado" por mim. Ele não está sendo fritado por mim.

Depois de pensar muito com o Malan ontem, não vejo quem possa substituir o Celso com vantagem neste momento. Realmente não vejo. O Celso tem muitas qualidades humanas, é inteligente, sabe do dossiê, acompanha, só lhe falta a aparência de pulso firme. Conversei com ele sobre o BNDES, porque não gostei do presidente do BNDES, o José Pio Borges, ter me telefonado apoiando o Antônio Carlos na questão da Bahia. O Pio telefonou para o Celso, e eu soube que para o Malan também. Ou seja, está capturado pelo esquema do Antônio Carlos. Mas não é esse o problema; o problema é o rapaz ter se empenhado tão a fundo. Não sei se não foi ele quem entusiasmou os baianos com o apoio do governo federal à Ford. O Celso pediu que eu resolvesse com rapidez a situação do ministério. Ele está certo nisso também, não tem cabimento procrastinar.

---

* Sociólogo, coordenador do Núcleo de Estudos da Violência da USP.
** Mulher de Celso Lafer.

3 A 17 DE JULHO DE 1999

Problemas do regime automotivo. Reformulação do ministério. Mário Covas, candidato à sucessão. Morte de Franco Montoro

Hoje é domingo, dia 4 de julho, nove da manhã. Já mencionei que discuti com o Pedro Malan as várias possibilidades de modificações do ministério, ele está a fim de forma aberta e franca, fica no governo como eu tinha combinado com ele até as eleições do ano 2000, depois vai viver a vida dele. Além do mais, diz ele com razão, se eu tiver que mudar algum ministério, não posso botar um ministro da Fazenda só por alguns meses, tenho que dar uma chance de dois anos. Então, a mudança dele fica postergada. Sugeriu o Antônio Barros de Castro para o Ministério da Política de Integração Nacional,* não achei mau, embora eu não tenha uma avaliação direta sobre o Castro e tenha problemas, sobretudo no Nordeste, com o tipo de gente a colocar lá. Conversei sobre cada ministério com Malan, não vou repetir aqui por ser enfadonho.

Também recebi o Padilha, com quem tive uma conversa franca. Curiosamente ele me disse que o Temer, o Jader e ele andaram vendo na lista de deputados quem poderia ser ministro e chegaram à mesma conclusão que eu: não há quem. O PMDB é pobre de quadros. Não abri totalmente o jogo com o Padilha, mas disse que alguma mudança vou ter que fazer, estou vendo quais. Acho que eu e eles estamos abertos para compreender as mudanças necessárias. Reafirmo que o Padilha é um bom ministro, e disse isso a ele. Agora, preciso é de dez ministros que falem, que defendam o governo, que deem a cara pra bater. A questão não é gerencial, não é técnica, os ministros são bons, em geral são competentes, têm um ponto fraco aqui e ali, mas no conjunto são bons. A questão é mais a política. A área econômica está organizada; o que está desorganizado neste momento é o Palácio do Planalto no aspecto político. O Eduardo Graeff foi colocado numa posição que não é para ele, ele não tem titularidade política para exercê-la, nunca foi deputado, é visto pelos deputados como um funcionário, e não como secretário de Estado, como ministro. Essa foi a conversa com o Padilha, e foi boa.

Depois do almoço recebi o Pedro Parente, às quatro da tarde. Ele me disse que o Antônio Carlos telefonou para ele. Quando o Parente perguntou se ele podia ou não entrar no assunto da Ford, "pode", diz o Pedro, "mas é preciso que a solução passe pelo veto". Também acho, se for possível. Em seguida, me disse que virá aqui amanhã de manhã com o Tourinho. O Pedro Parente quer acabar com a Secretaria

---

* Secretaria de Políticas Regionais, com status de ministério.

de Administração,* ele é ambicioso e competente, acho que vai desempenhar bem esse papel. Suponho que esteja se ajeitando bem com o Martus.

Estive em seguida com o Malan e no fim do dia, às sete da noite, chegou o Pimenta, acompanhado do Aristides Junqueira. Eu tinha pedido que ele trouxesse o Junqueira, para sondarmos se ele poderia ser ministro da Justiça. O Junqueira não pode, tem problemas de dívida pessoal, precisa ganhar dinheiro no escritório de advocacia. De qualquer forma foi uma coisa boa, conversamos sobre vários nomes e sobre quem ele acha bom. Sugeri o nome do [Sepúlveda] Pertence.** Não sei se ele topa, seria um choque, o Pertence sempre foi, apareceu sempre, como "do outro lado", mas acho o Pertence uma pessoa de grandes qualidades, quem sabe eu possa botá-lo na Justiça. Se não, vamos ver, há o Aloysio, mas o Junqueira acha que o Aloysio está muito inimistado com os juristas hoje em dia. Outro possível é o Pimenta, e eu disse isso a ele pela primeira vez.

Hoje de manhã virá aqui o Pimenta. Ontem, sábado, Ruth e eu ainda fomos jantar na casa do [João Geraldo] Piquet Carneiro,*** para a despedida do Zoza e da Adriana Médicis, que vão para o Chile. Muita gente lá, muitos embaixadores, estrangeiros e nacionais, muito agradável. Estava também o Franklin Martins, ele foi à minha mesa, tomamos bastante vinho com o Madureira de Pinho [Demóstenes Madureira de Pinho Filho], que é o pai do Tintim, como ele mesmo diz, o José Gregori, o Pedro Paulo. Na hora houve certa discussão, eu talvez tenha dito coisas além do limite, estava também esse rapaz senador por Brasília,**** que a certa altura provocou muito com o negócio do Antônio Carlos. Eu talvez tenha falado mais do que devia sobre essa questão, quebrando o recato presidencial. Gosto do Franklin, apesar de ele ser meio quadrado nas análises que faz. O Franklin provocando e eu disse: "Mas a força do presidente é muito grande, não precisa ficar mostrando, usando a toda hora. A crise já passou, vocês não perceberam e ficam só nessas coisas rasteiras. Têm que olhar mais adiante, alguém tem que olhar mais adiante". Esse tipo de conversa.

No conjunto o jantar foi agradável. Voltamos à uma da manhã, hoje acordei às oito horas, portanto dormi seis horas, o que não chega a ser uma maravilha, mas a esta altura da minha vida, e na minha idade, seis horas já satisfazem. Entre seis e sete horas de sono é do que eu preciso para me sentir bem. Estou gravando isto de manhã, Ruth ainda está dormindo. Daqui a pouco recebo o Pimenta, e por aí vai. A Gilda Portugal Gouvêia***** virá almoçar.

---

* Secretaria da Administração Pública e Reforma do Estado, então chefiada por Claudia Costin.
** Ministro do STF.
*** Advogado, membro do Conselho de Reforma do Estado.
**** Luiz Estevão (PMDB-DF), investigado pela CPI do Judiciário no caso do superfaturamento das obras da sede do TRT de São Paulo.
***** Diretora do programa Universidade Solidária.

HOJE É TERÇA-FEIRA, 6 DE JULHO. Como eu disse, a Gilda [Portugal Gouvêia] veio almoçar aqui no domingo. Conversamos sobre o Ministério da Educação, ela considera que as coisas estão bem encaminhadas, mesmo a questão relativa à universidade, portanto, não vê nenhuma razão para mexer em nada por lá. À noite, recebi o José Gregori, ele veio ver um filme, conversar, jantar. Dei uma longa entrevista para um jornalista espanhol chamado Santiago Belloch, foi o Carlos Knapp* quem o trouxe. Gostei do modo como ele me entrevistou, é um grande jornalista espanhol, escreveu o livro *Interior*,** que revolucionou a política da Espanha por causa do massacre dos bascos pelo governo.*** Nada de mais a anotar sobre o domingo, conversei também com o Pimenta, passei em revista as coisas com meus auxiliares mais próximos, pensando sobretudo na modificação do governo.

Ontem, segunda-feira, dia 5 de julho, passei a manhã no Palácio da Alvorada com os despachos normais, fui ao Palácio do Planalto, gravei programa de rádio, fiz despachos rotineiros, recebi o conselheiro federal Pascal Couchepin, ministro da Economia da Suíça,**** estão todos eufóricos com a recuperação do Brasil, tão rápida, veio também o presidente da companhia Swissair,***** que comprou os aviões da Embraer.******

Voltei para o Alvorada e, junto com o Pedro Parente, recebi o ministro Tourinho, com quem tinha estado de manhã, para discutirmos a questão da fábrica da Ford na Bahia. A conversa foi boa e taxativa, precisamos achar uma forma de vetar a lei e dar viabilidade à instalação da fábrica da Ford na Bahia. Tourinho, à tarde, veio discutir assuntos do ministério dele, me parece um ministro atento e bom. Discutimos várias questões relativas à Petrobras, a privatizações, ao setor hidrelétrico, e nada de mais extraordinário. Também conversei com ele, ainda que um pouco de leve, sobre as mudanças no ministério, sobre a ideia que está se formando na minha cabeça de um Ministério de Integração Nacional.

À noite jantei com o José Serra, passamos em revista, como é habitual nas nossas conversas, a organização do ministério. O Serra é mais cético do que eu sobre grandes mudanças, ele quer uma coisa mais pontual, e certamente a ênfase dele é sempre o que fazer na área econômica, na área de indústria e desenvolvimento.

---

* Escritor e publicitário, ex-militante da Ação Libertadora Nacional (ALN), de Carlos Marighella.
** *Interior: Los hechos clave de la seguridad del Estado en el último cuarto de siglo*. Barcelona: Ediciones B, 1998.
*** Fernando Henrique se refere à repressão policial e judicial aos terroristas bascos do ETA.
**** Chefe do Departamento Federal de Assuntos Econômicos, um dos sete ministérios da Confederação Helvética.
***** Philippe Bruggisser.
****** A Crossair, subsidiária da companhia suíça, adquiriu dezoito jatos ERJ-145 de 49 lugares, além de opções firmes para até duzentas aeronaves, inclusive modelos de maior capacidade, num custo total de US$ 4,9 bilhões.

Acha que deveríamos concentrar os instrumentos de comércio exterior, inclusive a parte de alíquotas tarifárias. Enfim, a velha concepção que ele tem sobre essa matéria, e que não é incorreta. Ao mesmo tempo, é para cortar asas da Fazenda.

Hoje de manhã recebi um grupo de atletas que vão para as Olimpíadas.* Depois falei com Malan e Armínio Fraga sobre a situação da economia, ambos mais preocupados com o avanço das reformas políticas no Congresso. Curioso, reformas gerais, não só políticas. Depois recebi para almoçar o Jarbas Vasconcelos, que saiu há pouco daqui. São três da tarde. Também com o Jarbas passei em revista as coisas, ele é um homem equilibrado, o Pimenta tem a ilusão de que ele possa vir para o ministério, eu não tenho, nem coloquei a questão, pois vi pelo jeito dele. O Jarbas veio com a proposta de formação de um ministério para o Nordeste, um pouco a ideia que eu tinha da integração regional, ele quer um ministério específico para o Nordeste; se for por aí, cada região vai ter o seu. Mas as ideias dele são corretas quanto ao que fazer, tudo ao redor dos eixos de desenvolvimento.

Telefonei para o Tasso e convidei-o para vir jantar aqui amanhã, assim ele me explicará melhor o que pensa depois da entrevista que deu ao *Estadão*. Ela já rendeu o editorial cobrando de mim reformas profundas: fácil de falar, difícil de fazer. Já registrei aqui a reação do Aristides Junqueira, que não vem para o ministério. Autorizei o Pimenta a falar com o Pertence, mas duvido que ele saia do Supremo Tribunal para se arriscar a ser ministro da Justiça de um governo no qual ele não tem a mesma confiança que eu tenho, porque o Pertence é nacional estatizante. Gosto dele, apesar dos desaguisados que temos de vez em quando. Agora vou ao Palácio do Planalto.

SEXTA-FEIRA, DIA 9 DE JULHO, nove da manhã. No dia 6, terça-feira, à tarde recebi apenas o Rodrigo Rato, ministro da Economia da Espanha.

À noite, o Tasso Jereissati veio conversar primeiro comigo, depois vieram jantar o Madeira e o Pimenta da Veiga. Com Tasso, longa conversa pessoal, no começo a discussão foi muito mais sobre o andamento das questões dele na Petrobras e no porto de Pecém, o Tasso sempre achando que há alguma conspiração contra o Ceará, com animosidade forte com o presidente da Petrobras, mas com boa vontade com o ministro e com o Duda. De qualquer maneira, parece que as coisas dele estão se encaminhando. Além dessa discussão, uma longa conversa sobre educação, Tasso afirmando que o Fundef não dá dinheiro para o Nordeste. Diante dessa declaração tão insólita, telefonei na hora para o Paulo Renato, liguei o viva-voz e fizemos uma conferência a três. Resultado: o Paulo disse e confirmou que o governo federal deu 820 milhões de reais este ano, está dando, transferin-

---

* O presidente recebeu atletas brasileiros convocados para a 13ª edição dos Jogos Pan-Americanos, realizada em Winnipeg, no Canadá, entre 23 de julho e 9 de agosto de 1999.

do para oito estados do Nordeste. Isso é mais do que os municípios gastam com educação no Nordeste. Então, às vezes o Tasso é mal informado e vem com umas histórias apresentadas de modo bastante convincente, mas sem fundamento, e sempre com uma ótica de que o Nordeste está sendo espoliado. Entendo até que isso tenha tido fundamento no passado e acho que no presente ele deve lutar, mas às vezes exagera.

Mais tarde chegaram o Pimenta e o Madeira e a conversa passou a girar em torno da recomposição do ministério. Eles ficaram um pouco surpresos, eu creio, com a disponibilidade que mostrei para encampar teses mais audaciosas, por exemplo a fusão de todos os ministérios da Infraestrutura num só, primeiro pensando num modelo ideal e nas pessoas ideais, para só depois fazer ajustes com os partidos. Mas tudo isso com uma dose alta de realismo. Somar todos os ministérios da Infraestrutura é repetir o Collor de Mello, que desmontou a máquina do Estado. Ainda não existem condições para isso, a Agência de Transportes* ainda não está funcionado, a Anatel e a Aneel são muito recentes, portanto não existe, a meu ver, a possibilidade efetiva dessa junção. Sem mencionar que, se ficar o Tourinho, isso dá um desmesurado ao Antônio Carlos. Sobre quem poderia ser o ministro da Justiça, a conversa ficou um pouco no vazio.

O Pimenta já tinha me dito que a conversa com o Pertence fora negativa, coisa que eu previra. O Pertence alegou, com razão, que não tem cabimento, que houve casos do passado [de renúncias do Supremo para entrar no Executivo] que não repercutiram bem,** além do que, segundo o Pimenta, apesar de que o Pertence reconhece a possibilidade de o governo mudar de rumo, ele considera o governo muito neoliberal para o gosto dele. O Madeira, mais ponderado que o Pimenta e o Tasso, olhando sempre a composição das forças políticas e temeroso de que eu desse um passo que pudesse perturbar o delicado equilíbrio dessa maioria desorganizada que tem sustentado o governo.

Na quarta-feira de manhã, recebi o pessoal da Fundação Joaquim Nabuco, depois o Marco Maciel esteve comigo, no Palácio do Planalto conversei com o presidente mundial da American Express,*** recebi a Sabine Lovatelli,**** trazida pelo Weffort, para mostrar as propostas que eles têm para o mundo cultural, comemoração dos quinhentos anos, proposta de trazer a Orquestra Filarmônica de Berlim, que acho extraordinária. Recordo de tê-la ouvido tocar em Berlim há uns

---

* A Agência Nacional de Transportes Terrestres (ANTT) e a Agência Nacional de Transportes Aquaviários (Antaq) foram criadas em junho de 2001 pela lei nº 10 233.
** Fernando Henrique se refere ao caso de Oscar Dias Correia, que deixou o STF em 1989 para assumir a pasta da Justiça, à frente da qual durou menos de sete meses, e ao de Célio Borja, que chefiou o mesmo ministério durante seis meses em 1992.
*** Harvey Golub.
**** Fundadora e presidente do Mozarteum Brasileiro.

vinte anos, fiquei fascinado, creio que era o [Herbert von] Karajan quem dirigia. E nada de mais pesado no expediente do dia.

À noite, o Paulo Henrique estava aqui. Acho que me confundi. O jantar com o Tasso e com o Pimenta foi na quarta-feira e não na terça.

Ontem, quinta-feira, recebi de manhã o Waldeck Ornelas. A Wanda Engel não pôde vir, mas ele me trouxe informações do que estavam fazendo na área de assistência social, pela eliminação do trabalho chamado penoso para as crianças e também me mostrou passos novos da reforma da Previdência. Até foi bom que tivesse chegado o Ornelas, porque eu tinha chamado o Madeira para conversar, mas ele ficou muito temeroso, olhando os jornais de ontem, porque o Pimenta foi jantar na casa do Moreno, que é um jornalista muito influente, falou com vários jornalistas e parece que saiu muita fofoca de ministérios pela imprensa. Eu não li para não me aborrecer. Eu vou a São Paulo hoje, provavelmente amanhã conversarei com o Mário e quero que ele esteja por dentro.

Levei o Madeira para falar com o Ornelas, porque o Madeira considera muito arriscado os novos passos da Previdência no INSS. Ele acha que devemos concentrar os esforços na Previdência pública, para evitar uma onda grande de opinião pública contra nós.

Em seguida, o Tasso voltou aqui a meu chamado, almoçamos, para eu ter uma conversa mais franca sozinho com ele. Falei sobre a sucessão presidencial, eu disse, e ele sabe, e também acha isto, que nosso candidato natural é o Mário Covas. Entretanto, ninguém pode saber em que estado de ânimo vai estar o Mário Covas daqui a três anos diante do câncer que ele teve, que eu acho que está superado. Se o Mário for candidato, será o nosso candidato. Se não for, há dois nomes, o Tasso e o Serra. Eu queria saber a posição do Tasso, porque se ele quiser ter essa estratégia de ser candidato, tem que vir para o governo. O Tasso tem o pé no chão, disse que neste momento não está pensando, entretanto não excluiu qualquer decisão, e ele tem razão. Também eu pensava assim, que ficaria para depois das eleições. Aí talvez ele encare, se for o caso, vir para Brasília, para ter um papel mais forte.

Conversei mais em profundidade com o Tasso sobre o ministério, ele estava mais calmo, vendo as dificuldades que fui ponderando sobre fazer as grandes mudanças por todos almejadas, mas que não têm consistência em termos de eficácia administrativa ou de sustentação política ou mesmo de encontrar pessoas adequadas, que é muito mais difícil do que parece — encontrar pessoas. Tasso concordou comigo, nas circunstâncias talvez só o Pimenta possa cumprir a função de ministro da Justiça, porque o Aloysio Nunes Ferreira está meio queimado com o meio judiciário. Mesmo assim não sei se é o que Pimenta deseja e também não sei se é o melhor para o conjunto. A hipótese de trazer o Aloysio para uma secretaria de governo não é tão simples também.

Em seguida, fui à cerimônia de entrega de um relatório sobre sustentabilidade empresarial,* vários discursos de empresários, notadamente o do [Max] Feffer,** e o daquele que é da Boveri,*** um grupo grande, muito otimista com o Brasil. Também fiz um discurso no mesmo tom.

Recebi o Ronan Tito**** para assuntos pessoais à tarde, depois tive uma entrevista com o MST, que foi, como de hábito, boa, no sentido de que eles me apresentaram as reivindicações e eu disse com firmeza as coisas que precisava dizer. Resta ver a batalha de imprensa. O Raul Jungmann, que estava ao lado do general Cardoso, do Vilmar, fazendo companhia a mim, e do Zé Gregori, já tinha dito às televisões que eu ia dizer — como disse — que não aceitaria transgressão à ordem democrática e constitucional e que as questões relativas à guerrilha, Sendero Luminoso,***** seriam reprimidas, embora eu não estivesse fazendo nenhuma ligação direta entre MST e Sendero.

Já vi hoje a manchete da *Folha de S.Paulo* dizendo que eu recebo o MST e libero verbas****** — na verdade elas já estavam liberadas — e que o Raul Jungmann podia discutir com eles. Não foi por causa da visita deles que as verbas foram liberadas; elas existiriam de qualquer maneira. Isso é a influência do MST na mídia, especialmente no caso da manchete da *Folha*, sempre a mostrar que o governo cede à pressão. Essa é a toada que eles gostam de reiterar, como se um governo não tivesse que governar diante de pressões e mediando o quanto possível essas pressões.

À noite, ainda recebi o Moreira Franco, que conversou longamente para me dar conta da situação do PMDB, que já sabe que o Renan vai embora. O Moreira é testemunha da minha última conversa com o Renan, quando ele praticamente acertou que não ficará no Ministério da Justiça. Moreira acha que, mantidas as posições boas para o PMDB, provavelmente no Ministério da Agricultura, fica a manutenção das secretarias de políticas regionais, não haverá problema algum. E me deu uma sugestão: levar o Clóvis para o Desenvolvimento e trazer o Aloizio para a Casa Civil. O Clóvis para o Desenvolvimento já foi pensado e até discutido.

Emílio Odebrecht jantou aqui comigo, agora lembro que foi ele quem jantou num desses dias, creio que na terça-feira, e não o Pimenta e o Tasso, com o Jovelino Mineiro e a Ruth, e conversamos. A ideia de nomear o Clóvis não foi bem-aceita, o que não quer dizer nada. É a visão parcial de um empresário, eles não têm que

---

* Solenidade de entrega do segundo relatório do Conselho Empresarial Brasileiro para o Desenvolvimento Sustentável.
** Presidente da Companhia Suzano de Papel e Celulose e Suzano Petroquímica.
*** Cedric Lewis, presidente da ABB Brasil.
**** Ex-senador (PMDB-MG).
***** Grupo armado de inspiração maoísta baseado no Peru. O comando militar brasileiro já atuava para reprimir a presença dos guerrilheiros na zona de fronteira do Amazonas e do Acre.
****** "FHC recebe sem-terra e libera verba." O Planalto anunciou a intenção de manter a meta de 85 mil famílias assentadas em 1999, a despeito dos cortes orçamentários.

opinar nessas questões, têm é que se ajustar às nossas decisões de políticas econômicas. Na verdade o Emílio nunca chia.

Voltando ao tema com o Moreira, discuti até tarde da noite e fui dormir.

Hoje de manhã, reuniões. Primeiro com Pedro Parente, Pedro Malan, Celso Lafer e Seixas Corrêa, para discutir a questão da Bahia. Questão que está não em banho-maria, mas crepitando na Bahia e nos jornais. Antônio Carlos teve um comportamento inaceitável, eles realmente armaram uma cilada para mim, foi uma espécie de traição desnecessária e agora está tonitruante, dizendo que vai fazer isso e aquilo. Pedi que ele não falasse nada, porque se falar qualquer coisa serei obrigado a ter uma posição mais forte, o que nos levará à ruptura, e isso levará à paralisação do processo decisório no Congresso e a muitas outras complicações nacionais. Tenho que pensar no Brasil mais do que na minha, não digo nem vaidade, mas na minha aparência de autoridade, e sou obrigado a engolir sapos em nome de um projeto nacional que tenho. O Antônio Carlos não tem, tem um projeto baiano, não tem um projeto nacional, e quer fazer as coisas atropeladamente.

Pedro Parente interferiu de manhã nessa questão, ele já tinha estado aqui com o Tourinho numa dessas manhãs, pedi que ele entrasse em cena. Pedro Parente propôs o veto da medida provisória e o envio de uma nova medida provisória que corte boa parte dos benefícios que a Ford teria, mas mesmo assim viabilizando o empreendimento na Bahia. Houve certa altercação, porque o Pedro Malan está mais severo e mais irritado com o Antônio Carlos e pressupôs que o Pedro Parente esteja motivado para agradar ao Antônio Carlos, o que não é de todo certo. Ele está motivado para agradar, mas também para resolver um problema difícil, delicado.

Encaminhamos bem, se não houver algum acidente de percurso isso se resolve na semana que vem. Com um desgaste grande, mas vamos cortar boa parte dos benefícios indevidos que a Ford levaria para a Bahia e manter os empreendimentos lá, o que me agrada, como a todo o Nordeste. Acho que é importante mesmo, precisamos ter um melhor equilíbrio regional, ainda que a custo de certa renúncia fiscal. Não sou tão antirrenúncia fiscal como é moda ser agora.

Depois disso, reunião com Pedro Parente, Pedro Malan de novo, Everardo Maciel e Amaury Bier, desta feita para discutirmos a reforma tributária, que está bem avançada. Agora, quase meio-dia e meia, vou receber o Arthur Virgílio, que me pediu audiência, vou almoçar, Arthur vem à uma e dez, à uma e quarenta pego o helicóptero até o aeroporto e vou a São Paulo, para uma solenidade sobre uma ajuda que damos a Angola.* À noite irei à festa de inauguração na estação Júlio Prestes,** um grande empreendimento cultural do governo Mário Covas.

---

* O presidente participou da cerimônia de inauguração de um centro móvel de formação profissional do Senai a ser instalado em Luanda, projeto da Agência Brasileira de Cooperação, em parceria com o Instituto Nacional do Emprego e de Formação Profissional do país africano.
** Inauguração da Sala São Paulo, sede da Orquestra Sinfônica do Estado de São Paulo (Osesp),

DOMINGO, 11 DE JULHO, entre nove e meia e dez horas da manhã. Na sexta-feira, de fato, recebi o Arthur Virgílio e não disse quase nada a ele. Qual não foi minha surpresa quando o *Jornal Nacional*, à noite, e os jornais do dia seguinte, sábado 9 de julho, traziam várias declarações sobre estar decidida a questão da Bahia, mais ou menos na linha do que vamos fazer, sendo que não falei praticamente nada com o Arthur. Disse apenas que íamos resolver, mas não dei a dica. Os jornais disseram ainda que no dia 14 vamos apresentar o novo ministério, e por aí foram. Rebuliço, Ana Tavares muito aflita com os vazamentos na imprensa em cima dela.

Em São Paulo, fui à inauguração tanto da Escola Flutuante, não sei se flutuante,* mas que vai para Angola, quanto do teatro da Júlio Prestes. Magnífico, uma beleza, uma sala espetacular, espaçosa, tocaram a Sinfonia nº 2 de Mahler, que é dificílima, muito bem tocada, o público estava generoso, aplaudiu a mim fortemente e ao Mário, nem se diga então ao maestro,** que mereceu mesmo. Depois fomos jantar longe, em Cotia, eu, Tasso, o Serra, com nossas mulheres,*** e o Pimenta. Foi meramente social, acolhida simpática da juventude que lá estava, num restaurante da moda.

Domingo de manhã recebi o Serra e comecei a abrir para ele algumas possibilidades de mudança do ministério. Ele sugeriu o Alcides Tápias,**** eu já tinha falado com ele sobre o Tápias, ele andou sondando em São Paulo, parece que o nome cai bem, ele me disse que acredita mesmo que não temos condições de sustentar o Celso Lafer, embora fôssemos desde o início favoráveis a essa sustentação. Eu disse que posso fazer uma mudança, levar o Clóvis para a área de Desenvolvimento, Indústria e Comércio, fortalecida com os instrumentos de exportação, passar o Calabi para o BNDES — o Serra disse que toparia isso — e botar alguém, o que é mais fácil, no Banco do Brasil, assim obteríamos uma coordenação mais eficaz dos projetos de desenvolvimento. Eu puxaria para a Casa Civil ou o Aloysio ou o Goldman, o Serra é fortemente favorável ao Goldman. Ele gosta do Aloysio, mas acha o Goldman mais adequado para isso. Em termos técnicos talvez seja verdade, em termos políticos não é certo. Em todo caso, essas foram algumas sugestões e o resto foi um pouco borboletear sobre os mesmos nomes, botar o Pimenta na Justiça e tal.

À tarde fui falar com o Mário Covas e Madeira, longa e simpática conversa, eu disse mais ou menos as mesmas coisas, o Mário acha excelente a ideia de mudar o Clóvis para o Desenvolvimento, concordou com tudo. Prefere de longe o Aloysio,

---

com 1509 lugares. A reforma e a adaptação do saguão da estação Júlio Prestes, construída nos anos 1930 como terminal da antiga Estrada de Ferro Sorocabana, custaram R$ 44 milhões na época (R$ 173 milhões em 2016, atualizados pelo IGP-DI).

* Tratava-se de um ônibus adaptado.
** John Neschling, regente titular e diretor artístico da Osesp.
*** Renata Jereissati e Mónica Serra.
**** Presidente do conselho de administração do grupo Camargo Corrêa.

pelas características de maior penetração dele nos vários partidos, embora todos nós respeitemos e gostemos do Goldman. Falei sobre a questão da Bahia, dei a entender que estamos trabalhando para mudar um pouco os incentivos. O Madeira (não na frente do Mário) insistiu que para o Mário isso é fundamental, contou que o Mário está aborrecido com o partido, que não lhe deu apoio. Eu disse: "Bom, nem a ele nem a mim; o partido ou pessoas do partido é que armaram essa confusão toda". O PSDB nunca funciona como partido nessas horas, eu sei como é. A conversa com o Mário foi boa, achei-o com boa disposição.

HOJE É QUARTA-FEIRA, 14 DE JULHO. Domingo fomos à fazenda, a Ruth e eu, encontramos o Nê [Jovelino Mineiro], a Luciana, discutimos muito questões domésticas da fazenda, voltamos para cá, encontrei o Pedro Malan, conversei com ele até as cinco da tarde sobre as mudanças a serem feitas. Toquei na questão da transferência do Clóvis para a pasta de Desenvolvimento, mas com cuidado.

À noite, com Malan presente, chegaram Clóvis, Marco Maciel, Pedro Parente e Madeira, para discutirmos o que eu tinha pedido a eles, uma reorganização do governo. Grande discussão em torno das ideias basicamente as do Bornhausen e do Pimenta, de diminuir drasticamente o número de ministérios. Pedro Parente estava embarcado nisso, Marco Maciel, Madeira e eu ponderamos que no papel é muito bonito, mas não funciona. Criar um Ministério de Infraestrutura, por exemplo, implica juntar Transportes, Comunicações e Minas e Energia.

Eu perguntei: entregar a quem? Ao Tourinho? Vão dizer que é o Antônio Carlos mandando no governo. Ao PMDB? Resolveria as preocupações que alguns deles têm com os procedimentos de alguns peemedebistas? Por outro lado, como dividir as responsabilidades entre os partidos? Mais do que isso: como se manda nisso tudo, como se faz a gestão, como se administra essa complexidade toda? Muito difícil. A questão ficou meio complicada e não se progrediu muito. No final da noite, ainda abri algumas discussões sobre nomes, o do Pimenta em geral foi aceito como ministro da Justiça, na impossibilidade de um jurista, e assim foi.

No dia seguinte, segunda-feira, já mais próximos da efetivação de mudanças no governo, passamos a manhã em despachos internos com a Casa Civil. Gente de fora foi apenas o Wilson Quintella,* que recebi para discutir o que eles chamam o Novo Norte,** que é fazer o que eles fizeram na bacia Tietê-Paraná lá em cima em Tucuruí, depois da eclusa*** funcionando. Passei o dia inteiro às voltas com as questões dos ministérios, pensando no que fazer.

* Diretor executivo da Agência de Desenvolvimento Tietê-Paraná.
** Projeto de desenvolvimento integrado da Calha Sul do Amazonas, liderado pela Eletronorte.
*** Estavam em andamento as obras da segunda eclusa da barragem de Tucuruí, concluídas em 2010.

Com o Clóvis, de manhã abri o jogo e ele, para minha surpresa, entendeu que era importante a pasta do Desenvolvimento, porque dei a ele meu argumento verdadeiro: que há no governo uma grande desordem na área política, certa descoordenação das ações de governo e do governo com o Congresso e falta de nexo também nos vários braços da área econômica, que precisa incentivar as decisões de investimento privado: Banco do Brasil e BNDES. Ando crescentemente descontente com o fato de o BNDES ter tomado vida própria e o Celso Lafer não estar controlando essa vida própria. É difícil controlá-la à distância e com as personalidades dele e do presidente do BNDES, que a esta altura me parece muito envolvido com a política baiana.

Clóvis concordou com meu argumento e, para minha surpresa, sugeriu para substituí-lo o Pedro Parente. Por que para minha surpresa? Porque antes, lá atrás, o Pimenta e o Serra também tinham dito isso. O Serra, no fundo, gostaria mesmo era do Goldman, como já registrei, mas já tinha me sugerido o Parente. Achei bom, mandei chamar o Pedro Parente, e para surpresa minha de novo, e do Clóvis, ele topou na hora. No ato seguinte, chamamos o Malan e acertamos que assim seria. Ninguém ficou sabendo, isso aconteceu na segunda-feira na hora do almoço.

Ontem, terça-feira, recebi de manhã vários bispos, cardeais da Rede Vida com o padre Marcelo Rossi, eles vieram me agradecer — na verdade devem mais ao Sérgio Motta do que a mim — a constituição da Rede Vida. Vim para o Alvorada, almocei e regressei ao Palácio do Planalto para a sanção da lei sobre proteção de testemunhas.* Foi embaraçosa a sanção, iam convidar muita gente, mais o Renan e o Zé Gregori, e neste momento o Renan está sendo muito atacado. O Mário Covas fez um ataque a ele, a meu ver gratuito, disse que ele devia sair porque tinha desrespeitado o presidente na demissão do diretor da Polícia Federal, uma situação bastante desagradável. Eu tinha passado a manhã pensando em sua substituição.

Depois que o pessoal da lei das testemunhas foi embora, chamei o Wellington Moreira Franco, conversei com ele, comecei a deixá-lo entrever o que caberia ao PMDB, falei das possibilidades das políticas regionais, ele se mostrou interessado, mas preocupado em saber qual seria o âmbito, o escopo do ministério, queria saber se o Banco do Nordeste estaria lá. Eu disse que o Banco do Nordeste, no futuro, tem que ser transformado em agência, ele concorda comigo. Pedi que falasse com o Malan, ele falou. Malan permanece com dúvidas, que, penso eu, têm a ver com a questão do Jader, do PMDB. Vou passar isso a limpo, porque quero ministros meus e não do PMDB. Falei com o presidente** e diretores da Aner, Associação Nacional de Editores de Revistas, muito entusiasmados como sempre. À noite, quando eu

---

* Lei nº 9807, de 13 de julho de 1999, que criou o Programa Federal de Assistência a Vítimas e a Testemunhas Ameaçadas.

** José Carlos de Salles Neto.

estava jantando com o Zé Gregori e a Maria Helena, mandei chamar o Celso Lafer, com quem conversei com muita fraternidade.

Tenho cada vez mais admiração por ele, por sua correção, pela altura mesmo como conduz as coisas. Disse a ele — e ele sabia — das dificuldades e que eu teria que utilizar o lugar dele. Ofereci o Ministério de Ciência e Tecnologia, disse que era importante. Ele não quer, e acho que entendo, não quer porque estava com a cabeça feita para o outro ministério, imagino cá comigo. Se fosse pelo menos o de Relações Exteriores, talvez ele topasse, mas não tenho condições de mexer nisso agora. Nesse meio-tempo, tive a ideia, porque o Tasso conversou comigo por telefone um tanto chocado quando falei da hipótese do Clóvis ir para o Ministério do Desenvolvimento.

Tasso falou comigo ao telefone e perguntou se eu queria que ele conversasse com a Maria Silvia Bastos, como havia combinado antes. Dei as razões de por que não naquele momento, não obstante, à noite, telefonei para a Maria Silvia e a convidei para que ela substituísse o Pedro Parente, pensando que isso seria uma boa, porque quem não vem para o Planejamento não vai tampouco para o Desenvolvimento. Ela ficou de dar uma resposta em meia hora. Pedi que o Pedro Malan falasse com ela, ele falou e a resposta foi negativa. Ela tem os filhos, a empresa, é a segunda vez que convido a Maria Silvia e ela não aceita. Eu o fiz para os meus amigos, como o Tasso, que dizem que só uso a prata da casa. Se acabo usando a prata da casa é porque a prata de fora da casa ganha muito dinheiro ou tem muitas ocupações e não se dispõe a vir para Brasília sofrer execração pública através da nossa imprensa impiedosa.

Hoje, quarta-feira, chamei de manhã várias pessoas, para continuarmos a discutir essa questão do ministério. Primeiro o Pimenta, com quem conversei em profundidade. Ele, acho eu, prefere ficar na parte de Comunicações, sem que haja coordenador político no palácio. É difícil não haver, mas estou levando a conversa para verificar até que ponto é possível convergir as duas coisas. Ele iria para a Justiça, mas prefere as Comunicações. Nesse meio-tempo, chegou o Serra, repetimos tudo a ele (que já sabia mais ou menos), falei do Pedro Parente, ele não reagiu contra, falei do Ministério da Justiça, falei do [Luiz Carlos] Sturzenegger,* uma ideia minha que, aliás, já foi checada. Ele não pode vir, porque em Brasília ganharia como ministro um pouco mais do que 3,5 mil, 3,8 mil reais, quando precisa de mais para viver. Muito sentidamente não pode, foi o que me disseram, eu mesmo não falei com ele. O Serra sugeriu o José Carlos Dias,** disse que ele topa, fiquei de ver.

Falei de novo com o Zé Gregori e me lembrei do Manuel Affonso, cujo nome completo é Manuel Alceu Affonso Ferreira,*** ele é concunhado do Egydio Bian-

---

* Procurador-geral da Fazenda Nacional.
** Advogado, ex-secretário de Justiça de São Paulo no governo Montoro (1983-7).
*** Advogado, ex-secretário de Justiça de São Paulo no governo Fleury (1991-3).

chi.* Telefonei para o Egydio, que acha que o Manuel Affonso aceita, ele o tem em altíssima conta, como eu também, por referências. Foi secretário do Fleury, é um grande advogado, toda gente diz que ele é muito digno. Suponho que seja neto do Alceu Amoroso Lima ou parente pelo menos.** É um bom nome. Estou agora entre o Manuel Alceu e o José Carlos Dias, afastando a hipótese de um político. Vou checar com os que estou conversando, para ver uma vez mais se dessa maneira funciona.

Acaba de me telefonar o Wellington, ele quer falar comigo, está com o Michel Temer e os outros. Estamos aqui naquela aflição, naquela agrura dos últimos momentos. Mas, insisto, pegou bem, parece, a ideia que tive ontem de pedir que todos os ministros apresentem seus pedidos de demissão, porque mostra que posso fazer uma reforma mais profunda. Isso abalou um pouco alguns ministros, mas desanuviou os mais visados, como o Renan e o Celso. Viram que não são só eles que podem sair, é todo mundo, me deu mais amplitude para mexer. Autorizei o Vilmar a sondar o reitor da Universidade Federal de Minas Gerais*** para ser ministro de Ciência e Tecnologia, já que vou mexer, que posso mexer, mais profundamente. O mais difícil continua sendo o PMDB. Tenho alternativa ou de botar o Fogaça como ministro da Cultura ou o Wellington como secretário de Habitação.**** Há muita reação contra esta última hipótese. Repito o nome: é Wellington Moreira Franco.

HOJE É SEXTA-FEIRA, 16 DE JULHO. Continuando a última anotação, relativa à quarta-feira. Depois do que já mencionei sobre a conversa com o Pimenta e com o Serra, fui à solenidade de titulação de assentamentos do Incra.***** O Raul Jungmann fez um discurso forte, emocionante. À noite recebi o pessoal do PMDB. Antes de virem para cá, me tinha telefonado o Moreira Franco, para dizer que eles estão muito incomodados porque, com o Renan fora do governo, haveria o risco de eu vê-lo na oposição. Fiquei irritado e disse que eles fossem para a oposição que quisessem, que considero impertinência do PMDB querer impor um ministro. Além do mais, nunca vi ministro que só porque deixa de ser ministro fica contra o governo. Fui ministro do Itamar Franco****** e até hoje sou grato a ele só por isso, apesar de saber o que fiz por ele e pelo Brasil. Nunca falei nada em público contra

---

* Presidente da Empresa de Correios e Telégrafos.
** Neto do escritor católico.
*** Francisco César de Sá Barreto.
**** Isto é, secretário de Planejamento Urbano, cargo ministerial então ocupado por Sérgio Cutolo.
***** Cerimônia de lançamento do programa Nossa Terra, Nossa Escola, com previsão de distribuir 50 mil títulos de propriedade a famílias assentadas. Segundo o programa, o agricultor que mantivesse os filhos na escola receberia descontos de até 50% nas prestações para a aquisição de terras.
****** Fernando Henrique ocupou as pastas de Relações Exteriores (outubro de 1992 a maio de 1993) e Fazenda (maio de 1993 a março de 1994) no governo Itamar Franco.

o Itamar, por respeito a ele, por me ter dado a chance de ser ministro e com isso eu ter podido avançar na minha carreira como político. Então não vejo razão para o Renan se zangar. Mas se quiser ficar zangado, que fique.

Foi boa minha reação, porque eles voltaram à noite. Passei a tarde conversando com o Madeira e outros mais, com o Pimenta outra vez, repassando nomes e tal. Quando eles vieram à noite, já chegaram mais mansos, eram o Geddel, o Michel Temer e o Moreira. Eu já tinha falado com o senador Bezerra, convidei-o para ministro da Integração Nacional, Bezerra fez várias perguntas pertinentes, para saber qual era a alçada dele como ministro desta pasta, ou seja, se o Banco do Nordeste ia ou não parar em suas mãos. Eu disse que na mão, não, mas que temos que repensar o que fazer com os Fundos Constitucionais,* que há um problema com a Fazenda, que enquanto os recursos fluírem pelo Banco do Nordeste, sendo ele um banco, tem que pertencer à Fazenda. Perguntou se para ser ministro ele teria que falar com o Jader, se eu ia falar com o Jader. Não falei com nenhum presidente de partido, então não via razão também para falar com o Jader.

O PMDB continua jogando com a lealdade à chefia do partido, e isso não é bom num sistema presidencialista. Mas, enfim, conversei longamente com eles, expus as razões da mudança que vou fazer, que quero fazer no Ministério do Desenvolvimento, vou mudar a articulação da Casa Civil, dei algumas informações sem detalhar, sem chegar a nomes. Dei algumas pistas, disse que a mudança será profunda e que meu pensamento é dar mais eficiência ao governo e deixar um sinal claro de que eu faço o que quero: ponho o ministro que quero. Não por amizade pessoal nem conchavos partidários, senão que o faço no interesse do país, claro, ouvindo, dando atenção à minha base.

Eles reagiram um pouco, quiseram saber quantos ministérios teria o PMDB, eu disse que não vou mexer, fica Transportes, Integração Nacional, que para mim é um ministério importante, e que ainda podem ter outro ministério, como Ciência e Tecnologia ou Cultura; e há também a questão das políticas urbanas, mas é preciso que haja nomes adequados. O Moreira me pareceu um pouco chocado porque o nome dele não foi aventado por eles. Disse-me depois que era preciso atender a Goiás, fiquei com isso na cabeça.

Na quinta-feira, ontem, eles foram embora tarde da noite. Foi um dia extremamente agitado, passei o tempo todo praticamente em reuniões, quase sempre com o Serra, o Madeira, o Pimenta, o Vilmar, às vezes a Ana entrava na sala, mais tarde chegou o Paulo Renato. Veio aqui o [Raul] Cutait,** para conversar com a Ruth

---

* Referências aos Fundos Constitucionais de Financiamento do Centro-Oeste (FCO), do Nordeste (FNE) e do Norte (FNO), criados pela lei nº 7827, de 27 de setembro de 1989, para subsidiarem o desenvolvimento econômico e social dessas regiões.
** Diretor do Hospital Sírio-Libanês, em São Paulo, e ex-secretário municipal de Saúde na gestão de Paulo Maluf.

e comigo sobre filantropia, e a imprensa teve a sensação de que ele ia ser ministro da Saúde. Mandei chamar o Paulo Renato para brincar com ele, disse que, como o Serra iria embora, qualquer um podia ir. Nesse meio-tempo, recebi o Luis Alberto Lacalle, ex-presidente do Uruguai e candidato à Presidência, recebi o governador da Paraíba com toda a sua bancada da Câmara e do Senado, que reclamaram da questão fiscal, disseram que o governo federal não ajuda, aquela coisa de sempre, têm alguma razão mesmo.

Ficamos discutindo nomes. O mais difícil, primeiro, foi a decisão relativa ao Ministério da Justiça. O Manuel Alceu tinha dito que topava, telefonei para ele, e ele não podia mais topar porque vai se casar daqui a uma semana. Até aí tudo bem, mas botou no jornal, falou na televisão, dando a sensação de que estava recusando um convite. O Serra me disse que também havia problemas com o José Carlos Dias. Tentamos um sr. [José Gerardo] Grossi,* mas depois a Ana mostrou que esse dr. Grossi tinha me atacado por escrito numa entrevista, embora tenha concordado em ser ministro. Mas achei que eles iam publicar imediatamente a esculhambação que ele tinha posto no jornal, insinuando que eu tinha conversado com o Chico Lopes sobre o Banco Marka, uma confusão imensa que desmoralizaria a mim, que o teria nomeado, e a ele, por ter dito tudo isso e ter aceitado ser ministro. O Serra, então, falou outra vez com o José Carlos Dias, que topou. Aí ficamos pensando em Ciência e Tecnologia. O diretor da Fapesp,** que seria um bom nome, não topou, tem problemas. O reitor da Universidade de Minas Gerais, que é bom, também não aceitou. A comunidade científica não oferece nomes. Nós temos como possibilidade ou o Goldman, que é bom, mas que vão dizer que é político, ou então deixar o Bresser.

O dia de ontem, quinta-feira, passou dessa forma, com cogitações várias de vários nomes, José Carlos Dias fechado. O grande problema é o da Secretaria de Governo, pois sem alguém de peso como secretário executivo, como ministro de Governo, fica difícil. Minha ideia era botar aí o Aloysio, mas na discussão, com a presença do Madeira, o Pimenta se inclinou pelo Madeira, que é excelente, grande articulador, homem de confiança, embora não tenha, talvez, a mesma capacidade de briga que tem o Aloysio, para, eventualmente, complementar o desempenho do Pedro Parente como chefe da Casa Civil. Isolado, o chefe da Casa Civil acaba ocupando muito espaço. Por outro lado, o secretário de Governo pode me representar mais frequentemente, receber pessoas com mais desempenho. Aloysio fala pelo menos francês bem. Mas gosto do Madeira, não me opus ao nome dele. Mais tarde, à noite, o Serra e o Vilmar vieram ponderar muito a respeito do que fazer com as tarefas de comunicação social do Andrea Matarazzo, porque eu tinha resolvido passar para o Pimenta a Comunicação, já que o Andrea me disse que não ficaria no governo. Passei a noite com isso na cabeça.

---

* Advogado de Francisco Lopes.
** José Fernando Perez.

Nesta madrugada, fui chamado pelo telefone, porque o Franco Montoro teve um enfarte e morreu. Falei com o Montoro no dia 14 à noite, aniversário dele, ele ia para o México, estava eufórico, disse que ia me citar num artigo sobre volatilidade de capitais, uma apresentação que faria lá, estava muito contente, e teve o enfarte. O Cutait, que veio ontem de manhã aqui, tinha estado com o Montoro e achou que não era tão grave assim. De ontem para hoje, ele morreu. A notícia infausta da morte do Montoro me abalou bastante.

Levantei, li os jornais, sempre com muita intriga de gente que recusou ministérios, dizendo que estou fazendo conchavo pra cá, conchavo pra lá, todo mundo sai daqui e diz não exatamente o que ouviu de mim, mas o que pensa, e os jornais publicam. Um ambiente de que não gostei. Digo eu: vou adiante, aprofundar mais essa reforma. Resolvi tirar o Bresser, chamei-o, conversamos, ele não facilitou muito as coisas, chegou dizendo: "Você precisa do meu cargo"! Eu não preciso propriamente, mas será útil. Falei com ele do Goldman, ele acha bom, do [Ronaldo] Sardenberg. Achei que ele preferia o Sardenberg, não tenho certeza. Resolvi botar o Sardenberg, telefonei para ele, convidei, ele aceitou.

Resolvi também que ia botar o Aloysio e não o Madeira, que é ótimo. Alguém já tinha falado com ele, o Clóvis, o Madeira falou comigo, tudo bem, vai ficar o Aloysio, que topou entusiasmado. Não falei com o Pimenta, mandei que falassem, estou preocupado, o Pimenta vai sentir o golpe. Não foi um golpe meu, mas ele vai sentir, porque vai ficar o Aloysio aqui, e o Andrea, agora, não quer ir embora.

Hoje, sexta-feira, fiz a apresentação de todo o ministério,* tenso pela morte do Montoro e pela importância da questão ministerial. O José Carlos Dias veio, expliquei as coisas, falei de manhã com o senador Bezerra, que acabou aceitando, Malan não gostou muito, por causa dos fundos constitucionais e do Banco do Nordeste, que ele quer preservar na mão da Fazenda. Claro que enquanto for banco fica na mão da Fazenda, aí já são lutas por espaços menores.

Depois da apresentação vim para casa, casa que me refiro é o Palácio da Alvorada. Agora chegou o helicóptero e vou para São Paulo para o velório do Montoro.

HOJE É SÁBADO, DIA 17 DE JULHO. Voltei para Brasília, estou no Alvorada, depois de ter assistido ao velório e ao início do enterro do Montoro. Digo início

---

* Nova composição do gabinete: Marcus Vinícius Pratini de Moraes (Agricultura), Pedro Parente (Casa Civil), Ronaldo Sardenberg (Ciência e Tecnologia), Clóvis Carvalho (Desenvolvimento, Indústria e Comércio Exterior), Fernando Bezerra (Integração Nacional), José Carlos Dias (Justiça), Martus Tavares (Orçamento e Gestão), Ovídio de Ângelis (Políticas Urbanas, ex-Desenvolvimento Urbano), Aloysio Nunes Ferreira (Secretaria-Geral da Presidência). As demais pastas não sofreram alteração. No segundo escalão, Andrea Calabi assumiu a presidência do BNDES e Paolo Zaghen a do Banco do Brasil.

porque fiquei apenas até o momento em que o caixão foi levado para o caminhão do Corpo de Bombeiros. Na noite de ontem, estive no Palácio dos Bandeirantes para cumprimentar d. Lucy e os filhos,* depois fiquei lá por uma hora e meia, porque o Andrezinho [André Franco Montoro Filho] não chegava dos Estados Unidos. A troca de emoções com a família foi uma coisa ao mesmo tempo dolorida e calorosa para mim, porque fui muito bem tratado por eles naquele momento de dor.

Jantei com o Madeira, com o Aloysio, foi o primeiro encontro depois dele como ministro, também com a Felícia [Madeira], mulher do Madeira, e ficamos lá com o Vilmar conversando sobre as novas funções do Aloysio, de cada um. Repassei a eles minhas últimas impressões sobre a reforma do ministério, contei as agruras, as dificuldades com o PMDB, e começamos a definir as funções de Aloysio, Madeira e Pimenta. Esperei o Pimenta até tarde, ele me telefonou já era quase meia-noite, e marcamos uma reunião para o dia seguinte, portanto hoje, depois da saída do corpo do Montoro do Palácio dos Bandeirantes. E assim foi. Usei a sala do Mário Covas, que não estava mais lá, para me reunir com os já mencionados na noite de sexta-feira mais o Pimenta. Conversa muito positiva de articulação, o Pimenta tem demonstrado um caráter forte e firme, muito positivo também. Fez referências, disse que precisava redefinir suas funções, dado que nos jornais apontam-no como o perdedor da reforma. Mas com muita tranquilidade e vontade de colaborar.

Conversamos sobre a redefinição de funções, um pouco na linha do que já registrei, o Aloysio ficará com a parte mais interna da Presidência, poderá receber pessoas, e o Pimenta com a parte mais externa, governadores, articulação com outros partidos, enquanto a dinâmica com o Congresso, embora o Pimenta esteja sempre informado dela, passará para Aloysio e será feita através dos líderes do governo. O clima foi bom. Definimos também que toda segunda e sexta-feira teremos, ora no Palácio do Planalto, ora no da Alvorada, às dez da manhã, um encontro com os já referidos personagens, eventualmente o Vilmar e permanentemente o Pedro Parente, para articulação do governo. Gostei do estado de espírito.

De lá, tomamos o avião e voltamos, com o Pimenta e o Gilmar, conversando um pouco sobre a mesma coisa. Eu não sabia que o Zé Gregori estava presente, mandei chamá-lo, aí se juntaram o Valter [Pecly],** a Ana, o Lucena [José Lucena Dantas] e a Maria Helena [Gregori].*** Fiquei sabendo de uma coisa que me surpreendeu muito, porque eu não tinha lido os jornais: que o Bresser estaria magoado comigo e que a Eliane Cantanhêde teria dito num artigo da *Folha de S.Paulo* que o Bresser fora despedido por telefone. Fiquei indignado, não é verdade. Já devo ter relatado, chamei o Bresser na sexta-feira ao palácio, disse que ele podia permanecer, tive muita

---

* André Filho (secretário de Planejamento do governo Covas), Eugênio Augusto, Fernando, José Ricardo, Maria Lúcia, Mônica e Paulo Guilherme Montoro.
** Embaixador e chefe do Cerimonial da Presidência.
*** Assessora especial do Comunidade Solidária.

dificuldade para tomar a decisão de afastá-lo, e para isso influenciou muito sobre o meu espírito as opiniões que ouvi sobre a desarticulação do ministério, o próprio [Carlos] Pacheco, secretário executivo, não tinha mais esperança, queria ir embora, porque o Bresser muda muito de ideia, ouve, mas faz outra coisa, atropela. Então eu, depois de ter sofrido bastante para tomar essa decisão, depois de ter conversado com o Vilmar e com o Serra, decidi que era melhor enfrentar a questão agora e não deixar que ela fosse ingurgitando.

Chamei o Bresser na sexta-feira, conversei com ele, que chegou aqui dizendo o seguinte: "Sei que você vai precisar do meu cargo, ele está à sua disposição". Eu disse: Luiz Carlos, não é bem assim, podemos examinar, posso ver, não preciso do cargo agora, embora possa precisar daqui a algum tempo". Ele disse "Não, prefiro já, senão fico sem força". Eu disse: "Sendo assim, vamos examinar as alternativas de substituição, podia ser uma, política, no caso do Goldman". Ele me pareceu preocupado, mencionou, eu não sabia, que havia quatro candidatos do PMDB de Goiás. Saiu nos jornais, não prestei atenção, ninguém falou comigo sobre o assunto. Em seguida comentei sobre o Sardenberg; tive a impressão de que o Luiz Carlos até preferiria o Sardenberg, porque este se adaptaria mais à comunidade acadêmica.

Claro que o Luiz Carlos insistiu muito em que ele estava bastante bem com a comunidade acadêmica, que teve grande êxito em Budapeste,* me deu um relatório das atividades do ministério, que tinha preparado para me entregar, e disse que se eu fizesse alguma outra pergunta ele diria que não havia razão para ir embora. Não fiz a pergunta porque eu estava afirmando que ia fazer uma mudança. Todos os ministros tinham posto o cargo à disposição, se ele não entendeu foi porque realmente não quis. Me choquei com todos os jornais dizendo, hoje eu vi, que ele está magoado com a forma como foi posto para fora, e disse até mesmo ao Zé Gregori que aos 61 anos de idade foi despedido por telefone. Ora, não é certo isso, conversei pessoalmente com ele. Eu disse que ia pensar, que ia tomar a decisão e que ou eu ou alguém lhe comunicaria qual tinha sido a decisão.

No atropelo desse dia, ontem de manhã, mesmo dia em que eu ia fazer a apresentação dos novos ministros, pedi ao Pedro Parente que o achasse e desse a notícia. Pedro Parente não o achou, Bresser havia ido para São Paulo. Sabedor da minha deliberação, não me esperou. Pedro Parente falou com a Angela [Santana]** e suponho que depois com ele, para transmitir minha decisão, pois ele estava previamente avisado de que haveria uma decisão. Ele tinha que saber qual era, discuti com ele nomes de quem poderia substituí-lo. Pois bem, na quinta-feira à noite, em um jantar na casa do Zé Gregori, cheio de jornalistas, ele disse que foi dispensado por

---

* Bresser-Pereira chefiou a delegação brasileira na Conferência Mundial sobre a Ciência para o Século XXI, realizada pela Unesco e pelo International Council for Science (ICSU) na Hungria entre 26 de junho e 1º de julho de 1999.
** Ex-secretária de Acompanhamento e Avaliação do Ministério de Ciência e Tecnologia.

telefone. Eu vi o depoimento do Bresser pela televisão. Ele disse o seguinte: "Não sei o que está acontecendo, não fui informado", como se tivesse que ser eu a informar, meu Deus do céu! Aqui tudo é ao contrário.

Nos governos passados, os presidentes nem sequer chamavam a pessoa para demitir; mandavam o chefe da Casa Militar ou da Casa Civil. Neste eu mesmo faço as vezes de chefe da Casa Civil, chamo e tento conciliar, mas quando é necessário digo que não pode ser, e assim fiz com o Luiz Carlos. Gosto muito dele, sou um seu devedor,* ele é homem de um caráter muito bom, sujeito inteligente, criativo, tem intuição econômica, apesar de os economistas não o tomarem ao pé da letra. Isso me aborreceu muito. Pedi ao Zé Gregori que dissesse a ele — foi com o Zé que ele falou — que fiquei surpreso, que não aconteceu como estavam dizendo. Não despedi ninguém por telefone, teria sido muita cara de pau minha. E foi muita cara de pau fazer passar à opinião pública, depois da conversa que teve comigo, que foi despedido por telefone. Não foi por telefone; tivemos uma conversa difícil e fraterna.

Pedi ao Zé Gregori que falasse também com o Márcio Moreira Alves,** embora não seja útil, porque o Márcio está de mau humor com o governo. Segundo ele, é a acidez do Brasil que se reflete em sua garganta. Cada um tem a pretensão que quer, mas ele já escreveu de antemão uma crônica atacando o governo, que ainda nem estava formado. Fora esse aborrecimento, que para mim é grande, porque é pessoal, gosto do Luiz Carlos, parece que a reação ao ministério não foi negativa. Pelo contrário, foi positiva.

Acabei de ver na televisão um debate que o Franklin Martins conduziu bem, com isenção, entre um rapaz da UnB, ele se chama Carlos Pio,*** bom, muito equilibrado, e David Fleischer.**** O David só disse trivialidades, disse que viu de novo uma hesitação do presidente, grande briga. Briga grande é o Malan ter reclamado do Michel Temer ter dito que os bancos do Nordeste e da Amazônia iriam para o Ministério de Assuntos Regionais [Integração Nacional]; não podem ir mesmo, banco é banco. O que pode ir são os fundos constitucionais. O Fleischer disse também que eu convidei dois ministros do Supremo Tribunal para serem ministros da Justiça, e eles não aceitaram. Essas versões vão circulando por aí afora, é realmente espantoso, mas o que a gente vai fazer? Em geral, o que eu ouvi nos comentários foi que houve uma tomada de decisões em várias linhas e que tomei essas decisões sem entrar em barganha com os partidos, como a sociedade pede o tempo todo.

Fora isso, a morte do Montoro me abalou bastante, eu gostava muito dele e é uma pessoa a quem devo, como eu já disse tantas vezes. Mais do que devo, aprendi

---

* Bresser-Pereira atuara como tesoureiro da campanha de Fernando Henrique à reeleição, em 1998, tendo anteriormente chefiado o Ministério da Administração e Reforma do Estado.
** Colunista de *O Globo*.
*** Cientista político e professor universitário.
**** Cientista político e professor da UnB.

com ele, com o espírito dele. Montoro não falava mal de ninguém, sempre foi um espírito generoso, um homem que também foi acusado de ser hesitante, de não tomar decisões, de ser conciliador. Ele não era nada disso; era um homem que tomava decisões, mas que levava os outros em consideração. Além disso, um democrata genuíno. Montoro tinha muitas virtudes, e foram muitos anos de convivência. Fiquei bastante emocionado, como transpareceu no discurso que fiz quando anunciei o novo ministério e tentei prestar uma homenagem a ele.

Vou arrumar papéis o resto do dia e amanhã vou buscar a Ruth, o Pedro e a Júlia, que estão com ela na Chapada dos Veadeiros. Só para mudar um pouco de ares. Falei com o Clóvis por telefone e percebi que ele não estava muito contente pelo fato de dois helicópteros militares andarem por lá. Isso alerta a população de que eu vou, fico sem privacidade. Por outro lado, também não é tão grave que as pessoas fiquem sabendo que eu vou pra cá ou pra lá. Não ligo muito para isso.

23 a 31 de julho de 1999

Ainda a Ford da Bahia. Visita de Estado ao Peru.
Conversa com Emílio Odebrecht. Greve dos caminhoneiros.
A revolução burguesa

Hoje é sexta-feira, dia 23 de julho. Vou retomar a quase semana inteira que fiquei sem gravar. No domingo, 18, fui a Alto Paraíso, norte de Goiás, encontrar a Ruth e os netos. Foi muito bom, fomos a uma cachoeira lá perto, tomei banho de cachoeira, me diverti, voltei para casa sem nenhum problema. Pela primeira vez conseguimos fazer uma operação dessa envergadura sem que a imprensa estivesse a fustigar o tempo todo, a tirar fotografias, fazer perguntas e coisas que não têm importância. Voltamos para casa no domingo mesmo.

Na segunda-feira, dia 19, fui à cerimônia de posse dos novos ministros e fiz um discurso no qual falei dos ministros que saíam e dos que entravam. Fiz merecidos elogios ao Bresser, ao Celso Lafer — este, sim, teve um comportamento sempre impecável, como já registrei — e me esqueci de falar do Renan, mas alguém exibiu um bilhetinho e falei do Renan também, dizendo que ele abriu caminho no ministério para a questão da cidadania. Falei da Claudia Costin, de todos, disse que gostaria de tê-los novamente em algum momento no governo, mesmo que em outras funções, e descrevi os objetivos do novo ministério. O resultado é que disso parece ter-se deduzido que o governo retomou o rumo. Ao menos alguns jornalistas implicantes estão começando a ter uma atitude menos dura com o governo, percebendo que eu mexi onde tinha que mexer, para a aceleração do desenvolvimento e para a articulação política.

Nesse meio-tempo, discussões sobre a questão da Ford. Quando voltei do interior, Malan passou o domingo todo discutindo esse assunto comigo por telefone, até tarde da noite. Chegamos, afinal, a uma solução muito mais razoável, embora não fosse o que eu queria de início. O que eu queria era que não houvesse alteração nenhuma na medida provisória que estabelecia os critérios automotivos; mas já reduzimos muito, muito mesmo, os subsídios. Diminuímos o valor do IPI, e São Paulo não pode reclamar, porque também fizemos isso para manter o emprego em São Paulo. Parece que passou bem e aproveitei, quando fui ao Rio de Janeiro na segunda-feira,* para eu mesmo comunicar ao país a decisão tomada. Comuniquei de forma genérica, depois o Everardo Maciel deve ter dado os detalhes. Ainda passamos o dia fazendo os ajustes finais da medida provisória, ou do

---

* O presidente inspecionou a Escola de Submarino da Marinha e discursou na despedida do navio-escola *Brasil*. Em seguida, inaugurou o Terminal 2 do Aeroporto Internacional do Galeão, rebatizado como Antônio Carlos Jobim em janeiro de 1999.

veto à medida provisória, e das novas decisões sobre a indústria de automóveis na Bahia e no Nordeste.*

Depois da cerimônia de posse dos novos ministros, despachei com os ministros Élcio Álvares e com o general Gleuber Vieira. E nada mais a registrar, a não ser os primeiros ecos positivos, como eu disse, das nomeações dos novos ministros e as primeiras chagas a serem também tratadas com unguento. Vai dar trabalho. Por exemplo, acabo de receber uma carta do [José] Mindlin se desligando do Comitê de Ciência e Tecnologia.** Certamente porque o Bresser saiu do ministério e também porque o Celso saiu do Comitê. É muito difícil atender a todos. Gosto do Mindlin, mas o que posso fazer? Nada.

Ainda na segunda-feira, tomei o avião e fomos para Lima, no Peru.*** Levei comigo o governador do Amazonas, Amazonino Mendes,**** e o do Acre, o Jorge Viana, do PT, que se comportou com entusiasmo, participou das reuniões com o presidente do Peru, viu meu empenho na defesa dos interesses das estradas amazônicas, viu também a atitude muito aberta que tive com relação a esses temas sensíveis. No Peru foi uma espécie de consagração. Por causa da paz com o Equador,***** sou persona grata. Fiz discurso de improviso no Pacto Andino,****** outro no Congresso do Peru, também no Palácio Municipal de Lima,******* condecoração do presidente [Alberto] Fujimori,******** jantar em minha homenagem oferecido por ele, sempre discursos, sempre aplausos. Falei com franqueza, no almoço com cerca de quinhentos empresários peruanos, sobretudo a respeito

---

* O presidente vetou o artigo da MP 1532-2/96 que estendia o prazo de adesão ao regime automotivo e editou nova medida, a MP 1916, de 29 de julho de 1999, para criar incentivos fiscais incidentes sobre o IPI recolhido de empresas instaladas nas regiões menos desenvolvidas do país.

** Isto é, o CNPq, de cujo Conselho Deliberativo o empresário e bibliófilo era membro.

*** O presidente e sua comitiva viajaram ao Peru em visita de Estado.

**** PFL.

***** Como presidente de um dos quatro países garantes do processo de paz, Fernando Henrique se empenhou pessoalmente na resolução do conflito fronteiriço entre Peru e Equador na região amazônica. A disputa territorial se encerrou em outubro de 1998 com a assinatura da Ata Presidencial de Brasília, que passou à história como Tratado do Itamaraty.

****** O Brasil e a entidade sul-americana — formada por Bolívia, Colômbia, Equador, Peru e Venezuela — assinaram um acordo alfandegário para a redução de tarifas no comércio multilateral.

******* Sede da prefeitura da capital peruana.

******** Os presidentes assinaram oito convênios de cooperação bilateral nas áreas de política externa, segurança, turismo, agricultura, investimentos e telecomunicações. Fujimori condecorou Fernando Henrique com a grã-cruz da Orden El Sol del Perú, maior honraria oferecida pelo país andino a cidadãos estrangeiros. O presidente brasileiro ofereceu a seu homólogo a grã-cruz da Ordem de Rio Branco.

da questão da integração, da nossa posição de ampliação do Pacto Andino, do acordo com o Mercosul. Como isso não foi possível, o Brasil tomou a dianteira, fez acordos bilaterais e, com o Pacto Andino, deixamos as preferências tarifárias históricas, abrimos mais o mercado. Grande entusiasmo por tudo isso, pela paz.

Nas conversas privadas comigo, Fujimori mostrou as preocupações dele com as guerrilhas da Colômbia e com a possível presença americana por motivo ou a pretexto de combater as guerrilhas. Ele considera que Pastrana está perdendo o pulso da situação e pede uma ação brasileira mais enérgica junto a ele. Essa é a preocupação obsessiva do Fujimori. Ele teve uma experiência recente com o terrorismo e até hoje sua filha, Keiko [Fujimori], tem vinte guarda-costas. Não é fácil, é desagradável viver assim.

Me pareceu que, apesar da crise, o Peru está se reconstituindo, a crise passou rápido por lá também. Lima saltou de 1 milhão de habitantes em 1960 para 8 milhões. É uma cidade feia, nunca foi bonita, o centro histórico é do começo deste século, algumas igrejas é que são mais antigas. Entretanto, eu vi uma Lima nova e até fiz a seguinte observação: no começo deste século, nas duas primeiras décadas, como disse o Lampreia, em várias cidades da América do Sul pode se ver as marcas da prosperidade. No Rio de Janeiro, o Theatro Municipal, a avenida Rio Branco; também em São Paulo, o Theatro Municipal. Em Buenos Aires a modernização já é mais antiga, mas em Santiago, em Lima, os edifícios são desta época: o palácio presidencial de Lima, o palácio da Prefeitura, todos são desta época. A praça Mayor é republicana, do começo deste século. Nos anos 1950, com as migrações as cidades se fragilizaram, agora é que retomam as grandes construções, que, em vez de serem públicas, são privadas, até porque hoje nenhum governante poderia ousar fazer monumentos como os palácios de Lima ou mesmo do Rio de Janeiro. Seria impossível, o governante cairia pela crítica da imprensa.

Vê-se agora o surgimento de imensos monumentos ao capital financeiro, bancos e edifícios cheios de shoppings centers, edifícios residenciais com marcas modernas, alguns modernosos, de beleza discutível, mas de uma imponência muitas vezes notável. Mesmo em Lima, costeando o Pacífico, não sei se no Callao,* mas certamente perto de Miraflores, onde estive hospedado, há toda uma transformação urbana. Lima hoje tem um centro áspero, moderno e imponente e a cidade, em seu conjunto, é um grande acampamento cinzento, porque lá o sol raramente aparece. E não chove, as casas não têm telhado, e as cidades sem telhado geralmente não são muito atraentes. Essa é a visão física de progresso, um progresso ao lado da miséria, coisa típica da América Latina, embora haja sinais claros de uma economia que se expande. Creio que o Fujimori, com tudo que ele possa ser criticado pelo que já fez,** repôs o Estado em condições de funcionar, deu impulso à atividade da econo-

---

* Cidade portuária na região metropolitana da capital peruana.
** Em abril de 1992, Alberto Fujimori deu um "autogolpe" de Estado: fechou o Congresso, suspen-

mia do país e um novo sentido de nação ao Peru. Acho isso indiscutível. Creio que ele ficará marcado na história do Peru. Comigo sempre foi gentil, muito inteligente nas negociações e bastante simpático a mim e ao Brasil. O tempo todo me deu essa sensação e em Lima reafirmou tudo isso.

Fiquei no Peru de terça-feira à noite, quando lá cheguei, a quinta-feira, quando voltamos. Cheguei aqui no Brasil hoje, sexta-feira, às três da madrugada.

Mal dormi e já acordei para ter uma reunião com o Pimenta, com o Aloysio Nunes, o Vilmar e o Pedro Parente, para discutirmos o entrosamento político. Problemas: Eduardo Jorge está muito inquieto com a possível nomeação do Arruda como líder do governo. Eduardo acha que o Arruda quer destruí-lo, então primeiro ele tentará limitar o Arruda. Segundo diz, há documentos provando que o Arruda teria atuado irregularmente quando foi secretário de Obras do Roriz,* e Eduardo está pronto para disparar esse processo. Ponderei ao Eduardo que o Arruda já foi informado disso pelo Pimenta, sem dizer a fonte, que era o Eduardo Jorge, e que o Arruda não tem medo. Segundo ele está tudo em ordem, mas o Eduardo diz que não, que tem argumentos fortes para comprovar. Eu disse: "Eduardo, isso vai recair em você e indiretamente em mim. Embora não tenhamos nada a ver com o que foi feito no governo Roriz, de qualquer forma todo escândalo acaba revertendo contra o governo central". A imprensa tem má vontade com o Eduardo, mas ele está tomado de paixão pela matéria.

Conversei com a Maria Delith [Balaban]** para entender melhor o processo, e a Delith me explicou o seguinte: foi muito difícil para o Eduardo apoiar o Roriz, o filho dele, do Eduardo, que é do PT, foi muito contra, os sobrinhos também, e ele o fez, segundo a Delith, para prestar um serviço ao governo, a mim, porque o apoio ao Roriz evitava que o Cristovam Buarque se reelegesse. Essa era a percepção do Eduardo, acho que foi por ele assim entendido com autenticidade. Nem todos no governo concordavam com isso. Eduardo quis logo a demissão de vários, da Claudia Costin, do próprio Arruda. Acabei dispensando o Arruda das funções de líder do governo no Congresso por causa da pressão do Eduardo e para satisfazê-lo, porque ele tinha sofrido muitos ataques baixos, atribuídos sempre ao Arruda.

Agora percebo que o Eduardo está com uma preocupação, no fundo comigo, com o grau de lealdade que tenho com ele, dada a lealdade imensa que ele tem comigo, e comparando-se com o Sérgio Motta, que brigou com o Valdemar Costa Neto.*** Eu disse: "Eduardo, o Valdemar Costa Neto era de outro partido. O Arruda

---

deu a Constituição peruana e demitiu membros do Judiciário. Em abril de 1995, foi reeleito para a Presidência.

* Arruda foi secretário de Obras e chefe de gabinete do governo do DF (1991-4).

** Diretora de Administração e Finanças do Sebrae e irmã de Eduardo Jorge.

*** Deputado federal (PL-SP) e líder do partido na Câmara. Em 1996, Motta e Costa Neto trocaram acusações públicas de corrupção.

tem o apoio geral do PSDB, querem que ele seja líder, embora eu saiba de algumas fraquezas políticas do Arruda, idas e vindas que não são as mais consistentes com a posição do governo. Mas ele é um homem que expressa bem as ideias, tem presença e todos os governadores querem que ele vá para a liderança; também a bancada deseja". Eduardo acha que não é bem assim, que estou mal informado. Cada qual sempre acha que estou mal informado.

O fato é que o Eduardo, pelo que sofreu nas mãos do Arruda, segundo ele, está irredutível.

Eu disse: "Eduardo, o Valdemar Costa Neto atacou o Serjão frontalmente e o Serjão o processou. Você não tem um ataque frontal do Arruda".

"Ah, mas ele espalhou que eu sou ladrão, e isso mexe com a minha honra."

"Mas ele nunca disse, nunca assinou a acusação, e nega. Você não tem como apertá-lo, a luta é por baixo do pano. Você vai entrar de novo nessa e a imprensa vai ficar contra você."

No final houve certa brecha: se o Arruda o procurar por intermédio do Pimenta, ele não será radicalmente intransigente. Eu, francamente, fiquei sensibilizado pelo sentimento do Eduardo, mas ao mesmo tempo não gostei, porque mostra que ele está sobrepondo questões de rotina ao todo.

HOJE É SÁBADO, 24 DE JULHO. Jantei com o Toninho Drummond, ele está preocupado com a reportagem que saiu na *Folha de S.Paulo*, que mostra a penetração da Igreja Universal nas televisões do país, como também a manipulação de recursos que vêm das Ilhas Cayman.*

Fora isso, tenho uma preocupação. O Renan Calheiros, ao sair do ministério, me mandou uma carta que mostrei ao Clóvis logo antes de ir ao Peru. Na carta ele faz insinuações de que o Mário Covas teria forçado decisões no Ministério da Justiça que beneficiariam uma empresa na qual o filho do Mário teria sociedade.** Vi nos jornais, pela Tereza Cruvinel, que o Renan soltou isso para a imprensa, o que é um

---

* Na edição de 18 de julho, a *Folha* publicou matéria de capa sobre a existência de duas empresas ligadas à Igreja Universal do Reino de Deus nos paraísos fiscais de Jersey e das Ilhas Cayman, ambas possessões britânicas. Segundo o jornal, a compra da TV Record do Rio pela Igreja, em 1992, fora fechada com recursos provenientes dessas offshores, trazidos ao país via Uruguai. A Rede Record, então, disputava o segundo lugar de audiência com o SBT.

** O ex-ministro da Justiça acusou Covas de interceder junto ao ministério para beneficiar a Tejofran Saneamento e Serviços Gerais, que participara do consórcio vencedor de uma licitação para a confecção de passaportes, no valor de R$ 170 milhões. Outra licitação, para a inspeção de veículos em São Paulo, também foi mencionada. Calheiros, que cancelara a licitação dos passaportes, afirmou que a empresa de Antônio Dias Felipe, amigo de Covas, era "muito ligada" ao filho do governador paulista, Mário Covas Neto, o Zuzinha.

comportamento inaceitável. Que denunciasse claramente! Falei hoje com o José Carlos Dias, ministro da Justiça, vou passar a carta para ele por fax, para vermos como agir. Acho que temos que abrir um inquérito, não sei bem o que fazer. Isso mostra que a política termina usando métodos infames.

Renan insinua que o Covas gostaria de descentralizar a questão da inspeção dos automóveis, porque isso beneficiaria empresas de São Paulo. Na verdade, outros acusam o PMDB de querer fazer dessa inspeção uma fonte de recursos. Enfim, um diz que diz infernal, que toma uma conotação grave quando o próprio ministro da Justiça que renuncia manda uma carta ao presidente insinuando o assunto. Terei que tomar procedimentos legais.

HOJE É DOMINGO, DIA 25, são onze horas da noite. Hoje almocei aqui com o Roberto DaMatta e a mulher dele, a Celeste [DaMatta], que ontem estiveram na casa do Roberto [Cardoso de Oliveira].* Eu não pude ir. No almoço aqui também estavam o Roque Laraia,** o Roberto e a Gilda [Cardoso de Oliveira], minha irmã, o Luís Roberto [Cardoso de Oliveira],*** meu sobrinho, a Jô, mulher dele, mais um sociólogo argentino, Guillermo [Rubén]. Conversa boa sobretudo com o Roberto DaMatta, que é muito vivo, concorda bastante com o que está se fazendo no Brasil. Os comentários de sempre, a necessidade, segundo ele e os demais, de que eu seja mais didático, que explique no plano mais simbólico o que está acontecendo.

Fácil de falar, difícil de fazer. Roberto fez um paralelo com o Bill Clinton, mas o discurso do Clinton é do *State of the Union!* No Brasil, se o presidente vai ao Congresso é para receber insulto. E nem vai, porque a lei não permite; aqui não existe o sentimento sagrado da Presidência. Contei a ele que quando fui ao Congresso no Peru o presidente estava assustado, com medo de que houvesse uma manifestação contrária. Claro que não houve; houve aplausos, e em pé, porque sou estrangeiro. Se fosse o Fujimori, teria, como vi na posse dele no Peru, na primeira eleição, a reação fortíssima da população, dos congressistas de oposição, com cartazes xingando. Isso é *nuestra* América.

Depois fiquei trabalhando, fui reler, para minha agradável surpresa, *A revolução burguesa*, do Florestan Fernandes.**** Contém uma análise interessante, até de resgate do papel do liberalismo no Império que vale a pena ressaltar. Se eu tiver tempo, vou escrever o prólogo para uma reedição que estamos fazendo desse livro.*****

---

* Professor de antropologia da UNB, cunhado de Fernando Henrique.
** Professor de antropologia da UNB.
*** Professor de antropologia da UNB.
**** *A revolução burguesa no Brasil: ensaio de interpretação sociológica*. Rio de Janeiro: Zahar Editores, 1975.
***** A terceira edição do livro (Rio de Janeiro: Guanabara, 1987) foi republicada como volume 3 da

Fiquei satisfeito de ver a inteligência analítica do Florestan, a capacidade realmente incomum dele de desdobrar planos de análise. Eu tinha me esquecido que ele era tão bom assim. Pena que não passe essa sensação para o leitor, porque o livro se perde na muita repetição, nas muitas palavras, na demasiada elucubração. Mas no conjunto os capítulos que eu li, o primeiro e o segundo, são bem interessantes.

Recebi o Emílio Odebrecht, que veio relatar uma conversa que teve com o Luiz Carlos Mendonça de Barros, que pediu o apoio dele para organizar os empresários do Nordeste, pediu que ele faça conferências na Liga do Desenvolvimento Nacional.* Ele estava assustado para saber o que era isso; na verdade, foi antes da designação do Clóvis e também da do Calabi para o ministério. Depois repassamos um pouco as coisas da tragédia nacional. Uma das tragédias, o Emílio sempre insiste nisto, é que as empresas não têm sucessores. Por exemplo, o Unibanco não tem sucessores por agora ao Pedro [Moreira Salles],** que é quem está tocando o banco, e assim vai. São muitas empresas sem sucessores. Além disso, a falta de audácia nas empresas nacionais, muito poucas se globalizando, embora o Brasil já seja a décima economia do mundo. Uma análise bastante preocupante.

Conversei com ele também sobre a minha sucessão. Tanto ele quanto eu achamos que o Covas, com saúde, será o melhor candidato, mas o que está pintando por aí é Ciro e Garotinho, Garotinho esperto, Emílio me pareceu simpático ao que ele tem feito na área dos empresários. Eu disse: "Tudo bem, mas acontece o seguinte: nenhum deles tem a visão do mundo necessária para dirigir o Brasil". E é verdade. O Emílio falou do parlamentarismo, ideia que eu pensei que já estivesse amortecida, mas ele acha que talvez fosse o caso para o Brasil. Perguntou como o Covas reagiria. Eu disse: "Não sei, o nosso partido é parlamentarista, o Covas pode se eleger deputado e ser primeiro-ministro". De qualquer forma, precisamos de um presidente, desde que não seja eu, que tenha uma visão do mundo. Não sei quem, mas precisaria ter, para que a gente tivesse na Presidência alguém capaz de fazer a grande política que a globalização vai exigir. Problemas que parecem simples, mas que são bastante complexos.

Parece que a avaliação do Emílio e de alguns empresários é que as mudanças ocorridas recentemente foram positivas. Ele comentou também alguns aspectos do Antônio Carlos Magalhães. Contou vários episódios, digamos, pouco claros sobre a OAS, como ela funciona, que agora mesmo houve uma crise. A OAS é de um genro do Antônio Carlos,*** parece que esse genro passou para os filhos, problemas

---

coleção Intérpretes do Brasil, da Biblioteca Luso-Brasileira (Rio de Janeiro: Nova Aguilar, 2000). O texto introdutório de Fernando Henrique se encontra nas páginas 1491-6.

* Isto é, o Fórum Nacional promovido pelo Instituto Nacional de Altos Estudos (Inae).
** Presidente do conselho de administração do Unibanco (fundido com o Itaú em 2008).
*** César Mata Pires, casado com Tereza Magalhães. Pires e ACM se desentenderam acerca de uma disputa interna na OAS com outro sócio da empreiteira, Carlos Laranjeiras, assessor do senador

da intimidade baiana que eu não conhecia, nem é do meu estilo estar remexendo essas coisas, mas que, uma vez contadas, convém registrar. Fora isso, nada além de reiteradas análises da conjuntura brasileira, a confiança de que as coisas possam marchar melhor daqui pra frente, com as mudanças de conjuntura internacional e de governo.

Conversamos longamente sobre a América do Sul. Eu queria falar com o Emílio por isso, porque ele tem empresas em toda parte. Resumo da análise: na Argentina ele ainda acha que o Duhalde ganha. Acho que seria efetivamente muito bom se houvesse uma intermediação para o Carlos Menem fazer as pazes com o Duhalde. Não me sinto em condições, embora tenha mencionado que fui instado a isso por um dos amigos do Menem, mas não vi receptividade no próprio. Acha também o Emílio — é a análise do pessoal do sócio dele na Argentina,* ele me deu o nome, já esqueci, é de Córdoba — que o Duhalde é inesperado nas suas ações, mas que é melhor que ele ganhe do que o [Fernando] De la Rúa.** A coalizão do De la Rúa, segundo o Emílio, é a do tipo do PT, cada um para um lado, muito fragmentada. A expectativa dos empresários em geral é de que a Argentina vai ter que fazer alguma coisa, provavelmente a desvalorização do peso, e isso pode ter consequências para o Brasil.

O presidente de um banco suíço, não lembro qual deles, Credit Suisse,*** eu creio, tinha preocupação com os efeitos da Argentina no Brasil. O Emílio explicou o que pensa a essa pessoa, que conhece o Brasil, e ela acabou concordando que a Argentina não tem efeito direto sobre nós. Eu retruquei: "Olha, Emílio, acho que está na hora de uma vacinação contra essa matéria. Vamos chamar os grandes financiadores internacionais, pedir que discutam com o Pedro Malan, para que ele explique que não há por que temer contágio da Argentina no Brasil, ou um contágio na direção inversa. Diz o Emílio que os financiadores internacionais estão assustados com a Argentina depois das declarações do Duhalde, que ele, Emílio, estava lançando títulos, não sei que tipo de bônus na Argentina, de um empreendimento, uma concessão que tem lá, esperava que 80% pudessem ser subscritos por estrangeiros, mas eles desistiram um dia depois de o Duhalde declarar que haveria moratória.

Colômbia. Ele esteve com o Pastrana e acha que este virá ao Brasil. Eu disse que o Fujimori havia me incentivado a ter uma conversa com o Pastrana através de um delegado meu, porque a situação na Colômbia está se deteriorando e os americanos podem tentar uma intervenção. O Emílio acha que os americanos prefeririam

---

baiano. Em represália a Pires, ACM solicitara ao governo baiano a suspensão de todos os pagamentos à construtora.
* Horacio Miró, dono da construtora Britos.
** Prefeito de Buenos Aires, candidato à Presidência pela Alianza para el Trabajo, la Justicia y la Educación, coalizão de oposição da Unión Cívica Radical (UCR) e da Frente País Solidario (Frepaso).
*** Rainer Gut.

que o Brasil tivesse um papel mais ativo, eu também acho, o problema é se podemos e se queremos nos arriscar nisso. Mas uma conversa com o Pastrana seria positiva. O Emílio não teme — segundo ele os empresários não temem — a situação do Chile com a vitória do Ricardo Lagos; ele sabe que o Lagos é meu amigo. Eles acham que o problema do Chile é simplesmente efeito da crise asiática, que não há uma questão interna na economia chilena.

Quanto à Venezuela, muita preocupação, mas ele também é do meu parecer, de que é preciso dar corda ao Hugo Chávez e não deixar que este se afaste do Brasil. Essa é a visão, grosso modo, de um grande empresário brasileiro sobre a questão sul-americana. Claro que ele tem sempre preocupação com Angola, nós também, mas, segundo ele, o Brasil só pode fazer alguma coisa se os americanos estiverem dispostos, efetivamente, a respaldar a ação brasileira. Ele acha que com o prestígio que eu tenho nos Estados Unidos e com a vantagem de não sermos submissos aos americanos, uma ação nossa é construtiva para a ordem política mundial. Vamos ver.

HOJE É TERÇA-FEIRA, DIA 27 DE JULHO. Ontem de manhã recebi a área política, o secretário-geral Aloysio Nunes Ferreira, mais o Pimenta e o Pedro Parente, conversamos sobre a agenda, sobretudo o que fazer com o Ovídio [de Ângelis].* Chegamos à conclusão de que eu precisava chamá-lo e mandá-lo ir à Câmara se explicar. O que é mais complicado é a substituição do Ovídio. O Moreira Franco quer o lugar, mas o PMDB não o apoia. Há resistências no Rio, e em Goiás não há outro que possa substituir o Ovídio. Pelo menos o nome que eu tinha sugerido, Carlos Peixoto, está muito longe dessas atividades hoje. Discutimos também o que fazer na agenda do Congresso, o de sempre, além da questão que me parece importante, a de uma emenda constitucional que permita parcelar os precatórios.** E ainda trocamos ideia sobre a situação do Eduardo Jorge. O Pimenta disse que falou com o Arruda, ele está disposto a procurar o Eduardo, a buscar uma forma de entendimento. Tomara que vá por aí, para benefício geral.

Fui ao Palácio da Alvorada, almocei, a Ruth chegou. No Planalto, além da rotina, chamei o Ovídio e ele me explicou detalhadamente o que fez e o que não fez. Na verdade, acomodou interesses da bancada do PMDB de Goiás, apoiando pequenas prefeituras na base de recursos de 100 mil, 200 mil reais para questões de água ou às vezes de um barranco que ruiu, nada de escandaloso, apenas aquela afoiteza típica dos políticos. Concentrou recursos de um total pequeno, 3 milhões de reais de

---

* O PT denunciou que o ex-secretário de Políticas Regionais favorecera aliados políticos em Goiás na última semana de sua gestão, com a liberação de R$ 32 milhões para prefeituras do PMDB, quase o dobro do valor destinado ao resto do país no mesmo período.
** PEC 407/1996, convertida da emenda constitucional n° 30, de 13 de setembro de 2000.

empenho realmente pagos, 3 milhões de um orçamento creio que de 1 bilhão. Realmente não é grave, foi apenas a forma. E, naturalmente, a luta política. O Geraldo Magela, que é do PT de Brasília, resolveu cair na pele dele e o denunciou. O Ovídio não é um homem de Estado, mas se conseguir se equilibrar na Câmara é melhor, porque é mais custoso botar outro do que mantê-lo lá. Claro que a imprensa vai cair na nossa pele, dizer que estamos transigindo aqui, transigindo ali, encontraram um filão.

Preocupação crescente com a carta do Renan, o Mário Covas pediu formalmente que eu mandasse a carta para ele. Hoje vou me encontrar com o José Carlos Dias para discutir como posso fazer isso, porque é um documento pessoal, o Renan botou esse documento pessoal na imprensa, deixando a todos mal, inclusive a mim. Fica parecendo que tenho uma denúncia e que não estou dando prosseguimento a ela. Conversei com o José Carlos Dias, não há o que apurar, existe apenas uma acusação frontal ao Covas, mas, do ponto de vista do governo, nada a fazer, até porque não se materializou nenhuma das eventuais licitações que poderiam ter sido objeto de pressão, que não acredito que o Mário tenha feito.

Recebi o governador de Mato Grosso do Sul, o Zeca do PT, pessoa simpática, trabalhadora, veio com a equipe dele, botou em ordem o Estado, eu o acho uma pessoa valiosa. Curiosamente, dos três governadores do PT, só o Olívio Dutra, que é carrancudo, diz que eu apoiei a Bahia [no caso da Ford]; mais uma vez distribuiu a minha carta a ele sobre a questão da Bahia, ficou insinuando que eu teria interferido lá. Não interferi em coisa nenhuma, apenas depois de feito o estrago tentei remendar da melhor maneira possível. Há um antinordestismo, e nessa coisa de subsídios se esquecem de que somente na redução do IPI do automóvel, para manter o emprego em São Paulo, deixamos de receber em dinheiro vivo mais do que a Bahia vai receber por ano de subsídios.

À noite recebemos o [Enrique] Iglesias, que fez 68 anos, muitos convidados, o BID e alguns ministros. Mas não houve nada de especial, salvo a questão da Argentina. A coisa está encrespando, recebi e li um documento do Domingo Cavallo em que ele abre uma brecha não na questão cambial da Argentina, propriamente, mas na base monetária, no modo de manejá-la, o que acaba afetando a forma de ajuste da Argentina em função do câmbio fixo, do câmbio-padrão que eles instalaram lá. Isso seguido de que a Argentina retaliou o Brasil nos têxteis e nos calçados,* e o Brasil protestou. O fato é que o Alberto Kohan** telefonou para o Eduardo Jorge expressando grande preocupação, porque os jornais diziam que o Brasil está rompendo com o Mercosul. Falei com o Seixas Corrêa, que disse que não é nada disso. Não obstante, creio que na ausência do Lampreia houve uma manobra muito dura

---

* Duas semanas antes, o país vizinho impusera barreiras alfandegárias a produtos importados do Brasil em protesto contra os subsídios federais ao regime automotivo.

** Secretário-geral da Presidência argentina.

endossada pelo Clóvis, porque no Brasil há um clima de apreensão pelas retaliações da Argentina, e os argentinos se esquecem que aguentamos durante cinco anos déficits de 1 bilhão de reais de dólares por ano [na balança comercial bilateral]. Agora não querem aguentar nem um momento de dificuldade.

HOJE É SEXTA-FEIRA, DIA 30 DE JULHO, de manhã cedo. Vamos retomar a terça-feira 27. Comecei o dia abrindo um seminário sobre água na Agência Nacional de Águas, ANA,* fiz um discurso. Depois despachei, almocei, recebi o ministro Eliseu Padilha para discutirmos o orçamento do Ministério dos Transportes. Ele não mencionou nada que fosse preocupante sobre a greve de caminhoneiros,** apenas disse que estariam se mexendo nessa direção. Passei a tarde discutindo promoções com os ministros militares. Recebi ainda o Aécio Neves, líder do PSDB na Câmara, que falou sobre como repor o PSDB numa linha mais ofensiva. Discutimos a sucessão presidencial, vejo que ele não tem muito entusiasmo pela candidatura do Covas, mas também não sabe que alternativa seguir. Comentou que o Ciro não dá mais, pela agressividade que tem comigo. De manhã, depois da Agência Nacional de Águas, também tive uma reunião com o pessoal da área de desenvolvimento: Fernando Bezerra, Paolo Zaghen,*** Calabi, Pratini, Parente etc., para definir nosso modo de trabalhar e uma agenda eficaz de trabalho.

Na quarta-feira, dia 28, comecei a manhã com uma reunião sobre a conjuntura econômica com toda a equipe da área. Conversa detalhada para fazermos uma análise dos avanços ou não da conjuntura brasileira. Continua havendo preocupação na área das exportações e também na eterna área fiscal. Já disse muitas vezes aqui: o problema continua sendo basicamente a Previdência. Claro, existe também a Lei de Responsabilidade Fiscal,**** que vamos fazer aprovar. Já chamei, e veio falar comigo, o relator Pedro Novais;***** ele veio com o José Sarney Filho. Eu disse que queria só duas coisas: urgência e que as modificações fossem feitas em cooperação com a área do governo que está cuidando dessa matéria. Ele concordou, mas vou ter que

---

* O presidente discursou na abertura do seminário "Água, o desafio do próximo milênio". Na ocasião, foi anunciado o envio de um projeto de lei ao Congresso para a criação da ANA, efetivada em 17 de julho de 2000 pela sanção da lei nº 9984.

** A categoria dos caminhoneiros autônomos, representada pelo Movimento União Brasil Caminhoneiro, deflagrara dias antes uma paralisação nacional para reivindicar redução no preço dos pedágios, segurança nas rodovias, tabelamento do frete, mudança nas regras de pesagem e tratamento especial para infrações de trânsito.

*** Presidente do Banco do Brasil.

**** Lei complementar nº 101, de 4 de maio de 2000, originada do projeto de lei complementar 18/1999.

***** Deputado federal (PMDB-MA).

falar com o Geddel. Ele é o homem do PMDB e temos que estar de olho, sobretudo, na urgência disso.

A questão fiscal é um tormento eterno, a Fazenda sempre desconfia das outras áreas do governo, sobretudo agora do Orçamento, e vice-versa. Eu disse a eles, brincando, que desconfio das duas. É sempre um braço de ferro, uns querem cortar, outros querem atender a certas demandas necessárias e justas. Nesse meio-tempo, pressão do Paulo Renato porque nem a Merenda Escolar está sendo paga direito; pressão do Serra por causa dos preços dos medicamentos, que ele quer tabelados, e pressão também porque precisa aumentar o SUS. Enfim, pressões não faltam, mas também não falta determinação para manter esse equilíbrio fiscal que, por enquanto, vai, como diz o editorial do jornal *O Estado de S. Paulo* de hoje, na marra, porque não existe equilíbrio fiscal. O que existe é repressão fiscal, seja quando aumentamos a arrecadação com medidas tópicas ou quando cortamos despesas, com medidas que também não resolvem, porque não vão ao coração do problema, que é a questão previdenciária.

A reunião da Câmara de Política Econômica foi boa, o Armínio Fraga sempre muito equilibrado. Nesse mesmo dia houve a diminuição de dois pontos na taxa de juros.* Eu soube quando o Armínio Fraga me telefonou à noite, às dez e meia, e eu estava aqui com o Malan e o Amaury Bier. Nesse mesmo dia, vi comentários na televisão de que provavelmente teria sido uma decisão política. De política ela não teve nada. Foi uma decisão que teve por objetivo manter a taxa de juros em correlação com a taxa de inflação;** nada diferente disso. Além da reunião da Câmara de Política Econômica, fui a uma cerimônia do Miguel Reale pai, que recebeu a comenda da Ordem Nacional do Mérito. Discurso dele, discurso meu, almoço com o presidente do Supremo Tribunal, com o presidente da Câmara, com o presidente da OAB,*** com o novo ministro da Justiça, com o Miguelzinho Reale [Miguel Reale Júnior], com o Zé Gregori, tudo muito simpático.

Nesse meio-tempo discutimos a questão relativa à carta do Renan. No dia anterior, terça-feira, tinha sido mandada ao Covas uma cópia da carta, sendo dito a ele, por escrito, que a carta era pessoal, que estava nos meus arquivos reservados. Combinei com o José Carlos Dias, e depois com o Miguel Reale [Júnior], advogado do Covas, que o melhor é ele não recorrer a essa carta. Se quiser processar o Renan, que use os termos que já estão na imprensa, para não criar um adicional de confusão. Dei uma cópia da carta ao Miguel Reale.

Voltei ao Palácio do Planalto, cuidei da rotina, recebi longamente o dr. Geraldo Brindeiro, procurador da República, e mais tarde o Clésio Andrade, da Confederação Nacional do Transporte, que me deu uma explicação, que me pareceu adequa-

---

* O Comitê de Política Monetária do BC decidiu reduzir a taxa Selic de 21,5% para 19,5%.
** A inflação acumulada em doze meses foi de 4,6% em julho de 1999 (IPCA).
*** Reginaldo de Castro.

da, sobre o porquê da greve dos caminhoneiros. Ele disse que, com a transformação do transporte de carga no Brasil, ele vem se tornando crescentemente intermodal: ferroviário, aquoviário, e há um excesso de transporte por caminhões. Isso faz com que o frete não suba e, com todo esse aumento que tem havido, inclusive do diesel, os caminhoneiros não têm como transferi-lo para os preços. Eles estão sufocados. Além disso, muitos deles têm leasing em dólares dos seus caminhões. Percebi que o Clésio está por dentro do problema, que provavelmente se deve aos preços elevados dos pedágios, que são privatizados. Esse movimento não é só do caminhoneiro autônomo; as empresas também o estão sustentando. Bom, em função não só dessa conversa com o Clésio, mas também da situação crescentemente difícil, eu já tinha até prevenido da necessidade de uma ação militar mais forte. Achei melhor convocar uma reunião para o dia seguinte cedo, portanto ontem, quinta 29 de julho, para discutirmos essa greve.

Ainda na quarta-feira à tarde, me encontrei com o Lampreia, o Clóvis, o Seixas Corrêa e o Eduardo Santos, para avaliar a questão da Argentina. O Clóvis telefonou para mim e para o Lampreia informando a intenção do Carlos Menem de vir ao Brasil. O Lampreia discordou e disse: "Só se for para recuar nas medidas já tomadas, que são arbitrárias e não se coadunam com o espírito do Mercosul; não pode ser para outras salvaguardas no Mercosul". O Clóvis consultou o Menem, voltou a falar com o Lampreia e disse que é assim mesmo e que preferia que só informássemos sobre a vinda do Menem na quinta-feira, portanto ontem de manhã, embora ela tenha sido acertada na quarta-feira.

Na quarta o Brasil estava preocupado com a greve de caminhoneiros e com o que fazer diante da crise do Mercosul.

Na quinta-feira, ontem, 29 de julho, tivemos um dia extremamente trabalhoso e tenso. A reunião com os ministros começou de manhã, para discutirmos o que fazer sobre a greve dos caminhoneiros. Vieram vários ministros, o dos Transportes, o do Trabalho, o da Casa Civil, o general Cardoso, o Aloysio Nunes Ferreira, o conjunto de ministros que tinha a ver com o assunto. E tomamos decisões. Primeiro falei com o ministro da Defesa, que estava no Rio de Janeiro, e com o general Cardoso várias vezes desde a véspera, para mantermos todos os preparativos no caso de uma ação militar ser necessária, pois a greve não poderia passar do dia de ontem. Segundo: encaminhar alguma ação negociadora.

O Dornelles chegou antes dos demais, me chamou na biblioteca e disse que tinha condição de fazer o Nélio Botelho,* líder aparente dos caminhoneiros, chegar a um entendimento. Ele já havia falado com esse Nélio, e esse entendimento passaria por questões que me pareceram viáveis. Um: deixar o peso da balança ajustado, porque eles reclamam que ela não está bem equilibrada. Dois: eles querem uma medida no Congresso flexibilizando a pontuação dos motoristas, que estão per-

---

* Presidente do Movimento União Brasil Caminhonheiro.

dendo carteira com o novo código do trânsito;* e três: que não haja aumento de pedágio. Achei razoável, o Dornelles falou com esse Nélio por telefone na minha frente, sem dizer que estava comigo. Disse que se ele se comprometesse a acabar a greve com esses pontos, iríamos discutir a questão. Discutimos. Houve opinião divergente, estava também o Pratini de Moraes na reunião. Ele foi favorável a acabar logo com a greve, o Dornelles também, achando que o custo maior era a manutenção da greve.

Notei que o Padilha, que na véspera tinha negociado, na via Dutra, com os grevistas, estava mais resistente, pois já tinha cedido alguns pontos na negociação. O único ponto que eu não queria ceder era no preço do diesel,** isso foi dito, e o Padilha já tinha dito a eles na véspera que o diesel não seria aumentado nesta semana, para não se comprometer a não aumentar o diesel, mas eu sei que precisa aumentar. Depois dessa discussão, o Dornelles foi credenciado a falar com esse Nélio Botelho, o que fez formalmente, e voltou dizendo que seria feita a negociação em seguida. O Nélio veio para Brasília e, à tarde, o Dornelles e o Padilha conversaram com ele, fizeram uma lista de pontos, concordaram e a greve acabou.

Deixei os preparativos militares prontos até o final da negociação, porque fiquei com medo que ainda houvesse alguns pontos de resistência mais selvagem. Mas não houve. Hoje de manhã, na televisão, foi dito: "O governo recuou ao falar no preço do diesel", mas isso não está no acordo; o governo cedeu alguns pontos, não recuou. Como fazer com uma greve dessa magnitude? Ou se põe a tropa na rua, e sabe Deus que consequências isso tem, e não é a melhor solução, ou se começa uma negociação. Por enquanto a negociação são *peanuts* diante dos prejuízos que a greve poderia causar. É a primeira vez que ocorre um movimento dessa magnitude no Brasil;*** na Europa é frequente. Caminhoneiro hoje em dia é uma gente tão vital quanto os controladores de voo ou de computadores. São os que paralisam o mundo moderno; não é mais a fábrica de automóveis. Enfim, esse assunto foi encerrado.

No meio disso, ontem, quinta-feira, tivemos também outras discussões.

Primeiro almocei com d. Eugênio Sales,**** almoço agradável, d. Eugênio foi de extrema gentileza, me deu de presente um terço que o papa tinha dado a ele, era pessoal, com as insígnias papais. Pediu que eu bote na minha mesa de cabeceira, mesmo que não reze. Conversamos sobre a situação política em geral, da Igreja e

---

* Código de Trânsito Brasileiro, ou lei nº 9503, de 23 de setembro de 1997. O código entrou em vigor em 1998.

** Os derivados de petróleo haviam subido quase 50% desde o início do ano. O litro de óleo diesel custava em média R$ 0,55, equivalentes a R$ 2,17 em abril de 2016 (IGP-DI).

*** Semanas antes, uma greve similar paralisara a Argentina e levara o presidente Menem a cogitar a decretação de estado de sítio.

**** Cardeal-arcebispo do Rio de Janeiro.

do Brasil, e sobre as reivindicações dele. Chamei o Paulo Renato e o Ornelas para discutirem, nem houve discussão, ele apenas trouxe um documento. Depois desse almoço no Alvorada, recebi o Albano Franco com o Pimenta e o Aloysio, para discutir a reivindicação dos governadores.* Recebi ainda o César Borges, que veio agradecer a MP da Ford.

Capítulo MP da Ford: o Medeiros me telefonou, pedindo que o Clóvis recebesse o Paulinho e o Guiba [Heiguiberto Navarro], da Ford, o que foi feito. Eles queriam que na MP houvesse uma referência a uma cláusula de garantia de emprego. Isso não pode, é contra a lei e contra o mercado também, mas foi posto que a Ford não pode transferir uma fábrica para a Bahia, ou para onde quer que seja, beneficiada com esses incentivos. Existe no caso uma polêmica um pouco diferente. A Ford tinha saído de São Paulo, mas não é por causa dessa mudança que há esse problema; o problema é porque a Ford quer fechar uma unidade que tem no Ipiranga. Ela não pode mesmo continuar no Ipiranga e quer levá-la para o ABC, o que pode ocasionar perda de empregos. A Ford quer dar garantia de emprego por certo período, parece que até março do ano que vem, e os sindicatos querem um ano e meio. É uma briga sindical, não de governo. O que o governo fez foi dizer: "Bom, tem que continuar investindo em São Paulo". Eles vão investir 500 milhões de dólares em São Paulo este ano e o governo expressou seu desejo de que haja emprego para os trabalhadores, mas não pode ir além, porque o regime é de mercado. As pessoas custam a entender que deve haver uma negociação sindical, e nesta o governo sempre há de estar ao lado dos trabalhadores, para garantir emprego, salário, o que for possível e desejável. De qualquer maneira, está feita a MP sem grandes problemas. Minimizamos ao máximo as vantagens da Ford,** e o César Borges veio agradecer.

Um comentário à parte. Na reunião que tive ontem com alguns líderes políticos que estavam mais próximos de mim — o Madeira e o Aloysio Nunes, que são de São Paulo, mais o Pimenta, e o Vilmar —, eu disse: "A Ford está dando um golpe de morte na Argentina". Ao se localizar no Rio Grande do Sul como queria o [Antônio] Britto,*** ela daria ao estado, junto com a GM, uma base metal-mecânica muito im-

---

* Em 15 de julho, 22 governadores haviam se reunido em Aracaju para discutir os problemas financeiros dos estados e formar uma pauta comum de reivindicações ao governo federal. Foram reiterados os pontos da reunião com o presidente em fevereiro: fim do Fundo de Estabilização Fiscal (FEF), alterações na Lei Kandir, socorro federal às previdências estaduais, refinanciamento dos empréstimos do Fundef e renegociação do limite de gastos dos Três Poderes. Na ocasião se constituíra a Confederação Nacional dos Governadores, liderada por Albano Franco e pelos governadores de Alagoas, Espírito Santo, Maranhão, Mato Grosso, Mato Grosso do Sul, Rio de Janeiro e Santa Catarina.
** Os subsídios federais à instalação da montadora na Bahia foram reduzidos de R$ 800 milhões para R$ 180 milhões anuais durante dez anos.
*** Ex-governador do Rio Grande do Sul (1995-9) pelo PMDB.

portante, e o Rio Grande do Sul encontraria uma nova vocação industrial. O Olívio Dutra fez uma tremenda besteira ao não perceber isso e deixar a Ford ir embora. Ela resolveu ir para a Bahia, a Bahia cedeu muito e obrigou o governo federal a ceder o que não queria, mesmo assim diminuímos bem os benefícios.

Com isso, quem vai se beneficiar é São Paulo, pois vai fornecer motor para a Bahia, autopeças também. Até que se instale no Nordeste uma indústria, vai levar muito tempo, e a indústria de Córdoba, que forneceria para a Ford no Rio Grande do Sul, agora não tem para quem fornecer. Estamos colocando em perigo a industrialização da Argentina. No fundo, e aí engato com outro tema, que é o da vinda do Menem aqui, a situação da Argentina é dramática, porque ela está, com ou sem consciência, entrando numa fase que a faz voltar ao começo do século XX, quando era uma potência agropecuária e próspera. De novo, a Argentina tem agrobusiness, e agora sua indústria está investindo no Brasil, o que acho bom, porque existe uma solidariedade. Inclusive a indústria pesada, Techint etc., como eles chamam, está investindo no Brasil, e outras indústrias estão discutindo vir para a CSN com o pessoal do Sul, e o Gerdau [Jorge Gerdau Johannpeter]* poderá comprar. Enfim, o capital industrial argentino vai ter que investir no Brasil, a base tecnológica está aqui, não na Argentina, o mercado maior está no Brasil, não na Argentina.

Por outro lado, se ficarmos sem o Mercosul, não teremos capacidade de atrair esse tipo de empresa para cá, porque o nosso mercado, por grande que seja, é insuficiente. Precisamos da América do Sul, e a Argentina vai ser complementar a isso ou porque gera capitais que se associam a nós, ou porque tem vantagens comparativas imensas no agrobusiness, e aí sim isso vai prejudicar o Rio Grande. O Britto teve visão estratégica, o Olívio Dutra não, ele pode prejudicar o Rio Grande com suas jogadas. São Paulo não, o Brasil não, o Nordeste não. No conjunto o Brasil ganha. Mas perde o Rio Grande. Essa é a minha visão.

Dito isso, o Menem veio ontem, chegou tarde da noite aqui, tive uma conversa ligeira com ele, na qual sinalizou que recuaria e que precisaria, como ele disse, de algum respiro, *aliento*, para a questão eleitoral. Alguma coisa que acalmasse seus industriais. À mesa de jantar, a discussão foi dura, porque estavam os assessores dele e os nossos. Ele falou em deixar a medida suspensa, nem o Malan nem o Lampreia concordaram, querem que eles a anulem, tem que anular mesmo. Eu fui levando, para não criar uma situação embaraçosa para o presidente da Argentina, e no final ele percebeu que não tinha argumentos, decidiu que vai anular as salvaguardas que foram impostas contrariamente ao Tratado de Assunção,** percebeu que para nós era impossível aceitar isso.

Combinada essa anulação, concordamos em começar a negociar, em Montevidéu, medidas para questões tópicas da Argentina, como sempre fizemos. Ba-

---

* Presidente do grupo Gerdau.
** Assinado em março de 1991, é o marco legal da criação do Mercosul.

sicamente quem vai pagar algum preço por isso é a indústria de calçados, mas o que exportamos de calçados para a Argentina é muito pouco; não é uma coisa que abale o Brasil nem mesmo aos calçadistas. Eles têm outros mercados, na Ásia e nos Estados Unidos, para os quais podem se dirigir. Foi uma negociação boa. No final do jantar, o Lampreia e o Guido [Di Tella]* expuseram isso à opinião pública, e ficou claro. Eu até brinquei que o Lampreia é o nosso peso pesado na hora de dar as marradas necessárias e que no banco de reserva fica o Clóvis, tão duro quanto. O Malan não deixa de ser duro também, e foi duro com os argentinos. E com isso eu posso fazer a política mais amena e permitir um clima que possibilite as coisas avançarem. Assim foi feito ontem. Terminou o encontro a uma e meia da manhã de hoje.

Hoje acordei cansado, vi na televisão as notícias, já mencionei, sobre os caminhoneiros. Na televisão o governo sempre recua, nos jornais mais ainda, sempre estamos errando, sempre estamos perdendo, quando na verdade estamos avançando. O Brasil está ganhando com todas as idas e vindas de um processo difícil que é a reconversão para a economia globalizada. Acho que temos nos colocado numa posição estratégica correta, mas claro que com essa imprensa, neste momento tão agressiva comigo e com tudo que se faz, claro que perco uma parte da opinião pública. Isso é muito ruim, porque tem reflexo no Congresso e dificulta a aprovação das leis que precisamos para consolidar nossa posição.

Hoje de manhã me telefonou o Pedro Parente, porque o Malan tinha querido que as decisões do plano de aplicação dos recursos dos fundos constitucionais não ficassem sob controle do Fernando Bezerra, mas da Fazenda. Fernando Bezerra estrilou, não deu certo, vai ter que recuar, enfim, confusões. A Fazenda não confia nos outros ministérios, mas o que entra tem força como ministro e o PMDB também. Tenho boa impressão do Fernando Bezerra, mas se ele não funcionar mudamos de ministro.

Recebi o ex-ministro Lélio Lôbo,** que veio trazer uma publicação do que ele fez em sua gestão na Aeronáutica, e é impressionante. Temos feito muita coisa nesse campo. Vendemos 21 AMX*** nesse período, construímos inúmeros aeroportos, uma rede enorme, Sivam, enfim, a aviação civil e a militar não ficaram paradas. Agora vou almoçar.

HOJE É SÁBADO, DIA 31 DE JULHO. Ontem recebi o embaixador Sergio Telles,**** tive os despachos normais da casa, Aloysio Nunes, Eduardo Graeff, também falei por telefone com o governador do Acre, Jorge Viana, que está muito

---

* Chanceler da Argentina.
** Brigadeiro da reserva e ex-ministro da Aeronáutica (1992-5 e 1995-8).
*** Avião de caça ítalo-brasileiro lançado em 1985 pela Embraer.
**** Representante do Brasil no Líbano.

contente porque resolvemos a questão das estradas.* Ele me relatou uma conversa que teve com o Lula, e, como eu já disse aqui, o Lula mais uma vez demonstrou espírito aberto no sentido de ter um diálogo conosco. Relatei isso ao Aloysio, à noite falei de novo com o Jorge Viana, que me telefonou por outra razão, para ver se é possível caminhar nessa direção.

Hoje passei grande parte do dia lendo *A revolução burguesa*, do Florestan Fernandes, porque vou escrever um prefácio. Quem não tenha sido aluno dele nesses tempos, como eu fui, se ler esse livro vai ficar assustado, porque a primeira parte é basicamente uma análise a partir de tipos ideais. É um misto de Sombart com Weber e uma tentativa de ver a revolução burguesa do Brasil preenchida pelo exercício de certos papéis típicos, basicamente o do fazendeiro — que de senhorial se transformou num homem de negócios, em vez de senhor rural passou a fazendeiro de café — e o do imigrante, os quais cumprem papéis que têm a ver com a formação de uma ordem social na direção do capitalismo competitivo. Porém, há sempre uma defasagem, tanto desse "capitalismo competitivo", que é um tipo ideal também, por isso abstrato, quanto com o que acontece no Brasil. Existem elementos muitos fortes da antiga ordem do nosso regime que continuaram limitando a ação desses tipos "revolucionários" na direção de uma revolução burguesa. Ela estaria ocorrendo no Brasil a partir da Independência, e aí entra em jogo o Estado nacional como fator integrador da ordem competitiva interna em contraposição com o estatuto colonial anterior.

Tudo isso, no livro, com um nível de sofisticação muito elevado, completamente destituído de análise de processos históricos estruturais, o oposto, portanto, de qualquer análise do tipo marxista sobre a formação do capitalismo no Brasil e a dominação burguesa no Brasil. É o oposto disso e, no entanto, Florestan passou a ser um dos ídolos do pensamento do PT e desse marxismo de gente que nunca leu Marx e que impera no Brasil. O livro é interessante, cheio de imaginação e bastante repetitivo, aborrecido, como é o estilo do Florestan escrever. Mas com uma poderosa imaginação para fazer uma análise abstrata da formação da ordem burguesa por ele imaginada como sendo, não sei exatamente a partir de onde, um processo inelutável. Como Florestan não faz análise do processo concreto, econômico, mas apenas constrói tipos ideais de organização, de personalidades que desempenham certos papéis e de funções sociais necessárias para a evolução dessa ordem competitiva, fica difícil ver quais são os motores efetivos da história. O autor não entra na questão direta das contradições, dos conflitos, das lutas concretas de classes, nem dos choques de interesse econômico. Muito interessante ler o Florestan sob essa perspectiva de uma análise mais idealista.

---

* Com verbas federais, o estado acabara de contratar a pavimentação da BR-364 entre Rio Branco e Cruzeiro do Sul e da BR-317 entre Rio Branco e Assis Brasil.

3 A 13 DE AGOSTO DE 1999

Temer, ACM e Bornhausen. Popularidade despenca. Dificuldades e vitórias no Congresso

Hoje é dia 3 de agosto, terça-feira. Ontem, além de participar da reunião sobre a regulamentação do microcrédito* no Conselho do Comunidade Solidária e de fazer um discurso sobre distribuição de renda e pobreza, mostramos os programas do governo e as dificuldades de lidar com essas questões. O conhecimento que se tem da matéria não é suficiente. O que eu disse foi entendido como crítica à proposta do Antônio Carlos.** Não era, era apenas para mostrar a complexidade do problema, Antônio Carlos tem umas sugestões [sobre bolsas de alimentação], tudo bem, mas as coisas são mais difíceis.

À noite jantei com o João Roberto Marinho, com o diretor da *Época*, Augusto Nunes, e com o Merval [Pereira], diretor do *Globo*, na casa do Toninho Drummond. Conversa franca, repeti os temas sobre que tenho falado recentemente, sobretudo Mercosul, desenvolvimento industrial, reformas. Me pareceu um ambiente descontraído.

Hoje de manhã despachei com o Clóvis, que se queixou de eu ter dito uma coisa na conversa que tive com a Miriam Leitão*** ontem, no café da manhã. Ela fez uma longa reportagem que só li agora à noite e em certo trecho escreveu que o Clóvis tinha se incompatibilizado com muitos ministros. Foi o que eu efetivamente disse, em outro contexto, mas o Clóvis acha que isso dá força para a interpretação do Serra de que ele, Clóvis, continua plantando notícias no jornal e que ele está apenas exilado no Desenvolvimento, que vai embora, que não dura quatro meses, essas coisas.

Depois desse despacho, reuni a Câmara de Desenvolvimento,**** longa discussão sobre agricultura, a dificuldade que temos de enfrentar os problemas dessa área, porque os agricultores estão de novo endividados com o Banco do Brasil e não querem pagar a dívida, estão fazendo uma manifestação, um caminhonaço

---

* Cerimônia de anúncio da regulamentação do microcrédito, ou crédito popular, prevista pela resolução 2627 do Banco Central.

** O presidente do Senado propusera a criação de um novo imposto para financiar um fundo nacional de combate à pobreza, com as alíquotas de 1% sobre a renda líquida de assalariados na faixa superior a R$ 2 mil e de 0,5% para empresas com faturamento anual acima de R$ 150 milhões. Somando outras fontes, como um novo imposto sobre bens de consumo de luxo, ACM estimava que a arrecadação do fundo pudesse chegar a R$ 8 bilhões por ano.

*** Colunista de economia de *O Globo*.

**** Formada pelo presidente da República, os ministros do Desenvolvimento, Fazenda, Integração Nacional e Orçamento e os presidentes do Banco Central e do BNDES.

em Brasília.* Não é a primeira vez que o fazem, há dificuldades efetivas, alguns têm razão, outros não, a verdade é que estão se mobilizando. À tarde, o [Carlos] Sperotto, presidente da Sociedade Rural do Rio Grande do Sul, veio com o Padilha falar comigo. São pessoas com capacidade de mobilização e que querem, claro, não pagar a dívida. Estão muito preocupados com o PT, mas na prática dão razão ao partido. Reunião com o pessoal do Ministério dos Transportes, com o Pedro Parente e o Martus Tavares para resolver questões do orçamento. Depois chamei alguns parlamentares para conversar sobre a lei de responsabilidade fiscal com o Joaquim Francisco,** presidente da comissão, e com o relator, o Pedro Novais. Me pareceu que as coisas estão caminhando.

Almocei com o Michel Temer, que está discutindo se pode ou não tomar conta do PMDB de São Paulo, o que ele gostaria e eu também, se ele puder, mas tem o Quércia. Ele vai conversar com o Quércia, depois me dirá o resultado. Também conversei com o Temer sobre a agenda do Congresso. No fim do dia recebi o pessoal do PMDB, falei ao telefone com o Geddel, para acalmá-los, porque estão aflitos. Soube que o Jader disse que estou querendo esmagar o PMDB com vontade política. Argumentação que o Jader está usando porque não foi ouvido na reforma do ministério. Vai dar trabalho. Conversei com o Arruda, também com o Aloysio, para pôr em ordem a liderança no Senado, tentar ver se a gente deixa os senadores numa linha de menor pessimismo. O dia foi praticamente reservado a esses arranjos de negociação política.

Diga-se de passagem que na reunião de avaliação com o Pimenta o Aloysio e o Madeira realizamos um balanço do que fazer e do que não fazer. Almocei com o Jorge Bornhausen na mesma linha de ver se a gente coloca os partidos dentro de um mesmo espírito, para que a coisa possa avançar. Isso tudo é consequência da percepção de impopularidade do governo, por causa da crise econômica, os parlamentares começam a botar as manguinhas de fora querendo afinar com a sociedade, mas esquecendo que a sociedade precisa das leis de transformação que estamos colocando em votação. Sobretudo a lei da Previdência, que vai ser um rolo. Toda vez que se fala em aumentar o tempo de trabalho para chegar à Previdência, as pessoas reagem fortemente.

Pedi que o Antônio Carlos viesse aqui amanhã no fim do dia, ele também está amuado. Dei posse ao Fernando Bezerra, ao Aloysio Nunes Ferreira, ao Ovídio de Ângelis e também ao Osmar Terra, que é prefeito de Santa Rosa*** e vai substituir

---

* O caminhonaço chegou a Brasília em 17 de agosto, reunindo 10 mil ruralistas e centenas de caminhões e tratores de várias partes do país. Os produtores rurais acamparam na capital para pressionar o Congresso a aprovar a renegociação de suas dívidas com o Banco do Brasil, avaliada na época em R$ 25 bilhões.

** Deputado federal (PFL-PE).

*** Ex-prefeito peemedebista do município gaúcho.

o Seligman* no Comunidade Solidária. Havia 2 mil pessoas no palácio, chamadas pelo Fernando Bezerra, Antônio Carlos não apareceu nem o Jader, fato significativo, fingi que não vi. Digamos que é isto: os caciques não gostaram das mexidas do jeito como as fiz, paciência. Parente chegou aqui, jantei com a Ruth, são dez da noite e vamos ver um filme ou ler na cama.

SÁBADO, 7 DE AGOSTO. Na terça comecei o dia indo à missa em homenagem ao Montoro, rezada pelo cardeal d. [José] Falcão.** Depois fui ao Palácio do Planalto para uma reunião da Câmara de Desenvolvimento. Reunião preocupante, porque o Armínio Fraga mostrou com clareza que os juros futuros começam a ficar mais altos do que a nossa taxa de juros, a Selic. Isso diminui a possibilidade de ele baixar mais a taxa de juros, e as pessoas passam a ver que nestes próximos meses a dívida interna terá montantes altos para serem rolados, e com esse clima de incerteza política usam, acham um pretexto para cobrar uma taxa de juros mais elevada. Alongamos bastante os papéis da dívida interna e parece que não temos mais condições de continuar alongando-os.

Em seguida, vim para o Palácio da Alvorada, encontrei-me com o Hugo Napoleão,*** com o senador Moreira [Rubens Moreira Mendes],**** que é de Rondônia e eu não conhecia, com Eduardo Siqueira Campos,***** Arruda e Lobão.****** A reunião foi boa, são pessoas mais dispostas a brigar, embora todos eles, sobretudo o Lobão, estavam um pouco amuados pela falta de atendimento de algumas de suas reivindicações. Depois tivemos aqui o governador Amazonino Mendes, que veio com o Samuel Hanan, vice-governador,******* para propor a federalização das dívidas da Previdência dos estados e um combate frontal à Previdência, uma proposta interessante, porque se aproxima da que o [Raul] Velloso fez algum tempo atrás. Nós estamos dando voltas e não resolvemos a questão da Previdência. Para minha surpresa, me disseram depois que o Amazonino, na reunião do PFL, foi dos mais críticos ao governo. A mim não deu essa impressão, até pelo contrário, disse que não sabia como eu tinha paciência com o Congresso e que eu devia ir direto ao povo e falar as coisas duras, e o Congresso que se danasse.

Recebi o Marco Maciel, ele veio antecipar as preocupações de Pernambuco, porque em seguida eu ia conversar com o Jarbas, o que fiz. As preocupações são as mes-

---

* Milton Seligman se tornou secretário executivo do Ministério do Desenvolvimento.
** Cardeal-arcebispo de Brasília.
*** Senador (PFL-RN).
**** PFL-RO.
***** Senador (PFL-TO).
****** Senador (PFL-MA).
******* PFL.

mas de sempre, nenhum projeto estruturante foi feito em Pernambuco. O Jarbas é um homem muito correto, está preocupado com a percepção, em Pernambuco, de que, sendo o Marco Maciel vice-presidente da República, não tem tido prestígio para fazer os projetos estruturantes lá em Pernambuco. Os projetos são três: um é a Transnordestina, que está nas mãos do grupo Vicunha, ele próprio está como barata tonta nas questões acionárias, se meteu em muitas empresas e está meio perdido; por outro lado, tem dúvidas sobre o retorno que a Transnordestina possa oferecer. O outro projeto seria uma refinaria com os coreanos, mas o próprio Jarbas desistiu dela, uma vez que o Tasso se antecipou com uma refinaria no Ceará;* fica difícil outra em Pernambuco. E o terceiro projeto é um da Shell, de trazer gás liquefeito da Nigéria para transformá-lo em energia no porto de Suape. É ambicioso, não sei quanto de realismo há nele, mas vou ver, porque Pernambuco precisa de um projeto forte para levantar o ânimo, e o Jarbas Vasconcelos é um homem de caráter.

Depois recebi o pessoal da SIP, que veio mostrar que em 1993 assassinaram dois jornalistas no Brasil, no interior, e que até hoje não houve medidas concretas. Ou seja, a SIP tem que continuar mantendo a chama da liberdade de imprensa, o que é compreensível.

Como eu disse, eu ia receber o Antônio Carlos, e o fiz, no Palácio da Alvorada. A conversa foi relativamente amena. Eu, à minha maneira, mostrei que ele, ao reagir à minha declaração no Peru sobre o projeto de pobreza [recursos para dar bolsas de alimentação], não prestou atenção, porque não podia, à pergunta que me fora feita. A pergunta era se o Antônio Carlos tinha feito demagogia. Eu respondi que não e que ele, como governador da Bahia, tinha experiência de como é difícil acabar com a pobreza, ele mesmo não tinha acabado com ela na Bahia, e que era preciso, portanto, não tomar o projeto como uma iniciativa demagógica. Sem saber da minha resposta, ele respondeu abruptamente, dizendo que se fosse presidente da República teria resolvido a pobreza no Brasil. Antônio Carlos está cada vez mais populista e demagogo, e abarca qualquer bandeira, desde que ela apareça nas primeiras páginas. Eu tinha mandado a ele uma notinha feita por mim, à mão, e encaminhei também o discurso que fiz sobre a pobreza, que foi lido como sendo anti-Antônio Carlos; foi uma coisa muito mais geral do que isso. E mandei também um resumo publicado pela *Gazeta Mercantil* sobre as questões relativas à pesquisa do Ipea e do Banco Mundial. Ele gostou, porque me disse que podia até aproveitar no discurso dele, e foi o que ele fez. Isso só na aparência, porque a verdade é que ele quer uma coisa descabelada para aparecer.

No dia seguinte, fui jantar na casa do Bornhausen porque era aniversário da Fernanda [Bornhausen Sá],** amiga da Ruth. Jantar ameno, com Marco Maciel, An-

---

* Refinaria do Nordeste (Renor), em Caucaia. A refinaria — projeto privado cuja atração antagonizara os governos do Ceará e de Pernambuco — não chegou a ser construída, assim como o projeto de uma nova planta de refino da Petrobras.

** Filha de Jorge Bornhausen.

tônio Carlos, mas foram só amenidades mesmo. Paulo Henrique foi também. Na quinta-feira pela manhã tive uma reunião de coordenação, recebi o Pedro Parente, Amaury Bier, as questões de sempre. Tive reunião também com o Serra e esse pessoal mais o Malan e o Martus Tavares. O Serra com as reivindicações da Saúde muito bem postas, ele sabe que não há dinheiro, mas vamos ver o que fazer com isso, porque a corda está estirada demais. A área econômica também não pode querer que se faça mais, basta olhar a sociedade para sentir que as coisas estão difíceis.

Depois almocei aqui no Alvorada com a Ruth e com o Paulo Henrique e em seguida fomos para a assinatura de um ato da Criança Renascer, uma associação do Rio de Janeiro,* não sei por que razão tive que estar presente a essa assinatura de decreto. À noite, Ruth foi para São Paulo e eu jantei com Jader Barbalho. A conversa foi longa, no fundo a repetição do que já sabemos. O Jader não entende por que o PMDB não é assimilado pelo governo. Eu disse: "Você sabe que não é por mim". Ele sabe que no fundo a bronca deles é com o Pimenta. E é mais amplo do que isso. Eles têm certeza de que o PSDB, como já registrei tantas vezes, quer afastar o PMDB. Não concordo — eu, Fernando Henrique Cardoso — com esta posição do PSDB.

Ele sabe que há essa suspeita com o PMDB, mas ele não entende, e politicamente não dá para entender mesmo como um partido com cem deputados e 27 senadores é enjeitado pelo governo. É verdade que eles armaram também, fizeram declarações inconvenientes, montaram a CPI dos Bancos, quer dizer, os aliados são sempre relativíssimos: quando estou bem com a população, eles são fiéis; quando a população se afasta de mim, ficam tentando ir para uma posição de independência crítica, esse é o jogo tradicional no Brasil. E eles sabem também que não posso fazer muito, porque tudo depende da situação econômica. Em termos de coordenação faço o que posso, inclusive nessas últimas mudanças de governo. E ninguém tem uma política alternativa, eles não me propõem, por exemplo, vamos mudar de qualquer maneira a taxa de juros, vamos fazer uma política industrial desse ou daquele tipo, nada concreto; são só coisas vagas, expressando um sentimento geral de mal-estar.

Ontem, sexta-feira, fui ao Alto Taquari, em Mato Grosso, para a inauguração do terminal ferroviário de cargas da Ferronorte,** e ver ser despachado o primeiro comboio de três quilômetros de extensão, locomotivas potentíssimas, velocidade de 80 km/hora, que vai levar a produção de Mato Grosso para São Paulo. Essa é uma obra que me dá orgulho, fizemos a ponte rodoferroviária*** e agora o Alto Taquari, que já é em Mato Grosso, na direção de Rondônia, depois Cuiabá. É uma coisa im-

---

* Associação Saúde Criança Renascer, ONG de assistência a crianças carentes conveniada ao Comunidade Solidária.

** Ferrovia privada que liga o interior de São Paulo às áreas produtoras de soja em Mato Grosso, inaugurada em 1998.

*** Ponte sobre o lago da hidrelétrica de Ilha Solteira, com 3,4 quilômetros de extensão.

portante e basicamente feita com a coordenação do governo, embora a iniciativa chamada privada esteja ali presente, a começar com o Olacyr de Moraes, que hoje tem menos que 20%, e um grupo americano,* que também tem pouco. Quem tem mesmo dinheiro lá são os fundos de pensão** e o BNDES.

Voltei para Brasília, onde o clima estava pesado por causa dos disparates e desencontros disparados por nossos aliados, inclusive pelo Luiz Carlos Mendonça de Barros, que fez declarações do tipo que ele faz, que se ele fosse eu consideraria o real parcialmente derrotado e mudaria as coisas. Mal sabe ele que o real é a âncora; ele sabe, mas o Luiz Carlos cada vez que fala é com exagero. Ele é um Sérgio Motta sem o outro lado do Sérgio Motta, que era a capacidade de compor. É uma pessoa inteligente com vontade de trabalhar, entretanto as coisas ditas fora de contexto e a situação criada no BNDES com a questão dos grampos dificultam muito. Ouvi a declaração dele, não era tão grave, mas na imprensa aparece como se fosse gravíssima. É comum isso. Hoje o *Estadão* diz que o Arruda criticou a política social do governo; acabei de ver na *GloboNews* o Arruda num debate defendendo com muito desempenho e firmeza o governo. Há um pouco de intriga nisso tudo, mas é verdade que os políticos estão nervosos pela razão já dita.

À noite jantaram aqui o Aloysio Nunes Ferreira, o Vilmar e o Moreira Franco. Conversa de repasse das coisas, todo mundo já sabe de tudo, o Moreira acha que a questão é basicamente política, de algumas micagens políticas, não adianta uma discussão de grandes problemas nacionais. Ele tem razão, porque a imprensa no Brasil é esse bate-boca permanente de Congresso e jornalistas, e se não há no Congresso alguma pirueta dá a impressão de que está tudo desbaratado, até que se vote alguma coisa importante. Mas o Congresso tem sua lógica, não se vota a qualquer momento, passa por comissões, há interstícios, enfim, vamos ter um mês difícil.

Daqui a pouco vou me reunir com os principais formuladores da política econômica, inclusive da área da Previdência, mais os líderes do governo, alguns dos ministros da área política, para definirmos um pouco melhor nossa agenda.

São cinco da tarde, a reunião acabou agora, passamos o dia inteiro aqui. O Waldeck mostrou que tem noção das coisas, que tem propostas, há dúvidas do setor político quanto à oportunidade da discussão sobre a idade mínima de aposentadoria, mas é para os que entrarem no mercado de trabalho, portanto uma coisa para ter eficácia daqui a trinta anos, não tem maior impacto [agora] nem nas pessoas nem no orçamento fiscal. Além disso, o Pedro Malan, e sobretudo o Armínio Fraga, os dois mostraram o jogo das expectativas. Os líderes políticos do governo falaram também

---

* Eram sócios de Moraes na Ferronorte o fundo de investimentos Laif e o Banco JP Morgan, ambos americanos.
** Funcef (Caixa Econômica Federal) e Previ (Banco do Brasil).

das expectativas do Congresso, de como há certo conflito [entre as expectativas políticas e as econômicas] e de que maneira se poderá escapar desse emaranhado. Na saída, o Waldeck e o Arruda deram declarações à imprensa. A reunião foi boa, positiva, as reuniões são sempre boas. O pessoal, quando conversa, tudo bem; quando se juntam todos no Congresso, dá aquela confusão enorme. Coisas do jogo político.

HOJE É DOMINGO, 8 DE AGOSTO, dia tranquilo, Luciano [Martins] almoçou aqui, também vieram Raul Jungmann e Vilmar. Conversei muito com os dois, Raul cheio de ideias, vai tomar conta também do Pronaf, desenvolvimento rural das famílias que têm terra; o orçamento do ministério dele passou de 5 bilhões. Vilmar mais ponderado como sempre, e o Raul, que é otimista, um tanto pessimista quanto ao clima político, isso em função dos formadores de opinião. Ele acha que estão todos muito desencantados com o governo e comigo. A atitude do Raul me preocupou, ele é um dos mais fortes baluartes que temos no governo. É claro que essas coisas mudam, mas é mais um sinal preocupante.

Recebi o Pimenta, passei em revista algumas coisas. Disse a ele que me preocupava a nova atitude que estou notando no PFL, que a Ana Tavares já tinha comentado, sobre as reuniões executivas do partido, o Zequinha Sarney também. O PFL está querendo não propriamente desembarcar, mas cobrar mais posições no governo, atemorizado com a perspectiva de o Serra estar dominando o BNDES, a Petrobras. Enfim, como os que comentaram são amigos do Serra, eles imaginam que o Serra esteja dominando e montando a candidatura dele com todas as implicações dessa palavra. Por isso, pensam os do PFL, eles também querem montar uma candidatura. O fato do Antônio Carlos se lançar, se portar como candidato, perturbou o PFL, e tenho certeza de que nem o Marco Maciel nem o Jorge Bornhausen quereriam isso, mas vão ficando contra a parede. É muito cedo para essa precipitação, faltam três anos para que isso possa ocorrer. Ela está criando um clima muito ruim também no PFL.

Transmiti esse sentimento ao Pimenta e disse que me preocupo mais com essa questão do PFL do que com o PMDB, porque o PFL sempre foi um aliado constante e, por razões eleitorais, por temor do futuro, começa a haver esse esfriamento relativo no apoio ao governo. Isso me preocupa muito. O Pimenta concorda com a análise, também falamos sobre o PSDB, que continua inacreditável, com declarações do Mendonça de Barros, como já registrei, e também o conjunto da direção do partido muito omisso. O PMDB é o PMDB, cada hora dá um pinote. Me disse o Pimenta que o Roberto Civita* esteve com ele e está com vontade de associar-se à Manchete. Disse que ele, Civita, com os Marinho, e eventualmente com o *Estadão*, podiam ajudar muito nas reformas. Sem dúvida podem. Em todo caso, esse é o clima ainda um tanto incerto da situação política, e ele pode contaminar a situação econômica.

* Presidente do grupo Abril.

HOJE É SEGUNDA-FEIRA, DIA 9 DE AGOSTO. São onze horas da noite. Antônio Carlos me telefonou para explicar que a entrevista que ele deu para a *Folha de S.Paulo* teve uma manchete escandalosa,* mas que ela não continha nada que fosse contrário a mim nem ao governo. Essa entrevista, que eu já tinha lido, é hábil, maliciosa aqui e ali, não muito diferente do padrão normal das entrevistas dele, e a manchete da *Folha* é verdadeiramente para intrigar. Fora isso, reuniões de preocupação com os caminhoneiros, agora todo mundo quer pegar carona na demanda deles para ver se faz greve, preocupação quanto às marchas que virão a Brasília** e também com a questão de mais profundidade sobre o que fazer com o setor agrícola, com os endividados que não querem pagar as dívidas ou que não podem, depende de cada caso.

Mais tarde, discussão sobre articulação política e orçamento com a área política, o Pimenta, o Aloysio e o Moreira Franco. Curioso como coisas tão triviais para nós, como o encadeamento da necessidade da reforma da Previdência e a possibilidade de baixar o déficit, só agora começam a ser percebidas com mais força pelos que estão próximos a mim. Mesmo assim não têm ainda muita certeza sobre o modo de solucionar a questão, sobretudo o Pimenta, que pensa que se eu botar tudo junto, com uma grande medida, se resolve tudo. Como se isso fosse assim, meu Deus do céu; tem que ser um conjunto persistente de medidas.

Passei a manhã dando entrevista para uma nova revista chamada *IstoÉ Gente*, do grupo *IstoÉ*, com minha neta Isabel, que se comportou muito bem no meu colo e depois andando comigo para ser fotografada. Em seguida, recebi para os despachos habituais o Pedro Parente, almocei com o Roberto Civita e com o Andrea Matarazzo, que, aliás, tinha vindo um pouco antes para mostrar o que eu já sabia, ou seja, que a catástrofe de popularidade*** e a má avaliação do governo têm ligação direta e imediata com a percepção de inflação, de carestia, com a questão econômica. Os bem-pensantes interpretam: falta autoridade, falta coordenação, falta isso, falta aquilo, e quando se olha para os dados é arroz com feijão mesmo que falta. E o povo tem razão, tarifas subindo, as tarifas públicas induzindo à crença de que os preços não estarão mais sob controle. Isso aparece muito claramente. Inclusive depois de fazer perguntas sobre popularidade em baixa, veio a pergunta: "O senhor votaria em alguém apoiado pelo presidente Fernando Henrique?". A maioria: não. "E se ele controlar a inflação?" A imensa maioria: sim. Como no caso do Bill Clinton,

---

* A entrevista concedida a Fernando Rodrigues, publicada em 9 de agosto, mereceu a principal manchete de capa: "FHC terá menos apoio em crises, afirma ACM". A manchete interna foi "Congresso não deverá mais ajudar FHC em novas crises, afirma ACM".
** Partidos, sindicatos e movimentos sociais da oposição haviam programado para 26 de agosto um grande protesto em Brasília, a Marcha dos Cem Mil.
*** Em 11 de agosto, o Ibope divulgou um levantamento com 66% de ruim/péssimo para o desempenho do presidente, maior marca registrada pelo instituto desde a redemocratização do país.

em que um assessor de comunicação, quando lhe perguntaram sobre o que era principal, teria dito "a economia, estúpido".* Aqui também: a economia, imbecil. Só que economia leva tempo para remontar, não é fácil, mas sem que a gente ponha em ordem a economia, o resto fica muito difícil de pôr em ordem.

Eu ia ter um encontro agora à noite com Pedro Parente e Pedro Malan, mas o Malan não chegou a tempo de uma viagem, ele estava no Rio de Janeiro. Falei por telefone com o embaixador Rubens Barbosa em Washington para saber das coisas lá, troca de informações. Falei hoje de manhã com o Luciano Martins em Cuba.

QUARTA-FEIRA, 11 DE AGOSTO. Segundo as profecias, hoje é dia de acabar o mundo, vai haver um eclipse no hemisfério norte, não sei quais dos profetas disse que é dia de acabar o mundo.** Bom, o nosso mundinho aqui continua firme.

Ontem, terça-feira, dia de grande agitação no mercado,*** há um total desentendimento, o mercado não sabe nada do Congresso, o Congresso não sabe nada do mercado. O Congresso dá um pinote, como dá sempre, vários, e o mercado leva a sério; o mercado pode fazer o que fizer que o Congresso não percebe, é um desentendimento. Não foi só Congresso; o Luiz Carlos Mendonça de Barros fez declarações. Depois Inocêncio diz que quer desenvolvimento econômico com sensibilidade social e que o Malan não tem, o Temer vai na mesma toada. Está na moda atacar o Malan. Como estamos em época de caça, eles atacam o Malan para não me atacarem diretamente. Declarei que estou de acordo com o que disseram o Temer e o Malan, queremos desenvolvimento e crescimento com sensibilidade social, portanto precisamos ter equilíbrio fiscal, porque se não houver contas corretas não haverá como baixar taxa de juros etc. etc. etc. Já está cansativo esse realejo, mas é assim; e por trás disso a política correndo solta.

Mário Covas amuado. Candidato e fica amuado, é aquela coisa; Antônio Carlos está agora um pouco mais manso, na fase de mostrar que não é patinho feio, foi ao Palácio do Planalto falar com Aloysio, tem ideias construtivas sobre os precatórios, começa a haver certa tranquilidade na área de Antônio Carlos. Isso é assim, vai e vem. O Jader, não falei com ele, está silencioso como costuma ser, de repente vem e dá uma dentada forte.

Isso é o trivial da política, só que agora, no contexto da impopularidade e da situação econômica apertada, vira tudo um tremendo fantasma. Na prática, me

---

* A frase é atribuída a James Carville, assessor de marketing da campanha presidencial de Bill Clinton em 1992.
** Nostradamus.
*** As bolsas do Rio e de São Paulo caíram 1,14% e 1,20%, respectivamente, com a perspectiva de fragilização da base parlamentar do governo. O dólar chegou a R$ 1,88, mas fechou o dia praticamente estável, a R$ 1,86.

disse ontem o Madeira, os novos estão muito cooperativos com o Congresso, mas os que eles chamam do "baixo clero", não; o baixo clero está com medo de que as emendas parlamentares não sejam aprovadas pelo governo; eles querem é um dinheirinho para suas bases.

O PMDB nervoso por causa do Ministério dos Transportes, que também está sem recursos. Esses são os problemas que estão realmente afetando, é a crise econômica, é a falta de recursos do governo para liberar verbas que foram aprovadas no orçamento e, por cima disso, a insatisfação com o rumo geral da política econômica. Há muito que criticar, ampliar, e o Malan é a bola da vez. Mas ele é a bola da vez há cinco anos...

Estive ontem com o Aloysio Nunes Ferreira e com o Parente, depois com o Serra, eles estão discutindo o que houve, para ver se acalmam o mercado e o Congresso. O Serra chegou mais tarde para fazer uma análise da situação geral e, no fundo, o Aloysio e o Parente conversaram mais sobre épocas pretéritas. O Aloysio esteve em Moscou na escola de quadros do Partido Comunista e nos contou como era, para estupefação do Parente.

Despachos normais com Sardenberg, ele está entusiasmado com o Ministério de Ciência e Tecnologia, telefonei para o Bresser, convidei-o para ser o que hoje a gente chama *sherpa*,* ou seja, o precursor nas minhas conversas com o Tony Blair, com o Schröder e o Clinton. Ele gostou, daqui a pouco vem aqui almoçar, gosto muito do Bresser, ele tem capacidade e imaginação para ajudar nessa área. Estou recompondo as coisas, como é do meu estilo, porque acho que num país como o nosso não se pode perder valores, e eu sempre gostei do Luiz Carlos.

Acabei de receber um telefonema do Michel Temer, que me disse que convidou o Pedro Malan para tomar café com ele e com o Jader, na expectativa de que no final do café eles deem declarações de apoio ao Malan para mostrar que não têm problemas com ele. Tasso almoçou comigo, uma conversa amena, ele está muito mais conforme agora, sobretudo com a mudança do ministério, estava de bom humor, conversa amistosa, ele com razão dizendo que eu devia me concentrar na questão da reforma da Previdência.

De manhã tive uma longa discussão na Câmara de Desenvolvimento sobre agricultura. Esse rapaz, Marcus Vinícius Pratini, é uma pessoa sanguínea, se mete a fundo nos problemas, me pareceu bem. Falei à tarde com o Xico Graziano, que me chamou a atenção para algo que acho que ele tem razão. O pessoal da agricultura está mesmo precisando de dinheiro, estão sob tensão, muito apertados, e a área econômica, sobretudo o Calabi, para minha surpresa, muito resistente, porque há uma longa história de dívidas dos agricultores com o Banco do Brasil. Isso é verdade, mas estão misturando o joio com o trigo.

---

* Alusão ao grupo étnico nepalês notabilizado pelo ofício de guiar expedições de alpinistas ao Himalaia.

São dez horas da noite agora. Hoje o dia transcorreu muito melhor, o almoço do Malan com o pessoal do PMDB teve bom resultado, o Michel Temer deu declarações boas, Inocêncio de Oliveira chegou muito agitado, achando que a reforma do ministério tinha sido um desastre, depois fui apurando, ele elogiou todos os ministros novos; do que não gostou mesmo foi de que todos os coordenadores políticos são do PSDB. Depois foi se acalmando, o problema real é um pouco a questão de Pernambuco em comparação com o Ceará, que Pernambuco estará prejudicado no orçamento do ano que vem. Eu não sei, o orçamento ainda não está fechado, são suposições, provavelmente pressões nessa direção.

Ele disse também que precisaríamos tomar cuidado com o Rio de Janeiro, que a negociação da dívida com o Garotinho é muito positiva para ele, para os outros governadores não, vão ficar zangados. Eu disse que ia me informar, me informei, não é bem assim, é questão de computar os royalties do petróleo a que o Rio tem direito para deduzir da dívida, isso aos outros pode parecer escandaloso, mas para o Tesouro Nacional é bom, porque o Tesouro vai pagar menos recursos, não vai desembolsar para pagar ao Garotinho os royalties do petróleo, eles serão abatidos da dívida.

Inocêncio é uma pessoa experiente e no final já estava bastante mais coincidente comigo e com a necessidade de votarmos uma agenda já definida. Recebi de manhã, depois do Inocêncio, o pessoal do Ministério da Educação, Paulo Renato e os assessores dele, junto com a área econômica, para discutirmos os recursos que estavam faltando para a educação, para ver de que modo resolver. São cerca de 730 milhões de reais, é uma coisa urgente mesmo. Almocei com o Paulo Renato, conversei bastante sobre o futuro dele, quer sair candidato ao Senado por São Paulo, e conversamos em geral sobre o que está acontecendo.

Fui ao Planalto, recebi o Dornelles, despacho de rotina, ele sempre muito entusiasmado com o que está fazendo, achando que fui muito esperto, que eu teria dito que o Serra seria o substituto do Malan no caso de haver pressão para tirar o Malan. Eu disse isso mesmo, mas para assustar, e parece que assustou o PFL e o PMDB; o PFL recuou bastante das posições que vinha adotando inicialmente. Como resultado, hoje à noite votaram na Câmara uma lei importante da reforma administrativa, definição dos cargos, tipos de cargos [se "de Estado" ou não], e definição das regras pelas quais os servidores não estáveis podem ser dispensados. Ganhamos não por acordo, mas votamos e o projeto foi aprovado.*

Além disso, o dólar também se desvalorizou em relação ao real, o mercado ficou mais calmo,** porque deu a impressão de que o governo teria retomado o

---

* O governo venceu por 414 a 28 a votação em turno único do projeto de lei complementar 248/98, que instituiu avaliações de desempenho no funcionalismo público e enquadrou 10% dos servidores da União em dezesseis carreiras de Estado, poupadas da possibilidade de demissão por insuficiência de desempenho sem processo administrativo.

** O dólar fechou o dia 11 de agosto cotado a R$ 1,85. A Bolsa de São Paulo subiu 3%.

controle. Mal sabem eles que é a segunda semana do Congresso funcionando. Na primeira é agitação, na segunda se começa a votar quando se tem por sorte, porque frequentemente o Congresso passa quinze dias sem votar, sem nada. Dessa vez votaram direitinho, me parece que mesmo a questão das novas mensagens sobre a regulamentação da Previdência vai ter boa aceitação, a tempestade num copo d'água vai amainando.

Recebi a ministra do Planejamento de Angola,* ela veio com uma carta dirigida a mim do presidente [José] Eduardo dos Santos, e com seu assessor, certamente uma pessoa de bom conhecimento da questão militar em Angola; mais do que ela, o embaixador** e o Lampreia. Vieram me informar que eles vão iniciar uma operação militar de envergadura em setembro, para ver se destroem o Savimbi. Dizem eles que estão com o Exército mais bem equipado, treinado, têm aviação, não sei o quê, e que o Savimbi, desde 1991, está formando um exército. Eles acreditam que ele tenha cerca de 90 mil homens, se entendi bem, sendo que 30 mil em armas, o que é muita coisa. Não sei se é certo mesmo. O Savimbi tem dado muito trabalho ao governo do MPLA. Eles queriam que o Brasil mandasse alimentos para o povo que está morrendo de fome, eu disse que sim, cem pessoas estão morrendo por dia em Angola, é uma chacina, enfim, isso foi o que ela me contou.

Nós aqui no Brasil já não temos tanta confiança na capacidade de reação militar do governo de Angola, mas vamos torcer para que eles consigam isolar o Savimbi, porque é bom para Angola, é bom para o Brasil, e termina esse morticínio que dura tantos anos. Eles precisam de paz, nós temos feito gestões junto com os americanos, pode ser que isso continue a ajudá-los.

Telefonei agora à noite para Alejandra Herrera*** por causa dessa canalhice, sem-vergonhice desse Cláudio Humberto, que a partir de um jantar normal na casa dela com o [Renato] Guerreiro,**** a mulher dele***** e comigo tentou insinuar que havia um romance. Segundo, disse que ela era bruxa, feiticeira, vidente, e infernizaram a vida da Alejandra, os jornalistas todos, um país provinciano, maldoso e que dá atenção a um homem sem caráter como esse Cláudio Humberto. Eu nunca levo essas coisas ao pé da letra, mas dessa vez, por causa da Alejandra, uma pessoa que luta, que trabalha muito, há cinco anos na Anatel e no Ministério das Comunicações desde o tempo do Serjão (Sérgio Motta), que tem vida honesta, é excelente técnica, e agora fica submetida a esses vexames de boatos espalhados por esse tipo, o Cláudio Humberto.

---

* Ana Dias Lourenço.
** Alberto Correia Neto.
*** Consultora da Anatel.
**** Presidente da Anatel.
***** Carol Guerreiro.

HOJE É SEXTA-FEIRA, DIA 13 DE AGOSTO. Ontem, depois de ter feito minha natação habitual das quintas-feiras, recebi o Delfim Netto; estava ao meu lado também o Aloysio Nunes Ferreira. O Delfim acha que o Brasil está no rumo certo, não entende o porquê do mau humor da imprensa nem dos empresários, claro que o do povo é mais fácil a gente entender, ele acha que falta agora ter superávit na balança comercial. E trouxe vários gráficos interessantes, comparando Brasil, México e Coreia, entre outros países, e mostrando também que se não tivermos a balança comercial positiva e não acelerarmos o crescimento vamos ter problemas mais adiante, e pode voltar a inflação. Ele tem razão nesse ponto, está confiante em que haverá uma recuperação da balança comercial, todos nós estamos confiantes e ansiosos, mas está demorando por causa da queda dos preços das commodities pelo mundo afora.

Depois fui com eles dois a um evento receber o resto da direção do PPB e os ministros Dornelles, Pratini, o Odelmo Leão e alguns deputados do PTB. Conversa solta, perguntaram sobre o Proálcool, e o Pratini explicou o que havia, Dornelles também, mas mais o Pratini. Disseram que estamos analisando a possibilidade de aumentar a participação do álcool na gasolina e falou-se também das experiências com álcool e diesel. Pois bem, vejo com surpresa nos jornais de hoje que isso foi transformado numa decisão presidencial de colocar álcool no diesel, o que é algo altamente arriscado, e eu não ia me meter nessa matéria da qual não entendo. Saíram dali felizes com essa ideia porque um dos deputados é ligado ao pessoal do Nordeste, tem muita preocupação com a cana, e isso gerou esse desencontro no noticiário.

A anotar no dia de ontem também a reunião do grupo de articulação do governo, refizemos todos os nossos prognósticos sobre a votação no Congresso, há muita confiança em que as coisas possam marchar com relativa fluidez. Pimenta reiterou as preocupações quanto às reformas constitucionais, se referiu ao FEF,* que isso nos leva ao jogo dos três quintos do Congresso.** Estamos vendo se é possível evitar essa prorrogação do FEF, não é fácil, porque há uma incidência grande sobre as contas federais.

À noite jantei com Pedro Malan e Pedro Parente, transmiti a ambos as preocupações do Delfim Netto no que diz respeito à necessidade de desafogar a economia,

---

* O FEF — sucessor do Fundo Social de Emergência, criado em 1994 para reforçar o caixa da União por meio de superávit fiscal — era composto de recursos desvinculados das despesas obrigatórias do orçamento da União. Para a criação do fundo, cujos recursos poderiam ser empregados livremente pelo governo federal, estados e municípios cederam 20% de suas receitas com repasses da União.

** Por se tratar de matéria constitucional, alterações no FEF requeriam o voto de 308 deputados, ou três quintos do plenário. O governo pretendia prorrogar a vigência do fundo, que expiraria no final de 1999.

muitos endividados, pendurados no Cadin, as reivindicações da agricultura, que o Pratini está tentando resolver com a área econômica, e a preocupação do Delfim com a venda do Banespa, que ele acha que o BBV, o Bilbao Vizcaya, acabará por comprar. Ele acha ruim isso, que o bom mesmo seria o banco ficar na mão de um dos grupos brasileiros, a preferência dele parece ser pelo Itaú. Entendo as razões, o Itaú é um banco sólido, eu também preferiria que esse banco não ficasse na mão de bancos estrangeiros, porque eles vão remeter divisas para o exterior e a competição está apertando muito; os estrangeiros tomam dinheiro lá fora a uma taxa de juros mais baixa, e os nossos aqui não podem acompanhar. É uma preocupação que o Banco Central tem que encarar.

O Malan conversou sobre isso também, mas não deu a opinião dele. E discutimos a necessidade de folgar um pouco, que a corda está muito apertada no orçamento, desde que se respeite o superávit que temos que produzir para mostrar que o Brasil está com as contas sob controle. Acho que não há dúvida quanto a isso, mas o Pedro Malan é mais restritivo do que eu e o Pedro Parente sobre soltar os recursos, ainda que seja como estou propondo, respeitando o superávit de 3% no global, de 2,6% no orçamento da República. Num momento de desaceleração da economia, é muito difícil, isso gera mal-estar no governo, também produz certa apreensão geral de que o crescimento não ocorra. Muita gente no Brasil pensa que o crescimento só ocorre se o governo investir.

Mais tarde chegou o Aloysio Nunes Ferreira, muito preocupado por causa das emendas dos parlamentares, porque não saiu nada e há um mal-estar na base do governo por causa disso. Eu tinha tomado café da manhã com o Inocêncio de Oliveira na quarta-feira, o Inocêncio bastante nervoso com a situação da base e com a percepção de que o PSDB está tomando conta de todo o controle político do Congresso, porque os líderes são do PSDB.

Nada de mais especial a remarcar, salvo a discussão sobre o teto. Falei com o ministro Velloso, falei com Antônio Carlos por telefone, com Michel Temer no decorrer da semana e depois pedi que o Aloysio se encarregasse de preparar uma decisão, porque a pressão dos juízes federais é muito grande. Ele tem razão: estão ganhando muito pouco e os próprios deputados estão sufocados e sem coragem de mexer nos salários. É sempre uma coisa espinhosa mexer nos salários no momento em que há tantos controles.

Hoje de manhã tomei café com David, o Duda, meu genro. Discutimos a questão do álcool, ele é contra a mistura de álcool com diesel, na verdade é a ANP, Agência Nacional do Petróleo, quem tem que tomar medidas sobre esse assunto, e não outros órgãos do governo. Depois eu soube, mas já noutro plano, que o Antônio Carlos teria dito que nós vamos congelar os preços dos combustíveis. Se ele disse isso, será um deus nos acuda, porque não poderia dizer, não dá, aí o Tourinho vai ter que entrar na dança. Isso foi o Padilha quem me contou, me telefonou preocupado com a greve dos caminhoneiros.

Dei uma longa entrevista para a Organização Jaime Câmara, de Goiás e Tocantins, rádio, jornais, televisão etc., vários assuntos, acho que foi tranquila. Recebi ainda o general Cardoso, o Paulo Godoy, empresário de São Paulo e amigo nosso de muitos anos, é um homem sério e está preocupado não só com o andamento das coisas como com o andamento das empresas dele em particular, preocupado com a lerdeza na liberação de recursos do BNDES. É a questão de sempre: o governo toma uma decisão, mas até ela se materializar é um tempo infinito.

Depois tomei o avião com o Lampreia para vir ao Rio de Janeiro, onde estou agora, na Gávea Pequena. Lampreia, no avião, relatou uma conversa que teve com Antônio Carlos contando um pouco de bravata, retratando ao Lampreia uma conversa minha com ele — uma de algum tempo atrás, quando ele me disse que eu precisava mudar de estilo e eu respondi que não, que tinha sido com esse estilo que eu tinha ganho duas eleições, e ele disse ao Lampreia que teria dito a mim que o Getúlio Vargas era o homem mais popular do Brasil e acabou dando um tiro no coração. Isso ele não me disse, e não inviabiliza o argumento de que o Getúlio não mudou de estilo, assim como o Antônio Carlos não vai mudar o dele. Que não venha pra cima de mim querer que eu mude de estilo, isso é ridículo.

No Rio conversei muito com o Lampreia sobre a Argentina, cuja situação nos preocupa bastante. O Mercosul também, mais do que a Colômbia, que, como disse o Lampreia, é um caso antigo, vai gradativamente piorando, mas a situação interna da Colômbia vem de muito tempo complicada, por causa do narcotráfico e da guerrilha. A Argentina é um caso novo. A visão do Lampreia é que temos que nos preparar até para dar um passo atrás no Mercosul e voltar ao esquema de alguns preços controlados com barreiras, como eles chamam, um sistema de adequação, algo assim, para alguns preços. Não sei, preferia que isso não ocorresse. Decidimos colocar várias pessoas do governo, inclusive o Serra, que foi sempre preocupado com o Mercosul, para ver os argumentos.

Meu medo é outro, é de que a Argentina entre em parafuso na política, além do sufoco econômico pelo câmbio fixo. A sucessão do Menem vai ser traumática, ele marcou a Argentina e os que vierem certamente não terão a capacidade dele, e, mesmo que tenham, vai demorar um tempo para demonstrarem. Isso vai provocar uma tensão muito grande na Argentina, eu diria, até junho ou julho do ano que vem, e como consequência no Mercosul.

Esse foi o principal aqui na Gávea Pequena. Encontrei a Ruth, a Wanda [Engel], secretária de Assistência Social, mais o Miguel Darcy, conversamos sobre o programa de combate à pobreza, eles estavam num seminário. Agora estamos esperando o Roberto DaMatta com a mulher para jantar, mais tarde virão o Gilberto Velho mais um antropólogo cujo nome me escapa, o Vilmar Faria e a Regina Faria.*

---

* Mulher de Vilmar Faria.

15 A 27 DE AGOSTO DE 1999

Furnas. Viagem ao Acre. Preocupação com Colômbia e Venezuela. Marcha dos Cem Mil

Domingo, 15 de agosto, continuo no Rio, na Gávea Pequena. Quando cheguei, na sexta-feira à noite, jantei com o pessoal da família, o Paulo Henrique, a Vanvan, o Duda, a Bia e as crianças. Ontem passei o dia todo aqui, recebi à tarde o pessoal do *Casseta & Planeta*, muito vivos, agradáveis, sobretudo o Cláudio Manoel, o outro que me imita e o que imita a Ruth, o Marcelo Madureira. Conversamos muito sobre política, o Cláudio Manoel sabia tudo de política, lê uns livros mais políticos, todos preocupados com a comunicação do governo e tentando explicar o porquê desse mal-estar, desse mau humor da sociedade. Curioso que eles, que são humoristas de grande prestígio e fazem parte do Sistema Globo, também acham errado, uma injustiça, não sei o quê, falta comunicação, sempre essa tecla.

Expus meu ponto de vista, disse que a questão não é comunicação, a questão é política, ideológica, além da crise, que está lavrando feio. Hoje passei o dia aqui, falei à tarde com Andrea Calabi, para fazermos uma revisão dos programas de reestruturação industrial, e o Andrea também expressou o pessimismo que vai pelo Brasil. Idem me disse o Clóvis, hoje é aniversário dele, falamos pelo telefone, ele me disse que esteve na Fiesp e que o desânimo é muito grande. Gozado que estão reclamando que se faça o que já se está fazendo, mas não sabem o que se está fazendo. Há uma incerteza, dizem eles, uma falta de definição de rumos. Não sei mais o que significa essa definição de rumos, o efeito de uma crise econômica é devastador, ninguém liga uma coisa com a outra, todo mundo ligado na questão política, e de fato há também uma questão política.

Antônio Carlos me telefonou sexta à noite para dizer que tinha feito uma coisa muito boa, que tinha dito que o governo iria congelar os preços da gasolina até o fim do ano e que em setembro haveria medidas de muito impacto para aumentar a popularidade. Percebi que havia alguma coisa, se ele estava me telefonando é porque realmente tinha ido longe demais de novo. De fato, ontem os jornais todos noticiaram que ele disse que haveria congelamento por um ano. Ora, não cabe a ele, Antônio Carlos, nem isso é verdade, mas no clima em que a gente está vivendo o extremismo do Antônio Carlos é imediatamente tomado como verdade. Todo mundo aplaude e o contrasta comigo, ele decide que vai haver congelamento, o ACM que decidiu. Não decidiu nada, mas fez de conta que decidiu, e esse jogo vai realmente minando a minha autoridade.

Ele está fazendo isso há muito tempo e em dado momento vou dar um chega pra lá. Resta saber qual será o momento, porque também não posso ser ingênuo de entrar em briga com ele num momento de fraqueza e deixar que o Senado saia do controle total. Mas se vê que há problemas sérios em marcha e que eles não estão devidamente avaliados nem sequer pela minha equipe. Não digo a econômica, mas pela equipe política. A econômica continua na linha da austeridade, do ajuste fiscal, hoje li uma entrevista muito boa do Armínio Fraga já descortinando um horizonte melhor.

De qualquer forma, tudo isso hoje com o Andrea Calabi, que tem a mesma preocupação. Ele é um homem mais ligado à economia real, à produção, às empresas. Vê-se que ainda há pontos obscuros pela frente, apesar de que as condições aparentemente estariam criadas para que as indústrias já entrassem num outro ritmo. Não sei se é falta de crédito ou se falta realmente ver um governo mais ativo. Agora à noite vou jantar com Arnaldo Jabor, e vamos ver o mesmo diapasão, por trás disso a queda de popularidade e as dificuldades de dar rumo ao país. Esse é meu dia a dia um tanto áspero, às vezes até amargo. Hoje o Elio Gaspari vem dizendo que o governo é ruim, mas não tanto assim, e falando mais uma vez que há uma injustiça com relação ao governo e a mim. Isso é verdade, mas a história não se julga por justiça ou injustiça, senão pelos êxitos alcançados. Vamos ver o que é possível fazer para alcançar mais êxitos.

HOJE É QUINTA-FEIRA, DIA 19 DE AGOSTO, são onze da noite. O próprio fato de eu ter levado esses dias todos sem registrar mostra quanto esta semana foi agitada, penosa, dura. Domingo passado jantei com o Jabor, ele querendo ajudar, veio aqui me dar sugestões de como eu falar, o que falar, quais são os temas que eu enfrento, fazendo a análise de sempre, no fundo dizendo que depende de eu sentir dentro de mim força suficiente para enfrentar as coisas e falar ao país. Enfim, a visão que ele tem, um tanto romântica mas sincera.

Segunda-feira voltamos para Brasília e, mal chegando aqui, despejou-se em mim a problemática das mil coisas que eu tinha que fazer: gravações de rádio, lembro que de manhã recebi o Pedro Parente, à tarde o Paulo Tarso [Flecha de Lima], d. Damasceno, d. Paulo [Evaristo Arns],* que vieram discutir a questão de rezar uma missa em tupi nos 500 Anos. Depois tive um encontro de coordenação com os habituais na área política.

Traçamos o programa da semana, o rumo, e marcamos a reunião do dia seguinte com lideranças da Câmara de manhã e do Senado à tarde, para discutir o projeto da Previdência.** A discussão foi muito boa, o ministro explicou bem, eu

---

* Cardeal-arcebispo emérito de São Paulo.
** O governo enviara em março ao Congresso o projeto de lei 1527/99, para alterar o cálculo das aposentadorias de trabalhadores do setor privado inscritos no regime geral da Previdência Social. O projeto, que originou a lei nº 9876, de 26 de novembro de 1999, institui o fator previdenciário para o cálculo dos benefícios, com a redução do valor pago a trabalhadores que se aposentam mais cedo e uma bonificação para os que permanecem ativos por mais anos.

também fui muito ativo na reunião, todos gostaram. Madeira fez restrições a dois fatos: primeiro, que estávamos mexendo com a previdência privada, não com a pública, que mais custa aos cofres. Rebatemos, dissemos que não mexemos com a pública porque ela depende dos tribunais, e a previdência privada tem um crescimento exponencial, cresce mais depressa do que a pública a longo prazo. A outra objeção do Madeira é de que haverá perdas em alguns setores da população com o novo sistema proposto. É verdade, os que têm alta escolaridade e que podem se aposentar mais cedo perderão. Entretanto, a maioria ganha, sobretudo os mais pobres, que recebem ao redor do salário mínimo.

No dia seguinte, quarta-feira, dia 18, tomei café da manhã com o Fleury e com o Aloysio, para discutir a questão do PTB. Tivemos uma discussão sobre o desenvolvimento econômico, especialmente a mudança no que diz respeito à micro e pequena empresa. O Cadin está sufocando as empresas. Discutimos as medidas a serem tomadas na área da agricultura. Está começando a haver grande pressão dos produtores rurais para o não pagamento de dívidas, já esperávamos, já tínhamos combinado na terça-feira com os líderes que a contraproposta apresentada pelo Pratini deveria ser defendida. Não foi, aceitaram que houvesse a votação de urgência para a discussão de um projeto apresentado por um deputado do Rio Grande do Sul, o [João Augusto] Nardes,* que é muito ligado ao setor agrícola, que é o setor mais endividado. Fiquei indignado, fui para a televisão, reclamei, disse que não concordaria, parece que o efeito da minha fala foi forte, positivo. Resultado: o Congresso não votou nada, o deputado presidente da Comissão de Constituição e Justiça, [José Carlos] Aleluia,** avocou a ele o projeto do Nardes e considerou que é inconstitucional. Isso posterga a discussão para a semana que vem, mas acho que a opinião pública ficou do nosso lado dessa vez.

Depois recebi o [Eduardo] Siqueira Campos. O Tourinho veio falar sobre o que está fazendo, aliás bastante bem, na área de energia, na área administrativa, só que o dólar chegou a dar sinais de nervosismo, chegou a R$ 1,90, R$ 1,91, estamos em R$ 1,92, não se vê razão objetiva para isso, dizem que foi por causa dos bônus que o Equador não vai pagar.*** É a mistura disso tudo com o nervosismo que atribui falta de controle político do governo, embora o governo tenha demonstrado maior controle, maior coordenação.

---

* PPB. A bancada ruralista propunha um abatimento de 40% no valor das dívidas dos produtores.
** PMDB-BA.
*** O Equador enfrentava desde 1998 uma grave crise financeira, que já causara o fechamento da maioria das instituições bancárias do país e a decretação de um *corralito*. A forte desvalorização da moeda local, o sucre, o desemprego galopante e a iminência do calote da dívida externa agravavam a situação política do presidente Jamil Mahuad, acossado por denúncias de corrupção.

Hoje, quinta-feira, jantei com o Paulo Henrique, o Cafu [Jorge Caldeira] e a Ruth. Cafu me trouxe o novo livro dele sobre o Brasil mercantilista,* uma coisa assim, depois recebi o Zé de Castro e o Luís Carlos Santos, eles vieram falar sobre Furnas.** O Zé de Castro tem a tese de que Furnas não pode ser privatizada, entendi muito bem, o que eles querem realmente é que a privatização de Furnas seja feita através da distribuição de ações à população. É pulverização e, no fundo, manutenção do controle na mão do Estado. No fundo é uma tentativa de ponte com o setor do Itamar mais uma vez. Vou mostrar a proposta para as áreas competentes.

Hoje cedo tive uma reunião com a área econômica, dificílima, o Serra está realmente alucinando todo mundo com o orçamento dele. Ele tem razão no sentido absoluto, mas não objetivamente, porque não há recursos. Agora à noite recebi uma carta do Serra, ele tentou falar várias vezes, chamou o Amaury para discutir, mas antes o Amaury me telefonou dizendo que o Serra tinha dado uma entrevista à imprensa comunicando que se não dessem o dinheiro ele não seria o responsável por não fazer os programas. Ele me escreveu uma carta de cinco páginas, queria me poupar, eu já sei tudo. Escreveu para ter alguém a quem transferir o problema; ou alguém para ver se consegue os recursos.

Fiquei bastante aborrecido, porque o Beto Mendonça passou para a Miriam Leitão uns documentos críticos dele durante o período em que era assessor do ministro da Fazenda, e agora eles estão na internet. Documento interno não se publica, a não ser como história; não nesse momento. Sempre gostei do Beto Mendonça, mas dessa vez ele se equivocou.

Hoje de manhã houve a reunião de coordenação e de despachos, dei entrevista para o *Clarín* sobre a relação do Brasil com a Argentina, tive um almoço no Alvorada com o Juan Somavía,*** depois despachei com o Lampreia a respeito do encontro que o Chávez quer ter comigo e também sobre a vinda do Menem ao Brasil. Mais tarde estive com o Dornelles, que quer ceder em algumas demandas dos trabalhadores da indústria automobilística.**** Eles vêm aqui para diminuir a concessão pedida, diz Dornelles. Não acredito muito que ocorra com ímpeto a marcha de protesto que eles estão marcando para quinta-feira que vem. Fui

---

* *A nação mercantilista: Ensaios sobre o Brasil*. São Paulo: Editora 34, 1999.
** O governador de Minas Gerais, Itamar Franco, ordenara à PM a realização de um levantamento estratégico da região da usina de Furnas, no sudoeste do estado, como parte de um plano de resistência militar à privatização da empresa federal. Itamar chegara a anunciar que desviaria os rios que abastecem o lago da usina em caso de venda da companhia. "Como engenheiro, sei como fazer isso", garantiu.
*** Diretor-geral da Organização Internacional do Trabalho (OIT).
**** Trabalhadores da indústria automobilística em São Paulo e no Rio de Janeiro estavam parados para reivindicar reposição salarial e jornada semanal de quarenta horas, além de garantias de estabilidade até o ano seguinte.

inaugurar uma exposição dos fotógrafos do palácio,* dei entrevistas para o Acre e a Amazônia na televisão.

Depois recebi gente de Vila Boa de Goiás,** recebi o [José Manuel] Durão Barroso, líder do PSD e candidato à Presidência de Portugal, vim para cá. Recebi tanta gente hoje, bancada do Pará, bancada da Paraíba, todos a mesma coisa, a mesma reivindicação, e despachos, telefonemas, tenho uma pilha de ligações para fazer, estou cansado. Encontrei agora à noite o Tasso Jereissati com o Evandro Guimarães,*** o homem da Globo encarregado de planos de mídia, que me disse que não estamos prestando atenção aos spots que os partidos estão fazendo no horário nobre, um desastre, só atacam, ninguém defende o governo, e não estamos nem sabendo. Discutimos muito, ele não entende o porquê do mau humor da Miriam. "Vocês não estão percebendo", disse ele, "que estão perdendo uma oportunidade enorme." Parece que eu sou o culpado, depois de tudo que fiz pelo país. Amanhã vou cedo para o Acre.

HOJE É DOMINGO, DIA 22 DE AGOSTO. Como eu disse, na sexta-feira de manhã fui ao Acre.**** Viagem todo o tempo com deputados, senadores, ministros, discutimos questões do Acre e questões gerais do Brasil. Havia deputados do PT, o governador é do PT. No Acre, a recepção, inclusive do povo, foi muito boa, cerca de 15 mil pessoas na rua, clima muito positivo, como disse o governador Jorge Viana, nenhum sinal, sequer com a mão, de contrariedade; ao contrário, falei, a população me recebeu de braços abertos, o governador fez um discurso correto, eu também. Aproveitei para cobrar responsabilidades das oposições, também dos aliados, mas no caso sobretudo das oposições, mostrando o exemplo do Acre, em que é possível o governo federal apoiar um governo de oposição, desde que ela esteja centrada em programas administrativos.

Esse mesmo clima voltou a aparecer, embora mais brando, em Xapuri, onde fui, simbolicamente, ao local do Chico Mendes. Reunião com as ONGs, com algumas organizações populares locais, o mesmo estilo de sempre, estilo Igreja Católica e ONG, as reivindicações que eu já sabia, muitas delas já atendidas, mas na relação com o poder faz parte da retórica fazer sempre a fala da reivindicação, mesmo quando se sabe que ela já foi ou será atendida. É uma espécie de coro grego que

---

* v Exposição dos Repórteres Fotográficos Credenciados no Palácio do Planalto, com setenta fotografias do presidente.
** Antigo nome de Goiás Velho, primeira capital do estado.
*** Vice-presidente do departamento de Relações Institucionais das Organizações Globo.
**** O presidente visitou Cruzeiro do Sul, Xapuri e Rio Branco. Em Cruzeiro do Sul, assinou a liberação de verbas federais para a pavimentação da BR-364; em Xapuri, visitou a Reserva Extrativista Chico Mendes e se encontrou com familiares do líder seringueiro; na capital do estado, inaugurou o novo aeroporto internacional.

tem que ter contraponto, entendo isso. Também fiz um discurso mostrando minha vinculação antiga com os movimentos ecológicos, extrativismo, com o protesto contra o julgamento de Eldorado de Carajás,* que é realmente uma vergonha. Enfim, acho que foi um bom encontro.

De lá fomos a Rio Branco para a pré-inauguração do novo aeroporto de Rio Branco e para assinar convênios com vários prefeitos, sobretudo os do Vale do Purus e do Vale do Acre. Deixamos lá cerca de 100 milhões de reais, mostrando que o governo federal está fazendo muita coisa, mesmo para as áreas mais remotas. De negativo, apenas a chegada ao aeroporto, com uma pequena manifestação com um zumbido, o que é natural. Natural, não, mas é o estilo de CUT, PT, PCdoB marcarem sua presença agressiva em qualquer ato onde esteja o presidente da República.

Isso é uma coisa, eu diria assim, de corte africano — coitada da África, ela não é mais assim; de corte populista, ou nem populista, de corte grosseiro que vem da época do regime militar, quando tudo tinha que ser assim. Mas essa falta de consideração mínima é algo que vai desacreditando as instituições, sem proveito para ninguém. E a imprensa não me condena? Certamente; não vai dizer que havia 15 mil em Cruzeiro do Sul, vai dizer que havia trezentos, é sempre assim. Mas foi muito positivo o encontro no Acre, gostei desse rapaz, o Jorge Viana, me parece que tem capacidade, e tem coragem, porque para um petista dizer o que ele disse a meu respeito não é fácil.

Voltei tarde da noite. Ontem, sábado, passei o dia praticamente me preparando para uma entrevista longuíssima que ia dar à TV Globo. Fui entrevistado pela Miriam Leitão e pelo Franklin Martins,** a entrevista transcorreu bem, levantaram todas as questões que estão na ordem do dia, principalmente as econômicas, as políticas. Não sei como vai sair. Uma hora e meia de gravação, bastante cansativo.

Hoje passei a manhã preparando alguns papéis, lendo jornais, e à noite terei uma reunião com umas quinze pessoas do governo para dar ânimo para brigar. Também falei ao telefone com Luciano Martins, nosso embaixador em Cuba, ele está preparando minha visita ao país, e falei agora com o Gelson [Fonseca]. Os dois têm sido sempre solidários, estão preocupados vendo a situação aqui, de longe é mais complicado. Nesse meio-tempo, conversei com Malan, Armínio Fraga, Pedro Parente, Martus Tavares, enfim, com os ministros da área econômica. Com o Vilmar Faria também. O Banco Central derrubou facilmente a subida do dólar, muita gente vai ter prejuízo, já vejo nos jornais algumas observações dos desavisados, e outros que são bem avisados pondo um pouco de areia no caminho da recuperação econômica do Brasil. Há sempre essa dúvida quanto ao ajuste fiscal, apesar de estarmos fazendo um superávit de 3% do PIB, que é altíssimo, considerando o atual

---

* Em 18 de agosto de 1999, a Justiça paraense absolveu três oficiais da PM que comandaram o massacre de dezenove sem-terra em Eldorado dos Carajás, em 1996.
** O presidente falou aos jornalistas no *Bom Dia Brasil*.

R$ 1,97 [por dólar], com um déficit de 1% do ano passado. Foi uma virada total que assegura boas condições. Entretanto, estão exigindo mais no mercado financeiro, para que digam haver condições sólidas para o futuro.

O mundo hoje está regido por duas forças, a do mercado e a da mídia, inter-relacionadas. Os congressos servem de pretexto para mexer no mercado e na mídia e os governos são acossados por essas duas forças, que no fundo se unem. É realmente o triunfo do neoliberalismo, e o pessoal aqui pensa que o neoliberalismo sou eu. Extraordinário.

Li um longo trabalho, secreto, do Itamaraty sobre a situação na Colômbia. O que está acontecendo lá, a possibilidade da presença americana, ou melhor, da preocupação — mesmo antes da presença — americana na Colômbia, de que se alterem os termos do equilíbrio sul-americano.* Até agora os Estados Unidos se preocupavam do Canal do Panamá para cima, mas começaram a se preocupar para baixo. Isso coloca questões para a diplomacia e para a ação do Brasil que podem pôr em xeque a noção de que essa parte do continente não seria objeto direto de uma presença ou de uma de preocupação americana. Isso nos leva a pensar sobre como atuar.

Ao lado da Colômbia está o Chávez. Ele falou comigo, quer uma reunião, discutiu coisas concretas, o metrô de Caracas, cuja concessão foi vendida para a Odebrecht, quer falar sobre algo de petróleo. Não falou — nem podia por telefone — da questão colombiana, mas o Chávez vai ser outro fator de perturbação: os americanos contra, ele simpático a nós, que temos tido papel moderador nessa matéria, as pressões do centro e os efeitos disso sobre a Colômbia e sobre a presença inquietante de forças desestabilizadoras no arco norte das nossas fronteiras: Venezuela, Colômbia mais, embora sem fronteira, Equador.

Isso tudo preocupa, vê-se que estamos numa outra fase da diplomacia. Conseguimos do Mercosul uma ação mais enérgica, digamos, para manter nossos interesses ativos. Não sei agora para que direção iremos, vamos discutir isso em profundidade, porque temos que preservar nossos interesses na Amazônia. Isso que sempre foi tomado como uma brincadeira não é uma brincadeira; precisamos ver a longo prazo as consequências disso tudo para a Amazônia brasileira. Já estamos deslocando tropas para lá, não por uma questão beligerante, mas para ter uma presença mais forte do Brasil. Acho que vamos ter que intensificar essa presença, e claro que isso vai colidir com as pressões fiscais.

HOJE É SEXTA-FEIRA, DIA 27 DE AGOSTO. Só o fato de eu não ter podido registrar nada esta semana mostra quanto intensa ela foi. Retomemos. Domingo

---

* Estava em preparo o Plano Colômbia, intervenção militar e diplomática dos EUA nos conflitos internos do país vizinho contra cartéis do narcotráfico, guerrilhas e paramilitares, iniciada em 2000 com a instrução de tropas e o reequipamento das forças armadas e policiais.

passado, reunião com vários ministros e assessores mais diretos. Antes ouvi meu depoimento ao sistema Globo, que foi reproduzido abundantemente no domingo e na segunda-feira, e que foi muito contundente. O Serra veio antes da reunião, trouxe o Barjas [Negri]* para discutir comigo, com o Martus e com o Pedro Parente problemas de orçamento. Isso me deixa um pouco preocupado, o Serra não afina com a sintonia política. Mesmo nas horas mais difíceis fica obcecado pelo seu orçamento, seu problema, seu ministério.

Ele acha que o governo está perdido, disse isso a várias pessoas, não devia ter dito, porque é ministro e amigo. Então, quando comecei a reunião no domingo à noite, eu disse que exigia dos que ali estavam lealdade, solidariedade e coragem, ele entendeu o recado, foi de uma habilidade enorme, prestativo em dar sugestões e ideias durante a reunião, que resultou num plano de ação. Serra foi muito bem, nós decidimos reagir em função da marcha que seria realizada, como foi, na quinta-feira, 26, houve muitos e fortes pronunciamentos, os ministros foram para a televisão, o Malan, o Armínio Fraga, Aloysio Nunes, Pimenta, o governo apareceu forte, unido e contra-atacando.

Claro, as oposições espernearam, disseram que era golpismo, os bem-pensantes vão dizer que o governo exagerou; se não tivesse exagerado a crítica seria de falta de rumo.

Isso no domingo. Segunda-feira também foi um dia complicado, tive um almoço com o Bresser, ele aceitou ser meu *sherpa* no acompanhamento das reuniões da Terceira Via, uma maneira de ficar ligado ao governo e a mim. Ele disse que não entendia por que havia sido demitido do ministério, eu não expliquei, para não entrar em detalhes que seriam desagradáveis. Já está havendo uma confusão administrativa muito grande, ele fora informado que eu estava aborrecido porque ele não me defendia, o que não é verdade. Ele sempre foi muito leal, não foi por essa razão que o demiti, foi porque eu tinha que mostrar que eu estava mudando as coisas.

À tarde recebi o general Barry McCaffrey, que é o tzar antidrogas nos Estados Unidos. O general McCaffrey veio manso, preocupado com a questão da Colômbia, desmentindo qualquer intervenção lá, mas trazendo informações: o narcotráfico da Colômbia vai para os Estados Unidos, principalmente via marítima e aérea, muito pouco por terra, por terra vem para o Brasil para ir para a Europa ou para ficar aqui mesmo. Ele acha que a Venezuela, o Equador e o Panamá já estão muito comprometidos com a teia dos narcotraficantes. Ele iria ao Paraguai, à Argentina, vai falar no Peru com o general [Vladimiro] Montesinos.** Ele disse: "Saí da 'montanha'", referindo-se ao general Cardoso, "para o 'charco'", referindo-se ao Montesinos. Este é homem da confiança do Fujimori, ninguém entende bem por

---

* Secretário executivo do Ministério da Saúde.
** Chefe do Servicio de Inteligencia Nacional (SIN) do Peru.

quê. Todo mundo diz que Montesinos tem ligação com o narcotráfico, eu não faço a menor ideia.*

Na terça-feira, 24, comecei no Itamaraty numa homenagem a Joaquim Nabuco,** fiz um discurso ao lado do Evaldo Cabral de Mello. Foi uma cerimônia bonita, gosto, sempre tive admiração pelo Nabuco. Depois recebi no Planalto o [Joaquim] Pina Moura, ministro da Economia de Portugal, sempre com palavras de apoio muito firmes, trazidas do António Guterres. Isso foi à tarde. De manhã, no palácio, além do pessoal do Itamaraty, recebi o Joaquim Roriz, que veio fazer reivindicações, quer criar um fundo para o Distrito Federal. Conversei com ele sobre a situação de segurança no DF, sobre o ato das oposições.

Recebi Jaime Lerner querendo fazer com o Paraná o que foi feito no Rio, ou seja, a securitização dos royalties de Itaipu. Eu não sabia, e disse a ele, que isso é praticamente impossível, que envolve o Paraguai, mas ele está desesperado, quer botar em ordem a Previdência no Paraná, ele acha que vai tudo bem lá, que só falta isso. Talvez seja até verdade, talvez ele tenha uma percepção diferente da realidade. Depois reunião com a equipe de Desenvolvimento, boa, na qual o Fernando Bezerra fez uma exposição de seus projetos para o Nordeste.

Transferimos para os Fundos de Participação cerca de 15 bilhões de reais nos últimos dois anos, 1 bilhão por mês. O Banco do Nordeste, assim como o Banco da Amazônia, só sobrevivem porque recebem altíssimas taxas dos fundos constitucionais, cerca de 20%, taxas de administração. Por outro lado, a inadimplência é de quase 40%; essa elite é realmente uma coisa escandalosa. E não é só a nordestina, não; a paulista também vive de não pagar o governo. É impressionante, eles querem não pagar ao Tesouro, querem tirar dinheiro do público.

À noite jantei com o Aloysio Nunes Ferreira e o Fernando Bezerra, boa conversa, discutimos não só o rearranjo do ministério mas também as questões políticas do PMDB, as famosas nomeações que estão sempre engasgadas, e sempre há senadores reclamando, deputados reclamando, presidente de partido, como o Jader, mal-humorado porque não sai a nomeação de alguém que ele deseja na Petrobras.

Na quarta, dia 25, comecei com a comemoração do Dia do Soldado, que é de rotina entre os militares, um coquetel. Vim para o Alvorada, encontrei o Carlos Wilson, senador por Pernambuco,*** que vai para o PTB. Reclamou que não tem espaço, que em Pernambuco o PFL se aliou ao PMDB, que isso não dá bom resultado, em

---

* Entre 2001 e 2006, Montesinos foi condenado por diversos delitos cometidos durante o governo Fujimori, inclusive corrupção, tráfico de armas e crimes contra a humanidade. Seu envolvimento com a venda de proteção a narcotraficantes restou comprovado, mas ele não foi sentenciado por esse crime.

** Em 19 de agosto de 1999, foi comemorado o sesquicentenário de nascimento do diplomata e escritor pernambucano.

*** Eleito pelo PSDB.

suma, quer ser candidato a prefeito, está em segundo lugar nas pesquisas do PTB e prometeu continuar fiel ao governo. Tem um problema, que é o pai dele,* uma pessoa a quem devo consideração, sempre apoiou o governo, tem 74 anos, precisa de uma posição num conselho qualquer para ter estímulo pessoal na vida. Não financeiro, esses conselhos são praticamente sem pagamento, mas para ele ter algum interesse na vida.

Despachei com o Pedro Parente as coisas de rotina, almocei com o Paulo Henrique, o Cafu e a Ruth, eles estavam aqui, tinham estado esses dias todos, jantaram também na quarta-feira, foi muito agradável. Recebi à tarde o vice-chanceler da Universidade de Oxford, [Colin] Lucas, que veio para dizer que me deram um título honorário em Oxford, de doutor *honoris causa*, claro, porque criamos aquele Centro de Estudos Brasileiros em Oxford.** Ele veio com o Leslie Bethell,*** que é todo elegante e está montando esse centro. Veio ao Brasil e deu uma entrevista crítica ao governo, o que o faz ser simpático às esquerdas. Mas é muito amável comigo, manda beijos para Ruth, essas coisas.

Recebi o enviado especial do Bill Clinton para o hemisfério ocidental, que se chama [Kenneth "Buddy"] MacKay, ele foi governador da Flórida, foi parlamentar, mas me parece que tem menos influência que o [Thomas] McLarty, antigo assessor especial do Clinton. Esse veio falar sobre a Alca, todos muito entusiasmados com o que está sendo feito no Brasil, só os brasileiros não percebem, ou não querem perceber, as mudanças que estamos provocando aqui.

Depois recebi o Jorge Gerdau, ele veio conversar comigo porque está interessado em muitas coisas. Além de comprar a CSN, o que não depende de mim, está interessado também em criar um clima mais positivo, não vê razões para tanto pessimismo, eu também não, mas a questão desse mau humor que aí está é muito grande, e não é fácil lidar com ele, porque na prática continua a haver um permanente estado de espírito negativo. O Brasil dá a impressão de que não quer aceitar que está melhorando, não quer aceitar que é possível crescer, que o país está se transformando. É impressionante esse niilismo que tem como carro-chefe a *Folha de S.Paulo*, com o apoio auxiliar das universidades, que na sua maioria estão completamente desconectadas dos problemas do mundo e dos grandes problemas do país, e sempre olhando no retrovisor.

Ontem, 26 de agosto, foi o dia da manifestação em Brasília. Comecei com a reunião da comissão de coordenação política, todos mais ou menos felizes com a reação do governo diante do que aconteceu com a pequena mobilização popular feita pelas oposições. Primeiro porque se confinaram elas próprias, PT, PCdoB,

---

* Wilson Campos, ex-senador pela Arena (1970-5) e ex-deputado federal pelo PMDB e pelo PSDB (1987-99).
** Fundado em 1997 no St. Anthony's College, com apoio do governo brasileiro. Fechou em 2007.
*** Professor emérito de história da América Latina em Oxford.

MR-8,* enfim, os militantes todos, foi uma espécie de assembleia geral da militância nacional. Segundo, vieram apenas uns trinta e poucos mil manifestantes do Brasil todo, a que se somaram uns 10 mil de Brasília.**

Povo mesmo que é bom, praticamente nada. Os militantes, o que não é para desprezar, eles são uma militância grande. Esta é a diferença desses grupos: eles têm militância, eles continuam a crescer e a política brasileira continua sendo baseada nos pressupostos do passado. A militância se manifesta contra mim, mas o pretexto é que teria havido alguma irregularidade na privatização da Telebrás, privatização que talvez tenha sido a maior do mundo, ou a mais bem-sucedida do mundo, e que foi transparente, mas com o "grampo" eles pensam que têm um gancho.

No fundo eles são contra a privatização, eles querem é a volta ao Estado produtor e têm palavras de ordem bastante arcaicas e enraivecidas. Os líderes do movimento se assustaram e moderaram a linguagem, mas de qualquer maneira demonstraram capacidade mobilizadora, o que deixa o país olhando: essa gente pode fazer em algum momento alguma coisa. Acho que politicamente, eleitoralmente pelo menos, se for por esse caminho, vão de novo se isolar. Em vez de dialogar com o governo, o PT insiste em achar que o governo é neoliberal e de direita, então não dialoga e, ao não dialogar, se isola na esquerda. Ao se isolar na esquerda, se inviabiliza como uma possibilidade de governo, porque se isola na esquerda radical. Se todos fossem como o Jorge Viana ou o Zeca do PT, aí haveria possibilidade de o PT vir a ser uma força de futuro, eu disse isso ao Lula, mas não adianta, é o mesmo erro dos comunistas com a social-democracia na Europa, o principal adversário é o amigo ao lado. Aí não dá, o inimigo principal fica sendo aquele que é companheiro...

Estou voltando a registrar no dia 27 de agosto. Eu estava fazendo comentários sobre a insensatez do PT, que está atrelado ao Brizola — o qual faz o patrulhamento ideológico do PT com a ideia de renúncia — e ao PCdoB, com seu arcaísmo não digo nem albanês, mas pré-albanês,*** que fica querendo que haja a estatização dos meios de produção. O PT, que podia ser outra coisa, fica encurralado ideologicamente e não entende que tinha que dialogar conosco. Não para concordar, mas para estabelecer

---

* O Movimento Revolucionário Oito de Outubro surgiu no Rio de Janeiro em 1968 como dissidência armada do Partido Comunista. Depois da redemocratização, vários de seus ex-militantes se integraram aos quadros do PMDB.
** O governo do DF contou 40 mil pessoas na Esplanada dos Ministérios. A *Folha de S.Paulo* estimou 75 mil. Apesar da controvérsia numérica, foi o maior protesto de rua durante os dois mandatos de Fernando Henrique.
*** O partido professava a linha de comunismo adotada pelo regime de Enver Hoxha nos anos 1970. A Albânia foi redemocratizada em 1992 e aderiu à economia de mercado.

uma pauta de realidade que permitisse ao Brasil avançar e, eventualmente, no futuro, ele ser uma alternativa de poder. Do jeito que vão, não serão uma alternativa de poder, e acabam pondo aqui alguém mais conservador, ou um Ciro da vida, se o Mário Covas não tiver condições de enfrentar com galhardia o processo eleitoral.

Ontem de manhã recebi a bancada de Pernambuco, que veio me prestar solidariedade e fazer reivindicações, as habituais, a questão da irrigação para Petrolina, o Jucazinho, o deputado da região, Serrinha,* enfim, o trivial ligeiro. Expliquei a eles o dinheirão que vai para as obras do Nordeste, que isso não vai resolver. Minha preocupação é imensa com a seca na Paraíba,** é possível que tenhamos daqui pra frente problemas muito sérios. No ano passado gastamos 1,5 bilhão [de reais] com a seca, daria para fazer a transposição do rio São Francisco se houvesse um projeto efetivo, mas não há até hoje. Fernando Bezerra, espero que ele encaminhe essa questão melhor.

Recebi, trazidos pelo Bornhausen, dirigentes da Organização Democrata-Cristã da América,*** um da Colômbia, outra da Venezuela, outro do México e outro mais que não identifiquei de onde. Vieram me pressionar contra o Chávez, que está tomando conta da Venezuela, querem que o Brasil e o México, principalmente, se oponham. Disseram que a Venezuela vai de mal a pior, e quanto à Colômbia o representante acha que o presidente Pastrana foi longe demais no caminho da negociação [com as Farc],**** está difícil recuar, e teria que recuar.

Estou preocupado com o problema habitacional, o novo secretário, Ovídio, vai custar até entender as coisas, e isso pode prejudicar o andamento dos nossos planos. À noite Vilmar Faria veio para cá, Pedro Malan também, ele me trouxe informações dramáticas: o [Celso] Pitta***** não quer assinar o acordo da dívida, ele quer prorrogá-la para mais de dez anos, e isso o Senado não consente, e com razão. Se ele não assinar, os papéis dos precatórios vão pro espaço, afetando o Banco do Brasil e o Banespa de maneira dramática. É uma questão muito séria.

Convocamos uma reunião para hoje, na hora do almoço, com o Everardo, para discutir mais a fundo a reforma tributária. Everardo está querendo sair do governo, é preciso dar mais ênfase a ele, que é muito competente, mas também cioso. Vou almoçar com Malan, Everardo e outros técnicos para discutir a reforma tributária. Sobre o Banco de São Paulo, não sei como vai ser, o Mário Covas também está chiando, o Senado não autoriza o empréstimo de vários milhões de dólares porque

---

* Serrinha e Jucazinho são barragens para o abastecimento de água nos municípios pernambucanos de Serra Talhada e Petrolina, respectivamente.
** O estado sofria a maior seca do século, com 60% da população e 80% dos municípios afetados.
*** Confederação de partidos democrata-cristãos do continente, sediada no México. O PFL acaba de aderir à entidade.
**** O governo colombiano abrira negociações de paz com a guerrilha no início de 1999.
***** Prefeito de São Paulo (PPB).

São Paulo estaria inadimplente. Está inadimplente porque não vendemos o Banespa e não vendemos porque há esse problema, além de imposto de renda não pago. Na prática o Banespa não vale quase nada. A situação dos bancos oficiais do Brasil é calamitosa, os governos querem tirar dinheiro do Tesouro para salvá-los e não dá para salvar.

Isso ontem, hoje estou aqui de manhã, fiquei lendo os jornais, eles dão mais importância à marcha do que demos ontem, ontem foi o aquecimento. A *Folha de S.Paulo* diz que 75 mil protestaram, não foi isso, mas não importa o número, houve um protesto e os editoriais ressaltam a verdade. Um protesto organizado de militantes, não houve contágio popular, mas uma mobilização forte. Como diz *O Estado de S. Paulo*, um protesto contra a privatização, a favor do atraso. Não é só contra mim, é contra tudo, é para preparar a eleição [municipal] do ano que vem, é para criar um clima. O Brasil é o único país, que eu me lembre, em estágios avançados de desenvolvimento como nós estamos, que tem um partido grande de esquerda como o PT. Uma coisa anacrônica esse tipo de esquerda ideológica voltada para o retrovisor, mas vamos enfrentar.

28 DE AGOSTO A 4 DE SETEMBRO DE 1999

Novamente os grampos do BNDES. Programa Avança Brasil. Demissão de Clóvis Carvalho. Encontro com Hugo Chávez

Hoje é sábado, dia 28 de agosto. Ontem, almoço com Malan, Amaury Bier, Everardo Maciel, discutimos a reforma tributária e outros pontos, como a presença do Everardo na CPI dos Bancos. O Pedro Malan queria postergar o depoimento. Concordei em postergar para quinta-feira da próxima semana, para dar espaço para que o Everardo Maciel possa discutir mais em profundidade com o pessoal do Banco Central alguma medida que ele queira tomar. Pessoalmente sou favorável às medidas que ele pretende tomar: algum controle do fluxo de capitais dos brasileiros que vão para as Ilhas Cayman e sei lá para onde mais e depois voltam para cá como se fossem estrangeiros, para não pagar imposto. Acho que isso está demais, não tem cabimento, tem que ser objeto de alguma atenção nossa. Não adianta defender a liberdade de fluxo de capitais, porque estamos é defendendo a liberdade de especulação contra nós. Vou ver se levo a questão nesse rumo, o que depende muito de conversar com o nosso Armínio Fraga, que está nos Estados Unidos.

Vê-se o Malan muito preocupado com os problemas que o afligem, eu não sabia que havia outro problema, ele não me disse. O Serra teria dado uma declaração dizendo que não vai ter remédio para os doentes de aids, e a mãe do Cazuza* está azucrinando o Malan por causa disso, quer os remédios.

À tarde recebi o Michel Levy,** que veio dizer que era importante tirar o Clóvis da pasta do Desenvolvimento e entregar a alguém que já passou por aqui, como o Pratini, isso traria maior apoio do empresariado, que não se sente muito representado. A choradeira de sempre, o empresariado estaria de cabeça baixa e tal. Fiz o contra-ataque habitual, ele encolheu, mas no fundo é o que todos pensam. Na verdade, são as consequências da crise, que não deixam as pessoas enxergarem outra coisa a não ser esse tipo de problema. Recebi a Bia Aydar,*** que me ajudou muito na campanha eleitoral, ela é ligada ao Nizan [Guanaes],**** que vai almoçar comigo na quarta-feira, me convidou para uma inauguração do teatro. Ruth e eu fomos comer uma pizza na Academia de Tênis com o Zé Gregori, lá encontramos Milton Seligman e a mulher.

* Maria Lúcia Araújo, presidente da Sociedade Viva Cazuza.
** Vice-presidente de operações da BCP Telecomunicações, operadora da banda B da telefonia celular em São Paulo, comprada em 2003 pela Telmex e integrada à Claro.
*** Publicitária e promotora de eventos, ex-assessora da campanha à reeleição em 1998.
**** Presidente da agência de publicidade DM9DDB e responsável pela campanha presidencial do PSDB em 1994.

Hoje passei a manhã lendo, fazendo anotações pessoais, falando ao telefone com meio mundo e preparando a apresentação do Plano de Desenvolvimento do governo.* Falei com Tasso por telefone, tive o pressentimento de que deveria falar, e foi bom, ele deu uma entrevista à *Folha de S.Paulo*. Tasso está preocupado com a subida do dólar, no fundo quer um dólar fixo e mais alto que o anterior, mas não tão alto quanto este. Eu disse: "Tasso, temos três possibilidades: ou se faz o que estávamos fazendo com o Gustavo Franco, e vocês todos eram contra, ou deixamos o dólar flutuar, como agora. Ou também se faz o *currency board*, e fica como na Argentina, o que provoca recessão. Qual é o quarto caminho? Me diga, invente. Nada".

"Ah, mas os juros continuam crescendo."

"Mas, Tasso, você não está vendo que nós estamos numa paralisação, consequência da crise mundial que nos afetou? Você pode criticar não termos adotado o câmbio flutuante há mais tempo, isso eu aceito, mas fora isso não. Ou vemos a realidade e seguramos firme o leme, ou vamos fazer o jogo do inimigo e ficamos em uma *self-defeating prophecy*,** com todo mundo dizendo que não vai dar certo, e acaba não dando certo mesmo."

"Os dados vão indicando isso", o Tasso respondeu, "a inflação sobe com esse dólar alto..."

"Pois é", respondi, "mas o último dado, o do IPC da Fipe de ontem, projetou uma inflação menor para o fim do ano.*** Ora, se a taxa de juros está ligada à meta inflacionária e não ao câmbio, qual é o problema? Agora, se começarmos a usar o seu argumento, a resposta do Banco Central vai ser: 'Nesse caso vamos subir a taxa de juros', e não adianta. Se as pessoas ficam nessa ansiedade, não veem o rumo. Não acreditam, porque querem ver o resultado imediatamente."

Eu ainda disse: "Tasso, vamos remontar a janeiro: tragédia. Olha como estamos: melhor este ano do que no ano passado. O desemprego ficou estável, mas diminuiu com relação ao ano passado.**** Estamos vendo sempre as coisas mais complicadas do que elas realmente são. Isso tem a ver também, eu creio, com a proposta de Ciro Gomes. O [Roberto] Mangabeira Unger***** deu uma entrevista na qual propõe o que o Collor fez: cano na dívida interna, com outro nome, mas é a mesma coisa, moratória ou renegociação da dívida interna, repactuação etc. Já fizemos esse caminho, e deu no que deu. É incrível como as pessoas não absorvem a experiência e querem soluções milagrosas que não existem".

* Isto é, o Plano Plurianual (PPA).
** "Profecia negativa que se autorrealiza".
*** A Fipe divulgou a segunda prévia da inflação em agosto: 0,9%, contra 1,13% na quadrissemana anterior. A inflação projetada para 1999 foi de 6,5%.
**** O IBGE mediu desemprego de 7,5% em julho de 1999. A desocupação caiu em relação a junho (7,8%). Em agosto de 1998, a taxa tinha sido de 7,8%.
***** Cientista político, professor da Universidade Harvard.

O Tasso replicou: "Mas nós prometemos que com a reeleição haveria a bonança". "É verdade. Entretanto, vivemos atrelados às crises mundiais e o máximo que podemos fazer é evitar que haja catástrofe. Evitamos e agora está-se chegando perto da possibilidade de bonança."

É impressionante esse zigue-zague. Eu tenho certeza, não li ainda, mas a entrevista do Tasso vai ser publicada amanhã, e lá vem mais problema na minha área.

Telefonei ao Ronaldo Cezar Coelho para indagar sobre o Artur da Távola. Ele não saiu do PSDB,* pensei que tivesse saído, apenas disse que ia sair, mas não saiu. Deu, porém, declarações inaceitáveis, dizendo que sairia por causa da entrada do Pratini — ele não pode dizer uma coisa dessas. E o Marco Maciel? Não tem jeito isso, muito menos vindo do Artur, que teoricamente concorda com nossa posição. Ele saiu do PSDB por outras razões, porque era vice-líder e não foi contemplado na designação do líder. Ele tem razão nisso, deviam ter conversado com ele, foi um erro grande. O Ronaldo também está queixoso, porque não consegue designar quem o PSDB quer para as Docas do Rio.** Ele tem razão, porque o cara é bom. Mas cada um que está pensando em sair não declara as razões verdadeiras. Hoje o Emerson [Kapaz]*** saiu do PSDB. Esse é bom que saia, porque é oportunista e quer ser candidato a prefeito pelo PPS. Eu disse isto ao Tasso, o Ciro está juntando gente de baixa qualidade, pegou em São Paulo o Vitor Sapienza,**** um deputado ligado à Receita, depois pegou o João Hermann [Neto],***** que é conhecido, velho político cheio de defeitos, e agora pegou também o Arnaldo Jardim,****** homem muito ligado ao Quércia, com quem depois rompeu.

É muito fácil criticar os outros, difícil é organizar. Eu disse isso ao Tasso, ele disse que o Ciro pegou também o Clementino Coelho,******* não sei quem é, parece que irmão do Fernando [Bezerra] Coelho.******** Pois é, e não é o Ciro que vem dizer que meu governo está cedendo ao clientelismo e por aí vai? Esquece que a política é muito mais próxima de como Maquiavel descreve do que como os profetas gostariam que ela fosse. Isso não quer dizer que a gente tenha de ser maquiavélico, mas quer dizer também que não basta ser profeta. Ao Emerson,

---

* Em 17 de agosto, durante discurso no Senado, o senador fluminense anunciara a intenção de deixar o PSDB: "Não quero acabar minha modesta história na direita".

** Companhia Docas do Rio de Janeiro, estatal federal responsável pela operação dos portos fluminenses.

*** Deputado federal por São Paulo, fundador do Pensamento Nacional das Bases Empresariais (PNBE).

**** Deputado estadual (PPS), egresso do PMDB.

***** Deputado federal (PPS-SP), vice-presidente nacional do partido.

****** Deputado estadual (PPS), egresso do PMDB.

******* Deputado federal (PPS-PE), egresso do PSB.

******** Prefeito de Petrolina (PE), egresso do PSB.

prefiro o Carlos Wilson, que pelo menos veio aqui dizer: "eu vou sair, porque não tenho espaço em Pernambuco no PSDB, porque há uma aliança entre PFL e PMDB, Pernambuco não aceita isso, estou em segundo lugar nas pesquisas, vou ser candidato pelo PTB". É verdade, vai embora, não fica no bloco de oposição, busca o espaço dele e não diz que está saindo porque houve uma aliança espúria.

HOJE É DOMINGO, DIA 29 DE AGOSTO. Passei quase o dia inteiro — são quase seis da tarde agora — com a Ruth, lendo. Reli a fundo a biografia de Rio Branco, cheia de fotografias, edição muito caprichada feita pelo Rubens Ricupero.* Fiquei lendo jornais, entrevista do Tasso, ele estava assustado sobre como eu a receberia. Recebi bem, podia não ter dito certas coisas, sobretudo sobre o Ciro, colocando-o como potencial beneficiário do desmembramento do PSDB, apesar de ter dito no final que ele fica com o PSDB e comigo até o fim, no que acredito. Mas não devia dar tanto espaço para o Ciro agora. Fala num modelo que não sabe qual é, mas a entrevista é bem-feita, não cria dificuldades.

A *Folha* volta à intriga dos grampos do BNDES envolvendo o [general] Cardoso — envolvendo, não, fazendo insinuações sem base. No fundo é para dar seguimento à expectativa do PT de haver alguma coisa relativa ao grampo que possibilite uma CPI sobre o Sistema Telebrás, para acabar me atingindo. Não há nada que possa levar a isso, mas eles vão urdindo a trama. A *Folha* é hoje o que foi a *Tribuna da Imprensa* no tempo áureo do Carlos Lacerda contra o Getúlio. Agora é contra mim, amanhã será contra o Lula, não importa, ou contra quem venha me substituir. A *Folha* é hoje um jornal que não tem responsabilidade não digo brasileira, mas pública; gosta de intrigas, lances para vender mais. Otavinho tem uma alma torturada, mas isso são só amarguras para mim.

Preocupação com a Colômbia, falei com o chanceler Lampreia sobre o Chávez, essa encarnação ardente e inconsciente do *Volksgeist*** travestida de bolivarianismo. Na verdade, é um coronelão com generosidade e muito atropelo. Entretanto, no clima latino-americano isso abre uma janela de esperança para os desavisados ou para os sem rumo, Lula à frente, já entusiasmado com o Chávez. Ele liquida as instituições representativas e faz a vontade do povo, que beleza! Isso me preocupa, e me preocupa também porque temos que reforçar militarmente as fronteiras da Amazônia. Isso vai custar recursos, mas acho importante, porque nunca se sabe o que pode acontecer no dia de amanhã. Ricupero, revendo o Rio Branco, pensando na Cisplatina. Hoje nosso problema não está mais ao sul, está ao norte, nunca

---

* Embaixador e ex-ministro da Fazenda (1994), sucedeu a Fernando Henrique na pasta. Sua biografia de José Maria da Silva Paranhos se intitula *Rio Branco: O Brasil no mundo* (Rio de Janeiro: Contraponto, 2000).
** "Alma do povo", em alemão.

imaginei que a situação fosse se complicar tanto com essa coisa do Chávez, e mais ainda agora com a Colômbia. E o Brasil num momento em que precisa de uma América do Sul homogênea.

Falei também com Armínio Fraga ao telefone, ele chegou dos Estados Unidos eufórico. Gosto do Armínio, ele tem energia, é uma pessoa de espírito leve. Voltou dizendo que esteve com *la crème de la crème*, com o Greenspan e todos os demais nos Estados Unidos, contando o que estamos fazendo no Brasil e convencendo-os da justeza dos nossos caminhos. Continua muito confiante, acha que isto aqui vai dar certo e que ano que vem vamos surpreender a todos com a taxa de crescimento. À noite vou dar uma entrevista ao Boris Casoy. Serra falou comigo ao telefone, é contra a entrevista, não gostou da que eu dei à GloboNews, eu disse que teve um efeito grande, ele é pelas pílulas difundidas pelo jornal da Globo, pelo *Fantástico*. É claro que isso ajudou muito. A GloboNews ninguém vê, e no fundo você é obrigado a falar muito, a falar para o mercado, e não adianta. Serra não quer que eu fale com o Boris, não quer que eu fale com a GloboNews, não quer que eu fale com a Globo... Eu não vou me comunicar com o país, vou fazer só redes oficiais?

TERÇA-FEIRA, 31 DE AGOSTO, são oito da noite. No domingo gravei com o Boris Casoy um programa de uma hora e meia,* o qual foi repassado em pílulas depois, no outro dia, no programa do Boris de manhã e à tarde. A receptividade parece ter sido boa, é cedo para julgar.

No dia seguinte, ontem, tive uma conversa com o vice-presidente do Banco Mundial, David de Ferranti,** uma pessoa de cabeça bem mais aberta do que eu poderia imaginar de quem vem dessas posições burocráticas. Assisti à noite a um programa do Lampreia, o *Roda Viva* (TV Cultura), que foi bom, um pouco morno. Depois discuti uma série de papers para minha apresentação do dia seguinte, que foi hoje, do programa Avança Brasil,*** uma reformulação do programa anterior Brasil em Ação.****

Hoje fiz a apresentação, vibrante, falei quase uma hora, sala cheia, receptividade muito boa, tudo que é líder político presente, Jader, Michel Temer, Antônio Carlos, de todos os partidos, governadores, o Tasso, o Covas veio, assim como o Jarbas Vasconcelos, foi uma coisa boa, bonita, forte. Depois passei a tarde no Palácio da Alvorada em despachos com o Arthur Virgílio, muito preocupado em definir o

---

* A entrevista foi transmitida pelo programa *Passando a Limpo*, da TV Record, e teve trechos reprisados nos telejornais da rede.
** Vice-presidente do Banco Mundial para a América Latina.
*** Nova denominação do Plano Plurianual, com metas de desenvolvimento econômico e social para o período 2000-7 incluídas em 358 projetos e gastos previstos de US$ 165 bilhões.
**** Lançado em agosto de 1996.

inimigo, achei-o um pouco aflito. Depois vi as repercussões iniciais nos jornais do que eu disse na televisão, do Boris [Casoy], da GloboNews. Sempre com algumas reservas, o Boris botou um energúmeno que passa por industrial dizendo bobagens e depois líderes sindicais desinformados: Ah, o plano contempla só 2 milhões de empregos por ano, isso não acaba com o desemprego... Bom, mas o plano é uma parte do processo de investimentos no Brasil, não é tudo. É difícil. O outro dizendo que não se pode acreditar em planos.

Quando não tem plano, é porque não tem plano; quando tem plano, não se pode acreditar em planos. Essa descrença, esse ceticismo é a marca do momento atual do Brasil. O plano é abrangente, amplo, inovador, muda a administração pública, muda a forma de fazer o orçamento, é a primeira vez, depois do Ernesto Geisel, que se faz um plano. O plano do Geisel* era imperativo, era basicamente de apoio ao setor empresarial privado. O nosso é de apoio ao país, ao desenvolvimento social, à ecologia, ao conhecimento e à infraestrutura; não é para as empresas, embora elas vão se beneficiar indiretamente dele. É também um plano indutivo, com etapas, muito bem amarrado, trabalho penoso, feito durante um ano. Já para os "críticos" de sempre, inclusive o José Genoino, que só tem dito platitudes, "é uma resposta à marcha, feita um ano antes". O Genoino está cada vez mais pobre de espírito, cada vez mais como aqueles que o Engels caracterizava como portadores da cretinice parlamentar. O Genoino caiu nela, faz discurso, o que o governo faz está errado, a oposição é fantástica, tudo vazio, vazio, sem uma ideia real.

HOJE É QUARTA-FEIRA, 1º DE SETEMBRO, são nove horas da noite, estou esperando que chegue o Nizan Guanaes, que vai jantar comigo para discutir a comunicação do governo. De manhã tomei café com o pessoal do *Estado de S. Paulo*. Conversa boa, eram só mulheres: sete redatoras aqui em Brasília, impressionante a presença feminina e de bom nível na imprensa brasileira.

Em seguida reunião da Câmara de Política Econômica, discutimos a reforma tributária com o Everardo e a turma da Fazenda. Depois do almoço, recebi o [Hubert] Védrine, ministro do Exterior da França. Conversa amistosa, eu falando sobre a América Latina, ele sobre África e Europa, ambos sobre as questões de relacionamento bilateral. Homem experimentado que está deslumbrado com a base de simpatia que encontrou no Brasil com respeito à França.

Recebi o Luís Henrique [da Silveira],** prefeito de Joinville, com reivindicações e sugestões. Despachei com Aloysio Nunes, gravei programa para a passagem de ano judaico e recebi Iris Rezende junto com o governador Joaquim Roriz, para discutir as questões de Brasília. Eles querem ajudar a termos uma manifestação boa no dia

---

* II Plano Nacional de Desenvolvimento (1975-9).
** PMDB.

7 de setembro. Agora vou jantar com o Nizan. O dia transcorreu calmo, o Copom está reunido, não sei que decisão eles vão tomar,* dificilmente poderão baixar os juros, nem mesmo apenas simbolicamente, porque o clima não está para isso. A repercussão da minha fala de ontem nos jornais foi muito boa, notei firmeza, dessa vez a imprensa reproduziu com maior destaque tudo que eu disse sobre o PPA.

HOJE É QUINTA-FEIRA, DIA 2 DE SETEMBRO, são dez horas da noite. O dia foi agitado, tivemos reunião de manhã, no Palácio [da Alvorada], com os coordenadores políticos, depois de eu ter feito meus exercícios físicos. Passamos a limpo as coisas de rotina, verificamos como vai o andamento das reformas e das leis no Congresso, tudo em ordem, pelo menos dentro da pasmaceira que é a nossa vida parlamentar.

Discuti a posição do Brasil no Mercosul, notadamente com o Lampreia, o Malan, o Armínio, o Clóvis e outros mais, como o Botafogo [José Botafogo Gonçalves].** Notei que o Clóvis interrompeu a reunião de coordenação política, estava um tanto aflito. Quando fui atender o telefone, me passou um texto que tinha proferido numa reunião do PSDB,*** quis saber minha opinião, deixou para eu ler. Não li na hora, não era possível. Em seguida tivemos essa reunião sobre o Mercosul, a decisão foi de avançar, fazer o que o Brasil nunca fez, dar passos mais decididos em termos de uma coordenação, levar à união aduaneira, isso implica muitos problemas, mas acho que já estamos atrasados. Na Argentina, no Uruguai e no Chile há eleições, temos que nos preparar, sabe Deus quem virá depois. Vamos ter uma posição firme para apresentar aos nossos vizinhos, que desconfiam que o Brasil usa o Mercosul apenas quando interessa e que na verdade não está engajado. Não é verdade, mas dá a impressão, e acho que há muitos setores no Brasil que não estão engajados.

Almoçamos e a Ana Tavares me telefonou, disse que a repercussão da fala do Clóvis tinha sido terrível, porque foi toda em cima do Malan. Li o texto, de fato há partes exageradas, ele diz que cautela, a partir de certo ponto, é covardia. Isso no contexto brasileiro é lido como desenvolvimentismo contra monetarismo, e o Clóvis falou em desenvolvimentismo. Como eu já tinha tido umas informações

---

* A taxa básica de juros foi mantida em 19,5%.
** Embaixador, secretário executivo da Câmara de Comércio Exterior (Camex).
*** O ministro do Desenvolvimento discursou na abertura do seminário "Desenvolvimento e Estabilidade", promovido pelo Instituto Teotônio Vilela. No registro do *Jornal do Brasil*, Clóvis Carvalho disse que "o excesso de cautela, a estas alturas, será o outro nome para covardia [...]. De um lado, o que temos é uma equipe que prioriza o ajuste macroeconômico. De outro, aqueles que consideram que a modernização das atividades produtivas exige a indução do Estado [...]. Precisamos ousar mais, arriscar mais, arriscar até o limite da responsabilidade". O ministro da Fazenda assistia ao seminário.

pelo Andrea Matarazzo e também pelo Serra que a repercussão do contato do Clóvis com os empresários de São Paulo não foi positiva, estavam muito contra e muito desalentados. Entendi que o Clóvis quis empunhar a bandeira desenvolvimentista e que não foi feliz ao formulá-la — foi até pouco oportuno em dizer isso num seminário do PSDB. Só vai servir para aumentar as fofocas entre desenvolvimentistas e monetaristas, e o Malan é quem vai levar pau. Percebi logo que isso ia acontecer.

Depois do almoço, Malan me chamou para conversar. Ele não tomou ao pé da letra como coisa pessoal, mas disse que amanhã vêm manchetes ruins, ou seja, o Clóvis estragou o esforço que tínhamos feito para levantar o moral, para fazer com que as manchetes fossem boas, que houvesse um debate sobre o Brasil, sobre o desenvolvimento. Voltaremos a ter um debate falso sobre as fofocas de tendências dentro do governo, como se fosse possível haver outra tendência diferente da apoiada por mim e que expressa a busca de desenvolvimento com estabilidade, por mais difícil que seja. Dito e feito, passei a tarde às voltas com esse assunto, tive que dar declarações através do porta-voz, houve repercussão na taxa de juros, parece que momentânea, mas houve.

Despachei normalmente com Sarney Filho sobre as queimadas, ele está se agitando bem, demonstrando presença, mas não há o que fazer, porque se não chove não há como apagar o fogo que nessa época do ano aparece espontaneamente em várias partes do país, é tradicional. E vem a reportagem de televisão dizer que a culpa de não chover é do governo...

Recebi o Marcelo Alencar com vários prefeitos do PSDB do Rio de Janeiro, que se queixaram da falta de apoio, o governo do Garotinho estaria perseguindo todos eles, acredito que seja verdadeiro, precisam de apoio do governo federal. Recebi também o pessoal do Pará, autorizei decreto para fazer a estrada, de Cametá acho que até Belém,* não tenho certeza, duplicação, coisas positivas. Vim para casa, falei ao telefone com meio mundo, para saber os efeitos da fala do Clóvis. Também me preocupa o Andrea, não o sinto feliz por estar na posição de secretário de Comunicação, ele aspirava mais, disse que não é propriamente a parte que ele sabe fazer melhor.

Falei com o Serra, com o Vilmar, falei com o Clóvis, disse minha opinião, ele sabe que fez besteira, enfim, passei em revista os principais temas com meus amigos. Já estou aqui deitado, a Ruth está em São Paulo, vou mexer nuns papéis e me preparar para o dia de amanhã.

O desaguisado do Clóvis nem é com o Malan; é desaguisado do Clóvis sozinho. Ele não está contra o Malan, foi infeliz, se desgastando com palavras, não teve sen-

---

* A lei nº 9830, de 2 de setembro de 1999, incluiu no Plano Nacional de Viação um trecho de duzentos quilômetros da BR-316, entre Belém e o município maranhense de Itaúna, para possibilitar sua pavimentação.

sibilidade política para ver que o seminário do PSDB foi feito para o oposto, para mostrar que há unidade entre estabilidade e desenvolvimento.

HOJE É 4 DE SETEMBRO, SÁBADO. O dia de ontem foi extremamente tumultuado. De manhã, dei uma longa entrevista ao Roberto D'Ávila.* Eu não deveria ter dado essa entrevista, eu disse à Ana, acho que foi um tanto forçada, eu não queria porque já falei muito e não devia falar de novo. A entrevista foi dada, ele perguntou do Clóvis e do Malan, e eu não podia dizer que ia mexer no Clóvis. Depois fui até ao Palácio do Planalto para receber os frentistas,** houve manifestação grande para não perder emprego, seria sem sentido neste momento colocar no desemprego cento e tantas mil pessoas. Ficamos contra a automatização das bombas de gasolina.

Voltei para cá, almocei com o David Rockefeller, com o reitor da Universidade Harvard*** e outras pessoas, mais o Paulo Renato, Vilmar e Sardenberg. O David deu 50 milhões de dólares para Harvard fazer um centro de estudos latino-americanos, haverá uma parte importante sobre o Brasil. Em seguida, falei com o Vilmar para avaliar os danos causados pelas declarações do Clóvis, todo mundo apreensivo. Vim para o meu gabinete, ouvi o discurso do Pedro Simon, destruidor. Destruiu o Mendonça, agora quer destruir o Clóvis; o Clóvis não, quer destruir é a mim. O Simon é hipócrita, mas é competente nessa retórica de província e faz uns trejeitos, impressiona.

Na substância é verdade que o que o Clóvis fez não tem como ser absorvido. Formei a minha convicção de que não tinha mais jeito, falei com o Armínio várias vezes, ele também acha isso. Conversei com o Malan, que é mais reservado, sempre, mas noto que o choque foi muito grande para todo mundo. Não falei com muita gente, não adianta. A certa altura chamei o Pedro Parente e disse: "Pedro, telefona para o Clóvis no Ceará e manda que ele volte via Brasília". Tasso me telefonou, o Clóvis estava lá. Tasso me disse: "Não fui com o Clóvis à solenidade porque iam dizer que eu e ele estávamos juntos derrubando o Malan". Eu disse: "Fez bem". Não adiantei nada sobre o Clóvis.

Recebi o Serra, que veio discutir um assunto da sua área. Mencionei que eu estava com a ideia de afastamento do Clóvis, que não via condições de mantê-lo. O texto todo do Clóvis tem um tom negativo. Depois de tudo que fizemos para expressar otimismo, ele se imbuiu de uma posição, digamos, quixotesca em

---

* O presidente gravou para o programa *Conexão Roberto D'Ávila*, transmitido pela TVE.
** Fernando Henrique Cardoso assinou protocolo de intenções para suspender a implantação do regime self-service nos postos de combustíveis, que ameaçava o emprego dos 300 mil frentistas do país.
*** Neil Rudenstine, presidente da universidade.

defesa do desenvolvimento, dos empresários, o que é justo para quem está na função dele, mas não é justo que seja feito em contraposição aberta, no fundo, à estabilidade.

Em seguida, recebi 36 oficiais generais de quatro estrelas com o Lampreia, o Pedro Parente e Marcos Matusevicius.*

Fiz uma exposição demorada, como costumo fazer a respeito do Brasil, repeti um pouco o que tinha dito no Avança Brasil com entusiasmo, expliquei por que fizemos acordo com o Fundo Monetário, enfim, dei os meus elementos de convicção. Houve o debate, muito pouco agarrado pelo lado macro, preocupação enorme deles com a violência, com a deterioração de certos setores do Brasil, como o Nordeste por causa do tráfico de drogas, da seca, uma preocupação obsessiva com isso, preocupação muito forte com os caminhoneiros, alguns, um almirante, de que eu omito o nome, muito preocupado com o MST e com os caminhoneiros — em relação ao MST notei que há uma preocupação geral. Deram-me a sensação de que se este clima continuar não está afastada uma reação mais forte de setores militares, porque há percepção de quebra da lei e da ordem, sobretudo no Rio Grande do Sul. Muita reclamação sobre o que está acontecendo, de ideologização no Sul, eles contam com o profissionalismo da Polícia Militar, mas não sabem até que ponto.

Pela primeira vez tive a sensação, quem sabe de outros tempos — não porque os militares estejam empenhados nisto, ao contrário, mas porque as forças de esquerda não estão entendendo que o mundo mudou —, de que não há espaço para radicalizações que, se no passado deram no que deu, agora qualquer tentativa de generalizar esse padrão de desafio à autoridade, à ordem, vai ter uma consequência muito mais daninha para elas próprias do que estão imaginando. Isso me alertou também para o sentimento da sociedade, porque esses militares são de classe média. Só falta o ingrediente que seria fatal, que é a corrupção. Ela existe, mas não no governo federal, não no Executivo, ou pelo menos no topo do Executivo, embora exista. Há rumores na Justiça, existe a pequena corrupção, enfim, situação preocupante mesmo.

A meu chamado o Clóvis veio aqui ontem à noite, eram dez e meia, conversa para mim muito triste, porque tive de dizer o que estava achando, que não havia condições de ele permanecer no ministério. Ele me pareceu não perceber a gravidade do que ocorrera, e não percebeu porque não foi nada tão grave assim. Ele releu todo o discurso, tem frases inteiras do Malan, não tinha nada contra ele. No final das contas Clóvis disse uma coisa que é verdade: que eu devia agir, e não ficar falando da maneira como falei, que eu devia agir naquela direção. Eu disse: "Pois é, o problema é a exploração política do que se diz". Ele foi muito correto, generoso, disse: "Olha, eu vim aqui para dizer que faço o que você quiser, sem problema". E eu: "Clóvis, não há alternativa, não há mais condições de você permanecer".

---

* Capitão de corveta e ajudante de ordens da Presidência.

No momento em que estamos começando a levantar voo, voltam esses problemas. Com a minha experiência das pessoas, acho o Clóvis um homem correto e generoso, cheio de qualidades, mas todos nós temos que arranjar uma racionalização. Ele disse: "Ou você acaba com esse ministério, ou vai ter que pôr alguém do grupo do Malan, das ideias dele. Senão haverá a repetição do que ocorreu".

Acho que não é bem assim. Clóvis tinha todas as chances de ter tido um papel mais construtivo, embora eu saiba das suas limitações nas relações com o empresariado e mesmo na experiência política. Não percebeu que estava ao lado do Malan, que o estava elogiando, e ainda conseguiu classificá-lo com uma palavra inaceitável, "covardia". Vi na madrugada passada, na televisão, o debate na Câmara. Foi muito chocante. Enfim, um amigo, um colaborador que sai, um homem que deu de si seis anos, me ajudando para valer. Os jornais vão dizer que eu o demiti ou que recuei. No fundo, demiti, não recuei. Mas sofri.

Agora está chegando o helicóptero, vou a Manaus encontrar-me com o presidente Hugo Chávez.

São 19h45, voltei de Manaus, ida e volta num dia só, mais ou menos cinco, seis horas de voo entre ir e voltar. Com o Chávez recepção calorosa a mim, entusiasta, longa conversa só eu, ele, Lampreia, general Cardoso e o chanceler do Chávez, o [José Vicente] Rangel. Colocamos as questões que queríamos: primeiro, que ele explicasse melhor o processo que está fazendo na Venezuela, até que ponto respeita as regras democráticas, porque se não o mundo iria vê-lo de outra forma. Ele me deu explicações minuciosas, a Corte Suprema da Venezuela é composta de pessoas que têm mandato e são eleitas pelo Congresso, a senhora que renunciou à presidência* já estava com seu mandato extinto, é uma politização muito grande. A Constituinte tem poderes dados pelo povo, no voto, para refazer a estrutura do Estado. Se houver decisão a respeito de uma nova Câmara, haverá nova eleição. Mais ainda: sobre um artigo [da nova Constituição] que era impertinente, porque dava a impressão de que a Venezuela não respeitaria os limites estabelecidos por tratados, invocando os "direitos históricos", qualquer coisa assim. Ele disse que foi retirado para evitar confusão. Explicações convincentes. A Constituição nova deverá ser feita no prazo máximo de seis meses.**

Depois discutimos a questão da Colômbia, o Chávez expôs a posição dele e da Venezuela. Eles têm uma fronteira viva com a Colômbia, as Farc atuam na Venezue-

---

* Cecilia Sosa, presidente da Suprema Corte de Justicia. Chávez decretara "emergência judicial" para reorganizar a Justiça venezuelana, avocando-se poderes para demitir magistrados, extinguir tribunais e outras medidas criticadas pela oposição local. No final de julho tinha sido eleita a Assembleia Constituinte, controlada pelo chavismo.

** Promulgada em 20 de dezembro de 1999.

la, há muitos sequestros de venezuelanos feitos pela guerrilha. Ele tem que tratar disso, o próprio Pastrana pediu a ele que participasse numa negociação de paz na Colômbia. Ele, assim como Fidel Castro, acredita na paz nesse país. Tem medo da intervenção americana, que a Colômbia possa ir para uma linha de golpe. Lampreia atalhou que não era essa a informação que os americanos nos haviam dado. Os americanos, segundo o Lampreia — e eles concordaram no fim —, não estão se preparando para outra coisa que não seja treinar uma tropa de elite na Colômbia, a pedido do próprio governo. Vê-se que existe uma sensibilidade antiamericana muito forte na Venezuela. Mas Chávez colocou a questão das Farc dessa maneira.

Ponderei que qualquer ação do Brasil nunca seria de ingerência. Disse mesmo que eu achava mais conveniente que utilizássemos — quando e *se* fosse o caso — o modelo adotado na relação Peru-Equador: que nós propiciaríamos a negociação, mas que não éramos propriamente mediadores, que não atuaríamos na arbitragem da negociação. No entanto, em algum momento, se o governo da Colômbia pedisse, nós, nessas condições, poderíamos participar. Chávez gostou muito do tom da conversa, acha que estamos numa fase ainda de conversa e não de propostas. Enfim, encontrei um Chávez muito mais ponderado do que eu imaginava; o Lampreia já havia me advertido pelos informes recebidos de que seria assim. Ele já estava numa espécie de retraimento das posições iniciais muito ofensivas, está fortemente interessado na vinculação com o Brasil. Falou nas empresas brasileiras que estão ganhando concorrência na Venezuela, na intensificação dos acordos, num tom sempre exaltado, mas de amizade. Almoçamos e voltamos.

O governador do Amazonas, o Amazonino, foi no carro comigo muito queixoso, acho que porque fui ao Acre e dei cento e poucos milhões de dólares ao Acre, foi o que ele disse. Foi a liberação de convênios que já havia. De qualquer maneira, já falei com o Samuel Hanan, o vice-governador, para me ver uma lista de questões importantes para o Amazonas. O Amazonino muito desacorçoado, achando que estou isolado, que vão me trair, que tenho que ir para a televisão e dizer ao povo a realidade do país, e a realidade é o déficit da Previdência, que temos que lutar por aí.

Na volta, no carro, perguntou o que eu achava de ele falar com o Tasso Jereissati; eu disse que achava ótimo, minhas relações com o Tasso são excelentes. Ele acha que o Tasso poderia fazer uma peregrinação no Brasil, ele também, a favor dos pobres, que o Tasso pode ser o novo candidato. Mas, diz ele, não no PSDB; diz que não aceitaria o Ciro Gomes. Notei, no limite, descrenças das instituições democráticas, porque a Justiça emperra, a Assembleia local não vota, então vai dando cansaço. Somado isso ao que registrei ontem sobre os militares, vê-se um caldo de cultura complexo e não positivo no Brasil. Não que as pessoas não queiram mudanças, mas elas não estão acreditando na capacidade da democracia para mudar.

5 A 17 DE SETEMBRO DE 1999

Alcides Tápias no Ministério do Desenvolvimento. Massacre no Timor Leste. FMI e Consenso de Washington. Embate com a bancada ruralista

Hoje é domingo, 5 de setembro. Comecei o dia fazendo as saudações necessárias ao início da Semana da Pátria, na Praça dos Três Poderes. Assisti à demonstração militar, voltei, nadei bastante com Bia e as crianças, almocei com elas aqui, com a Isabel e a Ruth. Li os jornais, reflexos da derrubada do Clóvis, frases entre aspas do que teria sido trocado entre nós dois, sobretudo no *Estadão*, que em geral não faz essas coisas. O conteúdo não é grave, as frases não são certas, não foi do jeito que está dito lá, não importa. O Clóvis agiu bem, não houve nada de "Eu não me demito, você é que me demita", nada disso. Também não é verdade que ele tenha me telefonado do Ceará para cá, eu é que telefonei para ele vir. Ainda estou penalizado pela necessidade que quase me impôs tomar essa medida. Clóvis é um homem honrado, vai ter dificuldade de sobrevivência em função de um desaguisado, provavelmente por causa da visão da sua assessoria próxima, que achou que ele precisava disputar espaço e prestígio para se firmar como ministro do Desenvolvimento. Falei sobre isso apenas com Vilmar e Paulo Renato, mas por cima.

Quando voltei, falei com o Malan, com o Serra e com o Armínio Fraga. Os nomes aí estão postos, eu preferiria, se fosse possível, o [Alcides] Tápias, embora não o conheça no trabalho. Não quero mexer no Calabi, que está bem no BNDES, o Andrea [Matarazzo] tem aspirações, mas não será bem recebido, já conversei com certos setores de São Paulo, ele não tem experiência política. Em geral vão dizer nos jornais que houve um braço de ferro entre Malan e Clóvis, quando não houve. Mas o registro será esse, embora no fundo houvesse algo nesse sentido, sim. O grupo de assessores que o estava orientando nessa direção queria reviver a polêmica desenvolvimento versus estabilidade.

O que há é a crítica — esta, sim, justa — da falta de operacionalidade dentro do Ministério da Fazenda. É crítica antiga, as coisas são lentas, eles utilizam mecanismos burocráticos para entorpecer decisões. Isso às vezes não é necessário, às vezes é uma tentativa de manter o equilíbrio fiscal, mas pelo pior caminho. A verdadeira questão é a falta de operacionalidade, e o Clóvis foi para o Desenvolvimento, Indústria e Comércio para dar operacionalidade, e não para fazer teorias sobre monetarismo e desenvolvimentismo. A questão continua posta dessa maneira, é preciso arranjar alguém que dê operacionalidade às decisões. O Mendonça escreveu um artigo bom, equilibrado, só no final dá uma marrada desnecessária no Malan, porque o fígado sobe à cabeça dessa gente a toda hora. As pessoas estão envolvidas em projetos pessoais, lutas, estilos, brigas, antipatias, e isso faz parte da política, não da análise abstrata. A análise abstrata do Mendonça está bem-feita.

Gustavo Franco faz uma análise ressentida do Real, o plano foi ótimo até a hora em que ele foi embora. Quando ele foi embora, o presidente, que não diz que sou eu, mas sou eu, ficou hesitando entre o desenvolvimentismo e o monetarismo. Ele não diz isso, o desenvolvimento decorrerá automaticamente da estabilidade, portanto falar de política de desenvolvimento é voltar ao passado. É difícil tanta tese, ele nem discute o que está posto pelo Mendonça, com equilíbrio, de que se tivéssemos mudado o câmbio antes teria sido melhor. Isso ele não põe em discussão. Enfim, cada um racionaliza como pode.

Notícia menos ruim é a de que eu subi quatro pontos na pesquisa que fazemos normalmente, enquanto a avaliação negativa caiu cinco pontos. Isso pela primeira vez depois de quatro meses é algo positivo. Não fosse essa questão do Ministério do Desenvolvimento, já estaríamos em marcha de recuperação. Sabe Deus que interpretação os leitores vão ter nos jornais do episódio do Clóvis. Pode ser "o fortalecimento de um presidente que toma decisões" ou "continua a briga no governo".

QUARTA-FEIRA, DIA 8 DE SETEMBRO. Reunião do ministério* para retomar o Avança Brasil. No domingo, dia 5, conversei com o Malan no fim da tarde e defini o nome do Alcides Tápias [para o Desenvolvimento]. O Malan tinha uma leve preferência, me pareceu, pelo Pratini, mas minha argumentação foi boa: "O Pratini está bem onde está, não terminou ainda a negociação com os agricultores, é melhor deixá-lo lá, e o Tápias teve uma aceitação generalizada". Malan falou com Armínio Fraga, que ficou de buscar o Tápias, mas não o encontrou.

A segunda-feira, dia 6, foi bastante agitada. De manhã falei por telefone com Armínio Fraga, que já tinha falado com o Tápias, que disse que toparia. Serra também disse que o Tápias toparia, e até o Zé Gregori — eu não tinha encomendado nada com ele, mas ele falou com o Tápias —, todos disseram que ele toparia. Pedi ao Malan que conversasse mais formalmente com o Tápias, Malan conversou e combinou que eles viriam aqui. Como não especificou a hora, isso me permitiu telefonar para o Tápias e marcar para as cinco da tarde da segunda-feira mesmo.

Depois do almoço, fui ver uns aviões da Embraer na Base Aérea,** nove aviões, um com radar, outro um Tucano de guerra adaptado para a região amazônica, eles querem algum financiamento. Voltei para cá e me encontrei com o Tápias, que estava com o Malan. Boa conversa, ele disse que é homem que vive do salário, que vai

---

* Foi a terceira reunião ministerial do segundo mandato.
** O presidente inspecionou aeronaves designadas para operar no Sivam: o avião-radar R-99, adaptado do jato de passageiros EMB-145, e o caça turboélice EMB-314 Super Tucano, também conhecido como AL-X ou A-29.

ter alguns problemas, que vai precisar de um afastamento da Camargo Corrêa. Naturalmente tem que romper o contrato lá, pediu minha intercessão junto ao Luiz Nascimento.* Telefonei ao Luiz, ele topou, ficou de me ver aqui no dia seguinte, o 7 de setembro, eu agradeci a ele pela liberação do Tápias. Passei a tarde toda com o Tápias, discutindo, ele vai manter todo mundo no ministério. Não tem nomes, só um amigo dele do Bradesco, já aposentado, virá com ele, mas não especificou para o quê. Eu disse para ele manter o Calabi, naturalmente, e se possível um secretário executivo, o Milton Seligman. Ele achou boa a ideia. Tentei falar com o Clóvis, não o achei, consegui falar no dia seguinte, ontem, para dizer que o Tápias tinha aceitado ser o ministro. Aliás, saí à noite com o Clóvis.

Falei com Mário Covas, que naquele estilo dele disse: "Mas quem é? Um banqueiro? Não conheço". É o jeito do Covas, restritivo. Falei com o Madeira, muito entusiasmado, e com o Aloysio Nunes Ferreira, muito entusiasmado também. Mandei anunciar imediatamente, a repercussão foi boa, a repercussão de todos os empresários no dia seguinte, ontem, pelos jornais. Pedro Simon sem saber nada de nada, mas aproveitando a brecha para aparecer, disse: "[...] um banqueiro que é o responsável por todos os precatórios...". Ora, os precatórios foi com o Bradesco, o Tápias já não estava no Bradesco e, mesmo que estivesse, sabe Deus o que significam esses precatórios. O Simon faz o show dele sempre que pode.

Terça-feira, ontem, passei o dia por conta das festividades militares. Fui de manhã para a parada do Sete de Setembro, o Roriz botou muita gente lá, fui bastante aplaudido à chegada e algo vaiado à saída por alguns grupos que deviam estar metidos no meio da massa. Em geral foi positivo.

Vim para o Alvorada para outras solenidades, o Paulo Renato fez questão de trazer alunos para uma fala sobre ética e política.** Fiz um discurso breve que hoje foi muito comentado no jornal, eu não disse nada de novo, mas, enfim, por falta de notícia o discurso singelo virou coluna de jornais. Fui ao Itamaraty para o que chamo de Beija-mão do Sete de Setembro, inaugurei uma exposição do Sérgio Camargo,*** que ficou muito feliz. Estavam lá a mãe dele,**** a Sonia [Camargo], irmã dele, a Aspásia [Camargo],***** sua ex-mulher, as filhas do Sérgio com a Aspásia,****** outros filhos dele com outra mulher, e muita gente do corpo diplo-

---

* Presidente do conselho de administração do grupo Camargo Corrêa.
** O presidente premiou vinte alunos vencedores de um concurso de frases sobre ética e cidadania promovido pelo Ministério da Educação.
*** Intitulada com o nome do escultor morto em 1990, a mostra teve curadoria de Ronaldo Brito. Desde 1995, todo Sete de Setembro o Palácio Itamaraty recebia novas exposições de artes visuais patrocinadas pela Fundação Armando Álvares Penteado (Faap).
**** Maria Campomar de Camargo.
***** Socióloga, ex-secretária executiva do Ministério do Meio Ambiente (1995-8).
****** Maria e Irene Camargo.

mático. A Celita Procópio de Carvalho* fez seu discurso, enfim, solenidades normais. Vim para casa e ainda à noite tive reunião com o Andrea Matarazzo, Vilmar Faria e Aloysio, para discutirmos a centralização dos meios de comunicação do governo.

Hoje de manhã fiquei aqui, escrevi um discurso que vou ler agora, às três da tarde, eu mesmo escrevi. Recebi o Pedro Parente e o Calabi, para ver como estão as coisas do BNDES, falei longamente com o Marco Maciel, que está queixoso porque o Fernando Bezerra quer dispensar muita gente na Sudene,** de uma forma que parece ao Marco atabalhoada e que põe em risco a posição do [Aloísio] Sotero,*** que é homem do Marco e também do Jarbas. Já falei com o Pedro Parente, para ele sondar do que se trata e ver se há alguma medida a tomar. É a primeira vez que vai diminuir o quadro da Sudene, e a reação é imediata. Agora vou ao Palácio do Planalto.

HOJE É SÁBADO, DIA 11 DE SETEMBRO. Retomando. Na quarta-feira, fui ao Palácio do Planalto, fiz a reunião com o ministério, li meu discurso sobre a estabilidade do desenvolvimento, alguns recados pra lá e pra cá, debates sobre o plano de desenvolvimento Avança Brasil, debates com os líderes sobre tudo. No final, disse em meu discurso que é preciso guerrear, defender nossas posições, defender o Brasil, o governo, que não só os ministros precisam fazer isso, mas os aliados. Para isso servem, e não só para ficar futricando.

À noite, vim jantar com o Nizan, o Andrea e várias outras pessoas. Houve um mal-entendido, eu tinha combinado com o Nizan que traria as pessoas que cuidam da minha agenda mais os que trabalham com o Andrea Matarazzo. Ao chegar, ele ficou constrangido, porque encontrou pessoas que trabalham com o Andrea, sobretudo o Alex Periscinoto,**** um publicitário de muita fama. Não sei o que aconteceu, o Nizan se sentiu perturbado, notei isso, Andrea também, disputas desnecessárias, porque o Nizan não é para ficar no lugar do Andrea; é para dar ideias, porque ele é um grande comunicador. Fomos até tarde, ainda fiquei conversando com o Andrea para acalmá-lo da angústia de qual é o papel do Nizan. Uma reunião infeliz. Dormi mal à noite, uma secura imensa.

No dia seguinte, dia 9, logo de manhã, depois de ter feito a natação normal das quintas-feiras, recebi o Pratini de Moraes para discutir a questão dos sucroalcooleiros. Mais tarde me refiro a ela. Em seguida recebi o Lampreia, que vai viajar. Ele veio conversar sobre o que está acontecendo no Timor Leste,***** a posição do Brasil lá. Es-

---

* Presidente do conselho curador da Faap.
** Foram demitidos 50% dos 990 funcionários da autarquia.
*** Superintendente da Sudene.
**** Subsecretário de Propaganda Institucional da Secretaria de Comunicação Social da Presidência.
***** Em 30 de agosto de 1999, os timorenses votaram num plebiscito pela emancipação da In-

tou um passo adiante do Itamaraty nessa matéria, tinha mandado meu porta-voz ser mais explícito no apoio ao Timor e na crítica — e mesmo na condenação — veemente do massacre que está ocorrendo no Timor. Depois encontrei o Ney Suassuna, que, além de trazer reivindicações da Paraíba e dele, veio dizer que não tem nenhuma presença no governo federal. Veio também conversar sobre alguns temas que dizem respeito à Comissão de Assuntos Econômicos que ele preside. Está me prevenindo que algo vai ter que ser feito com os governadores, eles estão pressionando muito.

Depois, no Palácio da Alvorada, me encontrei com produtores, representantes do açúcar e do álcool do Nordeste. A conversa de sempre, suspendemos uns subsídios por conta das irregularidades havidas, todos eles unidos (vieram representantes dos trabalhadores, plantadores de cana, usineiros), disseram a mesma coisa: todos querem recursos, subsídios. Eu disse que da outra vez tínhamos concedido para que se reestruturassem e, em vez disso, não houve controle na distribuição dos recursos. Ainda assim combinaram com o Pratini que ele iria discutir mais em detalhe o assunto, e ele ficou lá fora com o Aloysio Nunes. Avançaram em alguma coisa, vamos retomar o que estava sendo prometido, mas não vamos dar o que eles pediram, que é dobrar os subsídios.

Hoje, dia 11, conversei com o Jarbas Vasconcelos ao telefone, para saber se a solução tinha sido razoável. Ele acha que sim, e pedi que aprofundasse a questão, para ver até que ponto a seca está atingindo quantos municípios, quais são, porque tenho medo da exploração. Jarbas me transmitiu a preocupação com o que me foi relatado pelo Fernando Bezerra ontem, sexta-feira, de que há um mal-estar com o Aloísio Sotero, que o Bezerra quer nomear algumas pessoas para a Sudene e o Aloísio não quer, pode haver confusão aí. E o Jarbas está apoiando o Aloísio.

Ainda recebi o primeiro-ministro da Guiné-Bissau, Francisco Fadul, na quinta-feira. Depois das confusões havidas na Guiné, esse Francisco Fadul acabou ficando como primeiro-ministro. O general Ansumane Mané deu um golpe no João Bernardo "Nino" Vieira, que por sua vez foi acusado de corrupção, e agora vão chamar eleições.* Até gostei desse Fadul e dos propósitos de aproximação da Guiné-Bissau conosco. Se o Brasil tivesse recursos, seria tudo mais fácil; com a falta de recursos,

---

donésia, que dominava a ex-colônia portuguesa desde 1975. Com o resultado desfavorável na votação, promovida pela ONU, milícias pró-Jacarta provocaram uma onda de violência que matou cerca de 1,5 mil pessoas, inclusive cinco funcionários das Nações Unidas. Brasil e Portugal pediram uma reunião de emergência do Conselho de Segurança, que autorizou o envio de forças de paz ao Timor. Em 20 de setembro, os capacetes-azuis da ONU ocuparam o país.

* Em junho de 1998, o presidente da Guiné-Bissau, João Bernardo Vieira, foi destituído pelo chefe do Estado-Maior, general Ansumane Mané, através de um golpe de Estado. Iniciou-se uma guerra civil. O conflito foi encerrado em maio de 1999, com a deposição de Vieira e seu exílio em Portugal. Em agosto de 1999, a Presidência da Guiné-Bissau era exercida por Malam Sanhá. As eleições, marcadas para novembro, foram vencidas por Kumba Ialá, líder da oposição a Nino Vieira.

tudo isso ficou um pouco para inglês ver. A situação da Guiné é preocupante e a ONU ajuda pouco.

Sexta-feira, ontem, dia 10, fiquei de manhã aqui porque o Paulo Renato veio com toda a equipe apresentar os programas de educação. Muito impressionante. Paulo está fazendo um ministério brilhante, mexeu em tudo, da educação de base ao ensino superior, em tudo há inovação, avanço, os dados são muito expressivos. Paulo tem a capacidade de fazer coisas e de ser leve com o pessoal dele, gente de fora. Isso é que é pena, não são todos funcionários do ministério, são todos DAS.* Tenho medo de que, terminado o governo, isso tudo desapareça. Claro que por trás da apresentação deles havia um clamor por algum recurso, para não paralisar os programas.

Depois fiquei com o Vilmar Faria, eu tinha recebido já na véspera um aviso da Luciana de que o Vox Populi viria com novas pesquisas negativas e que o Clésio Andrade queria falar comigo. Pedi para conversar com o Marcos Coimbra, do Vox Populi. De fato, caí mais na preferência popular, e muito gravemente até, porque tem 65% de ruim e péssimo.** Nunca houve um resultado tão negativo, não adianta achar que justo ou injusto, realmente o mau humor foi muito longe e não é fácil reverter isso. Nas nossas pesquisas telefônicas — já fizemos uma depois dessa — não é bem assim, temos 17 entre bom e ótimo, 40 de regular e o resto, 30 e pouco, entre ruim e péssimo. Mas na do Vox Populi dá 60 e pouco de negativo. É muito elevado. Não sei como se faz para reverter isso, sei apenas que estou fazendo o que posso para melhorar a situação do país. Mas a percepção é muito negativa, a frustração é grande por causa de tudo que vem vindo desde outubro do ano passado, sobretudo em janeiro, fevereiro deste ano, quando houve uma campanha de descrédito muito grande.

Falei com o Clésio, que chegou a propor não publicar os resultados. Conversei com o Vilmar, não concordamos; não adianta, até porque isso vaza, e os fatos são os fatos. Não adianta esconder, e também vou ficar devendo ao Clésio, e não quero dever.

Depois almocei sozinho e fui encontrar o pessoal da Secovi, da construção civil, o Álvaro Augusto Fonseca*** e o Ricardo Yazbek,**** para discutir problemas imobiliários e de financiamento de construção. Eles querem que eu vá a São Paulo para o encontro que eles têm lá. Depois recebi o governador Marconi Perillo, de Goiás. Ele tem seus pleitos, quase todos atendidos pelo PPA, tem suas dificuldades também, mas foi uma boa conversa.

---

* Cargos de Direção e Assessoramento Superior, ou cargos comissionados.
** Subida de seis pontos percentuais na desaprovação em relação à pesquisa do início de agosto. As avaliações ótimo/bom somaram 8%, contra 15% no levantamento anterior.
*** Diretor do conselho de flats do Secovi.
**** Presidente do Secovi.

Fiquei no Planalto até tarde da noite com vários despachos, mas principalmente conversando com o Serra, passando a limpo as coisas. Ele ficou mais de uma hora conversando, falou de voltarmos à ideia do parlamentarismo, acho arriscado, há um voto popular contra, qualquer discussão dessa matéria vai dar a impressão de que quero permanecer mais tempo. Ainda que eu diga que não, vão achar que é manobra. Além disso, estou com minha convicção mais abalada sobre entregar o governo ao Congresso, a esse Congresso. Fico na dúvida entre fortalecer os partidos, mas como? Se o Congresso não vota, não toma as medidas que permitem fortalecer os partidos. Não sei se seria mais uma crise, vamos ver. Serra no fundo está ansioso, porque não vê saída política para equacionar as coisas.

Eu tinha estado com o Clóvis na véspera, quinta-feira, que veio muito amavelmente conversar comigo. Ele é uma bela figura, não há dúvida nenhuma. Na área econômica houve certa calmaria, o Armínio escreveu respondendo positivamente a um desafio do Mendonça, hoje tem uma nota da Dora Kramer de uma conversa com o Malan, os sentimentos estão mais calmos, a situação dos mercados também mais calma,* a situação da sociedade não. A nação é que me preocupa neste momento, muito mais que o mercado. Este se acalmou, mas sinto agora que a nação está mais inquieta do que eu imaginava.

Falei longamente com o Iglesias nesta manhã, ele quer fazer — achei muito bom — um manifesto de Quitandinha num encontro que teremos no fim do ano sobre o BID em Petrópolis,** que é para repor a temática toda, tendo em vista que estes ajustes estão custando muito alto e temos que fazer alguma coisa a respeito do que eu chamei de *"más allá del* Consenso de Washington",*** ao qual nunca aderi porque chegamos ao limite, no meu modo de entender.

Hoje passarei o dia sozinho com a Ruth, organizando uns papéis e lendo.

Acabei de ler neste sábado, como faço todo fim de semana, a coleção de telegramas das embaixadas que o Itamaraty seleciona a respeito dos temas mais candentes. O caso agora é a crise do Timor Leste, a respeito da qual recebi neste instante telefonema do Guterres, primeiro-ministro de Portugal, agradecendo a ação enérgica do Brasil, que foi feita a instâncias nossas. Além do Timor, estou preocupado com a questão da Venezuela e da Colômbia e também com a Argentina. Começo a perce-

---

* Em 10 de setembro, o dólar comercial fechou a R$ 1,86. A Bolsa de São Paulo subiu 0,63%.

** Em dezembro de 1999, o Banco Interamericano de Desenvolvimento realizou uma reunião extraordinária no Hotel Quitandinha, em Petrópolis, para comemorar seus quarenta anos de fundação.

*** Receituário macroeconômico ortodoxo prescrito para países em desenvolvimento em 1989 pelo economista britânico John Williamson, do Institute for International Economics, sediado em Washington. Entre as medidas sugeridas por Williamson, tachadas de neoliberais por seus opositores, incluem-se disciplina fiscal, desregulamentação financeira, privatização de estatais e liberalização dos mercados de câmbio e comércio exterior.

ber a Argentina entrando numa área de risco, no caso de risco financeiro; os outros são riscos políticos. Falei também com o embaixador Gelson Fonseca, para saber de viva voz os resultados do encontro que ele teve na ONU, no Conselho de Segurança, cuja convocação o Brasil pediu. Portugal e Brasil falaram duro a respeito da necessidade de uma intervenção [em Timor Leste], disseram que é preciso assegurar as condições da paz, há uma ameaça a ela. Quando se diz isso na ONU, significa que, mesmo sem que o país requeira, se pede a intervenção de tropas.

QUARTA-FEIRA, 15 DE SETEMBRO, nove e meia da manhã. No domingo, dia 12, chamei o Seligman e conversei sobre o Ministério do Desenvolvimento, ele vai ficar. Falei à noite com o Arnaldo Jabor, que veio aqui com o Aloysio Nunes Ferreira. Trocamos ideias, Jabor muito criativo, acha que devo ser direto, incisivo, quase espetacular na televisão, explicar ao povo o que estamos fazendo com mais energia.

Na segunda-feira fui ao Rio de Janeiro, à convenção dos supermercadistas.* Lá fiz um pronunciamento que respondia às objeções do Herbert Levy** sobre as taxas de juros altos, explicava que elas estão ligadas às reformas e que houve morosidade nas reformas. Pedi, com energia, que o Congresso fosse mais expedito.*** Resultado: isso foi lido como um ataque ao Congresso, Antônio Carlos e Temer entraram logo na briga. Telefonei para ACM, disse que estava falando da reforma previdenciária, o que ele tinha que se meter, "Ah, eu não sabia, vou voltar atrás". Depois disse ao Temer que estava reclamando da velocidade das reformas, o Te-

---

* O presidente discursou na cerimônia de abertura conjunta da XXXIII Convenção Nacional de Supermercados e da XXVIII Feira Internacional de Produtos, Serviços, Equipamentos e Tecnologia para Supermercados, no Riocentro, ambas promovidas pela Associação Brasileira de Supermercados (Abras).

** Presidente do conselho de administração da *Gazeta Mercantil*.

*** Depois de citar os prazos alongados de tramitação das reformas previdenciária e tributária no Congresso, o presidente Fernando Henrique admoestou os parlamentares: "Cabe agora pressa. O país não aguenta mais a indecisão. E a indecisão não é do presidente da República. A indecisão é de quem posterga, de quem não vota, de quem adia, de quem não aparece, não comparece, de quem tem medo de votar. A indecisão é daqueles que não têm a coragem de dizer ao povo as razões pelas quais não votam e que usam artifícios para fingir que estamos tirando direitos sociais, quando estamos querendo acabar com abusos e privilégios [...]. Quero lhes dizer, com toda sinceridade e franqueza, que assim como tenho energia suficiente para seguir pedindo ao Congresso, as forças políticas têm respondido aos pedidos do presidente. Por isso, peço com mais energia agora, de novo, que votemos com urgência o que lá está, para que façamos o que falta, que não é tanto, das reformas para assegurar uma estabilidade mais permanente". (Biblioteca da Presidência.)

mer sabe, houve morosidade tal que a reforma previdenciária foi parar na mão da Jandira Feghali,* o que é um absurdo. Temer está aborrecido porque perdeu várias posições no governo.

Ontem, terça-feira, fui à posse do Tápias, fiz um discurso reafirmando a urgência necessária à aprovação das reformas e dizendo, independentemente disso, que as palavras foram mal interpretadas e que, havendo erro, eu volto atrás.** Resultado: isso foi lido na imprensa de hoje como um recuo, ACM saiu como um pimpão, dizendo que o presidente pisou na bola, agora corrigiu o erro, é melhor tocar adiante, porque ele foi elegante ao corrigir o erro. Não posso dizer em público que o ACM é histriônico, que ele faz esse papel porque é o que a mídia quer. Falta agora o Sérgio Motta, que era outro midiático, para dar uma paulada no ACM. Eu não posso, como presidente da República, transformar o Brasil no programa do SBT *A Praça É Nossa*, tenho que engolir em seco. A mídia tem interesse em mostrar as minhas vacilações, a fortaleza do ACM, tudo para fazer o contraponto.

A vida política é muito difícil num mundo em que a mídia tem um papel decisivo. Você, diga o que disser, cumpre um papel. O meu, neste momento, é o de apanhar do Antônio Carlos e de ser insuficientemente firme, e, quando sou firme, recuar. Esse é o jogo que está posto, e tenho que ver como saio dessa armadilha. Isso tem muito pouco a ver com meu sentimento, com minha decisão, com o que estou fazendo; tem a ver com minha imagem. É um jogo de espelhos, um jogo complicado. A Dora Kramer registra um pouco isso que estou dizendo. Outros cobram de mim menos ambiguidade.

Ontem de manhã, recepção de credenciais de embaixadores, discussão sobre o Timor Leste, vou mandar um pequeno contingente para lá às nossas custas, às custas também da ONU.*** Depois da posse do Tápias falei com Mário Covas sobre a questão tributária, encontrei o Mário com boa disposição para ver o que fazer com a reforma. À tarde recebi o [Namir] Salek, nossos amigos de Minas Gerais, recebi uma porção de ministros, Marco Maciel, gente da Sudene, Fernando Bezerra, que vai ter de aceitar a demissão. Ele não está muito feliz com isso do superintendente da Sudene, que é uma pessoa de qualidade, mas o Fernando quer nomeá-lo adjun-

---

* Deputada federal (PCdoB-RJ) e nova relatora da Comissão de Seguridade Social da Câmara, indicada por seu presidente, Alceu Collares (PDT-RS). Feghali apresentou um substitutivo ao projeto de lei 1527/99 para extinguir o fator previdenciário, ponto central da proposta do governo.

** "Teremos a capacidade de buscar convergência. Teremos a humildade, quando necessário, de dizer: 'Errei' — por que não? — 'avancei demais. Disse uma palavra malposta'. Por que não? Teremos essa humildade e essa simplicidade. E com esse espírito vamos avançar. Nós vamos, sim". (Biblioteca da Presidência.)

*** O Brasil enviou 51 militares da Polícia do Exército ao Timor, integrados à International Force for East Timor (Interfet), estabelecida pela Resolução 1264 da ONU e formada por 2 mil homens no total.

to, ele não quer aceitar, enfim, as rixas políticas.* Acho também que o Fernando quer controlar mais o ministério. E tem razão, desde que se ocupe efetivamente da seca, que ela não fique pendurada na Presidência da República como um fantasma, como uma dor de cabeça.

Me reuni com a coordenação política, estamos preocupados porque hoje, quarta-feira, haverá a votação da questão dos ruralistas. Só falta agora a chamada base aliada roer a corda na hora da votação; se votar com o governo, será o mesmo zigue-zague, a canalhice de dizer que eu me desculpei, que recuei; terá servido, entretanto, para alguma coisa pelo Brasil. À noite jantei de novo com o Jabor, mas aí com Pedro Malan, Armínio Fraga e Giannotti, que estavam aqui. Foi uma boa conversa sobre todos esses problemas, todos estupefatos com a interpretação que corria do meu discurso. O Giannotti, que era um dos mais críticos a quaisquer vacilações, disse: "Não, eu não vi. Como? Não vi erro na falação", e discutimos bastante isso. Discutimos a situação econômica mais alvissareira, as pesquisas de opinião. A mídia hoje já veio feroz, tanto assim que o Elio Gaspari já insiste que um presidente, apesar de os dados serem melhores, com uma rejeição de 65% é grave. Misturei aqui. O jantar com o Jabor foi na terça-feira, com o Giannotti, lá em casa.

HOJE É SEXTA-FEIRA, 17 DE SETEMBRO, são quatro horas da tarde, estou no Rio de Janeiro. Na quarta, dia 15, jantei com o Clóvis. Vamos recapitular esse jantar, porque embrulhei as coisas no relato que fiz antes. Na segunda-feira, dia 13, jantei com Aloysio Nunes, Jabor e Ruth; na terça houve um jantar mais amplo com Giannotti, Jabor, Pedro Malan, Ruth e Armínio Fraga; e na quarta-feira jantei só com o Clóvis. A conversa com ele foi longa, boa, o Clóvis é um sujeito correto, mas está com críticas, acha que o PPA não foi assumido pelo governo. De fato não assumiu, vi que no dia que fiz a exposição o Clóvis estava absorto, não estava muito mobilizado com o PPA, ele disse também que o PPA tinha sido feito tecnocraticamente. Clóvis levou uma trombada muito grande e injusta, de novo foi pego pela mídia, que transformou as palavras dele numa coisa desastrada a um ponto tal que foi impossível mantê-lo.

Em geral as vítimas do meu governo derivam do ataque feroz, a esmo, que são consubstanciais à mídia. Não é a mídia quem ataca, são os outros políticos, mas a mídia provoca, acirra, faz o contraditório. Provoca para levar até as últimas consequências, como já disse nas análises que fiz sobre o papel da mídia. Digo isso no livro do Roberto Pompeu [de Toledo].** Ela antecipa, tem uma espécie de antena,

---

* Aloísio Sotero foi sucedido por Marcos Formiga na chefia da Sudene.
** *O presidente segundo o sociólogo* — Entrevista de Fernando Henrique Cardoso a Roberto Pompeu de Toledo. São Paulo: Companhia das Letras, 1998.

mas ao antecipar se comporta como as notícias de mercado, notícias de computador que influenciam o mercado. Atualmente, é tudo virtual, tanto o mercado como a política, e por ser virtual as antecipações da mídia têm um papel muito relevante no poder. Perguntei ao Clóvis o que ele quer fazer, ele não sabe, vai para a Europa, na volta vai ver. É claro que vou apoiá-lo no que for possível até o fim, ele sabe disso também.

Na quinta-feira, ontem, recebi o presidente do Zimbábue, Robert Mugabe. Foi aquela conversa de sempre no Palácio do Planalto, seguida de almoço no Itamaraty, discurso. O Mugabe é herói da resistência na Rodésia, que agora se chama Zimbábue. Ele é pessoa de muita experiência, tem 75 ou 76 anos, hoje é muito atacado no seu país, que tem situações dramáticas sobretudo por causa da aids. Conversei muito com ele, basicamente sobre isso e sobre a reforma agrária que está tentando fazer com muita dificuldade, porque os ingleses não querem que as propriedades deles sejam desmembradas. Além disso, falamos muito sobre o que aconteceu na República Democrática do Congo, onde ele apoiou o [Laurent] Kabila.* Não ele sozinho, mas com o [José] Eduardo Santos, com Angola e outros países da região. Imagino o que esse apoio militar deve ter custado lá.

Depois desse encontro com Mugabe, fui ao Palácio do Planalto, lá recebi a representante do Fundo Monetário, que está aqui em missão. É uma senhora que conheço de outros carnavais, do mesmo Fundo Monetário, Teresa Ter-Minassian.** Está muito entusiasmada com o que o Brasil fez, acha que vamos ter alguns problemas, não por causa do Brasil, mas eventualmente por causa da Argentina, por causa do *bug* do milênio,*** da irracionalidade dos mercados. Mas reconhece que fizemos um grande esforço de ajuste, diz que vai dizer isso com muita clareza no Fundo. Eu disse a ela que os custos eram muito altos e que eu não estava disposto a fazer nada além das metas, porque precisamos também atender à administração e ao povo. Apesar disso, ela acha que é compensador e que no futuro haverá vantagens para o país. Vamos ver se elas virão mesmo.

---

* Em maio de 1997, à frente das tropas da Aliança das Forças Democráticas para a Libertação do Congo-Zaire (ADFL, na sigla em inglês), Kabila entrou na capital, Kinshasa, depôs o ditador Mobutu Sese Seko e se instalou na Presidência do país. Em agosto de 1998, iniciou-se nova guerra civil, na qual intervieram combatentes de outros onze países africanos, como Zimbábue, África do Sul, Angola, Tanzânia, Uganda e Ruanda.
** Vice-diretora do Departamento do Hemisfério Ocidental do FMI e chefe das negociações com o Brasil.
*** Falha computacional esperada para a virada do ano 2000. Decorrente do emprego de apenas dois algarismos para a contagem de ano nos computadores de então, o bug supostamente deflagraria um colapso global nos sistemas informáticos — a data seria interpretada pelas máquinas como 1900. Por fim, não houve problemas dignos de nota, mesmo em sistemas não corrigidos.

A crítica agora é outra, estão todos como a Cepal, falando como se fossem um profeta do Terceiro Mundo, todos na crítica ao que aconteceu de abertura, crítica ao que eles chamam de "Consenso de Washington". Claro que no Brasil quem abriu mais não fui eu, já encontrei a economia aberta. O Brasil não abriu totalmente, não tem um funcionamento neoliberal de sua economia, a presença do Estado é forte, as regulamentações também. Essa gente é contra a globalização, como se isso fosse possível, como se ela não fosse um processo derivado das forças produtivas para a organização do mundo etc. Estamos num momento de crise e a Cepal pega um dado que é extraordinário, pega o Brasil de 1990 até agora e compara com o Brasil de 1970. Há o período do Collor no meio, esse período de tragédia e recessão, de taxa de crescimento baixa. Se pegassem do Real para diante, veriam que a taxa de crescimento foi mais alta que a sugerida lá, mas essa não é a questão fundamental. 1970 é a década da expansão da economia mundial, agora estamos na economia com crises, isso não tem nada a ver com as políticas econômicas específicas de cada conjuntura, de cada país, de cada governo; tem a ver com o próprio funcionamento do sistema capitalista, que é como uma sanfona. As pessoas esquecem disso quando querem criticar, atribuem os malefícios a uma política específica, assim como os que defendem essa política específica, se estivessem na fase de expansão, atribuiriam também todos os benefícios a essa política específica.

Como nunca deixei de ser um cultor da abordagem do Marx, acho que há processos objetivos no capitalismo, portanto não me iludo tanto com esse "Consenso de Washington"; nem com ele nem com os que vierem depois dele. Haverá sempre outros problemas mais de base a serem analisados, a serem mudados, se se quiser efetivamente melhorar a situação dos países. No caso do Brasil, acho que objetivamente, como já registrei, estamos mudando a base produtiva, e isso terá efeitos infelizmente não imediatos, mas futuros. Conversei com o Iglesias por telefone sobre essa questão, nesses dias todos andei pensando sobre o assunto.

Nessa quinta-feira passei o dia — depois do almoço do Mugabe — recebendo Sérgio Moreira,* coisas do Sebrae, discuti a questão da micro e pequena empresa. Recebi o [Luiz] Sandoval,** do SBT, e tive uma reunião sobre desenvolvimento, reunião habitual, foi a primeira a que o Tápias se juntou. Foi difícil, porque Pedro Parente está ansioso para ver resultados mais enérgicos, quer decisões, e o Pedro Malan, na sua atitude habitual, disse que ainda não tinha conhecimento do Estatuto da Micro e Pequena Empresa,*** que nós estamos levando adiante. Pedro Parente se irritou porque já tinha mandado para o Ministério da Fazenda, o Calabi também reclamou que não estava participando das reuniões, o Parente disse que ele não

---

* Diretor-presidente do Sebrae.
** Presidente do grupo Silvio Santos.
*** Estatuto da Microempresa e da Empresa de Pequeno Porte, ou lei nº 9841, de 5 de outubro de 1999 (revogado em 2006 pela lei complementar nº 123).

está mas seus representantes estão, enfim, um clima um pouco agitado. O Tápias, que tomou conhecimento rápido do que se tratava, está preocupado, eu também, com a efetividade do projeto, porque ele supõe a preparação de agentes de crédito para que possamos atingir as pequenas e microempresas.

Há outra questão — e foi bom que eu a tivesse externado diante de todos, inclusive do presidente do Banco Central, Armínio Fraga —, que é a minha preocupação de que enquanto não se resolver o Cadin, ou seja, o endividamento e a impossibilidade de novas dívidas dos já endividados, pouco se avançará. Se não resolvermos a taxa de juros, com a TJLP muito alta e sobretudo a da TR,* que é um indexador que custa muito caro ao país (o Serra já alertava isso desde quando era ministro do Planejamento), os programas não atingem o objetivo, porque ninguém vai ser capaz de pagar as taxas de juros propostas.

Nessa reunião sobre desenvolvimento houve uma boa exposição do Pratini sobre a agricultura e outra vez Pedro Parente cobrando ações, com toda razão, do Banco do Brasil, da Fazenda, portarias necessárias para que as coisas andem. O Pratini teve uma atitude bastante positiva.

Recebi o Joaquim Roriz para discutir os financiamentos do Distrito Federal e para trazer sua preocupação com o *Correio Braziliense*, que está em campanha contra ele, como esteve contra mim. Disse que o [Ricardo] Noblat** é muito ligado ao Cristovam e ao Paulo Cabral,*** que não sei a quem é ligado... Não acho que seja isso. Na verdade, o Roriz quer é apoiar o *Jornal de Brasília*, do grupo Jaime Câmara; é um jornal correto, me parece. O *Correio* quer ser a *Folha de S.Paulo* em Brasília: escândalo, pessimismo, denúncia. O outro, o *Jornal de Brasília*, é um jornal mais analítico. Agora, apoiar significa o quê? Claro que eles precisam de um empréstimo do Banco do Brasil, e tudo bem se estiver dentro dos conformes; se não estiver, não há o que fazer. Mas o Roriz tem tido uma atitude compreensiva até na questão das brigas com o senador Arruda.

Vencemos a questão dos ruralistas quarta-feira na Câmara, foi uma vitória difícil, arranhada, sofrida, 25 votos de diferença, mas o importante é que vencemos.****

---

* Instituída pelo Plano Collor II em 31 de janeiro de 1991 e ainda hoje em vigor, regulada pelo BC, a Taxa Referencial consiste no principal indicador de correção monetária e juros do mercado financeiro. A TR determina, por exemplo, o rendimento das cadernetas de poupança.
** Diretor de redação do jornal.
*** Presidente do grupo Correio Braziliense, do Condomínio Diários Associados e da Associação Nacional de Jornais (ANJ).
**** O governo venceu por 228 a 205 a votação do recurso apresentado pela bancada ruralista ao plenário para anular a decisão da Comissão de Constituição de Justiça sobre a inconstitucionalidade do projeto de abatimento de 40% e alongamento dos prazos da dívida dos produtores rurais. Os ruralistas prometeram retaliar o Planalto em votações futuras. Por outro lado, o governo anunciou a redação de uma medida provisória para aliviar a situação financeira dos ruralistas.

Os ruralistas se mobilizam muito, a esquerda toda se uniu à direita, sempre há os que mesmo sendo do nosso lado têm medo eleitoral e acabam votando por medo nos ruralistas, mas ainda assim os derrotamos. O projeto era inconstitucional, absurdo, uma redução de 40% da dívida dos grandes devedores, mas perdoar é com o Congresso mesmo; pagar, não. Tirar dinheiro, não sabem de onde, do Tesouro, uma irresponsabilidade institucionalizada.

Jantei com o Barjas [Negri] para discutir a questão da saúde, vem outra crise aí, o Barjas acha que teremos que dar algum aumento para o SUS, 10% custam 800 milhões de reais, o dobro do orçamento anual do Itamaraty, quase o dobro do orçamento das Forças Armadas, do Exército, pelo menos, e por aí vai. O custo de manter o SUS é muito grande, mas as realidades estão aí, eles vão fazer muita pressão. Gosto do Barjas, ele mostrou que ainda podemos oferecer alguns recursos do próprio ministério, umas economias, que não vai precisar de tantos recursos como o Serra pensava inicialmente. Eu disse a ele que conversasse com o Pedro Parente.

Hoje de manhã, sexta-feira, dia 17, acabei de gravar um programa de televisão e recebi Pedro Parente, que se queixou da falta de energia, sobretudo da Fazenda. A pendenga é com ela, mas com razão da parte dele, que quer ir com mais impetuosidade para criar um surto de otimismo, de crescimento etc.

Tivemos uma boa notícia ontem, já temos cerca de 5 bilhões acima da meta de superávit primário ajustada com o Fundo Monetário. Esses 5 bilhões, obviamente, vão diminuir, mas sobrará algum dinheiro e vamos atender com mais facilidade às emergências que estão estourando aqui e ali.

Depois disso, vim aqui para o Rio, dia 19 é aniversário da Ruth, vamos comemorar. Amanhã, sábado 18, estarei aqui com a Luciana, Getúlio e Isabel. A Ruth ficou no centro da cidade, chegará mais tarde, e estes dias vão ser totalmente dedicados, espero que sim, ao convívio familiar.*

---

* O presidente Fernando Henrique e a família novamente se hospedaram na Gávea Pequena.

21 DE SETEMBRO A 9 DE OUTUBRO DE 1999

Redução dos juros. Estatuto da Microempresa. Jantar com grandes empresários. O STF barra a contribuição de inativos

Hoje é terça-feira, dia 21 de setembro, duas horas da tarde. O fim de semana transcorreu como eu havia previsto, somente no âmbito da família, agradável, comemoramos o aniversário da Ruth. À saída do Rio, houve uma pequena pane no helicóptero,* sem nenhuma importância, mas os jornais fizeram certo carnaval. Isso domingo à noite.

Ontem fui de manhã à despedida do pelotão brasileiro que vai para o Timor Leste, solenidade comovedora, as famílias muito sentidas, imaginando que eles estão indo para a guerra, é natural. Depois voltei para o Alvorada. Tarde também calma, recebi o embaixador Claus-Jürgen Duisberg, da Alemanha, que está indo embora depois de quatro anos aqui, homem agradável, inteligente que conheceu bem o Brasil.

Depois, reunião de coordenação política, preocupação maior com a votação dos projetos que estão no Congresso, avaliação da pesquisa desastrada que saiu na *Folha* de domingo,** menos desastrada que a do Vox Populi, mas a da *Folha* fez grande carnaval, atribuindo minha baixa popularidade às taxas de desemprego. Fosse isso verdadeiro, e fosse só isso, até não estaria mal, porque as taxas de desemprego pararam de cair. Mas há muito mais que isso; há a decepção com a quebra do encanto do real.

No fim do dia, tive um encontro com o deputado Romeu Queiroz, da bancada de Minas Gerais,*** ele foi presidente da Assembleia duas vezes, homem sensível, do grupo do Hélio Garcia**** e do PSDB, fez ponderações sobre o quadro do partido, quer que eu vá a Minas, o que acho razoável, mostrando que existe pouca coordenação no partido. Eu o chamei porque havia rumores de que ele podia ir para uma posição de apoio ao PPS, ao Ciro. Não achei que fosse assim, ele é uma pessoa muito centrada para ter um impulso desse tipo.

---

* O helicóptero oficial da Presidência sofreu pane num dos motores, que expeliu muita fumaça e não conseguiu decolar. O presidente voou até a Base Aérea do Galeão numa aeronave do Exército.
** Com a manchete "Desemprego faz FHC bater seu recorde de reprovação", o diário paulistano destacou na capa os resultados de novo levantamento do Datafolha sobre a popularidade presidencial: 58% de ruim/péssimo, 27% de regular e 13% de ótimo/bom. A nota média atribuída ao governo foi de 3,5 (de zero a dez). Para 51% dos entrevistados, o desemprego constituía o maior problema do país.
*** Deputado federal (PSDB).
**** Ex-governador de Minas Gerais (1984-7 e 1991-5).

Falei longamente com o ministro da Reforma Agrária, Raul Jungmann. Conversamos sobre o longo papo que ele teve com o José Dirceu, do PT, Dirceu se defendendo, dizendo que há um setor do PT que quer a quebra da institucionalidade, mas não ele, que nós nem imaginamos o esforço que eles fizeram para conter esse pessoal, mas os manifestantes foram contidos, e a manifestação de protesto [Marcha dos Cem Mil] foi uma espécie de desaguadouro de insatisfações, uma coisa até boa, porque permite o funcionamento regular das instituições. Enfim, dourou a pílula, opinião que é compartilhada pelo ministro, a de que o José Dirceu não está muito a favor dessas práticas antidemocráticas. Ele tem entusiasmo pela questão da Venezuela, embora o Lula tenha entusiasmo maior ainda, foi o que pareceu ao Jungmann. Estão com medo do Ciro, e o atacam. Eu disse: "Eles estão errados, não atacam o Ciro; é a mim que atacam e, quanto mais batem em mim, mais o Ciro tem chance de crescer.

O Lula não aprendeu, nem o PT, que eles não vão chegar ao governo atacando. Chegarão dialogando, sobretudo eles, que vêm da esquerda. A direita pode ir atacando, o Ciro pode ir atacando, porque ele é meio Collor, pode pegar uma questão qualquer e ir em frente; eles não. Mas não tem solução, cada qual vai continuar fazendo o seu papel. Discuti com o Raul o nosso impasse, acho mesmo que já seja o momento de dizermos que o Covas é candidato, vamos prestigiar o Covas, senão na hora H não vamos ter cartas para jogar.

Hoje, terça-feira, fui de manhã ao Itamaraty, fiz um discurso na inauguração de um congresso, o Brasil-Portugal 2000,* gostei do que ouvi do Ernâni [Lopes],** um português que foi o único responsável, na época do Mário Soares, pelos entendimentos com a Europa. De lá voltei ao Planalto, conversei com o Pimenta sobre problemas da pasta dele, preocupações com o Quércia, que está comprando as rádios da Manchete,*** preocupações com o [José Carlos] Martinez,**** presidente do PTB, que vai estar hoje com a bancada do partido para falar comigo e tem reivindicações na área do Pimenta, uma repetidora não sei onde.

Voltei a falar com o Pedro Parente e com Aloysio sobre a Saúde, recebi a bancada da saúde,***** gente razoável, são deputados, me parece que são bons, o Ursicino

---

* Congresso Brasil-Portugal: Ano 2000, promovido pela Comissão Bilateral Executiva para as Comemorações do v Centenário do Descobrimento.

** Ex-ministro das Finanças e do Plano (Planejamento) entre 1983 e 1985, negociou a adesão de Portugal à Comunidade Econômica Europeia, precursora da União Europeia, efetivada em 1986.

*** A rede Manchete FM, formada por emissoras de cinco capitais, fora arrendada em 1998 pelo grupo Bloch à Igreja Renascer em Cristo. No ano seguinte, as rádios foram vendidas ao ex-governador paulista, proprietário de jornais e outras empresas de mídia em São Paulo. As concessões da Manchete deram origem à rede Nova Brasil FM.

**** Deputado federal pelo Paraná e dono da rede CNT de televisão.

***** Frente Parlamentar da Saúde.

[Queiroz],* algo assim, um senhor da Bahia, gosto dele. Também o do Rio Grande do Sul,** um lutador sempre do nosso lado, um novo de Minas,*** gente boa que está nos ajudando a equacionar a questão dificílima da saúde, o padre Zé [José Linhares],**** que fala pelas Santas Casas, é um homem que tem ponderação também. O do Rio Grande do Sul é o Perondi, bom deputado, combativo. Precisamos tentar chegar a um acordo, a uma viabilização do SUS em matéria financeira. Ainda fui à solenidade sobre o meio ambiente,***** com o Zequinha Sarney, discurso dele, discurso meu.

QUINTA-FEIRA, DIA 23 DE SETEMBRO, onze horas da noite. Na tarde de terça, aconteceu uma reunião importante para acelerarmos os processos de liberação de recursos para a Agricultura. Grandes discussões do Pedro Parente com o diretor do Banco do Brasil, com o ministro da Agricultura, presença de todos os demais ministros. Há sempre problemas, falta uma portaria aqui, uma decisão acolá, estamos insistindo para que as coisas andem mais depressa.

Depois recebi João Havelange****** e Ricardo Teixeira a respeito do Brasil ser sede do campeonato mundial de futebol.******* Em seguida, a bancada do PTB veio prestar apoio incondicional, sabemos que os apoios incondicionais duram pouco, mas melhor que venham trazer apoio do que não. O Martinez, que tem seus problemas a ser resolvidos com o governo, o Roberto Jefferson,******** que sempre tem combatido a favor do governo, o [Nelson] Trad,********* também bastante ativo na defesa do governo... já o Fleury vota sempre contra.

Em seguida, recebi Aécio Neves, preocupado com a questão do PPA, ele queria ser o relator do PPA,********** o Avança Brasil; muito preocupado com o que possa acontecer, não quer ser ignorado na solução. Depois encontro no Alvorada com

---

* PFL, coordenador da frente.
** Darcísio Perondi (PMDB).
*** Rafael Guerra (PSDB).
**** Deputado federal (PPB-CE).
***** Cerimônia comemorativa do Dia da Árvore.
****** Ex-presidente da Federação Internacional de Futebol (Fifa).
******* O Brasil pleiteava sediar a Copa do Mundo de 2006. A decisão da Fifa saiu em julho de 2000, com vitória da Alemanha.
******** Deputado federal (RJ).
********* Deputado federal (MS).
********** A relatoria da matéria na Comissão Mista de Orçamento ficou a cargo de Jader Barbalho, indicado pelo presidente da comissão, senador Gilberto Mestrinho (PMDB-AM). ACM qualificou a indicação de Barbalho, seu desafeto, como uma "afronta aos líderes dos partidos" e ameaçou esvaziar as reuniões da comissão. No dia anterior, uma reunião de líderes acertara que o posto seria atribuído ao PSDB da Câmara.

o pessoal das seguradoras,* muito queixosos das posições do Serra, dizendo que não ouve o lado deles, que só toma medidas discricionárias. Muito mais implicância ainda com o [Hélio] Portocarrero, superintendente da Susep, dizem que não indicaram o Portocarrero, o que é verdade, e que acham que precisamos ter uma Susep forte para dar conta de tudo que acontece e, ao invés disso, tem-se uma Susep relativamente fraca. Não sei se é bem assim que eles pensam, mas foi a sensação que me passaram.

Ontem de manhã, quarta-feira, excelente reunião com toda a equipe econômica sobre a conjuntura, da qual saiu uma decisão importante, que foi a de reduzir logo a TJLP e mudar a fórmula de cálculo da taxa de juros de longo prazo. Com isso aumentou muito a possibilidade de termos juros baixos no ano que vem.** Este ano já começamos com 12,5%, como temos 8% de inflação*** já é uma taxa mais razoável. Claro que é alto ainda, mas a mudança foi positiva, oferece uma perspectiva de continuarmos avançando. Quem deu as cartas dessa questão da TJLP foi o Armínio Fraga com o Malan.

Tivemos outra reunião, dessa vez para discutir o Estatuto da Micro e Pequena Empresa e medidas adicionais a serem tomadas nesse estatuto, para aliviar o peso da dívida dos pequenos empresários. Essa discussão foi com o Tápias. Mais tarde recebi o Rodolfo Tourinho, que veio falar sobre a energia no Brasil, quais as perspectivas de termos ou não racionamento,**** e por aí foi.

À noite recebi o ACM com o Marco Maciel e o Jorge Bornhausen, pensei que tivessem vindo falar pelo menos no relator do PPA, porque nesse meio-tempo grandes confusões, o Jader pedindo para não nos metermos no assunto, mas ao mesmo tempo pedindo que o PSDB desse números para a reunião da comissão, ACM não queria. Goldman foi porque é vice-líder do governo, tinha que ir, os do PSDB não foram, o dia inteiro houve conversas telefônicas. Michel Temer me informou que estava encaminhando uma negociação com ACM para um encontro no Alvorada também ontem à noite, quarta-feira.

ACM não mencionou nada disso. Vieram para reclamar que o PFL está sem espaço no governo, que o Zequinha está numa função mais técnica, os outros dois

---

* O presidente recebeu representantes da Federação Nacional das Empresas de Seguros Privados e de Capitalização e Previdência Complementar (Fenaseg).
** A TJLP, adotada nos financiamentos do BNDES, passou a ser calculada com base na meta inflacionária do governo e do chamado "risco Brasil", ou *spread* dos juros da dívida soberana em relação aos dos títulos do Tesouro norte-americano — 6% na época. Desse modo, a taxa dos meses de outubro a dezembro baixou para 12,5% ao ano, contra 14,05% no trimestre julho-setembro. No dia seguinte, o Copom reduziu a Selic para 19%.
*** O IPCA do IBGE acumulava alta de 5,7% no ano.
**** Os reservatórios do sistema hidrelétrico nacional atingiam níveis preocupantes devido à prolongada estiagem de inverno, sobretudo na bacia do rio São Francisco.

ministérios deles* são mais técnicos também. Eu disse: "Pois é, ainda mais que o ministro Dornelles está fazendo empenho em colocar pessoas com carreira lá, o que acho muito bom". Enfim, sobrava o Greca, que tem pequena quantidade de verbas para poder fazer campos de futebol. Vieram numa função mais trivial de pressionar por espaços no governo e reclamar do PMDB, que, segundo eles, sempre que quer algum lugar é por razões inconfessáveis. É sempre a mesma história, uns desconfiam dos outros.

Depois que eles foram embora, chegou o Andrea Matarazzo, que jantou comigo e com a Ruth. Discutimos questões de pesquisa, a posição do PSDB em São Paulo, a minha, até que para a cidade de São Paulo não foi tão catastrófica como eu imaginava, pelo menos essa pesquisa é bem melhor na média do que a pesquisa da *Folha* — não sei qual é o grau de confiabilidade dessas coisas.

No dia seguinte de manhã, hoje, tivemos uma longa reunião no teatro do Palácio da Alvorada com muita gente, umas vinte pessoas, para discutir em detalhe um programa de acesso ao crédito para micro e pequenas empresas.** Marcelo Cordeiro,*** que trabalha com o Aloysio, foi quem capitaneou, coordenou esse programa. O Tápias já está por dentro, Pedro Parente, todos presentes mais os ministros, acho que vão fechar um bom programa.

Almocei com Vilmar Faria e Bolívar Lamounier, Bolívar achando incompreensível toda a situação, dizendo — o que eu acho também — que é preciso começar a coordenar uma alternativa de poder, senão tudo se esvai. Depois disso me reuni com o Bolívar mais o Leopoldo Zea**** mais uns três mexicanos, uma Comissão Brasil-México Século XXI,***** que o Zedillo e eu havíamos formado. Recebi a direção mundial da Motorola, vieram dizer que estão fazendo expansões no Brasil,****** preocupados com a Lei de Informática.******* Mais tarde, na reunião de coor-

---

* Minas e Energia (Rodolfo Tourinho) e Previdência Social (Waldeck Ornelas).
** O Programa de Fortalecimento das Micro, Pequenas e Médias Empresas teve como objetivo injetar R$ 7,5 bilhões e triplicar as operações bancárias de crédito ao setor, então responsável por 60% dos empregos formais do país e 50% das dívidas tributárias e previdenciárias listadas no Cadin. Foi lançado no mesmo dia da sanção da lei nº 9841, ou Estatuto da Microempresa e da Empresa de Pequeno Porte.
*** Secretário adjunto da Secretaria-Geral da Presidência.
**** Filósofo e professor mexicano.
***** A comissão bilateral fora constituída em abril de 1999, quando da visita oficial do presidente mexicano ao Brasil, para estudar as relações entre os dois países.
****** A empresa norte-americana investiu R$ 60 milhões na ampliação de sua fábrica de telefones celulares em Jaguariúna (SP).
******* Lei nº 10176, de 11 de janeiro de 2001, cujo projeto tramitava na Comissão de Ciência e Tecnologia, Comunicação e Informática da Câmara. A norma disciplina a concessão de subsídios tributários à instalação de indústrias do setor no país, incluída a Zona Franca de Manaus.

denação do nosso grupo político de governo, eles voltaram à Lei de Informática porque o Madeira estava muito empenhado nisso e a posição da Zona Franca é muito forte. Vê-se que vai haver alguma confusão nessa área.

Acabei de falar com Pedro Malan, que está nos Estados Unidos para a reunião do FMI.* Ele é governador do Fundo como ministro do Brasil, reclamou da solução que está sendo dada lá para a questão do seguro de saúde,** porque diz que o Ministério da Saúde não respondeu às objeções ou propostas que fizeram e que o Pedro Parente quer resolver de uma maneira unilateral.

A semana foi relativamente calma com essa confusão do PPA, que, aliás, foi resolvida hoje. Fizeram um acordo e vão nomear um deputado do PMDB, acabei de saber por telefone pelo senador [Humberto] Lucena*** que não será do Norte, ou seja, não é o primo do Jader,**** como já havia certo temor do ACM que assim fosse. Vai ser outro parlamentar, não sei quem.***** Claro que o Aécio não gostou, deu trabalho a muita gente, a mim também, ele acha que o PSDB está sempre se sacrificando pelo governo. Em parte é verdade e em parte é que não havia jeito, fiz o que pude para garantir posições melhores para o PSDB nas relatorias do PPA e na relatoria da Comissão do Orçamento****** no próximo ano.

Amanhã cedo vou ao Rio de Janeiro, vamos assinar vários contratos de petróleo na Gávea Pequena, à tarde vou a São Paulo celebrar o primeiro ano de atividades do Hospital do Rim e Hipertensão,******* do Arthur Ribeiro,******** e à noite vou jantar na casa do Andrea Matarazzo com empresários para discutir a situação do Brasil. Vou fazer um check-up, no sábado, com o Arthur Ribeiro, tenho um jantar em casa com meus amigos e volto domingo de São Paulo para Brasília, onde tenho uma reunião com Mauro Salles e alguns marqueteiros, alguns americanos, vamos ver o que o Mauro Salles vai trazer.

SEGUNDA-FEIRA, DIA 27 DE SETEMBRO, cumpri a agenda tal qual disse na quinta-feira à noite. Na manhã de sexta-feira estive no Rio, e houve uma soleni-

---

* Reunião anual do FMI e do Banco Mundial, em Washington.
** O governo preparava a regulamentação da lei nº 9656, de 3 de junho de 1998, que disciplina o mercado de planos de saúde privados.
*** PMDB-PB.
**** José Priante, deputado federal (PMDB-PA) e sobrinho do senador paraense.
***** O escolhido pelo PMDB foi o deputado federal Renato Vianna (PMDB-SC). Criaram-se dez sub-relatorias para acomodar parlamentares da base.
****** O relator da comissão mista foi o deputado Carlos Melles (PFL-MG).
******* Órgão da Escola Paulista de Medicina (núcleo original da Universidade Federal de São Paulo, Unifesp), dirigido por Arthur Ribeiro.
******** Médico particular de Fernando Henrique e professor da Escola Paulista de Medicina.

dade bem interessante de assinatura de contratos de petróleo* das novas zonas de exploração ganhas pelas empresas, a Petrobras entre elas. Fiz um discurso explicando qual é a nossa política de petróleo, depois o Duda fez uma exposição pormenorizada do que aconteceu nos últimos tempos, sempre bem informado. O Duda, no fim, deu declarações à imprensa — o Tourinho e eu também — sobre preço de petróleo,** e a imprensa já começou a estabelecer uma polêmica sobre se vai ou não vai haver aumento de preço da gasolina. Essa não é uma questão a ser discutida; é questão a ser decidida se for necessário. Antecipar tragédia é sempre negativo.

Depois fui a São Paulo comemorar o aniversário do Hospital do Rim, do Artur Ribeiro, Mário Covas presente, Serra também, discursos, o Arthur no dia seguinte decepcionado porque a imprensa praticamente não registrou nossa presença no hospital para fazer um pouco de onda sobre o mesmo, até porque eu soube só coisas boas lá, e quando é assim a imprensa não registra.

À noite, o jantar na casa do Andrea Matarazzo foi muito interessante, cerca de vinte empresários,*** os grandes, a maioria de São Paulo. Expus meus pontos de vista e, não é necessário reiterar, inclusive a nossa chance de ingressar de maneira positiva na globalização. Eles me perguntaram sobre a reforma tributária, expliquei a posição, o Rui Mesquita estava lá, não sabia do acordo já existente entre Everardo e Mussa [Demes],**** todos estão muito animados com esse acordo. O Gerdau, que falou com mais firmeza, de todos eles é o mais estruturado, o que mais sabe dos problemas reais do governo e da economia, ele falou bastante e defendeu as posições do governo. O pessoal do Iedi quase não disse nada, estava lá o Claudio Bardella, pessoa de quem gosto há tantos anos, ele falou, uma coisa rápida e emotiva, é um sujeito que sempre me apoiou. Estava presente o presidente da Gradiente, que não disse nada, só fala pela imprensa — aliás, ultimamente não tem feito críticas maiores. Estava o rapaz da Brahma, que não conheço mas que

---

* A cerimônia de concessão dos blocos petrolíferos licitados pela ANP em junho aconteceu na residência oficial da Gávea Pequena.

** O barril de petróleo no mercado internacional estava cotado a US$ 24 em média (ou US$ 33 em 2016), contra US$ 11 no início de 1999.

*** No registro da *Folha de S.Paulo*, compareceram Cláudio Bardella (Bardella), Lázaro Brandão (Bradesco), Daniel Dantas (Opportunity), Jacques Eluf (IAT Comércio Exterior), Luiz Garcia (Algar), Jorge Gerdau (Gerdau), Rui Mesquita (Estado), Antônio e José Ermírio de Moraes (Votorantim), Luiz Nascimento (Camargo Corrêa), Jacques Rabinovitch (Vicunha), Mauro Salles (Salles Propaganda), Nilton Simões (Racional Engenharia), Eugênio Staub (Gradiente) e Marcel Telles (Ambev).

**** O secretário da Receita Federal e o relator da comissão especial da reforma tributária anunciaram um acordo para tornar a CPMF um imposto permanente e substituir cinco impostos (ICMS, IPI, ISS, Cofins e PIS-Pasep) por um Imposto sobre Valor Agregado (IVA), federal, a ser repartido pela União entre os estados e municípios. Mas a controvérsia continuou até a votação do relatório de Demes, prevista para as semanas seguintes.

falou coisa com coisa; estava o do Opportunity, o Daniel Dantas, que fez uma análise mais abstrata da situação, apostando numa espécie de Silicon Valley no Brasil, coisa em que acredito e que já está em marcha, mas que não depende do governo.

Deixei bem claro que, no fundo, eles querem que o governo faça tudo e no entanto se declaram liberais. Cobrei deles: "Há certas questões que são vocês que têm que fazer, vender lá fora não é o governo. Por que vocês querem que eu mude?". Alinhei o que mudei no ministério, todos elogiaram o novo ministério, ninguém me deu uma sugestão concreta sobre o que mudar, no máximo foi o Jacques Eluf, que disse que é preciso mudar a Camex, não se sabe quem é o homem do comércio. "Sabem", eu respondi, "é o Tápias, acabei de nomeá-lo, e o ministério chama-se do Desenvolvimento, Indústria e Comércio Exterior". Todos gostam muito do Tápias. Antônio Ermírio estava lá, entusiasmado, depois dei declarações aos jornais, o Antônio fez uma crítica meio ressentida, depois deu uma positiva na mesma hora, e o rapaz da Racional Engenharia fez uma declaração muito favorável. No geral foi bem.

De lá passei no cemitério do Morumbi para dar um abraço no Beto Mendonça. Luiz Carlos Mendonça estava na Europa e chegou bem depois, a mãe deles* faleceu, isso sexta-feira.

Sábado de manhã fiz meus exames no hospital com Arthur Ribeiro, com vários médicos que me examinam, e fui muito bem em tudo, fiz até uma tomografia computadorizada muito completa de todos os órgãos. Me disseram que toda a parte de circulação, carótidas, a parte do coração, está praticamente perfeita, nada entupido. A pressão estava doze por oito, enfim exames bastante positivos, próstata também não tem nada, a área já há muito tempo vem aumentando, isso é normal, mas não há sinal de tumor nem de malignidade. O corpo está bom, a alma continua um tanto atormentada.

Fui para casa e recebi meus amigos Giannotti, Luiz Meyer, Regina [Meyer], Lourdes Sola,** Eduardo Kugelmas*** e a mulher,**** o Nê e a Carmo [Maria do Carmo Sodré],***** a Ruth, tomamos bons vinhos, conversamos bastante, não me perguntaram muitas coisas de política (me cansa às vezes repetir tudo), eles estão um pouco à margem, foi muito agradável.

Ontem, domingo, passei o dia em casa lendo jornais, a Bia estava lá, foi bem no check-up que fez,****** os meninos dela estavam lá também, a Júlia e o Pedro almoçaram conosco. Fizemos massagem eu, a Ruth e a Bia, os jornais depois disseram que a Edna [Nishiya], nossa massagista, ficou quatro horas conosco, mas

---

* Nísia Mendonça de Barros.
** Professora de sociologia da USP e ex-membro do Conselho de Reforma do Estado.
*** Professor de sociologia da USP.
**** Neila Cecilio.
***** Mulher de Jovelino Mineiro.
****** Beatriz Cardoso extraíra um tumor da tireoide no final de 1996.

não era só eu; a Ruth e a Bia também. Depois voltei para Brasília, onde tive o encontro com o Mauro Salles, que me trouxe algumas sugestões dos marqueteiros. Um grupo do setor privado pediu que me ouvissem, eles querem mudar a imagem do Brasil lá fora e a minha também, são pessoas ligadas ao Bill Clinton.

Hoje, segunda-feira, li os jornais, manhã calma, reunião do Fundo Monetário, o Fundo encorajando a retomada brasileira, há discussões entre ele e o Banco Mundial. Todo economista-chefe do Banco Mundial* é muito crítico à política do Fundo, há uma briga entre eles. Li um artigo interessante do Leon Brittan, que foi alto-comissário da Europa** e escreveu coisas bem interessantes sobre o John Maynard Keynes, mostrando que tanto os chamados monetaristas quanto os que no Brasil são conhecidos como desenvolvimentistas escapam do ponto principal do Keynes, que continua com muita permanência. A teoria dele chama-se "A teoria geral do emprego, do juro e da moeda",*** de modo que ele coloca o emprego no meio da questão, isso continua sendo importante. Vi na *Gazeta Mercantil* uma análise dizendo que o governo está muito mais dinâmico, todo mundo percebe isso, o governo melhorou seu desempenho. Eles têm medo apenas de um descolamento entre as medidas da economia e a minha imagem. Essa ideia da imagem do presidente é um pouco obsessiva, há sinais, aqui e acolá, de que [a imagem] está melhorando. Não sei, preciso ver preto no branco, isso leva tempo.

A imagem passa a ser importante porque houve a crise. Enquanto não houver recuperação, essa imagem vai aparecer torturada pela opinião pública, e com razão, [as pessoas] estão pagando mais alto o preço das coisas. Aliás, há hoje um artigo bom do Carlos [Alberto] Sardenberg, na parte econômica do *Estado de S. Paulo*, que diz isto: o problema não foi a inflação em si, estamos sempre comparando a inflação que poderia ter vindo com a que veio, mas o povo não compara a que poderia ter vindo, porque nem sabe; compara o que ele tinha antes com o que tem agora, e o que ele tinha era estabilidade, podia ir à Europa, dólar estabilizado, poder de compra mais alto, e agora caiu. É isso mesmo, embora os índices de inflação sejam baixos, sobretudo em comparação com os meses anteriores, o preço das coisas subiu.

Acho que esse é o xis da questão; quem não entende isso, que é fundamentalmente arroz com feijão, não entende a sociedade moderna. Têm muita importância também certos gestos: não haver desmoralização com a questão de corrupção, a imagem de pessoa íntegra precisa ser mantida, não haver violência, esse tipo de coisa, mas o central mesmo é arroz com feijão, e os nossos analistas políticos ficam centrando tudo num subjetivismo meio boboca, se o presidente é mais autoritário ou não, se o ACM é mais autoritário, se o Jader vai furar não sei quem — o povo não

---

* Na ocasião, Joseph Stiglitz.
** Ex-comissário de Relações Exteriores da Comissão Europeia.
*** *The General Theory of Employment, Interest and Money*, livro originalmente publicado pelo economista britânico em 1936.

está nem aí. O presidente está bem [com o povo] quando assegura uma economia mais benfazeja para a população; quando não assegura, está mal. É assim mesmo.

Ontem falei com ACM por telefone, porque hoje à noite vou jantar com o ministro Velloso, presidente do Supremo Tribunal Federal, e com Michel Temer. ACM vai fazer um check-up em São Paulo, não virá. Ele é mais restritivo ao ajuste de salários,* ou seja, vai dificultar com a Justiça. Vamos ter certa complicação, mas o problema é da Justiça.

HOJE É QUARTA-FEIRA, DIA 29 DE SETEMBRO. Na segunda-feira, um despacho longo de manhã com Everardo Maciel sobre a reforma tributária. À tarde recebi o governador Eduardo Duhalde,** candidato à Presidência da Argentina, conversa de tico-tico. Ele quis tirar proveito de vir aqui, para dizer que apoia o Mercosul pela televisão e pelo rádio, e assim foi feito. À noite recebi o Michel Temer, o Velloso e o Aloysio Nunes Ferreira — ACM não veio. Eles perceberam que havia uma dificuldade, o Velloso tenta uma solução, na verdade o Congresso não quer votar, porque o teto de [R$] 12700 atrapalha muito os congressistas, uma vez que as sessões de convocação extraordinária não poderão ser pagas, nem o auxílio-moradia, e por aí vai. O Velloso aceita os 12700, eu prefiro não manter um teto tão alto, mas foi assim.

No dia seguinte recebi o presidente da Namíbia,*** conversa habitual, falei com Eliseu Padilha, para dispor sobre a Docas do Rio de Janeiro, recebi Ovídio de Ângelis, que veio explicar o que ele pensa fazer na questão da habitação popular, e depois longa conversa com o Fernando Gasparian.

Hoje de manhã houve de novo entrega de credenciais, recebi o Benjamin Steinbruch, ele sempre reclamando que o BNDES não está encaminhando as coisas como ele gostaria. Recebi o vice-presidente da Colômbia, Gustavo Bell, e foi de pouca valia o que ele me disse, porque daqui a uma semana estarei com o próprio presidente. Depois recebi o Clésio Andrade, presidente da CNT, despachei com o ministro Fernando Bezerra, Aloysio, Pedro Parente, rotina.

O Congresso votou, derrubou o parecer da Jandira Feghali sobre a questão da Previdência.**** Foi uma coisa importante, está na hora de aprovarmos a lei da Previdência tal como está; ela é boa, não penaliza de maneira insuportável e permite avançar. Houve certo desaguisado com o Velloso porque o porta-voz teria dito que

---

* Juízes de todo o país, representados pela Associação dos Magistrados Brasileiros, ameaçavam entrar em greve por reajuste salarial. Discutia-se a ampliação do teto do Judiciário de R$ 10,8 mil para R$ 12,7 mil, maior que o do Legislativo e o do Executivo.
** O governador de Buenos Aires e candidato justicialista se reconciliara com o presidente Menem.
*** Sam Nujoma.
**** Vitória de 29 votos contra 12 na Comissão de Seguridade Social da Câmara.

eu não sabia que era medida emergencial, e o Velloso declarou que enviaria a medida emergencial para a Justiça.* Na verdade, eu disse ao Lamazière que era medida emergencial, mas que não está sob meu controle, são decisões da própria Justiça, e o orientei a não entrar no assunto. Fui ler o que disse o Lamazière, não vi nada de inconveniente. Mandei as declarações para o Velloso, com um cartãozinho dizendo que, se houver alguma coisa errada, o porta-voz volta atrás, naturalmente.

Fora isso, apreensão com a votação do Supremo Tribunal do processo sobre a contribuição dos inativos. Falei de novo com o Jobim sobre essa questão e com Zé Carlos Dias, para que vissem qual é a tendência, pois isso é muito importante para o ajuste fiscal e para o futuro da Previdência no Brasil.** A semana transcorreu melhor, estamos ganhando algumas votações no Congresso.

HOJE É SÁBADO, DIA 9 DE OUTUBRO. Foi tanto trabalho que não pude anotar nada. Farei uma recordação mais ou menos livre da última semana, desde sexta-feira passada, 1º de outubro.

Passei o fim de semana no Rio de Janeiro, foi mais para ver as crianças, descansar um pouco, mesmo assim o descanso presidencial é carregando pedras. Dei entrevista ao *Jornal do Commercio* na sexta-feira à tarde, saiu no sábado ou domingo. Gozado, um jornal que as pessoas não leem, a entrevista foi muito bem reproduzida, com muita correção. Depois disso, participei de algumas cerimônias, na sexta houve a inauguração do Instituto Moreira Salles no Rio, festa cultural e da alta sociedade, muita gente simpática. Depois jantei com o Rafael de Almeida Magalhães e com o Calabi, para discutirmos a reestruturação industrial do Brasil. Rafael sempre muito criativo e o Calabi por dentro dos assuntos. Eu preocupado, porque vejo que as coisas não andam com a velocidade necessária e que os nossos empresários continuam à espera de que o governo sempre tome a decisão, que o governo ajude.

* Em palestra durante o XVI Congresso Brasileiro de Magistrados, em Gramado (RS), o ministro Carlos Velloso garantiu que o presidente estudava uma "solução emergencial" para o reajuste da magistratura. Com o desmentido de Lamazière sobre o emprego da expressão por Fernando Henrique, Velloso se declarou "irritadíssimo" e "perdendo a paciência" com o porta-voz.
** Por unanimidade, em 30 de setembro o plenário do STF julgou inconstitucional a cobrança previdenciária de servidores federais inativos, prevista pela lei nº 9783, de 28 de janeiro de 1999. A elevação das alíquotas recolhidas dos funcionários da ativa foi suspensa por 9 votos a 2, por caracterizar "efeito de confisco". As decisões confirmaram a liminar concedida pelo ministro Velloso em maio de 1999. O ministro Pedro Parente anunciou que o governo não desistiria da cobrança e que faria cortes no Orçamento para compensar a perda de receita, além de enviar uma proposta de emenda constitucional ao Congresso para reformular a Previdência. Estava em jogo a arrecadação de R$ 6 bilhões pela União até o final de 2000. Dias depois, o aumento da alíquota previdenciária dos servidores ativos foi autorizado pelo Supremo.

No sábado fiquei o dia praticamente por conta da família, foi bastante agradável. No fim do dia fui ao Instituto Histórico e Geográfico Brasileiro receber o título de presidente de honra, porque os presidentes da República o são. Fiz discurso, foi uma coisa singela mas simpática. Depois fui ao jantar do centenário da Brascan.*

Voltei segunda-feira para Brasília com a Ruth e de manhã recebi Gustavo Beyhaut,** velho conhecido meu uruguaio. Depois tivemos uma reunião importante para preparar o que seria, no dia seguinte, a solenidade de assinatura do Estatuto da Micro e Pequena Empresa, com todos os ministros que trabalham na área do desenvolvimento. Recebi d. Paulo Arns com d. Zilda Arns,*** por causa da Pastoral da Criança, ele me deu um são Francisco de presente, recebi agentes comunitários de saúde, aprecio muito o trabalho que estão fazendo. Mais tarde, no Palácio da Alvorada, recebi o Paulinho, presidente do Sindicato dos Metalúrgicos de São Paulo, que veio com o Andrea Matarazzo e que disse que a CUT quer fazer uma greve, eles [Força Sindical] não vão entrar, mas que preciso ajudar na negociação com as montadoras. Eles querem o piso salarial nacional, esse piso beneficia naturalmente São Paulo, não creio que os outros sindicatos topem.

No dia seguinte, terça-feira, 5, entrega de credenciais e uma boa conversa com Mussa Demes. Percebi que ele não está tão de acordo com o Everardo, muita gente me disse que tudo estava resolvido, não está. Houve a solenidade do programa de micro e pequena empresa, fizemos uma verdadeira antiderrama, como eu disse, uma alforria fiscal, mudamos os critérios do Cadin e o Everardo alterou o Refis,**** para permitir que as empresas que estão em dívida se ponham em ordem. Com esses juros altos, multas e tudo o mais, as dívidas se tornaram impagáveis — nem o governo ganha nem as empresas podem andar para a frente. Acho que foi bom. Recebi também o Pratini com o grupo de análise da renda da agricultura, eram os mais influentes líderes do setor agrícola, estão mudando a ênfase para discutir a renda agrícola. Ainda estive com o Dante de Oliveira, que veio falar sobre seus sonhos de uma estrada na Bolívia***** financiada pelo BNDES. Falei com ele um pouco sobre a questão política.

Almocei com Mário Covas, que veio reclamar, com razão, da morosidade das soluções para as questões paulistas. Depois conversamos sobre política, pois preci-

---

* Originada da canadense Brazilian Traction Light and Power, a empresa comemorou seus cem anos de Brasil no Museu de Arte Moderna (MAM).
** Historiador e professor.
*** Presidente da Pastoral da Criança.
**** Programa de regularização de dívidas de pessoas jurídicas com a União, instituído pela MP 2003-6, baixada em março de 2000, cujo texto estava em preparo. A MP originou a lei nº 9664, de 10 de abril de 2000.
***** O governador de Mato Grosso advogava pela pavimentação do trecho de 550 quilômetros entre Corumbá (MS) e Santa Cruz de la Sierra, na Bolívia, parte do projeto do corredor rodoviário para o escoamento da produção de grãos do Centro-Oeste até portos no Pacífico.

samos pensar em uma alternativa política de poder, senão virão Ciro Gomes e Lula. Mário concorda comigo, não abriu o jogo, mas está na cara que tende a ter uma participação mais ativa na política e, eventualmente, na própria candidatura. Não quero ir além disso, porque ele não me disse nada.

Na quarta-feira, tivemos um dia interessante, porque fiz a instalação do Conselho Nacional de Desenvolvimento Rural;* veio um José Hermeto Hoffmann, secretário do PT do Rio Grande do Sul,** d. Mauro Morelli,*** o presidente da Contag e outros mais. Havia uma manifestação da área educacional de Brasília em cima,**** do Paulo Renato, não foi muito agressiva, mas fazem de conta que o governo não fez nada. Aproveitei e, durante essa reunião, disse algumas coisas que tínhamos feito.

Recebi a presidência do Conselho de Procuradores dos Estados,***** todos querendo afinar com o governo federal. O que eles querem mesmo é evitar perda de poder nas reformas do Judiciário. Depois fui a São Paulo, onde jantei com Mário Covas no Palácio dos Bandeirantes. No meio do jantar chegou a notícia de que ganhamos por 301 votos a 157 a questão da reforma previdenciária.******

No dia seguinte de manhã, quinta-feira, dia 7, fui a Suape, Pernambuco, para a inauguração do porto.******* Fui com muitos deputados, todos entusiasmados porque tínhamos vencido na véspera, todos muito solidários com o governo, pelo menos verbalmente. Eram deputados de vários partidos, inclusive o líder Inocêncio de Oliveira. Em Pernambuco, Jarbas fez um discurso bom, o ministro dos Transportes, o Padilha, fez excelente discurso, mostrando o que o governo realiza.

Voltei para Brasília, cheguei tarde, me reuni à noite com Everardo Maciel, Mussa Demes, Kandir, Marco Maciel, Rigotto e o secretário executivo do Ministério da Fazenda, Amaury Bier, para discutir a reforma; ela ainda está crua.

Serra me mandou uma longa carta depois de me falar por telefone contra a reforma, mostrando que vamos perder recursos, que é um absurdo, que ninguém

---

* Vinculado ao Ministério da Reforma Agrária. Em 2000, foi convertido no Conselho Nacional de Desenvolvimento Rural Sustentável, mantendo sua natureza de órgão deliberativo das políticas de agricultura familiar e renda rural.

** Secretário estadual de Agricultura.

*** Bispo de Duque de Caxias (RJ) e presidente do Fórum Nacional de Segurança Alimentar.

**** A Marcha em Defesa e Promoção da Educação Pública reuniu 10 mil pessoas na Esplanada dos Ministérios.

***** Conselho Nacional de Procuradores-Gerais, na época presidido por Anísio Marinho Neto.

****** Vitória palaciana na aprovação, em turno único pela Câmara, do projeto de lei 1527/99, que instituiu o fator previdenciário para trabalhadores da iniciativa privada. O projeto seguiu para o Senado.

******* O presidente inaugurou a ampliação do porto, que teve sua capacidade aumentada de seiscentos para 2 mil navios por ano, numa parceria entre os governos federal e estadual e a iniciativa privada. A obra integrava o programa Brasil em Ação.

entende nada, que está tudo errado. Levantei as objeções dele na conversa, mas aparentemente Serra parte de outro paradigma, da convicção — aí talvez tenha uma pitada de razão — de que o Congresso não vai ser benevolente com o governo federal, e na hora final vão diminuir nossos recursos. Mas a partir desse raciocínio não se vai fazer reforma nunca. Vou voltar ao assunto com o Serra, mas é difícil, faz cinco anos que ele tem oposição sistemática à reforma tributária, com a fundamentação de que o federal vai perder e o Nordeste vai ganhar. Diz também que as empresas não precisam ter diminuição de imposto. Enfim, ele tem argumentos que são difíceis, no abstrato, de contra-atacar.

Fui à Colômbia, a Letícia, fronteira do Brasil com Tabatinga, onde me encontrei com o presidente Andrés Pastrana. Umas duas horas de conversa, ele expôs seu plano, no início me pareceu ingênuo, a ideia de liberar seis municípios com 42 mil quilômetros quadrados, 90 mil habitantes como zona de negociação com as guerrilhas, com o Tirofijo ou [Manuel] Marulanda.* Diz que o Marulanda é muito primitivo, não tem conhecimento de nada e que há uma tensão forte entre o setor militar da guerrilha, hoje vitorioso, porque está bem armado com o narcotráfico, e o outro lado, o setor mais político. Diz ele que, enquanto negócio [narcotráfico], a guerrilha ainda não quer a paz, estão em guerra aberta. Diz que a Colômbia tem tido muito apoio americano e que estão com condições de contra-atacar muito fortemente o exército das Farc. Não sei, as Farc estão implantadas lá há quarenta anos.**

Pastrana disse que o ELN*** ainda tem a influência do Fidel Castro, o que para ele é bom, porque o Fidel não está em posição de agressividade, embora não mande propriamente nas guerrilhas; e ainda há outro grupo de guerrilheiros, mais bandidos, segundo ele, inicialmente de inspiração maoísta.**** Enfim, a Colômbia é um caso complicado, tem guerrilha, narcotráfico, e é curioso que eles estão adaptados a isso; também, já são quarenta anos. Quanto ao Brasil, agradeceu minhas posições de moderar o Chávez, agradeceu também a nossa posição de não ingerência, de evitar que haja a ideia de que potência estrangeira possa vir a se meter na Colômbia, e se mostrou confiante. A economia, segundo Pastrana e os ministros que estavam com ele, está indo de vento em popa.

Voltei para cá, cheguei tarde da noite, e hoje, sábado, acabei de fazer bastante exercício com o pessoal do [Hospital] Sarah Kubitschek na piscina, e alongamentos. Arrumei meus papéis, minhas malas e vou agora para Ibiúna, passar este fim de semana prolongado.*****

---

* Comandante das Farc.
** As Farc foram fundadas em 1964.
*** Grupo guerrilheiro de inspiração castrista e marxista estabelecido em 1964.
**** Ejército Popular de Liberación (EPL), fundado em 1967.
***** O feriado nacional de Nossa Senhora Aparecida caiu na terça-feira.

13 A 24 DE OUTUBRO DE 1999

Nova redução dos juros. Turbulência nos mercados. Disputa pelo terceiro escalão. Reuniões com os governadores

Quarta-feira, 13 de outubro, passei o fim de semana em Ibiúna, fiquei até ontem à noite. Em Ibiúna tudo ótimo, muito frio, mas foi agradável. O Juarez estava lá, conversamos muito, ele está entusiasmado com o Banco da Terra,* José Gregori também estava lá, conversei com ele sobre uma porção de coisas, me disseram hoje que está tudo no Painel, da *Folha*. Estive com a Regina Duarte na casa do Zé Gregori, jogamos pôquer com Maria Helena, Boris Fausto, conversei com ele longamente várias vezes, com o Leôncio Martins Rodrigues. Dormi uma noite lá, também muito agradável, conversamos muito com o Eduardo Tess,** depois passei o dia lendo um livro do Bob Woodward, o do Watergate. Ele escreveu um livro muito interessante, *Shadow*,*** onde mostra como o Watergate mudou a vida da Presidência americana. Li até o capítulo oitavo, mas já dá para ver que é um bom livro — pelo menos para mim é instrutivo. Voltei para cá, na viagem vim conversando com o Juarez e o Vilmar, com o Andrea Matarazzo e a Ana Tavares, e à noite Vilmar e o Andrea jantaram aqui para discutirmos a questão da impopularidade do governo, para fazermos uma avaliação, apesar de que os índices começam a ser bons. É uma questão pessoal que precisa ser corrigida, não sei bem como. É isso.

Agora de manhã dei uma longa entrevista para a *Gazeta Mercantil* sobre o desenvolvimento regional do Brasil e depois tive uma participação, com o Sarney Filho e o Paulo Renato, na questão de como proteger a vida.**** Crianças vieram aqui a Brasília num seminário para discutir a questão ambiental; isso foi como comemoramos o Dia da Criança. Agora vou almoçar com o Serra e à tarde vou a uma cerimônia do relançamento de programas importantes da Caixa Econômica Federal.*****

---

* Programa do BNDES para o financiamento da reforma agrária. Brandão Lopes era então coordenador-geral do Núcleo de Estudos Agrários e Desenvolvimento Rural do Ministério da Reforma Agrária.
** Advogado paulista.
*** *Shadow: Five Presidents and the Legacy of Watergate*. Nova York: Simon & Schuster, 1999.
**** O presidente se encontrou com um grupo de 134 crianças participantes do projeto Protetores da Vida, que elaboraram uma carta de princípios com quinze pontos sobre a preservação do meio ambiente.
***** Programa Construgiro, linha de crédito de R$ 800 milhões destinada a empresas de construção civil.

SEXTA-FEIRA, 15 DE OUTUBRO. Ontem o dia foi normal, com uma boa cerimônia sobre juros* depois de uma longa reunião sobre desenvolvimento econômico aqui no Alvorada, cobrando dos ministros os programas que estão em marcha. A dos juros foi muito boa, acredito que fui claro, Armínio Fraga está recolocando as coisas no devido lugar. Depois almocei no Palácio com um grupo de juristas convocados pelo ministro da Justiça. Eles vão rever o Código Penal,** questões relativas a crimes hediondos, crimes de jovens, essas questões mais espinhosas. Miguel Reale Junior mais o Zé Carlos Dias estão comandando um grupo grande, foi bom. Em seguida fui receber o Menem, conversa de despedida de relações muito boas, que foram reiteradas no jantar oferecido no Itamaraty, onde ele fez um discurso muito positivo sobre o Mercosul, sobre o Brasil. O Menem é uma figura querida do ponto de vista das relações dele com o Brasil.

Hoje, sexta-feira, no Palácio da Alvorada, recebi Fernando Bezerra com uma empresária estrangeira que tem planos de negócios para a transposição das águas do rio São Francisco. Antes recebi o ministro dos Transportes, para reclamar dele um apoio ao metrô de São Paulo. O Mário Covas está zangado porque não saem as coisas. Fui à cerimônia de entrega do prêmio Incentivo à Educação Fundamental, um programa da Fundação Moinho Santista,*** com Paulo Renato. Quinze professores receberam prêmio. Depois novo almoço com o Menem, dessa vez na embaixada da Argentina, já não tínhamos nada para dizer um ao outro.

Vim para o Alvorada conversar com Aloysio, Pedro Parente, o Pimenta e o Ornelas a respeito da reunião que teremos amanhã com os governadores. Eles estão se armando para pedir mais recursos e nós querendo o apoio político deles para desfazer o grande equívoco da Previdência estatal. É uma conversa de gato e rato, no fundo eles querem aproveitar as oportunidades que têm para obter um pouco mais, nós também queremos aproveitar a imperiosa necessidade de rever a Previdência pública, para conseguir que eles nos apoiem mais ativamente. Pesquisas mostram que a população continua contrária a qualquer imposto para aposentados. Não entra na cabeça do povo que esse pessoal do funcionalismo público ganha bastante, se aposenta cedo, é ideia elementar. Mas não passa nem amarrado, o

---

* O governo baixou um pacote de 21 medidas para baratear os juros finais ao consumidor, entre as quais a redução do Imposto sobre Operações Financeiras (IOF) de 6% para 1,5% ao ano; a eliminação de entraves burocráticos à concessão de empréstimos; e a facilitação da cobrança judicial de devedores inadimplentes.

** A Comissão Revisora do Anteprojeto de Lei do Código Penal fora constituída em novembro de 1998. Era formada por dez juristas de diferentes estados. Nova comissão foi instalada em 2011. Em 2016, acrescido de centenas de emendas, o projeto resultante (PLS 236/12) ainda tramita no Senado.

*** Atual Fundação Bunge.

tema é altamente impopular. Vou mais uma vez me desgastar, mas tenho que fazer o necessário para o país entrar em ordem.

A situação continua economicamente bem e politicamente turva, e o PT, aproveitando essa fraqueza, me ataca na televisão incessantemente. Não tenho como me defender, nem posso como presidente. Diga-se de passagem, o próprio presidente do Tribunal [STF] declarou que eu deveria sair em defesa dele porque foi criticado pelo *The Economist*. Imagina se alguém vai me defender se sou criticado por um jornal, e jornal de fora. Não tem cabimento. É uma espécie de irritação autoritária do Supremo Tribunal Federal, que não gosta de ser provocado quando toma a decisão que dá a aparência de ser política, embora eu pessoalmente esteja convencido de que eles tinham base jurídica mesmo para tomar a decisão que tomaram.*

No ramerrão da nossa política, converso inúmeras vezes com quem posso, e ontem conversei com o Augusto Marzagão,** que acha que estamos precisando criar uma candidatura, uma alternativa. Olho no horizonte e vejo com muito pesar que não é fácil, não existem boas saídas disponíveis para o nosso lado. O Mário Covas está fazendo declarações um tanto inconsistentes, no estilo dele — quer ser candidato, mas faz elogios ao Ciro. O que ele quer é que o tenhamos [ao Covas] como candidato e que depois o Ciro o apoie. É justo do ponto de vista tático da política, uma tática eleitoral dele, não me posso queixar disso.

A situação do Brasil no âmbito geral começa a melhorar, mas isso ainda tem um efeito pálido na apreciação da população quanto ao governo e às elites, sobretudo no âmbito dos jornalistas, onde a má vontade continua muito forte. Elio Gaspari disse que fiz bem criticando o Ciro outro dia, diz que o governo não é tão bom, que não vale um centésimo do que eu acho que vale, embora não sendo tão ruim, nem que é o pior do Brasil em todos os tempos, como alguns dizem. É um despautério tão grande, que a gente tem que ter uma fibra muito forte para suportar. Não diria que são injustiças, mas a vida política é sempre assim.

Recebi convite para ir a um encontro em Florença com os líderes da Terceira Via, uma coisa prestigiosa, irei, naturalmente. Vê-se que há um empenho grande do Bill Clinton em promover a situação do Brasil, a minha em particular. Isso é positivo, sei que houve alguma resistência de outros líderes, que não queriam misturar latino-americanos, por causa de outros convites que teriam que fazer na Europa. Mas finalmente venceu a posição americana de que eu participasse ativamente do encontro, e para lá irei.

Quero acrescentar uma informação: quando estive no Rio, o Pedro Grossi me informou que corriam rumores de que o Delfim havia sido convidado para ser ministro e que o Serra era intermediário. Quando o Serra veio aqui nesta semana, para

---

* Fernando Henrique se refere ao julgamento da cobrança previdenciária de servidores inativos, considerada inconstitucional pela Suprema Corte.
** Ex-chefe da Assessoria de Comunicação Institucional da Presidência (governo Itamar).

discutir de novo a reforma tributária, eu disse a ele: "Ah, não, só se o Delfim entendeu isso no almoço em que estive com ele, quando eu disse: 'Podia ser alguém como você'". Ou seja, o Serra continua na sua cruzada para derrubar o Malan e pensando no Delfim. À noite ele me falou mesmo que achava que eu devia nomear o Delfim. Eu respondi:

"Serra, como vou nomear o Delfim? Primeiro, é completamente alheio à nossa tradição política; segundo, todo o passado vem à tona de novo, vai me criar uma situação muito embaraçosa aqui".

Ele: "Ah, eu sei, mas acho que você devia arriscar".

Veja como as coisas são difíceis: o Serra quer botar o Delfim porque acha que ele vai fazer o que ele chama de política econômica, ou seja, atuar na microeconomia, no dia a dia. Ele tem razão, precisamos disso mesmo; a crítica que ele faz ao Malan é de que ele não chama as empresas, não acerta. De fato o Malan está muito mais preocupado em administrar a economia pública, e deixa a economia privada muito solta no mercado. Espero que o Tápias possa entrar nessa matéria mais abertamente do que foi feito até hoje.

Mas veja como as coisas são: quando, lá atrás, alguém me disse que o Serra havia proposto o Delfim, eu respondi: "Penso que é uma loucura, o Serra jamais iria falar com o Delfim". Mas ele tinha falado. Isso é que limita as chances do Serra. Todo mundo fica um pouco com um pé atrás, achando que ele fala além do que deve sobre questões que ele acha que são do interesse público, que é necessária uma mudança, que eu estaria antecipando o que vai acontecer, que é preciso logo fazer alguma coisa. Os mais malévolos não vão ver esse ângulo do interesse público; vão dizer somente que ele tem interesse em derrubar o Malan. Não creio que seja isso; acho que ele tem interesse de atender a certos requisitos que acredita que o Malan não cumpre.

Outro comentário que quero fazer: hoje as bolsas do mundo todo caíram por causa de uma declaração do Greenspan,* mas não só por isso, as bolsas estavam em torno de 12 mil pontos, agora estão abaixo de 10 mil,** voltando ao começo do ano. O Greenspan tem dito coisas sensatas, na verdade esse mercado está muito aquecido. Conversei sobre isso com o Serra, e é assim mesmo, acho que está muito aquecido, o sistema capitalista não mudou, num dado momento tem crise porque tem que queimar a mais-valia. Tivemos aqui tantas crises, isso pode acontecer nos Estados Unidos, é um risco imenso, só que não há remédio, a menos que quiséssemos acabar com o mercado, criar uma economia centralizada, aí teríamos outros

---

* O presidente do Federal Reserve sugeriu em discurso que os preços das ações estavam sobrevalorizados e alertou os investidores acerca dos papéis de alto risco. A Bolsa de São Paulo caiu 1,62% e o dólar subiu para R$ 1,98, contra R$ 1,93 no início da semana.

** O índice Dow Jones da Bolsa de Nova York caiu 2,59% e ficou abaixo da "barreira psicológica" de 10 mil pontos.

problemas, mas esse não. Isso é algo que vai estar permanentemente nos atormentando, essa possibilidade de uma grande crise ou de uma crise que, mesmo não sendo tão grande assim, volte a colocar em xeque todo o esforço que fizemos.

O Menem também conversou comigo hoje sobre isso, ele tem a mesma percepção, e acha mais: quase fala em perdas internacionais, como o Brizola, está havendo uma forte transferência de renda para os países dominantes. É verdade, é um dado da situação, não sei se ela é maior do que foi no ano passado. Claro que sobra para nós mais desenvolvimento, mas que o regime é injusto não há dúvida. Como eu digo, é a globalização assimétrica, está na cara, vou retomar esses temas. Já que falei do Menem, achei-o muito distante hoje. Não de mim, mas da Argentina, pelo modo como se referiu ao candidato dele* — que não sei se é dele —, candidato que possivelmente perde as eleições. Ele sabe no fundo que vai perder.

HOJE É 18 DE OUTUBRO, SEGUNDA-FEIRA, não sei se registrei aqui que tivemos a reunião dos governadores,** foi uma reunião compacta, quinze governadores. Na verdade, o que me impressionou foi, primeiro, que eles estão todos de acordo em que é preciso mexer na Previdência. Fiz um discurso emotivo sobre a minha luta solitária, assumindo todos os ônus nessa matéria tão espinhosa. Não vou mais partir para a briga se não houver um apoio real na sociedade, a começar dos governadores, e me parece que eles estavam dispostos a isso. Mário Covas emburrado, a razão principal, vejo nos jornais de hoje, é que ele vai ter que se submeter a uma operação de hérnia.***

O Almir Gabriel não veio porque — na sexta-feira tentei falar com ele, não me respondeu —, hoje vejo pelos jornais, porque está irritado em função de dois funcionários do terceiro escalão.**** Segundo diz o jornal, o presidente da Funcef... — eu nunca soube que esse presidente da Funcef, aliás, nem sei quem é que está saindo, fosse o homem do Almir, nem creio que o Almir tenha direito a estar se metendo na Funcef. Esse órgão é dos funcionários da Caixa Econômica para fundos e pensão deles, é muito ruim que o Almir ponha a cara nessas coisas. Enfim, ele está de mau humor, diz que vai procurar o ACM, que vai para o PFL. Não sei, mas é ruim isso. O Almir é sempre assim, eu o chamava de "o Mário Covas do Norte", por causa dos humores. Entretanto, o Mário não faz esse tipo de coisa, não entra na briga por

---

* Eduardo Duhalde.
** Os governadores repassaram os pontos da reunião de Aracaju em julho.
*** Covas se tratava de uma hérnia incisional surgida no abdome depois da cirurgia que, em 1998, lhe extraiu um câncer na bexiga.
**** O governador do Pará se queixava da exoneração do diretor-presidente da Companhia Docas do Pará, Carlos Acatauassu, e do diretor da Funcef, Paulo Cabral, substituídos por indicados do senador Jader Barbalho, seu adversário na política estadual.

cargos. No caso do Almir, a briga é com o Jader. É sempre a mesma história, dificílimo governar um país com pluripartidarismo e quando se precisa de apoios para manter o governo; por outro lado, as brigas são encarniçadas em nível local — é realmente um sistema político dificílimo de manter à tona.

Uma outra questão me preocupa, Roseana Sarney está muito agitada, entretanto ajudou bastante. O Albano Franco vai para a imprensa, reclama, chora por causa de 40 milhões. Nós discutindo 40 bilhões e ele chorando por 40 milhões. É uma desproporção total, eles não veem as coisas em perspectiva. Querem o quê? No Fundef, o Fundo de Manutenção e Desenvolvimento do Ensino Fundamental, o governo federal está dando uma contribuição que não havia antes. Só que os governos dos estados, que não mantêm as escolas, não querem passar os recursos para os municípios, na parte que corresponde a eles, e por outro lado querem que se elimine o FEF... Este está sendo discutido no Congresso, depende de uma votação, é matéria constitucional, mas o FEF para os governos estaduais e municipais vai desaparecer a partir do ano que vem, e querem que devolvamos o que cobramos deles este ano. Faremos no ano que vem. E querem ressarcimento da Lei Kandir.

Mário Covas ficou zangado porque eu disse que estamos ressarcindo 4 bilhões, e ele diz que nunca viu esse dinheiro. Depois o Martus corrigiu, são 6,8 bilhões para o ano próximo e 2,8 bilhões para este ano. Na verdade, o grosso do dinheiro deve ir para São Paulo mesmo, e o Mário ficou achando que eu estava insinuando isso. Eu não estava; estava me defendendo, dizendo aos governadores: olhem, estamos pagando, e muito, para desonerar a produção, estamos indo além do que a Lei Kandir manda fazer, lei é lei, foi aprovada, vai para o secretário da Fazenda de vocês... Mas essa choradeira é permanente, basta ler o diário do Getúlio, ela havia até no período do Império, é a mesma coisa: as regiões querem que o governo federal pague tudo para elas. É um federalismo de fachada. Vamos lá, o fato é que eles apoiaram politicamente a questão previdenciária.*

Depois houve uma pequena reunião com os mais próximos ao governo, não os governadores, mas as pessoas que trabalharam na matéria. O balanço foi positivo, e o Wellington Moreira Franco ficou comigo e com o Malan e fez uma ponderação que me pareceu preocupante. Diz ele que há certo mal-estar nas Forças Armadas pela questão do Élcio Álvares, pela denúncia saída na *IstoÉ*.** Não tanto

---

* Os governadores concordaram com a proposta palaciana de unificar os tetos das aposentadorias e pensões estaduais e apoiaram a cobrança dos servidores inativos, já implementada em alguns estados.

** A assessora especial Solange Resende, um ex-sócio de Álvares e membros do PFL do Espírito Santo foram acusados na CPI do Narcotráfico de participar de um esquema de tráfico de drogas, jogo ilegal e grupos de extermínio na Grande Vitória. Além disso, descobriu-se que Resende acumulava salários da prefeitura de Serra (ES), do Senado e do Ministério da Defesa. A *IstoÉ* noticiou que a Abin investigava o ministro da Defesa.

pela denúncia, mas pelo papel que tem uma senhora que é secretária do Élcio, não sei que função exerce, mas é uma função importante no Ministério da Defesa, que ela está mandando muito. Eu li na *IstoÉ*, dizem que é ela quem despacha comigo. É mentira, nem a conheço e se a vi foi de relance em algum evento, não seria capaz de recordar quem ela é. Isso me preocupa, porque não quero que essa área tenha problemas.

Ontem, domingo, passei o fim da tarde dormindo. Durante o dia fiz exercícios físicos, li alguns livros interessantes. [Dani] Rodrik,* acho que é o autor, sobre a internacionalização e as políticas de desenvolvimento,** análise equilibrada, sem dogmatismo pró nem contra a globalização. Depois li um artigo muito interessante que o Vilmar me deu sobre as reformas previdenciárias na Europa, se chama "Dos vícios à virtude?",*** mudar os defeitos para melhorar, na Itália, França, nos Países Baixos. E ainda vieram o Vilmar, o Eduardo Santos e dois ajudantes deles para discutirmos minha participação na reunião de Florença, para definirmos os temas principais e eles prepararem os materiais. Mais tarde chegou o Malan, conversamos um pouco sobre temas gerais, jantamos e hoje o dia parece mais calmo. Calmo aqui, porque lá fora a queda da Bolsa de Nova York desde sexta-feira preocupa, e aí começam as hipóteses, se vai ser um *soft landing* ou vai ser um crash, ninguém sabe. Não há no mundo de hoje, globalizado e nervoso, dia modorrento; sempre temos surpresas e quase nunca elas são completamente agradáveis.

HOJE É QUARTA-FEIRA, DIA 20 DE OUTUBRO. A segunda-feira foi mais tranquila, à tarde tive um encontro com o novo chanceler do Paraguai, [José Fernández] Estigarribia, neto do general [José Félix] Estigarribia, que desempenhou papel importante na Guerra do Chaco**** e foi presidente da República. Tive uma impressão positiva desse Estigarribia, baixinho, gordote, feioso, cara de sapo, mas inteligente, bem-humorado, espirituoso, ele veio me agradecer o papel que desempenhei na pacificação do Paraguai quando da saída do Cubas, que veio para o Brasil. Ele recebeu um telefonema do Guido di Tella, atribuiu a nós a ação junto à Argentina, que, na verdade, que eu saiba não houve. O Menem é que reclamou do tratamento que os paraguaios deram a ele, sobretudo um dos filhos do Luis Ma-

---

* Professor de economia da Universidade Harvard.
** *Making Openness Work: The New Global Economy and the Developing Countries*. Washington: Overseas Development Council, 1999.
*** Jonah D. Levy, "Vice into Virtue? Progressive Politics and Welfare Reform in Continental Europe". *Politics & Society*, v. 27, n. 2, jun. 1999, pp. 239-73.
**** Conflito travado entre o Paraguai e a Bolívia em 1932-5, que matou cerca de 100 mil pessoas e resultou em ganhos territoriais para o país platino na região do Chaco, tida como rica em minérios e petróleo.

ría Argaña, que o insultou.* Disse isso ao Estigarribia, parece que as coisas estão mais tranquilas.

Depois as reuniões habituais com as lideranças, primeiro com as nossas do governo, os políticos de sempre, o pessoal que discute comigo e depois com os líderes da base governista, para apresentar o resultado da reunião dos governadores. Tudo bem, os líderes aceitaram a ideia de que terão que reapresentar a emenda que eu havia mencionado.** Recebi telefonema da Roseana Sarney, aflita porque teve uma conversa com o Marco Aurélio Mello, ministro do Supremo, ele diz que a nova emenda não passa. Ela pediu que eu falasse com ele, o que fiz ontem, terça-feira, dia 19.

Houve também a reunião inicial da equipe de gerência do programa Avança Brasil, 354 gerentes, no Centro de Treinamento do Banco do Brasil. Fiz discurso e tal, clima muito positivo.

Despachei com o ministro Tourinho, que me deu um relato sobre o programa Luz no Campo, programa de eletrificação rural que vai avançando bem,*** e falamos sobre o preço do gás e questões dessa natureza. Almocei aqui com a Ruth e o novo Conselho das Mulheres,**** Paulo Henrique chegou no meio do almoço, eram umas vinte, trinta pessoas.

Voltei ao Palácio do Planalto, onde recebi o Eliseu Padilha com o ministro dos Transportes dos Estados Unidos,***** um negro simpático. Depois recebi a direção do Museu Guggenheim.****** O Antônio Olinto e o Roberto Campos vieram me convidar para a posse do Roberto Campos,******* ele sabe que não posso, não há condição do presidente estar nesse tipo de solenidade, e ele mesmo disse isso.

* Nelson Argaña, ministro da Defesa do Paraguai e filho do ex-vice-presidente assassinado, qualificara o presidente argentino de "sem-vergonha" [sinvergüenza] no final de setembro. Buenos Aires concedera asilo político ao general Lino Oviedo, apontado como mandante da morte de Argaña e de oito manifestantes durante a crise paraguaia de abril de 1999.
** O governo acabara de enviar ao Congresso uma proposta de emenda constitucional (PEC 137/99) para garantir a cobrança dos inativos e possibilitar subtetos salariais nos estados, menores que o teto dos servidores da União, fixado pelos vencimentos dos ministros do STF.
*** Instituído em dezembro de 1999, com orçamento de R$ 2,3 bilhões.
**** Conselho Nacional dos Direitos da Mulher, em cuja presidência fora recém-empossada a procuradora Solange Bentes.
***** Rodney Slater.
****** Oficialmente denominada The Solomon R. Guggenheim Museum, a instituição nova-iorquina selecionava um país latino-americano para instalar uma filial depois do sucesso da inauguração da unidade de Bilbao, na Espanha. O Brasil disputava a atração do museu com Chile e Argentina. O presidente recebeu o diretor da Fundação Guggenheim, Thomas Krens. Mas o projeto não foi levado adiante na América Latina.
******* O deputado federal e ex-ministro do Planejamento, autor de *A lanterna na popa*, fora eleito para a cadeira 21 da Academia Brasileira de Letras.

Dia calmo no Congresso. Vencemos uma votação por 300 a 100 mais ou menos, no que se refere à extensão do imposto de renda, o aumento de 2,5% para os que ganham acima de um certo número de reais.*

Hoje, quarta-feira, também não foi um dia muito agitado. Começamos, além dos despachos de rotina, tratando com Rafael Greca da confusão a respeito do bingo.** Resolvi mandar cancelar o decreto que havia assinado porque estão utilizando esse decreto como pretexto. Ele tem um artigo que permite substituir a cartela por um meio eletrônico, e estão usando isso como se fosse autorização para botar caça-níqueis. Já há acusações de que a máfia italiana está metida nisso. Diante dessas confusões, achei melhor cancelar esse decreto, passar para a Caixa Econômica e estancar mais essa fonte de eventual corrupção.

Depois recebi o pessoal da Abia e de associações das micro e pequenas empresas do setor de alimentação. Pouca gente, mas expressiva, discurso pra cá, pra lá, um sinal de novos tempos no governo e no Brasil. Voltei, almocei com a Ruth e com o Paulo Henrique aqui, e de tarde vários encontros. O presidente da PepsiCo. mundial*** veio junto com o pessoal da Ambev, da Brahma e da Antarctica anunciar o lançamento mundial do guaraná [Antarctica] com distribuição da Pepsi. Depois vi o [Rinaldo] Campos Soares, presidente da Usiminas, para dar conta de um investimento de 1,4 bilhão de reais na Usiminas,**** muita animação com o setor siderúrgico, com muitas perspectivas quanto à participação do Brasil. Já temos capacidade para produzir 28 milhões de toneladas de aço, poderíamos chegar a 32 milhões, isso nos coloca entre os maiores produtores do mundo, maiores que nós acho que apenas China, Estados Unidos, França, Alemanha também e Rússia.***** Inglaterra, Itália, Espanha já não produzem tanto aço quanto nós. Devo ir à inauguração da nova unidade da Usiminas.

* A Câmara aprovou por 302 votos a 126 o parecer do deputado Antônio Kandir para o projeto de lei 1594/99 (convertido na lei nº 9887, de 7 de dezembro de 1999), que aumentou de 25% para 27,5% a alíquota do Imposto de Renda da Pessoa Física cobrado na fonte de salários superiores a R$ 1,8 mil, com validade até 2002.
** Um subordinado de Greca, Luiz Antônio Buffara, diretor de administração e finanças do Instituto Nacional do Desporto (Indesp), era investigado pelo Ministério Público Federal pelo suposto favorecimento a um esquema de caça-níqueis ilegais em Brasília. O bingo eletrônico fora liberado pelo decreto presidencial nº 2574, de abril de 1998, e voltou a ser proibido pelo decreto nº 3214, de 21 de outubro de 1999. Na sequência do caso, o ex-presidente do Indesp, Manuel Tubino, acusou o ministro de ter conhecimento do esquema.
*** Steven Reinemund.
**** A ex-estatal siderúrgica inaugurava uma linha de laminação a frio em sua planta de Ipatinga. A empresa cogitava fundir-se com a CSN e a Cosipa, o que acabou não ocorrendo.
***** Com 25 milhões de toneladas métricas anuais, em 1999 o Brasil era o oitavo produtor mundial de aço, atrás de China, EUA, Japão, Rússia, Alemanha, Coreia do Sul e Ucrânia. A Itália, o Reino Uni-

Recebi Sarney Filho com d. Raymundo Damasceno, da CNBB, também frei Heitor Turrini e outro frei, Paulino, que conheço do Amazonas; são lutadores pela vida na Amazônia. Recebi o Michel Temer para discutir o adiantamento das matérias no Congresso e também a questão do Quércia, que está querendo uns recursos para empreendimentos dele. O Michel tem uma ponte com o Quércia, mas acha que precisamos tomar conta do PMDB e afastar o Quércia.

Recebi Aloysio Nunes, Serra tentou falar comigo de Cuba* muitas vezes, não conseguiu, estão forçando a votação da emenda constitucional sobre a vinculação da saúde.** A turma do Ministério da Saúde está querendo ir além do que foi combinado com o governo, o Serra também me telefonando para fazer pressão, o Aloysio se irritou, porque diz que estão atrapalhando uma negociação pesada do governo, eles querem ir além do que é possível.

Persiste a preocupação com o problema na fronteira com a Colômbia, há muita movimentação de guerrilheiros, supõe-se que haverá movimentação das forças colombianas e há o temor de que o Exército colombiano mais uma vez entre no Brasil.*** As nossas Forças Armadas estão atentas a isso.

Também recebi a má notícia de que o general Zenildo, que está em Paris, teve uma espécie de infecção generalizada que é grave, começou nos rins, está se propagando, falei com a senhora dele.**** Na reunião com os generais comandantes da Aeronáutica, Marinha e Exército por causa da Colômbia, me contaram da situação delicada da saúde do general Zenildo. Hoje consegui falar com a senhora dele, parece que melhorou um pouco, mas ainda está a perigo. Esse tipo de infecção generalizada que o Sérgio Motta teve uma vez e da qual o Tancredo acabou morrendo.

---

do e a Espanha ocupavam a nona, a 12ª e a 16ª posições no ranking, respectivamente. Em 2016, o Brasil está na décima posição, com 31,8 milhões de toneladas métricas.

* O ministro da Saúde viajara à ilha caribenha para firmar um convênio bilateral ligado ao programa Saúde da Família.

** A PEC 86/1999 — que originou a emenda constitucional nº 29, promulgada em setembro de 2000 — modificou seis artigos da Constituição para garantir um piso mínimo de gastos com saúde nas esferas federal, estadual e municipal, baseado num percentual fixo da arrecadação de impostos. O Ministério da Saúde trabalhava para aumentar a fração do Orçamento destinada ao setor.

*** Em novembro de 1998, as Farc tomaram o controle de Mitú, capital do departamento colombiano de Vaupés, a 45 quilômetros da fronteira brasileira. O país vizinho pediu autorização de pouso para nove aviões e seis helicópteros na pista do batalhão de fronteira de Querari (AM) durante o contra-ataque à guerrilha e a retirada dos mortos e feridos. Mas a permissão de pouso das aeronaves, concedida por um oficial subalterno, foi revogada pelo comando da Aeronáutica, gerando um impasse diplomático. Depois de enviar um protesto formal à chancelaria colombiana e convocar a Brasília seu embaixador em Bogotá, o Brasil liberou o trânsito dos aparelhos para fins humanitários até o final das operações em Mitú.

**** Maria Edith de Lucena.

Tenho alguma preocupação quanto aos índices da inflação. Os economistas do governo estão tranquilos, mas eu não. Começa sempre assim, um preço aqui, outro acolá, forçou a barra, é visível que o índice de preços do atacado está muito mais alto que o preço de consumo.* Num dado momento essa gente vai tentar passar para o consumo e pode ser que forcem exatamente agora, tem venda de fim de ano, Natal etc. Os índices de desemprego demonstraram, agora sim, uma queda um pouco mais acentuada. O desemprego no Brasil passou para 7,3%, na média, sendo que no ano passado a média, nessa época, era 7,7%,** se não me falha a memória, e também no mês passado. Portanto houve um recuo auspicioso. Os sinais de retomada de crescimento nessa direção são generalizados.

No Congresso houve uma votação difícil, aprovação de um general indicado pelo Ministério da Defesa para o Superior Tribunal Militar, esse general esteve envolvido, é o que dizem, na questão de Volta Redonda.*** Acho que não deviam ter-me levado a isso, sempre é um desgaste e depois que o nome está enviado fica difícil recuar. A indicação acabou sendo aprovada com muitos votos contrários em setores de oposição, inclusive dentro do PSDB, o que me cria uma situação de dificuldade desnecessária.

DOMINGO, DIA 24 DE OUTUBRO, vou retornar a partir da quarta-feira, 20. Jantei com o novo diretor da TV Globo aqui em Brasília, Mario Marona, e a mulher dele, Valéria Blanca. O Aloysio chegou mais tarde, estávamos eu, a Ruth e a Ana Tavares, foi muito agradável. Marona é um rapaz inteligente, culto, foi trotskista, hoje tem uma visão social-democrata até um pouco conservadora, mas ele tem espírito. É raro esses jornalistas terem uma base, digamos, de cultura política como ele tem.

Na quinta, dia 21, comecei aqui tendo reuniões sobre desenvolvimento econômico e depois sobre privatização. Na reunião sobre desenvolvimento, apenas tomada de conta sobre como andam os programas de financiamentos da agricultura. Os problemas de sempre, ainda não estão liberados os recursos do FAT, e há mais recursos para investimento que para custeio no Pronaf. Como mudar isso, essa bu-

---

* Segundo dados da Fundação Getulio Vargas, o Índice de Preços no Atacado (IPA) subira 21,4% desde o início de 1999. O Índice de Preços ao Consumidor (IPC) da Fipe-USP acumulava alta de 6,8%.
** Em outubro de 1999, o IBGE mediu desemprego aberto de 7,5% na média do país, segundo maior patamar para outubro desde 1982. No mesmo mês de 1998, a taxa de desocupação fora de 7,65%.
*** O Senado aprovou por 41 votos a 24 a indicação do general José Luís Lopes da Silva, titular do Comando Militar do Leste. Silva comandara a repressão militar à greve dos operários da CSN em Volta Redonda, em 1988. A operação matou três pessoas e deixou quarenta feridas. O general era acusado de envolvimento na explosão do Monumento ao Trabalhador, em 1989, projetado por Oscar Niemeyer e construído na mesma cidade para homenagear as vítimas da CSN.

rocracia infernal? Eu insistindo sempre que temos que ser rápidos, porque a época de plantio é agora, ou mais tarde não dá certo. Este ano o plantio atrasou por causa da seca, foi o que nos salvou, porque os atrasos no financiamento puderam ser corrigidos a tempo de evitar uma coisa ainda mais grave. O ministro da Agricultura me deu uma informação boa, a área plantada vai ser aparentemente do mesmo porte da área plantada no ano passado.

Passamos em revista a situação geral. Andrea Calabi, quando estávamos discutindo privatização, se preocupa com o modelo tanto da petroquímica, das fusões, quanto da questão da monossiderúrgica.* Disse que a Usiminas, aonde irei terça-feira próxima, está altamente endividada no BNDES e há uma espécie de empate decisório que é favorável aos que controlam a Usiminas, o clube dos funcionários e os japoneses,** e nenhum dos dois tem vontade de botar mais capital. Os funcionários porque não dispõem dele, os japoneses porque seu interesse é assegurar as vantagens para as exportações para o Japão, e não querem capitalizar mais. Os outros sócios não têm como influenciar no voto porque dispõem de menos força que os japoneses somados aos funcionários. Isso mostra a dificuldade que vai ser enfrentada pelo BNDES na recomposição do controle acionário de volta da antiga Siderúrgica Nacional, da Vale do Rio Doce e do conjunto das empresas, inclusive da Papel e Celulose.***

É uma coisa muito difícil esse empate, essa ineficácia às vezes dos acordos acionários que existem aqui, com a presença forte da Previ, da Sistel,**** da Petros,***** dos fundos de pensão, e ainda dos sócios estrangeiros. Há uma dificuldade imensa para criar *players*, no meu modo de ver, quanto mais forem nacionais melhor, mas que tenham capacidade de enfrentar concorrência e de se transformarem em multinacionais. Às vezes, quando se toma uma decisão como na Usiminas, que desperta tanto entusiasmo nos políticos, é exatamente porque se está impedindo a capitalização. Embora o controle seja dos funcionários, a capitalização não avança; às vezes, a capitalização implica demasiada desnacionalização e outras vezes o capital nacional ou é incompetente, ou não tem recursos por causa das condições de financiamento do Brasil. São problemas delicados.

Além desses problemas acionários, discutimos o modelo da privatização das energéticas. Está visível o esgotamento da fórmula atual de busca de um sócio es-

---

* Alusão à fusão entre as principais usinas siderúrgicas do país, que vinha sendo cogitada pelas gigantes do setor.
** Nippon Steel.
*** Referência às empresas de papel e celulose com participação acionária da Vale: Bahia Sul Papel e Celulose S.A., Cenibra Celulose Nipo-Brasileira S.A., Florestas Rio Doce S.A. e Celmar S.A. Indústria de Celulose e Papel.
**** Fundo de pensão dos funcionários das empresas do Sistema Telebrás.
***** Fundo de pensão dos funcionários da Petrobras.

tratégico. Precisamos pulverizar mais as ações e buscar alguns mecanismos que permitam vestir com outra roupagem essa privatização, que é indispensável. O ministro Tourinho voltou a dar uns dados, o governo não tem como levar adiante o processo energético por si próprio, precisa da cooperação do capital privado para poder fazer frente às demandas energéticas, mas neste momento há um mau humor que se estende também às questões da privatização, e, com o que o Itamar Franco faz na Cemig,* pior. O cavalo de batalha que ele fez serviu para atrapalhar muito as privatizações. Ele pensa que com isso está agindo patrioticamente, mas na verdade está criando obstáculos ao crescimento da economia do Brasil.

Dei uma entrevista rapidamente à TV Acre e falei bem do governador do Acre, com todas as dificuldades que isso impõe a mim, por ser ele do PT. Recebi à tarde o Carlos Eduardo [Moreira] Ferreira,** presidente da CNI, que veio numa posição de apoio. Recebi um deputado, Lamartine Posella,*** ele veio com um tal de [Mário] Gusmão, eles acham que são perseguidos pela Receita. Vou conversar com o Everardo, não para que não faça investigação, mas para saber o que é isso; dizem que a Receita está dentro das empresas deles há muito tempo. Lembro vagamente que o tal Gusmão que veio com esse Posella é de uma dessas novas igrejas protestantes,**** veio com um pastor, que até deu uma bênção. Não sei se ele não tem alguma ligação, remota que seja, com o pastor do Rio de Janeiro, Caio Fábio, que é da Fábrica de Esperança***** e andou metido no dossiê Cayman.******

Mas o que predominou nessa quinta-feira foi a reunião com os governadores no Palácio da Alvorada, e ela foi um sucesso absoluto. Vieram quinze governadores, clima bom, fui bastante enfático e mostrei por que precisava do apoio de toda a sociedade para avançar na questão da Previdência. Acho que eles vão apoiar. Houve alguns incidentes, a Roseana estava nervosa, como às vezes fica, reclamando de que o governo federal tem que avançar mais nas reformas administrativas, que ela já fez tudo, todos eles já fizeram tudo... O Covas não gostou de certas observações da Roseana, deu uma resposta dura que parecia contra o governo federal, mas não era; era para saber o que foi feito com os recursos federais, a Lei Kandir. Me con-

---

* O governo mineiro, acionista majoritário da Cemig, lograra alterar os estatutos da empresa para retirar o poder de veto dos sócios privados e assim anular o acordo acionário firmado depois da privatização parcial, em 1997. Foram destituídos o vice-presidente e dois diretores da companhia, representantes da AES, da Southern Electric e do Opportunity, que contestaram as mudanças na Justiça.
** Deputado federal (PFL-SP).
*** PPB-SP.
**** Posella é ligado à Igreja Batista Palavra Viva; Gusmão à Igreja Adventista do Sétimo Dia.
***** Projeto social da ONG homônima no bairro carioca do Acari.
****** O pastor servira de intermediário entre os falsificadores e os políticos envolvidos no caso dos papéis forjados do dossiê antitucano.

fundi, esses detalhes que eu dei foram da reunião da semana passada. Nessa de quinta-feira, 21, vieram os governadores que não estavam na reunião anterior em que houve esse incidente com o Covas e a Roseana. Vieram sete governadores, só faltaram os governadores do Acre e do Rio Grande do Sul.

Na sexta-feira, 22, depois de entregar as medalhas da Ordem do Mérito Militar, aí, sim, foi uma reunião com todos os governadores* e com o presidente da Câmara e do Senado no Palácio do Planalto. Durou quatro horas e foi excelente. Ficou muito mal para o PT, que proibiu a vinda dos governadores dele. O governador Zeca do PT me telefonou de manhã para dizer que não vinha, mas que ele achava que o PT está fazendo uma política equivocada. Ele estava me explicando, e não se justificando. Acha que o que estamos fazendo está certo e que o PT está errado. O Graziano [José Graziano da Silva]** reagiu muito fortemente contra isso. Olívio Dutra me mandou uma carta que vai ser publicada na edição de hoje, domingo 24, no *Jornal do Brasil*, assim como a minha resposta, alegando que a reunião nossa seria para manipulação dos governadores, que ela não ia tratar de outras questões, só da Previdência, o que era manifestamente falso no momento em que escrevi a carta. Na véspera tinha havido a reunião em que se discutiu com os governadores a temática deles, suas reivindicações.

Enfim, o PT mais uma vez com o Genoino à frente, o Zé Dirceu se isolou, hoje está o Lula, que é tatibitate, diz que acha que sim, se for preciso vai ter que cobrar dos servidores públicos, que os governadores têm de discutir com o partido e não comigo. O Lula confunde tudo, mistura a Previdência privada com a pública, não presta atenção às coisas, ele é intuitivo, me ataca sem parar porque isso dá ibope para ele. Cristovam Buarque fez a mesma coisa, escreveu um artigo sobre política externa, que pedi ao Lampreia para responder. Tenho a sensação de que eles estão se isolando nessa condição. Isso só não é bom porque quem está ganhando proeminência neste momento é o Ciro Gomes, na medida em que no PSDB não conseguimos ainda uma candidatura que atraia, uma candidatura forte. Vejo no jornal de

---

* Na segunda rodada de negociações, 21 governadores foram ao Palácio do Planalto. Não compareceram Itamar Franco (PMDB-MG), Jorge Viana (PT-AC), Olívio Dutra (PT-RS) e Zeca do PT (PT-MS), em protesto contra os termos da negociação. Ronaldo Lessa (PSB-AL) e Roseana Sarney (PFL-MA) enviaram carta se desculpando pela ausência e apoiando o presidente. Ao final da reunião, o governo anunciou um acordo sobre a redação de PECs para isentar da contribuição previdenciária os inativos que recebiam menos de R$ 600 nas esferas federal e estadual; e para estabelecer o subteto salarial dos estados. Na mesma ocasião, o Planalto comunicou que a alíquota cobrada dos militares — da ativa, da reserva e pensionistas — baixaria de 11% para 6,6%. Dois dias antes, o comando do Exército divulgara uma nota crítica à cobrança previdenciária de seus militares.

** Professor de economia da Unicamp, um dos coordenadores da campanha presidencial de Lula em 1998.

hoje, domingo, que o ACM insiste no Tasso. Taticamente talvez seja uma coisa boa, porque diminui o ímpeto do Ciro.

A reunião de sexta-feira também foi muito positiva, fizemos a emenda constitucional para cobrar dos inativos e pensionistas, fizemos outra colocando o teto. Muitos governadores falaram não só na reunião, mas também fora. Falou Covas, muito positivo, o Amin, o Garotinho, o Lessa, todos positivos, enfim se criou um clima muito bom, de acordo conjunto.

Tive uma reunião com Juan Gabriel Valdés, chanceler do Chile, ele disse que está mais tranquilo quanto à vitória do Ricardo Lagos, eu não estou tão tranquilo assim, porque a diferença não é tão grande.* Dei entrevista à BBC, que no início parecia ser apenas sobre temas técnicos de energia atômica. Depois que disse a eles que minha área não era essa, fizeram uma entrevista mais política. À noite chegaram o Paulo Henrique, a Vanvan e as meninas, a Joana, a Helena e uma amiga dela, Germana, bastante agradável.

Ontem, sábado, almoço familiar tranquilo. À tarde, a Suely Pertence** veio aqui com um escultor chamado Roberto Claussen, ele me deu uma escultura, gostei. Ela muito entusiasmada, ligada às forças energéticas um pouco extraterrenas, sempre com pensamento positivo, querendo que eu faça um bom governo. Ruth e eu a recebemos, Suely é dessa gente que fica com o pensamento positivo nas forças da natureza, e esse escultor parece que é assim também. Coisas de Brasil, interessante. Passamos o dia com as crianças, à noite fomos ao cinema, eu e a Ruth, ver um filme do [Stanley] Kubrick.***

Hoje, domingo, nadamos bastante de manhã, estamos com um pessoal também de casa. Nesse meio-tempo estou preparando coisas para o encontro na Itália, lendo documentos para o encontro de Florença, essa coisa meio vaga da Terceira Via, não sei como vou me sair por lá. E hoje devo jantar, vi agora, nem disse à Ruth ainda, ela não vai gostar, é muito jantar. Mas, enfim, é com o Fabio Feldmann e o Thomas Lovejoy,**** questão de defesa do meio ambiente.

Os jornais de hoje: o Leôncio [Martins Rodrigues], que pouco sabe das coisas concretas daqui, está com medo que eu fique refém dos governadores; outros dizem que os governadores não têm força no Congresso; outro, o Ariosto [Teixeira],***** diz que eu tomei a força da base política, que está demonstrado que continuo com a base política que tinha no primeiro governo. Essa é a verdade,

---

* Nas pesquisas eleitorais chilenas, o candidato da Concertación aparecia pouco à frente de Joaquín Lavín, candidato pela Unión Demócrata Independiente (UDI), agremiação historicamente ligada à ditadura Pinochet.
** Mulher de Sepúlveda Pertence.
*** *De olhos bem fechados* [*Eyes Wide Shut*, 1999], último longa do diretor norte-americano.
**** Ornitólogo norte-americano, pesquisador da Smithsonian Institution e ativista ambiental.
***** Poeta e jornalista, colunista do *Jornal de Brasília*.

mas as pessoas começam a inventar teorias a respeito de como estou, de como não estou. Li também uma entrevista do Pastore, economista, que deu chamada de capa no *Jornal do Brasil*.* Entrevista boa, mas no fim ele diz que, para a Margareth Thatcher, o consenso era inimigo da liderança, que talvez o meu perigo seja querer muito consenso, e o que é preciso é controlar firmemente as contas públicas. Ora, não tenho feito outra coisa a não ser controlar as contas públicas, e nessa matéria nunca procurei consenso — o Serra que o diga, e ele não é o único. A entrevista não é ruim, a manchete do *Jornal do Brasil* é que é. O Pastore tem uma sensibilidade de direita e gostaria sempre de um presidente mais atropelador. De qualquer forma, mostra que as coisas estão entrando mais nos eixos.

O Congresso votou matérias importantes sobre acordos trabalhistas, modificação de legislação quanto à processualística das Adins e também as ações de constitucionalidade.** São matérias que alteram para melhor as coisas e que foram aprovadas em votações de 300 a 100, mostrando que o Congresso não está, como alguns pensam, perdido. Claro, as reclamações são imensas, o Aloysio não aguenta mais reclamação de deputados e senadores, mais de deputados. É cargo que eles querem, é verba para as emendas, é não sei o quê... há uma pendência infinita por cargos. E, diga-se de passagem, não vem de um partido só, não; são todos. Esta negociação aqui é muito rastaquera, e muitos deputados não conseguem se livrar da mania de nomear como forma de ter prestígio, e as nomeações nem sempre são as melhores, às vezes são discutíveis.

A gente fica segurando o cofre, não deixando que eles entrem pelo menos nas áreas mais perigosas do governo, mas se não houver algum tipo de negociação essa liderança thatcheriana, num país em que não há partidos, está fadada ao fracasso inevitável. O problema é colocar limites à gula e também que as coisas sejam feitas com certa transparência. Nunca neguei nada que não fosse a favor do Brasil, nada, zero, e sempre vêm essas hordas de setores políticos querendo coisas que não são razoáveis. Ainda agora há uma crise grave provocada pelo choque do Almir Gabriel com o Jader por causa das Docas do Pará. Eu já registrei aqui, o Almir reclamou por causa da Funcef, eu nem sabia que tinha gente ligada a ele na Funcef, nem sabia que o Almir tinha ligação com o negócio das Docas, a pessoa que está lá é ligada há nove anos ao [Jarbas] Passarinho, e o Almir se acomodou com ela. O Jader agora

* "Câmbio e déficit provocam cobrança de definição a FH", com a linha fina "Busca excessiva de consenso pode ser confundida com fraqueza política".
** Em 20 de outubro, o Senado aprovou sem modificações o texto da lei nº 9868, de 10 de novembro de 1999, que disciplina o processo e o julgamento de Ações Diretas de Inconstitucionalidade (Adins) e Ações Declaratórias de Constitucionalidade (ADCs) pelo STF. Na mesma semana, a Câmara recebeu mensagem do Executivo para a ratificação da Convenção nº 182 e da Recomendação nº 190 da Organização Internacional do Trabalho (OIT), que reprimem o trabalho infantil. A matéria deu origem ao decreto legislativo nº 178, promulgado em 14 de dezembro de 1999.

quer designar alguém outro,* já me disse por telefone: é tudo ou nada. O Teotônio me telefonou defendendo o PSDB, eu disse: "Teotônio, é a mesma coisa de sempre, perguntas do Napoleão ao papa: quantos fuzis tem o papa? Quantos senadores tem o Almir? Tem três, tem dois? O Jader tem 27. E quantos deputados tem o Almir? Tem dez, e o Jader tem cem". Como eu saio dessa? São coisas muito objetivas que eles provocam a partir de reivindicações muito miúdas, mas que põem em risco o equilíbrio da política nacional. Esse é o dia a dia das coisas aqui.

Um registro adicional: hoje tive uma surpresa que me alegrou. A senhora que ajuda a Dalina na limpeza do Palácio da Alvorada veio me procurar para pedir uma bibliografia sobre o regime militar de 1964 até o Sarney, 1985. Dei o Boris Fausto e o Jorge Caldeira. Perguntei para quê, é porque ela está fazendo o sétimo ano do curso e quer ler sobre esse tema. Isso é uma coisa boa, bem brasileira. O pedido em si e também pela empregada que vem e pede ao presidente da República um livro e o presidente entrega os seus livros pessoais com dedicatória dos autores. Ela ficou contentíssima, é um novo Brasil.

---

* Rogério Barzelay.

27 DE OUTUBRO A 5 DE NOVEMBRO DE 1999

Viagem a Minas Gerais. Problemas na Cemig. Visita de Fernando de la Rúa

Hoje é quarta-feira, dia 27 de outubro. Recapitulando, domingo jantei com [Thomas] Lovejoy e Fabio Feldmann. Lovejoy veio propor que na Secretaria do Tratado Amazônico* déssemos um impulso maior a um planejamento estratégico ambiental para a Amazônia.

Segunda-feira, anteontem, uma longa reunião de coordenação política, como é habitual nas segundas-feiras. Quando saí do palácio para vir pra cá eram já nove e meia da noite, foi trabalho sobre trabalho.

Ontem, terça-feira, foi um dia mais agitado e divertido. Fui a Minas para a inauguração de uma grande laminadora da Usiminas, quase 1,5 bilhão de dólares, o BNDES sustentou em grande parte o projeto todo. Mas o fato político é que era minha primeira visita oficial a Minas depois de reeleito presidente, embora eu vá sempre à minha fazenda em Buritis. Itamar foi para a França, o Newton Cardoso me fez o favor de não aparecer, mandou o Paulino Cícero,** pessoa educada com quem tenho boas relações há muitos anos. Newton é uma figura discutível, se ele dissesse alguma coisa na hora eu retrucaria; ele não diria nada, diante do presidente a valentia some. Um fato infausto e muito impactante: morreu um operário numa explosão que tinha havido de manhã numa outra unidade da fábrica.*** Fiz um discurso forte, estavam comigo os três senadores de Minas**** mais alguns deputados, fiz um discurso elogiando Minas e os mineiros. Fiz uma referência gentil entendendo a ausência do governador, dizendo que conjunturas políticas não iam abalar a minha fé no povo mineiro, e por aí fui.*****

Na volta, despachei desesperadamente aqui com o Zequinha Sarney, o Jorge Bornhausen e o Mussa Demes, já falarei sobre isso. Raul Jungmann e Rodolfo Tou-

---

* Organização do Tratado de Cooperação Amazônica (OTCA), bloco multilateral criado em 1978 pelos países com território na Amazônia: Brasil, Bolívia, Colômbia, Equador, Guiana, Peru, Suriname e Venezuela. A OTCA é sediada em Brasília.
** Secretário estadual de Minas e Energia.
*** O operário Fábio Roberto Costa da Silva morreu na explosão de um forno da planta de Ipatinga momentos antes da chegada da comitiva presidencial.
**** Arlindo Porto (PTB), Francelino Pereira (PFL) e José Alencar (PL).
***** "Podem os mineiros ter certeza de que, enquanto eu for presidente da República, sejam quais forem as condições políticas, que importam pouco — o que importa é o Brasil e o povo —, eu apoiarei Minas, apoiarei o povo de Minas e estarei disposto a continuar financiando tudo que for bom para Minas Gerais". (Biblioteca da Presidência.)

rinho, despachos de rotina com Aloysio, porque há essas famosas nomeações que saem, não saem nessas áreas dos ministérios. Mussa Demes veio com Bornhausen e Aloysio, Inocêncio de Oliveira assistiu também à conversa. O Mussa vai apresentar hoje, quarta-feira, o relatório dele. Não entendi nada do relatório, ele diz que mudou tudo, mas não me deu o texto, não deu para entender, só que ele está muito contra a proposta dos secretários de Fazenda, que é uma proposta inspirada pelo Everardo. Malan me disse agora por telefone que dezoito secretários da Fazenda estão com essa proposta. Resultado: impasse grande. Eu disse ao Mussa que não podia respaldar a proposta dele sem saber exatamente os números, mas que, se ele junto com o Bornhausen dissesse que está aberto a negociações, eu também levaria a coisa para esse lado, pois quero avançar na reforma tributária. O Jorge disse a ele que eu, presidente da República, deveria bater o martelo nas negociações. Ele concordou, mas é da boca para fora.

No Congresso há um grande entusiasmo na comissão que aprecia essas propostas, do lado do Everardo, e grande oposição do Malan, uma preocupação imensa, os empresários começam a perceber que é uma coisa difícil. Estamos entrando numa encalacrada, aliás previsível nas minhas conversas com o Serra, que sempre foi muito contra mexermos na reforma tributária. Acho que, a não ser que ele [Serra] seja o dono da bola para fazer a reforma do jeito que imagina, sem perda para a União nem coisas equivocadas, ele será contra; mas acho que ele tem razão. Eu sabia, como sei, que é muito difícil aprovar esta ou qualquer reforma tributária. A sociedade quer coisas simples, quer pagar menos impostos e aumentar a base de tributação, para que o governo não perca. O governo federal quer mais ou menos a mesma coisa que a sociedade, mas há um problema: os governos estaduais têm medo de perder o controle sobre a arrecadação, e também é verdade que o governo federal, a burocracia, quer aumentar o controle sobre a arrecadação. São questões extremamente intrincadas, vai ser uma dor de cabeça para as próximas semanas.

Hoje foi feito um leilão da Cesp-Tietê, ganhou um grupo americano, AES, com financiamento do BNDES.* Eu não queria o financiamento, mas no final viu-se que ou se fazia o financiamento, ou não haveria leilão nenhum. Provavelmente a Votorantim iria comprar sem pagar ágio e o Mário ia acusar o governo federal de não ajudar a privatização em São Paulo. Por outro lado, havendo ágio, como houve de quase 30%, o Tesouro paulista fica mais confortável. O BNDES, porém, vai financiar 50%, se é que os americanos vão querer mesmo esse financiamento, e isso vai nos trazer críticas.

O Tribunal de Minas resolveu salomonicamente a briga do Itamar com a Cemig: mantém os dirigentes da Cemig, mas sem direito a veto.** Diga-se de passa-

* A empresa norte-americana pagou R$ 938 milhões pela Companhia de Geração Elétrica Tietê, desmembrada da estatal energética de São Paulo, com ágio de 30%. O BNDES emprestou R$ 360 milhões para a transação.
** O Tribunal de Justiça mineiro anulou a alteração estatutária da Cemig e reconduziu os exe-

gem, o acordo de acionistas feito pelo Eduardo Azeredo para a direção da Cemig é lesivo, acho que dá poder à minoria. Da forma como eles deram poder, eu não daria, mas não vou entrar nessa questão, é um problema do Itamar com a Cemig, e se eu disser isso que estou dizendo aqui vão achar que estou cedendo ao Itamar. Na verdade não é isso; acho lesivo mesmo e, nesse caso, o Itamar tem razão de lutar pelos interesses do Estado. No que ele não tem razão é em transformar isso numa bandeira de luta contra todas as privatizações. Neste momento ele está na França fazendo discursos anacrônicos a respeito de algo com que eu também concordava, que é uma taxação das transações financeiras internacionais, a chamada taxa Tobin.* Só que isso está sendo apresentado por ele como se fosse uma medida contra a globalização, contra o comércio internacional, ou seja, uma ideologia passadista, o atraso elevado ao cubo.

Por aqui o PT se desentende inteiramente, o Miro Teixeira me telefona com frequência, vai negociar com o Arnaldo Madeira, que vai falar com o Genoino. O PT percebeu que foi longe demais, está recuando nessa questão dos inativos, enfim, temos algumas vitórias políticas. Mas há uma crise, porque o Velloso fez declarações que foram criticadas, o Jobim me telefonou e passou pra ele o telefone, dizendo que não era bem isso que ele tinha dito.** Li as declarações que ele fez no Ceará, no jornal *O Povo*, de fato ele não foi tão longe quanto os jornais deram a impressão de que teria ido. Mas levantou uma questão delicada agora, que é a dos direitos individuais, como se garantir esses direitos individuais, cláusula pétrea da Constituição, dissesse respeito a regime jurídico. Se for por aí, não se muda mais nada no Brasil, só com revolução. Garantias individuais é outra coisa; direito de ir e vir, habeas corpus são cláusulas realmente pétreas da democracia. Agora, transformar o regime jurídico que assegura vantagem a funcionário em cláusula pétrea é transformar a defesa de privilégios em grande bandeira jurídica.

HOJE É 28 DE OUTUBRO, QUINTA-FEIRA, o dia transcorreu outra vez calmo, o dólar caiu um pouco por causa dos acordos de que podemos usar mais 2 bilhões de reais das nossas reservas [de dólares], se for necessário, para evitar especu-

---

cutivos indicados pelos sócios privados da empresa, mantendo, contudo, a suspensão de seu poder de veto.

* A taxa Tobin foi originalmente proposta pelo economista norte-americano James Tobin como um instrumento de regulação dos fluxos mundiais de capitais especulativos, principais agentes dos ataques a moedas nacionais.

** Em referência à PEC 136/1999, sobre a cobrança dos servidores inativos, o presidente do STF declarou que o Congresso "não pode atentar contra as garantias fundamentais, que são parte das cláusulas pétreas. Não estou dizendo que essa emenda fere [as garantias]. Há juristas que acham que sim. Outros acham que não".

lação.* Quanto à reforma tributária, começa o jogo pesado. Ontem foi apresentado o parecer, discussão imensa, o Everardo não se conforma com o texto que o Mussa apresentou, isso vai nos colocar contra a parede, porque, se formos muito contra, a sociedade vai pensar que o governo é contra qualquer reforma. Muita discussão, não só com a coordenação política, mas em geral, por causa do Supremo Tribunal e das declarações do Velloso...

Continuação do dia 28 de outubro. Contribuição não pode ser considerada direito adquirido; se fosse assim, não se podia mais aumentar sequer Imposto de Renda, IPTU etc. A confusão é total nessa matéria, e os jornais estampam a minha fotografia com a do Ulysses [Guimarães],** dizendo que votei a favor dos direitos adquiridos [na Constituinte], como se eu pudesse votar contra. A questão é saber o que são direitos adquiridos e como se pode mudá-los.

Além disso, discutimos bastante, Aloysio, eu e o Pimenta, a respeito das Docas do Pará, o Pimenta defendendo ardorosamente o Almir, coisa que o PMDB não aceita, Aloysio no contra-ataque, dizendo que o Almir não foi correto, que nunca tocou no assunto comigo, que foi para a imprensa procurar o ACM. Enfim, uma série de desaguisados de porte menor, mas que chateiam e dão muita dor de cabeça.

31 DE OUTUBRO, DOMINGO, estou em Ibiúna, vamos recapitular. Na manhã da sexta-feira, dia 29, dei uma longa entrevista ao Carlos Eduardo Lins da Silva, da *Folha*. Ele publicou tudo corretamente. A *Folha* deu chamadas equivocadas, na primeira página e também na manchete da página 10, onde saiu a notícia. A primeira dizendo que eu admito a hipótese de conversibilidade da moeda, na página da entrevista dizendo que eu defendo a conversibilidade.*** No texto o que eu digo é o seguinte: que não vejo possibilidade de conversibilidade agora, que sou favorável ao controle dos fluxos e que no futuro, em algum dado momento, poderá haver conversibilidade. Distorção nas manchetes, enquanto o texto está correto.

* O FMI concordou em rebaixar o piso das reservas cambiais próprias do Brasil de US$ 22,3 bilhões para US$ 20,3 bilhões. O nível mínimo fora estabelecido para a concessão dos empréstimos internacionais ao país. No final de outubro, as reservas somavam US$ 23,3 bilhões. Com o anúncio do acordo, o dólar caiu 0,75%, foi a R$ 1,97.
** Ex-presidente da Assembleia Constituinte (1987-8) e peemedebista histórico.
*** Manchete de capa: "FHC admite livre conversibilidade", com a linha fina "Presidente diz que país pode vir a eliminar restrição a transação com moeda estrangeira, mas descarta dolarização"; e, na p. 10: "FHC defende livre conversão da moeda — Presidente diz que, 'em dado momento', será bom adotar troca do câmbio irrestrita, mas rejeita dolarizar".

À noite jantei na casa do Nelson Jobim com o ministro Carlos Velloso e com Maurício Corrêa e com outras pessoas que lá estavam. Jantar muito agradável, social, um clima de muita simpatia, foi bom porque estavam três ministros do Supremo. Sempre é bom manter esse relacionamento.

Sábado de manhã, depois de ter feito meus exercícios, saí de Brasília. Pela primeira vez me senti meio mal, tive um pré-desmaio duas vezes de manhã e chamei o [Roberto] Camarinha* para medir a pressão. Estava baixa, não sei o que aconteceu, nunca tive pressão baixa, talvez o banho muito quente depois da natação, não sei. Tomei o helicóptero, peguei a Ruth em São Paulo, fomos almoçar na casa do Andrea Matarazzo, uma velha fazenda da família Malzoni, que é da mulher dele.** Uma casa do fim do século XVIII, estão criando peixes lá, uns cavalos bonitos, foi muito simpático.

De lá viemos para Ibiúna, ficamos lendo, hoje de manhã também, depois a Ruth voltou a São Paulo. Acabou de falar comigo por telefone, são duas da tarde, ela vai hoje à noite à África do Sul, e depois a Moçambique, para uma reunião da UN Foundation.

Passamos rapidamente na casa do Zé Gregori, falei com o Juarez, com o Boris, pensei que ele não viesse [a Ibiúna], mas veio com o Jeco [Jorge Poppovic], filho do Pedro Paulo, e com o Leôncio Martins Rodrigues. Telefonei para o Leôncio, talvez venha ele aqui amanhã e vamos fazer um joguinho de pôquer como fazemos há trinta anos e é tão difícil fazer hoje em dia. Depois eu talvez receba o Jorge da Cunha Lima*** com o Marco Antônio Coelho,**** que vêm almoçar para discutir não sei o quê — talvez a questão da TV Cultura. O dia hoje amanheceu fechado, bastante frio, mas agora está um céu aberto, dia agradável.

Nota curiosa: no telefonema que acabei de receber da Ruth, a Marisa, nossa empregada [de Ibiúna], veio me chamar: "Fernando Henrique, a d. Ruth está chamando o senhor... está chamando você". É curioso, a política realmente aproxima as pessoas do presidente da República. A sensação dos que não conhecem a vida aqui é o contrário, mas com o povo é assim, quando você tem uma vida política, eles se familiarizam. Mesmo a Marisa, nossa empregada há quinze anos, que é muito tímida, muito discreta, me chama de "você" e de Fernando Henrique, e a Ruth de "dona Ruth". Há pouco toca o telefone, vou atender, estou sozinho na casa, e quem era? Um sobrinho do Joaquim [Antônio da Silva], nosso caseiro há trinta anos. O sobrinho dele, disse, não me lembro disto, que eu passei na estrada e acenei pra ele, e se ele podia passar o fone ao patrão dele. Passou ao patrão, que não queria nada, só falar comigo no telefone, dizer que me viu na estrada. "Está bem, na próxima opor-

---

* Coronel médico da Aeronáutica e médico oficial da Presidência da República.
** Sonia Malzoni Matarazzo.
*** Diretor-presidente da Fundação Padre Anchieta.
**** Diretor de jornalismo da TV Cultura.

tunidade te chamo para vir aqui", eu falei. É simpático esse tipo de relacionamento que se mantém no Brasil entre a alta autoridade e o povo.

HOJE É DIA 2 DE NOVEMBRO, TERÇA-FEIRA, Finados. Estou novamente em Brasília, são oito da noite. De fato, domingo aconteceu o que eu disse, Jorge da Cunha Lima foi lá [em Ibiúna] com Marco Antônio Coelho, conversamos sobre várias questões, à tarde recebi uns amigos meus de velhas épocas, o Ninin, de Sorocaba, com a mulher e a filha, o Antônio, que está em Porto Epitácio, tem setenta anos, foi com a mulher, sempre me ajudou. Chegou o Leôncio Martins Rodrigues, fomos para a casa do Boris Fausto, jogamos bastante, foi agradável; perdi quarenta reais para o Boris, tenho que pagar, não tinha dinheiro, depois jantamos, voltei para encontrar a Bia e as crianças. O Serra tentou no sábado várias vezes falar comigo, não conseguiu. A matéria comigo na *Folha* saiu boa, não vi a entrevista que dei para o *La Nación* no mesmo dia que dei entrevista para a *Folha*, parece que foi boa também.

Hoje passei o dia com a Bia e as crianças, fiquei lendo, li muita coisa, enorme quantidade de documentos, livros, capítulos, me preparando para o encontro em Florença.* Nada de muito novo, na verdade. A respeito da Terceira Via o que tinha de ser dito já foi resumido, e muito bem, pelo Anthony Giddens,** o resto é chover no molhado. Andei lendo também sobre a nova ordem mundial, livros e capítulos que vão me dando para eu me colocar *up to date*. E ando lendo, encantado, o livro de Woodrow Wilson sobre Sheldon, realmente um livro muito instrutivo para quem é presidente da República.

Além disso, tragédia em Mato Grosso, mataram uma prefeita do PT,*** tomara que não tenham sido os latifundiários. Tragédia na Febem,**** falei sobre tudo isso na hora de ir embora de Ibiúna, recebi vereadores de Ibiúna, São Roque, vidinha provinciana mas agradável, muito conforme com alguém que precisava descansar uns dias. Agora voltei, estou esperando Sebastião Rego Barros, nosso embaixador

---

* O encontro da Terceira Via foi oficialmente denominado "Conferência Governança Progressista para o Século XXI".
** Sociólogo inglês, diretor da London School of Economics e principal formulador teórico da Terceira Via.
*** Dorcelina Folador, prefeita de Mundo Novo (MS), foi assassinada a tiros na varanda de sua casa. Em 2003, três pessoas foram condenadas pelo homicídio, entre as quais Jusmar Silva, secretário de Agricultura do município na gestão da prefeita, apontado como mandante.
**** Em 25 de outubro, estourou uma rebelião na unidade Imigrantes da Febem (Fundação do Bem-Estar do Menor, atualmente denominada Fundação Casa), a mais violenta já registrada. Cerca de mil internos tomaram como reféns dezesseis funcionários e outros menores e atearam fogo em três prédios do complexo. A unidade foi fechada pelo governo paulista depois do final do motim.

em Buenos Aires, para conversar com ele sobre o [Fernando] De la Rúa, com quem vou estar amanhã.*

Notícia ruim, Luciano Martins está voltando de Cuba, mandei buscá-lo, está provavelmente com um câncer, não sei se é certo, mas enfrenta problemas sérios.** Justamente agora que ele devia estar entusiasmado com nossa chegada a Cuba, em vez disso vem ele para cá. O Vilmar, que veio no avião comigo, junto com o Andrea Matarazzo e a Ana, falou com ele por telefone e conversamos sobre a situação do Luciano.

Problema sério, a *Folha* denunciando maroteiras no Ministério dos Transportes,*** falei por telefone com o Padilha, ele se mostrou confiante, dizendo que está providenciando para que as coisas venham a foro, e que não têm nada a ver com ele. Tomara.

HOJE É SEXTA-FEIRA, DIA 5 DE NOVEMBRO, vinte para as oito da noite. Retomando. Na quarta-feira, o fato principal foi a presença do presidente Fernando de la Rúa. Na véspera, conversei longamente com Sebastião sobre a situação da Argentina, sobre o que falar com ele [Fernando] e tudo mais. Conversa longa, de uma hora, sozinhos depois do almoço, mas conversa amena. Impressão minha: é um político tradicional de corte mais para conservador, homem educado, sem *chispa*,**** semelhante à do Menem, mas fácil de lidar. Não vejo que tenha dinamismo, tem algo protecionista e muito interessado na questão política, aí, sim, na união com o Brasil para fins externos. Está informado dos assuntos, é um político de certa tradição, tem formação de professor de direito, homem de trato ameno. Depois o almoço com os deputados que o acompanharam foi bom, e essa mesma disposição de aproximação, sobretudo política. Ele fez uma apreciação curiosa sobre o candidato à Presidência do Chile, Joaquín Lavín, não conheço, ele gosta do Lavín, torce pelo Ricardo Lagos, candidato do Partido Socialista, mas tem boa impressão do Lavín, que é um homem de direita moderna, muito inteligente, formado em Harvard. As relações vão ser boas do ponto de vista político e, do ponto de vista econômico, vamos ver o que acontece.

À tarde, fiquei de novo às voltas com o Eliseu Padilha, do Ministério dos Transportes. Na reunião que tivemos de coordenação política, Padilha, que num primeiro momento não queria, decidiu ele mesmo chamar a Polícia Federal. Ele achava

---

* Com dez pontos de vantagem sobre Eduardo Duhalde, o candidato da coligação UCR-Frepaso vencera as eleições para a Casa Rosada em 24 de outubro.
** Martins continuou à frente da embaixada brasileira em Havana até 2003.
*** O jornal paulistano revelou que funcionários do DNER atuavam mediante propina para liberar o pagamento de dezenas de milhões de reais em precatórios ainda passíveis de recursos judiciais.
**** "Agudeza" ou "engenho", em espanhol.

melhor ir via procurador da República, mas o Zé Carlos [José Carlos Dias], que estava na reunião, ponderou que era melhor ele próprio chamar a Polícia Federal, e assim foi feito.

Depois de receber o [João] Capiberibe* para falar das estradas do Amapá, à noite me encontrei com o Tasso, que veio jantar comigo, e aí uma surpresa. Na discussão sobre a questão do Pará, a nomeação do novo presidente das Docas de Belém, Almir Gabriel estava muito aflito. Depois da reunião de coordenação, chamei o Pimenta, que disse que o Aloysio estava irascível com a questão, tinha sido até um tanto grosseiro com ele, que achava que eu devia chamar o Pimenta e negociar para ganharmos tempo e ver se dava para fazer alguma coisa. O Aloysio é partidário da nomeação do candidato do Jader, porque diz que ele é presidente nacional do PMDB, líder do Senado. Chamei o Pimenta, disse isso a ele, que ficou mais desanuviado. Segundo ele, o PSDB está reunido ao redor do governador do Pará, se unem fácil nessas matérias. Assim foi feito.

Vim para casa certo de que estava suspensa a nomeação do novo diretor, no entanto houve falha de comunicação, a nomeação não foi suspensa, resultado: foi destituído o diretor que o Almir Gabriel apoia. Embora tenha sido nomeado pelo Jarbas Passarinho há nove anos, não é indicação do Almir, ele acha que seria importantíssimo para governar o Pará. Quando o Tasso me disse isso, o Pimenta já estava transtornado atrás de nós. Chamei o Pimenta, jantamos juntos os três, foi uma conversa difícil, também estou cheio dessas coisas todas, disse: "Olha, estou aqui fazendo um equilibrismo danado para governar, não creio que se possa fazer sem maioria". Pimenta e Tasso acham que os três quintos já eram, que devemos partir para uma coisa mais PSDB, PFL. Eu disse: "Pois é, e na mão do PFL quer dizer na mão do ACM". O PMDB é que dá equilíbrio, dá o jogo nessa questão. Além do mais, não é verdade que se possa governar sem uma maioria sólida, temos a questão dos inativos, a questão do FEF. Pimenta acha que o FEF não é importante, eles criticam a política econômica, Pimenta acha que é preciso olhar mais para o mercado interno.

Aí perdi um pouco a paciência e disse: "Vocês têm que entender que o mundo é outro. Claro que o mercado interno aqui é predominante, mas não existe mais essa divisão taxativa entre interno e externo. Tudo está intercomunicado, os mercados são os mesmos, os financeiros nem se fala, qualquer coisa que aconteça aqui, que eu perca no Congresso, tem repercussões gerais. Mesmo o Tasso, que é empresário, tem muitas críticas, acha que a turma financeira não entende de economia, que precisamos dar menos atenção ao setor financeiro. Gosta muito do presidente do Banco Central, mas mesmo assim acha que é preciso ter mais autonomia. Bom, vocês acham que sou eu que estou me subordinando ao capital financeiro, mas não sabem que não sou eu quem está subordinado; é o capitalismo que é assim, e

---

* Governador do Amapá (PSB).

nós temos, a despeito de tudo isso, que criar as condições para o desenvolvimento industrial, de serviços, educação etc."

As cabeças ainda estão voltadas para trás, não digo totalmente, mas estão uma meia volta para os anos 50. Insistem que temos que atender o Almir. Eu disse: "Manda chamar o Almir".

Ontem, depois de ter tomado um café da manhã com a Mariângela Hamu, do *Estadão*, para conversar sobre a conjuntura, dei uma entrevista para o pessoal de uma revista chamada *Outlook*,* dos Estados Unidos.

Em seguida fui a uma cerimônia da Ordem do Mérito Cultural,** do Weffort, fiz discurso, ouvi música de Goiás do século passado, ouvi um discurso amável, voltei para casa. No Alvorada, me encontrei com Almir e Pimenta. Longa conversa, repeti um pouco, tem aquele fogo de encontro que gosto de fazer, disse que estava cansado, que as pessoas não se iludissem, pois estou o tempo todo aqui segurando a chave do cofre, fazendo o mínimo de concessão, tentando manter o rumo. O Pimenta e o Almir me fizeram grandes elogios, que eu fiz isso, fiz aquilo, mudei o Brasil, mas que chega de reformas, essa é a tese deles. Ou seja, que no fundo não precisamos mais dos outros, que agora é PSDB com o PFL.

No fundo é isso, quem manda, aquela coisa um pouco partidista e provinciana. O Almir é um homem de bem, me mostrou os mapas, a importância das Docas, porque o Jader é isso e aquilo, tudo que eu sei, mas ele tem 27 senadores, esse é que é o ponto; o resto é conversa fiada. Além do mais, no futuro, como vai ser? Eles acham que o PMDB vai apoiar o [Anthony] Garotinho, não é verdade, o PMDB não tem outro caminho senão vir para o nosso lado, mas eles pensam de maneira muito anti-PMDB por razões locais, do Pará, de Minas. Conversa difícil, mas eu disse: "Almir, vamos fazer o seguinte: vou dar como suspensa a nomeação, vou negociar, não vá você chegar ao Pará e dizer que eu vou nomear outra pessoa; não envenene, que vou tentar negociar" — o que de fato estou fazendo. Falei com Eduardo Jorge, que falou com o Jader, que mostrou certa abertura, mas já reclamou das declarações do Almir. Depois falei com o Geddel, enfim, esse duro ofício de compor o quase incomponível.

Voltei ao Palácio do Planalto, recebi em entrevista o Pratini, pessoa que me impressiona bem, é despachado, sabe das coisas, vai adiante. Tive um longo despacho com o dr. Quintão, da AGU, falei com o porta-voz, dando meu recado sobre essas questões todas, e as coisas foram se acalmando.

De volta para cá, à noite, de novo, tive um encontro com o Paulo Renato. Veio o Tasso, que teve uma conversa com ACM, que me mandou uma carta em que ele

---

* "The Cardoso Agenda". *Outlook: The Journal of Ideas that Create the Future*, v. 12, n. 1, jan. 2000, pp. 1-13.

** Entre os agraciados de 1999, estiveram os governadores Almir Gabriel e Mário Covas, o presidente do BID, Enrique Iglesias, e o filólogo Antônio Houaiss.

é a vestal, cobra moralidade e me defende e ao mesmo tempo é ambíguo. Carta ao estilo dele, muito inteligente e muito malandra. O Tasso veio me dizer que ele [Antônio Carlos], quase chorando, disse que ficará comigo até o fim, mesmo que eu esteja sozinho, em homenagem ao Luís Eduardo [Magalhães]. Esse é o Antônio Carlos. Ele é ambivalente mesmo e, ao falar como falou com o Tasso, não estava mentindo os sentimentos naquele momento; quando vê a possibilidade de também aparecer, ele aparece. Enfim, essa coisa cansativa. O Tasso e o Pimenta estavam mais desanuviados, porque acham que foi resolvida a crise com o Almir. Resolve a crise do PSDB e abre a do PMDB.

Hoje, sexta-feira, dei entrevista de manhã a jornais da Alemanha e, à tarde, ao *Le Monde*, da França, sobre a Terceira Via. Entrevista longa em francês sempre cansa um pouco. Almocei com o Fernando Gasparian e o Suplicy [Luís Marcos Suplicy Hafers]* para discutir a agricultura. Eles se queixaram, a agricultura tem que ser amiga do governo, mas é maltratada porque o Banco do Brasil é contra, tem que tirar o Ricardo Conceição,** de quem gostam, mas que está há muito tempo no Banco do Brasil, tem que botar lá alguém ligado ao Pratini, enfim, não se pode tratar o agricultor como inimigo, ele é amigo, essa negociação toda que foi feita*** é sempre insuficiente, há muitas possibilidades. O Luís Márcio é um homem inteligente, agradável, exibicionista, ele mesmo reconhece, mas tem talento, graça. Foi um almoço bastante simpático, o Gasparian sempre foi meu amigo, continua sendo, apesar de pensar coisas diferentes; ele é mais amigo do que crítico.

Voltei ao Palácio do Planalto, depois dessa entrevista, desaguisado com a Ana, que está criticando todo mundo. Bom mesmo no Planalto só duas pessoas, o Lucena e o Eduardo Santos, o resto é perigoso. Ela acha que a delegação acertada [para a viagem a Florença] está errada, porque tem a Bibia [Maria Filomena Gregori],**** que é filha do Zé Gregori. Expliquei que a Bibia vai não por ser filha do Zé Gregori, mas porque é uma moça competente, intelectual, que preciso botar uma nova geração... Tivemos uma altercação, estou cansado. A Ana critica um, critica outro, ela é dedicadíssima, mas tem restrições a quase todo mundo que trabalha no pedaço dela; fora de lá, não.

Isso posto, há outros problemas complicados no ar. A CPI do Narcotráfico***** está indo bem. Sarney me telefonou, no Maranhão a coisa é braba, um deles acusa

---

* Presidente da Sociedade Rural Brasileira.
** Diretor de Crédito Rural do Banco do Brasil.
*** Para garantir a aprovação da MP 1918-2/99, sobre a renegociação da dívida rural, o governo cedera aos ruralistas a extensão da faixa de descontos de 30% das dívidas rurais, de R$ 10 mil para R$ 50 mil. A MP foi aprovada em votação simbólica em 26 de outubro e convertida na lei nº 9866, de 9 de novembro de 1999.
**** Professora de antropologia da Unicamp.
***** Instalada na Câmara em abril de 1999, a CPI investigou crimes ligados ao tráfico de drogas

a família Sarney, acho que é infâmia, o cara que acusa não tem a menor credibilidade, é o principal responsável por tudo que é narcotráfico e outras coisas más no Maranhão, um deputado local,* enfim, dores de cabeça. Armínio Fraga me falou sobre a petroquímica, porque o Banco Central ainda tem uma parte da Copene, eles querem uma solução, e a petroquímica é muito embrulhada sempre. Pedi que falasse com o Calabi e não tenho muitos detalhes de como isso se reorganiza.** E a Odebrecht, que tem outra visão, sempre é assim. O Fraga, que é um homem de quem cada vez gosto mais, me disse que é preciso um entendimento na parte da reforma tributária entre o Mussa Demes e o Everardo, senão vamos ficar sem nada. Pediu que eu lesse, o que fiz, um artigo do Maílson da Nóbrega que saiu na *Folha* apoiando o Mussa Demes. Fraga está disposto a ajudar numa mediação entre o Mussa e o Everardo. Dificílima a mediação, mas vou tentar de qualquer maneira, porque ela se impõe. Falamos um pouco sobre o câmbio, que baixou bastante,*** Armínio muito animado, parece que as perspectivas são boas, e são mesmo.

---

com o envolvimento de agentes públicos. Em novembro de 2000, o relatório final da comissão indiciou mais de oitocentas pessoas, entre elas dois deputados federais, catorze estaduais e seis desembargadores, além de delegados de polícia, policiais, empresários, militares e prefeitos. Uma das principais figuras da investigação foi o deputado federal Hildebrando Pascoal (PFL-AC).

* Em depoimento à CPI, o deputado estadual José Gerardo (PPB), acusado de comandar o tráfico no Maranhão, afirmou que um dos pistoleiros mais procurados pela polícia do estado, Joaquim Laurixto, vinha sendo protegido pela família Sarney.

** Somados à massa falida do Banco Econômico (controlada pelo Banco Central), os grupos Odebrecht e Mariani detinham 55,8% da Norquisa, holding controladora da Companhia Petroquímica do Nordeste, então a maior do país no setor. Os dois grupos e os gestores da massa falida fecharam um acordo para a venda em bloco de seus ativos no Polo Petroquímico de Camaçari (Bahia), para a qual era necessária a autorização do governo.

*** O dólar fechou o pregão de 5 de novembro de 1999 a R$ 1,91.

10 A 22 DE NOVEMBRO DE 1999

Primeira viagem a Cuba. Conferência da Terceira Via. Audiência com o papa

Quarta-feira, dia 10 de novembro, duas e meia da tarde. Domingo, nada de novo, almocei com a Gilda, minha irmã, e o Roberto, depois estive com Carlos Joaquim Ignácio, meu primo, recebi gente sem parar, no fim do dia o Gilmar [Mendes] veio com o Andrea para conversarmos sobre a Secretaria de Comunicação. Lampreia me deu conta de sua última viagem, está muito preocupado com a dificuldade dos países industrializados, os ricos, de cederem nas negociações [agrícolas], ele acha que vai ser muito difícil em Seattle.* Mais tarde chegou a Ruth, que voltou da longa viagem à África. Veio com Ted Turner e a Jane Fonda no avião deles, diretamente de Johannesburgo, e do Rio para cá.

Na segunda, 8 de novembro, de manhã dei entrevista ao *The Economist* e ao *Financial Times* por causa da rodada que vai haver na Europa. Fiz gravação de rádio, depois recebi o Bolívar Lamounier com o Carl Gershman, presidente da National Endowment for Democracy,** e tive a reunião de coordenação que se faz normalmente às 17h30 sobre os problemas da semana. O problema continua sendo o das Docas do Pará, não há decisão ainda, a ideia é enviarmos um almirante. Nem Jader nem Almir, mas um almirante; o que não pode é essa coisa ficar num bate-boca entre os dois. Às sete da noite me encontrei no Alvorada com o Domingo Alzugaray, que veio com o Andrea. Eles estão comemorando o negócio da revista *IstoÉ*, que está ampliando a sua vendagem. Ele, espertíssimo, fazendo críticas injustas, mas no fundo veio dizer que no geral vai estar de acordo com o governo, até mesmo na sucessão. Perguntou sobre o Collor, indicando estar com alguma inquietação nessa direção, não sei se positiva ou negativamente. Não gosta do Ciro Gomes, foi o que me pareceu.

Ontem, terça, 9 de novembro, reunião de desenvolvimento, normal para prestação de contas das várias áreas. Depois o Raul Jungmann veio mostrar o que está acontecendo com uma lei no Senado, estava na Câmara, foi aprovada.*** A lei mora-

---

* Alusão à Conferência Ministerial da Organização Mundial do Comércio (OMC), realizada na maior cidade do estado de Washington entre 30 de novembro e 2 de dezembro de 1999 para definir o acordo comercial da Rodada do Milênio.
** Agência do governo norte-americano para a promoção dos valores democráticos no exterior.
*** Referência à PEC 407/1996, convertida da emenda constitucional nº 30, que alterou o artigo 100 da Constituição e adicionou um artigo às Disposições Transitórias para permitir o alongamento dos prazos de pagamento de precatórios judiciais pela União, bem como seu parcelamento. A PEC estava prestes a ser aprovada pela comissão especial da Câmara sobre o tema.

liza os precatórios, e o ACM tem uma assessora, segundo ele, uma juíza que está colocando cláusulas muito duras, inconstitucionais, o que pode atrapalhar a lei mais tarde. Depois discutimos nomeações no ministério dele, sobretudo por causa do Pronaf, que lá está com grande sucesso. O Jungmann dá conta do recado.

Depois almocei com o Vilmar e a Ruth, para discutir os documentos que andei lendo no fim de semana para a minha exposição em Florença, preparando um texto de base, que refiz bastante, depois um documento aumentado que o Vilmar, o Eduardo Graeff e outros fizeram. Está muito bom, consolidando os trabalhos do governo, sobretudo na área social. Depois do almoço recebi o José Carlos Dias com os dirigentes da CPI do Narcotráfico.* Antes tive encontro com o Zé Carlos, ouvi o general Cardoso, que havia me alertado na véspera para a necessidade de haver um afinamento para evitar que haja disputa entre a Senad e a Polícia Federal.

A reunião com os membros da CPI do Narcotráfico foi boa, estão fazendo um bom trabalho. O presidente da comissão se referiu a uma declaração prestada sob juramento por um prisioneiro, que devia ficar guardada por vinte anos, mas ele contou diante de todos nós lá, umas trinta pessoas na sala. Há sempre esses riscos, mas de qualquer forma todos bastante empenhados em pegar alguma coisa mais concreta sobre o narcotráfico. Lá estava o Cabo Júlio [Júlio Cesar Gomes dos Santos],** que eu não conhecia, que é deputado, rapaz jovem, simpático, alto, veio me dar uma bênção, é evangélico, e também o Magno Malta, presidente da comissão, que me deu uma Bíblia. Curioso tudo isso; o cabo Júlio disse que eles rezam por mim todos os dias.

Depois recebi o Alberto Couriel, senador no Uruguai, da Frente Ampla, meu amigo de longa data. É ligado à Cepal, foi reitor da universidade [Universidad de la República] e veio como emissário do candidato à Presidência do Uruguai, que parece que vai ganhar em nome da Frente Ampla, o Tabaré Vázquez.*** Ele disse que eu conhecia o Tabaré, eu não lembrava, ele recordou e é verdade. O Couriel veio com ideias bastante moderadas, mas no fundo com uma vontade de ver se é possível mudar a ordem internacional — ambição de todo mundo, mas que é difícil realizar — e com a preocupação, de alguma forma, do Uruguai se integrar industrialmente ao Mercosul.

Recebi ainda o vice-presidente da Bolívia, Jorge Quiroga Ramírez, conversa puramente protocolar, e mais tarde fui à cerimônia de abertura do XVI Congresso Brasileiro de Avicultura, no Itamaraty, discurso pra lá, discurso pra cá. Também

* A comissão era presidida pelo deputado Magno Malta (PDT-ES) e relatada pelo deputado Moroni Torgan (PFL-CE).
** Deputado federal (PL-MG), sub-relator da CPI.
*** Vázquez vencera com estreita margem o primeiro turno das eleições presidenciais uruguaias, realizado em 31 de outubro, e acabou derrotado por Jorge Batlle (Partido Colorado) no segundo turno, em 28 de novembro.

muitas reuniões com o pessoal que comanda no palácio, a respeito do que fazer sobre esses temas que nos estão amolando, sobretudo a mim me preocupa a questão do DNER e a do Greca, porque essas coisas pouco a pouco vão minando aqui e ali, é muito ruim.

Depois dessa solenidade no Itamaraty, vim para casa e tive uma reunião com o Martus e Pedro Malan. Eles vieram reclamar do acordo feito por Aloysio e Pedro Parente com o pessoal da Saúde, a PEC da Saúde, que propõe uma emenda constitucional da Saúde que vincula recursos, e com muita pressão dos médicos e do Serra também. Malan não se conforma com o que foi aprovado, tem seus pontos e, claro, há também as dificuldades do Serra com ele.

Malan me mostrou o memorando de entendimento com o FMI. O único ponto mais discutível é que a Teresa Ter-Minassian, segundo ele, está insistindo muito num compromisso formal de ajustarmos o preço do petróleo, que está subindo lá fora e nós aqui não estamos aumentando. Eu disse para ele resistir, no momento adequado até podemos fazer, mas não cabe um compromisso de antemão. Camdessus renunciou ao comando do FMI,* Malan jamais foi muito simpático ao Camdessus, gostava mesmo era do [Jacques de] Larosière, um antigo governador do Banque de France. O Malan fez análises sobre todo mundo, contou os últimos detalhes, as últimas viagens que fizeram a Londres e coisas que ele soube mais tarde pelo Armínio Fraga.

Hoje, quarta-feira, de manhã recebi o senador Ney Suassuna, do PMDB, que também ponderou as dificuldades do DNER e as preocupações que ele tem de que a coisa possa estar esquentando. Depois fui ao Palácio do Planalto, participei de uma reunião da Câmara de Política Econômica com os ministros que tomam decisão nessa área e fiquei com algumas preocupações. Primeiro, a questão das tarifas. O que tem puxado a inflação são as tarifas, sobretudo da energia elétrica, mas também de petróleo e um pouco de telefone. São preços administrados, e são eles que estão puxando a inflação, as agências reguladoras têm liberdade para fixar o preço ou pelo menos para que o contrato de concessão seja obedecido. A opinião do pessoal do Banco Central e da Fazenda, compartilhada pelos demais ali presentes, inclusive pelo Tápias e pelo Martus, é de que efetivamente houve exagero nas concessões de aumento. Vamos tomar medidas disciplinadoras, porque isso pode pôr em risco a meta inflacionária do ano que vem.

Também tem a pressão sobre o dólar, vem entrando menos do que tem saído, por isso a reunião de hoje à tarde do Copom, que vai definir a taxa de juros.** Duvido que o Copom tenha condições de baixar a taxa; se baixar, vai ser simbolicamente, porque seria arriscado dar um passo mais audacioso. Levantei para eles a necessidade de pensar num mecanismo para termos um aumento que não seja

---

* Camdessus foi sucedido pelo alemão Horst Köhler na direção-gerência do FMI.
** A Selic foi mantida em 19% ao ano.

de salário mínimo no sentido tradicional, porque este pesa no setor público, mas das atividades privadas. Eles vão ver a possibilidade de fazer isso para melhorar a situação de base de salário no Brasil. Não ficaram, de cara, muito contra; em geral os economistas são mais cautelosos nessa matéria do que o resto da sociedade, mas não ficaram muito contra, não. O [Alexandre] Tombini* fez várias análises interessantes sobre a situação, a conjuntura. Essa é difícil, mas ele ainda vê coisas boas para o ano que vem; é sempre otimista, eu também sou.

Depois falei com o Aloysio e o Pedro Parente sobre o que fazer na questão do Ministério dos Transportes; pode ser que esse negócio do DNER se complique e que talvez eu chame o ministro hoje para conversar. Discussão também sobre o Paraná, transformar os royalties do petróleo em antecipação da dívida do estado, as questões locais rotineiras.

DIA 12 DE NOVEMBRO, SEXTA-FEIRA, cinco da tarde. Estou preparando meus papéis, minhas roupas, para viajar amanhã para Cuba e Santo Domingo e depois para a Itália.**

Quarta-feira à tarde, conversei com o Roberto Colaninno, presidente da Telecom Italia, grandes projetos de investimentos. Recebi Joaquim Roriz, governador do Distrito Federal, que veio discutir sobre o metrô e a Polícia Militar de Brasília — em ambos os casos quer apoio do governo federal. Depois recebi o ministro Élcio Álvares com o general Gleuber, para fazer as promoções e discutir o Réveillon no Rio de Janeiro.***

Pedro Malan jantou comigo e a Ruth para discutirmos — depois de termos eu, ele e o Martus visto a questão do orçamento do último trimestre deste ano — a liberação dos gastos no exercício financeiro do último trimestre. Fomos conversar e Pedro Malan se queixou do modo pelo qual o Pedro Parente fez o acordo sobre a negociação da PEC da Saúde. Falei com Pedro Parente, que me escreveu uma carta explicando que fez tudo aquilo como uma última maneira de aprovar várias emendas no Congresso, que aumentaram apenas 1 bilhão para o ano que vem e que eu havia concordado com esse bilhão, o que é certo. O temor do Malan não é o ano que

---

* Chefe do Departamento de Estudos e Pesquisas do BC.
** Na capital da República Dominicana, o presidente participou do encerramento da VI Reunião Plenária do Círculo de Montevidéu. Em Havana, integrou a IX Reunião de Chefes de Estado e de Governo da Conferência Ibero-Americana. Na Itália, além da cúpula da Terceira Via, em Florença, reuniu-se com o presidente da República e discursou na FAO, em Roma, e foi recebido pelo papa João Paulo II no Vaticano. Fernando Henrique também visitou Portugal, permanecendo fora do país entre 13 e 22 de novembro de 1999.
*** Alusão aos preparativos da festa de Ano-Novo organizada para quinhentos convidados pela Prefeitura do Rio no forte de Copacabana, na qual se esperava a presença da família presidencial.

vem; é que no ano corrente haja mais gastos na área da saúde, a serem incorporados aos gastos do ano que vem. São discussões normais de governo.

Ontem de manhã recebi o governador do Tocantins, Siqueira Campos, e o filho dele, senador, um rapaz que tem nos ajudado bastante no Congresso. O Siqueira foi muito gentil, trouxe a proposta — se eu quiser, e desde que ninguém saiba de antemão — de que eu posso ser candidato a senador pelo Tocantins. Eu não disse que não era minha intenção, que não era o caso, mas foi uma gentileza dele. Depois uma gravação para a GloboNews, entrevista sobre a violência com os habituais apresentadores da GloboNews e também com o Franklin Martins.

Dei uma entrevista ao *Washington Post*, comi correndo, voltei ao Planalto e recebi a comissão coordenadora do Viva Rio na luta contra o armamento no Brasil, proibição da venda de armas. Foi bom, sou muito favorável a isso. Recebi o deputado Nilo Coelho, da Bahia,* a pedido do Aloysio, e depois o senador Antero [Paes] de Barros Neto. Ele tem uma proposta sobre educação talvez um tanto ingênua, porque quer reservar 50% das vagas para os que cursaram a escola pública primária e secundária, e nas universidades reservar 50% das vagas. Discutimos política e gostei. Recebi depois o Alcides Tápias, o Sérgio Moreira com o Pedro Parente para acelerar o programa Brasil Empreendedor,** para as pequenas e microempresas.

Vim para o Alvorada, cheguei tarde (porque tive reunião de coordenação política) para jantar com Raul Jungmann, Juarez Lopes e um grupo de pessoas muito interessantes que estão trabalhando com agricultura familiar, entre elas José de Souza Martins,*** que foi meu aluno e hoje é de grande prestígio nessa área, e também o Paes de Barros, pessoa muito interessante. Reunião boa, mas a gente saiu daqui à uma da manhã.

Hoje acordei muito cansado, dei outra entrevista para a Rede TV!, antiga Manchete, gravei programas de rádio, recebi o secretário de Defesa dos Estados Unidos, o [William] Cohen, foi uma conversa mais formal, vim para o Alvorada, almocei com Elio Gaspari. Ele diz que não está preocupado e que não devo me preocupar com as pesquisas [de popularidade], que, segundo ele, parece que continuam caindo. Não sei, é provável, mas não há o que fazer, a não ser seguir o caminho. Estou aqui arrumando a papelada, daqui a pouco recebo o ministro Nelson Jobim para discutir um parecer que ele quer dar no Supremo Tribunal Federal sobre teto salarial. E o Lampreia, para preparar a viagem para Santo Domingo e Cuba.

---

* Deputado federal (PSDB) e ex-governador da Bahia (1989-91).
** Lançado no início de outubro pelo governo federal, previa gastos de R$ 8 bilhões para a manutenção do emprego em micro e pequenas empresas, com medidas como a anistia de dívidas, a redução de juros e impostos e a criação de cursos de capacitação financeira para pequenos empreendedores.
*** Professor de sociologia da USP.

DIA 19 DE NOVEMBRO, SEXTA-FEIRA, três e meia da tarde. Estou em Roma, um longo tempo sem gravar nada, estive muito ocupado, a última gravação que tenho é da última sexta-feira, incompleta, porque, ao contrário do que o Elio Gaspari havia dito, me telefonou o presidente da CNT para dizer que tinha havido alguma melhora nas pesquisas. Isso não abala nada, a melhora é pequena,* não significa grande coisa. Razão tem o Elio Gaspari de dizer que não devo me preocupar nesta altura com popularidade, e sim com o que estamos fazendo, se temos feito bem ou mal, se está certo ou errado. Vou retomar o fio da meada.

No sábado, dia 13, viajei de manhã a Santo Domingo. Cheguei lá, fui direto para uma sala de conferências do Banco Central, falei um pouco com o Leonel Fernández, presidente da República Dominicana, e também com um dos organizadores da Fundação Círculo de Montevidéu, Júlio Sanguinetti.** Em seguida, fiz um tour e um longo discurso de 45 minutos, devo ter chateado a plateia, sobre o que está acontecendo no mundo de hoje com essa aflição das pessoas em geral. O presidente da República Dominicana estava muito impactado, porque tinha visto uma pesquisa publicada dizendo que 75% dos dominicanos acham que o país está piorando, e acontece que no governo dele a economia cresceu todos os anos 7,8%.

Essa dissonância cognitiva é universal. Tentei explicar, não falando da República Dominicana, mas em geral, que neste mundo de tempo real, de informações fragmentadas, de sociedade fragmentada, tudo que se faz para melhorar a situação de um local parece pouco. E mais: aumenta a pressão das reivindicações, as pessoas veem que há outras formas melhores de viver. Mas esse não foi o centro da minha palestra, e sim as questões mais gerais da nova arquitetura financeira, governabilidade, um pouco preparando para Roma e Florença. Isso durou até três da tarde. Depois fomos para Cuba, onde me esperava no aeroporto Fidel Castro, de uma amabilidade total.***

Luciano também junto, e fomos para a embaixada. Fidel entrou comigo, conversamos uns dez, quinze minutos muito amavelmente sobre coisas não tão específicas, porque mais tarde iria me encontrar com ele de novo. E assim aconteceu no mesmo dia, sábado: fui ao Palacio de la Revolución, imenso, com ar até mais mussolinesco do que soviético. Tinha sido um tribunal de Justiça feito ainda pelo Fulgencio Batista**** e rearranjado para servir de sede de governo. O palácio é curioso, porque tem uns aspectos de mau gosto, mas tem algumas coisas mais cubanas,

---

* O Vox Populi divulgou pesquisa de opinião, encomendada pela CNT, com 59% de ruim/péssimo para o desempenho do presidente — uma melhora de três pontos em relação ao levantamento anterior.
** Fórum de discussões sobre a globalização criado pelo presidente uruguaio em 1996, congregando políticos, empresários e intelectuais da América Latina e da Europa.
*** Primeira visita oficial de um chefe de Estado brasileiro à ilha caribenha.
**** Ex-ditador de Cuba, deposto pela Revolução de 1959.

como as árvores, que são renovadas sempre que vêm da Sierra Maestra, com um painel no fundo, de que a Ruth não gostou, mas eu gostei, de cerâmica, de um artista cubano.

Fidel me levou para o escritório dele, mostrou algumas coisas, a escultura da vaca famosa, que tinha capacidade de produzir mais de cem litros de leite,* mais algumas coisas simpáticas que ele tinha na mesa, e ficamos nós dois conversando, uma hora sozinhos, ele repassando tudo com aquela visão própria do Fidel. A questão central para ele são os Estados Unidos que o cercam, e o mundo todo dominado pelos americanos. Muita expectativa quanto ao Brasil como contrapeso nisso e um sentimento um pouco azedo com relação ao México, e até mais especificamente com Ernesto Zedillo; ele acha que os mexicanos cederam demais aos americanos. No fundo, toda a lógica do Fidel está baseada em dois princípios, parece-me: um é o antiamericanismo e o caminho independente de Cuba, a honra das nações; o outro, a dignidade e igualdade das pessoas, equidade. Ele fala com paixão desses assuntos, são os dois eixos que orientam a simbologia política do Fidel.

Daí passamos à sala de jantar, umas quinze pessoas, ele fardado o tempo todo, tinha ido me buscar no aeroporto fardado também. Jantamos eu, a Ruth, Luciano Martins, vários ministros dele, o Carlos Lage, vice-presidente** sobre quem já falarei, e o Felipito, como eles chamam, o ministro do Interior,*** o ministro das Minas,**** vários deles lá, e algumas senhoras. O jantar foi um pouco repetição do que tínhamos dito, mas em termos mais genéricos, Fidel muito simpático e cansadíssimo, quase dormia no jantar, que não demorou muito. Lá para meia-noite, uma da manhã terminou e fomos embora. Isso no sábado.

O domingo foi mais interessante, porque tive a oportunidade de ver, de falar com pessoas de Cuba. De manhã, às dez, recebi os embaixadores da Espanha,***** do Canadá,****** do Equador e do México.******* O do Canadá e o da Espanha me impressionaram bastante, sobretudo o da Espanha. São pessoas que conhecem bem Cuba. O embaixador espanhol fez uma declaração que me pareceu surpreendente e iluminadora. Ele disse: "Fala-se muito aqui da questão do Fidel, que, ao morrer o Fidel, assume o Exército. Será?". Ele passou a mostrar que não havia uma figura de proa no Exército; eles todos, tenho a impressão de que o Fidel, primeiro, não

---

* Ubre Blanca, vaca leiteira campeã de produtividade nos anos 1980, glorificada pelo regime cubano.
** Secretário do Comitê Executivo do Conselho de Estado cubano, posto equivalente ao de primeiro-ministro.
*** Abelardo Colomé.
**** Marcos Postal, ministro de Energia e Minas.
***** Eduardo Junco.
****** Keith Christie.
******* Antonio de Icaza.

vai abrir nada na área política; segundo, que já está fazendo uma transformação econômica e quer uma nova geração, que já anda fazendo as coisas. O principal deles é o Lage, eu já o conhecia, é o vice-presidente, já tinha ido ao Brasil em missão de Estado para agradecer uma cooperação nossa.* Além de fazerem várias referências ao Fidel e o reconhecimento do Menem que o Fidel tem prestígio em Cuba, que o regime é popular, que a escassez é grande, mas é de todos.

Me explicaram também [os embaixadores] a dualidade do funcionamento da economia, como os que têm dólar funcionam de um jeito e os que não têm funcionam de outro. De qualquer maneira, o dólar se troca livremente, mais ou menos a relação é de um para vinte, um para 22. O oficial é um para um. Mas os cubanos são autorizados a trocar dólar, foi o mecanismo que o sistema encontrou para absorver os dólares que as famílias mandam dos Estados Unidos e assim legalizar esse dinheiro e o prender lá. O Fidel tinha me explicado isso com muitos detalhes e entusiasmo. Disse que em 1991, de repente, uma economia poderosa e socialista, que era a soviética, que os apoiava, acordou fraca e sem mercado, tombando numa crise imensa, e eles também. Em função disso, os americanos apertaram o cerco naquele exato momento. Além da convicção de que o regime se encontra estável, que o Fidel tem liderança, que o caminho é longo e que a economia está se abrindo, os embaixadores disseram que não existe propriamente uma discriminação contra os direitos humanos; há muito mais contra os direitos civis. Acham também que o papel do papa foi importante, que ele é um interlocutor novo, que a presença dele abriu um diálogo novo, e assim por diante.

Depois de ter recebido esses embaixadores, fomos almoçar só eu, Ruth, Luciano e a mulher dele, Lucia, na embaixada. E às quatro da tarde comecei a receber os cubanos.

Recebi primeiro o Lage, que é realmente um homem muito mais moderno, modesto, sabe das coisas, é quem governa Cuba no dia a dia e fala com muita liberdade sobre os problemas, sobre a mudança econômica, que eles não deixarão a coisa como era antes, ou seja, sempre introduzindo uma modesta economia de mercado, relativamente de mercado, porque de fato não estão abrindo mão dos controles totais nem pretendem abrir. Depois do Lage, chegaram outros ministros, notadamente o que trata do álcool e da cana** e o que trata do petróleo [Marcos Postal]. Entusiasmado, tinha estado no Brasil, ficou fascinado com o nosso desenvolvimento tecnológico, com a técnica de petróleo em águas profundas, disse que de

---

* Em junho de 1997, Lage se encontrara com o presidente Fernando Henrique no Palácio do Planalto para transmitir uma mensagem de Fidel Castro e solicitar que o Brasil tentasse moderar as pressões norte-americanas contra a ilha. Na mesma semana da visita de Lage, o Brasil doou 20 mil toneladas de alimentos a Cuba, que desde o fim da União Soviética, em 1991, passava por séria penúria econômica.
** Ulises Rosales, ministro do Açúcar.

toda maneira tínhamos de avançar juntos, mostrou os mapas, os planos, veio com um geólogo cubano, e vamos explorar petróleo em Cuba. O de cana [do Açúcar] também tinha estado no Brasil, em São Paulo, Piracicaba, Ribeirão Preto, entusiasmado com a tecnologia da cana. Todos apostando no Brasil, e todos me pareceram — não sei se é forte a expressão — americanizados, no sentido de serem vendedores dos seus projetos e de saberem fazê-lo com muita simpatia e competência.

À noite tivemos o banquete oficial; como todo banquete oficial, uma chatice, levou muitas horas, uma mesa posta de forma que um ficava ao lado do outro e, em frente de nós, os de menor grau hierárquico, todos acomodados de maneira estranha, eu ao lado da Ruth e do meu outro lado uma senhora que veio acompanhando a presidenta do Panamá, Mireya Moscoso; essa acompanhante ficou do meu lado na mesa principal. Foi até muito tarde da noite, saímos muito cansados de lá, dormimos.

Na segunda-feira, dia 15, houve a abertura solene do encontro da Cúpula, feita no Palacio de Convenciones de Cuba, um prédio bonito construído para uma reunião dos não alinhados.* Foi aquela discurseira, em seguida uma reunião fechada de chefes de Estado, Fidel comandando. Ele comanda bem, devagar, com um senso teatral muito grande. Guterres falou muito bem sobre a ordem mundial, falei seguindo o Guterres, depois vários falaram, o Ernesto Zedillo, do México, insistiu em que a responsabilidade básica pelo desenvolvimento é interna, que as reformas devem ser feitas de qualquer maneira, e Guterres e eu, e depois o da Colômbia também, Andrés Pastrana, insistimos que havia questões internacionais a serem tratadas.

Me impressionou muito o depoimento do Arzú [Álvaro Arzú], presidente da Guatemala, mostrando que fez tudo que precisava ser feito, que corrigiu todos os problemas da economia, na linha certa segundo a ortodoxia atual, e vai perder as eleições para a extrema direita, sendo ele autoconsiderado como de direita.** Mostrou que essa ortodoxia do mercado financeiro leva a um distanciamento entre governo e povo e à derrota política. De maneira ainda mais dramática, o presidente do Equador, pessoa que estimo muito, Jamil Mahuad, descreveu a situação do Equador, que ele tentou fazer as reformas sem apoio, sem nada, uma economia pequena. Os donos do dinheiro não têm piedade, os pobres não vão poder pagar, estão sendo apertados de todo jeito e ele não vê saída para o Equador na ordem atual.

O da Venezuela, Chávez, fez uma demagogia reles, tenho sempre até ponderado na defesa do Chávez, mas dessa vez não deu. Discurso mal-ajambrado, ele começou falando contra a democracia, depois mudou de tom, ameaçou, queria dizer

---

* O palácio foi inaugurado em 1979 para receber a VI Cúpula do Movimento dos Países Não Alinhados (MNA).

** Arzú foi sucedido por Alfonso Portillo, candidato da Frente Republicana Guatemalteca, vencedor do segundo turno das eleições presidenciais, em dezembro de 1999.

que todos nós ali estávamos fazendo uma farsa, que o problema do povo é outro. Não chegou a dizer qual, no meio se arrependeu, provavelmente não teve coragem de levar até as últimas consequências seu discurso retórico. A última consequência é uma ligação direta com o povo, na verdade é o *Volksgeist*, que inspira a alma dele ou está na alma dele, enfim bastante decepcionante. Fidel conduziu com calma, competência e senso de teatro. O Gabriel Valdés fez o protesto esperado sobre o julgamento do Pinochet pelo juiz espanhol e pela Inglaterra.* Neste momento o rei da Espanha** não estava presente, nem o Aznar.

Me equivoquei: no dia em que cheguei, jantei com o rei da Espanha e com o José María Aznar, muito simpático. O rei é sempre simpático e falante, propondo uma aliança estratégica da Espanha com o Brasil, acha que é o que deve ser feito, uma leve pitada de descrença na América espanhola, dada a confusão do futuro da Argentina — ele propôs isso com todas as letras. Falamos da Europa, como eles estão vendo as coisas por aqui pela Europa, o rei muito agradável, mas sem acrescentar grandes coisas. A presença dele em Cuba só por si é significativa.***

Terminada a reunião com o Fidel sobre a qual falava, fomos para um almoço, aí, sim, interessante, um clube chamado Habana, fora da cidade, à beira do mar, só os chefes de Estado. Éramos quinze mais o Fidel. O almoço durou umas quatro horas, com vinho Vega Sicilia da melhor qualidade, comida boa. Fidel falando muito, muito mesmo, acho que bebeu um pouco demais. Começou uma discussão quase acalorada, por um lado Zedillo apertando-o sobre o futuro de Cuba e a necessidade de abertura; também o rei, que fez uma boa exposição nesse dia, com fraternidade com Fidel, mas na mesma direção.

E sobretudo os portugueses, Jorge Sampaio, de grande qualidade intelectual, e o Guterres, que acho um dos maiores líderes do mundo contemporâneo. (Se não fosse primeiro-ministro de Portugal, se fosse de um país um pouco maior, bastava a Espanha, hoje teria reconhecimento mundial; é vice-presidente da Internacional Socialista.) Fez uma exposição muito boa ao Fidel, afinal o que Fidel vai fazer? Vai ou não preparar a transição? Eu falei numa linha mais amistosa, mas dizendo que Cuba precisa de uma nova geração, e quem sabe já esteja preparando seu caminho: "Não quero dizer qual caminho, qualquer que seja o Brasil vai apoiar Cuba, e apoiar concretamente, no petróleo, na cana. Não quero ensinar padre-nosso a vigário, mas todos estamos querendo lhe dizer que o momento talvez tenha che-

---

* O ex-ditador chileno encontrava-se detido em Londres desde outubro de 1998 por determinação do juiz espanhol Baltasar Garzón, que o processava por crimes de lesa-humanidade cometidos contra cidadãos do país na década de 1970. A prisão causou um impasse diplomático que durou até março de 2000, quando Pinochet foi libertado por supostas razões de saúde e retornou ao Chile.

** Juan Carlos I.

*** Foi a primeira visita oficial de um monarca espanhol à ilha.

gado para que você se sinta mais próximo e, nesse sentido, possa permitir alguma mudança em Cuba".

Fidel respondeu sempre impassível e com muito bom humor, inteligência, com uma capacidade de debater com todos ao mesmo tempo admirável e inflexível em sua posição. Não abriu a guarda. O Arzú disse que ele, Fidel, necessitava tomar uma decisão sobre o futuro, que ele era o único entre nós ali com o nome escrito na história do mundo, que cada um de nós tinha, talvez, nosso nome nas nossas histórias nacionais, mas que ele era um homem que havia marcado o mundo, portanto tinha uma responsabilidade com seu país e mais com as gerações futuras. Fidel tentou dizer, fingindo modéstia, que não era bem assim, qual a importância disso?, que importância tem Cuba para o mundo?, enfim, driblou, mas não enfrentou a questão de dizer o que fazer, e por uma razão muito simples: ele não vai fazer nada, e não vai porque continua fiel aos seus antigos ideais. É contra o capitalismo, acredita na crise do sistema, esse é o suporte da perspectiva dele, por isso tem aproximação com o Brasil, acha que pode haver uma crise do sistema e que o Brasil não é tão integrado a ele quanto o México, por exemplo. Mas não faz aposta em transição; aposta no contrário, em que o mundo atual vai ruir e o mundo de Cuba vai continuar sendo um mundo que aponta para o futuro, apesar de saber os limites de Cuba. Tem certa maturidade, me pareceu. Não digo modéstia, mas uma visão menos arrogante da vida. Depois fomos para o encerramento da sessão, nova solenidade, discurso bom de todos, e Fidel não fez nenhum discurso no seu estilo anterior, de falar muito e demagógico. Só no almoço no Habana é que ele tinha se sentido com mais apelo para fazer uma coisa mais longa, com reflexões em que ele vai lambendo as palavras com emoção, como ele próprio diz. Ele foi comedido, irônico e agradável.

Terminado isso, fomos correndo para a casa do Luciano, de lá pegamos o avião e fomos embora. Paramos em Lisboa, dormi mal, quase não dormi, em Lisboa estive com o Synesio [Sampaio Goes Filho] e a Eleonora [Kraemer],* que foram nos buscar no aeroporto. Mostrou os jornais de Portugal com fotografias minhas com o Guterres e o Jorge Sampaio no almoço em Cuba. Essa reunião maior [em Cuba] foi na terça-feira, dia 16; na segunda almocei com o presidente de Portugal na embaixada de Portugal e com o Guterres. Aliás, almoço interessante. Luciano perguntou quantos políticos brasileiros poderiam estar nesse almoço. Muito poucos, porque o nível da conversa do Guterres e do Sampaio é nível de pessoa informada, o que está um tanto em falta no mundo. Guterres preocupado com os egoísmos nacionais na Europa.

Isso foi o que aconteceu em Cuba, na terça-feira. Depois dessa reunião é que tivemos a conversa com Fidel num almoço de quase quatro horas, como relatei. Passamos na casa do Luciano, pegamos o avião e viemos para a Europa, parando

---

* Mulher do embaixador Goes Filho.

primeiro em Portugal, com Synesio e Eleonora, e depois indo para Roma, onde ficamos instalados no Palazzo Pamphili, embaixada do Brasil. Está extraordinariamente bonito, a Lúcia [Flecha de Lima]* fez uma reforma que vale a pena, restaurou com muito gosto com um grupo de italianos ligado ao patrimônio histórico, ficou realmente extraordinário.

Hoje, dia 20, sábado, já estou gravando de Florença. Antes, em Roma, na quarta-feira jantei no próprio palácio com os embaixadores. Na quinta fui à FAO à tarde, fiz uma conferência,** jantamos fora, nada de extraordinário a não ser a comida, que foi num clube de caça*** também sofisticadíssimo, um palácio da família Borghese,**** que alugou um andar para esse clube. Visitei a Villa Borghese de manhã, está linda, restaurada, eu não a via fazia doze anos, ficou catorze anos fechada.

No dia seguinte de manhã, sexta-feira, 19, ontem, portanto, estive com o papa. Conversa amena, ele me pareceu melhor de saúde — sobretudo de cabeça, de memória — do que das outras vezes, mas é um ancião, não sei como ele vai dirigir a Igreja. Palavras de fraternidade conosco, ambiente muito agradável. Depois almocei com o presidente da Itália no Palácio del Quirinale.***** Também foi uma conversa com um homem *sciente*,****** ex-ministro da Fazenda, experiência no Fundo Monetário, um desses italianos de grande cepa, com grande disposição, vai ao Brasil em maio estreitar relações. Nada além das conversas protocolares que temos nessas ocasiões.

Depois desse almoço, voltei ao Palazzo Pamphili e recebi com o Andrea Matarazzo um primo dele, marquês não sei do quê. À noite houve a inauguração de uma revista de turismo, vi o Cafu e o Antônio Carlos, jogadores de futebol do Roma, estava a Florinda Bolkan, chamei-a para conversar um pouco comigo, também recebi rapidamente aquele italiano, Domenico de Masi, que faz muitas conferências sobre o Brasil, homem inteligente. Em seguida me reuni com a delegação que veio comigo para discutir os temas da reunião em Florença, ainda recebi d. Lucas Moreira Neves,******* que foi muito simpático de ir me ver; de lá saí-

---

* Seu marido, o embaixador Paulo Tarso Flecha de Lima, assumira a embaixada brasileira em Roma.
** O presidente discursou em espanhol na 30ª sessão da Conferência da FAO. Foi a primeira participação de um chefe de Estado brasileiro na reunião bianual da organização.
*** Circolo della Caccia.
**** Palazzo Borghese.
***** Carlo Azeglio Ciampi.
****** "Consciente", "conhecedor", em italiano.
******* Cardeal-arcebispo emérito de Salvador, prefeito da Congregação para os Bispos, no Vaticano, e bispo da diocese suburbicária de Sabina-Poggio Mirteto, em Roma.

mos a Ruth, eu, o Flecha de Lima e a Lúcia, para encontrarmos Júlio Cesar [Gomes dos Santos], nosso embaixador na FAO, a Flávia [Gomes dos Santos], mulher dele, e um amigo dele. Um jantar esplêndido, embora eu estivesse cansadíssimo.

Hoje de manhã, dia 20, pegamos o trem para vir à Florença. No trem encontrei o ministro do Comércio Exterior da Itália,* que recordou ter estado comigo em 1991, em São Paulo, e que me disse ter se casado com a mulher que o acompanhava na ocasião,** explicou os detalhes. Em Florença, acabei tendo um almoço com o [Massimo] D'Alema e vários convidados, mas ficamos conversando só entre nós e demos uma declaração, cada um por seu lado, mas praticamente conjunta, à televisão e rádio italiana [RAI] e à brasileira. D'Alema aproveitou a oportunidade para me pedir apoio para colocar no FMI um italiano, eu disse que era o que o ministro da Fazenda do Brasil queria, mas o Malan quer o diretor do Tesouro,*** um técnico de alta competência, ou algo assim, enquanto o D'Alema quer o ministro do Exterior**** ou da Fazenda***** dele, não lembro, que é homem de experiência também, e isso implica uma manobra, porque os alemães lançaram o Caio Koch--Weser.****** Eu disse ao D'Alema que o Caio é brasileiro,******* embora vice-ministro da Alemanha, o que dificulta qualquer ação minha, mas que entenderia as razões, que ele quer uma pessoa com mais visão política. Na opinião do pessoal mais experiente, o Caio ainda não tem maturidade política para o exercício da função. Vamos ver o que vai acontecer, fiquei de conversar com o Bill Clinton, ele também ficou de conversar sobre essa questão. Agora vou sair para passear, para rever o Duomo e a piazza del Duomo.

HOJE É DIA 22 DE NOVEMBRO, SEGUNDA-FEIRA, eu já de volta a Brasília, são dez da noite, horário local, muito mais tarde na hora da Itália, uma da manhã. Vou retomar a gravação do ponto onde deixei, sábado, 20 de novembro. Não fui re-

---

* Piero Fassino, que em 1991, como secretário internacional do Partido Comunista Italiano, viajara ao Brasil para uma reunião da Internacional Socialista, também integrada pelo PSDB.
** Anna Maria Serafini, na ocasião deputada comunista e membro da Comissão de Relações Exteriores da Câmara italiana.
*** Giuliano Amato, ministro italiano do Tesouro e Orçamento.
**** Lamberto Dini, candidato italiano ao FMI.
***** Vicenzo Visco.
****** Vice-ministro de Finanças da Alemanha. Sua indicação ao FMI foi rejeitada pelos EUA, maiores cotistas do Fundo, que por fim aceitaram a segunda opção de Gerhard Schröder, o banqueiro Horst Köhler.
******* Nascido em Rolândia (PR) em 1944, filho de judeus-alemães emigrados.

ver o Duomo porque a segurança não deixou, transferi para o dia seguinte, ontem. Passamos o dia em Florença e à noite fomos a um jantar na Casa de Pietra [Villa La Pietra], algo assim, sede da New York University em Florença. Jantar altamente confuso, parecia uma coisa organizada improvisadamente, apesar de estarem todos os presidentes lá, Clinton, Massimo d'Alema, eu, Lionel Jospin. Antes desse jantar tive um encontro com Jospin, mais de uma hora, foi muito bom, expliquei bem como era minha posição no Brasil. O Jospin fazia perguntas como quem estava informado de coisas diferentes, a certa altura comentou: "Seus opositores, perdão, pintam outro quadro". Eu disse: "Claro, pintam um quadro como se o governo fosse, como eles chamam, neoliberal, mas não é", e expliquei direitinho.

A certa altura também ele falou um pouco o que estava fazendo na França. Foi muito simpático, não nos revíamos fazia muitos anos, ele perguntou muito como se podia encarar a questão da Terceira Via. As posições dele são conhecidas e estão cada vez mais próximas das posições de todos,* apenas a tradição [socialista] francesa de fato é muito forte. Expliquei que estamos fazendo a reconstrução do Estado, reconstrução na educação, saúde, a privatização, mas também as agências, e por aí foi. Nada de mais especial, um encontro de pessoas que não se viam fazia muito tempo. Ele bastante forte em suas posições, mas muito aberto e sabedor das coisas do Brasil.

O jantar foi uma confusão danada e se notabilizou por um excepcional discurso do Bill Clinton. O Clinton fala para cada pessoa sobre temas do cotidiano, mostra uma grande sinceridade e generosidade, explica, e quem não o conhece se surpreende. Toda a delegação brasileira composta de intelectuais, Bolívar [Lamounier], o [Antônio Barros de] Castro, políticos como o Paulo Delgado,** Fogaça, Roberto Brant, Aloysio, todos ficaram muito impressionados com o jeito do Clinton. Também Eduardo Graeff, Vilmar, Celso Lafer, Bresser, todos impressionados, porque se espera do presidente dos Estados Unidos uma atitude muito mais dura e arrogante. Ele não é arrogante nem tem atitude fechada em relação aos problemas do mundo, dos Estados Unidos, deu um show.

Em contraposição, o presidente da Comissão Europeia,*** pessoa que estimo bastante, leu seu texto em inglês, o texto era bom, mas ele leu mal, não sabe ler direito em inglês — também não gosto, o ritmo é diferente —, não se entendia direito; foi mais um informe do presidente da Comissão Europeia. Ao meu lado, Javier Solana,**** muito simpático, falante; do outro lado da pequena mesa redonda, estava

---

* Em sua chegada a Florença, o presidente declarara à imprensa não acreditar em grandes diferenças entre a Terceira Via proposta por Blair e o socialismo praticado pelo premiê francês.
** Deputado federal (PT-MG).
*** Romano Prodi, ex-primeiro-ministro italiano e idealizador do encontro.
**** Recém-empossado secretário-geral do Conselho da União Europeia e ex-secretário-geral da Organização do Tratado do Atlântico Norte (Otan, 1995-9).

o Schröder. Sobre ele confirmei minha impressão inicial: é mais burocrático, não consegue discutir, é relativamente áspero; não comigo, mas com as outras pessoas, o modo como entrou na sala forçando a mão. Já o Tony Blair, uma simpatia esfuziante, o Schröder não fala fluentemente inglês, entende, mas não fala, D'Alema me pareceu cada vez melhor nesses dois dias em que estive com ele, uma pessoa que acompanha bem as coisas, dirigiu bem as sessões.

No dia 21, dia do encontro, ontem, fomos de manhã cedo para o Palazzo Vecchio,* na piazza della Signoria. Foi uma beleza, encontro bem montado, e outra vez o Clinton foi muito bem. O Tony Blair, mais criticado, ele está muito orientado para a política inglesa, mas gosto do jeito do Tony. O Jospin fez umas suposições também corretas, o Schröder continuou falando de forma arrastada. Eu puxei o tema de toda a reunião, os jornais do Brasil repetiram uma bobagem: eu contra o Clinton, o Schröder e o Tony Blair, pelo fato de que teria proposto regulamentação das finanças internacionais; eu não propus a regulamentação nesses termos. Falei, expliquei, contei o caso do Brasil, fiz referência à taxa Tobin, disse que ela não era feita para isso, mas que era possível conceber um mecanismo de maior financiamento do FMI que lhe permitisse maior poder de atuação rápida nas crises.

Todos sabem que é preciso fazer alguma coisa, ninguém sabe o que fazer e todos têm um pouquinho de medo da ideologia prevalecente, que é liberal. Eu fui mais longe do que isso, minha ideologia não é neoliberal. Concordo com a formulação do Jospin de que a economia é de mercado, a sociedade não. Ora, mesmo a coexistência de uma economia de mercado com uma sociedade que não é de mercado coloca a questão do poder político — foi o que eu disse lá. Há uma falta, um déficit *of governance* em âmbito mundial. Schröder falou da inclusão da China no grupo do G8,** que achei ótima, e acrescentei: "E por que só a China?".

Elogiei o que o Clinton falou e também falei bastante. O tema central foi: nós, do Brasil, temos que fazer o que vocês estão fazendo e o que não fizemos, ou seja, retomar o crescimento, controlar a inflação e, ao mesmo tempo, política social. É muito difícil, porque ao mesmo tempo precisamos reformar o Estado. Ou seja, temos uma precipitação de problemas que vocês, historicamente, foram resolvendo em outras etapas, ao passo que nos propomos a resolver tudo de uma vez só. Esse foi o miolo da questão, para mostrar que há muitos caminhos.

Depois desse encontro, passeei um pouco por Florença, revi o Duomo, o Batistério, não vi muito, mas de qualquer maneira andei a pé, grande reboliço na cidade. Fomos para o hotel e me reuni com quatro, cinco políticos e sete, oito intelectuais que estavam me acompanhando, todos entusiasmados, inclusive a Dulce Pereira,

---

* Sede da municipalidade florentina e recinto oficial da conferência.
** Grupo multilateral formado pelos chefes de Estado e de governo de França, Canadá, Alemanha, Itália, Japão, Rússia, Reino Unido e EUA.

da Fundação Palmares, e o Lúcio Alcântara. Sérgio Amaral* teve um comportamento muito bom o tempo todo. Ele, Eduardo Santos e Vilmar Faria foram os que carregaram minhas baterias intelectuais para eu poder funcionar. Todos gostaram do meu desempenho, quem viu percebeu que os temas foram dados por mim. Aqui no Brasil, imagino que os jornalistas não vão perceber isso e verão as coisas de um ângulo menor, mas lá a reunião foi um sucesso. Todos que lá estavam agora querem se dedicar à batalha ideológica, no plano dos valores. No final do dia, fomos todos jantar numa cantina, tudo muito simpático, e hoje de manhã tomamos o avião de volta ao Brasil. Conversei de novo com todos e cheguei aqui depois de onze, doze horas de viagem, mas nem estou cansado. O clima na viagem foi muito agradável.

Pontos a destacar: primeiro, nunca houve uma reunião desse tipo, líderes dessa envergadura falando o que pensam diante de todo mundo, no total seiscentas pessoas, na presença dos jornalistas e com transmissão ao vivo pela televisão. Podia ser um desastre, não foi. Isso se deve ao Clinton, ele tem essa ousadia e fala com muita independência sobre todos os assuntos. Segundo, é de registrar uma conversa que ele contou só a nós na mesa do jantar, o encontro dele com o Iéltsin na semana passada. O Iéltsin disse o seguinte: "Você toma conta do resto do mundo, Américas, América Latina, África, Ásia, e deixa para mim a Europa". Foi nesses termos a conversa com o Clinton, e ele, apesar disso, gosta do Iéltsin: "Porque ele não tem mais que 45 minutos, uma hora de lucidez por dia, mesmo assim é nele que se concentram as esperanças de que a Rússia não desabe inteiramente". Imagine que situação é essa da Rússia. Diz o Clinton que a guerra da Chechênia** continua muito popular. Não falei com ele sobre o FMI porque não tive oportunidade. Ele disse que ia falar pessoalmente comigo sobre a Colômbia, mas não tivemos oportunidade, a não ser trocar uma ou outra ideia no caminho; ele vai fazer um grande plano de apoio à Colômbia, queria saber minha opinião. Eu disse: "Ao que eu saiba, convém apoiar, mas não sei se aquilo vai ter sucesso". Mas não fui muito longe, não quis nem endossar nem ir para o outro lado, me opor ao esforço grande que o Pastrana está fazendo.

Foi isso que houve de mais especial em termos de conversa privada. As conversas públicas estão todas registradas. Convém assinalar a conversa que tive no avião com Roberto Brant, Paulo Delgado e o Fogaça. Na véspera, na hora do jantar, Paulo Delgado ficou na minha mesa e falou com muita liberdade sobre o PT. Considera o PT em fase de desagregação, acha que vai se dividir, que não é possível ele perder seu rumo, que os grupos duros tomaram conta. Quanto ao Lula, que foi muito amigo dele, ele hoje já não acredita que o Lula possa fazer nada de mais com-

---

* Embaixador do Brasil em Londres.
** A república federal rebelde declarara independência da Rússia em 1994, enfrentando uma sangrenta guerra civil nos anos seguintes. Em setembro de 1999, forças russas voltaram a ocupar a Chechênia para restabelecer o controle militar do Kremlin na região do Cáucaso.

pleto, com competência. Enfim, uma atitude bastante crítica em relação ao PT. Hoje foi no avião que o Roberto Brant disse coisas bastante interessantes, na verdade talvez não novas, mas ditas com ênfase. Ele disse: "Esse sistema político brasileiro não funciona, está funcionando por sua [minha] causa". Fiz o real, tenho essa competência de falar com todo mundo, faço equilibrismo, mas não há uma vontade nacional, há duas: a vontade do presidente e a vontade do Congresso, e isso é um problema sério, porque essas vontades nem sempre coincidem.

No meu caso, ainda consigo uma maioria precária, mas temos um sistema político fadado ao fracasso, ao impasse, e isso vai se agravar. Ele tem razão, com o decorrer do tempo, com o final do meu mandato, seja quem venha a ser o novo presidente dificilmente terá as condições que eu tenho ou que tive, e ainda tenho de seguir adiante governando nesse caos institucional que é o sistema político brasileiro, que tem certas regras, todas da Constituição. Diz ele: "Ano que vem, você deve esquecer o dia a dia, esquecer o Congresso e propor uma grande reforma política no Brasil". Acho que ele tem razão, estamos esgotando a fase das reformas e falta o principal, dar governabilidade. O tema da governabilidade é crucial, porque dei governabilidade, mas a grande questão, isto eu preciso saber, é ver se eu fui apenas um interregno ou se fui o começo de uma nova fase. Se fui um interregno, é um desastre, porque mais adiante quem me suceder vai ter problemas muito mais sérios do que os meus. Com o sistema partidário que existe, com a falta de representação proporcional no Congresso, com essas confusões todas, é uma crise sobre a outra. De modo que vou ter que pensar com mais seriedade, voltar a falar ao país, propor uma mudança mais profunda do futuro político.

24 DE NOVEMBRO A 6 DE DEZEMBRO DE 1999

Reforma tributária. Limite às medidas provisórias.
A Chama do Conhecimento Indígena.
Aniversário do BID em Petrópolis

Quarta-feira, dia 24 de novembro. São dez e meia da manhã, conversei com o Duda sobre o problema do álcool, talvez trazer o [José] Goldemberg* para desenhar um novo programa do álcool, dado que o Brasil pode se inserir agora, já que está havendo um desenvolvimento tecnológico novo.** O próprio Bill Clinton falou comigo sobre isso, acho que estamos perdendo tempo e precisamos nos aparelhar para alguma coisa mais importante nessa área.

Ontem, terça-feira, dia extremamente agitado, o primeiro depois da viagem. Logo de manhã tive uma longa reunião com o pessoal ligado à reforma tributária. Não estava o Malan, que chegou de viagem, chegou no fim da reunião; estava Pedro Parente, chamei o Aloysio Nunes, chamei o Marco Maciel, o Inocêncio de Oliveira e também o Bornhausen, por causa do Mussa Demes. O relatório da Receita é demolidor em relação à reforma do Mussa. Fizemos de tudo para evitar que houvesse a votação antes de uma tentativa de acordo. Inocêncio saiu daqui para fazer isso, conversou com Michel Temer e o resultado foi o oposto; o Michel resolveu fazer a votação com o compromisso de que eles mudariam até segunda-feira que vem. Não sei o que vai acontecer, mas vai ser muito difícil, a votação foi muito expressiva, todos praticamente a favor do relatório do Mussa,*** declarações do Mussa meio desaforadas hoje.

Pedi que o Malan também pusesse a cara e dissesse em público que era contra. Ele fez isso, mandei publicar o relatório, as informações da Receita, lamento que tenham chegado só agora, embora tudo isso tenha sido discutido no decorrer desses dois meses com o Mussa e com o [Antônio] Kandir,**** e no Congresso eles foram impermeáveis a quaisquer mudanças. Estava presente à reunião o Tápias, que con-

---

* Professor de física da USP, ex-reitor da universidade e ex-ministro da Educação (governo Collor).
** Alusão ao processo de hidrólise enzimática da celulose, que aproveita todas as partes da cana-de-açúcar e de outros vegetais fibrosos na produção de açúcar e álcool, então em desenvolvimento para escala industrial.
*** A Comissão Especial da Reforma Tributária aprovou por 35 votos a 1 o substitutivo do deputado pefelista para a PEC 175/95. O secretário da Receita Federal declarou que o texto aprovado poderia "causar um desastre". Pedro Malan também criticou duramente a proposta, sobretudo o esperado aumento da carga tributária e os critérios de repartição do novo Imposto sobre Valor Agregado entre os estados produtores e consumidores, que acirrariam os desequilíbrios regionais.
**** Vice-presidente da comissão especial.

cordou que a mudança, do jeito que vai, prejudicará também as empresas, além da incerteza quanto aos recursos dos estados. Enfim, há muitas indeterminações para que aprovemos assim da noite para o dia. Vou pagar o preço político, porque vão dizer que o governo não quer reforma tributária. Malan resistiu muito a assumir a liderança desse processo. Ontem, no final do dia, constituiu-se uma comissão composta do Malan, Everardo, Amaury, Tourinho e do Tápias, para com os deputados e alguns representantes de governos estaduais tentarem uma saída para este impasse, mais um. A tese do Serra parece que era a mais certa: quando isso vai para o Congresso, ele vota à moda da casa a reforma tributária.

Houve também a reunião de manhã sobre o desenvolvimento econômico. Um relatório breve do financiamento da agricultura está sendo feito pelo ministro Pratini, a mesma coisa foi feita pelo Tápias sobre o programa do Refis, que é o refinanciamento das empresas, o grande financiamento das dívidas. Em seguida, passamos a discutir a reestruturação do setor empresarial. Aí a confusão é total. Benjamin Steinbruch forçando, dizendo que está sendo perseguido. Ninguém sabe bem o que ele deseja, se é vender [a CSN] para os belgas,* se é vender para a Previ, se é ficar com tudo, enfim, grande confusão. Eu disse a eles: "Minha opinião é a seguinte: o governo tem que ter duas linhas. Primeiro, esta de colocar o mínimo de dinheiro, se possível mais nenhum, na reestruturação, que é uma questão privada. Segundo, se for para apoiar, apoiar grupos nacionais, e acho que devíamos apoiar *players* nacionais; o problema é que não há *players* nacionais consistentes. Em todos os setores é a mesma coisa: são anos e anos na petroquímica, no papel e celulose, na siderúrgica, na mineração, um briga com o outro, um disputa com o outro, não fazem acordos, não têm visão estratégica, põem o fantasma do concorrente estrangeiro, mas não se unem para enfrentar, pedem apoio, depois mudam de ponto de vista, uma grande confusão. O Calabi já está ficando cansado também, o Tápias diz que devemos ir devagar; apesar de ele ser o representante conspícuo do setor produtivo nacional, está vendo de perto como esse chamado setor nacional é confusionista, não entende o desafio do momento.

Além de todas as dificuldades que tivemos aqui nessa manhã de ontem, que foi longa, conversei também com o Lampreia, para tratar de novo das confusões internas do Paraguai e discutir um convite que o Clinton me fez ontem para ir a Seattle juntamente com o Keizo Obuchi, primeiro-ministro do Japão, e com o [Romano] Prodi, presidente da Comissão Europeia. Clinton ia fazer um discurso na abertura da Rodada do Milênio [em Seattle], mas parece que a reunião não vai se concretizar, porque os outros não podem ir, e para mim também seria muito cansativo.

À tarde, reunião sobre o Paraguai com a presença do ministro da Defesa, do comandante do Exército, do Itamaraty, do Lampreia, Pedro Parente e o general Car-

---

* Grupo Arbed, sediado em Luxemburgo e controlador da Companhia Siderúrgica Belgo-Mineira. O Arbed se fundiu a outros grupos europeus em 2002 para formar o conglomerado Arcelor.

doso. Estamos preocupados, a situação lá é instável, Itaipu é um flanco, há ameaças potenciais tanto de terrorismo quanto de alguma chantagem paraguaia. Não podemos, por outro lado, fazer grandes demonstrações de força. Não queremos atemorizar, mas também não podemos deixar de levar em conta considerações de ordem estratégica. Há uma dificuldade imensa para ir levando adiante essa questão do Paraguai, onde certamente há uma conspiração contra o presidente [Luis González] Macchi. Não se sabe que final pode ter isso. Não há propriamente nenhum grupo do qual se possa dizer: "Esse é um rumo para o Paraguai, podermos estabelecer relações tranquilas com eles".

Isso foi até tarde da noite e, nesse meio-tempo, seguiram as discussões sobre as votações no Congresso. Na última hora o [José Francisco] Paes Landim atropelou uma matéria sobre anuidades escolares, votando pelo reajuste bianual, que não queremos.* Não sei como ficou no frigir dos ovos. Muita votação, muito cansaço.

Voltei para casa para jantar com a Ruth e com o Duda, foi um dia realmente extenuante, porque os problemas são muitos. Falei de passagem também com Armínio Fraga, que estava na reunião da manhã sobre desenvolvimento. Ele tinha alguma preocupação com a inflação, dizendo que se ela chegar a dois dígitos aí vai ser preciso interromper a tendência à queda da taxa de juros, o que atrapalharia muito nossos planos para o ano que vem.

HOJE É QUINTA, DIA 25 DE NOVEMBRO. Ontem tive despacho com José Carlos Dias para discutir narcotráfico e proteção a testemunhas. José Carlos é ativo, um ministro esperto, está presente nas questões de interesse da população. Ele tem um pouco de preocupação com o exagero da CPI, que está botando algema nas pessoas. Já o juiz está mandando liberar pessoas que recebem ordem de prisão sem que a base para tanto esteja muito clara. Estamos com medo que isso acabe por prejudicar um trabalho que até agora tem sido bom, de descoberta das redes de narcotráfico. José Carlos disse que não tem nada de novo sobre as outras investigações que estamos fazendo, inclusive a dos bingos [eletrônicos], mas concorda que é melhor acabar com esse bingo.

Cruzei com o ministro do Esporte e Turismo, o Greca, quando estava chegando ontem depois do almoço do Palácio do Planalto. Ele também falou de acabar com o bingo. O Greca é meio instável, cada hora tem uma opinião.

Despachei com os ministros militares, o Élcio Álvares, o Chagas Teles e o Bräuer, para fazer nomeações de praxe. Tive encontro muito interessante com o Conselho

---

* Deputado federal (PFL-PI), relator do projeto de lei de conversão da MP 1890-67, sobre os reajustes de mensalidades escolares. A medida proibiu mais de um reajuste por ano — os empresários do setor pleiteavam ao menos dois aumentos anuais. A matéria deu origem à lei nº 9780, de 23 de novembro de 1999, sancionada com vetos.

Permanente da CNBB, na Nunciatura Apostólica, com d. Alfio Rapisarda, um bispo representante do papa, um italiano simpático, esperto e que está ajudando muito o governo a se aproximar da Igreja. Lá me encontrei com d. Angélico [Bernardino], bispo auxiliar de São Paulo, foi interessante reencontrá-lo, fez muita festa, falou da Ruth. Fiz uma longa exposição sobre nossas políticas sociais, sobre o que estamos fazendo — a privatização, Fundo Monetário —, de coração aberto. Fui aplaudido fortemente, na saída seguiram até o automóvel me aplaudindo, eram uns trinta bispos de todo o Brasil. Não houve nenhuma interferência menos agradável, ao contrário. Claro, teve um problema, que é a contribuição para o INSS das universidades [católicas], isso é que engasga.

Brinquei com d. Jayme Chemello, disse que tinha reclamado dele com o papa, o que não é verdade. Gosto dele, mas é o mais exaltado. É um bispo competente, trabalhador, do Rio Grande do Sul — acho que de Bagé* —, tem uma universidade,** entende do que está falando, o bispo de Rio Grande*** também falou disso. Muito simpático o bispo de Imperatriz, d. [Afonso] Gregory, sociólogo também, fez uma boa colocação. O bispo de Sobral,**** um rapaz jovem, falou sobre a questão agrária e a do rio São Francisco, um pouco mais crítico, mas dei respostas bastante contundentes sobre o que fizemos e disse o que digo sempre: olhando o que falta fazer, é uma montanha, parece que não se fez nada; olhando o que havia e o que há agora, vê-se que caminhamos bastante. Foi um bom encontro.

Isso posto, vim para casa encontrar o Paulo Renato, que jantou comigo, para discutir assuntos pessoais dele, de família, e ainda conversamos sobre coisas gerais.

Hoje de manhã recebi o governador da Paraíba e o senador Ney Suassuna, que me alertou sobre a situação do PMDB, disse que o senador Requião, do Paraná, está reunindo assinaturas para fazer uma convenção nacional,***** o que é muito perigoso. Faltavam poucos senadores para que ele obtivesse o número necessário. Já chamei o Jader para se encontrar hoje aqui comigo, mais tarde. É preciso dar mais atenção ao PMDB. É esse dia a dia cheio de azáfamas mesmo. Depois estive com o Kandir para discutirmos a reforma tributária, que está malposta, com choque entre a Fazenda e a comissão da reforma. Na verdade, a Fazenda é o Pedro Malan; eles não assumiram a coordenadoria efetiva do processo negociador, ficou uma coisa muito amarrada, e agora há um choque muito forte, não sei o que vai acontecer.

Vi depois o Marco Maciel, com quem falei sobre isso. Ele está indicando uma pessoa para o Tribunal de Justiça de Pernambuco e também anda preocupado com a medida provisória, decisão que o Senado acaba de tomar, eliminando apenas uma

---

* Nascido em São Marcos (RS), bispo de Pelotas.
** Universidade Católica de Pelotas, administrada pela diocese local.
*** D. José Mário Stroeher.
**** D. Aldo Pagotto.
***** Requião propunha o rompimento do PMDB com o governo.

parte das dificuldades.* Tenho que evitar essas mudanças nas medidas provisórias, porque elas diminuem muito o poder da Presidência,** e foi manobra do ACM. Não se trata de diminuir o meu poder na parte legislativa. O que me preocupa é que vai criar um problema institucional grave, porque o Congresso não assume certas responsabilidades e o governo, através das medidas provisórias, assume outras — por exemplo, a definição do salário mínimo. O Congresso sempre tende a fazer uma definição mais ampla, mais demagógica, sem bases reais. O que ele votará vai complicar muito no futuro. Vamos ver se ganhamos mais tempo, há um segundo turno de votação no Senado, a MP tem de mais tarde ser aprovada na Câmara, não sei como vamos sair dessa, é um assunto delicado.

Rafael de Almeida Magalhães veio aqui e conversou sobre essas embrulhadas da reestruturação da siderurgia, da petroquímica. Eu já tinha falado com o Calabi sobre isso. Os empresários são muito difíceis de se entenderem, cada um faz um jogo, jogos complexos, já repeti inúmeras vezes a minha orientação: dinheiro público, só quando for justificável, e não para comprar empresas de empresários que não têm dinheiro e fingem que têm empresas nacionais. E, quando possível, que as empresas sejam nacionais. O BNDES não entra na ajuda de empresas estrangeiras, é importante preservarmos nos grandes setores os *players* nacionais.

O Calabi sugeriu fazer uma fusão entre a Vale e a Companhia Siderúrgica Nacional — não vou entrar em detalhes —, com uma nova holding de não sei o quê, pareceu interessante. Benjamin Steinbruch, que é uma pessoa-chave nisso aí, não sei bem o que ele pensa, cada dia ele pensa uma coisa diferente. Idem com relação à petroquímica, em que o embrulho é grande. É uma pena, mas é assim. Em compensação, o Rafael me disse que a questão de Sepetiba*** está indo muito bem, que vai ser um polo de desenvolvimento.

HOJE É DIA 27 DE NOVEMBRO, SÁBADO. Ontem, fui a São Raimundo Nonato, no Piauí, para dar início às comemorações dos 500 Anos, participei de uma solenidade com vários grupos indígenas do Alto Xingu**** e depois visitei o sítio arqueológico,***** que é muito interessante. As responsáveis são duas arqueólogas

---

* Em 17 de novembro, o plenário do Senado aprovara em primeiro turno, por 64 votos a 8, o substitutivo de José Fogaça para a PEC 1-A/95, que previa a redução do prazo de vigência das medidas provisórias do Executivo e limitava o número de reedições.

** Até novembro de 1999, Fernando Henrique baixara ou reeditara MPS 3408 vezes, contra 364 de Itamar Franco, 73 de Fernando Collor de Mello e 22 de José Sarney.

*** Referência ao porto da zona oeste carioca, inaugurado em 1998.

**** Cerimônia de acendimento da Chama do Conhecimento Indígena, primeira etapa das festividades do quinto centenário do Descobrimento.

***** Parque Nacional da Serra da Capivara, com o maior acervo de pinturas rupestres do país.

francesas.* Parece que ali houve habitação humana há cerca de 50 mil anos, pelo menos, e há desenhos nas pedras, muito bem-feitos, todo o sítio bem cuidado, o pequeno museu** também. Inauguramos uma ala chamada Sérgio Motta, nesse aspecto tudo muito bem. A visita em si parecia campanha eleitoral de deputado. Falei à imprensa, que só quer uma coisa: reforma tributária. Dei o recado firme de que o governo quer a reforma, está todo mundo dizendo que eu não quero, o *Estadão* à frente. Desde a entrevista do Rui comigo encasquetaram isso, e na verdade não é bem assim. É que o tema é muito complexo mesmo. Eu disse isso na entrevista ontem aos jornalistas, é a espinha dorsal da federação que está em jogo, não dá para embarcar sem mais nem menos, nem nessa nem naquela nem em qualquer proposta que surja, por mais que ela pareça sedutora. Quando se fizerem as contas e se olharem os números, a realidade será um pouco diferente.

Depois de São Raimundo Nonato, fui a Petrolina (PE) inaugurar um Cefet,*** que é uma escola agrícola e industrial. Vão preparar também formadores de técnicos e até de nível superior. Gostei do projeto, há quatro anos estive nessa escola e o progresso foi enorme, hoje há seiscentos alunos e 7 mil pessoas beneficiadas nas redondezas. Petrolina é um oásis. Pode-se dizer tudo dos Coelho, menos que não tenham levantado Petrolina, por isso vou frequentemente lá e dou força a eles. A despeito de qualquer outra reclamação que se possa fazer deles — não sei qual seja, deve haver —, a verdade é que são dedicados a Petrolina, têm espírito empreendedor e um comprometimento forte com a região. Inaugurei também um trecho de três quilômetros da pista do aeroporto de Petrolina. Visitei uma câmara de refrigeração de frutas.**** Petrolina está preparada para exportar; falta é aumentar sua capacidade de exportação, para que exporte mais. Voltei para Brasília com a Ruth e o Cafu (Jorge Caldeira), que está aqui em casa, jantamos e tal.

Hoje de manhã fiz bastante ginástica, natação, passei os olhos pelos jornais, recebi telefonema do general Cardoso. No Paraná, conflito sério. O governador Jaime Lerner resolveu essa madrugada tirar os sem-terra que estavam acampados há não sei quanto tempo em Curitiba e houve tiroteio.***** O Lerner levou muito tempo para fazer qualquer coisa, apesar dos meus apelos diretos. Quem recebe a crítica sou eu, o país pensa que posso botar pra fora, quando as iniciativas são da polícia estadual e dos governadores. Ele não nos comunicou nada, nem ao

---

* Nièdre Guidon e Anne-Marie Pessis.
** Museu do Homem Americano.
*** Atual Instituto Federal do Sertão Pernambucano.
**** O presidente também discursou na abertura do I Encontro Nacional de Turismo, Ecoturismo e Desenvolvimento Sustentável.
***** A PM paranaense desalojou manifestantes sem-terra que acampavam para exigir desapropriações e assentamentos na praça Nossa Senhora de Salete, no Centro Cívico de Curitiba. Houve vários feridos.

general Cardoso nem ao Raul Jungmann, simplesmente fez, e parece que a coisa complicou bastante. O MST passou de todos os limites.*

O Jarbas Vasconcelos, que é uma pessoa séria e estava em Petrolina, conversou comigo, reclamou um pouco do general comandante da Zona Leste,** que lhe parece um pouco vago — por isso vamos fazer uma grande operação por estes dias no Polígono da Maconha —, mas reclamou sobretudo do MST que ocupa terra. O juiz manda desocupar, a polícia desocupa, eles voltam a ocupar. Nem me referi à chantagem que tentaram fazer se plantando diante da nossa fazenda em Buritis, para conseguir dinheiro do Banco do Brasil para os sem-terra que não têm projeto de utilização de recursos. O pano de fundo é a pobreza do campo, entendo isso, mas tem limite, e o limite é que eles estão provocando a direita. No Rio Grande do Sul a direita está ativa, no Paraná, a UDR já expulsou por conta própria posseiros e invasores do MST de uma fazenda. Isso vai mal, é preciso uma posição mais enérgica. Compreensão do MST não haverá, porque eles são guiados pelo espírito fundamentalista. O PT já entendeu, mas o MST não vai entender, seus líderes não têm preparo, são fundamentalistas. A Igreja recuou, eu tive aquela longa conversa com o episcopado, senti que a Igreja não está na posição de cobrir tudo do MST. Esse é um problema muito sério.

Acabei de falar por telefone com ACM, que está preparando no PFL as condições para uma retomada em termos da reforma tributária. Agora estou aguardando o Delfim Netto, que andou atrás de mim, não sei o que ele quer.

SEGUNDA-FEIRA, 29 DE NOVEMBRO. Dia calmo. Recebi alguns embaixadores, jogamos um pôquer com Boris Fausto, que chegou aqui para passar o fim de semana, e mais nada. Ontem, domingo, da mesma forma um dia agradável, fomos a Pirenópolis [Goiás] inaugurar a restauração de um teatro que fazia cem anos,*** o governador Marconi Perillo fez um discurso muito generoso a meu respeito. Almoçamos no que ele chama o sítio dele, uma casa bastante agradável, havia vários deputados, inclusive o Ronaldo Caiado, discutimos algo sobre a questão da reforma tributária.

Hoje, segunda-feira, fui cedo ao Rio de Janeiro, fiz a apresentação que faço anualmente para os oficiais que estão nos cursos superiores de guerra, da Marinha,

---

* Durante a viagem do presidente à Europa, centenas de membros do MST cercaram a fazenda Córrego da Ponte, em Buritis (MG), para reivindicar a liberação de verbas da reforma agrária. O Batalhão da Guarda Presidencial interveio com 150 homens para garantir a segurança da propriedade de Fernando Henrique.
** General Joélcio de Campos Silveira, comandante do Comando Militar do Nordeste, sediado no Recife.
*** O Teatro Municipal da cidade histórica goiana.

Aeronáutica e Exército e também da Escola Superior de Guerra. Dessa vez fiz uma explanação incluindo a Política de Defesa [Nacional], o que as Forças Armadas têm feito de maneira mais consistente. Depois fui a uma reunião do PSDB na Firjan.* Fiz outro discurso, aí sobre Terceira Via, um pouco cobrando que o PSDB assuma a posição do governo, que defenda nossas posições de social-democracia, porque, se não tiver coragem de defender o que estamos fazendo e mostrar que isso é social-democracia, não ganha a eleição. Voltei para Brasília. Despachei com o ministro dos Transportes, conversei com o chefe interino da Casa Civil, o Silvano [Gianni],** tive uma discussão com ele e com Paulo Renato a respeito da Lei das Mensalidades. O Aloysio era contra uma medida provisória, mas politicamente, e também por causa da pressão da área econômica. Baixamos a medida provisória esclarecendo o que a Câmara tinha votado de forma confusa sobre a anuidade ou não dos reajustes das mensalidades escolares.

Falei com Pedro Malan, que precisava resolver o assunto delicado da conta gráfica*** de São Paulo, que depende de um acerto com o Pitta, porque o Banespa tem na sua carteira títulos [municipais] de São Paulo. Alguns são aqueles famosos precatórios, e isso precisa de um tratamento especial. O Pitta tem que concordar e assinar um documento que garanta ao Pedro Malan que os precatórios não serão tratados da maneira comum, como os outros títulos, porque senão poderá ser impugnado. Isso feito, o Malan terá condições de comprar o Banespa de São Paulo**** e, com isso, o Estado anula a sua conta gráfica.

Acabo de ver na telinha que o Itamar Franco disse que, se fosse por Minas, não se faria nada, que Minas vai apenas se beneficiar de uma medida provisória que eu assinei, que ele dilatou o prazo da conta gráfica, mas que nosso pensamento é São Paulo. Não sei detalhes, Itamar fala que é "o Planalto que quer isso"; sei que é para me criticar, me atacar. O Itamar está passando de todos os limites, essa política birrenta dele é irresponsável, diz qualquer coisa com cara de menino travesso já aos setenta anos. É triste.

Ontem à noite ainda falei com o novo presidente do Uruguai, Jorge Batlle. Ele ganhou a eleição com uma diferença maior do que imaginava, ele é conservador. Talvez o Tabaré Vázquez fosse até uma pessoa mais interessante, não conheço bem nenhum dos dois. A verdade é que a vitória do Tabaré levaria os setores mais ra-

---

* Seminário Realizações e Desafios de um Programa Social-democrata no Brasil, organizado pelo Instituto Teotônio Vilela.
** Subchefe da Casa Civil.
*** Conta demonstrativa que registra os débitos e créditos entre duas instituições que realizam transações entre si, permitindo o cálculo do saldo corrente das operações em determinado período.
**** A União ficou com 66% das ações do banco, equivalentes a R$ 1,9 bilhão. Para possibilitar a operação, o Planalto reeditou a MP 1868-20, baixada em 26 de outubro de 1999.

dicais do PT no Rio Grande do Sul a acreditarem que era hora de fazer de Porto Alegre a capital socialista e trotskista da América do Sul. Então, desse ponto de vista a eleição do Jorge Batlle, embora conservador, do ponto de vista da nossa política interna, ajuda mais. O Uruguai não muda nem com um nem com outro; tem lá suas limitações e vantagens também [para o Brasil].

O PT aqui tomou posições mais moderadas, a grande discussão era se o slogan "Fora FHC" deveria ou não se manter; o José Dirceu contra e o [Milton] Temer a favor. Um ganhou com 50 e tantos por cento, ou 60, o outro ficou com 30%. O fato é que o PT ficou mais moderado.* Eu até disse na reunião do PSDB que se o PSDB não assume a Terceira Via daqui a pouco tem outro ocupante incômodo nessa Terceira Via.

DIA 1º DE DEZEMBRO, QUARTA-FEIRA. Ontem foi ponto facultativo em Brasília porque a Assembleia [Câmara Legislativa] local decretou o Dia dos Evangélicos. No Palácio, trabalho normal, trabalhei bastante, mais dentro de casa, recebi uma bancada da Paraíba, recebi também os grupos de coordenação política, para avaliarmos a reforma tributária e a votação das MPs.

Hoje passei a manhã conversando com o pessoal das áreas jurídica e econômica a respeito da questão jurídica do FGTS.** Assunto seríssimo que pode trazer um prejuízo de cerca de 80 bilhões [de reais] aos cofres nacionais e que os juízes estão todos votando a favor dos demandantes, ou seja, contra o Tesouro.

Recebi o pessoal da Previdência para a inauguração de uma previdência móvel,*** uma coisa interessante, além de ter despachado com Martus Tavares para resolver questões do Orçamento. O PMDB começou a fazer corpo mole nas votações no Congresso sobre o FEF e outras questões, e a razão principal é porque eles não estão tendo as verbas liberadas na área do Ministério dos Transportes. Há outras, mas é sobretudo isso.

Ontem à noite falei com o Jader porque o ministro Malan, por indicação do Armínio, enviou o nome da Tereza Grossi**** para ser diretora do Banco Central no lugar do [Luiz Carlos] Alvarez, que foi demitido pelo choque que teve com a CPI dos Bancos.***** Essa senhora também participou da CPI, foi ouvida, indiciada, qualquer

---

* No II Congresso Nacional do PT, realizado em Belo Horizonte, Dirceu foi reeleito para a presidência nacional do partido com 54% dos votos dos delegados. Em segundo e terceiro lugares ficaram Milton Temer, com 17,5%, e Arlindo Chinaglia, com 6,7%.
** Cerca de 250 mil pessoas demandavam na Justiça a correção de seus depósitos no FGTS para compensar as perdas inflacionárias desde os anos 1980.
*** O presidente entregou cinquenta veículos adaptados para funcionar como Unidades Móveis da Previdência Social (Prevmóvel), destinados a regiões não atendidas por agências do INSS.
**** Chefe do departamento de Fiscalização do Banco Central.
***** O ex-diretor de Fiscalização do BC criticara o relatório final da CPI, qualificando-o de "lixo".

coisa assim. Essas coisas de perseguição ou de briga entre Senado e Banco Central. E há certa resistência, falei com o Jader, que disse que de fato há resistência e que ele achava arriscado.

Hoje de manhã conversei com Ney Suassuna, que disse que o Jader mandou um bilhete a ele pedindo para rechaçar o nome da moça na Comissão de Assuntos Econômicos. Esse é aliado, imagine os adversários. Aliás, estes, como são poucos no Congresso, dão menos trabalho que os chamados aliados. O assunto é delicado, não sei como vamos encaminhar, porque o Armínio Fraga, com alguma razão, acha que há um *esprit de corps* no Banco Central, que a moça é competente, trabalhadora e que há certa birra política. Claro que se endurecer o Senado acaba aprovando, também tomei essa decisão, mas ainda vou amadurecer e ver com que forças contamos. O Arruda, e segundo ele, o Sérgio Machado também, estão muito incomodados com a situação, e acho melhor evitar o choque.

Nos jornais de hoje tem desaforo do ACM, porque falei a respeito das MPs, da edição das medidas provisórias, e ele considera intromissão do Executivo: "Enquanto eu for presidente do Senado ninguém vai se intrometer"; imagina as coisas que vivem dizendo sobre o governo, se vou considerar intromissão. É uma falta de compreensão democrática, uma permanente exibição à publicidade, isso pega o ACM, que é o expoente máximo dessa irresponsabilidade midiática dos meios de comunicação. Mas não é só ele não.

É triste ver o Brasil. A gente aqui luta como Dom Quixote, como disse Armínio Fraga, e as pessoas vivem num mundo menor, só fazendo teatro de grandiosidade. As medidas provisórias podem bloquear a pauta do Congresso, e o governo e o presidente, ao contrário do que eles pensam, acabam definindo a pauta. Mas não estou sequer obstaculizando a votação, e eu poderia; estou chamando a atenção para um problema de ingovernabilidade, e vem o ACM fazer demagogia, que não se pode ter governabilidade com a questão de medidas provisórias. Eu sei que não pode, governabilidade é muito mais do que isso. Medida provisória é um recurso extremo, porque o Congresso não tem responsabilidade suficiente para tomar decisões as mais duras, como a do salário mínimo, que não pode ser o que desejamos, e sim o que é possível.

Além disso, o Itamar. Ele deu uma nota porque eu disse que, felizmente, ele tinha privatizado a CSN com a minha ajuda. Deu uma nota desaforada dizendo que tentei enganá-lo como ministro. Essa eu vou responder, porque o Itamar passou dos limites.

Alvarez foi acusado pelos parlamentares de autorizar a compra irregular de R$ 900 milhões em títulos da dívida externa durante sua gestão como interventor no Banco Bamerindus, além de sonegar informações sobre a compra do Banco Econômico pelo Excel.

DOMINGO, 5 DE DEZEMBRO. Uma coisa adicional ao que registrei nos dias anteriores. Na sexta-feira, vim a Petrópolis para os festejos dos quarenta anos do BID, depois de ter passado a manhã numa solenidade sobre os vencedores de olimpíadas dos deficientes físicos, as Paraolimpíadas.* Gravei um programa de televisão para o PSDB, recebi o pessoal do jornal *O Estado de S. Paulo*, foi uma manhã agitada.

Miguel Ángel Rodríguez, presidente da Costa Rica, um homem equilibrado, conservador, quer muito que eu vá à Costa Rica, e os temas que quer discutir são meio ambiente e direitos humanos, numa linha progressista nos dois casos. Depois recebi o Fujimori, que insistiu nos temas dele: organizar a América do Sul sob a liderança do Brasil — essa é a tese recorrente dele, e tem toda a razão. O Itamaraty não se entusiasma tanto assim por essas teses de hegemonização do Brasil, mas acho que está na hora de termos uma posição mais firme. Além disso, gravei um filme com o Fujimori a respeito dos episódios na fronteira do Equador e Peru. Saí cansado, tarde, o jantar do BID foi no Museu Imperial, eu estava morto de cansaço. Falei com os outros presidentes que chegaram, César Gaviria** e tal.

No dia seguinte cedo, o Larry Summers foi tomar café da manhã comigo, atrasou para chegar lá, indo do Rio a Petrópolis. Um café normal, ele mais relaxado, preocupado com as declarações do Clinton sobre trabalho infantil, o que eu achava, como aquilo poderia ser visto de uma maneira que não fosse de protecionismo. Eu disse: "Aqui no Brasil você vai ser percebido como o maior protecionista. Pelo que eu sei, no Brasil não há área de criança trabalhando; existe criança trabalhando, estamos tirando do trabalho penoso, foi mais de 1,1 milhão de crianças nos últimos cinco anos, a maioria na zona rural. O objetivo de erradicar o trabalho infantil é uma causa correta, o governo está empenhado nisso, mas do jeito como foi dito na OMC*** aqui não vai ser tratado facilmente como crítica indevida". Falamos um pouco sobre a Argentina, como eu via o país, o De la Rúa, as dificuldades, a necessidade de o Brasil ter uma ação conjunta com a Argentina, Mercosul e também a preocupação permanente dele de que o Banco Central tenha a sua independência assegurada. Contou como o Clinton faz, perguntou de taxa de juros, inflação, eu disse: "Aqui é a mesma coisa, o Banco Central tem sua independência assegurada na prática".

Em seguida fomos para o Quitandinha, onde houve uma discurseira insana, o próprio Larry discursou duas vezes, o presidente Julio María Sanguinetti fez um excelente discurso, colocando as questões com veemência e correção, também fiz um discurso mais ou menos amplo, explicando as coisas do BID, nossas posições, o mundo que mudou, enfim, o trivial ligeiro. Almoçamos no Quitandinha, em se-

---

* I Jogos Parapan-Americanos, realizados na Cidade do México de 4 a 16 de novembro de 1999.
** Secretário-geral da Organização dos Estados Americanos (OEA).
*** Em seu discurso na reunião da OMC em Seattle, Clinton acusou Brasil, Paquistão e Guatemala de explorarem o trabalho infantil para baratear seus produtos primários de exportação.

guida recebi o primeiro-ministro de Trinidad e Tobago.* Ele quer relações mais próximas com o Brasil, sobretudo no caso de gás e utilização da Vale do Rio Doce, para fazer pelotização na siderurgia em Trinidad e Tobago, aproveitando o gás para beneficiar o minério, e também com a Petrobras.

Depois fui para a Gávea Pequena, no Rio, onde à noite jantei com Mário Soares, Hélio Jaguaribe, Fernando Gasparian e respectivas senhoras,** mais a Bia e o Paulo Henrique. O jantar foi muito agradável, o Mário sempre simpático, contando as dificuldades do Parlamento Europeu. Quis saber da reunião de Florença, vê-se que o Mário não tem nenhuma simpatia pela Terceira Via, nem pelo Clinton nem pelo Blair. Elogiei bastante o Guterres, ele fez umas ponderações, disse que o Guterres é ótimo mas não toma decisões, não gosta de bola dividida, quer acomodar todo mundo. Enfim, dizem do Guterres o que dizem de mim.

O Hélio Jaguaribe fez umas ponderações, acha que a social-democracia não tem mais como ser feita no mundo de hoje, pela exigência fiscal de botar os Estados num aperto muito maior, acha que não temos mais possibilidade de discutir nos termos em que se discutia a social-democracia. O Hélio continua com a ideia um pouco nacional-estatal; curioso, porque ele me falou que achava que devíamos romper logo com a Alca. Eu disse: "Não precisamos romper, estamos dificultando, nem vejo no horizonte Alca nenhuma, os americanos estão muito mais protecionistas do que jamais foram". Também me disse que devíamos organizar aqui uma *trading company* pelo governo, para poder expandir, porque não temos empresários. Essa parte é verdadeira.

Enquanto esperávamos no Palácio Rio Negro, em Petrópolis, a chegada do Larry Summers, o [Marcos] Caramuru conversou comigo e com o Seixas Corrêa, e disse uma coisa certa. Eles fizeram um seminário com exportadores, propondo discutir como estava o setor de cada um no mundo, como se padroniza, perguntaram do que os exportadores precisavam, e ninguém sabia nada. Os empresários brasileiros não têm vocação exportadora. Disse mais: as linhas de crédito que temos para exportação quem as utiliza são os exportadores tradicionais que vendem, quando vendem, álcool, que não sejam *commodities*, para a América Latina, e que também não se esforçam para abrir novos mercados. Isso é uma realidade.

Recebi e li o texto de uma comissão da Fiesp chamado "Desenvolvimento com oportunidades iguais", uma coisa assim. O que eles querem que se faça o governo já está fazendo, fora isso é magia; querem que se substitua a inexistência de uma economia mais dinâmica pela ação do governo, que também não tem como criar essa ação mais dinâmica. Eles dizem que o Brasil não suporta mais a estagnação econômica, a pobreza social e propõem coisas que já estamos fazendo, não há mui-

---

* Basdeo Panday.
** Maria Barroso Soares, Maria Lúcia Charnaux e Dalva Funaro Gasparian.

ta diferença. Diante das dificuldades, eles desanimam, não querem ver já que as coisas avançam.

Ontem ainda, no sábado, recebi o Eduardo Jorge com o Jorge Serpa, que me contou uma porção de coisas, ele está sempre informado de tudo, não sei até que ponto são interesses que ele tem — ele diz que não tem nenhum — ou se são realmente coisas verdadeiras. Achei meio esquisito, ele sabe inclusive das confusões da estruturação do setor de mineração, mas sobretudo da questão energética. O Luís Carlos Santos tinha me mandado um fax, até citei num discurso que fiz no programa Luz no Campo, sobre a transmissão de energia movida a gás [termelétrica] que seria feita da Bolívia para cá. Achei esquisito, mas pensei que estivesse dentro dos conformes do ministério. No outro dia o Tourinho me telefonou muito irritado, dizendo que isso não estava na programação, que não tinha sentido e tal. No fundo é o Luís Carlos se acomodando à situação de não privatizar Furnas e, além disso, propondo já uma série de investimentos, ou seja, quer fazer de Furnas outra Petrobras. É a tese também do Jorge Serpa, e estão nessa briga.

Além disso, queria registrar o fracasso da OMC. O Clóvis estava ao meu lado muito aflito, porque a notícia chegava: a Rodada do Milênio fracassou. Foi mal preparada, mal organizada, por isso mesmo o diretor da OMC* não vai além das pernas. Em Seattle houve manifestações de protesto das ONGs, o Clinton fez demagogia com elas e os daqui pensam que as ONGs de lá são progressistas, quando elas querem é evitar que haja o que eles chamam lá "transferência de trabalho de lá para cá". Para tanto levantam temas como trabalho infantil, meio ambiente, que são justos, corretos, generosos, mas o que muitos querem é impedir que haja um comércio livre da proteção. A nossa esquerda não percebe que o que eles chamam de esquerda lá é um grupo de gente bem-intencionada que está sendo usada pelos sindicatos e empresários para evitar que haja acesso dos nossos produtos aos mercados deles.

Hoje, domingo, estamos aqui [em Brasília], comi muito ontem à noite, passei meio mal. Estamos descansando eu, a Ruth e a Bia, daqui a pouco chega o Duda, o Paulo Henrique também.

SEGUNDA-FEIRA, DIA 6 DE DEZEMBRO. Passei um dia tranquilo hoje, com a manhã dedicada a uma grande reunião da Câmara de Desenvolvimento, para discutirmos as aplicações do Fundo Constitucional do Nordeste. Fernando Bezerra fez uma boa exposição, foi bastante consequente, tomara que isso melhore o rendimento da utilização desse dinheiro no Nordeste. Almocei com o Calabi — tínhamos tido um contato, o Calabi e eu —, com o Tápias, o Benjamin e a Maria Silvia, para discutir a CSN. Parece que o Benjamin [Steinbruch] quer mesmo vendê-la e

---

* Mike Moore, secretário-geral empossado em setembro de 1999, cumpriu seu mandato até 2002.

acho que ele prefere vender para os belgas. Ficaríamos mais felizes se fosse controle nacional, mas aparentemente não tem quem assuma isso, talvez o Gerdau. Vai ver o que dá para fazer, o importante mesmo é destrinchar a embrulhada que há entre a Vale do Rio Doce e a CSN, para que possamos dar um rumo mais claro, separando a siderurgia da mineração e da logística de transporte. Não é bem um tema de governo, mas o BNDES tem muito a ver com esse assunto.

13 A 18 DE DEZEMBRO DE 1999

Viagem ao Uruguai e à Argentina. Reunião com artistas. Crises na Aeronáutica e no Ministério da Defesa

Hoje é segunda-feira, dia 13 de dezembro, estou de volta a Brasília. Cheguei ontem à noite, depois de cinco ou seis dias de ausência, quando fui ao Uruguai e à Argentina.* Vou registrar de forma livre o que aconteceu nesses dois países.

Cheguei ao Uruguai na terça-feira à tarde, quase no fim do dia, fui recebido pelo embaixador [Luís Augusto de] Araújo Castro com toda a equipe de lá. Depois de descansar um pouquinho, estive em um jantar na sede do Mercosul, que era o antigo Parque Hotel, um belo local desses que o Uruguai ainda guarda do começo do século. Jantar longo, e, como sempre, o Sanguinetti fez um discurso excelente, saudando o Carlos Menem, que se despedia. Estava também o novo presidente, Jorge Batlle. Voltamos e dormi na embaixada.

Quarta-feira de manhã, reunião do Mercosul. As discurseiras de sempre, geralmente de despedida, saudando de maneira elogiosa a presença até então do Menem, do Frei, falamos do Sanguinetti, que daqui a pouco também vai embora. Fiz uma exposição ampla sobre a situação do Brasil, para mostrar que, apesar de todas as dificuldades, temos encarado a crise e se chega ao fim do ano com as melhores perspectivas. Em seguida, nova entrevista coletiva, onde a cena foi dominada pelo Brasil. Depois, jornalista em cima de mim, naquela sofreguidão da imprensa, e tudo fragmentado, me defendi como pude das cascas de banana e fui para o almoço num restaurante muito agradável que se chama Viejo Pentella. Comemos bem e de lá fui para a embaixada encontrar o Jorge Batlle, com quem tive longa conversa. É um homem muito falante.

Mais tarde encontrei o Iglesias, que também estava no Uruguai. Ele fez uma observação chistosa e interessante: "Falta a Batlle *un poquito de ignorancia*, porque ele sabe tudo". De fato ele fala sobre tudo, é um homem de 72 anos, simpático mas fala, fala, fala... Me deu a sensação de estar mais entusiasmado com a Alca do que com o Mercosul e ficou um pouco desiludido quando eu disse que no espaço de dois anos a Alca não vai se mover. O Uruguai não tem esse peso para poder definir o rumo do Mercosul, mas ele é, como ele mesmo disse, favorável aos saxões, enquanto o Sanguinetti aos franceses. Está preocupado com o narcotráfico, contou

---

* O presidente participou da XVII Reunião do Conselho do Mercado Comum e dos Chefes de Estado do Mercosul, em Montevidéu, à qual também compareceram os presidentes da Bolívia e do Chile; e assistiu à cerimônia de posse do presidente argentino Fernando de la Rúa, em Buenos Aires.

uma conversa que teve com o Bush, o Menem e outros mais, acha que os bancos são responsáveis pelo narcotráfico e pela lavagem de dinheiro.

Fomos embora para a Argentina, aonde cheguei na mesma quarta-feira, à tarde. Fui jantar com o Lampreia, com o Botafogo e com mais dois ou três, inclusive o embaixador Rego Barros, na casa do Adalberto Rodríguez Giavarini, o novo ministro de Relações Exteriores da Argentina. O De la Rúa, quando soube que ia haver esse jantar no qual não estava prevista a minha presença, se dispôs a ir e perguntou se eu iria e eu fui. Foi muito agradável, pessoas já mais sofisticadas, Giavarini é um economista, estava sua família, mulher e quatro filhas, e os principais ajudantes dele no futuro Ministério das Relações Exteriores.*

Em relação ao De la Rúa, tive uma impressão positiva, é um professor, um homem que conduz a conversa bem. Comparando com o Menem, eu diria que este não conversa, faz gestos, é carinhoso, afetivo, mas não discorre sobre temas, enquanto o De la Rúa é estilo mais professor, discorre sobre temas. Ele, sim, tem uma visão mais mercosulista, embora me pareça também com pitadas de protecionismo. Quando ele fala de Mercosul, pensa também na Argentina e na necessidade de ela defender-se para ter um setor industrial, o que é compreensível, já que é presidente do país. Mas talvez tenha uma visão um pouco mais restritiva do livre--comércio, mesmo entre a zona do que fosse desejável para o Brasil. Mas tudo isso sem a pretensão de ser contrário a qualquer política de aproximação com o Brasil. A conversa transcorreu muito bem. O Giavarini mais um assessor dele** que vai ser secretário da área econômica*** e morou no Brasil, ambos disseram que leram meus livros. Muito entusiasmo por mim e pelo Brasil.

Passei a quinta-feira recebendo gente em Buenos Aires, depois de ter visitado de manhã a coleção do Gilberto Chateaubriand**** e dado entrevista no Museo Nacional de Bellas Artes sobre a arte brasileira e alguma comparação com a arte argentina. Sempre gostei de pintura, de modo que não me atrapalho com as perguntas que me fazem sobre essa questão. Não estou acompanhando, não conheço tanto os contemporâneos, mesmo assim alguma coisa conheço — o Tunga, o Oiticica, conheço vários deles, posso discorrer rapidamente sem alguma profundidade sobre alguns deles. Vi uma exposição de quadros argentinos, me parece que eles não têm a mesma criatividade dos nossos, os pintores de lá são diretamente influenciados pela Europa e aqui sempre passa por esse turbilhão que é o Brasil, esse misto de Rússia com Itália, com tinturas tropicais, essa grande confusão que é o Brasil.

---

* Ministerio de Relaciones Exteriores, Comercio Internacional y Culto.
** Horacio Chighizola.
*** Secretário de Relações Econômicas Internacionais.
**** O presidente visitou a mostra Panorama del Arte del Brasil en el Siglo XX, com 115 obras da coleção Chateaubriand, então cedidas em comodato ao MAM-RJ.

Passei a tarde na embaixada, li, descansei, acompanhei as coisas, fui sendo informado do que está acontecendo na Argentina e à noite fui a um jantar formal no Palácio San Martín,* despedida do Menem. Ele estava tristonho, fez um discurso breve do jeito que sempre faz, "*Que Dios os bendiga*", ele costuma terminar assim, sempre tem um pouco de frase feita. Pedi a palavra, não estava no protocolo, como ele fez um brinde de amizade a nós, a todos os povos, eu quis fazer um brinde a ele, disse que achava que ele tinha sido um grande governante e que eu podia dar o testemunho das importantes transformações das relações Brasil-Argentina. Em seguida, o Eduardo Frei fez a mesma coisa, também com forte sentimento. No final conversei um pouco com o príncipe Andrew, duque de York, filho da rainha da Inglaterra, e com o Frei, para saber da situação do Chile. Ele estava animado com a possibilidade de [Ricardo Lagos] ganhar até mesmo na primeira *vuelta*, como eles dizem, no primeiro turno.

Ruth chegou à noite com a Lenir [Lampreia] à embaixada.

No dia seguinte de manhã, sexta-feira, 10, fui ao Congresso assistir aos discursos. O do De la Rúa foi firme, forte, e com dois temas basicamente: combate ao déficit e à corrupção, disse ele, direto. O clima na Argentina é botar um ponto final na corrupção. O governo Menem termina com essa mancha forte, com esse cheiro de podridão — devo dizer que não são todos.

Na véspera, quando fui ver a exposição, estava lá o Guido di Tella, que esses anos todos tem sido muito correto, muito companheiro. Visitou comigo a exposição, parece que ele está fora desse esquema, e muitos estarão fora, mas há certo cheiro de podridão, e o De la Rúa mexeu fundamente nisso em seu discurso no Congresso. Também me chamou a atenção que nenhuma das autoridades mencionadas, salvo o [Raúl] Alfonsín,** foi aplaudida. O primeiro fui eu, depois os demais presidentes estrangeiros, mas os locais não foram. Há um clima um tanto estranho nas relações entre os partidos na Argentina, porque normalmente, até por delicadeza, quando se cita o nome de alguém, se aplaude. Nessas solenidades não houve isso.

Depois fui para outra solenidade, na Casa Rosada, aí me encontrei com a Ruth e assistimos à transmissão de posse, de mando mesmo, o bastão, a faixa. Não houve discurso, só muita gente, a alegria normal dos que recém-chegam. Conversei longamente com a mulher*** do Chacho Álvarez [Carlos Alberto Álvarez],**** ela esteve sete anos na cadeia [durante a ditadura], tive boa impressão dela, leu meus livros. Veio falar comigo outro que também leu meus livros, citou a frase "Esqueçam tudo o que escrevi",***** então expliquei que eu nunca disse isso,

---

* Sede da chancelaria argentina.
** Ex-presidente argentino (1983-9).
*** Liliana Chiernajowsky.
**** Novo vice-presidente da Argentina.
***** Segundo a *Folha de S.Paulo*, a frase teria sido pronunciada durante um almoço com em-

que se tratava de uma frase feita por outro contra mim. Mas tudo muito simpático, naquele clima de velhos conhecidos que somos no fundo. Eu sou quase professor dessa geração — do Tella, não do De la Rúa.

Isso terminado — longas as solenidades — ainda iríamos para a embaixada, passando antes por outra solenidade de beija-mão, só que dessa vez era do De la Rúa. À noite, fomos ao Teatro Colón, lá um bom brilho na solenidade, o De la Rúa me fez todas as gentilezas, entrei praticamente junto com ele, fiquei com seus familiares, sentei-me ao lado de sua esposa. Ele se levantou quando estava sendo aplaudido, também me levantei, ele cumprimentou somente a mim diante de todo o público argentino, enfim, todas as honras ao Brasil, uma coisa calorosa mesmo.

Na embaixada ainda havia uma recepção, depois, lá pela meia-noite, fomos à casa do De la Rúa, eu e Ruth, e nos encontramos com Sanguinetti, Banzer, Giavarini. O Frei já tinha ido embora e os outros ou não foram convidados ou não compareceram. Clima de gentileza, tomamos champanhe, voltamos quase duas da manhã para a embaixada.

No sábado de manhã, acordamos bastante tarde, mas ainda assim recebi o grupo de investidores brasileiros, que falaram muito mal da situação argentina. O crédito não funciona, os bancos não têm o hábito de receber de volta o dinheiro, quase tudo é doação via governo, os cheques não têm credibilidade, o crédito não está atendendo ao capital de giro necessário... Grandes dificuldades, descrença, mas muito mais confiança agora no novo governo. Eu não tinha essa sensação de uma Argentina tão desorganizada quanto esses empresários me disseram. Será verdade? Quem sabe; alguma coisa deve haver disso.

A imagem externa é outra. Inclusive o Larry Summers, quando foi a Petrópolis, falou bastante bem da Argentina e foi mais restritivo com relação ao entusiasmo dos empresários brasileiros. Este é o mal dos brasileiros, eles sempre pensam que as coisas aqui [no Brasil] estão ruins e lá fora estão bem, e é ao contrário. Nem sempre, mas há muita coisa que é ao contrário, e aqui não se sentem com vigor as mudanças. Está faltando essa crença mais forte no país; não no governo, no país. Interessante essa contradição. O Brasil sempre tão ufanista, e agora essas gotas de pessimismo esparramadas como óleo que começam a prejudicar a ecologia. Só que aqui estamos prejudicando a ecologia política; mais que a política, a social mesmo, o ânimo do povo.

Recebi o novo ministro da Educação, [Juan José] Llach, conversamos bastante, eu o convidei para vir ao Brasil. Saímos em seguida para almoçar no restaurante La

---

presários em São Paulo, em julho de 1993, quando Fernando Henrique chefiava o Ministério da Fazenda. Um ano depois, no programa *Roda Viva*, da TV Cultura, o então candidato tucano à Presidência atribuiu a frase apócrifa a uma deturpação da sentença "a gente escreveu tanta coisa, então é cobrado sempre pelo que escreveu", dirigida a Celso Lafer, também presente à reunião, em alusão à dificuldade de conciliar o pensamento acadêmico e a prática política.

Boca, que dizem que é famoso, carne boa, mas nada de tão extraordinário quanto eu podia imaginar. Voltamos e à noite tivemos uma coisa muito agradável com todos os funcionários da embaixada mais o Iglesias, que veio falar comigo. Tivemos um sarau com uma cantora de tango e três ou quatro acompanhantes nos instrumentos. Iglesias está pessimista com o governo, não por causa do De la Rúa, mas diz que a equipe é heterogênea e não tem comando definido. Ele colocou, parece, quatro economistas [no governo]: um é o ministro da Defesa, [Ricardo López] Murphy; o Giavarini, que está com as Relações Exteriores; o [José Luis] Machinea, ministro da Economia; e mais outros bastante próximos a ele, ministros ligados à área econômica. O próprio ministro da Educação é economista.

Não conheço o Machinea, mas numa das recepções a mulher dele se aproximou de mim, disse que era minha leitora, que lia meus livros quando estudante, queria me apresentar ao marido, eu não sabia quem era, era o Machinea. Simpático, o Iglesias acha que o Machinea é o melhor deles, mas que vai haver disputa. Além do mais, no sistema argentino há o ministro coordenador,* uma espécie de primeiro-ministro que é destituível pelo Parlamento e está encarregado, segundo a Constituição, de tomar conta do Orçamento ou de parte importante dele, e da Controladoria. O De la Rúa, na véspera, e o Giavarini também, haviam criticado muito isso para mim. O De la Rúa disse: "Não funciona, isso é parte de Finanças". Ou seja, há aí mais uma contradição. Contei essa reação do De la Rúa ao Iglesias, ele disse: "Está vendo? Isso não vai dar certo". Ele não tem, como no Brasil, um comando nítido, por exemplo, na relação com o BID. Quem é que faz a coordenação dos empréstimos das províncias? Não se sabe, não está claro e não há uma função específica, um grupo de coordenação. Também o Iglesias me disse uma coisa interessante: as províncias se endividaram muito, e o Roque Fernández** era liberal, deixava tudo à vontade, não se preocupava com isso, o mercado ia resolver. Iglesias cada vez menos mercadológico, cada vez menos Consenso de Washington, cada vez mais pensando até mesmo nas privatizações, com o que aliás concordo.

Estou vendo que o Brasil, como não avançou muito nas privatizações alopradas da Argentina, quem sabe hoje tenha uma posição melhor. Continuo preocupado com o setor energético, não vejo claro a privatização de Furnas, a Chesf, acho que isso tem que ser repensado. Vou começar a trabalhar mais duro nessa direção. Também não dá para deixar que a burocracia mande por pressão política desses instrumentos, portanto tenho que imaginar uma forma de controle social ou uma pulverização de ações. Não sei o quê, mas alguma coisa que não permita que o setor privado tenha o monopólio desse grande setor energético.

O domingo, ontem, foi só de lazer, fiquei na embaixada de manhã, depois preocupado com a eleição no Chile, dei uma volta com o Sebastião pela Recoleta, fui

---

* Rodolfo Terragno, titular da Jefatura de Gabinete de Ministros.
** Ministro da Economia da Argentina (1996-9).

a um café, sendo bastante aplaudido na hora que entrei, aplaudido na rua, a imprensa atrás de mim me provocando com o negócio do ACM, que continua fazendo declarações desnecessárias.* Esse é um fator irritante e permanente, é exibicionismo por si mesmo, ele sabe que para aparecer tem que criticar, tem que dizer não importa o quê. Ele não está preocupado na construção de alguma coisa, mas na construção de si mesmo. Eu disse nos meus votos para o ano que vem que os políticos pensassem mais no Brasil do que em si, mas seria pedir demais.

Vejo aqui de manhã, no jornal, que o [Pedro] Simon diz que quem manda é o ACM, que o governo está fraco. O Andrea Matarazzo me telefonou ontem à noite dizendo que teve uma reunião com empresários em São Paulo para falar da reforma tributária e que o Madeira mostrou a eles o que foi aprovado este ano. Aprovamos uma enorme quantidade de coisas, quase tudo, reclamam sem saber, e fica essa ideia de que as coisas não andam e que quem manda é o ACM. Ele não manda coisa nenhuma no governo. Como ele é um homem de mídia, e gosta de ser, faz isso, não tem responsabilidade pública, fala do salário mínimo quando não deve, se manifesta quando deve ficar calado, aparece, aparece, aparece... É uma espécie de moto contínuo, de incensamento de si mesmo.

É um político nesse aspecto negativo, não tem uma proposta, vai variando. Descobriu a pobreza de repente,** esqueceu-se dela, agora diz que não assina o aumento dos salários dos juízes... Ora, na última reunião verdadeira que tivemos, faz alguns meses, ele queria, eu é que não deixei, e agora ele mudou, disse que estava fazendo uma cena. Ele impede tudo, posa o tempo todo de herói nacional, a mídia gosta, meus adversários gostam e aliados também. Ficam dizendo que quem manda é o ACM, num refrão para tirar alguma vantagem e para dizer que o governo está fraco.

Depois fomos almoçar em Buenos Aires, com amigos sempre nos circundando, tomamos o avião, voltamos para o Brasil. Acordei e agora estou aqui dando expediente nesta segunda-feira.

DIA 16 DE DEZEMBRO, QUINTA-FEIRA, nove e meia da noite. Retomando, na segunda recebi Ruth Escobar, que veio pedir apoio para um projeto dela em Ubatumirim para crianças filhas de pescadores, abandonadas, não sei bem.*** De-

---

* O presidente criticara um projeto de anistia de multas eleitorais em tramitação no Congresso, sendo rebatido pelo presidente do Senado pela suposta "interferência" do Executivo em assuntos parlamentares.
** ACM se aliara à oposição na defesa do fundo de combate à pobreza e do reajuste do salário mínimo para o patamar de US$ 100, cerca de R$ 190 na época e R$ 700 em abril de 2016 (correção pelo IGP-DI).
*** A atriz organizava a criação do Centro Cultural O Menino e o Mar, ONG cultural voltada para crianças carentes do distrito de Ubatuba (SP).

pois fui ao palácio, gravei no rádio, recebi o Célio Borja,* boa conversa, ele vai ser reitor da Universidade Santa Úrsula, falamos um pouco sobre parlamentarismo. Recebi o presidente do PPB, Pedro Corrêa,** ele veio hipotecar solidariedade do partido ao governo. Tive reunião de coordenação política, habitualmente faço nas segundas-feiras, para ver a agenda da semana. Vota ou não vota o FEF?, a coisa de sempre. Depois jantei com um grupo de artistas no Alvorada, foi muito agradável. Cheguei quase em cima da hora, artistas novos, Paula Toller, Ivete Sangalo, o Alexandre [Pires], do grupo Só Pra Contrariar, outro do Paralamas do Sucesso,*** uma coisa boa. A cantora Alcione fez um belo discurso, vieram me agradecer a lei que garante o direito autoral.****

Na terça-feira de manhã conversei com Felipe Lampreia, disse a ele que achava que o Fred Araújo [Frederico Araújo]***** poderia substituir o Valter [Pecly] como chefe do cerimonial do Palácio do Planalto, ele concordou. Depois promovemos alguns embaixadores, uma embaixadora, sempre gosto de nomear uma mulher embaixadora, porque agora há muitas mulheres competentes no Itamaraty. Depois nomeei o Eduardo Santos, que é meu assessor, como meu embaixador também.******

Tive uma reunião sobre o Desenvolvimento, o Tápias fez uma análise do que está acontecendo com o Brasil Empreendedor, um programa para as pequenas e microempresas, está avançando muito mais do que eu imaginava. O Pratini disse que a safra é boa, não vai haver perda, embora hoje eu tenha ouvido o Xico Graziano dizer que isso não é certo, mas as análises estão nessa direção; e passamos também em revista o financiamento da safra. E ouvimos Fernando Bezerra, que falou longamente sobre os fundos constitucionais e o melhor modo de geri-los. Há certa questão com o Banco do Nordeste, este e outros bancos públicos cobram *spread* muito alto. Não só *spread*, tarifas muito altas também.

Vim para o Palácio da Alvorada, onde dei longa entrevista à revista *Veja*, que espero saia nas Páginas Amarelas no fim do ano. Recebi o grupo Silvio Santos mais o grupo Bandeirantes, estão tratando de TV a cabo, esses problemas de sempre.

Nem saí daqui, porque tive que ir direto para uma Medalha JK,******* do pessoal da CNT, Confederação Nacional do Transporte. Essas coisas de fim de ano.

* Ex-ministro do STF e ex-ministro da Justiça (governo Collor).
** Deputado federal (PE).
*** Herbert Vianna.
**** Na ocasião, o presidente anunciou a regulamentação da Lei de Direitos Autorais (lei nº 9610, de 19 de fevereiro de 1998) e a produção de um selo holográfico pela Casa da Moeda para coibir a pirataria de CDs musicais. À reunião também compareceram outros artistas, como Fafá de Belém, Zizi Possi, Martinho da Vila e Sérgio Reis, além de executivos da indústria do disco.
***** Embaixador, chefe do Cerimonial do Itamaraty.
****** Santos foi promovido a ministro de primeira classe.
******* Cerimônia da Ordem do Mérito do Transporte Brasileiro, na sede da CNT.

De lá passei ao Itamaraty, para a entrega do prêmio Brasileiro do Século, da revista *IstoÉ*, que de novo foi para o Juscelino.* Estava a Márcia Kubitschek, também a Maria Estela [Kubitschek],** acho que as duas estão meio rompidas, não tenho muita certeza, me deu essa impressão. O dia transcorreu sem muita tensão, até foi surpreendente, porque nesta época do ano as tensões costumam ser maiores. Em seguida, vim aqui para casa, jantei com o Paulo Henrique, o Cafu [Jorge Caldeira] e a Ruth.

Na quarta-feira, tomamos o café da manhã com os já mencionados que jantaram aqui, recebi o Esperidião Amin, que veio com o Jorge Bornhausen para fazer uns pequenos pedidos, agradecer o que fizemos por Santa Catarina. Recebi o senador Ney Suassuna, que veio dizer o que está acontecendo na Comissão de Assuntos Econômicos do Senado e reclamar também que o PMDB continua mal atendido — é dos mais que temos ajudado.

Dei uma longa entrevista à TV Cultura sobre temas gerais, basicamente o próximo século. Almocei no Palácio da Alvorada com Teotônio Vilela e Aécio Neves, eles vieram conversar principalmente sobre o partido, o Aécio tem como objetivo ser presidente da Câmara no ano que vem, por isso deseja uma aproximação com o PMDB. O Teotônio concorda com essa tese, eu disse: "Tem que convencer os outros, Mário Covas, Pimenta, o Tasso, que a todo instante estão dando chute no PMDB. Assim fica difícil, o PMDB se sente enjeitado, como vamos depois dizer que temos alianças com eles para eleição da presidência da Câmara?". Acho que até é possível essa eleição do presidente da Câmara para o PSDB, mas é preciso haver um comportamento mais nítido do partido.

Levantei a questão da sucessão presidencial, eles acham basicamente o seguinte: o Serra, nem pensar, não tem condições, não passa no partido, deram o exemplo de um encontro que tiveram com ele em que se comportou arrogantemente. Paulo Renato e Pimenta são fracotes do ponto de vista deles como candidato. Sobram o Mário Covas e o Tasso, os dois preferem o Tasso, mas sabem, como eu também sei, que se o Covas estiver forte em São Paulo e quiser ser candidato, vai ser o candidato e nesse caso terá o meu apoio franco e sincero. Se não for assim, o Tasso é um bom candidato. Recordei que era preciso pensar bem, que um fato inesperado ajuda. Por exemplo, a candidatura da Roseana Sarney pelo PFL pode ser um perigo, ou então trazer a Roseana como candidata a vice pode ser positivo para nós. Mas Tasso e Roseana, é difícil. O Aécio diz, ninguém sabe disso, talvez já seja possível no Brasil de hoje. Também acho, talvez seja, mas vamos devagar com o andor, que o santo é de barro.

Eles acham que o Sérgio Machado não tem mais condições de continuar na

---

* Outros homenageados pelo concurso, baseado na opinião dos leitores da revista: Chico Buarque (Músico do Século), Fernanda Montenegro (Atriz), Oscar Niemeyer (Arquiteto) e Ayrton Senna (Esportista).
** Filhas do ex-presidente.

liderança do partido, não tem tido uma ação muito construtiva, não por defeito dele, ou melhor, não por falta de vontade dele. Acho que não tem a liderança efetiva necessária para levar os senadores do PSDB adiante. Cheguei até a sugerir quem sabe fosse possível colocar o Arruda como líder do PMDB. Ele é mais politiqueiro, jeitoso, e levar o Lúcio Alcântara para líder do governo eles concordaram que é uma boa ideia, mas tem que ser trabalhada.

Fui à cerimônia de lançamento do programa Sociedade da Informação,* no Planalto, o Sardenberg comandou o lançamento, fiz uns comentários, é sobre a Internet 2. Recebi o José Carlos Dias acompanhado dos 27 superintendentes das polícias federais do Brasil. Discurso pra cá, discurso pra lá. Recebi o sr. Kim Jong-pil, primeiro-ministro da República da Coreia [do Sul], longo discurso, o que ele deseja mesmo é que a Kia — a de motores e automóveis, que ia se instalar na Bahia e não se instalou —,** que agora está sob o controle da Hyundai, ele quer que ela volte a se instalar, mas sem pagar a multa por não ter feito a fábrica em tempo oportuno. Esse é o objetivo principal do primeiro-ministro.

Em seguida, recebi o Ivoncy Ioschpe, da Ioschpe, muito contente, achando que finalmente vê luz no fim do túnel, achando que realmente houve uma virada no Brasil. Ele é do Iedi, acha que, embora a população não tenha percebido, há um bom caminho a andar pela frente e está feliz com isso.

Depois tive uma longa reunião sobre a Embraer*** com o brigadeiro Braüer, com o brigadeiro [Aluízio] Weber,**** com os ministros Lampreia, Élcio Álvares, Pedro Parente, Andrea Calabi, Tápias e o advogado-geral da União, dr. Quintão. O brigadeiro Braüer passou a palavra ao outro brigadeiro, Weber, que fez uma boa exposição. Eles partem do pressuposto de que a Embraer tinha que estar muito mais próxima da Aeronáutica, próxima no sentido quase do cotidiano. A Aeronáutica tem um ou dois representantes no conselho de administração, mas esse conselho não dirige o cotidiano. Eles acham que a Embraer foi feita à sombra, isto é certo, do desenvolvimento tecnológico que o ITA fez junto com o CTA em São José dos Campos, portanto obra da Aeronáutica. Ela nasceu em 1941,***** para fortalecer a indústria nacional, dizem eles, e agora a Embraer estaria sendo vendida a um consórcio francês, ainda

---

* Coordenado pelo Ministério de Ciência e Tecnologia, o programa previa investimentos de R$ 3,4 bilhões para viabilizar a implantação no país da Internet 2.0, com maior largura de banda e mais interação dos usuários.
** Fernando Henrique participara em agosto de 1997 do lançamento da pedra fundamental da fábrica de vans da subsidiária da Hyundai em Camaçari (BA).
*** A ex-estatal aeronáutica vendera 20% de suas ações com direito a voto para um consórcio francês formado por Aérospatiale-Matra, Dassault Aviation, Snecma e Thomson.
**** Diretor do Centro Técnico Aeroespacial (CTA) da Aeronáutica e representante do governo no conselho de administração da Embraer.
***** A fundação da Embraer aconteceu em 1969. Em 1941, foi criado o Ministério da Aeronáutica.

por cima em grande parte estatal, que é a Aérospatiale, um grupo de empresas de aviação da França.

Só que eles compraram, aparentemente, 20% do capital votante, terão direito a ter um ou sei lá quantos votantes no conselho de administração, e o contrato de privatização tem uma *golden share* que garante ao governo limitar a participação de quem compra a empresa em segredos militares, em garantias de certas tecnologias militares, mas que assegura que a empresa pode vender até 40% do capital a terceiros. Acho, portanto, que não há nem sequer base legal para que o governo faça alguma coisa. Ficou claro também que o grupo controlador da Embraer hoje na verdade é a Bozano Simonsen em aliança com a Sistel e a Previ. São fundos de pensão da Telebrás e do Banco do Brasil que essa Bozano Simonsen não teve habilidade suficiente para negociar com a Aeronáutica, que ficou marginalizada. A negociação foi feita sem que eles tivessem informações nem mesmo gerais, quanto mais detalhes. Isso deu a eles a sensação de que aí vem mais surpresa, ou seja, que amanhã ou depois possa haver uma ampliação da participação estrangeira.

É assunto espinhoso. Por um lado, porque do ponto de vista estratégico preciso considerar isso mesmo, o desenvolvimento da tecnologia nacional, e por outro, ponderaram vários dos que lá falaram, em termos empresariais, negociais. Ou eles se abrem e têm acesso a mercados e a certas tecnologias, ou ficam pra trás, vão sendo sucateados, como foi a Engesa.*

Esse é o ponto, a globalização é atroz, porque ela não dá tempo para que um país como o Brasil refaça todos os caminhos da descoberta tecnológica, do seu aperfeiçoamento etc., para poder competir e entrar no jogo. Portanto, tem que se associar, em certo sentido é uma sociedade entre a forca e o pescoço, porque uns são muito mais poderosos, têm muito mais tecnologia avançada, e outros, nós, mais fracos. É uma situação de fato embaraçosa, e do ponto de vista legal não tenho condições de impedir a associação. Existem, sim — e para isto a reunião foi boa —, condições de negociar. É preciso o governo entrar para sensibilizar o grupo controlador da Embraer e, nessa negociação com os franceses, não esquecer que a Embraer é estratégica para a Aeronáutica brasileira. Portanto, alguma salvaguarda teremos que ter para aqueles aspectos que pareçam a nós essenciais. Isso precisa ser definido, e não é fácil, não houve tal definição com os cuidados necessários.

Depois dessa longa reunião, tive outra com o Serra. Na tarde anterior, eu havia tido uma reunião, que não registrei aqui, sobre a questão orçamentária com o Pedro Parente, Guilherme Dias, secretário executivo do Ministério do Orçamento, Amaury Bier, Aloysio Nunes Ferreira e Marcus Tavares. Tínhamos decidido dar ao Serra uma certa quantia de recursos, 450 milhões de reais em termos financeiros e, para os orçamentários, 500 milhões este ano e talvez 500 milhões no ano que vem. O Serra subiu à serra, já gastou boa parte desse dinheiro, são gastos incompri-

---

* Fabricante brasileira de equipamentos bélicos, fechada em 1993.

míveis, me telefonou, mandou carta, esteve comigo na véspera, depois da reunião com os militares, lá foi o Serra com o Bier e detalhou tudo pra mim.

Saí do palácio às dez e meia da noite, cheguei ao Alvorada e ainda me encontrei com o Andrea Matarazzo, para discutir de novo questões da Secretaria de Comunicação e alguns problemas gerais de governo. Fui dormir bastante tarde, cansado.

Hoje, quinta-feira, até suspendi a natação, imaginei que estaria cansado, como de fato estava, e fui para a solenidade de promoção dos oficiais-generais, fiz discurso. Essas solenidades militares são sempre bem organizadas, rápidas, eficientes, é um ambiente tranquilo. Depois dessa reunião, ainda recebi de novo o Serra e aqueles que mencionei, do Orçamento, para tentar ajeitar a situação da Saúde, o que conseguimos.

Recebi o Luís Henrique, prefeito de Joinville, que veio acompanhado de dois funcionários dele e do João Prestes, filho do Luís Carlos Prestes, que tem aquele contraparentesco comigo, da parte da Mariana, minha prima. Ela é neta do Octavio Brandão* e também prima de uma parte do pessoal Prestes. O avô dela, Octavio Brandão, foi casado com uma irmã do Prestes.** A coisa é muito complicada em termos de parentesco, muito longínquo,*** mas conheço o João, conheci-o em Moscou, quando estive algumas vezes lá, ele foi meu intérprete. É um rapaz simpático, está trazendo o Teatro Bolshoi para Joinville**** e veio me convidar para assistir ao espetáculo do Bolshoi no dia 17 de março, creio.

Ainda recebi o Sarney, que muito simpaticamente veio me trazer um presente de fim de ano e conversar comigo, ele cada vez mais próximo por causa dos filhos, que são muito ligados a mim. O Sarney é homem inteligente, é verdade, me trouxe um livro das crônicas dele na *Folha*,***** muitas de boa qualidade. Depois fui encontrar os militares no Clube da Aeronáutica, onde tivemos um almoço de confraternização de fim de ano, discurso pra lá, discurso pra cá, estando presente o Élcio Álvares.

De lá voltei direto ao palácio e passei uma longa tarde não tão pesada como a de ontem, provavelmente porque hoje o Congresso está em recesso, esqueci de dizer, e porque ontem eu tinha tido um encontro com o senador Antônio Carlos, com Michel Temer, mais Aloysio e Pedro Parente, para definir as matérias que serão chamadas para a sessão da convocação extraordinária. Nessa reunião tive certa altercação com ACM por causa da emenda constitucional que cerceia as medidas

---

* Escritor alagoano ligado ao PCB.
** Lúcia Prestes.
*** Mariana é prima-irmã de d. Nayde Silva Cardoso, mãe do presidente, pelo lado da avó paterna de Fernando Henrique, Cândida Rego de Araújo e Silva. Exilado na União Soviética nos anos 1930, Brandão se casou com Lúcia Prestes, irmã do revolucionário brasileiro, que também se exilara.
**** A Escola do Teatro Bolshoi no Brasil se instalou no município catarinense em março de 2000.
***** *Crônicas do Brasil contemporâneo*, v. 1. São Paulo: A Girafa, 2000.

provisórias. Eu disse que não podia concordar não que houvesse regra, sou favorável, mas não que houvesse a asfixia do governo via proibição de colocar matéria tributária em medida provisória, porque se assim for nós vamos ficar sem ter os meios de ação para resolver as crises do Brasil.

ACM ficou meio insolente, eu disse: "Não vou aceitar isso. Se não houver essa modificação, me oponho e não deixo passar".

"Ah, eu quero ver."

Eu disse: "Você está me desafiando?".

"Não, se usar a força do governo."

"Vou usar, se você quiser. Não é o meu estilo, mas não vou concordar com isso."

Pedi que me ajudassem, os dois disseram que ajudariam.

Hoje leio nos jornais declaração do ACM dizendo que ele duvida que o governo possa impedir a passagem da MP tal como ela está. ACM não tem solução, é um exibicionista total, um Narciso puro, não está pensando nos problemas do Brasil, mas no jogo de poder. Eu disse a ele: "Não quero fazer braço de ferro com o Congresso, sou democrata; o que não quero é que o Congresso impeça o funcionamento da administração. Você me desculpe, mas não vou deixar [passar a emenda] mesmo".

Quando acordei hoje, tinha um recado do líder Geddel Vieira, porque saiu no *Globo* que ele teria falado mal de mim. Veio se desculpar, disse que não falou coisa nenhuma, eu disse tudo bem, mas que queria que ele me ajudasse na questão das MPs, ele se comprometeu.

Recebi também uma carta do Renan, cópia da que ele mandou para a Globo, desmentindo categoricamente que tivesse falado qualquer coisa contra mim pessoalmente. Acho que não falou mesmo, dessa vez acho que é "barriga" ou maldade da imprensa.

À tarde recebi o João Paulo Reis Velloso, que veio falar sobre o próximo fórum, que vai ser no dia 15 de maio do ano que vem. Ele quer minha presença num diálogo sobre o Brasil com alguns intelectuais de porte, os modelos de desenvolvimento. Eu gosto do Velloso, respeito o que ele fez no tempo do Ernesto Geisel. Até disse: "Pois é, o meu governo, que ficou dizendo que não é liberal, retomou o planejamento, o Martus foi na Cepal e falou pra mim, encantado, que é o único país da América Latina que ainda tem planejamento". Na verdade, quem fez planejamento no Brasil? O Juscelino, com as metas,* depois o Geisel** e agora nós, que retomamos. Comentei isso para dizer ao Velloso que eu tinha apreço pelo que ele fez no tempo do Geisel e que eu tinha até convidado o Geisel para almoçar comigo no Palácio Laranjeiras. Não o conhecia, o convidei pelo respeito que tenho pela obra dele como administrador, como estadista, digamos.

---

* Plano de Metas, conjunto de 31 compromissos de desenvolvimento econômico e social lançado pelo governo JK em 1956 com o lema "Cinquenta anos em cinco".

** Referência ao II Plano Nacional de Desenvolvimento (1975-9).

Depois do Velloso, recebi o dr. Wagner Pimenta, presidente do Tribunal Superior do Trabalho, que veio pedir minha interferência para haver um número maior de juízes do Trabalho. Eu tinha ajudado bastante lá, são questões complexas, para evitar a indexação salarial. Ele se queixou muito que a Justiça está sendo maltratada, se queixou do ACM, da mídia, essa coisa de sempre, com razão, na verdade às vezes há um exagero muito grande, misturam alhos com bugalhos. O Brasil está sendo purgado, é uma coisa importante, mas dói muitas vezes naqueles que são vítimas de juízos apressados. No caso do Wagner, ele é excelente juiz e coopera muito para ter soluções à altura do desafio do momento no Brasil.

Há ainda um fato que preocupa, por isso mencionei o Élcio Álvares. Ele tem uma assessora, só me recordo de tê-la visto uma vez na vida, mas todos dizem que tem muita presença, ele levou-a para o Ministério de Defesa, e agora começou uma onda, a CPI do Narcotráfico quebrou o sigilo bancário dela. Isso é complicado, eu tinha pedido ao Pedro Parente que falasse com o Élcio hoje mesmo, o Pedro falou, ele se recusa a demitir, afastá-la até que se apure o caso. O Pedro não disse ao Élcio que eu tinha pedido isso, e mais tarde, quando eu estava despachando com o Silvano, porque o Pedro está ausente, o Silvano me disse que se dava com ela, que a conhece, que é uma pessoa espaçosa, correta, e que ele pode falar com ela. Eu disse: "Está bem, fale com ela".

Fui para casa, depois de a Ana Tavares ter me advertido que a Globo ia ser muito dura, a Ana também acha que ela [a assessora] tem que ser afastada, me telefonou a Rose de Freitas,* do Espírito Santo, dizendo a mesma coisa; agora à noite vi as declarações na televisão, não está bem. Telefonei de novo para o Silvano, para que agora ele insista com ela para que se afaste; se não se afastar, vou ter que chamar o Élcio e afastá-la, porque isso vai apodrecendo sem nenhuma razão de ser. Creio até que ela é inocente, não vi nada de mais grave, essas fofocas que fazem. Mas quando uma CPI quebra o sigilo e a pessoa é funcionário de confiança do Executivo, chefe de gabinete do ministro da Defesa, é uma insensatez do Élcio querer mantê-la. Se ele persistir, o que vai acontecer é que ele acaba caindo, e terei muita dificuldade em arranjar alguém para ser ministro da Defesa.

Ainda sobre essa questão do Ministério da Defesa, agora são duas da tarde de sexta. Dei uma longa entrevista à *Folha*, uma mais curta à [rede] Bandeirantes de Televisão e ao mesmo tempo conversei com o general Cardoso duas ou três vezes, porque já tinha falado com o general Gleuber, que acha que é preciso realmente alguma medida, ainda que no sentido de tirar o brigadeiro Walter Bräuer.** O Cardoso per-

---

* Ex-deputada federal (PSDB).
** Incorrendo em quebra de hierarquia, o comandante da Aeronáutica declarou à imprensa que os funcionários públicos deveriam ter vida "ilibada e transparente", em referência à assessora

guntou qual tinha sido a minha reação, eu disse que falei para o Gleuber que tirar o Bräuer não é o que desejo, mas, na linha de manter a disciplina, esse tipo de coisa não se discute. Cardoso vai almoçar hoje com a dona Solange [Resende], para ver se a convence a sair, o Élcio concordou com o Cardoso. Élcio está muito apegado a essa posição pouco realista, pouco política, entendo, é homem de boa índole, de boa-fé, mas não tem condições [de Solange ficar]. Acho também que o Bräuer exagerou nas declarações que deu, vi depois com mais vagar. Realmente há aí um elemento complicado, foi ele quem se dirigiu à imprensa, não a imprensa a ele, enfim, estamos com uma crisezinha à vista.

Hoje de manhã falei com o Clóvis Carvalho a respeito de uma empresa como a Embrapa para nos defendermos das multinacionais, tipo Monsanto, mantendo o domínio de novas espécies, de híbridos etc. Temos condições de fazer isso no Brasil. Clóvis gostou da ideia, depois comentou o livreto sobre o Serjão [Sérgio Motta],* dizendo que é totalmente unilateral. Eu disse: "É uma hagiografia, santificação do Sérgio". Só li dois capítulos, não tive tempo nem estou muito preocupado com isso, mas é um erro, eles pegaram puramente o que saiu nos jornais, e os jornais não dizem o que acontece, então a versão passa a ser como se fosse documentação, e há outros documentos que têm que ser levados em consideração.**

O Clóvis é sensível, os casos da Lei Geral de Telecomunicações*** e da privatização, nós sabemos o trabalho que nos deu. O Sérgio, no primeiro ano de governo, era contra a privatização. A primeira versão que ele deu da lei de privatização era muito ruim, e foi muito trabalho, e não só dele, mas 80% foi do Sérgio. Em todo caso não quero entrar nessa polêmica. Clóvis é homem de boa-fé e não está com nenhum ressentimento, apenas anotando que talvez fosse cedo para se fazer já a biografia heroica de cada um dos participantes do governo.

HOJE É SÁBADO, DIA 18 DE DEZEMBRO. Ontem foi um dia denso, dei entrevista à *Folha*, como já registrei, e à Bandeirantes e no meio-tempo falei com o general Cardoso e com Pedro Parente, para que forçassem o Élcio a demitir a tal assessora dele pelo menos até que se apurem as coisas. Também ficou visível que era

---

do Ministério da Defesa, Solange Resende, ao ministro Álvares e suas supostas conexões com o crime organizado no Espírito Santo.
* José Prata, Nirlando Beirão e Teiji Tomioka. *Sérgio Motta — O trator em ação*. São Paulo: Geração Editorial, 1999.
** A biografia do ex-ministro das Comunicações se baseou em pesquisas no arquivo pessoal da viúva Wilma Motta para narrar histórias de bastidores do primeiro mandato de Fernando Henrique, com críticas à "fisiologia" do PFL e outros partidos da base aliada.
*** Lei nº 9472, de 16 de julho de 1997, que criou a Agência Nacional de Telecomunicações e fundamentou a privatização da Telebrás.

insustentável a posição do Bräuer, ouvi de novo a gravação dele, ficou muito mal para o Élcio, ou cai um ou cai outro, ou caem os dois. Então, o Cardoso falou com o Gleuber, que também acha isso, vamos partir para o brigadeiro [Carlos de Almeida] Baptista, presidente do Superior Tribunal Militar. O resto é por conta deles.

Vim para casa, jantei, conversei longamente com o Zé Gregori, passamos em revista as coisas todas. O Bräuer já tinha sido informado ontem à noite, pelo Élcio, que sairia, reuniu-se com o alto-comando, mas não deu declarações. Quando lá souberam que [seu substituto] seria talvez o brigadeiro Baptista, o brigadeiro [Marcus] Herndl, que é o chefe do Estado Maior [da Aeronáutica], achou que foi uma boa solução e que seria tudo calmo, como de fato foi.

Hoje de manhã recebi o Élcio e o brigadeiro Baptista, o mais antigo da Aeronáutica, depois de ter falado com o Pedro Parente, que me deu o recado dele e do Cardoso de que o brigadeiro aceitou, de que estava tudo bem e que ele pensava do mesmo modo que nós. Tive uma boa conversa no Alvorada com Élcio e o brigadeiro Baptista, o qual acha que a Força Aérea deve ser força aérea e não se meter nas coisas civis, que é o que mais gasta recursos deles. Fez muitas críticas à orientação da Aeronáutica, que está dedicando muita atenção à Infraero, ao Departamento de Aviação Civil,* à construção da base de Alcântara, a lançamento de foguetes, e não à parte propriamente militar da Força. Essa é a tônica dele, que coincide com o que pensamos. Gostei do brigadeiro Baptista, é um carioca, simples, simpático, direto, e disse que leu vários artigos sobre o Ministério da Defesa, é favorável, acha que foi uma boa escolha. Já foi anunciado.

Agora a Ruth chegou de São Paulo, Luciana também, almoçamos aqui, arrumei livros e daqui a pouco vou para a festa de Natal dos empregados do palácio e seus familiares.

---

* Extinto em 2006 para a criação da Agência Nacional de Aviação Civil (Anac).

24 A 31 DE DEZEMBRO DE 1999

Borges e a imprensa. Descanso na Marambaia.
Balanço do ano

Véspera de Natal, estou no Rio de Janeiro, na Gávea Pequena. Vamos retomar primeiro o que aconteceu nesses dias, seguido por alguns comentários sobre os fatos mais importantes. Primeiro houve a festa de Natal [dos funcionários do Palácio da Alvorada], depois recebi o Padilha, que veio conversar comigo sobre como andava o PMDB. Está cheio de problemas, haveria uma convocação do Diretório do partido, eu quis saber disso de viva voz do Padilha, ver que problemas há. São sempre problemas de menor escala, nomeaçãozinha de terceiro escalão, mas eles transformam isso num grande problema, para fazer de conta que estão sendo mal atendidos pelo governo. Padilha não tem esse espírito, quer ajudar o governo, mas tem que ser uma espécie de transmissor dessa situação interna do partido.

Domingo à noite, dia 19, eu e Ruth fomos jantar na casa da Gilda, minha irmã, com o Roberto, meus sobrinhos, o Luís Roberto, a Jô, mulher dele, o José Carlos Dias e o rapaz que está dirigindo a Funai.* Tinha sido veiculado nos jornais que ele foi indicado pela Ruth, não é verdade. Não sei quem indicou, quem me trouxe o nome foi o Zé Carlos Dias. O rapaz é bom sujeito, tive excelente impressão dele, talvez agora possamos acertar a Funai, até porque o Roque Laraia, que assumiu uma posição,** é um homem respeitado pelos antropólogos. Acho que vai dar certo, espero.

Devo ter recebido mais pessoas, só me recordo que tivemos de manhã natação, tentei arrumar livros o dia inteiro, botar um pouco de ordem nos meus papéis e ler um pouco, mas é possível que algum ministro tenha aparecido no domingo, porque sempre aparece um para conversar.

A segunda-feira, dia 20, iniciei dando entrevista para a revista *República*, feita pelo Jorge Caldeira, o Cafu, e o rapaz diretor da revista, Luiz Felipe D'Avila, que é neto do João Pacheco e Chaves*** e casado com a filha do Abilio Diniz,**** que tem pulso e parece interessante. Depois a mesma coisa para a TV, jornal e rádio gaúcha, com o grupo RBS do Rio Grande do Sul, com Ana Amélia Lemos, excelente repórter, de grande nível. Fiquei lá na segunda-feira, tendo aproveitado, como sempre faço, a hora do almoço para encontrar o Teotônio e o Aécio, que foram conversar comigo sobre o PSDB. Aécio quer ser candidato a presidente da Câmara, o que é razoável,

---

* Carlos Frederico Marés.
** Presidente substituto da Funai.
*** Ex-deputado federal pelo MDB e pelo PMDB.
**** Ana Diniz.

mas eles sabem que a dificuldade é o sistema de alianças — ficamos com o PMDB ou com o PFL? E as consequências disso? E há o fato de que os grandes totens do PSDB têm alergia ao PMDB, sendo que na Câmara é mais fácil uma aliança via PMDB. Conversas de política partidária.

Depois do almoço, fui entregar o Prêmio Direitos Humanos* com a Ruth, discurso pra lá, discurso pra cá, um pouco o *plus ça change, plus c'est la même chose*, recebi o Roque Rodrigues, chefe de gabinete do Xanana Gusmão,** que veio com um emissário dele me trazer uma carta de agradecimento pelo que fizemos lá no Timor Leste. A esta altura dos acontecimentos, os jornais nem noticiam essas coisas, o projeto Timor ficou longe, no começo era aquele nervosismo, pressão, como se o governo do Brasil não estivesse apoiando o Timor. Sempre apoiamos, agora ninguém ouve falar do Timor Leste, isso é assim na sociedade da informação, na verdade da informação rápida.

Hoje, na Gávea Pequena, o Getúlio, meu genro, estava lendo um conto do Borges que tem uma frase muito interessante sobre isto de a imprensa ser um museu de pequenos fatos inconsequentes ou com pequena importância.*** Não sei se era bem isso, mas a sensação que se tem é de fatos fugazes e de importância relativa.

Depois recebi o Tourinho para discutir como levar adiante não só o processo de privatização, mas o da reestruturação do setor energético. O Tourinho de vez em quando vem e faz uma prestação de contas.

Fora isso, tive reunião normal de coordenação política às cinco e meia, e o principal foi saber se de fato votamos ou não a questão relativa à anistia dos crimes eleitorais:**** vetar ou não vetar. Já tinha tomado na minha consciência a decisão de vetar, mas estava deixando a coisa amadurecer, para ver se surgia alguma objeção de mais peso ou, ao contrário, algum argumento de mais peso.

Depois voltei para o Alvorada, onde recebi o Egydio Bianchi, presidente dos Correios, grande colaborador do Sérgio Motta. Ele foi lá para dizer que a situação está tensa entre ele e o Pimenta, curiosamente também está tensa a relação do Pimenta com o [Renato] Guerreiro, da Anatel. Aparentemente, o Pimenta está querendo ganhar poder contra as novas instituições, ou seja, a Anatel quer independência dos Correios. O Egydio fez um longo relato do incidente que teve com o Pimenta por causa da inauguração de um começo da remodelação do prédio

---

* A vencedora de 1999 foi Maria Lúcia Araújo, da Sociedade Viva Cazuza.

** O presidente do Conselho Nacional de Resistência Timorense e futuro presidente do país fora tomado como refém pelas milícias pró-Jacarta durante a crise de setembro de 1999.

*** No conto "Avelino Arredondo" (*El libro de arena*, 1975), Jorge Luis Borges compara os jornais [*periódicos*] a "*museos de minucias efímeras*" [museus de miudezas efêmeras].

**** Projeto de lei do Senado nº 81/1999, referente à anistia de penalidades eleitorais decorrentes de irregularidades cometidas por candidatos eleitos e não eleitos nas eleições de 1996 e 1998. O texto foi vetado integralmente pelo presidente.

dos Correios em São Paulo, vai ser Centro Cultural Sérgio Motta, o Egydio acha que o Pimenta é um pouco enciumado. Enfim, essas futricas e tricas, o Egydio é um bom sujeito, trabalhador e está levando os Correios a bom termo. Isso foi na terça-feira, dia 21.

Provavelmente alguém mais jantou conosco. De fato isso aconteceu, o Tasso Jereissati foi me ver na terça e ficou comigo até mais de meia-noite. Estava muito preocupado com a administração do Ceará, quer uma resolução das pretendidas refinarias de petróleo para o seu estado, e também conversamos sobre política. A gente percebe que ele não confia no Ciro Gomes, mas entre este e os outros, se não houver a solução PSDB, ele vai ficar com o Ciro, é a impressão que tenho. Ele sabe bem quem é o Ciro, mas tem certo controle sobre ele, diz que ninguém conhece a história do Ciro mais do que ele, portanto sabe que o Ciro não pode com ele, ou pelo menos [não pode] passar de certos limites. Me deu a entender que tem o domínio de informações que o Ciro não gosta de partilhar com a opinião pública.

Tasso estava desanuviado, solto, foi uma boa conversa, ele se mostra pouco propenso a ser o candidato do PSDB, diz que está sem força e prestígio eleitoral, que se o governo não melhorar de empenho ninguém vai ser candidato. Ele tem razão, mas não está fora do jogo, eu acho.

Nesse dia tivemos muitas entrevistas, agências internacionais no Palácio da Alvorada, um almoço também com a Danielle Ardaillon, que foi discutir sobre meus papéis pessoais, papéis do presidente da República, falamos um pouco o que fazer com eles no futuro. Depois fui a um Prêmio de Qualidade do Governo Federal, que foi dado a seções de vários órgãos do governo: Correios, Petrobras, Banco do Brasil, discurseira. Recebi também o pessoal do Incra com Raul Jungmann, montamos uma cerimônia, porque o Jungmann cumpriu a meta deste ano, 85 mil assentados, o Incra fez um belo trabalho. Além do mais, o Raul fez muita onda com a anulação de escrituras que são de "fazendeiros do ar",* como eu chamei. Jungmann tem sido um ministro excepcional, tem dado conta desse recado como poucos ministros nas suas pastas. Gosto muito dele, além de ser um homem muito leal.

Recebi também o Pelé, que foi lá com o Hélio [Viana], assessor dele, para falar sobre a Lei Pelé.** Sempre muito carinhoso comigo, gravamos uma mensagem de Natal. Depois ainda recebi o senador Mauro Miranda com um deputado de Goiás, muito amáveis também, foram prestar solidariedade, amizade, pensei que ele fosse discutir o veto à lei da anistia eleitoral, mas não fez isso.

O José Carlos Dias foi me ver junto com o Flavio Bierrenbach, que foi nomeado para o STM, uma homenagem à memória do Franco Montoro. Flavio tinha uma

---

* Citação do livro *Fazendeiro do ar* (1954), de Carlos Drummond de Andrade.
** Lei nº 9615, de 24 de março de 1998, formulada durante a gestão de Pelé no Ministério dos Esportes (1995-8).

relação meio difícil comigo,* mas não levo essas coisas ao pé da letra e ele parece que é competente na sua área. De manhã, reunião com o pessoal do Ministério do Desenvolvimento e com o BNDES juntamente com o pessoal da CSN, para ver se resolvemos o embrulho da CSN com a Vale do Rio Doce. Embrulho complicado, cada hora a CSN deseja uma coisa, não é fácil, tem luta com a Previ, há proposta de compra dos belgas, se eles comprarem a CSN vão acabar comprando a Usiminas. Dizem que o governo está internacionalizando; o problema é que não há empresários nacionais que possamos apoiar.

Depois reunião com Amazonino Mendes e vários ministros, para botar um pingo nos is nas demandas do Amazonino, e boa conversa com o Kandir, que foi lá para discutir os avanços havidos na questão da reforma tributária. Ele já tinha encontrado o nosso representante, que é o Amaury Bier — não é só um representante, são vários, mas é o Amaury quem está costurando os pontos. Me pareceu que a reforma tributária, finalmente, está a ponto de ser votada na comissão especial,** apesar de a imprensa dizer que o governo não a deseja, especialmente que eu não luto por ela, até em editoriais. Na verdade não é assim, tenho feito o possível e o impossível para essa coisa avançar, e tem avançado como é possível nessas circunstâncias.

Já tarde da noite, ainda tentei com a Ruth, e com a ajuda da Dalina, arrumar minhas malas correndo, porque no dia seguinte, quarta-feira, eu tinha que ir a Volta Redonda, como fui.

Na quarta-feira cedo, dia 22, saí de Brasília para o Rio, peguei o helicóptero e fui a Volta Redonda, para a inauguração de uma usina termelétrica,*** uma coisa muito importante. Fiz discurso, plantei árvore, o normal nessas coisas.

Quando voltei ao Rio, tive uma entrevista com Hélio Bicudo, que veio discutir a questão da Comissão [Interamericana] de Direitos Humanos e da Corte de Direitos Humanos. Parece que a Corte quer acabar com a Comissão e o Hélio pertence a ela.

Depois um rápido encontro com Pedro Grossi, do jornal *O Dia*, e entrevista ao *Jornal do Brasil*, para Dora Kramer, Rosângela Bittar, Maurício Dias e outro repórter do JB.****

À noite, jantar com Fernando Pedreira, o Zoza e a mulher mais a Tite [Maria Cristina Rego Barros],***** o Bambino [Sebastião Rego Barros], eu, a Ruth e o Paulo Henrique.

* Bierrenbach foi deputado federal pelo PMDB de São Paulo (1983-6).
** O governo apresentara uma emenda ao relatório de Mussa Demes para assegurar a conversão da CPMF em imposto permanente, entre outras medidas para compensar os pontos criticados da PEC.
*** Foi inaugurada a Central Termelétrica de Co-geração de Energia da CSN.
**** Fritz Utzeri.
***** Mulher de Sebastião Rego Barros.

Quinta-feira, ontem, dia 23, saí daqui cedo, fui ao Benfica, para a cerimônia de lançamento de uma automatização dos Correios,* e lá estavam o Pimenta, o Egydio [Bianchi], e todos os demais, a Benedita da Silva,** o cardeal do Rio de Janeiro, d. Eugênio Sales. Uma cerimônia simples, tudo normal, na saída havia uma faixa contra a privatização dos Correios, de que não cogitamos. Em seguida passei na Urca, na casa do general Zenildo de Lucena, que estava muito adoentado, pegou um *Staphylococcus aureus*. Comentei com ele a crise na Aeronáutica, consequência das declarações menos felizes do brigadeiro Bräuer.

Recebi o Sérgio Andrade*** junto com o Pimenta; depois o Luiz Nascimento com o Andrea Matarazzo e, finalmente, tive uma longa e agradável conversa com o João Roberto Marinho, na qual falamos sobre o pai dele e sobre a situação financeira das empresas brasileiras, inclusive do apoio que o BNDES prestava a elas depois da crise do real. Fui para casa, almocei correndo, tive uma tarde bastante agitada.

A *Folha* publicou uma pesquisa na qual minha rejeição caiu dez pontos, o ótimo/ bom subiu para 16, e assim vai.**** Falei com Chávez por telefone, folgazão, fraterno, um pouco fanfarrão. Dei uma longa entrevista sobre o Brasil para o Roberto DaMatta.

O jantar não foi na quarta-feira, 22; na verdade foi ontem, quinta-feira. Lá houve algumas observações interessantes sobre o Chile, feitas pelo Valter [Pecly], que eu já tinha pressentido. O Ricardo Lagos não é muito, como dizem no Chile, *creído*, arrogante; o outro, o [Joaquín] Lavín, é *market oriented*, é possível que ganhe a eleição, ainda assim. O Valter acha que ainda há a possibilidade de que a eleição seja ganha pelo Lagos. Se ganhar o Lavín, segundo o Zoza Médicis, que é nosso embaixador, vamos ter problemas, pois ele é totalmente orientado pela política dos Estados Unidos, pró-Alca, não tem sensibilidade de Mercosul, vai ser muito complicado, vamos ficar com uma carta a menos para jogar. Pessoalmente, acho difícil que o Ricardo Lagos ganhe, porque ele representa o Chile que está acabando, o dos partidos, das classes, das ideologias. Não estou defendendo que acabe, não, é lamentável, mas é assim. Hoje o Chile é muito mais uma sociedade de marketing, de consumo e é preciso que os progressistas se adequem a essa nova sociedade, senão os mais conservadores vão ganhar. Vamos ver, tomara que eu esteja errado e que ganhe o Lagos.

Hoje, sexta-feira, passei o dia inteiro na Gávea Pequena com as crianças, meus netos, com a Ruth, a Bia, a Luciana, mais tarde virá Paulo Henrique e também deve vir o Duda, está aqui o Getúlio. Passei a tarde lendo o livro que recebi

---

* O presidente inaugurou o Centro de Operações Postais dos Correios no bairro carioca de Benfica.
** Vice-governadora do Rio de Janeiro (PT).
*** Presidente do grupo Andrade Gutierrez, sócio da Telemar.
**** Segundo o Datafolha, as avaliações ótimo/ bom foram de 13% para 16%, a regular subiu de 27% para 36% e a ruim/ péssimo caiu de 56% para 46%.

já há algum tempo, mandado pelo nosso embaixador de Paris, *Montesquieu — Le moderne*,* que é apaixonante. Escrito, o que me deixa mais contente ainda, por Alain Juppé, que foi primeiro-ministro da França e é capaz de escrever um livro acadêmico desse porte. Trata-se da reconstrução da vida de Montesquieu e da formação do seu pensamento. Li bastante, li um discurso que Tony Blair fez depois da conferência de Florença e que no Brasil repercutiu menos do que deveria. Na Europa a questão da Terceira Via teve mais peso do que aqui, a busca de um caminho sobre o qual "os grandes de centro-esquerda", como li num dos artigos que vi na Europa, estavam discutindo, e me puseram no meio dos grandes do mundo. É interessante para o Brasil como forma de prestígio, mas aqui isso não foi percebido com a dimensão necessária para que tirássemos melhor partido dessa posição para o país.

Dei uma rápida declaração nas televisões, desejei Feliz Natal, e houve um acontecimento infausto: morreu o [João Batista] Figueiredo,** justamente no dia de Natal. Não vou ao enterro nem ao velório, a família deve fazer o velório em casa, devem estar amuados com o Brasil e com o mundo. Não conheço a família, estive rapidamente com o Figueiredo duas vezes, uma em uma solenidade no Itamaraty. Ele me chamou para conversar numa sala em um jantar, acho que em homenagem ao presidente do México, eu estava lá como senador da oposição. Conversamos sobre nossos pais, o meu foi bastante ligado ao pai dele,*** tiveram boas relações de amizade. O encontro causou, na época, enorme onda. Nunca conversei nada com o Figueiredo, a não ser nesse encontro casual, e dele tinha a impressão de ser um homem bonachão, embora incompetente politicamente, errático. Podia ter conduzido a transição muito melhor do que conduziu, fracassou no encaminhamento da questão do Riocentro**** e ainda tentou a eleição do Maluf no Colégio Eleitoral. Perdeu com a eleição do Tancredo, acho que perdeu com prazer, não sei. É uma figura, acho eu, que será menor no decorrer da história, mesmo comparado com militares como Castello Branco ou Ernesto Geisel. Não obstante, dei declaração dizendo que ele fez a Lei da Anistia e a sociedade teve espaço para retomar a democracia durante seu governo; não disse que foi ele quem retomou a democracia, porque não foi,

---

* Paris: Perrin; Grasset, 1999.
** Ex-presidente da República (1979-85).
*** General Euclides Figueiredo.
**** Em 1981, militares de extrema direita ligados ao Serviço Nacional de Informações (SNI) e à inteligência do Exército tentaram explodir várias bombas no centro de convenções carioca durante um show comemorativo do Dia do Trabalho. A responsabilidade pelo atentado seria atribuída a grupos de esquerda. Mas uma das bombas detonou acidentalmente, matando um sargento e ferindo um capitão com gravidade. A investigação oficial do caso, manipulada pelo Planalto e pelo alto-comando do Exército, apontou que os militares haviam sido vítimas de uma emboscada. O episódio acelerou o colapso do regime militar.

mas de fato, a Diretas Já ocorreu durante o governo Figueiredo. Acho que não fui percebido como indelicado para com ele e a família.

Outro fato que eu queria comentar é o da Aeronáutica, a chamada crise do Ministério da Defesa. Está claro que o Élcio [Álvares] enfiou os pés pelas mãos por causa da Solange [sua assessora]. Não porque ela tenha envolvimento na questão do narcotráfico, dificilmente terá, deve ter atuado como advogada mesmo, mas ocupou muito espaço no ministério e passaram a suspeitar de que era ela quem mandava. O Élcio custou a mandá-la embora, eu já tinha determinado que fosse embora, através do Pedro Parente, do Silvano, ela resistiu, mas depois o Cardoso falou com ela e ela topou. A saída do Bräuer não foi toma lá dá cá, sai um [o Élcio], ou sai outro [o Bräuer]. Saiu porque deu uma declaração infeliz na TV. Recordou-me o episódio do Clóvis com o Malan, em que eu tive que tirar, lamentavelmente, o Clóvis, que é pessoa de minha grande amizade, homem extraordinário, trabalhador, leal, competente, que teve que sair por razões políticas. O Bräuer, que não tem essa relação comigo, nem eu devo nada a ele, com muito mais forte razão tinha que sair, porque publicamente desmoralizou o ministro da Defesa. Ou saía ele, ou o Élcio; ou saíam os dois. Não havia mais solução.

A Aeronáutica tem problemas não só pela questão da Embraer — já devo ter registrado aqui a conversa que tive com eles sobre a Embraer —, mas também por causa da Infraero. Preciso levar isso com cuidado, a Aeronáutica fez muito, se dedicou, de fato é preciso entender que se, por um lado, eles participaram da construção da indústria aeronáutica do Brasil, da construção de aeroportos, da regulamentação dos voos etc., por outro lado, como sempre, a área de poder, a área de mordomia é um reflexo disso. Preciso separar as coisas e não posso tratar a Aeronáutica como se ela não tivesse os méritos que teve; preciso ir com jeito, e não sei até que ponto o Élcio é jeitoso. O Clóvis terá pisado até mais nos calos deles, e é preciso não retroceder nos avanços, nem os do Ministério da Defesa. Há que passar para mão civil aquilo que deveria ter sido sempre civil e que só por circunstâncias foi militar. Para isso vou ter que reforçar a parte da Força Aérea, como já disse, reequipar a Aeronáutica. Quem sabe esse novo ministro tenha capacidade para levar isso a bom termo? Sempre fica uma pedrinha no sapato e os que são da reserva vão fazer um desagravo no dia 28.

A opinião pública não está desse lado, os editoriais praticamente de todos os jornais que escreveram, escreveram apoiando meu gesto, sobretudo não encorajando bravatas militares. Creio que seja esse também o pensamento dos militares da ativa, mas sempre haverá no Clube da Aeronáutica certa onda, e é preciso não esquecer que a Aeronáutica foi quem fez o inferno na vida do Juscelino, foi quem deu apoio ao Lacerda, foi quem sempre esteve anti-Getúlio. Curioso que ela agora defenda a era Vargas. A história é assim mesmo, cheia de contradições bizarras. De repente, de maneira inesperada, encontro reações que são mais adequadas a outro tipo de pensamento que o pensamento tradicional da Aeronáutica.

HOJE É 30 DE DEZEMBRO, QUINTA-FEIRA, estou na Marambaia. Tivemos o almoço de Natal no dia 25 e no dia 26 viemos para a Marambaia eu, Ruth, Paulo Henrique, Júlia, Pedro, Joana e Helena. A Bia veio depois, ficamos esperando o dia seguinte, 27, quando ela chegou juntamente com o Duda, e passamos o dia deliciosamente aqui. Gosto muito da Marambaia, um lugar simples, casa bastante simples, até diria pouco confortável, mas aqui me sinto curiosamente livre, cercado só de militares, de famílias, todos muito corteses, muito urbanos, gente muito educada. Ando à vontade, não há seguranças em volta de mim, ando pelas praias, tomo a lancha e vou para outras praias, aí, sim, com um pouco mais de gente por causa da mídia, que está sempre em volta para fotografar, coisa que sobretudo as crianças e a Ruth não gostam. Eu também não. Nesses dias de prazer, só fomos a uma ilha chamada ilha de Bernardo, na qual há um restaurante, onde almoçamos.

Ontem almocei na casa do Israel Klabin,* na ilha Grande, na praia do Morcego, e lá estavam o Serra, o Jobim, o Daniel [Klabin]** e Israel Klabin, o Waltinho Moreira Sales [Walter Salles Júnior] e as mulheres, sobrinhos e primos, um bando de gente, tudo muito descontraído. Todos os dias recebo telefonemas do Martus e do Silvano me dizendo como estão as coisas em Brasília. Nada de mais importante, um choque entre o Jorge Viana, o governador do Acre, e o Padilha, dos Transportes, por causa de liberação de verbas para estrada no Acre, essa coisa habitual.

No dia 28, almoço dos militares no Clube da Aeronáutica, muita fanfarronice, esse [Jair] Bolsonaro*** é um não digo que sem caráter, mas é um obsessivo, um direitista inconsciente. O outro lá, Jonas Correia [Neto], general do tempo da ditadura, foi comandante de São Paulo, depois também na era do Collor. Estou lendo o livro do Mario Sergio Conti**** que conta que esse general teria encorajado a pressão contra a campanha do Lula em São Paulo,***** não sei se é verdade. Enfim, esse tipo de gente mais uns brigadeiros, só o Murilo [Santos] que eu sei quem é, os outros nem sei quem são, e o [Ivan] Frota, que foi candidato a presidente da República [em 1998] e perdeu com aqueles 200 mil votos.****** Grande gritaria, dizendo que é preciso pôr fim aos descalabros da desnacionalização do

---

* Ex-presidente do grupo Klabin e presidente da Fundação Brasileira para o Desenvolvimento Sustentável.
** Membro do conselho de administração da Klabin Papel e Celulose.
*** Deputado federal (PPB-RJ). Durante o almoço de desagravo ao brigadeiro Bräuer, Bolsonaro afirmou que Fernando Henrique deveria ser "fuzilado".
**** *Notícias do Planalto*. São Paulo: Companhia das Letras, 1999.
***** O então comandante militar do Leste teria pressionado a polícia paulista para envolver Lula e o PT nas investigações do sequestro do empresário Abilio Diniz, às vésperas do segundo turno das eleições presidenciais de 1989.
****** Brigadeiro da reserva, Frota concorreu pelo Partido da Mobilização Nacional (PMN) com uma plataforma nacionalista. Obteve 251 mil votos, ou 0,37% dos válidos, ficando em quinto lugar.

Brasil, e por aí vai; outro falando do meu impeachment, mas olhei a fotografia, tudo velho, tudo à paisana, só uns estavam fardados, e não sei quem são. Talvez valha a pena verificar, para que não haja surpresas no futuro.

Nos jornais a mesma toada de desacreditar esses arroubos militares, agora sob o pretexto de que o Bräuer teria sido injustiçado, sei lá sob que pretexto. Conversei com o general Cardoso, que teria dado a impressão que eu falei com o Padilha, o Miro Teixeira deu uma declaração muito forte, positiva, o Genoino também, ou seja, a esquerda sentiu que, se vamos por aí, vamos mal. Pena que só sintam quando a direita grita. Quando eles [da esquerda] fazem manifestações anticonstitucionais, todo mundo põe água na fervura, porque parece antidemocrático reclamar contra arroubos anticonstitucionais das oposições de esquerda.

O Miro foi muito positivo, tem tido um comportamento construtivo já há algum tempo. Ele acha que existe uma espécie de conspiração pequena mas real. Me contou que o Brizola telefonou para ele depois que ele fez declarações protestando contra as bravatas militares, Brizola deu a entender que não gostou. Perguntei se o Brizola estava ligado a essa gente; ele deu a entender que o Brizola não está, mas que está feliz com o que está acontecendo. Mal sabe o Brizola que isso termina mal. Não vai terminar porque não tem consistência, se tivesse seria o Brizola de novo exilado daqui. Parece que ele custa a aprender com os erros do passado. Espero que isso morra por aí.

Continua a questão do Élcio, que saiu de tudo isso muito arranhado, nos discursos os ataques são mais diretos a ele, os militares sempre poupam mais a figura do presidente, mas não poupam o ministro da Defesa nem o ministério. Teve um lá que fez uma declaração contra o Ministério da Defesa, como se já não fosse uma lei etc. Li até numa tal de Zenaide Azeredo, do *Jornal do Brasil*, que o governo devia tratar melhor a Aeronáutica, que estão fazendo as coisas sem discutir. Ora, o Ministério da Defesa teve quatro anos de discussão. O que vai ser com essa Agência de Transportes [Anac] eu ainda nem vi, está sendo discutido por eles, depois vai para a Câmara. O papel aceita tudo que se escreve, aceita qualquer opinião, a mais preguiçosa, a mais preconceituosa aparece pomposamente sempre sob a forma de "eu não disse?" ou de professor sabe-tudo que está ensinando o presidente a governar. Isso é assim o tempo todo, por isso mesmo para ser presidente é preciso ter calma, paciência e uma certa dose de humildade, para ver que no meio disso tudo alguns pontos são verdadeiros e a gente tem que ir se corrigindo.

Nada mais a ser registrado nesses dias, salvo essa natureza extraordinária do Rio de Janeiro, beleza incrível, envolvente, tropical, e dessa vez nem está fazendo muito calor. A expressão é forte e é banal, mas é paradisíaco, porque é mesmo. Esse cantinho da Marambaia é extraordinário, uma coisa realmente assim de classe média, se é que tanto, mas muito aprazível. Eu aqui com as crianças, a Ruth, os filhos, uma relação muito positiva e muito boa. Li bastante. Li esse livro do Mario Sergio Conti, quase terminei, é sério, não é um livro de denúncia, é um livro que conta como é a imprensa, inclusive conta peculiaridades de cada órgão da imprensa. Vale a pena ser lido, conta os meandros da imprensa sem denegri-la, é um livro de valor.

Escrevi o discurso que vou fazer amanhã para a comemoração dos 500 Anos,* reli para a Ruth e para a Bia, que fizeram algumas objeções. Agora a Ruth está relendo para fazer outras objeções, escrevi pessoalmente porque o texto que me mandaram era bom mas burocrático. Achei que eu devia fazer um texto mais simbólico, um registro mais para a história.

Estive com Kati Almeida Braga** e o [José Arnaldo] Rossi, gosto do Rossi, é uma pessoa madura, séria, ex-militante comunista, foi presidente do INSS no tempo do Collor, tentou melhorar as coisas, está metido em tudo que é processo por essa insensatez brasileira que confunde alhos com bugalhos, mas é um homem que me parece construtivo. Kati é aquele motor, aquele dínamo já conhecido. Vieram jantar na Gávea Pequena na véspera de irmos para a Marambaia.

HOJE, 31 DE DEZEMBRO, estou na Gávea Pequena, passei ontem à noite corrigindo o texto que escrevi na Marambaia, hoje de manhã um pouquinho também, tivemos que reduzir drasticamente. É o império da televisão, ela não suporta textos longos, perde-se no conteúdo, mas a mensagem vai direta, imediata, reduzi o que eram oito minutos para quatro minutos. A cerimônia [dos 500 Anos] foi simples, não vi na televisão, acho que fui bem. Agora à noite vamos para a comemoração no forte de Copacabana.

Único comentário: Brizola continua dizendo besteiras pelos jornais, uma pena que uma pessoa como ele não tenha saído já da vida pública, porque perdeu a tramontana, é hoje um aproveitador de situações políticas. Acho que ele acreditava num partido, queria ter partido, isso é verdade, fora isso nada. É raro que eu faça comentário sobre um político, sobretudo comentários ácidos, mas o Brizola passou dos limites. Outro é o Itamar. Agora declarou que eu teria dado ordens para um caminhão sair da fazenda de Buritis,*** para provocar a polícia mineira e eles fazerem o que foi feito em Eldorado dos Carajás. Eu estava na Itália quando houve a invasão de Buritis, nem tinha ideia de que havia caminhão, nem sabia sequer que tinha havido invasão, só soube depois. Aliás nem houve invasão, houve a demonstração patética do MST. Itamar fez jogo duplo, falou com o general Cardoso, se

---

* Chegada das Chamas do Conhecimento Negro, Branco e Indígena à Escola Naval, na ilha de Villegagnon, onde foram unificadas pelo presidente na Chama do Conhecimento Brasileiro. O fogo simbólico foi aceso para percorrer todo o país até a cerimônia programada para 22 de abril de 2000, em Porto Seguro (BA).

** Empresária e produtora carioca.

*** Durante o cerco à fazenda Córrego da Ponte, membros do MST retiveram um caminhão carregado de adubos e sementes que deixava a propriedade.

prontificou a fazer o possível e o impossível para manter a integridade da propriedade, não pela propriedade, pelo simbolismo de ser casa do presidente, e agora fica dizendo coisas falsas, inventa intriguinhas, "os ventos do Planalto querem derrubar Minas Gerais". É realmente triste ter que aguentar essa gente toda, e eu calado, como presidente não vou entrar em bate-boca, não cabe, mas é patético.

O que mais me assusta é que, sendo o Brasil como é, sendo os partidos como são, nosso sistema político, as elites também com suas características de avidez e cegueira, de repente alguns, não digo Brizola nem Itamar, que já não têm mais condições para isso, mas outro do mesmo estilo pode chegar à Presidência, e aí, sim, vamos ver com quantos paus se faz uma canoa.

Não quero terminar o ano com reflexões amargas, são quase oito da noite, daqui a pouco vou para o forte de Copacabana. Este foi um ano que mostrou a nossa têmpera, fibra, digo nossa do Brasil e, sem modéstia, a minha também. Com todas as dificuldades, não esmoreci, não fiquei mal-humorado, aguentei críticas, fui até vilipendiado, caiu a popularidade, mantive o rumo, disse que ia acontecer, está acontecendo, a inflação fecha a 8,9%,* o dólar fecha a R$ 1,78, R$ 1,80, houve um investimento estrangeiro de 27 bilhões de dólares diretos no setor produtivo, o desemprego não aumentou, está levemente menor do que o do ano passado,** ainda alto, alto para o Brasil, porque em comparação com outros países, não.

Tudo isso com todo o pessimismo que se desencadeou, com o sistema político que ficou nervoso, com os Antônio Carlos da vida, que não têm responsabilidade pública, ainda agora está falando na Bahia que preciso aumentar salários, isso por causa do salário mínimo, vai querer fazer bravatas, ele não tem noção das consequências do que diz, não tem responsabilidade e quer aparecer a todo custo. Apesar de tudo isso, apesar do estilo do Jader, que controlou o PMDB. Hoje o PMDB é um partido que pressiona mesmo, querem concessões pra lá, concessões pra cá para poderem votar, embora haja uma média de peemedebistas diferentes desses, sem ser dessa maneira, mas a cúpula hoje obedece ao comando do Jader.

E eu navegando entre Antônios Carlos e Jaders, fazendo de conta que são meus aliados, e no próprio PSDB, que é um partido da segunda divisão — não percebeu que é da segunda divisão, pensa que é da primeira porque ganhei as eleições. O PSDB sempre foi muito mais ligado ao Mário Covas, que agora está numa situação difícil em São Paulo. Não quero prejulgar, mas o fato é que o PSDB não está se aprumando. Vou ter que tomar atitudes difíceis, duras no começo do ano, perguntar o que eles querem. Querem ser um partido político, jogar política séria ou fazer de conta que não têm nada a ver com o governo e ainda assim ganhar eleições? Na verdade, é injusto o que estou dizendo, porque muitos deles têm

* O ano terminou com inflação acumulada de 8,83% (IPCA) e dólar comercial a R$ 1,82.
** Em dezembro de 1999, o desemprego aberto medido pelo IBGE nas regiões metropolitanas do país foi de 7,11%, contra 7,13% no mesmo mês de 1998.

compromisso efetivo, inclusive os líderes atuais, mas o conjunto do partido não tem a visão do que seja governar.

O PFL, na hora H, sendo mais esperto, mais acostumado às malícias do poder, demonstra maior disposição para apoiar, embora nos votos seja a mesma coisa, PFL e PSDB têm o mesmo número de votos. Mas o PFL dá a impressão ao país de que ele é mais favorável ao governo, o que só me atrapalha, porque a mídia, a opinião pública, fica achando que o governo está indo para a direita por causa do PFL, e o PSDB não faz o contrapeso com a retórica necessária. Falta-lhe a disposição efetiva de apoiar um programa de governo, um programa nosso, que é um programa viável para o Brasil sair da situação em que foi deixado pela década que vai, na verdade, dos anos 1980, 82 a 92, foram anos muito ruins.

FERNANDO HENRIQUE CARDOSO

DIÁRIOS DA PRESIDÊNCIA

2000

3 A 15 DE JANEIRO DE 2000

Enchentes. Viagem a Minas Gerais. Votação da DRU. Jantar com ACM

Hoje é dia 3 de janeiro, segunda-feira, estou de volta a Brasília. Ontem fiquei na Gávea Pequena, recebi à tarde o Sérgio Besserman, do IBGE,* para conversarmos sobre o Censo 2000, sobre os indicadores sociais e sobre uma ideia que me tinha sido dada de manhã, quando recebi o Luciano Martins, de um novo indicador que seja complexo, que pegue dimensões sociais, políticas, para sair desse ramerrão muito sem sentido de ficar medindo PIB sem sequer fazer corte em correspondência aos ciclos econômicos, comparando alhos com bugalhos. Uma coisa é o crescimento quando a economia mundial está em recessão, outra coisa quando a economia está em expansão no mundo. São momentos diferentes, e os efeitos positivos sobre o social devem ser maiores quando há crescimento e economia em expansão. Aqui no Brasil, embora nos últimos dois anos tenha havido um não crescimento e uma economia acanhada, os dados sociais foram relativamente preservados. Preciso salientar essas questões, para mostrar que também estamos fazendo uma transformação social no Brasil.

Fora isso, o *Jornal do Brasil* me cobrando atitudes mais enérgicas no que diz respeito ao repórter que apanhou no forte de Copacabana, como se o presidente da República tivesse que fazer inquérito pessoalmente. Cheguei lá, já tinha ocorrido o fato, eu atestei, disse que precisaria haver uma investigação e está havendo.** Hoje o Ministério da Defesa deu uma nota dizendo que está fazendo, mas o *Jornal do Brasil* continua em cima, e isso não é à toa. A manchete do *Jornal do Brasil* de hoje é sobre um compulsório do Sarney dos anos 1986, 87, do qual eu teria me esquecido.*** São 10 bilhões de reais, não esqueci, já mandei uma mensagem há anos, e o

---

* Presidente do órgão.
** Os fotógrafos Fernando Bizerra Júnior, do *JB*, e Sheila Chagas, freelancer a serviço da Editora Abril, foram espancados pela Polícia do Exército ao tentar registrar a festa de Réveillon no forte, reservada a autoridades e convidados. O presidente determinou a abertura de um inquérito policial-militar para apurar responsabilidades, além da sindicância conduzida pelo Ministério da Defesa.
*** "FH esquece dívida de R$ 10 bi", referente ao "empréstimo compulsório" cobrado de proprietários de automóveis pelo governo federal sobre a venda de combustíveis e veículos entre julho de 1986 e outubro de 1988. O governo Sarney se comprometera a devolver o valor arrecadado pelo imposto provisório — US$ 3,2 bilhões na época — a partir de julho de 1989, o que não ocorreu. Em 1994, quando ministro da Fazenda, Fernando Henrique enviara à Câmara um projeto de lei que previa a devolução da dívida em 24 parcelas mensais, a partir de janeiro de 1999. O STF julgara

Congresso não decidiu a forma de devolução, até porque não é fácil, mas chamar a atenção para isso agora já é mau-caratismo. E vêm antes outras manchetes do mesmo teor. Não sei se é porque [o *JB*] tem uma direção que quer se firmar ou se é porque não está sendo atendido naquilo de que tanto necessita, que é o apoio para que saia do buraco em que está. Mas no nível das centenas de milhões que ele deve, não há apoio de governo que possa salvar. Ele tem esperança numas negociações que teria feito nuns precatórios, sei lá como isso vai terminar, mas certamente não posso tomar a decisão em função dos interesses do *Jornal do Brasil*, senão em função dos interesses do Tesouro.

Por falar da nossa imprensa, o livro do Mario Sergio Conti, que já mencionei, faz uma história da imprensa, história da questão Collor, pode ser que com algum viés aqui, ali, mas no geral é um livro elucidativo, que mostra o emaranhado de teias e interesses privados, os da própria imprensa e os do governo. Isso mudou, mudou muito. Eu, na verdade, não faço pressão de nenhuma espécie sobre os órgãos da mídia e também eles não me têm pedido nada. Mencionei o caso do *Jornal do Brasil*, mas na verdade é um caso jurídico que eles estão levantando, não é uma pressão para resolver por decreto. O governo não faz isso, não tem nem mais como fazer, mesmo que quisesse, porque o Brasil mudou muito a partir da crise do Collor, foram sete anos de profundas mudanças. Mesmo que o presidente quisesse fazer algo como se fazia no passado, que é favorecer cadeias de televisão, rádios, jornais, seria praticamente impossível.

Em Brasília, cheguei, despachei com Pedro Parente, com Eduardo Graeff, estou vendo por telefone algumas coisas, vou ver se o Serra pode vir falar comigo. Antônio Carlos deu novas entrevistas no estilo dele, falando das minhas indecisões e também que o orçamento deve ser imperativo, porque senão há corrupção, e não só no Legislativo, disse ele, no Executivo também. Não li a entrevista, estou repetindo o que me contaram, a imprensa está acesa, Antônio Carlos quer aparecer de qualquer maneira. Ele não devia estar falando de corrupção. Dois fatos: primeiro, a revista *IstoÉ* foi arrasadora em demonstrar como ele enriqueceu;* segundo, o presidente Figueiredo, acabou de sair ontem na GloboNews e no *Fantástico*, declarou que, se houvesse uma medida mundial para falta de caráter, a medida devia ser o Antônio Carlos, que é o pior mau-caráter que ele conheceu.**

---

a cobrança inconstitucional em 1995 e determinara que a União ressarcisse os afetados, mas a tramitação da matéria continuou parada no Congresso. O "compulsório" até hoje motiva ações individuais e coletivas na Justiça.

* A revista publicara uma série de matérias sobre as relações suspeitas de ACM com a empreiteira OAS e o extinto Banco Econômico, além da suposta promiscuidade entre os órgãos de comunicação da família Magalhães e o governo baiano.

** A imprensa divulgou trechos de um vídeo doméstico gravado em setembro de 1987 durante um churrasco em Paraíba do Sul (RJ), no qual o ex-presidente João Batista Figueiredo, conversando

Por injusto que seja, cala, dói, e o Antônio Carlos devia estar calado, e não se fazendo de Catão sobre essas questões, se intrometendo mais uma vez para provocar choques com o governo. Se o orçamento não é imperativo, é porque há déficit; como fazer, como atender o que aparece escrito no orçamento? Se o Congresso votar um orçamento equilibrado, ele pode ser imperativo, não precisa de regra nenhuma, e nem por isso vai evitar corrupção, porque no Congresso podem mexer nas várias partidas orçamentárias e também porque quem pode impedir ou saber se também existe algum setor do Executivo com corrupção? Não é por aí que se controla a corrupção.

HOJE É QUINTA-FEIRA, DIA 6 DE JANEIRO, vamos rememorar. Na segunda-feira à noite, me telefonou o senador Arruda, muito preocupado com as enchentes ocorridas em Minas Gerais, sobretudo em Itajubá,* terra da mãe dele. Então tive a ideia de fazer uma visita a Itajubá para ver o que estava acontecendo. Confesso que esse não é muito o meu estilo, às vezes é preciso fazer demonstrações concretas de solidariedade às populações sofridas, mas sempre temo que possa parecer demagogia. De qualquer maneira, me pareceu que era oportuno ir. Falei com o Pimenta, que estava no Espírito Santo, deixei-o de pé, alerta, chamei aqui o Pedro Parente e o general Cardoso, tomou-se a decisão de no dia seguinte, terça-feira, 4, irmos a Itajubá. Como eu soube que também havia problemas no Rio de Janeiro, resolvi ir também a Engenheiro Passos.

Terça-feira passei o dia nisso, fui a São José dos Campos e de lá, de helicóptero, tanto a Engenheiro Passos como a Itajubá. Não foi fácil, a serra da Mantiqueira estava fechada, não foi fácil ultrapassá-la e, na volta, havia muita neblina no vale do Paraíba, o helicóptero veio praticamente a 50 metros de altura, seguindo a via Dutra até São José dos Campos. O Garotinho me esperou em Engenheiro Passos e fomos juntos verificar uma zona de inundação. Foi muito simpático, a população muito sofrida, vi que tínhamos que dar um apoio efetivo abrindo créditos para atender os que foram afetados pelas enchentes. A cidade de Itajubá está inundada,

---

descontraidamente com amigos, emitia opiniões bombásticas sobre diversas personalidades da política brasileira. Sobre Antônio Carlos Magalhães (ministro das Comunicações na ocasião da gravação), o general disse que "se houvesse um sistema mundial para medir mau caráter, ele seria a unidade do sistema".

* Diversos municípios no vale do Paraíba e na serra da Mantiqueira foram atingidos por fortes chuvas no Réveillon e nos dias subsequentes. Enchentes e deslizamentos deixaram mais de quarenta mortos e milhares de desabrigados nos estados de São Paulo, Rio de Janeiro e Minas Gerais. A via Dutra chegou a ser interrompida na altura da divisa estadual. Em 7 de janeiro, a BR-381 (Fernão Dias) também foi bloqueada por quedas de barreiras. A cidade de Itajubá (MG) teve 80% de sua área urbana alagada pelo transbordamento do rio Sapucaí.

a população sofrendo muito, pessoas desesperadas, claro que minha presença provocou também manifestações de simpatia dos que ali estavam. Fui com os senadores de Minas mais o ministro Fernando Bezerra, o Pimenta e o Arruda, que é líder do governo e cuja mãe mora em Itajubá. Não conseguimos chegar até a casa onde a mãe dele estava porque ela abandonou a casa, saindo de bote pelo segundo andar, tal a violência da inundação.

Voltei no finzinho da tarde para Brasília, soube que o Itamar ficou furioso, ontem saiu no jornal, ele me chamou de uma palavra que certamente o Mauro Santayana já tinha adrede preparado, nem guardei a palavra, significa entre o ácido e o azedo, nem entendi direito, que eu tinha qualidades boas e más, nem entendi bem.* Isso porque eu disse que ele era uma pessoa com um comportamento bizarro, e ele não gostou. "Bizarro" todo mundo que tem o mínimo de letras entende; essa palavra de que ele me chamou é uma dessas coisas rebuscadas, e caiu mal o que ele disse, porque ele estava no Rio, depois foi para Pouso Alegre,** todo composto, bem vestido, e eu na fotografia [publicada] ao lado, enlameado em Itajubá. Parece que ele não gostou nada e disse que era uma provocação, não sei o quê, uma bobageira.

Ainda na terça-feira, 4, depois que voltei, tive uma reunião do grupo político, com a ausência notada do Moreira Franco e do Aloysio, que estavam fora de Brasília. Passamos em revista a pauta desta semana e da próxima. Presente o Madeira, discutimos as matérias de urgência a serem votadas no Congresso. À noite jantei com o Serra no Alvorada. Serra bastante bem-disposto, passei em revista as coisas. Ele está preocupado com a possível desnacionalização do Banespa, achando que seria preciso botar um freio em algumas privatizações. Está nesse *mood* agora, quer ir mais à esquerda. Na verdade, é uma visão mais nacionalista que de esquerda. De qualquer forma, alguma dose de ponderação é conveniente, porque isso reflete o sentimento médio do país, que ficou assustado desde os grampos do BNDES e também desde o apagão da Light do Rio de Janeiro. Deu a sensação de que há algo de errado nas privatizações, embora o resultado seja positivo, tanto na área do petróleo, onde as coisas estão acontecendo, quanto sobretudo da telefonia, onde é óbvio que o resultado foi positivo. Tenho dúvidas sobre o que fazer com o setor elétrico.

No dia seguinte, ontem, quarta-feira, aproveitei que tivemos uma reunião com a Câmara de Política Econômica e coloquei a necessidade de passarmos a limpo o

---

* O governador mineiro, que reivindicava o desbloqueio de R$ 17 bilhões pela União, definiu a visita presidencial a Minas como um "ato demagógico, provocativo e mesquinho". Itamar tachou Fernando Henrique de "anfótero" — termo técnico que designa moléculas ou íons com caráter simultaneamente ácido e básico, qualidades químicas opostas, dependendo do meio onde se encontram.

** O governo mineiro se transferiu para Pouso Alegre durante as operações de socorro aos afetados pelas chuvas na região.

modelo de privatização do setor energético. Vamos ver se é possível fazer com que o Tourinho assuma responsabilidade maior na matéria e se repense por que privatizar, de que maneira, quais são os efeitos, para ver se é possível fazer alguma coisa nesse terreno que seja mais construtiva do que a forma de privatização que estava sendo pensada. O pessoal da Aneel não tem a mesma capacidade, digamos, impositiva que tem o David na Agência Nacional do Petróleo, ou o Guerreiro na Anatel. Isso também faz falta nesse momento.

Na reunião da Câmara de Política Econômica, discutimos muito com o pessoal do Banco Central e da Fazenda as trajetórias de câmbio e de juros. Eles mencionaram a declaração que dei na terça de manhã — fiz um programa *Bom Dia Brasil*, da Globo, que me pareceu bom, no sentido de que transmiti à população com serenidade as questões principais. Ali me perguntaram sobre o dólar, se ele a R$ 1,80 estava bom, eu disse que o importante é que não haja volatilidade. Então tanto faz 1,80, 1,75, 1,80, 1,85... Daí o mercado financeiro inventou, de má-fé, que eu estava definindo uma banda entre 1,75 e 1,85. Basta ver com calma o que eu disse; eu disse que o ruim era a volatilidade, e não me fixei em nenhum patamar. Na verdade, o dólar subiu muito, dizem que foi porque caiu a Bolsa de Nova York e houve um tremelique.* Há muita limitação para que possamos baixar mais os juros, por causa do reajuste das tarifas públicas, que pode fazer pressão sobre a taxa de inflação. Então manter a taxa de inflação tal como prometida ao Fundo Monetário, ao redor de 6% ao ano, não dá muita margem para baixar a taxa de juros. Isso é o que dizem hoje, em janeiro. Vamos ver ao longo do ano o que vai realmente acontecer. As previsões são otimistas.

À tarde tive uma reunião com os ministros mais ligados aos partidos, para instá-los à necessidade da votação do FEF — agora se chama DRU** —, eles todos se empenharão. Recebi o Winston Fritsch, com quem conversei longamente, ele administra hoje um banco, está interessado na compra da Companhia Siderúrgica Nacional para a Arbed. Me deu algumas informações, eu sabia de quase todas, e não transmiti a ele nada do que sei, obviamente. A preocupação dele é que o Benjamin Steinbruch não venda para a Arbed e faça um acordo com os sócios, que são o Bradesco e os fundos de pensão. Seu medo — ele não me disse — é que o governo banque essa operação.

---

* Mercados emergentes em todo o mundo sofreram com rumores de elevação da taxa de juros norte-americana. O índice Dow Jones da Bolsa de Nova York caiu 3,2%. O dólar subiu 1,6%, fechando a R$ 1,85. O Ibovespa perdeu 6,4%, maior queda desde janeiro de 1999. Em fevereiro, realmente o FED aumentou os juros em 0,25%, para 5,75% ao ano.

** A Desvinculação de Recursos da União foi instituída pela emenda constitucional nº 27, de 21 de março de 2000, para autorizar a flexibilização orçamentária de 20% da arrecadação federal entre 2000 e 2007. A PEC 85/99, que originou a emenda da DRU, foi votada em primeiro turno pelo plenário da Câmara em 12 de janeiro de 2000.

Hoje, dia 6, tive uma reunião da Câmara de Desenvolvimento, e antes havia amanhecido o dia despachando com o Pratini sobre questões internas do Ministério da Agricultura que depois ele expôs na Câmara de Desenvolvimento. Por exemplo: que devíamos incentivar o plantio do milho através de algumas operações de EGF e AGF,* do Banco do Brasil, que devíamos repor o estoque de milho. Acho que a política dele está certa. Na Câmara, discutimos o que fazer com os Fundos Constitucionais de Financiamento, o Fernando Bezerra tinha uma proposta — em linhas gerais aprovamos —, que era estabelecer juros fixos para certo tipo de empréstimo nas regiões beneficiadas por esses fundos, e também, se possível, reduzir as taxas cobradas pelos bancos que operam com eles, que são bancos de governo também.

Depois tive uma rápida conversa com o Calabi, para acompanhar o que está acontecendo na petroquímica. O Calabi fez um movimento com o Ultra,** o grupo do Paulo Cunha, que desagradou à Odebrecht. Acho que o BNDES tomou partido mesmo e que eles trataram com má vontade a Odebrecht no passado, aliás um passado recente. Apertei o Calabi, ele disse que não foi má vontade, foi porque a Odebrecht não teria condições financeiras de enfrentar o negócio. A reação favorável ao Paulo Cunha tem racionalidade, mas deve ter também simpatia do próprio BNDES, que pende mais por uns grupos do que por outros.

Acabei de almoçar e agora falei com o Jader Barbalho por telefone. Falei com o Arthur Virgílio, o Arthur debateu ontem com o [José Carlos] Aleluia, deputado da Bahia, sobre as medidas provisórias. Antônio Carlos fazendo braço de ferro com as medidas provisórias, acho que ele já percebeu que não fui tão ingênuo como ele pensa que eu sou e que combinei com o PMDB e PFL, de tal maneira que não vamos deixar passar as coisas do jeito que o Antônio Carlos quer. Sem fazer barulho em público, tomei as medidas, os resultados já começaram a se manifestar e o Antônio Carlos vai ter que recuar da posição de votar a regulamentação das MPs tal como ele queria no Senado. Falei de novo, hoje, com Arthur Virgílio sobre essa matéria, falei com o Padilha, o Geddel tinha me telefonado. Além de ter falado já com o Aécio, naturalmente, e com o PSDB, me certifiquei de que as coisas na Câmara não vão ocorrer à moda do Antônio Carlos, até porque o Michel Temer também já está falado e não vai deixar que Antônio Carlos venha mais uma vez trombeteando sua capacidade de mandar *urbi et orbi*.

---

* Empréstimo e Aquisição do Governo Federal.
** O banco estatal anunciou uma associação com o grupo Ultra por meio de seu braço de investimentos, BNDESPar, para assumir o controle de duas das principais empresas do polo petroquímico de Camaçari, a Copene e a Politeno. A Odebrecht e a Ipiranga também disputavam o negócio.

HOJE É DIA 8 DE JANEIRO, SÁBADO. Ontem passei a tarde na fazenda do Pimenta* com o grupo de coordenação política e revimos a temática dos próximos três meses, como vai ser coordenado o Congresso. Também passei umas informações sobre a situação econômica, que, no meu modo de entender, está relativamente sob controle, assim como a situação política. Insisti com ele que agora devíamos dar ênfase ao discurso social. Na prática estamos fazendo bastante nessa área, mas é preciso dar ênfase ao discurso, para que não se forme a impressão definitiva de que o governo não cuidou do social, o que não é verdade. Na reunião lá estavam os líderes do governo no Congresso, o Arruda, o Arthur Virgílio e o Madeira, o que foi bom, porque dá a eles um sentimento de coordenação do governo com o Congresso.

Isso ontem, na sexta-feira. Hoje dois fatos a registrar. Primeiro, Mário Covas furioso, segundo me contou o Madeira por telefone, porque a *Folha* disse num editorial que íamos, por pressão de Minas, cancelar ou postergar os 2,5 milhões de reais que estamos devendo a São Paulo desde o ano passado.** Eu não sabia do assunto, é ridículo que o Mário se preocupe com esse detalhe de forma intempestiva. Ele disse, através do Madeira, que estamos viabilizando a reforma tributária. Mostrei ao Madeira o esforço que estamos fazendo com a reforma tributária e que o Mário está enganado, que na verdade a reforma tributária, se não for bem cuidada, vai se transformar na união de todos contra São Paulo e o Tesouro Nacional. Não há por que o Mário não se unir a nós nessa preocupação. Certamente o Kandir deve ter dito a ele, Mário, que há dificuldades, e há mesmo, mas com uma tecnicalidade do Kandir chamada barquinho — uma técnica de prestação de contas recíproca sobre créditos, a eliminação de impostos entre os estados, que vai dar uma confusão imensa —, queremos evitar essa anotação e contraprestação de créditos dos produtores, porque ela é muito difícil de ser controlada. Não quero fazer uma reforma tributária que seja prejudicial ao Brasil. Não quero que ela seja uma manobra para que os empresários não paguem imposto.

Mas o Mário está furioso, com as razões dele, no fundo acho que o Mário está começando a sentir as dores da candidatura presidencial. Ele disse ao Madeira que poderia mesmo convidar o Ciro para almoçar, que poderia fazer uma visita, imagina, ao Itamar. Está bem, ele pode fazer o que quiser. Telefonei ao Pedro Parente para saber do que se tratava, ele também não sabia. Provavelmente foram declarações gratuitas, fortuitas de alguém da secretaria do Ministério de Integração Nacional a respeito de medidas provisórias, querendo equalizar a distribuição de recursos entre Minas, São Paulo e o Rio, mas que não têm nenhum embasamento em decisão

---

* Nos arredores de Brasília.
** O jornal noticiou na manchete de capa que a concessão de R$ 2,5 milhões da ajuda federal prometida a São Paulo para o socorro às vítimas das chuvas fora adiada por pressão do governo mineiro. No editorial "Promessas afogadas", a *Folha* lembrou que o Planalto ainda não liberara R$ 3,7 milhões prometidos aos atingidos por enchentes no vale do Ribeira no início de 1999.

minha. Nem eu mandei suspender qualquer medida provisória que passaria recursos para São Paulo. Isso tudo é onda. Esta é a nossa política, política provinciana, de pequenas vendetas e maus humores. É impressionante.

Outra coisa a registrar é que o Lionel Jospin me telefonou para falar do Fundo Monetário Internacional. Ele propõe a candidatura do Laurent Fabius,* perguntou o que eu achava, eu disse: "Olha, não sei, como está a Europa?", perguntando com quem ele havia falado na Europa. Me disse que tinha falado com o Aznar, que estaria disposto a apoiar, com o D'Alema, que disse ter compromisso com os alemães, mas que a partir de um novo critério quer alguém com visão mais política do que técnica, e poderia evoluir nessa direção. Falou com o belga,** que é novo e que aparentemente estaria disposto a apoiar, e com alguém creio que da Dinamarca.*** E teve o cuidado de me dizer: "Bom, estou falando ao acaso dos telefonemas que nós conseguimos", como a me garantir que não é que o Brasil seja menos importante que tais ou quais países. Pelo contrário, Jospin teve uma conversa muito agradável comigo, recordou nosso encontro em Florença, disse que me reencontrou com as mesmas ideias sobre as quais havíamos conversado há vinte ou trinta anos [quando jantou em meu apartamento em São Paulo]. Ficou muito feliz com isso, certamente devia estar com a impressão difundida na Europa de que aqui o governo é neoliberal, quando não é.

Estou agora em busca do Malan para informá-lo sobre essa nova candidatura. Eu disse ao Jospin que tínhamos uma dificuldade, o Caio [Koch-Weser] é candidatura alemã, mas ele nasceu no Brasil, estudou aqui, já botando um ponto nos is. Mas acho difícil o Caio ter chance e também não acredito que a França consiga emplacar o Fabius, porque os Estados Unidos certamente vão se opor. O Malan, como eu sei, prefere o inglês que hoje está na Basileia, no Banco da Basileia,**** ou então um italiano que também é benquisto por eles, o Mario [Draghi].***** Não sei, vamos ver como isso vai se desenvolver.

Hoje à noite jantam aqui minha irmã Gilda, meu cunhado Roberto, o Rodolfo [Cardoso de Oliveira] meu sobrinho, a mulher e filhos. Nesse meio-tempo, reli uma boa parte do *Júlio César*, do [William] Shakespeare, que é fascinante, e continuei a leitura do *Montesquieu — Le Moderne*, escrito pelo Alain Juppé, contando as viagens de Montesquieu, as anotações dele, o Montesquieu mundano, mas ao mesmo tempo se enfronhando na vida política e social de vários países da Europa. Um livro realmente interessante.

---

* Deputado socialista, presidente da Assembleia Nacional e ex-primeiro-ministro da França.
** Guy Verhofstadt, primeiro-ministro da Bélgica desde julho de 1999.
*** O premiê dinamarquês era Poul Nyrup Rasmussen.
**** Em 1999, o Bank for International Settlements (BIS), conhecido como "Banco Central dos bancos centrais", era presidido pelo sueco Urban Bäckström e tinha como gerente-geral o britânico Andrew Crockett.
***** Diretor do Departamento do Tesouro italiano.

DOMINGO, DIA 9 DE JANEIRO, Clóvis Carvalho almoçou aqui. Encontrei-me com a pessoa de sempre, bem-disposto, sem mágoas. Fiquei um pouco preocupado porque notei que ele não está ainda com uma definição de rumo pessoal, me refiro ao trabalho, naturalmente, mas veio conversar comigo sobre uma proposta do Jovelino Mineiro de eles fazerem uma espécie de empresa para tratar de biogenética, uma coisa que acho que tem muito sentido. Eu mesmo tinha sugerido ao Jovelino que falasse com o Clóvis, que está entusiasmado com a ideia, achei bom. Passamos em revista os tempos iniciais do real, ou melhor, do Plano FHC, bem antes do PAI.*
Clóvis tem muitas anotações, sugeri que nos juntássemos eu, ele, Gustavo Franco, o Bacha, o André, o Malan, e também o Pérsio, para deixarmos um depoimento, ajustarmos nossas memórias nessa matéria.**

Clóvis até chamou atenção para a importância que teve o Gustavo Franco — é verdadeiro isto — na elaboração do que veio a ser depois o Plano Real, porque era o Gustavo quem fazia o dever de casa, quem resolvia os problemas. Além disso, toda a parte jurídica, toda a discussão para evitar que houvesse problema nos tribunais, a questão de acertar os salários pela média, isso eu creio que foi ele. Depois o Clóvis recordou que foi o Luciano Patrício, que integra a secretaria executiva do Ministério da Educação, que ajudou muito nessa ideia, que foi fundamental para viabilizar o projeto de estabilização da moeda, evitando que houvesse uma repercussão sobre os salários que inviabilizasse o esforço, como aconteceu com o que foi feito com o plano do Sarney, o Plano Cruzado. Aquele foi um desastre, não só porque houve um aumento despropositado do salário mínimo, como porque não houve um acerto do salário pela média da inflação dos últimos meses, e aqui nós conseguimos. Enfim, foi bom rever o Clóvis com o entusiasmo que ele sempre tem pelas coisas do país. Agora à noite janto com Paulo Renato, Zé Gregori e Maria Helena.

HOJE É 15 DE JANEIRO, SÁBADO, dez horas da manhã. Pela demora em registrar estas notas, vê-se que a semana foi agitada. Não vou repisar dia a dia, porque seria fastidioso, mas apenas os fatos principais. A semana começou na segunda-fei-

---

* Plano de Ação Imediata, conjunto de medidas econômicas adotado em julho de 1993 para preparar a implantação do real, incluindo corte de gastos, reestruturação da Receita Federal e privatizações.
** A composição da equipe econômica responsável pela formulação do Plano Real, em 1993, era a seguinte: Fernando Henrique Cardoso, ministro da Fazenda; Pedro Malan, presidente do BC; Pérsio Arida, presidente do BNDES; Clóvis Carvalho, secretário executivo do ministério; Winston Fritsch, secretário de Política Econômica; Gustavo Franco, secretário adjunto de Política Econômica; André Lara Resende, negociador-chefe da dívida externa; e Edmar Bacha, assessor especial do ministério.

ra dia 10 com uma gravação que fiz para o José Marcio Rego* e dois colaboradores dele sobre a minha trajetória intelectual. Eles estão fazendo um livro a respeito de vários cientistas políticos.** Pois bem, essa atividade ocupou ontem meu dia quase inteiro, eles chegaram aqui às três da tarde e saíram já na hora do começo do segundo tempo do jogo do Corinthians contra o Vasco,*** às nove da noite.

Ainda de manhã tive uma reunião de coordenação política, estávamos tentando aprovar a DRU, o novo nome do FEF, que desvincula as verbas, isso é fundamental para que o orçamento possa ser aplicado. Já registrei o problema com Mário Covas reclamando de uma manchete da *Folha* que dizia que o governo teria cedido à pressão de Minas e por isso cancelado uma verba para São Paulo. Fato do imaginário da *Folha*, não ocorreu, e o Mário, irritado, disse que iria procurar o Ciro Gomes, almoçar com ele, que visitaria o Itamar, enfim, bravatas. Eu disse ao Madeira, que tinha me telefonado aflito, que era incrível que, além do Antônio Carlos, eu tivesse agora que trocar floretes com o Mário, ficar numa luta fratricida com ele. Fiquei de ver se havia alguma coisa que mexeria com o Mário, e havia, a questão da reforma tributária deixa o Mário fora de si por causa da guerra fiscal. O Mário não sabe governar sem estar com inimigos, agora os inimigos são os outros estados que estão se industrializando, ele não aceita isso e acha que estão tirando de São Paulo. Em parte é verdade, em parte não, é um processo normal, mas falar em tirar empresas de São Paulo para o Mário é lesa-majestade. Não fiz nada, não telefonei para o Mário.

Na terça-feira, dia 11, eu tinha que estar na Feira de Calçados em São Paulo,**** então fui para lá na segunda à noite. Jantei com o Giannotti, o Adolfo [Leirner] e a Lídia Goldenstein***** e no dia seguinte de manhã fui à Feira de Calçados. Logo no início, fiz declarações contra a guerra fiscal que deixaram irritados os baianos, porque falei que havia pilhagem de indústrias em São Paulo — falei para compensar a fúria do Mário. E também falei que devíamos fazer a reforma tributária, até porque tinha tido um almoço na véspera, segunda-feira, justamente com os ministros da área afim com a reforma tributária, para insistir que chegássemos a um entendimento.

Parece que o Mário ficou mais manso, estava presente o Olívio Dutra, aliás, comportou-se corretissimamente, foi até simpático — o exercício do governo muda a valentia radical das pessoas, isso é bom. Voltei para Brasília, onde fui me

---

* Professor de economia da FGV e da PUC-SP.
** Elide Rugai Bastos, Fernando Abrucio, Maria Rita Loureiro e José Marcio Rego (Org.). *Conversas com sociólogos brasileiros*. São Paulo: Editora 34, 2006.
*** Final do primeiro Mundial de Clubes da Fifa, disputada no Maracanã. O jogo terminou em 0 a 0 e foi decidido nos pênaltis, com vitória corintiana.
**** O presidente abriu a XXVII Feira Internacional de Calçados, Artigos Esportivos e Artefatos de Couro — Couromoda 2000, no complexo do Anhembi.
***** Ex-assessora da presidência do BNDES (1996-8).

encontrar com o Tourinho, com o Parente e outros para discutir questões relativas à infraestrutura. Depois tive um encontro à noite, aqui no Alvorada, com o pessoal do PSDB, entre os quais o Teotônio e o Aécio, eram uns dez. O que eles desejam? Uma ação mais coordenada, nunca estiveram tão próximos do governo como agora, vieram para assumir as bandeiras do nosso partido e do governo e querem eleger o presidente da Câmara, que seria o Aécio. No fundo é essa a motivação. A reunião foi até tarde da noite.

Na quarta-feira, dia 12, estive de manhã com o Dornelles, que foi me "brifar" para uma solenidade da justiça trabalhista que íamos fazer no Palácio do Planalto à tarde, medidas importantes que dizem respeito à rapidez do processamento das causas trabalhistas e também a uma junta de conciliação que permitirá entendimentos mais fáceis.* Fiz discurso, estavam presentes líderes da oposição, inclusive o [Jair] Meneguelli** e também CUT, CGT, Força Sindical, Social Democracia [Sindical],*** mais os líderes, e foi bem. À tarde ainda recebi o Wilson Quintella, um empresário de São Paulo que também trata da Bacia do Paraná e Tietê. Foi uma longa conversa sobre as questões de desenvolvimento. E algo muito importante: na terça-feira tínhamos ganho por 340 e tantos votos na Câmara a questão relativa à desvinculação [a DRU].****

Conversei a respeito do Antônio Carlos com o Jader Barbalho, com o presidente do PFL, Jorge Bornhausen, e com o Marco Maciel. Antônio Carlos estava lançando chamas pelas ventas por conta de uma entrevista minha ao *Jornal do Brasil*.***** Na verdade, até tentei minimizar a situação na entrevista, para evitar atritos, mas quem provoca tudo isso é ele. Eu estava muito furioso mesmo com as atitudes crescentemente desrespeitosas do Antônio Carlos e o fato de ele agora estar falando sobre temas que atrapalham a governabilidade do Brasil. Fala de aumento do funcionalismo, fala de aumento do salário mínimo, fala de orçamento imperativo, fala da proibição de medidas provisórias, e tem os aplausos do PT. Reclamei muito para todos, o Bornhausen e o Marco Maciel já tinham falado com ele.

* O presidente sancionou a lei nº 9957, que instituiu o procedimento sumaríssimo no julgamento de processos trabalhistas sobre valores inferiores a quarenta salários mínimos, excluídas empresas públicas e órgãos da administração direta.
** Deputado federal (PT-SP) e ex-presidente da CUT.
*** Fundiu-se à CGT em 2007 para a criação da UGT (União Geral dos Trabalhadores).
**** A PEC 85/99 foi aprovada em primeiro turno por 343 votos a 137. O Congresso funcionava no recesso em convocação extraordinária.
***** Ao responder ao jornal carioca sobre suas relações com ACM, o presidente negou a existência de atrito, ponderou que ele e o senador baiano tinham "estilos diferentes de fazer política" e adicionou: "Vocês acham que o presidente da República vai disputar espaço? Isso não tem sentido [...]. Sempre digo que o senador Antônio Carlos tem ajudado nas votações e é isso que eu espero dele".

Eu disse ao Jader como estava a coisa, ele acha — e tem razão — que o Antônio Carlos vai ser assim até o fim e que vai me desgastar o quanto puder, porque ele não tem projeto, não tem nada a perder, e o Jader disse que o Antônio Carlos não se sente seguro, nem o PMDB, comigo. E é verdade, primeiro porque o PSDB rechaça muito o PMDB; segundo porque eu tenho receio das demandas que não são sempre as mais sadias de parte do PMDB. Eu gosto e me dou bem com o Eliseu Padilha, tenho uma boa conversa com o Jader, que é inteligente, sei que ele comanda a tropa, faz manobras um pouco perigosas, mas é um homem que sabe analisar, tem firmeza. Eu falo bem com ele.

O Michel Temer é um homem respeitoso, discreto, talvez tímido, o Geddel já é de um estilo mais desabrido, gosto naturalmente dos mais próximos a mim, do Fogaça, do [Gerson] Camata, desse pessoal. O Fernando Bezerra é um homem teimoso, mas de quem eu gosto, tem estilo nordestino. Enfim, há uma boa conversa com o PMDB, mas sempre paira no ar uma nuvem.

Nessa quarta-feira, resolvi, por insistência do Pedro Parente, jantar com o senador Antônio Carlos Magalhães, para passar a limpo nossas questões. No começo o jantar transcorreu ameno, depois, quando ele próprio entrou nos temas, a coisa ficou um pouco menos fácil, porque nós discrepamos em muita coisa. Discutimos as questões, o Antônio Carlos, imagina só, trazia no bolso a entrevista que dei ao *Jornal do Brasil*.

Eu disse: "Olha, Antônio Carlos, eu não li sua entrevista à *Folha*,* que parece que foi horrível". Ele não acreditou, eu repeti: "Não li mesmo, porque não gosto de ficar revirando meu fígado".

Ele disse: "Ah, é até coisa boa, um bom sinal o senhor não ter lido".

"Pois é, eu não li porque não estou querendo provocar brigas, e não li agora o que saiu nos jornais porque a imprensa vem sempre com a questão: 'O que o senhor acha? O Antônio Carlos diz que o senhor é indeciso'."

Tenho que reagir de uma maneira que não seja... eu não disse "troglodita", mas, enfim, os jornais é que estão usando essa expressão. No fundo é isso. Bom, é o estilo dele, ele é troglodita, é muito hábil, bate e assopra, bate e assopra, é esse estilo. Melhor então não expormos em público as coisas. Esse não "expormos" é modo de dizer, porque eu não faço; quem faz é ele.

Tudo bem, não sei o quê, mas ele estava muito ofendido com o que eu disse em São Paulo sobre certa tática de discussão, no entanto finge que está ofendido com outra coisa mais recente, com o que eu disse também em São Paulo sobre a

---

* Em 2 de janeiro, o diário paulista publicara uma entrevista de ACM a Josias de Souza na qual o presidente do Senado acusou Fernando Henrique de querer "legislar por medida provisória". "Logo ele, que foi um dos maiores críticos das medidas provisórias. Dizia que era uma excrescência. Vamos limitar isso, não tenha dúvida". Na sequência, o senador qualificou o presidente de "indeciso": "Ele detesta que se diga que é indeciso. Mas é".

pilhagem das indústrias. Insistiu muito no assunto das medidas provisórias, eu disse que não posso concordar, expliquei mais uma vez, ele sabe das razões. Nem concordo na matéria tributária, o Refis não teria saído se não fosse como medida provisória, como propusemos, e o Refis é importantíssimo para a retomada do crescimento. Ainda mais agora que o Congresso vai votar as medidas provisórias com mais urgência, não há razão para não tomá-las; se o Congresso não quiser, ele anula as medidas, mas eu as tomo na emergência. Ele não tem argumentos, na verdade o que ele quer é criar dificuldades e posar de herói como o grande democrata que está impedindo um presidente, imagine só, ditatorial, eu!, de tomar medidas lesivas aos poderes do Legislativo. Quanto ao salário mínimo, ficou combinado que ele só falaria disso em maio, e penso antecipar a decisão, assim a questão se esvazia. E o orçamento imperativo, disse ele, é pra daqui três, quatro anos, aí será outro governo, e certamente com o modo de fixar a receita também alterado pelo Congresso.

Bom, foi isso, o problema são as versões [sobre o encontro].

Na quinta-feira de manhã, já estava o Geddel nervoso, falei com o Padilha e disse: "Padilha, cuidado com as versões, se eles disserem que o Antônio Carlos veio aqui para enfiar um punhal em mim ou que eu abri as pernas, a versão será essa; e foi o contrário, ele veio porque perdeu, e perdeu porque nós ganhamos na Câmara". A Câmara não vai votar a regulamentação das medidas provisórias do jeito que ele quer,* mas o Antônio Carlos é mestre nas versões.

Repercussões pequenas dessa questão com o Antônio Carlos e uma grande discussão sobre os fundos constitucionais, sobretudo os do Nordeste, porque há uma briga entre o Fernando Bezerra e o Byron [Queirós].** Na verdade é o Tasso, a questão é o controle do Banco do Nordeste. O Fernando Bezerra tem razão, os fundos constitucionais pertencem ao ministério dele, a definição das políticas; a aplicação é do Ministério da Fazenda, e o Nordeste quer continuar como está, ou seja, o banco não presta contas a ninguém, eles põem e dispõem. Dizem até que o Byron põe e dispõe bem e o Tasso da mesma forma, mas institucionalmente não é a melhor solução. Tivemos um almoço com Malan, Fernando Bezerra, Parente e eu, para acertarmos esses pontos. Fingi que assinei lá a medida provisória,*** só assinei mesmo à noite porque não tínhamos realmente acertado os pontos.

---

* A PEC aprovada pelo Senado tramitava na Comissão de Constituição e Justiça da Câmara, com relatoria de Paulo Magalhães (PFL-BA), sobrinho de ACM e favorável à aprovação da proposta. Mas um acordo da liderança do governo com a presidência da Casa postergou a apreciação da PEC pelo plenário para o período ordinário do ano legislativo. Entrementes, o líder do PSDB, Aécio Neves, anunciou o envio de nova proposta sobre o tema ao Congresso.
** Presidente do Banco do Nordeste.
*** O presidente discursou na cerimônia de assinatura da MP 1988-16, que seria reeditada e modificada várias vezes até se converter na lei nº 10177, de 12 de janeiro de 2001. A MP atribuiu a

Recebi o senador Gerson Camata, que veio fazer uma ponderação sobre as questões do Espírito Santo, e também o pessoal da coordenação política, para definir a viagem suspensa. Seria a São João del Rei, porque é o aniversário do Tancredo e porque lá também haveria a inauguração do busto do meu primo, general Ciro do Espírito Santo Cardoso.*

Nesse meio-tempo havia outra questão grave, a do Élcio Álvares e do Ministério de Defesa.** Depois dos acontecimentos de dezembro, o brigadeiro Bräuer, com sua entrevista infeliz e as reações dos militares (que acabaram), sobrou a questão da imprensa tratando de demolir o Élcio, e a minha perplexidade e a de todo mundo, porque o Élcio se defende pouco, praticamente não se defende, o que preocupa, porque a gente imaginaria uma defesa mais agressiva. Chamei o Élcio, ele veio, conversei com ele. Eu disse: "Ó, Élcio, não tenho nenhuma preocupação quanto à sua lealdade e honorabilidade, estou preocupado é com a sua pessoa, que está sendo desgastada, e tenho medo do que venha no fim de semana, com as revistas e depois a Globo, e você fique sem defesa e saia do governo mal". Ele protestou fidelidade, o que é verdadeiro, e lealdade, disse que o cargo estava à minha disposição, que jamais falaria mal de mim, que está preocupado, que não quer me atrapalhar. Eu disse: "Não estou eu em causa; você é que está. Estou preocupado é com você", e pedi que ele reagisse. Ele reagiu nesses últimos dias com muitas entrevistas nos jornais, ainda hoje li uma, ontem também, há novos planos para o Ministério da Defesa, talvez seja possível mantê-lo.

O comandante da Aeronáutica pediu ao Pedro Parente que me transmitisse a inteira solidariedade dele ao Élcio. Noto que o general Cardoso tem outra visão, ele reflete a da tropa, me mandou a carta de um coronel da reserva muito aflito com a questão do Élcio. O general Alberto Cardoso, que é um homem em quem confio muito, tem outra percepção, suponho que o general Gleuber também, não falei com ele diretamente. Tenho muita preocupação, primeiro, com o que disse na conversa pessoal e humana que tive com o Élcio; segundo, preocupação institucional — não posso transformar o Ministério da Defesa num ministério onde os jornalistas atiram de estilingue, e o ministro cai. Ou então os militares

---

administração dos fundos constitucionais a um colegiado formado por representantes das superintendências de desenvolvimento regional (Sudam, Sudene e Sudeco), do Ministério da Integração Nacional, do Banco do Nordeste e do Banco do Brasil, com supervisão do Ministério da Fazenda.

* O general Ciro do Espírito Santo Cardoso, que residiu em São João del Rei e dirigiu a universidade local, foi colega de Tancredo no gabinete ministerial do segundo governo Vargas.
** Além das acusações feitas a Álvares e a seus auxiliares pela CPI do Narcotráfico, o ministro caíra em desgraça na imprensa por sua reação burocrática ao episódio do espancamento dos fotógrafos no forte de Copacabana.

atiram de estilingue, e o ministro cai. Mas está na cara que há problemas nesse ministério.

Na quinta-feira, que foi o dia 13 de janeiro, completamos um ano da desvalorização, até me referi a isso num discurso que fiz sobre questões trabalhistas, os jornais não deram tanto relevo assim porque, embora há um ano tenhamos passado por uma crise grave, nos recuperamos, o Brasil está forte, as coisas avançando, o horizonte é muito mais otimista, e mesmo a apreciação sobre o governo melhorou muito nas pesquisas telefônicas que fazemos com regularidade. A curva infletiu, há mais ótimo/bom que ruim/péssimo e regulares, e o sentimento que predomina em quase 50% da população é de que estamos voltando a certa normalidade.

Sexta-feira, ontem, foi um dia muito tranquilo, me reuni com o Paulo Renato, o Sardenberg, o Weffort, com o presidente da Capes* e do CNPq,** e outros técnicos mais, como o [Carlos] Pacheco, que é secretário do Ministério de Ciência e Tecnologia; para darmos um impulso grande nessa área de ciência e tecnologia, há necessidade disso, vamos criar novos fundos de financiamento.

Hoje, sábado, continuo aqui, são oito da noite, levei horas e horas gravando os depoimentos sobre minha trajetória intelectual para o José Marcio Rego e um rapaz chamado [Fernando] Luiz Abrucio. A Alejandra [Herrera] passou aqui para discutir problemas da Anatel, e veio também o Everardo Maciel, da Receita, para discutirmos a reforma tributária. Agora estou reorganizando meus papéis e não farei mais nada. Amanhã devo receber o Paulo Renato.

* Abílio Baeta Neves.
** Evandro de Paula e Silva.

16 A 26 DE JANEIRO DE 2000

*Jantar com senadores. Demissão de Élcio Álvares.
Aprovação da Lei de Responsabilidade Fiscal na Câmara*

Hoje é domingo, dia 16 de janeiro, passei o dia fazendo exercícios, nadando, fazendo também alongamentos com o pessoal da Rede Sarah. São quatro pessoas que se alternam, o Maurício, o Magela, o Rogério e o Humberto, gente dedicada. Vou receber o Paulo Renato mais tarde. Fiquei lendo revista, jornais também, me informei sobre a situação do Élcio. Continua difícil, eles colocam o Élcio como a bola da vez. A imprensa tem um poder de destruição realmente extraordinário, a *IstoÉ* relata tudo minuciosamente, e tudo errado, que estive com o Marco Maciel na terça-feira passada, que o Marco pediu pelo Élcio;* nada disso, não vejo pessoalmente o Marco há muito tempo. Dá detalhes de telefonemas e da existência de ligações do Ministério de Defesa com o irmão da dra. Solange.** O Élcio diz que não, que esse telefonema foi no Espírito Santo, enfim, tudo precisamente falso, mas no conjunto criando um mal-estar difícil de ser superado.

Fiquei também ouvindo a trilha sonora do filme *Casablanca*,*** que é admirável. Eu estava lendo as revistas, depois até parei para ouvir, porque há alguns diálogos entre a Ingrid Bergman e o Humphrey Bogart que são de uma beleza, de uma força extraordinária. Me recordei que em 1962 eu, a Ruth e creio que o Bento Prado [Júnior] e a Lúcia [Seixas Prado] — falei com os dois ontem por telefone — fomos ver uma peça do [Henrik] Ibsen estrelada pela Ingrid Bergman,**** aquela maravilha de mulher. Devia ser fevereiro de 1962. Quando saímos do teatro, fazia muito frio, o meu carro congelava — era um carro antigo, um Dauphine — e nós tínhamos que botar um óleo para lubrificar o acelerador, senão o acelerador ficava duro. Tínhamos que queimar jornal e botar embaixo do carro para o óleo esquentar e podermos sair. Enquanto fazíamos isso, de repente quem surge perto de nós? Ingrid Bergman! Foi um susto para todos, ela uma mulher de uma beleza, de uma força, de uma presença incrível. Fiquei aqui ouvindo uns discos de que gosto muito, do Bola de Nieve, sobretudo o CD *Para siempre*, que tem uma música chamada "Vete

---

* Álvares fora eleito senador pelo PFL em 1990, tendo se licenciado do mandato em 1999 para assumir o Ministério da Defesa.
** Dório Antunes de Sousa, ex-sócio de Álvares num escritório de advocacia em Vitória, foi acusado de participar de um esquema de proteção judicial a traficantes e assassinos no Espírito Santo.
*** A trilha do clássico longa-metragem de 1942, dirigido por Michael Curtiz, foi composta por Max Steiner, mesmo autor da trilha de *E o vento levou*....
**** *Hedda Gabler*, no Théâtre Montparnasse. A produção estreou em 1962.

de mí", cantada de uma maneira admirável. Bom, isso para registrar as coisas mais leves e agradáveis que estive fazendo.

O Camdessus me telefonou propondo o nome do Fabius para o FMI. Agora recebi uma nota do Schröder insistindo sobre o nosso apoio ao Caio Koch-Weser, que, como já disse, é brasileiro de nascimento. Também os japoneses estão nos pedindo apoio para o candidato deles,* então a coisa está muito difícil.

Falei por telefone com o Israel Vargas, que havia me enviado uma nota sobre as mudanças climáticas. Convoquei uma reunião do pessoal de Ciência e Tecnologia e do Meio Ambiente, juntamente com pessoas de fora, como o Fabio Feldmann e o próprio Paulo Henrique. Eventualmente traremos o Duda, por sugestão do Vargas, para discutir a questão das mudanças climáticas. Li um artigo do [José] Goldemberg, e agora tem essa nota do Vargas mostrando que a Rússia e a China já estão negociando a questão do mecanismo de limpeza ambiental que faz com que a gente, ao emitir menos CO_2, possa receber algumas vantagens.** Como os países desenvolvidos e industrializados têm menos possibilidades de restringir suas emissões, eles pagarão mais, na medida em que nós estejamos restringindo. Rússia, China e Brasil se opunham a isso, porque não temos responsabilidade histórica pela massa de CO_2 emitida, portanto nem pela eventual elevação de temperatura [do planeta].

Em Kyoto, já com interferência do Clinton, que tinha conversado comigo duas vezes por telefone, falei com o Vargas, chegamos a um mecanismo razoável de proposta brasileira, mas de lá para cá tudo ficou meio bloqueado pela Índia, Brasil e China. Agora creio que como a China está entrando na OMC, deve ser mais sensível aos apelos americanos. E a Índia também, porque testou a bomba atômica e está com problemas mais graves na comunidade internacional.*** Talvez ambas vacilem mais. Então é possível que o Brasil saia na frente, vamos ver o que podemos fazer. Temos nosso programa de álcool para substituir a gasolina, que é um programa que tem esse efeito e que não foi valorizado internacionalmente nesse aspecto. Também devemos reflorestar bastante. Agora, temos que quebrar as arestas das opiniões dentro do governo que são mais restritivas a qualquer tentativa de o Brasil, voluntariamente, entrar num programa de restrição de emissão de CO_2.

HOJE É DIA 20 DE JANEIRO, QUINTA-FEIRA, são oito e meia da noite. No fim de semana passado o ministro Élcio Álvares deu várias declarações aos jornais e também às revistas que complicaram sobremaneira a situação dele. Na conversa que tivera com ele, eu havia dito que ele devia explicitar a sua defesa, mostrar que

---

* Eisuke Sakakibara.
** Referência ao mercado de créditos de carbono, regulado pelo Protocolo de Kyoto (1997).
*** O país sofria sanções internacionais por ter realizado cinco testes nucleares no deserto do Rajastão, em maio de 1998, em resposta a ensaios similares conduzidos pelo vizinho Paquistão.

as infâmias contra ele tinham eco porque havia gente interessada, seja no Espírito Santo, na pequena política, seja no Ministério da Defesa, em evitar que o DAC* ficasse sob controle civil. Ele mesmo disse que tinha uma série de materiais que mostravam isso. Eu disse para ele passar esses materiais para a *Veja*. Pois bem, ele procurou a *Veja*, disse que eu tinha pedido que ele falasse com a *Veja* — na verdade ele me tinha dito anteriormente que o Guilherme Barros da *Veja* é que o havia procurado. Mas isso não foi o pior; o pior é que ele chamou também a *Época*, e a *Veja* perdeu a exclusividade. Não adiantaria muito, porque ficou a impressão de que a entrevista com ele não foi muito positiva, e para a *Época* ele deu uma entrevista mostrando fragilidades, falta de capacidade de comando — não de comando militar, mas de controle das situações. Não entendi até hoje por que o Élcio não reagiu com mais veemência a essas acusações contra si. O Velloso, presidente do Supremo, quando houve uma insinuação pérfida contra ele, feita por um deputado** e por um delegado do Espírito Santo,*** sobre ligação, imagina!, com o crime organizado,**** ele reagiu fortemente. Aliás, telefonei ao Velloso para felicitá-lo. Ficou insustentável a situação do Élcio.

Na segunda-feira, dia 17, depois de eu ter recebido o Ney Figueiredo***** para discutir sobre a imagem do governo e coisas do estilo, procurei o Élcio, que estava em Anápolis, numa homenagem que a FAB, o brigadeiro Baptista, de quem Élcio gosta muito, e o comandante de Anápolis,****** que é filho do brigadeiro Baptista, estavam prestando a ele. De manhã cedo eu tinha falado com o general Cardoso para ponderar o que acabei de registrar, e o general concordou comigo em minha análise. Mandei chamar o Élcio, não o achei, falei por telefone, ele entusiasmado com a homenagem que recebera em Anápolis. Eu disse: "Élcio, quando você voltar amanhã, venha falar comigo". Mas fiquei preocupado com o entusiasmo dele. À tarde, continuei preocupado e pedi que o Cardoso conversasse com o Élcio, para mostrar que a coisa não era tão rosa como ele estava imaginando.

* Órgão precursor da Anac (Agência Nacional de Aviação Civil), então sob controle militar.
** Fernando Ferro (PT-PE).
*** Francisco Badenes Júnior, responsável por inquéritos relativos ao crime organizado no estado.
**** Em depoimento à CPI do Narcotráfico, o delegado acusou o presidente do Supremo de manter ligações de amizade com suspeitos de pertencer a organizações criminosas. Velloso concedera liminares contra a quebra de sigilo de seis investigados pela CPI, entre eles Solange Resende e seu irmão, Dório Antunes, e um suposto "laranja" de José Carlos Gratz, presidente da Assembleia capixaba (PFL) e apontado como chefe da contravenção no Espírito Santo. O magistrado respondeu às acusações qualificando-as de "canalhice", além de solicitar ao Ministério Público Federal a abertura de processos contra seus acusadores.
***** Publicitário, consultor da CNI para marketing e pesquisas de opinião.
****** Brigadeiro Carlos de Almeida Baptista Júnior, comandante da base aérea de Anápolis (GO), responsável pela defesa da capital federal.

No dia seguinte, terça-feira, tive entrega de credenciais de embaixadores e recebi depois a informação, através do Cardoso, que ele conversara com o Élcio. Tive um almoço no Alvorada com um grupo de pessoas para discutir a questão das mudanças climáticas, já registrei minhas preocupações com o tema, o almoço foi bom, veio o Paulo Henrique, veio o pessoal do Félix Bulhões,* veio o rapaz do Itamaraty, que é o [Antônio] Guerreiro,** veio o presidente da Agência Espacial Brasileira, que é o Gylvan [Luiz Gylvan Meira Filho], muito competente, enfim, o secretário da comissão interministerial que trata do assunto*** mais o Sardenberg, o Zeca Sarney e o Pedro Parente. Fabio Feldmann e nós discutimos as medidas a serem tomadas.

Em seguida recebi o Élcio, e aí ele foi perfeito. É um bom sujeito, veio com uma disposição muito positiva de ajudar, disse que entendia perfeitamente a situação, quis apenas que eu lhe pedisse o cargo, achou que ele não poderia pedir a demissão, que isso seria reconhecer um erro. Nem discuti esse assunto, vou pedir o cargo a ele formalmente, ele merece a minha total consideração pessoal. Conversei também com ele (o que já tinha feito com o Marco Maciel) sobre algumas possibilidades de nomes para a Defesa. O Élcio sugeriu — ele já tinha dito ao Marco Maciel — quem sabe o Fogaça, ao que o Marco teria sugerido um nome do PFL, mas Élcio não disse qual. Cheguei com Marco Maciel ao nome do Jorge Bornhausen, mas eu disse: "Bom, o Jorge é presidente do partido, vamos perder o Jorge, é difícil". Vi que o Marco não estava entendendo que poderia ser alguém do PMDB. Também o Élcio teve essa reação, e sugeriu o José Agripino [Maia].**** Vi que não ia dar certo, não porque esses nomes não fossem bons, mas porque haveria partidarização.

O Célio Borja foi cogitado, o Marco acha um nome muito bom, também o Lampreia achava, mas ouvi uma ponderação, numa conversa com Pedro Parente, Aloysio e outros, no sentido de que, primeiro, ele já tem mais de setenta anos — quem me sugeriu o nome foi o próprio Pedro Parente — e, segundo, que talvez não tenha a firmeza necessária para os momentos de maior crise. Não sei se isso é certo, ele é um nome bom, mas já foi do governo Collor.

Levantei o nome do [Geraldo] Quintão, sondei com uns e outros, pedi que o Cardoso sondasse. Cardoso até gostou, depois teve certas dúvidas, porque também o Quintão não é muito afirmativo no modo de falar, mas ele é muito firme nas posições que vai tomando, fez um parecer muito bom sobre a Embraer, uma venda pela Bozzano Simonsen de uma parte da Embraer, deu um parecer muito firme. Eu vi a discussão dele com o brigadeiro Bräuer e com o brigadeiro [Aluízio] Weber, quando ele manteve os pontos de vista com firmeza. O Quintão ilude aos que pensam que

---

* Presidente do Conselho Empresarial Brasileiro para o Desenvolvimento Sustentável (CEBDS).
** Embaixador, diretor do Departamento de Meio Ambiente e Temas Especiais do Itamaraty.
*** Secretário executivo da Comissão Interministerial de Mudança Global do Clima, criada em julho de 1999.
**** Senador (PFL-RN).

ele, pelo jeito educado, não tem firmeza, porque tem. Fui me fixando, então, no nome do Quintão e depois da conversa com Élcio, quando vi que não surgia mais nada de novo, mais ainda fui me fixando nesse nome.

Voltei para o palácio, recebi o comitê da Fifa,* tive uma reunião sobre desenvolvimento social com os ministros da área, primeira reunião, para dizer que quero desenvolver novos indicadores sociais, e por telefone falei com a Ana. Falei com o Georges Lamazière, chegamos à conclusão de que, já que eu ia convidar os comandantes militares para vir tomar café da manhã no dia seguinte, ontem, teria que dizer a eles alguma coisa. Diria que tinha escolhido o Quintão e mandaria avisar à imprensa de uma vez. Quintão topou, até sem relutância, e chamei os comandantes.

Na terça-feira ainda, tive um jantar no Alvorada com Ney Suassuna e a Comissão de Assuntos Econômicos, que acabou sendo com metade do Senado; mais, quase cinquenta senadores, inclusive da oposição, o Eduardo Suplicy, [José] Eduardo Dutra,** o Jefferson Peres, que foi do [PSDB do] Amazonas e está no PDT agora, o Roberto Saturnino [Braga]. O Roberto Freire é até mais fácil de entender, porque ele viria mesmo. O jantar foi muito bom, chamei os líderes todos, veio o Antônio Carlos, e Malan e Armínio Fraga fizeram exposições, eu também, clima positivo.

Hoje saiu uma crônica no *Globo*, do Moreno, divertida, mas dando uma impressão um pouco diferente do que foi o encontro. Não houve nenhuma grosseria como ali aparece, não houve nada disso, foi muito simpático mesmo. No meio disso tudo, estou nomeando um novo ministro, recebendo pessoas para discutir a elevação da temperatura, o efeito estufa, fazendo comemorações de nomeações e recebendo aqui os senadores. Foi um dia pesado a terça-feira, Malan ficou comigo até a uma da manhã, discutindo a reforma tributária e também a pobreza que nos aflige a todos, porque ela está avançando, e uns programas que não vão ter o efeito que se imagina e que implicariam colocar a CPMF em peso, e isso para o pessoal da área financeira é pouco aceitável. Vai ser uma grande confusão.

Ontem, quarta-feira, dia 19, comecei com uma reunião no Palácio da Alvorada, depois tive um almoço com Alcides Tápias. Queria conversar com ele sozinho, para sentir como anda o ministério, sentir como ele anda. Eu o percebo preocupado por não estar pisando firme, ele tem que tomar pé, leva tempo. Tenho certa preocupação porque noto tensão entre ele e o Calabi. O Calabi deu muitas entrevistas, em algumas surgiu um tom de nacionalismo, sei que isso responde ao sentimento existente hoje, meio difuso, mas existe a preocupação. Tápias acha que o Calabi não está dominando a máquina do BNDES. Foi uma boa conversa, cada vez gosto mais do Tápias e do jeito dele, que é muito desprendido e positivo.

---

* Uma comissão de inspetores da Fifa estava no país para avaliar a candidatura brasileira à Copa de 2006.
** PT-SE.

Depois desse encontro, voltei ao Planalto para uma cerimônia na área da agricultura,* muito longa, muitas medidas simultâneas, acho que perdemos uma boa oportunidade. Depois recebi alguns senadores americanos e jantamos aqui eu, Ruth, o Andrea Matarazzo com o Joseph Safra e a Vicky [Safra]. O jantar ocorreu porque morreu o irmão dele, Edmond [Safra].** Ele ficou muito abalado, eu gosto do Safra, nos conhecemos há muitos e muitos anos, ele sempre foi decente comigo, e eu quis lhe dar uma prova de amizade, e assim foi.

Hoje, quinta-feira, o dia começou com a reunião habitual da turma do desenvolvimento, para a revisão de programas. Almocei com o Roberto Civita e o filho dele, chama-se Gianca [Giancarlo Civita], depois discuti o futuro das empresas de telecomunicação, ele mostra que é preciso crescer ou então desaparecer, quer se internacionalizar, pegar México, Argentina, Venezuela, vai ter que expandir na televisão brasileira, quer pegar a rede Manchete, que continua com falta de recursos.

Fui a uma solenidade sobre erradicação do trabalho infantil, assinatura das convenções da OIT sobre o assunto, uma coisa bonita e boa.*** Estamos tendo uma atuação forte no sentido de erradicação do trabalho infantil. O resto da tarde foi dedicado a assuntos internos e às preocupações no Congresso quanto à disputa prematura da presidência da Câmara, que vai dar-se em fevereiro do ano que vem. Tanto o Inocêncio de Oliveira quanto o Aécio já estão com as garras postas, o Aécio pegou a relatoria da emenda constitucional que cuida das medidas provisórias, o Inocêncio não votou, resultado: não votaram a Lei de Responsabilidade Fiscal ontem, quando havia 490 deputados. É verdade que o texto do relator não estava totalmente concluído para aceitar ou não certas emendas. Espero que votem na próxima semana. Conversei com o Madeira, que é uma pessoa muito ponderada, e as coisas avançam quando há essa ponderação.

Na segunda-feira, dia 17, eu havia convidado o Mário Covas para jantar aqui, ele veio e conversamos amplamente. Eu sabia as dúvidas que ele tinha, e mesmo as críticas, sobretudo à reforma tributária. Expliquei qual era a posição do governo, ele está sempre preocupado com a guerra fiscal e com medo de que o governo federal não queira acabar com a guerra fiscal, o que é absurdo. Nós queremos, resta saber como. Conversei sobre o Iedi, do apoio que ele acha que precisa ser dado — ele não disse isso, mas transparece de conversa com terceiros. Expliquei o que estávamos

---

* O governo lançou um pacote de medidas de estímulo à produção de grãos, à agricultura familiar e à reforma agrária, como a desoneração de IPI para máquinas e implementos agrícolas e a redução de juros do Pronaf.

** O banqueiro morreu asfixiado em um incêndio criminoso em seu apartamento de Mônaco em 3 de dezembro de 1999.

*** Além da assinatura da ratificação das convenções da OIT, na cerimônia foram anunciados investimentos de R$ 182 milhões no Programa de Erradicação do Trabalho Infantil (Peti), a cargo do Ministério da Previdência, para beneficiar mais de 200 mil crianças.

fazendo, a reestruturação dos setores produtivos, a dificuldade, porque os grupos nacionais não se entendem. Conversei sobre o PSDB, sobre a necessidade de uma maior presença dele, mostrei que é preciso tomar cuidado com as alianças, que o PMDB não tem candidato, que não devemos estar a queimá-los. Se algum partido isolado vier a ter candidato, será mais o PFL do que o PMDB.

No final dessa conversa, que foi longa, o Mário me disse:

"Você continua um craque."

Eu perguntei: "Por quê?".

"Porque eu vim aqui brigar com você e não consegui."

"Mas por que brigar comigo? Eu não quero brigar com você, não há razão para brigar comigo."

No fim nos abraçamos, acho que foi uma boa conversa. Amanhã às onze e meia tomo um helicóptero e vou visitar um assentamento de reforma agrária em Cedro da Terra,* eu creio, lá no Ceará. Duas horas e meia de avião até Fortaleza mais uma hora de helicóptero, isso tudo vai dar mais ou menos sete horas — três horas e meia para ir e para voltar. De avião; é uma canseira.

HOJE É DOMINGO, SUPONHO QUE 23 DE JANEIRO. Como disse, fui ao Ceará na sexta-feira e voltei. Lá foi muito bom, estive num assentamento feito pelo Banco da Terra, tem o nome de Reforma Agrária Solidária: os próprios interessados compram a terra e o governo financia essa compra. É uma coisa bonita, muita gente, tudo organizado, chá em plena produção em dois anos e meio, foi uma boa visita. No caminho, o Tasso me disse que fez uma crítica ao Fernando Bezerra, porque achava que o Fernando Bezerra estava se excedendo, perturbando, que ele tinha sido informado disso — o pessoal da Fazenda deve ter informado o Tasso. Nada de tão grave assim.

Antes de viajar falei com o Pedro Parente. Temos que fazer a nomeação do advogado da União. Mandei sondar um rapaz chamado Carlos, que não aceitou, vi que o Miguelzinho Reale declarou que tinha sido convidado, muito honrado e tal, mas que não podia aceitar. Na verdade ele foi sondado, nem chegou a ser convidado e já declarou que não. Estamos na dúvida sobre quem colocar como advogado-geral da União. Gilmar Mendes está à mão, é competente, mas parece ser mais útil no lugar em que está, como advogado da Casa Civil, onde faz o papel de frear as eventuais bobagens nas medidas provisórias, nos projetos de lei, decretos etc.

No Equador, situação grave, o pobre do Mahuad capotou,** o Fundo Monetário poderia lá atrás ter dado uma ajuda mais eficaz ao Mahuad. Ficou regateando meia

---

* Assentamento Cauaçu, no município de Acaraú.
** Em 21 de janeiro de 2000, o Congresso e a Suprema Corte do Equador foram ocupados por indígenas e oficiais rebelados das Forças Armadas, que exigiam a renúncia imediata do presidente. Mahuad fugiu do palácio presidencial escondido numa ambulância e se asilou na embaixada do

dúzia de tostões, e agora, pelo jeito, houve um golpe de Estado. Podem dar o nome que derem, foi um golpe militar. Gosto do Mahuad, até pedi que o Itamaraty comunicasse a ele que, se quiser vir para o Brasil, terá asilo.

Na Petrobras, houve uma inundação de óleo na baía de Guanabara,* grave, mas parece que a Petrobras está manejando direito. Garotinho me telefonou pedindo que eu declarasse que cederia ao Rio a multa que ele deve à Petrobras, já fiz isso. O vazamento foi dramático, danificou muito a baía, e, por uma pesquisa que vi, cada vez mais as pessoas se preocupam com o meio ambiente.

Diga-se de passagem que soube da pesquisa do Vox Populi, porque me telefonou o Clésio Andrade para dizer algo que depois o Vilmar confirmou diretamente com o Vox Populi: a rejeição, a avaliação negativa do governo caiu de 59% para 43%, uma coisa assim, uma queda bem expressiva, em que ótimo/bom passou a 16% e regular a 40%, o que já mostra uma reversão grande no quadro das expectativas. Isso é sempre assim, primeiro começa a subir devagar ótimo/bom, mais maciçamente regular, depois uma parte do regular passa para ótimo/bom, e a situação vai se normalizando, se não houver nenhuma transformação ou evento negativo. Também nessa pesquisa houve algo interessante, o apoio às mulheres. A confiança na mulher cresceu no Brasil.** Apesar da cultura machista, depois que for publicada essa pesquisa ela vai levar os partidos ao frenesi de arranjar mulheres como candidatas.

No sábado, que foi ontem, passei o dia lendo. Li um texto com um diálogo com economistas, publicado pelo [José] Marcio Rego e o Guido Mantega.*** Foi interessante, sobretudo gostei do Paul Singer, que fez uma análise madura; agora me pareceu mais flexível. Gostei das opiniões dele, das do Serra também, ele fez belas análises, foram as que mais me impressionaram positivamente no livro. Não li tudo, mas li bastante, as bobageiras do João Manuel [Cardoso de Mello], sempre sem sentido e sem muita base, vi também alguma coisa bem interessante do Chico Lopes, vou ler depois com tempo, porque ele dizia que o que tinha acontecido com o Pérsio aconteceu de novo com ele, dramaticamente. Li outras entrevistas, as do Chico de Oliveira [Francisco de Oliveira],**** com altos e baixos, como é típico dele, e magoado com uma conferência que eu fiz na USP na comemoração dos 25 anos do Cebrap.*****

Chile em Quito. Em 22 de janeiro, o vice-presidente Gustavo Noboa assumiu a Presidência numa cerimônia realizada no Ministério da Defesa.

* Em 18 de janeiro, um vazamento numa tubulação da estatal despejara 1,3 milhão de litros de óleo combustível no mar da baía — até então o maior desastre ambiental desse gênero no país.

** Segundo o instituto mineiro, 84% dos eleitores votariam numa mulher para prefeita, 80% numa candidata ao governo estadual e 72% numa candidata à Presidência.

*** *Conversas com economistas brasileiros*. São Paulo: Editora 34, 1999 v. 2.

**** Professor de sociologia da USP.

***** Realizada na sala do Conselho Universitário, em 1994. Francisco de Oliveira presidia o Cebrap na ocasião.

Me lembro dessa conferência, deve ter sido de improviso, não sei por que o Chico ficou magoado. Disse que eu refiz a história do Cebrap à luz da minha história atual; não foi minha intenção, mas até gostaria de ler, se é que alguém gravou isso, porque na hora o discurso fez um sucesso grande. Eu não tive intenção de fazer isso e muito menos de magoar o Chico. Aliás, se há alguém que de vez em quando dá bordoadas é ele em mim.

Hoje, domingo, passei o dia com um pouquinho de dor, não sei se é nos músculos, se é na coluna, fiz exercícios de manhã. A Ruth depois me fez uma massagem, para ver se eu melhorava. Passei o dia meio de molho, só aqui, vou esperar o Vilmar Faria para conversar com ele e à noite janto com o Mário Soares, o Sarney e o Velloso. O embaixador de Portugal* virá também. Fora isso, a informação é que o Antônio Carlos foi para o hospital. Telefonei para ele, ele disse que era uma gripe, a informação que o Serra obteve é de que era uma pneumonia na base do pulmão e que houve não sei o quê, a água transbordou, não entendi bem, um vazamento, não sei o que é. Não me pareceu ser tão grave. Antônio Carlos disse que vai fazer força para vir amanhã à posse do Quintão, disse que gostou da resposta que o Quintão deu na questão dos promotores.**

Há um artigo equilibrado hoje da Tânia Monteiro*** a respeito da questão militar. Li só a *Época*, que traz uma porção de inverdades não sobre a questão militar, mas sobre o jantar que houve aqui, diz que eu telefonei para o Antônio Carlos, que o Antônio Carlos recusou, depois aceitou, que ele me disse: "Ó, tem que convidar o Sarney, senão ele vai ter inveja". Nada disso, Antônio Carlos aceitou normalmente, que eu me lembre, e o Sarney não foi convidado porque não é da Comissão [de Assuntos Econômicos]. É tanta fofoca, tanta distorção factual... As pessoas reproduzem meu diálogo com o Antônio Carlos por telefone, como é possível? Só se ele disse alguma coisa e deu lá o tonzinho dele.

Também o Eduardo Suplicy parece ter dito ao Moreno que se ofendeu por eu ter reclamado com o Sérgio Machado sobre o projeto da renda mínima. **** É verdade, só que o Eduardo não contou o resto. Acontece que no Senado nós mudamos o projeto do Eduardo profundamente, para tirar o caráter de "individualismo possessivo", que eu critiquei até no discurso que fiz quando o discutimos. Em função dessas meias verdades, dizem que eu mudo de opinião por causa da maioria. Observação falsa também, não aparece a versão completa, e lá vai para o jornal.

---

* Francisco Knopfli.
** O novo ministro da Defesa fora incluído pelo Ministério Público Federal numa lista de políticos acusados de usar aeronaves da FAB para viagens particulares. Quintão alegou que se tratava de "busca de exibição" pelos procuradores, em atitude não condizente com a "majestade do Ministério Público".
*** Repórter de *O Estado de S. Paulo*.
**** Projeto de lei do Senado 66/99, que originou o projeto de lei 2661/00, arquivado na Câmara.

O Eduardo vem aqui como amigo, fala comigo como amigo, e vai lá e futrica no ouvido do Moreno. Isso é comportamento de falso ético, fingindo que está apurando a verdade com muito cuidado, com testemunha aqui e ali, sempre com alguma distorção para ele ser sempre o mocinho e o resto um bando de vilões.

HOJE É QUARTA-FEIRA, 26 DE JANEIRO, dia do aniversário da Bia, com quem falei somente há pouco, porque tive um dia bastante ocupado. No domingo passado, o jantar transcorreu muito bem com Mário Soares, Velloso, presidente do Supremo, e Sarney. Nada de muito especial, só o clima positivo. Discuti com Mário Soares sobre as comemorações dos 500 Anos e o resto foram amenidades.

Segunda-feira, dia 24, foi um dia calmo. Houve a posse do Quintão como ministro da Defesa, de manhã levantei e escrevi o discurso à mão, porque queria dar uns recados, botar as coisas nos eixos. O Quintão fez um bom discurso, mas escorregou ao falar de aumento de pessoal. Isso já está dando confusão na área e não foi combinado aumento de pessoal, ele devia ter falado o que eu disse, "Vamos cuidar da remuneração", mas em termos vagos. Houve uma reunião à tarde sobre reforma tributária, parecia que nada ia dar certo mas ela caminhou bastante. Foi uma reunião para acertar a questão das contribuições sociais, que não podem ser em cascata. Foi proposto um texto que o Malan não acreditava muito que a comissão da Câmara aceitasse; ocorre que na terça-feira a comissão da Câmara aceitou, então estamos próximos de chegar a um bom entendimento.

Depois tivemos uma reunião de coordenação política, como é habitual nas segundas-feiras, e fomos nos preparar para a votação, que seria no dia seguinte, terça-feira, da Lei de Responsabilidade Fiscal. Telefonei na terça de manhã (ontem) para a casa do Marco Maciel, eu sabia que ele estava lá com Inocêncio, para pedir a eles que ajudassem. Inocêncio veio ao telefone, já tinha acertado que sim. À noite ele tinha conversado com o governador do Paraná, o Lerner, que está querendo um apoio, o Malan me disse, na questão das finanças do Paraná, e o Inocêncio me pediu que intercedesse. Eu disse: "Já falei com o Malan, mas é coisa complicada, porque a avaliação da Copel feita pelo BNDES é muito menor do que os paranaenses pensam".

Ontem mesmo fiz essa gestão, tive reunião sobre meio ambiente com o Zequinha [Sarney], para passar em revista, o Zequinha tem trabalhado bem, é ativo, animado, e para discutir também a questão da Petrobras, o vazamento de óleo. Apoiei a ideia, não determinei que houvesse uma multa, a multa vai ser grande,* e o Garotinho me telefonou para dizer — tinha dito na véspera — que o ideal seria que essa multa fosse gasta no trabalho de recuperação, com o que concordei. Mas não só para o governo do Estado, para todas as prefeituras assoladas também.

---

* A estatal pagou R$ 35 milhões de multa ao Ibama mais R$ 15 milhões para a recuperação ambiental das áreas afetadas.

Recebi o Carlos Montenegro, do Ibope, que veio com o Eduardo Jorge, por razões pessoais. Está agora com ideia de que estamos melhorando, de que vamos melhorar mais ainda, parece que a maré é favorável. À tarde assinei mais uma vez os atos do Polo Gás-Químico,* dessa vez pra valer, foram feitos acordos, quase 1 bilhão de [reais em] investimentos, fiz discurso sobre o Rio de Janeiro. Recebi também a bancada de Mato Grosso do Sul, que veio íntegra, com os do PT. Vieram agradecer o que temos feito pelo estado e pedir empenho na questão de um gasoduto, um aval do gasoduto para Corumbá,** o que é justo. No dia seguinte falei com o Tourinho sobre essa matéria, apoiando.

Ontem foi votada a Lei de Responsabilidade Fiscal por 386 votos contra menos de 90,*** foi espetacular, parte da oposição votou a favor. Hoje, quarta-feira, da mesma forma, acabamos de ganhar em segundo turno a DRU,**** que é a liberação dos orçamentos, das vinculações de verbas do orçamento da República, isso é muito importante. A Câmara aprovou tudo que tinha de significativo para o governo. Realmente foi um trabalho excelente, e a imprensa continua dizendo que ela não está fazendo nada.

Hoje de manhã dei uma entrevista para a revista *L'Express*, depois recebi o Lampreia para discutir a rotina, nada de mais especial, salvo uma reunião que quero fazer com os presidentes da América do Sul. Eu queria que fosse logo, eles querem fazer quando o Brasil for presidente do Mercosul, que será no segundo semestre deste ano, para evitar suspeitas de posições hegemônicas do Brasil. O Itamaraty, sempre ultracuidadoso, terá lá suas razões.

Recebi o embaixador da França, Philippe Lecourtier, que vai embora,***** ficou cinco anos aqui, é muito entusiasmado pelo Brasil e pelo que temos feito em prol do país. Tive uma reunião para antecipar a discussão sobre piso salarial e piso do salário mínimo, o imbróglio de sempre, vamos acabar não tendo condições de dar um salário mínimo melhor por causa da questão fiscal, da Previdência, e vamos ter que enfrentar a aspiração, que é natural, dos deputados e senadores, que vão querer mínimos mais elevados. As coisas do Congresso marcham bem, os resultados econômicos são bons, recebi uma pesquisa da Reuters que diz que entrevistaram 101 personalidades de maior relevo na América Latina e eu recebi 85, 86% dos votos como o líder democrático mais importante da região e como o que expressa o melhor modelo de política, de democracia na região. Sempre é positivo esse tipo de dado.

---

* Em julho de 1998, o presidente lançara a pedra fundamental do complexo, situado nas vizinhanças da Refinaria Duque de Caxias, na Baixada Fluminense.
** Ramal do Gasoduto Brasil-Bolívia.
*** O placar da votação em turno único foi de 385 a 86.
**** Vitória palaciana por 346 a 133.
***** Sucedido por Alain Rouquié.

Por outro lado, continuo com dores, agora ataque na coluna como eu não tive nunca; é a primeira vez que tenho depois que vim para a Presidência, me está puxando bastante a perna. O Antônio, que é um rapaz muito simpático do Sarah que me atende de vez em quando, fez massagem e eu melhorei. Mas tenho passado as noites com dores nas pernas. Agora mesmo, neste instante, estou deitado e com dor na perna. Mas são detalhes.

Em geral o clima político do Brasil está bom. Falei com o Lampreia sobre o Equador, acho que não podemos embarcar nisso de que já há um presidente constitucional. Há, mas houve um golpe com arranhões na Constituição. O Brasil precisa endurecer nessa matéria, porque é uma coisa deslavada, não tem muito sentido. Falei bastante com o Lecourtier sobre o que estão fazendo na Europa com o Chirac.* O Chirac está sendo imolado por causa de uso de recursos para o partido, outra hipocrisia. O Chirac é um grande homem, fundador da União Europeia moderna, ele com o [François] Mitterrand.** Não sei se é certo, é o que dizem, de qualquer maneira transformam isso numa pira para imolar um homem como o Chirac. É duro ser presidente nos dias de hoje.

---

* Um antigo tesoureiro do partido de Chirac, o RPR (Rassemblement pour la République), acusou o presidente francês de desvio de verbas para campanhas eleitorais durante sua gestão na prefeitura de Paris nos anos 1980.
** Ex-presidente da França (1981-95).

29 DE JANEIRO A 10 DE FEVEREIRO DE 2000

Viagens ao Rio Grande do Sul e Amazonas. Posse de Gilmar Mendes na AGU. Nova reunião com governadores. Visita do presidente paraguaio

Sábado, dia 29 de janeiro. Amanhã vai ser feita uma comemoração em São Paulo pelo aniversário da Bia, pelos quarenta anos dela, que foram dia 26. Eu não vou porque ontem fui ao Rio Grande do Sul,* a Porto Alegre, e como continuo com a perna puxando acho mais prudente não viajar a São Paulo.

Ontem, na viagem ao Rio Grande do Sul, Olívio Dutra foi muito cordial, fez um discurso onde passava um pouco da filosofia de governo dele, um tanto atrasada, fez de forma respeitosa. Respondi também de forma respeitosa, mas respondi. A visão que ele tem é a de um desenvolvimento regional, enraizado, muito local, uma coisa assim. Mostrei a ele, com educação, que hoje é tudo mais amplo, mais transnacional, internet e tudo o mais, o que não quer dizer que não haja o interesse nacional, que não queiramos enraizar as empresas, mas com um sentido mais moderno. Também não quer dizer que não possamos nós próprios tentar participar pelo menos como *players* globais. Também defendi o que foi feito lá no Rio Grande do Sul pelo [Antônio] Britto. A bancada dos aliados que foi comigo ficou exultante com o que eu disse. Resultado: jornais de hoje, eu na primeira página do *Globo* com a miss Brasil,** que estava lá, umas gracinhas que fizemos, logo outra coisa relativa à Lei de Responsabilidade Fiscal, critiquei os prefeitos que queriam desobedecê-la, na verdade é o [Raul] Pont,*** de Porto Alegre, embora eu não o tenha citado. Eu disse até que não conhecia as declarações dele, apenas falei o óbvio, que é preciso que a autoridade respeite a lei, isso teve grande repercussão.

Entretanto, o conteúdo mesmo do debate que houve entre mim e o Olívio Dutra, até bonito, porque respeitoso, nada. Todos os secretários do Olívio Dutra, inclusive o vice-governador, aquele Miguel Rosseto, muito amáveis comigo. Claro, havia manifestações, eu nem vi, parece que duzentas pessoas fora da fábrica, a CUT, essa coisa de sempre, os jornais registram apenas isso. Na ida, eu conversando com naturalidade com os deputados, o clima hoje é outro, de maior euforia, de maior satisfação com tudo, e alguns ministros que foram comigo, o Tourinho, o Tápias,

---

* Fernando Henrique inaugurou obras de duplicação da Copesul (Companhia Petroquímica do Sul) e novas plantas da Ipiranga e da OPP, do grupo Odebrecht, no Polo Petroquímico do Sul, em Triunfo.
** Renata Fan.
*** O prefeito petista declarara a intenção de não cumprir a Lei de Responsabilidade Fiscal. Sem citar Pont, Fernando Henrique qualificou a atitude de "altamente irresponsável".

o Padilha e o Pratini, foi uma conversa agradável. Na volta vim com o Eduardo Eugênio [Gouvêa Vieira],* lembro-me de termos conversado a respeito de problemas societários, ou seja, do âmbito da família dele e dos sócios da Ipiranga.** Foi uma demonstração de confiança em mim, porque me disse coisas que são bastante reservadas e que me preocupam, porque mostram o que nós todos sempre soubemos. Escrevi tanto sobre isso, os limites do controle familiar sobre as empresas, há momentos em que as coisas se dificultam muito. Não quero entrar em detalhes aqui, espero que o Eduardo Eugênio consiga resolver satisfatoriamente a questão. O setor petroquímico para nós é muito importante, e a manutenção em mãos nacionais desse setor me parece altamente estratégica — pelo menos para ter um grande setor ainda com capitais nacionais, e que seja um setor dinâmico.

Estive com o Serra ontem à noite e já o notei assim meio quieto, eu diria com certa maldade, começando a assumir a possibilidade de uma candidatura a presidente da República. Claro que ele não disse isso, mas muito contra o Tasso, porque o Tasso apoiou o Ciro [em 1998], e disse a mim com todas as letras que não se dispõe a apoiar o Tasso no partido, quer dizer, vai lutar para que o Tasso não seja candidato. Ora, o Covas tem as deficiências sabidas de saúde, e também as de popularidade. As de saúde acho até que superáveis; resta saber se supera as de popularidade. Fica difícil, só resta, portanto, ele próprio, Serra, quase um silogismo. Mas ele nunca entra no assunto, diz que é candidato ao governo de São Paulo, mas tudo está começando a ficar mais complicado.

Ontem jantamos com o Tasso, o César Borges, o Fernando Bezerra e o Aloysio. Superamos o impasse regional, me parece pelo que vejo nos jornais de hoje, as especulações sobre quem ganhou, se foi esse ou aquele. Ninguém ganhou, se esclareceram as dificuldades e se acabou a rinha, porque não tinha muito sentido. O Tasso pode ter dado uma contrabronca preventiva, e houve também da parte do Fernando Bezerra escorregadelas políticas, porque ele cai facilmente nas provocações dos jornais do Rio Grande do Norte e disse coisas que não precisava, o Tasso vice-versa, por aí vai. Mas com o Serra... o Serra é inteligente, a conversa foi muito boa, e no sentido da análise reiterei aquilo que dissera ao Pimenta, que ou nós botamos o PSDB em ordem e desde já — infelizmente o Teotônio não tem condições de ser a pessoa que galvanize o partido nesse sentido —, ou vamos ter dificuldade daqui para a frente.

A Ruth foi a São Paulo, para a festa da Bia amanhã, fiquei aqui fazendo meus exercícios, e também com o médico, o [Roberto] Camarinha, meu médico pessoal aqui do palácio — que é uma pessoa muito agradável — e os dois rapazes, o Ro-

---

* Presidente da Firjan.
** A família Gouvêa Vieira controlava 20% do grupo Ipiranga, vendido em 2007 à Petrobras, ao Ultra e à Odebrecht. O pai de Eduardo Eugênio, João Pedro Gouvêa Vieira, integrava o conselho de administração do grupo.

gério especialmente, que é do Sarah, vendo se a coisa melhora. Não é nada muito grave, mas vou fazer uma tomografia computorizada, que pode detectar como anda a coluna. Vou passar o dia todo trabalhando, como estou agora e, à noite, vou receber o Valter Pecly, o Carlos [Moreira] Garcia,* o Fred Araújo e a Maria Helena Gregori para um pôquer, porque a Ruth está fora, eu sozinho, e o palácio à noite é bastante desolado.

HOJE É DIA 4 DE FEVEREIRO, SEXTA-FEIRA. Na segunda-feira, 31 de janeiro, a única coisa que houve foi a posse do Gilmar Mendes como advogado-geral da União. Depois de muitas idas e vindas, resolvi nomear o Gilmar. Idas e vindas porque tentamos alguém de fora da estrutura do governo, sondei o Miguel Reale Júnior, que não topou, tem lá o escritório novo, não sei o quê, depois alguém mais foi sondado, um advogado, creio que Manuel Alceu Affonso Ferreira. Aí percebi que os grandes advogados não vêm porque têm seus interesses, e quando chegam aqui não conhecem a máquina do Estado. O Gilmar Mendes é homem competente e já trabalhava como assessor jurídico da Casa Civil, como subchefe da Casa Civil, homem doutorado na Alemanha, tem muito contato com o Supremo Tribunal.

Fui à posse, fiz um discurso, estavam presentes cinco ministros do Supremo, todos os presidentes dos tribunais superiores, larguei um discurso mostrando o momento extraordinário que vivemos desde a Constituinte, de revisão do marco jurídico institucional, que foi visto por alguns como um ataque ao direito. Entretanto, deve ser visto como uma reformulação do direito, tem que ser visto desse ângulo mais positivo. Até mesmo o Ministério Público, que tanta gente ataca — e alguns ali são realmente inacreditáveis —, foi renovado. Ainda ontem, por acaso, assisti na televisão a um debate no Congresso de uma comissão mista para julgar a medida provisória dos bingos. Estava o tal de Luiz Francisco [de Souza], que é promotor aqui;** promotor que nada, ele diz que é possuído pela ira sagrada, cita Santo Agostinho, é uma pessoa de cabeça enviesada. Não obstante, acho que a instituição do Ministério Público é importante, até mesmo com esses desvios mais amalucados, porque é um freio, de qualquer forma, às ações do governo, e tem-se que manter a lei acima de tudo. Num país tão desregrado quanto o Brasil, é bom que isso exista. Disse lá outras coisas do gênero.

Recebi o Dante de Oliveira, que veio para uma conversa administrativa, e jantei no Alvorada. Na segunda-feira, aí sim, houve um jantar que o Serra tinha organizado com o Aloysio Ferreira, o Goldman, o Gilmar, ele e eu. Serra queria, na verdade, reabrir a questão das políticas de governo, políticas econômicas, e voltar a dizer que era importante a ênfase nacionalista. Eu disse a ele que tudo bem, mas que é

---

* Embaixador do Brasil na Espanha.
** Procurador do MPF-DF.

preciso ir com cuidado no leilão do Banespa. Também prefiro que seja comprado por empresa nacional, mas se eu disser que o estrangeiro não tem acesso, o preço do Banespa logo vai baixar, é protecionismo puro. Acho que os nacionais vão comprar, expliquei as dificuldades da organização da siderurgia e da reorganização da petroquímica porque faltam empresários, alguns empresários, com o tutano necessário para fazer o que é preciso. Não são todos assim, mas uma parte não tem energia (ou capitais). Volta e meia vem o Serra com as mesmas teorias, no fundo anti-Malan. No decorrer da semana, essa coisa se agravou, e já registrarei. Agora vou descer para receber o Pedro Parente, depois continuo gravando.

A posição do Goldman é muito mais equilibrada que a do Serra, ele sabe das dificuldades do governo. O Serra acha que eu devo me apoiar nos industriais nacionalistas, eu acho que eles não vão apoiar nossa política e que eu vou perder, não só porque não acredito nessa coisa de protecionismo como também vou perder os apoios que tenho. No fundo, a velha discussão que vem de longe.

Na terça-feira, dia 1º de fevereiro, tivemos uma reunião ampla, de manhã cedo, sobre questões de desenvolvimento, como toda semana, com cada ministro da área. Quero registrar que o [Euclides] Scalco esteve comigo à tarde e trouxe umas informações quentes sobre o que vai acontecer no Paraguai. O Wasmosy está atacando para ver se consegue derrubar de novo o governo. Tenta mais uma vez com áreas militares... O Scalco tem os nomes deles, me disse que agora no dia 6 o Partido Liberal tirará o apoio a González Macchi. Enfim, situação altamente instável no Paraguai.

Encontrei-me também com Daniel Dantas, do Banco Opportunity, um homem inteligente, com uma visão muito viva das coisas. Dizem ser muito esperto nos negócios, ele acha que vai haver mais adiante um ajuste na Bolsa de Nova York. Também acho, aliás, meu maior medo é o que possa acontecer numa eventual crise da Bolsa, mas crise mesmo, com efeitos no Brasil. O que precisamos fazer é o que já estamos fazendo: alongar os prazos da dívida externa, para não sermos pegos com a boca na botija. Contudo, se isso acontecer, é preciso um plano alternativo, não há muita coisa a fazer. Seria uma catástrofe tão grande que é difícil imaginar, mas é possível que venha ocorrer, a despeito de que no plano interno todas as notícias até hoje são muito positivas: o câmbio continua ao redor de R$ 1,78, como também os dados de atividade industrial do último trimestre foram muito bons, sobretudo em dezembro. Creio que em janeiro continua assim, a inflação descendo,* enfim continua tudo razoavelmente bem.

Quarta-feira, comecei o dia com um café da manhã com os líderes do Senado — dia longo —, dei a eles os dados da situação, discutimos as várias leis em tramitação, a Lei de Responsabilidade Fiscal, a DRU, enfim, no Senado houve grande apoio de todos os partidos e ponderei a necessidade de analisarmos com cuidado

---

* O IPCA de janeiro de 2000 foi de 0,62%, contra 0,6% em dezembro de 1999 e 0,7% um ano antes.

as modificações na questão da Anatel e sobretudo do Fust* e do Fistel,** os fundos que permitem o desenvolvimento da telefonia. Eles afetam sobretudo o ângulo social e a questão de pesquisa, e eu disse a eles como estamos encarando esses fundos de pesquisa. Já está em funcionamento o do petróleo,*** da Agência Nacional do Petróleo, que vai render cerca de 900 milhões de reais nos próximos quatro anos, e os outros fundos também estão sendo constituídos, ou seja, estamos rearticulando todo o setor de ciência e tecnologia.

Depois fiquei mais longamente com o Jader, para discutir com ele o porto do Pará, que não pode continuar do jeito que está, numa situação irregular. É a briga dele com o Almir Gabriel. Diga-se de passagem, o Almir foi operado, telefonei para ele, também a mãe da Catarina [Malan] foi operada, telefonei, ela faleceu ontem, portanto quinta-feira, dia 3. Mas retomando: nas reuniões com o Jader discutimos questões relativas às Docas do Pará e à nomeação da Tereza Grossi como diretora do Banco Central. Ele prometeu apoiar, conversou sobre muitas coisas, conversamos sobre o livro *Diplomacy*, do Kissinger,**** que o Jader leu; ele leu também o livro do dr. Hjalmar Schacht,***** que foi ministro [da Economia] do Hitler. Jader não parece, mas é uma pessoa que lê bastante e tem certa visão geral das coisas.

Nessa quarta-feira almocei com Sérgio Amaral, Lúcio Alcântara, Vilmar e Andrea Matarazzo, para discutir o que está acontecendo na Inglaterra em matéria de Terceira Via. Parece que não é muita coisa, os ingleses estão mais voltados para a política interna do que para a política internacional, [preocupados] em exercer a liderança internacional. Segundo o Sérgio Amaral, parece que o governo está muito mais em campanha o tempo todo do que fazendo coisas definitivas. À tarde, o embaixador da Argentina, [Jorge] Hugo Herrera Vegas, veio se despedir****** e discutiu um pouco a situação da Argentina, que é um beco sem saída, como todo mundo já sabe. Conversei com os governadores do Nordeste. As demandas são sempre as mesmas, mais dinheiro do governo federal até para o Fundef.

O Tasso chegou a dizer num jantar que o Fundef beneficia São Paulo; não é certo, todo o dinheiro do Fundef vai para o Nordeste e não para os outros estados. É claro que no futuro eles terão um problema no curso secundário e vamos ter que apoiá-los. Querem que o governo dê autorização para eles investirem, só que pelas regras do Fundo Monetário Internacional esses recursos são déficit puro, embora sejam investimento. Isso é um problema metodológico grave. Acho que seria

---

* Criado pela lei nº 9998, de 17 de agosto de 2000.
** Criado pela lei nº 5070, de 1966, e reformulado pela lei nº 9472, de 1997.
*** Plano Nacional de Ciência e Tecnologia do Setor Petróleo e Gás Natural (CT-Petro).
**** Nova York: Simon & Schuster, 1994. Edição brasileira: *Diplomacia*. Rio de Janeiro: Francisco Alves, 1998.
***** *Setenta e seis anos de minha vida*. São Paulo: Editora 34, 1999 (originalmente lançado em 1955).
****** Sucedido por Juan José Uranga.

mais fácil nesse caso, eu disse a eles, se emprestássemos a eles em reais, uma vez que o que querem é mais investimento, como é compreensível, ainda mais em ano eleitoral. Contudo, o governo tem que controlar, não pode deixar que eles gastem, porque temos que manter as contas equilibradas.

À noite, tivemos um jantar com o Roberto Freire, o Paulo Hartung e o Aloysio. Roberto voltou da Itália entusiasmado com o partido deles lá, que é o SDI,* a Social Democracia, algo assim, e está entusiasmado com as mudanças. Disse o Roberto Freire que a agenda deles é a nossa, do governo daqui, e reclamou que a esquerda não pode continuar burra — palavras dele —, sempre olhando para trás. Aloysio disse que não queremos que se repita agora o que houve com o Getúlio, quando os comunistas foram contra o Getúlio até o fim; aliás foram contra o Juscelino também. A mim não surpreende que essa esquerda não perceba as reformas que estamos fazendo no Brasil, mas o Roberto percebe, e até com entusiasmo. Entre nós há uma barreira intransponível que se chama Ciro Gomes. Repeti a ele: "Não confio pessoalmente no Ciro, então por enquanto, pelo menos da minha parte, não há caminho" [de junção com o PPS]. Ele não insistiu, a conversa não era para isso, era para um *aggiornamento*, e para ver se podemos fazer alguma coisa para renovar a relação entre governo e esquerda.

Na quinta-feira, ontem, reunião de manhã sobre segurança pública, questão dramática. Até agora o governo federal tem feito ações pontuais e não tem querido assumir mais responsabilidades, porque a questão é basicamente estadual, mas nós pagamos o pato. Chamei o general Cardoso, o ministro da Defesa, o Quintão, o José Carlos Dias, enfim, os responsáveis pelas áreas, para vermos o que fazer, sobretudo no Rio, em São Paulo e Brasília. Há muitas ideias, tudo é muito difícil, tudo intrincado, mas alguma coisa o governo federal vai ter que fazer mais diretamente, para mostrar que não dá para continuar nessa insegurança. Diga-se de passagem, o carro da Ruth foi roubado** no Rio de Janeiro. O Gilberto [Passos]*** foi levar coisas da Bia para o Rio, e ali o carro foi roubado. Se isso ocorre com a família presidencial, imagine o pobre do povo, que não tem proteção nenhuma. É verdade que eu também não uso proteção e nunca misturei coisas pessoais e familiares com a segurança do Estado.

Depois disso me reuni com Eliseu Padilha e com o Tápias, para discutir o sistema de concessões [de rodovias], o Padilha deu várias ideias, vamos ver como isso avança. De mais importante no dia foi o encontro com o Jorge Batlle, presidente eleito do Uruguai. Estava também o Lampreia e o resto do pessoal do

---

* Socialisti Democratici Italiani, originado do Partito Socialista Democratico Italiano (PSDI). O SDI se fundiu em 2007 com outras agremiações para a criação do PSI (Partito Socialista Italiano).

** O veículo, um Santana Quantum 1997, foi furtado no bairro de Laranjeiras, nas imediações do apartamento de Beatriz Cardoso.

*** Motorista particular da família presidencial.

Itamaraty, havia uma tensão entre o Batlle e o Lampreia, eu um pouco à margem, mas no fim tive que interferir, para ponderar, porque a visão do Batlle é muito assim no estilo argentino, não uruguaio. Agressivo, inteligente, falante, engraçado, tem mais de setenta anos e acha que o Brasil precisa fazer mais concessões [no Mercosul], até porque para o Uruguai seria melhor não haver tarifa externa alguma. Eu disse: "Tudo bem, mas não precisamos do Uruguai nem do Chile para levar adiante o processo".

Claro que para nós é melhor estarmos todos juntos, mas o Brasil sozinho é forte o suficiente para levar adiante seu processo de industrialização e participar do jogo de poder no próximo século com mais chance. Eu disse: "Se vocês quiserem ficar sós e isolados, podem, só devem ver a relação custo/benefício. Nós os estamos convidando para ficar juntos, para fazermos um grande processo histórico de transformação; se preferirem uma acomodação, pensando só no Uruguai, paciência". "Não!", ele disse. Aí falou da nossa industrialização, "nossa"! O Uruguai, na verdade, não pede quase nada, só levar a anteninha da Globo em espanhol para o Uruguai, uma fábrica de papel, onde há muito pinus, seria bom se a Klabin pudesse ir, enfim, coisas assim pontuais, mas numa visão, digamos, mais liberal *strictu sensu* do que a que tinha o Sanguinetti — e uma compreensão muito mais pró-Argentina do que pró-Brasil, me pareceu.

Depois assinei uma autorização para aprovarmos o estatuto do Tribunal Penal Internacional,* que é um grande avanço, é reconhecer uma restrição à soberania nacional em matéria de direitos humanos, decisão que não é fácil, nós concordamos. Houve uma boa reunião também de coordenação do Avança Brasil, o relator está entusiasmado e o presidente da comissão também. Curioso, porque o presidente da comissão é o Gilberto Mestrinho.** As pessoas pensam que o Mestrinho é bobo, não é nada; tem uma tremenda experiência, um homem com quem vale a pena conversar, demonstrou isso mais de uma vez, e o Renato Vianna, do PMDB de Santa Catarina, que é o relator, está entusiasmado com o PPA.

Hoje vou a São Paulo porque a Ruth vai aos Estados Unidos amanhã, para dar um curso em Berkeley,*** e hoje é nosso aniversário de casamento.**** Vamos jantar no Laurent,***** se possível.

---

* O presidente assinou a adesão brasileira ao Tratado de Roma, que em julho de 1998 criara o tribunal internacional para julgamento de crimes de guerra, contra a humanidade e genocídio, sediado em Haia, nos Países Baixos. O Brasil ratificou o acordo em 2002.
** Senador (PMDB-AM).
*** Em fevereiro de 2000, a primeira-dama ministrou o curso "Brazilian Youth: Social Situation, Culture, Public Policies" como professora visitante do Center for Latin American Studies da Universidade da Califórnia em Berkeley.
**** O casal presidencial comemorou 47 anos de união.
***** Restaurante do *chef* Laurent Suaudeau nos Jardins, fechado em 2004.

HOJE É DIA 7 DE FEVEREIRO, SEGUNDA-FEIRA. Jantamos no Laurent na sexta-feira, no sábado ficamos em casa, fomos visitar o Gasparian, não o encontrei bem, acho que teve embolia pulmonar, além da operação que fez no coração. De aparência estava bem, mas quando estávamos saindo sentiu dor, me preocupei. Depois passei no Arthur Ribeiro, meu médico, para um exame, tirar umas chapas, tudo bem, não tenho nenhum problema, um pouco de glicose elevada que o preocupou, está tudo normal. Aí vim para Brasília e Ruth foi para os Estados Unidos.

Ontem, domingo, recebi o Sérgio Amaral para conversar sobre o que está acontecendo na Europa, sobre o que fazer no Brasil. Gosto muito do Sérgio, é homem inteligente, sabe das coisas, passamos em revista as nossas deficiências e também a dos ministérios. O Itamaraty está precisando de mais gás, está um pouco sem gás.

Conversei à noite com o Pimenta e com Arruda, que jantaram aqui, basicamente sobre a questão do PSDB na Câmara e no Senado. Na Câmara é o Aécio que está querendo engrossar a bancada, no que ele está certo, mas tem que ser com moderação. No Senado, eles querem que eu ofereça alguma coisa para o Artur da Távola. Estou resistente porque acho que fica mal, o Artur mesmo não vai gostar de eu oferecer um ministério se ele está na liderança do PSDB. Acho que ele pode ficar no PSDB* e mais adiante, se houver uma possibilidade, veremos.

Hoje, segunda-feira, fui de manhã cedo a Parintins, no Amazonas.** Lá foi uma consagração, quase como se estivéssemos em campanha, toda a cidade na rua, muita alegria, muitos abraços, muitos beijos, os políticos, senadores, deputados, governador, viram e ficaram bastante impressionados; a acolhida popular foi realmente entusiástica. Noto que pelo menos nessas regiões do Brasil não existe animosidade contra mim, ao contrário, existe afeto. Tanto na ida como na volta fui conversando, sobretudo com o Mestrinho. Gosto de conversar com ele, é um amazonense típico que conhece as coisas, às vezes dá a impressão de que é mais rude do que é. Ele conhece bem as coisas do Amazonas e do mundo e tem muita experiência política. Também conversei com Paulo Renato, Pimenta, e Bernardo Cabral*** e os demais deputados que foram comigo, como o Arthur Virgílio.

Voltei e já os governadores criaram muita onda com o encontro que tiveram em Curitiba,**** agora estão atrás de mim o Lerner e o Tasso. Lerner já falou com o Lucena

---

* O senador fluminense trocou o PSDB pelo PPS dias depois.

** O presidente abriu simbolicamente o ano letivo de 2000, divulgou resultados do Programa Nacional do Livro Didático e visitou barcos-escola do projeto Luz do Saber, do governo amazonense, para a reciclagem de professores das comunidades ribeirinhas. Fernando Henrique foi saudado por integrantes do Garantido e do Caprichoso, os dois grupos rivais de boi-bumbá que dominam o folclore local.

*** Senador (PFL-AM).

**** Na semana anterior, 22 governadores haviam concordado em exigir do Planalto o ressarcimento total das perdas alegadas com a Lei Kandir, num total de R$ 400 milhões adicionais em 2000, contrariando acordo recém-fechado com os secretários estaduais da Fazenda. Para pres-

para dizer que não é bem assim como vai sair nos jornais, que eu teria dado ultimato sobre a Lei de Responsabilidade Fiscal, por isso eu falei da lei no Amazonas de antemão, que a lei vai ser votada, que sou favorável a ela. Agora vou despachar com Pedro Parente.

HOJE É QUARTA-FEIRA, DIA 9 DE FEVEREIRO, os governadores vieram* e se reportaram ao Congresso. O que estava mais exigente era o Mário Covas, no que diz respeito ao ressarcimento da Lei Kandir, gerou uma polêmica, o governo se dispôs a pagar nos próximos três anos, inclusive neste, 10 bilhões de reais de ressarcimento. Os governadores recusam, não querem aceitar a ideia de que com a Lei Kandir, como houve aumento da exportação, indiretamente isso gerou também outros tributos, que geraram mais movimento econômico, então esperam que o governo federal pague a parte de Lei Kandir que tira recursos do ICMS de exportação, querem sua totalidade. Uma discussão infinita, mas estamos fazendo uma transferência enorme. Só esse ano 3,8 bilhões de reais.

O resto é ponderações sobre a Lei de Responsabilidade Fiscal, algumas com procedência. Expliquei por que deixamos passar a lei como ela ficou, dependendo de aprovação, pelas Assembleias Legislativas, de limites de gastos dos Executivos, Legislativos e Judiciários. Foi por uma questão constitucional. Não temos o poder, no plano federal, de interferir nos gastos dos estados dessa maneira e tínhamos medo de que um juiz qualquer pudesse derrubar a lei. Eles entenderam, mas não muito, porque sempre há uma opinião de que talvez fosse inconstitucional, mas eu não cedi.

Na hora do almoço vieram todos os governadores, lideranças etc. O Jefferson Peres foi designado para ser relator da Lei de Responsabilidade Fiscal no Senado, ele é do PDT, foi do PSDB, veio falar comigo, juntamente com as lideranças do Senado, para garantir que não vai mexer na lei. Acho que as coisas estão calmas, na área econômica também, muita agitação ao redor do Banespa. Derivas nacionalistas na Câmara, Michel Temer à frente, querendo a proibição de venda de bancos para estrangeiros, mal sabem eles que, se não fosse o capital estrangeiro, primeiro o Bamerindus teria falido e, segundo, agora recentemente, teria falido também o Bozano Simonsen.** Nenhum quebrou, aliás, alguns passando de mão sem falar com ninguém, um para o grupo do Santander, creio, ou BBV, não me lembro para qual deles. Mesma coisa com o Excel, do Econômico.*** Enfim, na hora da onça beber

---

sionar o governo federal, os governadores prometeram influir na tramitação da Lei de Responsabilidade Fiscal no Senado.
* O presidente recebeu os governadores signatários da Carta de Curitiba no Palácio do Planalto.
** Adquirido em janeiro de 2000 pelo Santander.
*** O Excel, comprador do Banco Econômico (liquidado em 1995), foi adquirido em 1998 pelo espanhol BBV.

água, se não tiver capital forte para entrar, quebra o banco, e então vai pros credores, realmente aumenta a dívida da população.

As pessoas não entendem a dinâmica do capitalismo contemporâneo, que é globalizado e que tem realmente a força imensa do capital internacional; também não sabem que uma parte dos chamados "nossos" tem sede em Roma, ou onde seja, portanto são nossos até certo ponto, do ponto de vista jurídico.

Enfim, uma imensa confusão. Eu também prefiro que o Banespa fique como um dos grandes bancos brasileiros, para consolidá-los, mas excluir banco estrangeiro agora dá um sinal péssimo, primeiro porque os estrangeiros estão o tempo todo socorrendo, pagando o que nós chamamos de pedágio para pegar bancos ruins brasileiros antes que eles quebrem, antes que o Tesouro, o depositante e as empresas tenham que pagar o prejuízo, que é o problema. No fundo essa questão do capital nacional não é diferente de quando eu estudei em 1960, 62:* todo mundo fala muito dele, mas na hora H os capitalistas nacionais estão loucos para vender e se associarem aos estrangeiros; é só firula porque na hora querem tirar vantagem. Se eu proibir capital estrangeiro, caem as ações do Banespa e claro que aí o Bradesco, o Unibanco e o Itaú vão ser comprados na bacia das almas.

SÃO ONZE E MEIA DA NOITE, HOJE É QUINTA-FEIRA, DIA 10, estou chegando de um jantar no Itamaraty em homenagem ao presidente do Paraguai, o González Macchi, que veio em visita ao Brasil.** Ontem tivemos uma boa reunião da Câmara de Política Econômica, passamos a limpo os principais temas das questões que temos de enfrentar, estão bem tanto a inflação como a cotação do Brasil lá fora, discutimos a mudança do Sistema Financeiro de Habitação, a situação da Caixa Econômica e depois a do Banco do Brasil, e aí já foi uma reunião mais reservada, que me assustou. O Banco do Brasil continua sendo um problema, o déficit é muito elevado, nós capitalizamos o banco em 1997 e agora ele outra vez está numa situação difícil, porque o custo de manutenção do banco é muito alto e também a carteira de ativos é muito discutível. São muitas dívidas agrícolas e um terço dos devedores não paga, há papéis deles contabilizados pelo valor de face, enfim, uma série de problemas difíceis de resolver.

Depois tivemos um almoço aqui no Palácio da Alvorada com o Élcio Álvares, o Élcio sempre com um comportamento correto, é um homem decente mesmo, me tratando afetivamente e compreendendo toda a situação pela qual ele passou. Vai voltar para o Espírito Santo para advogar e eu, se puder, vou ajudá-lo; não sei bem como, talvez pedindo a uns e outros que deem algumas causas para ele. À tarde,

---

* Alusão ao ensaio *Empresário industrial e desenvolvimento econômico no Brasil* (São Paulo: Difel, 1964), originado da tese de livre-docência defendida na USP em 1963.
** Primeira visita oficial do presidente paraguaio ao país.

recebi o governador Marconi Perillo, de Goiás, que tem feito um bom governo, e o Fernando Bezerra, que veio discutir o que fazer não com os fundos constitucionais, mas com o Finor e o Finam.* Ele tem uma proposta e acho que ele está fazendo um trabalho bom de reorganização e de moralização desses fundos.

Hoje, quinta-feira, passei a manhã discutindo com o Paraguai, foi uma reunião desorganizada, o González Macchi é pouco experiente na política do Senado, entrou na crise quando derrubaram Cubas. Veio também com o chanceler Estigarribia, que já é um homem bem mais experimentado, e muitos ministros. O que eles queriam mesmo é a construção da segunda ponte sobre o rio Paraná, e a dificuldade que existe aí é o contrabando, o controle dos postos de aduana. Somos resistentes à segunda ponte por essa razão. Também fizemos um acordo de bitributação, foi tudo fácil, e a questão da turbina de Itaipu tem problemas, porque a empresa que ganhou não contempla fornecedores paraguaios, e eles desejam isso.** É justo que tenham na proporção devida.

Recebi o Jorge Bolaños, que foi embaixador de Cuba no Brasil, hoje é vice-ministro das Relações Exteriores de Cuba, ele veio me trazer uma carta pessoal do Fidel para que eu compareça à Cúpula do Sul, como eles chamam, do antigo Grupo dos 77,*** é difícil que eu possa ir. O Fidel foi muito carinhoso na carta e também no que mandou me dizer, e, entre outras coisas, me contou o Bolaños que o Fidel faz a minha propaganda. Disse que o Fidel recebeu algum americano importante e na conversa disse ao americano que agora a América Latina tinha um estadista — isso o americano contou ao Bolaños — e que o americano pensou que fosse ele, Fidel, e Fidel disse: "No, es Cardoso". Isso é uma coisa simpática do Fidel e corresponde ao modo como me tem tratado nos encontros que temos tido.

Recebi o Greca, já um pouco mais aliviado de tanta pressão que sofreu, coitado, nesses últimos tempos com a coisa da *IstoÉ*,**** a questão toda dos bingos. O Greca é desajeitado, mas não creio que tenha algo a ver com corrupção. Falamos sobre

---

* Fundos de investimento criados em 1974 para estimular a instalação de empresas nas áreas da Sudene e da Sudam.

** Um consórcio de dezesseis empresas, incluindo quatro paraguaias, foi contratado em novembro de 2000 para as obras de instalação das duas últimas turbinas previstas pelo projeto da usina binacional. As inaugurações aconteceram em 2006 e 2007, ampliando em 1400 MW a capacidade de geração de Itaipu.

*** Grupo de países da América Latina, da África, da Ásia e da Oceania, formado em 1964 para defender os interesses do mundo em desenvolvimento na ONU, hoje com mais de 130 membros.

**** Na edição de 2 de fevereiro de 2000, a revista semanal noticiou que o procurador Luiz Francisco de Souza solicitara a quebra dos sigilos do Instituto Farol do Saber, dirigido pela mulher de Rafael Greca e suspeito de favorecimento pelo Ministério do Esporte e Turismo. O MP já abrira ação de improbidade administrativa contra o ministro pelo caso da máfia dos bingos, originalmente revelado pela *IstoÉ*.

os 500 Anos. Tomara que a crise tenha passado, ele pelo menos está mais calmo. Depois recebi o [José Israel] Vargas, meu velho amigo que vai ser embaixador em Paris* e que tem sempre ideias, tem sempre tiradas intelectuais boas. Nesse momento está aborrecido com o [Fernando] Pedreira, porque o Pedreira ficou mais tempo lá em Paris, essas coisas de velhos amigos que rompem quando já estão se aproximando dos setenta anos e ficam meio perdidos com essas pequenas coisas. Mas o Vargas é homem de imaginação, tem persistência nas coisas, tem valor.

* Representante brasileiro na Unesco.

13 A 25 DE FEVEREIRO DE 2000

Conversa com Orestes Quércia. Disputas partidárias na Câmara. Sucessão no BNDES. Projeto Genoma Xylella

Hoje é domingo, dia 13 de fevereiro, são quase sete horas da noite. Dias cada vez mais calmos, tenho a sensação até de que estou como um bolsista, acabou aquela aflição toda, as coisas entraram em ordem, e a normalidade é morna e talvez mais chata. Sexta-feira também foi assim, só tenho a registrar que de manhã falei com o Pimenta da Veiga* pelo sistema de videofone, ele está em Rondonópolis, é sensacional, você tem a impressão de que está presente no local, tem uma interação perfeita.

Almocei com Pedro Parente, Aloysio Nunes e Rodolfo Tourinho para discutir a privatização das energéticas. Tourinho vai assumi-las, ele quer liberdade à frente da equipe econômica para apresentar a sua decisão sobre Furnas e fazer a venda parcial. Com isso ele teria vantagens, depois faria também uma pulverização, embora sabendo que isso não resolve a questão. Eu disse: "É, tudo bem, inclusive a questão dos diretores das empresas elétricas, você tem autonomia, desde que eles entrem na linha, se não você tem autonomia." [para demiti-los]. Notei que ele já tinha conversado com o PFL e que não vai mexer.

À tarde recebi, com o embaixador da Argentina, o ministro da Educação argentino, se chama Juan José Llach, eu o conheci na Argentina, é um homem muito próximo ao Domingo Cavallo, líder católico. Pensei que ele fosse judeu, mas não, é católico. Tivemos uma boa conversa com ele e Paulo Renato sobre educação e cooperação nessa área.

Mais tarde recebi com o Tápias, via Rodolfo Tourinho, o pessoal das empresas petroquímicas. Além do Paulo Cunha estava o Feffer e outros mais. Não sou entusiasta dessa história que estão fazendo na petroquímica — na verdade quem está fazendo é o Calabi —, para mim não está muito clara a consequência. Sei que vai haver muita briga, ambos são competentes em suas áreas, mas é preciso ver a reação dos demais.

À noite jantei na casa do embaixador Botafogo, muito agradavelmente. Estavam lá o Pertence e a Suely, estava o Paulo Alberto, o Artur da Távola com sua mulher, Miriam [Ripper], e várias pessoas do Rio, advogados, dr. [Paulo] Saboya e vários muito agradáveis. Foi um encontro bastante simpático.

Ontem, sábado, fui de manhã cedo à fazenda, com a Luciana e o Getúlio, para ver as obras na casa, e também para olhar o gado. Cada vez é mais a Luciana quem

---

* O ministro das Comunicações participou da inauguração de um *backbone* de fibras ópticas da Tele Centro Sul (Brasil Telecom) no município mato-grossense e conversou com o presidente em Brasília por videoconferência.

se interessa, Getúlio também é interessado, eu não tenho tempo para isso. Depois almocei aqui com o José Marcio Rego e o Fernando Abrucio, que estão fazendo um livro, levei horas, horas e horas gravando entrevista com eles.

Depois que jantei, veio me ver Orestes Quércia. Curioso. Uma conversa que durou muitas horas, quase três horas, Quércia tem interesse em expandir a área dele de jornal, televisão, rádio, eu tinha sido alertado de que seria bom saber o que ele está pensando, por causa do futuro, o que fazer com o PMDB de São Paulo e mesmo no Brasil. Tivemos uma conversa em que ele se queixou primeiro do Banco Central, que o pôs numa enrascada com o Banespa,* de acordo com ele injusta. Ele estava queimado comigo por causa disso, eu não tive nenhuma participação, mas de qualquer maneira ele desabafou, e o resto foi uma conversa calma de apreciação do quadro geral. O Quércia, à moda dele, tem experiência e sensibilidade sobre os processos políticos, não o notei interessado em voltar à vida ativa, ele me disse que domina o PMDB de São Paulo, tem um certo entendimento com o nosso presidente da Câmara, o qual foi o autor desse encontro. Foi o Temer quem conversou comigo sobre a necessidade de encontrar o Quércia, vejo que os dois mantêm certo entendimento.

O Quércia deseja que o Temer seja candidato a prefeito [de São Paulo] agora, o Temer não quer. O Quércia disse que ele mesmo não vai ser, me disse que tem assuntos de família mais os negócios dele, me pareceu um pouco afastado. Já foi governador, acha que o tempo dele para a Presidência já passou, me deu a sensação de que não atrapalhará a aproximação do PMDB com o governo. Fez até elogios, dizendo que nosso governo tem dado um alívio ao país, que as aflições antigas desapareceram. Ele é mais nacionalista do que nós, no geral as coisas estão bem melhores. Enfim, foi curioso ver como pensa, tanto tempo depois, uma pessoa tão crítica e que está tão afastada. Explicou muito as dificuldades que tem, que ficou com pecha de ladrão, que isso é uma injustiça, que foi alguma trapalhada que alguns fizeram, e por aí foi. Se justificou muito e disse que, portanto, a família e os filhos não querem que ele volte à política. Achei interessante essa preocupação dele em mostrar que a biografia o está incomodando, que não quer tê-la suja ou mais suja.

Hoje, domingo, foi um dia bastante calmo também, continuei dando as entrevistas para o livro sobre minha trajetória intelectual.** Depois almocei com Pedro Malan, passamos em revista a situação, há algo que me preocupa. Vejo que o Tápias já não tem condições pessoais de conviver bem com o Calabi e está querendo mudar, supo-

---

* A auditoria do BC no banco federalizado constatara que o rombo da instituição se constituía principalmente de empréstimos a políticos e a empresas sem condições financeiras para garantir as operações, realizados a partir do governo Quércia (1987-91). O leilão do Banespa estava previsto para maio de 2000.

** Elide Rugai Bastos, Fernando Abrucio, Maria Rita Loureiro e José Marcio Rego (Orgs.). *Conversas com sociólogos brasileiros*. São Paulo: Editora 34, 2006. A entrevista com Fernando Henrique está nas páginas 67-94.

nho que esteja querendo colocar o [Francisco] Gros.* Eu soube disso e não falei com ninguém, mas o Eduardo Jorge acabou de me ligar, porque ele já sabia que o Gros tinha sido convidado hoje ou ontem e ficou de dar a resposta amanhã. Coisa que nem eu sei, que ninguém sabe, como é que as pessoas ficam logo sabendo?

Depois do encontro do Tápias comigo, juntamente com o Tourinho e com o pessoal da petroquímica, chamei aqui o Calabi, que também estava nesse encontro. Ele veio e eu avisei: "Ó, Calabi, você precisa tomar cuidado, porque a situação não está boa", mas notei o Calabi absolutamente convencido de que a relação dele está muito boa com o Tápias, quando não está. Tanto não está que o Tápias anda tomando algumas medidas, medidas perigosas politicamente. Entre o Tápias e o Calabi, neste momento tenho que ficar com o Tápias, que é ministro, e por causa das complicações que isso me causaria. De outro lado, o Calabi tem prestígio no PSDB, no PMDB, no governo em geral, e o Tápias não está avaliando que isso vai ser uma rebordosa em cima dele, que ele vai ter que assumir a decisão, porque a decisão não é minha, é dele, embora eu também não possa deixar de prestigiá-lo.

É um problema relativamente sério e conversei sobre ele com o Malan. O Malan está preocupado não com isso — ele acha que não tem jeito, como eu estava dizendo —, mas com o envolvimento crescente do nome dele na especulação sobre a Presidência da República, coisa absolutamente alheia a ele e à sua vontade. Malan quer dar um paradeiro nisso, quer negar, mas não vai conseguir, porque isso tem a ver com a falta de nomes com um eco maior na sociedade, então a imprensa fica buscando nomes. Acho que o Malan não está mesmo nem cogitando nada disso, e também, se estivesse cogitando, poderia, mas não está.

Recebi o Eduardo Santos, que é meu assessor diplomático, e o Vilmar, para discutirmos a pauta do encontro sul-americano. Eu quero que ele seja menos ao estilo normal do Itamaraty, que é de não ser muito ostensivo sobre a hegemonia brasileira e de muitos panos quentes. Quero uma reunião menos formal, de mais substância, mais barulhenta, para que se perceba que há um processo na América do Sul conduzido pelo Brasil, embora não exclusivamente. Estou esperando a Ana Tavares, a Dora Kramer, o Moreno mais o Laerte [Rimoli], que é assessor de imprensa do Pimenta, para jantarmos.

TERÇA-FEIRA, 15 DE FEVEREIRO. Domingo jantei com os já citados jornalistas, hoje os jornais dão algo da nossa conversa, li a parte de *O Globo* que o Moreno fez, está direito, não tem nenhuma provocação maior, salvo a insinuação, sugerindo o nome do Serra para sucessão, que não é certo e já dá confusão.

Ontem, segunda-feira, continuou a calmaria estranhável, o Jader e o Temer me pediram audiência, pensei que fosse alguma coisa mais complicada, nada. Era para

---

* Diretor do Morgan Stanley e ex-presidente do Banco Central (governo Collor).

perguntar por que uma empresa não foi classificada para a construção de uma geradora de termoelétrica, eu não sei, já perguntei ao Tourinho.

Jantei com o Paulo Renato e com o Vilmar, para discutirmos o financiamento do setor de educação, antes tinha despachado aqui com o Andrea Matarazzo e à tarde houve a reunião da comissão de Coordenação Política no Palácio do Planalto. Está tudo sob controle, estamos no quase marasmo. Mandei uma carta ao Temer e ao Antônio Carlos, agradecendo os esforços da Câmara e do Senado, [coisa de] boa vizinhança.

Ontem de manhã, esteve também aqui o Roberto Gusmão. Roberto é da fundação dona da Antarctica,* que está numa situação péssima, uma dívida de 600 milhões de dólares que eles tinham passou para mais de 1 bilhão. Isso foi o que levou a Antarctica a fundir-se com a Brahma, formando a Ambev, que é rumorosa. O Roberto é educado, nunca forçou nada nesse sentido, queria apenas saber das coisas. Eu disse: "Olha, espero que o Cade decida, o Cade é autônomo, nenhum de nós vai fazer pressão sobre o Cade, apenas o Cade sabe e vai saber com clareza que o governo o prestigia. O que ele decidir está decidido".

O parecer da Secretaria de Direito Econômico, eu li — aliás falei com os rapazes que fizeram —,** é um parecer jurídico, os rapazes são jovens ainda, bastante jovens, talvez não tenham visto os ângulos econômicos da questão, mas cumpriram a missão deles, são corretos, e o parecer mostra que há risco de monopólio.*** A questão de monopólio na economia contemporânea é complicadíssima, as empresas estão se fundindo adoidado pelo mundo afora e isso pode prejudicar o Brasil, que fica sem possibilidade, com a nossa legislação, de ter empregos competitivos. Entretanto, essa é opinião minha que não vou externar, o Cade vai ter que resolver essa questão. O Roberto quis apenas se informar do andamento das coisas, porque há muita pressão. Eu reclamei, disse: "Olha, a Ambev está fazendo crer que é uma luta nacionalista contra a Coca-Cola e que o governo está do lado da Coca-Cola. Isso é um absurdo, o governo não está do lado de ninguém". As pessoas custam a entender a mudança, que os órgãos são de Estado, não de governo, mas é isso.

Hoje de manhã li um artigo de um rapaz,**** não sei nem o nome dele, do departamento de sociologia da USP, e pau em mim por causa da guerra fiscal. Qualquer sociologozinho que mal inicia a carreira tem que destruir o avô — não é nem o pai, é o avô ou bisavô; é uma fragilidade. Eu apoiei, como paulista

---

* Fundação Antônio e Helena Zerrenner.
** A SDE, subordinada ao Ministério da Justiça, era chefiada por Paulo de Tarso Ribeiro.
*** Os técnicos da secretaria condicionaram a realização do negócio à venda de fábricas e marcas das duas empresas.
**** "Dilemas da guerra fiscal e ficções do presidente", de Glauco Arbix, publicado em *O Estado de S. Paulo* de 15 de fevereiro de 2000.

ou fingindo ser paulista,* o fim da guerra fiscal, mas mal sabe ele que eu estava ali fazendo uma manobra política com o Covas, e o que eu estava dizendo era reação à guerra fiscal. Eu era contra a guerra fiscal. Eles veem contradição onde há apenas a necessária acomodação das coisas. É estranho que *O Estado de S. Paulo* publique na parte econômica um artigo que tem como único objetivo minar a credibilidade do presidente da República. Na política é para levar chumbo mesmo, e o couro é grosso.

HOJE É DIA 20 DE FEVEREIRO, quase uma hora da tarde, estou chegando a Brasília de regresso de São Paulo. Desde o dia 15 não registro nada. Eu havia dito antes que nós vínhamos tendo uma semana calma. Curiosamente, logo depois desse registro as coisas entraram num parafuso danado por causa da briga do PFL com o PSDB. Vou tentar assinalar organizadamente as questões. Primeiro preciso separar duas coisas. No dia 14, segunda-feira, recebi o secretário de Comércio dos Estados Unidos, chamado William Daley, a reunião foi num contexto de muita paulada em cima dele. O homem veio aqui depois de os Estados Unidos nos terem imposto um aumento na tarifa do aço.** Fui diplomático, mas não deixei de dizer a ele da nossa preocupação com essa matéria.

No dia seguinte, dia 15, estou com a agenda na mão, recebi de manhã o deputado Romeu Queiroz, que veio falar da situação em Minas, aliás mais alvissareira para o PSDB do que eu poderia imaginar.

Tive uma longa reunião da Câmara de Desenvolvimento no Palácio da Alvorada, onde cada um prestou conta do que teria feito. Sobretudo estamos preocupados com a questão da safra, com a questão dos fundos constitucionais e com organizar melhor a exportação. Nesse sentido, o Tápias mostrou o impasse criado no Sebrae, porque houve uma briga entre o Sérgio Moreira e a Dorothea [Werneck].*** A Dorothea já saiu do governo uma vez em condições desagradáveis para ela,**** o que me constrangeu. Eu gosto dela, não dá para ficar mexendo com a Dorothea, nós a apoiamos. O Sérgio Moreira está pedindo audiência, agora vou poder dá-la, porque vi que o Tápias já resolveu que vai modificar a Apex, que é a Agência de Promoção da Exportação coordenada pela Dorothea, que vai ficar provavelmente ligada direto ao Tápias, assim a Dorothea permanece.

* Fernando Henrique nasceu no Rio de Janeiro.
** O Brasil se aliou ao Japão e à Rússia na OMC para questionar as sobretaxas de importação impostas pelos EUA, que alegavam a suposta prática de dumping pelas siderúrgicas desses países.
*** Presidente da Agência Brasileira de Promoção de Exportações e Investimentos (Apex) e ex-ministra da Indústria, do Comércio e do Turismo (1995-6).
**** A ex-ministra foi substituída por Francisco Dornelles no ministério, para sacramentar a aliança do governo com o PPB.

À tarde, houve a reunião sobre crime organizado e fronteira. Na véspera, dia 14, segunda-feira, o general Cardoso tinha me alertado de que continua havendo problemas de coordenação com o Ministério da Justiça, que também é de Cidadania. Há obviamente uma parte que é de segurança, com quatro órgãos importantes, o principal deles é a Polícia Federal. Há disputa entre os vários órgãos institucionais, inclusive com o Gabinete Militar. O Cardoso gostaria que houvesse um só órgão de Segurança, mesmo que não fosse ele o titular. Ele foi explícito, gostaria por uma questão de funcionamento e não por uma questão pessoal. De fato a coisa é complicada, na reunião sobre o crime organizado e fronteira fiquei horrorizado, o Everardo deu dados assustadores de contrabando, de crime organizado, sobretudo na fronteira com o Paraguai, de penetração na Justiça, que dá liminar sem parar, protegendo os contrabandistas. Enfim, uma situação complexa.

Recebi o Ronaldo Sardenberg, que está indo muito bem no Ministério de Ciência e Tecnologia, e à tarde falei com Eduardo Eugênio [Gouvêa Vieira], da Firjan. Eduardo Eugênio já tinha me informado da decisão do Grupo Ipiranga de vender, e veio me dizer que procurou Emílio Odebrecht, que já me havia anunciado também isso, e que o Emílio, então, estaria disposto a negociar com ele, e os dois queriam me anunciar o fato, mas é desnecessário. Posteriormente eu soube, esta semana mesmo, que não é bem assim, que o Emílio não quer fazer acerto com Eduardo Eugênio. O setor privado é tão mais ou mais complicado que o setor público. Enfim, só registro isso para que se veja que o governo só tem um empenho, que é salvaguardar o interesse do país e, portanto, a existência de empresas competentes. Não se mete para favorecer este ou aquele, não obstante eles sozinhos não andam.

Na quarta-feira, dia 16, recebi de manhã o Andrea Matarazzo e o Ney Figueiredo, que vieram me falar sobre a questão da segurança pública em termos de uma mobilização na sociedade — uma velha ideia do Ney que tem procedência. Depois me reuni com o presidente da Caixa, Pedro Malan e Armínio Fraga. A situação da Caixa é complicada, ela é altamente líquida, tem muito dinheiro, mas é insolvente, ou seja, se deixar o dinheiro onde está aplicado para aplicar no que lhe corresponderia [empréstimos imobiliários], como há descasamento entre taxa de juros do mercado e taxas de juros que as pessoas têm de pagar ou pagam como mutuários, é uma complicação danada. Bem-feitas as contas, talvez ela esteja no vermelho, talvez até mesmo em dezenas de bilhões de reais. Enfim, grandes confusões nessa área.

Voltando à terça-feira, dia 15, houve uma tremenda confusão no Congresso. O Aécio vinha, de longa data, e o PSDB também, insistindo em ter maioria [da bancada] na Câmara.* Talvez eu tenha lá atrás alguma responsabilidade nisso, porque quando ele quis ser candidato à presidência eu disse que eu não podia entrar na disputa, a menos que o PSDB tivesse a maioria e a candidatura fosse natural. Ele

---

* A presidência da Casa geralmente é reservada ao partido ou bloco com o maior número de deputados.

está lutando por essa maioria, e nós aqui tentando evitar que o Aécio faça a loucura de se associar com setores que não nos convêm, por exemplo a Igreja Universal do bispo [Edir] Macedo, porque fica mal para o governo; a Globo também vai reagir. Eu chequei, durante toda esta semana, com o Andrea Matarazzo, com o Pimenta, se houve algum acordo. Não houve acordo nenhum; houve uma tentativa dos bispos, mas não houve nenhum acordo para favorecer a Igreja Universal, para eles apoiarem a bancada do PSDB ou passarem deputados para a bancada do PSDB.

Não obstante, no fim da terça-feira o PSDB formou uma maioria, dois dos apoiadores — parece que ligados à Igreja Universal — foram para o PSDB, um até era do PFL, e além do mais o Aécio fez um acordo com o PTB.* Isso deixou o PFL absolutamente desesperado, razão pela qual no dia seguinte, quarta-feira, almocei com Marco Maciel, Bornhausen e Aloysio. Aloysio foi testemunha de nossos esforços, meu, dele, do Madeira, do próprio Arthur Virgílio, e até do Pimenta, para impedir que houvesse exageros maiores. Eles vieram aqui um pouco exaltados. Na véspera, Antônio Carlos já havia me visitado para alertar sobre o fato de que havia um clima ruim; ele atribuía isso a uma conversa que o Moreno reproduziu no *Globo*.

Tentei evitar o tempo todo que houvesse esse avanço do PSDB, mas não posso impedir que legitimamente um líder, no caso o Aécio, trate de, sem danificar os interesses do governo e sem ferir os interesses dos partidos aliados, aliciar alguns deputados para aumentar a bancada. Todos fazem isso. Eu não sabia de nada do que foi feito depois, nem sequer que tinha havido uma intensa procura do pessoal ligado à Igreja Universal. Também não sabia absolutamente nada a respeito da aliança com o PTB. A punhalada não foi minha.

Só soube ontem, sábado, 19, quando o Dornelles me telefonou de Nova York por causa de uma entrevista que o Bornhausen deu e que sairia hoje, domingo, no *Globo*, Dornelles conhecia o texto, para se defender da alegação de que ele havia impedido o entendimento entre o PTB, o partido dele, e o PFL. Eu não sabia que, na semana anterior, o Inocêncio havia procurado o Dornelles para isso, não sabia que eles todos tinham falado com o Maluf. Portanto, a irritação do PFL com o PSDB não tem sentido neste caso.

Eu, de minha parte, não queria aliança com ninguém, mas vê-se que os partidos todos estão fazendo a mesma coisa, e desta vez, por alguma razão que escapou ao controle dos líderes dos partidos, o PFL foi posto para trás. Essa é a realidade dos fatos e quem vai pagar os custos sou eu. Além da dor de cabeça, vou pagar

---

* O PSDB e o PTB formaram um bloco com 127 deputados, desbancando o PMDB, que em bloco com dois partidos nanicos somava 102 parlamentares. O PSDB sozinho alcançou 103 cadeiras. O PFL, até então a maior bancada, ficou com 101 deputados. O PT, maior partido de oposição, tinha sessenta cadeiras. Dois deputados do PPB de Paulo Maluf — Pastor Oliveira e Ayrton Roveda, ambos do Paraná — se filiaram ao PSDB na véspera do fim do prazo de transferência partidária. Roveda se elegera pelo PDT e passara pelo PFL antes de integrar o PPB.

também o custo de dizerem que foi manobra do Planalto, manobra minha, como aliás está hoje na *Folha*, numa matéria cheia de insinuações, dadas por terceiros, naturalmente, de que eu estava por dentro de tudo, o governo também, os ministros também, isso não é certo. Ao contrário, os ministros lutaram para impedir que houvesse alianças espúrias, e foi uma esperteza do Teotônio e do Aécio. Pode ser até que o Pimenta tenha tido algum conhecimento, mas no final eu sei que ele reagiu contra, pelo menos em relação aos bispos.

Mas, voltando à quarta-feira, dia 16, por isso mesmo recebi o Marco Maciel e o Bornhausen, que vieram reclamar de tudo isso. Do meu lado expliquei as coisas com tranquilidade, o Bornhausen disse: "Bom, agora temos que fazer uma reparação". Qual é a reparação? Arranjar recursos para o Jaime Lerner no Paraná, para que ele possa fazer uma Caixa de Sustentação dos Aposentados do Paraná. O Malan está negociando isso, para resolver como botar mais dinheiro no Paraná.* Malan concorda com o negócio de royalties em Itaipu, segundo ele seriam 30 milhões por mês, dos 60 milhões por mês que recebemos. Eu disse que ia falar com Malan para ver se era possível, falei, Malan me explicou que a questão é a mesma de todos os governadores: para chegar a um entendimento, querem uma negociação. O Itamar passou por essa negociação, chegamos a um resultado, o Garotinho, todos. Por que agora, de repente, resolver a questão do Paraná? É, aliás, impossível, porque há regras, o Paraná vai ter que vender a Copel, vai ser preciso ter um adiantamento do BNDES para também poder fazer parte dessa Caixa, o BNDES também vai ter que avaliar, e nada disso se resolve do dia para a noite, como estavam querendo os líderes do PFL. A outra proposta é que nós não fizéssemos o rodízio nas comissões do Congresso** este ano, ou seja, que a combinação havida não valesse.

Na quarta-feira à tarde, veio me ver o Inocêncio, que não concordou com a tese do Bornhausen, disse que não, que seria pior, que daria uma confusão no plenário e que é preciso entender que o PFL perdeu mesmo, ficou em terceiro lugar, que vai recuperar já. Inocêncio muito calmo, muito *à la* estadista, se encorpando e ganhando possibilidade de ser presidente da Câmara, com uma atitude muito mais equilibrada, gostei. Aliás, sempre fiz referências positivas aqui ao Inocêncio, que é um jagunço, mas é mais preparado do que as pessoas pensam, mais competente, um homem leal e corajoso. Então, o Inocêncio anulou na prática a proposta do Bornhausen.

Quinta-feira, dia 17, tivemos nova reunião no Alvorada sobre a segurança do cidadão nas cidades. É uma parte que corresponde basicamente ao José Carlos Dias,

---

* O Paraná fechou um acordo com a União para antecipar royalties de Itaipu e compensações financeiras de outras quinze usinas hidrelétricas instaladas no estado. O montante obtido, de R$ 1,2 bilhão, foi aplicado na capitalização da ParanaPrevidência, instituto estadual de seguridade social criado em 1998.

** O maior bloco partidário da Câmara costuma ter o direito de indicar o presidente da Comissão de Constituição e Justiça, entre outros colegiados da Casa.

que apresentou um programa.* Nós limpamos o programa, para que tivesse mais concreção e mais recursos, o José Carlos ia fazer uma exposição à imprensa, estava preocupado com isso, porque a imprensa vai tentar transformar o que é positivo em negativo. Alertei o José Carlos e parcialmente aconteceu o que eu temia, porque ele apresentou como se fosse um programa geral de segurança, não entendeu, ou não quis entender, que estamos preparando algo mais completo e que esta parte é um pedaço do que vamos fazer mais adiante para controlar ou tentar controlar a violência, a criminalidade. Mas, enfim, o Zé Carlos é entusiasmado, e vejo que há de novo uma tensão entre o general Cardoso e o Zé Carlos.

Houve uma reunião de coordenação, onde passamos a limpo o que fazer, o que não fazer para controlar o desaguisado da política que se desatara com muita força. Antônio Carlos viajou, falei com ele por telefone, houve a coincidência de ele estar no monumento em homenagem ao Luís Eduardo, eu disse que o que nos unia é o Eduardo, ele ficou emocionado, me alertou de que era preciso fazer alguma coisa para não deixá-lo mal na questão das medidas provisórias. Eu já tinha combinado com a coordenação o que seria feito, já há uma proposta de entendimento avançando e, como de hábito, fui apagando os incêndios.

Nessa mesma quinta-feira tive um almoço no Palácio da Alvorada com o pessoal do *Jornal de Brasília* e soube, pelo [Luiz] Gutemberg, que a família Câmara vendeu o *Jornal de Brasília* para um grupo capitaneado, não sei se em termos de dinheiro, mas politicamente, pelo Roriz, governador de Brasília.

Na sexta-feira fui a São Paulo, mas antes, de manhã, recebi o Pedro Parente e o Aloysio, preocupados com a situação. O Pedro Parente trouxe a proposta de uma carta pela qual eu diria ao PFL que nós iríamos garantir que não aconteceria nada diferente do que tivesse sido combinado. Eu recusei a carta. O PFL, nesse meio-tempo, tinha feito um desaguisado, a Roseana veio aqui para tomar posse do comitê eleitoral,** fez um discurso favorável ao salário mínimo de cem dólares,*** explicou que era para o funcionalismo do Maranhão, depois ela foi me ver no palácio, até brinquei:

"Vejo que você está rica, não precisa mais do apoio do governo."

E ela: "Não, presidente, não é isso".

"Eu sei o que é, é campanha mesmo."

---

* Com 124 propostas e quinze compromissos do governo para melhorar a situação da área, o Plano Nacional de Segurança Pública foi instituído em julho de 2000.
** A governadora do Maranhão assumiu a presidência do conselho consultivo da Comissão PFL 2000, destinada a formular propostas políticas para o futuro do partido, que incluíam a candidatura própria à Presidência em 2002. Roseana, que na ocasião anunciou a concessão do mínimo de US$ 100 (R$ 177 na época) ao funcionalismo maranhense, detinha 8% das intenções de voto nas pesquisas eleitorais.
*** A proposta de elevação do mínimo fora formulada pelo PT e recebera apoio de ACM.

Mas tomei a coisa numa boa, não briguei com a Roseana pelo que ela fez.

Não gostei da presença do Greca nessa festa do PFL, aplaudindo essa atitude, o PFL inventou agora "Vou ser independente do governo". No que me parece estranho porque os outros partidos, quando estiveram em segundo, terceiro lugar na Câmara, nem por isso se sentiam independentes do governo, eles ficam brigando entre si, mas a aliança de sustentação do governo não deveria estar em jogo. Mas essas coisas são assim mesmo, tudo tem idas e vindas.

Fui a São Paulo na sexta-feira, depois dessa conversa com o Aloysio e Pedro Parente, Pedro Parente trouxe a proposta de uma emenda constitucional que permite que o governo federal dê um abono aos trabalhadores da iniciativa privada diferente do salário mínimo, seria um salário que valeria para INSS e funcionalismo. Me pareceu uma boa sugestão, mandei que ele a levasse ao Pedro Malan, pois não dá para fazer sem a Fazenda ser ouvida.

Recebi nessa mesma sexta-feira o Michel Temer, que veio saber do resultado da minha conversa com o Quércia. Contei a ele, e também para ponderar que devíamos chegar logo a um entendimento com o Antônio Carlos, para evitar que ele faça a promulgação parcial da emenda sobre as medidas provisórias, porque aí é um buraco negro, não há coincidência entre a Câmara e o Senado no que diz respeito aos projetos em andamento sobre as medidas provisórias. Isso paralisaria muita coisa importante, como o Refis, que é um plano para aliviar as dívidas das empresas produtivas. Também está preocupado o Michel Temer — como também está o Velloso, presidente do Supremo, com quem falei por telefone — com um entendimento sobre o salário dos juízes. É preciso que isso seja feito sem que o Antônio Carlos declare que é uma grande imoralidade, e que haja uma volta atrás na matéria. Isso feito, fui a São Paulo para a inauguração do edifício principal do Hospital Albert Einstein,* Mário Covas estava lá.

No dia seguinte, ontem, sábado 19, fui visitar as obras do Rodoanel** com o Mário e toda a comitiva. As obras são impressionantes, o governo federal tem que sustentá-las. Lá fiz declarações peremptórias sobre o salário mínimo, porque ouvi o ministro Ornelas dizer que não havia nenhum problema, desde que o Tesouro pagasse ele podia sustentar o aumento do salário mínimo.*** Isso é uma falta de coesão no governo, porque os recursos devem ser da Previdência, não do Tesouro. Disse com toda clareza que achava que liberdade com irresponsabilidade é demagogia, liberdade de botar o salário em 180 reais, que não se deveria falar em dólar, porque a economia não é dolarizada e que sou favorável ao aumento de salário, sobretudo

---

* Centro Médico Manoel Tabacow Hidal.
** Estava em construção o trecho Oeste do anel viário de São Paulo. Com 32 km de extensão, ele foi inaugurado em 2002 ao custo de R$ 1 bilhão, dividido entre os governos federal e estadual.
*** Ornelas condicionara a elevação do salário mínimo de US$ 100 à aprovação pelo Congresso da contribuição previdenciária de 11% dos servidores inativos.

do mínimo, mas quero que eles nos mostrem as fontes. Tenho certeza de que os deputados, senadores, inclusive Antônio Carlos, como não são irresponsáveis, hão de buscar fontes para o aumento. Foi a resposta que dei a toda essa demagogia que o PFL lançou no ar para tomar a bandeira do PT.

Na sexta-feira, 18, jantei na casa do Luiz Meyer com o Giannotti, o Roberto Schwarz, a Grecia [Schwarz],* a Carmute e o Jorginho da Cunha Lima, um jantar muito agradável, foi até duas da manhã. Voltei para casa cansado. No sábado, recebi para o almoço o Bresser, para discutirmos as questões da Terceira Via. Depois do almoço, o Zé Carlos Dias veio me dizer que há um problema complicado nas questões de narcotráfico e do crime organizado em Brasília, que talvez houvesse complicações políticas. Eu disse: "Não tem nada, vá em frente". Recebi o Clóvis Carvalho, passei em revista as coisas que ele está fazendo ou que poderia fazer, acho que o Clóvis gostaria de ser designado embaixador no Vaticano. Parece que não dá mais, porque, a esta altura, o Lampreia certamente já deverá ter convidado o Maia [Oto Agripino Maia] para o Vaticano. Eu não sabia desse interesse do Clóvis, em todo caso vamos ver. E jantei com o [Henri] Philippe Reichstul, ele foi ao meu apartamento** e conversamos bastante bem sobre questões da Petrobras. Não só sobre o desastre ambiental que eles limitaram, controlaram e pagaram o custo, mas sobretudo sobre a Petrobras, perspectivas etc. etc.

No dia seguinte, que foi hoje, domingo, vim para Brasília, onde acabei de retomar esta gravação, depois de ter almoçado com a Luciana, o Getúlio e a Isabel. Hoje é o aniversário da Luciana, e falamos por telefone com a Ruth, que está lá em Berkeley, feliz da vida. Em São Paulo, vi meu apartamento, me deu saudade, é um apartamento agradável, claro, luminoso, pequeno, mas vai ser difícil morar nele novamente, porque os livros, os papéis, os móveis, tudo cresceu. Voltei para Brasília, agora estou deixando o tempo correr e fazendo esses registros.

Telefonou-me o Sérgio Amaral, de Londres. Sérgio, como sempre perspicaz, deu uma rodada pelo Brasil, disse que o clima aqui está muito bom, mesmo na Fiesp, tudo favorável, porém lá fora ele vê preocupação — não com o Brasil, mas com a economia mundial. Ele esteve conversando com o presidente do BIS, da Basileia, e também com o Eddie Jorge [Edward George], que é o governador do Banco da Inglaterra; isso agora, porque o Amaury Bier foi à Europa. A preocupação existe por causa de um desencontro de economias, a japonesa vai para um lado, a americana para outro, a europeia, que com o euro não se firma, um déficit enorme da conta corrente dos Estados Unidos sugando dólar do mundo todo e, por outro lado, o Greenspan decidido a fazer um *soft landing*,*** ou seja, subir a taxa de juros para ver se segura o crescimento da Bolsa, que ele chama de uma irracionalidade, ou de

---

* Mulher de Roberto Schwarz.
** Na rua Maranhão, bairro de Higienópolis.
*** "Aterrissagem suave", em inglês.

um crescimento exuberante e irracional, qualquer coisa assim. E os japoneses não reagem, a economia deles não há modo de reagir, o juro está quase zero, o que pode ocasionar uma perspectiva internacional ruim — além da questão do petróleo. Enquanto houver um *soft landing*, mesmo que as taxas de juros subam, tudo bem, porque dá para o mercado ir se adaptando. Mas se de repente vem um soluço mais forte, pode ser que sacolejemos os pés de mau jeito outra vez.

A economia capitalista tem altos e baixos, essa especulação desenfreada com a internet, de coisas virtuais, acho que isso vai dar confusão mais adiante, então temos que nos precaver, podemos pouco. É verdade que a vulnerabilidade da nossa economia é menor hoje, não dependemos de capital de curto prazo, mas os fluxos de capital de investimento direto e de financiamento dependem do estado de saúde da economia mundial e a exportação também depende disso, então essa é a sombra negra que há no horizonte, é de novo uma contração internacional.

QUARTA-FEIRA, DIA 23 DE FEVEREIRO. Ontem, foi um dia extremamente agitado. Antônio Carlos continua dando declarações e complicando as coisas, sobretudo na questão do salário mínimo. Ele se manifestou, parece que não gostou também do que eu disse a respeito do Waldeck Ornelas e sua responsabilidade com a Presidência, foi um dia bastante agitado mesmo. Telefonei ao Jorge Bornhausen para dizer que as coisas assim estavam ficando complicadas, depois, no fim da tarde, telefonei ao Antônio Carlos, ele estava no automóvel, estava chegando, para dizer que tínhamos que conseguir um entendimento quanto às medidas provisórias por intermédio dos delegados que ele mesmo tinha credenciado, que eram o Fogaça e o Roberto [Brant].* Ele no telefone ficou reticente, depois me disse: "Bom, se o Senhor se sentir com algum problema, não se preocupe por mim na questão do ministro", como se eu quisesse demitir o ministro da Previdência. Eu disse a ele que não havia razão para isso.

Hoje, quarta-feira, falei de manhã com Marco Maciel, falei com Inocêncio de Oliveira, alertei-os de que o caminho estava ficando muito difícil com as declarações incessantes do Antônio Carlos. Depois o Antônio Carlos veio aqui, tivemos primeiro uma conversa sobre salário mínimo com o pessoal do governo, o Waldeck estava, com o pessoal da Fazenda, e viu-se a dificuldade que é para qualquer aumento do salário mínimo. Mesmo com nosso empenho em elevar o máximo possível, estamos longe dos 180 reais [cem dólares]. Antônio Carlos, que veio aqui porque o chamei, estava mais tranquilo, muito agradável, disse que a imprensa nos intriga muito, não sei o quê. Ele vai manter o compromisso sobre as medidas provisórias,**

---

* Relator da PEC das medidas provisórias (1-A/1995) na comissão especial da Câmara.

** Em acordo com as lideranças parlamentares, o governo propusera que a limitação à edição de MPS sobre matérias que já tinham sido objeto de emenda constitucional se restringisse a temas

embora na televisão tenha dado a entender que não estava satisfeito com alguns pontos da matéria. A mim não disse isso, disse que honraria, porque havia delegado a questão. Eu disse: "Olha, eu nem participei do entendimento, apenas apoio o entendimento, embora tenha minhas reservas sobre a governabilidade e a mecânica de todas essas decisões, mas vou apoiar [a mudança nas regras das MPs]".

Sobre salário mínimo quase não falamos, a não ser que haverá um esforço para darmos o máximo possível sem que haja comprometimento das metas de inflação nem dos ajustes fiscais. Não obstante, Antônio Carlos saiu daqui e, pelo que me contaram e pelo que estava na telinha, disse que eu tinha decidido, que já estava mesmo sendo aprimorado para [o valor do salário mínimo] ser muito próximo do que ele deseja, não entrei nesse assunto [com ele]. Quando esteve aqui, ele se excedeu, disse que não me disse o que disse, provocando uma crise atrás da outra. Só não é mais crise porque ACM está ficando como o Itamar quando era presidente, que falava, falava, e ninguém levava mais a sério, porque já se sabia que não era para levar a sério quando ele falava de economia. O estilo de Antônio Carlos é mais agressivo que o do Itamar, as pessoas têm muitas vezes que pará-lo, e ele tem também uma capacidade expressiva muito grande — o que ele diz, diz com inteligência, às vezes até com graça.

Ontem, terça-feira, dia 22, tomei café da manhã com o Tápias e com o Pedro Parente, para discutirmos a questão do Calabi. Apesar de o Tápias haver recolocado o assunto, eu já tinha encaminhado a solução Gros. Tápias não quer o Calabi por razões pessoais, é uma questão de estilo, o Calabi fala. Não sei se no fundo o Tápias não se sente digamos, sem espaço.

Voltei aqui [para o Alvorada] com o Otavio [Frias Filho], o Luiz Frias e o Serra. Conversamos e fui ao Palácio do Planalto, e lá, além da rotina, tive uma reunião sobre a desestatização. Transferimos para o Tourinho a responsabilidade da desestatização do setor elétrico. Ele sentiu-se responsável.

Voltei para cá, chamei o Calabi, e aí foi duro para mim. O Calabi, como eu disse, sente-se injustiçado, e com razão. Conversamos, ele foi educado, obviamente, mas está muito magoado. Sabe Deus que preço nós vamos pagar no futuro por isso, mas, enfim, não posso tirar do Tápias essa decisão. Conheço o Gros há alguns anos, tenho simpatia por ele, queríamos que ele fosse presidente do BNDES lá atrás, ele não quis, mas não sei se o Gros, depois desses anos todos trabalhando para atrair capitais estrangeiros para o Brasil, terá a sensibilidade necessária para o programa do BNDES. Eu disse isso ao Tápias, disse que ele tomasse cuidado, mas ele tem muita confiança no Gros, assim como tem o Armínio, como tem o Malan, todos eles fecham com o Gros. Não sei se aí não há um ponto, digamos, de centralismo demais para as necessidades do Brasil atual.

---

dos setores de petróleo, gás, navegação de cabotagem e telecomunicações. Além disso, os deputados aceitaram manter a validade das cerca de 3,4 mil MPs editadas ou reeditadas desde 1995.

Hoje de manhã recebi o ministro Velloso juntamente com o Pimenta e o Aloysio, para discutir, para variar, o impasse sobre se o Michel Temer está querendo ou não dar curso na Câmara à emenda que fixa o teto dos Três Poderes. A pressão é muito grande nessa matéria, de todo mundo, os desembargadores com medo que o teto venha a achatar os salários. O Michel não quer bancar a questão, ele acha, com razão, que o Antônio Carlos vai aproveitar para dizer que não está de acordo. Antigamente, para evitar que houvesse mais uma confusão de greve de juízes, eu estaria disposto a ceder no teto, com a condição de que ele fosse realmente respeitado. A Câmara quer furar o teto, aí fica muito difícil, então acho que o Michel tem até razão de se encolher um pouco.

Votamos hoje a propósito de um abono,* e veja como são as coisas: esse abono é para o salário do Judiciário e, em tese, eu não tenho competência constitucional para tomar iniciativa nessa matéria, tem que ser o presidente do Supremo, mas os presidentes dos quatro tribunais superiores do país estão cogitando dirigir uma carta a mim pedindo que eu emita uma medida provisória para criar esse abono. Ora, eu não tenho competência nem para enviar um projeto de lei, quanto mais para uma medida provisória, e isso no momento em que querem acabar com as medidas provisórias. Pedirão que eu faça, não sei se vão chegar a concretizar isso, mas se cogita de eu emitir a medida provisória, o que mostra a delicadeza dessa matéria. Diga-se de passagem que o assunto foi resolvido ontem, terça-feira, na Câmara, porque o Michel constituiu a comissão que vai julgar a medida provisória. Agora parece, me disse o Aloysio hoje, que o próprio Temer está assustado. É uma mudança tão radical no regime, que eles perceberam agora que eu talvez tivesse razão. Ou seja, não é que eles põem a faca só no pescoço do presidente; põem no do Congresso também. A Presidência é mais ágil para escapar dessas facas, o Congresso menos. Vamos ver no que dá tudo isso. Agora vou almoçar com a Miriam Leitão e a Ana Tavares.

HOJE É DIA 24 DE FEVEREIRO, QUINTA-FEIRA, nove e meia da manhã. Se meu pai estivesse vivo, faria hoje 110 ou 111 anos.** Curiosamente, lá em casa é assim, as gerações duram muito, e duraram bastante porque se casaram tarde. Meu pai nasceu no século antepassado,*** meu avô nem se fala, nasceu em 1860, há 140 anos, o que é impressionante, porque não é um antepassado longínquo. São detalhes.

Ontem almocei com a Miriam Leitão, o grosso da conversa foi a respeito do BNDES, ela é simpática ao Gros, entendeu o que aconteceu, teve uma posição dis-

---

* O STF rejeitou por 8 votos a 3 a proposta de enviar um projeto de lei ao Congresso para a concessão de abono salarial aos juízes, que deliberavam entrar em greve em todo o país.
** Nascido em 1889.
*** O ano 2000 é considerado o último do século XX.

creta com relação ao Calabi, parece que gosta do Calabi também, eu recordei a entrevista que dei a ela na *Playboy* em 1983.* A entrevista dizia basicamente o que eu digo hoje: política de alianças, as limitações que as alianças impõem, esse modo de perceber a política, quem eu achava que iria ascender, que era o Lula e eu, que eram a novidade daquela época, e assim foi. Enfim, uma entrevista que me causou uma dor de cabeça imensa, pela safadeza de uma interpretação malévola sobre a questão da maconha,** droga a que eu tenho horror, todo mundo sabe — até de cigarro tenho horror. Não obstante a entrevista se mantém em pé.

Depois disso Sanguinetti, ele é um velho amigo, conversamos, a gente percebe que ele tem preocupação porque o Mercosul não se institucionaliza; reafirmei a tese de que, embora o Itamaraty seja muito cauteloso, por ter medo da perda de soberania, o Brasil quer a integração, mas deseja que cada um fique com suas instituições não só intocadas mas intocáveis. Repassamos velhas conversas sobre a América Latina e, en passant, como estávamos só nós dois, ele mencionou a dificuldade do estilo do presidente Batlle, que vai assumir agora. Ele realmente é bastante falante, é um *señor*, um oligarca antigo.

No Senado, aprovamos a DRU,*** que é importante porque libera as vinculações de verbas federais. Houve alguma dificuldade, mas os líderes se empenharam, Antônio Carlos pacificado, à noite, no jantar com o Sanguinetti, Antônio Carlos muito amável, brincalhão comigo, com toda a imprensa presente, eu também com ele, parece que essa crise está ultrapassada. Vem outra. A dos juízes. Uma coisa inacreditável.

Ontem de manhã eu recebi o ministro Velloso com os presidentes dos tribunais de Justiça dos estados. Antes disso, numa conversa privada com o Jobim, o Aloysio e eu, eles propuseram que eu fizesse uma medida provisória dando o abono correspondente ao que já fora aprovado no Congresso para os juízes. Nesse momento eu disse: "Olha, tudo bem, se os tribunais pedirem, porque eu acho que isso é privativo do Judiciário, não tenho iniciativa de lei para fixar o vencimento do Judiciário, mas a proposta foi deles, eu posso simplesmente anuir, para dizer que no governo já tínhamos concordado com esse abono há mais tempo".

Resultado, ontem o Supremo passou a tarde reunido, não votou a aprovação do fator previdenciário e resolveram: primeiro, por unanimidade, que não posso emitir medida provisória nessa área, o que eu já sabia, foram eles que propuseram;

---

* A entrevista saiu na edição de setembro de 1984.
** Ao responder se já experimentara a droga, o pré-candidato à prefeitura de São Paulo disse: "Eu dei uma tragada, achei horrível. Acho que é porque nem cigarro eu fumo". Durante a campanha eleitoral, Jânio Quadros aproveitou essa passagem da entrevista para tachar seu oponente de "maconheiro", além de "comunista" e "ateu".
*** Por 59 a 13, o plenário aprovou em primeiro turno o texto da PEC, com relatoria do tucano Álvaro Dias.

segundo, que não vão tomar a iniciativa de uma lei de abono. Ora, se não vão fazer por iniciativa deles, como justificar que a de iniciativa de abono é privativa deles? A greve, provavelmente, virá e vai centrar sobre se cabe ou não o abono. Eu sou contra essa greve, acho absurda, mas é o Supremo que não quer assumir a responsabilidade. Quer aumentar o teto, mas não quer assumir a responsabilidade da decisão.

HOJE É SEXTA-FEIRA, DIA 25 DE FEVEREIRO, uma hora da tarde. Ontem de manhã veio o Paulo Betti, o ator, estava rodando um filme* e, como fazem com certa frequência, veio pedir apoio. Fui almoçar na embaixada do Uruguai com Sanguinetti, a imprensa perguntou sobre salário mínimo, eu desconversei, disse que era para 1º de maio, que resolveriam a Fazenda e a Previdência. Fui ao lançamento de um programa de termoeletricidade** para 2000-3, lançamento de 49 unidades geradoras termoelétricas, uma coisa muito impressionante; fiz discurso, respondi que a linha do Brasil de abertura para o capital estrangeiro se faria dentro das normas que nós editamos com objetivos claros de defesa do consumidor e do interesse permanente do país. A respeito da questão dos juízes, a briga agora é do STJ, o Superior Tribunal de Justiça, contra o Supremo Tribunal Federal. É o presidente do STJ quem diz que essa crise está sendo criada pelo Supremo Tribunal Federal, ficam fazendo confusão.

Da mesma maneira o salário mínimo, opiniões das mais diversas. Fizemos várias reuniões, Pedro Parente é da opinião que devemos fixar o salário, Pedro Malan contrário a essa tese, mas não chegou a nenhuma conclusão.

À noitinha encontrei o João Saad,*** ele veio dizer que se não houver uma articulação de alguns setores de mídia, de transmissão de sinal, de som etc., nós vamos — digo nós os grupos empresariais e de comunicação no Brasil —, vamos perder vez e voz, e que é preciso fazer isso pensando na Argentina, pensando, disse eu, também no Uruguai, no Chile, e mais tarde, disse ele, nos Estados Unidos. E imaginou junto comigo que há quatro, cinco grupos que podiam ser resistentes a esse processo de um devorar o outro que está acontecendo. Foi uma conversa de estratégia no setor de comunicações.

Malan jantou comigo e passamos em revista os temas todos mais o choque entre o Ministério de Comércio Exterior [Desenvolvimento, Indústria e Comércio Exterior] e Ministério da Fazenda. Malan resiste a transferir funções do Ministério da Fazenda para o outro ministério.

* *Cafundó* (2005), longa-metragem produzido e codirigido por Betti.
** O Programa Prioritário de Termoeletricidade, destinado a mitigar a dependência da hidroeletricidade, concedeu garantias de fornecimento de gás natural por vinte anos às empresas participantes e fixou preços mínimos para a energia gerada.
*** Presidente da rede Bandeirantes.

Hoje de manhã despachei com Martus Tavares, Eduardo Graeff, o Aloysio, o Gilmar Mendes mais o Sardenberg. Recebi as pessoas que fizeram o Projeto Genoma, a sequência genética de uma praga que dá nas laranjas de São Paulo,* um feito excepcional em nível mundial. Vieram umas vinte pessoas ou mais, inclusive o [José Fernando] Perez, diretor da Fapesp, e também o [Andrew] Simpson, que é o responsável pelo Projeto Genoma, com todos seus ajudantes e auxiliares. Uma coisa bonita, fiquei emocionado, até porque ajudei a formar a Fapesp, sei lá, há quarenta anos, ela é [essencial] para o apoio à ciência no Brasil. Mário Covas veio também, estava muito contente. Acabei de falar por telefone com Nelson Jobim, ele sempre às voltas com a eventual greve da magistratura.

---

* O projeto sequenciou o cromossomo da bactéria *Xylella fastidiosa*, fitopatógeno causador da clorose variegada dos citros (cvc), a praga do amarelinho, que devastava os laranjais paulistas. Conduzida por uma rede de 35 laboratórios e duzentos pesquisadores, foi a primeira investigação do gênero a ser concluída no mundo, com investimento de US$ 15 milhões. O trabalho foi capa da revista *Nature* de julho de 2000.

27 DE FEVEREIRO A 16 DE MARÇO DE 2000

Francisco Gros assume o BNDES. Carnaval na Marambaia. Viagens ao Uruguai, Portugal e Chile. Salário mínimo e teto salarial

Hoje é domingo, dia 27 de fevereiro. Na sexta-feira à noite, fui à casa do Giannotti em São Paulo, ele fez setenta anos. Havia umas cem pessoas, alguns velhos conhecidos de uma vida inteira, a Lygia Fagundes Telles, o Ennes Silveira, que foi meu arquiteto em São Paulo, o [José Hildebrando] Todescan, meu dentista, Pedro Paulo Poppovic, o Bento Prado, o Fernando Novais, a Orieta [Novais], mulher dele, o Roberto Schwarz, a Marilena Chauí, a Melanie Farkas, muita gente, foi muito agradável. Salvo alguém, me esqueço o nome, que veio me dizer que eu precisava olhar para a história, que o governo deve fazer isso, fazer aquilo, que está errado, e eu, meio cansado, tinha tomado dois uísques, fui talvez ríspido, cortei a conversa, disse que não havia muito sentido discutir política com quem não tinha informações. O resto foi extremamente agradável. A mãe do Giannotti estava feliz com os setenta anos [do filho], merecidamente, ela parecia bem velhinha, eu devo estar parecendo a mesma coisa ou talvez um pouquinho mais moço...

No dia seguinte, ontem, sábado, voltei aqui para Brasília, fui recebido no aeroporto pela executiva do PSDB, vim com a Bia e as crianças, a Fernanda [Cardoso de Oliveira], sobrinha, o marido e a filha, e a Marcinha, amiga da Luciana. Ontem era a comemoração do aniversário da minha neta Isabel, filha da Luciana, fiquei ali com eles, depois à noite fui ao cinema com a Bia.

Hoje de manhã, depois da natação, conversei com a Bia e com o Paulo, eles foram embora para o Rio, falei com a Ruth pelo telefone, para combinar nossa ida ao Chile,* ela está feliz da vida em Berkeley, com o que está fazendo, depois a Luciana veio com a Marcinha e a Isabel, almoçaram comigo, e passei o resto do dia lendo e recebendo telefonemas.

Problemas, o Calabi foi derrubado, dizem que numa tentativa de alguns ministros para enfraquecer o Serra, dizem que eles articularam tudo — se fizeram isso mesmo, eu não soube. Resultado: eu apareço como o pérfido, estou na Corte, fazendo como na França fazia o duque de Guise** com o rei, pois a *Folha* também disse que o absolutismo de lá se compara com a situação daqui... Na Corte, a crer nisso, enganei todo mundo,

---

* Alusão à viagem oficial para a posse do novo presidente chileno, Ricardo Lagos, entre 10 e 12 de março de 2000.
** Henrique I, príncipe de Joinville e *Grand Maître de France* (camareiro real), tramou contra o rei Henrique III e seu herdeiro, Henrique de Navarra, como líder da facção católica da corte parisiense no século XVI. Tido como hábil conspirador, foi assassinado por ordem do rei em 1588.

enganei o Serra, enganei o Calabi. Tudo ao contrário do que aconteceu, dei há muito tempo os sinais que podia ter dado, tentei o que pude para evitar a queda do Calabi, até mesmo no dia da queda chamei o Pedro Parente para me ajudar a argumentar com o Tápias. É certo que o Tápias já tinha falado com o Gros anteriormente, [quando] eu ainda não havia decidido, mas percebi que ou era um, ou era outro. Já registrei a irritação do Calabi, mas não houve traição como os jornais dizem, entre aspas. Além do quê, nem puderam avisá-lo com antecedência, o ministro ficou de encaminhar a questão, e não houve esse enfraquecimento voluntário do Serra, que já atribuem a uma ação do Malan como futuro candidato a presidente da República, o que é delírio puro.

Embora eu goste do Calabi, não há nada de verdade nas acusações que eu vi na *Veja*, que são infames,* até porque a *Veja* diz lá que eu seria simpático ao grupo Ultra. Eu e o Antônio Carlos — o Antônio Carlos talvez, eu não —, eu não impeço que o BNDES faça o que achar mais conveniente. Agora, "simpático" não venham me dizer, porque eu não movi uma palha nessa direção; se fosse por simpatia, eu teria mais pelo Emílio Odebrecht do que pelo Paulo Cunha. Não é essa a questão, quero ver quem pode e quem não pode pelo lado do BNDES, pensando no desenvolvimento do Brasil.

O fato é que o Calabi não saiu por isso, nem por ser da ala dos desenvolvimentistas e contra a hoste dos monetaristas; saiu porque não deu certo com o estilo do novo ministro [Tápias]. Firmeza, o estilo, que não é só estilo de personalidade, mas ele tomava parte e declarava à imprensa sem o ministro saber. Então essa foi a questão, mas como as coisas mais simples têm que ser revestidas de uma grande confusão, foi o que a imprensa fez, certamente movida pelo diz que diz dos próprios políticos, que sempre buscam interpretações em todos os sinais que veem espalhados pelo Planalto.

O Sérgio Pinto escreveu hoje uma crônica muito boa sobre o xis da questão no que diz respeito à petroquímica, as razões de um lado e do outro, razões essas que eu havia exposto ao pessoal da *Veja* no dia que eles jantaram aqui. São razões para discutir, não para tomar partido. Mostrei a eles a dificuldade de tomar uma decisão nessa matéria da petroquímica.

Eu parti em sentido oposto ao do Elio Gaspari,** e antes que alguém o esteja, suponho, mal informando, ele tem informações que eu desconhecia, então elabora com base nelas: haveria conspiração do Armínio, do Malan, do Tápias, aparentemente teria havido uma rede de telefonemas, eu nunca soube dela. Nas

---

* Na matéria "Por que Calabi caiu", de Policarpo Júnior e Expedito Filho, veiculada na edição de 1º de março, a revista atribuiu a demissão do presidente do BNDES a uma disputa entre alas do governo, com o grupo de José Serra em oposição ao de Alcides Tápias e Pedro Malan.

** Referência ao texto "Quem se desloca (Gros) recebe. Quem pede (Tápias) tem preferência", publicado na coluna do jornalista na *Folha de S.Paulo* daquele domingo, 27 de fevereiro.

duas interpretações que circulam, eu queria manter o Calabi, o que é verdade, mas no final dá a impressão de que eu entreguei o Calabi às feras. Só não dizem que é impossível manter alguém quando o ministro está contra, a menos que o ministro vá embora e, nesse caso, eu teria que nomear o Calabi ministro, o que desorganizaria tudo.

O Serra acabou de demitir o João Yunes,* fui falar com o Serra, ele mandou uma carta para Ruth explicando as coisas, foi por incompatibilidade, o Yunes é amigo meu, amigo da Ruth, e daí? E era amigo do Serra. O Tápias também, no funcionamento do ministério, achou que o Calabi não era uma peça encaixada. Terá sido certo, terá sido errado? A história vai dizer, ou melhor, os passos que ele vier a dar daqui para a frente — ele, Tápias — é que irão demonstrar. O Elio Gaspari foi informado pelo Serra, conheço bem as coisas e sei. O Serra me telefonou, está em San Francisco, me telefonou por uma razão pessoal, por solidariedade, que ele tem sempre comigo, não tocou no assunto nem eu toquei, mas tenho certeza de que ele informou o Elio Gaspari.

HOJE É 28 DE FEVEREIRO, são nove da noite, estou esperando o pessoal da revista *Época* para um jantar. O dia foi perturbado pela questão salarial. Recebi um grupo de procuradores, depois o Brindeiro e vários outros, entre eles o Fleury,** se entrosaram com o governo na luta pela segurança pública. Na verdade trouxeram também pedidos de aumento e isonomia, essa confusão toda do Ministério Público. O resto foi a repercussão, a meu ver negativa, da liminar que o Jobim deu assegurando auxílio-moradia de 3 mil reais,*** acho que no máximo, para os juízes. Isso vai dar confusão, porque o Supremo Tribunal fica apavorado por ter puxado para eles a decisão, e nós aqui estamos dizendo que é uma liminar, coisa da Justiça. Eles que se entendam, mas claro que vão cobrar de mim também, porque sempre cobram.

Nós não sabemos como sair dessa enrascada em que o Antônio Carlos nos meteu, uma discussão muito antecipada do salário mínimo, dez meses sangrando é demais, vamos ter que fazer alguma coisa; essa questão do salário mínimo fora de hora é terrível, porque ficam os juízes forçando pelo teto, deputados também, querem um teto mais alto, e nós sem condições de dar um salário mínimo minimamente decente, porque estoura a Previdência — essa é que é a injustiça do

---

* Secretário nacional de Políticas de Saúde.
** Antes de entrar na política, Fleury atuou como procurador do Ministério Público paulista.
*** O ministro do STF concedeu um mandado de segurança impetrado pela Associação dos Juízes Federais do Brasil (Ajufe). Com a decisão do Supremo, que na prática tornou sem efeito a proposta de teto salarial do Planalto (R$ 10,8 mil), os magistrados desistiram da paralisação anunciada. O STF defendia um teto de R$ 12,7 mil.

Brasil. Acho que talvez fosse melhor fazer uma definição para os próximos três anos, recomposição de salário na base, redistribuição de renda, uma coisa desse tipo, para sair da enrascada em que estamos, que é grande.

HOJE É 1º DE MARÇO, QUARTA-FEIRA, estou recém-chegando de Montevidéu. Fui a Montevidéu ontem, para a posse do Jorge Batlle. Comentários a fazer. Primeiro, a posse em si. Ontem à noite participei de um jantar em homenagem ao Sanguinetti, uma homenagem boa, calorosa, fui eu que fiz os agradecimentos a ele. Eu nem sabia que ia falar, então fiz uma dessas coisas fáceis, disse que podíamos utilizar Camões para dizer que Montevidéu é o jardim da América à beira do rio da Prata plantado.* E outras coisas do estilo, disse que ele é um humanista, um homem do Renascimento etc. Falei muito com Batlle enquanto estávamos jantando, sentei ao lado dele, e no fundo ele se queixou um pouco do Lampreia, por causa da dureza da conversa havida no Brasil.

Quando o nosso Sanguinetti foi passar a faixa para ele, classificou-o como um homem travesso, e é verdade, ele é divertido, diz coisas chocantes, mas é um homem que tem ideias, que tem convicções, e curioso: é um liberal no mercado, por outro lado tem uma visão muito dinâmica de reforma do Estado, de ação do Estado e de certo compromisso social. Está desejoso, pelo que me disse, de se aproximar do Tabaré Vázquez, que foi o candidato das esquerdas, fez elogios ao Tabaré, que aliás estava presente. Toda a esquerda assistiu à posse, aplaudiu, foi uma coisa de alto nível de civilização, inclusive o que mais me interessou mesmo foi ver como eles dão continuidade à democracia, e também o aspecto de democracia oligárquica do Uruguai. Ele falou dos duzentos anos de história, mas história da família dele, se referindo quase como se ele fosse a encarnação da história do Uruguai, mas de maneira a se responsabilizar pela história do Uruguai, e não só de maneira, digamos, orgulhosa e vaidosa. Ele é o quarto presidente da família,** e seu sentimento é de que tem uma responsabilidade com o Uruguai. Também o Sanguinetti, tanto no discurso de terça-feira quanto no de hoje, ao transmitir a faixa para o Batlle, fez a sua profissão de fé democrática, no seu estilo, que é o de uma pessoa de larga visão dos problemas do mundo e da América Latina.

Hoje ainda, almocei com Ricardo Lagos na embaixada do Brasil. Com Ricardo combinamos que vai haver um avanço na questão da integração do Chile no Mer-

---

* Alusão aos versos de "A Portugal", de Tomás Ribeiro (1831-1901), poema integrante do épico *D. Jaime* (1862): "Jardim da Europa à beira-mar plantado/ de louros e de acácias olorosas;/ de fontes e de arroios serpeado,/ rasgado por torrentes alterosas [...]".

** Seus precursores foram Lorenzo Batlle y Grau (1868-72), José Batlle y Ordóñez (1903-7, 1911-5) e Luis Batlle Berres (1947-51), respectivamente tio-bisavô, tio-avô e pai do presidente uruguaio, todos eleitos pelo Partido Colorado.

cosul, eu tinha combinado isso com o Lampreia e disse a ele que estávamos dispostos a nos preparar para um cronograma de baixar tarifas de importação. Claro que vamos ter que lidar com a Argentina, que é um assunto delicado nesse momento. E o Ricardo se empenhou nisso, está comprometido com a ideia de Mercosul, gostou muito da nossa proposta de uma reunião sul-americana aqui em setembro,* também vamos fazer uma reunião preparatória do encontro na Alemanha e teremos, no dia 2 de maio, a continuação do encontro de Florença.**

Dei declarações sobre a situação dos juízes que devem ter repercutido, porque eu disse que achava que o teto pode ser de R$ 10,8 mil, que eu achava também que a solução encontrada pelo Supremo Tribunal não é a melhor. Fiz uma declaração ponderada, mas dizendo o que penso, e não simplesmente compondo situações para defender uns e outros nessa questão, que é muito grave. Na hora em que o salário mínimo não pode ser muito alto, não é possível ter arroubos e aumentar o salário dos juízes na proporção desejada por eles. Bom, isso vai dar dor de cabeça. Marquei um encontro com os chefes dos poderes do Estado no Brasil para tentar resolver a questão. Estou extremamente cansado, voltei hoje, são onze e meia da noite e preciso dormir.

HOJE É QUINTA-FEIRA, DIA 2 DE MARÇO. De manhã tive uma reunião com os chefes de poder, para resolver a questão salarial. Antes me reuni com o Tápias, o Gros, o Roberto Giannetti da Fonseca,*** para dar posse a eles, em seguida com o Antônio Carlos, ministro Velloso e o Michel Temer. Eu estava sendo assistido pelo Aloysio Nunes Ferreira e pelo Pedro Parente. Eles haviam cozinhado os entendimentos, eu ainda resisti, tentando os R$ 10,8 mil, impossível. Também não aceitei os R$ 12,7 mil, o teto ficou em R$ 11,5 mil, eu queria me excluir do teto [para ganhar menos], mas não dá, porque fica uma coisa estranha o presidente da República ganhando menos que os outros. Resultado: vou ter que abrir mão e aceitar esse aumento, posto que, na verdade, ele não afete o conjunto do funcionalismo; ele vai é beneficiar os parlamentares, que vão poder, além de ganhar até esse teto, ultrapassá-lo com uma aposentadoria. Me parece que essa foi a decisão. Houve alguma reclamação, o ministro Velloso reclamou, Antônio Carlos foi cooperativo, ficou resolvido, ainda assim vamos pagar certo preço por essa questão, porque é sempre escandaloso, por causa do salário mínimo baixo. Esse é o Brasil.

Depois disso, mais uma série grande de reuniões. Fui ao BID [em Brasília] ver o Iglesias assinar um contrato com Paulo Renato de 250 milhões de dólares para o

---

* I Cúpula Sul-Americana, realizada em Brasília em 31 de agosto e 1º de setembro de 2000.
** A segunda cúpula de chefes de Estado e de governo identificados com a Terceira Via aconteceu em Berlim no início de junho de 2000, com a presença de Fernando Henrique, Ricardo Lagos e outros doze líderes mundiais.
*** Novo secretário executivo da Câmara de Comércio Exterior (Camex).

ensino médio,* fiz discurso, falei sobre a Argentina para contrabalançar o que os argentinos estão dizendo a respeito do Brasil, ficam querendo trazer capitais argentinos para cá, não somos nós [que estamos atraindo], só que eles estão vindo. Claro que há facilidades dadas pelos estados, a guerra fiscal é uma luta interna, os de fora se beneficiam marginalmente dessa luta, mas não é o objetivo trazê-los para cá.

Despachei com vários ministros, recebi o Pedro Simon juntamente com o Armínio Fraga, para discutir a Tereza Grossi, o Pedro Simon está irredutível, naquele estilo dele, mas vai ser menos agressivo na arguição que fará à Tereza Grossi para diretora de Fiscalização do Banco Central. Na discussão relativa ao Koch-Weser [nomeação do novo diretor-gerente do FMI], falei com Schröder mais uma vez, já tendo de manhã avisado ao Fernando de la Rúa, ao Ricardo Lagos e ao Eduardo Frei de que nos absteríamos. Bom, parece que o Stanley Fischer reclamou com o Pedro Malan, como se eu tivesse arrastado os outros países a fazerem o mesmo, mas não arrastei, apenas informei que não votaríamos no Stanley por causa do Caio Koch-Weser — de qualquer forma, o resultado foi o Caio em primeiro lugar, mas uma abstenção muito alta, 36% dos votos, o Stanley Fischer abaixo e depois o japonês, mais abaixo ainda. Situação embrulhada essa. Falei com Schröder, ele ainda me agradeceu a abstenção, não entendi bem, ele disse que com a abstenção daria para trabalhar.

Acabou de chegar aqui o Paulo Renato, para nomearmos os membros do Conselho Nacional de Educação. Amanhã cedo vou para a Marambaia com as crianças, com o Cafu, o Jorge Caldeira mais a Luciana, o Getúlio e a Isabel. Devem ir também o Paulo Henrique com a Vanvan e, eventualmente, a filha da Vanvan.

DOMINGO, DIA 5 DE MARÇO, ** estou na Marambaia. Aqui céu azul magnífico, praia, nadando bastante, falando com pessoas na praia, desconhecidos, tudo muito agradável. O Paulo chegou com a Vanvan e a filha dela, a Luciana, o Getúlio, o Cafu e o filho. De importante só uma conversa por telefone com o Antônio Carlos, porque o Pedro Parente me alertou de que os jornais estavam me acusando de irresponsável, a mim e aos outros — mais a mim, naturalmente, por essas acumulações de vencimentos de deputados. Ora, são os deputados que impõem isso para poderem votar, eu sou contra, por mim não acumulava coisa nenhuma, o teto por mim seria mais baixo, então estou pagando um preço pela malandragem dos outros. Antônio Carlos disse que dará uma entrevista recolocando as coisas no lugar, vamos ver que entrevistas ele vai dar, para ver se precisarei ou não entrar outra vez nessa questão.

Li um livro do Weffort,*** são ensaios, o primeiro é muito bom, a respeito de cultura e modernização, algo assim, muito interessante. E comecei a ler um livro que

---

* Programa de Melhoria e Expansão do Ensino Médio — Projeto Escola Jovem.
** Domingo de Carnaval.
*** *A cultura e as revoluções da modernização*. Brasília: Fundo Nacional de Cultura, 2000.

já devia ter lido há muito tempo: *Mémoires d'Hadrien*, da Marguerite Yourcenar, que é muito bom.

HOJE É DIA 15 DE MARÇO, UMA QUARTA-FEIRA, desde o dia 5 não registro nada, porque viajei sem parar, trabalhei sem parar. Tudo transcorreu normalmente lá na Marambaia, Ruth se encontrou comigo, no dia 6 fui ao Rio de Janeiro, dormimos na Gávea Pequena e de manhã cedo fomos para Portugal,* inaugurando uma nova forma de viajar, um avião da TAM, um airbus alugado** que saiu mais barato do que o Sucatão.*** Na viagem levei o Sarney e alguns ministros, entre os quais o Greca e o Weffort.

O Greca estava muito aflito, porque continuam as ondas sobre quando ele vai ser demitido, será demitido, não será demitido, essa confusão toda. Diga-se de passagem que a *Época* que saiu nesta semana do Carnaval foi um desastre. Eu jantei com o Augusto Nunes, com o Lula [Luís] Costa Pinto, mais outro jornalista e a Ana. Falamos livremente sobre muitos assuntos, eles publicaram como se fosse uma entrevista com perguntas e respostas, criando problemas com o Serra, como é habitual.

Eu teria dito que o Serra entrou na equipe no primeiro governo na área da economia a pedido dos demais e que não foi ministro da Fazenda porque não tinha acompanhado o Plano Real, que era Plano Fernando Henrique Cardoso. Não é que ele fosse contra, ele achava que era desnecessário um combate feroz da inflação, por falta de condições políticas, ou talvez porque achasse que essa tarefa não era pra mim. O fato é que ele realmente não foi para a Fazenda, embora tenha ajudado, e muito, o PAI, e isso foi posto como se ele fosse contra o Plano Real. O resto foram elogios ao Serra, mas, conhecendo o Serra como eu conheço, isso vai dar aborrecimento para muitas semanas, porque ele fica contrariado com a menor fofoca que apareça.

Além disso, clima tenso com o Tasso,**** mas o mais grave foi com o Greca, a revista diz que eu teria dito que foi erro meu nomeá-lo ministro. A verdade é que eles

---

* A visita oficial do presidente e sua comitiva a Portugal entre 7 e 9 de março de 2000 integrou as comemorações do V Centenário do Descobrimento do Brasil. No primeiro grande evento programado, Fernando Henrique e os chefes de Estado e governo portugueses presidiram uma solenidade na Torre de Belém, de onde partiu a esquadra de Pedro Álvares Cabral em 9 de março de 1500.
** O governo pagou R$ 250 mil pelo aluguel da aeronave.
*** Apelido do Boeing 707 da Presidência da República, adquirido pela FAB em 1986 e retirado de serviço em 2005.
**** Fernando Henrique lembrou que o governador cearense apoiara Ciro Gomes no pleito presidencial de 1998.

perguntaram a mim: e o Greca, quando é que cai? Eu comecei a dizer que não era isso, que não havia o que cair, que na verdade a responsabilidade era minha, que se houve erro foi meu, porque ele não tinha a experiência de Brasília como deputado. Ontem o Jorge Bornhausen esteve conversando comigo e confirmou que na época da nomeação do Greca a minha objeção já era essa, mas eu não quis dizer "Bom, errei, vou mudar", mas na revista apareceu assim.

Nisso ele entrou lampeiro no avião, com a Margarita [Sansone],* e me deu um documento, dizendo: "Olha aí o que nós estamos fazendo, se a imprensa vier perguntar...". Eu disse, rindo: "Olha, Greca, só vão perguntar uma coisa: quando é que você cai". Ele disse, com muita graça: "Não se preocupe, que estou de paraquedas". E foi assim a nossa conversa na ida para lá, além de despachos no avião, como costumo fazer.

Portugal foi uma correria louca e uma alegria imensa. Fiz um discurso forte na Assembleia Nacional, interrompido por aplausos, aplaudido de pé pela oposição e pelo governo. Fomos a Santarém,** a cidade inteira afetiva, quando volto ao Brasil leio nos jornais que quando fui falar com o povo houve manifestações contra por causa do negócio dos dentistas.*** E mais: uma faixa sobre o MST havia mesmo, mas era uma faixa até respeitosa, pedindo justiça para o [José] Rainha,**** que é um dos líderes do MST. Até brinquei com o Jorge Sampaio: "Acho melhor não pedir justiça, porque de repente a justiça é a condenação dele". Eu sei que há muitas acusações nos autos, não sei qual é a verdade, mas talvez seja melhor postergar o julgamento do que julgá-lo, porque ele pode ser condenado. Tudo bem lá, num clima ameno, mas aqui nos jornais, sobretudo em *O Globo*, parecia uma manifestação contra mim e contra o Brasil, um desastre. A imprensa tem que provocar sempre escândalo. Enfim, já reiterei tantas vezes isso que não adianta falar.

Conversei muito com o Jorge Sampaio, com o Mário Soares e com o Guterres, nós temos visões afinadas. Eu trouxe o Guterres ao Brasil e daqui levei-o ao Chile comigo; aliás, ele dormiu aqui no Alvorada. Gosto cada vez mais do Guterres, ele é

---

* Mulher de Rafael Greca.
** O presidente depositou flores no túmulo de Pedro Álvares Cabral na igreja de Nossa Senhora da Graça e inaugurou a restauração da Casa do Brasil, museu instalado num prédio habitado pelo navegador.
*** Centenas de dentistas brasileiros que haviam emigrado nos anos 1990 estavam legalmente impedidos de exercer sua profissão em Portugal por uma pretensa falta de equivalência entre diplomas nos dois países.
**** O líder dos sem-terra era processado pela suposta coautoria do assassinato de um fazendeiro e de um policial militar no Espírito Santo, em 1989, durante a ocupação de uma propriedade. Em 1997, Rainha fora condenado a 26 anos de prisão pela primeira instância da Justiça capixaba. A pena extensa lhe deu direito a novo julgamento, marcado para dezembro de 1999, ao qual o réu e seus advogados não compareceram, em protesto. Em abril de 2000, Rainha foi absolvido por unanimidade pelo Tribunal de Justiça do Espírito Santo.

um líder moderno, sabe dos problemas internacionais, está sendo muito acossado em Portugal porque agora é primeiro-ministro, é presidente do Conselho Europeu e presidente da Internacional Socialista. Deverá estar presente a uns setecentos encontros e reuniões durante os seis meses em que Portugal presidir a União Europeia, é uma loucura.

Guterres está cansado. Na volta, quando estava comigo no Brasil, se queixou de um pouco de cansaço, não tem espaço para a vida dele, morreu sua mulher, ela teve dificuldades em se adaptar à posição de esposa de primeiro-ministro, não foi fácil para ele, que tem uma filha de quem ele ainda precisa cuidar, de catorze anos, o filho está nos Estados Unidos, mas ele tem senso de responsabilidade. O Mário Soares diz que ele é indeciso, por outro lado Guterres falou que havia um problema, o Soares atacou o governo do MPLA, e o MPLA disse que ele recebia diamantes do Savimbi, o que realmente era uma infâmia, um clima um pouco desagradável, mas conosco não.

Fiz um discurso na solenidade do empresário do ano,* o David, o Duda, ganhou um prêmio, e também o [Joaquim] Pina Moura, só num dia fiz seis discursos, voltei para o Brasil realmente muito cansado. Nas conversas com Guterres, vi o seguinte: o D'Alema tem restrições fortes ao Aznar, depois o próprio D'Alema quando se encontrou comigo no Chile reafirmou, a Espanha disputa com a Itália, o Aznar tem ligações com o [Silvio] Berlusconi.** O Guterres gosta do Aznar, acha que o Aznar vai ganhar, como, aliás, ganhou as eleições.*** O Mário Soares achando que o [Joaquín] Almunia**** podia ganhar as eleições na Espanha, mas não havia base pra isso. O Mário é mais militante à antiga, foi da Internacional Socialista.

Conversando sobre o próximo encontro em Berlim, eu disse ao Guterres: "Na prática a diferença que há é que você está à esquerda de todos nós aqui. Estar à esquerda significa, no caso, levantar questões da arquitetura financeira internacional, da desigualdade social, da exclusão em nível mundial". O Tony Blair acha que basta dar educação, que dando educação se dá igualdade e o resto é com o mercado. Isso é um pouco de exagero, o próprio Guterres reconhece, mas mostra o quanto o Tony Blair tem uma tintura de socialismo, de progressismo, ou do que seja, acredita mais no mercado do que nós outros acreditamos.

Nesse meio-tempo, falamos sobre os alemães e a questão do Fundo Monetário [da escolha do diretor-gerente]. Os alemães propuseram outro nome, [Horst] Köhler. Fui informado disso por um senhor amigo do Lampreia com quem me encon-

---

* A cerimônia do prêmio de Homem do Ano aconteceu na sede da Câmara de Comércio e Indústria Luso-Brasileira, em Lisboa.

** Magnata da mídia e presidente do Forza Italia, principal partido de oposição ao governo D'Alema.

*** O Partido Popular de José María Aznar venceu as eleições gerais espanholas em 12 de março de 2000, renovando o mandato do presidente do governo até 2004.

**** Líder da oposição socialista.

trei em Portugal, que fez bons elogios ao Köhler. Na volta conversei com o Malan, para apoiarmos logo os alemães, visto que na primeira vez não ficamos abertamente com o Caio [Koch-Weser].

No meu modo de ver, teria sido muito melhor para nós o Caio do que o Köhler, que não conhecemos. O que atrapalhou foi a candidatura do Stanley Fischer, que é indiscutivelmente muito competente e tem ajudado o Brasil. Isso nos inibiu para um apoio mais aberto aos alemães. O Guterres achava que a situação do Köhler estaria garantida, não foi o que encontrei no Brasil; quando voltei, ainda havia dúvidas, mas no final acabaram por acertar o nome do Köhler, o Clinton concordou. "Clinton" quer dizer Larry Summers, quer dizer todos os demais em Washington. Ainda ontem, o Schröder falou comigo de novo, eu disse que o apoiaríamos, e ele pediu que ajudássemos a Alemanha com os países em desenvolvimento, pois o Brasil tem peso para apoiar o nome do Köhler. Já dei as instruções correspondentes ao Pedro Malan nessa matéria.

Depois fomos ao Chile, uma viagem fortemente emotiva. Fui à Assembleia ver o juramento, que aliás não é "Eu juro...", é "Eu prometo...". Os agnósticos prometem e os católicos juram. O Ricardo Lagos prometeu. Me encontrei com a Isabel [Allende Bussi],* minha antiga aluna e colaboradora, pessoa de quem gosto muito, ela muito emocionada, me tratou muito bem, me abraçando, me beijando no Congresso, os nossos jornalistas nem sabem que ela é filha do [Salvador] Allende,** ali só procurando fofoca sobre o Brasil. Por quê? Porque nesse meio-tempo estão estourando na Globo, de novo, declarações da Nicéa Pitta a respeito de corrupções na prefeitura [de São Paulo], e de repente envolveram Antônio Carlos.***

A Globo foi muito dura com Antônio Carlos, começou com uma fotografia do busto do Luís Eduardo e acabou com Antônio Carlos tratado como "outros, outros corruptos". Achei exagerado, achei que não havia base para isso. A Nicéa fez sua afirmação, sei lá se o Antônio Carlos tem ou não tem alguma coisa a ver com os precatórios e a OAS, o fato é que não há nenhuma evidência, e a Globo tomou como se fosse boa a palavra da Nicéa. Isso perturbou muito os jornalistas brasileiros, queriam saber a minha opinião, eu me esquivei, porque não tinha visto as declarações na televisão, não podia falar nada nem queria me meter nessa confusão que é tão grande, nessa podridão que está acontecendo nas Câmaras de Vereadores, mas não só nelas — no Brasil.

* Deputada pelo Partido Socialista do Chile.
** Ex-presidente do Chile (1970-3).
*** A ex-mulher de Celso Pitta denunciou um esquema de compra de votos de vereadores em São Paulo, financiado por empreiteiras contratadas pela prefeitura. Além disso, acusou o senador baiano de interceder junto a Pitta pela liberação de pagamentos à OAS e de usar a CPI dos Precatórios, em 1997, como instrumento de pressão sobre o ex-marido. Nicéa Pitta garantiu à Globo que ACM tentara impedi-la de conceder entrevistas à imprensa.

No Chile, só reencontro de amigos, [Alain] Touraine estava lá, a Carmencita [Carmen Cariola Sutter], enfim, uma série imensa de amigos, os do governo, o Ricardo Lagos muito bem, fiz a reunião com ele, com o D'Alema e com o De la Rúa. De la Rúa teve uma reunião comigo antes, porque há sempre fofocas sobre Brasil e Argentina. O De la Rúa é um homem cheio de considerações, respeitoso, estava numa posição difícil, o Giavarini muito simpático e muito aflito, o Lampreia mais duro na relação com a Argentina. A esses encontros se juntaram a presidente da Finlândia* e a primeira-ministra da Nova Zelândia,** pessoa muito agradável, na primeira parte do encontro definimos nossa participação nas coisas internacionais, inclusive no prosseguimento do encontro de Florença. Mas, que eu saiba, até agora não houve confirmação do convite ao Ricardo Lagos e tampouco ao De la Rúa.

O D'Alema conversou muito comigo, ele era o mais esperto de todos os presentes, o Lagos também é, mas está atualmente sem espaço como presidente. O D'Alema foi claro, esse encontro será para poucas pessoas, quer fazer numa fundação dele na Itália, não acredita muito em coisas grandiosas demais, tem dúvidas sobre a Internacional Socialista, que é bem grande. Suas posições em geral são bastante coincidentes com a agenda que estamos fazendo aqui. O Roberto Freire, que esteve comigo no Chile, juntamente com o Artur da Távola e outros parlamentares, bastante impactado com as coisas do D'Alema. Roberto Freire sabe, no íntimo, que o nosso caminho é o caminho da agenda moderna da esquerda, correta, e ele até tenta ajudar nessa direção.

Lá me encontrei com o Serra, que estava um tanto esquivo. Não reclamou nada da entrevista [da *Época*], que eu já desmenti.

Do Chile quero ainda registrar o espetáculo comovedor de ver o Ricardo Lagos fazer um belo discurso no balcão do Palácio de la Moneda, no mesmo balcão onde assassinaram o Allende.*** Isso tudo foi muito, muito emotivo. Falei também com os candidatos à Presidência do México,**** tanto o [Francisco] Labastida, do PRI, como o [Vicente] Fox, do PAN.

Recebi o primeiro-ministro da Polônia***** para discutir a dívida que a Polônia tem com o Brasil,****** ela quer nos empurrar armamento polonês em troca da

---

* Tarja Halonen.
** Helen Clark.
*** Como ficou comprovado por uma investigação da Justiça chilena concluída em 2011, Allende se suicidou com um tiro de fuzil em seu gabinete durante o cerco das forças golpistas ao palácio presidencial, em 11 de setembro de 1973.
**** As eleições gerais mexicanas estavam marcadas para 2 de julho de 2000.
***** Jerzy Buzek.
****** O Brasil adquirira títulos da dívida polonesa ("polonetas") entre 1977 e 1980, originados do débito polonês na balança comercial bilateral.

dívida, o que não é aceitável. Dei várias audiências, inclusive ao [Gustavo] Noboa, que é o novo presidente do Equador. Vi também o Mahuad por lá. A situação do Equador é dramática e o Noboa tem consciência disso. Eu disse a ele que nós éramos responsáveis por não termos apoiado mais fortemente o ex-presidente, Jamil Mahuad, e que é preciso fazer alguma coisa. Se os atuais avançarem no Equador, vai dar algo semelhante ao que aconteceu na Venezuela, há coronéis presos, muitos deles com aquele indigenismo ingênuo dos militares, mas gente de boa qualidade, uma insatisfação imensa dos indígenas e corrupção bancária — essa corrupção do mundo capitalista atual. Esse foi o depoimento mais interessante que ouvi no Chile, fora a conversa com o D'Alema.

Voltei do Chile para o Brasil no domingo passado, dia 12, chegamos aqui tarde, Ruth veio também, e ficamos aqui na segunda-feira. Ruth foi ontem a Nova York,* não sei como ela está aguentando tanta pressão, e eu fiquei aqui por conta, agora sim, das fofocas brasileiras: teto, salário mínimo são as questões dominantes.

AGORA SÃO SETE E MEIA DA NOITE DESTA QUINTA-FEIRA, É DIA 16 DE MARÇO: retomando as gravações. Eu me referi que ia ficar por conta das fofocas brasileiras, mas na verdade parcialmente, porque na manhã de segunda-feira, tanto eu como Ruth recebemos o Mark Malloch Brown, administrador do PNUD, conversa boa. O resto foi mais rotina, recebi o Carlos Melles,** relator geral do Orçamento, que me disse com todas as letras que fez um esforço imenso para manter o orçamento dentro do realismo, mas impossível, porque os deputados querem gastar mais. Não tem dinheiro, então eles inflam a receita, tem uns 4, 5 bilhões de receita que não existem realmente.

Na terça-feira, recebi as credenciais de novos embaixadores e tive a satisfação de falar com Alain Rouquié, que trabalhou um tempo no Cebrap como estagiário e hoje é embaixador da França no Brasil, homem competente, foi uma boa designação. À tarde recebi dois ministros, um do Reino Unido, da Grã-Bretanha, chama-se John Prescott,*** e outro da Itália, que é o Piero Fassino.**** O Prescott fala muito rapidamente, é um inglês difícil de ser entendido porque é um inglês muito *british*, mas é um homem fascinante, ele é do velho Labour que aderiu ao New Labour, falamos muito sobre isso. É a primeira vez que vem ao Brasil e, curiosamente, está encantado com Brasília. E o Piero Fassino é um antigo líder comunista italiano, hoje é da esquerda, do Partito Democratico della Sinistra, que é o partido do D'Alema,

---

* A primeira-dama, que acompanhara Fernando Henrique nas visitas a Portugal e ao Chile, viajou para uma reunião do conselho da United Nations Foundation.
** Deputado federal (PFL-MG).
*** Ministro de Meio Ambiente, Transporte e Governos Regionais.
**** Ministro do Comércio.

também muito agradável, todos eles inteirados das mudanças que estão ocorrendo no Brasil.

Quarta-feira, ontem, já foi um dia mais burocrático, cerimônia de entrega da Carta de Goiás,* que é uma coisa sobre turismo. Eu estava de bom humor, apesar de muito cansado, não tinha dormido bem à noite, custei a dormir, então resolvi me distrair e falei sobre turismo, e para falar de turismo falei de *Memórias de Adriano*, falei, como falo sempre, de Montesquieu, falei uma porção de coisas sobre autoridade, brinquei um pouco. Depois dei uma longa entrevista ao jornal *Le Figaro* para um sujeito chamado Charles Lambroschini. Recebi o Jarbas Vasconcelos, de quem gosto muito e que, quando vem para uma audiência, vem com coisas concretas sobre Pernambuco.

Hoje de manhã, recebi o general Banzer, presidente da Bolívia, para falar sobre um grande contrato de fornecimento de gás pela Bolívia,** gás descoberto pelos próprios brasileiros, pela Petrobras.

Fui à solenidade de entrega de um prêmio chamado Luís Eduardo Magalhães,*** que está ligado com o que relatarei já sobre as polêmicas com o Antônio Carlos. Foi uma coisa emotiva, sempre gostei do Luís Eduardo, os discursos foram bons, sobretudo o do Bornhausen e o do Marco Maciel. O Temer também fez um bom discurso, foi uma sessão agradável, se é que pode ser agradável uma sessão em memória de uma pessoa tão querida como foi o Luís Eduardo.

Recebi à tarde o presidente do PTB, José Carlos Martinez, que é hoje um aliado do PSDB, cheio de ideias, a fusão deles com o PDT, enfim, além de falar sobre os interesses dele diretos nas questões de comunicações, sei lá. Depois recebi o George Alleyne, que é o diretor da Organização Pan-Americana de Saúde, e agora estou me preparando para ir ao Itamaraty, a um jantar também em homenagem ao Banzer.

Esta semana, como eu disse, foi tomada de fofocas. Antônio Carlos apoiou o Medeiros, que retomou a tese do [Paulo] Paim dos cem dólares do salário mínimo. Tudo isso é um disparate, o trabalhador não come em dólar, não compra em dólar, compra em reais. O salário mínimo é muito baixo, mas é o maior que tivemos em todo o tempo da história, foi esse que veio do real para cá, houve um aumento real de 28% no salário mínimo, mas é sempre uma miséria. Quando se compara o salário mínimo com o almoço de um rico, é uma loucura essa desigualdade. Essa dispa-

---

* Documento produzido pelo I Congresso Brasileiro da Atividade Turística, realizado em Rio Quente (GO) em dezembro de 1999, com diretrizes para a formação da Agenda Única Nacional de Turismo.
** O governo brasileiro contratou a ampliação da vazão de gás natural bombeado do país vizinho, programada para atingir 30 milhões de metros cúbicos em 2004.
*** Atribuído pelo Instituto Tancredo Neves, *think tank* do PFL, a jovens universitários autores de monografias sobre problemas brasileiros. A cerimônia da segunda edição do prêmio aconteceu no Auditório Nereu Ramos da Câmara dos Deputados.

ridade no Brasil é tremenda. Nós temos mostrado que quem ganha salário mínimo no setor produtivo é 3%, 4% da população economicamente ativa. Há alguns outros que nem salário mínimo ganham, é verdade, mas esses estão na informalidade e, por mais que se aumente o salário mínimo, ele não os atinge.

Entretanto, a questão salário mínimo deixou de ser uma demanda dos interessados diretos, os trabalhadores de salário mínimo, os aposentados, que são a maioria, e passou a ser um jogo político: o PFL, através do Medeiros e do Antônio Carlos, tomou a bandeira do PT, mas é pior, porque agora são os da base que estão querendo cem dólares, cem dólares a todo custo — aumentar para 180 reais, que hoje é, aliás, mais do que cem dólares. O dólar caiu bastante, está a R$ 1,73, mas de qualquer maneira um aumento para esse nível significaria, se for para 180 reais, 8 bilhões de déficit da Previdência. É inviável.

Então não se sabe como sair dessa. O Antônio Carlos aproveita sempre para colocar o governo numa situação difícil, e a mim também, faz um jogo do seu tipo — já faz a mesma coisa no que diz respeito ao teto do funcionalismo. Não vou entrar em detalhes, acho que me meti demais para salvar a posição do Jobim e do Velloso, um assunto que não era nem meu, mas que acabei assumindo para manter a dignidade do Judiciário, evitando uma greve. As pessoas aqui não pensam assim, pensam em termos do que é vantajoso para cada uma delas, e certamente isso não foi vantajoso para mim, para a imagem do presidente. Foi ruim, mas evitamos a greve.

Antônio Carlos não está nem aí, vai pra lá, vai pra cá, briga com Temer, briga com o Velloso, declarações dia e noite, ele está abatido. Na solenidade do Luís Eduardo, o vi muito abatido. Nesse meio-tempo, quando estamos discutindo o salário mínimo nesses termos que mencionei, e com muita dificuldade, a equipe econômica mostra que não dá para ir muito além de aumentar o salário para corrigir a inflação, que é 7%. Dez por cento de aumento seria insatisfatório, chegando no máximo a 150 reais. É insatisfatório do ponto de vista político, público, e pesado do ponto de vista da Previdência. Estamos estudando uma forma, que eu gosto, que consiste basicamente em dar o que for possível para a Previdência e deixar que os governadores tenham uma margem de manobra e que possam, por delegação, aumentar o piso do setor privado, chegando talvez até aos 180 reais de que tanto se fala.

É esse o miolo do debate, e isso vai demorar algum tempo ainda, os aproveitadores vão estar o tempo todo tentando pescar em águas turvas. Essa ideia de teto para o funcionalismo, claro que eu não vou voltar a ela; é outra confusão danada, mas é certo mesmo que se há um teto de xis, de 11,5 mil reais, eu poderia chegar a 12,7 mil, com a condição de que seja um teto mesmo, isto é: alguém que tenha uma aposentadoria poderia acumular até ao teto. Mas não é isso que eles querem; eles querem subir os dois tetos. Aí é difícil, fica complicado, mas a Câmara não vota sem isso, o Judiciário também quer que os juízes que estão no Tribunal Eleitoral recebam a sua parcelinha adicional, para poderem chegar a 12,7 mil reais. Cada qual puxa a brasa para a sua sardinha, ou melhor, para o seu bolso.

A outra confusão em marcha diz respeito a umas declarações da Nicéa Pitta que tiveram muita repercussão. Eu estava no Chile na ocasião, a Globo realmente pisou firme no acelerador. O que a Nicéa disse não dava base, a meu ver, para tanta celeuma sobre o Antônio Carlos, independentemente de ter feito ou deixado de fazer pressão para o Pitta receber recursos e precatórios do Banco do Brasil ou de onde seja. Isso, dizem, teria interesse para a OAS; o Banco do Brasil está muito separado do negócio de precatórios. O que foi apresentado foi uma demanda por causa de São Paulo. Enfim, eu não sei, mas de qualquer maneira não há nada, a não ser a palavra da Nicéa dizendo que o Antônio Carlos fez esse tipo de pressão. E também não dava para a Nicéa Pitta fazer tanta pressão pública através da Globo em cima do Antônio Carlos; isso é sinal de que a Globo está se afastando do Antônio Carlos, um sinal político importante. Agora, é sofrido lá para ele; verdade que quando fazem em cima de mim, como fizeram com aquela infâmia do dossiê Cayman, não houve tantas vozes de solidariedade. Enfim, isso esquentou muito o ambiente.

Essa questão do Pitta é uma podridão só. Pitta, Maluf e companhia bela, eu tenho preocupação, porque abro os jornais e só vejo sujeira, sujeira de corrupção, de violência, de crime, de suspeitas. É difícil construir uma nação quando o clima é este, parece que tudo é podridão. Em parte é, e tenho medo de que isso cresça no futuro. Não durante meu governo, porque tenho recursos morais e também capacidade de conduzir a economia no Brasil de maneira que se impeça uma volta à ideia tipo militares, como na Venezuela ou, sei lá, como no Equador. Mas desse ponto de vista a situação do Brasil é preocupante.

Hoje estive com Ancelmo Gois, que vai passar a uma nova forma de fazer notícia na internet.* Ele estava dizendo que é incrível, mas que os jornalistas não querem reconhecer que hoje é diferente; seria correto reconhecer o avanço. Eu sei que é assim, mas é demais, cria um clima ruim, então não se trata de inibir a crítica, tem muita coisa errada, injustiça social, só que ficando apenas nisso não se vê as tendências e mudanças da situação. Não é choradeira de político, não; é preocupação de brasileiro com a autoimagem, com a autoestima, uma série de coisas que são realmente preocupantes, e do jeito que vão indo, no futuro...

---

* O jornalista sergipano inaugurava um blog noticioso no portal No., antecessor do NoMínimo, extinto em 2007.

18 DE MARÇO A 8 DE ABRIL DE 2000

A situação eleitoral. Definição do salário mínimo. Viagens à Costa Rica e à Venezuela

Hoje é dia 18 de março, sábado. Jantei na quinta-feira com Banzer. A pretensão histórica que os bolivianos têm, e acho que genuína e correta, é de acesso ao mar. Banzer pediu que eu interferisse junto ao governo do Chile, o que faremos. Não é fácil.*

Ontem, sexta-feira, fui almoçar na embaixada da Bolívia com o Banzer e alguns ministros dele, assuntos da Bolívia, tratados que ele fez, nada de mais sério a ser discutido. Voltei para o Alvorada e passei o dia aqui. Recebi o Renato Guerreiro para conversar sobre a Anatel, convencê-lo a ficar mais um pouco de tempo à frente da Anatel, e para saber como andam as instruções a respeito do tipo de frequência aqui usada para os celulares. Estão ocorrendo modificações tecnológicas importantes, há diferentes sistemas e as opções têm implicações no futuro. Passei em revista os problemas da agência e da legislação, ele está de relações boas com o Pimenta, o que me alegra muito.

À noite jantei com Pedro Malan, ele veio aqui e ficou conversando comigo, como de hábito faz, passamos em revista as questões relativas à conjuntura econômica, ele como sempre muito prudente. Não acha aconselhável esse Programa de Renovação da Frota,** mas o Tápias já tinha anunciado que em dez, quinze dias sai alguma coisa. Discutimos o salário mínimo, depois ouvi algumas reclamações sobre o estilo do Pedro Parente, que puxa muito as decisões para o palácio [do Planalto], para mim, na verdade. Por vezes eu não estou totalmente por dentro do assunto e tomo a decisão atropelando os ministros, embora eu nunca faça isso sem que sinta qual é a linha que eu desejo realmente. O Pedro, é claro, se ressente disso e quer mais o controle das decisões que têm efeito sobre a área econômica. É também uma questão de estilo, Malan e Pedro são muito diferentes.

Voltamos a discutir o infindável tema da sucessão, o Pedro [Malan] disse, com toda a razão, que não vê por que o pessoal do PSDB não assume o governo. O próprio Serra deu uma declaração falando que tampouco aceita as limitações que o

---

* Vencedor da Guerra do Pacífico (1879-83), o Chile conquistou territórios litorâneos à Bolívia e ao Peru na região do deserto de Atacama. La Paz reivindica desde então que sejam devolvidas as regiões ocupadas pelos chilenos, para recuperar o acesso boliviano ao Pacífico.

** O Programa de Renovação e Reciclagem da Frota Nacional de Veículos, em elaboração pelo governo, previa a retirada de circulação de carros com mais de quinze anos de uso. Baseado na concessão de incentivos fiscais para as montadoras e apoiado pelas centrais sindicais, o programa não chegou a ser lançado.

FMI quer impor. Eu também não aceito, mas o Serra não devia dizer isso, ofende o resto do governo. O assunto Serra é infindável, ele é de catar milho, coisa por coisa, cobrando, cobrando. Acho uma pena o Serra não assumir que é governo e defender o governo. Está bem, ele é contra a política cambial, eu sou a favor, mas devia vestir a camisa, porque não vai haver vitória daqui a dois anos e meio se a pessoa não for do governo. Ganha a oposição.

Há uma falta de vontade de abraçar a tese do governo por razões várias, cada um tem sua restrição, quem menos tem é o Mário Covas, que sempre defende o governo nas horas mais difíceis. O Serra defende pontualmente, deixando reticências. O Tasso quase não fala, às vezes fala, às vezes defende. O Paulo Renato não tem tido peso nessas discussões. Estamos sem cartas para jogar e eles não percebem que, dessa vez, como me disse o Jader — veja só, o Jader! —, a candidatura do governo terá que ser uma construção política. Não há um líder como eu fui ou vim a ser por causa do real. Eu sei falar na televisão, falo com sinceridade sempre, neste momento não há esse líder, é difícil que apareça. Então ou nós construímos uma candidatura, ou um Lula da vida, ou quem tiver mais méritos, chega lá. Ou o Ciro, que, esse sim, é oportunista.

A volatilidade é muito grande na escolha eleitoral. A última pesquisa feita em São Paulo mostra que, de repente, caiu o Maluf e subiu a [Luiza] Erundina. Uma coisa não tem nada a ver com a outra, subiu a Erundina e não o Geraldinho [Geraldo Alckmin]. Ou seja, está tudo flutuando, não há candidatura realmente enraizada, há chances e o nosso pessoal se batendo por razões menores, um cata milho, o outro está de mau humor, o outro afastado até que o Ciro saia da cena... Enfim, como sair dessa situação?

Os jornais continuam um desastre, é só crime, corrupção, bandalheira, verdadeiras às vezes, ou quase sempre, mas esse foco deixa de lado tudo que está sendo feito no Brasil. Dá a impressão de que o país está podre, quando na verdade, além da podridão, que existe, muita coisa está se construindo — tenho certeza de que estamos construindo. Isso não consegue transparecer por causa desse clima empesteado. Não sei se é essa sociedade colonial, subdesenvolvida, arrivista, sociedade com muita mobilidade e, ao mesmo tempo, muita ganância.

Daqui a pouco vou para a fazenda com Pedro Parente, o Vilmar e o Aloysio. Voltaremos para comer um churrasco na hora do almoço com o Paulo Renato.

HOJE É QUARTA-FEIRA, DIA 22 DE MARÇO. Efetivamente, no sábado, depois da fazenda e do churrasco, conversamos um pouco a respeito dos problemas, para dar prioridade a algumas questões. Insisti muito em educação, principalmente em ciência e tecnologia, na questão da segurança e na concentração num certo número de cidades, sobretudo no Nordeste, onde há zonas de pobreza muito grande, para que tenhamos efeitos mais concentrados sobre a pobreza.

Acho que esses são os três itens que podemos enfrentar com mais energia nesse segundo mandato.

À noite vi um filme desses de violência americana. No dia seguinte, domingo, a Ruth chegou de manhã, almoçamos, conversamos, no fim do dia apareceu aqui o Raul Jungmann, para conversar sobre o que ele está fazendo na Reforma Agrária, dificuldades, o Banco do Brasil não libera recursos, acabou, ontem me telefonou dizendo que havia liberado para o Pronaf, para atender o Nordeste. Está chovendo no Nordeste e tem que plantar agora.

Mas o Raul veio sobretudo conversar sobre política. Ele quer entrar no PSDB e fica perplexo com a falta de capacidade organizatória do PSDB para enfrentar os problemas políticos do Brasil, um pouco o que eu registrei no sábado passado a respeito da situação no Brasil. O Raul tem sensibilidade política, ele acha o Ciro um desastre e não vê saída para o PPS, que casou com o Ciro. Acha que em São Paulo nós devíamos apoiar a Erundina, no que eu também concordo, fazer uma mexida para tirar o Geraldinho do jogo. Isso foi no domingo.

Na segunda-feira, além dos despachos normais com Gilmar Mendes, com o porta-voz, Ana Tavares etc., almocei com o Marcelo Alencar, Pimenta e Aloysio, discutimos o Rio de Janeiro. O Marcelo estava um pouco magoado, e com alguma razão. O Ronaldo Cezar Coelho foi para a presidência da Comissão de Constituição e Justiça, e o Marcelo — que é um homem de quem eu gosto, tem noção de política — fez uma análise do Rio de Janeiro, ele sabe que o Ronaldo não tem chance de se eleger prefeito. Mais adiante ele vai tirar o Ronaldo cem por cento; ele fala do Artur da Távola, mas acha o Artur indolente. No fundo quer apoiar Cesar Maia. Eu já disse a ele que o Cesar Maia é uma pessoa não confiável; em todo caso, já apoiamos tanto os não confiáveis... Vamos ver como isso evolui.

Recebi Ricardo [López] Murphy, ministro da Defesa da Argentina; os encontros que temos tido com os argentinos sempre são muito agradáveis. Eu os vejo cada vez mais embrulhados lá e cada vez mais tendentes a dizer que a responsabilidade pelas dificuldades deles é do Brasil. Ainda ontem o Malan me passou uma reportagem do *Clarín* nesse sentido e uma tentativa de conversa do [José Alfredo] Martínez de Hoz* com ele para acertar esses pontos, que, na verdade, não existem.

Recebi o José Maria Monteiro no fim do dia, que veio me dizer que não quer mais ficar na BB Seguros, a seguradora. O Banco do Brasil, segundo ele, não está com a desenvoltura necessária, que o presidente do Banco do Brasil é muito burocrata, não é de ser empresário. Acho que ele tem razão nisso, há que se botar ordem no Banco do Brasil.

Além disso, uma reunião importante com os ministros da área econômica, as pessoas de sempre, discussão sobre como avançar na direção de um salário mínimo realista, ou seja, ao redor de 150 reais, e uma abertura para que os estados pos-

---

* Banqueiro e empresário argentino, ex-ministro da Economia durante a ditadura militar.

sam aumentar o seu salário, o piso profissional, até quem sabe 170 [reais] ou algo assim. E sobre uma estratégia a ser definida de como levar adiante essa questão.

Na terça-feira, que foi ontem, de relevante houve a implementação dessa estratégia e o fato de que a Comissão [de Assuntos Econômicos] do Senado aprovou por 22 votos a 0 o nome da Tereza Grossi como diretora do Banco Central, apesar do carnaval feito por Eduardo Suplicy, Requião e Pedro Simon. A moça é correta, quiseram envolvê-la na crise do Banco Central do ano passado, mas eu segurei a peteca. Isso foi importante para mostrar que não se pode achincalhar uma instituição como o Banco Central só por exibicionismo.*

Os ministros começaram a depor no Congresso, eu vi o Martus na semana passada, ontem foi o Dornelles, começaram a fazer um contra-ataque nessa demagogia desenfreada [sobre o salário mínimo]. Antônio Carlos, que foi procurado pelo Pedro Parente, já está mais calmo, tendente a entender a realidade e aceitar que não dá para votar um salário mínimo em 180 reais, o que arrebentaria totalmente a Previdência, desorganizaria a economia, traria de volta a inflação, e quem acabaria pagando o preço é o trabalhador.

À noite o Nizan jantou comigo, com a Ruth e com o Paulo Henrique. Chamei o Armínio, que está eufórico tanto quanto o Nizan, os dois são de visão avançada, na posição de quem não tem preconceito, acreditam que as coisas podem avançar. São pessoas para a frente, que têm espírito empreendedor.

HOJE É 24 DE MARÇO, SEXTA-FEIRA, quase meio-dia, estou me preparando para uma viagem a Mossoró, depois vou inaugurar o aeroporto de Natal.** Em Mossoró a questão é de irrigação.***

Ontem foi um dia muito agitado, e tenso também, porque passamos o dia a costurar a forma final da proposta de aumento do salário mínimo. Desde a véspera, aniversário do Aécio, quando estive lá no Iate Clube, era visível a tensão para saber quem ganha e quem perde com a decisão do salário mínimo.**** Ninguém pensou em trabalhador, todo mundo pensando nos partidos, se ganha o Antônio Carlos, se o PMDB, se o PSDB. Eu, governo federal, estive pensando em como é possível aumentar a capacidade de compra dos trabalhadores sem danificar o equilíbrio fiscal, mas a questão virou política.

---

* Em 28 de março, a indicação de Grossi para a diretoria de Fiscalização do BC foi aprovada por 45 votos a 27 pelo plenário do Senado.
** Aeroporto Internacional Augusto Severo, em Parnamirim, desativado em 2014.
*** Inauguração da adutora Jerônimo Dix-Huit Rosado Maia, com capacidade de bombear 1,4 mil metros cúbicos por hora para o abastecimento hídrico de Mossoró e região.
**** A imprensa da época registrou escassa presença de pefelistas na comemoração do quadragésimo aniversário do deputado mineiro, no clube brasiliense.

Com muitas idas e vindas, estava claro que PMDB e PSDB prefeririam que não houvesse um teto para que os governadores pudessem ajustar os salários dos setores privados aos salários dos seus estados. Eu pensei durante a noite e achei que era razoável que não houvesse o teto. Por quê? Porque se eu fixasse em 170 [reais], o Congresso elevaria para 180; se eu fixasse em 180, o Antônio Carlos teria vencido; se eu fixasse em duzentos, seria irresponsabilidade minha, eu puxaria demasiado alto os salários.

Ontem de manhã, resolvi falar com o Amaury Bier. Amaury tinha a mesma sensação que eu. Pedi que falasse com o Malan, e daí por diante, desencadeei ligações telefônicas com o Dornelles, com o Madeira, enfim, com os principais atores do processo, Pedro Malan, Pedro Parente. Vieram aqui Pedro Parente, Aloysio Nunes e Andrea Matarazzo também com essa mesma ideia, e saí vitorioso. Está fixado o valor, o Malan me deu um documento que tinha guardado, mostrando que não podíamos de forma alguma ultrapassar 150 reais, por causa dos efeitos do aumento do salário do funcionalismo.

Por outra parte, como já havia sido anunciado pela repórter Miriam Leitão numa conversa que teve comigo há mais tempo, ela tinha deduzido que seria 150 [reais], ficou parecendo que informei, e não informei nada. Chamei aqui o Malan e o Bier com o Aloysio, fizemos as contas, mostrei que 151 significa o dobro da inflação do período de onze meses, que agora vamos reajustar para abril o salário mínimo, o que significa um aumento real de 5%. São números redondos, e ficava bem, e assim foi. Fui para a reunião com todos os líderes, fiz a exposição, tensa, densa, e houve apoio generalizado.

Antes da reunião, conversei com Eduardo Paes* e Paulo Lima,** que foram da comissão do salário mínimo do Congresso. Eles, sobretudo Eduardo Paes, entenderam as razões. Eu sabia que eles iam poder sair dizendo isso, há toda a ginástica retórica parlamentar, mas entenderam as razões e certamente fizeram as suas declarações, que não li ainda, alguns reclamando e tal, mas encaixaram bem a decisão.

Todos os líderes estavam na reunião, inclusive do PFL, chamei o Inocêncio antes, conversei com ele, ele me explicou que a executiva do PFL teve de ser convocada para voltar atrás, mas, enfim, foi um apoio na verdade maciço. Não que estivessem felizes, ninguém está feliz com um aumento só para 151 [reais], mas é o máximo que as finanças públicas aguentam. E nós realmente inovamos, porque se rompeu o peso dos pés de chumbo do aumento do salário mínimo, que é a questão da Previdência. Há o salário mínimo nacional, mas cada governador poderá definir outras formas de salário.*** Claro que isso vai deixar os governadores nervosos,

---

* Deputado federal (PTB-RJ) e relator da comissão especial da Câmara sobre o novo mínimo.
** Deputado federal (PSDB-SP) e presidente da comissão especial.
*** Além do mínimo nacional de R$ 151, a proposta do governo autorizou o aumento dos mínimos estaduais até o teto de R$ 180.

porque tem os do PT, que vivem querendo salário mínimo de novecentos [reais]. Agora eles podem fazer; se quiserem, que o façam, e assim os do PFL, que estavam nessa posição.

Anteriormente eu tinha falado também com o Antônio Carlos, ele não reagiu mal, não, achou razoável mesmo sem o limite máximo, ele se ajustou. Enfim, a operação parece ter sido exitosa, porque invertemos o ônus da demagogia. Ficou agora por conta dos governadores. Já diminuiu muito a demagogia, porque uma coisa é todos pedirem que eu faça o que não se pode fazer e outra coisa, muito mais difícil, é eles mesmos fazerem o que não é possível fazer. Isso abre também uma nova página nas relações trabalhistas e será possível ajustar melhor o salário do setor privado. Alguns até temem isso. Consultei o Armínio Fraga, ele achou que valia a pena correr o risco, todos com quem falei acharam, no fundo, que valeu a pena correr o risco dessa mudança tão significativa em relações tão delicadas como são aquelas que definem o salário mínimo e a vinculação disso com o resto da economia. Foi um passo importante.

HOJE É DOMINGO, DIA 26 DE MARÇO, são oito da noite, estou chegando do Rio de Janeiro. Na sexta-feira, fui a Mossoró, no Rio Grande do Norte. Mossoró é uma cidade muito hospitaleira, povo na rua, e tal, um pequeno grupo de manifestantes. Pois bem, esse grupo de manifestantes, cinquenta pessoas no máximo, entrou numa reunião onde havia 3 mil pessoas, com faixas agressivas e apitos na boca. Eles chegaram próximo ao palanque e fizeram muito barulho. A polícia não agiu porque não age nessas horas — nós estamos aqui num regime de muita condescendência. Fiz um discurso forte, aplaudido por todo mundo, fiz todo mundo levantar as mãos para mostrar que estavam do meu lado e tal.* Isso serviu de base para a imprensa transformar [o ato] em uma grande manifestação contra o salário mínimo. Na verdade havia faixas sobre o salário mínimo desse grupelho; o resto não tinha nada, nada a ver com isso.

O destaque nos noticiários é sempre para o que discrepa. Os jornais todos, no dia seguinte, mostraram a primeira reação popular contra o salário mínimo, não disseram que a grande massa era a favor, mas era um ato, nós estávamos levando água para Mossoró. Depois inaugurei em Natal um aeroporto, fiz discurso etc. e fui para o Rio de Janeiro. Lá esperei a Ruth, que ia chegar com alguns amigos da Júlia e do Pedro, vieram todos e dormiram na Gávea Pequena.

* No registro da Biblioteca da Presidência: "Ao me despedir desse povo, ao agradecer mais uma vez o modo como vi nas ruas desta cidade, ao aqui chegar, o apreço que têm pela prefeita [Rosalba Ciarlini, do PFL], pelo governador [Garibaldi Alves Filho, do PMDB] e a gentileza que têm para com o presidente, vim pedir a esse povo — e só peço isso: que todos levantemos a mão, numa afirmação pelo Brasil! Viva o Brasil!".

No sábado, ontem, almocei uma leitoa muito boa com toda a família, Duda, Bia, Getúlio, Luciana. Paulo Henrique, não, porque ele estava em São Paulo. Depois do almoço, eu e Ruth fomos à casa da Rosiska [Darcy de Oliveira], lá estavam o João Moreira Salles e a mulher,* assim como também o Pedro Moreira Salles e a mulher dele,** e um casal amigo deles, acho que era a irmã da Adriana [Médicis],*** embaixatriz nossa no Chile. Foi muito agradável, ficamos até tarde, voltamos, vimos um filme do Oscarito, dormimos, porque estávamos ambos cansados, Ruth e eu.

Hoje, domingo, comemoramos o aniversário da Júlia, aí foram 32 crianças, muita animação. No final do dia chegou o Paulo Henrique com a Vanvan. Voltamos para Brasília e Ruth agora está indo neste momento para São Paulo.

O episódio do salário mínimo passou muito bem, vi o Dornelles na GloboNews, ele foi brilhante na exposição que fez. Vai haver aumento de salário, o que é bom, e não só do mínimo, que tem aumento real de 5%. Como no Brasil não se sabe calcular, parece que é pouco. Na verdade, se fosse possível dar todos os anos 5% de aumento real de salário mínimo, o impacto seria grande. O [Marcelo] Néri, que é um bom especialista, disse isso com todas as letras, acho que o Martus também. Os cronistas de jornais só mostraram a esperteza do governo, porque devolvemos a bola aos governadores. É verdade, mas é verdade também que isso vai permitir uma folga na questão salarial — e não folga política apenas, porque a pressão passa para os governadores. Quero ver a cara do Paim pressionando para que o Olívio Dutra ponha em prática o que ele vive pregando, salário, sei lá, de novecentos reais, imagine. Quero ver o que acontece. Provavelmente nada.

Acho que foi bom, a opinião pública está começando a entender. Antônio Carlos quis cantar vitória, não pôde cantar, tampouco foi derrotado, e já botou na Bahia 180 [reais] antes da hora, sem lei para aprovar, um gesto truculento, e fez o governador César Borges assinar um aumento antes mesmo de o Congresso ter aceitado a nossa delegação de poderes. Claro que neste momento essa lei é nula, mas mostra bem o estilo. Enfim, acho que essa foi uma operação delicada, difícil. Deixo registrados aqui os lances principais, foi importante que tivesse acontecido.

HOJE É DIA 28 DE MARÇO, TERÇA-FEIRA. Ontem, tudo calmo. Dei um depoimento à Dorrit [Harazim] para um filme que ela está fazendo. Recebi o governador Roriz e o senador Iris [Rezende]. Iris foi me pedir para não deixar

---

* Branca Vianna.
** Marisa Moreira Salles.
*** Claudia Zarvos.

transferir um batalhão de uma cidade goiana, e o Roriz para que houvesse um fundo constitucional para os recursos do Distrito Federal. Depois reunião de coordenação, na qual passamos a limpo toda essa novela de Antônio Carlos, salário mínimo, e tal.

À noite, jantei na casa do Toninho Drummond com o [João] Roberto Marinho, Zé Roberto [José Roberto Marinho]* e vários outros dirigentes do Sistema Globo mais gente aqui de Brasília e o Merval [Pereira], que é dirigente do Rio de Janeiro. Foi um jantar agradável. No final conversei um pouco com o João Roberto, o tema dominante foi o Antônio Carlos, ele explicou que não teve alternativa senão dizer que daqui por diante uma declaração do Antônio Carlos é um fato jornalístico como outro qualquer.

Hoje de manhã, portanto terça-feira, participei aqui de uma discussão muito interessante do Guilherme Dias sobre a situação da agricultura brasileira mais as questões estruturais de financiamento e a necessidade de remodelá-los para chegar aos familiares. Outra conversa foi com Pedro Parente e com Aloysio sobre o mínimo e o Antônio Carlos.

Recebi o senador Arruda, que veio me dizer que achava que até aprovarmos o salário mínimo era preciso evitar um choque maior com Antônio Carlos. Eu disse isso ontem ao Pedro Parente. Confesso que algumas vezes fico até irritado com essa coisa do Antônio Carlos fazendo de conta que é vítima e que não estamos dando solidariedade a ele, que ele está sendo atacado por todos os lados, e o governo isso e aquilo, como se não fosse ele que está fazendo uma enorme confusão com essa questão do salário mínimo e ficando contra o governo toda hora.

Eu disse ao Pedro Parente que ia almoçar com ele hoje, que, tudo bem, pelo Brasil eu faço, engulo muito sapo, mas que precisa ser uma coisa objetivar essa MP do salário mínimo. Estou cansado de ter gente no governo tomando uma atitude de pseudopolítica de independência diante do governo. Endureci bastante.

Depois telefonei para o Inocêncio, para o Bornhausen, e disse que estou disposto a fazer o que for necessário para manter um bom relacionamento com o PFL, mas que precisaríamos — eu disse ao Jorge Bornhausen — não votar a MP do salário mínimo, para evitar esse novo desgaste. Enfim, a coisa continua muito complicada.

HOJE É SEXTA-FEIRA, DIA 31 DE MARÇO. Eu não me lembrei no discurso que fiz hoje de manhã em Florianópolis. Meu Deus, data fatídica em 1964 este 31 de março, e hoje esquecida, merecidamente.

Na terça-feira, dia 28, reunião de produção agrícola aqui no Palácio da Alvorada, na qual o Guilherme Dias fez uma exposição mostrando a importância que tem a economia familiar na produção brasileira agrícola, e mostrando alguns

---

*Vice-presidente das Organizações Globo.

limites no aumento da produtividade do setor moderno, que está capitalizado, mas que parece ter chegado ao limite do que tem capacidade de fazer. Ele sugere duas coisas: a mudança da forma de financiamento, de modo que haja mais capilaridade, para que se chegue ao pequenino. Para isso, ele quer criar agentes de crédito e transformar a dívida hoje existente, que está no Banco do Brasil, numa espécie de fundo de financiamento, algo mais assim fora dos bancos, não entendi muito bem. Depois mostrou também a importância de desenharmos uma política para o futuro, tendo em vista que, do jeito que vai, não vamos dar um salto maior na agricultura.

Despachei com Amin, para preparar a viagem que farei para lá [Santa Catarina]. O mais importante foi uma reunião com o Gerdau e com todo o grupo da Ação Empresarial* sobre a reforma tributária. Reunião longa, a reforma tributária, como toda gente sabe, é uma coisa que está engasgada.

Na quarta-feira, dia 29, despachei com Eliseu Padilha, que veio me dizer, além do despacho, que o PMDB entende a necessidade da manutenção do PFL, mas acha que devemos apoiar no PFL Bornhausen, Marco Maciel e não Antônio Carlos, isso porque tinha havido lá e houve mais depois com mais força nesse meio dia de quarta-feira um arranca-rabo entre Jader e Antônio Carlos sobre salário mínimo, Antônio Carlos continua impossível, já falarei sobre isso.

Na quarta-feira, recebi o Alberto Weisser, presidente do grupo Bunge & Born, e também o Octavio Caraballo, que pertence à família que é uma das proprietárias do grupo. Recebi o presidente eleito agora do Superior Tribunal de Justiça, o [Paulo] Costa Leite, boa conversa com ele. O Gilberto Mestrinho tem ajudado bastante na aprovação das questões do Orçamento.

O fato importante a registrar é que houve no Senado um arranca-rabo muito forte, aí, sim, entre o Jader e o Antônio Carlos. Antônio Carlos foi falar de novo da questão da Nicéa [Camargo] (ex-Pitta), a Nicéa tem seus desabafos meio descontrolados e de pouca credibilidade, mas o fato é que o Antônio Carlos, para se explicar, acabou tocando no salário mínimo. Jader foi em cima dele dizendo que ele é hipócrita, qualquer coisa assim, porque não dá os meios de aumentar o salário. Eu não ouvi o debate, acabei dormindo, quando fui tentar ver era noite, mas o que todos disseram é que o Jader levou a melhor sobre o Antônio Carlos. Resultado: o homem enlouqueceu.

Nesse meio-tempo, está o Jorge Bornhausen — com quem estive — buscando uma saída para o PFL, fazendo propostas um pouco diferentes, de aumentar já o salário mínimo para o ano que vem, coisas bem inviáveis, mas, enfim, de boa vontade. Antônio Carlos, na reunião da executiva do PFL ontem, quinta-feira, foi fortemente contra tudo isso, criando o maior embaraço para o próprio PFL e insistindo ao lado dos sindicatos que tem que ser como ele quer.

* Fórum de grandes empresários coordenado por Jorge Gerdau.

Na quinta-feira, fiz uma reunião aqui sobre demarcação de terras indígenas com o [Carlos Frederico] Marés, presidente da Funai, mais os ministros correspondentes. O assunto era a coisa sobre a Raposa Serra do Sol, que é muito difícil de ser resolvido porque há a pressão dos fazendeiros. Alguns estão lá há muito tempo e a terra é dos indígenas.*

Recebi em seguida d. Jayme Chemello, que é o presidente da CNBB, e d. Damasceno, para discutir a vinda do delegado papal.** À tarde houve uma solenidade sobre um negócio de qualificação profissional*** com a CUT, Força Sindical, Social Democracia Sindical etc. e depois recebi os dirigentes sindicais. Estavam em bons termos comigo, o Paulinho era o que mais insistia sobre salário mínimo, eu até disse: "Ora, se for assim, vou ter que vetar, não tenho recursos". Resultado: hoje de novo estampam os jornais que eu vou vetar o aumento, Paulinho, naturalmente, jogando a opinião pública contra mim. O que eu vou fazer? É todo mundo irresponsável, eu não posso ser.

Tivemos reunião de coordenação também nessa quinta-feira, da parte política, e o assunto é sempre o mesmo, um vaivém, é a confusão que o Antônio Carlos está montando no PFL. Recebi também o Xanana Gusmão, presidente do Conselho de Resistência do Timor Leste. Eu tinha estado um dia antes com o Council of Americas, uma reunião de quase uma hora em inglês, estava cansado, aí fui lá fiz um discurso com o Xanana. Houve um jantar ontem, dia 30, para o Xanana, aqui no Alvorada. Foi muito agradável, simpático, ele fala lentamente, mas é um tipo que tem certo carisma. Gostei, eles precisam do nosso apoio e vamos dar.

Hoje, sexta-feira, fui a Biguaçu, Santa Catarina, para o Gasoduto Brasil-Bolívia, inauguração do trecho que vai até Porto Alegre.**** O gasoduto está pronto, foi uma coisa importantíssima que fizemos e que viabiliza muito o desenvolvimento industrial. Lá, um grupelho, deve ser do PSTU, gritando contra mim, mas pouco. Fora da área da reunião, sabe Deus o que a imprensa dirá amanhã, porque sempre pega

---

* Uma portaria do Ministério da Justiça baixada em dezembro de 1998 concedera aos indígenas a posse permanente da reserva, localizada no norte de Roraima, e a retirada total dos produtores de arroz. O governo estadual contestava a demarcação contínua da reserva, que foi homologada pelo presidente Lula em 2005. Quatro anos depois, o STF ratificou os limites contínuos da Raposa Serra do Sol e determinou a desocupação das fazendas remanescentes na região.

** O cardeal Angelo Sodano, secretário de Estado do Vaticano, representou o papa João Paulo II nas comemorações do V Centenário do Descobrimento.

*** Lançamento do Programa Nacional de Qualificação do Trabalhador 2000, criado em 1996 e financiado com recursos do FAT.

**** A solenidade aconteceu na estação de descompressão de Biguaçu, na região metropolitana de Florianópolis. Foram inaugurados 1170 km do trecho sul do duto entre Campinas (SP) e Canoas (RS).

o desvio. A reunião foi boa, estava lá o Amin. O Jorge Bornhausen foi comigo conversando no avião.

Jorge disse com todas as letras que ele também está cansado do Antônio Carlos. Acha que eu devo forçar a barra para o Ornelas se pronunciar com força* e, se não o fizer, demitir e criar um caso. Disse o presidente do PFL, Jorge Bornhausen, meu amigo, que não aguenta mais as estripulias do Antônio Carlos, que voltou a chamar o Jader de qualquer coisa como ladrão. Jader acabou de dizer — eu soube pelo Geddel, com quem falei por telefone — que o Antônio Carlos tem que se explicar com o Aécio. Enfim, estamos agora com a lama voltando ao Senado, isso tudo a pretexto do salário mínimo. É uma discussão política, e ficam aí (levantando) uma bandeira popular do salário mínimo. Eles sabem que não é possível mais do que estamos dando, mas ficam uns contra os outros, e acirrando tudo. Estou vendo que estamos chegando ao limite dessa aliança tão complexa que eu tinha montado, que deu seus frutos, mas que agora está apodrecendo.

Serra me mandou uma carta reclamando da entrevista da *Época* de há quinze dias, carta pessoal, magoada, ele dando os argumentos dele, eu mandei uma carta também pessoal, reconhecendo, no plano da amizade, as razões que ele possa ter, espero que isso amaine um pouco. Mas o Serra está se desgastando com essa atitude de intransigência nos detalhes, de fantasmas para todo lado. É a pessoa mais preparada para me suceder na Presidência e a que mais me dificulta pelo comportamento pessoal. Não um mau comportamento, mas pelo estilo pelo menos visível dele, pela cobrança infinita, isso é o que mais atrapalha a sua caminhada. A propósito, conversei com Jorge Bornhausen sobre isso numa das nossas últimas e francas conversas sobre a crise do PFL. O Jorge sabe, exatamente como eu, que não temos muita opção, temos que aglutinar mais em torno deste que vai ser candidato. Eu disse também ao Jorge que o PSDB, em caso de perigo, corre para o Ciro. Ruim para mim, mas o que eu vou fazer?

HOJE É DOMINGO, DIA 2 DE ABRIL. Voltei de Florianópolis na sexta-feira, e à noite Luiz Meyer e a Regina, bem como o Jovelino e a Carmo, vieram jantar aqui. Tomamos um bom vinho e no dia seguinte, ontem, sábado dia 1º, fomos à fazenda para ver as obras de reforma da casa. O telhado tinha caído, vamos gastar muito em obras, vai demorar a ficar em ordem.

Viagem boa, e esses campos aqui ao lado de Brasília, que eu conhecia agreste quase, sem agricultura, hoje dão a impressão de que estamos percorrendo o Meio-Oeste americano. Avisto até mesmo alguns pedaços da Europa e um colorido bo-

---

* No bate-boca com ACM, o senador paraense apontara a contradição entre as propostas do PFL e do governo para o novo mínimo. Os R$ 151 desejados pelo Planalto haviam sido chancelados pelo ministro da Previdência Social, Waldeck Ornelas, pefelista baiano indicado por ACM.

nito da soja, algumas já prontas para ser colhidas, alguns setores ainda verdes, muito bonito realmente, assim como lá na fazenda, os passarinhos cantando, aquelas veredas extraordinárias lá *à la* Guimarães Rosa do *Grande sertão: veredas*. Vereda é um buritizal, a água que corre. Na fazenda há dois riachos que nascem, é muito agradável; embora eu não tenha como me ocupar dela nem tirar recursos dali — só pusemos até hoje —, está indo bem. Eu gosto de lá, tenho passado apenas horas, porque vou cercado por seguranças. Essa paisagem aqui do cerrado, quando a gente se habitua a ela, é muito interessante.

Voltamos para cá e passamos o dia arrumando móveis, conversando, e à noite vimos um filme admirável, *Buena Vista Social Club*,* vimos com o Zé Gregori e a Maria Helena. É um filme muito interessante, cantores cubanos que estavam já sem cantar, homens já de muita idade, com energia, entusiasmo e a simpatia desse povo cubano que é de tão fácil aproximação conosco. É espantosa a similitude, a raiz negra, provavelmente, é o que mais pesa na cultura cubana, e aqui também, sobretudo na música.

Hoje passamos aqui outro dia agradável, o Luiz Meyer, a Regina, eu e a Ruth, nadamos bastante, almoçamos bem, arrumei papéis, eu me preparando para ir amanhã à Costa Rica.** Estou esperando neste momento o Pedro Malan. Fora isso, os tremeliques de sempre. Antônio Carlos cada vez mais desatinado, hoje dá declarações mexendo comigo, não sabe como eu ando em más companhias, que fico ouvindo só gente menor, não sei se é só do Jader que ele está falando ou se é da área econômica também. Enfim, ele continua desatinado e vê-se com dificuldade quando é que isso vai terminar.

O editorial do *Estado de S. Paulo* de hoje é muito generoso comigo, enxugando aí a minha posição nessa questão do salário mínimo, a resistência que tenho feito à demagogia, a necessidade de manter um rumo certo a despeito dessas expressões dos demagogos de plantão, e hoje o principal deles é o Antônio Carlos.

Antes de irmos amanhã à Costa Rica vamos lançar um programa de fundos de apoio à investigação científica*** com recursos que estamos tendo de empresas privatizadas, recursos vultosos, quase 1 bilhão [de reais] por ano. Isso vai dar um bom impulso na universidade, também na parte de pesquisa do CNPq, enfim da Ciência e Tecnologia e do Ministério da Educação.

---

* Documentário de 1999 com direção de Wim Wenders.
** O presidente viajou à Costa Rica e à Venezuela em visitas de Estado.
*** O governo anunciou o envio ao Congresso de propostas legislativas para reformular o financiamento da pesquisa científica no país, estimular a descentralização dos institutos oficiais de investigação e contratar professores efetivos para as universidades federais. Também foram criados fundos setoriais em áreas como telecomunicações e recursos hídricos, com recursos oriundos de taxas cobradas a empresas privatizadas.

Serra acabou de me telefonar, vai estar comigo amanhã cedo com tom pessoal, de grande amizade e generosidade, trocamos cartas, acho que já registrei aqui.

HOJE É SÁBADO, DIA 8 DE ABRIL, são onze horas da noite. Registrei que o Serra tinha me ligado no domingo, na véspera da minha viagem à Centro-América. Na segunda-feira tivemos uma conversa aqui e depois fui para o avião. Esta foi uma semana inteira que não registrei nada. Uma semana densa, corrida, mas muito boa.

Começo pela Costa Rica, visita de Estado. O presidente da Costa Rica* é um conservador formado em Berkeley, em economia, nos anos 1960, a tese dele de doutoramento foi sobre os erros do socialismo, economia planificada. É um democrata no sentido moderno, ou seja, respeitador da Constituição, da lei, a elite costa-riquense é assim. Ele está muito preocupado com os efeitos da globalização; curioso, um pensamento conservador não aceita tão facilmente a internacionalização quanto alguns de centro-esquerda e de centro. Fui apresentado a todo o gabinete dele, tivemos uma longa reunião de trabalho, falamos um pouco sobre café, sobre meio ambiente, temas que interessam à Costa Rica e a nós também. O comunicado à imprensa expressa o conjunto das coisas, entrevista, a imprensa brasileira só queria saber do Antônio Carlos e do Jader, eu disse que era presidente da República e não galo de briga, com isso saí pela tangente. Não tinha cabimento discutir no exterior essa briga tão suja daqui do Brasil.

À noite houve troca de medalhas,** homenagens, jantares, o Teatro Nacional de San José foi feito pelo tataravô do presidente, que era arquiteto.*** Foi a primeira vez que um presidente brasileiro fez uma visita de Estado à Costa Rica, isso os deixou muito felizes. A cidade de San José é uma capital que decepciona, eu tinha estado lá fazia 36 anos, 34 anos. Estavam todos aflitos na Costa Rica, porque eles estão fazendo agora o começo de privatização, de regulamentação nova, mantendo as empresas estatais, mas abrindo à competição, e tinha havido muita reação da população. Eu disse a ele que no Brasil também tinha sido assim, expliquei com detalhes o nosso processo, com as dificuldades que também temos aqui.

Na quarta-feira, recebi um por um os presidentes — ou senão os vice-presidentes — de todos os países da América Central**** e também o vice-presidente da

---

* Miguel Ángel Rodríguez.
** Fernando Henrique recebeu a Grã-Cruz da Ordem Nacional Juan Mora Fernández.
*** Inaugurado em 1897 pelo presidente Rafael Yglesias, o teatro começou a ser construído em 1890 durante a Presidência de José Joaquín Rodríguez, advogado de formação. O projeto arquitetônico do prédio é do italiano Ruy Molinari.
**** Excluído o anfitrião, reuniram-se em San José os presidentes Francisco Flores, de El Salvador; Carlos Roberto Flores, de Honduras; Arnoldo Alemán, da Nicarágua; e Mireya Moscoso, do Panamá; além de Said Musa, primeiro-ministro de Belize, e Juan Francisco Reyes, vice-presidente da Guatemala.

República Dominicana.* Ali foi a questão de limites o que eles trouxeram a mim, há uma questão de fronteiras entre Costa Rica e El Salvador, entre El Salvador e Honduras, entre Guatemala e Belize, e por aí vai. Todos têm problemas de fronteira, e eu fiz um apelo no sentido da racionalidade. Cada um explicou que tinha a maior vontade de diálogo. Parece que somente com o Clinton, e com o Bush ou Kennedy também, não me lembro, tinha havido uma reunião em que todos os presidentes foram a San José receber um dignitário estrangeiro. Foi uma alta distinção para o Brasil. Eles também têm que lidar com questões de etnias, que são sempre complicadas, os indígenas, os autóctones. Expliquei a cada um a posição do Brasil e todos saudaram a nossa intenção de sermos mais ativos na política centro-americana. Na política em geral, não na política de cada país. Tivemos uma reunião conjunta com todos eles em que fiz um apelo ao entendimento, ao diálogo, disse que o Brasil estaria disposto a colaborar quando e se fosse chamado. Lampreia disse que gostou muito do ponto que eu coloquei, sem nenhum sentido de arrogância e de muita simpatia para com todos eles, com uma integração da Centro-América com o Mercosul. Vou ser presidente do Mercosul no próximo semestre, me empenharei nisso. De lá fomos à Venezuela.

Na chegada, na quarta-feira à noite, estava o presidente Chávez e todo o seu gabinete me esperando, honras militares. Conversei com o Chávez no aeroporto, muita simpatia, que se estendeu por toda a viagem.

Passei em Caracas o dia seguinte, a quinta-feira, 6, um dia de muito trabalho. Assim como na Costa Rica, fiz um encontro com os empresários; nos dois países falei bastante sobre a situação do Brasil, e nos dois houve muito interesse. Dei uma conferência mais sofisticada na Centro-América, ela foi transmitida pela televisão e disso resultou que transmitiram pela televisão também na Venezuela. O presidente esteve comigo, assistiu à reunião com os empresários,** também falou, e fizemos vários acordos importantes com a Venezuela para o petróleo,*** uma ponte**** que depende ainda da Venezuela dar garantias para o BNDES poder financiar a empresa construtora, que seria a Odebrecht***** associada com empresas venezuelanas.

---

* O país caribenho foi representado pelo chanceler Eduardo Latorre. O vice-presidente era Jaime Fernández.
** Os presidentes se reuniram com representantes do Conselho Empresarial Brasil-Venezuela.
*** A Petrobras e a estatal venezuelana PDVSA assinaram um acordo para a realização de empreendimentos conjuntos e a abertura de escritórios da futura joint venture no Rio de Janeiro e em Caracas. O presidente Chávez anunciou que a PDVSA pretendia instalar até 2 mil postos de gasolina no Brasil.
**** Ponte sobre o rio Orinoco, em Puerto Ordaz, no leste do país.
***** A empreiteira também atuava na construção de uma linha do metrô de Caracas e em obras do sistema venezuelano de produção de gás natural.

Dei uma entrevista à televisão venezuelana e a um jornal importante* do país. Almocei com o presidente Hugo Chávez no que eles chamam lá de Casona.** Na ocasião tive uma longa conversa com ele que já vou relatar e, à noite, um banquete no Círculo Militar.

Na minha conversa com o Chávez, eu disse que achava que o êxito da política nossa, de integração com a Venezuela especialmente, depende de não se ter uma atitude agressiva com os Estados Unidos, senão eles vão ficar desconfiados. Transmiti a opinião da Madeleine Albright — que o Lampreia me tinha transmitido — de que eles acreditavam que, como nós aqui no Brasil achamos viável o apoio ao Hugo Chávez, que eles também estão achando que dá para encarar uma atitude não beligerante com a Venezuela. Ele agradeceu muito, já sabia disso, mas agradeceu as referências que fizemos ao que eles chamam lá o processo democrático na Venezuela, para que não se confunda nos Estados Unidos e não pensem que eles estejam querendo quebrar as regras do jogo.

Nessa nossa conversa privada, Chávez perguntou até onde podemos chegar. Nós podemos chegar ao máximo possível; até onde seja viável, vamos chegar juntos. Não sei qual foi a intenção desse "até onde vamos chegar", mas entendi que era na integração Brasil/Venezuela. Ele explicou mais uma vez que tem os melhores sentimentos, o que eu acredito. Me parece ter uma certa ingenuidade também, me pediu que eu não me acanhasse de chamá-lo por telefone, de chamar a atenção dele sobre alguma coisa que eu achasse que ele estivesse errado. Concordou que era preciso ter realismo e me deu detalhes sobre o que está acontecendo na Venezuela. Acha que o candidato oponente a ele,*** que foi subcomandante da rebelião que eles fizeram contra o Carlos Andrés Pérez,**** agora, por uma questão de disputa pelo poder, está nessa posição belicosa. Está muito decepcionado com alguns companheiros que, por causa do poder, vão tomando posições que para ele são incompreensíveis.

Na reunião conjunta do Tratado da Cooperação Amazônica***** que fizemos com os chanceleres dos oito países amazônicos, ele discursou, sempre me colocando como mestre, guia, coisas desse tipo, sempre expressando muita simpatia, carinho mesmo pelo Brasil, acho que tudo sincero. Mais ainda: me disse, no discurso de saudação que fez na noite do banquete, que sentia o meu apoio mesmo quando eu não falava, com o olhar. Eu disse, na minha resposta, que não tinha argumentos

---

* *El Universal*, de Caracas.
** La Casona, residência oficial do presidente da Venezuela.
*** Francisco Arias, governador do estado de Zulia e líder do partido La Causa Radical. A eleição presidencial aconteceu em julho de 2000, com vitória de Chávez e seu Movimiento Quinta República, que conquistaram um segundo mandato presidencial de seis anos e quase metade das cadeiras da Assembleia Nacional.
**** Ex-presidente da Venezuela (1974-9 e 1989-93).
***** VI Reunião de Chanceleres da Organização do Tratado de Cooperação Amazônica.

para defendê-lo, mas que realmente queria dar um sinal de que não queria que a Venezuela se isolasse. Enfim, foi uma coisa muito afetiva, muito caribenha, ele falando com todo mundo na rua, ele é muito efusivo, eufórico, não me parece que se debruce sobre a economia, sobre números e, acima de tudo, sobre a coisa financeira, mas, sim, sobre as coisas materiais de realização, a geografia, a geopolítica, as estradas, a aproximação com o Brasil. Muito desesperado com a corrupção que existe na Venezuela, com a pobreza que existe na Venezuela, tudo isso sincero.

Pensei comigo: bom, nesse momento o petróleo está lá em cima, ele pode dar-se ao luxo de não ter ainda uma ação mais eficaz, estão fazendo só eleições, farão a quinta eleição num ano. Agora, se cair o preço do petróleo, o que vai acontecer com a Venezuela? É uma preocupação genuína minha, de quem quer que eles acertem, porque o sistema tradicional da Venezuela se deteriorou, perdeu credibilidade e vigência, e o Chávez é fruto disso. Certamente ele não tem amadurecimento político suficiente para enfrentar os desafios que vêm pela frente, mas ainda conta com bastante apoio popular. Notei que tem uma visão, digamos, de reformar o Estado, de fazer as coisas andarem. Não tem nenhuma visão do tipo, digamos, cubanista, como alguns pensam; não é isso, o mundo é outro hoje e ele sabe disso. Seus companheiros são também sonhadores, gosto do Zé Vicente Rangel [José Vicente Rangel], que é ministro do Exterior, um velho comunista, me parece, um senhor com certa fidalguia, do vice-presidente* também, um advogado que conhece os jurisconsultos brasileiros. Não me parece senão uma classe média às vezes idealista, às vezes revoltada.

O país não entende os meandros do sistema capitalista internacional, ele fala muito contra o neoliberalismo, aí às vezes se apaixona e vai longe demais na crítica aos Estados Unidos. Depois de ter me dito que concordava comigo que não se deveria cutucar os Estados Unidos, num brinde a mim, falou uma porção de coisas claramente antiamericanas. Enfim, é um pouco de García Márquez, de realismo fantástico. Mas, dito isso, mantenho minha opinião quanto à aproximação com o Brasil, quanto a moralizar ou melhorar o funcionamento do governo da Venezuela.

Na sexta-feira, ontem, último dia da minha visita, fui a Ciudad Guayana inaugurar simbolicamente o início das obras de uma ponte — essa cujo financiamento não está ainda assegurado — no rio Orinoco, e também ver o início das obras da extensão da linha de Guri para Roraima.** Chávez conseguiu convencer os grupos indígenas que deixassem passar a linha de transmissão. Para nós é um alívio, já gastamos quase 100 milhões de dólares para fazer a linha até a fronteira da Venezuela, e os venezuelanos não vêm nunca com essa energia. Enfim, uma visita

---

* Isaías Rodríguez.
** Linhão Guri-Macaguá, projeto binacional lançado em 1997 por Fernando Henrique e pelo antecessor de Chávez, Rafael Caldera.

exitosa do ponto de vista de contatos, de abertura política para o Brasil e também de integrações concretas econômicas.

Já no Brasil, nesse meio-tempo uma tragédia: Antônio Carlos e Jader, um chamando o outro de ladrão diante de todo mundo, na televisão.* Antônio Carlos não para, fez um discurso na Bahia dizendo que eu não sou o patrão dele, como se algum dia eu tivesse dito que era, que o patrão dele é a Bahia. Esqueceu que é presidente do Senado, ameaçou que só vai colocar em votação o salário mínimo depois do orçamento. Não sei o que há de verdade nisso, o que é de intriga da imprensa ou dos outros que falam para a imprensa. No avião conversei tanto com o Tourinho, que estava na visita à Venezuela, como com o Firmino [Sampaio],** os dois são homens do Antônio Carlos, ambos preocupados, não veem mais quem possa moderar Antônio Carlos.

Hoje, aqui, conversei com o Pedro Malan, que veio com essa mesma preocupação, além da preocupação com o desenho do salário dos servidores. Também tenho essa preocupação, acho que estamos esticando a corda demais nessa matéria, quero ver se aproveito agora, que também a Fazenda está meio preocupada com aumentarmos algumas categorias que estão precisando de aumento. Na frente do Pedro, telefonei a Aloysio Nunes, depois falei mais tarde, sem ele, com Jorge Bornhausen, depois com Pedro Parente, todos com a mesma preocupação de saber o que fazermos para evitar que a briga Jader/Antônio Carlos aumente essa tensão sobre o salário mínimo. As pessoas mais ponderadas estão desesperadas com Antônio Carlos, achando que ele não tem solução. Isso inclui os aqui mencionados Jorge, Pedro Parente e Aloysio, para não falar do Pedro Malan, que também pensa isso — talvez com menos ênfase que os outros, mas pensa.

Recebi para um café o Vargas e a mulher dele, Aristela [Vargas], que estão indo para Paris, ele como meu embaixador [na Unesco], e agora acabei de ver um filme com a Ruth, chama-se *Três reis*,*** sobre a guerra do Iraque, violento mas interessante. E amanhã vou ao Rio de Janeiro para a abertura da conferência de telecomunicações.****

Em tempo, quero anotar ainda algumas impressões sobre uns tantos presidentes centro-americanos com os quais conversei. O que mais me pareceu assim rápido foi o da Nicarágua, Arnoldo Alemán, claramente de centro-direita, polarizado por causa da questão relativa à luta anterior que eles tiveram contra os sandinistas

---

* Na sessão do Senado em 5 de abril, ACM e Jader trocaram ofensas pessoais e acusações de corrupção durante mais de uma hora. Ambos apresentaram dossiês com supostas provas dos malfeitos apontados e autorizaram a quebra de seus sigilos bancários e fiscais.
** Presidente da Eletrobrás.
*** *Three Kings* (1999), dirigido por David O. Russell.
**** Americas Telecom 2000, feira de negócios do setor realizada no Riocentro.

e que ainda persiste lá. Disse o ministro dele* que o chefe do grupo de que esqueço o nome agora [Daniel Ortega] ainda vive na casa que expropriou, é dele, enfim, tensões dessa natureza. A Nicarágua também tem problema de fronteira e é bastante belicosa, inclusive com a Costa Rica, mas o Alemán vê-se que é capaz de formular bem as coisas. No que diz respeito a outros que me impressionaram, o [Francisco] Flores de El Salvador é jovem e bastante articulado também. Um último que me pareceu muito competente, muito esperto, foi o presidente de Honduras, que também se chama Flores [Carlos Roberto Flores]. Eu o vi mais de uma vez, é de origem árabe, parece mulato mas é árabe, talvez seja um pouco de origem árabe-africana, não sei.

O presidente de Belize (país do Commonwealth) é daquele tipo mais inglês, mais assim... ponderado, um peixe fora d'água no meio daqueles centro-americanos mais exaltados. A presidente do Panamá, Mireya Moscoso, não é uma pessoa que impressione muito a não ser pela boa voz que tem. Ela, quando falava comigo, na verdade olhava sempre para os seus ministros; quem mais dava as cartas eram os ministros que estavam com ela, sobretudo o do Exterior.** O [presidente] de Santo Domingo, Leonel Fernández, que eu conheço, não estava lá. Esse, sim, é uma pessoa articulada, fez muito em Santo Domingo. O presidente da Guatemala não foi, foi o vice-presidente, que também me impressionou razoavelmente bem, embora eles tenham sido apoiados pela extrema-direita da Guatemala. O presidente é [Alfonso] Portillo. Consta nos meus papéis que foi meu aluno no México, não me lembro dele. O Hugo Chávez, com quem conversei, disse que ele fez um excelente discurso de posse e acha que ele vai se desvencilhar da extrema-direita que o apoiou contra o Álvaro Arzú.*** Este foi o homem que lutou pelos direitos humanos, mas no final as coisas estavam muito complicadas para o lado do Arzú, me parece.

Enfim, foi essa a sensação que me deu, no conjunto, e isso vale para toda a Centro-América e talvez o Caribe, eles são quase todos formados nos Estados Unidos. Recebi na Costa Rica o José María [Figueres], que foi presidente,**** muito simpático, formado em West Point, o atual é formado em Berkeley, e assim vai. Todos têm a formação em *colleges*, em escolas americanas, e a visão deles é bastante, digamos assim, orientada pelos cânones que vêm lá do Norte.

---

* Eduardo Montealegre, chanceler.
** José Miguel Alemán.
*** Nas eleições presidenciais de 1999, Portillo venceu o candidato do ex-presidente Arzú, Óscar Berger.
**** Presidente da Costa Rica (1994-8).

12 A 21 DE ABRIL DE 2000

Impasse com o PFL. Aprovação da Lei de Responsabilidade Fiscal. Demissão de José Carlos Dias

Hoje é quarta-feira, dia 12 de abril, começo pelo que aconteceu nesta semana. A primeira questão é salário mínimo, Antônio Carlos, essas coisas todas que vêm se arrastando.

Na segunda-feira, tive uma conversa com Jorge Bornhausen no Palácio do Planalto. Ele disse que iria ter um almoço no dia seguinte, ontem, com Antônio Carlos, junto com Marco Maciel, para ver como é que se resolve o impasse: Antônio Carlos só quer votar o orçamento depois do salário mínimo. Efetivamente tiveram esse encontro, e — eu soube ontem pelo Marco Maciel — Antônio Carlos cedeu, quer dizer, trocou isso por uma data fixa para votar o salário mínimo. Ficou marcado para o dia 3 de maio. Muita confusão, porque o PSDB e o PMDB querem ir pro pau e brigar com o PFL, querem que a gente vá ao plenário, e o governo está tentando não ir ao plenário, em busca de uma saída para que o próprio PFL possa rever a posição e não ficar contra o salário mínimo de 151 [reais].

Fizemos pesquisas, na verdade a população não está assim totalmente irracional, ela quer mais, é natural, o salário é baixo, mas entende algumas razões e prefere a estabilidade da economia ao aumento do salário sem condições. Isso vai acabar influenciando, acho, o voto no plenário. O relator da matéria, o Armando Monteiro de Pernambuco,* fez um relatório bom, rechaçando inclusive os argumentos que tinham sido levantados sobre a possibilidade de indexar ao crescimento do PIB o salário futuro. Isso foi aprovado ontem à noite por uma votação, no final 5 a 3, Antônio Carlos anulou a de 4 a 3. Ficou a de 5 a 3,** o que não foi mau para o governo, temos um bom elemento. Nós íamos fazer uma nova medida provisória para adiar a data de votação, o Jader me telefonou aflito, achando que era um erro, na verdade o que o PMDB quer é votar logo, para forçar o PFL a se definir, e o governo está fazendo corpo mole nessa matéria.

Votamos ontem, dia 11, algo muito importante, a Lei de Responsabilidade Fiscal. Ganhamos de 60 a 10 e Antônio Carlos ajudou a votação, tanto que, apesar de todos os atritos que ele tem com o governo — o Aloysio pediu —, telefonei para ele à noite, para agradecer. Ele aproveitou para emendar e pedir que o governo defina logo a data, eu fingi que não sabia, ele sabe que eu sei que seria 3 de maio, mas eu

---

* Deputado federal (PMDB), relator da MP 2019-1/2000 na comissão especial do salário mínimo.
** O presidente do Senado anulou a primeira votação do texto da MP do salário mínimo na comissão especial da matéria com a justificativa de que ocorria simultaneamente uma sessão ordinária no plenário. A oposição boicotou a votação na comissão.

não quis me comprometer, senão depois ele vai para a imprensa cobrar de mim. Ele disse também que será difícil a votação do orçamento hoje, quarta-feira, que haverá muita oposição e que é preciso as pessoas estarem lá. Mas o PMDB já está mais arrefecido.

Finalmente assisti ao debate do Antônio Carlos com o Jader Barbalho, vi a fita, é uma vergonha, um chama o outro de ladrão, puxam papéis antigos, uma coisa bastante deprimente e que teve um efeito péssimo sobre a opinião pública. Ela não vai separar alhos e bugalhos. Como se fôssemos todos nós farinha do mesmo saco...

Não sei se registrei, mas domingo, dia 9, eu fui ao Rio para a inauguração da Americas Telecom. Garotinho não apareceu, mandou o Tito Ryff,* que é muito simpático e disse que o Garotinho estava lá às voltas com o problema dele com o PT — aliás, romperam hoje.** Lá tem outra sujeirada,*** o Garotinho todo atrapalhado, fazendo o mesmo jogo do Antônio Carlos, dizendo que o governo federal primeiro demite, depois põe a sujeira pra baixo do tapete... Ele mesmo quer botar a sujeira na frente, para depois demitir. Tive até que dizer que a única coisa que nós fizemos para o Rio de Janeiro foi resolver a situação financeira, para poder dar governabilidade. Nenhum mal eu lhe fiz, para ele começar a querer jogar a culpa das suas dificuldades em cima de nós.

Na segunda-feira, houve um fato desagradável: saiu no *Globo* uma reportagem na qual o juiz [Wálter] Maierovitch, secretário da Senad, faz a descrição de uma possível cooperação conjunta na fronteira com a Bolívia, reunindo a Bolívia, Forças Armadas mais a Polícia Federal. Isso foi tomado pelo José Carlos Dias como uma coisa muito grave, porque Maierovitch teria anunciado uma operação sigilosa, o que atrapalharia a Polícia Federal. Só que o José Carlos, em vez de dizer isso a mim, ou a alguém do governo, ao Pedro Parente ou ao próprio general Cardoso, foi para a imprensa e deu uma nota afirmando que a Polícia Federal não trabalha com esses métodos e criticando a Senad.

Não pensei que fosse o próprio Zé Carlos a fazer de impulso essa crítica. Pedi ao Pedro Parente que falasse com o secretário executivo do ministério,**** o Zé Carlos estava meio adoentado, para rever essa matéria, e eis que, para a surpresa de todos nós, o secretário executivo declarou (ontem) que era o ministro que

---

* Secretário estadual de Desenvolvimento Econômico e Turismo.
** O PT entregou os cargos ocupados no governo Garotinho, inclusive três secretarias estaduais, formalizando seu rompimento com o Palácio Guanabara.
*** Quatro funcionários de primeiro e segundo escalões do governo fluminense foram demitidos depois de denúncias de superfaturamento, fraudes em licitações e cobrança de propina. Entre os exonerados, apontados pela imprensa como integrantes da chamada "banda suspeita" da administração, estava o presidente da Companhia Estadual de Habitação (Cehab), Eduardo Cunha.
**** Antonio Anastasia.

tinha feito a nota. Ocorre que o Zé Carlos falou comigo na segunda-feira e não mencionou esse assunto, falou sobre a questão dos indígenas, que está nos preocupando em Coroa Vermelha,* eles estão reivindicando um monumento,** uma porção de coisas dessa natureza. Fiquei realmente perplexo, disse: "Bom, isso não pode continuar assim, ele em público fazendo essa briga, indo um contra o outro, e tal". Falei com o Zé Gregori à noite, ele me disse que era isso mesmo, que o Zé Carlos estava muito irritado com o Maierovitch.

Chamei o Zé Carlos ontem aqui, antes almocei com Cardoso, Aloysio e Pedro Parente. Cardoso garantiu que o Maierovitch tinha feito uma declaração em termos genéricos, que não havia cooperação concreta nenhuma. É a velha briga da Polícia Federal com a Senad, essa coisa que já está modorrenta. A primeira opinião, sobretudo a do Pedro Parente, era demitir tanto o Zé Carlos quanto o Maierovitch. Achei que não havia razão para demitir o Maierovitch se, de fato, ele não tinha feito alusão à Polícia Federal.

Que alternativas havia para resolver o caso Zé Carlos? Pimenta, que não quis outra vez sair de Comunicações e vai dar dor de cabeça com outros partidos. Ou ponho o Aloysio e perco um colaborador extraordinário no palácio, ou o Zé Gregori, que tem sido uma pessoa de grande lealdade, competente na questão de direitos humanos, está lá há muitos anos. Acho que é a vez dele. Telefonei ao Zé Gregori, ainda tentando uma solução, e no final eu disse: "Se ele não ficar, fica você. Não estou dizendo isso pra te induzir a mudar de opinião sobre a tentativa do Zé Carlos". Ele me disse que ia falar mais uma vez com o Zé Carlos, falou, voltou a me telefonar e disse que o Zé Carlos não tinha como recuar do que já tinha feito.

Então chamei o Zé Carlos no palácio, a conversa está nos jornais, ele, sempre mais galinho de briga, disse ao Pedro Parente que não quer ser tratado como moleque — não se referindo a mim —, mas não ficou claro o que ele disse no jornal. E me trouxe um material para mostrar que havia uma operação efetiva nessa coisa de combate às drogas com a Bolívia. Isso muda as coisas de figura. Zé Carlos queria que eu demitisse os dois, ele e o Maierovitch. Eu, pessoalmente, não tenho simpatia pelo Maierovitch, é uma pessoa estranha psicologicamente, me parece, mas o Cardoso tem admiração profunda por ele. Mandei que o Pedro Parente levasse os documentos ao Cardoso, o que foi feito ontem, e, à noite, anunciei a nomeação do Zé Gregori. Chamei-o para jantar aqui, o Zé está ao mesmo tempo contente mas temeroso, porque a carga é realmente pesada. Mas ele é jeitoso, acho que vai ser capaz de desfiar esse embrulho todo.

* Localidade praiana de Santa Cruz Cabrália (BA) e cenário da primeira missa rezada no Brasil, que recebeu as comemorações alternativas do V Centenário do Descobrimento, em 22 de abril de 2000, com participação de índios, centrais sindicais e movimentos sociais de oposição.
** A PM baiana destruíra no início do mês um monumento de protesto erguido pelos índios pataxós em Coroa Vermelha.

Hoje de manhã chamei o Cardoso, que veio aqui depois de ter conversado com o Parente, com a Ana Tavares, o que ajudou também a mostrar as dificuldades que eu tenho. Ele me disse que os documentos que o Zé Carlos lhe deu não provam a existência de nenhuma operação específica, mas ainda assim ficou um tanto esquisito, no meu modo de ver, a referência que o Maierovitch fez. Não precisava ter feito, e mais: acho que a Polícia Federal não vai dar sossego nem ao Cardoso nem ao Maierovitch e, se queremos coordenação, como nós queremos, é preciso que haja também flexibilidade. Resultado, o Cardoso saiu daqui para falar com o Maierovitch. Ele vai para o exterior e na volta será substituído.

Hoje à noite, às sete horas, tenho um encontro entre o Cardoso e o Zé Gregori para estabelecer, se possível, novas bases no relacionamento entre a Polícia Federal e a Senad. Esses foram dias difíceis, a semana até agora tem sido terrível, tanto pelas crises políticas como por essa briga que existe entre a Polícia Federal e a Senad. Zé Carlos também fez declarações desnecessárias, entrou de galinho de campina.* A única recomendação que fiz a ele foi que houvesse entrosamento com a Senad e com o general Cardoso. No primeiro encontro que tiveram, Zé Carlos disse ao Cardoso que é uma questão constitucional, que é à Polícia Federal que cabe a repressão. Ora, eu sei, mas não é repressão; é coordenação.

O que não pode é a Senad tratar de repressão; repressão é da Polícia Federal. O Zé Carlos devia ter falado comigo há tempos em termos racionais. O Cardoso também é racional e uma pessoa cordata. Em vez disso, o Zé Carlos encampou a briga da Polícia Federal contra a Senad e, por consequência, também com má vontade indireta contra as Forças Armadas. Foi um dia lamentável, mais um colaborador que se vai. A repercussão não foi ruim, porque tudo foi rápido. O Zé Gregori teve boa aceitação, ninguém sabe ainda que vai sair o Maierovitch, quando souberem acho que isso reforça a minha posição de equilíbrio.

Em resumo: parte política difícil, mas estamos começando a avançar; a parte econômica nem vou mais repetir que está tudo bem, ontem tivemos uma reunião grande aqui para a formação de uma agência de atração de investimentos, com toda a equipe econômica e outros mais.** Acho que finalmente há uma certa convergência entre o plano positivo externo e o interno.

Recebi ontem o pessoal da Arbed, eles vão fazer um alto-forno novo,*** naturalmente têm interesse na CSN, eu disse que isso não é assunto meu, é assunto dos

---

* Em nota divulgada à imprensa, o ministro demissionário atribuiu sua queda a militares "de direita" e a setores "reacionários" do governo envolvidos no combate ao narcotráfico.
** O governo preparava a criação da Agência de Promoção de Exportações do Brasil (Apex-Brasil), formalizada em 2003.
*** Na unidade siderúrgica da Belgo-Mineira em João Monlevade (MG), com investimento de US$ 150 milhões.

donos da CSN. Estão todos muito confiantes na economia brasileira, na condução feita pelo governo.

HOJE É SEXTA-FEIRA, DIA 14 DE ABRIL. Na quarta-feira, dia 12, recebi de manhã o deputado Nicias Ribeiro, que é do Pará, PSDB, com o prefeito de Altamira.* Veio junto com eles Aécio Neves. Conversamos muito pouco sobre política, Aécio saiu daqui, deu uma entrevista na porta do Alvorada dando a entender que ele está transmitindo recados meus, recados naturalmente negativos para Antônio Carlos, para o PFL. É uma coisa que não tem jeito: as pessoas usam e abusam de símbolos da Presidência sem o menor constrangimento.

Na quarta-feira, houve também uma reunião com a Associação Nacional dos Prefeitos, tudo bem, eles são favoráveis ao mínimo de 151 [reais]. Recebi o presidente mundial** do grupo Alcatel,*** que está muito interessado numa alteração de faixa de onda, que é importante para a mudança de tecnologia do celular e que estaria disposto a colocar no Brasil uma parte dos laboratórios deles, para terem uma participação em nível mundial.

Mais tarde recebi o Luiz Marinho, dos metalúrgicos do ABC, e o Paulo Pereira da Silva, o Paulinho da Força Sindical. As montadoras estão incentivando que o Tesouro arque com um prejuízo, para que elas possam vender mais automóveis. É claro que os trabalhadores estão querendo aumentar o emprego, mas aparentemente o nível de emprego já está crescendo. O Pedro Parente me deu uma sugestão que eu achei melhor para essa questão de renovação de frota, que é pura e simplesmente baixar o IPI dos carros populares. Vou examinar isso.

Na quinta-feira, ontem, recebi muita gente aqui de manhã: Teotônio Vilela, Fernando Bezerra, Odelmo Leão, e, juntamente com o Madeira, discussão das coisas de política. Tive um almoço com o Bresser mais os meus assessores diretos sobre o encontro em Berlim, a questão da Terceira Via. O Bresser trouxe um documento que achei bom, ele é sempre uma pessoa de ânimo forte, disposto, um bom amigo. Depois de todos os acontecimentos da demissão, ele se comportou muito bem.

Fiz uma cerimônia de apresentação dos oficiais generais lá no Palácio do Planalto e aproveitei para falar firme contra o que está acontecendo de corrupção, essa lamaceira toda, a necessidade de pôr um limite nisso,**** acho que está prejudicando

---

* Claudomiro Silva (PMDB).
** Serge Tchuruk.
*** O Alcatel, conglomerado francês de telecomunicações, fundiu-se em 2005 à Lucent Technologies e em 2016 foi adquirido pela Nokia.
**** "O Brasil cansou da corrupção. Alguns podem imaginar que se trata de um fenômeno recente. Não é. O que é recente é a crítica a isso. O que é recente e positivo é a liberdade de imprensa e a preocupação da imprensa com esses problemas. O que é recente e positivo é um Ministério Pú-

a democracia.* Fiz um discurso bem forte, a repercussão foi bastante boa. Recebi também os chamados representantes dos povos indígenas brasileiros,** foram comigo muito cordiais, eram treze, parece, uma moça e doze rapazes, senhores já, em trajes de índio, cada um com símbolos das suas tribos, muitos deles com formação universitária, um é sociólogo, outro advogado, enfim, há toda essa simbolização importante. O governo está fazendo o que pode em relação às demandas deles. Nossa conversa foi agradável, desformalizei a coisa. Soube, entretanto, que no Senado foi complicado, houve uma cena de bate-boca com Antônio Carlos, houve também manifestação nas ruas, deram flechadas na comemoração dos quinhentos anos.*** Eles vieram me pedir que eu vá a Coroa Vermelha, na Bahia, onde haverá uma comemoração dos indígenas. É difícil, porque tem também o MST. Não sei ainda o que farei. Por mim, eu iria.

Jantei aqui com o Celso Lafer, o Francisco Lopes e Vilmar Faria. O Celso fez uma proposta interessante, ele esteve na Argentina e os argentinos propõem que se forme um grupo de intelectuais, três brasileiros e três argentinos, para irem facilitando o relacionamento Brasil e Argentina. Achei ótimo e, ao mesmo tempo, pedi ao Celso que ajude na organização, antes da Cúpula Sul-Americana aqui, no dia 31 de agosto deste ano, de um seminário com intelectuais da América do Sul. Ele gostou da ideia, vai trabalhar com o [Hélio] Jaguaribe nessa direção. O Celso também é muito bom com análises objetivas e tudo mais.

Problemas: pedi ao Madeira que falasse com Mário Covas para nós termos um encontro aqui — ele, Madeira, o Covas, Serra, Aloysio, eu, Pimenta — sobre a questão do PSDB. Madeira achou normal, já tinha sondado o Covas, tudo bem. Ontem o

---

blico mais atuante nessas questões. O que é recente e positivo é que o próprio Congresso Nacional e algumas Câmaras estão tratando dessas questões através de comissões de investigação." (Biblioteca da Presidência.)

* "A democracia, hoje, requer financiamentos públicos de partidos e de campanhas e requer uma atenção muito especial para evitar aquilo que seria trágico, que é a descrença no valor da democracia, que é a descrença nas instituições, que é a falta de respeito àqueles que foram escolhidos pelo povo". (Idem.)

** O presidente recebeu uma delegação de lideranças indígenas chefiada por Álvaro Tukano, secretário do Conpib (Conselho Nacional dos Povos Indígenas do Brasil), e pelo bispo d. Franco Masserdotti, de Balsas (MA), presidente do Cimi. Cerca de mil indígenas de todo o país estavam em Brasília para um protesto contra as comemorações oficiais do V Centenário, pela demarcação de reservas e pela aprovação do Estatuto das Sociedades Indígenas pelo Congresso Nacional.

*** Durante uma audiência com parlamentares no Auditório Nereu Ramos, o índio Henrique Iabaday ameaçou ACM com uma flecha para exigir a aprovação do Estatuto das Sociedades Indígenas, que tramitava no Congresso desde 1991. Antes de chegar ao Congresso, integrantes da marcha haviam atirado flechas num relógio de contagem regressiva da rede Globo para os quinhentos anos do Descobrimento.

Covas irritadíssimo porque eu encontrei o Quércia, isso tinha a ver com a eleição da prefeitura de São Paulo, iam deixar o Geraldinho na mão. Eu disse: "Não, Madeira, Covas está maluco". Quércia veio aqui conversar comigo sobre assuntos de rádio, Pimenta pediu que eu falasse com ele, ele é dono de rádio, veio como empresário, eu conversei banalidades com o Quércia. Imagina se vou discutir com ele a candidatura do Geraldinho em São Paulo. Quércia acha que o PMDB devia lançar o Temer, que não quer, conversei marginalmente, não tenho combinação nenhuma com o Quércia. Na época que ele era governador, quem tinha secretários com o Quércia era o Covas. Nunca aceitei ter nenhum, agora vem ele me cobrar porque encontrei o Quércia. É verdade que eu nunca disse desaforo em público ao Quércia, nem ele a mim — não é a mesma coisa o Covas com o Quércia —, nunca tive relação pessoal rompida com o Quércia, o que não muda meu julgamento sobre ele.

Que estupidez seria, a esta altura dos acontecimentos, fazer aliança com o Quércia para discutir a prefeitura de São Paulo, coisa em que nunca me meti. O Mário põe e dispõe em São Paulo como se eu não fosse político de São Paulo. Mas estou tranquilo, não estou preocupado com isso, não — não tenho a menor vontade de controlar a política paulista. Vamos ver se o Madeira transmite ao Covas esses dados. Isso tudo porque a Tereza Cruvinel, naturalmente ouvindo de alguém, já criou toda uma novela dessa coisa com o Quércia. O Zé Gregori estaria como ministro para tapar o buraco e depois vir o Michel Temer. Enfim, essa fantasmagoria, essa paranoia em que consiste o cotidiano desses pobres políticos brasileiros que não têm visão de Estado, não têm compromisso com uma história de maior grandeza para si próprios e para o país. Bom, feito o desabafo.

Ontem, quinta-feira, 13, foi o aniversário do Paulo Henrique e à tardezinha dei um abraço nele. Hoje fui à posse do Zé Gregori, fiz um discurso, ele fez um bom discurso, afirmativo, foi muito aplaudido, muita gente expressiva, dei meus recados,* imagino que sejam bem recebidos por uns, mal por outros. Já o Zé Carlos inventou que o general Cardoso é de direita. Coitado do general Cardoso, que é um homem progressista, tranquilo — agora virou representante da direita junto com o Maierovitch. Na sua fantasmagoria, ele tentou justificar sua saída através desse palavrório, dizendo que o Maierovitch podou uma operação em marcha. Espero que isso se encerre hoje.

O Supremo Tribunal começou a votar ontem uma velha questão sobre o FGTS e a Caixa Econômica que pode trazer um prejuízo ao Brasil de 70 bilhões [de reais].

---

* "O momento do Brasil exige uma retomada de valores republicanos, não apenas em termos retóricos e bombásticos, mas até mesmo nas formas mais simples. A vida brasileira, hoje, requer do homem público comportamento, humildade, simplicidade, tranquilidade, firmeza. [...] O doutor José Gregori sabe disso e é um homem afeito ao trabalho em equipe. É um homem que sabe que, em certos momentos, menos do que o brilho pessoal, o que vale é a capacidade de entender a situação e de, em conjunto, encontrar saída para os muitos problemas que temos". (Biblioteca da Presidência.)

O Ilmar Galvão foi quem deu o melhor voto, Moreira Alves deu um voto também que abriu possibilidades* e o Maurício Corrêa pediu vistas. É uma matéria seríssima, sem falar dos esqueletos: Plano Cruzado, Plano Bresser, Plano Collor 1, Collor 2, Plano Verão, e quem paga a conta é o povo brasileiro, e não por acaso o meu governo. A Bolsa despencou aqui, na verdade está despencando lá nos Estados Unidos.** O *soft landing* da Bolsa americana talvez seja mais forte do que estou imaginando, e aí as coisas podem complicar no plano econômico.

HOJE É DIA 17 DE ABRIL, MADRUGADA DE SEGUNDA-FEIRA, cheguei do Rio na hora do jantar aqui. No Rio, almoço com Paulo Henrique, muito agradável, muita gente simpática.

Ainda no Rio, falei com Zé Gregori várias vezes por telefone, para montar o esquema de substituição das pessoas que precisam ser substituídas. O Zé Gregori não quer Paulo Sérgio Pinheiro como secretário nacional de Direitos Humanos, sondou-o para ir para a CPLP, também acho bom que ele vá para a CPLP, o Zé estava insistindo em colocar alguém do Itamaraty. Os efeitos da atuação do Zé Carlos Dias já se esvaneceram, ninguém mais comentou, e ficou no ar a ideia de que haveria um núcleo autoritário no governo chefiado pelo general Cardoso, de direita, imagina só, tudo absurdo. Zé Carlos, na verdade, abraçou de corpo e alma a questão corporativa que é da Polícia Federal, acho que queria a coordenação de tudo para tentar alguma coisa para conter os desatinos do narcotráfico.

Li um artigo extremamente interessante do [Joseph] Stiglitz*** criticando o Fundo Monetário com relação ao comportamento na Ásia e na Rússia.**** Não fala da América Latina nem do Brasil, é pena, o comportamento aqui foi diferente. Acho que por causa do fracasso havido na Ásia e na Rússia, eles tiveram que ceder ao ímpeto de subir taxas de juros, baixar taxa de crescimento.

Vi o Garotinho na televisão há pouco, muito esperto, tratando de mostrar que o que aconteceu no Rio não foi tanto desastre assim, saindo pela tangente, até fazendo considerações de reconhecimento do que o governo federal tem feito por ele.

---

* Relator da matéria no STF, Moreira Alves votou a favor da correção monetária do FGTS, mas contestou os percentuais solicitados pelos autores da ação.

** A divulgação de um índice de inflação duas vezes acima do previsto aumentou a expectativa de elevação da taxa de juros norte-americana e provocou uma acentuada desvalorização bursátil, com queda de 5,7% no índice Dow Jones e de 9,7% no Nasdaq, que acumulava perdas de 35% em cinco dias. Uma onda de pânico se espalhou pelos mercados mundiais. A Bolsa de São Paulo caiu 4,6%.

*** Professor da Universidade Stanford, ex-economista-chefe e ex-vice-presidente do Banco Mundial.

**** "O que eu aprendi com a crise mundial", publicado na *Folha de S.Paulo* em 15 de abril de 2000, com a chamada de capa "Imposições do FMI solapam o tecido social".

Falei com Armínio Fraga, ele estava nos Estados Unidos, vi agora na televisão que ele não pôde entrar na reunião do Fundo Monetário.* O Armínio ainda estava calmo, acabo de ver na televisão que a Bolsa de Tóquio caiu 8%, caiu a de Seul, caiu a da Austrália, não sei se não é o começo de uma situação mais grave do que estávamos imaginando. Dá a impressão de estarmos enfrentando uma situação nova. Achei bom que o Armínio voltasse, amanhã ele estará no Rio, vou falar com ele por telefone.

Malan continua lá, participou da reunião do Fundo Monetário com muita dificuldade, porque o Fundo está cercado por manifestantes que são anarquistas, mais libertários, é gente que está lutando contra a globalização.

Falei com Rubens Barbosa, que me contou a conversa que teve com o Tasso. Tasso preocupado com a precipitação do lançamento de candidatura, como se eu tivesse lançado alguma. Na verdade é a imprensa que lança, e os próprios candidatos. Tasso é mais esperto e está calado, e assim, diz o Rubens Barbosa, está numa boa atitude. Pedi ao Rubens que forçasse com o FBI a apuração desse dossiê Cayman, para passar a limpo de uma vez por todas a infâmia desses papéis que foram disparados aqui no Brasil e espalhados pela *Folha* via o Fernando Rodrigues, que deve ter recebido o material das mãos do Gilberto Miranda, que por sua vez deve ter recebido das mãos do seu irmão Egberto Batista.** Como eu não tenho como provar nada disso, fico nessa posição.

TERÇA-FEIRA, 18 DE ABRIL: estou chegando neste instante da inauguração do parque gráfico do *Correio Braziliense*, fiz discurso junto com o diretor, dr. Paulo [Cabral], estava toda a imprensa atrás da futrica entre PSDB e PFL, Antônio Carlos e eu, estavam os presidentes todos, Antônio Carlos também, mas não falei nada com a imprensa.

Ontem despachos normais, de manhã uma boa conversa com o senador Arruda para rever a posição de cada senador quanto ao governo. Nós temos maioria sólida no Senado e também algumas demandas — elas não são muitas — de um ou outro senador que se considera pouco atendido nisso ou naquilo.

À tarde, reunião de coordenação do grupo político e o problema que continua, ou seja: até que ponto vamos levar essa questão da votação no dia 26 de abril*** e como fica o PFL com isso. Me telefonou hoje cedo o Dornelles, aflito, ele acha que vai

---

* Cerca de 15 mil manifestantes antiglobalização cercavam a sede do FMI em Washington, onde se realizava a reunião anual conjunta do Fundo e do Banco Mundial.
** Ex-secretário de Desenvolvimento Regional no governo Collor.
*** O governo entrara em acordo com a oposição para aprovar o Orçamento de 2000 e antecipar a votação da MP do salário mínimo pelo Congresso. Mas líderes governistas avaliavam que o Planalto precisava de mais tempo para consolidar a maioria favorável aos R$ 151.

haver muita mobilização sindical, que é melhor não votar. Falei com Marco Maciel por telefone e hoje, pessoalmente, na inauguração do *Correio Braziliense*. Também acho que se for possível evitar a votação do dia 26 é melhor. Não é fácil, porque há a palavra dos líderes empenhada, pode haver número ou falta de número para evitar uma batalha difícil. Vamos ter que fazer muita força para o pessoal votar a favor do salário mínimo de 151 [reais] e recusar o resto [emendas parlamentares à MP]. Com muita exposição de televisão, essa onda toda, a oposição vai ganhar força, e a fama do Antônio Carlos deixa o PFL paralisado. Vamos ver como a gente se sai nessa.

Eu não tinha registrado que conversei com o Pedreira na casa do Paulo Henrique, Pedreira anda muito assustado com o ódio — a expressão foi dele — que os jornalistas e os amigos mais antigos do Rio estão devotando a mim. Falou do Newton Rodrigues,* que foi do PCB no passado, que muitos são petistas ou para-petistas, tipo [Luis Fernando] Verissimo. Não creio que o Verissimo me tenha ódio, ele nem me conhece, mas é verdade que um segmento da intelectualidade é contra a globalização, como se fosse possível ser contra a introdução da economia industrializada, quebrando máquinas etc. É uma coisa que eu sinto, mas o que se pode fazer? Nada.

Vi agora a CNN transmitindo os ataques ao Fundo Monetário, ao Banco Mundial, feito pelas hordas dos novos bárbaros, alguns se dizem anarquistas, não tem como entender.

Outra coisa é que o mundo atual não aceita celebrações do tipo desta dos quinhentos anos do Descobrimento. Ninguém quer celebrar nada; o pessoal está mais *in the mood* de destruir que de celebrar.

A propósito, nessa ida minha ao *Correio Braziliense* aproveitei a deixa para dizer que estava muito feliz por inaugurar mais um parque gráfico. Inaugurei vários, o da *Folha*, em São Paulo, o do *Globo*, no Rio de Janeiro, para dar alguns exemplos de jornais que estão se modernizando, avançando. É bastante impressionante o ritmo de transformação do Brasil.

HOJE É DIA 21 DE ABRIL, SEXTA-FEIRA. Na terça-feira, dia 18, recebi para almoçar o Tasso Jereissati. Ele contou que a principal diferença que via entre o noticiário nos Estados Unidos — ele veio diretamente de lá para almoçar comigo, teve uma reunião do Banco Mundial — e o noticiário do Brasil é que os Estados Unidos minimizam as manifestações de rua fortes. Aqui, qualquer pequena manifestação de rua vira uma coisa imponente.

O Tasso se mostrou muito mais abrangente e compreensivo na análise da situação, achando que é uma loucura lançamentos prematuros de candidatos e um tanto desconfiado de que o Serra esteja articulando a candidatura do Goldman à

---

* Colunista do *Jornal do Brasil*.

presidência do partido. Eu disse que o Serra nunca falou desse assunto, que não percebi nada disso e que achava que o presidente devia ser o Pimenta. Tasso acredita que o Covas não será candidato, pelo jeito como está se comportando, abrindo guerra contra os outros estados etc. Sobre o Ciro, acha que se deve deixar uma porta aberta com ele. Eu disse: "O Ciro passou do limite". Ele reconhece isso.

À noite recebi no Alvorada o Manoel Santos, que é o presidente da Contag, gente correta — é antigo quadro do PC, hoje é do PT —, veio discutir a pauta deles da terra. Eles percebem que, com o Ministério do Desenvolvimento Agrário, com o Pronaf e tudo mais, o governo está dando um salto qualitativo nas relações agrárias no Brasil. Eu disse que quem pode atrapalhar isso é o MST. Dito e feito. No dia seguinte, o MST invadiu a fazenda Catende, em Pernambuco, da Fetag, que é uma agência da Contag, e ele protestou contra isso.

Na quarta-feira, além da solenidade da comenda militar da qual eu participei no Quartel-General do Setor Militar Urbano, recebi um grupo de jovens.* Fiz um discurso que a imprensa leu como se fosse um recado ao MST. Não foi, era uma coisa diferente, mais geral. O recado foi dado através do porta-voz, porque o MST está fazendo toda sorte de besteira e violência desnecessária, invadindo sem parar.** O Raul Jungmann teve uma reação muito forte,*** eu apoiei o Raul.

Nessa quarta-feira ainda jantei com o Armínio Fraga, eles [Copom] mantiveram a taxa de juros em 18,5%. Armínio continua muito otimista, achando que dá para chegar ao fim do ano com 13% de taxa de juros. Conversamos sobre o Sistema Financeiro de Habitação, há muita dificuldade jurídica para retirar a TR, que é o que atrapalha tudo. A conversa foi bastante estimulante, como sempre, o Armínio é um homem inteligente.

Ontem, quinta-feira, passei o dia praticamente dentro do Palácio da Alvorada, recebendo o ministro Lampreia, para discutir a questão da Argentina, do Peru e da Bolívia; o Geraldo Quintão, ministro da Defesa, que está fazendo uma revisão dos problemas da Defesa; e o advogado-geral da União. À tarde recebi o ministro Paren-

---

* Integrantes do Projeto Serviço Civil Voluntário.
** Sob o lema "Brasil, outros 500", o MST, a CUT e outros movimentos sociais prometiam levar 40 mil manifestantes a Porto Seguro no dia 22 de abril para apoiar o protesto indígena contra os festejos oficiais do Descobrimento. Na semana anterior, os sem-terra haviam iniciado nova onda de ocupações de prédios públicos e propriedades rurais. Sobre a viagem de Fernando Henrique à Bahia, o porta-voz Georges Lamazière declarou que o presidente não aceitaria que "grupos busquem se infiltrar em manifestações pacíficas de outros grupos, inclusive visando a perturbá-las e a criar situações de violência". Os acessos rodoviários a Porto Seguro estavam bloqueados pela PM baiana.
*** O ministro anunciou que as terras ocupadas pelo MST não seriam objeto de análise fundiária pelo Incra e que participantes das ocupações seriam inabilitados a participar de processos de assentamento.

te. Almocei com Aspásia Camargo, ela me deu de presente uma escultura do Sérgio Camargo. Fiz gravações para a Globo para os quinhentos anos [do Descobrimento], e vim aqui para Comandatuba.*

Cheguei à noite, jantamos, Jorge Sampaio veio também de Portugal. Hoje estamos aqui cercados por repórteres, mal podemos ir à praia. Nesta sociedade do espetáculo, um banho de mar do presidente com sua mulher é considerado um fato extraordinário, tem dezenas de repórteres em volta da cabana onde estou hospedado. Não sei ainda bem como vai ser a questão dos quinhentos anos, parece estar virando um carnaval. O MST é competente, tem dinheiro, tem apoio internacional, os indígenas também manipulados pelo Cimi e outras ONGs, porém mais pacíficos. Não sei o que vai acontecer entre hoje e amanhã.

---

* O presidente e a primeira-dama descansaram no Hotel Transamérica, resort na ilha baiana.

24 DE ABRIL A 5 DE MAIO DE 2000

Festejos do V Centenário. Demissão de Rafael Greca. Onda de ocupações do MST

Hoje é segunda-feira, dia 24 de abril. No dia 21 à tarde, recebi o Antônio Carlos, era a data de falecimento do Luís Eduardo, então o começo da conversa foi emotivo sobre o Luís Eduardo, depois passamos aos nossos temas. Eu disse: "Para nós é inconveniente a votação dessa medida provisória, porque vai aumentar o racha na base".

Ele disse: "Bom, eu tenho que abrir a sessão, mas se ninguém for lá até ajudo. Alguns da Bahia irão, poucos, mas até ajudo a não ir".

Eu: "Para mim, se for por aí está bem".

Ele: "Olha, presidente, há muita fofoca sobre nós dois".

"Olha, Antônio Carlos", disse eu, e exemplifiquei com o que tem acontecido com ele mesmo e o Pimenta, que já registrei aqui quando da inauguração do *Correio Braziliense*. "Não tenho interesse nenhum em me isolar do PFL, como não tinha em me isolar do PMDB. Outra coisa é sua briga com o Jader."

Aí ele se entusiasmou, disse que vai apresentar um dossiê mostrando que o Jader é ladrão, disse que tem documentação abundante para entregar ao Ministério Público.

"Bom, isso é assunto entre vocês, não é assunto de Estado. Agora, a questão do apoio do PFL, do apoio do PMDB para mim é indispensável."

"Então, presidente, qualquer coisa o senhor me telefona."

Ele veio realmente em ânimo de paz e combinou o que diríamos lá fora.

Eu falei: "Eu já disse que essa questão da data de votação é dos líderes" — como de fato foi dos líderes.

"Não precisamos dizer que nos concentramos nessa matéria do salário mínimo, podemos falar de outras coisas."

E assim foi feito.

Nesse mesmo dia 21, sexta-feira, recebi o Jorge Sampaio, muito simpático, num jantar, coisa agradável.

Dia 22: a questão das comemorações. Saímos para Porto Seguro depois de esperar mais de uma hora parados no avião, porque havia mau tempo e a saída atrasou. Chegamos a Porto Seguro, fomos para o hotel* e no hotel imediatamente para a sala de recepções. Almoço grande, o Jorge fez um discurso, eu fiz outro, gostei do discurso do Jorge, o meu acho que ficou bom também, mas isso tudo no Brasil se perde; o que vale são pequenos acontecimentos transformados em

---

* Hotel Vela Branca.

grandes fatos. Já terminado o almoço, havia uma rebelião da imprensa, eu não sabia, porque ela tinha estado ausente do almoço, e a nossa imprensa tem que estar presente em tudo, senão fica irritada. Na verdade eram mais os locais. Tive que fazer uma entrevista coletiva junto com Jorge Sampaio, cantaram o Hino Nacional, não entendi por quê, mas cantei junto, era um protesto, eu não sabia! Não sabia que eles estavam irritados, segundo eles, com a assessoria do Palácio do Planalto e com o Itamaraty, sobre alguma coisa protocolar, sobre quem tem acesso, quem não tem...

[A questão] do privilégio é a mentalidade. Todos no Brasil, a imprensa também, têm de ser privilegiados em tudo, senão protestam. Fui dar minhas declarações outra vez, com o fundo magnífico da baía de Porto Seguro. Perguntaram se eu sabia que tinha havido violência [na manifestação dos indígenas],* eu disse: "Não, não fui informado, se houve violência sou contrário. Agora, uma coisa é você assegurar a liberdade de manifestação, outra coisa é a liberdade perturbar a manifestação de outros, que é o que o MST está fazendo. Quanto a mim, me dispus a recebê-los. Soube agora que houve manipulações políticas, mas não podem é perturbar. Um não pode perturbar a manifestação do outro".

Enfim, passamos o dia lá, uma coisa bonita. O contraste com Portugal é muito grande, o Brasil é esse tropicalismo transbordante, todo mundo vem, abraça, beija, e muito folclore, o Greca entusiasmado. De novo eu e Jorge Sampaio fizemos declarações, dessa vez às autoridades portuguesas. Depois um *Te Deum* com música do século XVIII feita lá e aqui no Brasil.

De lá tomamos o avião, e eu fui direto a São Paulo. Dormi lá, ainda vi um filme à noite, no vídeo.

Ontem, domingo, 23, passei o dia em casa. Recebi a Amélia Hamburger** para eu fazer um relato sobre minha participação e do que eu me recordava da fundação da Fapesp no tempo do [Antônio de] Ulhoa Cintra.***

À noite fui à inauguração da Mostra do Redescobrimento.**** Lá, alguns vídeos, os xavantes, outros grupos do Xingu, coisas indígenas, são espetáculos um pouco monótonos, tudo muito rápido. Dizem os jornais hoje que havia uma carta de reivindicações. Não houve protesto nenhum. Na Mostra do Redescobrimento fiquei pouco tempo, Jorge Sampaio e Mário Soares ficaram lá, voltei para Brasília. Houve tanta confusão entre Andrea Matarazzo, Paulo Henrique e Edemar Cid Ferreira, que

---

* A polícia baiana bloqueou a passagem de ônibus e reprimiu manifestantes na BR-367, que liga Porto Seguro a Santa Cruz Cabrália. Os protestos terminaram com 141 detidos e trinta feridos.
** Professora de física da USP.
*** Médico paulista, um dos fundadores da Fapesp em 1960 e seu primeiro presidente.
**** As exposições de artes visuais da programação Brasil + 500 — Mostra do Redescobrimento, com mais de 15 mil obras, se distribuíram entre quatro prédios do parque do Ibirapuera, em São Paulo. Posteriormente, a mostra viajou a outras capitais brasileiras.

é o presidente do Banco Santos e organizador dessa mostra,* que não era conveniente ficar muito tempo. Vou voltar para ver a exposição, dizem ser magnífica.

Em Brasília fiquei sabendo que esse Marés estava declarando que não podia ficar num governo que permitia violência contra os indígenas e que as declarações minhas sobre a impossibilidade de manifestações lá em Porto Seguro é que originaram o quebra-quebra com a polícia baiana, que ele nunca tinha visto índio ser agredido. Esse Marés foi comigo, negociou a vinda dos índios, estava lá o tempo todo, viu toda a manipulação. Ele aproveitou a oportunidade, já estava meio balançando para cair fora [da Funai], mas está caindo fora de maneira desleal, não devia nunca ter sido nomeado. É um demagogo, vi pelo jeito do sorriso dele, pelo olhar na televisão, que ele aproveitou o momento para cair fora, antes que caísse fora por uma razão mais inglória. Eu defendi esse cidadão quando ele fez besteira com os Villas-Bôas,** suportei a falta de tato dele no assunto, e ele não teve a gentileza de preservar o presidente da República, que, ele sabe, é favorável à defesa das causas indígenas. Em vez de ajudar, vai posar de mártir num momento em que já estava acabado.***

HOJE É SEXTA-FEIRA, DIA 28 DE ABRIL, estes últimos dias sem anotar nada porque a semana foi uma semana braba.

Na segunda-feira, passei o dia todo atormentado pelas consequências do que aconteceu lá em Coroa Vermelha.

No dia seguinte, 25, tive uma reunião importante sobre a reorganização do Ministério do Desenvolvimento com os fóruns de competitividade, alguma discussão latente, às vezes até aberta entre a ala, digamos, mais pró-mercado, que não vê necessidade de ação do governo para desenvolver setores da economia e evitar gargalos, e a ala mais intervencionista, embora as duas sejam, digamos, moderadas em suas posições — por um lado o Armínio e o Malan, por outro lado estava, naturalmente, o Tápias e o Hélio Mattar.**** Na verdade, isso tudo é uma quase caricatura, porque a proposta do Hélio Mattar e do Tápias tem pouco a ver com as antigas concepções das câmaras setoriais, que é muito mais um fórum para aumentar a capacidade de competição das nossas empresas e prever a cadeia produtiva em geral.

Recebi o cardeal Angelo Sodano, delegado papal, primeiro uma conversa preliminar só comigo e os assessores dele. Ele já mostra a preocupação com o que está acontecendo aqui no Brasil, com esse certo desregramento da Igreja no que diz res-

---
* Ferreira presidia a Associação Brasil Connects, organizadora da Mostra do Redescobrimento.
** Em janeiro de 2000, Carlos Frederico Marés demitira por fax o sertanista Orlando Villas-Bôas, assessor da Funai, pioneiro da entidade e fundador do Parque Indígena do Xingu.
*** Marés foi sucedido por Roque Laraia na presidência da Funai.
**** Secretário de Política Industrial do Ministério do Desenvolvimento.

peito a assumir teses que não têm nada a ver com religião, que são mais políticas, e de uma visão política muito míope. Depois tivemos um almoço com vários cardeais, d. Eugênio [Sales], notadamente, mais o nosso presidente da CNBB, d. Jayme Chemello, e o arcebispo-primaz da Bahia, d. [Geraldo Majella] Agnelo, e d. Cláudio Hummes, de São Paulo. Um grupo bastante expressivo. O almoço foi extremamente simpático e agradável.

Na terça-feira, uma certa angústia para saber o que aconteceria no dia em que se ia colocar em votação a questão da emenda relativa ao salário mínimo. Aí foi difícil, porque todo mundo estava prevendo o que ia acontecer, mas ninguém imaginou que o Antônio Carlos fosse teimar tanto, e foi isso que aconteceu na quarta-feira, dia 26 de abril.

Comecei a quarta-feira dando uma longa entrevista aqui de manhã para a revista *IstoÉ Dinheiro*, para o redator-chefe dela. Em seguida fui ao Planalto e recebi o governador de Mato Grosso, o Zeca do PT, o José Orcírio Miranda dos Santos, com toda a bancada. Ele me deu de presente um tucano, ele é simpático, vieram pedir que se trocasse a dívida de Mato Grosso com a União por Bolsa Escola. Eu mostrei que não tinha sentido, que a dívida que Mato Grosso tem com a União, embora seja pesada, foi um esforço que a União fez para salvar os estados, eles sabem disso. Aliás, o rapaz que é secretário da Fazenda dele, Paulo Bernardo, é muito bom. Eles sabem que continuamos subsidiando os estados. Agora, a Bolsa Escola é uma coisa importante, e o governo, por outro caminho, deve dar recursos à Bolsa Escola, mas não trocando pela dívida, até porque a Bolsa Escola gasta muito pouco em comparação com o tamanho da dívida.

Nesse meio-tempo, havia uma discussão imensa no Congresso, e o Antônio Carlos fez tudo diferente do que dissera a mim, na Bahia, que faria. Ele colocou em discussão uma questão de ordem que dizia não ser possível votar a emenda porque havia uma renovação da medida provisória com modificações dela, e isso o regimento não permite. Não obstante, ele não aceitou a questão de ordem e colocou ao plenário. O plenário passou o dia inteiro se esgoelando, nós tendo que interferir, eu com o Marco Maciel, mais tarde falei também com o Inocêncio. Eles estavam lá queimando o Arthur Virgílio, que teve um papel muito importante em tudo isso. Na reunião da semana passada, quando eles discutiam o Orçamento, o Arthur fechou um acordo com as lideranças de oposição dizendo que votaríamos nesta quarta-feira, dia 26, a MP do salário mínimo. Mas não houve condição para votar, isso é normal na vida parlamentar, fez-se obstrução, e eles aproveitaram para judiar muito do Arthur, que foi bravo, comportou-se muitíssimo bem. Aliás, o Aécio também, Geddel também, deixando o PFL na oposição com a esquerda, embora o Inocêncio também tenha se comportado bravamente para defender a ideia de que não poderíamos votar.

Antônio Carlos o tempo todo fazendo o jogo da oposição somente para tirar sarro, como se diz na gíria, do governo. Isso causou um desgaste enorme. À noite, o governo resolveu afastar algumas pessoas nomeadas por deputados, três ou quatro, um de cada partido, que teriam votado contra o governo.* Isso sempre é uma faca de dois gumes, mas serve de sinal para alguns que estão aí tirando casquinha do governo e agora votando contra. Claro que o principal é Antônio Carlos, que tem dois ministros, mas estou disposto a chegar lá se isso não mudar. A gente não vai poder continuar levando o Brasil na base do tira-proveito e ataca, tira-proveito e ataca.

No dia seguinte, ontem, dia 27, recebi de manhã para despacho o Aloysio e o Pedro Parente. Em seguida chegou também o Aécio, muito preocupado, com medo de que eu fosse afrouxar na posição anti-PFL. Disse ele que foi um desastre para o PSDB o que aconteceu, porque alguns que seriam candidatos a prefeito do PSDB contra outros do PFL, os do PFL votaram pela votação imediata do salário mínimo e o PSDB contra. Tirando a dose de entusiasmo quase juvenil do Aécio por essa luta que está se dando entre PFL e PSDB por causa da presidência da Câmara, é verdade que existe uma situação de incômodo para os aliados, na medida que um deles, um dos principais, passou a se comportar de maneira errática. E logo o PFL, que sempre se disse o guardião da estabilidade do Brasil, agora com esse desequilíbrio do Antônio Carlos, ajudado pelo oportunismo do Medeiros, que apresentou essa emenda,** porque ele quer aproximação com o governo, mas quer esse recurso da chantagem. Isso tudo complicou muito o panorama. Sossegamos o Aécio, explicamos que alguns haviam sido demitidos, e a coisa acalmou.

Desse ângulo, a quinta-feira, 27, foi um dia mais calmo. Nesse meio-tempo, tive que chamar aqui o Greca para conversar, que o caso do PSDB está insustentável, ele perdeu o apoio do PFL. O Jorge Bornhausen me disse que já tinha falado também com o Greca e que o Greca não estava disposto a dar um apoio mais efetivo, político, e que ele já tem até candidatos, entre os quais o Carlos Melles, que me parece o mais adequado, ele é de Minas Gerais. Ele, Jorge, já tinha falado com Marco Maciel também e com Antônio Carlos. Chamei o Greca, que colocou nos jornais toda a minha conversa telefônica do dia anterior e depois a matutina de quinta-feira, até com certa graça. Disse que quando me perguntou: "Presidente, eu continuo ministro ou o senhor vai me matar?", eu respondi: "Vou ver isso". Ele insistiu, então eu teria dito: "Vem aqui, Greca, que eu te dou cicuta".

Ele colocou isso no jornal. Na verdade o que eu disse foi: "Olha, Greca, pede você demissão, fica melhor. Acho que não há nada do ponto de vista moral contra

---

* Foram exonerados funcionários de cargos de confiança nos ministérios da Agricultura, Desenvolvimento Agrário e Previdência Social, indicados por parlamentares do PMDB, do PTB, do PL e do PFL que haviam se manifestado contra o valor do mínimo proposto pelo Planalto e se ausentado do plenário.

** O deputado paulista propusera uma emenda para autorizar um reajuste adicional do salário mínimo em janeiro de 2001.

você, estou disposto a dizer isso". Não vi nada, a não ser lá umas contas, umas falcatruas de um tal de [João Carlos] Buffara,* mas são falcatruas da época de 1998, quando ele não era ministro, enfim, não houve depósito suspeito na conta da mãe desse Buffara,** que não é o [Luiz Antônio] Buffara que trabalhou com ele.*** Isso continuou assim e nós então achamos que era melhor ele apresentar demissão, coisa que ele fez. Agora não vai faltar nada senão substituí-lo. Telefonei hoje mesmo ao Carlos Melles, que não estava, é claro que já me telefonaram o Marco Maciel e o Guilherme Palmeira,**** entendi do que se tratava, telefonei ao Jorge Bornhausen, acalmei-o dizendo que já estou tomando as providências. Porque nos jornais consta que talvez não fôssemos colocar alguém do PFL, o que dificulta, obviamente, a negociação.

Nesse meio-tempo, nós estamos aqui com um problema, que é a greve dos caminhoneiros.***** O dia de ontem e o de hoje foram por conta disso com o Padilha, muitas reuniões, Zé Gregori, general Cardoso, Dornelles, que é muito ligado ao líder presuntivo desses caminhoneiros, um tal de [Nélio] Botelho. Hoje vi que não deu certo, mas, aparentemente, não haverá greve, porque o governo tomou certas medidas para atender às demandas deles.******

Fora isso, tive uma longa conversa com o Raul Jungmann, que já tinha estado com o Manoel Santos, presidente da Contag, e estivemos com uns cinquenta líderes. Passamos em revista a pauta, o clima foi bom, tiraram fotografias comigo etc. Hoje leio nos jornais que os sem-terra dizem que vão invadir não sei quantas fazendas. Muito difíceis esses movimentos sociais contemporâneos, sempre estão beirando um pouco a violência. No caso da Contag, é honra ao mérito, eles têm se comportado bastante bem.

Nesta sexta-feira, dia 28, recebi o Don Argus, presidente do conselho da BHP Billiton, ele quer uma associação da Billiton com a Vale do Rio Doce, uma troca de ativos, 30% pra lá, 30% pra cá, para criar uma Vale do Rio Doce mais internacionalizada. Em princípio se pode conversar, mas esse é assunto delicado, tem que ser encaminhado pelos canais competentes.

* Primo de Luiz Antônio Buffara, ex-assessor de Rafael Greca.
** Teresinha Freitas.
*** A quebra dos sigilos bancários de Buffara e de seus familiares não revelou a existência de depósitos milionários, conforme sustentava o Ministério Público Federal. Em 2012, Greca foi inocentado pela Justiça Federal da acusação de improbidade administrativa por suposto favorecimento a proprietários de bingos.
**** Ministro do TCU e ex-senador pefelista.
***** A categoria, que reivindicava tabelamento de fretes, pesagens menos rigorosas e diminuição dos preços dos pedágios, anunciara o início de nova paralisação nacional em 29 de abril.
****** Os caminhoneiros pararam durante uma semana e bloquearam algumas rodovias federais.

Depois fui à Granja do Torto inaugurar uma exposição da pecuária,* não sei se haverá safra novamente recorde, 85,5 milhões de toneladas. Se isso se efetivar, é muito bom, segura uma situação que, aliás, não está preocupando, ela continua realmente bem. Recebi o Eduardo Jorge rapidamente, depois fui falar com a Dora Kramer, que me deu o livro que vai lançar no fim de ano,** ela muito aflita que eu falasse mal do Antônio Carlos e criasse dificuldade no governo.

E o porta-voz substituto*** veio falar comigo, a imprensa sempre pessimista, dados do IBGE bastante positivos,**** eles só veem o lado pessimista, ele disse que houve aumento enorme da escolaridade no Brasil e que a taxa de crescimento demográfico caiu para 1,1%. Quando o Eduardo Jorge perguntou como eu estava vendo o desemprego, que deu um índice elevado, quase 8% no primeiro trimestre, eu respondi: "Eduardo, eu me preocupo mais com o nível de emprego, que está aumentando; não quer dizer que não me preocupe com o desemprego, mas temos de ter uma visão um pouco mais objetiva desse processo e menos, digamos, dramática". Embora o desemprego em si seja realmente grave, o governo não pode [deixar de fazer] o que está fazendo, criando condições para o crescimento da economia.

Ontem nós vimos, eu e a Ruth, um filme aqui, *Beleza americana*,***** o Zé Gregori veio com a Maria Helena e com a viúva****** do Renato Archer.******* Depois conversei com o Zé para prepará-lo, quem sabe eu tenha que mudar a estrutura do Ministério da Justiça, juntando a parte repressiva com a Senad, para fazermos um ministério de Segurança Nacional mais eficiente e aliviar o Zé Gregori dessa parte do Ministério da Justiça. Cheguei até o fim do meu argumento, e ele mordeu a isca, acho que talvez seja possível caminhar por aí. Também chamei a atenção dele para o fato de que no ano que vem vamos organizar no Brasil essa conferência mundial sobre racismo.******** Estou preocupado. Imagine todas as ONGS

---

* Exposição Agropecuária Nacional do V Centenário.
** *O resumo da história: fatos e personagens que marcaram a política brasileira*. Rio de Janeiro: Objetiva, 2000.
*** Alexandre Parola.
**** O instituto divulgou a Síntese de Indicadores Sociais 1999, com dados referentes a 1998. Naquele ano, a mortalidade infantil foi de 36,1 por mil nascidos vivos (eram 44,7 em 1991); 94,7% das crianças entre sete e catorze anos estavam na escola, crescimento de 1,7 ponto percentual em relação a 1997; 13,8% dos brasileiros acima de quinze anos eram analfabetos (14,7% em 1997); entre os jovens de quinze a dezessete anos, 76,5% estudavam (em 1992, a proporção era de 59,7%); a expectativa de vida era de 68,1 anos, contra 66 anos em 1992.
***** *American Beauty* (1999), com direção de Sam Mendes.
****** Madeleine Archer.
******* Ex-ministro de Ciência e Tecnologia e da Previdência Social no governo Sarney.
******** A III Conferência Mundial contra o Racismo, a Discriminação Racial, a Xenofobia e For-

do mundo vindo aqui para denunciar o racismo no Brasil e fazerem um happening. Qualquer manifestação cultural que diga respeito a racismo, sexismo, a indígenas desperta uma espécie de fúria expressiva nas ONGs, que transformam tudo num happening, e eu não estou disposto a expor o governo, o Brasil, nossa imagem, a um desgaste. Fica o receio de que isso possa, ao invés de ajudar, atrapalhar.

Acaba de sair daqui o senador Jader Barbalho. Antônio Carlos mandou um caixote com denúncias sobre o Jader, quase um prontuário, mais que uma biografia. Jader replicou lama em cima do Antônio Carlos. Coisa muito feia, que, por enquanto, não tem prejudicado o andamento do Senado.

Ainda hoje tivemos uma série de iniciativas para avançar na questão do endividamento da prefeitura de São Paulo, o precatório de São Paulo. Temos ganho tudo no Senado, o Senado aprovou a Lei de Responsabilidade Fiscal, que é muito importante. Temos que aprovar alguns empréstimos antes da Lei de Responsabilidade Fiscal. Ela proíbe que o Tesouro assuma empréstimos, nós estamos fechando todas as possibilidades de transferências de dívidas dos estados para a União e também fechando as possibilidades de eles se endividarem. O ajuste está indo bastante bem, os resultados são muito expressivos.

Acabo de ver também na telinha o resultado do Refis, esse programa para ajudar as empresas a saírem das dívidas com os impostos. Por enquanto 35 mil empresas estão no Refis, pode chegar a mais, porque a apuração ainda demora alguns dias, talvez umas 50 mil empresas, o que já é um número expressivo, sobretudo as grandes e médias. As pequenas têm mais dificuldades até mesmo em se organizar para sair da situação de aflição em que algumas se encontram.

Anunciei hoje uma safra recorde,* também uma coisa positiva. A área econômica não está me preocupando, a política sim, esse sentimento de uma espécie de fermento corrosivo na democracia. Há sinais de uma violência de tipo neofascista, punks querendo minar qualquer autoridade, mesmo a legítima. Isso se soma aos escândalos de corrupção, que são incríveis, e à droga. Ainda ontem vi o depoimento de um tal de Marcinho VP [Márcio Amaro de Oliveira], algo assim, que o João Moreira Salles andou denunciando, uma confusão danada, deram até uma bolsa para ele.** O rapaz é brilhante, inteligente, malandro, diz coisas impressionantes. Laura

---

mas Conexas de Intolerância aconteceu em Durban, na África do Sul, em agosto e setembro de 2001.

* A safra de grãos 1999-2000 foi de 83 milhões de toneladas, recorde histórico.

** O traficante carioca, ex-barão da droga no morro Dona Marta, estava preso na penitenciária de Bangu 1 e viajou a Brasília para depor à CPI do Narcotráfico. Na ocasião, o cineasta João Moreira Salles admitiu ter pago uma mesada a Marcinho, que conhecera durante as filmagens do documentário *Notícias de uma guerra particular* (1999), para que o traficante deixasse o crime e escrevesse um livro autobiográfico.

Carneiro,* o próprio Moroni Torgan** inquirindo o rapaz, não se sabe o que é pior: se o rapaz com sua esperteza, ou o primitivismo de deputados transformados em tiras e polícias. Olha, tudo é muito preocupante, porque parece que vai corroendo a República, a democracia, os valores republicanos. Isso mais essa violência neofascista me preocupam. Preocuparam-me bastante.

Apesar de tudo, amanhã cedo vou para a praia, na Marambaia, com a Bia, as crianças dela e a Ruth, que vai de São Paulo para lá. No domingo vou ver uma parada militar*** e na segunda-feira, que é 1º de Maio, vou à noite a São Paulo e durmo no Hotel Transamérica, porque de manhã cedinho, no dia seguinte, teremos uma reunião para o lançamento do jornal *Valor Econômico*. De lá venho para Brasília de novo.

HOJE É QUARTA-FEIRA, DIA 3 DE MAIO. Fomos à Marambaia, tempo extraordinariamente agradável, apenas me comuniquei por telefone para acompanhar a greve dos caminhoneiros. A parada naval no domingo foi bonita, trinta navios, todo o almirantado lá e também muitos outros oficiais. Reencontrei o almirante Mauro César [Pereira], que foi ministro da Marinha,**** afetivamente ele é seco, mas estava bastante educado como ele é. Depois estive com o ministro [Alfredo] Karam e o almirante [Henrique] Saboia, ex-ministros todos do Sarney e do Figueiredo. Presentes o embaixador dos Estados Unidos e a mulher dele,***** o da Inglaterra,****** da Venezuela,******* oficiais... tudo muito simpático.

No dia seguinte, descanso. Ontem, em São Paulo, participei de um café da manhã do lançamento do jornal *Valor*, à mesa os Frias, o pai e os dois filhos, o João Roberto Marinho e o José Roberto Marinho, o Covas, eu e o Malan, umas seiscentas pessoas. Muito bom o discurso do João Roberto, colocando com propriedade a questão dos desafios da globalização, tudo que precisamos enfrentar. O Luiz Frias e o João Roberto fizeram uma breve saudação ao jornal, dizendo que são independentes. Mário Covas fez um bom discurso também e eu fiz um de improviso. Acho que também foi competente, porque toquei nos pontos sobre o que espero da imprensa hoje em dia.

* Deputada federal (PFL-RJ).
** Deputado federal (PFL-CE) e relator da CPI.
*** Parada Naval 500 Anos, que reuniu veleiros modernos e antigos e navios de guerra da Marinha num trajeto entre a praia do Leblon e a Escola Naval, na ilha de Villegagnon.
**** Ministro no primeiro mandato de Fernando Henrique, Pereira opusera-se à criação do Ministério da Defesa.
***** Anthony e Hope Harrington.
****** Roger Bone.
******* Milos Alcalay.

Na volta, vim com vários ministros no avião, combinamos a estratégia da votação da MP dos pisos salariais. Conversei rapidamente com o Malan sobre os acordos lá na Argentina, relançamento do Mercosul.*

Passei o dia de ontem discutindo a questão dos sem-terra. Invasão generalizada de prédios públicos, doze, catorze, completamente descabido, mas demonstrando uma grande capacidade mobilizadora e uma coordenação em nível nacional, movendo milhares de pessoas, já num tom, digamos, de quebra da ordem, de quebra da legalidade democrática. Em vez de ocuparem fazendas, ocupam prédios públicos federais. O ano é eleitoral, e esse movimento é o único realmente organizado e perigoso no Brasil, está se tornando crescentemente um movimento contestador em geral, e não contestador específico da questão agrária.

O Zé Gregori reagiu por instância minha, também reagiu bem com os caminhoneiros o ministro dos Transportes, o Padilha. O Padilha é guerreiro. Na questão dos caminhoneiros, há um porém. É que o líder ostensivo deles [Nélio Botelho] é ligado ao Dornelles, e há uma disputa entre o Padilha e esse líder. O Padilha quer acabar com ele e o Dornelles, naturalmente sem aparecer, prefere mantê-lo, e isso atrapalha todo o processo. Tanto o Padilha está demasiado envolvido pessoalmente para liquidar com o tal líder, quanto o Dornelles discretamente deseja mantê-lo. A greve teve repercussão pequena, o general Cardoso agiu, não houve pontos de estrangulamento. Parece que as polícias se articularam, a Federal e a Rodoviária [Federal], assim me informaram.

A questão dos sem-terra é mais grave, e, mais grave que tudo, é que eu notei o Raul Jungmann abatido. Acabei de ver pela televisão, no *Bom Dia Brasil*, que ele estaria preocupado porque foi demitido um assessor dele** sem lhe prestarem nenhum esclarecimento. Ele falou comigo, eu tampouco sabia, falei com o Aloysio que estavam em busca dele, informaram ao secretário executivo*** e não a ele, essas coisas. Mas é mais que isso: o Raul é um grande batalhador e está cansado, dizendo que as palavras dele não são suficientes para conter o MST. A sociedade não entende bem que estamos fazendo um imenso esforço pela reforma agrária, e essa gente sabotando tudo, sabotando o governo e exigindo mais, mais, mais. O que eles querem é desgastar o governo, não é fazer assentamento, reforma agrária nenhuma.

A situação é delicada, vi agora de manhã que teria morrido um no Paraná num enfrentamento com a polícia,**** isso vai dar dor de cabeça, e no fundo é o que eles

---

* Os países-membros finalizavam negociações sobre tarifas aduaneiras e subsídios estatais, anunciadas em junho de 2000 para reavivar os compromissos do Tratado de Assunção.

** Ricardo Vitório, superintendente regional do Incra em Alagoas, fora demitido na leva de retaliações a deputados contrários ao mínimo de R$ 151.

*** José Abrão.

**** Em 2 de maio de 2000, o assentado Antônio Tavares Pereira levou um tiro fatal no abdome du-

gostariam mesmo que acontecesse — e corre o risco de acontecer, porque são enfrentamentos de massa, muita gente com paus, a polícia atirou com balas de borracha, que é a técnica correta, e lançou gás lacrimogênio. Nessas horas pode acontecer, e parece que aconteceu. É grave, vai talvez colocar o governo na defensiva, é preciso evitar isso. Estamos diante de uma desordem generalizada e eu não posso permitir. Soma-se ainda a questão do Congresso, me parece que os ânimos estão mais favoráveis, agora uma ação mais positiva, e devemos ganhar hoje a votação sobre a questão dos pisos salariais.

Falei com o Carlos Melles para que na volta ele venha conversar comigo para ser ministro de Esporte e Turismo. Já vi que isso vai provocar alguma agitação em Minas, porque esse presidente da CNT e também presidente do PFL [mineiro] é bastante politiqueiro, foi procurar o Itamar, deu declarações meio malandras e eu não sabia. Estão querendo posições, é sempre a mesma história do PFL. Agora vão atribuir a isso o fato de eu convidar o Melles, e não tem nada a ver; convidei o Melles porque ele tem sido fiel ao governo. Melles é ligado ao Jorge Bornhausen, e eu quero reforçar o Jorge em detrimento do Antônio Carlos. Eu queria o Roberto Brant, o Brant é melhor talvez, mas fez ligações políticas erradas e saiu do PSDB [para o PFL]. Em todo caso, mais um probleminha aí. A semana vai ser bastante quente, não tanto na área congressual, mas bastante na área social — ou contestatária mais que social.

Uma coisa positiva é que continua a retomada da economia, o saldo da balança comercial,* pequeno é verdade, e há saldo positivo na criação de empregos novos. A questão econômica vai bem, a social é preocupante e a política é caótica.

Também ontem à noite conversei longamente com o Zé Gregori e com o Pimenta, trouxe os dois para jantar aqui, para colocar a questão da segurança pública, porque ela não está bem-posta. Quero ver se o Zé Gregori encaixa a ideia de que devemos criar um Ministério da Segurança Pública e levar toda essa parte de controle policial para esse ministério. De controle de narcotráfico também. Alguma coisa nessa direção.

Conversamos um pouco também sobre a questão política. Covas declarou que não é candidato, mas na verdade eu noto que tanto o Covas quanto o Tasso quanto o Serra, um olha para o outro com desconfiança e todos os três tentam esconder de mim [que querem ser candidatos], achando que vou favorecer a um deles ou a outro, talvez o Malan, ou sei lá quem. Enfim, o clima é ruim. Na verdade, não deviam

---

rante um bloqueio policial à passagem de uma comitiva de cinquenta ônibus do MST pela BR-277, na periferia de Curitiba. A PM alvejou os veículos quando os militantes tentaram desembarcar. Mais de 180 sem-terra se feriram no episódio, cuja investigação foi arquivada pela Justiça Militar paranaense. Em 2012, o governo do Paraná foi responsabilizado pela morte de Pereira numa ação civil movida por sua família.

* O governo registrou superávit comercial de US$ 183 milhões em abril. No ano, as exportações superavam as importações em US$ 209 milhões.

estar nesse ponto, entrando em desconfianças coletivas, e sim somando forças. Até porque, com esse clima montado no país fica difícil fazer qualquer jogada eleitoral, e muito menos agora, tão antes da hora.

Recebi telefonemas agora de manhã tanto do Jungmann como do Aloysio, porque o Zé Dirceu procurou os dois, na condição de presidente do PT e em nome do Lula, pedindo que eu receba gente do MST. Eu não posso receber, há vários prédios ocupados, numa situação de desrespeito total. Não há um clima de conspiração tradicional contra a democracia, não há um golpe, não é isso; é desmoralização pela corrupção, por um lado, e, por outro lado, pela questão da desobediência civil, que é o que o MST está fazendo. A impunidade é vergonhosa. Ontem vi no *Jornal Nacional* a Justiça dando uma liminar para um cara da Sudam poder operar mais livremente,* uma coisa inaceitável. Agora, do ponto de vista do povo isso parece como se fosse coisa do governo, o que absolutamente não é.

O Pimenta ontem à noite, numa conversa comigo, se surpreendeu quando eu disse que essa coisa dos precatórios de São Paulo fora parar no Banco do Brasil. Eu não fazia a menor ideia nem ninguém, e ele certo de que era uma jogada política, um acordo com o Maluf. Meu Deus do céu, não houve absolutamente nada, foi tudo comprado pelos mecanismos normais de operação financeira, sabe Deus por que e por quem, mas as pessoas imaginam que houve negociação do Maluf para que o Banco do Brasil absorvesse esses títulos de São Paulo. Coisa de doido, inacreditável! Mas é assim no Brasil.

HOJE É SEXTA-FEIRA, DIA 5 DE MAIO, três da tarde. Na quarta-feira, tive uma reunião sobre saneamento com o Serra, o De Ângelis e os ministros da casa, para encaminhar saneamento e habitação. Depois encontrei aqui o Scalco, que veio discutir problemas de Itaipu. À tarde despachei normalmente com o Weffort e com o Ornelas. Ornelas estava aflito, eu falei dos 151 reais de salário mínimo como coisa boa, essencial para o governo; se fosse possível dar mais, eu daria, e não o Congresso. Ele estava preocupado, naturalmente, eu disse que era preciso ver a posição do senador, o Antônio Carlos. O senador estava em Paris voltaria naquele dia mesmo.

O Congresso votou a lei do piso salarial, permitindo que os governadores definissem pisos superiores ao do salário mínimo. É uma grande modificação positiva na lei trabalhista, que foi aprovada por 310 votos, de modo que a base do governo continua forte nessa matéria. Isso dá discurso para os nossos candidatos e para mim também.

* O empresário José Osmar Borges, acusado de desviar R$ 111 milhões em incentivos da Sudam, conseguiu cassar, no Tribunal Regional Federal, uma liminar da Justiça mato-grossense que determinara o sequestro de seus bens.

Por outro lado, o dia transcorreu com ocupações incessantes de prédios, são catorze prédios federais em vários estados do país, feitas pelo MST. Hoje já sem as bandeiras do PT e da CUT; é só o MST nas bandeiras. O MST está se transformando num movimento profundamente político, num quase partido. Não assume ser partido porque é mais revolucionário do que um partido da ordem democrática. Estão ocupando prédios federais em vez de ocupar fazendas porque, como dizem, "têm que golpear" o Estado. E querem negociar só com a área econômica e comigo, que eles consideram o coração do Estado. Uma petulância, uma arrogância extraordinária.

Aécio tinha me telefonado perguntando se não seria possível que o Congresso entrasse na negociação, para facilitar um diálogo do governo com o MST. Eu concordei e falei com o Michel Temer, ele disse que iria fazer uma reunião sobre essa matéria no gabinete dele, e fez. O Aécio me falou que eles queriam alguém da área econômica, eu disse que o Malan certamente não, ele sugeriu o Amaury Bier, eu disse que era um bom nome e que eu iria ver. Só que o Aécio foi para a tribuna e já disse que era o Amaury. O Madeira já tinha dito isso ao Aloysio, que dissera a mesma coisa que eu. É preciso ver quem o Malan quer, ver como é que o Raul Jungmann encaixa isso.

Precipitaram tudo, mas até achei que ia ser bom e disse ao porta-voz, quando vieram em cima dizendo que eu tinha designado o Amaury: "Eu não designei ninguém, desminta". Não adiantou desmentir, os jornais estamparam ontem, quinta-feira, que o governo já tinha designado o Amaury Bier. Foi a voz da oposição, não a voz do governo, mas os jornais sempre preferem, em vez da verdade, aquilo que faz mais barulho.

Ontem de manhã, já havia líderes do MST, um tal de [Gilberto] Portes, dizendo que não aceita o Amaury Bier. É uma arrogância sem limites. Até achei bom, eles não querem é nada, não vai dar para fazer diálogo nenhum. Nós abrimos a porta para o diálogo de toda maneira, pelo menos o Congresso. Eu já estava muito irritado e já tinha tido várias conversas com o Zé Gregori, com o general Cardoso, com Pedro Parente, com Aloysio, no sentido de que precisamos realmente endurecer, para a defesa da ordem democrática, alguns cobrando de mim que eu falasse logo pela televisão ao país. Achei precipitado, mas na quarta-feira recebi no fim do dia o Sarney, que me deu vários conselhos bons. Ele também achou a situação difícil, que eu precisava me mover, que podia perder o prestígio do poder e que a questão da impunidade, como eu coloquei com indignação, podia dar a impressão de que o governo não tinha força para punir. Falou que a corrupção ia se avolumar, o que não é verdade, e que era preciso botar um limite nisso. Eu disse: "Sarney, amanhã tem a Lei de Responsabilidade Fiscal, eu vou fazer um discurso".

E assim fiz. Pedi que o Zé Gregori falasse na véspera, na quarta-feira, ele falou, para dar um sinal de que já havia passado do limite, que o governo ia dar um basta. Ontem fui ao Planalto e, além dos despachos normais, me reuni com um conjunto de ministros que estavam discutindo esse assunto. Fui muito duro, incisivo, já tinha tido aquela conversa, que está registrada aqui, com o Raul Jungmann sobre novas medidas para acelerar a reforma agrária e conter os desvarios. Aprovamos todas essas medidas, inclusive a proibição de vistoria, pelo Incra, de propriedades rurais invadidas pelo MST ou por quem quer que seja, para dissuadir da invasão. Alargamos o prazo de vencimento, diminuímos os juros da dívida agrária, porque desvaloriza a terra. Uma na ferradura, outra no cravo.

O Raul, que é homem competente, entendeu, e o Zé Gregori concordou de criar lá na Polícia Federal um departamento para cuidar de conflito agrário e também dos prédios públicos. Não substituindo a força pública, mas ao lado dela, para dar mais liberdade de ação a nós, e não precisarmos depender do juiz para um pedido de reintegração de posse de prédios públicos. Não tem cabimento pedir reintegração de posse; a posse é do povo, por meu intermédio. Então, discutimos várias medidas fortes durante a manhã de quinta-feira e depois houve o discurso que fiz à tarde, na aprovação desta Lei de Responsabilidade Fiscal, diga-se de passagem uma lei importante e que teve uma ajuda enorme do Martus e do José Roberto Afonso* e de muitos outros. Mas o discurso foi muito mais político, e firme, muito firme. Foi reproduzido por todas as televisões.

O PT também se movimentou para tirar o MST dessa posição de radicalidade, ontem à noite o Zé Dirceu telefonou ao Aloysio e ao Zé Gregori para anunciar que hoje, às oito da manhã, eles iriam sair dos prédios. Surtiu efeito a pressão, embora hoje o Zé Dirceu esteja dizendo o contrário pela imprensa, criticando o governo, dizendo que é tudo democrático. Ele sabe que não é. Depois disso, acho que ontem o movimento começou a refluir e as televisões foram muito diretas. Hoje os jornais também. Sempre um ou outro a cobrar, a dizer que o governo foi leniente, dizer que eu faço isso, que faço aquilo, que falta firmeza, essas coisas habituais, porque não estão no meu lugar. Se eu usasse a firmeza que eles querem, haveria mortos e estariam me crucificando.

Eu sou democrata, atuo, mas dentro do limite da lei, e com muita tolerância. Não gosto de intolerância, mas atuo, atuei várias vezes sempre que foi necessário. Até tanques botei, como no caso da Petrobras,** tanques de guerra. Sempre que foi necessário atuei e ganhei. Acho que a opinião pública está do nosso lado nessa matéria. Preciso ganhar a opinião pública antes de atuar; quando se atua precipitadamente, se corre o risco de ficar inviabilizado perante a opinião pública.

---

* Economista, superintendente de Assuntos Fiscais e Emprego do BNDES.
** Alusão à repressão à greve dos petroleiros em 1995, quando o governo mobilizou tropas do Exército para garantir o abastecimento de combustíveis.

8 A 20 DE MAIO DE 2000

ACM contra Jader e Geddel. O Congresso aprova o novo salário mínimo. Jantar com Michel Temer

Hoje é 8 de maio, segunda-feira, estou em São Paulo, são dez e meia da manhã. Na reunião da sexta-feira, Pedro Parente, principalmente, indo na direção da criação de uma espécie de Ministério do Interior, também todos os demais, com exceção do Zé Gregori, ele mais relutante, mas achei que o Zé Gregori tinha razão, primeiro é preciso amadurecer bem qual é o objetivo disso; segundo, é preciso não misturar o que aconteceu com o MST com esse ministério. Esse ministério não é para reprimir movimentos sociais; é para dar segurança ao cidadão, ajudar as polícias, os governos estaduais, e combater o narcotráfico. Com outro tipo de ação poderia haver uma confusão grave neste momento.

No sábado passei o dia arrumando livros, lendo documentos, mais tarde recebi o Raul Jungmann, que veio propor reavivar medidas que ele queria ter tomado sobre a reforma agrária, aproveitando naturalmente a crise com o MST, para obter decisões mais rápidas da área econômica, tentando algumas modificações no programa de reforma agrária.

Depois ainda recebi o Malan, ele lá com seu estilo, bem relutante em apressar medidas, eu disse: "Olha, Malan, temos aí uma demanda com o pessoal da Contag, eu já estive com eles, e tem o Grito da Terra* no dia 10 e 11, eu gostaria de expor alguns passos que são necessários e possíveis ao pessoal da Contag". Malan reagiu, disse que o MST tinha forçado demasiado a barra e que sob pressão fica mal, que o Amaury não devia entrar na discussão, porque ia puxá-la para a área econômica, que é uma discussão que precisa ser levada pelo Raul. Eu contra-argumentei que o próprio Raul quer que haja uma negociação com o Zé Gregori e a área econômica. Depois gravei um programa de rádio sobre o Pronaf, dei conhecimento disso ao Pedro Parente, que veio conversar comigo no domingo de manhã, ontem, sobre outro assunto. Já disse a ele por telefone e espero que hoje, segunda-feira, ele esteja tratando de acelerar as decisões pra ver se amanhã, terça-feira, dia 9, eu possa me antecipar ao Grito da Terra.

Chamei o Pedro Parente por outra razão, porque o Antônio Carlos mais uma vez fez das dele, armou dois laços, primeiro quando esteve comigo rapidamente na [cerimônia da] Lei de Responsabilidade Fiscal, me disse que devíamos conversar segunda-feira, portanto hoje. Ele quer alguma coisa adicional para que possa votar na

---

* Grito da Terra Brasil 2000, com pauta centrada no aumento das desapropriações e dos assentamentos, na diminuição das taxas de juros do Pronaf e na renegociação da dívida dos pequenos produtores, além do aumento do salário mínimo. O protesto reuniu 6 mil pessoas na Esplanada dos Ministérios.

executiva do PFL o reajuste do salário mínimo, dar a impressão de que está obtendo algo mais de mim. O segundo laço foi o seguinte: ele deu ao Pedro Parente, que só me entregou na sexta-feira, uma carta na qual ele, Antônio Carlos, arrola uma série de acusações contra um ex-superintendente da Sudam chamado [José Artur Guedes] Tourinho, na liberação de verbas para outras empresas que devem ser ligadas ao Jader Barbalho, segundo ele, Antônio Carlos, mas não está no papel.* Acontece que o próprio ministro Bezerra, quando assumiu, retirou o Tourinho da Sudam e nomeou outro.** O que aconteceu mais recentemente é que a TV Globo colocou no ar a decisão de uma liminar da Justiça mandando devolver àquelas empresas, ou pelo menos a algumas delas, um papelório que era, ao que parece, comprometedor e mandando que se procedesse normalmente com as empresas.

Então, o Antônio Carlos está soltando fogo de artifício para fingir perante a opinião pública que está denunciando corrupção junto ao presidente da República, ou seja, quer depois dizer: "Olha, o presidente, por causa das alianças, não está agindo contra a corrupção". Ele se engana, eu tomei a carta e mandei-a ao advogado-geral da União para as providências cabíveis. Acho que só cabe uma, que é suspender o pagamento até que se esclareçam as coisas; mas há uma ordem da Justiça, não sei bem em que termos está. Antônio Carlos ainda colocou um P.S., embora não o tenha assinado, em que diz que, como eu já tinha sido informado — na verdade por ele mesmo, mas dá a impressão à opinião pública de que eu já sabia que o Geddel Vieira Lima estava comprando fazendas, e ele ajuntou uma série de certidões de fazendas compradas pelo pai do Geddel, Afrísio [Vieira Lima], muitas delas com usufruto, e realmente o Geddel no meio, na Bahia, só que eu não sei qual a origem desse dinheiro. Aí não há nenhuma acusação, há por enquanto uma insinuação.

Bem, o que fez o Antônio Carlos? Falou para Tereza Cruvinel, que hoje em dia Antônio Carlos quer usar como porta-voz. E a Tereza escreveu que parece que o Antônio Carlos me deu um documento muito grave. Hoje leio nos jornais o Antônio Carlos dizendo que não entregou a ninguém uma carta, que só ao presidente da República, não sei o quê, e todos os jornais já comentando o conteúdo da carta, e como só eu e Pedro Parente sabemos dela e desse conteúdo, obviamente foi o Antônio Carlos quem distribuiu esse conteúdo. Isso é para criar dificuldades.

Ontem, domingo, Ruth foi aos Estados Unidos e eu ao Rio de Janeiro para um seminário do pessoal de Davos.*** Não tenho muita simpatia por essa coisa de Davos

---

* ACM acusou Tourinho, ligado a Barbalho, de receber propina de um empresário de Altamira (PA) envolvido no desvio de mais de R$ 40 milhões em incentivos fiscais concedidos pela Sudam a empresas em seu nome. A Justiça Federal bloqueara a liberação dos R$ 70 milhões restantes previstos pelo financiamento suspeito.

** Maurício Vasconcelos.

*** Abertura da VI Cúpula Econômica do Mercosul, promovida pelo Fórum Econômico Mundial no Rio Palace Hotel.

porque, na verdade, é uma programação de seminário que angaria dinheiro para os organizadores. Mas o mundo vive dessas coisas. Fiz uma falação sobre o Mercosul, o seminário me pareceu chocho e vim para São Paulo. Daqui a pouco vou ao Maksoud para um encontro do pessoal da construção civil* e, se tudo der certo, ainda passo para dar uma espiada na exposição sobre o Descobrimento.**

Isso no factual. Quanto ao MST, surgem repercussões, o Suplicy foi ao enterro, hoje está a Tereza Cruvinel a cantar loas ao Suplicy, que foi lá para se lembrar de Martin Luther King etc. Os jornais foram bastante mais duros com o MST, mostrando, por exemplo, que esse que infelizmente morreu era assentado desde 1984, era um profissional do MST, ocupava fazendas, fazia manifestações. Mas isso não é caso para ser resolvido com a polícia. Acho que os jornais, no caso do MST, começaram a dizer alguma coisa da verdade, e o PT se encolheu bastante. Vamos ver como levamos isso daqui pra frente.

O *Globo* publicou hoje um artigo do Pedreira, bom, e outro ainda do Evandro [Carlos de Andrade],*** este muito duro com essa tendência que existe de repudiar tudo que foi feito no Brasil em nome de sei lá o quê, da pureza das raças do passado, não sei bem do quê, mas um artigo corajoso.

Ontem o Jorge Bornhausen me avisou que teve um almoço com Antônio Carlos e com a cúpula do PFL para dizer que se chegou ao entendimento entre PMDB, PSDB e PFL, para votarem no dia 10 a favor dos 151 reais. Bornhausen me disse que no início o Antônio Carlos reclamou, disse que estávamos cometendo um erro, o que há é uma bandeira do PFL, tentou fazer com que fosse permitido que os candidatos a prefeito votassem, a cúpula do partido não concordou.

Antônio Carlos teria dito: "Bom, eu sou presidente do Congresso, não preciso votar, tudo bem". Parece que encaixou a derrota dele. E veio me ver ontem, antes da Lei de Responsabilidade Fiscal, e depois também, muito amável, muito sorridente, não tocamos no assunto. O Martus deu uma alfinetada nele porque, no discurso que fez, Antônio Carlos citou como exemplo de responsabilidade fiscal os 151 reais de salário mínimo. Antônio Carlos me disse baixinho: "Poxa, não precisava me dar esse beliscão", qualquer coisa assim, mas com bom humor. Eu também não cobrei nada dele, estava louco para cobrar o que ele disse, de que o governo era responsável pelo movimento do MST porque não foi duro com o MST. Que era muito fácil dizer que aceita, que não aceita, como se não tivéssemos feito isso o tempo todo. É fácil ser arrombador de porta aberta, mas é difícil sentar na minha cadeira. Queria ver o Antônio Carlos aqui, se precipitando, criando crises, criando conflitos.

---

* O presidente discursou na I Conferência Nacional da Indústria da Construção, reunida no hotel Maksoud Plaza, no bairro paulistano da Bela Vista.
** A exposição de artes visuais da programação Brasil + 500 — Mostra do Redescobrimento foi aberta ao público em 3 de maio de 2000.
*** Diretor da Central Globo de Jornalismo.

Aguentei, não reclamei dele não porque tenha receio de reclamar; pelo contrário, estou louco para brigar com o Antônio Carlos, eu ganho na opinião pública. Só que aí eu posso perder a condição política de ganhar no Congresso, e o meu programa não é eu aparecer bem para o país; é mudar o Brasil. Tenho convicção de que estou fazendo isso, tenho absoluta tranquilidade nessa matéria, e mudando para o lado bom, ainda que não seja sempre compreendido. Hoje está o MST em retirada, o governo vencendo no Congresso, o piso salarial, vai ganhar o mínimo, ou seja, todas as catástrofes que se preparavam contra nós sendo superadas.

Duas anotações mais. Uma é que na quinta-feira conversei com o Sérgio Machado, ele diz que está totalmente ligado a mim, preocupado com as candidaturas do PSDB e achando que, se o Tasso não se decide, fica amarrado ao Ciro, portanto nos sobra o Serra e, para minha surpresa, o Malan. Depois estive com o Roberto Jefferson, ele veio me dizer que é importante o PTB ter mais apoio do governo, que ele também quer apoiar no futuro a candidatura do governo para 2002.

Hoje, além da rotina, recebi o Vanderlei Macris,* que é presidente da Assembleia de São Paulo. Veio dizer que vai ser candidato a deputado federal, acha que o grande líder do Brasil e do PSDB sou eu, quer se pôr à minha disposição. Coisa curiosa, eu não via o Macris fazia muito tempo, e ele é presidente da Assembleia de São Paulo. Falei várias vezes sobre o Mário Covas, não senti grande entusiasmo. Quero saber como eles estão vendo a possibilidade de o Mário Covas ser candidato. A reação foi fria. Agora vou gravar um programa para o PSDB e depois vou ter um encontro com o [general] Cardoso, o Zé Gregori, Pedro Parente, Aloysio, para definir o que fazer com a segurança pública no Brasil em geral, não com o MST.

HOJE É QUARTA-FEIRA, DIA 10 DE MAIO, estou com a voz um pouco cansada porque são oito horas da manhã e ontem fiquei até tarde discutindo o que vou dizer à Contag com alguns ministros que vieram jantar aqui.

Na segunda-feira, já gravei aqui, começou a haver um crescimento de tensão por causa da famosa "denúncia" do Antônio Carlos sobre o Jader e o Geddel.

Ontem, terça-feira, já foi bem mais complicado, porque o Geddel voltou muito nervoso da Bahia, pediu explicitamente que eu fizesse alguma coisa, que lhe mostrasse a carta, coisa que fiz, e que eu dissesse que estava fazendo isso a pedido dele. Por alguma razão isso não apareceu logo na primeira hora, já todo mundo começou a discutir com ele, ele muito nervoso, passamos boa parte do dia em função disso e também da votação que correria hoje sobre o salário mínimo. E assim foi, tanto que ontem de manhã abri uma sessão do Itamaraty a respeito de federalismo,** fiz um discurso, e em seguida me encontrei lá mesmo no Itamaraty com Marco Ma-

---

* Deputado estadual (PSDB), um dos fundadores do partido.
** I Conferência sobre Federalismo Cooperativo, Globalização e Democracia.

ciel, Aloysio Nunes Ferreira e o Madeira. Eles insistiram, como já haviam insistido na véspera com o Pedro Parente para que eu telefonasse ao Antônio Carlos, porque no discurso que tinha feito em São Paulo fui bastante incisivo sobre quem está com o governo vota a favor e quem não votar a favor significa que está contra o governo.*

Telefonei ao Antônio Carlos e disse: "Antônio Carlos, você está dizendo nos jornais que está magoado comigo, não vejo razão, eu não mudei de posição, eu reafirmei o que tenho dito e não me referi especificamente a ninguém, nem a você nem ao PFL, foi genérico, até porque preciso realmente que os meus partidos todos, inclusive PSDB, PMDB, votem de uma maneira correta com o governo". Ele reclamou muito, disse que eu não dava possibilidade de ele me ajudar, queria me ajudar, mas se sentia muito atacado, muito desprestigiado, que ele não quer que a imprensa caia na pele dele... "Olha, Antônio Carlos, a mesma coisa fazem comigo, tudo que vocês dizem aparece como se fosse contra mim." Ele disse que não é assim e que se eu quisesse os ministros dele, da Bahia, eles se demitiriam. "Olha, eu não quero demitir ministro nenhum, quero um fato, quero que dê resultado positivo." Eu também disse: "Hoje tem a posse do [Carlos] Melles, na posse farei, como você quer, um carinho, farei uma referência a você e ao PFL".

Almocei no Palácio da Alvorada com o Paulo Renato e fui me encontrar com o Melles para a solenidade da posse. Fiz um discurso me parece que hábil, apelando à união, à pacificação, dizendo que no passado o Antônio Carlos ajudou muito e que eu continuava contando que ele ajudasse. Fiz um elogio a cada um dos presentes ali na mesa de honra, ou seja, ao Carlos Velloso** — embora não seja político, é presidente do Supremo —, ao Antônio Carlos,*** ao Marco Maciel,**** ao Michel Temer***** e ao Melles.

* Em seu discurso no Maksoud Plaza, o presidente ameaçara de banimento dos cargos federais todos os parlamentares "infiéis" da base aliada, referindo-se explicitamente à votação da MP do salário mínimo: "Quem estiver do nosso lado votará a favor; quem estiver votando contra está contra mim, contra o governo, está fora do governo". Na mesma fala, a proposta pefelista de elevar o mínimo a US$ 100 foi tachada por Fernando Henrique de "demagogia pura" e "simples comichão".
** O presidente saudou o "equilíbrio permanente" do ministro nas questões judiciais de interesse do governo.
*** "Sou grato a ele [...] e tenho certeza de que estaremos juntos, continuaremos aprovando as medidas que o país deseja. Compreendendo e respeitando, como ele mesmo tem dito, eventuais diferenças. Aceitando os pontos de vista, mas sempre sendo capazes, como sou, de no momento necessário ver mais longe, ter mais fé na possibilidade de construção do que na possibilidade da destruição." (Biblioteca da Presidência.)
**** "Alguém que tem amor à vida pública, disciplina na vida pública, dedicação à vida pública, discrição e lealdade."
***** "Constitucionalista emérito. Homem discreto também, mas firme, que continua nos

Isso foi naturalmente divulgado, na televisão só a parte relativa ao Antônio Carlos, como se eu houvesse distinguido o Antônio Carlos, o que nem fiz. Mas, pior do que isso, o Antônio Carlos saiu dali e passou a dizer que tinha uma carta minha — aliás, tinha mesmo —, que eu estava dando publicidade à carta que ele me mandou e que eu tinha pedido ao advogado-geral da União que tomasse as medidas necessárias. Ele então insinuou que o governo já considerava Jader e Geddel culpados, estava investigando, que isso era o que tinha de ser feito. Enfim, fez uma confusão de propósito.

Depois da posse ele subiu, eu não quis ficar fazendo hora com ele no gabinete, conheço o estilo do Antônio Carlos. Eu o fiz vir com o Aloysio, com o Pedro Parente e com o Marco Maciel. Antônio Carlos disse que queria ajudar na condução da votação de hoje, disse de fonte própria, eu não pedi nada. Mas saiu dali, foi para o Congresso e fez um carnaval, interpretou meu discurso como apoio a ele e perseguição ao PMDB, que tem que fazer investigação. Resultado: PMDB em pé de guerra. Só à noite o advogado-geral da União, Gilmar Mendes, acabou seu parecer sobre a matéria, dizendo exatamente o que tinha a dizer, ou seja, que no caso da Sudam, do Jader, já está tudo resolvido. Faz um ano que o antigo superintendente foi demitido, já há um novo superintendente, foi feito inquérito, o inquérito está em marcha.

No caso do Geddel, não há nada, o Antônio Carlos apresenta documentos que provam que o pai do Geddel comprou fazendas, mas não acusa, porque não tem como acusar. Pode até ser que com dinheiro vindo de fontes duvidosas, mas isso não está dito nem corresponde a mim apurar nada. O Geddel se enfureceu, disse que o avô dele já era rico, que o pai toca as fazendas dele. Tanto o Geddel quanto o Jader muito exaltados, o senador Aloysio nessa hora também exaltado, sem me dizer nada, é óbvio. Como meu discurso de anteontem foi duro e o discurso de ontem mais conciliador, eles acham que não vou fazer o que tenho que fazer, que no fundo é tirar o Antônio Carlos.

Hoje vou me encontrar com a Contag às onze horas. Conversei ontem com d. Eugênio Sales sobre o MST, ele é um homem muito bem posicionado e tratando de ser, se possível, um mediador; parece muito equilibrado. Antes de falar com a Contag, vou receber, no café da manhã, os líderes de todos os partidos, não para discutir a mobilização no Congresso, não é necessário, mas para mostrar a conjuntura econômica e dar minha visão das coisas.

Enfim, esse é o quadro: vou ganhar votação, mas politicamente está embaralhado, interpretações de todo tipo virão, e, no meio disso, o Mário Covas não perdeu a ocasião de criticar o Matarazzo pela TV.* E não permitiu uma falação do Sté-

---

ajudando nesta construção de um Brasil melhor."

* O ministro-chefe da Secom vetou a retransmissão pela TV Educativa de uma entrevista com o líder do MST no programa *Opinião Nacional*, da TV Cultura de São Paulo. Matarazzo alegou se tratar de "incitamento às ocupações e invasões" promovidas por Stédile. O conselho cura-

dile, nem podia. Não sei por quê, uma coisa de rotina. O Zé Gregori, acabo de ver no jornal, criticou o Matarazzo, está errado também, enfim, é difícil num país onde as expectativas são descontroladas, cada um diz o que quer, todo mundo briga sem pensar no dia seguinte. Ninguém pensa, é muito complicado.

HOJE É TERÇA-FEIRA, DIA 16 DE MAIO, são dez horas da manhã. Vou retomar desde quarta-feira da semana passada e registrar apenas o que houve de mais importante numa semana que foi densa.

Primeiro, na quarta-feira, efetivamente me encontrei com a Contag, foi muito bom, discussão calma sobre os temas, nós cedemos em muita coisa, porque é justo. Na véspera, como eu disse aqui, tive um jantar com a área econômica, combinamos inclusive a equivalência a produto no pagamento de dívida, que é uma velha reivindicação dos produtores, para os produtores familiares achei que era razoável, e assim foi feito.* No final, Vicentinho estava presente e muito educadamente, depois do Manoel Santos ter agradecido o que eu fiz, e tal, quanto às decisões e frisando até que eles tinham parceria nos êxitos — sem dúvida uma parceria com a qual fico feliz. Vicentinho levantou vários problemas, a questão dos índios em Coroa Vermelha,** a violência contra o MST, não sei se foi isso, o salário mínimo, e no final falou o MST. Eu respondi firmemente, disse que fui convidado para a Coroa Vermelha pelos índios e depois desconvidado pela ação do Cimi. Fiz a velha pregação sobre democracia, que ela não é fazer uma marcha para atrapalhar a manifestação do outro, é respeitar todas as manifestações, e eles em Coroa Vermelha fizeram uma manifestação como quiseram, tudo pago pelo governo. Falei sobre o negócio do SNI,*** que é invenção, que a Abin vem de uma lei democrática, votada até com o apoio entusiástico do Genoino, e que estamos apenas implementando a Abin, logo não tem nada a ver com o SNI. Com relação ao MST, não posso aceitar, não aceito

---

dor da Fundação Padre Anchieta, gestora da TV Cultura, emitiu uma nota de protesto contra a "censura" federal.

* O governo anunciou sete medidas para atender à pauta dos agricultores e sem-terra, incluindo a diminuição de 16% para 3% dos juros anuais da dívida agrícola e a criação de um programa de crédito fundiário para produtores de baixa renda.
** Alusão à repressão da PM baiana à manifestação dos índios contra a celebração oficial do V Centenário do Descobrimento, em Porto Seguro.
*** A Abin sucedeu o SNI, criado em 1964 pela ditadura militar e extinto em 1990 pelo governo Collor, como principal órgão de inteligência do governo federal. A criação legal da Abin, subordinada ao Gabinete de Segurança Institucional (GSI) e ao general Alberto Cardoso, se deu com a sanção da lei nº 9883, de 7 de dezembro de 1999, mas antes dessa data o órgão já operava oficiosamente. Na época, a imprensa apontou que vários movimentos sociais eram alvo de monitoramento por agentes infiltrados.

desrespeito, não aceito quebra de prédios públicos, isso não é método, isso é uma atitude neofascista, dei exemplo como era no tempo do fascismo, como era o CCC,* que arrebentava as manifestações dos outros. Sabe o que aconteceu? Fui aplaudido em pé pelos quarenta, cinquenta membros da Contag que lá estavam, alguns do MST também, aplaudindo em pé.

Vicentinho saiu dali, foi ver o comício, o comício foi bom, calmo, não houve perturbação da ordem, foi rápido, foi antes da votação do salário mínimo no Congresso, a Contag saiu feliz. E, naturalmente, o Vicentinho disse que eu era cara de pau — na minha frente. Nem estatura nem integridade, falta estatura para esse pessoal entender que não se faz oposição assim, não se faz política assim, que não dá para ser essa coisa degradada, degradante, com um palavrório chulo. Enfim, isso é o Vicentinho, que é dos melhorezinhos.

Claro que à noite vencemos no Congresso, vencemos por trezentos e poucos votos a cento e tanto, uma vitória importante.**

Na quinta-feira, dia 11, houve o rescaldo de tudo isso, e eu tive que receber à noite o presidente da Itália, Carlo Ciampi,*** com dona Franca [Ciampi], mulher dele, todos muito simpáticos. A Ruth tinha chegado dos Estados Unidos, foi um jantar agradável. Antônio Carlos veio também, isso depois de eu saber que ele continuava um pouco resmunguento, mas não pareceu, no jantar não se tocou nesse assunto, no dia seguinte ele mesmo blasonou que tinha boas relações comigo, só uma ou outra divergência, parecia mais manso.

Na manhã de sexta-feira recebi o presidente da Itália para uma reunião formal de chefe de Estado, depois almoço na embaixada. De lá fui para São Paulo. Em São Paulo, à noite, um banquete oferecido a ele na Casa das Caldeiras, antiga fábrica Matarazzo, tudo muito agradável, ele também parece que gostando bastante do que está acontecendo aqui, me dando muito estímulo para ficar na linha do ajuste fiscal, que foi o que ele fez na Itália etc.****

Sábado e domingo passei em Ibiúna, estava meio intoxicado com tanta comilança, passei um pouco mal, mas nada grave. Vilmar foi lá no domingo para trabalharmos no discurso que eu faria na segunda-feira no Rio de Janeiro, no BNDES.

---

* Integrado por membros da elite e da classe média, o CCC foi uma agremiação paramilitar dedicada à repressão de "subversivos" durante a ditadura. Suas ações mais famosas foram o espancamento do elenco da peça *Roda viva*, em São Paulo, e a batalha campal travada contra estudantes da USP na rua Maria Antônia, ambos em 1968.

** A MP 2019-1 foi aprovada por 306 a 184. No Senado, o placar foi de 48 a 20, com uma abstenção. Convertida na lei nº 9971/2000, a MP fixou o salário mínimo em R$ 151 até abril de 2001, com correção de 5,66% e 5,08% de aumento real.

*** Recebido em visita de Estado, com agenda oficial em Brasília, Rio de Janeiro e São Paulo.

**** Antes de ser eleito à Presidência, Ciampi foi primeiro-ministro (1993-4) e ministro do Tesouro, Orçamento e Planejamento (1996-9) da Itália.

O discurso foi preparado pelo Eduardo Santos, pelo Vilmar e pelo Edward Amadeo, a partir de linhas que eu tinha já traçado nos dias anteriores. Foi agradável essa estada lá em Ibiúna. Estive com o Boris Fausto e a Cinira, tentei continuar lendo o livro do Adler, o segundo ensaio é muito interessante, difícil mas interessante.

Ontem fui de manhã ao Rio de Janeiro, fiz uma longa exposição no BNDES,* com as teses claras de que temos uma nova agenda e que a democracia segura isso. Disse que, a despeito de todas as dificuldades, das crises e das vulnerabilidades externas que tínhamos enfrentado e ainda enfrentamos, temos nos recuperado e que, para minha surpresa, houve uma recuperação econômica mais brilhante do que em outros países e que é injusto falar de década de estagnação. Nos anos iniciais, sim, mas depois não; houve depois uma nova queda e uma retomada. A própria década de 1980 também foi de zigue-zague econômico, sempre numa tendência ascendente, mas o mais impressionante é que todos os dados fundamentais da área social são secularmente positivos e mais ainda se acelerando: educação, saúde, acesso à terra. Até mesmo agora, nos últimos trimestres, acesso ao número de empregos. Muitos aplausos, e suponho que hoje haverá muitas críticas também.

Estava lá o Celso Furtado, aplaudiu bastante. A mulher dele** não aplaudiu, ela tem relações praticamente rompidas comigo, porque fez uma insinuação uma vez na casa do Gasparian sobre negócio de dinheiro na Europa e eu rompi, dei uma gelada total nela. Ela não tem o direito de me criticar com uma inverdade, e eu nunca mais quis falar com ela. Gosto do Celso, na vida ele teve contribuições importantes e é um homem digno, as críticas que me fez hoje pelos jornais são leves e são de compreensão. Ele vê a minha posição, não faz a crítica a partir de um absoluto, ele relativiza as coisas, o que é importante, pelo menos para um intelectual.

Depois falei com o novo diretor-gerente do Fundo Monetário, um alemão que nós ajudamos a colocar lá, Horst Köhler. Eu tenho dito que é preciso uma maior flexibilidade nas contas do Fundo, para que possamos ter mais recursos na área social, que o Fundo tenha mais foco nos países emergentes e com mais presença do Brasil. Ele foi muito simpático. Ontem à tarde voltei para Brasília, o resto do dia recebendo gente e discutindo.

Preocupação: falei com o general Cardoso, há um sentimento no Exército, porque começa na imprensa, de novo, uma onda sobre a Operação Condor.*** Eles têm

---

* Abertura do XII Fórum Nacional, promovido pelo banco estatal e pelo Inae, com o tema "Repensando o Brasil: futuro, presente e passado".
** Rosa Freire d'Aguiar.
*** Revelaram-se documentos comprovadores dos vínculos da repressão brasileira com a operação internacional de caça a dissidentes, implementada na década de 1970 pelas ditaduras do Cone Sul sob a égide da CIA. A oposição exigiu a abertura dos arquivos da ditadura e anunciou a formação de uma comissão especial na Câmara para investigar a morte do ex-presidente João Goulart, supostamente de infarto, em 1976, no Uruguai. Diante da repercussão do caso, a AGU solicitou

medo de que seja de inspiração americana — e até pode ser, os americanos sabem perfeitamente de tudo isso, eles ajudaram a organizar a repressão nos anos 1960 e 70 e agora querem jogar no colo dos militares brasileiros.

Tenho outra preocupação que já externei, é a seguinte: a Colômbia pediu ingresso no Nafta,* me disse o Lampreia num desses dias que ele veio aqui, e isso significa México e Colômbia. O Uruguai só não pede porque está amarrado no Mercosul. Então está havendo uma penetração muito grande da visão Alca antes de podermos entrar com mais firmeza na Alca. Na verdade temos que envolver mais a Argentina, mais o Chile e segurar Venezuela e Peru, sejam lá os presidentes que forem, porque senão não vamos ter defesa contra uma penetração americana muito forte, e o Brasil vai ficar muito isolado.

De fato, à parte o México, que é complementar aos Estados Unidos, e o Brasil, não há industrialização de monta na América Latina, nós é que temos interesse em nos organizar e defender, daí minha insistência no fortalecimento do Mercosul, ainda que às custas de uma maior institucionalização do Mercosul. Mas não é fácil, estamos tentando, essa é a nossa linha consistente de interesse da defesa nacional. Conversei com o general Cardoso que seria bom um encontro com os militares, e talvez com Zé Gregori e o Aloysio, para discutirmos esses temas, para eles perceberem qual é a nossa linha e sentirem-se mais seguros de que o governo não encoraja a desmoralização das Forças Armadas, pelo contrário.

Bem, mal dito isso, hoje de manhã abro os jornais e está o Zé Gregori dando declarações à imprensa, dizendo que não vai haver ministério novo da Segurança, dizendo que a Polícia Federal fica com ele, que o SNI [Abin] está a fim do governo, que ele é contra, que não haverá ministério novo. Ora, isso é atribuição minha, não dele. É uma coisa trágica. Pedi ao Zé que não desse tantas declarações, não obstante ele dá declaração, vai me criar outra dificuldade nessa área. Amanheço o dia, portanto, com essa preocupação.

HOJE É SÁBADO, DIA 20 DE MAIO, vamos retomar. Na quarta-feira, tive um encontro muito bom com o Pimenta da Veiga e o Renato Guerreiro, presidente da Anatel, sobre dois temas. O primeiro foi a criação da banda larga para a transmissão de sinais [de internet]. Essa banda larga pode ser de 1,8 GHz ou de 1,9 GHz,

---

informações ao Exército sobre o desaparecimento de estrangeiros no país e de brasileiros no exterior, entre os quais Francisco Tenório Cerqueira, pianista do conjunto de Vinicius de Moraes que sumiu em Buenos Aires em 1976. Segundo os documentos revelados, Cerqueira foi sequestrado e morto por agentes argentinos sob orientação brasileira.

* Sigla em inglês de Acordo de Livre-Comércio da América do Norte, integrado por EUA, Canadá e México.

estamos esperando a decisão do que vai acontecer em Istambul* para verificar se realmente existe um dilema entre uma e outra ou se, qualquer que seja a faixa que escolhermos, isso não vai limitar nossas opções tecnológicas.

O segundo tema foi sobre as duas opções tecnológicas. Está evidente que virão aqui aparelhos [celulares] de terceira geração [3G] e que, em vez do telefone, haverá o que eles chamam de aparelho para telefone, que é tudo, é telefone, televisão, fax, voz, som, portanto também imagem, enfim, tudo junto, uma internet no bolso e uma ligação em nível mundial, via satélite.** Isso realmente cria o cidadão ou pelo menos o consumidor global e deixa os Estados nacionais com funções diferentes, a principal das quais será evitar que aumente o fosso entre a vanguarda e a retaguarda — ou seja, os miseráveis, os excluídos, os pobres. O pacto precisa ser cada vez mais social, eu tenho que ver isso e vejo com clareza que, pelas limitações financeiras do nosso Estado, ainda somos capengas na área social.

Claro que isso é visto, na briga política, como se fosse vontade minha ou falta de vontade minha de atuar no social. Na verdade é impossibilidade, porque, se atuo no social com mais força, arrebento a economia e, ao arrebentar a economia, também arrebento o social. Todo mundo sabe disso, mas todos e a própria mídia vão dizer o contrário, vão botar a marca de que o governo é antissocial, que esqueci meu passado, todas essas bobagens que politicamente até dão resultado para meus inimigos. Conversei muito com o Pimenta e o Guerreiro sobre essa questão.

À tarde tive um encontro com o Horácio [Lafer] Piva, da Fiesp, foi a primeira vez que o recebi. Eu o tratei bem, naturalmente, disse a ele do esforço que fiz para levar adiante a questão da reforma tributária. Tive um encontro muito importante sobre essa matéria com o Michel Temer e o pessoal da área econômica, forcei para que andássemos na negociação dos pontos controvertidos. Eu disse ao Piva que não podemos abrir mão de uma questão, que é colocar o princípio da não cumulatividade [da cobrança de impostos] na Constituição, porque isso vai gerar uma série de liminares e quem vai decidir se é cumulativo ou não são os juízes de primeira instância, o que paralisa o recebimento dos impostos, como fizeram com o salário-educação e tal.***

Dei a ele o exemplo mais gritante, que é muito recente: o governo fez o Refis, que é um programa para facilitar o pagamento de dívidas com o governo, um programa extremamente benéfico para as empresas, mas que exige como contrapar-

---

* Referência à World Radiocommunication Conference 2000, organizada pela International Telecommunications Union (ITU) na Turquia entre maio e junho de 2000. A conferência estabeleceu as faixas de frequência-padrão para a interconexão dos sistemas nacionais de telecomunicações.
** A tecnologia 3G para transmissão de voz, imagem e dados em banda larga começou a funcionar no Brasil em 2004.
*** A constitucionalidade da cobrança do salário-educação, contribuição social prevista pela Carta de 1988, era questionada na Justiça por empresas de alguns setores.

tida que a Receita tenha acesso às contas [das empresas], com o compromisso explícito de que não vão autuar desvios constatados nesse período. Pois bem, 100 mil empresas, mais ou menos, aceitaram, enquanto são milhões de empresas. As que não aceitaram é porque preferem ficar devendo ao Fisco, e portanto *sub judice*, a abrir suas contas, porque a sonegação é muito elevada. O Horácio Piva concordou comigo. Eu disse: "Olha, chega dessa história de que o governo, o governo... O empresário também. Vocês têm que fazer as fusões, nós estamos querendo fazer essa lei das sociedades anônimas* que está aí...", e ele concordou com tudo.

Hoje abro os jornais, e lá está o Piva cobrando do governo a reforma tributária e que esse governo... Aquela conversa mole para boi dormir de todo líder sindical. Não que ele não seja inteligente, ele é; acho que o que ele não sabe é do jogo político, ele diz uma coisa aqui, outra ali, quer sempre vestir a camisa do queixoso, tem a Fiesp por trás... Ele sabe o que é a Fiesp, ele mesmo me disse.

Jantei na terça-feira na casa do Michel Temer com donos de empresas de comunicação social, Roberto Civita, da Abril; Domingo Alzugaray, da *IstoÉ*; Sandoval, que representa o Silvio Santos; e com o Paulo Cabral, da Associação Nacional dos Jornais. Eles querem aprovar no Congresso uma lei que permita a entrada de capital estrangeiro até 30% nas empresas de jornalismo e televisão. Eles imaginam que a Globo se oporia a isso e acham que está tudo parado por causa da Globo. Já conversei com o pessoal da Globo, eles realmente têm uma certa preocupação para saber se a partir dessa lei não haverá também um pedido para quebra das imunidades tributárias de que os jornais gozam, mas não é uma coisa insuperável. Em todo caso é assunto mais do Congresso, foi o próprio Aloysio Nunes quem foi relator dessa lei.**

Quando fui jantar na casa do Temer, eu já não estava passando muito bem, tinha um vinho excelente e praticamente só botei no lábio para fingir que tomava, mas comi bastante. No dia seguinte, a quarta-feira, 17, jantei na casa do Fernando Bezerra com vários senadores do PMDB, e repetiu-se a cena, só que lá eu comi, com um vinho muito bom, patê de *foie gras*. Resultado, na quinta-feira comecei a me sentir um pouco mal. O jantar no Fernando Bezerra foi muito agradável, nada de política, a não ser as provocações que hoje estão nos jornais dizendo que, se entre a [Luiza] Erundina*** e a Marta [Suplicy]**** ganhar a Erundina, já vai sair como se eu

---

* Em outubro de 2001, foi sancionada a lei nº 10303, que alterou artigos da Lei das Sociedades Anônimas (lei nº 6404/76) para redefinir o conceito de empresa aberta e facilitar reorganizações societárias. O projeto de lei tramitava no Congresso desde 1997.

** Relator da PEC 455/97, apensada em 2001 à PEC 203/95 e convertida na emenda constitucional nº 36, de maio de 2002. A emenda possibilitou a sanção da lei nº 10610 em dezembro de 2002, que regulamentou a participação de estrangeiros ou brasileiros naturalizados há menos de dez anos na direção de empresas jornalísticas e de mídia, até o limite de 30% do capital total.

*** Pré-candidata do PSB às eleições municipais de São Paulo.

**** Pré-candidata do PT.

não estivesse apoiando o Geraldinho Alckmin. Mário Covas já dizendo que eu posso apoiar quem eu quiser, que não depende da minha visita ao Alckmin para ele ganhar a eleição, o que é verdade, e por aí foi. Até o PSDB de São Paulo revoltado com o presidente!

No dia seguinte, quinta-feira, fui ao Itamaraty, era o Dia do Diplomata. Já fui com a disposição de não almoçar lá, como faço habitualmente nessa data, porque eu ainda não estava passando bem. Fiz um discurso, o orador da turma, um rapaz vigoroso, fez um bom discurso também, mas falou de exclusão social. Agora é mania a desigualdade de distribuição de renda! Dia do Diplomata, eles têm que falar de política exterior, mas falam da distribuição de renda. É uma ladainha, mas se entende, a distribuição de renda é horrível mesmo. Peguei o mote, concordei, mas esclareci algumas coisas. Primeiro, o rapaz foi correto ao dizer que o governo fez muito na parte de reforma agrária, bom, se está fazendo, se está combatendo a concentração de renda, obviamente, ele não disse o contrário, não, mas é preciso fazer mais.

Eu falei que essas preocupações não se contrapunham ao que o governo estava fazendo, apenas chamavam a atenção para a necessidade de combater a concentração de propriedade e de renda. Expliquei que a questão do coeficiente Gini* é muito interessante. Num país africano o coeficiente Gini n é mais favorável que no Brasil, porque lá há menos riqueza, então a diferença entre ricos e pobres é menor; a do Brasil é maior. Nos Estados Unidos, recentemente aumentou a concentração de renda, e o nível de vida melhorou. Então o índice para o qual temos que olhar é o de nível de vida, de qualidade de vida, isso diz respeito ao piso da distribuição da renda e da propriedade. Por quê? Porque o regime capitalista concentra renda. As pessoas são curiosas, se quiserem um regime que não concentre renda, têm que buscar outras formas de socialismo; as que aconteceram até agora não deram certo porque também concentraram de outra maneira outros valores da sociedade, por exemplo a liberdade para poucos, e assim vai.

Não disse isto lá, mas os dados mostram que a maior renda familiar anual per capita que já houve na história do Brasil foi no ano passado, e isso ninguém fala porque não convém falar, todos pensam que esse problema é secular, ele aconteceu agora, o efeito continua agora, mas estamos tratando de diminuir através de

---

* Cálculo estatístico da distribuição de renda numa dada população, formulado em 1912 pelo sociólogo italiano Corrado Gini: quanto maior o coeficiente medido por uma fração entre 0 e 1, maior a desigualdade. Em junho de 2000, o IBGE divulgou que o índice Gini do Brasil era de 0,60, número que situava o país na quarta posição entre 155 nações no ranking mundial da desigualdade, atrás apenas de República Centro-Africana, Suazilândia e Serra Leoa. Em 2000, os EUA tinham Gini de 0,40, enquanto o índice da Alemanha, uma das campeãs mundiais da igualdade, era de 0,26.

políticas educacionais, que são as principais para mudar esse sistema de distribuição de renda.

Depois disso vim para casa, eu não me sentia muito bem. Aqui a agenda foi leve, alguns senadores do Mato Grosso, a demanda que eles têm sempre de mais financiamento para a região. Deitei cedo.

Ontem, sexta-feira, recebi de manhã o Antônio Dias Leite, que foi ministro do Médici* e entende muito de energia. Ele quer ver se o governo está disposto a ampliar as ideias dele sobre desenvolvimento e seções externas da economia etc. Uma conversa, digamos, intelectual.

Despachei, como fiz nos outros dias, com Pedro Parente. À tarde recebi o Wilson Quintella, que veio falar sobre o problema energético, e recebi o Eduardo Santos, meu assessor diplomático, para ter uma conversa com o Zedillo. Nos falamos por telefone a respeito da convocação da reunião dos líderes sul-americanos, eu queria informar pessoalmente ao Zedillo e também saber dele. Gosto muito dele, acho que fez um grande trabalho no México. Havia muitas fofocas de que estava louco com o Itamaraty porque estávamos excluindo o México. Ninguém está excluindo o México. O México não é da América do Sul, só isso. Acho até o contrário; temos que ter relações muito próximas com o México, independentemente do Nafta.

Eu tinha falado de manhã também com o presidente do Paraguai, porque houve uma tentativa de golpe lá** que não ficou bem esclarecida. Falei também com o De la Rúa, que me telefonou sobre o Paraguai e para que nos afinássemos para o encontro de Berlim. Gosto cada vez mais do De la Rúa, é uma pessoa do meu jeito, simples, fala direto, não é pedante, muito agradável.

O dia de ontem terminou com um jantar com o Clóvis Carvalho e com o Beto Mendonça. O Clóvis é uma pessoa admirável, está fazendo consultorias e anda muito entusiasmado com isto de ligar as pesquisas agrícolas ao comércio, à possibilidade de elas darem certo do ponto de vista comercial, e pesquisas da Embrapa e outras mais, um projeto interessante. Perguntei se ele queria ser embaixador na

---

* Ministro de Minas e Energia (1969-74). O presidente recebeu um documento assinado por Dias Leite e outras personalidades com propostas para um plano estratégico de retomada do desenvolvimento com emprego e estabilidade monetária. Entre os signatários, o economista Antônio Barros de Castro, o embaixador Gibson Barbosa e o ruralista Roberto Rodrigues.

** Na madrugada de 19 de maio de 2000, o governo paraguaio conseguiu sufocar um levante militar em Assunção, deflagrado por oficiais simpatizantes de Lino Oviedo. Os militares amotinados chegaram a tomar o controle de uma divisão da polícia nacional e de dois quartéis do Exército, mas, cercados, se renderam em poucas horas. Dezenas de conspiradores foram presos e o estado de sítio foi estabelecido em todo o país por trinta dias. Em 11 de junho, Oviedo foi detido no Brasil pela Polícia Federal a pedido da Justiça paraguaia, que o condenara a dez anos de prisão. Solto dias depois, permaneceu no Brasil até 2004, quando retornou ao Paraguai.

Bélgica, posto que no Vaticano seria difícil, porque eu já tinha nomeado outro. Ele não quer. Fora o Vaticano, que teria sentido para ele por causa da Igreja católica e da mudança do papa, ele não se interessa por outras embaixadas. Clóvis não está em busca de sinecuras, é um homem que admiro e de quem gosto cada vez mais. Beto Mendonça batendo na tecla de que perdemos a oportunidade de baixar mais os juros há dois ou três meses.* É verdade, acho que houve uma rateada do Copom, porque era possível ter baixado os juros, e eles ficaram um pouco temerosos. O fato de terem baixado tão rapidamente no ano passado, eu creio que deixou todo o Banco Central, e mesmo o Armínio, um pouco assustados de parecerem ao mercado levianos. Eles precisariam ter baixado mais, teriam dado um sinal melhor.

O Beto insiste muito que agora só tem um jeito de manter a estabilização, que é crescer. E não é o que estamos fazendo? Eles próprios estão dizendo — eu disse a ele e ao Clóvis —, um pouco contraditoriamente, que vamos ter um problema, que é a falta de investimento, porque a expansão da indústria requer novos investimentos. Se houve expansão da indústria, o argumento é meio contraditório; há crescimento. Claro que se puderem baixar mais a taxa de juros será melhor, também concordo. Perguntei muito ao Beto o que fazer. Além de baixar a taxa de juros, ele fala bastante em medidas institucionais. Eu sei, nós todos lutamos por elas, tanto que voltamos à questão do custo Brasil. Não creio que de forma direta ele possa alterar tanto assim a situação econômica em portos.

O resto é um pouco difuso, a política de exportação, em que ela consiste, o que mais pode ser feito? Eu mesmo fiquei surpreso, porque a exportação não reagiu tanto à desvalorização. O Beto disse: "O senhor tem razão — ele me chama de "senhor" não sei por quê —, mas houve uma desvalorização, houve um aumento muito grande de exportação, os preços é que não subiram". Ora, se houve aumento de exportação, então não está tão mal a chamada "política de exportação". Enfim, há essa ansiedade, as pessoas querem que a economia cresça, cresça, e quando ela não cresce na medida da ansiedade, acham que o governo precisa fazer alguma coisa. É verdade, mas algo está se fazendo, e os que saem do governo tornam-se logo críticos e imaginam que é possível fazer aquilo que quando estavam no governo não fizeram. É sempre assim.

Um adendo: recebi também ontem o Roberto Teixeira da Costa, do Ceal,** ele veio propor um encontro paralelo ao encontro dos presidentes que será realizado em Brasília, e o Esperidião Amin, preocupado com um corte de verbas que eventualmente está afetando Santa Catarina.

---

* A Selic foi mantida em 19% entre setembro de 1999 e março de 2000, quando baixou para 18,5%.
** Vice-presidente do conselho de administração do Banco Sul América, membro da Comissão de Ética Pública da Presidência da República e presidente da seção brasileira do Ceal, fórum continental formado por grandes empresários e investidores.

À noite telefonei para o Mário Covas por causa da paulada que ele recebeu na cabeça de um manifestante.* O Mário estava muito risonho, não falou nada do Geraldinho Alckmin. Eu pensei cá comigo: quando houve contenção do MST lá na Bahia, o Mário disse que a questão social não era caso de polícia. Imagine o que eu poderia ter dito do que ocorreu em São Paulo,** se eu não fosse responsável. Não é caso de polícia mesmo, por outro lado o governante é obrigado a manter a ordem democrática, foi o que o Mário fez lá na avenida Paulista. Mas eu podia dar uma gozada nele; não fiz porque não é do meu temperamento.

* O governador paulista foi atingido pelo mastro de uma bandeira ao tentar conversar com professores estaduais em greve na saída de uma inauguração em São Bernardo do Campo, no ABC Paulista. O agressor não foi identificado.
** Na véspera do episódio de São Bernardo, a tropa de choque da PM reprimiu uma manifestação de professores e outros funcionários públicos em greve na avenida Paulista com o emprego de blindados, balas de borracha, bombas e cachorros. Dezenas de feridos foram registrados nos hospitais da região.

21 DE MAIO A 5 DE JUNHO DE 2000

Cotidiano no Alvorada. Crise no Peru. Exposição de Hannover. Conferência da Terceira Via em Berlim

Hoje é dia 21, domingo, são seis da tarde, estou esperando o Pimenta da Veiga para conversar. Ontem Fernando Gasparian almoçou aqui. Bem--disposto depois da operação que fez e até mais moderado nas avaliações político-econômicas. Foi bastante agradável. E à noite vi um filme com a Ruth, Pedro Malan e a Catarina, *Bossa nova*,* que foi mandado pelo Barreto [Luiz Carlos Barreto]. O filme foi feito por um dos filhos do Barretão, o mais importante, ele é casado com uma atriz muito boa [Amy Irving] que apareceu no filme, ela já almoçou aqui duas vezes, é americana.

Como não houve nada de mais importante, aproveito para registrar coisa que nunca registro aqui: a vida no palácio. Na abertura do livro do Roberto Pompeu de Toledo, ele diz que se impressionou muito com as emas andando no jardim, dava a impressão de que aquela tranquilidade se traduzia também aqui dentro do palácio. Foi num momento da crise que ele veio me entrevistar, crise financeira internacional, ele veio várias vezes e nunca sentiu nada de extraordinário, eu sempre calmo, ao parecer dele. A vida aqui é assim realmente, dá a impressão de ser calma, porque o parque é imenso, há muitos gaviões tentando comer os filhotes de ema, há muitos pássaros, parece uma reserva ecológica, é bastante agradável nesse sentido. Eu estou quase sempre cercado por gente, neste momento estou sozinho por estar falando na biblioteca, mas em quase todos os aposentos passa alguém e, quando vou sair, sempre há alguém me vigiando. Mesmo que eu vá à piscina, como hoje de manhã com a Ruth e com o pessoal do Sarah, para fazer exercícios, sempre há gente que de vez em quando passa para ver se eu estou bem, sei lá pra quê.

É uma vida curiosa, ao mesmo tempo que tem todo esse espaço imenso, não há solidão; quando eu quero realmente estar sozinho é difícil. Para registrar como eu registro aqui meu cotidiano, ou para ler, escrever, tem que ser lá em cima nos meus aposentos. Estes jardins aqui são imensos, sem muralhas, vejo sempre gente passando ao longe, isso é agradável. Não me sinto mal, apesar de tudo, porque é um palácio alegre, claro, tem certa majestade, mas não é acintoso. Tem um lado assim mais simples, se é possível dizer que é simples o Palácio da Alvorada.

As pessoas que me cercam são agradáveis, conheço todos os garçons pelo nome, estou aqui há tantos anos, eles também, houve uma fase de mudança de garçons, agora mesmo são várias equipes, eles trabalham 24 por 48 horas. De todos, há especialmente um, chama-se Denival, com quem é muito interessante conver-

---

* Longa-metragem de 2000 dirigido por Bruno Barreto.

sar. Eu converso com quase todos, mas esse é mais falante; o Paulo também é outro que fala as coisas.

E há também os meus ajudantes de ordem, alguns são hoje amigos. Por exemplo, o Tomás [Ribeiro Paiva]. Curioso, não guardei o sobrenome, não se guarda sobrenome, agora ele é tenente-coronel,* já foi meu ajudante, foi para a Escola do Estado-Maior, voltou como tenente-coronel, continua meu ajudante. Buscaram outro, que a Marinha perseguiu um pouco, se chama [Marcos Jorge] Matusevicius. O rapaz ia ser capitão de fragata, quis fazer concurso para o Senado quando era meu ajudante de ordem, isso foi considerado muito grave pela Marinha, então ele não teve acesso aos cursos para oficial superior. Mesmo assim pedi que ele voltasse, é um bom sujeito.

E outro é o Aldo Miyaguti, major da Aeronáutica** de origem japonesa, um rapaz muito agradável também. Além desses, agora há os novos, tem o [Marcos] Valle,*** boa-praça, que é da Marinha, o [Alexandre] Cantanhede, que é do Exército, e assim vai, mas converso mais com o Tomás, com o Miyaguti e conversava muito com o [José] Villaça,**** que foi para a China como adido. Esse sempre opinava, falava, fiquei sabendo de alguma coisa de como pensam as Forças Armadas. São todas pessoas cultas, prestativas, corretas, gente com quem dá gosto trabalhar.

Estou dizendo isso porque seria injusto, registrando tantas coisas, não registrar o meu cotidiano com essas pessoas. E há também os motoristas, falo pouco com eles, mas falo, são vários, e são todos pessoas corretas. Tem um senhor que limpa a piscina, o Antônio, pessoa interessante. Converso bastante para saber, pelo menos indiretamente, o sentimento daqueles que não são políticos.

Hoje vou jantar com a Gilda minha irmã, o Roberto meu cunhado, com a Vera Dulce [Cardoso de Lima], minha prima, e o Fulvio Stefanini, o marido dela, que é ator de teatro. A Gilda está com um problema, sei lá, uma coisa como se fosse o ciático, mas acho que é tensão nervosa. A casa dela foi assaltada aqui em Brasília, já prenderam os ladrões, não roubaram nada de grave, mas ela ficou muito abalada.

HOJE É QUINTA-FEIRA, DIA 25 DE MAIO. Na segunda-feira almoçou aqui o Luciano Martins, ele veio falar dos acontecimentos de Cuba, tem relatado nos ofícios que manda a situação do país, que não tem variação. O Brasil continua tentando encontrar petróleo em Cuba,***** vendeu caminhões para lá, telefonei

---

* Atualmente é general de divisão.
** Atualmente é brigadeiro.
*** Capitão de fragata.
**** Na época coronel-aviador, atualmente é brigadeiro.
***** Em 1998, a Petrobras firmara convênio com o governo cubano para a prospecção de um bloco marítimo na costa norte da ilha.

ao Gros para ajudar na liberação de um recurso para exportarmos ônibus para Cuba. Além disso, gravei uma mensagem para proibir a propaganda de fumo, pediram muito, eu fiz uma gravação.*

À tarde, reunião de coordenação com os problemas de sempre, preocupações, o Mário Covas telefonou para o Aloysio Nunes Ferreira muito irritado por causa da lei de privatização do saneamento básico,** ele acha que é contra a Sabesp. Não é, eu nem conheço a lei, está em elaboração, e o Mário perguntando se ele precisa apoiar o Malan para ter apoio federal. Mas a irritação era por outra razão, é porque a Fazenda acertou com o governo do Paraná a antecipação de royalties de Itaipu para possibilitar ao Paraná ordenar o setor de serviço público, e o Mário disputa tudo, não aceita, esquece que São Paulo recebeu a maior ajuda do governo federal de todos os tempos.

Encontrei-me com o Andrea Matarazzo e com o Lavareda para discutirmos resultados de pesquisa. Muito interessante, porque primeiro é uma reação de novo favorável — não muito favorável, mas mais favorável ao governo e a mim do que antes. Em segundo lugar, o povo divide bem essa questão de segurança pública: é atributo dos governos estaduais, daí meus temores em trazer esse tema para o governo federal. Se não temos sequer os instrumentos efetivos para combater a violência, é preciso ir com muita prudência e firmeza nessa matéria.

Na terça-feira, eu teria de manhã cedo uma reunião com o Pedro Parente etc. etc., mas ela foi suspensa, porque vários ministros estão viajando. Recebi o Mario Sergio Conti e dei longa entrevista para a *Folha de S.Paulo*. À tarde recebi o Medeiros, que está sempre com uma preocupação relativa à questão dos 151 reais, ele votou a favor. Ele quer uma aproximação do governo e deve estar todo assustado também com o que o nosso líder, Arthur Virgílio, está falando sobre a necessidade de uma CPI para discutir os gastos do FAT.

À noite, jantar com o PFL na casa do Jorge Bornhausen, transcorreu calmamente, eu ainda me poupando um pouco por causa das minhas dores de barriga da semana anterior. Antônio Carlos chegou tarde talvez para chamar a atenção, mas foi um tratamento cordial.

Quarta-feira, ontem, fui de manhã cedo ao Rio de Janeiro para inaugurar a reunião do Comitê Olímpico Internacional,*** muita gente no forte de Copacabana, discurso etc. Propus o Rio de Janeiro como sede das Olimpíadas de 2012, muitos

---

* O presidente gravou um vídeo para a campanha do Ministério da Saúde contra o tabagismo, lançada no final de maio. Em dezembro de 2000, Fernando Henrique sancionou a lei nº 10167, que baniu a publicidade de cigarros de todas as mídias, excetuados pôsteres, painéis e cartazes nos locais de venda.
** Referência ao projeto de lei 4147, apresentado pelo governo à Câmara em fevereiro de 2001 e arquivado em 2005.
*** XII Assembleia-Geral da Associação dos Comitês Nacionais Olímpicos (ACNO 2000).

aplausos dos brasileiros, naturalmente, não sei dos outros, e assim foi. Antes de voltar para Brasília conversei com Marcelo Alencar. Aloysio Nunes Ferreira tinha mencionado a situação incômoda em que o Wellington Moreira Franco estaria se sentindo, diz ele que já fez o que pôde, é verdade, fez muito na coordenação política, mas queria ter uma posição, ou seja, quer ser secretário de Política Habitacional. O Marcelo se opõe vivamente, transmiti ontem à noite ao Aloysio essa reação. Marcelo se dispôs também a organizar no Rio a candidatura do Ronaldo Cezar Coelho;* ele mudou de ideia e está com o Ronaldo.

Eu pedi ao Marcelo que passasse a cooperar mais com o Pimenta nas coisas do PSDB nacional, o que é importante para botar ordem, ainda mais com o Mário Covas na posição em que está. Diga-se de passagem, o Mário chamou o Raul por telefone e despejou de novo a mesma ira contra o governo federal. O Madeira fica muito sem jeito, é meu líder na Câmara, sabe que isso não tem base nenhuma, mas o Mário tem esse temperamento, e o que acontece é que ele está em posição difícil, como nós todos, por causa da pressão político-social. Eu disse que essas pressões últimas, passeatas, que há muitas, são mais políticas, eu sei que a base é social, se aqui em Brasília o descontentamento não prospera, em São Paulo está prosperando.

Recebi no fim do dia o Lampreia, que veio me trazer uma complicação peruana. O Fujimori mandou para cá o irmão dele** e uma pessoa do Ministério das Relações Exteriores para saber até que ponto o Brasil apoiaria o Peru se o Peru ficasse sozinho.*** A OEA está forçando, com os americanos por trás, que não haja eleição de segundo turno no Peru agora no domingo, quer que eles adiem. O Lampreia disse a ele que nós também achávamos prudente adiar, não porque desconfiássemos deles, mas porque senão depois não teriam legitimidade para governar. E foi um pouco evasivo sobre até que ponto nós iríamos, porque também temos que ver até que ponto haverá reação internacional se o Fujimori levar a ferro e fogo a eleição. Eu, pessoalmente, já avisei isso, acho que em termos do interesse brasileiro é importante apoiar Fujimori. Daqui a pouco vou ver o Lampreia de novo, talvez eu tenha que falar por telefone com Fujimori.

Recebi o [Luiz Fernando] Pimenta, que é do Ministério da Reforma Agrária,**** para discutir questões de desenvolvimento rural e também para ver a situação

---

* Pré-candidato à prefeitura carioca.

** Pedro Fujimori.

*** Valendo-se de uma interpretação enviesada da Constituição peruana de 1993, Fujimori se apresentara como candidato a um terceiro mandato presidencial e vencera o primeiro turno do pleito, disputado em 9 de abril. O candidato da oposição, Alejandro Toledo, boicotou o segundo turno, marcado para 28 de maio, sob a alegação de fraude generalizada na inscrição de eleitores e na apuração dos votos.

**** Secretário executivo do Conselho Nacional de Desenvolvimento Rural Sustentável.

dele, que não está fácil depois das críticas que o Xico Graziano fez ao Ministério da Reforma Agrária e ao Raul. Tive o cuidado de dizer a todos que me informaram que fariam as críticas, eu disse a ele: "Cuidado com o Raul e cuidado para não atacar o governo". O Xico fez o contrário, agora eu sou o responsável também pelo que ele fez; ninguém acredita muito, nem o Raul.

Recebi o Zé Gregori, contrariamente ao que eu pensava não foi ele quem distribuiu dessa vez as informações sobre o nosso projeto para a segurança. Zé estava até preocupado, ele e Aloysio, provavelmente o vazamento foi na Casa Civil, desconfio que foi um assessor do Pedro Parente. Como Pedro Parente não está aqui, não pude falar, mas vou falar. Esse vazamento é muito grave. Mais tarde veio Paulo Renato para o jantar.

Paulo Renato sempre tem um pé atrás com a política econômica, eu disse a ele: "Olha, daqui a pouco não dá mais para continuar apertando, eu acho isso, mas também não dá para fazer o que fez a China,* e deu naquela loucura do Delfim;** o Delfim quer de novo a mesma loucura, não dá". Eu tentei mostrar ao Paulo Renato quais que eram as limitações objetivas para se liberarem os recursos para que haja crescimento, que isso vai dar em seguida numa crise. Mesmo assim, vou ter que reequilibrar isso.

Para ser sincero, que ninguém me ouça, se eu quiser mudar realmente a imagem, vou ter que mudar o Malan, porque o Malan representa hoje a imagem não apenas do equilíbrio fiscal, da estabilização, mas do imobilismo na área do desenvolvimento. Embora seja só uma questão de imagem, talvez eu tenha que fazer essa mudança depois da eleição de outubro. Tenho que conversar com ele, ele já conversou comigo, o diabo é que não há quem pôr lá, é muito difícil. São cogitações que ficam aqui, bastante fechadas. Fora isso, fiz minha natação, fiz muita coisa, vou dar uma aula para o Instituto Rio Branco, como faço todos os anos.

Ainda é dia 25, são dez e meia da noite. Dei a aula para o Instituto Rio Branco, falei sobre problemas das três últimas décadas do Brasil e o momento presente. Repeti um pouco a conferência que fiz no BNDES. Para minha surpresa, presentes todos os jovens do primeiro ano do Rio Branco, fui aplaudido, saí da sala sob aplausos, não pude esperar acabar, foi muito forte. Curiosa a juventude, quando se dá argumentação. Olhando para a cara deles, imagina-se que é todo mundo contra, não é, todos se manifestando tão efusivamente. O apelo à razão ainda serve.

---

* Alusão ao Grande Salto Adiante, plano de industrialização e coletivização forçadas implantado pelo Partido Comunista entre 1958 e 1961, que resultou em desastre econômico e matou de fome cerca de 40 milhões de chineses.
** Alusão ao "milagre econômico" produzido pela ditadura militar entre 1968 e 1973, com crescimentos do PIB na casa de 10% anuais.

Além de ter despachado com Eliseu Padilha, assisti a uma missa com os empregados na garagem do Palácio da Alvorada. Faço isso de vez em quando, são os empregados mais humildes, são católicos, os de segurança são mais evangélicos. O padre que é ajudante do d. José, como eles chamam — que prefere ser chamado de d. José Falcão, o cardeal daqui —, foi quem rezou a missa. Assistiu à missa a minha netinha também, que é a mais católica, a Isabel, e a Dalina [nossa camareira], acho que é um ato de solidariedade, na verdade sempre gostei de assistir à missa.

Recebi o Padilha. Almocei com Malan e com o Armínio, que veio me explicar a decisão do Copom,* o negócio dos juros, eu já sabia de tudo, e o Malan preocupado com a reforma tributária. Em seguida, conversa com o Ney Suassuna sobre uma porção de questões da Comissão de Assuntos Econômicos, complicada, volta pra cá, volta pra lá.

Ainda de manhã recebi o Lampreia, que veio conversar sobre a situação do Peru. O Fujimori mandou aqui o irmão dele, Lampreia achou que eles estavam dispostos a certa flexibilização no que diz respeito até quando aceitariam postergar a eleição, parecia que dez dias era o prazo razoável para eles. Telefonei então para o [César] Gaviria, falei, ouvi tudo. O Gaviria, para minha surpresa, estava muito irritado com o [Alejandro] Toledo, que tinha radicalizado muito; disse que a OEA já havia declarado que o sistema de apuração de votos do Peru estava correto, que funcionaria, e que ele, Gaviria, acha que poderia postergar a eleição para o dia 5, 8 de junho; o Toledo, dia 18.

Achei que dava para conversar mais tarde com o Fujimori e de fato fiz isso agora à noite. Encontrei o Fujimori em outra postura, antes de eu telefonar eu já sabia, o comitê eleitoral do Peru** disse que não ia postergar eleição nenhuma, pode ser a tese combinada com Fujimori, não sei, mas havia essa decisão. Por outra parte, também o Toledo não aceitava qualquer coisa menor de que um mês de postergação. Encontrei o Fujimori do jeito que ele é: tranquilo, calmo, dono do que iria fazer, tendo perfeita consciência da situação, determinado, nem deixou espaço para conversar outra coisa com ele. Disse que já tinham resolvido e que a reação do Toledo foi muito forte, tentaram invadir o palácio. Fujimori usou uma série de argumentos e pretextos para dizer que não há mais clima para postergar. De fato não há.

A OEA diz que o sistema de apuração está funcionando, a Constituição e as regras deles mandam fazer o segundo turno nessa data, o comitê eleitoral diz que é para ser nesta data, o Fujimori ganhou o primeiro turno, está disposto a ir para o segundo, o outro diz que não concorda, quer transferir a data por quê? Então ele tem lá suas razões. Eu apenas ponderei que haverá reação internacional, que ele terá que ter uma votação maciça, senão vai governar numa situação difícil. Ele disse que o placar [das pesquisas eleitorais] está 49% a 40% hoje e que ele acha que

---

* Referência à reunião de 24 de maio, que manteve a Selic em 18,5%, sem indicação de viés.
** Jurado Nacional de Elecciones.

vai ter uma presença grande nas eleições. Se isso acontecer, é claro que os termos futuros de negociação com a OEA e com os americanos mudam. Também acho que seria uma ingerência além de qualquer limite, agora, deter, determinar que se mudem as eleições depois de tudo que aconteceu no comitê eleitoral, idas e vindas, a fala do Toledo, depois a fala do próprio Fujimori. Não é possível. No fundo ele tem razão a respeito da soberania.

Recebi o presidente do Conselho da Federação Russa, creio que é uma espécie de presidente do Senado, chama-se Igor Stroiev, homem simpático, *à la* Rússia, um pouco estilo grandão, veio com quatro governadores de estados da federação.*

Conversei também com Paulo Souto, senador pela Bahia.** Hoje ele está bastante longe de Antônio Carlos, sabe que não tem chances na Bahia se Antônio resolver se candidatar ou mesmo se colocar outro candidato. Ele vê tudo isso com certa distância crítica, não é um homem com ambição desmedida, é inteligente e não é apaixonado, sabe que a situação lá é sufocante. Acha que Antônio Carlos pode até cogitar ser de novo candidato a senador e que, se for, não tem jeito, vai ganhar. Mas notei que o Paulo gostaria de ser também, eventualmente, candidato mais tarde. Vou ler agora na cama, porque amanhã levanto cedo para ir a Tocantins.

HOJE É SEGUNDA-FEIRA, DIA 29 DE MAIO. De fato na sexta-feira fui a Tocantins,*** o Siqueira Campos sabe organizar as coisas, nada de manifestações de grupelhos contra, e além disso, na praça, um enorme retrato de um antepassado meu, no dizer dele o homem que procurou tornar Tocantins independente em 1822.**** Chama-se Felipe Cardoso, de fato muito parecido com meu avô, deve ser um quinto ou sexto avô meu, não sei bem, tenho aqui os livros sobre isso.

De volta de Tocantins, fiz um discurso e tal, corrigi as aleivosias do governador da Paraíba, me parece que até endossadas pelo Tasso, de que eu teria pedido ao Exército, aos governadores, para reprimir a greve dos funcionários públicos, coisa que não fiz.***** Na conversa com os dirigentes do PFL, mencionei a questão do MST,

* Entre os 85 entes federativos da Rússia, 46 recebem a denominação de *oblast*, com direito a assentos no Conselho da Federação.
** Pelo PFL, relator da CPI do Judiciário.
*** Em Lajeado, a 50 km de Palmas, o presidente visitou as obras da usina hidrelétrica Luís Eduardo Magalhães, inaugurada em outubro de 2001. Na capital, Fernando Henrique assinou atos de liberação de verbas federais para o estado.
**** Referência ao movimento autonomista de São João da Palma (1821-3), que tentou desmembrar a região setentrional da província de Goiás.
***** Oito governadores do Nordeste haviam se reunido em João Pessoa na antevéspera, ocasião em que criticaram uma suposta declaração do presidente Fernando Henrique, emitida durante o jantar com a bancada pefelista, em 23 de maio, sobre o "imobilismo" dos estados na repressão

de cumprimento de mandato de restituição de posse, essas coisas, não falei nada de greve nenhuma, e já os governadores dispararam por lá. Eu corrigi isso, falei um pouco sobre segurança pública, que andam vazando documentos, houve um vazamento grave, creio que saiu da Casa Civil. Grave porque foi um documento vazado, não porque ele tivesse nada de excepcional e de secreto. Tudo aparece. Aliás, ontem saiu publicado no *Estadão*, pela Silvia Faria, o plano de combate à pobreza;* embora de uma forma positiva para o governo, não devia. Acho que nesse caso não foi vazamento, foi interpretação; aliás, correta.

Voltei na sexta-feira e ainda recebi aqui a ministra das Relações Exteriores do Chile, Maria Soledad Alvear Valenzuela, que foi ministra da Justiça, uma pessoa bastante forte na política chilena. Falamos sobre o que está acontecendo no Peru, chegamos até a um entendimento, não eu, já tinha sido preparado com minha anuência, como consultando a mim, um documento conjunto do Mercosul. Depois eu soube que os argentinos queriam endurecer mais, queriam condenar o processo peruano. Condenar não sei o quê, porque não houve nada de irregular propriamente. Houve uma pressão da OEA, de ONGs, e o tribunal eleitoral de lá não cedeu. Não vou discutir o que o Fujimori está fazendo, se vale a pena ele ser candidato ou não — eu acho que não, acho que foi um erro dele, vai ser muito difícil para ele governar —, mas não houve golpe e já o estão condenando como se fosse golpe. Clinton deu uma declaração dura** e os argentinos embarcaram imediatamente. O Brasil, não, e isso vai criar aqui a sensação de que apoiamos o Fujimori. Não, estamos é com preocupações com o processo de ingerência da OEA em matéria de política interna dos países em circunstância em que não houve golpe. Ninguém foi veemente para combater o golpe que houve no Equador, e agora querem combater com veemência um golpe que não houve no Peru. São interesses de outra natureza.

Fujimori tem uma posição mais autônoma em relação aos Estados Unidos, e muito favorável ao Brasil. Falei com Fujimori por telefone numa tentativa de fazer com que ele aceitasse uma dilatação do prazo, mas o tribunal eleitoral do Peru já tinha dito que não ia mais prorrogar nada, porque a OEA tinha dito que as máquinas de apuração estavam funcionando bem. Senti Fujimori determinado, não cheguei

---

aos movimentos grevistas de seus servidores. "Se disseram algo sobre o que teria dito, falaram sobre o vazio", rebateu o presidente. Havia paralisações e movimentos salariais de funcionários públicos na maioria dos estados, em setores como saúde, educação e segurança pública.

* O jornal paulistano anunciou em manchete de capa que o governo lançaria em junho um plano de R$ 5 bilhões para o combate à pobreza nos 2 mil municípios mais carentes do país, localizados em doze estados. O programa, denominado IDH-12, ainda estava em elaboração pela Casa Civil.

** Os EUA não reconheceram as eleições peruanas e propuseram à OEA a imposição de sanções econômicas e diplomáticas ao país. O resultado oficial deu vitória a Fujimori com 51% dos votos. Houve 30% de votos nulos.

nem a propor, eu já tinha proposto antes, como também já tinha falado aqui com o Gaviria, mas as circunstâncias mudaram, o Toledo foi também muito radical.

Enfim, a posição do Brasil será moderada, sem aceitar ingerências que acho descabidas, e mesmo perigosas, da OEA, de ONGs e de quem seja, porque são interesses políticos de outra natureza que estão disfarçados, e que, além de contradizerem os interesses do Brasil, estão enfraquecendo as posições do Peru, como também da Venezuela. Isso, para mim — já deixei muitas vezes claro —, é Mercosul, entrada do Chile, entrada da Bolívia, América do Sul, e o Peru e a Venezuela neste momento são favoráveis a essa linha, que é uma linha de resistência a uma precipitação da Alca e, portanto, à dominação inapelável dos Estados Unidos. Eu disse outro dia no Itamaraty e repito aqui: eu não falo de política externa independente; eu pratico política externa independente. Os daqui não querem ver, mas os que sabem ver e querem ver hão de reconhecer que é assim.

Ruth chegou de São Paulo na sexta-feira, tive uma conversa boa com o Tápias, que veio do exterior, o Malan e o Aloysio sobre a Previ. A chapa do PT ganhou o controle da Previ,* e eu soube depois, no sábado à noite pelo Andrea Matarazzo, que o Lula já está visitando diretores da Previ e empresários. Não sei se é certo, mas o fato é que eles vão transformar a Previ num instrumento de pressão para obter recursos para as campanhas do PT. Não recursos da Previ, mas os interesses econômicos que passam pela Previ, os empresários que são beneficiários serão mais liberais na contribuição de recursos ao PT. Eu alertei o Malan disso, acho que temos que botar na Previ gente competente, independente, mas não boba, que perceba as manobras que estão ocorrendo, para evitar que elas ocorram; não para nós a utilizarmos. Aliás, o governo nunca fez isso. Pode ser que alguém tenha usado a Previ, não o governo; pode ser que haja até processo de corrupção, não boto a mão no fogo, mas seguramente não houve anuência nem conhecimento da minha parte, e acho que temos que ser duros nessa matéria.

No dia seguinte, sábado, nada de mais significativo a registrar, salvo que à noite vimos um filme da Ana Carolina sobre a Sarah Bernhardt,** interessante, divertido, ri bastante, tem espírito, um pouco longo, ela deveria ter cortado mais. Marília Pera jantou aqui juntamente com a Ana Carolina, umas trinta pessoas, um rapaz simpático responsável pela editoria cultural do *Estado de S. Paulo*, vários amigos, estavam o Hector Babenco, a Xuxa Lopes, mulher dele, enfim, foi uma noite bem simpática. Vieram, além do Andrea, o Zé Gregori e o Malan com as mulheres, todos os meus filhos, a Bia, a Luciana, os maridos e os netos, estavam todos aqui, o Nê e a Carmo também.

Ontem, domingo, o Henri Philippe Reichstul veio almoçar aqui com Tuta [Maria Augusta Gomes Reichstul], mulher dele, que é filha do Severo Gomes. Estavam

---

* Sérgio Rosa, Erik Persson e Henrique Pizzolato foram eleitos para a direção da Previ como representantes sindicais dos bancários do BB.
** *Amélia* (2000).

também o Nê e a Carmo, a Bia e o Duda, o Getúlio e a Luciana, a Ruth e as crianças. Nadamos, passamos a tarde aqui tranquilamente.

Notícias preocupantes: vejo que a situação do Luiz Estevão* piora muito, se o PMDB quiser defender o Luiz Estevão está perdido. Telefonei ao Padilha e disse a ele: "Eu não quero me meter no PMDB, mas você é ministro, posso conversar sobre isso, acho insustentável a situação do Luiz Estevão".

Hoje estou cansado, aliás levantei muito cedo e dormi mal, preocupado com uma porção de coisas, com o rumo do PSDB, as pesquisas indicam uma perda generalizada de prestígio; embora eu tenha tido uma pequeníssima recuperação, nossos candidatos também não vão bem das pernas. Não se consegue botar junto Mário Covas, Serra, Tasso, Pimenta, eu, Aloysio, Madeira, para uma conversa franca, e conversa franca quer dizer o seguinte: eu acho que neste momento existe na sociedade um sentimento de mudança, mudança de geração, mudança de estilo, e isso inclui até mudança do meu estilo. Se o PSDB quiser ter presença eleitoral, deverá encontrar um candidato que encarne esse novo espírito. O nosso foi embora, que era o Ciro; não só foi embora como passou a me agredir pessoalmente da maneira mais torpe. É difícil encontrar outro, porque nem o Dante de Oliveira nem o Perillo, que são forças jovens, se projetaram nacionalmente, embora ainda haja tempo. O PSDB precisa escolher um caminho e para isso tem que ter uma conversa franca entre os que mandam e os eventuais candidatos.

Se o Tasso tivesse um plano nacional, poderia ter um ar de novo. O Serra não tem esse ar de novo, o Mário muito menos, então estamos sem cartas para jogar. Roseana Sarney subiu bastante nas pesquisas. Por que fez propaganda? Não, porque é mulher, é um fato novo na política brasileira, foi perspicácia do Bornhausen ver isso, então o PFL tem cartas para jogar, e nós estamos ficando sem cartas para jogar. Não posso ter com eles uma conversa do jeito que estou registrando aqui. Todos imediatamente, ou quase todos com os quais eu teria de falar, ficariam contra mim. Aliás, esqueci o Pimenta, e outros, com quem poderia ter essa conversa, ficariam achando que estou manobrando até sei lá para quê — eventualmente para ficar mais tempo, essas coisas, a má-fé, a maledicência. No caso deles não é má-fé, é o temor do futuro, é isso que incentiva.

É uma situação difícil, vejo o PSDB numa encruzilhada muito difícil. O único caminho seria o meu fortalecimento pessoal e o do governo. Eles não vão querer e não sei se tenho condições, porque também tenho um desgaste grande do tempo longo de mando, preciso analisar isso com frieza e não me envolver com paixões,

---

* Envolvido no desvio de verbas das obras da sede do TRT de São Paulo, o senador peemedebista sofria processo de cassação por quebra de decoro parlamentar na Comissão de Ética do Senado. No dia seguinte, a comissão aprovou o parecer do senador Jefferson Peres, favorável à perda de mandato. Em 28 de junho, Estevão se tornou o primeiro senador da República a ser cassado pelo plenário da Casa. Dias depois foi decretada sua prisão preventiva.

porque eu estaria em jogo. A gente tem que reagir de acordo com o que os dados mostram não para aceitar as tendências; se não se percebe a tendência, não se reverte nada. Daqui a pouquinho vou ao Itamaraty para abrir um seminário sobre as questões de estrutura do Estado.*

Ainda a registrar que ontem me telefonou o Hugo Chávez para contar que eles adiaram a eleição na Venezuela,** mas ele está de acordo, foi um processo limpo, a Corte tomou a decisão diante das televisões, ele estava entusiasmado. Ele também acha que não dá para condenar o Fujimori de antemão.

Há informações complementares. Na sexta-feira, dia 26 de maio, me encontrei com Gustavo Franco, ele ficou longo tempo aqui, não falou nada de coisas que pudessem mexer com o passado. Claro que mostrou umas limitações da política atual, mas em geral boa conversa, ele está bem-disposto, do ponto de vista anímico, para fazer uma análise da situação e até mesmo para eventualmente ajudar o governo.

Esqueci também de anotar que sábado de manhã esteve aqui o vice-presidente da Colômbia. Chama-se Gustavo [Adolfo] Bell Lemus, veio com o ministro de Minas e Energia, Carlos Caballero, que me contou que, quando era estudante em Princeton, foi comigo para Nova York, eu estava no Institute for International Studies,*** ele se lembra da conversa que tivemos. O embaixador colombiano Mario Galofre ficou cinco anos e meio no Brasil, está indo embora, e veio me trazer uma carta do Pastrana pedindo apoio a um projeto de carvão e siderurgia na Colômbia. É uma coisa que pode unir interesses do Brasil ao interesse da Colômbia.

HOJE É TERÇA-FEIRA, 30 DE MAIO. Ontem, segunda-feira, fui abrir um fórum sobre Estado democrático e governança no século XXI, uma coisa de inspiração americana, fiz um discurso sobre as reformas do Estado. Almocei com o João Roberto Marinho. Discuti com ele uma legislação que está no Congresso que abre a possibilidade de empresas estrangeiras participarem na mídia. Elas já participam, é tudo uma farsa, porque há contratos de gaveta e os empresários em geral querem que se legalize até 30%, 25%. A Globo aparentemente tinha algumas dúvidas, mas a razão principal foi outra. Foi mostrar a ele que estamos indo por um caminho

---

* O II Fórum Global, com o tema O estado democrático e governança no século XXI, reuniu representantes de 33 países e organizações multilaterais.

** As eleições gerais de 28 de maio foram adiadas pelo Tribunal Supremo de Justiça venezuelano por causa de problemas técnicos nas máquinas de votação. O pleito foi remarcado para 30 de julho.

*** Em 1983, Fernando Henrique integrou o comitê internacional de consultores do Helen Kellog Institute for International Studies da Universidade de Notre Dame, em Indiana.

perigoso. Ontem jogaram ovo na cara do Serra,* hoje tentaram fazer a mesma coisa com o Tourinho,** um ódio, esgares de ódio na cara desses jovens que pensam que estão fazendo revolução, PSTU e coisa que o valha.

João Roberto foi o primeiro a dizer que acha que a mídia é manipulada por esse pessoal, porque a mídia hoje é imagem e eles sabem fazer imagem. O índio se ajoelha diante da polícia,*** a polícia passou diante dele e não fez nada, mas sai no mundo todo o índio ajoelhado e a polícia com aquelas caras ferozes, com escudo e tal. Ganhou o índio, obviamente. A história do ovo é a mesma coisa, a cara do Serra enlameada não deve ser boa imagem, para quem jogou o ovo também é ruim, e se forma um clima negativo. É preciso reverter isso. Conversei com o João Roberto sobre o futuro, eu disse: "Vou ter que atuar mais duramente, ter mais personalismo na Presidência, mais protagonismo, para que eu possa ter influência mais adiante no quadro eleitoral, e precisamos que a mídia entenda isso". Ele solidário, me pareceu.

Recebi à tarde o Zé Gregori e o novo presidente da Funai,**** que me trouxe uma coisa interessante: um manifesto de vários grupos indígenas contra uma ação do Cimi, o proselitismo religioso não sei o quê, portanto há uma divisão grande nos grupos indígenas também. Deve ser uma coisa de origem protestante no meio de tudo isso, e birra com os católicos, não sei. À noite recebi de novo o Zé Gregori, Pedro Parente e o general Cardoso, para definirmos um plano de segurança pública. Até hoje eles não entraram em sintonia com o que eu quero, que é a mobilização da sociedade muito mais que ação repressiva, muito mais com um efeito de demonstração, pegando uma área para mostrar o que dá para fazer quando se mobiliza a sociedade, isso coordenado pessoalmente por mim.

Acabei de receber uma pesquisa feita pelo Ibope, mostrando que boa parte da população apoia esse tipo de mobilização. A pesquisa é de fevereiro para maio, a aprovação a mim, ao governo, fica inalterada em 20 pontos ótimo/bom e há 30 e poucos de regular até ruim/péssimo.***** Como o mês de maio é um mês sempre ruim por causa do salário mínimo, e todas essas greves, até que a permanência

---

* Em 20 de maio, o ministro da Saúde fora agredido na rua por um estudante em Sorocaba (SP), quando caminhava até um encontro do PSDB paulista. Dez dias depois, em Belo Horizonte, Serra foi novamente atingido por um ovo durante uma visita a um hospital filantrópico. Um estudante secundarista foi detido e processado pela agressão.

** O ministro de Minas e Energia conseguiu escapar de um piquete estudantil durante uma visita ao campus da UFRJ na ilha do Fundão, no Rio de Janeiro.

*** Alusão a uma das imagens mais difundidas dos protestos indígenas em Coroa Vermelha (BA) contra as comemorações do Descobrimento.

**** Glênio Alvarez.

***** Em 1º de junho, o Ibope divulgou levantamento com 45% de ruim/péssimo para o desempenho de Fernando Henrique na Presidência, aumento de seis pontos em relação à pesquisa de fevereiro.

naquele patamar em que estava, baixo, não é das piores. A situação é difícil, claro, ainda estamos sob os efeitos da desvalorização e da pressão econômica que houve no Brasil, mas quando se olham bem os números ainda se tem uma terça parte do eleitorado diria que firme. Ninguém mais tem essa terça parte; os outros têm 20%, mas, enfim, não há consolo e é muito variável.

Hoje, terça-feira, recebi embaixadores de manhã cedo, depois de ter nadado. Fernando Bezerra também, para reclamar um pouco, com razão, de cortes de verbas e do comportamento do partido dele, o PMDB, que quer sempre mais no ministério dele e dos governadores do Nordeste. Por trás disso é a tensão dele com o Tasso e também com o governador da Bahia, mas ele tem razão.

Recebi o Alcides Tápias, ministro do Desenvolvimento, com um senhor chamado Carlos Ghosn, dizem que é brasileiro, presidente do grupo Nissan no mundo; pode ter nascido no Brasil, mas o português não é nativo nele, me pareceu. Ele veio junto com o pessoal da Renault e o [Pierre-Alain de] Smedt,* aquele rapaz que hoje está na Renault em Paris. Ghosn está em Tóquio, vieram comunicar que vão investir 300 milhões na fábrica da Renault em Curitiba. Vão fazer de Curitiba a base para carros e também motores, uma coisa assim.

E tive uma longa reunião para definir o financiamento de safra e também medidas de combate às queimadas e desmatamento da Amazônia e outras regiões, que têm que ser protegidas. Depois tive uma conversa com Pimenta da Veiga, agora estou me preparando para viajar para Hannover, na Alemanha, e conversei com Cafu, que vai para a Alemanha conosco.

No que diz respeito à conversa com o Pimenta, ele esteve com o Covas em São Paulo. Covas está furioso comigo, com o governo federal, está se sentindo mal, se sentindo fora, que não contem com ele, e não sei o quê lá, que eu [dei] dinheiro para o Paraná e também recebi o Quércia... Recebi porque o Pimenta pediu um tempo atrás, para tratar de questão de telefonia, nada de política. [Está] amargo, com pouco prestígio em São Paulo, sem rumo e sem norte, naturalmente tem que ter um culpado, o culpado sou eu, entre outros.

Eu disse ao Pimenta: "Ou nós organizamos o miolo do PSDB, ou não há o que fazer, porque um desconfia do outro, o Serra do Tasso, o Tasso do Serra, todos do Covas, o Covas de todos em torno de mim, porque são todos candidatos; eu não posso fazer um candidato, cada um tem que se fazer. Eu sei que é duro para o Covas, como é duro para mim, por causa da popularidade, como é duro para o Serra, que se expõe bastante à opinião pública e não consegue ir além de um patamar de 4% de preferência. Mas é um momento da vida, o que eu vou fazer? Isso não nos desobriga de buscar uma união, para termos uma possibilidade de manter o governo e, com o governo, ter uma candidatura que dispute.

---

* Vice-presidente executivo do grupo Renault, parceiro da Nissan desde 1999.

Diga-se de passagem que foi o que me disse ontem o Jader, que veio me procurar temendo que houvesse desorganização. Ele acha que tem que haver um divisor de águas, eu também acho que deve haver esse divisor de águas, na cabeça do Jader e de todo mundo é romper com Antônio Carlos. Por um lado é isso mesmo e, por outro, aí digo eu, é também dar sinais mais claros de não FMI, ou seja, de não ao controlismo da economia — isso diz respeito ao Pedro Malan. Numa cabeça politicamente fria, daqui a algum tempo, meses talvez, será preciso fazer mudanças na área econômica. O processo de ajuste pesou demais no imaginário da população. Todos nós adotamos um estilo um pouco cansativo de repetir as mesmas coisas, e estou vendo que está começando na Argentina, onde o De la Rúa enfrenta grandes problemas, agora mesmo lançou um novo pacote, cortou salários, a recessão está lá presente de novo, o desemprego é o dobro do Brasil.

Acho que estamos esgarçando muito o tecido social na América Latina em função não só dos ajustes necessários como das crises que ocorreram; os dois juntos têm efeito devastador. O Chile e o Uruguai estão bem, o resto não; o México é outro que está bem, já passou por tudo isso, o Brasil começa a sair do pântano, mas o custo é alto e temos que medir direito. Um golpe errado, de aperto, um parafuso a mais que se pressione, e pode dar uma confusão grande. O parafuso a que me refiro é o seguinte: um aumento de gasolina mal pensado causa um curto-circuito na sociedade. E a área econômica mais o FMI não olhando esse lado, querendo que se faça o superávit, o que é muito necessário, muito bom, mas tem limite. Eu sei disso e não vou deixar que se passe do limite.

HOJE É SEGUNDA-FEIRA, 5 DE JUNHO, estou em Paris. Vamos reconstituir um pouco o que aconteceu nesses últimos dias. Fomos para Hannover, no dia 30 estávamos lá. No primeiro dia, mal chegados, tivemos a inauguração da Feira de Hannover,* eram cerca de 3500 pessoas, um jantar enorme portanto, houve dois discursos, o do Schröder e o meu. O discurso do Schröder foi bem-feito, o meu eu fiz em português, naturalmente, não sou alemão, embora saiba o suficiente para ler uma ou outra frase, e ia até ler a parte final em alemão, mas o meu ajudante de ordens teve a ideia de não deixar o texto lá, então foi tudo em português. Eu sempre gosto de ao final dar um toque, uma coisa simpática, às populações locais... Enfim, tudo bem. No jantar em Hannover fiquei sentado ao lado da mulher do Schröder, chama-se Doris [Schröder-Köpf], eu, Ruth e umas quinze pessoas à mesa, ela é muito simpática, é uma alemã casada pela segunda vez, tem uma filha que não é dele,** ele casado pela quarta vez, até brincou com ela, na minha frente, que

---

* A Exposição Universal de 2000 (Expo 2000), com o tema "Homem – Natureza – Tecnologia", recebeu visitantes de 1º a 31 de outubro.

** Klara Köpf.

fazia tempo que se não casava, ela é muito viva, fala bem inglês, conversamos sobre temas gerais. O Schröder é muito mais simpático do que eu podia imaginar, e foi uma distinção o fato de somente eu ter falado como presidente estrangeiro, além dele e do presidente da Alemanha.

No dia seguinte, andamos muito para baixo e para cima na feira e depois fomos ao pavilhão do Brasil. O pavilhão do Brasil uma beleza, feito por essa menina, a Bia Lessa, uma moça pequenininha, baixinha, quase não se dá muito por ela, mas ela é muito boa. O pavilhão dá gosto porque é equilibrado, mostra a vida popular do Brasil, as coisas populares, arte popular, arte erudita, um salão muito bonito, sobretudo esculturas muito bonitas. Mostra também o que o Brasil faz em termos de desenvolvimento tecnológico, muitas informações em computador, há uma espécie de *puzzle* de madeira, extraordinariamente bom, de bom gosto, não é pretensioso e dá o recado.

Falaram muito mal desse pavilhão porque o Paulo Henrique trabalhou nele, isso é suficiente para a imprensa ficar toda acesa, embora a imprensa saiba que ele não teve nada a ver com os recursos do pavilhão, que custou não sei quantos milhões. Eles acham que é muito, talvez até seja, mas o Brasil tem que se apresentar bem, e se apresentou.* Depois tivemos um almoço no pavilhão do Brasil e fomos para Berlim.

Chegamos a Berlim na quinta-feira à tarde, dia 1º, nos instalamos num hotel extraordinário, Adlon, e fomos jantar — não era bem cervejaria, era um restaurante que poderia ser popular, mas não, era sofisticado — com toda a delegação, que incluía o Celso Lafer, o Bresser-Pereira, o Cafu, o Roberto DaMatta, o Sérgio Abranches, marido de Miriam Leitão, que é um rapaz muito inteligente, e a Lídia Goldenstein.

No dia seguinte fiz algumas visitas, mais para conhecer um pouco o que estava acontecendo, eu precisava ter uma ideia dessa nova cidade de Berlim, os intelectuais ficaram vendo os seminários, eram muitos, parece que duzentos intelectuais de várias partes do mundo para discutir o que eles chamam agora de *Progressive Governance*, em vez de Terceira Via, e fiquei lá com menos trabalho durante a sexta-feira.

Vi um famoso museu de arte antiga, grega, da Ásia Menor,** muito bonito também, o diretor explicou tudo aquilo para nós, aqueles altares, coisas muito interessantes. Depois do museu, saí só com o embaixador,*** passei em frente à futura chancelaria do Brasil, não quis descer, senão a imprensa ia atrás, ia perguntar de novo quanto custou,**** quanto não custou, aquela coisa de sempre. De-

---

* O filho do presidente integrou o comissariado brasileiro da Expo 2000 como membro indicado pelo CEBDS.
** Museu Pergamon.
*** Roberto Abdenur.
**** O Brasil alugou um prédio de cinco andares na Wallstrasse, região nobre da capital alemã, ao custo mensal de US$ 130 mil. Em 1999, Berlim substituíra oficialmente Bonn como sede do governo e do Parlamento da Alemanha reunificada.

pois fiquei fazendo hora até o jantar e coquetel, que seria com catorze chefes de Estado.*

Almocei nesse longo dia com o presidente da Argentina e com o do Chile, De la Rúa e Ricardo Lagos, no hotel Adlon, para discutirmos a questão do Peru. Havia telefonemas pra cá, pra lá, falei com Lampreia e o Giavarini, que é o ministro das Relações Exteriores da Argentina, muito aflito, demais até, porque os argentinos ficaram numa posição de apoiar os americanos, que queriam uma ingerência da OEA. A posição brasileira era outra, eu disse a eles, dei detalhes da minha conversa com o Fujimori, disse que não tinha sentido, depois de idas e vindas, condenar o Fujimori pelo que aconteceu, até porque ele ficou meio sem saída. Lastimo que tenha sido candidato pela terceira vez, mas ele é o presidente do Peru. Todos concordaram com isso, que é uma situação de fato.

Ainda me encontrei com outros presidentes, notadamente com o [Thabo] Mbeki, da África do Sul, e com o Guterres, para combinarmos a estratégia. Guterres achou fraco o texto final — eu achei também — da declaração do nosso encontro em Berlim. Quando chegou o Clinton — ele chegou atrasado —, todo mundo fez muita festa, foi visível isso, na hora da fotografia ele se apoiando nos meus ombros, saiu abraçado comigo e com o De la Rúa, achei muito simpático. E fomos para o jantar,** que me surpreendeu. Comigo apenas o Bresser, cada um levava um só assessor, eu imaginava que fosse uma coisa burocrática, aliás foi, com um comunicado e tal, mas a discussão também foi viva, tanto a do jantar quanto a do dia seguinte, mas o jantar talvez tenha sido até mais interessante.

Primeiro porque quatro dos ditos intelectuais apresentaram os resultados dos encontros da véspera. Foram o [Pierre] Rosanvallon,*** um francês, outro que é um físico francês com um nome também tcheco, que era prêmio Nobel de física,**** depois um inglês***** e um alemão.****** Eles falaram sobre os temas que debateram, sociedade civil, a nova ordem na economia, a necessidade de olhar a questão de leis e patentes, e por aí foi. Em seguida cada um de nós falou. Quem

---

* Além do anfitrião e de Fernando Henrique, entre presidentes e premiês compareceram Thabo Mbeki (África do Sul), Fernando de la Rúa (Argentina), Jean Chrétien (Canadá), Ricardo Lagos (Chile), Bill Clinton (EUA), Lionel Jospin (França), Kostas Simitis (Grécia), Giuliano Amato (Itália), Helen Clark (Nova Zelândia), Wim Kok (Países Baixos), António Guterres (Portugal) e Goran Persson (Suécia). A conferência aconteceu na Chancelaria alemã.

** O jantar oficial da conferência aconteceu no castelo de Charlottenburg, residência oficial do presidente da Alemanha.

*** Historiador e sociólogo, diretor da École des Hautes Études en Sciences Sociales (Ehess).

**** Georges Charpak, físico franco-polonês, Nobel de física em 1992.

***** David Soskice, pesquisador do Centro de Pesquisas em Ciências Sociais de Berlim (WZB).

****** Jürgen Kocka, diretor adjunto do WZB.

me impressionou? Vamos lá. Em primeiro lugar, o italiano, Giuliano Amato,* homem sensato, foi direto ao ponto, fez uma crítica sobre a sociedade civil, mostrou que estava havendo uma confusão entre a boa e a má sociedade, a civil é boa e o Estado é o mal, e não concordou muito com a definição dada pelo inglês, que dela falou no início — eu também não concordei. Guterres falou bem, como sempre, forçando muito sobre a nova ordem internacional, reivindicando maior participação dos países em desenvolvimento. Idem o Mbeki, embora ele tenha falado mais no dia seguinte sobre pobreza, como tinha combinado conosco. O Jean Chrétien, do Canadá, sobretudo no dia seguinte, no sábado, teve uma posição muito direta, não sofisticada, muito clara sobre os problemas que são enfrentados.

No jantar Clinton não falou nada, só no dia seguinte, querendo dar uma solução mais prática às nossas reuniões, tratando basicamente do combate à aids e da mudança de clima, de maneira assim mais global, uma posição portanto bastante aberta. E aceitou uma sugestão muito boa do Guterres, de que o G7, quando se reunisse agora no final do ano no Japão,** retomasse explicitamente os temas que tínhamos levantado na reunião de Berlim.

Clinton nos apoiou. Curiosamente, dos sete, cinco são membros desse grupo de Berlim; cinco ou seis, porque só não está presente o japonês,*** o que mostra que o comando dos países mais ricos está na mão de líderes que se identificam com uma mensagem progressista. Em Berlim, muita discussão também sobre como fazer o comunicado final da reunião, sobre o modo de dizer, o que vale também para mim no Brasil.

Disseram-me que hoje há um artigo do Jabor muito bom, crítico, nessa direção. Eu tinha feito esta autocrítica nas conversas em Paris: temos honrado aqui no Brasil nossos propósitos, mas não temos sabido comunicar. Não no sentido de divulgar pela imprensa, e sim no sentido de, ao fazer o que estamos fazendo, chamar mais gente, abrir mais o governo. Eu queria que o comunicado de Berlim fosse mais direto, começando pelas questões estruturais da pobreza, para em seguida mostrar a necessidade da legitimação das formas de atuação e entrar em coisas mais concretas, do tipo que o Clinton propôs. Como era muito difícil mudar o comunicado, ficou assim mesmo.

Berlim não foi tão espetacular quanto Florença, mas do meu ponto de vista foi bom, porque conheci mais presidentes. Almocei com o Lagos e com o De la Rúa, o que permitiu a uniformização da nossa posição na reunião que se realizou ontem na OEA, no Canadá,**** onde a posição do Brasil foi a de não desestabilizar o Fujimori, mas também de não concordar, como se houvesse um processo de total lisura. Esse ponto de vista prevaleceu e teve apoio em Berlim dos presidentes do Chile e da

---

* Primeiro-ministro da Itália, sucedera a Massimo d'Alema no final de abril.
** A 26ª reunião do G7 aconteceu na ilha de Okinawa entre 21 e 23 de julho de 2000.
*** Yoshiro Mori.
**** A xxx Assembleia-Geral da OEA se reuniu em Windsor (Ontário) entre 4 e 6 de junho de 2000.

Argentina. Insisti muito com eles também sobre a necessidade de o Chile entrar totalmente no Mercosul.

Depois fui para Paris, no sábado mesmo, apenas um jantar, coisa simples, com o Sérgio Amaral e com o Marcos Azambuja. No dia seguinte fomos ver a Malmaison [Château de Malmaison], que é a casa onde Josefina Bonaparte ficava, perto de Paris, e à tarde vi o Museu Marmottan Monet, muito bonito, o diretor-geral dos museus da França esteve lá nos apresentando tudo. À noite jantamos na embaixada com as pessoas que me acompanharam a Berlim e outros mais, como o [Israel] Vargas e o Touraine, que foi com a nova mulher dele, um jantar agradável.

Quando eu estava em Malmaison, os repórteres perguntaram o que eu achava da jornada de 35 horas* e eu disse: "Acho que é uma coisa a estudar, o Brasil é heterogêneo, tem que ser uma discussão entre empresários e sindicalistas, mas, enfim, convém que se discuta. No entanto o Brasil tem um problema maior, que é a massa de desempregados, e também dos que não têm carteira assinada", fui por aí.

Chego ao Brasil e é como se eu tivesse proposto 35 horas, tem gente a favor, outros contra, outros dizem que sou hipócrita, esse esperto do Ciro Gomes diz que amanhã vou voltar atrás, ninguém sequer presta atenção ao que se diz e imediatamente toma posições esdrúxulas. A Sonia Carneiro,** que não tem noção concreta das coisas, voltou à pergunta ontem na hora de eu vir embora. Esclareci de novo, ela já diz que eu recuei, quer dizer, é tudo que eu não propus, são as bobagens que eles próprios propõem. O *Jornal do Brasil* diz que o Brasil quer entrar no G8, o nível da nossa imprensa e do nosso debate político é de desanimar. Outro diz que eu não precisava ir à França porque dou uma declaração simplesmente para não ser desagradável com os franceses e aqui levo pau sem parar.

Acho que é o Walter Fontoura que, no Informe *JB*, explica isso com certa candidez: "É, o presidente disse apenas uma palavra gentil, aqui já estamos fazendo uma coisa ambígua das palavras dele",*** tornam ambíguo o que eu disse claramente lá, depois me cobram que fui ambíguo. É desesperador, e não adianta: o dia inteiro a imprensa é isso, os jornalistas não se contêm em dizer o que lhes passa na cabeça, e os outros, os políticos, em comentar a respeito do que se atribui que alguém tenha dito.

Na França estive com o Chirac, a conversa foi como sempre muito boa, mais ou menos igual à que tive com o Jospin à noite sobre a América do Sul. Omiti minhas opiniões acerca dos países com situação política mais delicada. Falamos também sobre a União Europeia e o Mercosul, acho que a França está disposta a ceder um

---

* A França reduzira a jornada de trabalho para estimular a criação de empregos. No Brasil, a jornada máxima prevista pela Constituição é de 44 horas semanais.
** Repórter do *Jornal do Brasil*.
*** O colunista do *JB* escreveu que "o presidente Fernando Henrique Cardoso deu margem a mais de uma interpretação equivocada por parte da imprensa. [...] Não cometeria a indelicadeza de estender-se sobre a França".

tanto, para avançar nessa direção. Mostrei a urgência do acordo, porque vem Alca aí e precisamos de mais rapidez nesses processos.

Chirac ofereceu que, se ficarmos com o porta-aviões *Foch** por um preço simbólico, ele daria de graça o outro,** não me lembro como chama o outro porta-aviões deles. Disse: "Ter essa relação com o Brasil para nós não é uma questão comercial, é uma questão política". Ele se dispõe também a produzir aviões militares com a Embraer, para que nós façamos aqui uma plataforma de exportação para a América do Sul. A conversa como sempre foi muito aberta, ele vai apoiar mais o PPG7,*** que são os projetos para ajudar a preservação da Amazônia. A conversa com o Jospin foi mais demorada, fraterna, um jantar, com os principais assessores dele, o *chargé de la Coopération et de la Francophonie*, Charles Josselin, que esteve recentemente comigo no Brasil. Jospin explicou aquilo que já sabemos: que a Europa, na verdade, não tem problema, que a França vai crescer 4% este ano, e ele, usando as palavras antigas, se mostrando como um camarada. Repeti todos os problemas do Brasil, ele já sabe, e ficou de vir aqui no segundo semestre deste ano.

Voltei extremamente cansado, o avião da TAM é supernovo, mas para mim não tem o conforto que tinha o Sucatão, do qual sempre gostei, que é uma cama e sobretudo um banheiro, um chuveiro. Mas fizeram tanta onda contra o Sucatão, que se tornou inviável usá-lo. Hoje passei o dia no Alvorada, todos os canos dos banheiros entupidos, uma grande confusão, estou esperando para ter reuniões do grupo de coordenação política. Ruth, que ficou em Paris ontem, hoje deve ter ido a Nova York assistir a uma reunião da ONU sobre mulheres, chamada de Beijing + 5.****

---

* Em setembro de 2000, o Brasil adquiriu a belonave francesa por US$ 12 milhões. O *Foch*, construído na década de 1950, teve a denominação alterada para *São Paulo* e sofreu modernizações de US$ 90 milhões nos anos 2000.
** *Clemenceau*, fora de serviço desde 1997.
*** Programa Piloto para a Proteção das Florestas Tropicais do Brasil, lançado em 1992 com financiamento dos países do G7.
**** Conferência das Nações Unidas sobre a implementação da Declaração de Beijing (IV Conferência Mundial sobre a Mulher), com o tema Igualdade de Gênero, Desenvolvimento e Paz para o Século XXI, realizada entre 5 e 9 de junho de 2000.

8 A 20 DE JUNHO DE 2000

Reunião com o PSDB. Ônibus 174.
Reunião do Grupo do Rio na Colômbia.
Lançamento do Plano Nacional de Segurança Pública

Hoje é quinta-feira, dia 8 de junho. Ontem participei de uma solenidade sobre as queimadas, recebi o Anthony Quinn com o Paulo Betti, atores, e a família dele. Conversei com o Raphael de Almeida Magalhães sobre os problemas de Sepetiba. De manhã dei uma longa entrevista via internet ao grupo Estado, foi uma experiência nova para mim, durou uma hora e quarenta minutos, havia 8 mil perguntas, me passaram mais de dez perguntas, essas 8 mil sabe Deus o que elas diziam. Deu para falar bastante, eu falo muito, não sei se pela internet isso é bom, mas o *Estadão* de hoje reproduziu muito bem, foi a Silvia Faria quem fez a matéria, parece que repercutiu razoavelmente bem.

Eu trouxe o Pedro Malan para conversarmos no jantar, preparar o Pedro para a visão que tenho da situação. Não podemos continuar arrochando, não há condições sociais para manter um arrocho muito grande, nem necessidade financeira. O Pedro pouco a pouco vai entendendo isso, vai ter que entender, porque senão nós não temos como, digamos, dar uma virada mais forte no Brasil, inclusive em termos políticos, e é importante não se perder de vista essa perspectiva.

Hoje tive logo as conversas com o pessoal da coordenação política, conversei com o Pimenta, com o Andrea Matarazzo, com o general Cardoso, tive uma boa conversa sobre as questões da política, estão todos preocupados com a popularidade que não sobe. Percebo que isso está deixando a equipe nervosa, ela fica afetada pelos jornais, embora o Arthur Virgílio tenha colocado no jornal o resto de uma pesquisa do PSDB que é mais positiva. Ela diz que se eu apoiar algum candidato ele passa logo para 21% e que, se eu estiver bem na economia, 31%. Tudo isso é ilusório, estamos muito longe da eleição, nada é previsor do comportamento, mas é animador das psicologias carentes.

Também falei com o Tourinho e com o Pedro Parente, para discutir as privatizações, foi uma boa conversa, Tourinho concordou com a privatização de Furnas, mas deve ser pelo método da pulverização das ações. Não é o que mais rende, é complicado, mas é o que tem mais aceitação hoje, porque a população vai achar que é uma corporação pública e vai gostar, além do mais não existe a segmentação da empresa. Combinamos que no dia seguinte, portanto hoje, teríamos um encontro com a turma do PSDB, o que ocorreu na hora do almoço, depois de eu ter recebido uma nova frente do Congresso, a dos cooperativistas.* O Congresso continua fazendo como um lobby, são frentes de cooperativas, *issue oriented*, não tem nada a ver com os partidos, são pessoas de todos os partidos que se unem em função de um objetivo comum. Nesse caso foi Xico Graziano que trouxe o pessoal aqui, o Silas Brasileiro,** o [Dijandir dal] Pasquale,*** vieram com o Roberto Rodrigues, presidente da Organização Internacional de Cooperativas Agrícolas, os de sempre, foi uma boa conversa.

Depois almocei com o PSDB, estavam muitos lá, o Goldman, sempre inteligente, o Pimenta, o Arthur Virgílio — que, aliás, tem tido ótimo comportamento — fez uma ponderação ontem muito pertinente sobre a situação do Antônio Carlos, sobre a necessidade de uma tomada de posição, ele está meio assustado com a nossa perda de prestígio etc. Ainda tivemos um encontro com Andrea Matarazzo, o Tourinho, Aloysio Nunes Ferreira, Aécio Neves, Sérgio Machado, o Teotônio, enfim, a liderança do PSDB, e coloquei a questão em termos taxativos, que tínhamos decidido fazer a pulverização e a não segmentação [de Furnas]. Aécio ficou feliz, porque os mineiros precisam de um discurso nessa matéria, todos gostaram. Aí passamos a discutir as outras empresas que são diferentes: a Chesf e a Eletronorte, cada uma é um caso separado, a Eletronorte o governo vai ter que ajudar muito a produzir energia no Norte, mas Tucuruí vamos ter que privatizar. No que diz respeito à Chesf, tive uma ideia e soltei hoje, não sei nem se devia ter soltado. É: privatiza Xingó, mantém o resto, como, aliás, já o próprio ministro Tourinho tinha proposto. Com o dinheiro de Xingó, faz-se a transposição do rio do Sono e do Tocantins para o São Francisco**** e a transposição do São Francisco. É um grande projeto, um sonho? Para o Nordeste acho que tem sentido, e é pagamento da dívida social. A repercussão foi bastante positiva.

Em seguida fui ao Palácio do Planalto, onde tive outra solenidade relativa ao meio ambiente, a Agenda 21,***** discursos do Sarney Filho, discurso meu. Recebi o Jarbas Vasconcelos e o Marco Maciel preocupados com uma termoelétrica de Pernambuco****** e agora estou esperando chegarem aqui o Serra, o Tasso, o Pimenta e o

---

* Frente Parlamentar do Cooperativismo.
** Deputado federal (PMDB-MG).
*** Líder cooperativista gaúcho.
**** Projeto de interligação entre as bacias do Tocantins e do São Francisco através do leito do rio do Sono, na região do Jalapão, para o abastecimento do Nordeste setentrional. Estimado em R$ 20 bilhões, foi abandonado no governo Lula.
***** Apresentação do documento "Agenda 21 brasileira — Bases para discussão", elaborado pela Comissão de Política de Desenvolvimento Sustentável e da Agenda 21 Brasileira, do Ministério do Meio Ambiente.
****** O governo pernambucano negociava com a Chesf e um consórcio privado integrado pela Previ a construção de uma usina termelétrica no complexo portuário de Suape. O acordo foi fechado em agosto de 2000.

Aloysio, para termos uma conversa sobre o PSDB. Uma conversa que deve ser discreta; não sei se vai ser, porque no Brasil nada é discreto.

HOJE É DOMINGO, DIA 11 DE JUNHO. O encontro com o pessoal do PSDB, o Aloysio, Serra, Pimenta e o Tasso, foi bastante caloroso. Nesse meio-tempo, eu tinha mandado uma carta ao Jabor, respondendo ao discurso dele. O artigo do Jabor* é inspirado por conversas contínuas que ele tem com o Serra, temas principais: eu sou teimoso e, por outro lado, timorato, ou seja, não tenho coragem de assumir decisões, tenho medo não de tomar não decisões, mas de mudar de rumo, qualquer coisa assim, de assumir responsabilidade, risco, na verdade. Respondi ao Jabor educadamente, mas com firmeza, dizendo que isso é um disparate.

E como o Serra veio com a questão de que o Tápias teria dito a ele que falta orientação minha, pulei da cadeira e realmente subi a serra, porque dou instruções detalhadas, "Olha, estou cansado disso, faço de conta que não estou por dentro, mas estou por dentro de tudo, no detalhe", o Pimenta e Aloysio concordando. Eu acompanho todos os processos, dou orientação, é muito fácil jogar nas costas do presidente da República os fracassos, e no caso do Tápias nem é fracasso. Mas em relação ao Serra, que quer decisões na área econômica, o que eu faço? Eu disse ao Serra, com clareza, que não concordo com coisas dele na área econômica, e também ao Tasso, que vive pensando em baixar juros. Eu disse: "Tasso, como? Você acha que é um decreto meu? Eu tenho a sensação de um voluntarismo tremendo, estamos fazendo um esforço enorme, mudamos o regime cambial, mudamos a tendência da taxa de juros, mudei agora a forma da privatização, o que mais vocês querem?".

É muito fácil falar de fora, o que falta realmente é solidariedade, e falta partido. Nisso todos concordam, pode haver até falha minha, e há, no sentido de eu não ter assumido mais aberta e demagogicamente as posições e afirmado que nós estamos com mudança de rumo. A população não me sente ao lado dela, aí o Serra tem razão. Mas foi boa a conversa, porque foi muito franca. O que não foi bom foi o Aécio ter vazado (o Pimenta dissera algumas coisas inconvenientes) nossa conversa de quarta-feira para a imprensa, de tal maneira que dava a sensação de que o PSDB tinha dobrado o PFL.

Fui à televisão na quinta-feira, tendo ao meu lado o Tourinho, para contar o que tinha acontecido, essa decisão [sobre Furnas] foi tomada no dia 9 de maio, portanto um mês antes de eu ter comunicado ao PSDB e ao Aécio, por causa da política mineira e da busca do presidente da Câmara. Nada fica em silêncio, por isso mesmo telefonei ontem ao Teotônio para reclamar. Teotônio concorda comigo e disse que lá no Norte saiu ruim também aquilo que é bom, ou seja, que eu estou providen-

---

* "Os melhores homens de Fernando Henrique apanham por ele", na *Folha* de 6 de junho.

ciando a obra do rio São Francisco, mas não pura e simplesmente a transposição de água.

Na sexta-feira, recebi um pessoal desse grupo El Paso,* de energia, todos com muito entusiasmo pelo Brasil. Recebi também o Petrônio Correia, Petrônio me ajuda muito, foi quem fez minha primeira campanha para o Senado, hoje é presidente de um conselho de normas para publicidade,** e ele sabe: "O senhor pode fazer o que quiser, baixar juros, aumentar emprego. Enquanto houver essas campanhas dos partidos na televisão, esses filmetes curtos, todos montados contra o senhor, não há nenhuma defesa, não há o que fazer". Ele tem razão.

Nesse mesmo sentido, na sexta-feira recebi o Duda Mendonça juntamente com o Andrea Matarazzo e o Vilmar. Duda vai na mesma linha, todos acham que está na hora de eu fazer um pouco mais de comunicação direta, minha, um estilo de valorização da minha ação. Tem razão também, vamos ver se dá para fazer. De fato, sou mais descuidado do que parece quanto ao chamado culto da personalidade.

Recebi à tarde o Marconi Perillo, governador de Goiás, que é um rapaz bom, claro. Ele quer um pouquinho mais de recursos, quer baixar o comprometimento da dívida dos estados para ter mais recursos, o que não dá para fazer. Agora, pode-se dar mais recursos e manter os juros sem mexer no contrato.

Houve um jantar aqui com uns dez oficiais generais, comandantes, chefes de Estado-Maior mais o ministro da Defesa, o Cardoso, o Zé Gregori. Foi um excelente jantar, expus a minha, digamos, doutrina da política externa do Brasil, o papel das Forças Armadas, insisti no reforço das fronteiras como colaboração para a questão do narcotráfico e contrabando. Minha opinião coincide com a deles: não tem sentido botar as Forças Armadas no combate direto, como se eles fossem policiais. Eles estão muito de acordo com a política externa que esbocei, acho que foi um bom encontro.

Hoje li no jornal, na entrevista que deu à Tânia Monteiro o general Gleuber coloca as coisas direitinho, fala lá, eu também sei, que eles têm certas reivindicações salariais, como sempre têm. Vamos ver como encaminhar, porque é justo.

No sábado, que foi ontem, passei a manhã conversando com Amaury Bier, porque o Pedro Malan está na Argentina e pediu que ele viesse falar comigo. As preocupações da área da Fazenda são com o atropelamento das decisões do Pedro Parente, sempre em meu nome. Eu sei que é o estilo do Pedro, ele faz para agilizar as coisas. Eu disse ao Bier que era essa a razão, ele sabe; se está havendo certa disputa entre Pedro Malan e Pedro Parente, é de estilo. Eu disse: "Olha, Bier, você pode ajudar muito com o Malan, porque nós vamos ter que adequar o nosso estilo ao

---

* O presidente recebeu uma comitiva chefiada por John Hushon, CEO do grupo. O El Paso foi adquirido em 2012 pelo Kinder Morgan.
** Conselho Executivo das Normas-Padrão (Cenp).

momento, e o momento exige mais atenção a programas que as populações citam como favoráveis a elas. Já arrochamos muito, não vou deixar de manter o equilíbrio fiscal, mas vamos precisar ter uma linguagem diferente; a questão do Malan hoje é de linguagem. Como disseram por aí, finalmente eu tinha ido para o social. Fiquei feliz, mas eu sempre fui para o social, teoricamente. Mas na prática nunca foi sentido assim.

Eu disse: "Necessitamos de uma linguagem de solidariedade para com a população, mais do que apenas de investimento, de crescimento. É chegado o momento para isso, vocês vão ter que entender, senão vamos perder a eleição mais adiante. O Bier me pareceu mais flexível, pedi que ajudasse lá no Ministério da Fazenda, disse que isso ajudará o governo a ter um entendimento entre os setores mais preocupados com esses programas que têm efeito, por exemplo o aqui chamado IDH-12, e as possibilidades financeiras, pois há possibilidades, é uma questão de dosagem.

Ruth chegou dos Estados Unidos, hoje almoçamos e passamos o dia aqui conversando e arrumando a casa, lendo documentos. Conversamos sobre o que nos preocupa na situação financeira de habitação, que não está equacionada, na situação da segurança pública também, porque a tensão já é grande entre Zé Gregori e o general [Cardoso], e por aí fomos. São os temas que vão ter que ser enfrentados nos próximos dias.

HOJE É DIA 13 DE JUNHO, TERÇA-FEIRA. Quando registrei essas palavras finais no domingo, não podia imaginar o que aconteceria no dia seguinte, segunda-feira, 12 de junho, aliás dia em que minha mãe* faria creio que 96, 97 anos.

Já vou lhes dizer. De manhã recebi o Fernando Bezerra para discutir a transposição do São Francisco e do rio do Sono no Tocantins. Depois recebi o Ney Figueiredo, que me trouxe umas pesquisas da CNI que mostram que o grau de satisfação dos usuários do serviço público é extremamente elevado, em contraponto àqueles que não são usuários e que criticam mais. Despachei com o advogado-geral da União e depois tive, no Palácio da Alvorada, um almoço com o Roberto Freire.

Roberto veio mostrar a necessidade de eu manter um diálogo mais vivo com a sociedade e com os partidos de oposição. Como já registrei aqui mais de uma vez, gosto do Roberto, ele tem firmeza e generosidade, e da nossa conversa resultou uma sugestão boa: deixar mais as oposições, junto com os partidos do governo, discutirem a política externa do Brasil. Vamos fazer essa reunião com os chefes de Estado da América do Sul, para mostrar a eles os rumos do país etc. etc. O Roberto acha que estamos isolando o PT e jogando nos braços do PT a violência que ocorreu nos últimos tempos e que isso não é bom para a democracia, porque o PT não está querendo isso. O Roberto é uma pessoa ponderada, o principal adversário dele

---

* Nayde Silva Cardoso.

hoje é o PT, é Lula, e não obstante ele está tendo uma posição de homem de visão política real.

Fui ao Palácio do Planalto, gravei no rádio o programa habitual, recebi o Salim Schahin, do grupo Schahin, que tem negócios na Petrobras, perfuração de poços etc. Veio se queixar que eles têm um projeto paralisado em função do que houve com a Marítima,* ele se considera injustiçado. Nesse momento, recebi a informação de que estava havendo, no Rio de Janeiro, um sequestro no Jardim Botânico.** Estava sendo televisionado, fui ver, terrível, me chocou enormemente aquela infindável negociação, telefonei ao Garotinho e disse a ele: "Por que não dão um tiro nesse homem, por que não jogam gás? Ele vai matar essa moça". Eles tinham acabado de dar um tiro, tive a sensação de que tinham matado a moça, o Garotinho disse que não, que a moça não tinha morrido, que eu precisava ter cabeça fria, que eles estavam controlando tudo. Agradeci e disse que estava às ordens, e nada mais houve.

Mal sabia eu que no fim do dia viria a notícia fatal de que na hora de tirar o homem do ônibus ele saiu agarrado à moça, foi atacado por um policial que errou o tiro, não o matou, e ele, o homem, matou a moça. Enfim, uma tragédia que me deixou extremamente abalado como raramente fiquei nesse tempo todo que estou na Presidência. Foram cenas de uma violência inacreditável, e a impotência que se sente... Sei que não posso fazer muito, que a segurança compete à polícia dos estados, eu sei disso, mesmo assim temos que atuar.

À noite ainda tive o jantar de despedida do Valter Pecly,*** veio muita gente, mas eu estava completamente sem ânimo, porque o dia tinha sido duro para mim, com essa tragédia toda.

Fui ao Rio de Janeiro hoje de manhã para fazer uma palestra no Congresso Mundial de Jornais do Fórum Mundial de Editores.**** Falei como habitualmente, houve perguntas e voltei ao tema. Ontem mesmo eu tinha ido à televisão***** para externar não só minha consternação como também minha indignação com o que está acontecendo. Hoje fiz uma exposição detalhando o que pode e o que não pode ser feito [na área de segurança].

---

* A Marítima Engenharia contestava judicialmente o cancelamento de uma licitação da Petrobras para a aquisição de plataformas marítimas.
** Um assaltante manteve onze passageiros como reféns durante cinco horas dentro de um ônibus da linha 174 (Central-Gávea) estacionado na rua Jardim Botânico, zona sul do Rio. A ação terminou com a morte da última refém, Geísa Gonçalves, grávida de dois meses, baleada pelo criminoso e por um policial do Bope fluminense. O sequestrador, Sandro Nascimento, morreu estrangulado na viatura da PM que o transportava ao hospital.
*** Novo embaixador brasileiro na OEA, em Washington.
**** Eventos conjuntos inaugurados no Hotel Intercontinental, em São Conrado.
***** Pronunciamento em cadeia de rádio e TV.

Volto aqui para o Alvorada — estou neste momento esperando o Pimenta da Veiga e, mais tarde, o Marco Maciel —, quando vejo o Antônio Carlos fazendo de novo exploração política. Ele tinha dito ontem que ia evitar fazer exploração política do acontecimento [sequestro do Ônibus 174], está lá o Antônio Carlos a cobrar ação do governo federal, como se fôssemos nós os responsáveis, criticando o Zé Gregori... Enfim, passou de todos os limites. Vou dizer ao Marco Maciel que se prepare, porque não vou aguentar mais o Antônio Carlos. À noite pretendo voltar ao tema da segurança com o general Cardoso, Zé Gregori e o Pedro Parente.

HOJE É QUINTA-FEIRA, DIA 15 DE JUNHO, aí no Brasil deve ser entre nove e onze horas da noite, aqui são oito e meia, estou em Cartagena, na Colômbia,* e já conto o que aconteceu hoje.

No dia 13, terça-feira, recebi o Pimenta para discutir as novas tecnologias de comunicação, a questão das bandas, competição entre as empresas. Depois o Marco Maciel, reclamei da atitude do Antônio Carlos, Marcos se solidariza, mas fica todo mundo sem saber como lidar com personagem tão extravagante. Também conversei com o Marco sobre a Transnordestina e outros assuntos de interesses do Nordeste, do Marco, que é uma pessoa sempre discreta.

Recebi o Pedro Parente, despachei até tarde e resolvi cancelar a reunião sobre segurança à noite, porque eu estava muito cansado, tinha ido ao Rio, e essas coisas todas vão ampliando o cansaço. A essa altura eu já sabia que, além de toda a tragédia a que assistimos pela televisão, o assassinato da moça e tal, o rapaz que matou a moça tinha sido morto pelos policiais no camburão, a caminho do hospital Souza Aguiar; quer dizer, eles praticaram um assassinato. À tarde, quando voltei do Rio, vi na televisão os depoimentos, vi o coronel comandante do Bope,** que tem um tique nervoso, dizer que é complexo julgar tudo, mas que evidentemente é inaceitável o assassinato praticado por policiais militares como vingança. Além do mais, fui informado pelo Zé Gregori que o rapaz que foi assassinado, o que matou a moça, estava drogado e era sobrevivente da chacina da Candelária.*** Veja quanta tragédia junta e sumarizada no Rio.

No dia seguinte, ontem, de manhã tive a reunião com Zé Gregori, o general Cardoso, Pedro Parente e Aloysio, para definir as questões e medidas na área de segurança. A tensão é muito grande, porque há uma confusão no Ministério da

* O presidente viajou à cidade caribenha para a XIV Reunião de Chefes de Estado e de Governo do Grupo do Rio.
** José Penteado.
*** Na noite de 23 de julho de 1993, um esquadrão da morte formado por PMs atirou contra um grupo de moradores de rua que dormia diante da igreja da Candelária, no centro do Rio de Janeiro. Oito pessoas morreram, seis das quais menores de idade.

Justiça, ele é um saco de gatos, e estamos precisando de alguém que assuma a questão da segurança. O Zé Gregori diz que ele poderia assumir em *plenum*, em cooperação com outros ministros, mas que não teria o *physique du rôle* para ser o homem da segurança. Eu disse: "*Physique* você tem; você não tem é *esprit*". Isso é uma coisa complicada, porque a biografia do Zé Gregori foi montada sobre o outro lado, o dos direitos humanos, então ele está na dúvida entre ficar no Ministério da Justiça, que é um ministério que teria que se encarregar da segurança, e ficar num ministério da cidadania. Não é fácil a decisão para ele nem para ninguém, mas alguma decisão vamos ter que tomar. Precisamos focar mais na segurança e ter um responsável, uma cara do governo federal, que dialogue com os governadores, com os secretários de segurança sobre essa matéria. Discutimos também os gastos com segurança etc. Resultado: o Zé Gregori já deu uma declaração dizendo qual era o montante de gastos,* coisa que não agradou a ninguém nem a mim, porque não estava nada decidido.

Almocei com o Gerdau para discutir a reforma tributária: Gerdau, Michel Temer, Malan etc. Encaminhamos a reforma, é uma coisa pesada.** Em seguida fui discutir problemas de distribuição de terras para os assentados,*** uma cerimônia desnecessária, porque já fiz isso algumas vezes. Raul Jungmann fez um discurso grande, eu fiz um mais curto e passei o dia, até nove e meia da noite, despachando sem parar, problemas normais de governo, da administração, sem que houvesse tempo para refletir sobre questões mais complexas, como a CPLP, para onde tenho que nomear alguém. Parece que o Paulo Delgado, deputado do PT,**** sai do PT se for nomeado para lá, não sei se é certo, mas é a opinião do Arthur Virgílio. O Paulo Sérgio Pinheiro voltou a aceitar, parece, era a pessoa que eu queria no início, queria que ele fosse nomeado secretário nacional de Direitos Humanos. Agora com o problema da divisão do ministério, volta à baila o nome do Paulo Sérgio e, além disso, tem a Dulce Pereira***** [para a CPLP]. Temos que resolver essa embrulhada.

Fiquei até tarde no Palácio do Planalto, depois fui para a casa do Heráclito Fortes, onde houve um jantar do PFL. Ambiente ótimo, todo mundo alegre, nenhuma chateação, vinhos bons que o Heráclito serviu, estavam lá Antônio Carlos, Marco Maciel, Jorge Bornhausen, Inocêncio, Hugo Napoleão, enfim, os líderes do PFL e

---

* O ministro da Justiça anunciou gastos de até R$ 700 milhões em ações como reciclagem de agentes e reaparelhamento das polícias estaduais, construção de presídios, contratação de policiais federais e reestruturação da Polícia Rodoviária Federal.

** Após o impasse provocado pela aprovação do relatório de Mussa Demes, o texto da PEC 175/95 acabou não sendo colocado em votação no plenário da Câmara. Foi arquivado em 2003.

*** Solenidade de entrega de títulos de propriedade rural e assinatura de atos relativos à reforma agrária.

**** Por Minas Gerais.

***** Antropóloga, presidente da Fundação Cultural Palmares do Ministério da Cultura.

uma enorme quantidade de deputados e deputadas, pensei que seria difícil, porque sempre há muita fofoca, mas não houve. Fui para casa tarde e hoje de manhã levantei, fiz a mala, separei a roupa para a Dalina pôr na mala, e vim aqui para Cartagena. Ruth foi ao Rio, acabei de falar por telefone com ela e com Pedrinho, meu neto, que está muito chateado, porque amanhã é o aniversário dele e eu não vou estar no Rio. Ele veio reclamar comigo, gozado o jeitão dele.

No avião conversei com Lampreia sobre a questão entre o Equador e o Peru, situação que é sempre séria. Repassamos a Colômbia, a Venezuela, passei em revista as relações exteriores em geral. Cheguei aqui em Cartagena e já estive com vários presidentes. Conversamos eu e o Zedillo com Fujimori, demos uma palavra de alerta a ele sobre a necessidade de ele encaminhar o processamento democrático logo, senão haverá confusão.

Conversei com o Banzer, já tinha alertado o Lampreia sobre isto, a Bolívia quer fazer geração de energia do lado de Puerto Suárez para ser utilizada na exploração mineral em Mutún,* e há a ideia de fazer uma usina a gás na Bolívia, ao lado de Mato Grosso do Sul, mas a Bolívia está ficando preocupada, porque há muitos interesses lá e ela está ganhando muito pouco em seu desenvolvimento interno. É um assunto delicado, e o Banzer tem sido muito firme na manutenção dos compromissos conosco. Recebi também o presidente da Guatemala, que disse ter assistido a aulas minhas no México há alguns anos, na década de 1970; ele se chama [Alfonso] Portillo. Falei com vários presidentes, ouvi discursos e agora estou descansando para me preparar para um jantar.

HOJE É SÁBADO, DIA 17 DE JUNHO, estou de volta a Brasília, são três da tarde. Na quinta-feira, tivemos o jantar numa fortaleza bonita em Cartagena,** foi divertido, até me tiraram para dançar, tenho horror a isso, fingi que dancei um minuto, voltei para a mesa, mas foi tudo muito alegre. No dia seguinte houve a reunião, falei sobre democracia por causa da questão do Peru, e, como sempre, o Chávez insistiu na democracia participativa, ele atacou a representativa, que ainda não houve na Venezuela. Na hora do almoço, o presidente do Equador, Noboa, me disse que a corrupção acuou o Equador, entretanto estão confundindo alhos com bugalhos, pensam que a democracia representativa é que está causando esse mal-estar. Está convencido de que a causa do mal-estar é a corrupção, além, naturalmente, dos problemas sociais, da pobreza e tudo mais. O Chávez, na verdade, é etéreo, uma pessoa que me parece bem-intencionada, um pouco afoito no modo de colocar as coisas, mas ele diz coisas que são verdadeiras e que irritam os mais formalistas.

---

* Cerro Mutún, uma das maiores reservas mundiais de minério de ferro. No lado brasileiro, em Corumbá (MS), a formação se denomina morro do Urucum.
** Castillo San Felipe de Barajas.

Claro que recebi apoio do Zedillo, do presidente do Uruguai, da Argentina, do presidente da Guatemala, e por aí foi. Ninguém é contra o que eu disse, até porque eu disse também que é preciso evitar que haja uma quebra de soberania. Depois me irritei um pouco com o tom demagógico das discussões, fiz uma nova intervenção, mostrando que não adianta pensar que as questões sociais se resolvem por milagre e que o Brasil mostra claramente que só se reduz a pobreza quando se controla a inflação e quando há uma economia estabilizada. Que não basta continuar um programa de redução da pobreza, mas que há muitos programas sociais em marcha e que as coisas da América Latina estão melhorando e não piorando. Isso foi apoiado por vários deles, também pelo Iglesias, que, aliás, fez uma exposição brilhante sobre a questão internacional e quais são os problemas da globalização e da América Latina tanto no que diz respeito ao fluxo de capital como na questão do comércio, ponto, aliás, enfatizado também pelo Batlle, presidente do Uruguai.

Não se resolve a questão financeira sem haver comércio, portanto desenvolvimento e investimento, mais as barreiras tarifárias e não tarifárias. Enfim, a conversa de sempre. Tem que haver disposição na América Latina dos que podem participar mais ativamente das medidas de transformação propostas pelas agências internacionais. São transformações lentas porque, disse o Iglesias, e ele tem razão, a crise de 1929 produziu um sacolejo grande, veio a guerra, depois Bretton Woods, mas hoje não há crise; ao contrário, a economia europeia está flamejante, a do Japão começa a se recuperar e a americana continua forte, apesar dos tremeliques. Então, não há nada que mova os donos do mundo de sua disposição, e até mesmo de exageros, como no caso dos relatórios feitos pelo Congresso americano, em nome de evitar o chamado *moral hazard*, dano moral, risco moral, de simplesmente evitar que haja socorro aos países com problemas de liquidez. Iglesias insistindo muito que é preciso não esquecer a questão da liquidez, dos fundos de contingência, assim por diante. Enfim, foi essa a discussão. O resto, o habitual, fóruns cada vez mais reiterativos e de pouco efeito prático e até mesmo simbólico.

Depois fomos almoçar na ilha onde o presidente da Colômbia tem uma casa muito bonita,* eu já tinha estado lá no tempo do [Ernesto] Samper.** Lá pude conversar rapidamente com o Chávez, para acertar os passos da congruência entre o Pacto Andino e o Mercosul, o qual vou presidir agora.*** Depois falei mais diretamente com o Fujimori num canto, conversamos em profundidade. Ele estava conversando com Batlle, do Uruguai, mais tarde chegou o Lampreia, eu disse a ele o ób-

---

* Casa de los Huéspedes Ilustres, residência oficial dos convidados da Presidência colombiana. O palácio foi construído sobre as ruínas do forte de Suan Juan de Manzanillo, na ilha Manzanillo (baía de Cartagena).

** Ex-presidente da Colômbia (1994-8).

*** O Brasil exerceu a presidência rotativa do Mercosul entre julho de 2000 e janeiro de 2001. Fernando Henrique já presidira o órgão em 1996-7 e 1998-9.

vio, que ele ia ter problemas, o Batlle já havia mencionado um ponto importante, o que ele tinha feito com a televisão, tomou, fechou, sei lá o quê,* Fujimori considera isso a principal causa da polêmica em cima dele, então esse foi um ponto. Outro é a questão dos juízes, desses juízes que não têm estabilidade,** que julgam assuntos muito controvertidos, eu disse que achava que ele devia resolver isso. Outro ponto é o processo eleitoral, sugeri que devia haver regras mais definidas, e tal, ele mencionou também a lei partidária. "Pois é", eu disse, "Se você não fizer isso vai ser muito difícil". Mas ele é esperto, já está começando a se mexer nessa direção.

Perguntou a mim se o Clinton tinha dito qualquer coisa sobre ele, o Clinton não tinha me dito nada: "Falamos em termos genéricos sobre a América do Sul, mas ele não falou de você nem do Peru especificamente, nem comigo nem em público em Berlim". Ele sabe que o Clinton me conhece e sabe que não sou de dar recados, que o que eu digo sou eu quem pensa. Ele agradeceu ao Brasil, disse que o Brasil segurou junto com o México a posição mais nervosa dos americanos e dos argentinos, e hoje mesmo está aí o Toledo dando entrevistas no *Globo* e dizendo que o mundo se decepcionou comigo porque eu não ajudei a defenestrar o Fujimori.

Noboa insistiu comigo que o Equador precisa do CCR,*** um mecanismo de garantia de compensação de pagamentos entre os bancos centrais, para poder permitir a continuidade dos investimentos de empresas brasileiras no Equador. Noboa fez um apelo grande, disse que a situação no Equador é patética, que ele está se jogando a fundo para melhorá-la, falou da corrupção... Quando perguntei sobre o Mahuad, de quem eu gosto e ele também, ele disse que acha que o Mahuad não, mas que o irmão do Mahuad**** estaria envolvido. Enfim, é difícil saber. Mas tive uma melhor impressão do Noboa.

Fui de helicóptero até a base, para chegar de madrugada aqui a Brasília e não prolongar minha estada. Soube no avião que, na minha ausência, tinha havido aparentemente um atentado a um caminhão da Marinha em Cartagena, o que provocou a saída apressada dos presidentes. Não sei se é verdade. Lá tive a sensação de estar numa cidade sitiada, tanta tropa e tanta segurança havia em volta de todos nós.

Voltei para Brasília hoje, passei a manhã cortando cabelo, essas coisas, a Ruth chega mais tarde, amanhã é meu aniversário, não farei nada, jamais gostei de comemorar aniversário, até porque é também a data da morte da minha avó, que foi

---

* O governo peruano fechara um canal opositor em 1997 e comprara outra emissora para fazer publicidade oficial.

** A Suprema Corte peruana teve seus membros substituídos por Fujimori depois de eles emitirem parecer contrário à segunda reeleição.

*** Convênio de Pagamentos e Créditos Recíprocos, criado em 1982 no âmbito da Aladi para estimular o comércio entre os países-membros da organização.

**** Eduardo Mahuad, ex-tesoureiro da campanha presidencial do irmão, foi acusado de chefiar um esquema de caixa dois.

uma pessoa muito ligada a mim — está tudo muito remoto na minha memória e na minha alma. De qualquer maneira, não gosto de festa de aniversário, jamais gostei. Assim, espero poder passar aqui mais tranquilo e quase despercebido, mas claro que vão tentar telefonar.

Interessante, o presidente de El Salvador, Francisco [Flores Pérez], uma pessoa que ganhou as eleições surpreendentemente,* disse algo que faz sentido: "Consegui falar com o povo nas viagens ao interior, porque a mídia não deixa que o povo perceba o que fazemos, quer sempre que ele acredite que estamos fazendo o que a mídia acha importante, aqueles debates infinitos sobre os temas pautáveis para ela". Ele tem razão, isso também se aplica aqui a nós no Brasil; temos que achar um modo de falar com a população, furando a reiterativa obsessão da mídia pelos chamados "fatos políticos". Ela coloca em pauta o que ela chama de política e não permite que se fale dos assuntos realmente importantes para a população.

Agora são quase cinco da tarde, passei a tarde lendo um livro chamado *Napoleon and His Marshals*, de um tal A. G. Macdonnell,** presente do Ney Figueiredo, um livro divertido sobre os marechais do Napoleão e, no fundo, sobre a tragédia do poder. Napoleão nomeou marechais seus companheiros de lutas, homens que não pertenciam às grandes famílias da nobreza, alguns deles grandes marechais, quase nenhum escapou da tragédia do poder. Tornaram-se duques, príncipes, até reis que mataram, se odiaram, foram julgados, condenados, fuzilados, as grandezas sumiram, depois voltaram, a história é realmente bastante dura, cruel. Por que digo isso? Porque estou vindo da Colômbia e estava pensando: meu Deus, o que faz alguém querer ser presidente da Colômbia?

Minha conversa com o Batlle, ele próprio presidente do Uruguai, filho e neto de presidentes, um homem de espírito às vezes um pouco desconcertante, quase desajeitado, ao mesmo tempo com uma postura irônica que não chega a ser agressiva, e muito portenha. Ele me disse: "Você sabe o que é um *cheto*?". Eu não sabia. É um lunfardo portenho, alguém que pertence à alta classe argentina e que, entretanto, não é ilustrado, não é da alta burguesia narrada por Borges. São os novos-ricos, pessoas sem cultura, que não sabem quase nada, que flutuam, que acham o mundo cor-de-rosa, com uma *nonchalance* que não vem, digamos, da saturação das coisas boas da vida, e até da cultura, mas da inapetência. Ele me disse: "Pastrana é um *cheto*". Curioso, é uma apreciação que pode parecer grosseira, mas que talvez tenha algo de verdade.

---

* Em 1999, aos 38 anos, Pérez se tornou o mais jovem presidente salvadorenho ao derrotar por ampla margem o candidato da Frente Farabundo Martí para la Liberación Nacional (FMLN), Facundo Guardado.

** Originalmente publicado em 1934.

A Colômbia é uma tragédia. Como eu disse, parece que explodiram um caminhão perto de onde estávamos, eu não soube de nada. O país quase não existe mais como comunidade, o Estado é fragmentando, o território também e a nação é sofrida, dilacerada. Muito difícil.

Quando a gente volta para o Brasil, vê Brasília, não sei se é virtude ou carma, mas ela é uma cidade em que a vida se interrompe. Na quinta-feira à noite, sexta-feira no máximo, a cidade para, e só na segunda depois do almoço volta a viver. Toda semana ela para. O ritmo febril do poder e da fofoca tem um interregno que é preenchido pelos jornais, que dão uma continuidade incrível ao tempo. Basta não lê-los que o tempo político para. É uma cidade curiosa, *stop and go*, o que por um lado é terrível, porque dá a ilusão de que a gente pode repor energias, quando na verdade o dia a dia no país não é assim. Ele não para, nada para, nem para o bem nem para o mal — muito menos para o mal.

Brasília é uma cidade que tem algo de ilusório, há uma calma simbolizada pelo passo das emas, pelo silêncio do palácio que tanto impressionou o Roberto Pompeu. Brasília tem isso, talvez agora que estou sozinho — Ruth está no Rio para o aniversário do Pedrinho —, eu perceba melhor. Existem esses momentos de longa calma, de tranquilidade, a impressão é como se estivéssemos à beira do *lac* Léman* e fôssemos milionários vivendo aqui. Mas não é nada disso. Bem pertinho daqui está a violência, estão as dificuldades, o desemprego, o mal-estar, o mau humor. Entretanto, pelo menos no palácio, fica-se numa espécie de *sursis*, ou de pique, como havia na brincadeira de corre-corre de antigamente.

Dito isso, me lembrei das incontinências verbais violentas do Garotinho, esse rapaz não tem jeito, tem feito declarações desencontradas. Agora diz que eu queria mandar que entrassem no ônibus onde a moça estava sendo mantida refém, para matarem [o sequestrador]. Eu não disse isso, eu disse a ele, até registrei aqui: "Por que não dão um tiro nesse homem, por que não jogam gás? Ele vai matar essa moça". Ele respondeu: "Não, o senhor sabe, nós estamos controlando para a moça não morrer". "É você quem manda aí", eu disse. Obviamente eu não iria mandar na polícia, muito menos num assalto. Ele conta isso para se safar, vai dizendo coisas irresponsáveis. Está mal porque o Brizola está nos calcanhares dele.

Diga-se de passagem, o Miro Teixeira me ligou para dizer que ia acompanhar o Brizola, com um certo desalento, eu não sei até que ponto irá, porque ao mesmo tempo sei que ele tem uma ligação afetiva comigo.

O Roberto Freire pediu que eu restabelecesse ligações com a oposição, até me entusiasmei, já vi nos jornais que o Aloysio foi dizer ao PT que podia vir discutir a reforma tributária, e não sei se foi o presidente do PT, o José Dirceu, ou o ainda mais leviano Aloizio Mercadante, que saiu com pancadaria, dizendo que não, que o Congresso não pode ser submisso, que tem que decidir sozinho. Imagina se o Con-

---

* Ou lago de Genebra, na fronteira franco-suíça.

gresso decidir sozinho sobre a reforma tributária sem ouvir o lado fundamental, que é o Executivo, que recolhe impostos e tem obrigação de fazer as coisas. É uma insolência infantil, primitiva, desse pessoal do PT, que não tem condições de governar o Brasil. Aliás, parece que romperam com o Itamar em Minas por causa da greve de funcionários. Eles não fazem aliança mesmo, e falta densidade cívica para saber distinguir entre interesse partidário e interesse público.

Como eles têm essa ilusão, essa inspiração marxista, neles o interesse partidário é como se fosse o interesse fundido do proletário, do povo, com eles. Então eles têm esse lado autoritário, essa arrogância, que atribuem a mim, mas que é própria deles. Qualquer convite, qualquer coisa que implique um diálogo, primeiro, eles têm que recusar abertamente, para ficar bem com o pequeno público deles, com as pessoas que eles pensam que dão o tom moral da história. Eu sempre tive muita desconfiança de quem vive falando de moral, desde aqueles que são estilo Ciro Gomes, que é falso, hipócrita, que é a falsa moral, até esses do tipo da moral histórica, como José Dirceu, José Genoino. Isso tudo dá em águas de barrela.

Outro tema que eu queria comentar é o da reforma tributária. Vi agora na GloboNews o Horácio Piva falando sobre a reforma tributária, mudando um pouco o tom, porque ele foi algo agressivo da última vez que esteve comigo, disse que eu queria botar goela abaixo a reforma. Agora está dizendo que não, que o governo está empenhado em fazer alguma coisa, e é verdade. É preciso atenção, porque existe uma grande onda de empresários a favor da reforma tributária, mas ninguém está tomando em consideração o outro lado: nós precisamos de recursos para a educação, para a saúde, e tenho receio. Eu não paralisei a reforma nunca, mas é preciso verificar, lápis na mão, quais são os efeitos dela, porque vamos aceitar o princípio de descontar nos impostos em cascata, imposto contra imposto, e não base [de cálculo] contra base,* ou seja, o que os empresários querem. Mas quanto custa isso? Ouvi o Piva dizer: ah, bom, o governo vai ter que aumentar os impostos, também o Gerdau disse isso, e na hora de aumentar quem vai estar de acordo? Vão aumentar os impostos que não sejam os que pesam na produção, mas cairão em cima de quem? Do povo? Essa é a questão.

HOJE É TERÇA-FEIRA, DIA 20 DE JUNHO. Ontem foi um dia agitado, de manhã tive uma bela conversa com o Pimenta e com o Guerreiro sobre a decisão que a Anatel iria tomar quanto à chamada terceira geração de celulares, sobre que faixa de onda utilizaríamos, se seria a de 1,8 GHz ou a de 1,9 GHz, coisas assim. A decisão foi que seria de 1,8 GHz.** As empresas europeias são as que produzem equipa-

---

* O governo aceitara alterar o texto da reforma tributária para mitigar a incidência cumulativa ou "em cascata" de tributos e contribuições sociais cobrados do setor produtivo.
** A Anatel determinou que a faixa de frequências 1,71-1,88 GHz fosse reservada à telefonia 2G e

mentos para esse tipo de faixa de onda [3G], e não as americanas. Isso deixa o Brasil sozinho em todas as Américas com esse tipo de onda, entretanto tem a vantagem de que a fabricação de componentes provavelmente virá para cá. É uma decisão estratégica, difícil. O Guerreiro pensava o contrário disso, mas quatro conselheiros da Anatel acharam melhor assim, e também o pessoal do MDIC, baseado em um estudo sobre o impacto da decisão no Brasil, que favorece essa solução. Imagina o que significa isso em termos de decisões empresariais.

Conversei também sobre a Tele Centro Sul,* um rolo danado entre espanhóis e italianos, os italianos de cá contra os italianos da Itália.** Há um rolo infinito, uma decisão que não é nossa, que é meramente empresarial, mas todo mundo pensa que o governo pode influenciar; o governo não quer influenciar, seria indevido, mas também é uma decisão pesada. Decidimos que devemos conversar com os presidentes dos países europeus mais interessados na questão da faixa de onda, para informá-los da nossa decisão, que tem importância política muito grande.

Depois começamos a discutir o que faríamos com o Ministério de Justiça. Devo ter dito aqui que domingo à noite, dia 18, dia do meu aniversário, tive uma longa conversa com Zé Gregori, longa e franca. Eu disse: "Olha, Zé, nosso problema político agora é segurança, eu sempre quis evitar entrar diretamente nisso, porque o governo federal não tem instrumentos de controle da segurança pública, mas há as drogas, contrabando de armas etc. Chegou a um ponto tal que não dá para evitar, só que agora eu preciso ter uma pessoa que seja, como o Raul Jungmann é a cara da reforma agrária, a cara da segurança, tenho que ter alguém que assuma esse papel. Você pode, acho que talvez você não tenha o *esprit du rôle*, mas tem o *physique du rôle*, tem espírito cênico. Entretanto é uma posição delicada, porque você vai ficar sob a mira. Até hoje você foi o homem dos direitos humanos, todo mundo aplaude, de agora em diante será luta contra a violência, e luta contra violência às vezes implica repressão, e a imprensa não aplaude, nem os seus amigos. Você pensa e decide".

Insisti muito que era preciso esvaziar o Ministério da Justiça dos penduricalhos que não têm nada a ver com o foco principal na segurança. Ele relutou um pouco e quer mesmo ficar com a Secretaria Nacional de Direitos Humanos, com o

---

que os futuros celulares 3G seriam conectados à faixa 1,89-2,17 GHz. O padrão tecnológico adotado foi o GSM, europeu.

* Ou Brasil Telecom, empresa de telefonia fixa das regiões Sul e Centro-Oeste, Tocantins, Acre e Rondônia, administrada pelo grupo Opportunity, pelos fundos de pensão Previ, Petros e Funcef, e pela Telecom Italia.

** O Opportunity e a Telecom Italia se engalfinhavam numa disputa societária sobre a aquisição da CRT (Companhia Rio-Grandense de Telecomunicações), controlada por um consórcio de empresas espanholas, inclusive a Telefónica, e sobre o pagamento das parcelas devidas ao governo pela compra da Tele Centro Sul no leilão da Telebrás, em 1998.

que eu concordo; disse que não se trata mesmo de repressão, mas de luta contra a violência.

Isso foi domingo à noite. Ontem, segunda-feira, depois de eu ter ido a uma cerimônia da Semana Nacional Antidrogas com o general Cardoso e com o Zé Gregori, fui discutir o plano de segurança, passei a tarde inteira nesse debate quase infindável. Pedro Parente mais radical, ele prefere criar um ministério extraordinário de segurança pública, quer entregar a alguém que não o Zé Gregori, mas fomos caminhando para a direção oposta, ou seja, esvaziar o Ministério da Justiça das funções que não sejam diretamente pertinentes à segurança e correlatos — essa foi a decisão. No fim do dia uma discussão muito pesada, porque tudo vaza, vai para imprensa, uma coisa penosa da gente ver. O estrelismo e também a infiltração dos muitos assessores de imprensa levam a uma confusão grande.

Hoje, terça-feira, acordei com a pressão arterial alta, dormi muito mal, porque estou tenso com essas questões todas. Nadei um pouco e já me reuni com o Jorge Bornhausen para discutir a reforma política e o encaminhamento das questões da sucessão presidencial. Mais tarde recebi meu primo Carlos Joaquim Inácio [Cardoso], na verdade representando grupos interessados na questão da Tele Centro Sul. Eu disse a ele o que digo a todo mundo: não intervenho. Se não houver acordo entre as empresas, a Anatel vai intervir; o governo não intervém no acordo entre as empresas.

Depois vim de novo discutir o texto que eu vou falar sobre segurança. Já me aborreci, porque o Covas está me criticando na *Folha*, eu sei que eles pinçam aqui e ali, mas estou cansado de críticas, e logo do Covas, sobre segurança. Também a Ana está sofrendo muita pressão, anda muito irritadiça, cada assunto vira um drama de briga e qualquer palavra que peço que dê vira uma discussão infindável.

Passada a reunião sobre segurança, tive outra, com a área econômica. O Pedro Malan me mandou um ofício mostrando os dados fiscais, o Amaury Bier falou do equilíbrio fiscal de novo, enfim, nova edição do debate, porque eles pensam que vamos jogar o equilíbrio fiscal no espaço, e, quando vejo os dados, o equilíbrio fiscal vai razoavelmente bem. Eles têm medo de que a gente comece a gastar com segurança, mas, meu Deus, se ainda houver uma situação política que obrigue a algumas atitudes concretas vamos jogar fora a criança com a água do banho?

20 DE JUNHO A 11 DE JULHO DE 2000

Discussão da reforma tributária. Visita à Argentina. Escândalo das obras do TRT. Visita do rei da Espanha

Hoje é quinta-feira, dia 22 de junho, dia de Corpus Christi, portanto feriado. Na terça-feira, fiz a exposição sobre polícia e segurança.* Zé Gregori deu uma longa entrevista acolitado pelo Pedro Parente, que eu vi à noite nos telejornais. Recebi o Sarney Filho para discutir as questões do meio ambiente, ele tem reivindicações do Ibama, sempre as mesmas coisas, os funcionários querem uma carreira, e têm sua razão. Depois recebi o Martus Tavares e o Padilha, gozei um pouco o Martus pelo modo como eles estavam olhando os gastos com segurança** e com o chamado IDH-12, ou seja, um programa para atender os mais pobres. Gosto bastante do Martus, e infelizmente a brincadeira que fiz com ele saiu no jornal no dia seguinte. Como só estávamos eu, o Martus, o Padilha e o Pedro Parente, certamente algum assessor botou no jornal, foi desagradável.

No dia seguinte, ontem, uma manhã atribulada, porque recebi incessantemente deputados para discutir a reforma tributária: Aécio, Geddel, Inocêncio, Odelmo [Leão], Roberto Jefferson, e sentaram-se ao meu lado o Malan, o Madeira e o Aloysio. Na verdade era o Malan quem levantava as questões, os deputados vieram sucessivamente, mas se encontraram uns com os outros. Eles estão de acordo com nossos pontos de vista, temos que fazer a reforma tributária, vamos pegar as partes fáceis — fáceis, não; possíveis de serem aprovadas. Os líderes devem assumir o controle do assunto e vamos aprovar. Significa que parte do grupo empresarial, sobretudo o pessoal do Gerdau, não vai gostar. Eles estão muito insistentes em não aceitar que haja o que se chama de "imposto de base contra base"; eles querem "imposto contra imposto". Isso é um jargão técnico para dizer no fundo o seguinte: nós não podemos aceitar que as empresas, quando lucram no financeiro, não paguem imposto. No método imposto contra imposto, essa parte não entra nos descontos que se fazem dos impostos já pagos.

Esse é o miolo da questão, portanto assunto de forte interesse e que, eventualmente, quem sabe — não sei julgar se eles têm razão —, pode onerar demais a produção. Por outro lado, aceitar esse sistema porque isso iria criar um caos trazendo queda de ingresso para o setor público, porque os impostos diminuiriam muito ou então nós teríamos que adotar muitas alíquotas. Além do mais, quando se diz base contra base, significa que o governo federal teria que cobrar uma espécie de IVA, na

---

* Cerimônia de lançamento do Plano Nacional de Segurança Pública.
** Tavares criticara publicamente as despesas adicionais previstas pelo Plano Nacional de Segurança Pública: "Não há dinheiro. Estamos procurando de onde vai sair".

mesma base a ser tributada pelos governos estaduais. Ou seja, assim como hoje o ICMS é pago quando se compra mercadoria, nesse imposto sobre valor agregado o produto iria para os estados. No caso de aceitarmos a tese proposta pelo Gerdau, teríamos que ter também um imposto específico para compensar a não cumulatividade das contribuições sociais, e disputaríamos com os estados a mesma base a ser tributada, não um fato a ser tributado, não um processo tributário; o imposto incidiria sobre o mesmo tipo de operação, o que ficaria muito difícil. Os governadores não vão querer; além do mais, teríamos que aumentar a alíquota para o consumidor, que é quem vai ter que pagar tudo isso. Enquanto nas contribuições em cascata, como se diz, paga-se mais de uma vez, é imposto em cima de imposto, o que implicaria onerar demais a produção.

O modo de resolver essa questão, tal como estamos propondo, é o seguinte: no prazo de cinco anos vamos reduzir drasticamente este mecanismo de base sobre base e aumentar crescentemente os impostos sobre impostos. De que maneira? Por exemplo, no caso de combustível, faremos a cobrança monofasicamente, ou seja, cobra-se imposto na boca da refinaria, e mais nada. O imposto de importação pode ser cobrado assim também, imposto de petróleo, e assim vai, ou seja: é possível reduzir drasticamente a questão do imposto sobre imposto sem criar um caos na arrecadação da União. Mas isso, que é fácil de dizer, é difícil de os empresários aceitarem; haverá, portanto, uma batalha dura, e eu não sei qual vai ser o resultado.

Depois do almoço, fui a uma cerimônia do Comunidade Ativa* e aproveitei para recordar o que disse no BNDES, ou seja, que a pobreza no Brasil só foi reduzida consideravelmente nos últimos vinte anos em dois momentos: com o Plano Cruzado e com o Plano Real; o Plano Cruzado durou um ano, o Plano Real já está durando cinco anos, nos dois reduzimos drasticamente a pobreza. No Plano Cruzado, reduzimos de 50% de pobres que o Brasil ainda tinha para 31%, conforme a definição da linha de pobreza. Com o Plano Real, baixamos para 30% os 40% que voltaram a crescer com o fim do Cruzado, e mantemos esse nível hoje. Isso significa que a estabilidade da moeda é fundamental para reduzir a pobreza, mas não significa que resolva a pobreza. É preciso continuar agindo. Como? Através de dois pontos: focalizando os problemas de combate à pobreza, daí o Comunidade Ativa e outros programas mais, e retomando o crescimento, aumentando a produtividade e a renda. Essa é, digamos assim, a receita para acabar com a miséria. Difícil. Reduzir a pobreza leva tempo, muito tempo, mas é a única receita viável; o resto é magia.

Depois disso recebi Ari de Carvalho, diretor do jornal *O Dia*, que veio reclamar que damos muita publicidade para o grupo Globo, e não para ele; chamei o Matarazzo. O que for correto temos que dar para *O Dia* e para os outros órgãos regionais,

---

* Assinatura do Pacto de Desenvolvimento Local, Integrado e Sustentável, destinado à capacitação de lideranças comunitárias em pequenos municípios e gerido pelo Comunidade Ativa, programa do Comunidade Solidária.

não só para os grandes órgãos nacionais. Andrea mostrou a dificuldade, porque as agências de publicidade ganham mais nos órgãos nacionais do que nos regionais, portanto resistem em mudar o sistema.

Recebi o Paulino Cícero, hoje secretário do estado de Minas Gerais, e comentei com ele o desvario das declarações atribuídas a mim, pois o assessor especial do Itamar* disse que o governo federal estaria treinando tropas em São Paulo com armas de grosso calibre para atacar Minas Gerais e que as greves em Minas eram mantidas pelo governo federal, que a mobilização seria paga pelo governo federal, qualquer coisa assim. O pior é que Itamar, quando perguntaram a ele sobre isso, também disse que desconfia de alguma trama, porque houve a tentativa de invasão na nossa fazenda em Buritis, que o general Cardoso mandou para ele um telegrama suspeito,** uma bobageira do Itamar, e que existe um satélite de espionagem comercial, satélite americano. Itamar faz esse samba do crioulo doido, pega os ingênuos e cria no imaginário popular a ideia de que Minas está cercada; Itamar tem uns traços autoritários, as pessoas não percebem esse lado dele. Comentei isso com o Paulino Cícero, que é um homem discreto, ele veio fazer uma visita quase de cortesia, porque o pedido que ele queria me fazer já não tinha sentido, era a promoção de um contraparente dele no Itamaraty, as promoções já tinham ocorrido.

Na véspera, dia 20, eu tinha conversado com o Teotônio Vilela, não anotei aqui, sobre as preocupações dele com o partido e também sobre certas preocupações com a cassação do Luiz Estevão. Estas eu explicitei melhor no dia seguinte, ontem quarta-feira, quando veio aqui o Arruda no fim da tarde, para conversar no Alvorada. Arruda acha que nós temos que tirar o Teotônio logo da presidência [do PSDB] e colocar o Pimenta, no que eu concordo. Acha também que candidatos mesmo só temos dois: o Tasso e o Serra, se não for com um vai ser com o outro, e olhe que ele não tem nenhum amor pelo Serra, mas vê a realidade. Eu concordo, o Mário, do jeito que anda, fica muito afastado. Diga-se de passagem que nesta noite de quarta-feira o Mário foi entrevistado na GloboNews pela Cristiana Lôbo. Falou sobre segurança, e falou bem, não atacou o governo, mas o estilo do Mário está cada vez mais dificultando a presença dele como candidato.

Por outro lado, o Arruda acha que estou afastado dos senadores do PSDB, ou seja, eles querem alguns cargos, disse quais, é sempre a mesma história, e o governo faz o que pode para no limite atender, mas também preservando certa identidade, capacidade de governar e sua capacidade técnica. Arruda também ponderou

---

* Alexandre Dupeyrat.
** Na iminência da ação do MST, em novembro de 1999 a equipe do general Cardoso enviara um fax ao governo mineiro para solicitar proteção da PM à fazenda Córrego da Ponte, uma residência presidencial. Diante da recusa de Itamar, novo fax foi enviado para comunicar o deslocamento de tropas do Exército para Buritis. O governador ameaçou resistir ao que denominou "intervenção federal" no estado.

que muitas vezes o que a gente pensa que é técnico não é técnico coisa nenhuma, é apadrinhado de alguém poderoso do governo, tipo Parente, tipo Serra, tipo Paulo Renato, que não são propriamente técnicos, e que quando alguém do mundo político indica há uma reação forte da tecnoburocracia e dos ministros mais ligados a mim, que não deixam os senadores serem atendidos. Ele disse que o Serra, embora senador do PSDB, não conta como sendo da bancada. Voltou a falar no Paulo Alberto [Artur da Távola]. O problema para o Artur ser ministro da Cultura, que é ao que ele aspiraria, não é tirar o Weffort, se é possível a esta altura. É que eu pensaria em colocar lá uma mulher mais dinâmica, como a Kati Almeida Braga, uma pessoa muito competente, ativa, ela podia ter um bom desempenho como ministra da Cultura. Pensei que eu talvez pudesse botar o Artur no lugar do Andrea, que quer ir embora; o Artur também não é para fazer negociações com a mídia, mas ele pode ter um bom relacionamento com o setor de jornalistas, pode me ajudar. Mas não prometi nada ao Arruda.

Mais tarde jantei com o Duda [David Zylbersztajn] e a Ruth, depois fui ver o futebol, o Palmeiras perdeu para o Boca Juniors da Argentina, eu vi o segundo tempo, jogou com garra, mas perdeu nos pênaltis.*

Fui dormir, hoje chegaram os netos do Rio com a Bia, a Luciana ficou aqui também. Passei o dia lendo um livro que o Gelson Fonseca me deu, uma biografia do Wilson,** muito interessante, estou quase terminando e vendo as dificuldades e similitudes do governo americano com o nosso, e do estilo americano; Wilson lutando contra os *bosses*, os chefetes políticos, ele com aquela coisa de universitário, formação de pastor, imbuído de ideias, homem firme, mas ao mesmo tempo com uma personalidade dupla — pelo menos é isso que dá a entender o livro — tanto no caso das suas relações com as mulheres como em geral. Uma pessoa curiosa esse Wilson. Ainda não cheguei na parte do que aconteceu na Liga das Nações, parece que o David Lloyd [George]*** atrapalhou muito o Wilson — sempre tem um Antônio Carlos querendo aparecer —, mas é interessante o modo como Wilson chegou à Presidência dos Estados Unidos. Também é interessante ver de que maneira a situação do Brasil de hoje se parece com a que havia nos Estados Unidos daquela época, com os chefes tão poderosos, a politicalha, como eu chamo aqui — no nosso caso não são os chefetes locais, são os homens do Congresso diretamente que não têm estatura, honestidade. Aqui a relação se dá diretamente entre o eleitorado e os candidatos, mas os candidatos, quando chegam ao Congresso, formam os grupos de interesse. Só depois os interesses da sociedade vêm, e buscam o deputado ou o senador e, juntos, formam um grupo de pressão, mais um lobby do que um

---

* A partida final da Copa Libertadores da América, no Morumbi, terminou em 0 a 0. No jogo de ida, em Buenos Aires, houvera empate em 2 a 2.
** Louis Auchincloss. *Woodrow Wilson*. Nova York: Penguin; Viking, 2000.
*** Premiê britânico (1916-22).

sistema de clientela mais estruturado, como havia nos Estados Unidos. Não obstante, existe algo sobre o que convém uma reflexão: quando o presidente lá perde o apoio do Congresso, fica num mato sem cachorro. Aqui é igual.

HOJE É DOMINGO, 25 DE JUNHO, estou aqui com todos os netos, filhos, genros etc., ontem fomos a Buritis, tudo agradável, voltei, só encontrei o Felipe Lampreia no fim do dia. Vamos mandar a Dulce Pereira para CPLP, o Lampreia quer decididamente a Dulce Pereira, ele acha o Paulo Delgado excelente pessoa, mas que talvez não seja o mais adequado para lidar com governos do tipo que existem na África, autoritários e sem respeitar os direitos humanos. Isso não quer dizer que a Dulce seja desrespeitosa dos direitos humanos, mas ela tem uma temática da negritude mais próxima, que permite um diálogo mais fácil. Isso vai criar um problema, como acabei de dizer ao Zé Gregori por telefone. Ele não fez o que tinha que fazer, que era nomear o Paulo Sérgio [Pinheiro] secretário nacional de Direitos Humanos, agora estamos com mais um problema.

Com relação ao Zé Gregori, o plano de segurança passou razoavelmente, a imprensa, como sempre, toma depoimentos de uns e outros sem nenhuma base de maior solidez interpretativa, desde que seja a posição de cada um ela dá realce. Por exemplo, "Presídio não resolve, nós já estamos construindo muitos presídios e não resolveu nada". Outros dizem: "Não, dinheiro não adianta, porque quando fizer o presídio é no fim do mandato", como se eu quisesse fazer apenas coisa eleitoreira, e por aí vai. Outros dizem: "Não, mas não cuidamos dos aspectos sociais", como se o plano de segurança tivesse de cuidar dos aspectos sociais, como se não houvesse outros planos que cuidam dos aspectos sociais. Enfim, a visão limitada de alguns é utilizada com má-fé por alguns jornalistas, que apressadamente difundem opiniões descabidas para fazer o chamado contraponto, contar o outro lado. Esse é o nosso dia a dia.

A propósito, o Clóvis Rossi toma o relatório das ONGs para Copenhague + 5* e lê por cima,** são todos contra a política neoliberal, dizem isso sem análise objetiva dos problemas sociais. Então o Clóvis faz o contraponto com os problemas sociais, pega índices de pobreza tirados da cabeça não sei de quem e escreve: "50% do Brasil é composto de pobres".*** Ora, isso depende do nível de corte em que se coloca o pobre. Nos

---

* Conferência das Nações Unidas para a revisão da Declaração de Copenhague sobre desenvolvimento social (1995) em Genebra. Segundo o relatório da ONG Observatório da Cidadania, o presidente não honrara os compromissos de erradicar a pobreza e reformular o modelo de desenvolvimento do país, assumidos em Copenhague.
** Referência às matérias "Combate à desigualdade opõe FHC e ONGs" e "Neoliberalismo vai a julgamento", publicadas na *Folha* em 25 de junho.
*** O governo estimava que 50 milhões de pessoas (32,7% da população) viviam em situação de pobreza no Brasil.

Estados Unidos 27% são pobres,* os pobres de lá seriam estatisticamente a classe média daqui; tudo é relativo. O que ele deveria ver é se houve avanços ou não dos programas; sobre isso nenhuma palavra, até porque não se dão o trabalho da análise séria de cada programa social — o Clóvis Rossi até parece que tem como meta fazer isso. O Pedreira, por sua vez — eu não li, me disse o Zé Gregori —, faz um comentário sobre segurança: "Vamos ver como implementam", de novo mais cético. É duro, a natureza humana é realmente difícil, gosto do Pedreira, mas é assim, todos se defendem um pouquinho, ninguém se joga nem por uma causa, muito menos por uma pessoa... Mas isso, digamos, são reflexões à margem das que tenho feito nos últimos tempos. Não tenho muita razão para isso, porque a realidade é a realidade. Além do mais, as coisas estão bem mais organizadas, vamos superando os obstáculos para a retomada de crescimento, os problemas sociais estão engrenados, tudo pode sempre ser melhor, não existe catástrofe iminente. Pelo menos parece que não.

HOJE É QUARTA-FEIRA, DIA 28 DE JUNHO. Na segunda-feira fui ao Recife, para colocar em funcionamento uma rede de transmissão energética que une todos os estados do Nordeste.** Fiz um discurso forte e falei sobre as chamadas transposições — não são bem transposições, é levar água, o rio continua no mesmo curso, do São Francisco para o Nordeste — e como tentar viabilizar isso, ver se é possível levar água do Tocantins para o São Francisco, tudo isso subordinado à Agência Nacional de Águas, que foi aprovada pelo Senado.

À noite, quando voltei, me encontrei aqui sozinho com o homem que realmente propôs essas medidas todas, que organizou toda essa papelada ontem, ele se chama [Jerson] Kelman. Conversei com ele sobre os cinco nomes para a ANA,*** vou chamar o Zé Sarney Filho para falar com ele para designarmos essas pessoas.

Na terça-feira, ontem, um dia calmo mas muito trabalhoso. Recebi de manhã o Fernando Gasparian, sempre gostei do Fernando, ele sempre atrapalhado com as dívidas da fazenda dele. Recebi o Jean-René Fourtou, que é o presidente da Aventis,**** a fusão da Rhône-Poulenc com a Hoechst alemã. Eles estão entusiasmados com o Brasil, com o papel que vamos desempenhar não só no Mercosul, segundo ele, mas na América Latina.

Depois tive uma longa reunião sobre reforma tributária com os líderes da oposição, veio Miro Teixeira pelo PDT, Alexandre Cardoso pelo PSB, ***** João Hermann

---
* Em 2000, 11,7% dos norte-americanos eram considerados pobres pelo governo.
** O presidente inaugurou simbolicamente quatro linhas de transmissão da Chesf.
*** Além do diretor-presidente, Jerson Kelman, a primeira diretoria da ANA, instalada em dezembro de 2000, foi integrada por Ivo Brasil, Benedito Braga, Lauro Figueiredo e Marcos Aurélio Freitas.
**** Vice-presidente do conselho de supervisão da empresa.
***** Deputado federal pelo Rio de Janeiro.

pelo PPS e Mercadante pelo PT. Como sempre, Mercadante foi o mais arrogante de todos, os outros mais razoáveis, embora eu tenha visto um Mercadante cooperativo. Pelos jornais de hoje, parece que a reunião foi diferente, o Miro até me telefonou para dizer que está disposto a dar os esclarecimentos, para mostrar que não foi nada do que saiu nos jornais, que disseram que eu tinha proposto o esfaqueamento da reforma tributária, quando quem propôs isso foi o Miro. Eu disse: "Olha, Miro, é sempre assim, não tem solução, reunião com deputado sai tudo diferente, a imprensa não fecha conosco, fazer o quê?". Bom, mas fazermos isso foi um passo importante. Me despedi rapidamente do embaixador da Colômbia, Mario Galofre, que vai embora;* depois ele me trouxe um livro do [Ernesto] Samper,** onde o Samper registra o meu papel junto aos Estados Unidos para que a Colômbia não sofresse repressões americanas.***

Falei por telefone com meio mundo, vim para cá ver o filme chamado *Eu, tu, eles*, produzido pela Flora Gil, mulher do Gilberto Gil, o diretor é um rapaz muito bom, o nome agora não recordo,**** muita gente aqui. Antônio Carlos veio, mas foi embora logo, estava delicado comigo, dizendo que tinha aprovado tudo, até comentou que já tinha dito que ele não poderia levar adiante a reforma das medidas provisórias porque a oposição não tinha ajudado. Com isso lavou as mãos, ou seja, está numa fase positiva, tomara que dure. Depois veio muita gente aqui, muitos artistas, o filho do [Flávio] Tambellini,***** o filho do Artur da Távola,****** esses dois nós conhecemos crianças, hoje são importantes, a Fernanda Torres, foi bastante agradável, a Regina Casé também. Ficamos até tarde, uma da manhã.

Hoje levantei cedo, despachei sem parar.

Recebi o embaixador do Chile, que está indo embora, tem esses nomes difíceis de guardar, ele chama-se Jorge Martabit,******* fez observações interessantes sobre esses tempos que esteve no Brasil. Disse que coloca em primeiro lugar minha ação democrática, que achou uma coisa extraordinária, que com toda a explosão contra a corrupção que sai por aí o governo está permitindo realmente abrir, destampou a panela, eu sempre reagindo de forma democrática. Depois minha ação na América Latina, no Mercosul etc. etc. e só em terceiro lugar ele coloca a questão econômica como fato importante dessa gestão. Acha que o que se fez no Brasil foi muito positivo, inclusive no relacionamento com o Chile, e ressalva a questão da educação, que é uma coisa de longo prazo.

---

* Substituído por Samuel Navas.
** *Aquí estoy y aquí me quedo: testimonio de un gobierno*. Bogotá: El Ancora, 2000.
*** O presidente brasileiro prestara solidariedade a seu homólogo colombiano em 1995-6, durante uma crise diplomática com os EUA, que acusaram Samper de envolvimento com o narcotráfico.
**** Andrucha Waddington.
***** Flávio Ramos Tambellini.
****** André Barros.
******* Substituído por Carlos Eduardo Mena.

Ele me deu uma ideia que achei boa — na cúpula que vamos ter com os países da América do Sul, faremos uma carta aos grandes diretores de instituições internacionais, chamando a atenção para o que está acontecendo em nosso continente. Nesse ponto, eu disse: "Tirando Chile, Brasil e Uruguai, que estão vendo saída, a Argentina está encalacrada, o Paraguai nunca deixou de estar, a Bolívia começou a ficar mal, o Peru também, a Colômbia nem se fala, a Venezuela, quando baixar o preço do petróleo, difícil, o Equador já caiu...". Enfim, chamando a atenção, porque esses ajustes fiscais chegaram ao limite. Não temos mais condições de continuar apertando, apertando. Enfim, é uma ideia. Claro que nossa área econômica ficará nervosa, mas no discurso que eu vier a fazer vou entrar nesse tema, que acho oportuno.

Fora isso, recebi agora de manhã o governador de Rondônia, de quem eu gosto, [José] Bianco,* ele está precisando de algum apoio, vamos tentar dar. Estou esperando o Serra para despachar, Pedro Parente, em seguida vou a Buenos Aires.** Antes vou passar no Palácio do Planalto para receber os governadores do DF, de Goiás, para discutir com eles, Zé Gregori e general Cardoso um plano de segurança para o entorno [de Brasília].

HOJE É SEGUNDA-FEIRA, DIA 3 DE JULHO, estamos em Brasília, retomo as narrativas. Antes de viajar a Buenos Aires, na quarta-feira dia 28 estive no Palácio do Planalto e fizemos o que eu anunciei, ou seja, aviamos um plano para fortalecer a segurança pública no entorno de Brasília. O governador de Goiás mostrou, como havia prometido, o programa que eles têm de Bolsa Cidadã [do qual resultou o Bolsa Escola], no fundo um tipo de renda mínima que me parece bastante razoável e melhor do que muitos programas que fazemos sem resultados maiores.

Fui em seguida a Buenos Aires e, à noite, assisti ao jogo do Uruguai com o Brasil,*** jogo aflitivo, empatamos 1 a 1, mas o Brasil jogou muito mal, e eu, brincando, disse que estava temeroso de encontrar o Jorge Batlle, presidente do Uruguai. Na quinta-feira de manhã, a primeira pessoa que encontrei foi Jorge, brinquei com ele, ele comigo, estava muito satisfeito com o resultado, o Uruguai espera cinquenta anos para repetir o que fez no Brasil no campeonato de 1950, [nesse jogo] não foi a mesma coisa, mas, de qualquer maneira, o Uruguai levou a maior parte do tempo ganhando do Brasil.

Nesse dia almocei com o De la Rúa, e foi sensacional, ele dedicou quase cinco horas de conversa comigo, a maior parte do tempo nós dois sozinhos. Pegou o

---

* PFL.
** O presidente viajou para a XVIII Reunião do Conselho do Mercado Comum e dos Chefes de Estado do Mercosul.
*** Partida da quarta rodada das Eliminatórias da Copa de 2002, no Maracanã. Um gol de Rivaldo empatou a partida a cinco minutos do final.

helicóptero e me mostrou Buenos Aires, conhece tudo, foi prefeito de lá. Brasil e Argentina mantêm hoje muita afinidade, e o De la Rúa é uma pessoa agradável que sabe das coisas. Nós propusemos acordos para dar cada vez mais realce aos aspectos políticos do Mercosul e aos aspectos não diretamente político-comerciais, aos entendimentos em comum.

Depois do almoço, recebi intelectuais argentinos, o Félix Peña,* e brasileiros como Celso Lafer e outros mais, e também empresários do Grupo Brasil.** Saímos com boas ideias a respeito do que fazer em conjunto, sobretudo uma promoção Brasil-Argentina nos novos mercados, na prática no mercado chinês. À tarde fizemos a declaração formal sobre nosso encontro num prédio muito bonito, o Conselho Municipal de Buenos Aires,*** aí nada de novo, muita gente, os presidentes e os ministros. Depois fui jantar fora com o pessoal da embaixada num restaurante de comida espanhola. Quando fui embora, os argentinos que estavam lá, ninguém chegou próximo de mim, um ou outro olhava, mas na saída todos aplaudiram, o restaurante inteiro, isso mostra que mudou o clima da Argentina/Brasil, o que é importante.

Na sexta-feira, dia 30, fiz algumas declarações que são novas na política externa do Brasil. Primeiro, declarei em alto e bom som que o Brasil concordará com algum grau de institucionalização do Mercosul. Eu disse isso à imprensa, ninguém registrou porque eles não sabem que a posição do Brasil sempre foi contrária por medo de perda de soberania. Uma posição antiquada, porque o Brasil, com o peso que tem, não vai perder influência alguma. Mas não dá para continuar tudo dependendo de conversas telefônicas entre presidentes, tem que haver algum grau de institucionalização, inclusive para a solução de controvérsias. O outro ponto que declarei em alto e bom som é que queríamos que o Chile entrasse no Mercosul e que não seria às custas de o Chile aumentar tarifas, senão o contrário: os países que têm tarifas mais altas, progressivamente, num cronograma, as iriam baixando, porque o futuro é de comércio mais liberal, e não de comércio mais restrito. Claro que o Ricardo Lagos pegou a deixa e fez logo uma declaração de que o Chile quer isso mesmo, que está disposto a discutir e tal, e o que pareceria ser um fracasso, o Mercosul fechar as portas para o Chile, foi uma abertura para o Chile.

Quando voltei na sexta-feira à noite, direto para São Paulo, cheguei e fui ver um programa — acho que foi na GloboNews — que é o mais equilibrado de todos, resultado: Mercosul teve um fracasso, Chile não vai entrar, o acordo automotivo não foi realizado, o que também não é verdadeiro. Há o acordo entre Brasil e Argentina, ao qual vão se juntar o Uruguai e o Paraguai; naquele mesmo dia o Uruguai disse que se somaria, e se não se somar, pior para ele, porque quem produz

---

* Professor de relações internacionais e consultor da presidência do Mercosul.
** Agremiação de grandes empresas brasileiras instaladas na Argentina.
*** Palacio de la Legislatura ou Palacio Ayerza.

automóvel é a Argentina e é o Brasil, e quem compra em grande quantidade somos nós também. Não obstante, permanece a renitência brasileira em aceitar qualquer coisa que não seja fracasso. Tem que ser fracasso.

Quando voltei fui direto a São Paulo porque no sábado eu tinha um jantar com Anthony Giddens. Foi muito agradável, estavam a Carmute, Vilmar Faria, Bolívar Lamounier, Celso Lafer, eu, a Ruth, depois se juntaram o Eduardo Santos e o embaixador Frederico [Araújo], o Fred, que é o nosso chefe do Cerimonial.* O Giddens não estava com vontade de discutir tese nem eu, mas foi muito agradável; mandei um recado para Tony Blair, e nada mais.

Ontem, domingo, lá em São Paulo passei o dia em casa e recebi o Mário Covas, que foi me dizer da sua preocupação com a reforma tributária, quem iria pagar a conta dos subsídios já concedidos, preocupação que é minha também, e falar da participação do governo federal no financiamento do rodoanel, pois há um embaraço burocrático para a liberação do dinheiro. Aproveitei para dizer ao Mário que estávamos precisando ter uma conversa, que não dava para o PSDB continuar do jeito que está. Vi duas declarações do Aécio a respeito da política da Câmara, atropelando, dizendo que o PSDB quer fazer o presidente da Câmara — imagina, nós estamos em julho, a eleição é em fevereiro do ano que vem — e colocando tudo subordinado à eleição dele, Aécio, para presidente. E outra do Teotônio dizendo que o PSDB não vai concordar com a privatização do Banco do Brasil e da Caixa Econômica, que eles iam para a oposição firme para forçar o governo a não fazê-las. Isso depois de eu ter declarado em Buenos Aires que o estudo sobre a matéria que está na internet é um estudo, que não é a opinião do governo, que há um problema a ser resolvido, como se vai financiar o buraco que haverá nessas instituições daqui a algum tempo, daqui a dois, três anos, se medidas não forem tomadas — não necessariamente de privatização, mas algumas medidas terão que ser tomadas. Agora o PSDB pensa que com a crítica ganha pontos na disputa ideológica e que vai ter mais votos do povo, como se o povo estivesse preocupado com privatização do Banco do Brasil e da Caixa Econômica — quem está é a classe média. E a barulheira política, que no caso é negativa para nós.

A Wilma Motta jantou lá em casa com a Lourdes Sola e com a Ruth, elas tinham ido ao teatro ver a Beatriz Segall, gostaram muito da peça da Beatriz.** Eu não vou ao teatro porque o incômodo que causo a todos com meu deslocamento é pior que o prazer que tenho de assistir à peça.

Vim hoje para Brasília, é segunda-feira e, mal cheguei, já tive que telefonar para o [Vicente] Fox, que ganhou a eleição no México. Falei com o Zedillo, para cumprimentá-lo pela redemocratização do México, ele perdeu a eleição, eu preferia que ti-

---

* Araújo sucedeu a Valter Pecly na chefia do Cerimonial da Presidência.
** *Estórias roubadas*, de Donald Margulies, com direção de Marcos Caruso, em cartaz no Teatro Renaissance.

vesse ganho o [Francisco] Labastida, porque não vou muito com o estilo do Fox. Mas, enfim, estou vendo isso de longe, o Brasil precisa do México, ele é o presidente eleito, tenho que felicitá-lo e dizer que o México contará sempre com o Brasil.

Despachei com o Raul Jungmann, que marcou uma reunião no Palácio do Planalto com o MST, mediada pela Igreja, com a presença de d. Jayme Chemello. Acabei de falar por telefone com d. Jayme, ele também está de acordo. Segundo o Jungmann, vai tudo muito bem, vamos ver na hora. Despachei com o Aloysio e Pedro Parente os assuntos de rotina, pesados como sempre. Agora estou me preparando para ir a essa reunião no palácio.

HOJE É QUARTA-FEIRA, DIA 5 DE JULHO, são nove e meia da noite. Na segunda-feira depois do almoço, fui ao palácio para o encontro com o pessoal do MST.* A reunião foi o trivial ligeiro, demandas que estamos atendendo,** eles sempre querem mais, um rapaz começou a falar "tu, tu...", eu disse: "Tu? Quem é tu, aqui?". "Não, o senhor desculpe, é modo de falar". Dei uma cortada para baixar a crista, falei as coisas que eu penso. Esse mesmo do tu para lá, tu para cá fez uma ponderação ideológica contra a economia competitiva e eu disse: "Olha, vamos discutir coisas práticas. Esse número de casas que vamos construir, são 70 mil, se é razoável, não é razoável, se dá para fazer mais ou menos, e assim vai. Discutir teoria, como vai ser a organização do mercado, do Estado e tal, ou você ganha a eleição, ou faz a revolução. Não é discussão cabível agora". E partimos para coisas práticas. Acho que eles se surpreenderam um pouco, porque o programa é bastante razoável. D. Chemello fez o jogo que disse que faria, falou que confiava, eu pedi que ele continuasse ajudando, ele disse: "Não, eu vim de longe, lá de Santo Ângelo, não preciso participar mais", e tal, mas foi bom. Fui embora e eles ficaram conversando por horas e horas. Parece que no fim houve uma altercação com o Jungmann.

No fim da reunião ficamos sabendo, eles também — não foi surpresa para eles —, que o MST de Buritis estava ameaçando invadir a nossa fazenda, que hoje já é dos meus filhos.*** Foi ruim, porque deu a sensação, para a opinião pública, de que era uma pressão combinada, quando não foi. Por outro lado, é chantagem, e não pode ser admitida. Então autorizei que tropas do Exército ficassem dentro da fazenda,**** porque imagino o que acontecerá pelo mundo afora no dia em que sair a notícia

---

* Compareceram dois membros da direção nacional do MST, Adalberto Martins e Gilberto Portes.
** O governo prometeu à delegação do MST ampliar em R$ 2,1 bilhões a verba para reforma agrária, com a meta de assentar 45 mil famílias em 2000, além de medidas como a construção de casas populares e melhorias na infraestrutura dos assentamentos supervisionados pelo Incra.
*** Depois do cerco do MST à propriedade, em novembro de 1999, Fernando Henrique passara a escritura da Córrego da Ponte para os três filhos.
**** Foram enviados a Buritis 250 soldados do Exército e cinquenta agentes da PF.

"Fazenda do presidente da República ocupada pelo MST". Não dá, e não posso confiar na polícia, porque da outra vez a polícia do Itamar deixou sequelas no caminho.

Resultado: houve negociações em Buritis, nem sei do que se trata, não tenho nada a ver com a discussão sobre coisas para os assentados; eles querem é liberação de recursos, querem dinheiro. Não é mais terra, não; é dinheiro. Eu disse a eles algo assim: "Não dá para concordar com o Estado subvencionando tudo, porque é o povo quem está pagando, então não posso liberar. Tem que transformar os assentamentos em economia de agricultura familiar". Mas não é o que eles querem; eles querem subsídios contínuos do governo.

Itamar, em função disso, no dia seguinte, que foi ontem, terça-feira, fez um escarcéu: mandou uma carta para eu responder a ele, o que estava acontecendo com o Exército invadindo Minas, e não sei o quê, que a polícia, quanto ela gastou, que ia me interpelar no Judiciário... Isso depois do Itamar ter ficado dez dias fora de Belo Horizonte, fechado em casa em Juiz de Fora. Me disse o Paulo Delgado, do PT de Minas, que foi porque o Itamar pôs um rapaz indicado pelo PT* para ser secretário de Saúde, um homem sério, que descobriu muita patifaria. E o Itamar, em vez de cair em cima da patifaria, demitiu o secretário do PT, que rompeu com o Itamar, e o Itamar foi para Juiz de Fora. Agora vem com essa de me acusar, porque assim desvia a atenção da corrupção. Uma esperteza.

Retomando o fio da meada, os do MST já saíram [da fazenda em Buritis], não houve mais ameaça, os jornais todos deram sobre a fazenda.

Na segunda-feira, ainda, recebi o bispo Rodrigues [Carlos Alberto Rodrigues], do PL do Rio de Janeiro,** representante da Igreja Universal. Ele já vinha pedindo audiência, que afinal foi dada. Eu nem sabia que ele iria, chegou e disse que estava lá para me pedir desculpas, que o conselho de bispos se reuniu e disse que ele tinha me ofendido na TV Record — na rede, como eles chamam — e que aquela não era a opinião da Igreja, que ele não podia fazer isso, e pediu três ou quatro vezes desculpas. Eu disse: "Bispo, eu não vi, eu não sabia (e não sabia mesmo) que o senhor me ofendeu. Não é do meu temperamento, não me senti ofendido, pediu desculpas, está desculpado". Não vejo a razão dessa fúria da Igreja Universal contra o governo, sempre na oposição, sendo que o governo não discrimina ninguém, muito menos qualquer Igreja. No final ele pediu para ir a Moçambique, quando eu for este mês,*** porque ele também abriu igrejas lá, fez televisão em Moçambique, eu não sabia.

Mais tarde fiquei discutindo o que estamos chamando de IDH-12, o plano de combate à pobreza, tenho me reunido com vários ministros para ver o que se faz, como se faz etc. etc.

---

* Adelmo Carneiro Leão, deputado estadual e líder do PT na Assembleia mineira.
** Deputado federal e vice-presidente nacional do partido.
*** Para a III Conferência de Chefes de Estado e de Governo da CPLP, entre 16 e 18 de julho, em Maputo.

Na terça-feira, ontem, retomamos a discussão do IDH-12 a manhã toda, depois discuti a transposição do São Francisco com os ministros de Minas e Energia e o da Integração. Recebi o Martus Tavares, que é uma pessoa que cada vez eu admiro mais, consciente e trabalhador; ele veio discutir comigo questões do orçamento e também o encaminhamento de sua administração. Recebi a Michele Magalhães, viúva do Luís Eduardo Magalhães, que teve um gesto de grande simpatia comigo: foi com a filha dela,* bonita, neta do Antônio Carlos, e o noivo.** A menina está esperando criança, então vão casar, vieram me trazer o convite. Gostei, uma gente simpática, me lembrei emocionado do Luís Eduardo, pessoa por quem sempre tive uma afeição grande.

Também discuti a gestão de águas, falei com o ministro Sarney Filho, discutimos como fazer essa gestão. Mais tarde o Sarney disse que em vez de colocar o Kelman talvez fosse melhor pôr o secretário executivo do Ministério do Meio Ambiente*** na posição de presidente [da ANA]. Não é fácil para mim, porque já falei com o Kelman. Jantei aqui com o Paulo Delgado e com nosso líder, Arthur Virgílio. Para minha surpresa, o Paulo Delgado está mesmo interessado em ir para CPLP e disposto até mesmo a aceitar a embaixada em Moçambique.**** Achei bastante interessante isso, ele é um homem do PT, eleito pela quarta vez deputado, um dos melhores deputados da bancada, com prestígio na imprensa, e hoje acredita mais no que estamos fazendo do que no PT.

Hoje, quarta-feira, recebi de manhã o Quintão, ministro da Defesa, ele veio relatar sua viagem aos Estados Unidos.***** A imprensa diz que estamos reatando o Acordo Militar Brasil-Estados Unidos,****** não tem nada a ver. Nada disso. Depois recebi um grupo de investidores em energia elétrica, mais um programa que nos preocupa muito — que é a falta de energia no futuro —, eles têm reclamações sobre a incerteza cambial. Disseram que não estão claras as regras da regulamentação de alguns setores na questão energética e, como sempre, que há defasagem no preço das tarifas. Bom, são reclamações.

Anunciei, eu mesmo na televisão, depois de ter assinado, um contrato da Petrobras com um grupo de japoneses e uma empresa americana******* — o conjunto

---

* Paula Magalhães.
** Arnaldo Gusmão.
*** José Carlos Carvalho.
**** Delgado foi convidado para a embaixada em Maputo, mas em dezembro de 2000 cedeu à pressão do PT e recusou a indicação.
***** O ministro manteve encontros de trabalho com o secretário de Defesa, William Cohen, e autoridades do Pentágono para preparar uma reunião bilateral da área.
****** Assinado em 1952 pelos presidentes Vargas e Truman, vigorou até 1977. Um novo acordo foi firmado em 2010 pelos governos Lula e Obama.
******* A estatal petrolífera e a norte-americana Halliburton assinaram contrato para a cons-

dos contratos é de 4,5 bilhões de dólares, enorme —, anunciei que a Petrobras ultrapassou 1 milhão de barris produzidos na bacia de Campos e 1,3 milhão no Brasil todo, e ela que já tem financiamento para mais de 280 mil barris diários. Enfim, estamos avançando bem no petróleo. Além disso, eu disse que estamos vendo a retomada do setor naval no Rio de Janeiro, porque a Petrobras vai fazer algumas plataformas novas na indústria local,* que vai ser arrendada a um estaleiro de Cingapura.**

Dei posse hoje à tarde ao secretário de Direitos Humanos, o [embaixador] Gilberto Saboia. Antes almocei com o Padilha, para passar em revista as coisas políticas com o PMDB, depois recebi o José María Amusátegui, presidente do Conselho de Administração do Banco Santander, o chanceler do Equador, que se chama Heinz Moeller Freile. Ele veio discutir, juntamente com o ministro da Economia, chamado José Luis Icaza, a situação desesperadora do Equador. Há a questão das dívidas com o Brasil, uma situação complicada; o Banco Central cortou um tipo de financiamento que era quase automático [CCR]. Fiquei até tarde nessas coisas mais de rotina e vim agora aqui para casa.

HOJE É SÁBADO, DIA 8 DE JULHO, vou retomar o fio da meada. Na quinta-feira tive um café da manhã no Palácio da Alvorada com redatores econômicos de vários jornais.*** Quando eu estava na entrevista juntamente com o Tápias, Armínio Fraga e Amauri Bier, recebi um telefonema do Pedro Parente me avisando que o jornal *Valor* tinha dado uma manchete muito ruim sobre ligações telefônicas do Eduardo Jorge com o juiz Nicolau [dos Santos Neto] e com as explicações que ele deu sobre o assunto.**** Na última parte da entrevista, a Claudia Safatle, que é do

---

trução de cinco poços e dois navios-plataformas, com produção estimada de 300 mil barris/dia de petróleo e gás em dois campos na bacia de Campos. Maior contrato da Petrobras com uma empresa estrangeira até então, a operação foi financiada pelo BNDES, pelos grupos japoneses Itochu e Mitsubishi e por bancos comerciais.
* Estaleiro Mauá.
** Jurong Port.
*** A entrevista marcou a comemoração dos seis anos de implantação do Plano Real.
**** O ex-secretário-geral da Presidência fora citado em grampos telefônicos da investigação sobre o desvio de R$ 169 milhões das obras do TRT paulista. Jorge admitiu em entrevista ao *Valor* ter negociado com o ex-juiz Nicolau dos Santos Neto, então foragido, a composição de listas tríplices de juízes classistas simpáticos à política econômica do governo. Levantou-se a suspeita de que se tratava de uma contrapartida à liberação de verbas federais para o TRT. A oposição no Congresso começou a colher assinaturas para a criação de uma CPI sobre o caso. Entrementes, o Ministério Público anunciou a abertura de uma investigação e solicitou a quebra dos sigilos de Jorge. Descobriu-se que o ex-secretário-geral telefonara 117 vezes a Santos Neto.

jornal *Valor*, me perguntou se eu sabia. Eu disse: "Não vi o jornal, mas sei que o Eduardo poderia ter conversado sobre questões de reindexação do Plano Real". Eu estava me referindo, na verdade, à conversa de quando eu era ministro da Fazenda. A preocupação imensa do governo, e depois também, quando fui presidente da República, era com a derrota do Plano Real pelos tribunais, porque eles sempre haviam derrotado outros planos, reindexavam os salários. Então me lembro que o Gustavo Franco tinha muita preocupação com isso, o Clóvis, e certamente o Eduardo Jorge pode ter entrado nessa negociação. Quando li a entrevista, o Eduardo falava de outra coisa, ele disse que conversava com esse tal juiz Nicolau a respeito da nomeação de juízes classistas que pudessem ser favoráveis ou não à indexação. Disso eu não sabia, obviamente. Também não é de estranhar que um secretário do governo ou um ministro da Justiça falem com os juízes a respeito de nomeação de outros juízes.

Aliás, há no Brasil uma tradição de pedidos incessantes de nomeação de juízes, o presidente tem uma lista tríplice e precisa escolher um. Geralmente essa escolha é feita a partir do aconselhamento do secretário-geral da Presidência e dos ministros da Justiça, eu nem sei quem [os juízes] são, muito raramente posso conhecer um ou outro juiz, mas isso é muito raro mesmo, é 0,01%, e se fazem sondagens. Os juízes classistas não são como os juízes togados, eles não pertencem à condição de juízes vitalícios. Eu tinha duas preocupações: uma era acabar com eles, coisa que fiz; a outra era não nomear juiz que estivesse a ponto de se aposentar. E obviamente era preferível juízes que não fossem contra a política do governo.

Eu nunca soube de gestão do Eduardo Jorge com esse juiz, que parece ter sido todo-poderoso em São Paulo na época e virou o juiz "Lalau", ou seja, um dos corruptos, depois que a CPI [do Judiciário] demonstrou isso ao público. Só ouvi o nome dele nessa ocasião. Pode até ser que o tenha conhecido antes, como conheci vários, mas não guardei, não sei quem é. É provável que o Eduardo tenha conversado com esse juiz, como conversou com outros; não deveria ter utilizado esse argumento, porque certamente o Eduardo, ao lançar mão desse argumento, está fazendo uma defesa no sentido de dizer: eu não conversava com ele sobre liberação de verbas, era sobre assuntos institucionais. Deve ser verdade, até porque liberação de verbas não passa por aí; as verbas são aprovadas pelo Congresso e pelo Executivo, que, quando as libera, libera para o Tribunal Superior do Trabalho ou da Justiça daqui de Brasília [STF, STJ e TSE], e são esses que fazem a redistribuição para obras específicas. No caso da obra em pauta, toda a bancada de São Paulo, pelo que vi nos jornais, subscrevia pedido de recursos, naturalmente sem saber que na tal obra havia uma roubalheira — ou seja, o juiz Nicolau virou Lalau em 1999.

Eduardo Jorge saiu do governo em abril de 1998, é pouco provável, quase impossível, portanto, que houvesse uma ligação a partir de liberação de verbas, mas no Brasil o que é verossimilhante é perigoso. O fato é que respondi com toda a sinceridade para a Claudia Safatle. Quando cheguei ao palácio, havia uma preocupação muito grande do Pedro Parente, do Aloysio, de repente chegou lá também o Padilha, todos preocupados, eu disse: "Olha, eu falei o que sei, com toda a sinceridade". Provavelmente eles teriam preferido que eu não tivesse dito nada.

Eduardo Jorge tinha estado comigo e não me contou que havia dado entrevista ao *Valor*, me disse que o Aloysio, o Pedro Parente e não sei mais quem, o Zé Gregori, poderiam fazer declarações invalidando essa tese. Depois eu não gostei, porque soube *ex-post*. Não sei por que o Eduardo não me disse que tinha dado uma entrevista. Ele pediu aos citados que invalidassem uma tese, o que era justo, dizendo que falou com o juiz por causa de um interesse específico, e eu não sabia. Na verdade, quem invalidou a tese fui eu próprio, da maneira que acabo de contar aqui sobre o café da manhã. Isso passou a ocupar páginas e páginas dos jornais e continua até hoje dando uma grande dor de cabeça. Eduardo fora de si, parece que estava nos Estados Unidos, se sentindo abandonado.

Ora, o governo, por meu intermédio, disse a mesma coisa, o Aloysio também. De resto não há o que dizer, não se sabe. É ele, Eduardo, quem vai ter que explicar, se é que é necessário dar alguma explicação a respeito dessas ligações com o juiz Nicolau, posto que ele já deu as explicações na CPI. A imprensa está irritada com o Eduardo Jorge, convencida de que ele fez alguma coisa errada e enfurecida porque ele deu uma declaração a favor do Luiz Estevão, dizendo que não era democrática a cassação do Luiz Estevão. Eu já tinha dito ao Eduardo Jorge: "O problema é que você tem uma ligação pessoal com Luiz Estevão que é invocada como 'prova', aspas, de que você tem 'alguma culpa no cartório'". Ele se angustia, acha que não é nada disso; ele é um homem correto, da minha parte nunca vi incorreção no Eduardo. Agora, a opinião pública não tem essa percepção, e vamos ter grandes dores de cabeça por causa dessa questão, que é menor. Todo mundo quer, na verdade, é pegar o governo, pegar a mim. Não há nada, não temos nada a esconder nem nessa nem em qualquer outra matéria financeira, mas a maledicência está solta.

Na quinta-feira, depois desse café da manhã, fui correndo para a troca de credenciais, dei entrevista para a TV Alterosa* sobre Minas, mexi um pouco com o Itamar, recebi depois a Dulce Pereira, que confirmou seu interesse em ir para a CPLP, portanto vai para a CPLP. Recebi o Zé Ignácio e Élcio Álvares para discutir as questões dele lá, o Élcio vai ajudar o Zé Ignácio a passar o problema do prefeito de Vitória, Paulo Hartung, que era do PSDB, um rapaz muito ligado ao PPS, aquela briga infinita, eles querem fazer uma intervenção, não sei o quê...**

---

* Afiliada do SBT.
** O governador José Ignácio Ferreira e o senador Paulo Hartung trabalhavam contra a decisão da convenção do PSDB de Vitória, que se coligara a partidos de oposição para a campanha às eleições municipais de 1º de outubro. A candidatura de Luiz Paulo Vellozo Lucas fora homologada com um vice do PPS, César Colnago. A Executiva estadual do PSDB interveio no diretório vitoriense no final de julho, depois da renúncia de Colnago, e instalou o tucano Ítalo Battan na vice da chapa.

Recebi o José Roberto Marinho para discutir comigo a questão do WWF,* eles têm uma boa iniciativa para ajudar na preservação de 10% da Amazônia.** Mário Covas me telefonou dizendo que não poderia vir jantar comigo naquela noite, mas marcou para vir aqui hoje, sábado, 8 de julho, então cancelamos o jantar. Depois despachei com o Pratini.

Na sexta-feira, fui a Minas Gerais para a inauguração da Açominas,*** inauguração importante, fiz um discurso com elogios aos mineiros, foi tomado como uma crítica a Itamar, que diz que mineiro é generoso, que mineiro não guarda rancor — Itamar nem mineiro é —, todo mundo aplaudiu, foi impecável o que eu disse, só elogiei os mineiros.**** Itamar não deixou a Polícia Militar dar segurança ao presidente da República nem a banda de música da Polícia Militar [se apresentar], eu gozei um pouco essa questão, disse que a banda de música do Exército tinha tocado afinada, qualquer coisa desse tipo, no mesmo tom das polícias militares de todas as bandas de Minas, com emoção pelo Hino Nacional.*****

Elogiei o Jorge Gerdau, que é o empresário da Açominas, estavam todos lá, foi dito pelo [Luiz André] Rico Vicente, que é o novo presidente da Açominas, que a segunda metade da década de 1990, conforme estudo do BNDES, é de retomada forte de investimentos, um dos maiores períodos de investimento no Brasil, o que é verdade. A inflação mais baixa desde 1989, ontem baixamos de novo a taxa de juros, mais meio por cento, está em 17%, ou seja, menos 6% [de inflação] é 11% [juros reais], estamos dentro da Constituição,****** são muitas modificações objetivas e positivas, e o clima político é essa coisa terrível, só fofoca, Eduardo Jorge tem

---

* World Wildlife Fund, atualmente denominado World Wide Fund for Nature.

** Programa Arpa (Áreas Protegidas da Amazônia), lançado em maio de 1998 pelo governo federal em parceria com o WWF e o Banco Mundial.

*** O presidente viajou a Ouro Branco para inaugurar uma ampliação da planta siderúrgica da ex-estatal, controlada pela Gerdau. Nenhuma autoridade do primeiro escalão do governo mineiro compareceu à cerimônia.

**** "Em Minas, em toda parte sentimos uma revolução, um renascimento de Minas Gerais. Isso é fruto do que foi dito pelo dr. [Jorge] Gerdau aqui, do mineiro, do trabalhador, da trabalhadora, da paciência, do homem que se acostumou à tolerância, do homem generoso, do homem que perdoa. Esse é o verdadeiro mineiro. O mineiro que comove, o mineiro que não guarda rancor, o mineiro que olha o futuro e vê o crescimento de Minas Gerais e sabe que o crescimento de Minas Gerais é o crescimento do Brasil". (Biblioteca da Presidência.)

***** "E ao escutar, agora, ao chegar aqui, o Hino Nacional, pela banda de música do nosso Exército, senti uma emoção imensa. E senti que ela fremiu, do mesmo jeito que todas as bandas de música de Minas Gerais, da Polícia Militar, da imensa quantidade de bandas que há em Minas; que, ao tocar o Hino do Brasil, sentiu que o Brasil é um só, mas que Minas é o coração do Brasil". (Idem.)

****** Em seu artigo 192, a Carta de 1988 estabelece que os juros reais cobrados pelo sistema financeiro nacional não devem ultrapassar 12% ao ano.

ligação com Nicolau, não, é com Luiz Estevão, não tem; ou seja, continuamos apanhando no fronte político.

Voltei de Minas Gerais, recebi um candidato à Presidência de Portugal,* ele foi bastante simpático, creio que é um deputado da oposição ao Jorge Sampaio, me disse que o Jorge Sampaio vai ganhar, reconhece a dianteira dele, uma coisa educada. Recebi o Eduardo Santos, depois recebi o Lucena para discutir questões de rotina e à noite vi um filme interessante, não lembro como se chama, questões de fé, algo assim — *Keeping the Faith*, mantendo a fé,** bem divertido. Ele saiu daqui à uma hora da manhã.

Antes a Maria Delith veio aqui, eu tinha chamado, ela queria me trazer um presente de aniversário. Eu disse a ela que a questão do Eduardo é de verossimilhança, é muito difícil, porque ele está dando muitas declarações à imprensa. Ele deveria ter ido para os Estados Unidos quando saiu do governo, eu disse isso a ele, não quis, ir para o BID, mas ele não quis ter uma posição pública visível e ficou sendo acusado de ser "sombra", o que é ruim. Ela concorda, mas é irmã, fica muito preocupada, isso vai dar mesmo dor de cabeça.

Hoje, sábado, passei a manhã aqui trabalhando nos meus papéis, esperando o Mário Covas para o almoço junto com o Pimenta. Depois vieram o Jovelino e a Carmo. Vou falar com o Ricardo Amaral, do *Valor*, junto com a Ana, e eventualmente ainda virão jantar aqui a Roseana Sarney e o Jorge Murad.

HOJE É TERÇA-FEIRA, DIA 11 DE JULHO. Como anunciei, recebi o Mário Covas para almoçar no sábado, juntamente com o Pimenta, o almoço transcorreu bem. Mário estava muito alegre e me disse — me pareceu que com sinceridade — que não é candidato à Presidência da República, porque sairá do governo com 72 anos. Teve câncer, está cansado, não tem energia para a campanha. Eu tomei ao pé da letra e disse que, nesse caso, ele ia ter que me ajudar a recompor o partido, para lançarmos um candidato no momento oportuno. Concordou com entusiasmo, e acho que esse é o resumo da conversa; o resto é detalhe, como mudar o posicionamento do partido, talvez botar o Pimenta, o Teotônio precisa ter a iniciativa para não ficar mal, o Teotônio merece nosso respeito, e assim foi.

À noite a Roseana jantou aqui, conversa mais social, porque o Nê e a Carmo estavam também, foi bastante agradável. A Roseana sempre se queixa, sempre dá um pouco de lições a mim sobre como devo fazer, não devo fazer, que no Maranhão vai tudo bem etc. etc., nessa batida. Mas eu gosto dela, ela gosta de mim também, somos amigos há muitos anos.

* Manuel Alegre, poeta, deputado independente e pré-candidato às eleições de 2006, vencidas por Aníbal Cavaco Silva.
** *Sedutora tentação*, longa de 2000 dirigido e estrelado por Edward Norton.

No domingo já foi diferente, passei o dia à espera da visita do rei da Espanha e da rainha Sofía, que vinham jantar conosco.* De manhã recebi o general Cardoso, ele veio conversar sobre as inquietações das Forças Armadas. Fez uma observação pertinente, disse que, agora que temos o Ministério de Defesa, os ministros militares que eram ministros deixaram de ser, e que ele não se sente muito ligado ao governo, mas muito mais ao Estado. Acha que tenho que me preocupar com isso, chamá-los mais para discutir, inclusive questões salariais, de equipamento etc. Eu disse que algumas definições eu já tenho nessa área e que vou fazer esse esforço. Acho que é positivo mesmo.

À noite, chegaram os reis de Espanha. Tanto o Juan Carlos quanto a rainha Sofía são muito simpáticos, jantamos sozinhos com a Ruth, depois vieram para o segundo andar, onde moramos, conversa fraterna, um chama o outro de "tu", de "você" no caso do português; em espanhol seria *tú*. Ele fala português comigo de vez em quando, o que dificulta o diálogo com a rainha, que não entende bem o português; ela fala várias línguas, é da Casa de Hannover,** da Alemanha, sabe alemão, francês, grego, enfim, uma pessoa culta. Foi bastante agradável, mas nada mais especial, a não ser a reiteração das relações do Brasil com a Espanha. Deu um sinal de que o [Juan] Villalonga, presidente da Telefónica da Espanha, está sendo visto com certa preocupação pelo Aznar. Conversamos sobre Felipe González,*** ele acha que o Felipe está errado ao criticar, ao dizer que tudo vai mal; ele não acha que vai mal, também não acho, enfim, é difícil alguém como o Felipe aceitar que o Aznar esteja tendo êxitos significativos.

No dia seguinte, segunda-feira, ontem, estive com o ministro do Exterior, Josep Piqué, muito simpático, e depois com a ministra da Educação,**** encontro também muito interessante. Contei mais coisas sobre o Brasil a eles do que ouvi deles sobre a Espanha. À noite tivemos uma recepção na embaixada da Espanha, sempre tudo às mil maravilhas do ponto de vista de relacionamento pessoal e com a Espanha, fantástico, eu, o rei e o príncipe das Astúrias.***** Amanhã vou a São Paulo almoçar com o rei e com empresários.****** Estou muito cansado, mas estou fazendo isso porque o Covas me disse que ia fazer uma operação — na verdade não vai mais — e que não poderia receber o rei em São Paulo. Fiz, então, questão de estar presente lá.

No meio disso tudo, tempestade. Hoje, terça-feira, 11, o assunto que empolga a todos, a questão principal é Eduardo Jorge. O jornal está fazendo um massacre no

---

* Os monarcas espanhóis vieram ao país em visita oficial, acompanhados de grande comitiva de políticos e empresários.
** Filha do rei Paulo I da Grécia, descendente das dinastias Glücksburg e Hohenzollern, de origem alemã, e da rainha Federica de Hannover.
*** Ex-presidente do governo (1982-96) e ex-líder da oposição espanhola.
**** Pilar del Castillo.
***** Príncipe Felipe de Bourbon, coroado em 2014 como Felipe VI.
****** Almoço promovido pela Câmara Espanhola de Comércio no Brasil.

Eduardo e no governo, o que eles querem mesmo é pegar o governo. Vamos fazer uma nota explicando que não havia a menor possibilidade de o Eduardo ter exercido pressão para liberar as verbas no caso do TRT,* porque o desembolso é automático. Não obstante isso, a imprensa toda está contra, parece que estão num processo de regime militar às avessas: em vez do SNI, é a imprensa; em vez do julgamento arbitrário dos tribunais militares, são as CPIs e os promotores os grandes acusadores. Dessa vez até que estes não estão se mexendo, é só a imprensa massacrando o Eduardo e o Eduardo dando asas a esse massacre.

Eu tinha dado uma longa entrevista ao jornal *Valor* e, como havia anunciado que faria, falei com o Ricardo Amaral, a entrevista está publicada, eu reponho algumas coisas, mas a imprensa não está para ver objetivamente quem tem razão, quem não tem. Ela é contra, quer atacar o governo, me desgastar. Sinto vontade às vezes de dizer: então vamos embora, ponham um melhor aqui, quero ver — talvez seja um último sinal de arrogância minha. Tenho me aguentado com paciência, recebendo essas exacerbações críticas de todos os lados. Economia às mil maravilhas, crescendo tudo, crescendo o emprego, a revista *Exame* tem um balanço fantástico e, não obstante, esse mau humor permanente, essa má-fé. Má-fé mesmo. Eduardo deu bandeira, como eu disse, mas eu não tenho nada, nada mesmo, que indique que ele tenha manipulado recursos do governo para benefício próprio ou benefício político. Repito: ele não tinha a capacidade de liberar verbas, elas vão automaticamente para os tribunais, não tem como, não passam pelo governo. Mas a imprensa não quer nem saber: continua batendo nessa tecla, vamos ver se ele supera essa dificuldade.

Estou, ao mesmo tempo, superando dificuldades no Espírito Santo, vamos ver se mantemos nosso candidato lá, o [Luiz Paulo] Vellozo Lucas, para que ele possa ganhar as eleições e tirar o vice do PPS. Parece que o PSDB não aceita o vice, hoje o Paulo Hartung me telefonou, já concorda com isso.

Hoje almocei com o Tasso, mesma conversa, ele também é candidato, mas é mais prudente, acha que precisa esperar mais tempo, que qualquer pessoa agora se queima, que o Serra vai metralhar todo mundo. Mas é bom que haja três, quatro candidatos [à Presidência em 2002].

Conversei com o Geddel Vieira Lima, muito preocupado, quase desavorado porque está sentindo que a turma do PMDB está com má disposição, não vê alternativas claras do nosso lado. O Geddel tem sido bastante brigão a favor do governo, muito contra o Antônio Carlos, acusando Antônio Carlos de botar lenha na fogueira. Antônio Carlos, por sua vez, me telefonou hoje para dizer que nada do que a imprensa está dizendo é verdade, que ele não vai fazer nada contra, que ele quer

---

* A obra do fórum fora iniciada em 1992 e abandonada em outubro de 1998, com 98% dos recursos liberados e apenas 64% dos trabalhos concluídos. Um mês antes, o juiz Nicolau dos Santos Neto deixara a comissão responsável pela construção.

me ajudar, e tal. Eu soube pelo Lampreia que o Antônio Carlos telefonou para ele hoje cedo, muito preocupado porque seu neto desapareceu nos Estados Unidos. Isso é preocupante, a família dele tem certa sina trágica, tenho pena desse aspecto do Antônio Carlos.

Acho que ele não fez nada de malicioso no caso do Eduardo Jorge. Acabo de saber que o Eduardo Jorge voltou ao Brasil, estava nos Estados Unidos, e que teria dito uma frase infeliz a um jornalista. Eduardo Jorge tem que calar a boca, não é ator político, não entende disso, não tem capacidade de lidar nem com a mídia nem com os políticos; precisa voltar a ser o que sempre foi, consultor. Tenho a convicção de que ele não fez nenhuma estripulia, mas a mídia está muito contra ele, como, aliás, está contra o governo. Enfim, não é fácil.

15 A 31 DE JULHO DE 2000

Ainda o escândalo do TRT. *Viagem a Moçambique.
O "caso" Eduardo Jorge. Programa de combate à pobreza*

Hoje é sábado, dia 15 de julho, são oito e meia da noite. Na quarta-feira, dia 12, fui a São Paulo almoçar com o rei da Espanha e com empresários espanhóis e brasileiros. Discurso para cá, discurso para lá, Juan Carlos cada vez mais amável, extremamente simpático comigo, com o Brasil e tudo mais. Fui e voltei, e ao chegar fui direto fazer uma conferência para os estagiários da Escola Superior de Guerra. Aproveitei e fiz um longo discurso de afirmação do Brasil, de confiança, e tal.

De lá vim para o Palácio da Alvorada, onde me encontrei à noite com o Ricardo Lagos e sua comitiva, que estão em visita oficial ao Brasil. Discurso comovedor do Ricardo, lembrando que em 11 de setembro de 1973 telefonei para ele, ele estava na Flacso* no dia do golpe, e que eu disse que mandaria 1500 dólares meus para ajudar o pessoal. Com esse dinheiro, ele contou — a passagem para a Argentina custava 50 dólares —, foi um tal de fazer seminários, para eles irem para lá e não voltarem mais para o Chile. Eu não recordava mais o episódio. Conversei bastante com o Ricardo, ele muito animado com a vinda ao Brasil. Encontrou-se no Chile com o presidente Fox, disse que ele vai mudar a política mexicana e tentar se aproximar do Mercosul.

Na quinta-feira recebi oficialmente o Ricardo no Palácio do Planalto, fomos a um almoço, depois conversamos sobre tudo isso e também sobre o ingresso do Chile no Mercosul. O Ricardo está decidido, o Armínio Fraga me apoiando muito, o Lampreia sendo pressionado pelo Tápias contra qualquer precipitação em baixar tarifa. Eu já havia dito, no discurso que fiz em São Paulo aos empresários espanhóis, que a entrada do Chile no Mercosul era importante e que eles não iriam subir a tarifa; nós é que iríamos baixar, naturalmente com o toma lá dá cá e com a preocupação de bem servir a todos. A visita do Ricardo foi muito positiva não só porque reafirmou a questão comercial do Mercosul, a vontade de entrar, mas também do ponto de vista político e do ponto de vista cultural.

À tarde, depois do almoço no Itamaraty, estive com o comando militar da Aeronáutica, para reiniciar a troca de equipamentos da Aeronáutica.** Fui muito bem recebido, naturalmente. Teria um encontro com Sardenberg, mas cancelamos. Por quê? Porque o dia foi tomado por uma nova infâmia, uma questão relativa ao

---

* Facultad Latinoamericana de Ciencias Sociales, órgão da Unesco com representação em vários países do subcontinente.
** Projeto FX, licitação internacional para a renovação da frota brasileira de caças supersônicos.

Martus, uma publicação que ia sair, como saiu, na revista *IstoÉ*, que antecipou a sua publicação.* Não preciso repetir aqui, porque se esboroou no dia seguinte: na sexta-feira já se sabia que o autor da história era o pessoal ligado ao Luiz Estevão, para envolver gente do governo, mas deu uma trabalheira louca. Martus, que é um homem de bem, ficou desesperado. Eu disse: "Fique calmo, o dossiê Cayman também deu dor de cabeça, e na época eu perguntei ao Serra: 'Você tem conta comigo no exterior?'. Ele respondeu: 'Não tenho'. 'Eu também não tenho, portanto não existe dossiê Cayman.'". Mesma coisa nessa armação de dizer que o Martus teria feito um telefonema para o juiz Nicolau.

Essa infâmia explodiu no ar, porque ficou claro que o autor da suposta gravação do juiz Nicolau tinha sido indiretamente o Luiz Estevão, que quis envolver mais pessoas no assunto. Mais tarde veio a ideia, já tenho visto isto por aí, de que a gravação foi feita e o Luiz Estevão ameaçou o Eduardo Jorge com ela para que o Eduardo Jorge pressionasse o governo por causa da cassação dele. Eduardo Jorge, devo dizer aqui, não fez isso; nunca falou comigo nem com ninguém. Isso foi antes de o Luiz Estevão ser cassado, não obstante a mídia nacional deu cobertura ímpar, como se o governo fosse composto de malandros envolvidos no caso do juiz Nicolau.

Devo fazer uma exceção honrosa ao jornal *O Estado de S. Paulo* e a seus editoriais extraordinários. Telefonei ao Rui [Mesquita] para agradecer. Ontem a Globo também deu um comentário do Jabor muito bom, esclarecedor, eles perceberam que foram longe demais. Mesmo assim é uma nódoa na vida brasileira. Não nódoa do governo, é da imprensa brasileira, desse denuncismo que está tomando conta de tudo, eles não pensam duas vezes para denunciar, a opinião pública vai acabar convencida de que somos todos ladrões, quando na verdade os verdadeiros ladrões que deveriam ser perseguidos ficam soltos por aí, inclusive os da imprensa. Por exemplo, Mino Pedrosa. Por que ele fez isso? Por que a *IstoÉ* publicou? Será que o Luiz Estevão não pagou? Tudo fica obscurecido, porque a imprensa é muito poderosa.

Ontem, dia 14, já bem mais calmo, mesmo assim tumultuado com essa questão. Falei com o Pimenta, que estava no Norte, na fronteira da Guiana, com os indí-

---

* Em matéria assinada por Mino Pedrosa e Ricardo Miranda, a revista revelou grampos com menções ao ministro do Orçamento e Gestão, nos quais o juiz Nicolau dos Santos Neto citava encontros com o então secretário executivo do ministério para negociar a liberação de recursos à obra superfaturada do TRT-SP. Lalau afirmava ainda que se reunira com Eduardo Jorge em Brasília durante as campanhas presidenciais do PSDB para tratar do tema (em 1998, Jorge foi coordenador operacional da campanha). Segundo a *IstoÉ*, as interceptações teriam sido realizadas pela Abin e pela PF, mas os dois órgãos negaram oficialmente a existência dos grampos.

genas, inaugurando o telefone celular.* Coisa emocionante, falei com o cacique** a milhares de quilômetros daqui por um telefone celular; antes, para chegarem a um posto de telefonia, andavam, sei lá, 24 horas.

Despachei com Marco Maciel e, à tarde, assinei a lei que sancionou o piso salarial, nem vi nos jornais se houve alguma repercussão. Agora os governadores podem aumentar o salário mínimo, dou autorização para os governadores sancionarem o piso salarial. Foram lá as centrais sindicais menos a CUT. Diga-se de passagem que o presidente da CUT*** assinou uma nota infame dizendo que eu tinha de responder por crime de responsabilidade por essa sacanagem que andaram publicando a respeito desse tribunal de São Paulo [TRT]. É impressionante, no tribunal houve uma roubalheira, o governo não tem nada com isso nem o Congresso. No final, é como se fosse uma grande conspiração para roubar junto com o juiz Nicolau, Luiz Estevão, Fábio Monteiro [de Barros],**** e por aí vai. Uma quadra difícil do Brasil, uma quadra triste, a de ver o país chafurdando em uma série de lutas contra o Estado e seus representantes, *delenda Cartago*.

Devo dizer que todos os partidos agiram bem, PFL, PSDB, PMDB, o Geddel deu declarações, o Jorge, os governadores, o Mário Covas, houve certa reação positiva, mas no conjunto é triste ver a gente fazendo esforço para governar seriamente o país, homens honrados como o Martus, o Eduardo Jorge. Eu não vi ainda nada concreto em que eles tivessem errado, só aparências.

Isso foi ontem, na sexta-feira, dia que terminou com um encontro meu com o Sardenberg e dirigentes da SBPC.***** O Sardenberg tinha levado um ovo na SBPC à tarde,****** mas dessa vez quem jogou ovo nele foi vaiado e houve um forte protesto da direção da SBPC, que veio incorporada ao Planalto para também hipotecar solidariedade ao Sardenberg. O encontro já estava marcado, era para discutir os avanços da ciência e tecnologia. Eles estão contentes com o Sardenberg e com o

---

* O ministro das Comunicações inaugurou dois telefones públicos da Embratel na aldeia Mapuera, da tribo waiwai, em Oriximiná (PA) — terra natal do presidente da Anatel, Renato Guerreiro, que também participou da cerimônia.
** Foroxá Waiwai.
*** João Felício.
**** Dono da construtora Incal, responsável pelas obras do TRT-SP. As investigações demonstraram que a Incal era controlada de fato pelo senador Luiz Estevão.
***** A entidade encerrava sua LII Reunião Anual, no campus da UNB, sob o tema "O Brasil na sociedade do conhecimento e desafios para o século XXI". O presidente recebeu uma delegação chefiada pela presidente da SBPC, Glaci Zancan.
****** Durante a solenidade de encerramento da reunião da SBPC, no Teatro Nacional, o vice-presidente da UNE, Adriano Oliveira, esmagou um ovo na cabeça do ministro. A cerimônia foi encerrada. A maioria das universidades federais estava em greve desde o início de maio.

que está acontecendo com os novos fundos para financiamento de pesquisa,* o relacionamento está bom, o secretário executivo é um rapaz muito bom, tem ajudado bastante. À noite ainda encontrei o Vilmar e o Andrea Matarazzo, para fazermos um balanço e também para ver como resolveremos as questões de comunicação social.

Hoje, sábado, o dia foi calmo, relativamente. Mais uma confusão no *Estadão*, um motorista teria dito qualquer coisa a respeito do Eduardo Jorge, que ele se encontrava com o Lalau, sei lá o quê (Lalau é o juiz Nicolau), veja só, eles querem repetir a saga Collor.** Tem Collor, que sou eu, tem o PC, que era o Serjão, morreu, agora inventam o Eduardo Jorge, então tem que ter o motorista. Montam assim os vários componentes da tragédia brasileira que fica atormentando a memória e, mais que atormentar a memória, isso se torna o alvo de alguns jornalistas "investigativos" brasileiros. Só que desta vez não tem ladrão, não tem esses bandidos que andaram enxovalhando os cofres públicos. Não obstante, a imprensa não quer saber, quer recriar de qualquer maneira como farsa o que foi tragédia no passado.

Recebi a direção da Associação Brasileira de Antropologia, ABA, da qual sou fundador junto com a Ruth, embora eu nunca tenha sido antropólogo. Vieram o Roberto meu cunhado, meu sobrinho Paulo Roberto, o Gilberto Velho, o novo diretor do Museu Nacional,*** um antropólogo canadense, o Roque Laraia, a Yvonne Maggie e várias pessoas mais.

Foi agradável, almoçamos, conversamos, depois recebemos o Vilmar e o Eduardo Graeff para outra vez mastigar as questões do Eduardo Jorge. Ana, muito aflita, acabou de me telefonar, teme que por trás de tudo haja verdades, o que seria um perigo imenso, acha que eu tenho que me afastar desse imbróglio. Falei com a *Veja* e expliquei que não é do meu temperamento ficar entregando alguém às feras. Se eu notar alguma coisa, digo: "Bom, isto aqui está realmente errado, está bem, vou então me submeter aos fatos", mas se não houver isso não vou ficar queimando o Eduardo Jorge só para fingir que não tenho nada com a história. Não tenho mesmo nada, mas, enquanto eu não achar que o Eduardo Jorge fez alguma coisa, não posso, só por suposição, por proximidade — ele é amigo desse Luiz Estevão, mas quem não tem amigos que fazem coisas erradas? —, largá-lo. Amigos eu não diria, mas pessoas do convívio político; é horrível, mas sempre há alguma. Contudo, não acuso ninguém por proximidade — ou fez [algo errado], ou não fez.

---

* Fundos setoriais em parceria com a iniciativa privada para áreas como petróleo e gás, recursos hídricos e minerais, saúde pública, transportes e energia elétrica.

** Um dos depoimentos decisivos da investigação que levou ao impeachment de Collor em 1992 foi o do motorista Eriberto França, que admitiu transportar valores e realizar pagamentos de despesas pessoais do presidente e sua família com dinheiro de Paulo César Farias, tesoureiro da campanha eleitoral de 1989 e eminência parda do governo.

*** Luiz Fernando Dias Duarte.

Amanhã cedinho parto para Moçambique. Ruth não está aqui, foi jantar com um grupo de antropólogos, vou agora ver um filme que se chama *Chá com Mussolini*,* são nove e meia da noite.

Agora são onze e meia, vi o filme, admirável, *Chá com Mussolini*, história do fascismo de uma perspectiva de velhos ingleses que adoravam Florença, que moraram lá a vida toda. Olhando por cima a *Folha*, tendo visto os jornais — não vi ainda as revistas —, fico aqui pensando: ô meu Deus, eu tentando fazer deste país o grande país que ele é, e essa gente a cada dia, a cada minuto, só destrói. Eu tenho força, resisto, mas é difícil dar dignidade a um país, fazer com que sinta orgulhoso de si próprio. Eu sei que há razões estruturais, mas é muita canalhice. Preciso ter muita resistência para aguentar.

HOJE É QUARTA-FEIRA, DIA 19 DE JULHO. Como deixei registrado, fui para Moçambique no domingo, levei o dia inteirinho viajando, cheguei a Maputo já tarde da noite, o voo foi rápido, de oito horas e cinquenta. Levei comigo alguns deputados, entre os quais o bispo Rodrigues da Igreja Universal. Nunca tinha conversado amplamente com ele, foi a Maputo porque é amigo do [Joaquim] Chissano** e tem lá uma ou duas televisões. Também convidei um bispo católico negro, que não foi, e uma vice-reitora de uma universidade do Pará,*** também negra, que foi. Foram o Lars Grael, a Dulce Pereira, e eu tinha convidado o Ben-Hur [Eurídio Ben-Hur Ferreira], do PT,**** e também presidente da Comissão Afro-Brasileira, uma coisa assim, no Congresso,***** que não pôde ir porque é candidato a prefeito.

    Curiosas as observações do bispo Rodrigues. Primeiro contou com mais detalhes a formação da Igreja Universal do bispo Edir Macedo, como ele ajudou o bispo, o que eles fazem. O diabo é menos feio do que parece, a pressão da Globo é muito forte contra eles, menor a da Igreja Católica, mas eles são organizados e estão em sessenta países, impressionante, descreveu uma porção de coisas. Preciso saber se é verdade, mas foi interessante ouvi-lo. Maputo me deu uma impressão melhor do que eu imaginava, talvez porque eu estivesse chocado com o que vi em Angola. A cidade não chega a ser bonita, mas é bem implantada como as cidades portuguesas. Uma baía que não se compara às nossas, as praias não existem, o mar vem até a

---

* *Tea with Mussolini* (1999), longa de ficção dirigido por Franco Zeffirelli.
** Presidente de Moçambique.
*** Zélia Amador de Deus, ex-vice-reitora da UFPA, professora de artes e membro do Grupo de Trabalho Interministerial para Valorização da População Negra.
**** Deputado federal (MS) e candidato a prefeito de Campo Grande.
***** Presidente da Frente Parlamentar Brasil-África.

falésia, mas não tem areia. O clima estava agradável e a cidade ainda sofre os efeitos da enchente que assolou o país.*

Lá me encontrei com todos os presidentes da CPLP. Os de sempre, que conheço e gosto: o Jorge Sampaio e o António Guterres, sempre bem ambos, gente de outro nível de civilidade comparada com os políticos brasileiros. Eu não conhecia o Chissano, tinha *mixed feelings* a seu respeito, ele fala devagar, fala bem inglês, foi quadro partidário, não sei se andou lá pela União Soviética, estudou medicina em Poitiers, na França, não terminou, fala bem francês, é inteligente. Dizem que fez algumas críticas ao racismo no Brasil, eu não estava presente; dependendo do teor da crítica, pode ter razão. Comigo foi extremamente gentil toda vez que estivemos almoçando, jantando, fez agradecimentos públicos porque cancelamos a dívida de Moçambique** e também por causa do problema da aids.***

A aids é realmente uma coisa horrorosa na África, mais de 20% da população de Moçambique está contaminada, na África do Sul o índice é maior ainda, parece que metade da população economicamente ativa da África do Sul, a força do trabalho, morrerá de aids nos próximos dez anos. Em Botsuana parece que eles controlaram, porém o nível ainda é altíssimo; no Zimbábue, pior, eles não têm recursos para cuidar dos que já estão infectados, gostariam de evitar que houvesse a disseminação da moléstia. O Paulo Teixeira,**** do Ministério da Saúde, fez bom papel lá, o ministério tem realizado um bom trabalho; é caro mas necessário. Fora isso, a impressão bizarra do novo presidente da Guiné-Bissau, sempre com um barrete vermelho na cabeça, meio poeta, tem 47 anos, fala muito, não lembro bem o nome dele, tem um nome africano,***** e fez um discurso. Ele não entende os militares nem eles entendem a democracia no país dele, mas quem manda é ele. Uma coisa assim entre ingênua e atrevida.

Estava lá o Xanana Gusmão, como sempre agradável, simpático, fala mais do que o presidente de Moçambique, mas é um homem de trato. Lá estava também o Horta [José Ramos-Horta],****** um bispo parece que português,******* católico,

---

* Entre fevereiro e março de 2000, o sul e o centro de Moçambique foram devastados por enchentes causadas por um ciclone, que deixaram cerca de oitocentos mortos e mais de 5 milhões de desabrigados.

** O débito moçambicano foi avaliado na época em US$ 450 milhões.

*** O Brasil anunciara a doação de medicamentos anti-HIV e firmara um convênio de cooperação técnica com o governo moçambicano. Estimava-se que 16% da população local estava infectada, segundo dados oficiais.

**** Coordenador do Programa Nacional de DST/Aids.

***** Kumba Ialá.

****** Ministro de Relações Exteriores do governo de transição do Timor. Ramos-Horta dividiu o prêmio Nobel da Paz de 1996 com o bispo de Dili, Carlos Ximenes Belo.

******* Ramos-Horta nasceu no Timor Leste, de pai português.

que pregou sempre a libertação do Timor. Nada de especial saiu das conversas nem dos discursos do Xanana, mas é uma pessoa que se vê que tem força interior. O presidente do Cabo Verde* eu já conhecia, esteve aqui no Brasil, é um homem de bom aspecto, inteligente. Impressiona bem o presidente de São Tomé e Príncipe, que é uma ilha; ele chama-se [Miguel] Trovoada, veio da resistência, está sempre cercado por guardas, mas, quando conversa, tem experiência de vida, é razoável. A reunião da CPLP não teve nada de especial, a não ser que elegemos a Dulce Pereira.

Voltamos ontem, passamos o dia viajando, aí, sim, quase onze horas e tanto de voo, muito cansaço. Cheguei aqui e vi uma partida de futebol do Brasil com o Paraguai, péssima. O Brasil jogou mal, perdeu por 2 a 1.**

Hoje, quarta-feira, levei o dia trabalhando, e muito: discutindo a questão de financiamento de casa própria e saneamento, não se chegou a um resultado realmente satisfatório; discutindo o chamado IDH-12, ou seja, os estados mais pobres, o que fazer; discutindo com a área econômica, o FMI não quer deixar que se baixe a meta para o ano 2001 para o nível de superávit que queremos — vai baixar de 3,35% a 3% do PIB, mas queríamos que fossem dois e qualquer coisa, 2,70%. É difícil conseguir isso e, sem isso, limitam-se muito os gastos para 2001, o que influi nos gastos do programa IDH de combate à pobreza. Se bem que eu acho que estamos fazendo programas, programas e mais programas, e perdendo um pouco o rumo de tantos programas. Os programas fundamentais, de saúde, educação e acesso à terra, estão bem estruturados, estão funcionando, são estruturais. Não vão ter resultados espetaculares, porque nessas questões os resultados nunca são espetaculares, mas estão no bom caminho.

No fim do dia, Edward Amadeo, que está substituindo Malan no Ministério da Fazenda,*** disse, com razão, que precisamos fazer uma coisa nova: nos concentrar na Bolsa Escola, distribuirmos mais Bolsas Escola, que é uma distribuição direta de renda. É possível que seja mais eficaz, mas noto certa ansiedade nos ministros que querem que as coisas apareçam. O desgaste meu e do governo é enorme nestes dias, o estrago causado pela "questão Eduardo Jorge" foi incomensurável, o maior que já sofri sem ter feito nada. Não há nada que me atinja nessa matéria, nem ao Eduardo, penso, embora o Eduardo tenha se enveredado a ganhar dinheiro depressa, mas nada que não esteja nas regras desse jogo selvagem do capitalismo brasileiro. Ele saiu do governo há mais de dois anos, e me lembrei do Getúlio, da sanha dos inimigos.**** Hoje o Arthur Virgílio fez um discurso bom, pelo que ouvi dos ecos no Congresso, dizendo um pouco isso e botando travas no PT. Nem é o PT; é a imprensa, ela tem sanha, quer destruir. Começo a me preocupar com essa capacidade que

---

* Pedro Rodrigues Pires.
** Jogo válido pelas Eliminatórias da Copa do Mundo de 2002, disputado em Assunção.
*** O titular da pasta viajara em missão oficial ao exterior.
**** Alusão ao "mar de lama" denunciado pela oposição udenista no segundo governo Vargas (1951-4).

ela tem de destruir, de paralisar, porque não há base nenhuma para tanta onda, e a consequência é o meu descrédito popular crescente, e o do governo, altamente injusto. Mas a política não é regida por leis de justiça, é regida por leis dos mais fortes. A imprensa está ficando mais forte que o governo e será muito difícil de reverter.

Amanhã vou ao Rio Grande do Sul para a inauguração de uma fábrica da GM,* de novo haverá demonstrações, o PT com seu irracionalismo, e no meio disso eu tentando plantar um Brasil para o futuro.

HOJE É SÁBADO, DIA 22 DE JULHO. Na quarta-feira, recebi também o Jeb Bush, governador da Flórida — veio com Rubens Barbosa —, ele é filho do [George] Bush, que foi presidente, que eu conheço e com quem estive várias vezes. O rapaz é desses jovens americanos altíssimos, simpático. Recebi mais dois estrangeiros, o sr. Mark Moody-Stuart, presidente mundial do grupo Shell,** e o presidente de uma empresa de nome Coastal Corporation, o sr. David Arledge. Os dois vieram contar dos investimentos que estão fazendo no Brasil, ou que vão fazer, esse David Arledge disse que a empresa dele se juntou a uma outra dos Estados Unidos. Vai ser a maior do mundo, está fazendo pesquisa de petróleo *offshore* aqui no Brasil e disse que eu podia ter certeza de que meu nome estava escrito na história, blá-blá-blá. Também os da Shell, enfim, os que conhecem o mundo, sabem o que estamos fazendo, eles com muita confiança no crescimento da economia brasileira, eu também.

Na quinta-feira, dia 20, fui à inauguração da fábrica da General Motors em Gravataí e fiz um discurso como os que faço, enaltecendo a capacidade brasileira de ter superado a crise. Fiz referência ao [Antônio] Britto, estava o Olívio Dutra, seu discurso foi bom, cordial, reconhecendo que a política do governo estava ajudando, embora querendo capitalizar para si os louros da fábrica da General Motors. Ora, os louros são do Britto e meu, ele apenas ajustou o contrato, sei lá como, deixando obras que não serão feitas e que no futuro vão querer que o governo federal faça. Porém o discurso do Olívio foi um discurso correto. Eu disse: "O seu discurso estava dando exemplo de qual é o novo Brasil". Mostrei que mesmo em oposição nós podíamos trabalhar pelo Brasil.*** Resultado: a imprensa entendeu que isso era um

---

* A montadora norte-americana inaugurou uma fábrica em Gravataí, região metropolitana de Porto Alegre, com capacidade de produzir 60 mil carros por ano.
** CEO da divisão de transportes e *trading* da multinacional anglo-holandesa.
*** "As palavras do governador eu assino embaixo — é o exemplo mais direto do que estamos fazendo no Brasil. E isso é, também, simbólico. É simbólico porque o governador não pertence ao meu partido. Pertence a um partido que está na oposição. E daí, governador? Nós somos brasileiros, queremos o bem do Brasil. Vamos unir as forças, quando for necessário. Vamos estar juntos, para o bem do povo. Vamos esquecer os sectarismos, os ódios, as malquerenças, a má-fé, a impostura, quando for para o bem do Brasil". (Biblioteca da Presidência.)

recado à oposição, que eu queria armistício na questão de Eduardo Jorge, que propunha paz com a oposição, com o Brizola, e já reagiram contra.

Este é o nosso Brasil. A imprensa reproduz na televisão um pedacinho do meu discurso, não diz que foi em resposta a uma argumentação do Olívio Dutra, a ideia não foi minha, foi dele, de cooperação, achei boa no plano administrativo, entretanto interpretam à luz dos acontecimentos momentâneos, e sempre em desfavor do presidente, que, segundo ela [a imprensa], está pedindo trégua porque não aguenta mais a pressão. O discurso, de qualquer maneira, teve repercussão, porque cometi uma gafe. No final, agradeci à Ford, e foi justamente a Ford que o Olívio expulsou do Rio Grande do Sul.

Na noite da quinta-feira, ainda passei na homenagem ao Marco Maciel no Clube das Nações.* Estavam lá todos os jornalistas, não falei com eles, fiquei numa sala à parte com o Pimenta, o Zé Gregori, o Serra, o Inocêncio e o Bornhausen e os nossos, a Ruth, a Anna Maria [Maciel], mulher do Marco, e outras senhoras mais. Foi muito agradável, nos divertimos bastante. E hoje, sábado, leio que estávamos discutindo o caso do Eduardo Jorge. Ninguém tocou no assunto, a imprensa agitadíssima perguntando a uns e outros sobre o caso Eduardo Jorge.

Ontem, sexta-feira, foi um dia mais calmo, de manhã recebi aqui o Jorge da Cunha Lima, depois o Johnny Saad,** que se chama João Carlos Saad, com o Pimenta e vários representantes de televisão, para discutirmos a digitalização da televisão. À tarde recebi o presidente da EDF, François Roussely, que veio mostrar o que está fazendo na empresa, ela controla a Light,*** não sei o quê, ele muito entusiasmado com tudo que se faz por aqui. Depois recebi o Rafael de Almeida Magalhães com o Eliezer Batista, que sempre tem ideias generosas, grandiosas.**** Ele disse, com razão, que nessa reunião dos países da América do Sul nós deveríamos retomar a velha proposta dele de ação regional na América do Sul em termos de comunicação, telecomunicação, energia e tudo mais.

Houve um fato curioso no negócio do Eduardo Jorge. A *Folha* deu uma manchete na quinta-feira***** — incrível, só a *Folha* é capaz de tanto — dizendo que o Pa-

---

* O vice-presidente completava sessenta anos de idade.

** Vice-presidente da rede Bandeirantes.

*** Em 1996, a estatal francesa comprou 34% das ações da Light, dividindo o controle da empresa com grupos norte-americanos e uma subsidiária do BNDES.

**** Batista e Magalhães formularam uma parceria público-privada para a execução de 42 obras de infraestrutura logística nas regiões Sul, Sudeste e Centro-Oeste, tendo como polo central o porto de Sepetiba. Integrado por empresas como Vale, Bunge e Unibanco, o megaprojeto foi anunciado no final de junho de 2000 com a fundação da Companhia de Desenvolvimento do Sudeste (CDSE).

***** Com a manchete "Planalto teme arquivo pessoal de EJ", a *Folha* de 20 de julho noticiou que o ex-secretário-geral contratara uma empresa de investigação privada para descobrir os autores do dossiê Cayman e que tinha em seu poder documentos reservados da PF sobre a trama da fal-

lácio do Planalto estava preocupado, que o Eduardo Jorge podia dar com a língua nos dentes porque ele sabia do dossiê Cayman, que ela chamava de dossiê Caribe. Ele guardaria no banheiro do Palácio do Planalto documentos sobre isso, relatórios que a Polícia Federal tinha dado a ele. Uma infâmia, só para tentar dizer que há ligações também com o dossiê Cayman, renascendo essa maldita farsa, que a *Folha* sabe que é farsa, mas mantém. Pois bem, o Serra me tinha dado uma carta que ele escreveu sobre isso, violentíssima, demolidora mesmo, com dados que nem eu tinha percebido. Quando aconteceu o dossiê Cayman, em setembro, outubro de 1998, Eduardo não era mais secretário-geral da Presidência, logo não havia relatório possível a ser dado a ele nem documento a ser guardado por ele, porque Eduardo não trabalhava no governo fazia cinco meses. Mas a *Folha* não checa nada, destrói.

O *Estadão*, como sempre mais moderado, mostra os dados que o IBGE publicou sobre a Pnad de 1999, e os dados sociais são ótimos. O avanço é grande nessa área, é inegável, os jornais têm que dizer, houve emprego, a retração de renda também é inegável, mas por causa da crise 1998-9, e espero que estejamos recuperando a renda.* De qualquer forma, a discussão sobre a Pnad deu margem a que se volte um pouco a tomar pé da realidade, o Brasil está melhorando, até o *Jornal do Brasil*, que também tem sido bastante duvidoso, botou uma manchete menos ruim: "Dados mostram que o Brasil vai menos mal". "Menos mal" eu usei para não dizer "de mal a melhor", porque se eu disser isso vem imediatamente uma onda negativa dizendo que estamos arrotando grandeza e que não há razões para tanto. Mas o *Jornal do Brasil* botou a seguinte manchete: "Salário cai em todas as faixas e governo embolsa a diferença".** Isso é inimaginável, esse é o nível contra o qual tenho que deblaterar. Já anotei que se trata de uma questão de poder, com a mídia querendo ganhar do governo, conquistando os corações e as mentes.

Agora estou aqui arrumando papéis, neste sábado vem almoçar meu primo Carlos [Ignácio], acabei de falar com a Ruth, ela está no Rio com a United Nations Foundation, e várias pessoas importantes, a Emma Rotschild, o Amartya Sen etc., vou passar a tarde trabalhando nos meus papéis.

Mas ainda vou contar outra coisa: ontem o Everardo Maciel me telefonou, eu tinha perguntado a ele se constava alguma coisa na Receita sobre o Eduardo Jorge, primeiro ele disse que não, mas ontem me telefonou para dizer que

---

sificação. Segundo o jornal, Jorge também possuía dossiês contra políticos como Orestes Quércia e Mário Covas.

* A pesquisa do IBGE mostrou que a renda média dos trabalhadores fora de R$ 525 em 1999, queda real de 6,4% em relação a 1995. Por outro lado, uma série de indicadores sociais — nível de instrução, saúde, consumo de bens duráveis, acesso a esgotamento sanitário, água tratada, coleta de lixo etc. — mostrou evolução positiva.

** O diário carioca destacou o aumento da carga tributária entre 1995 e 1999, de 29,4% para 30,3% do PIB.

sim, que a Procuradoria da República em Goiás havia pedido um levantamento rigoroso da vida fiscal do Eduardo Jorge. Disse que existe um levantamento dos últimos cinco anos, inclusive nos cartórios de Brasília, e não encontraram nada de irregular. Isso é ótimo, já mandei avisar o Eduardo, para ele fazer o pedido de *habeas data* e dizer: "A Procuradoria está fazendo uma farra, diz que vai me investigar, já me investigou, não encontrou nada". Isso é muito bom. Queria dizer também que todos os partidos estão solidários, Antônio Carlos me telefonou de Paris anteontem para dizer que na volta quer falar comigo, mas está firme, o Jader também, Moreira Franco esteve comigo, almoçou, pedi que ele ficasse mais ativo na parte política do governo, Geddel também, o PSDB inteiro, hoje li o discurso do Arthur Virgílio, foi admirável, rechaçando todas essas insinuações. Enfim, não é crise política. O Moreira disse com precisão: para "quem é ético" é difícil, porque quando há uma suspeita (sobre o Eduardo) evidentemente respinga no governo, e é muito difícil de lidar com o caso.

Paulo Renato me telefonou ontem dos Estados Unidos dizendo que o repórter da *Folha*, o correspondente em Washington,* disse a ele que a *Folha* está quase pronta para publicar o resultado da investigação americana sobre o dossiê Cayman que vai mostrar — duvido que a *Folha* faça isto, quero ver — que o governo não tem nada com o assunto. Disse que um tal de — não me lembro do cara, talvez Oscar [de Barros]** — deu com a língua nos dentes nos Estados Unidos, não sei se é verdade. Tomara seja, pelo menos um fato concreto.

HOJE É DOMINGO, DIA 23. Ontem no fim do dia recebi o Vilmar e o Eduardo Graeff, conversamos mais uma vez sobre Eduardo Jorge. Eu li a *Veja*, que diz que Eduardo operava quando era secretário do governo, na verdade menciona a nomeação de um tal [Luiz Augusto] Vasconcellos para a Previ,*** que depois foi para a BB Seguradora.**** Esse Vasconcellos foi posto na Previ por indicação do Pimenta, trabalhava com o Pimenta na campanha eleitoral, eu mal o conhecia, durou pouco tempo na Previ, uns seis meses. Por quê? É que ele parecia — é o que vinha aos meus ouvidos — aloprado, falava o meu nome a toda hora, dizia ter intimidade comigo, coisa que nunca teve, eu dificilmente o reconheceria se o encontrasse por aí, não sabia sequer que tinha ido parar na BB Seguradora. Pode até ser que o Eduardo o tenha posto lá porque foi vizinho de apartamento dele, e Eduardo sempre quis

---

* Marcio Aith.
** Barros e José Maria Ferraz, donos da Overland Advisory Services, empresa sediada em Miami, haviam sido presos pelo FBI por lavagem de dinheiro e confessaram ter forjado os documentos do dossiê para vendê-los a políticos brasileiros.
*** Vasconcellos presidiu a Previ em 1996.
**** Brasil Saúde.

ter alguém na Previ que não fizesse o jogo dos adversários e que fosse moralizador. Era essa a conversa do Eduardo comigo, sempre foi assim. Isso na Veja virou outra prova de que o Eduardo operava, e parece que esse Vasconcellos, junto com o Zé Maria Monteiro [José Maria Monteiro],* fez alguma coisa com a Cosesp de São Paulo,** o que é possível ter havido, não sei, mas é preciso ver se é regular ou irregular — certamente é regular. A coisa é fantasmagórica: a Veja fala da Maria Delith, irmã do Eduardo Jorge, o texto da matéria diz que não há nada contra os familiares e que eles cultuam a inocência, mas aparece aquela coisa do "contágio". Eduardo Jorge aparece ligado ao Lalau, logo a Delith... e por aí vai.

A preocupação, na conversa minha com o Graeff e Vilmar, é que consta que o Eduardo Jorge vai dar uma coletiva à imprensa na quarta-feira. Tenho medo da condição emocional dele. Eduardo é assessor técnico, funcionário do Senado, nunca foi ator político, resolveu ir para a vida privada, e certamente algum assessor de imprensa resolveu que ele tinha, digamos, que banalizar sua presença na vida econômica, e ele começou a dar entrevista. Eduardo não é para isso, o que, somado ao risco de certa vaidade, dá em besteira. Eu disse ao Eduardo Graeff que ia falar com a Delith, não quero que depois digam que eu não quis que o Eduardo fizesse isso, fizesse aquilo... Não vou monitorar o Eduardo, ele que se defenda com firmeza dessas questões todas, confio que vá fazer isso.

A Globo disse ontem que o Eduardo era sócio da Montreal.*** Ora, que eu saiba, a Montreal é do Montenegro,**** do homem do Ibope, tinha que ter mais gente funcionando na Montreal, isso para mim cai das nuvens, não dá para entender como é que a Globo entra nessa. Ou o Eduardo é um enorme farsante, ou a mídia enlouqueceu — esta talvez seja a hipótese mais verdadeira. Hoje o Elio Gaspari escreve um artigo sensato, dizendo que até agora não apareceu nada de concreto contra o Eduardo, uma coisa ilícita do Eduardo. Já o Josias pede que eu me defenda, que estou me passando por bobo, porque a defesa que fazem de mim é que não sei de nada. A verdade é que eu não sei e não tenho por que saber [da vida privada do Eduardo Jorge].

---

* Ex-presidente da Companhia de Seguros do Estado de São Paulo (Cosesp).
** A consultoria Meta, da qual Eduardo Jorge era sócio, assessorara a Sul América Seguros (parceira do BB na Brasil Saúde) na aquisição de um prédio da Cosesp no centro de São Paulo. A transação fora uma contrapartida à transferência da carteira de seguros automotivos da estatal paulista para a Sul América.
*** Em fevereiro de 1999, a Montreal Informática fora contratada sem licitação pelo Ministério da Justiça para administrar os sistemas do Registro Nacional de Veículos Automotores (Renavam) e o Registro Nacional de Carteiras de Habilitação (Renach), até então sob responsabilidade do Serpro (Serviço Federal de Processamento de Dados). Jorge, que supostamente prestara consultoria à Montreal, foi acusado pelo MPF de ter participação societária na empresa e de fazer lobby para prorrogar os contratos, cujos valores alcançaram R$ 36 milhões.
**** Carlos Augusto Montenegro, presidente do Ibope, não era sócio da Montreal.

O *Estadão* também tem um editorial magnífico, o Rui como sempre extraordinário, o *Estadão* tem sido cem por cento. Mas fala das minhas hesitações para demitir ajudantes. Um, o Júlio César [Gomes dos Santos]. Ora, o Júlio eu dispensei imediatamente, não lembro se mandei uma carta a ele, mas foi logo afastado, e o Júlio não tem nada a ver com o caso Sivam. O problema — eu sabia do Sivam por dentro, porque foi no tempo do Itamar que se fez a licitação do Sivam — foi que o Júlio entrou nisso para pedir ao Sarney que atuasse junto ao Gilberto Miranda, porque o Gilberto Miranda, como relator, estava atrapalhando, e havia um compromisso do governo Itamar com os Estados Unidos.* Eu era ministro da Fazenda, não participei dessa negociação, porque o ministro da Fazenda não é membro do Conselho de Defesa Nacional. Foi isso que aconteceu, o Júlio não fez a ligação com o tal pessoal, não poderia ter interferido, ele não fez lobby pelo Sivam. Eu sabia disso, mesmo assim o afastei porque ele aceitou uma carona, fiquei sabendo disso depois.**

Com o Clóvis, meu Deus do céu... O Clóvis estava fora, ele falou um dia e viajou no outro. Quando vi a repercussão, chamei o Clóvis e no mesmo dia ele foi demitido. Um grande amigo meu, um homem decente, foi um escorregão verbal dele. Qual é a hesitação que eu tive? O Xico Graziano, que andou misturado com a Polícia Federal nessa coisa contra o Júlio, também foi demitido logo em seguida. Não pôde ser na hora porque não havia provas, ninguém sabia realmente das coisas. O Chico Lopes eu demiti não por malversação de fundos, tampouco fazia ideia da ligação dele com a Macrométrica, nem sei se teve. Foi demitido por não controlar a corrida bancária na sexta-feira; no sábado mandei convidar o Armínio, no domingo o Armínio aceitou, na segunda demiti o Chico Lopes. Agora dizem que eu fico hesitando entre o interesse público e o dos meus amigos. Ah, é uma coisa de maluco.

Mas o noticiário é assim mesmo, todo mundo sabe que o exercício do poder é isto, todo mundo de olho, todo mundo criticando, você pode agir certo ou errado. Se demite com precipitação, é um precipitado; se não, se é uma pessoa como eu, que considera os outros e que mede as consequências dos atos, é porque hesita. Não adianta chorar pitangas, melhor é ir em frente.

---

* O governo Itamar Franco se comprometera com o Eximbank, financiador da construção do Sivam, a concluir os trâmites legislativos para a aprovação do empréstimo até o final de 1995. Fernando Henrique pediu que o embaixador Gomes dos Santos (na época seu assessor) solicitasse ao senador José Sarney a aceleração da entrega do parecer da comissão especial sobre o empréstimo, a cargo de seu colega peemedebista Gilberto Miranda.

** José Afonso Assumpção, dono da Líder Táxi Aéreo e representante da Raytheon no Brasil. A empresa norte-americana venceu a licitação do Sivam, concluída em 1994. O então senador Gilberto Miranda (PMDB-AM) era relator do pedido de empréstimo internacional para a implantação do sistema. Em 1995, Gomes dos Santos aceitara uma carona no jatinho de Assumpção durante férias nos EUA.

Duas coisas: falei com o Jabor ontem à noite, está muito solidário, o Giannotti já me havia telefonado também solidário, Alejandra Herrera também. Eu disse a ela que o Cláudio Humberto inventou muita coisa a respeito dela, a meu respeito... São coisas sem fundamento, mas é um inferno.

HOJE É QUARTA-FEIRA, DIA 26 DE JULHO. Primeiro uma breve correção. Eu vi que nas últimas partes gravadas desta fita eu disse que a Montreal era do Montenegro. Não é verdade, os donos da Montreal* apareceram na televisão para desmentir a Globo, disseram que estão nessa empresa há dezesseis anos. Acontece que o Montenegro, acho eu, tem uma associação com a Montreal. Por que digo isso? Porque ele, numa das vezes que esteve comigo, me falou que tinha um contrato, queria que se resolvesse a questão do contrato dele, e acho que é disso que estão acusando o Eduardo Jorge agora. Ele disse para eu mandar ver, não sei se fui eu que falei com o Eduardo Jorge sobre isso ou se foi o próprio Montenegro. Eduardo Jorge, por conta própria, terá perguntado ao [Antonio] Anastasia** sobre esse contrato. Ocorre que a decisão do ministro da época, que era o Zé Carlos Dias, foi de fazermos licitação. Consultou a mim, mandou até uma nota sobre isso, anteontem telefonei ao Zé Carlos Dias, botei no viva-voz o general Cardoso e o Luciano, que ouviram minha conversa com Zé Carlos Dias, quando isso tudo foi dito claramente. Não há nenhuma maracutaia, nem a mais remota, não obstante é mais um dado do "escândalo Eduardo Jorge". Pura farsa.

Retomando, no domingo almocei com a Gilda Portugal Gouvêa,*** a Ruth estava no Rio de Janeiro, na reunião da United Nations Foundation, passamos em revista coisas em geral e também questões do Ministério da Educação, ela tem admiração pelo Paulo Renato, eu também tenho. À noite recebi membros da United Nations Foundation, Ted Turner, a *girlfriend* dele,**** como me apresentou, uma jovem francesa que foi educada na Argentina e morou na China, uma confusão, estavam também [Muhammad] Yunus, que é o homem do Banco Popular de Bangladesh,***** o Andrew Young (ex-prefeito de Atlanta), que tinha recebido um doutorado honoris causa comigo e com o Albert Hirschman****** na Universidade Rutgers,******* e também a Emma Rotschild e o Amartya Sen. A Emma eu conheço

---

* Paulo Assunção e Marcos Coutinho.
** Secretário executivo do Ministério da Justiça.
*** Professora de sociologia da Unicamp.
**** Frédérique d'Aragon.
***** Grameen Bank, especializado em microcrédito social.
****** Economista alemão radicado nos EUA, pesquisador do Institute for Advanced Study, em Princeton.
******* O galardão foi atribuído em 1978.

há muitos anos, da casa da filha de Hirschman* em Paris nos anos 1970, Amartya Sen mais recentemente. O jantar transcorreu muito agradavelmente, também estava o canadense que sempre fala do meio ambiente, Maurice Strong,** a quem dei uma a medalha.***

No dia seguinte, segunda-feira, fiz a mesma coisa com Amartya Sen**** no Palácio do Planalto, com discurso. À tarde, recebi o [Nelson] Marchezan***** para preparar o controle de preço dos remédios, que não pode continuar subindo. Grande discussão, Malan por um lado, Serra por outro, Zé Gregori no meio, enfim, chegou-se a um entendimento: ontem anunciei a suspensão do acordo de aumento de preços com os laboratórios até o fim do ano, e até lá vai se montar algum esquema para essa questão, que é um disparate mesmo. Tivemos reuniões incessantemente sobre assuntos de orçamento, políticos, encaminhamento do caso Eduardo Jorge, nada muito especial.

À noite ainda me encontrei com o Pimenta mais o Arthur e o Arruda, para discutir a estratégia de defesa do governo. O discurso que o Arthur Virgílio fez no Congresso foi admirável, já tenho louvado por todos os lados, porque ele coloca as coisas com muita força e traz alguns fatos interessantes, inclusive que em 1996 houve um aumento das verbas do TRT sem que ninguém pedisse, proposto pelo deputado [João] Coser, do PT do Espírito Santo. Foi estranho, porque não houve pedido nem do tribunal nem de ninguém. Quem lê as coisas com tranquilidade vê que o governo federal nem tem como interferir nessa verba. Se houve malandragem, obviamente não foi só do juiz Nicolau; essa malandragem deve ter o apoio de um grupo do Congresso que não apareceu ainda. Houve também alteração não só no TRT como no TST; não dá para mexer em tanta verba sem a cumplicidade de mais gente, mas o culpado é um só: Eduardo Jorge... Até hoje não houve nada que o incriminasse, mas a onda é essa.

Na terça-feira, ontem, tive a visita oficial do presidente da Romênia, chama-se Emil Constantinescu, um homem muito interessante, moderno, simpático, oferecendo propostas claras para a relação do Brasil com a Romênia. Sessenta por cento do que eles falam é em romeno, 40% é meio eslavo, então fica complicado. De qualquer forma, ele falou comigo em francês; quando falava em romeno, tinha tradutor. Fiquei entusiasmado por ver que num país como a Romênia se manteve

---

* Lisa Hirschman Gourevitch.
** Ex-secretário-geral da Conferência das Nações Unidas sobre Meio Ambiente e Desenvolvimento (ECO-92), realizada no Rio de Janeiro.
*** Strong recebeu a Grã-Cruz da Ordem Nacional do Cruzeiro do Sul, conferida a personalidades estrangeiras.
**** Grã-Cruz da Ordem Nacional do Mérito Científico.
***** Deputado federal (PSDB-RS) e presidente da CPI dos Medicamentos, instalada na Câmara em novembro de 1999 para investigar fraudes e cartéis no setor.

a cultura latina e que foi possível uma visão tão clara, como ele tem, sobre as vicissitudes da Romênia, da Europa, com uma visão muito interessante da Europa, da Europa Central, aberta para a Eurásia.

Despachei com os comandantes do Exército e da Marinha, assinei também o Fundo de Desenvolvimento Tecnológico,* e à noite jantei com Arthur, com o Andrea Matarazzo e com o Paulo de Tarso [da Cunha Santos], filho do Paulo de Tarso Santos, que é irmão do Luís Carlos Santos. Esse rapaz [Paulinho de Tarso] trabalha com publicidade, veio tratar da minha imagem, da recuperação de prestígio nos trinta meses que faltam de governo.

O clima continua ruim, basta ler os jornais. Esse Ciro agora diz que eu não roubo mas deixo roubar. Vou interpelá-lo, quem roubou? Convém não esquecer o que se dizia do Canal do Trabalhador,** quando ele era governador. É tudo leviandade e mau-caráter, o Lula é um mau-caratismo mais popular, o Ciro é de classe média, é pior. Ainda não houve nenhuma resposta, eu soube disso agora, mas vou tratar de responder, porque o Ciro eu não engulo; ele tem aquela petulância própria do impostor. Veio também a Graça Machel,*** que é uma pessoa agradabilíssima. Saiu uma enorme fotografia minha com ela no *Jornal do Brasil*, dando a impressão de que eu a estava beijando na boca, uma falta de respeito absoluta, embora a fotografia tenha saído bonita. Ela hoje é mulher do Mandela, é um detalhe, mas os detalhes também contam.

HOJE É QUINTA-FEIRA, DIA 27 DE JULHO, são dez e meia da noite. Acordei cedo porque tinha jantado ontem na casa do Lampreia, foi um jantar agradável, levei o Jovelino Mineiro, depois ele dormiu aqui. Por fim, vi o jogo do Brasil com a Argentina, o Brasil ganhou por 3 a 1,**** surpresa, porque vinha jogando mal as partidas internacionais nos últimos tempos. Comi bastante, bebi muito, o fato é que estava cansado, extenuado hoje. Agora à noite chamei até o médico, porque passei o dia com dor de barriga.

O dia de ontem transcorreu igual aos outros, o que, infelizmente, quer dizer que foi um dia tumultuado. A *Folha* e o *Correio Braziliense* em campanha, no fundo querem provocar uma crise, provocar o impeachment, e vão puxando aqui, ali,

---

* O presidente assinou o projeto de lei que criou o Fundo para o Desenvolvimento Tecnológico das Telecomunicações (Funttel), convertido na lei nº 10052/2000.
** Canal artificial entre os açudes Orós e Pacajus para o abastecimento de Fortaleza, no Ceará, inaugurado em 1993. O projeto original do canal — construído sem licitação ao custo de R$ 48 milhões, divididos entre a União e o governo cearense — continha erros cuja correção elevou o preço da obra em R$ 14 milhões.
*** Membro do conselho da UN Foundation.
**** Partida disputada no Morumbi, em São Paulo.

para ver se me pegam em alguma curva, o que não vão conseguir, porque não há nada objetivamente para me pegar.

No almoço, falei com o Ottaviano de Fiore,* isso depois de ter tido uma reunião grande sobre o setor elétrico, na qual o ministro Tourinho explicou o que está fazendo para evitar que haja falta de energia nos próximos anos. Fiore veio falar sobre bibliotecas populares com muito entusiasmo, conversei um pouco sobre o Weffort e algumas preocupações de muita crítica ao Weffort. O Fiore é um cavalheiro, um gentleman, na verdade ele quase me convenceu mesmo de que, apesar das críticas, qualquer mudança lá poderia ser pior a emenda do que o soneto.

Depois do almoço recebi: o Fernando Bezerra, que veio falar sobre a transposição do São Francisco; Amazonino Mendes, com reivindicações para o Amazonas; e depois o Goldman, uma conversa de velhos companheiros. Gostei de ver o Goldman tão solidário comigo e mostrando que há necessidade de o governo se meter nas áreas metropolitanas. Eu disse a ele que nós estamos preparando alguma coisa nessa direção e que o Moreira Franco vai ser o presidente da Secretaria de Desenvolvimento Urbano.

Hoje, quinta-feira, continua o clima muito ruim. De manhã tive uma reunião no Palácio da Alvorada para discutir o que agora se chama IDH-14, que é o Programa de Combate à Miséria** nas áreas mais pobres do Brasil. Depois recebi o Ronaldo Sardenberg, que fez uma análise longa dos trabalhos dele, e nessa área encontramos saídas. O Sardenberg está entusiasmado, eu também, esses fundos [setoriais] que criamos para dar mais recursos à pesquisa vão ter efeito. Acho que foi tudo muito bem.

Almocei com o presidente do Senado, Antônio Carlos, mas antes do almoço veio aqui o presidente do Banco do Brasil, uma pessoa muito discreta, um homem correto, o Paolo Zaghen. Ele me trouxe uma coisa complicada: aquele Luiz Vasconcellos, que deu dor de cabeça na Previ e foi posto na Brasil Saúde, tinha um contrato com aparente irregularidade. Não gostei, pode ser que depois haja algum desdobramento das confusões em que estão metendo o Eduardo Jorge. Fiquei preocupado. Vamos ver, por enquanto são só vagas suspeitas. Se houver qualquer problema, põe-se para fora o tal Luiz Vasconcellos.

O almoço com Antônio Carlos foi bem. Ele chegou da Europa, achei-o muito gordo e abatido, mas com espírito ágil. Contei que o Martus tinha feito passo a passo a descrição do que aconteceu no caso do TRT. Ele entendeu logo a importância do que lhe mostrei, a decisão do Supremo Tribunal que repete ipsis litteris o que está

---

* Secretário nacional do Livro e Leitura do Ministério da Cultura.
** O Programa de Desenvolvimento Integrado Socieconômico — que em setembro de 2000 mudou de nome para Projeto Alvorada, agregando outras iniciativas — previa a aplicação de R$ 13 bilhões em projetos sociais para municípios de catorze Estados (Nordeste mais Acre, Pará, Rondônia, Roraima e Tocantins) com baixo IDH.

dito pelos tribunais, portanto não há como o governo federal mexer nas verbas [do Judiciário]. Depois desse almoço, o Antônio Carlos fez a minha defesa e colocou a responsabilidade também no TCU. Enfim, repôs essa malandragem do TRT nos trilhos de onde nunca devia ter saído; achei o Antônio Carlos até disposto a defender a posição do governo. Falei com ele sobre a transposição do São Francisco, ele está de acordo, e também está de acordo com o uso da verba do Fundo de Combate à Pobreza para esse programa do IDH. Eu o achei com bom ânimo, tomara. Que bom.

Depois recebi no Palácio do Planalto o [Erling] Lorentzen, presidente da Aracruz Celulose, que veio dizer que conseguiu mais 1 bilhão de dólares de investimento. Recebi também o Sr. Gérard Payen, que é do grupo Lyonnaise des Eaux,* também cheio de investimentos.

Eu disse que responderia ao Ciro e respondi. Disse que era leviandade dele e que eu estava cansado disso. Ciro respondeu com uma carta aberta, dizendo que me respeita, e alinhou seis ou sete irregularidades que teriam acontecido no governo; irregularidades é Pronaf, é Proer, os grandes programas do governo que um ou outro acha que estão errados. Enfim, o Ciro é o Ciro de sempre. Ao mesmo tempo, telefonou para o Aloysio Nunes para dizer que ele quer manter a posição, que tem muito respeito por mim para não continuar nesse bate-boca. Eu redargui à carta aberta dele dizendo que não via por que ele ter se defendido tanto, visto que não o acusei. Ele disse que deveria sentir-se tão indignado quanto eu quando falavam do Canal do Trabalhador. Não o acusei de nada, ele se defendeu demais e repetiu críticas absolutamente insubsistentes, inclusive voltando a falar em negócio de compra de voto,** essas seis, sete infâmias que nesses anos foram assacadas contra mim e contra o governo — mais contra mim que contra o governo, naturalmente para me pegar.

Isso posto, muitas reuniões, discussões, clima baixo, porque continua a novela infinita de pseudoirregularidades que o Eduardo Jorge teria cometido. Não vou entrar em detalhes, chamei a Ana para discutir, ela está convencida de que houve mesmo erro do Eduardo, que ele enriqueceu depois de sair do governo. Respondi: "Ele mesmo confessa que ganhou muito, agora, no governo, não vi". Não termina essa desconfiança, e ela não só é da Ana, na verdade. Pairou uma nuvem da sociedade em cima do Eduardo Jorge, e o prejuízo causado ao governo e a mim foi o maior de todos que eu tive até agora, pela proximidade que sempre tivemos. Eu reitero que vi, sim, mania de controlar, mas não vi desonestidade no procedimento do Eduardo Jorge.

---

* Diretor-geral do setor de fornecimento e tratamento de água do grupo, atualmente denominado GDF Suez. No Brasil, a Lyonnaise participava de licitações no Rio de Janeiro e adquirira empresas municipais de águas e saneamento, como as de Manaus e Limeira (SP).

** Referência ao "escândalo" da compra de votos no Congresso durante as votações da emenda da reeleição, em 1997.

Tive uma informação agora à noite, acho que foi colhida pelo Nê junto ao pessoal da Odebrecht, de que nos Estados Unidos houve uma referência a essas irregularidades, à minha baixa popularidade e que havia risco de renúncia. Pois bem, o deputado que fez isso é ligado aos cubanos de Miami, e o Collor está muito ligado a esses cubanos de Miami; acredito que haja dedo de Luiz Estevão e Collor nessa coisa. É fantástico. Se for verdade mesmo, reaparece essa coisa patética, ou trágica, de que essa cambada toda está usando o Collor como instrumento agora da esquerda. Sei lá que união espúria existe nessa sanha contra o poder constituído e, sobretudo, contra o fato de estarmos levando o Brasil por um caminho que a esquerda não quer e nem essa cambada.

HOJE É DOMINGO, 30 DE JULHO, vamos agora recuperar o que aconteceu. Dia 28, sexta-feira, reunião de governadores, foi boa, estavam lá muitos governadores do Nordeste, e fizemos o programa social, IDH-14. O objetivo é reforçar educação, saúde e saneamento nas áreas do Nordeste, de tal maneira que eles se aproximem das taxas de qualidade de vida do resto da população. Não apenas continuar no caminho de ter uma média mais elevada, mas que essa média não seja fruto da intensificação do que já é bom, mas também de uma confluência entre o que já é bom e o que era muito ruim, que passe a ser melhor. Os governadores fizeram manifestações de solidariedade a mim, articuladas pelo Antônio Carlos com Tasso e com o César Borges. Foi bom porque os que eram contra as ofensas a mim, como o Albano, continuaram firmes e houve um dado novo: o governador do Acre, pessoa de quem eu gosto, Jorge Viana, que tinha dito que não poderia assinar o documento, mas era solidário, acabou assinando, porque viu que o documento era dirigido só em termos pessoais a mim, de solidariedade. Achou que, sendo com relação a mim, ele não tinha por que não assinar. Isso naturalmente provocou certa onda na imprensa.

Voltei para cá e recebi a ministra do Exterior da Bulgária,* mulher bonita, conversamos bastante. Fiquei despachando até tarde da noite porque tive de receber o advogado-geral da União por causa dessa guerrilha permanente do Ministério Público e da Justiça para obstacularizar a ação do Executivo. Muita preocupação com o Supremo também, porque o Marco Aurélio [Mello] vota contra o governo automaticamente e ele vai assumir a presidência a partir do ano que vem; vai ficar dois anos na presidência. O próprio Carlos Velloso está preocupado, porque o Marco Aurélio tem uma visão específica; ele é advogado trabalhista e acha que o dinheiro do Tesouro é infinito.

Na sexta-feira à noite me reuni com 32 jovens empresários, filhos desses que eu conheço há muitos anos. Estavam aqui os Feffer,** não me lembro se estavam

---

* Nadezhda Neynsky.
** Daniel, David e Jorge Feffer, do grupo Suzano.

os Moraes também, mas estava o [Marcelo] Odebrecht, o [Fernão] Bracher,* filho e filha,** presente também uma moça muito inteligente, me pareceu, que representa a empresa Libra,*** é importante, depois também a filha do Tasso,**** o irmão do Benjamin Steinbruch,***** enfim, a nova geração, cujos nomes são conhecidos. Ah, estava também o Fernão [Lara Mesquita], filho do Rui Mesquita. Foi muito interessante, porque eles são mais informados e mais orientados para a modernização do Brasil do que a geração dos pais. Gostei da conversa. Isso se deve ao Roberto Teixeira da Costa, que tem feito um trabalho extraordinário na área. Ele é presidente do Ceal. Foi muito bom.

Vê-se que há um clima de muito apoio a mim e ao governo, eu disse: "Vocês têm que botar este clima para fora, temos que levar adiante este clima no país, porque está parecendo que estamos indo para trás, que o governo é uma porcaria, e vocês estão vendo que é o contrário".

Roberto me disse que convidou todo mundo e que só houve uma recusa, que ele deu a entender que foi do Luiz Frias, *et pour cause*: a *Folha* está na linha de destruir. Até penso em escrever uma carta ao Frias comentando que ajudei a construir a credibilidade da *Folha* para a *Folha*, mas não para ela se transformar nesse instrumento de desmoralização do governo de maneira feroz, sob pretexto de que o governo é que é incerto.

No sábado, ontem, dei uma longa entrevista a Liliana de Riz, que é professora da Universidade de Buenos Aires. Ela é minha amiga há quarenta anos, está mais próxima do radicalismo que do justicialismo, é uma das raras intelectuais da Argentina nessa posição. À tarde recebi uma porção de gente, Eduardo Graeff, para conversarmos sobre a embrulhada do Eduardo Jorge. Ficamos aqui até tarde conversando.

Depois do Eduardo Graeff ir embora, ainda chamei o general Cardoso para conversarmos sobre assuntos vários, e fui ver um filme, um filme até longuíssimo, esqueci o nome,****** sobre um preso dotado de espiritualidade, capaz de receber choques à distância, quando matavam alguém na cadeira elétrica ele sentia, capaz de curar pessoas. Não vi até o fim, era muito violento.

De manhã cedo eu tinha assistido a um debate do William Waack, na Globo, com aquele rapazinho, Marcio Pochman, da Universidade de Campinas, dizendo bobagem em quantidade. Ele pensa que tem uma visão nacionalista, mas não tem visão nacionalista, não tem informação sobre o que acontece hoje. O outro deba-

---

* Presidente do Banco BBA.
** Cândido Botelho Bracher e Bia Bracher.
*** Celina Carpi.
**** Joana Queiroz Jereissati, da Calila Participações.
***** Ricardo Steinbruch, do grupo Vicunha.
****** *À espera de um milagre*, 1999, dirigido por Frank Darabont.

tedor até tentava mostrar, porque eles eram contraditórios, que o Brasil está bem colocado como a Índia, a China, no desenvolvimento tecnológico, mas aí vem: o governo, a política está errada, não sei o quê, a política está errada mas os resultados são certos... É curiosíssima essa poeira mental que atrapalha as pessoas de perceberem a realidade.

Acabei de ler um livro do [Eric] Hobsbawm* muito interessante, o Hobsbawn realmente é um craque. É uma longa entrevista que ele deu olhando para o futuro, revendo o século XX e pensando o século XXI; é um livrinho de umas cem páginas, não é muito grande. Gostei de ler de dia. Depois descansei, dormi, hoje acordei, fiz bastante exercícios. Aliás, desde que estou aqui, três vezes por semana eu nado e faço exercícios com o pessoal da Rede Sarah, eu e a Ruth. Isso tem me mantido bem, até porque, com tanta confusão pelo mundo afora, é bom a gente ter um momento de preocupação consigo.

Os jornais de hoje, pelo menos o *Globo* e o *Estadão*, tiraram do ar a pauta de atacar o Eduardo Jorge, e o *Estadão* faz uma boa análise da família do Eduardo Jorge, um desabafo da família dele, uma família de funcionários públicos, gente ilibada que agora virou como se fossem bandidos. Só mesmo essa imprensa de notícias rápidas, sem comprovação, capitaneada pela *Folha*. Foi interessante ver que hoje pelo menos amainou; a *Folha* fala do tema, mas menos. Além disso, os dados econômicos são excelentes, cada vez melhores, econômicos, incluindo o emprego.**

Agora chegou aqui o Pedro Malan, vou telefonar para o Roberto [Giannetti] da Fonseca para agradecer, foi o irmão do Roberto*** quem trouxe os jovens empresários aqui. Malan certamente mostrará a impossibilidade de atender no orçamento as demandas existentes. Que é preciso fazer o ajuste fiscal, eu já sei, mas, temeroso, ele repete. Vou almoçar com a Ana Tavares, porque quero ver se dou uma chacoalhada na minha comunicação com a imprensa. Depois vou ao casamento da Mariana [Cardoso], minha sobrinha. Vou levá-la ao altar, ela é filha do meu irmão, Antônio Geraldo [Cardoso], meu único irmão, que morreu. É uma homenagem que ele merece e vou fazer a ele. Ela me pediu que eu fosse de fraque, mas isso não. De fraque eu não vou mesmo. Ir ao Rio de Janeiro de fraque é demais.

---

* *O novo século — Entrevista a Antonio Polito*. São Paulo: Companhia das Letras, 2000.

** Segundo pesquisa do IBGE divulgada em 25 de julho, entre maio e junho de 2000 a taxa de desocupação havia baixado de 7,8% para 7,4%. A inflação medida de janeiro a junho foi de 1,64% (IPCA). No mesmo período, o PIB cresceu 3,8%, e a produção industrial, 6,6%. Em 28 de julho, o dólar fechou a R$ 1,78.

*** Marcos Giannetti da Fonseca, ex-secretário estadual da Fazenda de São Paulo no governo Montoro.

HOJE É SEGUNDA-FEIRA, 31 DE JULHO. Como disse, almocei ontem com a Ana Tavares, discutimos o que fazer na comunicação. Estive com o Pedro Malan e também com o Martus, discutimos o orçamento, já estamos chegando à fase final do orçamento de 2001, com muita dificuldade, mas sempre com alguns avanços. Depois fui ao Rio de Janeiro para o casamento,* muita gente, cansei de cumprimentar todo mundo, velhos amigos, alguns que não conhecia, familiares. Foi no outeiro da Glória, e o pároco,** no final do casamento, disse que aquela igreja era a Imperial Glória do Outeiro*** e que era monarquista. Brinquei com ele: "Passe a coroa para mim...". É simpático, sobrinho do Alberto da Costa e Silva, que foi embaixador e acabou de ser eleito para a Academia Brasileira de Letras.

Jantei com o Duda e com a Bia no Hotel Glória mesmo, voltei para Brasília, cheguei aqui à uma e meia da manhã, acordei hoje às oito e pouco, trabalhei bastante, corrigi a conferência que fiz de improviso para os estagiários da Escola Superior de Guerra, depois despachei com o advogado-geral da União e com o Pedro Parente. Os assuntos de sempre, procuradores organizados em grupos para desorganizar o governo e fazer uma guerrilha jurídica. O advogado da União, o Gilmar Mendes, tem uma troca de e-mails entre procuradores que é uma coisa vergonhosa: eles estão se articulando para saber como fazem para bombardear. Não estão em busca de uma denúncia objetiva; estão perseguindo em nome do governo. Eduardo Jorge está sendo submetido a um massacre, e um massacre em que até agora não apareceu nada a respeito do que se pudesse dizer: "Bom, aqui ele realmente ganhou dinheiro ou deu um mau passo". Não, o que acontece é por associação e por repetição. A imagem do Eduardo Jorge está danificada e, quiçá, até a minha. É uma coisa realmente incrível procuradores e imprensa causando essa confusão toda.

---

* Mariana Cardoso casou-se com o engenheiro André Viegas.
** Sérgio Costa Couto.
*** A Imperial Igreja de Nossa Senhora da Glória do Outeiro foi frequentada pelo imperador e membros da Corte durante o Primeiro e o Segundo Reinados. Na capela, erguida no início do século XVIII, foram batizados vários membros da dinastia, como d. Pedro II e a princesa Isabel.

1º A 16 DE AGOSTO DE 2000

O empresariado defende o governo. Enchentes no Nordeste. Visita de Madeleine Albright

Hoje é terça-feira, dia 1º de agosto. Ontem jantei no Alvorada com Marco Maciel, Jorge Bornhausen, Serra, Aloysio e Pimenta, íamos discutir a relação do PSDB com o PFL e as futuras eleições, mas na prática discutimos a questão do Eduardo Jorge. Jorge Bornhausen está indignado tanto quanto eu, ele disse que percorreu Santa Catarina e que, entre o país real de prosperidade e crescimento e a confusão feita pela mídia, não existe nada em comum e que isso é uma vergonha, que é preciso acabar com isso. Ele já tinha na mão um documento feito na CNI, pelo Ney Figueiredo, para um apoio a mim como repúdio a esse macarthismo, embora o repúdio não seja expresso dessa maneira. Apoio também à orientação da política econômica e de apelo à tolerância. Bornhausen fez umas correções, o Serra também, telefonaram para o Ney Figueiredo, que as aceitou.

Ney me disse que os jornais iriam vazar a notícia, como já vazaram, e que depois do vazamento o que houve foi muito telefonema a ele pedindo para assinar o documento. Ele disse que ficou impressionado com a quantidade de grandes empresários que queriam assinar o documento, [Olavo] Setúbal, Antônio Ermírio, o Emílio [Odebrecht] etc., sem contar o Eduardo Eugênio, que moveu muitos pauzinhos na mesma direção no Rio de Janeiro. Isso é positivo, a disposição do PFL também é muito firme no sentido de apoiar, fazer a tal comissão [CPI] no Senado, e que essa comissão tenha nível. Eles estão vendo que há disposição de esmagar o governo e que o Eduardo é pretexto útil. Isso foi ontem. Eu tinha estado à tarde com o Serra, que prestou contas da viagem que fez à Índia* e também da questão de medicamentos.

Hoje, terça-feira, tivemos de manhã uma reunião longa na Câmara de Desenvolvimento Econômico, em duas partes: uma em que o Fernando Bezerra trouxe uns consultores que o estão ajudando a definir um programa para o Nordeste e outra de balanço dos programas que estamos implementando, sobretudo o Brasil Empreendedor, que já emprestou 7 bilhões de reais aos pequenos e microempresários, sucesso absoluto. Falamos também sobre a safra, comentamos que foi muito forte a geada na produção de café, sobretudo no Paraná, um pouco em Minas Gerais, e acho que pegou a safrinha do milho. Pedro Malan fez algumas referências à reforma tributária, me deu um texto que ele havia preparado para o Michel Temer e mandamos a reforma tributária para o Congresso.

---

* O ministro da Saúde viajou ao país asiático para se reunir com autoridades indianas e firmar convênios de transferência de tecnologia no setor de medicamentos genéricos.

Na hora do almoço foi a vez do PMDB, vieram o Jader e o Geddel, eu tinha até pensado numa reunião maior, não por causa do Eduardo Jorge, para ver consolidação política do governo, mas depois o Moreira Franco ponderou que ia dar uma confusão na imprensa. Por sua vez o Padilha me telefonou dizendo que era melhor mandar chamar o Geddel e o Jader, coisa que fiz. Não temos que ficar escondendo, estamos mesmo preocupados com Eduardo Jorge, a imprensa que se dane, temos que fazer isso. Conversa com o Jader é conversa realista, ele acha que temos de defender o governo, defender o Eduardo e fazer uma comissão que seja indiscutivelmente capaz de atuar dessa maneira, que a opinião pública a gente vê depois, ao contrário do Moreira Franco, que acha que é uma crise ética e que eu precisaria dar sinais à opinião pública de que estaria disposto a fazer um sacrifício máximo, até mesmo apoiar a CPI. Claro que essa ideia do Moreira por enquanto não irá adiante.

A repercussão do que decidimos não foi ruim, pelo que vi agora à noite nos jornais. Fizemos a comissão com gente de prestígio como Pedro Simon, o Zé Jorge, de Pernambuco, enfim, gente correta.* A própria Tereza Cruvinel, que tem sido cada dia mais ácida, deu um depoimento nessa direção à GloboNews, dizendo que o governo, finalmente, segundo ela, está resolvendo agir, não sei o quê. O porta-voz, por sua vez, deu uma declaração que foi bem-aceita, de que nem eu nem o governo temos o que esconder e que confiamos que o Eduardo será capaz de demonstrar sua correção. Esse foi o dia político de hoje.

Recebi o emissário do Japão, para me resumir as reuniões do G8 em Okinawa. Naturalmente as pessoas não querem saber dessas notícias, para a maioria a repercussão do Brasil no mundo não tem a menor importância. Vim cedo para casa porque tinha que receber os intelectuais que estão reunidos na preparação do encontro de presidentes da América do Sul. Havia muita gente, velhos amigos meus, Torquato di Tella, Hélio Jaguaribe, vários intelectuais da Colômbia, o [Fernando] Cepeda,** foi muito interessante, até o Aldo Ferrer,*** da Argentina, e outros mais. Com os brasileiros eram uns trinta. Luciano Martins ficou conversando um pouco comigo, muito preocupado com o desgaste meu e do governo na classe média, nota certo ódio, perigoso, mas não sabe como sair dessa. Eu mantenho a calma, mas a situação é complicada mesmo. O governo não fez nada que merecesse isso, não há que se queixar à Justiça, a Justiça anda atrás de poder, e poder há que exercê-lo, e exercê-lo bem, pensando no país e no futuro. Não adianta ficar chorando as pitangas do dia a dia, que são sempre desagradáveis.

* Em vez de uma CPI, instalou-se no Senado a Subcomissão Permanente do Judiciário, com relatoria de José Jorge (PFL-PE) e presidência de Renan Calheiros (PMDB-AL).
** Cientista político, professor da Universidad de los Andes.
*** Economista, presidente da Comisión Nacional de Energía Atómica e ex-ministro da Fazenda nos anos 1970.

Além desse encontro, passei a noite pendurado no telefone até agora, quase meia-noite. Acabei de ler a biografia do Woodrow Wilson, que chama a atenção para o fato de o [Henry] Cabot Lodge* ter se oposto [ao Tratado de Versalhes]; acabaram infligindo uma derrota total, o Wilson teve um fim de governo e de vida melancólico.** Não é momento para ler essas coisas, porque o Wilson começou brilhante e terminou melancólico; aqui também o governo no primeiro mandato foi brilhante e até agora, nesse um ano e meio de segundo governo, eu diria que tem sido muito duro. Não melancólico, mas muito duro, muita luta. Mas estamos dispostos a ela.

Pouco antes da reunião com todo mundo, recebi o [Raúl] Alfonsín e colaboradores dele.*** O Alfonsín tem uma ideia meio parecida com a que havia no início de Sarney e depois com Itamar, mas guarda certo racionalismo, é furiosamente contra a Alca, essas coisas. Mostrei a ele os investimentos no Brasil de hoje, acho que no mês passado, julho, o investimento chegou a quase 5 bilhões de dólares. É uma barbaridade de dinheiro, isso vai ter efeito. Contei o que está acontecendo na indústria, acho que ele ficou um pouco atônito, porque a ideia que eles tinham era de que a dívida externa era um peso para o país. Procurei mostrar que a interna era mais grave do que a externa, embora mostrar isso não adiante, uma vez que o pessoal tem a mentalidade de que a dívida externa é a que pesa e sufoca. No caso da Argentina talvez seja verdade; no do Brasil, parcialmente.

Não foi um dia improdutivo. Agora no fim da noite resolvemos que irei amanhã a Pernambuco, há uma enchente lá, Jarbas Vasconcelos me telefonou sobre isso, Teotônio me falou da enchente em Alagoas também. Resultado: vou a Pernambuco e a Alagoas amanhã. Talvez seja melhor do que ficar aqui nesse bate e enxuga, discutindo assuntos que são apaixonantes para os que neles se enredam, mas que para mim são apenas, como direi?... penosos. Vou falar em inglês: *disgusting*.**** Essa perseguição que está havendo, uma espécie de caça às bruxas, um macarthismo enorme, é algo que não sinto prazer algum em viver.

HOJE É QUINTA-FEIRA, DIA 3 DE AGOSTO. Ontem fui a Pernambuco e também a Maceió, o governador de Alagoas, Ronaldo Lessa, foi no avião comigo

---

* Senador republicano, partidário do isolacionismo em política externa.
** Com a rejeição do Senado, os EUA não assinaram o Tratado de Versalhes (1919) e firmaram acordos de paz em separado com as potências derrotadas na Primeira Guerra Mundial. Sob a influência de Lodge e do bloco republicano, o Congresso tampouco autorizou que o país integrasse a recém-criada Liga das Nações. No final de 1919, o presidente Wilson sofreu um derrame que o incapacitou parcialmente.
*** O ex-presidente argentino participava do seminário América do Sul 2000, promovido pelo Itamaraty.
**** "Nojento", "repulsivo".

e, junto com ele, o Teotônio Vilela e o senador Fernando Bezerra. Conversa amável, cobrei o Lessa. Eu estava lendo no avião um livro interessante, *Les Cartes de la France*, do [Hubert] Védrine,* que é o chanceler da França. Eu disse: "Ronaldo, você, que é uma pessoa de cabeça mais aberta, precisava ler essas coisas, para ver o que o Jospin diz, ver o que pensam os socialistas da Europa, porque o socialismo no Brasil virou um atraso, virou uma burrice, você não é assim".

Ele: "Não, mas eu não leio em francês".

"Leia em português, leia o último do Hobsbawm, que está em português. Não *A era dos extremos*, que eu li recentemente [*O novo século*] e é sobre o século XXI. Abra a cabeça, você não pode deixar que o PSB, que a esquerda, se confunda de tal maneira com o atraso como está acontecendo. Vocês são contra tudo que é bom para o país, tudo que é progressista!"

Dei-lhe uma bronca — amigável, naturalmente —, mas falei com vontade tudo que quis.

Cheguei a Pernambuco, Jarbas Vasconcelos, Marco Maciel, muita gente, prefeitos da região me mostraram as coisas, tomei helicóptero, verifiquei o que estava acontecendo, algumas regiões bastante atingidas, sobretudo Jaboatão e uma parte de Olinda. A Defesa Civil está ativa em Pernambuco, a Polícia Federal estava lá também. Depois tomamos de novo o avião, fomos a Maceió, vimos de helicóptero Rio Largo, uma cidadezinha totalmente alagada por um rio** que não era tão grande assim, virou uma inundação, depois vimos em outras partes, São Luís do Quitunde, alguma coisa assim, várias zonas depredadas, vamos fazer o que pudermos.*** As Forças Armadas já estão atuando, levando alimentos, medicamentos e tal.

Na volta me deu certa tristeza, porque quando a gente vê esse Brasil mais pobre... Embora as cidades de Alagoas e de Pernambuco sejam bonitas, os telhados são bonitos, aquela pobreza que pode não aparecer trágica, pois é uma pobreza diferente da que se vê na periferia das grandes cidades, eu não diria que é boa, porque não é, mas ela não é tão desumana quanto na periferia. De qualquer maneira, é muita pobreza, é muita gente que não tem preparo, que não tem cultura... é muito difícil. Fiquei pensando: meu Deus, o Brasil precisa de cinquenta anos para que a média não seja composta da soma de desigualdades dividida por dois, para que haja uma aproximação de todos e assim termos uma mediana melhor. É impressionante como o Brasil vai custar a avançar.

Chegando aqui, Jorge Bornhausen veio trazer o apoio do PFL, eles sempre solidários comigo, conversamos longamente. Depois recebi outras pessoas mais

---

* *Les Cartes de la France à l'heure de la mondialisation*. Paris: Fayard, 2000.
** Rio Mundaú.
*** O governo editou medida provisória para liberar R$ 130 milhões a quatro estados nordestinos atingidos pelas chuvas — Alagoas, Paraíba, Pernambuco e Rio Grande do Norte —, que deixaram mais de vinte mortos e 30 mil desabrigados.

para despachar, falei com o Paulo Cabral, que veio com o Arruda — Paulo Cabral é o principal diretor do *Correio Braziliense* e dos Diários Associados. Eu disse: "Ó, Paulo, não é possível a distorção imensa dos jornais", mas não sei se adianta muito.

Hoje foi mais um dia de lavar a alma, porque o Eduardo Jorge prestou um depoimento de sete horas e meia no Senado e foi bem, respondeu com firmeza, com precisão, a todas as questões colocadas, as mais difíceis, as mais embaraçosas. Não ouvi o Requião, porque não ouço esse desbocado que tripudia do próximo. Ele disse que o Eduardo furou o balão dele, porque ele fez uma acusação ao Eduardo sobre negócios do Banco do Brasil (não sei dos detalhes), e o Eduardo tinha nas mãos uma declaração do Banco do Brasil que o desmentia cabalmente. Foi uma farsa total, e baseada no quê? Nos jornais. Todas as acusações dos parlamentares, tudo foi baseado na imprensa, os procuradores* também na imprensa, e a imprensa em quê? Em nada! "Ouvi dizer que... parece que... é suspeito de..." Não obstante, há um mês uma família está sendo salgada; parecem os descendentes de Tiradentes, que foram salgados todos.** Coisa impressionante.

Depois disso falou o Pedro Simon, eu também não ouvi, que fica nas suas mesmices sem pé nem cabeça, fazendo demagogia barata, agora diz que é franciscano. Também não quero ouvir as demagogias do Pedro, para mim chega! Parece que o Eduardo furou bem o balão do Pedro. O que eu ouvi dele foi equilibrado e firme, essa é a opinião generalizada, acabei de ver vários comentários pelos jornais, pela GloboNews. Também fiquei sabendo de comentários de todos os líderes, todo mundo me telefonando, inclusive a [Maria] Delith, muito felizes com o desempenho do Eduardo e com o fato de que não sobrou de pé uma, nem uma só acusação. Vamos ver amanhã o que vai dizer a imprensa. Foi o primeiro dia, depois de um mês, em que se começa a ver o horizonte. A *Folha* continua enlouquecida, quer porque quer me derrubar, não há outra explicação. E inventam fatos, foi assim com o negócio do dossiê Cayman, foi assim com o grampo do BNDES, os famosos "escândalos" fabricados por eles, agora é o "escândalo Eduardo Jorge", não tem nada, enfim, vamos levar a vida.

De manhã recebi o Garotinho, que veio com um plano de segurança pública. Se não é bom como eficácia, é bom como apresentação, é bom como comunicação social. Ele foi simpático, disse que não vai sair do PDT para entrar em qualquer outro partido sem rumo, até falou "se o PSB, partido mais à esquerda, pudesse fazer uma aliança...". O Arraes é meu velho amigo, mas sei lá o Arraes como está a esta altura,

---

* Conduziam a investigação os procuradores Guilherme Schelb e Luiz Francisco de Souza, do MPF-DF.
** A pena capital de Tiradentes, aplicada pela Coroa portuguesa em 1792, incluiu a demolição de sua casa em Vila Rica (Ouro Preto), cujo terreno foi esterilizado com sal, e o confisco dos bens de seus herdeiros, declarados "infames" até a segunda geração.

preciso conversar com o Arraes, é um partido difícil. Garotinho me disse que vai sair do PDT. Tem que sair mesmo.*

Recebi um grupo de médicos brasileiros e internacionais especializados em ataques do coração, e também dirigentes da Fenabrave. Essa gente [concessionárias de automóveis] emprega 450 mil pessoas, uma coisa assim muito grande, em todo o Brasil, vão ter uma reunião na Bahia,** querem que eu vá. É bom, porque é uma classe média empresarial, média para baixo, talvez valha a pena ter um contato com essa gente.

Vim para casa, estou esperando a Ruth, que me telefonou. Ela está no Rio e vem vindo com os filhos da Bia e os do Paulo, as gêmeas, a Joana e a Helena, a Júlia e o Pedro, e agora vem com a Luciana, o Getúlio e a Isabel. Já são onze e pouco da noite, eles não chegaram ainda, muita chuva no Rio de Janeiro.

HOJE É SÁBADO, DIA 5 DE AGOSTO, são cinco da tarde. Ontem a imprensa foi bastante boa, imagina só: o *Correio Braziliense* disse que a famosa matéria de capa que ele fez sobre Eduardo Jorge e uma patifaria com o Banco do Brasil... eles escreveram: "Erramos", e hoje, sábado, tem um editorial revendo isso.*** Eles erraram mesmo, foi uma furada, tudo errado, ontem o *Correio Braziliense* fez um mea-culpa e hoje esse editorial forte. Ontem as notícias foram as que se imaginava, boas. Uma ou outra trouxe algo mais, que se tratava só de infâmia e uns poucos [da mídia] mantiveram a chama dos "puros", no geral restabelecendo a verdade, disseram que o Eduardo se defendeu bem, que respondeu às questões e que não há indício nenhum, nenhuma prova de nada. Sobre o juiz Nicolau, nem indício havia, eram só os telefonemas já sabidos há anos.

Passei a sexta-feira conversando com muita gente. Com o Merval [Pereira], que é do *Globo*, foi interessante. Eu disse a ele tudo que tenho registrado, com muita ênfase: "No regime militar, eles chamavam a pessoa suspeita, como a mim próprio, e começavam a interrogar. No meu caso não me torturaram, mas me puseram capuz na cabeça,**** fingiam que iam torturar para que o suspeito confessasse. Se

---

* O governador do Rio de Janeiro trocou o PDT pelo PSB em novembro de 2000.
** X Congresso Fenabrave, inaugurado em 20 de agosto no Centro de Convenções da Bahia, em Salvador.
*** Com a manchete "O grande negócio de Jorge", o diário publicara em 3 de agosto uma reportagem sobre a suposta participação societária do ex-secretário-geral da Presidência numa consultoria contratada pelo Banco do Brasil para a informatização de agências em Brasília, ao custo de R$ 120 milhões. No dia seguinte, o *Correio* admitiu que havia seguido a pista de uma empresa sem nenhuma relação com Eduardo Jorge e com o contrato do BB.
**** Em meados dos anos 1970, Fernando Henrique Cardoso foi detido pelo DOI-Codi paulista durante 24 horas para "prestar esclarecimentos" sobre suas ligações com intelectuais trotskistas e sua amizade com o ex-ministro Roberto Campos.

confessasse, registravam, prendiam, faziam o diabo; se não confessasse, também, mas não faziam à luz do dia e negavam que tivessem feito. Agora há um indício e o suspeito passa a ser publicamente enxovalhado, todo mundo aplaude, ele é torturado moralmente, está tão condenado de antemão quanto o infeliz que ia parar na Oban.* Só que agora vocês pensam que isso é democracia. Olha, o problema não é meu, o governo evidentemente está abalado com tudo isso, mas não é meu o problema. O problema é nosso, porque eu posso me consolar com a história, tenho convicção de que a história vai reconhecer o que fizemos no Brasil. Mas e quem vai me suceder? E o clima que vocês criaram? Vocês não, *O Globo* não. Na verdade, nós enfrentamos uma batalha ideológica. Não consigo privatizar mais nada no setor elétrico, há uma guerrilha nos tribunais, fizeram trincheira nos tribunais, e como se faz para produzir energia? O Brasil precisa de 6 bilhões de dólares por ano de investimento. De onde sai? O governo não tem. Como fazemos? E não temos as condições ideológicas para enfrentar esse tipo de questão. E assim vai. É o Estado que precisa ser modificado. Mudamos a estrutura da previdência privada, mas e a pública? Quem ousa falar da reforma da previdência pública?".

Merval reconheceu que os jornais que eram chapa branca quiseram ser independentes. Independentes devem ser, o Frias já me tinha dito isso sobre a *Folha*, e estou de acordo que seja independente. O que não pode é ser faccioso, ser sempre contra, não distinguir o outro lado e distorcer tudo. Ele admitiu que puseram articulistas de esquerda para dar certificado de idoneidade ao jornal. Está bem, eu disse, mas o Brasil não tem a ver com o passado de vocês, tem a ver com o futuro, e o futuro requer uma atitude comum, de todos nós, uma batalha de ideias, de conceito. Agora, na medida em que todo mundo deslegitima o governo, o Estado, quem prevalece? É a empresa, é o mercado. Eu sei que ela [a *Folha*] é contra, digamos assim, a ética do mercado, mas na verdade a imprensa, que é a maior crítica da economia de mercado, está tirando a credibilidade da ação legítima do governo e do Estado e, portanto, deixando prevalecer a única organização que hoje tem legitimidade (entre aspas), que é a empresa. É paradoxal, mas é essa a situação.

Hoje *O Globo* até que está bem e fala dos procuradores. Não sei se foi isso que pesou, certamente já tinham essas ideias quando vieram falar comigo, todos estavam assustados com a fogueira que armaram. Falei, fiz o mesmo discurso para o Tales [Alvarenga], da revista *Veja*, por telefone dessa vez, com menos ênfase, por menos tempo, mas disse a mesma coisa: "Eu acho que a *Veja* deve levantar a questão da democracia; ela não está nas minhas mãos nem nas mãos dos partidos, que na democracia atual têm muito menos poder do que tiveram no passado. Está nas

---

* Operação Bandeirante, órgão repressivo da ditadura militar instalado em São Paulo em 1969, com o apoio de grandes empresários. A Oban foi o protótipo dos DOI-Codi operados pelo Exército em vários estados.

mãos da mídia. Não dela só, evidentemente, de todas as instituições, mas a mídia é fundamental no jogo contemporâneo. Por que vocês não fazem uma reflexão sobre a responsabilidade de cada um de nós, incluindo a mídia na construção da democracia? Acho que está na hora de fazer essa reflexão".

No passado houve um golpe, as forças organizadas que estão sendo atacadas, inclusive as Forças Armadas, fecharam a mídia, o Congresso. Isso é impensável, não é desejável, obviamente, e mesmo que alguém quisesse não conseguiria. Então só há uma solução, uma solução homeopática, *similia similibus curantur*: só vocês [jornalistas] podem nos salvar de vocês mesmos. É preciso que se atue nessa direção. Essa tem sido a minha pregação incessante e discreta, porque se eu disser isso em público é pior, vêm contra mim.

Depois desse almoço e dessas conversas todas, recebi o Sarney Filho e o Jaime Lerner, ainda às voltas com a Previdência, querem vender a empresa elétrica [Copel] para botar recursos numa caixa de Previdência [ParanaPrevidência], e o BNDES, o Banco Central, as burocracias, têm medo, hoje, de assumir responsabilidades, por causa das procuradorias [Ministério Público], por causa da pira armada para queimar todo mundo, o que dificulta ainda mais a ação do Estado.

Hoje acordei, nadei bastante, a Ruth também, fiquei lendo e agora são cinco da tarde, sem nada de mais a acrescentar, salvo que ontem me telefonou o Clésio Andrade, que se recusou a assinar um documento de repúdio a essas coisas todas, sob o pretexto de que era um documento feito pela CNI, briga interna. Disse que fizeram mais uma pesquisa no Vox Populi nos piores dias, sábado, domingo e terça-feira passada, portanto antes do depoimento do Eduardo Jorge e que, apesar disso, minha popularidade aumentou bastante. A pior de todas as porcentagens que tinha sido medida pelo Vox Populi chegou a dar 12%, 13%* e agora foi para 19% entre bom/ótimo. Também caiu muito o ruim/péssimo, de 43% para 30%,** e a confiança no crescimento da economia aumentou. Quem é responsável por isso? O povo em primeiro lugar, e o presidente. Depois os trabalhadores, depois os empresários. Mas há a teoria (entre aspas) de que a minha imagem está descolada do crescimento econômico e que agora com esse escândalo todos estamos perdidos. Essa pesquisa do Vox Populi vai botar um pouco de água na fervura das vozes do agouro.

Hoje é domingo, Ruth foi para São Paulo, eu jantei com Andrea Matarazzo e Vilmar para discutir a orientação da comunicação social em relação à pesquisa.

---

* Segundo o Vox Populi, a mais baixa popularidade de Fernando Henrique foi atingida em setembro de 1999, com 8% de ótimo/bom.

** As avaliações negativas caíram de 59% em junho para 44% no final de julho de 2000, mesmo patamar de janeiro.

Recebi de manhã um velho companheiro do PSDB, hoje presidente da Cooperativa Aurora.* Depois almocei com a equipe da coordenação política, para discutir sobre o que havíamos conversado domingo à noite, avançamos bastante. Recebi o [Francisco] Rezek, que é ministro da Corte Internacional de Haia, muito agradavelmente, fiz gravações de rádio.

Agora à noite vieram aqui o senador Arruda e o Maurício Dias, que é um editor do *Jornal do Brasil*. Longa conversa, repetindo um pouco a cantilena que tenho passado para os grandes editores nesses últimos dias.

Recebi o Luís Carlos Santos, que veio reclamar que estão tentando envolvê-lo em Furnas,** pedem documentos de coisas menores em inquérito que ele mesmo fez, segundo me disse. Ele também esteve com o Domingo Alzugaray. Fico impressionado com a quantidade de informações que o Domingo tem, segundo ele por causa do Mino Pedrosa, que é muito ligado à Polícia Federal. Há outro jornalista — acho que é o Mário Simas [Filho] — muito ligado aos procuradores. Em conjunto formam um canal direto para fazerem as publicações escandalosas que têm feito.

Sarney chamou minha atenção, dizendo que é perigoso deixar esses fios desencapados; o difícil é encapá-los, não sei como fazer. Não que o governo em si tenha alguma coisa a temer, são denúncias vazias, mas criam um clima ruim, negativo no país.

HOJE É SEXTA-FEIRA, DIA 11 DE AGOSTO, onze e meia da noite. Vou recapitular. Terça-feira, dia 8, almocei com o Marconi Perillo, governador de Goiás, e o Pimenta, para acertar o futuro do PSDB e também ver o que a gente pode fazer com relação a Goiás.

De manhã, preocupação com o despacho que tive com o Gilmar Mendes, da AGU, sobre a decisão no Supremo a respeito do FGTS,*** que eu considero perdida. O voto que já resolveu essa questão foi o do [José Carlos] Moreira Alves. De acordo com a lei, ele não tinha muito mais a fazer do que fez. Isso significa que vamos ter um esqueleto de 40 bilhões de reais nos próximos anos. Pode-se depois enxugar um pouco esse esqueleto, algumas medidas legislativas, outras de procrastinação etc., mas é um problema grave.

---

* Mário Lanznaster.
** Santos presidia a estatal desde maio de 1999.
*** Em junho, uma liminar do ministro Moreira Alves condenara a Caixa Econômica Federal a revisar os valores do FGTS depositados desde os anos 1980 para compensar as perdas com os planos econômicos dos governos Sarney e Collor. No final de agosto, a liminar foi confirmada pelo plenário da Corte.

À tarde, recebi o Rubem César Fernandes e a comissão do Movimento Viva Rio, que vieram protestar contra a violência, falaram de pessoas vítimas da violência, uma coisa muito bonita. É dificílimo fazer com que as coisas avancem nessa área, mas foi um encontro importante. Recebi o Waldeck Ornelas para despachar. À noite, a Tereza Cruvinel. Ela já estava mais calma, fiz o trabalho de convencimento normal dos editores sobre o que aconteceu; ele ficou muito facilitado pelo depoimento do Eduardo Jorge no Senado, que esvaziou o balão. Como disse o Sarney hoje por telefone, era um pastel de ar.

Na quarta-feira recebi o pessoal do PTB, Dornelles à frente, os líderes todos, para mostrar solidariedade. Depois o presidente eleito do México, o Fox, com muita gente. Conversa reservada não muito diferente da conversa pública, o Fox mostrou o interesse que ele tem, primeiro, de entrar no grupo da *Progressive Governance*, depois de se aproximar da Argentina, Brasil e Chile, para mostrar que o México é parte da América Latina. É parte, sim, sem dúvida, vamos estar juntos politicamente, mas — e isto eu não disse —, é claro, economicamente 85% das exportações do México vão para os Estados Unidos. A margem de manobra é pequena.

Depois disso, há muito tempo não o via, veio também o autor de *Utopia desarmada*,* um rapaz que está apoiando o Fox, o [Jorge] Castañeda,** uma pessoa que tem brilho. O presidente eleito veio com representantes de cada um dos partidos do México. Isso é uma novidade grande, se deve às mudanças ocasionadas pelo Zedillo.

À tarde recebi a Contag, a Marcha das Margaridas,*** a comissão nacional delas, foi muito interessante, comovedor mesmo ver aquelas moças tão combativas reivindicando o que é legítimo, as coisas boas do movimento das mulheres no campo, algumas ligadas à Marcha Mundial das Mulheres, falando sobre o perdão da dívida. Expliquei que o Brasil está perdoando a dívida de Moçambique, expliquei com detalhes como é a nossa dívida externa, mas é em vão. No dia seguinte, que foi ontem, elas fizeram uma grande manifestação pacífica diante do Congresso.

À noite, no Palácio da Alvorada, recebi o Joseph Stiglitz, ex-vice-presidente do Banco Mundial, economista por quem tenho simpatia pessoal e pelo que ele escreve. Veio com o Malan, com o Amadeo e com o Armínio Fraga. O Malan, até certo ponto, discrepa da visão que o Stiglitz tem, que é a visão de uma economia menos distante dos movimentos da vida. Ele muito entusiasmado com a

---

* São Paulo: Companhia das Letras, 1994.
** Assessor de relações internacionais do presidente eleito e futuro chanceler do México.
*** O movimento de trabalhadoras rurais, que no dia seguinte realizou sua primeira marcha em Brasília, homenageia Margarida Alves, presidente do Sindicato dos Trabalhadores Rurais de Alagoa Grande (PB) assassinada em 1983. Em 2000, a marcha reivindicou a concessão de mais títulos de propriedade, aposentadorias e financiamentos rurais para mulheres. No mesmo dia, uma concentração equivalente de manifestantes do MST protestou em Brasília contra os transgênicos e contra o FMI e pela abertura de uma CPI do caso Eduardo Jorge.

participação democrática da sociedade, e os nossos economistas com medo de que seja algo prejudicial para a legitimidade da representação. Longa conversa, muito ilustrativa do pensamento do Stiglitz, que é bastante anti-*mainstream* do establishment americano.

Na quinta-feira, ontem, passei a manhã discutindo no Palácio da Alvorada com os ministros habituais, depois houve uma cerimônia de entrega da Ordem Nacional do Mérito Científico* no Palácio do Planalto. Recebi os cientistas homenageados, foi muito bom, porque eles estão numa posição muito mais aberta, apoiando a gestão do Ronaldo Sardenberg. Claro que os fundos de pesquisa que estamos criando influenciam nisso, o clima foi positivo. Recebi também o presidente do Senado argentino** e o governador de Mendoza*** para uma conversa protocolar.

Hoje, sexta-feira, dia calmo, de manhã longas reuniões com Minas e Energia, Fazenda e Justiça por causa do preço dos combustíveis. Houve uma discussão latente entre o Pedro Parente e o ministro de Minas e Energia, este mais propenso a tabelar preços, o Malan e até o Gregori, mais resistentes. O próprio Duda não estava aqui, mas disse por telefone que ele também tem medo. Sou mais propenso, neste momento, a dar uma paulada nesses donos de postos de gasolina, distribuidores de tudo. Eu não hesitaria, se for necessário, tabelar como uma medida tópica. Por fim chegamos a uma solução pró-tabelamento.

Almocei em casa com a Ruth e o Cafu, que esses dias está ajudando num seminário de que a Ruth está participando; na quinta-feira, antes do coquetel, eu tinha recebido alguns participantes desse seminário,**** que é feito pelo Augusto de Franco.***** Vieram aqui vários participantes, entre eles o Francisco Delich, antigo amigo meu, foi reitor da Universidade de Buenos Aires, uma senhora americana me deu uns livros, estava também o Ignacy Sachs,****** enfim um grupo grande. Hoje recebi o Wilson Quintella, que preside o conselho de uma empresa que foi sócia da Tele Centro Sul,******* um grupo italiano, me explicaram essas coisas. O Quintella tem visão mais geral e falamos muito sobre a questão energética, sobre como acertar o preço do gás para ver se é possível obter uma oferta maior de energia.

---

* Entre os agraciados, David Zylbersztajn, Vilmar Faria, Aziz Ab'Saber, José Fernando Perez e Andrew Simpson.
** José Genoud.
*** Roberto Raúl Iglesias.
**** "Um novo referencial para a ação social do Estado e sociedade: sete lições da experiência do Comunidade Solidária", realizado em parceria com o Pnud/ONU.
***** Sociólogo, conselheiro do Comunidade Solidária.
****** Economista e professor franco-polonês.
******* Quintella presidia o conselho da Solpart, holding controladora da Brasil Telecom, como representante da Telecom Italia.

O que eu previ sobre o Supremo Tribunal Federal [revisão do FGTS] aconteceu. Foi o PT quem pediu isso, mas a matéria estava decidida. Vejo muita tensão também na questão dos combustíveis entre Pedro Malan e Pedro Parente.

O Pedro Malan me telefonou esta noite, quer vir aqui correndo com o Martus, porque o Pedro Parente deve ter liberado, com minha autorização, uma MP a respeito das enchentes* e o pessoal da área financeira está resistindo a isso. Vejo que há uma tensão, o que não é nada bom nem fácil de resolver.

Os promotores e procuradores aqui de Brasília e os de São Paulo foram depor no Senado na subcomissão especial de investigação. Parece que não disseram nada de novo, até se atrapalharam um pouco, alguns jornais, tipo *Folha* e *Correio Braziliense* — a *Folha* mais que o *Correio* —, continuam buscando escândalos; os outros já esqueceram desse tema, porque viram que ele é vazio. Diga-se de passagem que na quarta-feira dei uma longa entrevista à Miriam Leitão que saiu no telejornal da GloboNews, da Globo, e que depois os jornais reproduziram. A entrevista teve certo peso positivo. Eu disse tudo que pensava a respeito dessa infâmia, dessa espécie de macarthismo que está sendo feito no Brasil através de procuradores. Amanhã vamos ao Pantanal, eu e a Ruth, para encontrar o Guterres, que lá está.**

HOJE É QUARTA-FEIRA, DIA 16 DE AGOSTO. Fui ao Pantanal no sábado, me encontrei lá com o Guterres, fiquei dias 12 e 13, portanto sábado e domingo. Com o Guterres, conversas a respeito da preocupação dele de perder as eleições em Portugal, perder a maioria, porque acha que se Portugal não tiver uma liderança forte não terá voz no Conselho Europeu. Passamos em revista os temas, proximidade muito grande de pontos de vista entre nós, mas nossa conversa foi muito mais afetiva que política. Vi uma onça, a Ruth disse que não viu, mas eu vi, o Guterres viu e também o irmão do Israel [Klabin], Armando Klabin, que lá estava, viu a onça. O Pantanal é realmente uma região formidável. Na chegada estavam o Zeca do PT e o general comandante da zona do Oeste do Brasil,*** ou Centro-Oeste, não tenho certeza, junto com o governador.

Na segunda-feira, dia 14, tivemos de manhã a cerimônia de despedida da delegação olímpica brasileira.**** O dia foi calmo, aliás esses dias têm sido muito tranquilos. A crise na questão de Eduardo Jorge, que parecia ser terrível, foi se diluindo, não houve prova de coisa nenhuma, agora mesmo acabei de ver na telinha que

---

* MP 2504, baixada em 14 de agosto.
** Ruth e Fernando Henrique passaram o fim de semana na fazenda de Israel Klabin em Miranda (MS).
*** General Sérgio Conforto, comandante da 9ª Região Militar, ou Comando Militar do Oeste, com sede em Campo Grande.
**** O presidente recebeu atletas e dirigentes que participariam das Olimpíadas de Sydney, a serem disputadas entre 15 de setembro e 1º de outubro de 2000.

O BNDES desmente os procuradores que acusavam Eduardo Jorge de alguma ação que ele não teve.* Fiz a reunião habitual de coordenação, as ideias são as mesmas, as pessoas agora estão mais interessadas, parece haver certa retomada de prestígio, não tenho certeza. À noite tivemos um jantar com o Nizan, que veio com o Andrea Matarazzo, Nizan muito entusiasmado, disposto a ajudar, acha que em pouco tempo reverte todas as situações.

Ontem, terça-feira, tivemos uma cerimônia de apresentação de credenciais, depois recebi a Madeleine Albright, passamos em revista América do Sul, África, alguns problemas mais espinhosos, as preocupações americanas com a Colômbia são as de sempre, eu também tenho, me preocupo com o Chávez, da Venezuela, que está exagerando, indo falar com [Muammar] Kadafi,** com Saddam Hussein, provocando os americanos. Isso não tem muito sentido, é uma ação inconsequente, tenho medo que, com a queda do preço do petróleo, ele também acabe perdendo prestígio.

Depois desse encontro com Madeleine Albright, que me transmitiu efusivamente as saudações do Clinton — eu tinha visto o programa do Clinton na segunda-feira à noite na convenção dos democratas nos Estados Unidos,*** foi brilhante, extraordinário mesmo —, vim almoçar com o Pimenta e o Albano Franco, o Albano estava atualizado com o que estamos fazendo. Mais tarde, reunião com o Tourinho, Sarney Filho, Parente e com o presidente da Petrobras, Henri Philippe Reichstul, para discutir os vazamentos de petróleo.**** Falei também, à parte, com o Philippe, acho que está na hora de mexer mais duramente em alguns diretores da Petrobras. No fim do dia veio se despedir de mim o [Francisco] Thompson-Flores, que será embaixador no Uruguai.

Hoje, quarta-feira, dia 16, de manhã cedo uma excelente reunião na Câmara de Política Econômica. A situação financeira do Brasil está cada vez melhor, as previsões são boas, queda da taxa de juros,***** tudo, mesmo as exportações, embora os preços das commodities sejam os mais baixos dos últimos vinte anos, continuamos exportando, e bastante, produtos manufaturados.

Depois me reuni com o Martus e um grupo enorme para discutir medidas para dar resposta às pressões de corrupção pelo mundo afora. Fiquei chocado ao ver na televisão ontem, terça-feira, o que aconteceu na subcomissão do Senado, que

---

* Eduardo Jorge fora acusado de interceder junto ao BNDES para a liberação de US$ 137 milhões em empréstimos de socorro ao frigorífico Chapecó, vendido no final de 1999 ao grupo Macri, da Argentina.
** Ditador da Líbia.
*** O Partido Democrata chancelou a candidatura do vice-presidente Al Gore às eleições presidenciais de novembro.
**** Desde o início de 2000 haviam sido registrados quatro grandes vazamentos de combustíveis em instalações e navios da Petrobras na baía da Guanabara.
***** A Selic fora reduzida para 16,5% na reunião do Copom em 19 de julho.

está dando continuidade à investigação sobre o TRT de São Paulo. Citado o diretor-geral do TST de Brasília,* os diretores-gerais de lá, vários deles, comissão de obras,** e ninguém tinha noção de nada. Não é que não tivessem noção; é um descontrole total, não há um sistema mínimo de avaliação de resultados, de controle, é um descalabro. O juiz Nicolau deve ser só um entre muitos, porque não há controle algum no sistema judiciário, e o TST não tem nada a ver com isso, são os TRT que têm que fazer o controle. Verificou-se claramente que não existe esse controle e, em função disso, vão propor algumas medidas à Constituição, porque essa autonomia [para os gastos] é dada pela Constituição.

Recebi o Lúcio Alcântara, preocupado com a situação do Tasso. O Tasso teve uma isquemia,*** ontem falei com a Renata [Queiroz Jereissati],**** hoje falei com a Renata e com o Tasso, ele está indo para os Estados Unidos esta noite. Isso preocupa porque, mesmo que não seja nada de mais, ele fica abalado, e é um candidato potencial a menos no PSDB. Estive com o Serra ontem à noite, que me pareceu bem, candidatíssimo. Ele é sólido, não falou nisso, obviamente, mas é sólido como candidato; falamos de muitos problemas, problemas ainda de Sérgio Motta. Lúcio Alcântara estava preocupado em saber da evolução de tudo isso, disse que o Tasso está muito queixoso do Sérgio Machado e parece que se queixou também da ação administrativa do governo que não tem contemplado bem a situação deles no Ceará.

Agora vou para a apresentação dos novos oficiais-generais, depois vou receber d. Paulo Evaristo Arns e volto para casa.

Recebi d. Paulo Evaristo Arns juntamente com d. Damasceno, d. Falcão e outros mais, para tratar da Rede Vida, que é a paixão deles. D. Paulo efusivo, muito simpático. Fiz um discurso para os generais, dei uma medalha ao [brigadeiro Sérgio] Ferolla,***** tenho admiração pelo que o Ferolla fez, apesar de ele ter uma posição muito arredia, ultranacionalista. Mas eu o elogiei, é um homem que fez coisas boas para o Brasil. Além disso, soube pelo Quintão e pelo Cardoso que o general Gleuber está de crista baixa porque os recursos não chegam, salários, uma coisa preocupante. Chamei o Martus e disse que precisamos olhar essa questão, porque o Gleuber é um homem de valor e está expressando um sentimento mais amplo das Forças Armadas.

---

* José Geraldo Lopes.
** Também foram ouvidos o presidente do TRT-SP, Floriano Vaz da Silva, dois ex-presidentes, José Vitório Moro e Rubens Tavares Aidar, e César Augusto Gilli, membro da comissão de acompanhamento das obras do tribunal.
*** Jereissati sofreu uma crise hipertensiva.
**** Mulher do senador cearense.
***** Presidente do Superior Tribunal Militar, ex-chefe do Estado-Maior da Aeronáutica e pioneiro do Centro Técnico Aeroespacial (CTA). Ferolla recebeu a Medalha Militar de Platina com Passador de Platina por cinquenta anos de bons serviços.

18 DE AGOSTO A 4 DE SETEMBRO DE 2000

Código de Conduta. Nova rusga com Itamar.
I Cúpula Sul-Americana

Hoje é sexta-feira, dia 18 de agosto, são quatro e meia da tarde. Recebi de manhã, primeiro, o Everardo Maciel, a quem eu disse que aqueles juízes do TRT de São Paulo e os diretores-gerais, alguns deles, parecem estar metidos na cumbuca do juiz Nicolau e que preciso que a Receita olhe isso. Depois recebi o João Roberto Marinho, o Johnny Saad, que aliás veio primeiro, depois o Paulo Cabral e também um rapaz lá do Sul, o Nelson Sirotsky.* Eles querem discutir comigo, juntamente com o Petrônio [Correia], as proibições de cigarro. Não tanto a lei que está no Congresso,** que eles consideram coisa liquidada, mas uma medida provisória que submete quase tudo à censura.*** Nem me lembrava disso — coisas da Vigilância Sanitária [Anvisa], quer dizer, do Serra. Johnny Saad veio conversar sobre como podem nos ajudar mais, citou alguns problemas que ele eventualmente vai ter com os irmãos,**** mas não me disse quais.

Almocei com Vera Machado, embaixadora do Brasil na Índia, mais o marido dela,***** Ruth e quatro, cinco amigos. Depois fiquei trabalhando nuns textos sobre o que vou falar a respeito do Código de Ética.****** Vou à Bahia no domingo, fazer uma conferência na Fenabrave, e terça-feira irei à parada dos militares [Dia do Soldado]. Fiquei vendo esses textos e agora vamos para São Paulo.

Apenas para registro: Itamar continua impertinente, ameaçando, diz que ele sabe o que assina.******* Imagina, eu é que sei que nem o Plano Real ele leu, ele disse

---

* Presidente do grupo RBS.
** Projeto de lei 3156/2000, que originou a lei nº 10167, de 27 de dezembro de 2000.
*** A MP 2000-16, baixada em maio de 2000, autorizou a Anvisa a monitorar a difusão de peças publicitárias consideradas inadequadas segundo a legislação sanitária.
**** Márcia, Maria Leonor, Marisa e Ricardo Saad. Depois da morte de João Saad, fundador da rede Bandeirantes, em outubro de 1999, seus filhos disputaram judicialmente a divisão dos negócios da família.
***** Ronaldo Machado.
****** Código de Conduta da Alta Administração Federal, formulado pela Casa Civil e pela Comissão de Ética da Presidência da República.
******* Em resposta à acusação tucana de que assinara um decreto em 1994 para liberar verbas das obras do TRT-SP, o governador de Minas disparou: "Não sou como o presidente da República. Eu leio o que assino. A assinatura do decreto é minha e será facilmente explicada". Franco aludia a uma nota da Presidência, publicada em junho de 2000, sobre as mensagens presidenciais assinadas por Fernando Henrique e encaminhadas ao Congresso em 1995 e 1996 para recomen-

isso a mim na frente do José de Castro, quanto mais leu o orçamento alguma vez na vida... Nem cabia mesmo ler, mas é para fazer cosquinha em mim, quer saber por que ele assinou as verbas do TRT de São Paulo. Como já havia um governo de transição, que era meu, instalado no Banco do Brasil, ele quer ver melhor se não foi por influência nossa. Outro dia Itamar disse que há uma presença endêmica de corrupção no governo federal. Eu digo: pois é, em Minas Gerais ela é epidêmica. São ondas, sem que se possa apurar.

Não sei se registrei que ontem à tarde recebi o embaixador Richard Holbrooke, que é representante dos Estados Unidos na ONU. Ele veio pedir aumento da contribuição do Brasil em termos de recursos e de participação ativa nas missões de paz das Nações Unidas. É um tema delicado.

De manhã eu tinha recebido, além do Jader, com quem conversei longamente, o Thomas Brazelton,* que veio com outros professores de Harvard e de Princeton, para discutir questões de psicologia infantil e tratamento das crianças desde que nascem.** No fim do dia ainda falei com o Iris Rezende e com o Mauro Miranda, senadores de Goiás, que vieram fazer contraponto, porque vou a Goiás na próxima semana, e há essa briga infinita [entre o PSDB e o PMDB goianos].

HOJE É TERÇA-FEIRA, DIA 22 DE AGOSTO. Ontem, segunda-feira, foi um dia que me pareceu muito positivo. Passei a manhã num programa de rádio e em despachos de rotina, preparando-me também para a solenidade de lançamento do Código de Conduta da Alta Administração Federal, que seria à tarde. Fiz o discurso que havia preparado de manhã com Pedro Parente e o Pimenta, quem escreveu o texto básico foi Eduardo Graeff, eu mexi bastante, o discurso ficou um pouco longo mas forte e, mais do que isso, com medidas concretas que o Martus preparou. Muita gente para ouvir o discurso, repercussão boa, reunimos o Antônio Carlos, também o Velloso e o Temer para discutir o tema. Na véspera, domingo, eu tinha estado na Bahia e feito um discurso para a Fenabrave, associação dos distribuidores de automóveis, um discurso otimista de desenvolvimento. Fui e voltei com Antônio Carlos, Michel Temer, Geddel também voltou no mesmo avião, conversamos muito, clima positivo.

---

dar a liberação de créditos suplementares à construção do tribunal. "Não cabe ao presidente da República ler o que assina, a responsabilidade é do ministro que leva ao gabinete a pasta de despachos", afirmava a nota.

* Pediatra e neonatologista norte-americano.

** O presidente recebeu uma delegação de especialistas brasileiros e estrangeiros presentes no seminário "O desenvolvimento integral da primeira infância e as políticas públicas", promovido pelo Comunidade Solidária e pelo Ministério da Saúde em Brasília.

No sábado, em São Paulo, lancei de manhã um programa de ampliação do Incor com Mário Covas e à noite jantei na casa do Andrea Matarazzo com Renato Machado,* a Sonia Racy e também gente do *Estadão* e outras pessoas. Expliquei meu pensamento sobre vários itens, desmenti uma matéria completamente estapafúrdia do Lula Costa Pinto que saiu na *Época*, dizendo que eu, Pimenta e Covas tínhamos resolvido lançar o Tasso. O Tasso me telefonou de Cleveland, está de bom ânimo.

O lançamento do Código de Conduta foi em clima positivo, mostrou que o governo está tomando medidas para dar um salto para conter a corrupção. Em vez de acusar a, b e c e apenas ficar mudando os controles, está em busca de quem deve assumir a responsabilidade. Com isso se põe um ponto final na exploração política do caso Eduardo Jorge. Não foi para isso que foi feito esse código de conduta, a preparação dele vem de longe e sua edição vinha sendo postergada por mil razões. Mas foi oportuno, sobretudo com as medidas que estão sendo tomadas, de colocar na internet uma porção de informações. Enfim, o governo foi para a ofensiva nessa matéria.

Vejo, vez por outra, que alguns procuradores estão dizendo que o governo quer calar a boca deles, que o governo se prepara para lutar contra eles. Não é esse meu ponto de vista, apenas não quero que cometam excessos e que condenem as pessoas antes do julgamento. Eles têm tido um papel positivo, nunca neguei isso, concordo até mesmo que façam declarações, que escrevam, digo e penso assim. Mas é preciso refrear esse tom torquemadesco que existe em meia dúzia deles, por exibicionismo político. Isso prejudica a todos, e essa crítica pode existir sem que se faça "luta contra eles". O Ministério Público é uma instituição que eu acho saudável, não deve ser objeto de luta repressiva.

Daqui a pouco, às dez e meia, terei uma palestra difícil. Vou reunir todos os oficiais que estão em Brasília para transmitir um clima de crescimento do Brasil, mas eles entenderam isso como um chamado para aumento salarial. Me recordo do meu pai: na época de [tratar de] salário, os militares ficam muito aflitos, eles pensam em salário, pensão, pensão da viúva... são coisas que atormentam o dia a dia do nosso militar. Falta de guerra, que há tantos anos não temos, e, sendo eles dedicados ao serviço público, ficam preocupados com essas questões, que são as normais de um chefe de família. Eu não tenho respostas a dar, porque aumentos, neste momento, seriam catastróficos do ponto de vista do orçamento, embora justos do ponto de vista do bolso de cada um.

HOJE É QUARTA-FEIRA, DIA 23 DE AGOSTO. Fiz a palestra ontem para os militares,** eram mais de mil, a palestra durou, uma hora e quarenta, falei em pé,

---

* Editor-chefe do *Bom Dia Brasil*, da rede Globo.
** O presidente falou à alta oficialidade das Forças Armadas no auditório do Quartel-General do Exército, em Brasília.

com gráficos e tal, mostrando as questões mais candentes do Brasil, as perspectivas, os horizontes. Falei também sobre salário, da minha relação com os militares, meu pai, meu avô, expliquei que temos problemas e disse que até o fim do meu mandato iria resolver essa questão, mas que não era como uma miragem rosa no deserto, para mostrar que não era assim tão simples, que vamos ter algumas gotas d'água no caminho até chegar à fonte. Fui bastante aplaudido no final da palestra, nenhum sinal de que houvesse qualquer mal-estar maior, certamente salário sempre aperta.

Eu já tinha dado ordens, através do Pedro Parente, para que a comissão* encaminhasse as coisas nessa linha. Ou seja, vamos ver qual é o patamar justo de soldos a ser obtido no fim do mandato e vamos aumentando os salários progressivamente, até chegarem lá. Acho que é correto. Claro que eles vão ter que pagar a Previdência também, como os civis, para manter a igualdade nesse aspecto.

Almocei com os generais, vi que o general Gleuber estava mais solto, porque eu tinha dado ordem para liberar os 115 milhões de reais necessários, para que eles mantenham a tropa em funcionamento até o fim do ano; acho que a pressão deste ano desanuviou.

No fim do dia, depois de ter recebido o presidente da Câmara Americana de Comércio** para discutir alguns acordos gerais com eles [Estados Unidos] e haver recebido um enviado da ONU para direitos humanos, contra a tortura, um inglês*** muito simpático, recebi no final do dia os dirigentes da CNBB, que vêm sempre me ver: d. Damasceno, d. Marcelo Cavalheira, além do presidente da CNBB e um padre jesuíta cujo nome não me lembro agora. A conversa foi ampla e naquele mesmo estilo de sempre, franca, brincalhona, tanto da minha parte quanto da parte dos bispos. Pedro Malan presente, Aloysio também. Pedro Malan fez uma exposição sobre a dívida externa do Brasil, preocupado que está com esse plebiscito sobre a dívida da CNBB.**** Eu não estou preocupado, acho que o Malan está dando muita importância a isso; vai gerar onda, mas não vai dar em nada. Ou seja, a CNBB vai

---

* Na semana anterior, o Ministério da Defesa e a Casa Civil haviam criado uma comissão para reformular a política salarial dos militares.

** John Mein.

*** Nigel Rodley. O relator especial da Corte de Direitos Humanos da ONU realizava visitas a penitenciárias e centros de reeducação no país a convite do governo brasileiro, que em maio enviara a Genebra um relatório sobre a implementação da Convenção contra a Tortura e Outros Tratamentos ou Penas Cruéis, Desumanos ou Degradantes (1984), adotada no país em 1991.

**** No início de setembro de 2000, em parceria com a CUT, a Contag, o MST e outros movimentos sociais, a entidade católica realizou o Plebiscito Nacional da Dívida Externa para questionar seu pagamento e denunciar a suposta submissão do governo brasileiro ao FMI e a credores internacionais.

propor o plesbicito, o PT também, o povo vai votar contra o FMI, pedindo o não pagamento da dívida. Como eu disse aos padres, o povo votaria a favor da pena de morte, por isso não deveríamos submeter a plebiscito esse tipo de matéria, o povão não tem informações suficientes para decidir.

À noite ainda jantei com o Alberico [de Souza Cruz], conversamos sobre a situação da mídia no Brasil, ele me disse que a Rede TV!, onde ele está trabalhando agora, vai indo bem, não sei, vamos ver. O dia foi proveitoso.

A repercussão do ato de anteontem* foi positiva, todos os jornais deram notícias, debate aberto a respeito das medidas antidesperdício, parece que o clima mais pesado passou.

HOJE É QUINTA-FEIRA, DIA 24 DE AGOSTO. Acabo de receber um telefonema de d. Jayme Chemello, presidente da CNBB, eufórico com a reunião que teve conosco. Disse que vai dar uma entrevista hoje, transmitindo as impressões dele. Gostou muito das explicações que o Malan e eu demos sobre a dívida externa, o esforço que estamos fazendo, pediu que não esquecêssemos os assentamentos da reforma agrária, numa atitude positiva. Queria me dizer que geralmente ele reclama, mas quando as coisas são boas fala a favor. Disse que vai levar um tempinho para esclarecer as coisas, que vai procurar o núncio para explicar diretamente como foi boa nossa reunião e que vai dar uma entrevista coletiva hoje. Avisou também que haverá uma carta aberta ao Malan do grupo do Rio** com dados errados, com ideias erradas, que ele não tem nada com isso, que acha importante nós explicarmos tudo.

Ontem, quarta-feira, recebi de manhã o Serra e o Ronaldo Sardenberg, por causa de um fundo para financiar pesquisas de saúde.*** Depois me encontrei com o Rafael de Almeida Magalhães e o Eliezer Batista, para discutirmos as ideias deles sobre a integração da América do Sul e também nossas relações com o Japão. Conversamos sobre os embaixadores do Itamaraty em Tóquio.****

Almocei com Paulo Renato para discutir algumas políticas do Ministério da Educação. Ele está razoavelmente bem em São Paulo, mas olhando sempre para cima [a Presidência], o que me parece prematuro.

---

* Lançamento do Código de Conduta da Alta Administração Federal (exposição de motivos nº 37, publicada pela Casa Civil em 18 de agosto de 2000).
** Isto é, os bispos coordenadores do plebiscito, que rebateram em carta aberta as críticas do ministro da Fazenda à realização da consulta.
*** Fundo Setorial de Ciência e Tecnologia em Saúde, com orçamento anual previsto de R$ 200 milhões, provenientes de uma nova taxa cobrada sobre a venda de cigarros e bebidas alcoólicas. A criação do fundo foi anunciada pelo governo no início de setembro.
**** A embaixada brasileira no Japão era chefiada por Fernando Guimarães Reis.

Tivemos depois do almoço a solenidade de assinatura da reformulação dos fundos fiscais do Nordeste, o Finor,* fiz um discurso mostrando que nós estamos preparando o Brasil com antecipação para crescer, tomamos as medidas necessárias etc. e etc., elogiei o Fernando Bezerra, muita gente presente, acho que terá efeitos no Nordeste.

Em seguida recebi o Paulo Sérgio Pinheiro, presidente da Comissão Interamericana de Direitos Humanos. Depois tive uma reunião muito complicada com os presidentes da Federação das Indústrias,** associações empresariais, de agricultura, Câmara de Logística do Rio Grande do Sul*** e ainda com Antônio Ernesto de Sálvio, da Confederação Nacional da Agricultura.**** Ele é muito conservador, o chefe do Sul***** também é, estão furiosos com o que está acontecendo no Sul. Como são conservadores têm uma visão mais preconceituosa do PT, o PT está fazendo isso e aquilo, não só o PT, mas o MST, o trotskismo, estão fazendo desmandos crescentes no Rio Grande do Sul. Disseram-me que há gente treinando milícias para os fazendeiros, uma máfia inteira, porque o secretário de Agricultura do Rio Grande do Sul [do PT]****** disse no congresso do MST que propriedades com mais de 60 hectares são improdutivas, podem ser invadidas. Enfim, confusão grande que vai dar muita dor de cabeça.

Recebi um senhor que é presidente mundial da Delphi Automotive Systems******* e que eu não sei por que veio falar comigo. Recebi depois o Arthur Virgílio e o Aécio, problema: o PTB saiu da aliança com o PSDB, isso tem cheiro de manobra por causa da mesa da Câmara, mas desconfio que pode ser manobra do Cesar Maia com o Ciro. Aí complica mais ainda a questão do PTB.

Itamar continua fazendo das dele. Pedi que o Everardo Maciel checasse se era verdade que o Itamar levou cinco anos sem preencher imposto de renda, e é verdade — creio que foi de 1985 a 1990, algo assim. Foi o que disse um deputado que denunciou na Câmara, não lembro bem o nome dele... é Falcão, um deputado do Rio de Janeiro. A irmã desse deputado recebeu as informações da Receita de que havia, sim, uma confusão muito grande; depois abafaram o assunto. Mais tarde o pessoal de Minas refez as declarações do Itamar, e, como naquele tempo não havia

---

* Assinatura da MP 2058/2000, que alterou a gestão e a composição dos benefícios fiscais do Fundo de Investimentos do Nordeste (Finor), do Fundo de Investimentos da Amazônia (Finam) e do Fundo de Recuperação Econômica do Estado do Espírito Santo (Funres).
** Francisco Renan Proença, presidente da Federação das Indústrias do Rio Grande do Sul (Fiergs).
*** Federação das Empresas de Logística e Transporte de Cargas no Estado do Rio Grande do Sul (Fetransul), presidida por Romeu Luft.
**** Confederação da Agricultura e Pecuária do Brasil (CNA).
***** Carlos Sperotto, presidente da Federação da Agricultura do Estado do Rio Grande do Sul (Farsul).
****** José Hermeto Hoffmann.
******* J. T. Battenberg.

registro eletrônico, era tudo em papel, não há registro. Mas ele levou cinco anos sem responder à Receita, só por esquecimento.

HOJE É DOMINGO, DIA 27 DE AGOSTO, onze da manhã. Retomo o que estava gravando sobre a quinta-feira 24 de agosto. Além do que já mencionei, houve reunião de manhã com o Lampreia, Martus Tavares, o [Ivan] Canabrava* e com o pessoal da convocação da reunião sul-americana. Almocei com Pedro Paulo Poppovic e com a Malak [Poppovic].** Depois do almoço, recebi o [José] Maranhão com o Ney Suassuna, para tratar dos interesses da Paraíba. O Pratini de Moraes, mais tarde, quando despachou comigo, disse que houve um foco de aftosa no Rio Grande do Sul e atribui isso à possibilidade de sabotagem. Eu não acredito, acho que é mais descaso que sabotagem, mas terá efeitos graves sobre a exportação.

Recebi o desembargador Antônio Carlos Viana Santos, presidente da Associação dos Magistrados Brasileiros, que veio me convidar para participar de um encontro deles no Cabo de Santo Agostinho.***

À noitinha recebi o Sarney, para discutir a insistência do Antônio Carlos na indicação dele, Sarney, para a presidência do Senado. Ele acha temerário, acredita que o Jader tem mais condições de enfrentar a disputa, em todo caso acha que pode ser um contendor para provocar um *tertius*. Pediu que nós jogássemos como combinado, antes que o Antônio Carlos precipite tudo; ele prefere não ser presidente do Senado, disse que tem o filho [Zequinha Sarney], a filha [Roseana Sarney]. Eu disse que se ele for presidente será bom, embora isso seja um osso duro de roer dentro do PMDB.

Na quinta-feira dormi cedo porque na sexta-feira de manhã eu iria a Goiás inspecionar a obra de uma estrada que liga Brasília a Goiânia, num trecho da Brasília-Anápolis.**** Depois de fazer isso na sexta, fui a Palmeiras de Goiás inaugurar a iluminação na casa de uma senhora, dona Conceição [Oliveira], no programa Luz no Campo. Voltei, fui à fazenda do Pimenta, onde almocei com o Ronaldo Cezar Coelho. Pedimos que o Ronaldo aproveite o programa eleitoral na televisão para defender o governo. Ele não tem muita chance, quem vai ganhar no Rio será provavelmente o Conde. Mas o Ronaldo defende o governo, me defende, tem sido um bom amigo.

---

* Embaixador, secretário-geral adjunto de Assuntos Políticos Multilaterais do Itamaraty.
** Mulher de Pedro Paulo Poppovic, assessora internacional de Ruth Cardoso.
*** LXIII Reunião Anual da International Association of Judges, em Recife, de 16 a 23 de setembro de 2000. O presidente não foi a Pernambuco.
**** Fernando Henrique visitou quatro trechos das obras de duplicação da BR-060 entre Goiânia e Anápolis (GO), inauguradas em dezembro de 2000.

Sábado, ontem, fiquei o dia inteiro no Alvorada com Ruth, o embaixador Frederico Araújo, dois arquitetos de São Paulo, a Renata [Bruggemann] o Jê [Américo dos Santos], arrumando o palácio. Passei o dia nisso, à noite vi um filme com o Zé Gregori e a Maria Helena e os que mencionei, chamado *Cronicamente inviável*.*
Bom filme, forte, mostra um lado desagradável do Brasil, mas que precisa ser visto, aumenta a consciência sobre nossas mazelas.

Hoje, domingo, vamos passar o dia terminando de arrumar papéis e livros com Danielle [Ardaillon] e Ruth mais os já citados; estamos dando uma ajeitada no palácio.

O panorama eleitoral variou bastante, a Erundina embolada com Maluf, a Marta caiu um pouco, não vai ganhar no primeiro turno; no Rio está mais para o Conde; a Patrícia [Saboya],** ex-mulher do Ciro, foi ultrapassada em Fortaleza pelo Juraci Magalhães; em Minas o João Leite*** está disputando com o Célio de Castro.****
Enfim, a tragédia que todos anunciavam que ia acontecer, a debacle do governo e do PSDB, não vai ocorrer. Há sinais de melhoria da economia e há sinais de melhoria de prestígio do governo.

HOJE É TERÇA-FEIRA, DIA 29 DE AGOSTO, são dez horas da manhã. Ontem foi um dia calmo, recebi no fim do dia o João Elísio Ferraz de Campos, que é o presidente da Fenaseg. Fora isso, só despachos internos e muito trabalho. De manhã nos reunimos no Alvorada com o Eliezer Batista, o Rafael [de Almeida Magalhães] e vários ministros para discutir a sociedade digitalizada, uma apresentação que o filho de Eliezer***** e não sei quem mais do staff fizeram. Interessante, forçando um pouco a barra no sentido de haver impostos muito altos na importação de componentes e de material de informática e proposta para que haja informatização de tudo. Eles não sabiam que já temos um programa [o Fust] em que vamos entregar computadores e treinar pessoas nas escolas.

Depois tive outra reunião com o pessoal do Itamaraty e o Tápias, portanto com o Lampreia e os outros embaixadores, o Rafael e o Eliezer, para definir nossa estratégia de negócios com a China, com o Japão, com a Ásia em geral. Vai haver, acho que no dia 7 ou 8 de novembro, um encontro do Keidanren****** com a CNI.*******

---

* Longa de 2000 dirigido por Sérgio Bianchi.
** Deputada estadual (PPS).
*** Deputado estadual e candidato tucano à prefeitura de Belo Horizonte.
**** Prefeito de Belo Horizonte (PSB) e candidato à reeleição.
***** Eike Batista, presidente do grupo EBX.
****** Federação das Organizações Econômicas do Japão, entidade patronal japonesa.
******* IX Reunião Conjunta do Comitê de Cooperação Econômica Brasil-Japão, com o tema "Aliança para o século XXI", em São Paulo.

Parece que os japoneses voltaram a ter mais interesse no Brasil, e vice-versa. Acho que a expansão do nosso comércio internacional de commodities vai ser com a Ásia mesmo, porque o protecionismo europeu e americano vai continuar muito forte, não tenho nenhuma ilusão de que eles cedam.

Hoje eu teria um encontro com Lampreia sobre a reunião que vamos ter em Brasília de presidentes [sul-americanos]. Há certa excitação na imprensa sobre essa reunião, especulação de que nossos encontros no Alvorada foram para consolidar o Mercosul, embora eles não tivessem nada a ver com a reunião de presidentes. Na questão da Colômbia, os repórteres também fazem um cavalo de batalha, porque tropas brasileiras estão indo para a fronteira. Não é verdade, a imprensa, quando desinformada, desinforma. Agora, com uma ponta de má-fé, inventaram que os automóveis que nós usamos, que são em comodato, feririam o Código de Conduta.* Ora, o código é sobre a conduta de pessoa, não atinge o presidente, que é quem assina o Código; supõe-se que o presidente esteja dentro da ética. O comodato é feito entre o governo e as empresas, não entre pessoas, é para servir ao governo e já vigia antes de meu governo, é antigo. A dúvida, entre aspas, é só para catar milho.

Há alguma preocupação com a inflação,** pouca, mas a imprensa e o mercado exagerando. A inflação deriva neste momento do preço do petróleo, do ajuste de tarifas e da geada que houve no Sul, e aumentou o preço dos alimentos. Os economistas dizem que são fenômenos passageiros, que a inflação cairá de novo. Vamos ver para crer, mas não acho que hoje a inflação seja nosso maior problema. Os índices de desemprego continuam caindo, enfim, a conjuntura se mostra melhor do que antes. Martus, que irá ao Congresso, está aflito; embora não haja base para aflição, a maldade se encontra em toda parte, pode ser que de repente armem alguma para ele, que não tem prática parlamentar. Mas não creio, acho que está tudo mais ou menos bem articulado.

HOJE É SEGUNDA-FEIRA, DIA 4 DE SETEMBRO, estou em Ibiúna, vamos rememorar. Terça-feira, dia 29 de agosto. Recebi o Paulo de Tarso [da Cunha Santos] à tarde, e o dia foi bastante nervoso em função do depoimento do Martus [à subcomissão do Senado]. Não havia nada que merecesse maior atenção, mas sempre se fica nervoso. O Paulo de Tarso tinha almoçado com o Serra, ele acha que o Pimenta não é o melhor presidente pra o PSDB; embora sempre tenha apoiado o Pimenta

---

* A imprensa questionou o fato de 28 automóveis da Presidência da República serem usados em regime de comodato, sem custos, através de contratos com montadoras datados do governo Collor. O artigo sétimo do Código de Conduta proíbe que autoridades recebam "transportes, hospedagem ou quaisquer favores de particulares".

** O IPCA de julho de 2000 alcançou 1,61%, com acumulado de 3,28% no ano. A prévia da inflação de agosto divulgada no dia 29 chegou a 2%.

para vir para o governo, acha que neste momento é melhor colocar o Madeira, mesmo sendo difícil que os demais aceitem um paulista outra vez como presidente do partido. Poderia ficar a impressão de que a escolha do Madeira seria para evitar a candidatura do Tasso. Está na cara, ninguém é ingênuo.

À noite, depois do balanço do depoimento do Martus Tavares, telefonei para congratular-me com o Arruda, cujo discurso final foi excepcional. O Martus estava perto dele, aproveitei para falar com ele, que se saiu muito bem.

No dia seguinte: fofocas de que eu não tinha gostado do depoimento do Martus. Não é verdade, o Martus foi firme, ele não é um parlamentar, é um técnico, mas foi muito firme. O Pedro Simon se esmerou em fingimentos, ninguém é mais amigo meu do que ele, e toma pau, toma pau, sem nenhuma consideração à realidade, quer fazer carnaval, uma coisa contristadora. O Pedro, vou dizer mais uma vez, não produziu até hoje nenhum projeto importante, nada, a não ser exageros. Na campanha de 1998 saiu comigo pelo Rio Grande do Sul afora me elogiando sem parar; já na arguição dele ao Martus, disse que o melhor governo que já houve foi o do Itamar e que o Itamar não nomeava nem filha* nem genros. Ora, o Itamar nomeou o sobrinho, nomeou o irmão,** o irmão foi processado por má administração no INSS, dizem que tanto o sobrinho do Itamar*** quanto outros funcionários compravam automóveis das montadoras com desconto e revendiam. Sem falar que o sobrinho quis nomear um protegido para dirigir a Escola de Administração Fazendária, e o Clóvis não deixou, nem eu.

A quarta-feira já foi um dia mais difícil, tive um jantar com o Chávez.**** De manhã recebi no Alvorada o Cristovam Buarque,***** que tinha estado com o Camdessus, a pedido do nosso ex-ministro Ricupero. Se encontraram em Saint-Jean-de--Luz, uma cidade de que eu gosto muito. Cristovam veio com a proposta de o Brasil apoiar a troca das dívidas externas de países pobres por dinheiro local a ser usado no Bolsa Escola.****** Claro que eu apoio, já perdoamos dívidas de alguns

* Em 1995, Luciana Cardoso foi nomeada assessora da Secretaria-Geral da Presidência. A contratação da filha do presidente se tornou objeto de ação popular na Justiça Federal de Brasília, que suspendeu a nomeação. Houve recurso ao TRF-1. Em 2009, o STJ confirmou as sentenças das instâncias inferiores.

** Augusto Franco Júnior foi exonerado em 1995 do cargo de chefe da representação do Ministério da Saúde no Rio de Janeiro, que ocupava desde 1992, sob denúncias de superfaturamento na compra de medicamentos para a rede de hospitais federais do estado.

*** Ariosto Borges Franco, secretário particular do ex-presidente. O sobrinho de Itamar Franco morreu de infarto durante uma viagem presidencial à Colômbia, em 1994.

**** Chávez foi recebido em visita de trabalho para tratar das negociações entre o Mercosul e o Pacto Andino, cuja presidência rotativa era ocupada pelo mandatário venezuelano.

***** Presidente da ONG Missão Criança.

****** Buarque entregou ao presidente um documento assinado por personalidades europeias

desses países sem nenhum condicionamento, e esse é um bom condicionamento. O Camdessus, que é católico, é inspirador dessas coisas e ri da Igreja com a CNBB fazerem esse plebiscito completamente sem sentido sobre se o povo apoia ou não o acordo com o FMI, como se o povo soubesse do que se trata. Se nem o pessoal da CNBB sabia...

Depois recebi um grupo da Câmara de Deputados, a Marisa Serrano* e outros deputados, inclusive um rapaz que eu acho que é do PT,** não me lembro, simpáticos, vieram apresentar o relatório para a Cúpula do Milênio.***

Dei uma entrevista para o *Washington Post* e à tarde ainda recebi o presidente mundial da Nokia. Recebi também o presidente da AT&T da América Latina,**** junto com o Pimenta, depois me dediquei ao Chávez.

O Chávez veio simpaticamente, como sempre, nada concreto, ideias bolivarianas, já antecipando o que ele faria no dia seguinte, na reunião de presidentes. Tinha estado na Arábia Saudita, no Iraque, na Líbia, enfim fez um périplo mundial, mas, sendo como ele é, do jeito que pensa, até que esteve razoável. Eu disse que ele estava exagerando e que sou um pouco seu avalista, ele riu. Chávez não é bobo, os projetos que tem são generosos, mas sem base na realidade. Nós não temos nenhum contencioso com ele, foi um jantar longo, saudações e tudo o mais.

Na quinta-feira começava a cúpula dos presidentes da América do Sul,***** de manhã fiquei recebendo uma porção de gente. Recebi o Martus, que veio me trazer o orçamento, caprichado, embora pelo que tenho visto na imprensa não adianta caprichar ou não caprichar; a imprensa continua achando que está tudo igual. Mas não está. O orçamento vai ter um problema crítico: sempre vão querer mais dinheiro para o salário mínimo, e há recursos: é só cortar as emendas dos deputados que surgem recursos... Nenhum governador aumentou os salários mínimos estaduais, eles querem que eu aumente. Vou dizer a eles, na primeira oportunidade, que nada impede que o façam.

Dei uma entrevista sobre a Cúpula para a moça da CNN [*en español*], Fabiana Frayssinet, despachei os expedientes normais, fui a um almoço do Ceal, fiz um dis-

---

como o ex-diretor-gerente do FMI, então assessor da Santa Sé, e o comissário de Comércio da União Europeia, Pascal Lamy, que solicitaram ao governo brasileiro uma menção à proposta no próximo discurso presidencial na Assembleia-Geral da ONU.

* Deputada federal (PSDB-MS).
** Nelson Pellegrino, deputado federal pela Bahia.
*** Os membros da Comissão de Direitos Humanos da Câmara entregaram ao presidente a proposta legislativa a ser debatida na cúpula da ONU em Nova York, realizada entre 6 e 8 de setembro de 2000 para fixar os Objetivos de Desenvolvimento do Milênio (ODM).
**** Patricio Northland.
***** I Cúpula Sul-Americana.

curso de improviso para os empresários, antecipando os temas sobre os quais iria falar mais adiante.

Recebi à tarde, depois do almoço, os presidentes da Guiana* e do Suriname.** Vamos ter problemas com a questão da fronteira com a Venezuela, eles têm um problema de importação com o Brasil, ou melhor, o Suriname quer exportar para o Brasil e para a Guiana com tarifas mais baixas, fiz um apelo para que os dois se entendessem sobre os problemas de fronteira, estão muito contentes por terem vindo a essa reunião no Brasil.

De lá fui à reunião privada dos chefes de Estado. Estava o presidente da Colômbia, todos os presidentes vieram.*** Os jornais contaram o que aconteceu no encontro de maneira muito positiva. Com a Colômbia o problema de sempre: o Pastrana quer meu apoio às negociações de paz, não pediu apoio contra os Estados Unidos, como disseram; ele quer o apoio de todos os presidentes para as negociações que está fazendo; ele quer separar o narcotráfico da guerrilha, coisa difícil.

Fujimori estava muito ranheta, achou que devíamos fazer uma declaração sem falar de paz negociada e que devíamos mostrar, de modo incisivo, apoio à Colômbia contra os narcotraficantes. Foi essa a discussão real que houve. Tentei mediar, negociando o texto. Por fim, não se colocou nada sobre os narcotraficantes no texto, embora haja outro dizendo que nos sentimos responsáveis, em conjunto, pelo combate ao narcotráfico.

Isso na reunião privada.

Na reunião de abertura, fiz um discurso que eu mesmo retoquei fortemente. Coquetel, jantar, fiz a saudação do jantar de improviso, o Chávez respondeu, tudo muito simpático. Houve apresentação da orquestra sinfônica venezuelana, uma sinfônica infanto-juvenil,**** muito boa, o encontro começou bem, eu cansadíssimo, porque não é brincadeira aguentar isso dia e noite.

Na sexta-feira, dia 1º de setembro, começamos cedo a reunião propriamente dita. Sucesso absoluto, a liderança do Brasil é indiscutível, a minha também, embora eu tenha que dizer o contrário para a imprensa brasileira e internacional. Terminada a sessão, fomos almoçar no Alvorada, dei uma entrevista coletiva à imprensa, só queriam saber disso, eu o tempo todo fazendo o que é preciso fazer, dizendo que a liderança é compartilhada. O mundo de hoje não aceita mais centralização, e isso

---

* Bharrat Jagdeo.
** Ronald Venetiaan.
*** Fernando de la Rúa (Argentina), Hugo Banzer (Bolívia), Ricardo Lagos (Chile), Andrés Pastrana (Colômbia), Gustavo Noboa (Equador), Bharrat Jagdeo (Guiana), Luis González Macchi (Paraguai), Alberto Fujimori (Peru); Ronald Venetiaan (Suriname); Jorge Batlle (Uruguai) e Hugo Chávez (Venezuela). O presidente do BID, Enrique Iglesias, também compareceu às reuniões da cúpula, no Palácio Itamaraty.
**** Orquestra Sinfónica Juvenil Simón Bolívar.

é verdade até certo ponto, não existem mais lideranças impositivas, mas é óbvio que a liderança do Brasil é grande. Os jornais estão dizendo que eu não esclareci que liderança o Brasil vai ter. Imagina se isso é coisa que se esclareça com palavras...

A reunião em si foi um êxito muito grande, ninguém imaginou que fosse possível ver tantos países apoiando nossa iniciativa. Veio o representante do México, [Jorge] Castañeda, de uma nova ala, aliás pró-Itamaraty. O Itamaraty era até mais restritivo a convidar um senador mexicano, mas foi bom [termos convidado um representante do governo mexicano], porque assim se dirimiu qualquer suspeita de que o encontro dos presidentes da América do Sul fosse algo anti-México, porque não é mesmo.

O embaixador americano* deu uma declaração muito boa de apoio, dizendo que o Brasil ter liderança não atrapalha os Estados Unidos. Por certo temos visões diferentes e deixei isso muito claro, tanto sobre que não vamos subordinar as Forças Armadas brasileiras a comando estrangeiro,** como também não ao combate do narcotráfico e muito menos a questões de guerrilha, que não é conosco. Não queremos que eles venham até aqui, isso não deixaremos. Também temos visões diferentes sobre o ritmo da Alca, queremos um acesso real ao mercado, não uma contrafação de acesso. Isso tudo é claríssimo para quem vê de boa-fé a política brasileira.

Eu disse, na fala à imprensa, que no passado se falava muito em política externa independente e que hoje é desnecessário falar, porque se pratica. É o que nós fazemos, praticamos uma política nossa, temos relação com Cuba do jeito que queremos, não estamos preocupados se o americano gosta ou não gosta. Temos nossa posição sobre o caso do Fujimori e agora do Plano Colômbia. Isso tudo sem nenhuma agressividade aos Estados Unidos, pelo contrário. Tudo que for possível fazer para valorizar a democracia, faremos juntos; para combater o narcotráfico, combateremos juntos, mas queremos assumir nossa posição normal de um país que tem consciência do seu comando, da sua força e também das suas limitações. O *Estadão* escreveu um editorial admirável reconhecendo tudo isso, é quase como se tivesse sido feito por alguém do PSDB, de tão bom que o governo se sai. Aliás, nem sei se o PSDB faria tão bem.

Isso foi na sexta-feira. Depois que terminou tudo, jantei com o Alain Touraine, o Juarez e o Raul Jungmann; foi agradável mas cansativo. Touraine escreve e fala muito, nem sempre com noção adequada do que acontece aqui. Ficou muito surpreso quando eu disse que o governo não vai ser derrotado nas eleições. Dito e feito, no dia seguinte começaram a sair pesquisas, o Geraldo Alckmin começa a ameaçar a Marta,*** em Belo Horizonte esse João Leite, que eu não conheço, ameaça

---

* Anthony Harrington.
** Os EUA haviam sondado o Brasil sobre a possibilidade de fornecer tropas para a formação de uma força sul-americana de paz vinculada ao Plano Colômbia.
*** O Datafolha publicou levantamento das eleições municipais de São Paulo com 29% das inten-

o candidato à reeleição, que é o Célio de Castro,* e no Rio o Conde está na frente.** Vi estado por estado, cidade por cidade, a situação é boa, vamos ganhar 70%, 80% das prefeituras, me refiro ao conjunto dos partidos que não são contra o governo. Não vou dizer que nos apoiam de modo entusiasmado, mas não são contra o governo: PTB, dependendo da região, o PFL e o PMDB mais favoráveis, PDT também. Acho que esse é o quadro que se está desenhando.

Sábado de manhã viemos para Ibiúna eu, Ruth, Zé Gregori e Maria Helena, que foram até São Paulo conosco. Ficarei aqui até quarta-feira, hoje é segunda. Paulo Henrique e a Vanvan, a Joana e a Helena ficaram sábado e domingo conosco, bons momentos, tomamos bons vinhos, a Ruth fez comidas excepcionais. Hoje ela foi a São Paulo para o Comunidade Solidária, estou sozinho, faz um frio danado, neste momento deve estar uns doze graus, na madrugada cai a seis, sete, muito úmido. À noite devo jantar na casa do Zé Gregori, que é meu vizinho de frente, e só vou ter gente na quarta-feira, quando o Giannotti e o Clóvis Carvalho devem vir almoçar. Repercussão internacional muito boa da Cúpula dos Presidentes da América do Sul. Os dados econômicos continuam razoavelmente bem, nada de mais preocupante, vamos ver se levamos o país para caminhos melhores.

ções de voto para Marta Suplicy, seguida por Geraldo Alckmin (16%), Paulo Maluf (14%) e Luiza Erundina (11%).
* Segundo o Datafolha, Célio de Castro tinha 33% e João Leite 22% das intenções de voto.
** Luís Paulo Conde apareceu na pesquisa Datafolha com 35%, seguido por Cesar Maia (19%) e Benedita da Silva (15%).

10 A 22 DE SETEMBRO DE 2000

Visitas do primeiro-ministro de Cingapura e do herdeiro do trono saudita. Problemas com o MST e Itamar. Projeto Alvorada

Hoje é domingo, dia 10 de setembro. Em Ibiúna, nada além do jantar na casa do Zé Gregori, onde conversamos sobre o tempo e o vento.

Na quarta-feira, recebi de manhã o Clóvis e o Giannotti, este muito decepcionado porque não comentaram os livros dele, mas estava contente, porque publicou dois.* Li quase todo o primeiro, é um livro pequeno sobre Marx, achei muito interessante. O Giannotti é competente e começou a escrever melhor na fase da maturidade plena, no limite superior das suas capacidades intelectuais e até físicas. Clóvis voltou a conversar sobre a carta que ele me mandou reclamando sobre a embaixada da Bélgica que lhe foi oferecida, quando ele queria a do Vaticano. Não queria por querer, nem para ter um emprego, mas porque achava sentido em ir para o Vaticano naquele momento. Um assunto já superado. Clóvis sempre muito bem-disposto, construtivo, mostrando uma porção de coisas interessantes e chamando a minha atenção para problemas do governo.

Tomamos o helicóptero [até Congonhas] e chegamos a Brasília na quarta-feira à noitinha. Nessa mesma quarta-feira gravei um programa de televisão para ir ao ar no dia seguinte, 7 de setembro.

Isso de gravações sempre longas, sempre com idas e vindas, corta frase, corta parágrafo... Eu já havia começado a mexer no texto em Ibiúna, mandando trechos por fax, fui corrigindo num vaivém, acabou um texto enxuto, nunca brilhante. Essas coisas têm que ser para um público muito amplo, então há que usar palavras simples e claras, e nem sempre tenho a dicção clara, sobretudo quando estou lendo. Mas, enfim, foi boa a repercussão da gravação que foi ao ar na quinta-feira, dia 7. Os jornais publicaram, não houve nenhuma crítica e ficou entendido que "agora é a vez do social". Mostrei que tínhamos avançado muito em educação e saúde; o social sempre esteve na ordem do dia na agenda, mas cada vez que faço um pronunciamento ou dizem que eu sou "neoliberal" ou então que, "finalmente", chegou a hora do social. O simplismo da mídia, da nossa elite política, dos chamados formadores de opinião é de espantar.

Isso foi na quinta-feira, dia 7, quando houve a parada do Sete de Setembro. Roriz tinha organizado muita gente na rua, todo mundo aplaudindo, um ou ou-

---

* *Marx: vida & obra* (Porto Alegre: L&PM, 2000) e *Certa herança marxista* (São Paulo: Companhia das Letras, 2000).

tro deve ter gritado alguma coisa, nem ouvi, havia muitos aplaudindo, foi gente trazida pelo Roriz, não houve faixa vermelha do MST, nada disso. Do desfile vim para o Alvorada, para uma cerimônia singela, como sempre fazemos, de crianças que ganharam o prêmio pelas melhores frases sobre o Brasil,* muito interessante. Também ouvimos o coral dos Meninos do Morumbi por mais ou menos uma hora, muito bom.

Fiz um discurso sem maior significado, apenas insisti na questão da educação. Veio o Ronaldinho,** os jornais exploraram, dizem que quero pegar popularidade junto com ele, mentira, ele estava na tribuna, nem podia desfilar comigo. Ele foi muito simpático no Alvorada na questão das crianças, respondeu à imprensa muito bem, disse que tinha vindo à festa por uma questão cívica, não pela minha popularidade. A imprensa fica pegando no pé com essa coisa de popularidade até que haja uma pesquisa melhor.

Ainda na quinta-feira, fomos ao Itamaraty para a inauguração de uma exposição de fotografias,*** algumas do [Marc] Ferrez, do Rio de Janeiro, muito boas. Recomendei às crianças trazidas pelo Roriz: "Vão ao Itamaraty ver a exposição e ver como o Brasil andou em 150 anos". É espantoso ver o que era o Brasil há 150 anos, muito pobre, muito desorganizado. Cidade com jeito de cidade só Recife, um pouco Salvador da Bahia, um pouco Rio de Janeiro, todas elas só um pouco. A exposição foi interessante.

Na sexta-feira, dia 8 de setembro, fiquei lendo os jornais, depois recebi o Lampreia, que voltou a falar sobre quando ele sairia do Itamaraty, quer sair em janeiro do ano que vem. Recebi depois um pessoal da ADVB, à tarde o [senador] Lobão veio reclamar de que haveria apoio a candidatos do PSDB do Maranhão e não aos do PFL. O Lobão é inteligente, atua bem na subcomissão que está tratando do chamado "caso Eduardo Jorge". Diga-se de passagem que houve nela uma jogada política, a oposição saiu,**** e saiu porque não encontrou nada concreto, ela queria vir para cima do governo, não queria ir para cima do juiz Nicolau. Renan inopinadamente renunciou, disse que não ficaria numa comissão que não tem oposição. Essa jogada foi combinada com o Jader, para criar uma dificuldade para o Antônio Carlos, porque o Antônio Carlos está ficando muito poderoso tendo nas mãos a decisão sobre se quebra ou não quebra o sigilo. Acho que foi isso, não tenho certeza. Hoje a Delith me telefonou dizendo que o Eduardo Jorge está preocupado porque quer provar

---

* Em 2000, o concurso promovido pelo Ministério da Educação entre estudantes de escolas públicas teve como tema "O melhor lugar do mundo é aqui".
** Ronaldo Nazário, craque da Inter de Milão e embaixador da Boa Vontade do Pnud/ONU.
*** O Século XIX na Fotografia Brasileira, com curadoria de Pedro Corrêa do Lago e Rubens Fernandes Júnior.
**** Os partidos de oposição abandonaram a Subcomissão Permanente do Judiciário em protesto contra a suposta falta de empenho da investigação parlamentar.

sua inocência e não tem mais onde provar — pelo menos não tem como provar a inocência na subcomissão [do Senado].

Ontem, sábado, vieram aqui a Carmo Sodré mais o Luiz Américo [Gaudenzi], o arquiteto que está fazendo a reforma na casa da fazenda, e um rapaz chamado Ricardo, de uma loja de luminárias. Eu, a Ruth, Getúlio e Luciana fomos à fazenda, ficamos até as quatro da tarde vendo coisas práticas, voltamos, tentamos ver uma série de documentários que o Pedro Moreira Salles mandou para Ruth, não sei se foi o João [Moreira Salles] quem fez.* Em um deles até dei uma entrevista, que não vai ser usada porque ficou contrastante. A Dorrit [Harazim] foi quem fez a entrevista comigo, ela está nesse projeto.

Li por cima os jornais, o Elio Gaspari, para minha surpresa, deu meia-volta, disse que vão ter saudades de mim, qualquer coisa assim, que eu impus um estilo calmo de governar, que os ataques a mim foram irracionais;** se foram, por que se fez tanto? Não entendo. O Clóvis Rossi também um pouco no mesmo tom, com aquela caturrice mal-humorada que vai se arrastando, eu não tenho paciência. O nosso Marcito [Márcio Moreira Alves] escreveu um artigo sobre a Cúpula Sul-Americana, elogiou tudo, disse que eu fiz quatro discursos, todos de improviso, claros, brilhantes, não sei o quê, embora um não tenha sido de improviso, e no final não se conteve: "Que grande chanceler o Brasil perdeu". Ou seja, não um grande presidente; o Brasil perdeu um grande chanceler... Sempre uma peninha que atrapalha. Eu tenho dificuldades com os chamados formadores de opinião, eles não ficam discutindo os problemas do Brasil, mas torcendo politicamente a favor ou contra, estão disputando egos. Depois eu é que sou o vaidoso, com um ego enorme. Haja paciência. Mas o clima geral está mais calmo, e o Marcito nunca entrou nessa.

Problema: o Egydio Bianchi*** tinha estado comigo queixando-se que o Pimenta fez isso, fez aquilo, não sei o quê. Me enviou um documento que eu man-

---

* Entre 1999 e 2000, os diretores João Moreira Salles, Arthur Fontes e Izabel Jaguaribe coordenaram uma equipe de entrevistadores formada pelos jornalistas Dorrit Harazim, Flávio Pinheiro, Marcos Sá Corrêa e Zuenir Ventura para a gravação da série *Seis histórias brasileiras*, do canal GNT. Dois episódios da série foram dirigidos por João Moreira Salles.

** Na coluna de 6 de setembro, intitulada "Deve-se uma a FFHH", Gaspari escreveu que Fernando Henrique "fez coisas que nem Asmodeu pensou, mas ninguém lhe tira a marca de ter distendido a Presidência. [...] Distendeu a Presidência porque não gosta de conflitos e porque tem na alma aquela marca de tolerância democrática que fez de Franco Montoro e Tancredo Neves dois grandes políticos da segunda metade deste século. [...] Assim como ele pode ter esquecido o que escreveu, as pessoas podem esquecer o que dele disseram".

*** Demitido por Pimenta da Veiga da presidência dos Correios em julho de 2000. Em nota, o ministro das Comunicações justificou a exoneração por "incompatibilidade de métodos administrativos", mas a imprensa noticiou que Bianchi questionara em diversas ocasiões a autoridade de Pimenta e usara verbas da empresa para autopromoção. Bianchi, por sua vez, atribuiu a demissão

dei examinar, para ver se haveria alguma coisa a fazer. Não havia uma acusação formal, sobre erros ou sobre mudar tal diretor do grupo tal ou qual. Pois bem, ele foi para a revista *Veja* e deu uma entrevista rompendo com o Pimenta. Assim é difícil, as pessoas ficam mordidas quando têm seus interesses contrariados. Não era um mau presidente, mas é turrão. Nós o pusemos na presidência dos Correios, e agora dá uma, pensando que dá só no Pimenta; dá no governo, portanto em mim também. É duro, porque atrapalha minha ação para consertar eventuais erros que existam nos Correios.

HOJE É QUINTA-FEIRA, DIA 14 DE SETEMBRO. No dia 11, recebi o primeiro-ministro de Cingapura, Goh Chok Tong, um homem interessante, ele foi ministro da Fazenda de Cingapura, tem ideias boas de interconexão do Brasil com Cingapura. O Eliezer Batista pensa em fazer assim um porto de grandes containers no Rio de Janeiro, em Sepetiba, que podia servir como ponto de apoio para Cingapura.

Falamos bastante sobre política internacional, a visão dele é curiosa, acha que o grande problema é a relação China-Estados Unidos e que os chineses estão avançando bastante na parte econômica. Ele é de origem chinesa, seus pais são do sul da China. Disse que a China vai precisar ver o que fazer com a política de "uma só China", que isso por enquanto é conversa fiada, porque o país não está preparado militarmente. No dia em que estiver, a China vai poder atuar, e aí a posição americana ficará mais complicada. Ele acha que para a Ásia é melhor que ganhe o [Al] Gore, porque a política do Clinton é mais favorável. Quis saber minha opinião, eu disse: "Os republicanos talvez até sejam menos intervencionistas, mas tenho ligações pessoais mais fortes com os democratas".

Depois do almoço recebi o Clóvis, que trouxe informações sobre a indústria de alimentação, todas muito positivas. Tive uma reunião de coordenação para definir o que fazer na área política.

Nesse meio-tempo, o MST mais uma vez resolveu deslocar seu pessoal para ameaçar invadir a fazenda em Buritis, e o Itamar começou a fazer gracinhas que deram bastante dor de cabeça. Ele está querendo criar dificuldades, então reclamou da Guarda Presidencial estar lá, que isso seria uma ofensa a Minas.*

---

a divergências sobre o projeto de lei 1491/99, a "Lei Postal", e sua lenta tramitação no Congresso. Hassan Gebrin, ex-presidente da Telebrasília, foi indicado para sucedê-lo.

* O governador de Minas, que voltara a negar proteção da PM à fazenda Córrego da Ponte, classificou a permanência de trezentos soldados do Exército em Buritis de "resquício da ditadura militar" e ameaçou ordenar um ataque da polícia ao batalhão federal, estacionado na fazenda desde julho e reforçado nos dias anteriores. O MST tornara a acampar diante da entrada da fazenda e ameaçava entrar na propriedade, numa ação coordenada com ocupações de prédios federais em vários estados. Entrementes, Itamar encomendou um parecer jurídico sobre a desapropriação da Córrego da Ponte.

Na terça-feira, recebi o vice-presidente do Paraguai,* eleito pela oposição. Falamos bastante sobre democracia e sobre a necessidade de ele cooperar com o presidente do Paraguai. Eu disse que o presidente Macchi tinha tido uma reação positiva à eleição dele.

Depois fui a São Paulo inaugurar o IV Salão e Seminário Qualidade Brasil** com o Mário Covas. O Mário estava de bom humor, eu também, houve grandes avanços na questão de qualidade total. Mal retornei a Brasília, crise, porque Itamar tinha se descabelado, mandou uma carta insolente a mim, me deu prazo de doze horas para eu tirar a tropa federal, senão podia haver quebra do estado de direito, enfim, uma bazófia atrás da outra. Fiquei até tarde da noite para escrever uma resposta, eu mesmo rascunhei para depois burilarem. Fiz questão de que a carta fosse contida, porém dura.

O presidente do Supremo Tribunal, o Velloso, tinha me telefonado da segunda para a terça, tentando intermediar, dizendo que a situação era difícil e que, se eu deixasse botar a tropa mineira [PM] lá, para o Itamar estava tudo bem. Eu respondi: "Ora, eu não tenho problema nenhum [em que ele ponha a tropa], mas me mandar uma carta dizendo que poria a tropa para garantir a propriedade! Ora não se trata da propriedade, mas da autoridade, porque o MST não vai ocupar a fazenda; ele quer é desmoralizar o presidente da República". Além do mais, a fazenda já nem é minha, está com o Nê, com as minhas filhas e meu filho, e agora vem o Itamar com essa! O próprio ministro Velloso me aconselhou a botar a tropa lá.

Na terça-feira à noite, quando o Aloysio e o Gilmar Mendes, eu creio, levaram minha carta ao Velloso, o Velloso ficou muito preocupado, porque eu falava que o Itamar tinha feito bazófias.*** Mas era o mínimo que eu podia falar, pois era uma bazófia mesmo. Eu disse: "Não dá para ceder nesse ponto, o Itamar foi muito desaforado e não posso aceitar. Nunca houve na história da República um governador que desse doze horas ao presidente da República para tirar o Exército de uma parte do Brasil, como se aquela parte fosse independente. O Itamar está perturbado e o Velloso sabe, embora queira acomodar a situação. Só que não se pode acomodar às custas da minha dignidade".

Passei a manhã toda de ontem com o pessoal do cinema,**** dei uma declaração à imprensa dizendo que não tinha nada mais a comentar sobre como o Itamar está se comportando. O que ele faz sempre pega o imaginário popular mais rude, é o

---

* Julio César Franco.

** Realizado pelo Sebrae em parceria com o IPT no pavilhão Expo Center Norte.

*** Referência a um trecho da carta de Fernando Henrique a Itamar: "Quanto às bazófias de dar-me um ultimato e de dizer que a solução a ser dada por Vossa Excelência pode fugir ao Estado de Direito, permita-me compreendê-las como uma súbita recaída autoritária, que nada tem a ver com as profundas convicções democráticas do povo mineiro e minha".

**** Em cerimônia com a presença de diretores, produtores e outros profissionais da área, o presidente assinou o decreto de criação do Grupo Executivo de Desenvolvimento da Indústria do Cinema (Gedic).

que ele quer, não é? Hoje li nos jornais que ele se comparou ao Allende, disse que a situação de Minas era como a Guerra do Golfo, uma loucura total, botou tropas na frente do Palácio da Liberdade,* "Minas atacada", por quem não sei. Atacada pela imaginação dele à beira de uma crise nervosa, isso é o que está acontecendo. Continua esse drama, os jornais hoje ridicularizam um tanto Itamar, mas é desagradável, ele pode criar mais um casinho. O MST retirou todas as ocupações, menos na fazenda, por causa do Itamar. Retirou de todos os lados porque mandamos dizer que não negociamos e mandei processar os cabeças,** porque o MST passou de todos os limites. Fazem o que querem, ficam atrapalhando o tempo todo.

Mas o dia ontem foi mais de galhofa [sobre o caso criado pelo Itamar] do que de tensão.

Almocei com o pessoal do cinema, falamos de um decreto de política de cinema. À tarde foi só rotina, no final tive uma reunião sobre os transgênicos, porque há confusão entre o Ministério de Ciência e Tecnologia e o Ministério do Meio Ambiente, fizemos um entendimento.

Hoje, quinta-feira, já chegaram aqui o Tourinho e o Sardenberg para discutir problemas tecnológicos. Depois tenho uma reunião sobre o IDH-14, uma extensão dele. Ou seja, o programa agora vai se chamar Projeto Alvorada e vai incluir as microrregiões.

Depois do almoço vou ao Rio de Janeiro assistir à assinatura de contrato de concessão de petróleo na Agência Nacional do Petróleo, porque, se eu não for, o Garotinho toma conta da festa. Mais tarde vou a um jantar e a uma conferência no Cebri,*** um centro que o Lampreia está formando.

As notícias econômicas são cada vez melhores, estou vendo crescimento do setor industrial,**** o petróleo***** é o que mais preocupa, o Clinton deu um bufo, o preço baixou um pouco, mas em geral está subindo.

---

* Depois de ordenar que helicópteros, blindados e atiradores de elite se posicionassem nos arredores da sede do governo, Itamar comparou as medidas de segurança às adotadas pelo Serviço Secreto norte-americano em Washington durante a Guerra do Golfo (1990-1). O governador também assinalou a suposta semelhança da situação do Palácio da Liberdade com o cerco ao Palácio de la Moneda pelas tropas golpistas do general Augusto Pinochet em setembro de 1973.

** O presidente ordenou à Polícia Federal a instauração de inquéritos por dano ao patrimônio público e a emissão de pedidos de prisão preventiva de dezesseis lideranças estaduais dos sem-terra.

*** *Think tank* privado com sede no Rio de Janeiro, fundado em 1998. Além de Luiz Felipe Lampreia, o Cebri teve como sócios fundadores Celso Lafer, Daniel Klabin, Eliezer Batista, Pratini de Moraes, Roberto Teixeira da Costa, Sebastião Rego Barros e Walter Moreira Salles, entre outras personalidades da política e do empresariado.

**** A produção industrial cresceu 6,8% em julho de 2000, na comparação anualizada.

***** O preço internacional do barril de petróleo alcançou US$ 35 em meados de setembro de 2000, ou US$ 48,5 em valores de 2016.

A "questão Eduardo Jorge" saiu do ar de maneira sombria, porque a oposição viu que não tinha nada a fazer sobre o assunto, fez o seu número, diz que saía da subcomissão, os outros saíram também, o Eduardo apresentou mais materiais, ele é que ficou sem a conclusão da dita subcomissão, tendo demonstrado que podiam abrir todos os sigilos dele que não aconteceria nada. A safadeza da política brasileira é assim mesmo, ainda bem que o caso está morrendo. Os resultados das eleições estão razoáveis, não se sabe ainda, é cedo para fazer algum prognóstico, mas a mulher do Ciro está tendo uma derrota fragorosa em Fortaleza. O PT vai para segundo turno em São Paulo e também em Porto Alegre,* onde eles imaginavam que tinham um baluarte, e no Rio vão perder. Em Minas haverá segundo turno também. Esse é o quadro geral, vamos ver como evolui.

HOJE É DOMINGO, DIA 17 DE SETEMBRO. Eu tinha dito que na quinta-feira eu ia ter uma reunião no Palácio da Alvorada, pois tivemos, foi uma excelente reunião. Depois almocei com o Parente, o Serra, o Everardo e o Malan, para discutir o que fazer com a política de medicamentos e também sobre esse fundo para a saúde. O Serra, que é esperto, alertado por mim foi conversar antes com o ministro e com o Everardo, que já veio manso. Eles estão pré-entendidos, portanto o almoço não foi tenso.

À tarde fui ao Rio para a cerimônia do petróleo,** que foi muito boa. Fiz discurso, chamei os ultranacionalistas de botocudos,*** o que vai dar certa onda. Duda fez uma boa exposição do trabalho da ANP.

---

* O candidato petista, Tarso Genro, liderava as pesquisas com mais de 40% das intenções de voto, seguido por Alceu Collares (PDT) e Yeda Crusius (PSDB), empatados tecnicamente em torno de 15%.

** Assinatura de contratos de concessão de 21 áreas de exploração de petróleo e gás leiloadas pela ANP em junho de 2000, na Gávea Pequena. O governo arrecadou R$ 485 milhões das dezesseis empresas contratadas, inclusive a Petrobras.

*** Um grupo de parlamentares e militantes da oposição protestou contra a assinatura dos contratos de concessão diante da residência da Gávea Pequena. Em seu discurso, o presidente atacou os manifestantes: "Quem vê hoje essa transformação, quem vê a Petrobras se associando às empresas e crescendo como nunca — como nunca — entende que é um novo momento do nacionalismo brasileiro, que não é o nacionalismo do botocudismo, não é o nacionalismo que fica o tempo todo impedindo que as coisas aconteçam, não é um Estado parasitário, em que as burocracias sugam, através do Tesouro, o dinheiro do povo. É um Estado que usa o dinheiro do povo para a educação, para a saúde, para o meio ambiente, para o bem-estar da população e faz com que o crescimento econômico seja materializado pela acumulação de capitais, que, quando existe no setor privado, será do setor privado". (Biblioteca da Presidência.)

À noite jantei no Instituto Moreira Salles,* entusiasmei todo mundo. Houve algumas demonstrações de falta de educação de uns poucos jovens da UNE,** eu não vi, mas no dia seguinte apareceu no *Estado de S. Paulo*, inclusive uma mulher baixando as calças de costas para mim, uma coisa patética, pobre país. No jantar, o embaixador Walter Moreira Salles, que é um homem distinto, fez mais rapapés a mim dizendo que conheceu todos os presidentes do Brasil desde o Getúlio, que nenhum foi melhor do que eu, que eu sou o melhor presidente do século. Coisa extremamente calorosa, dita em privado, mas sem sentido de bajulação, ele é um homem de 88 anos, gostei de ouvi-lo. Nada além desse clima favorável, eu falei de política internacional, estava o [John] Williamson, que é o autor do chamado Consenso de Washington, documento que eu nunca tinha lido, e começaram a dizer que eu estava seguindo o Consenso de Washington. Só neste país...

Voltei tarde, à meia-noite. Na sexta-feira passei o dia por conta de despachos internos no Palácio da Alvorada, não havia muita coisa a fazer, mas no final sempre tem, pensei que poderia passar uma manhã mais calma, mas não, trabalhei bastante. Tive que receber o Gilmar Mendes, porque o Itamar foi para o Supremo Tribunal, levou um mandado de segurança, dizendo que eu estava botando tropas em Minas, passando sobre sua autoridade, que isso era ilegal.*** Sempre dá trabalho, tive que discutir o assunto com o general Cardoso, com o Gilmar, com o Raul Jungmann, com toda a coorte de preocupações que temos com a ação efetiva do MST ocupando, fazendo pressão... E por que a pressão? No caso da fazenda Córrego da Ponte, não é por terras, ninguém discute isso porque a fazenda é produtiva e eles não querem terra; eles têm terra. O que eles querem é mais dinheiro; nós demos 25 mil reais para cada família assentada, eles querem mais 2 mil.****

A Contag não concorda, porque isso significa manter essa gente dos assentamentos sob o controle do MST, e não transformá-los em produtores familiares. Eles, do MST, querem manter os assentados não emancipados. Pegam uma parte do dinheiro para eles, os escândalos estão aparecendo aos poucos, mais de vinte processos abertos, mas a opinião pública parece que ainda não está sensibilizada pela ladroeira. Não é ladroeira só para fins pessoais, talvez haja também, mas é mais para a manutenção do movimento. De qualquer maneira é desvio de finalidade. É uma coisa complicada essa do MST, e no caso é óbvio que a chantagem é comigo, não se trata de ocupar a fazenda. Itamar colocou malandramente, como se fosse

---

* Fernando Henrique participou da abertura do seminário internacional Internacionalização e Desenvolvimento, realizado pelo Cebri na sede do IMS, no bairro da Gávea.
** Quatro estudantes secundaristas abaixaram as calças durante a passagem da comitiva presidencial pelo portão do IMS.
*** O mandado de segurança foi indeferido pelo ministro Nelson Jobim, que autorizou a permanência do Exército na fazenda Córrego da Ponte.
**** O governo repassara a quantia a assentamentos de sem-terra no entorno de Buritis.

uma questão de defesa da propriedade de uma pessoa. O Reginaldo de Castro, presidente da OAB, ainda hoje afirmou: "Isso é um absurdo, somos todos iguais perante a lei". Sim, mas nem todos são presidentes da República, nem todos precisam ter a autoridade resguardada. Realmente isso mostra uma falta de compreensão que me assusta.

A propósito, hoje vi nos jornais a Maria Elvira,* que vive me pedindo coisas, mandando bilhetinhos, dizendo que vai se solidarizar com Itamar por Minas Gerais, como se eu estivesse agredindo Minas Gerais de alguma maneira, e não o Itamar. Este, esperto, agora insinuando que quer cotejar quem é mais probo, quer que se faça uma CPI para ver não sei o quê, se houve roubo na reeleição. Na reeleição, meu Deus do céu! O Congresso aprovou [a emenda] por ampla maioria, ele não se conforma de ter perdido a chance de ser presidente da República, Itamar Franco fica por aí azucrinando — menos a mim, que o conheço e não levo a sério suas diabruras — todo mundo, criando dificuldades e projetando uma imagem perigosa do Brasil no exterior. Ele parece que não percebe que invadir a fazenda do presidente da República é sinal de falta de ordem no país; ele percebe, sim, mas não se preocupa.

O fato é que as coisas não avançaram muito na sexta-feira. Foi um dia de muita reunião, mas nada de mais expressivo, recebi gente sem parar.

Sábado, ontem, uma reunião muito interessante com 25, 26 jovens que trabalham no governo, homens, mulheres, espírito renovador, vontade de trabalhar, vendo o que está acontecendo. Notaram a expressão que uso — "revolução silenciosa da administração pública" — e hoje li na *Veja* referências a uma revolução silenciosa que está acontecendo no campo. Está acontecendo no Brasil essa revolução silenciosa, e os que cacarejam são como o Itamar: cacarejam o passado e encontram eco. Hoje mesmo está na *IstoÉ* uma entrevista do Itamar ofensiva a mim. Se eu responder, faço o que ele quer; então tenho que fingir, como se eu tivesse sangue de barata. Mas não é sangue de barata, é responsabilidade pública, política.

Por falar em responsabilidade política, o Fujimori fez uma jogada complicadíssima: acabou de convocar eleições gerais no Peru porque foi pego com a boca na botija. Aquele [Vladimiro] Montesinos deve ter sido pilhado por outro funcionário do serviço secreto, ou de algum serviço de outro governo, comprando deputado dentro do palácio, uma vergonheira total, e o Fujimori não teve alternativa a não ser convocar eleições gerais para breve.** Mandei dar uma nota dizendo que espe-

---

* Deputada federal (PMDB-MG) e candidata à prefeitura de Belo Horizonte.

** Numa série de vídeos gravados pelo próprio Montesinos e divulgados em 14 de setembro por um canal peruano de TV a cabo, o chefe da espionagem e eminência parda do governo Fujimori aparecia subornando políticos e jornalistas com quantias milionárias em dólares. Uma semana depois, Montesinos fugiu do país. Nesse ínterim, Fujimori anunciou a dissolução do serviço secreto e a convocação de novas eleições gerais.

ramos que se mantenha a regra democrática, mas nunca se tem certeza se isso vai ocorrer ou não.

No que diz respeito ao Itamar e ao MST, Itamar fez muita má-criação por causa do parecer do Jobim que garantiu plenamente nossos direitos de fazer o que fizemos em Minas. Itamar disse que retirava as tropas, isso foi ontem. O Velloso andou interferindo várias vezes, falando comigo, sempre querendo dar muita atenção ao Itamar, porque sabe que ele é emocional; mas há um limite, eu tenho que manter minha margem de manobra e também a dignidade do cargo. Tudo muito complicado nesse aspecto, claro que o Itamar ganha a opinião pública porque faz um carnaval, dá a impressão de que estou protegendo uma propriedade privada e não a dignidade da função; a questão MST ficou em segundo plano.

Fujimori é um homem perigoso, no sentido de que é muito esperto, não creio que ele vá entregar o poder sem mais. Tenho medo do que possa acontecer no Peru, porque não vejo, como já não via antes, quem possa substituí-lo, que forças organizadas existem para isso.

As eleições no Brasil continuam na mesma, a sensação de que elas seriam federalizadas acabou, todo mundo sabe que não vão ser. Já está mais do que claro que o fato é municipal mesmo, isso é bom, tira essa mania de transformar tudo em plebiscito contra o governo federal. Vamos ver o que vai acontecer. Ruth foi ao Rio, amanhã eu vou para lá, porque terça-feira é o aniversário dela.

HOJE É SEXTA-FEIRA, DIA 22 DE SETEMBRO, vou fazer um longo retrospecto. Na segunda-feira, dia 18, passei a manhã por conta do príncipe herdeiro da Arábia Saudita, Abdullah [ibn Abdul Aziz Al-Saud].* Na reunião com ele e comitiva, conversei com dificuldade, eles não falam outra língua a não ser árabe, vieram 27 príncipes. Abdullah é uma espécie de primeiro-ministro, é irmão do rei,** que está muito velho e não tem mais condições de governar. Quem governa é este Abdullah, mas todos eles são Ibn Abdul Aziz, quer dizer, descendentes do velho fundador do reino da Arábia.*** A questão do petróleo era a que mais o interessava, ele tem medo de que o preço caia muito, acha que a baixa é pura especulação. O argumento é o seguinte: eles aumentam a produção de petróleo, não há tomadores para petróleo físico, os preços flutuam, continuam subindo e ele tem medo de que haja uma queda brusca. Acha bom o preço ficar entre 22 e 28 dólares o barril.****

---

* Vice-primeiro-ministro. O príncipe saudita, recebido em visita de Estado, foi entronizado em 2005.
** Fahd ibn Abdulaziz Al-Saud.
*** Abdulaziz ibn Abdul Rahman Al-Saud.
**** No dia da reunião do príncipe com Fernando Henrique, o barril de petróleo atingiu US$ 37 no mercado internacional, pouco mais de US$ 51 em 2016.

As reuniões foram longuíssimas, tive almoço no Itamaraty, discurseira etc. Depois um bom encontro com Martus Tavares, para preparar a reunião do ministério sobre o orçamento, que seria na quarta-feira. Recebi o César Alierta, o novo presidente da Telefónica, entusiasmadíssimo, eles querem fazer grandes investimentos no Brasil, já investiram muito, mais de uma dezena de bilhões de dólares.

Recebi o Esperidião Amin acompanhado do Bornhausen, o Espiridião começou com uma conversa política, quer saber o futuro, quanto o PTB está ligado a nós etc. Fez reivindicações normais para Santa Catarina, uma complicação danada sobre a Caixa dos Aposentados,* querem monetizar os títulos que foram entregues a eles pelo Tesouro, mas estes não podem ser descontados de imediato, questões desse tipo.

Depois fui ao Rio de Janeiro.

No Rio, na terça-feira, 19, fui ao encontro sobre varejo, chama-se Fórum Abras de Varejo, sobre a era do consumidor.** Dei declarações incisivas sobre o MST, porque me perguntaram. Expliquei que a questão era de autoridade, não de propriedade; me perguntaram, para fazer provocação: "A fazenda então é um símbolo nacional?". Eu disse: "Não, a autoridade é que tem que ser respeitada, isso é que é simbólico, desrespeitar a autoridade através da ocupação de uma propriedade na qual eu passo o fim de semana e que pertence aos meus filhos. Não é a propriedade em si que estão atacando, é o presidente". Outra provocação: "E a invasão da propriedade do Jovelino lá no Pontal?".*** Eu disse: "Isso, como símbolo, não tem nada a ver com o Brasil, tem a ver com outra coisa, com o desrespeito às regras de propriedade; essa questão, quem tem que discutir não é o Exército, não sou eu, é o ministro da Reforma Agrária e a polícia". Aliás, foi graças à omissão da polícia do governo de Minas Gerais que o Exército está na fazenda Córrego da Ponte. Isso foi só en passant.

À noite jantar extremamente agradável dos setenta anos da Ruth, poucos amigos, todos os filhos, todos os netos, foi realmente um momento de grande alegria e simpatia, além de uma comilança excepcional que me fez passar um pouco mal à noite.

Na quarta-feira voltei para Brasília, a Ruth foi para São Paulo. Na chegada encontrei uma porção de problemas, sempre é assim, a questão do MST, Córrego da Ponte, o que fazer, o que não fazer, endurecer a polícia. Chamei o Zé Gregori mais outros responsáveis pela área de segurança, para dizer que não pode continuar assim, temos que apertar mais, dentro da lei, mas não se pode deixar haver desrespeito. Passo o tempo todo dizendo isso, e eles ficam o tempo todo com dificuldade de fazer a máquina se mover no sentido do estrito cumprimento da lei. As pessoas têm medo de obedecer à lei porque acham que é abuso.

---

* Instituto de Previdência do Estado de Santa Catarina (Iprev).
** O tema da 34ª edição do encontro, no Riocentro, foi "A era do consumidor".
*** Em represália à prisão de lideranças sem-terra, o MST ocupou a fazenda Santa Maria, em Teodoro Sampaio (SP), na região do Pontal do Paranapanema.

Isso é o mal que o regime autoritário nos legou, um mal tão grande que até hoje o exercício da democracia é visto com suspeição, porque se confunde com o exercício do autoritarismo. Mesmo os que exercem o poder têm medo de estar sendo autoritários, e a opinião pública pensa que tudo é autoritarismo. Eu não vou entrar em detalhes sobre essa coisa meio aborrecida, na verdade eu não estava nem tão preocupado assim com o MST, naquele momento estava mais preocupado era com o preço do petróleo e com a reunião do ministério.

Assim que voltei, me reuni com o Pedro Parente, queria me organizar para a reunião do ministério, depois fui para ela. Passei boa parte da tarde lá, foi muito boa, fofocagem também muito grande na reunião. Serra me mandando bilhetes, eu para ele, ele reclamando, aliás com razão, porque tinha visto no Rio de Janeiro (a Ana leu no *Estado de S. Paulo*) uma notícia dizendo que ele ficaria infeliz se não fosse candidato, que ele está insistindo em ser candidato. Dizem que o Paulo Renato está plantando muito [na imprensa]. Acho que essa coisa de nota, nota que desmente, mente, essa coisa já está cansativa, mas o Serra teve razão nesse caso.

A questão do Fujimori foi se complicando, até que finalmente na quinta-feira, ontem, telefonei de manhã para ele. Nós recebemos uma informação de que haveria uma sondagem à nossa embaixada quanto à possibilidade de o Brasil receber Montesinos, que é o principal indigitado na questão do Fujimori; ele foi o autor do suborno, é o homem duro do governo. Então telefonei para o Fujimori, que me disse com todas as letras que o Montesinos tinha servido lealmente a ele e ao país, que lutou contra o Sendero Luminoso, que os senderistas, como diz o Fujimori, já estavam soltos na rua, que ele, Fujimori, tinha 59% de aprovação popular naquele dia, tinha o controle do Congresso e que não renunciaria, porque se renunciasse seria o caos, ninguém poderia substituí-lo, mas que ele de fato vai fazer eleições. Perguntei quando, ele disse que até janeiro dá para fazer as reformas constitucionais e que fará a eleição em março e não se candidatará, mas que não tinha condições de entregar o Montesinos, e o Exército não quer. Se não foi dito, foi o entredito, e pediu que eu o ajudasse. Eu disse que ia ver o que podia fazer. Ato contínuo, comuniquei [a conversa] ao Itamaraty, mas fiquei preocupado. Daí a pouco o Ricardo Lagos me telefonou, contei a ele, o Ricardo não sabia de nada, de detalhes, e me disse que talvez fosse possível, ou a ele ou a mim, falar com o Aznar, para ver se a Espanha resolvia a questão. O Ricardo falou com o Aznar, ontem eu não consegui falar com ele.

Acabei de falar hoje — sexta-feira de manhã — com o Aznar, que me disse que ele já tinha sido procurado pelo próprio Montesinos, foi contatado antes das eleições com o mesmo propósito. Entretanto, disse que não pode fazer nada, que na Espanha há tratado de extradição, então Montesinos voltaria logo para o Peru. Eventualmente ele poderia discutir uma solução igual à que foi dada ao [Bettino]

Craxi, o líder socialista italiano, ou seja, [mandá-lo a um terceiro país].* Disse que pode ser uma saída, mas com duas condições. Primeiro, que o Fujimori peça a ele, Aznar; segundo, que o Toledo esteja de acordo e todo mundo entenda o porquê de ele fazer isso.

De minha parte, telefonei para o Lampreia e pedi que informasse essas condições ao Peru. Falei de novo com o Ricardo Lagos, ele me telefonou, eu disse a ele o que ia fazer através do Lampreia, ele achou que eu não devia telefonar para o Fujimori, que o melhor é que o Lampreia fizesse isso. O Lagos se dispõe a falar com o [Arturo] Valenzuela, que está no Departamento de Estado,** para que o Valenzuela, quem sabe, induza o Toledo a topar essa solução. É, porém, uma solução difícil, porque vai parecer que estamos protegendo uma pessoa altamente discutível e inaceitável sob vários ângulos. Do ponto de vista objetivo, estamos tentando dar uma saída ao Peru que leve à redemocratização sem desordem; caso contrário, há sempre o risco militar. Ontem de manhã, dia de receber credenciais de embaixadores estrangeiros, aproveitei a oportunidade e dei uma declaração muito incisiva sobre a necessidade de democracia no Peru.

No dia de ontem também recebi d. Serafim Fernandes, o cardeal-arcebispo de Belo Horizonte, inquieto com o Itamar, disse que Itamar já o convidou três vezes para ir a uma cerimônia qualquer e depois o Itamar não vai à cerimônia. Ele fica envergonhado, não sei o quê, veio conversar comigo sobre a necessidade de recursos para a Universidade Católica [PUC-MG].

No meio de tudo isso, vários atos: para o Dia da Árvore, homenagem ao Paulo Nogueira-Neto.*** Recebi o ministro das Relações Exteriores da China, Tang Jiaxuan, conversa bastante ritualizada, como sempre fazem os chineses, muito amistosa, parece que eles compraram cinco aviões da Embraer.****

Ainda recebi o Márcio Fortes,***** presidente em exercício da Firjan, com vários empresários do Rio preocupados com a sonegação na área de combustíveis de petróleo e de bebidas; passei a questão para o Pedro Parente.

O MST se retirou da frente da fazenda ontem, foi bom, houve interferência da Igreja e da OAB, eles estavam sem justificativas para ficar lá. Acaba de me telefonar a Roseana Sarney, dizendo que um dirigente nacional do MST procurou-a pedindo que ela também intercedesse. Diante de tudo que aconteceu, o MST ficou muito sem espaço, com essa atuação tão desnecessariamente provocativa. Em termos po-

---

* Condenado por corrupção em 1993, o ex-primeiro ministro italiano se exilou na Tunísia para escapar da prisão.
** Diretor de Assuntos Interamericanos do National Security Council e assessor especial da Casa Branca.
*** Biólogo e professor da USP, vice-presidente da ONG SOS Mata Atlântica.
**** A Sichuan Airlines encomendou cinco jatos regionais do modelo ERJ-145.
***** Deputado federal (PSDB-RJ) e secretário-geral do partido.

líticos, provavelmente nós ganhamos; eleitoralmente, não sei. Aliás, as coisas estão complicadas eleitoralmente. Geraldo Alckmin com dificuldade de ganhar, vejo que a Lúcia Vânia* também, o resto vai mais ou menos, não vai mudar. Provavelmente haverá certo avanço na área do PT, nada preocupante, mas haverá avanço.

E há sempre as fanfarronices do Pedro Simon, que disse que o Itamar devia desapropriar a fazenda, fazer uma escola técnica e botar o meu nome na escola. Se eu não fosse presidente diria: "Olha, quem tem um prédio bom para escola é o senador Pedro Simon, é bem central em Porto Alegre. Agora que ele fez voto de pobreza, devia doar o prédio antes de propormos o confisco. Podia doar para uma escola". O Pedro, só se for tratado assim. Cada um tem seu modo de levar a cruz, eu tenho que carregar a minha calado, inclusive diante das impertinências de muitos que se dizem meus amigos...

Falei ontem com a jornalista Carmen Kozak,** com quem quase nunca falo. Essa jornalista fez um estudo sobre o gasto social do governo e estava espantada que o governo, disse ela, gasta mais que todos os outros governos. Um grande avanço nas áreas sociais e me perguntou por que isso não é registrado. Eu disse: "Ora, por duas razões. Primeiro, porque ideologicamente, desde o início do meu governo, o PT inventou que eu sou 'neoliberal', e o governo também, logo não há gastos sociais. Segundo, porque ninguém quer admitir que estamos fazendo uma política especial — estamos com expansão do gasto social e com retomada do crescimento. Isso não são 'receitas do FMI', como eles imaginam que nossa política seja. Aliás, nem o Fundo Monetário prescreve mais que seja assim. E também porque o Brasil cansou da pobreza, da desigualdade, vê a cara da pobreza, que é feia, e cobra do governo que faça maquiagem em quatro ou oito anos, o que é inviável".

Ela mesma me perguntou: "O senhor se considera injustiçado?".

"Injustiçado pelo povo, não. Fui eleito e reeleito, porém, os chamados formadores de opinião de vez em quando — quando não analisam — ficam dizendo coisas que não correspondem à realidade."***

Agora de manhã recebi o presidente do STJ, que veio propor umas modificações boas nos juizados especiais da Justiça Federal. Conversei muito com ele, o Velloso tem conversado bastante comigo sobre vários assuntos, resolvemos estender o pa-

---

* Deputada federal (PSDB-GO) e candidata à prefeitura de Goiânia.
** Repórter do *Jornal do Brasil*. Em 26 de setembro, na entrevista intitulada "Desigualdade, o tormento de FH", o diário carioca publicou dados do Ipea sobre o gasto social do governo, que subira de 12% para 21% do PIB ao longo da década de 1990.
*** À pergunta se as críticas ao governo o faziam se sentir um "injustiçado social", o presidente respondeu: "Não. Uma vez o Mário Soares me perguntou se eu não tinha medo ou se eu queria muito a reeleição. [...] Disse a ele que o que eu queria era entrar para a história por meu governo ter mudado o destino do Brasil". (*Jornal do Brasil*)

gamento [revisão] do FGTS mesmo aos trabalhadores que não entraram na Justiça.* Com isso esvaziamos causas para advogados, mas pode ser um baque financeiro no governo. Vamos ter que enfrentar esse baque como uma modificação no FGTS, porque a Justiça decidiu assim. Claro que vão dizer que é eleitoreiro, que é isso, que é aquilo. Tudo que eu faço agora é eleitoreiro. Por sinal, estou indo a São Paulo.

A uma e meia da tarde, vou encontrar o Fabio Feldmann lá em casa, em São Paulo, para discutir temas do meio ambiente. E amanhã vou fazer com o Covas uma visita ao rodoanel. Devo voltar no domingo de manhã para Brasília.

---

* Cerca de 50 milhões de contas do FGTS foram beneficiadas pela medida.

25 DE SETEMBRO A 11 DE OUTUBRO DE 2000

Visita do presidente indonésio. Primeiro turno das eleições municipais. Viagens à Alemanha e aos Países Baixos

Hoje é segunda-feira, dia 25 de setembro. Fui a São Paulo na sexta-feira, encontrei-me com o Feldmann, discutimos bastante, Feldman sempre muito ansioso, achando que nada vai dar certo, que nada está bem, a questão do Fórum Brasileiro de Mudanças Climáticas,* do qual ele é secretário executivo. Incrível, marcamos a reunião do Fórum para uma data em que eu estaria na Alemanha,** mas como a reunião é preparatória, dá para mudar a data.

No sábado de manhã fui visitar o rodoanel, é uma obra impressionante, muito bonita mesmo, ousada. Andei de trem, naquele trem urbano de São Paulo,*** falei de improviso, fui muito bem tratado pela escassa população que encontrei pelo caminho, dentro do trem também, tudo muito simpático, sem animosidade, também com os trabalhadores do rodoanel.

Nesse meio-tempo fomos ao gabinete do Mário Covas. Covas estava furioso porque o jornal *O Estado de S. Paulo* mostrou uma relação de investimentos federais do Brasil dizendo que São Paulo tem a metade de Pernambuco, da Bahia, do Ceará e não sei onde mais. Se houve mais, são investimentos nas zonas mais pobres, não tem nada a ver [com discriminar São Paulo]. Vamos fazer o quê com esses estados mais pobres? Largá-los? No Distrito Federal há 100 milhões de investimentos, embora não haja uma obra federal lá. O impactante foi ver o Mário achando que São Paulo sempre está para trás, ele para trás, sendo perseguido. Enquanto isso, nós apoiando de verdade o estado de São Paulo sem parar. Nem falei das dívidas, porque não gosto de agravar situações, o Mário estava transtornado com essa história de perseguições.

Jantei no sábado com o Giannotti, o Matarazzo e a Sonia mais o Luiz Meyer, a Regina e a Carmute. Conversa amena até a uma da manhã.

Domingo fiquei praticamente de papo para o ar e hoje dei uma longa entrevista ao *Der Spiegel* aqui em Brasília e gravei um programa de rádio.

Dois acontecimentos nesse meio-tempo: um é que esse promotor maluco aqui de Brasília**** resolveu arrolar o Paulo Henrique entre as pessoas que estariam impli-

---
* Criado pelo decreto nº 3515, de 20 de junho de 2000, é formado pelo presidente da República, doze ministros de Estado e representantes da sociedade civil.
** Fernando Henrique viajou para visitas oficiais à Alemanha e aos Países Baixos entre 3 e 11 de outubro de 2000.
*** O presidente, o governador e o ministro da Saúde embarcaram na estação Cidade Jardim e seguiram até a estação Cidade Universitária, ambas na linha Esmeralda da CPTM.
**** Luiz Francisco de Souza.

cadas em gastos excessivos na Feira de Hannover. O Paulo não tem nada a ver com isso, ele não é funcionário do governo, é mera perseguição política. Ainda dizem que a Bia Lessa é amiga da minha família, como se fosse um pecado. Aliás, não é [amiga da família], eu vi a Bia Lessa duas vezes na vida, em exposições, nunca foi amiga, tenho admiração por ela, que fez um trabalho extraordinário na Feira de Hannover.

A crise do Peru continua, Fujimori, Montesinos, não sei quantos, não vou entrar em detalhes, falei muitas vezes por telefone com Ricardo Lagos, também com o Itamaraty, com o Lampreia, com todos, e a certa altura me pediram que eu falasse com a Mireya Moscoso, a presidente do Panamá, para que o Panamá recebesse o Montesinos. Então falei com a Mireya também, o Ricardo Lagos tinha a mesma opinião, e parece que a OEA também ia fazer — como fez depois — um apelo para que ela recebesse o Montesinos. Vi ontem à noite pelos jornais que ela realmente o recebeu no Panamá, ele pediu asilo territorial. Haverá críticas, porque dessa forma não o levaram para a cadeia, cadeia comum. Dificilmente o Fujimori aguentaria a situação política [se prendessem o Montesinos], e os militares podiam forçá-lo até a um golpe. Política é sempre assim, de fora é bonito dizer que se tem que apoiar a democracia e tal, mas em condições concretas como se faria esse apoio? Mandar o Montesinos ficar lá e ir para a cadeia? O Exército não o deixaria ir, desafiaria a autoridade do presidente, que já não tem tanta vocação democrática assim. Ele vai balançar mais ainda, há risco de golpe. Enfim, é preciso ter o que Weber chamava de ética de responsabilidade, ou seja, medir as consequências do ato. Não basta eles serem os mais puros; é preciso ver se os atos levam a um avanço efetivo e responsável, a um avanço da cidadania. Foi o que fizemos.

HOJE É QUARTA-FEIRA, DIA 27 DE SETEMBRO, são dez horas da manhã. Ontem reunião com o Tápias, com o Gros e com o Pedro Parente para discutir o projeto estratégico do BNDES. Estava presente a Beatriz Azevedo, que é diretora da parte social, nós vamos explicar bem o que é o "S" do BNDES na terça-feira que vem, quando lanço esse programa.*

Tive um breve despacho com Zé Gregori, as coisas estão calmas. Confusão na Bahia, Antônio Carlos está nervoso, dizem que eu teria gravado para a campanha de prefeito, ele diz que não. Fui perguntar à Ana. Eu gravei uma sonora para o Geddel,**

---

* Plano Estratégico BNDES 2000-5. Pela primeira vez, o banco estatal incorporou a área social à sua missão corporativa — "Promover o desenvolvimento do país, elevando a competitividade da economia brasileira, priorizando tanto a redução de desigualdades sociais e regionais quanto a manutenção e geração de emprego". O plano previu a ampliação dos investimentos do banco para R$ 75 bilhões em 2005, com os gastos sociais passando de 4% para 17% do total.

** Em 2000, o PMDB baiano se coligou ao PFL na chapa de Antonio Imbassahy para as eleições à

mas como líder, não por causa da candidatura a prefeito. Nessas picuinhas infinitas muitos se igualam, vão rápido da cabeça para os pés na hora da pequena política local e partidária.

A taxa de desemprego continua caindo,* o clima aparentemente cada vez mais distendido, as eleições não vão mais surpreender muito, podem surpreender aqui e ali, pouca coisa. Vamos ter que tomar uma decisão sobre a privatização do Banespa, aí haverá luta, por causa do choque permanente entre os mais ortodoxos — que querem que se anuncie logo o leilão, porque o princípio do equilíbrio fiscal indica que deve ser assim — e os que têm mais trato político e medo de que a publicação de um edital em época de eleição possa conturbar os resultados, por exemplo, do Geraldinho em São Paulo. Ou melhor, que se possa dizer que conturbou o resultado e atribuam a mim a derrota. Na verdade o edital ninguém lê. Pode ser publicado na sexta-feira.

Ao falar de ortodoxos e menos ortodoxos, é óbvio que dentro do governo sempre há essa tensão. O Pedro Malan é mais pró-ortodoxo, mas ele é pragmático; já o nosso Armínio Fraga, do ponto de vista conceitual é bem liberal. O Pedro Parente é muito mais pragmático e o Serra é considerado quase "fechadista" na economia, embora não seja verdade — mas ele tem ideias menos liberais —, e por aí vai. E o Brasil vive essa tensão entre opiniões, porque os grupos são contraditórios, os interesses são contraditórios. Essa é a maior dificuldade para arbitrar, porque alguns imaginam que a Presidência pode impor uma norma, que se não impuser pode perder o controle; nesse caso creem que o presidente ou cai ou vai para o autoritarismo. Os que imaginam que se deve deixar tudo solto também não estão certos. Eu tenho firmeza nos objetivos econômicos, mas tenho a flexibilidade necessária para compor os interesses que também são essenciais para que os vários setores da sociedade se sintam participando do processo governativo.

Nesse instante está chegando o Fabio Feldmann para conversar sobre as mudanças climáticas. O Fabio quer fazer as coisas à moda dele, tem muita presença nessa área, mas outros setores da sociedade civil — inclusive o Paulo Henrique, que está aqui — têm visões um pouco menos taxativas que a do Fabio, menos apaixonadas, digamos assim. Contudo, preciso levar em consideração que a questão do clima é realmente séria, e o Brasil tem que estar na dianteira desse tema que vai preocupar, crescentemente, não só nossa geração como as gerações futuras.

Houve novo impasse nas negociações entre a CNBB e o governo, a CNBB mediando a demanda do MST. O MST não quer que os assentados deixem de ser tutelados pelo Estado, quer que o governo financie a agricultura familiar, porque isso mantém a clientela rural deles [que continua a fazer pressão sobre os gover-

---

prefeitura de Salvador. Mas Vieira Lima combatia candidatos de ACM em vários municípios.

* A taxa de desemprego medida pelo IBGE em agosto de 2000 foi de 7,1%, contra 7,2% em julho e 7,7% em agosto de 1999.

nos], e a Igreja vai nessa onda. O Reginaldo de Castro, presidente da OAB, fez um discurso demagógico, atrapalhou tudo. Mas é assim mesmo, o impasse é muito grande, porque eles têm uma visão — pelo menos pensam assim — que é "revolucionária". Por falar nisso, recebi um livro que a Yeda Crusius* me mandou, escrito por uma pessoa chamada José Tavares, *Totalitarismo tardio — O caso do PT*.** O livro é muito teórico, já li livro melhor sobre o PT do Rio Grande do Sul, mas começam a descobrir que no bojo do PT há um totalitarismo tardio que é forte, e, num país de desigualdade como o Brasil, sempre dá a comichão de fazer mudanças mais depressa, portanto esse totalitarismo é aceito subjetivamente por muita gente.

HOJE É SEXTA-FEIRA, DIA 29 DE SETEMBRO. Ontem, audiência com Daniel Crawford, presidente do Conselho Administrativo da Embratel, que veio me mostrar que a Embratel está avançando muito. Outra [audiência] foi com o deputado Geraldo Magela, do PT, muito amável. Ele foi eleito para uma conferência parlamentar hemisférica,*** qualquer coisa assim, queria minha presença lá, sinais de paz.

Dei uma rápida entrevista para a Cristiana Lôbo, que está trabalhando agora num desses iG,**** alguma coisa assim, de internet, e passei o dia inteiro mais tranquilo. Recebi o Geddel querendo mais esclarecimentos sobre se ele pode dizer que a voz na gravação que eu fiz é minha, porque Antônio Carlos diz que a voz não é minha.***** Enfim, os nossos líderes, como ACM, se apressam quando se trata de qualquer assunto de interesse eleitoral, por menor que seja. É espantosa a cegueira, como as pessoas perdem tempo com detalhes que não têm o menor significado. Mas elas acham que isso é política, e talvez até tenham razão: isso é o que dá estridência, os jornais comentam, dá votos.

Falei à noite com o Chávez, que me contou o que havia sucedido na Opep,****** ele muito entusiasmado, disse que já tinha falado com o Banzer, que na Bolívia

---

* Deputada federal (PSDB-RS) e candidata à prefeitura de Porto Alegre.
** Porto Alegre: Mercado Aberto, 2000.
*** Secretário-geral da III Assembleia-Geral da Conferência Parlamentar das Américas, que se reuniu em novembro de 2001 no Congresso Nacional, com o tema "Os caminhos da Alca e da democracia". O presidente Fernando Henrique compareceu à cerimônia de abertura.
**** Blogueira do portal iG.
***** O senador baiano acusou o líder do PMDB de falsificar um pronunciamento do presidente para favorecer o candidato peemedebista na eleição à prefeitura de Itapetinga (BA).
****** A segunda reunião de cúpula dos países integrantes do cartel fora inaugurada em Caracas no dia anterior. Em novembro, a Opep decidiu aumentar o limite de produção, para amenizar a alta internacional do preço do petróleo.

a situação está cada vez pior.* No fim do dia, o Luiz Felipe Lampreia me disse que recebera um telefonema do Gaviria querendo fazer uma reunião de ministros das Relações Exteriores no Brasil, para tratar da questão do Peru, talvez na segunda-feira.

Acertei que no domingo à noite receberei a CNBB junto com o Raul, para discutirmos as questões infindáveis do MST. Vou reiterar o que já disse em público: quem discute com o MST é o Raul. Eles desejam impedir que os assentados se transformem em produtores rurais, querem que continuem a ser tutelados do MST, do governo eles querem dinheiro, e uma parte vai para o MST. Trata-se de questão política delicada, já falei tanto sobre o assunto que é inútil repetir.

Hoje, sexta-feira, recebi o presidente da Indonésia, chama-se [Abdurrahman] Wahid, um homem que parece velho, mas que tem apenas três anos mais que eu.** É quase cego, a mulher dele*** foi aleijada num acidente, ele veio com duas filhas, com o ministro do Exterior,**** também o da Agricultura.***** Um homem agradável, culto, sábio, gostei muito da conversa com ele, foi descontraída, tem senso de humor. Ele me disse que o problema no Timor Leste é que a população local não gosta dos mestiços, e foram os mestiços que fizeram a independência — os mestiços têm o controle da propriedade, se é que se pode falar em propriedade no Timor. Dispôs-se a ajudar, e já está ajudando, na pacificação no Timor. Fiquei agradavelmente surpreso de ver um homem dessa qualidade intelectual presidindo a Indonésia e acabando com os desmandos do Suharto.****** A opinião dele sobre os militares é curiosa, disse que alguns militares são ruins, mas que o Exército da Indonésia é bom. É um homem de visão humanista. Perguntou sobre d. Helder [Câmara], contou que ele, Wadih, passou uma vez no Recife — vinha da África e ia para Cuba —, mas, quando chegou ao Recife para reabastecer o avião, soube que d. Helder tinha morrido havia dois meses,******* e não pôde falar com d. Helder. Um homem interessante.

Depois recebi o Marcos Azambuja, nosso embaixador em Paris, conversa amável. Agora vou a um almoço e, de lá, a São Paulo, temos a votação.

Ontem assisti ao debate na TV do Geraldinho com a Marta, o Maluf e os demais. O que me impressionou: Geraldo Alckmin bem-posto, firme, a Marta com aquele jeito pretensioso da burguesia paulista insolente, mas ela é esperta. E o Maluf, ah,

---

* Indígenas, funcionários públicos e camponeses *cocaleros* bloqueavam a maior parte das estradas da Bolívia numa série de protestos cuja repressão policial deixou dez mortos e mais de cem feridos.
** Nascido em 1940, portanto nove anos mais novo que o presidente.
*** Sinta Nuriyah.
**** Alwi Shihab.
***** Muhammad Prakosa.
****** Ex-ditador da Indonésia.
******* O arcebispo emérito de Olinda e Recife morreu em agosto de 1999.

esse é um cara de pau total; está renovado, fez plástica, está mais claro, quase louro, uma empáfia total, como se nada tivesse ocorrido, como se o Pitta não tivesse nada a ver com ele. O pior é que acho que ele passa isso para a população. O [Romeu] Tuma* fracote, a Erundina também, e os outros são brincalhões. O Marcos Cintra,** não sei por que está fazendo esse papel de candidato permanente. Não sei o que vai acontecer, minha impressão é que vai dar Marta e Maluf, mas arriscaria a dizer que o Geraldo tem chance, porque ele está bem-posto. Tomara ganhe o primeiro turno, depois veremos.

Uma anotação adicional: grandes discussões sobre a hora de publicar o edital de privatização do Banespa. Num primeiro momento, achei que isso não tinha maior importância, mas o tema foi politizado internamente no meu governo. Um grupo, Aloysio, Moreira, Pedro Parente e até certo ponto o Martus, está preocupado com qualquer efeito negativo sobre a eleição em São Paulo, e também o Daniel Dantas (que não tem nada a ver com isso, é investidor, mas eu perguntei a ele, porque ele passou por aqui), acha que é melhor não mexer e que nenhum investidor vai deixar de comprar por causa de uma semana mais, uma semana menos. O próprio Tápias, que tem noção da vida política, acha imprudente publicar um edital que pode ser explorado, acha melhor marcar o leilão para daqui a três ou quatro semanas. O pessoal do Banco Central mais ortodoxo, e também o Amaury Bier, considera que a postergação seria gravíssima para mim, porque daria uma impressão eleitoreira, acha que já se devia ter feito o leilão.

A matéria nos tomou horas. Eu não tenho nada a esconder, vamos ter que privatizar mesmo, e meu primeiro impulso foi publicar logo o edital. Com a ponderação dos políticos, fiquei pensando que talvez, mesmo que não tenha efeito, se o Geraldo perde, algum setor do PSDB vai dizer que eu fui o responsável pela derrota, por ter publicado o edital. A política é feita dessa maneira. O Armínio estava muito inflamado com a matéria, achando que a postergação era ruim para mim. Enfim, política é isso, a decisão se faz é nesse contexto, um para cá, outro para lá, tensão, dificuldade, até com problemas que no fundo não são tão complicados assim.

HOJE É TERÇA-FEIRA, DIA 3 DE OUTUBRO. Primeiro fui a São Paulo na sexta-feira. No sábado recebi d. Cláudio Hummes,*** que foi com Paulo Renato, eles querem apoio para a reforma da catedral [da Sé]. Recebi o Serra para conversar so-

---
* Senador (PFL-SP) e candidato a prefeito de São Paulo.
** Deputado federal (PL-SP) e candidato a prefeito.
*** Arcebispo de São Paulo.

bre a situação de São Paulo e alguns problemas do Ministério da Saúde. À noite jantei na casa do Luiz Meyer com a Regina, a Ruth, Luiz Weis,* a Maria Hermínia Tavares de Almeida,** o Fernando Pacheco Jordão, a Fátima [Pacheco Jordão], mulher dele, e o Jorginho da Cunha Lima. Um jantar de amigos, comi pizza, tomei vinho tinto, estava cansado, comi chocolate, resultado: passei bastante mal à noite e só pude voltar para cá no fim do dia no domingo.

Fiquei de molho no domingo, depois fui à votação, votei e vim para Brasília.

Em Brasília recebi d. Damasceno, secretário do Conic, que é o Conselho Nacional de Igrejas Cristãs do Brasil, juntamente com Marco Maciel e Raul Jungmann. Explicamos nossos pontos de vista, dissemos que o MST quer impedir que os assentados se transformem em agricultores familiares, que quer manter a tutela dos assentados, quer que o governo pague indefinidamente a eles, mas que com o rebate [a diminuição da dívida] que fazemos e com o prazo de dois, três anos de carência, terão que passar para o outro sistema, que também é subsidiado. Explicamos tudo, concordamos com quase tudo e combinamos que ninguém faria declarações na saída. Resultado: d. Damasceno fez declarações na saída, os jornais disseram que o governo recuou, que tínhamos feito uma proposta de que se os assentados aceitassem ir para o grupo dos agricultores familiares nós daríamos um bônus e ainda que, para quem pagasse em dia, o custo da dívida seria reduzido de 4% para 2%, altamente negativo. Houve grande confusão, o Raul ficou muito zangado, reagiu e falou com d. Damasceno, o qual confirmou que havia enviado a nota sem primeiro submetê-la a nós, como havíamos combinado. Confusão crescente. Isso pode criar alguma complicação adicional na questão do MST.

Ontem foi segunda-feira, o resultado das eleições está nos jornais, quando fui dormir ainda tinha esperança de o Geraldinho ganhar as eleições, a diferença foi mínima, ganhou Maluf.*** Eu imaginava, mas tinha alguma esperança de que o Geraldo pudesse ganhar; quase ganhou, teve um belo desempenho.

Telefonei para ele, que está com boa postura. Falei com Mário Covas, telefonei para o Cássio [Taniguchi],**** do Paraná, porque o PSDB do Paraná, com o Álvaro Dias apoiando e o Requião, como sempre, com o PT, uma loucura.***** Falei com Marcelo Alencar para saber do Rio, andei falando com algumas pessoas para me informar

---

* Colunista do *Estadão*.
** Professora de ciência política da USP.
*** Marta Suplicy obteve 38,1% dos votos no primeiro turno paulistano, seguida por Paulo Maluf (17,4%) e Geraldo Alckmin (17,3%), separados por menos de 8 mil votos.
**** Prefeito de Curitiba (PFL) e candidato à reeleição.
***** Taniguchi (44% dos votos) passou ao segundo turno com Ângelo Vanhoni (35,4%), do PT. O irmão do senador Roberto Requião, Maurício Requião (PMDB), obteve 10,3% dos votos. O PSDB lançara Luiz Forte Netto (8,3%), mas o senador Álvaro Dias e outros tucanos paranaenses apoiavam Taniguchi.

do que está acontecendo pelo Brasil afora. Recebi à tarde o presidente da Corte Internacional de Haia, que veio com o Velloso, o Rezek e com outro membro da Corte de Haia,* conversa agradável.

Me reuni com os assessores políticos para discutir medidas sobre o PSDB e recebi — isto foi o mais interessante — um representante do governo da Líbia, chamado Mustafa Mohamad [Abdul Jalil], que veio em nome do Kadafi, o qual, segundo ele, tem muito entusiasmo pelo que está acontecendo na América Latina, por causa da reunião dos presidentes da América do Sul. Isso mostra, disse ele, que eu preciso reorganizar os espaços, não sei o que lá, falou muito no Chávez e em mim, que somos amigos da Líbia, que ela agora está entrando num caminho mais construtivo, nada mais de violência, terrorismo, revolução, querem somente democracia e paz.

Hoje, terça-feira, estou me preparando para ir ao Rio de Janeiro, para o BNDES, e de lá para a Europa.

HOJE É SEXTA-FEIRA, DIA 6 DE OUTUBRO, estou em Berlim, são quatro e meia da tarde. Na terça-feira passada, fui ao BNDES e tive uma discussão com a Câmara de Desenvolvimento Econômico. O Pedro Malan menos abertamente e o Armínio Fraga mais abertamente colocaram dúvidas sobre o papel do BNDES. Na previsão do programa estratégico, o BNDES vai expandir seus empréstimos e o Armínio é claramente contra, acha um risco um banco público expandir tanto os empréstimos. Acha que neste momento, com a condução feita pelo Gros e pelo Tápias, não há risco nenhum, mas que no futuro será calote certo no Tesouro. Bom, não é o que eu penso; acho que o papel do BNDES tem que continuar grande, e os riscos de empréstimos são grandes também, mas o alerta serviu.

Fui ao auditório e fiz uma palestra sobre os objetivos do Brasil e do BNDES. No dia seguinte nem li os jornais para saber das repercussões, as do público presente foram positivas.

Tomamos o avião e viemos parar anteontem em Berlim. No mesmo dia que cheguei me encontrei com o Schröder. O tema principal da conversa, além do investimento alemão no Brasil e da União Europeia no Mercosul, foi sobre o que eles querem fazer com Angra 3.** O Schröder disse que esse é um tema muito difícil na Alemanha, por causa dos "verdes", e que era preciso internacionalizar o investimento via França, porque a Siemens fez um acordo com a Framatome.*** Schröder deu a

---

* O francês Gilbert Guillaume, presidente da Corte.
** Os reatores nucleares das usinas brasileiras foram projetados e fabricados pela Siemens, conforme o acordo firmado pela ditadura militar com a Alemanha Ocidental nos anos 1970. A construção de Angra 3, que também contava com financiamento alemão, ainda não saíra dos estágios iniciais.
*** Grupo franco-americano atualmente denominado Areva.

entender que o seguro da obra podia ser feito por intermédio de uma internacionalização do programa. Eu disse que não estava pressionando nada, até porque, pessoalmente, tenho muitas dúvidas sobre a energia nuclear, mas que o prefeito de Angra dos Reis,* que é do PT, o governador do Rio, que é do PDT, e quase quatrocentos deputados estão pedindo uma solução para o problema. Mais ainda, e com isto eu concordo: já gastamos mais de 1,3 bilhão de dólares com equipamentos comprados na Alemanha que até agora não foram montados; é uma situação embaraçosa. Fora isso, a relação bilateral é muito positiva do Brasil com a Alemanha.

À noite, jantamos com Schröder e com uns cinquenta, sessenta convidados; eu gosto da mulher dele, eu a tinha encontrado quando estive na Feira de Hannover, ela é muito simpática, fala muito bem inglês, vi que ele fala inglês mais do que parecia nas primeiras vezes que nos encontramos. Essa foi a sexta vez que me encontrei com o Schröder em dois anos, o que mostra a intensidade das relações entre Brasil e Alemanha. Acho o Schröder cada vez mais simpático. A mulher dele chama-se Doris, é católica, é a quarta mulher dele, ela tem uma filha de nove anos e meio que não é filha dele. A conversa na mesa foi muito agradável, também com o ministro da Economia** e com o assessor do Schröder, um rapaz que já esteve no Brasil. Fiz um discurso, a última frase eu disse em alemão, foi um sucesso absoluto, apesar dos eventuais erros de pronúncia. Eles ficaram muito contentes com meu gesto.

No dia seguinte, ontem, quinta-feira, dei início à série infindável de contatos. Entre ontem e hoje, falei com a representante dos verdes,*** com a representante da Democracia Cristã,**** com o pessoal do Partido Liberal,***** os do Socialismo Democrático, os antigos comunistas.****** O representante destes foi quem mais me impressionou, [Lothar] Bisky, que tem uma visão mais diferenciada dos problemas da unificação. Ele acha que os alemães, sobretudo com o Kohl, menosprezaram a capacidade instalada na Alemanha Oriental e as próprias pessoas, sua qualificação técnica e intelectual. Disse também que há um erro de apreciação do ex-mundo soviético, da Rússia, que é muito difícil fazer com que os ocidentais entendam o que está acontecendo com o antigo Leste Europeu. Acha que o partido dele tem um papel importante, porque hoje está empenhado na democracia, mas conhece a perspectiva do outro lado. Ele é sociólogo da cultura e causou muito boa impressão.

---

* José Marcos Castilho. O prefeito eleito era Fernando Jordão (PDT).
** Hans Eichel, ministro das Finanças.
*** Renate Künast, copresidente da aliança Bündnis 90/Die Grünen, que integrava o gabinete de Schröder.
**** Angela Merkel, líder da Christlich Demokratische Union Deutschlands (CDU), oposicionista.
***** Freie Demokratische Partei (FDP), de oposição, na época presidido por Wolfgang Gerhardt.
****** Partei des Demokratischen Sozialismus (PDS).

A porta-voz dos verdes é uma típica militante, inteligente e mais exigente com a Alemanha do que com o Brasil. Também tive boa impressão da presidente da CDU, já a conhecia, a moça que está substituindo o Kohl, ela sabe das coisas, uma pessoa de cabeça organizada e simpática — o quanto esse tipo de mulher (ou de homem) militante pode ser simpática. Isso no que diz respeito aos partidos.

Inauguramos a nova embaixada, grandes discussões no Brasil sobre o custo do aluguel da embaixada, que é alto mesmo. Ela é confortável, demasiado grande, não é de luxo, é condigna. Talvez seja espaçosa demais. Antônio Carlos já aproveitou para recomendar a mim que devíamos cortar o contrato, só para criar embaraços, porque estou no exterior.

Na chegada [à Alemanha], dei uma declaração cortante, porque ele fez recomendações para que eu mudasse o Serra, e acho que também o Padilha ou o Bezerra. Foi demais. Respondi que ninguém recomenda o presidente da República nessa matéria.* Ele não gostou. O Marco Maciel me telefonou, tinha estado com ele e obtido o compromisso de ele não fazer mais declarações. Pois bem, hoje já falou sobre salário mínimo para me provocar. É aquela coisa desgastante: como ele não tem responsabilidade de governo e não tem visão de Estado, tem só a visão da pequena política interpessoal, gosta de desgastar o presidente, sabendo que eu não posso responder. Não que eu não saiba o que dizer ou que não tenha coragem, mas tenho a responsabilidade de quem dirige uma nação; não posso perder uma porção de apoios políticos somente porque temos um supervaidoso, um egocêntrico descompromissado com tudo. O único compromisso que ele tem é com fazer frases, e eu não posso bater boca. Além de Itamar, agora o Antônio Carlos. É demais! Não vou mais falar sobre política local aqui na Alemanha.

Depois dos encontros de ontem e da inauguração da embaixada, passei a manhã de ontem no Centro de Estudos Brasileiros, que está inserido no Centro de Cultura da antiga Prússia.** Fiz um discurso, depois estive em outro Centro de Estudos, este sobre política externa,*** li um discurso escrito em inglês, depois falei mais livremente nas perguntas e respostas, em inglês também, para explicar melhor nossa política externa. Assisti a um concerto regido pelo Claudio Abbado, um pot-pourri de vários autores, Prokófiev, Richard Wagner, Rossini e outros compositores. Ele é extraordinário, a Filarmônica de Berlim também, eu já havia estado numa apresentação dela lá pelos anos 1970, 1960, e à noite fomos jantar num restaurante típico.

---

* Na versão do *Jornal do Brasil*: "Ninguém recomenda nada ao presidente da República. Isso é opinião de uma pessoa que se crê muito poderosa. Mas eu não estou preocupado com tricas nem futricas".

** Cerimônia comemorativa do quinto aniversário do Instituto Cultural Brasileiro na Alemanha, inaugurado por Fernando Henrique em setembro de 1995.

*** Deutsche Gesellschaft für Auswärtige Politik [Sociedade Alemã de Relações Internacionais].

Hoje de manhã acordei cedo, depois visitei o edifício do Reichstag, fui até a cúpula, fui recebido pelo presidente do Parlamento [Bundestag],* deputado da Social-Democracia,** que tem noção das coisas, foi uma conversa boa, embora nada de novo, os temas remoídos.

Mais tarde visitei a Confederação das Indústrias da Alemanha,*** li um texto em português e depois respondi perguntas em inglês. Presentes umas duzentas pessoas, empresários do mais alto calibre, almocei com uns vinte deles, me fizeram perguntas o tempo todo. Foi interessante, porque essa gente está com confiança no Brasil. Eu dei dados, o [Hans-Olaf] Henkel,**** que é o presidente de um grupo sobre o Brasil na Confederação das Indústrias da Alemanha, é a terceira vez que o vejo, é um homem com muita fé no Brasil. Eles estão investindo fortemente, entre os que estavam ali, sete vão investir 7 bilhões de dólares nos próximos quatro anos. Depois chegou outro empresário que disse que ia botar mais 700 milhões, portanto 7 bilhões e 700 milhões, o que não é mau. Perguntas e respostas o tempo todo sobre situações concretas: reforma tributária, questões específicas de proteção para minas de urânio, questões de energia nuclear, as coisas mais requisitadas, areia monazítica sei lá o quê, detalhes em muitas perguntas, mas que eu sabia e ia respondendo.

Depois fui estar com o Johannes Rau, o presidente da Alemanha, donde estou acabando de voltar. Com o Rau a conversa foi um pouco como uma conversa com um rei, pois o presidente da Alemanha não tem função executiva, foram só conversas genéricas. Ele já esteve no Brasil em 1980, a mulher dele***** irá para lá agora. O palácio do presidente tem um parque belíssimo, é o mesmo palácio onde houve a reunião com o Schröder e o Clinton, sobre *Progressive Governance*, há três meses.

Estou descansando um pouco porque à noite terei o jantar de gala, onde farei apenas um brinde. Mas o jantar é de smoking, aquela coisa mais pesada, e amanhã vamos para a Baviera.

O Milošević, presidente da Iugoslávia, caiu,****** o que é bom, esse homem passou de todos os limites, e agora não queria respeitar a última eleição. Eu ontem já

---

* Wolfgang Thierse.
** Sozialdemokratische Partei Deutschlands (SPD), mesma agremiação do chanceler Schröder.
*** Bundesverband der Deutschen Industrie (BDI).
**** Presidente da BDI.
***** Christina Rau.
****** Milošević não reconhecera o resultado das eleições gerais realizadas no final de setembro, que deram vitória à oposição. No início de outubro, manifestantes tomaram as ruas das principais cidades do país. Pressionado pelos militares, Milošević renunciou em 6 de outubro. Foi preso em abril de 2001 por corrupção e abuso de poder e extraditado um mês depois para a Holanda, onde foi julgado pela Corte Internacional de Justiça, acusado de crimes contra a humanidade cometidos pelas tropas sérvias na Bósnia, na Croácia e no Kosovo entre 1991 e 1999. O ex-presidente iugoslavo morreu de ataque cardíaco na prisão, em 2006, antes da emissão da sentença.

havia me manifestado publicamente a favor de uma posição mais dura com ele, apoiando o governo da Alemanha, porque o Schröder pediu que assim fosse feito, e nós fizemos.

HOJE É QUARTA-FEIRA, DIA 11 DE OUTUBRO, são oito e meia da manhã, estou de volta ao Brasil. Vamos retomar o fio da meada um pouco mais livre, sem seguir o que aconteceu no dia a dia.

Na última noite em que estivemos em Berlim, houve um jantar de cerca de seiscentas, setecentas pessoas* muito impressionante. Era o dia da Ibero-América e eu era o homenageado especial. Os discursos feitos pelo presidente do grupo da Ibero-América** — não sei exatamente que grupo é esse — e pelo ministro-presidente de Brandemburgo*** foram muito bons. Elogiaram o Brasil, o presidente do grupo ibero-americano morou no Brasil muitos anos, foi diretor, aqui, da Ferrostaal, disse que me considerava o melhor presidente que o Brasil já teve, isso foi interrompido por aplausos. Respondi de improviso, não dava para ler um texto muito formal, fui novamente interrompido por aplausos. Fiquei impressionado com a quantidade de alemães que têm interesse pelo Brasil e por outros países da região também, mas basicamente pelo Brasil, e impressionado com o grau de informações que eles têm, com o grau de confiança que depositam no desenvolvimento da sociedade brasileira e nas relações com a Alemanha.

Pedi ao Eduardo Santos que obtivesse o discurso do presidente dessa associação ibero-americana, porque eu queria mandar para o Paulo Henrique e para a Bia Lessa, porque ele faz elogio rasgado ao Pavilhão de Hannover, diz que é um dos mais visitados pela Feira, que foi modesto nos gastos e teve um efeito extraordinário. Enfim, a gente vê o Brasil lá fora diferente do Brasil da mesquinharia da pequena briga política daqui de dentro.

No dia seguinte, fomos para a Baviera. Eu tinha ido a Munique há já quarenta anos. Lá chegando, fui recebido pelo ministro da Ciência e Tecnologia da Baviera,**** que foi comigo no carro — leva quarenta minutos do aeroporto até lá — falando um francês bastante fluente. Ele virá ao Brasil, está bem informado pelos briefings dados em uma viagem dessas. Nos instalamos bastante bem num hotel no centro de Munique,***** tivemos um almoço muito agradável, com pouca gente, só brasileiros, depois fui me encontrar com o [Edmund] Stoiber, que é o ministro-presidente

---

* Jantar comemorativo dos setenta anos de fundação do IAI (Instituto Ibero-Americano, na sigla em alemão), sediado em Berlim.
** Günther Maihold, diretor do IAI.
*** Manfred Stolpe.
**** Hans Zehetmair.
***** Hotel Bayerischer Hof.

da Baviera. Ele é um líder importante na Alemanha, um pouco à direita,* se é que essa é a expressão. É fortemente regionalista, fortemente liberal, ouvi dizer que é da direita da CDU, não sei, as variáveis são outras. É um homem esperto, quer bastante ligação de Munique, da Baviera, com o Mercosul. O aeroporto de Munique é um pouco subutilizado, eles gostariam muito que nós definíssemos a Baviera como a porta de entrada do Mercosul na Europa, por causa de relações que eles têm com os países do Sul, Itália, França, e também com os países do Leste. É uma coisa interessante mesmo. Na conversa — ele já tinha estado comigo no Brasil —, mostrou noção das coisas. Nós tínhamos uma cátedra chamada Rio Branco na universidade da Baviera, não me lembro o nome da universidade, acho que é Maximiliano,** e também temos certo intercâmbio, sobretudo intercâmbio de medicina e técnicas de administração hospitalar. As grandes indústrias high--tech da Alemanha, inclusive a Siemens e a Bosch, estão na Baviera, região pela qual o Stoiber é apaixonado.

Conversamos bastante e ele fez eco ao que disse o líder do Partido do Socialismo Democrático de Berlim, ou seja, os alemães estão pagando um custo muito alto pela absorção do Leste e ele não sabe se está sendo compensador. Disse também que na Baviera 10% da população é estrangeira. Para ele, estrangeiros são os não europeus. Curiosa noção; ele acha que os turcos, os da Turquia e da Rússia, são não europeus. Do ponto de vista social, os turcos estão absorvidos, os filhos dos turcos na Alemanha falam alemão, podem ser muçulmanos, mas têm que ser muçulmanos que falam alemão. A dificuldade maior é com os russos que vão para a Alemanha; estes, segundo ele, se recusam a falar alemão e são os que mais se aproximam das práticas criminosas, os mafiosos. Mostrou muita preocupação com esse aspecto da migração interna na Alemanha, e é contrário a que Berlim tenha um papel predominante; sente-se nele uma reação contra a unificação. Disse que a Alemanha só pode ser aceita pela comunidade europeia se não for uma Alemanha unificada e centralizada em Berlim, porque esta pode ser ameaçadora. É um argumento com interesses óbvios de fortalecimento do poder regional, mas que tem seu peso. O raciocínio dele é que uma Europa mais regionalizada é mais balanceada e nela há menores riscos de guerra.

Stoiber é muito liberal, muito liberal mesmo, favorável à mistura de raças, pelo menos à presença de raças distintas. O palácio em que ele não mora é a Residenz da antiga casa reinante dos [duques da Baviera]. A princesa Amélia, que se casou em segundas núpcias com d. Pedro I, veio da família real da Baviera. O palácio é estranho, basicamente rococó, com um salão onde nós jantamos que eles chamam de Antiquarium. Não sei se é bonito, mas é impressionante, cheio de estátuas romanas pelos cantos, com um espaço para tocar música, e a construção é do século

---

* Christlich-Soziale Union in Bayern (CSU), seção bávara da CDU.
** Ludwig-Maximilians-Universität München (LMU).

XVI. Foi um jantar muito elegante, no qual o Stoiber passou a noite conversando comigo, com intérprete, porque ele só fala alemão.

No dia seguinte fomos à Holanda, onde visitamos o que eu sempre quis visitar: a coleção do Van Gogh do Museu Kröller-Müller,* um museu extraordinário não só por Van Gogh, tem um Renoir que me impressionou muito, um retrato *à la* Mata Hari, e também dá para ver a evolução de Mondrian, o jovem Mondrian se contrapondo com o Mondrian mais maduro, muito interessante mesmo. Vimos algumas pinturas mais modernas do Anselm Kiefer, que eu tinha visto em Berlim; há uns quatro ou seis quadros dele, atormentado pela permanente busca das raízes alemãs, o tormento alemão. E um parque de esculturas belíssimo, ótimo para se ver a história e a variedade da escultura moderna.

Fomos de ônibus do aeroporto, da cidade onde descemos — não me lembro como se chama essa cidadezinha na fronteira com a Alemanha —, até o museu. Depois de vê-lo, cruzamos toda a Holanda, passamos por Amsterdã para chegarmos à noitinha à casa da nossa embaixada em Haia.

A casa da embaixada não será grande para os padrões do Itamaraty, porém para qualquer família brasileira é enorme, uma casa burguesa, com um jardim imenso e ainda um comodato de vista, de tal maneira que ninguém pode construir nada na frente, uma área de cerca de quinhentos metros, com aqueles bosques incríveis da Holanda. A Holanda é verde, é bastante agradável desse ponto de vista. Jantamos com o embaixador [Affonso de Alencastro] Massot e a mulher dele,** com a Lenir e o Lampreia.

No dia seguinte nos instalamos de manhã cedo no palácio da rainha da Holanda,*** a rainha Beatriz, que nos esperou à porta, com as homenagens habituais, os hinos e tal. Ela me acompanhou na revista à tropa e depois nos apresentou, e à nossa delegação, à Casa Civil dela, a corte imediata dela. Finalmente nos instalamos nos aposentos do palácio real. A rainha é uma senhora afirmativa, grande, tem presença, fala muito, é divertida, tomou logo um copo de vinho e se desculpou, porque o marido, o príncipe Claus, está muito enfermo. Tudo foi rápido, essas cerimônias todas são mais ou menos rápidas, e daí por diante passei a fazer um longo périplo pela Holanda, com vários discursos.

Nesse dia, que foi o primeiro da visita oficial, fui recebido por um comitê da Câmara Alta e da Baixa [o Parlamento estava em férias], com a presença do presidente da Câmara Alta.**** Fiz uma exposição, depois perguntas e respostas, várias perguntas sobre os temas de sempre: desenvolvimento ecológico, a pobreza no Brasil, o desenvolvimento econômico... Pude falar livremente sem texto na mão, funciono melhor

---

* No parque nacional De Hoge Veluwe, em Otterlo.
** Yolanda de Arruda Botelho.
*** Palácio Noordeinde, uma das três residências oficiais da família real holandesa.
**** Frits Korthals Altes.

quando é assim. Depois disso fui visitar a Organização das Nações Unidas Contra as Armas Químicas,* o [José Maurício] Bustani, embaixador brasileiro, é o diretor-geral. Lá fiz um discurso formal porém forte de apoio ao combate à guerra química. Eles me mostraram uma torre, uma antena de onde controlam, monitoram o mundo todo, fiquei muito impressionado. A Rússia tem mais ou menos 40 mil toneladas de armamento químico, a destruição disso custa cerca de 10 bilhões de dólares, os Estados Unidos têm 30 mil e já começaram a destruir. A China destruiu tudo, mas a Rússia tem dificuldade para destruir, por causa da questão econômica. Isso para dar um exemplo dos grandes. Contudo, a arma química é um perigo, porque até um país pobre como o Iraque pode fazer rapidamente o armazenamento de armas químicas.

De lá fomos para a Corte Internacional de Justiça de Haia, onde fui recebido pelo presidente,** que já tinha estado comigo no Brasil, e por toda a Corte de Haia, lá estava o Rezek.

Houve uma rápida apresentação formal, retrato de Rui Barbosa, depois uma sessão solene, quando o presidente me saudou e eu respondi em francês (no Parlamento foi em inglês). Voltamos correndo para o Palácio Real [em Amsterdã]. À noite, a rainha nos ofereceu um jantar muito grande, encontrei muita gente da universidade falando português, empresários. Conversei longamente com a rainha, ela é uma pessoa preparada e impositiva, tem ideias, como ficaria mais claro ainda no dia subsequente, quando de novo eu e Ruth nos encontramos com ela por cerca de meia hora antes da despedida.

A rainha acha que é preciso tomar cuidado, que não dá para impor o sistema partidário do mundo ocidental na África e na Ásia. Crê, entretanto, que os direitos humanos têm que ser a preocupação essencial e que é preciso dar responsabilidade aos dirigentes, lutar contra a corrupção. Ela é opiniática, na conversa comigo opinou bastante sobre muitos assuntos. Estava informada sobre o Brasil, fez um discurso que achei muito apropriado, melhor do que o meu em resposta, que foi muito formal. Eu tinha o texto escrito, não senti inspiração para falar livremente naquele momento. Lá estava praticamente toda a alta representação da Holanda, do primeiro-ministro ao presidente do Banco Central,*** o da Câmara Alta, a da Câmara Baixa,**** juízes, empresários, artistas... artistas nem tanto, mais universitários, o Geert Banck,***** com quem a Ruth esteve no dia seguinte, e muitos outros ligados à universidade. Nós temos uma cátedra na universidade de Leiden,

---

* Organização para a Proibição de Armas Químicas (Opaq).
** Gilbert Guillaume.
*** Nout Wellink.
**** Jeltje van Nieuwenhoven.
***** Antropólogo holandês.

a cátedra dos brasileiros,* como a chamam. A diretora do departamento** onde está essa cátedra fala um português perfeito, acho que é geógrafa e trabalhou em Santarém, esteve conversando comigo. Muitos professores conversaram, um de hidrologia, a rainha acompanhando tudo com interesse.

A rainha me disse, no dia seguinte, que o pai dela*** está vivo, teve que abdicar, aliás, a mãe**** teve que abdicar, porque o pai se meteu numa confusão, acho que com a Boeing.***** O pai tem 89 anos, está vivo mas muito frágil, embora lúcido, a mãe tem 91, 92 anos, está forte, mas não consciente. A condição familiar da rainha é difícil, o marido morrendo, pai e mãe morrendo etc., por isso ela tem dificuldade de vir ao Brasil nos próximos dois anos. Eu já conhecia um dos filhos dela, o príncipe Friso,****** pois ele visitou o Brasil, é um rapaz alto, forte, grandão, simpático, informado e se interessa basicamente por questões ligadas à água e por esportes. Já ela gosta de esportes, mas não tanto; gostava mais de andar a cavalo, gosta de tênis, não sei o quê, não anda mais a cavalo. O príncipe herdeiro, Willem-Alexander,******* é elegante, conversei muito com ele no coquetel. Logo depois do jantar, me serviu um conhaque, com ele estava o presidente do ABN Amro Bank,******** que comprou o Banco Real. O presidente do banco é jovem, conversamos muito com ele e com o príncipe, que também é um homem moderno.

Diga-se, entre parênteses, que a rainha Beatriz pertence a uma das casas reais mais ricas do mundo. Ela, pessoalmente é mais rica que a rainha da Inglaterra, porque é sócia importante da Shell, e a Shell eu acho que é 60% holandesa e 40% inglesa, uma coisa assim. Isso foi, portanto, no primeiro dia em que estive oficialmente na Holanda; eu tinha chegado na véspera à casa do embaixador.

No dia seguinte, de manhã recebi uns vinte empresários holandeses no próprio palácio [Real], para tomar café. Entre eles estava o presidente da Phillips,********* um responsável pelas operações da Shell, os presidentes dos dois maiores fundos de pensão da Holanda, sendo um deles o maior fundo de pensão do mundo,********** tem mais de 400 bilhões de dólares na sua carteira.

---

* Cátedra Rui Barbosa de Estudos Brasileiros.
** Departamento de Estudos Latino-Americanos.
*** Príncipe Bernhard van Lippe-Biesterfeld.
**** Rainha Juliana.
***** Em 1976, revelou-se que o príncipe aceitara uma propina de US$ 1 milhão da norte-americana Lockheed para influenciar uma licitação de aviões de caça.
****** Vice-presidente do Banco Goldman Sachs em Londres.
******* Entronizado em 2013.
******** Rijkaman Groenink.
********* Cor Boonstra.
********** ABP, de funcionários públicos e professores, na época um dos cinco maiores do mundo.

Falei com o presidente da Unilever,* enfim, o que havia de mais expressivo no mundo empresarial holandês estava ali presente, e todos bem informados sobre o Brasil, querendo saber mais dos investimentos. Foi uma boa conversa, espontânea de parte a parte.

De lá saí para Roterdã, que me impressionou muito, porque 10% da carga importada por Roterdã tem origem no Brasil; já as exportações para o Brasil correspondem a apenas 0,6%. Importam do Brasil minério de ferro e muita fruta. Visitei um terminal de frutas** acompanhado pelo dono,*** um holandês esperto que está muito ligado à importação de laranja, melão, 10 milhões de caixas de laranjas por ano passam por ali. Trata-se de um porto de entrada muito importante na Europa, e eles estão muito contentes, porque o Brasil sempre usou Roterdã como porto principal, e não Antuérpia ou Hamburgo. Andei pelo porto com eles, andei de navio**** com os diretores do porto mais o prefeito de Roterdã***** mais alguns desses importadores, e também com os donos da carga, com muita perspectiva de ampliar nosso contato com Roterdã.

De Roterdã voltei [a Amsterdã] para almoçar com o primeiro-ministro, Wim Kok. Eu conheço bem o Wim, já estive com ele algumas vezes, tenho grande admiração por ele, que põe em prática o que o Tony Blair gostaria de pôr. Ele fez uma aliança entre liberais e sociais-democratas, um pouco como a aliança brasileira [PSDB, PFL e PMDB]. Wim Kok tem ideias claras, é um homem simples, direto, conhece muito a realidade, fez um discurso de saudação que me obrigou a falar quase de improviso para responder, o que foi bom, porque falei mais afetivamente, mais diretamente, menos formal. Eles gostaram bastante das minhas expressões de amizade. Wim Kok estava muito bem impressionado, porque tinha estado no Brasil em 1998, na crise, e depois, em abril de 1999, e viu que o Brasil havia superado a crise, como de fato, e que agora os resultados são inequívocos. Além disso, viu nosso empenho pela democracia, isso tem um valor enorme na Europa.

Ele ressaltou muito meu papel pessoal, eu também ressaltei o dele, mas ressaltei menos do que devia, porque acho que o Wim Kok, junto com o Guterres, foram os líderes europeus que mais me impressionaram, e olhe que eu conheço quase todos eles. Kohl me impressionava muito, o Schröder é outro tipo de gente, mais local do que europeu, e o Blair é muito inglês e talvez demasiado

---

* Antony Burgmans, copresidente da empresa anglo-holandesa. A matriz britânica da Unilever era presidida por Niall Fitzgerald.
** Seabrex.
*** Jan Ebus.
**** O presidente embarcou num navio da prefeitura local fundeado no porto, adaptado para o armazenamento de produtos perecíveis.
***** Ivo Opstelten.

market oriented, market de marketing, propaganda não de mercado no sentido econômico. É claro que o Clinton é o maior de todos, tenho muita admiração por ele, já reiterei isso aqui, e, como diz a rainha, "a despeito das questões morais", que não são exclusivas dele — admiração compartilhada por ela e pelo Wim Kok. O Clinton se impôs como líder mundial, o que eu vejo com alegria, porque ele conseguiu exercer um papel positivo no mundo contemporâneo, o que é extremamente difícil.

Em Haia, voltamos ao palácio da rainha para as despedidas, houve a rápida conversa com ela que já mencionei, e de lá fomos para Amsterdã.

Em Amsterdã havia de novo um grupo grande, sei lá, umas 150 pessoas, empresários brasileiros e holandeses, mais holandeses do que brasileiros, um seminário econômico.* Falei de improviso, tinha o texto escrito, mas fiz de improviso uma apresentação das coisas do Brasil, estavam lá o Chico Gros, do BNDES, e o presidente da Confederação de Indústrias da Holanda.** A julgar pelas palmas, foi forte a impressão deixada, porque falei com muita franqueza, com muita liberdade sobre os temas econômicos, mas não houve debate. (Falar de palmas a mim reforça a ideia de que sou vaidoso...)

No Rijksmuseum, uma senhora holandesa me olhou e disse: "Venha cá que eu quero tirar uma fotografia junto", eu fui e ela tirou a fotografia. A foto saiu no *Estado de S. Paulo* com um comentário dizendo que eu, imodestamente, depois de me deixar fotografar com a senhora, quando me perguntaram se eu era candidato, respondi que não, mas que eu era uma pessoa simpática. Ora, eu não disse isso; disse que eu era uma pessoa cortês, o que é diferente de me autoatribuir uma qualidade de simpatia. Cortês é um modo de ser, e eu sou, foi o que eu disse, e saiu desse jeito no jornal. Quando eu disse que fui avaliado pelas palmas, não se trata de arroubo de autoelogio; houve mesmo uma grande acolhida pelo que estamos fazendo no Brasil. Eles sabem que estamos mudando o Brasil para melhor, o Brasil foi posto no mapa do mundo, foi essa a expressão que eles usaram, "O Brasil entrou no mapa do mundo". Pena que os brasileiros não saibam disso... À noite tivemos um jantar mais limitado, só com a comitiva e os holandeses que estavam junto conosco o tempo todo. Tomamos o avião e voltamos para Brasília.

Não vi ainda, mas deve haver notícias boas da pesquisa da CNT,*** que em geral são ruins, e do Vox Populi. Ainda não vi os detalhes, mas parece que as coisas andam melhor.

---

* Seminário sobre o Brasil promovido pelas câmaras de comércio bilateral dos dois países.
** Jacobus Schraven, da VNO-NCW, patronal da indústria holandesa.
*** Uma pesquisa Sensus/CNT mediu aprovação presidencial [bom e ótimo] de 23%, dez pontos acima do levantamento de junho. As avaliações ruim/péssimo caíram de 59% para 38%.

O Marco Maciel tinha falado com Recife e com Curitiba. Curitiba tem o problema da privatização do Banestado,* foi o próprio governador que marcou para uma data que não é a mais conveniente, porque tem eleição no meio, agora estão querendo que Pedro Malan mude a data. O Pedro vai resistir, porque a lógica econômica se abala pouco com os percalços da política, embora, se não nos abalarmos, daqui a pouco não vamos ter lógica econômica nenhuma, porque uma oposição mais amalucada acaba ganhando, e aí, o que fazer? Bom, isso foi o que o Marco me disse muito rapidamente à chegada.

O Lucena também me mostrou uma resposta que o Sergio Otero deu ao Malan sobre a comissão de investigação do Ministério da Fazenda a respeito dele.** Eu li a nota agora de manhã, mal chegando. Vamos apurar com cuidado, porque não podemos ceder à caça às bruxas a partir da revista *IstoÉ*,*** que acusou e que os inimigos estão usando para tirar proveito. Vou pensar no assunto e voltar a falar com o Malan.

Foram comigo à Holanda o Mário Machado, que é presidente da Casa de Rui Barbosa, e o Evaldo Cabral de Mello, um dos maiores, senão o maior, historiadores dos holandeses no Brasil. Evaldo é o maior especialista e, aliás, na minha antiga coleção Corpo e Alma do Brasil publicamos um livro dele sobre o Brasil holandês.**** Depois ele publicou outras obras, é um homem muito interessante, tímido, mas cuja presença me pareceu uma merecida homenagem a ele, que sabe que os holandeses nunca deram muita bola para a ocupação no Brasil — nunca a levaram a sério porque a perderam. Não gostam muito de estar rememorando as perdas ocorridas.

A Holanda está florescente, ela e a Europa. A Europa chegou ao máximo de desenvolvimento científico e tecnológico, tem uma qualidade de vida muito grande, a pobreza praticamente inexiste, governos em geral democráticos e, em alguns países, social-democratas. Cabe uma observação que me fez ouvir Wim Kok: ele nota certa volta do nacionalismo, do regionalismo. O Blair, que não entra no euro, é popular; a Dinamarca se recusa a entrar no euro, o governo é popular; o Schröder não é homem de vocação europeia, também é popular. Enfim, o Kok tem preocupação com certos países que passam por uma onda de localismo. Com isso, o espírito europeu que fez o euro, o Banco Central único, da era econômica da Europa unificada, começa a ser um pouco desprestigiado. Ele próprio, Wim Kok, é um homem da linha sindical, mas tem uma visão mais que europeizante: uma visão globalizante.

---

* O Banestado foi privatizado em 17 de outubro, num leilão realizado na Bolsa de Curitiba. O Itaú pagou R$ 1,6 bilhão pelo banco estatal, ágio de 300% sobre o preço mínimo.
** Presidente afastado do Serpro.
*** A comissão de sindicância que investigou o presidente do Serpro apontou indícios de enriquecimento ilícito, favorecimento a clientes de sua mulher e recebimento de favores de fornecedores. Otero foi exonerado no início de novembro.
**** *Olinda restaurada: guerra e açúcar no Nordeste 1630-1654*. Rio de Janeiro: Forense Universitária; São Paulo: Edusp, 1975.

É curioso porque, no momento em que o mundo se globaliza, as tendências localistas reacendem como contrapeso. Isso é perigoso e leva, ao mesmo tempo, à necessidade de pensar numa globalização com forte sentimento de solidariedade social, com regras que impeçam o desastre das turbulências financeiras e que permitam uma resposta à ansiedade dos que estão preocupados com a pobreza. E pobreza hoje em dia existe mais na África. O Brasil tem pobres, anteontem havia nos jornais uma pesquisa do Ipea que mostra isso com clareza, mas, quando você vê, a pesquisa acentua uma variação estatística: por causa da recessão diminuiu a renda, aumentou o número de pobres. Entretanto, segundo a moça que fez a pesquisa, Sonia Rocha,* diminuiu o número de indigentes.** Esse tipo de análise é importante, mostra a pobreza, mas temos um caminho marcado: mais recursos para o social, mais educação, mais saúde, mais acesso à terra, mais crescimento econômico, mais emprego. Leva dez, quinze, vinte anos, mas o Brasil dará um salto.

Na África não é assim, é uma situação de desespero, tem a aids disseminada; aliás, a rainha falou muito comigo sobre essas questões. O marido da rainha, Claus, tem interesse pela África, os pais dele*** tinham fazenda acho que no Zimbábue,**** mas a África é um problema sério. Esse continente vai ser a grande bandeira do mundo antiglobalização, e com razão, porque a África está à margem da globalização; vai se atribuir à globalização o fato de a África estar à margem. É como no imperialismo: as colônias são pobres porque são exploradas, não porque sempre foram pobres além de serem exploradas. Deixam de ser exploradas, continuam pobres, às vezes até piores, se não houver medidas que levem ao crescimento econômico. Essas velhas discussões vão voltar à luz do dia, vamos falar novamente sobre imperialismo, agora com as vestes pesadas da globalização.

Ainda dois comentários adicionais sobre a viagem. Um é que o Wim Kok manifestou preocupação porque a extrema direita***** em Antuérpia teve 33% dos votos. Hoje vejo nos jornais do Brasil comentários sobre isso, na linha do renascimento do localismo, do regionalismo, do nacionalismo e até de tendências mais fundamentalistas, do tipo nazista.

A outra questão é que telefonei no sábado ou no domingo, em Haia, na casa da embaixada, para o presidente da Argentina, o Fernando de la Rúa, que estava na estância dele. Mostrou-se calmo, disse que, embora a relação dele com o Chacho

---

* Pesquisadora da área de Estudos Sociais do Ipea.
** Segundo o estudo, a fração da população considerada pobre caiu de 44% para 33,4% entre 1993 e 1998, mas subiu para 34,9% em 1999. Entre 1998 e 1999, a proporção de indigentes caiu de 9% para 8,7%.
*** Claus Felix von Amsberg e Gösta von dem Bussche-Haddenhausen.
**** Amsberg tinha propriedades na atual Tanzânia.
***** Vlaams Blok, banido pela Justiça belga em 2004.

Álvarez seja muito boa, ele lamentava o ocorrido,* mas acha que a situação ficou até melhor para ele, que saiu fortalecido. Não é a impressão que eu tenho nem é a impressão que vejo refletida nos jornais. Na verdade, a situação da Argentina ficou mais complicada, porque houve um enfraquecimento político óbvio do De la Rúa. O Chacho Álvarez saiu por uma questão moral, e o fato de o presidente depois demitir o ministro** não explica, pois ele não deixou explícito por que não demitiu antes. Vejo cada vez com mais preocupação a situação da Argentina, não só a econômica como a política. A política tem que ser resolvida para que depois se possa atacar a econômica.

---

* O vice-presidente argentino e outros membros da Frepaso renunciaram em protesto contra a nomeação de ministros ligados a casos de corrupção.
** Alberto Flamarique, ministro do Trabalho, acusado de receber propina de empresas para alterar leis trabalhistas.

13 A 23 DE OUTUBRO DE 2000

Conversas com Sarney e Jader. Conferência de Defesa em Manaus. Crise na Argentina. Disputa PFL × PMDB

Hoje é sexta-feira, dia 13 de outubro, são onze horas da manhã. Ontem foi feriado, passei o dia em casa com a Ruth e mais tarde recebemos o embaixador Frederico Araújo para discutir nossas viagens futuras e também uma série de detalhes de organização do palácio, até mesmo físicas. A Ruth fez muitas mudanças no palácio, ele está numa beleza, como fazia muito tempo não se via, mudanças feitas com dinheiro privado, através da Lei Rouanet.* Os salões estão bonitos, está mais agradável viver aqui. São detalhes para desafogar um pouco as agruras do dia a dia, que, aliás, estão diminuindo bastante.

Houve uma pesquisa nova que botou o Serra com 9 pontos percentuais,** a aprovação do governo subiu muito, são quase 24 pontos, imaginávamos chegar a 30 no fim do ano; fazendo muito esforço, quem sabe se chegue mesmo. Se chegarmos a 30, está bom; basta lembrar que o Lula, que está crescendo na oposição, tem 28. Vamos razoavelmente bem na recuperação.

Morreu ontem o embaixador do Uruguai no Brasil, chamava-se Mario [César Fernández],*** eu gostava dele, um homem já de certa idade, intelectual, amigo do Sanguinetti. Mandei o avião presidencial levar o corpo de volta e vou hoje à embaixada do Uruguai para assinar o livro de pêsames.

Me disseram, na Europa, que o Ciro Gomes tinha dado declarações dizendo que eu traí o real. Não li ainda essas declarações, alguém me disse que ele se referiu a uma reunião que teria havido e que nessa reunião, suponho que seja uma reunião que houve lá por outubro de 1993, não lembro o que ele disse, parece que foi que ele teve um papel no Plano Real. Naquela época nem havia URV**** nem Plano Real, ainda estávamos avaliando se valia a pena ou não fazer um plano mais sólido de combate à inflação. Havia medo, na equipe econômica, de não termos recursos políticos para enfrentar a questão, por isso houve a reunião. Me lembro que estavam o Serra, o Tasso, o Covas e que eles foram muito duros com a equipe econômica. Disseram que não se podia desistir de avançar no controle da inflação,

---

* Lei nº 8313, de 23 de dezembro de 1991.
** O Instituto Sensus divulgou pesquisa sobre a sucessão presidencial de 2002. José Serra apareceu com 8,9% das intenções de voto. Lula liderava com 28,4%. Ciro Gomes tinha 18,6%, Itamar Franco 15,3% e Roseana Sarney 11,4%.
*** O diplomata morreu de câncer com 71 anos.
**** Unidade Real de Valor, unidade monetária que preparou a implantação do real e entrou em vigor em março de 1994.

mas ainda não havia uma discussão específica sobre o Plano Real. Foi uma análise, digamos, feita por nós, do PSDB, com técnicos do PSDB. Não estava em discussão o Plano Real nem a sucessão presidencial. O Ciro cada vez mais se parece com o Collor, ele queira ou não queira. O Collor atacava o Sarney sem parar, só que o Collor teve êxito. O Ciro, por enquanto, está estagnado, com baixo percentual de aprovação. Ele ainda não enfrentou os dissabores da campanha eleitoral, vai ver como a coisa não é fácil, mas inventa, atrapalha e está fazendo declarações sem parar. No sentido mais profundo, não tem compromisso com valores.

Acabei de ver nos jornais hoje o Lula dizendo "essa corja" que governa o Brasil.* Ele não amadureceu, continua a falar, a derrota sempre sobe à cabeça do Lula; agora, mal tiveram um ou outro êxito em alguma eleição municipal,** já está o Lula com aquela empáfia, aquela arrogância. O mais triste é que ele é raso, passa o tempo todo a me atacar sem muita profundidade, usando palavras desnecessárias, baixas; passaram-se os anos e o Lula continuou sendo o que ele era. Melhorou um pouco, mas depois parou, estagnou. Sobretudo ele não tem grandeza; é difícil ser político de destaque sem grandeza.

Falei agora com o Serra, longamente, ele está em Jerusalém a caminho de Tel Aviv, de lá vai pegar um avião para Paris. Ele estava me descrevendo como em Israel a coisa está tensa;*** mas nas ruas não se percebe nada. Hoje ele notou um pouco mais de segurança na Palestina, entretanto na parte israelense da Palestina [Cisjordânia], nada. Curioso isso. O Lampreia acabou de me telefonar — estava no Vaticano — para dizer que o monsenhor [Angelo] Sodano,**** que é a pessoa que tem controle da situação política, considera a crise de Israel com os palestinos gravíssima; disse que há uma lógica de guerra, e sem esperanças. O Serra também me disse que ouviu uma declaração longa do [Ehud] Barak***** muito boa, parece que o Barak fez várias concessões ao [Yasser] Arafat****** e que o Arafat não agarrou essas oportu-

---

* Durante um comício em Mauá (Grande São Paulo), o presidente de honra do PT afirmou que seu "sonho" era "derrubar o Fernando Henrique e colocar lá um presidente honesto. [...] A gente vai derrotar em 2002 o Fernando Henrique, o ACM e toda essa corja que governa o país".
** O PT conquistou 175 prefeituras e passou para o segundo turno em dezessete cidades. O campeão das eleições de 2000 foi o PMDB, com 1253 vitórias, seguido do PFL (1027) e do PSDB (990).
*** No final de setembro de 2000, uma polêmica visita do general Ariel Sharon e outros políticos de direita ao Monte do Templo, em Jerusalém — um dos lugares mais sagrados para o islamismo —, deflagrou distúrbios de rua na Cisjordânia e em Gaza, reprimidos pela polícia e pelas Forças Armadas israelenses.
**** Secretário de Estado da Santa Sé.
***** Premiê de Israel.
****** Presidente da Autoridade Nacional Palestina e líder histórico da Organização para Libertação da Palestina (OLP).

nidades. Isso fez com que o Barak perdesse força dentro de Israel, com o que a direita avançou mais no governo. O Serra teve boa impressão do Barak.

O Lampreia me disse que falou muito com o Sodano sobre a situação da CNBB, do MST, e que o Sodano mostrou muita irritação, ele já não aguenta mais os bispos. Ele viu que aqui no Brasil os bispos não comandam nada e sempre atribuem a assessores os erros; na verdade a coisa vai mal. O Lampreia fez também uma observação curiosa: disse que o Raul Jungmann acabou de estar lá numa atitude de quem crê que não há mais problema nenhum entre a Igreja e o governo brasileiro. Sodano sabe que não é bem assim. Naturalmente o Raul, num entusiasmo, e para contrabalançar a pressão dos padres, deve ter feito um alarde além do que o otimismo permitia. O Lampreia colocou as coisas no devido lugar, transmitiu ao Sodano, como eu tinha pedido, a minha profunda preocupação com o fato de que hoje o MST só funciona envolto na CNBB, na cúpula da Igreja, criando situações muito difíceis, e que a Igreja dá respaldo incessante a isso. O Sodano disse que eles podem até considerar a dissolução da CNBB, que estão irritados com o comportamento dos que a dirigem, que sempre atribuem a outros a responsabilidade.

HOJE É DOMINGO, DIA 15 DE OUTUBRO. Ontem no fim do dia, às quatro da tarde, o Sarney veio me ver. Ele tinha marcado para vir jantar hoje, mas me telefonou dizendo que precisava vir ontem, porque tinha que ir para São Paulo porque a Roseana está com problema de saúde. Veio muito abalado, parece que a Roseana está com problemas preocupantes, vai ter que se operar. Roseana é uma moça de valor, batalhadora, dirige o estado, tem competência, e com a saúde tão precária. Toda hora vai para o hospital, o que dá uma certa pena. Na terça-feira telefonarei para ela. O Sarney me disse que procurou o Antônio Carlos, nesse encontro que está nos jornais, e disse ao Antônio Carlos que ele [Antônio Carlos] estava entrando em choque comigo e que ele, Sarney, não entraria jamais em choque comigo, que depois da nomeação do Zequinha não havia a menor hipótese de ele brigar comigo, que ele apoia totalmente o governo. Antônio Carlos disse que apoiou a nomeação do Zequinha e que quem queria vetar o Zequinha era o Bornhausen. Não é certo, ninguém apoiou, fui eu que escolhi o Zequinha Sarney. Sarney ainda disse "Eu não pedi", e é verdade. Fui eu que o nomeei, e foi bom, o Zequinha tem tido um bom desempenho.

Sarney disse que foi muito franco com o Antônio Carlos, afirmou que nesse caminho [de oposição ao governo] ele não vai; de alguma maneira começou a retirar a candidatura dele [à presidência do Senado]. Antônio Carlos, talvez por isso, deixou de me provocar, nestes dias está calmo. Disse Sarney que o Antônio Carlos está sentindo que agora tem que tentar criar alguém como sucessor, porque o período final da presidência do Senado vai se aproximando e ele está ficando cada vez mais aflito. O Sarney, pelo que eu vi, não está realmente disposto a enfrentar a candidatura. Claro que se fosse na tranquilidade, se a presidência caísse no colo dele, ele pegaria. Mas do jeito que as coisas andam, tão tumultuadas, não.*

Eu disse ao Sarney que o Jader, que tem a mesma posição do Sarney, colocou a questão corretamente: a candidatura é um assunto do PMDB, pelas regras do Senado** e também pelas alianças. Sarney acha que eu deveria conversar logo com o Bornhausen para cobrar a posição do PFL nessa matéria, porque, se o PFL disser que vai sustentar o PMDB na Câmara, está fechada a questão e ele cai fora. Esse é o jogo real até agora. Depois pode ser que se crie uma situação e o Sarney embarque na candidatura, mas ele não vai seguir os atropelos do Antônio Carlos. Antônio Carlos está blefando via imprensa, como faz sempre, é o grande ator, entre aspas, poderoso na imprensa. Na prática a coisa é um pouco diferente; o Sarney acha que o Senado está cansado de todos os senadores do estilo dele. Pessoalmente não tem condições, vontade ou coragem para enfrentá-lo, mas estão todos cansados dele.

Essa foi a conversa com o Sarney, que depois me disse ter escrito nas memórias que três pessoas estavam fadadas a cair e que não caíram: ele, o Juscelino, que também fez um governo muito difícil de se sustentar e se sustentou, e outro — não me lembro quem ele mencionou — que também esteve marcado para ser derrubado. Ele disse: "Ficar equilibrado nessa cadeira em que você está é para pouca gente, é muito difícil. Você vê que caiu o Jango, caiu o Jânio, caiu o Collor... a redemocratização mostrou também a dificuldade de governar". Isso para dizer que acha que eu tenho feito uma coisa difícil, que é me manter e ir levando o governo para diante. Disse ele que também fez isso — é verdade — e que tinha condições muito adversas, o PMDB era uma sombra imensa sobre ele, embora o Ulysses [Guimarães] não fosse um bagunçador do tipo do Antônio Carlos. Ulysses era um homem de poder e perturbava a força presidencial dele o tempo todo, muito mais que o Antônio Carlos pode perturbar um presidente que é apoiado, como eu sou amplamente pelos partidos, e que agora volta a ter até recuperação de popularidade.

À noite vieram o Pedro Malan, o Marcos Caramuru, o Eduardo Santos, o Frederico Araújo, o Fred, jogamos um pouco e jantamos com as respectivas mulheres. Foi muito agradável, saíram tarde daqui.

Hoje de manhã fiquei trabalhando nos meus papéis, agora é uma da tarde, falei por telefone com Everardo Maciel, estou preocupado em arranjar um mecanismo para dar um aumento mais substancial ao salário mínimo, o Everardo tenta arranjar esse mecanismo. Ele se preocupa também em reduzir os obstáculos tarifários para facilitar a exportação, conversei com ele sobre isso. Falei com Fabio Feldmann sobre mudanças climáticas, falei com Andrea Matarazzo, que virá aqui esta noite para conversarmos sobre a comunicação social do governo.

---

* Em fevereiro de 2001, ACM foi sucedido por Jader Barbalho na presidência do Senado.
** Assim como na Câmara dos Deputados, o partido com maior bancada do Senado geralmente exerce a presidência da Casa.

HOJE É QUARTA-FEIRA, DIA 18 DE OUTUBRO, são seis horas da tarde. Estou recém-chegando da Amazônia.

Na segunda-feira, dia 16, houve um café da manhã com os professores que ganharam o Prêmio Moinho Santista;* depois da apresentação desses prêmios, discurseira, fiz bastante oba-oba para os 12 milhões de beneficiados pela Bolsa Escola, infelizmente o Paulo Renato não discursou com paixão, fez um discurso burocrático. Foi pena, porque ele promoveu muita coisa na área da educação e precisava badalar bem mais o que tem feito.

Recebi o embaixador Botafogo para discutirmos a situação do Mercosul, especificamente da Argentina. Muitas dificuldades com a Argentina, Botafogo tem a mesma compreensão que eu, não podemos sufocar a Argentina, temos que dar certo espaço para que ela possa ajeitar suas dificuldades. O Brasil tem que ceder para ganhar mais adiante. Não é essa a compreensão geral do Brasil, ainda há aqueles, como o próprio Serra, que acham que é melhor recuar [das pretensões do Mercosul], não ter mercado comum nenhum, ficar apenas na zona de livre-comércio.

Ainda hoje, quando voltei da Amazônia de avião com o Seixas [Corrêa], estávamos conversando sobre o assunto, o Seixas me perguntou: "Em algum setor o Brasil perdeu?". Em nenhum, nós só ganhamos com o Mercosul. Não entendo essa falta de visão mais longa sobre a importância do Mercosul e do nosso bom relacionamento com a Argentina.

Recebi o Fishlow e o embaixador americano, Albert Fishlow é meu velho amigo e um antigo professor do Malan, agora ele está na Universidade Columbia.** Estávamos o Malan mais o Vilmar Faria, o Eduardo Santos, a Ruth e eu. Dei uma medalha ao Fishlow,*** conversamos um pouco sobre a situação do Brasil, Fishlow entusiasmado. O embaixador americano chama-se Anthony Harrington, só tem ajudado, é um homem de boa vontade para conosco. Infelizmente recebi a notícia de que morrera, naquele momento, o filho do Paulo Tarso e da Lúcia Flecha de Lima.**** Pus à disposição deles o avião da Presidência e depois do almoço mudei todo o meu programa para poder passar na Base Aérea e me despedir do corpo. Estavam lá os pais, estava lá o Antônio Carlos, um pouco sem jeito, fiz um sinal de mão para que se aproximasse, ele se aproximou, me deu um abraço, disse que, apesar de todas as nossas discordâncias, ele gostava muito de mim. Antônio Carlos é permanentemente ambivalente.

Fui ao Palácio do Planalto, recebi o Zé Gregori com o secretário de Segurança de São Paulo, o [Marco Vinicio] Petrelluzzi, com o diretor do Departamento de Pre-

---

* Prêmio de Incentivo à Educação Fundamental.
** Diretor do Center for the Study of Brazil.
*** Ordem Nacional do Cruzeiro do Sul.
**** Paulo Tarso Flecha de Lima Júnior se internara num hospital de Brasília para uma cirurgia no estômago. Morreu aos 38 anos de complicações pós-operatórias.

sídios e Penitenciárias.* Fiquei um pouco assustado, porque Gregori veio anunciar 80 milhões de reais do governo federal para São Paulo, mas aí percebi que não há 80 milhões nenhum por enquanto, apenas a vontade de que assim aconteça. Há muito obstáculo para chegar a ter 80 milhões, não vamos anunciar o que não podemos fazer, eu disse.

Depois recebi o Nicholas Stern, vice-presidente do Banco Mundial, que veio com a cúpula do banco apenas tecer loas ao que temos feito no Brasil. Foi muito significativo. Perguntaram a mim como eu via os dois anos que restam de mandato. Eu disse: "Os programas estão definidos, educação, saúde, estabilização da economia, acesso à terra, é perseverar nisso, o que não agrada à imprensa, porque não é espetacular. O que me preocupa são outras coisas, acho que estamos precisando de autoestima, de coesão nacional, de coesão até moral, eu diria". Uma coisa que, dita por mim, pode soar estranha: falta religião, falta crença, falta fé. Se eles lá de fora, do Banco Mundial e de outras instituições, mostrarem que estamos mudando, que estamos realmente combatendo a pobreza, aumenta a autoestima. A pobreza está diminuindo; em vez de ficarmos nessa choradeira infinita, é melhor mostrar isso. A tradição "pobrista" católica insiste em dar a tudo um tom de desespero. Hoje vi no jornal que alguém do Brasil disse na Rádio Vaticano que há 100 milhões de brasileiros ganhando menos de um dólar por dia. Ora, é uma mentira deslavada** — vivendo, comendo com menos de um dólar por dia —, não obstante essas mentiras funcionam. Significa 100 milhões de pessoas cuja renda é de cinquenta reais por mês! A qualidade de vida não depende somente da renda monetária; claro que ela é um fator importante, mas vão usando esses dados a torto e a direito, o que diminui a autoestima. Dei outros exemplos, para mostrar que precisamos acreditar mais no que fazemos.

À noite recebi o Jorge Bornhausen e Marco Maciel, que vieram reclamar que o PSDB não deu a eles o apoio necessário no Paraná. Deu no Recife,*** mas não no Paraná, onde para eles é importante a vitória. E eles deram a nós a vitória em Belo Horizonte,**** o que é verdade. O Serra contesta, acha que em Juiz de Fora,***** sim, é

---

* Nagashi Furukawa, secretário estadual de Administração Penitenciária.

** Segundo o IBGE, no final de 2000 o país tinha cerca de 45 milhões de pessoas com renda média familiar disponível per capita de até US$ 1, o equivalente a R$ 55 por mês ao câmbio da época.

*** Com Sérgio Guerra (PSDB) como vice, Roberto Magalhães (PFL) passara ao segundo turno do pleito recifense.

**** Isto é, a passagem do tucano João Leite ao segundo turno com 31,3% dos votos (Célio de Castro obteve 43,5%). O PSDB de Belo Horizonte não estava oficialmente coligado ao PFL, que ofereceu apoio informal.

***** Com apoio tucano, o pefelista Carlos Alberto Bejani disputava o segundo turno com o peemedebista Tarcísio Delgado. O candidato pessebista apoiado pelo PSDB não passara do primeiro turno.

verdade. Parece que o PSDB está errando mais uma vez em ser frouxo com certas seções, como essa do Paraná, onde os dois irmãos senadores* são do contra mesmo, são de oposição e querem ganhar a eleição futura destruindo tudo. Além disso, conversamos sobre o de sempre, Antônio Carlos e Jader. Os dois [Bornhausen e Marco Maciel] estão loucos para que haja um entendimento, para que Antônio Carlos fique quieto, coisa muito difícil.

No dia seguinte, ontem, saí cedo e fui a Manaus abrir a IV Conferência de Ministros de Defesa das Américas.** Lá recebi o William Cohen, secretário de Defesa dos Estados Unidos. Já o vi várias vezes, é um homem curioso, tem doutorado em latim, é poeta, deu um livro de poesia ao Quintão, me deu dois livros de presente, um sobre o primeiro-ministro*** que refez Cingapura,**** que passou do Terceiro para o Primeiro Mundo, como que insinuando que o Brasil pode fazer isso. Discutimos um pouco sobre o Oriente Médio, e nem se tocou na questão que os jornais fazem crer que é a principal da conferência: a Colômbia.

Recebi o Gaviria, este, sim, veio discutir assuntos mais quentes. Está um pouco retraído em relação ao Peru, disse o seguinte: "Agora depende da posição do Toledo e dos outros, porque o que está por trás da discussão é que é preciso uma lei de *punto final*. Quer dizer, de anistia [aos crimes do fujimorismo], senão os militares não deixam haver um avanço sem o Fujimori". Se a oposição não entender que é preciso existir um compromisso nessa matéria e em outras para dar governabilidade, não vai ter acesso ao governo. Eu disse a ele que iria estar provavelmente com o Toledo, com quem não tenho maiores proximidades, mas que iria estar com ele quando viesse ao Brasil e, se eu pudesse, iria ponderar alguma coisa.

Fiz a abertura da conferência, Eduardo Santos a preparou junto com aquele menino que hoje está na assessoria do Ministério de Defesa, que trabalhou no palácio algum tempo, o Zé Luiz [José Luiz Machado e Costa],***** que é bastante conhecedor das matérias de defesa. Claro que o Itamaraty olhou, eu também, ficou bom o discurso.

Saí de lá, almocei com os ministros de Defesa, dei entrevista à imprensa, desdramatizei a questão da Colômbia, como disse o *Estadão* de hoje, e fui visitar o Centro de Instrução de Guerra na Selva. Muito interessante, passei a noite lá, fizemos exercícios de tiro, eu mesmo atirei à noite em um alvo a 150 metros de distância, com um fuzil de raio laser e um binóculo. Melhor, me deram uns ócu-

---

* Álvaro e Osmar Dias.
** Realizada no Hotel Tropical. Compareceram representantes de 27 países das Américas.
*** Lee Kuan Yew, premiê entre 1965 e 1990.
**** Lee Kuan Yew. *From Third World to First: The Singapore Story 1965-2000*. Nova York: Harper, 2000.
***** Diplomata, assessor especial do Ministério da Defesa e ex-adjunto do Cerimonial da Presidência.

los que tinham raio gama,* para a selva ficar toda iluminada; estava escuríssimo. À tarde tínhamos assistido à simulação de ataque a um posto, depois andei à noite no meio da mata amazônica com os militares. Jantei lá, foi muito interessante, um pessoal dedicadíssimo e com moral forte, gente bem-disposta, treinada, preparada. Eu já havia notado isso em Manaus, na visita ao batalhão de lá, vi a disposição muito boa do batalhão. Na selva, então, nem se fala. O coronel que hoje comanda esse Centro de Instrução de Guerra na Selva trabalhou no palácio,** e o general comandante da região amazônica*** também é um general de quatro estrelas muito disposto, falante, presente. Essas visitas me deixaram realmente contente de ter visto a tropa.

Hoje de manhã me fizeram uma homenagem, toda a tropa dos postos [de fronteira] reunida, fizeram discurso, eu também, tudo com muita simplicidade, muito tocante. Uma gente de um valor inexcedível e que o Brasil nem reconhece. Ou melhor, reconhece, mas só os que conhecem. Nós temos na Amazônia mais ou menos 22 mil homens. Ainda hoje li no jornal *O Estado de S. Paulo* que a Amazônia está desguarnecida; é lobby para ter mais recursos. É preciso aumentar o contingente, claro, mas eles estão suficientemente equipados e preparados, está tudo seguro. Não na fronteira, mas um pouco recuado, que é assim que se faz com um pelotão de fronteira. Nós temos capacidade de pronta resposta a alguma ameaça, que eu não creio que exista. Eu disse lá: "Os guerrilheiros colombianos não vão se meter aqui". O que existe, aí sim, é o narcotráfico, e isso requer uma ação da polícia, acho que não do Exército. Quanto à polícia, a Federal, o general comandante da Amazônia foi muito franco comigo, o general Gleuber também: ela não está preparada.

O general Gleuber estava ótimo, apesar dos rumores da imprensa, não sei se plantados ou não, de que ele estaria para se demitir por aumento de salário para os militares. Claro que ele quer aumento de salário, eu também quero aumento para eles, mas não ouvi nada disso.

Voltei, cheguei, estou à espera de receber Pedro Parente. Depois vou nadar um pouquinho, está muito calor, estou cansado.

HOJE É SÁBADO, DIA 21 DE OUTUBRO, são cinco horas da tarde. Na quinta-feira, dia 19 de outubro, tive cerimônia de apresentação de credenciais, três embaixadores, o do Egito, um rapaz simpático cujos pais foram embaixadores no Brasil, no Rio de Janeiro, mais dois embaixadores, o do Canadá,**** que é uma pessoa mais

---

* Os visores noturnos de fuzis militares funcionam no espectro infravermelho.
** O tenente-coronel Carlos Araújo Lima servira no Gabinete de Segurança Institucional (GSI).
*** Alcedir Pereira Lopes, comandante do Comando Militar da Amazônia.
**** Jean-Pierre Jeaneau.

generalista, e o embaixador da Eslovênia.* Isso foi de manhã. Em seguida recebi o Dornelles, que veio me mostrar as contas do FGTS, grande confusão, haverá pressão dos sindicatos, mas disse o Dornelles que há como o próprio Fundo ir pagando suas responsabilidades sem que o Tesouro tenha que botar dinheiro.

Depois conversei com o Jorge Viana, governador do Acre. Sempre gostei do Jorge Viana, ele veio me pedir que nomeasse o reitor da Universidade do Acre, que estava no primeiro lugar da lista.** Me disse também que está levando as duas filhas*** para Santa Catarina, porque tem medo — ele chorou —, de tanta pressão que existe no Acre, porque ele está enfrentando a bandidagem. Tenho cada vez maior simpatia por esse rapaz, que é do PT, diga-se.

No dia seguinte estive com o prefeito eleito de Vitória — portanto foi ontem, dia 20 —, que teve uma bela vitória.**** Ele tem uma impressão um pouco diferente do que me havia relatado o governador. Há dois grupos no Espírito Santo: o do José Ignácio e o do ex-governador Paulo Hartung, que agora passou para o PPS. O prefeito de Vitória pertence, por ligações, ao grupo do Paulo Hartung, mas ficou no PSDB.

Na quinta-feira à noite eu tinha recebido a informação de uma rebelião na Polícia Militar de Pernambuco.***** Falei com o general Cardoso, falei com o general [Jorge] Alves,****** que resolveu se comunicar diretamente com os generais, pedindo que viessem aqui, inclusive o comandante lá da Região. Não se pode brincar com essas coisas, foi o Marco Maciel que me passou essa informação. Creio que as providências foram tomadas.

Ontem, sexta-feira, foi um dia de maior tensão, porque logo nas primeiras horas recebi várias pessoas. Já disse aqui, o Luiz Paulo Vellozo Lucas, que é o prefeito [eleito] de Vitória, e também o Teo [Teotônio Vilela Filho]. Conversamos sobre o PSDB, que insiste, disse o Teo, no lançamento do Aécio Neves para presidente da Câmara. Segundo ele, a bancada está muito solidária com o Aécio. Comentei: "A bancada está solidária porque está imaginando que vai ter algumas vantagens na Câmara. E a opinião pública? E o governo? O que vai acontecer se houver um esfacelamento da base governista? Como é que se governa? E a sucessão presidencial? Isso não pode ser assim, não pode alguém ser presidente porque quer". Deixei claro que se o Aécio avançar, acho importante para ele e para o PSDB, mas temos que ter uma estratégia, se houver uma estratégia, tudo bem, briga-se. Mas com quem vamos fazer aliança? Com o PMDB ou com o PFL? Com os dois ou com

---

* Ernest Petrić.
** Jonas Pereira de Souza Filho.
*** Maria Carolina e Marian Viana.
**** Luiz Paulo Vellozo Lucas venceu as eleições no primeiro turno com 68,6% dos votos.
***** A PM pernambucana entrou em greve por reajuste salarial, direito vedado a militares. O Exército assumiu o policiamento ostensivo em pontos estratégicos do interior e da capital.
****** Subchefe militar da Casa Militar.

nenhum? Cada uma dessas posições tem consequências imediatas sobre o governo e sobre o futuro. O prefeito Luiz Paulo concordou com isso, achando, como eu acho, que o problema do PSDB não é ter posição de presidente da Câmara; é ter postura e conceito, uma proposta, o que reitero tanto que até se torna cansativo.

Depois almocei com o Tasso, Tasso muito bem-disposto, me pareceu que quer voltar às lutas políticas. Eu não diria que vai ser candidato, porque é apto o suficiente para ver se vai poder ser ou não, mas está disposto a participar mais ativamente. Tasso também compartilha o ponto de vista que acabei de expor. Disse a ele que precisávamos encarar essa questão [da presidência da Câmara] com a maior responsabilidade e que os antigos fundadores do PSDB têm que voltar a discutir comigo para vermos juntos o que fazer.

Conversamos sobre o Mário Covas. Coitado do Covas, falei com ele por telefone ontem, tinha tentado falar na quinta-feira, não consegui, hoje liguei, falei com ele, ele firme, apesar das informações, que já são públicas, de que a situação do câncer dele é muito ruim.* Ele me disse que vai lutar com todas as forças, está disposto a trabalhar, vai vencer, mas duvido que seja possível vencer com tanta coisa ruim ao mesmo tempo. Por sorte, a Roseana Sarney, que também tinha tido um nódulo na mama, não tem um nódulo maligno. Isso alivia-nos muito.

Essa foi a conversa até a hora do almoço. No entretempo, conversei com o Jader Barbalho, que veio aqui fora de si, com uma cara como eu nunca vi. Antônio Carlos iria publicar — segundo ele, estava instigando a *Veja* a publicar — matéria contra ele, Jader, e o Jader disse que não vai sair da vida pública como um indigno, que não vai ser excluído, que não aceita veto, que todas as vezes que ele quis ser candidato falou desde o início, viu as reações na imprensa. Foi um pouco de indireta para mim, como se eu tivesse responsabilidade no assunto, não foi explícito, mas disse que ele realmente não ia ceder, que Antônio Carlos é isso e aquilo, deixou aqui uns materiais, umas cartas que ele enviou a vários ministros, ao Armínio Fraga, ao Everardo Maciel, ao Zé Gregori, pedindo que apressassem a apuração de um processo contra o Antônio Carlos. Enfim, um clima terrível e ameaçador, porque obviamente isso divide a base do governo. Isso é contra o governo.

Todos acham que o governo, ou seja, eu, é que devo dirimir a questão e opinar a favor da pessoa; ou seja, que sou eu quem pode resolver a questão. Pensei comigo: se alguém roubou, não foi a base do governo, foi alguém individual. Não estou dizendo que o Jader tenha feito isso ou que o Antônio Carlos tenha feito aquilo, mas não dá para transformar a questão subjetiva, pessoal, num problema meu. É claro que dá para ver que as implicações políticas serão minhas, isso sim. Vai haver uma confusão do tamanho de um bonde.

* Covas, que teve diagnóstico de câncer na região pélvica, retirara a bexiga no final de 1998 para combater a mesma doença. Nova cirurgia em novembro constatou metástase. O governador paulista morreu em março de 2001.

Por causa dessa questão, o Michel Temer me telefonou, disse que ia falar com o Roberto Civita. Eu pedi: "Bom, se você falar, me diga". Ele falou e me telefonou de volta, dizendo: "O Civita está absolutamente disposto a publicar, vai publicar a matéria". Eu liguei para o Civita não para ele não publicar a matéria; liguei para conversar, porque eu quero que ele venha aqui falar comigo, as coisas vão complicar no Brasil e preciso ver como o Civita está percebendo o processo político. Mas ele mesmo tocou no assunto, perguntou se eu queria saber o que ia sair na revista. Sim. Ele disse que está pesquisando há dois meses, que não tem nada a ver com Antônio Carlos, que ele escreveu a "Carta ao leitor" explicando isso, que é um fato jornalístico. Enfim, bomba pela frente. Eu ainda não vi a revista, ela já saiu, hoje é sábado, e a bomba, é evidente, estourou.*

Antes de ver essa bomba, vamos registrar o que ocorreu com outras questões. Longa reunião com a área econômica, situação difícil, pressão de todo lado por liberação de limites para poder distribuir mais recursos, temor de que não se consiga alcançar as metas fixadas, o superávit no nível que se deseja, reunião muito difícil nessa área.

Voltei depois do almoço para o Palácio do Planalto e me encontrei com a Ellen [Gracie Northfleet].** Acho viável colocá-la no Supremo Tribunal Federal, ela veio acompanhada do Gilmar Mendes e tive boa impressão.

À noite fizemos uma homenagem ao [Octavio] Gallotti, que é justamente o ministro que vai se aposentar. Vieram vários ministros do Supremo, uns sete, oito, com suas senhoras mais algumas pessoas ligadas à área, o Gregori, o Gilmar Mendes, o procurador-geral, Brindeiro, o Marco Maciel, foi muito agradável. Gosto do Gallotti, ele é um homem discreto, eficiente, trabalhador, muito correto no voto. Enfim, fizemos essa homenagem a ele ontem à noite.

Hoje, sábado, o dia foi mais calmo. Claro que na banda do PMDB todo mundo agitado por causa da notícia da *Veja*. Falei com o Geddel, falei com o Padilha, estão todos muito aflitos, falei com o Amin por outra razão mas também mencionamos o assunto.

Ruth e eu fizemos nossos exercícios, a equipe do Sarah que nos atende é muito simpática, são já cinco anos, seis anos quase, que eles vêm aqui sistematicamente. São quatro: dois na natação, a cada período vem um, e dois para os exercícios de alongamento. O Maurício é da natação, e o Humberto, depois tem o Magela e o Rogério. São pessoas de primeira como seres humanos, como gentileza conosco, é agradável ver como tem gente correta no Brasil. Minha relação fica muito fácil com esse pessoal. Depois o Luiz Meyer almoçou comigo e com a Ruth, ele veio ontem à

---

* A revista publicou matéria de capa intitulada "O senador de 30 milhões de reais", sobre a fortuna amealhada por Jader Barbalho desde sua entrada na política, atribuindo-a a negócios suspeitos. Barbalho tinha patrimônio declarado de R$ 2,6 milhões.

** Desembargadora do Tribunal Regional Federal da 4ª Região, sediado em Porto Alegre.

noite, dormiu aqui porque estava numa conferência de psicanálise e participou do jantar do Gallotti. No resto do dia estou me dedicando a organizar a papelada para, na terça-feira, podermos viajar para a Espanha com mais tranquilidade, para eu receber o prêmio Príncipe de Astúrias.* Mas estou convencido de que o ambiente político vai toldar bastante e vamos ter muitos problemas.

Não mencionei, porém tive outro problema ontem durante o jantar; fui várias vezes ao telefone porque d. Luciano Mendes de Almeida** foi procurar o Raul Jungmann e levou a informação de que o presidente do Incra*** teria — uma coisa muito sem pé nem cabeça — recebido quinhentos reais de pedágio por projeto aprovado no Incra. Uma coisa sem nenhuma consistência, ele citou o senador Jonas Pinheiro,**** e o Raul já queria afastar o presidente do Incra para fazer um inquérito. Contestei: "Vamos devagar, vamos ver se tem base mesmo, se há algum indício pelo menos". Telefonei para d. Luciano, que me disse: "Pelo amor de Deus, presidente, é isso mesmo, mas eu não queria nem que fizessem nada". Não, há o que fazer, sim, temos que ver. Se o homem errou, vai ser afastado, mas vamos primeiro ver se errou ou não errou. Enfim, eis aí o cotidiano de um presidente.

Em tempo: também falei por telefone com o Sebastião Rego Barros, nosso embaixador em Buenos Aires. Gosto do Sebastião, ele é inteligente e está preocupadíssimo, como eu, com a evolução da situação da Argentina. Ele pediu que eu, cruzando com o De la Rúa em Madri (é possível que estejamos juntos um dia), que eu tire uma foto com ele para sair em Buenos Aires, para dar uma força, não sei o quê. Eu concordei, tenho muita preocupação com a Argentina, também tem o Sebastião. Ele falou uma hora e pouco com o [José Luis] Machinea, que disse que me mandou um telegrama. Não recebi ainda. O Machinea já conseguiu até baixar o nível de salário, o que é uma proeza e um risco enorme, mesmo assim a Argentina não decola, não levanta voo. Eles vão lançar na segunda-feira um programa, nesse programa querem reduzir algumas tarifas externas e para isso precisam do apoio do Brasil.

A Argentina se debate numa crise de difícil solução, há a tendência agora, segundo o Sebastião, de colocarem um ministro [da Economia] chamado neoliberal. Não sei o que ele faria lá, nem quem seria. O Giavarini? Não sei. E o que significa uma política neoliberal, mais ainda do que a Argentina já tem? Não chego a entender. Só se querem provocar uma tremenda recessão adicional às muitas pelas quais a Argentina vem passando. Eu disse ao Sebastião que o problema principal

---

* Prêmio Príncipe de Astúrias de Cooperação Internacional, oferecido pela Coroa espanhola ao presidente "por seu labor constante, dentro e fora do Brasil, em favor do fortalecimento dos valores democráticos, do aperfeiçoamento das instituições e pelo progresso e bem-estar da população".
** Arcebispo de Mariana (MG).
*** Orlando Muniz.
**** PFL-MT.

agora é político e que o presidente da Argentina não pode ceder ao vaivém da pressão dos jornais, da política. Tem que sustentar uma linha na política econômica. Recordei ao Sebastião o que foi feito aqui com o Malan. São seis anos de Malan, pressão de todo tipo, dos meus mais próximos amigos, da mídia, de empresários, de banqueiros em variáveis momentos, e eu sustentei sempre o Malan, sustentei o Gustavo Franco contra tudo e contra todos, até eu mesmo ver que era insustentável a manutenção da regra de câmbio, e ele se recusar a mudá-la. Assumi a responsabilidade, mudei, não deu certo. Com dificuldade, mudei outra vez pondo o Armínio, e aguentei firme e mantive o Malan.

Não dá para brincar, no mundo de hoje, com o zigue-zague na economia. Não dá para permitir que o sistema de partidos ou os interesses que aparecem através da imprensa e dos lobbies interfiram a todo instante. Tem-se que traçar uma linha e seguir em frente; não que qualquer linha dê certo, as linhas variam segundo os momentos. Acabei de dizer que a política correta do Gustavo Franco a partir de certa altura deixou de ser viável; depende das circunstâncias. O que mais me preocupa na Argentina é a falta de persistência do De la Rúa. A mudança que ele fez agora no ministério foi um desastre, ele cedeu a pressões fingindo que não cedia e acabou cedendo mais ainda depois da renúncia do Chacho Álvarez, depois o De la Rúa acabou demitindo alguns desses ministros. Isso está ligado à corrupção, que na Argentina tem algo de institucionalizado desde o tempo do Menem. Enfim, muita confusão. O Cavallo me contou sobre o sistema da Argentina para utilizar recursos discricionários nas mãos dos presidentes. Talvez tenha sido o uso desses recursos que provocou agora essa confusão no Senado* argentino. Não sei, mas o fato é que me preocupa muito, pelo panorama do Mercosul, pelos efeitos que isso possa ter adiante sobre a economia brasileira.

O Armínio Fraga acabou de me telefonar, está nos Estados Unidos, em Vermont,** onde foi se encontrar com o Greenspan, com o [Paul] Volcker, com esses homens de grande prestígio internacional, inclusive com o presidente do Banco Central da Austrália,*** cujo nome não lembro e que é muito competente. Estão discutindo a situação mundial, o que fazer com a rede de regras que a globalização requer etc. Esteve com o Domingo Cavallo, que pediu a ele que falasse comigo para eu falar com o Fernando de la Rúa. O Cavallo acha que a situação da Argentina pode piorar e que a saída certa seria o De la Rúa chamar de volta o [Chacho] Álvarez. Não para ser vice, que não pode, mas para trabalhar com ele em alguma posição. Acha que

---

* Em agosto de 2000, a imprensa argentina denunciou que senadores do Partido Justicialista (de oposição) haviam recebido suborno do governo para votar a favor da reforma trabalhista proposta pela Casa Rosada.

** O presidente do Banco Central participava da conferência do National Bureau of Economic Research (NBER) em Woodstock.

*** Ian Macfarlane.

daria de novo credibilidade ao governo, que seria muito bom. Seria bom também que colocasse esse [Ricardo López] Murphy, que é ministro da Defesa, como encarregado do Interior, para botar ordem nas províncias. Há uma série de sugestões, todas elas na direção de que é preciso fazer alguma coisa para reforçar politicamente a Argentina.

HOJE É SEGUNDA-FEIRA, DIA 23 DE OUTUBRO, são seis horas da tarde. No domingo, que foi ontem, o De la Rúa me telefonou por causa das modificações econômicas que eles vão fazer e que implicam alteração da tarifa externa comum. Pediu nossa compreensão. Eu disse que não iríamos fazer nenhuma reclamação, que iríamos ver os efeitos e que ele teria nossa compreensão. Ele estava junto com o José Luis Machinea, eu não sabia. Pedi licença para entrar no assunto da reunião em Vermont [onde estava Armínio Fraga]. Disse-lhe que eu achava que a questão política era muito importante, e que sobretudo era importante manter uma linha econômica, não ficar mudando de ministro, que o Malan era meu ministro fazia seis anos, que eu resisti a tudo que é pressão, e tal, e que achava importante ter essa linha. Expliquei também sobre o Gustavo Franco, o qual sustentei o quanto pude até que vi que era inviável — não por ele, mas pela situação econômica —, e mudei. Disse que é firme a nossa posição de apoio. Ele pediu licença para botar no viva-voz para o Machinea ouvir nossa conversa, e assim foi feito. Claro que quando o Machinea entrou no viva-voz, não dei a mesma ênfase na necessidade de manter a política econômica, porque podia parecer que eu estava me intrometendo e defendendo-o; podia até parecer como se fosse fraqueza deles, que, teoricamente, não precisam da minha defesa.

Isso foi o que aconteceu ontem depois do almoço. Mais tarde houve uma reunião grande aqui, um filme chamado *Senta a pua!*,* em homenagem à Aeronáutica, aos heróis da FAB na Segunda Guerra Mundial. Veio o Fernando Rocha, irmão do Renato Rocha, da Gilda de Mello e Souza, grandes amigos nossos. O Fernando foi um dos tenentes da época da guerra, veio um brigadeiro também daquela época, parece que seu nome é Moreira [Rui Moreira Lima],** não tenho certeza, um homem firme, vieram ele, o ministro da Aeronáutica e vários outros mais. O filme foi emocionante, realmente a gente vê como foi gigantesco o esforço que o Brasil fez, o pessoal se houve muito bem na briga na Itália. Depois o Júlio [César Gomes dos Santos], que assistiu ao filme também, jantou aqui junto com o Weffort.

Nesse meio-tempo, continuava a confusão Jader e Antônio Carlos, assunto que foi objeto de uma nova quantidade de ligações telefônicas com o pessoal do PMDB, o Michel Temer... Ontem, na verdade, foi mais o Padilha quem ligou, e hoje de novo falei com o Jader. Saiu a revista *Veja*, ela diz escandalosamente que o pa-

---

* Documentário de 1999 dirigido por Erik de Castro.
** Autor do livro que baseou o documentário homônimo.

trimônio do Jader declarado no imposto de renda está muito subavaliado, que é um patrimônio grande, 30 milhões de reais. Ela não explicita como chegou à cifra, mas pergunta como um homem que foi a vida inteira político profissional pode ter tanto dinheiro. Jader diz que não vai aceitar ser desonrado, então, como ele não quer ser desonrado, vai atacar o Antônio Carlos. Onde essas coisas vão parar? Vão fazer uma CPI da corrupção, Jader vai botar lenha na fogueira. Resultado: hoje de manhã Padilha apareceu aqui muito preocupado, acha que conseguiram segurar o Jader, para ele não botar lenha na fogueira, que se pusesse seria um perigo, não sei o quê, essa conversa.

Acabei de receber uma ligação do Nelson Jobim (eu pedi que olhasse com o Chelotti, de quem ele era mais próximo na época), porque eu queria saber o que há de concreto nessa coisa do Jader e do Antônio Carlos. Há uma confusão imensa do tempo do PC Farias, dinheiro que teria financiado a campanha de Antônio Carlos, e o delegado que estava atuando, um tal de [Roberto das Chagas] Monteiro, teria sido posto para fora do inquérito pelo [Wilson] Romão, que era o diretor-geral da Polícia Federal, foi ele que tirou esse Monteiro* e entregou o caso a um outro, não lembro agora como se chama, protegido do [Romeu] Tuma, e esse outro acabou levando o caso, acho, ao corregedor-geral da PF da época. Segundo consta, não existe atualmente nenhum dado nos arquivos da Polícia Federal, talvez esteja na corregedoria. De repente o Imbassahy, hoje prefeito [reeleito] de Salvador, entra na conversa, porque teria sido ele quem abriu a conta fantasma do Antônio Carlos. Enfim, fedentina para todo lado. Hoje o Jader deu uma declaração à imprensa ironizando que não sei o quê, Antônio Carlos deu outra, temos rumores sobre que o *Jornal Nacional* vai entrar na matéria, muito nervosismo no PMDB, todo mundo telefonando. Eu calmo, porque nessa coisa não posso entrar, tem-se que ver aonde isso vai parar e quem são os responsáveis e pelo quê. Esse é o clima do Brasil, um clima em que, com tanto problema e com tanta perspectiva positiva, os líderes políticos estão se consumindo num ataque recíproco sobre quem é ladrão, e o povo, enojado de tudo isso — aliás, eu também —, olhando e vendo que essa coisa não vai bem.

Isso beneficia o PT, porque a questão da conduta está sendo cada vez mais exigida na política brasileira. Acho justo que o eleitor exija mesmo. Enquanto isso, Antônio Carlos não mira nada a não ser o interesse egoístico dele. Diga-se de passagem, Sarney me telefonou também, me parece conformado com a notícia da *Veja*. Recebi a informação, pelo [Antônio] Martins,** de que a Roseana é muito contra a

---

* O episódio data de novembro de 1993, quando ACM governava a Bahia. Em março daquele ano, a PF descobrira cheques da TV Bahia, controlada pela família Magalhães, que ligavam uma conta fantasma na agência do Citibank de Salvador à campanha eleitoral do governador em 1990. Segundo a polícia, a conta recebera ao menos US$ 4 milhões em depósitos e fora abastecida por empreiteiros ligados ao esquema de PC Farias.

** Jornalista e radialista da Radiobrás.

que Sarney seja candidato ao Senado [a presidente do Senado]. Martins, que é muito ligado a Roseana, acha que ele é candidato. Não sei, também comecei a achar o Sarney já mais disposto, estou dizendo isso sem nenhum dado objetivo, mas pela conversa telefônica eu o notei entusiasmado com a crítica da *Veja*, embora me tenha dito que eu precisava fazer esforço para botar um ponto final nisso. Ou seja, eles brigam, e o presidente da República é quem tem que tomar conta de tudo. Realmente, é um sistema político maluco esse nosso!

Eu tinha autorizado o Arruda a fazer um discurso no Senado hoje dizendo que o governo vai buscar, com os líderes dos outros partidos, meios para aumentar o salário mínimo acima da inflação. Fui para a televisão e disse isso, porque senão quem vai faturar tudo é Antônio Carlos, é PT, e estou cansado de apanhar como se eu fosse contrário a aumentar o salário mínimo. Eu não sou; sou contrário é a um aumento sem base real, sem que haja recursos para isso, e nós estamos fazendo força para encontrar esses recursos.

O Malan me telefonou a respeito do Sergio Otero, das confusões do Serpro. Apesar de que não haja nenhuma manipulação equivocada do Sergio Otero na presidência do Serpro, há um problema difícil de explicar com a mulher dele,* que tem contratos com outras empresas.** Malan não se sente confortável em mantê-lo [na presidência do Sepro], porque acha que vai continuar a haver onda em cima do governo.

Tentei falar com o Paulo Henrique, mas ele já está na Espanha. Preparei nesse fim de semana meu discurso para Oviedo [prêmio Príncipe de Astúrias], mudei bastante o que tinha sido proposto e agora estou arrumando meus papéis e a mala, porque vou amanhã à noite para Oviedo. Nada mais relevante a marcar, salvo que a situação da Argentina, apesar do pacote, é preocupante. Também no Peru a coisa começa bem ruinzinha; Montesinos voltou*** e isso complica a situação do Peru.

---

* Rosane Batista.
** As empresas Padrão iX, Policentro e Prolan, fornecedoras do Serpro, tinham contratos com a RRB Informática, de Rosane Batista. Otero foi acusado de ser sócio oculto da mulher na RRB.
*** O Panamá negara seu pedido de asilo político. Poucos dias depois, o ex-chefe da espionagem peruana fugiu novamente. Foi preso em 2001 na Venezuela e extraditado para julgamento no Peru.

25 DE OUTUBRO A 14 DE NOVEMBRO DE 2000

Prêmio Príncipe de Astúrias. Segundo turno das eleições. Primeira mulher no STF. Denúncias de caixa dois

Hoje é quarta-feira, dia 25 de outubro, estou em Madri, cheguei hoje. Anteontem, segunda-feira, o João Roberto Marinho jantou no Alvorada, junto com o Arruda, conversamos sobre a regulação de fumo. Eles estão preocupados, mas o objetivo da minha conversa era sentir até que ponto *O Globo* estava envolvido numa campanha contra a eleição do Jader. Não me pareceu; o que o João me disse, e também o Roberto Civita quando conversou comigo, é que se trata de um assunto que eles encararam jornalisticamente. É claro que nós todos lamentamos, ele também, que, embora no círculo político essas coisas não tenham efeito maior, na sociedade todas essas denúncias de enriquecimento etc. soam como bombas, e vão aumentando a falta de legitimidade do sistema político. Elas aumentam a desconfiança com todos os políticos, misturando-se alhos com bugalhos.

Eu tenho insistido nos últimos tempos na tese de que o PSDB ou reganha a grife que tinha de partido limpo, ou vai perder votos para o PT, que bem ou mal manteve essa grife.

Ontem, terça-feira, foi um dia de preparação para a viagem e, mesmo assim, bastante agitado. Primeiro, porque a Argentina continua em foco. O nosso Armínio Fraga me telefonou quando eu estava ainda no Brasil, falou sobre as preocupações nos círculos financeiros com os quais ele está em contato, o Fundo Monetário, o Fed, temerosos da falta de pulso para que a Argentina vá para diante. Notei Armínio muito preocupado mesmo com a situação. Malan foi para lá [Vermont] também, mas ontem Armínio ainda não tinha tido um contato direto com o Malan.

Também ontem tentamos resolver a questão do Supremo Tribunal, há rumores de que o presidente do STJ, [Paulo] Costa Leite, reclamou da eventual nomeação da Ellen, que é a juíza do Rio Grande do Sul. Por parte do Supremo, dizem as más-línguas que é porque isso diminuiria a chance dele de vir a ser no futuro nomeado ministro. Não sei, mas sei que é uma impertinência, porque é uma função exclusivamente do presidente, é uma escolha pessoal minha que tem que ser referendada ou não pelo Senado, e não receber palpites de quem quer que seja.

Além disso, recebi Antônio Carlos, ele foi à tarde ao Palácio do Planalto, chorou várias vezes, protestou amor, perguntou por que eu me queixo dele, reclamou que houve interferência, sim, dos ministros na campanha eleitoral, me entregou uma papelada para eu dar ao Serra sobre o que aconteceu na Bahia com o Ministério da Saúde. São interferências em municípios de influência do Jutahyzinho [Jutahy Magalhães Júnior],* me pediu que eu passasse ao Serra, que ele não queria entregar diretamente para não fazer onda, mas veio manso, fez grandes elogios a Ruth. Estava muito comovido, falou do Luís Eduardo, falou do Paulinho, filho do Paulo Tarso [Flecha de Lima], que morreu, enfim... sempre se referindo a mim, que gosta de mim, que ele não sabe o porquê das minhas queixas, incompreensões etc.

Eu disse: "Olha, é muito simples, você levantou a questão do salário mínimo num momento inadequado — não agora, da outra vez. Por outro lado, você vive dizendo que eu sou incapaz de dizer não, que digo sim a todo mundo. Não é verdadeiro e é desagradável". Não, ele replicou, não sei o quê... Enfim, mas tudo num tom sem animosidade, não digo de desculpa, mas de busca de compreensão. Que o Tasso tinha falado com ele, que quer muito o nosso entendimento... Não falou muito sobre o Jader, nem eu quis falar sobre isso com ele.

Sobre o salário mínimo, eu tinha feito na segunda-feira uma declaração de que o governo apoia a busca de fontes para o aumento do salário mínimo, desde que haja recursos sadios. Com isso diminui nossa querela; não acaba, mas diminui.

Falei com Marco Maciel, que estava preocupado com os recursos para Pernambuco, que no orçamento aparecem escassamente. Falei com Jarbas Vasconcelos à noite, que me deu conta de que a rebelião militar da polícia ele está controlando. A rebelião é forte, a insatisfação e a greve dos policiais militares preocupantes, enfim, um dia agitado. No final do dia encontrei Roberto Civita no Alvorada, veio me trazer uns livros de presente e conversar sobre o futuro. Ele está a mil por cento conosco, reafirmou que a coisa do Jader foi obra dele mesmo, que não tem nada, ninguém interferindo.

Tomamos o avião, eu vim com a Bia, o Duda, a Júlia e o Pedro, ainda não me encontrei com Paulo Henrique e Evangelina, então almoçamos eu, a Ruth e as crianças com o Carlos [Moreira] Garcia e a Christina [Autran], que são os embaixadores nossos em Madri. Agora estou descansando um pouco e, no meio do descanso, falei por telefone de novo com Armínio Fraga e com o Malan. Reiteraram preocupações com a Argentina. Pedro Parente me telefonou pedindo que eu falasse com o Jobim, porque o Supremo Tribunal está a ponto de votar um aumento administrativo indevido por causa de atraso de pagamento do tempo do Itamar,** algo assim. E acabei de falar com o Sanguinetti, preocupadíssimo com a Argentina e, sobretudo, com o Peru. Falei por telefone, Sanguinetti está aqui em Madri, gosto muito dele, é uma pessoa extraordinária. Amanhã devo me encontrar com o De la Rúa aqui em Madri.

* Deputado federal (PSDB-BA).
** O plenário do STF votou favoravelmente à concessão de reajuste de 12% a servidores do Judiciário prejudicados pela conversão do cruzeiro em URV, em 1994, gerando um impacto orçamentário de R$ 3 bilhões.

HOJE É DOMINGO, 29 DE OUTUBRO, estou em São Paulo, vim direto de Oviedo para São Paulo, para a votação [do segundo turno municipal].

Vamos retomar o fio da meada lá de Madri.

Em Madri, eu estive na quinta-feira de manhã com o presidente De la Rúa, ele acompanhado do Machinea e do Giavarini, eu com o Lampreia e alguns embaixadores. Contando o caso do Brasil, eu disse indiretamente ao De la Rúa que ele tinha que se mover mais, falar com autoridades do Fundo Monetário, Departamento do Tesouro etc., e que a situação dependia muito de rumo. Ele parece ter acreditado, deu declaração à imprensa ao meu lado dizendo que a Argentina tinha rumo e tal, mas na conversa na sala da embaixada o que eu notei foi outra coisa. Eles, sobretudo Machinea, achando que não precisam do Fundo, que qualquer ajuda neste momento seria negativa. Eu entendo, falar publicamente de ajuda é negativo mesmo, mas não sei se eles estão sentindo a gravidade da situação.

Comentei que quando fizemos o acordo com o Fundo, em novembro de 1998, foi sacralizado esse acordo, não obstante o resultado foi pífio. Por quê? Porque os próprios funcionários do Fundo e do Tesouro americano transmitiram aos mercados a incerteza sobre o Brasil. Tínhamos 41 bilhões de dólares à disposição, e a taxa de juros continuou subindo e o dinheiro indo embora. Nós baixamos a taxa de juros, foi talvez até uma precipitação, mas o fato é que não tivemos condições de segurar a taxa de juros alta a longo prazo, e perdemos o controle do câmbio. Com isso eu quis dizer a eles o seguinte: a declaração formal é uma coisa, o importante é o que estão falando por trás; estão falando mal de vocês por trás. Eu não dei detalhes, estava informado pelo Malan e pelo Armínio, mas a verdade é que isso está ocorrendo com a Argentina.

De la Rúa me parece um pouco ausente, sem controle da situação. Acho que ele sabe menos do conjunto da situação econômica e mesmo mundial do que o requerido para este momento. Em todo caso, o Brasil tem interesse em sustentar a posição argentina. Lá fora, na conversa com os jornalistas, eles apertaram muito sobre a quebra da tarifa externa comum. Eu havia dito ao De la Rúa, por insistência do Lampreia, que não podíamos concordar com baixar a tarifa externa comum sem olhar primeiro os interesses da indústria brasileira, mas lá fora fizemos uma declaração mais vaga a respeito.

Em seguida voltei para o hotel* e de lá fui almoçar com o presidente do governo da Espanha, o José María Aznar, de quem cada vez tenho melhor impressão. Aznar conduziu muito bem a conversa, ele não é uma pessoa de carisma, mas é uma pessoa efetiva, com relação ao Brasil e a mim também, e muito direto. Preocupações dele: passamos em revista o Peru, o petróleo, a Venezuela, a Argentina, não vou repetir porque nós coincidimos muito na análise e são óbvias as questões que estamos enfrentando na América do Sul. A Espanha tem interesse estratégico na

---

* Hotel Ritz, no Retiro.

América do Sul, sobretudo no Brasil. Isso foi reiterado na conversa, ele disse que a relação bilateral tem que ser intensificada e, sem que disséssemos ou tornássemos público, que o importante é o Brasil e a Espanha estarem preparando, unidos, uma pauta para a reunião do Panamá,* porque nós é que temos que conduzir o processo. Ele reiterou, portanto, o que tinha dito a mim em Cuba, juntamente com o rei. Depois ofereceu um helicóptero para irmos a Toledo, nós fomos, eu, Lampreia e os embaixadores, Carlos Garcia, para ver uma exposição de Carlos v.** Muito interessante ver toda a glória da Espanha de Carlos v, e depois a de Felipe ii, naquele ambiente de Toledo, que é encantador, mágico.

Voltamos de Toledo e mal deu tempo para, entre outros atos, celebrar um acordo com a Universidade de Salamanca para criar o Centro de Estudos Brasileiros, receber os reitores,*** fazer um pouco de amabilidades, dar entrevistas a jornais brasileiros e à BBC — eu já tinha dado uma para a CNN na véspera —, enfim, esse tipo de atividade.

Os jornais brasileiros pegaram uma declaração minha a respeito do imposto de renda, eu apenas mencionei que o Everardo tinha um estudo que reduziria a alíquota do imposto e que ao mesmo tempo acabaria com as deduções.**** Bastou isso para no Brasil dizerem que eu estou querendo tirar dinheiro da classe média, aquele carnaval todo. Nem olhei o dado, duvido que isso tire dinheiro da classe média, tira talvez da alta classe média, mas no Brasil, sempre em nome dos mais pobres, os privilegiados se aferram aos seus privilégios e interesses.

À noite, jantamos com o rei e a rainha, eu, Ruth, Bia, Paulo Henrique e a Vanvan. Tudo muito agradável, num ambiente de quase intimidade, nenhuma formalidade. A rainha chamou o rei de Juanito, o rei chama a rainha da Inglaterra de Lilibeth, contou que foi à Inglaterra a pedido da princesa de Kent***** para tentar convencer a rainha a pagar impostos, ela não gostou, mas mais tarde acabou pagando impostos sobre a fortuna dela. Conto isso para mostrar o grau de descontração de nossa conversa. Eu tinha brincado com a Bia, dizendo: "Você tem que chamá-los de 'majestade' e não pode dirigir-se a eles sem que eles se dirijam a você". Falei de brincadeira, mas a Bia, na primeira oportunidade, olhou para um retrato na parede e perguntou para a rainha: "*Eres tú?*". Eu brinquei e contei à rai-

---

* x Reunião de Chefes de Estado e de Governo da Conferência Ibero-Americana, agendada para 17 e 18 de novembro na capital panamenha.
** Carolus, no Museo de Santa Cruz.
*** O reitor da Universidade de Salamanca era Ignacio Gómez de la Torre.
**** O secretário da Receita Federal propusera a unificação das alíquotas do Imposto de Renda de Pessoa Física e sua redução a 7%, acompanhada da eliminação de abatimentos autorizados. "Os mais ricos vão ter menos isenções", declarou Fernando Henrique, subscrevendo a proposta de Maciel.
***** Princesa Marie Christine.

nha que tinha treinado o modo deles tratarem-na, mas que não tinha adiantado. Ela riu muito, disse que não tinha problema. Realmente foi um ambiente muito agradável, falamos muito sobre a Espanha, a questão dos idiomas, eles têm preocupações com o País Basco, com a Catalunha. O rei é uma pessoa de grande simpatia pessoal e a rainha, nas situações mais íntimas, também bastante agradável.

No dia seguinte fomos a Oviedo de manhã. Uma cidade encantadora, eu não tinha certeza se já havia estado lá, mas reconheci uma metalúrgica que eu tinha visitado nos anos 1970, juntamente com Guillermo O'Donnell,* Enzo Faletto** e outros mais, num seminário que tivemos por lá. Só não me lembro se dormi em Oviedo ou Gijón.

Em Oviedo houve só cerimonial, de manhã cedo já estava todo mundo lá, o príncipe [das Astúrias], a rainha, fotografias, os principais banqueiros da Espanha, quase todos investindo no Brasil, enfim, os grandes empresários espanhóis, os intelectuais. Tivemos um almoço incrível, passeamos pela cidade e à tarde a solenidade de entrega do prêmio Príncipe de Astúrias.*** O príncipe fez um discurso muito bonito homenageando os pais, a rainha e o rei, pelos quase 25 anos de reinado. Os meus colegas de prêmio eram pessoas altamente distintas, o cardeal que eu chamei duas vezes de Montini, mas ele é [Carlo Maria] Martini.**** Depois o Umberto Eco,***** o [Luc] Montagnier,****** o Robert Gallo,******* a Barbara Hendricks,******** que tinha recém chegado do Brasil, pessoa também muito agradável. E os acadêmicos, entre eles o [Augusto] Monterroso,********* um hondurenho de nacionalidade guatemalteca que mora no México. A Bia, minha filha, é fã das obras dele, dos contos curtos que ele publicou em livros de criança. A recepção foi muito agradável, um lauto jantar.

Depois disso dormimos, e ontem tomamos o avião. Ruth foi para os Estados Unidos, porque ia receber o prêmio Eleanor Roosevelt.********** Lamento não ter podido ir com ela, seria uma coisa muito boa para ela e para mim, muito gra-

---

* Cientista político argentino.
** Sociólogo chileno, coautor, com Fernando Henrique, de *Dependência e desenvolvimento na América Latina* (1970).
*** A cerimônia do prêmio acontece tradicionalmente no Teatro Campoamor.
**** Cardeal-arcebispo de Milão, premiado na categoria Ciências Sociais.
***** Premiado na categoria Comunicação e Humanidades.
****** Virólogo francês.
******* Virólogo norte-americano, premiado com Montagnier em Investigação Científica e Técnica.
******** Soprano norte-americana, premiada em Artes.
********* Premiado em Letras.
********** Eleanor Roosevelt Val-Kill Medal, atribuída anualmente pelo Eleanor Roosevelt Center a pessoas de destaque em humanidades, artes, educação, cidadania e filantropia.

tificante. Infelizmente tive que vir para a votação de que falarei daqui a pouco. Chegamos ontem à noite.

Na manhã de hoje falei com o Leôncio por telefone, a Araci [Martins Rodrigues], mulher dele, está muito mal, praticamente à morte; falei meia hora com ele. Tentei encontrar Mário Covas, não encontrei, parece que está na praia, queria vê-lo antes da votação. Agora lá vou eu cumprir o meu dever de votar nessa escolha de Sofia, entre a Marta e o Maluf. No Maluf não dá. Depois volto para Brasília.

HOJE É TERÇA-FEIRA, DIA 31 DE OUTUBRO. No domingo da votação, resolvi que ia ver Mário Covas. Antecipei a votação, votei e fui ao Palácio dos Bandeirantes esperar o Mário, que estava para chegar da praia. Chegou meio mal-humorado, achando que eu tinha sido mal recebido, que não tinha ninguém para me receber, eu disse: "Ora, a culpa é minha, não avisei ninguém, mudei os programas". O Serra tinha chegado também e ficamos conversando. O Geraldo Alckmin estava com o Mário, o Mário com disposição boa, mas um pouco menos animado do que na última vez que falamos por telefone. Deu detalhes da operação, disse que os médicos ainda não localizaram efetivamente o tumor, porque os aparelhos que há para localizar não foram capazes. Disseram que foi pelo toque que viram que há um tumor, e isso abre certa perspectiva, porque, me parece, eu não entendo nada, mas a partir da conversa com ele tive a impressão de que se for no intestino será mais fácil do que se estiver grudado na bexiga.

Depois de lá vim para Brasília e fui ver o resultado das eleições.

Os resultados foram diferentes do que se esperava em vários pontos. No Rio de Janeiro ganhou o Cesar Maia,* eu preferia o Conde. Embora o Conde tenha enfiado os pés pelas mãos nos debates eleitorais, é um homem mais equilibrado que o Cesar, que é competente, inteligente, mas atira para vários lados. Em Curitiba ganhou o Cássio Taniguchi, uma luta difícil, mas ganhou.** No Recife ganhou o PT;*** não conheço o candidato, conheço o Roberto Magalhães, que francamente é complicado, foi sempre contra o governo federal, foi sempre uma pessoa arestosa no comportamento cotidiano e fez muitos erros na campanha. De qualquer forma, é inegável que o PT teve um avanço grande, principalmente nas zonas prósperas do Brasil, mas não só nessas.****

---

* Maia (51,1% dos votos válidos) bateu Conde no segundo turno por menos de 70 mil votos, depois de ficar em segundo lugar na primeira etapa.

** Taniguchi derrotou Ângelo Vanhoni com 51,5% dos votos.

*** João Paulo venceu com 50,4%, com 11 mil votos à frente do pefelista Roberto Magalhães.

**** O PT venceu o segundo turno em cinco capitais: Belém (Edmilson Rodrigues), Goiânia (Pedro Wilson), Porto Alegre (Tarso Genro), Recife (João Paulo) e São Paulo (Marta Suplicy). Entre os cem maiores municípios, o partido de Lula conquistou 27 prefeituras.

Isso foi domingo. Na segunda-feira, ontem, resolvi fazer um pequeno pronunciamento, para dizer o que eu pensava da situação, antes de entrar na minha rotina, onde ouço sempre a mesma coisa: não tem dinheiro. As demandas são justas na saúde, na educação, a ponte tal, a estrada qual... Contudo, o Pedro Malan e o Amaury Bier estão preocupados com o equilíbrio fiscal, e o Martus Tavares fica se equilibrando entre as várias facções. O Pedro Parente é mais ousado, quer atender às demandas, parece que se preocupa menos com o equilíbrio fiscal do que os outros, embora ele também seja da área. Enfim, essa discussão é infinita.

Tomei a decisão de nomear para o Supremo Tribunal Federal a juíza Ellen Gracie Northfleet, como já registrei aqui, e falei com ela. Por via das dúvidas, ontem à noite falei com o José Carlos Moreira Alves, para saber a opinião dele, notei que ele preferia o Gilmar Mendes, que realmente é uma pessoa que tem todas as condições de ir para lá.* Eu disse que queria manter o Gilmar como advogado-geral da União e que na vaga seguinte, que será em abril de 2002, minha ideia é nomear Gilmar Mendes. Entre as mulheres, ele acha que a Ellen é a melhor, até me disse que a indicou a certa altura para uma função importante. Acha que ela tem competência, talvez não sinta que ela tenha todas as condições, mas o ministro me disse uma coisa com a qual concordo: o importante, no Supremo, é ter equilíbrio, talvez mais do que um saber jurídico específico, embora ele não tenha feito qualquer reparo ao saber da Ellen. Entre as mulheres mencionadas, acha que ela é de longe a melhor. Tomei essa decisão, hoje vou nomeá-la. Vai haver pressão de todos os lados, mas está na hora de colocar uma mulher no Supremo Tribunal Federal.**

À noite, recebi o Serra, o Madeira, o Aloysio e o Andrea Matarazzo. Preocupação: o PSDB, a eleição do Aécio na mesa da Câmara. Eles sabem que o Aécio não pode ser um ponto fixo, um parâmetro do comportamento de tudo na política, que não cabe fazer qualquer acordo com qualquer partido nem o governo mudar sua vontade desde que o Aécio seja presidente. Isso não é política. O Pimenta vai me dizer hoje como foi a conversa com o Aécio, que é mais sensato do que adepto do "Quero porque quero". Essas são as questões do PSDB.

Há também preocupação do Andrea com a *Folha*, que quer fazer uma matéria sobre os fundos de campanha.*** Parece que ela teria encontrado uma ficha em que se fala de recursos por dentro e por fora. Nunca ouvi falar dessa história, mas,

---

* O advogado-geral da União foi indicado ao STF em abril de 2002, para a vaga aberta pela aposentadoria compulsória do ministro José Néri da Silveira.
** Foi a primeira indicação de uma mulher à Corte.
*** Em 13 de novembro, o jornal publicou uma reportagem de capa intitulada "Campanha de FHC omitiu doações", sobre a suposta prática de caixa dois pelo comitê tucano em 1998, que teria deixado de declarar à Justiça Eleitoral ao menos R$ 10 milhões da época em doações não contabilizadas. A *Folha* atribuiu a chefia do esquema ao ex-secretário-geral Eduardo Jorge. As denúncias foram investigadas e a Receita Federal não as comprovou.

enfim, a *Folha* sempre procurando pelo em ovo para causar mais chateação, mais desmoralização da classe política, de todo mundo, realejo ao qual já estamos quase habituados.

O resultado das eleições confirma o que eu achava sobre o PT ter tido um avanço, houve um recado das urnas, que querem sintonia com a moralidade pública. Houve nas eleições uma concentração em problemas locais, não nacionais. Eu me dispus, naturalmente, a cooperar com os prefeitos eleitos e pedi que eles também tenham humildade, não transformando as prefeituras em bastião político. Por outro lado, seria bom que eles entendessem, pelo menos alguns deles, que a vitória foi por pequeníssima margem, podia ser para lá ou para cá, tanto no lado que favoreceu o PFL como no lado que favoreceu o PMDB, como em Canoas* ou em Curitiba. Em várias cidades favoreceu o PT, mas a diferença é muito pequena. Surpreendente a votação do Maluf, mas não tanto, é o voto anti-PT; o Maluf não pode acreditar que tem 40%,** ele sabe. Vai usar isso, entretanto, no jogo político.

A greve que houve no Recife terminou hoje de manhã. O Jarbas queria usar o Exército,*** o pessoal do Exército não concordou, eu também não, seria precipitação jogar o Exército contra a polícia num momento delicado, em que havia vitória da oposição no Recife, ia envenenar tudo. Pelo que ouvi nas notícias de hoje de manhã, as coisas desanuviaram.

Almocei com o Tasso e com o Benjamin Steinbruch. Benjamin está magoado porque não foi bem atendido, segundo ele, pelo BNDES. É choradeira, o BNDES fez a coisa correta, não podia favorecer o Benjamin, embora eu tenha simpatia pelo ímpeto juvenil do Benjamin. Ele e o grupo dele levaram a empresa, que é a CSN, eles têm que pagar as dívidas, vão pagar, e o BNDES tem que fazer o empréstimo com transparência, deve explicar por que fez empréstimo sem uma taxa de juros absurda.**** Benjamin estava relativamente calmo, não tem outro jeito. Continua

---

* O tucano Marcos Ronchetti foi derrotado pelo peemedebista Hugo Lagranha (reeleito).

** Marta Suplicy teve 58,5% dos votos válidos no segundo turno paulistano, contra 41,5% de Paulo Maluf.

*** Em 24 de outubro de 2000, soldados da PM entraram em confronto com oficiais no centro do, Recife, num tiroteio que deixou cinco feridos e instalou o pânico na cidade. O governo pernambucano anunciara a demissão de centenas de grevistas, que ocuparam as ruas próximas ao Palácio do Campo das Princesas. As tropas do Exército que patrulhavam a cidade não intervieram no conflito.

**** A estatal siderúrgica foi privatizada em 1993. Na ocasião, o grupo Vicunha comprou 10% das ações da empresa. Em 1995, Steinbruch assumiu a presidência do conselho de administração da CSN, cargo que também exercia na Vale como representante da CSN, acionista da mineradora leiloada em 1997. Para efetuar o "descruzamento" das operações das duas empresas, desejado pelo governo, o BNDES emprestou US$ 390 milhões ao Vicunha, que passou a deter 46% das ações da CSN. A operação se completou com a venda dos 32% da CSN na Vale. Do total emprestado pelo

um pouco preocupado com a petroquímica e a Vale do Rio Doce, que eu noto sem um plano estratégico definido.

Falei ontem na cerimônia de criação de um Conselho Nacional de Política Energética,* o [José] Goldemberg entrou nesse conselho, fiz grandes elogios a ele, o Scalco também e vários outros. Lá estava o Henri Philippe Reischtul, chamei o Philippe para conversar, ele me deu um panorama de como vão as coisas na Petrobras, parece que razoavelmente bem; mesmo o problema energético em geral caminha.

Hoje é terça-feira e agora de manhã estou esperando o Jorge Bornhausen, depois os prefeitos [eleitos] do Rio de Janeiro,** mais tarde o Antônio e o José Ermírio [de Moraes]. Eu ia para a Marambaia hoje, mas a Ruth só vai voltar amanhã cedo, e o tempo também não está bom, fiquei meio preguiçoso de sair daqui correndo para ir para a Marambaia, então vou amanhã de manhã.

HOJE É SEGUNDA-FEIRA, DIA 6 DE NOVEMBRO, estou voltando da Marambaia. Só fui para lá na quarta-feira de manhã.

A terça-feira foi um dia extremamente trabalhoso. Nada de mais extraordinário, mas foi uma rotina pesada, tive reunião sem parar, como sempre às voltas com as questões agudas da Previdência, do Orçamento, todo tipo de pressão para aumentar isso, baixar aquilo, mas tudo bem. No dia seguinte fui para a Marambaia e lá passamos quatro dias muito bons. Na quarta de manhã o Nê e a Carmo foram para lá também, com o filho*** e um amigo dele, depois no sábado chegou o Lampreia com a Lenir e a Teresa [Lampreia], a filha do Lampreia. Muita comilança, muita beberrança, sol, mar, passeio de lancha, estive em Itacuruçá,**** estive com a população local, foi tudo muito agradável. Li bastante, um livro interessante chamado *Bobos*,***** bobos vem de burgueses e boêmios, os burgueses eram contra os boêmios, agora estão unidos a eles. Continuo lendo com muito gosto, é um estudo sobre a nova classe, a burguesia do saber, da sociedade da informação. Por lá, apenas gozei a natureza, e a natureza na Marambaia é extraordinária.

---

banco estatal, US$ 190 milhões provieram de dois bancos privados que captaram recursos de linhas de financiamento do próprio BNDES, o que acabou barateando em um ponto percentual ao ano os juros finais cobrados do Vicunha.

* Cerimônia de instalação do conselho, criado pela lei nº 9478, de 6 de agosto de 1997, e regulamentado pelo decreto nº 3520/2000.
** No segundo turno no estado do Rio, o PSDB elegeu Maria Lúcia dos Santos em Belford Roxo e José Camilo Zito em Duque de Caxias.
*** Bento Mineiro.
**** Distrito de Mangaratiba (RJ).
***** David Brooks. *Bobos in Paradise: The New Upper Class and How They Got There*. Nova York: Simon & Schuster, 2000.

Hoje de manhã fui a um terminal da Petrobras em Angra dos Reis, o Terminal Almirante Maximiliano da Fonseca, fomos lançar um programa de construção de navios em estaleiros nacionais:* são quatro navios da Petrobras, para fazer renascer a indústria naval no Brasil. Primeiro os estaleiros, depois os armadores. Foi tudo muito bem, o Padilha fez um excelente discurso mostrando as mudanças do Brasil em várias áreas, eu também fiz um discurso forte, estavam lá a Jandira Feghali, a Benedita da Silva, uma parte dessa esquerda que se diz muito ligada à construção naval — dizem que a Jandira tem a campanha dela apoiada pelos setores da construção naval —, estavam lá trabalhadores, todos muito felizes e eu também com a solução que demos, tomara que dê certo. Aproveitei para reafirmar meus pontos de vista não neoliberais, falei sobre o que é o novo Estado, a necessidade de ter um empresariado que seja competente e não corrupto, que no passado a indústria naval se afundou na corrupção, enfim, o bê-á-bá dessas coisas.

Voltei e já despachei aqui, primeiro com o pessoal do SBT e agora com o Rafael de Almeida Magalhães e Eliezer Batista, que vieram falar sobre a visita do Clinton ao Brasil** e a ideia do Eliezer de fazer uma ligação entre o *hub* de Okinawa e o *hub* de Sepetiba ou de Santos, se é que se pode chamar qualquer um desses portos de *hub*, dada sua baixa capacidade, se comparada à dos grandes *hubs* do mundo. Eu disse ao Rafael que estava muito inquieto por causa do balanço de pagamentos:*** "Olha, Rafael, o problema no Brasil é que não temos empresários, o governo está mais avançado, eu vivo cutucando os empresários; quando a gente fala com os empresários ou quando eles falam por suas associações, eles só pedem duas coisas: juro baixo e protecionismo. Ora, os juros baixaram, o câmbio melhorou muito, não houve nenhuma piora no protecionismo, não se baixou a tarifa, e eles continuam na mesma, porque não são audaciosos". Fiz referência a um artigo de que gostei muito do Antônio Barros de Castro. Saiu no *Estado de S. Paulo* na semana passada, o Castro mostra que o problema hoje da microeconomia é de audácia, de capacidade estratégica, de imaginação, de informação, muito mais do que nas áreas duras. O BNDES sempre apoiou as áreas duras: infraestrutura, apoiou com muitos recursos, dinheiro, dinheiro, taxa de juro privilegiada. Hoje isso não basta, é preciso criatividade empresarial, e está faltando esse elemento aqui no Brasil.

* O programa Navega Brasil estendeu os limites e os prazos de financiamento da indústria naval. Para marcar o início do programa, a Petrobras encomendou quatro petroleiros ao estaleiro Eisa, avaliados em US$ 245 milhões.
** As chancelarias do Brasil e dos EUA negociavam a data da segunda visita oficial do presidente norte-americano ao país, realizada em julho de 2001.
*** O país fechou 2000 com déficit em transações correntes de US$ 24,8 bilhões e déficit comercial de US$ 8 bilhões. Em 1999, os rombos haviam sido de US$ 25,9 bilhões e US$ 9,1 bilhões, respectivamente.

Eu penso isto sinceramente: o governo tem sido muito mais criativo do que a empresa, a mudança no Estado foi grande, as iniciativas são inúmeras e falta uma ação correspondente no empresariado nacional. Está havendo mudança, e muita, mas está havendo muito investimento estrangeiro; este setor está mudando mais depressa do que o setor nacional, que continua com uma visão patrimonialista, clientelista, e aí incrustado. Isso é que não dá certo. Rafael concorda comigo e também o Eliezer. O Eliezer fez uma ponderação que eu já tinha feito ao Lampreia: será que nós não devemos pensar que o Brasil deve dar uma corrida e avançar na Alca? Porque o Mercosul está como está, meio se arrastando. A Argentina só não faz isso porque não pode. E nós? Será que não devemos fazer uma manobra envolvente nessa matéria? Aí, de novo, faltam empresários. Como eu vou me aventurar a propor qualquer coisa na Alca, se não sei o que é bom para os empresários daqui, se eles não são capazes de definir uma política realmente boa para eles que não seja a do puro protecionismo? Se eles não sabem fazer uma lista que seja um toma lá dá cá? Esse é o ponto para enfrentarmos a Alca.

O primeiro-ministro do Canadá, o Jean Chrétien, me propôs isso há muito tempo, que através do Canadá o Brasil avançasse na direção da Alca. O Olacyr de Moraes* voltou dos Estados Unidos convencido de que a Alca vem aí, mas convencido passivamente. Quem sabe se pudesse fazer uma coisa mais arrojada? O comércio do Brasil com o México aumentou muito nesses últimos tempos, está quase igualando o da Argentina, só que na prática o México funciona como um Estado da engrenagem americana. Temos que pensar com mais profundidade sobre essas questões, temos que ver se não acabamos ficando um pouco para trás falando de Mercosul para impedir a Alca, e sem avançar nem num nem noutro. Como eu disse, o México funciona como um Estado americano não para que o Brasil funcione como uma engrenagem americana, mas para dizer que as engrenagens americanas, inclusive o México, podem ser bons negócios para o Brasil.

HOJE É QUINTA-FEIRA, DIA 9 DE NOVEMBRO, vamos retornar. Terça-feira de manhã recebi o Pratini, recebi o Romeu Tuma, depois tivemos a cerimônia da entrega da Ordem do Mérito Cultural,** discurso do Weffort muito bom, embora longo, festa simpática, passei correndo na hora do almoço para abraçar alguns velhos amigos que lá estavam.

À tarde, recebi o Christopher Patten, que é o comissário da União Europeia para Relações Exteriores. Coloquei as questões de sempre, sobre Europa, Estados Unidos e Brasil. Ele observou que a União Europeia não está fazendo competição

---

* Empresário paulista conhecido como "Rei da Soja".
** Entre os condecorados, Gilberto Gil, Zezé Motta, Gianfrancesco Guarnieri, Sergio Rouanet e Paulo Tarso Flecha de Lima.

com os Estados Unidos para ver quem chega primeiro à América do Sul. Eu disse: "Vocês, não; somos nós que estamos. Para nós interessa chegar logo à Europa". É um homem inteligente, foi uma boa conversa.

Recebi o Kandir, ele acha que eu tenho que fazer força para aprovar a Lei das Sociedades Anônimas.* Ele tem razão, essa lei está se delongando muito, então, em função disso tomei providências para ver se a colocamos em pauta e se avançamos no que for possível. O Kandir mantém-se otimista, sua preocupação mais profunda é com a crise nos Estados Unidos que possa vir — não já, mas em algum momento. Todos nós estamos com essa tensão.

Depois disso tive uma reunião com o pessoal da casa, como sempre, vários, e recebi o Luiz Nascimento, que veio falar sobre as geradoras que estão construindo em Tucuruí,** veio com incerteza sobre se realmente o governo quer terminá-las em 2002. Voltei para casa tarde da noite, porque tive muito trabalho, muito despacho, muita pressão interna. Encontrei o Duda, que tinha vindo para cá, ele fez um depoimento no Senado,*** se saiu muito bem; o destrambelhado do Requião teve que engolir as citações que fez extraídas do Sebastião Nery**** e do Cláudio Humberto sobre ele, David, completamente falsas.

Isso foi na terça-feira, dia também da eleição nos Estados Unidos, nós todos aflitos, fui dormir certo de que o Al Gore ia ganhar e amanheço na quarta-feira com a vitória do Bush. Em seguida já não é bem assim, e continua até agora essa indecisão sobre o que vai acontecer na Flórida. É uma coisa fantástica, o maior país do mundo com essa indefinição.*****

Ontem, quarta-feira, dia 8, tive uma reunião, de manhã, na Câmara de Política Econômica sobre a Camex, sobre nossa política de exportações. Havia tensão entre Banco Central e Fazenda versus Ministério do Desenvolvimento e Casa Civil e outros mais. O setor mais fazendário vê problemas de subsídios em tudo e tem medo de que eles afetem a questão fiscal, embora as propostas apresentadas pelo Roberto Giannetti da Fonseca e pelo Tápias não tenham nada de tão extraordinário assim quanto ao aspecto fiscal. Eu moderei a favor de uma atitude mais realista e menos apavorada.

---

* Lei nº 10 303/2001.
** Obras de duplicação da potência gerada pela usina hidrelétrica, iniciadas em 1998, a cargo da Camargo Corrêa. A instalação de onze novas turbinas foi concluída em 2008.
*** David Zylberdztajn foi sabatinado pelo Senado e reconduzido à direção-geral da ANP por 44 votos a favor e sete contra.
**** Colunista da *Tribuna da Imprensa*, diário carioca extinto em 2008.
***** A candidatura republicana de George W. Bush contestou os resultados eleitorais da Flórida, que deram vitória por estreita margem ao candidato democrata, e pediu recontagem dos votos. Em dezembro de 2000, depois de uma renhida batalha judicial, a Suprema Corte chancelou a vitória de Bush por 271 votos a 266 no Colégio Eleitoral formado pelos delegados estaduais, embora Gore tivesse obtido dianteira de mais de 500 mil votos populares.

Recebi o Ronaldo Cezar Coelho, que veio me pedir que eu falasse com o Garotinho sobre a continuidade do metrô do Rio de Janeiro.* Ainda recebi o vice-presidente da Nigéria,** junto com o Henri Philippe Reichstul, porque tínhamos que discutir questões relativas à participação da Petrobras no petróleo da Nigéria.*** Depois fui ao Itamaraty, tivemos lá o Fórum Brasileiro de Mudanças Climáticas,**** onde fiz um discurso de improviso, embora eu tivesse um texto escrito.

Depois do Itamaraty, recebi o Keidanren, os empresários japoneses, tivemos uma reunião privada com a cúpula deles e uma reunião com sessenta empresários japoneses, discurseira e tudo o mais. Nesse meio-tempo, despachei com Luiz Felipe no Itamaraty e fiquei recebendo os da casa.

Gravei uma entrevista na CBN para o Sardenberg, o Carlos Alberto é bom jornalista, fez perguntas sobre como vamos fazer para cumprir a responsabilidade fiscal e qual é o pensamento a respeito do salário mínimo, as questões habituais.

Ainda à noite, encontrei o Delfim, que ficou quase uma hora aqui com uma conversa solta, preocupado com a exportação e dizendo que precisamos fazer o que eles fizeram alguns anos atrás, mandar meia dúzia de pessoas pelo mundo afora, para amarrar as grandes empresas exportadoras num compromisso com o Brasil, para que exportem. Fez uma leve crítica ao presidente do Banco do Brasil, que foi aluno dele, parece, disse que é um homem direito, decente e tal, mas muito mais um controlador do que um empresário.

Recebi também o Andrea Matarazzo para rotina sobre questões de comunicação social. O Paulo Henrique estava aqui, jantou comigo e com a Ruth, ficamos vendo um pouco de TV sobre o resultado das eleições.

Hoje, quinta-feira, dia 9, depois de ter nadado um pouco de manhã e conversado com Paulo Henrique, fui assistir com ele a uma nova reunião sobre mudanças climáticas. Estava lá o [Luiz] Pinguelli Rosa,***** que costuma elogiar a mim e ao governo, apesar das ressalvas que ele faz à globalização (como se tivéssemos alguma coisa a ver com isso), como se o fato de ele fazer ressalvas mudasse o mundo. Fabio Feldmann insistiu para que eu fizesse a reunião e valeu a pena.

Voltei para casa, almocei correndo, sozinho, Ruth tinha ido para São Paulo, e estou aqui fazendo hora para voltar ao Planalto.

---

* As obras de expansão da Linha 1 do metrô carioca estavam paralisadas.
** Atiku Abubakar.
*** Em parceria com outras petrolíferas, a estatal — que prospectava na Nigéria desde 1998 — descobrira petróleo em blocos de águas profundas a 200 km da costa. O campo de Akbo começou a produzir em 2009.
**** Almoço de lançamento do fórum.
***** Professor de engenharia da UFRJ e representante da SBPC no Fórum Brasileiro de Mudanças Climáticas.

HOJE É TERÇA-FEIRA, DIA 14 DE NOVEMBRO, retomando. Na quinta-feira, quando voltei ao Planalto, recebi o Alejandro Toledo, candidato derrotado pelo Fujimori à Presidência do Peru. Ele é um batalhador contra o Fujimori, contra o regime que lá está. Veio com a mulher,* uma belga não muito simpática, com o filho do [Mario] Vargas Llosa** e a nora do Vargas Llosa,*** esses dois agradáveis. Toledo é expansivo, risonho, o tipo de índio que foi educado nos Estados Unidos, rápido, veio fazer as pazes. Disse com muita franqueza: "Vamos esquecer o passado", e o passado quer dizer a posição do Brasil diante do Peru. Eu respondi: "Olha, deixe eu lhe dizer, com a mesma franqueza que a sua, qual foi a nossa posição. Na verdade, o Fujimori ganhou a eleição; agora, nos Estados Unidos houve acusações de fraude. Dizer que há fraudes sempre dizem. Eu perdi a eleição de prefeito de São Paulo e a própria filha do Jânio Quadros**** me disse que foi roubado. Não sei se foi ou se não foi, hoje não estou preocupado. Claro que eu sou contra a fraude, mas não posso, o governo do Brasil não pode, me colocar como juiz do que aconteceu lá [no Peru], tanto mais que a OEA não foi taxativa. Nós achamos que é preciso tomar muito cuidado, sobretudo com ingerência externa, porque não queremos ingerência do nosso vizinho mais forte nas nossas coisas nem nas coisas dos outros também. O fato é que o Fujimori teve uma maioria expressiva.

Bem, o Toledo não gostou muito e não quis voltar a esse tema; falou depois dos direitos, que têm que ser universais, e eu disse: "Não tenho dúvida, a democracia, os direitos humanos são valores; agora, uma coisa é a defesa desses valores por mim, como pessoa, ou por você, e outra coisa é pelo Estado, porque o Estado tem o monopólio da violência. Quando o Estado se erige em ser juiz de outro Estado, como ele tem a força, não se trata de difusão de valores, trata-se de impor uma solução".

Ele disse: "É como o caso do FMI".

Eu disse: "Não, nesse caso é o contrário; nós é que estamos pedindo que o FMI venha, não é o FMI que vai se impor. Há até muita dificuldade em fazer com que ele aceite participar de um programa de reestruturação, você está confundindo as coisas".

Mas nada disso foi dito de forma agressiva, eu contei longamente o papel dos militares no Brasil, o meu papel pessoal nisso tudo, as nossas participações na resistência, como isso foi, que nunca haverá dificuldade, que os militares são parte dessa realidade. Ele falou muito do terrorismo, elogiou o Fujimori, várias vezes, enfim, foi esperto e tentou conversar comigo como se fosse ele o presidente do Peru, e eu dissuadindo-o dessa postura, dizendo "Quando ou se você ganhar a eleição...",***** e tal.

* Eliane Karp.
** Álvaro Vargas Llosa, assessor de Toledo.
*** Susana Abad.
**** Dirce Tutu Quadros.
***** Toledo foi eleito à Presidência do Peru em novas eleições gerais realizadas em maio de 2001.

Foi uma tarde bastante dura como todas as outras, de muito trabalho, depois ainda recebi o presidente mundial da Coca-Cola* e o grupo dele, que vieram acompanhados do Tasso.

Na sexta-feira, dia 10, fui a Minas inaugurar uma fábrica da Fiat com a Iveco.** Lá o Hargreaves fez um discurso razoavelmente agressivo, voltando ao tema de que o Amin teria perseguido a vinda do investimento do exterior para Minas e, não obstante, Minas agora o recebia. Disse que Minas não se ajoelhava aos poderosos do dia. Quando ele terminou, eu comentei: "Você pensa que o poderoso do dia sou eu, mas...". E ele: "Não, não é sobre você...". E eu: "Está bem", e fiz um discurso dizendo que não ia falar mais do capital estrangeiro, porque o Hargreaves já tinha feito uma oração em favor de Minas. Fiz o tempo todo assim, disse as coisas que os mineiros gostam, disse que gosto de estar em Minas e que visito o estado sempre que posso — e é verdade. Disse que Minas está no meu coração, que tenho raízes lá, que tento descansar em Minas, mas nem sempre consigo, pois sou perturbado pelas provocações do MST na fazenda... Todo mundo riu e tal.*** Mexi com as eleições nos Estados Unidos, dizendo que aqui as eleições são limpas, rápidas, a apuração é rápida.

Afirmei que a fábrica da Fiat é portentosa, apertei a mão de uns trinta, quarenta operários, perguntei de onde eles eram, todos jovens, dali mesmo, de Sete Lagoas. Eles têm um treinamento de três meses na Itália, um novo Brasil. E no fim fiz uma brincadeira com a frase do Juscelino "Deus me poupou do sentimento do medo". Eu disse: "Eu não diria tanto, nem me comparo com Juscelino. Peço apenas que Deus me inspire para eu não ter ressentimento nem despeito". Veio uma ovação, todo mundo percebeu a quem eu me referia, e não reagi senão dessa forma às impropriedades do Hargreaves. Cá entre nós, não foi o Hargreaves; ele estava tentando amenizar o texto que ele leu, porque o Hargreaves não é tão grosseiro assim. Foi coisa do Mauro Santayana e outros que tais.

De Minas fui a São Paulo e à noite fomos a uma homenagem ao Miguel Reale.**** Chegamos muito tarde, muita gente, todo mundo em pé na homenagem no Palácio dos Bandeirantes. O Mário não pôde estar presente, estava muito cansado, já tinha ido embora. Ficamos pouco tempo, saímos para jantar mais à vontade no Jardim de Napoli, um restaurante que eu frequento há décadas.*****

---

* Douglas Daft.
** A montadora italiana inaugurou uma fábrica de veículos pesados de sua subsidiária Iveco em Sete Lagoas, com investimento de US$ 240 milhões. Itamar Franco não compareceu à cerimônia.
*** "Até quando posso descansar, venho descansar em Minas, mesmo quando é um pouquinho perturbado o meu descanso aqui. Mas venho a Minas, porque aqui tenho raízes minhas. Minas é minha terra, porque é terra do Brasil. É a nossa terra. [...] É terra de gente que trabalha. É terra de gente boa, calorosa, de gente honesta, gente decente, gente que quer o progresso". (Biblioteca da Presidência.)
**** O jurista foi homenageado pelo governo paulista por seu aniversário de noventa anos.
***** No bairro de Higienópolis.

No dia seguinte, sábado, estávamos apreensivos, porque já se sabia que a *Folha* ia publicar uma matéria espalhafatosa sobre caixa dois de campanha, ou coisa que o valha, indagações sobre quem se apropria de dinheiro de campanha e tal. Conversei com o Serra sobre o assunto, com o Andrea, à noite fomos jantar eu, a Ruth, o Luiz Meyer, a Regina e a Carmute. Na saída, a imprensa já queria saber minha opinião, a *Folha* já estava circulando, eu não tinha lido, não falei nada.

No domingo, anteontem, passamos o dia conversando, por causa da matéria da *Folha*, com o Andrea Matarazzo, Aloysio, Serra. Trata-se de anotações em uma planilha. O Bresser,* com quem falei, me disse que aqueles números não são dele. Eu não sei quem os escreveu, certamente são anotações de previsões do que iriam ou não arrecadar. Dizem que o Egydio Bianchi [que ajudou na arrecadação] tem uma secretária que é muito amiga da repórter da *Folha*** e deve ter passado a ela umas anotações de campanha, embora as anotações não tenham nenhum valor legal. As contas foram prestadas e, quanto eu saiba, razoavelmente bem; declaramos R$ 43 milhões, enquanto o PT, ridiculamente, declarou gastos de R$ 2 milhões, o que sugere, aí sim, caixa dois para valer. É possível que algum empresário não queira declarar que deu, mas no geral é claro que eu, como presidente da República, não teria por que não declarar a imensa maioria do que a campanha recebeu. E mais: pelas nossas previsões, gastaríamos 72 milhões, e gastamos 43 [milhões].

Entretanto, a *Folha* disse isso com o propósito de mostrar que todo mundo é igual, que houve apropriação de sobra de campanha. A verdade é outra: o PSDB está devendo. A dívida [de campanha] foi passada para o partido, acho que ele ainda deve 2 milhões e meio [de reais], sobretudo para a Cotemina, compra de umas camisetas. Tudo isso está embrulhado na planilha que foi publicada, e a *Folha* presta um desserviço à nação tentando mostrar que todos roubam, que são todos iguais. Enfim, isso não tem solução. Nesse mesmo domingo, na abertura de um seminário sobre democracia, não sei se no Parlatino ou no Memorial da América Latina,*** eu defendi ardorosamente o papel da imprensa livre,**** como na verdade eu penso. Mas no caso da publicação da *Folha* não é questão de imprensa livre; é de deturpação livre. Pegam um fiapo de verdade e transformam tudo numa grande acusação — se é que há um fiapo.

---

* Tesoureiro das campanhas presidenciais do PSDB em 1994 e 1998.
** Andréa Michael, coautora da reportagem com Wladimir Gramacho.
*** II Assembleia do Movimento Mundial pela Democracia (WMD, na sigla em inglês), que reuniu ONGs de 93 países no complexo do Memorial da América Latina, em São Paulo, integrado pela sede do Parlamento Latino-Americano. O presidente discursou no Auditório Simón Bolívar.
**** "Quanto mais livre, quanto mais incômoda for a imprensa, maior será o sinal de que o país é democrático". (Biblioteca da Presidência.)

No dia seguinte, ontem, o jornal veio com: "Eduardo Jorge com sua trupe".* Coitados, não tem nada a ver com isso, não há nada específico nem novo, mas tem que haver algum "saque", como se houvesse uma gangue dominando o Brasil. E nós aqui nos ralando para chegar ao fim do mês direitinho com as contas pessoais, porque, apesar de que se ganhe razoavelmente, os gastos são enormes. Não obstante, ficam fazendo insinuações malévolas. Não importa, vamos em frente.

Na manhã de ontem, segunda-feira, fui a Itaipu lançar mais duas turbinas. Itaipu vai passar a produzir 14 mil megawatts, uma coisa brutal, 25% da energia consumida no Brasil, 95% no Paraguai. Lá estavam o Scalco, que tem sido um excelente diretor de Itaipu, o presidente do Paraguai, o Tourinho, o Lampreia etc. O Lampreia, quando voltávamos para Brasília, reiterou que ele deixa o ministério em janeiro, lá para 15 de janeiro, e disse que o Bambino [Sebastião Rego Barros] não quer ser ministro. Senti que ele quer que eu efetive o Seixas Corrêa. Falou do Celso Lafer, disse que o Celso está com muito interesse também, eu não me comprometi. Se o Celso realmente quiser e não houver nenhum à altura dele, e se não houver injunções políticas, eu ponho o Celso.** Perguntei ao Lampreia quais são as nossas tarefas nos próximos anos, porque isso é que conta. A principal é a Alca, definições sobre a Alca, portanto preciso de alguém que realmente tenha capacidade negociadora, e isso o Celso tem, com a experiência de Genebra. Basicamente a agenda agora vai ser comercial, porque o resto já está lançado. A união sul-americana, a presença do Brasil e a diplomacia presidencial seguram o resto; a questão é a capacidade de organizar o setor empresarial para negociar com os americanos e com os europeus sobre a Alca, a União Europeia, e manter os nossos interesses.

Depois nos reunimos aqui Malan, Pedro Parente, Martus, eu e Aloysio, por causa do salário mínimo. Dificílimo arranjar recursos, vejo que até o Martus está muito restritivo, ele acha uma loucura nos comprometermos a aumentar recursos, porque não há de onde tirar. Mas alguma coisa tem que ser dada. Enfim, essas confusões.

E ainda tive um jantar com o Tápias, Amaury Bier, Pedro Parente e Pedro Malan, para discutirmos as exportações. Há um ponto de tensão quanto a cortar impostos em cascata, vamos fazer acordo em tese, há que ver como substituir o ingresso desses impostos. No caso específico eles correspondem a mais de 3 bilhões de reais, há restrições de todo lado, passamos o dia discutindo isso.

A repercussão da matéria da *Folha* foi menor do que eu imaginava. Tem gente, que não têm noção do que é construir um país nem um Estado, e ficam confundin-

* O jornal continuou a explorar o tema numa série de reportagens, que incluiu uma entrevista com o empresário Mário Petrelli, ex-arrecadador da campanha de 1998 e ex-sócio de Eduardo Jorge. Petrelli não admitiu o caixa dois, mas declarou duvidar da existência de partidos não comprometidos com a prática no Brasil.

** Lafer assumiu a chefia do Itamaraty no final de janeiro de 2001.

do alhos com bugalhos numa tentativa permanente de mostrar que todos são farinha do mesmo saco, que são todos iguais, que tudo é ladrão, tanto faz Maluf, Mário Covas, eu ou quem quer que seja, o Lula, que é tudo a mesma porcaria. Essa é a tese prevalecente. No fundo é o mercado vencendo o Estado, e eles têm a ilusão de que é o contrário. É a versão mais pura do neoliberalismo: destruir o Estado. Delenda do representante político do povo, porque o que vale é o mercado.

15 A 24 DE NOVEMBRO DE 2000

Cúpula Ibero-Americana no Panamá. Reuniões com a CUT e a Força Sindical.
Acirramento da disputa partidária no Congresso

Hoje é quarta-feira, dia 15 de novembro, portanto feriado, data da Proclamação da República. As pessoas já nem se lembram dessa celebração, não sei se houve qualquer referência nos jornais, nada, curioso, e o feriado se mantém.

Ontem à noite, Antônio Carlos e Tasso estiveram aqui longamente. O Tasso tinha combinado de vir fazia mais tempo, Antônio Carlos na verdade esvaziou o encontro porque tinha estado comigo anteriormente. A ideia do Tasso ao propor o encontro foi evitar que houvesse uma progressão na onda de mal-estar entre mim e Antônio Carlos, como ocorreu uns meses atrás, mas que parou depois do nosso encontro, meu e do Antônio Carlos, há uns quinze dias. Não obstante, ficamos aqui até quase uma da manhã. Vê-se que o Tasso está agindo com inteligência, ainda que possa estar mordido em ser candidato a presidente da República. Ele quer primeiro criar um núcleo capaz de orientar o partido e as forças coligadas nessa proeza. Antônio Carlos não falou sobre o Jader, disse apenas que não vai deixar o Jader ser presidente do Senado, que sabe que não é para discutir essa questão comigo, porque não quero entrar nisso, não sei o quê.

Eu já tinha estado com o Jorge Bornhausen, que me deu conta das decisões do PFL, não está claro para mim o que eles querem. Falei com o Hugo Napoleão por telefone, tenho a impressão de que Jorge e Hugo gostariam de evitar que houvesse uma luta terrível entre Antônio Carlos e Jader e dão a sensação de que há certa possibilidade de entendimento. Antônio Carlos não dá a menor sensação de possibilidade de entendimento.

Antônio Carlos reafirmou que o Sarney falou com ele, que é candidato, coisa que não foi o que Sarney me disse. Mas, enfim, o Sarney é mais hábil do que todos, pode estar dizendo muitas coisas para chegar a seu objetivo.

Não houve nada de novo na nossa conversa, embora ela tenha sido marcada muito sigilosamente, como se fosse uma coisa muito definitiva. Antônio Carlos já tinha estado comigo na manhã de ontem, eu o encontrei na comemoração da Ordem Nacional do Mérito Educativo.*

Antes da solenidade do Mérito Educativo, tive uma reunião na Câmara de Desenvolvimento, de rotina, para que o ministro da Agricultura nos explicasse os

---

* Atribuída anualmente pelo governo federal a personalidades nacionais e estrangeiras com serviços excepcionais prestados à educação.

avanços do financiamento, a projeção de safra etc. Aproveitei para dizer que precisamos enfrentar dois grandes temas: o da exportação e o tema urbano, habitação, saneamento, transporte. Nessas duas áreas vitais o governo ainda está com políticas frouxas, pouco consistentes. No resto não, já temos políticas definidas para os próximos dois anos. Fiz essa reunião para reforçar a posição do Tápias, para que a área econômica entendesse que eu preciso dispor de alguns instrumentos para uma política mais agressiva de exportação. Esse também foi o objeto da minha conversa com o Delfim. Por coincidência, o Sérgio Amaral me telefonou hoje de Londres e manifestou a mesma preocupação, mas me telefonou principalmente por causa da Argentina. Aliás, recebi muitos telegramas mandados ao Itamaraty por nossos embaixadores a respeito da situação argentina. O mercado exagera muito nesse caso e o Brasil é condescendente. É um misto curioso, o que ocorre com a Argentina. A situação não é tão grave quanto estão dando a saber, mas ainda é grave. Há algumas inconsistências, sobretudo na parte fiscal nas províncias, mas a inconsistência maior é política, a falta de comando efetivo do presidente De la Rúa e dos partidos coligados.

Sérgio Amaral voltou também ao tema da questão comercial, acha que está faltando agressividade e especificidade na política comercial brasileira, reiterou o que o Tasso já havia dito na conversa com Antônio Carlos. Tasso insistiu na tese de que nós estamos preocupados com a macroeconomia — "nós" quer dizer o Malan e o Armínio, de quem ele gosta muito —, mas falta política industrial, falta política comercial. Eu rebati, mas ele não deixa de ter razão. Não é que falte política tal e qual; é que é preciso que outros façam essa política. Não é o Ministério da Fazenda que tem que fazer, embora o Ministério da Fazenda deva não atrapalhar. Acho que é preciso maior agressividade mesmo na área comercial, sem confundir agressividade empresarial com subsídios, com tarifas, que já existem. A própria desvalorização foi um enorme impulso para a exportação, os nossos empresários têm também que aprender a trabalhar num mundo moderno, têm que exportar, cuidar da marca, da qualidade do produto, absorver tecnologias. Há uma parte do trabalho que o governo não pode fazer, porque é propriamente empresarial.

Ontem ainda recebi o Cícero Lucena* para falar rapidamente sobre as questões da Paraíba. Depois, à tarde, tive uma reunião importante a respeito do aumento dos militares, problema dramático, os militares ganham mal. A dificuldade é que eles são 350 mil, mais ou menos, na ativa e, digamos, 220 mil inativos, pensionistas — os números exatos não são esses, mas é aproximadamente isso. O dispêndio é igual, paga-se tanto — seja 50 milhões de reais — para os ativos quanto para os inativos, que correspondem no mínimo a 60% do contingente dos ativos. Logo, o volume de dispêndio é maior na inatividade, com os pensionistas, do que com os que estão na atividade. A distorção da cultura do aposenta-

---

* Prefeito reeleito de João Pessoa (PMDB).

do no Brasil é terrível. No caso dos militares, em parte é porque há a "expulsória": eles não podem permanecer por mais do que xis tempo em cada patente, e isso dificulta os aumentos. Não obstante, determinei que houvesse, mesmo parcelando, algum aumento, porque eles estão ganhando mal e porque esse pessoal não pode ser tratado como se fosse desimportante para o país. Com as carreiras estáveis que estamos organizando, algumas carreiras civis estão mais bem remuneradas; é preciso equiparar os militares a essas melhores carreiras. Tudo isso vai ser muito difícil. Tivemos reuniões infindáveis sobre salário mínimo, e não estamos conseguindo equacionar o aumento do salário mínimo. Como é que vamos equacionar o aumento dos militares? Tremenda dor de cabeça. Pedro Malan acabou de me telefonar, hoje é feriado, como eu já disse, ele virá aqui preocupado com essas questões.

Fora isso, apenas telefone o tempo todo, as questões relativas às contas da campanha de 1998 amainaram um tanto.

Acabou de me telefonar o Miro Teixeira, ele é um dos signatários* que pedem a reabertura do impeachment meu, na verdade me telefonou amistosamente, disse que isso é uma besteirada, não sei o quê, essa coisa do Miro, disse que está empenhado na fusão PTB-PDT, que ele acha difícil. Ele tem uma ponte comigo, aliás eu disse a ele: "Olha, Miro, é curioso, os governadores do PT se dão muito bem comigo". Eu gosto dele, gosto do Jorge Viana, gosto do Zeca do PT, e também do Olívio, que é mais fechadão, mas é correto, são todos bons gestores. É uma situação curiosa: o PT me ataca incessantemente, mas na relação direta, administrativa, é o contrário. Verdade que no caso administrativo são eles que tiram de mim, e não eu deles. De qualquer maneira, eles têm sido corretos no relacionamento.

Vamos jantar aqui hoje com o Juarez Brandão Lopes, o [Werner] Ackerman,** que é um antigo amigo meu e de Ruth, lá do Chile, e talvez venha o Serra.

HOJE É QUINTA-FEIRA, DIA 16 DE NOVEMBRO, quase meia-noite. Recebi hoje o [Antônio] Dias Leite, para discutir um projeto de desenvolvimento do Brasil. Um homem interessante, teve participação ativa no tempo dos governos militares, tem preocupação com o Brasil e sempre quer propor alguma ação mais eficaz do Estado.

Depois recebi o Cesar Maia, homem inteligente, veio fazer as pazes com o governo, tranquilo com o apoio do PSDB lá no Rio.*** Eu disse a ele que sempre apoio

---

* A oposição protocolara no TSE e na Procuradoria-Geral da República três pedidos de investigação sobre as contas da campanha do PSDB em 1998.
** Sociólogo chileno, professor da Flacso de Santiago.
*** O tucano Ronaldo Cezar Coelho, que obtivera 1,8% dos votos no primeiro turno carioca, declarou apoio a Maia na segunda etapa da eleição.

os governos que fazem boa administração, independentemente da cor do partido, não me referindo a ele senão que ao PT etc. Ele diz que não vai reclamar da dívida do Rio, que tem relação boa com a Caixa Econômica, alguém da Caixa que foi colega dele, não sei quem seria, deve ter problemas de expansão de habitação, enfim, tudo positivo. Mencionei apenas que, além da preocupação de administrar bem o Brasil, das coisas caminharem direito e de nós crescermos, preocupa-me a sucessão, e que nisso estarei empenhado.

Aí ele falou no Ciro, eu disse o que penso do Ciro, ele falou que também ficou decepcionado com o Ciro, que achava o Ciro um homem um tanto oportunista, mas com ideias claras. Depois viu que ele não é oportunista, não, que ele parece ter rumo, tem convicções, mas que é muito confuso, não sabe nada, não tem estrutura, que não pode ser candidato, ele já disse isso ao Roberto Freire, e que teria apenas falado bem do Ciro, e que agora quer compensar a derrota do Ciro no Ceará.* Acha que o Ciro vai acabar se juntando ao Itamar e que todos eles, Itamar, Brizola, Ciro, vão estar juntos na mesma posição. É uma possibilidade, Ciro vice do Itamar é uma possibilidade. Eu acho realmente que o Ciro não tem estrutura, eu disse a ele que o PT tem estrutura e que o governo, organizando-se, terá também estrutura e que pode enfrentar o PT. Que a meu ver haverá um terceiro, um quarto candidato e que ninguém vai ganhar no primeiro turno.

A conversa foi boa, ele disse que eu posso usar a casa da Gávea Pequena, que ele não vai morar lá, eu insisti que não era necessário, ele disse que seria bom para o Rio, essas coisas.

Almocei com o Luís Henrique, que é prefeito de Joinville** e quer ser candidato ao governo de Santa Catarina; ele é meu amigo de longuíssima data, é um homem direito e claro que no futuro vai querer certo apoio em Santa Catarina. Estavam também o Padilha e o Aloysio. Eles lançaram o Simon no PMDB*** e me explicaram que o Simon derrapou um pouco, mas que gosta muito de mim, me chama de Fernando e que o Padilha garante que vai segurar o Simon. Eu estou pouco preocupado com o Simon, enfim...

Depois recebi o José Mário Miranda Abdo, que é o diretor-geral da Aneel, foi a primeira vez que conversei longamente com ele. Não é um rapaz mau, ao contrário; está fazendo um bom trabalho, tem se esforçado, gostei.

Depois o Sardenberg, para discutir o encontro de área.

O Andrea veio falar comigo, preocupado com a portaria que o Zé Gregori assinou para o controle etário dos programas de televisão e que foi usada pelos juízes

---

* Juraci Magalhães, do PMDB, derrotou Inácio Arruda (PCdoB) com 53,9% dos votos no segundo turno e se reelegeu à prefeitura de Fortaleza. Patrícia Saboya (PPS) ficou em quarto lugar no primeiro turno, com 17% dos votos.

** Reeleito no primeiro turno.

*** O senador gaúcho lançou sua pré-candidatura à Presidência com apoio do comando do PMDB.

para acabar com os programas da Globo.* Há uma rebelião nacional contra isso, a Globo inclusive esquentando matérias sobre o chamado caixa dois do PSDB, com o propósito de mostrar que não está contente com nossa orientação — que, aliás, não foi minha, foi do Zé Gregori. Está na Constituição, a redação da portaria foi inábil, a mídia tem se esforçado um pouco mais na autorregulamentação, e agora vem essa onda de que estamos querendo censurar... Todo mundo é contra a censura. Aqui no Brasil se misturam alhos com bugalhos. Li o parecer do tal juiz, não sei se ele tem razão ou não, mas essa questão não pode ser oito ou oitenta. Não pode haver censura, certamente que não, mas a qualificação de certos programas por horário, por causa de crianças, é normal. Mas é difícil, porque vai passar aqui como se fosse censura.

Estamos vivendo uma fase difícil. Acabei de ver na televisão um procurador dizendo que vai investigar, que o Ministério Público vai pedir à *Folha* as tais informações de caixa dois do PSDB. Já dão por certo que aquela página [a planilha sobre eventuais contribuições] que lá estava é a expressão da verdade. Eu não conheço a página, não sei, mas do que vi desse pessoal pode haver anotações, previsões. Deve haver muitas páginas desse tipo, e certamente não é nada disso que estão dizendo.

O Arthur Virgílio acabou de me mandar a prestação de contas do PT, do PPS e PSDB. É patético, o PT não gastou nada, 2 milhões, o PPS menos ainda e o PSDB 43 milhões. Não obstante, quem leva pau, quem dizem que está escondendo doações é o PSDB. É de morrer de rir. Na verdade, se isso for levado a sério, o PT, o PPS e todos os demais vão ter que explicar que contas são essas. Não gastaram nada? Realmente é uma coisa fajuta. Não obstante, o pau vai sempre para cima do governo.

Passei o resto da noite mexendo nos papéis, lendo material que preciso arquivar, jogar fora, rasgar. Fui ver o [Maurice] Béjart no teatro** com a Ruth e a Danielle. Amanhã vou ao Panamá, onde haverá uma reunião da Cúpula Ibero-Americana. Só retomo [as gravações] na volta.

HOJE É SEGUNDA-FEIRA, DIA 20 DE NOVEMBRO. Fui ao Panamá, a viagem foi normal, passei antes em Roraima para falar com a Teresa Jucá e o Neu-

---

* A portaria 796 do Ministério da Justiça, baixada em setembro, reinstituiu a classificação etária na televisão e restringiu programas considerados inapropriados para crianças e adolescentes ao horário das 22 horas. Na sequência, o juiz Siro Darlan, da 1ª Vara de Infância e Adolescência do Rio, concedeu ao Ministério Público uma liminar para proibir a exibição de cenas amorosas e a participação de menores no elenco da novela *Laços de família*, da rede Globo, que precisou refazer episódios já gravados. A emissora recorreu. Em dezembro, Globo e procuradores chegaram a um acordo e a novela voltou a gravar com atores mirins.
** O Béjart Ballet Lausanne se apresentou no Teatro Nacional na etapa brasiliense de uma turnê pelo país.

do Campos, que são adversários, mas me apoiam, ela prefeita,* ele governador.**
Vou dar apenas algumas impressões sobre a reunião no Panamá.*** Essas reuniões ibero-americanas são um esforço da diplomacia espanhola para mostrar a força da Espanha na comunidade ibero-americana. Os portugueses sempre ficam um pouco contrafeitos, mas são muito responsáveis, gente fantástica, o Jorge Sampaio e o Guterres muito construtivos nas discussões. Lá estavam o rei, a rainha, o Aznar. O Aznar abriu a reunião no dia seguinte, sábado, porque na sexta-feira houve apenas um jantar interminável.****

No sábado de manhã, o Aznar já foi propondo a Espanha como exemplo para o resto da América Latina, ou seja, de democracia, de economia de mercado, essas coisas. Eu não sabia de nada que houvesse por trás disso, mas, enfim, todo mundo falou, essas reuniões são infindáveis, todos os presidentes falam, a Mireya Moscoso, presidente do Panamá, conduziu a reunião frouxamente, deixou falar à vontade. Mas não foi isso que marcou a cúpula.

O que marcou foi basicamente uma briga do Fidel Castro com o Zedillo, com os espanhóis, sobretudo com El Salvador. Por quê? Porque nas reuniões anteriores, de ministros, Cuba tinha votado contra uma manifestação de solidariedade à Espanha pelo atentado da ETA no País Basco.***** Isso causou grande mal-estar, o Fidel, quando chegou ao Panamá, no mesmo dia que eu, na sexta-feira, já tinha declarado que havia um complô, um atentado contra ele,****** e isso criou um clima, todas as seguranças de todos os presidentes estavam muito aflitas porque haveria um atentado contra Fidel. Eu não estava sabendo da veracidade disso, nem de coisa nenhuma.

Quando chegou a hora da votação das conclusões da reunião, já todos cansados, depois de uma e meia da tarde, quando nós íamos embora, começou uma briga. Eu tinha que entregar as atas do Congresso Anfictiônico,******* porque

* Prefeita eleita de Boa Vista (PSDB).
** Pelo PFL.
*** As reuniões de trabalho da cúpula aconteceram no Centro de Convenciones de Atlapa.
**** Nos jardins da sede da Autoridade do Canal do Panamá.
***** Pátria Basca e Liberdade, na sigla em basco. A organização terrorista perpetrara dezenas de atentados na Espanha desde o início de 2000, depois de uma trégua de quase dois anos. Em 30 de outubro, um carro-bomba no centro de Madri matou o juiz Francisco Querol, da Suprema Corte espanhola, mais três pessoas, deixando 74 feridos. A manifestação de solidariedade à Espanha e o repúdio ao terrorismo foram propostos pelo presidente Francisco Flores, de El Salvador.
****** O chefe de governo cubano anunciou numa entrevista coletiva que seria alvo de uma tentativa de assassinato encomendada por exilados cubanos de Miami, detectada pelo serviço secreto de Havana. Segundo Castro, os assassinos já estavam no Panamá e teriam sido contratados na Guatemala e em El Salvador.
******* O Brasil entregou ao Panamá as atas do Congresso Anfictiônico de 1826, convocado por

o Brasil é proprietário delas e dispôs-se a entregá-las ao Panamá, que irá colocá-las na Sala Bolívar, em um prédio especial no Panamá.* Eu queria ir para lá, todo mundo queria ir embora. Pois bem, na hora da votação das moções, o Zedillo fez uma provocação para forçar Cuba a se explicar por que não topava o repúdio ao atentado do ETA. O Fidel, então, disse que Cuba não tinha nada a esconder e que ele passaria a palavra ao ministro do Exterior, o Felipito, o qual foi extremamente agressivo, quase desaforado. Disse que Cuba vivia cercada: atentados contra Cuba, terrorismo contra Cuba, que Cuba era contra todos os terrorismos e não aceitava discriminar um terrorismo só. Não deu para entender bem. Se Cuba está sendo vítima de atentado, seria razoável protestar contra o terrorismo, vamos protestar contra o caso específico que havia ocorrido na Espanha. Não deu para entender.

O Felipito voltou a falar, e foi fortíssimo o que ele disse. Fez uma espécie de histórico dos atentados a Cuba e do que foi feito com o pessoal de El Salvador, que não tomava medidas contra tentativas de atentados a Fidel e aos cubanos em geral.** Disse que já denunciou os responsáveis ao governo de El Salvador, dando nome, endereço, enfim, entrou em detalhes e disse que Cuba tinha uma posição revolucionária, que teve solidariedade internacional, essas coisas.

Surpreendentemente, para quem não o conhecia, o presidente de El Salvador — chama-se Francisco Flores, rapaz jovem — fez uma diatribe direta contra o Fidel, disse que o Fidel tinha as mãos ensanguentadas, que tinha participado de muitas violências na terra dele e que ele [Francisco Flores] não era responsável pelo que os governos passados [de El Salvador] fizeram. Quanto ao último atentado ao Fidel,

---

Simón Bolívar, então presidente da Grande Colômbia (integrada pelo futuro Panamá), para propor aos vizinhos latino-americanos a formação de uma República federal em todo o subcontinente. O evento é considerado precursor da fundação da OEA e do pan-americanismo. O único original remanescente das atas completas do congresso, realizado num convento franciscano da capital panamenha, até então permanecia no Arquivo Histórico do Itamaraty.

* Os documentos históricos — conhecidos em espanhol como Protocolos del Istmo — são conservados na Sala de Actas do Museo Bolívar, anexo à chancelaria panamenha, sediada no palácio homônimo.

** Nos anos 1970, Fidel Castro escapou de uma tentativa de assassinato no México por agentes salvadorenhos. Em 2000, o mentor da tentativa de assassinato de Castro no Panamá foi Luis Posada Carriles, terrorista cubano e suposto autor do atentado a bomba que explodiu um avião de passageiros da ilha em Barbados, em 1976, matando 73 pessoas, e de ataques a tiros a turistas em Havana em 1997. Carriles residia em El Salvador. Em 17 de novembro de 2000, foi preso no Panamá com outros três suspeitos de preparar o ataque ao ditador cubano. Condenado por terrorismo, em 2004 o terrorista foi indultado pela presidenta Mireya Moscoso e, no ano seguinte, exilou-se nos EUA.

denunciado pelos cubanos a ele, tem o nome da pessoa, mas disse que não tinha como julgá-la. Foi fortíssimo na réplica.

Daí por diante, assistimos a um espetáculo da Guerra Fria, uma volta de dez anos, quinze anos, nas lutas na Centro-América, o papel do Fidel, sua participação revolucionária, um xarope imenso, até que se fez a votação. Todos apoiaram, como era óbvio, a moção de repúdio ao terrorismo na Espanha, mas ficou uma sensação de culpa. Aí, quem salvou a festa foi Hugo Chávez, que votou a favor da moção e em seguida contou que na terra dele havia um barbeiro espanhol muito benquisto que um dia foi selvagemente atacado por uma pessoa que quase o matou. "O que é isso? Você está fazendo isso por quê?", o barbeiro perguntou. "Porque você é espanhol." "Mas o que ser espanhol tem a ver com essa pancadaria?" "É que os espanhóis fizeram muita maldade contra nós quando ocuparam a Venezuela", não sei o quê. "Mas isso faz quatrocentos anos!" "É, mas eu só soube disso hoje."

"Olha", disse Chávez, "como o venezuelano, nós aqui só soubemos hoje dessas coisas todas. Vamos esquecer o passado, não é possível isso continuar assim." Foi aplaudido e o episódio encerrado. Mas foi penoso, patético, mostrou o grau de despreparo institucional de muitos países latino-americanos. A reunião não teve ordem, não houve objetividade. Muito ruim. É um comentário pessimista sobre esse tipo de reunião e sobre o próprio Fidel, que hoje em dia é uma figura bastante ultrapassada. Eu mesmo disse isso no meu discurso, não sobre ele, mas sobre algumas ideias. No almoço Fidel foi muito gentil comigo, ele vive trocando gentilezas comigo, disse até que gostou do que eu disse lá. Não sei.

Outro que me impressionou foi o Fernando de la Rúa. Estava lá o Iglesias, conversei várias vezes com ele sobre a Argentina, estava o Giavarini, que se despediu, vai como embaixador para Moscou...* Enquanto isso, na Argentina, a situação é difícil; é preciso haver um pacto dos governadores para aceitarem as reformas do De la Rúa, para o Fundo Monetário poder apoiar a Argentina.** E o De la Rúa me pareceu muito ausente de tudo isso, assim flutuando. Numa conversa que tive com ele e com a mulher dele*** no jantar de sexta-feira, eu os notei desanimados, ela mais explícita do que ele, dizendo que a Presidência é um aborrecimento contínuo. Eu disse: "É verdade, eu tive vários, mas há momentos piores, momentos melhores...". Eu o sinto meio como barata tonta na Presidência da Argentina. É uma pessoa simpática, boa pessoa, certamente, mas não sinto nele a liderança necessária para levar adiante a Argentina. Foi o que mais me impressionou.

* Giavarini permaneceu à frente da chancelaria argentina.
** Buenos Aires anunciara um plano de congelamento de gastos públicos durante cinco anos, a ser negociado com as províncias, para obter um empréstimo de socorro do FMI. Outras medidas anunciadas incluíram a privatização do sistema previdenciário, o aumento da idade mínima da aposentadoria e a terceirização da cobrança de impostos.
*** Inés Pertiné.

Por sorte hoje, segunda-feira, parece que chegaram a um entendimento na Argentina, porque, se não chegassem, nós brasileiros também iríamos sofrer com as idas e vindas do mercado.

Isso foi basicamente o que fizemos no Panamá. De certo ponto de vista, foi uma perda de tempo; de outro, são questões formais necessárias para a manutenção do espírito latino-americano, ibero-americano etc.

Na volta, passei pelo Acre, porque eu queria ver o Jorge Viana, que também estava recebendo ameaças de sequestrarem a filha dele, de matá-lo, eu queria dar solidariedade a ele. Fui ver uma estrada entre o aeroporto e a cidade,* que está sendo feita com a cooperação do governo federal e dele. Gosto do Jorge Viana, é um rapaz trabalhador, que me parece correto, do PT; isso vai provocar reação dos partidos que não gostam tanto do PT, mas achei meu dever ir lá.

Cheguei ontem à noite aqui e encontrei a bomba sobre a qual já tinha sido avisado: na reunião dos exportadores, o Everardo Maciel teria dito que não sabia se poderia implementar as medidas que haviam sido anunciadas à imprensa.** O Tápias ficou muito irritado, tentou falar comigo na sexta-feira, não falei com ele, mas falei no sábado de manhã, portanto dia 18. Parecia que ele estava querendo pedir demissão, senti isso, eu disse que esperasse, que na volta, que seria hoje, eu o chamaria. Falei com Pedro Malan, que já tinha dito ao Everardo que as decisões estavam tomadas, posto que eu, antes de embarcar para cá, tinha dado uma declaração pela televisão reafirmando que as medidas estavam decididas. Mas notei o Tápias muito acabrunhado com o assunto.

Hoje passei a tarde com o Tápias, Pedro Parente e Pedro Malan. No fundo não é nada com o Everardo, é uma tensão com o Ministério da Fazenda, e no caso o Tápias tem razão, porque há muitas manobras protelatórias nas decisões, há uma desconfiança básica da turma da Fazenda de que a turma do Ministério do Desenvolvimento quer aumentar as tarifas de importação e dar subsídios, e não é assim. É preciso ter um entendimento mais amplo da coisa. Passamos a tarde discutindo, chegamos a certo entendimento, vamos dar uma força maior ao Tápias. Malan não estava tão contente com o resultado, mas sentiu também que não podia forçar a barra, porque o Tápias iria embora. Falei com o Tápias com clareza, disse que era melhor esperar, que em janeiro haverá transformações no ministério.

Não sei se já registrei aqui, mas o Pedro Malan, numa conversa pessoal comigo na semana passada, me disse que não tem mais condições físicas de continuar no ministério, que está doente, mas não é nada grave. Seria uma pena perder o minis-

---

* O trecho da BR-364 em Rio Branco estava em obras de duplicação.
** Maciel e Tápias divergiram publicamente sobre as medidas de estímulo à exportação anunciadas pelo governo, que incluíam a revisão do mecanismo de ressarcimento do PIS/Cofins a empresas exportadoras e a isenção de imposto de renda sobre custos de promoção comercial de produtos brasileiros no exterior.

tro, poderemos resolver essa questão mais facilmente em janeiro. Passei a tarde discutindo o assunto, afinal conseguimos, depois de muito esforço, fazer uma nota dizendo que permanece tudo como dantes no quartel de Abrantes. Isso foi o principal hoje.

A preocupação que apareceu quando eu estava no Panamá foi que a *Folha* voltou a falar de gastos de campanha, agora da campanha de 1998, e a partir de nada, montando uma matéria com base em umas declarações de Zé Eduardo Vieira [José Eduardo Andrade Vieira], e ele mesmo disse depois que não foi assim. Quem não leu o depoimento dele não sabe do que ele está falando. A *Folha* exagerou a partir do depoimento dele. Zé Eduardo diz que o Eduardo Jorge continua sendo o homem da minha confiança e que em 1994 o Eduardo Jorge não trabalhou na campanha com arrecadação, o que é verdade, mas que em 1998 ele foi convidado pelo Eduardo Jorge para ajudar. Não sei, nunca ouvi falar disso. Mas o que ele declarou é muito menos grave do que o que dizem que ele declarou. Tenho pena, [o Zé Eduardo] perdeu tudo, eu sei, está ressentido, mas isso não é o principal; o principal é que a *Folha* continua com essa questão desagradável.

Bresser diz que a planilha [o rascunho publicado pela *Folha*] não é dele. Essa história é de 1994, então, não sei de quem pode ser, realmente é uma relação de nomes e pessoas, e o clima ficou ruim, porque na verdade a *Veja* generalizou, mostrou que todos [os partidos] têm algum tipo de desrespeito à legislação, os juízes também. Agora, por que vir para cima do PSDB e de mim? Por razões óbvias: a *Folha* é uma espécie de *Tribuna da Imprensa* sem militares.* É um jornal que gosta de escarafunchar, não foi verificar se a planilha é autêntica, parte do pressuposto de que é autêntica, que houve isso mesmo, que todos são iguais, que o ser humano é mau. Esse pessimismo, que é permanente na *Folha*, vem da visão filosófica; não é específico contra A, B ou C, é geral com relação ao mundo.

HOJE É QUARTA-FEIRA, DIA 22 DE NOVEMBRO, quase meia-noite. Ontem o dia começou com a minha ida ao Itamaraty para a abertura de um Encontro Nacional de Desburocratização.** Aproveitei e fiz uma conferência sobre ética na política, tribunais de contas não sei o quê, dei uma aula.

Depois fui ao Planalto, expediente normal, e vim para um almoço no Palácio da Alvorada com o Conde, prefeito do Rio de Janeiro. Conversa agradável como sempre, ele foi discreto, disse que estará à minha disposição, não insinuou coisas do ministério, não, apenas para ajudar, para trabalhar, e tudo bem.

A tarde foi bastante agitada, e por muitas razões.

---

* Alusão à aliança entre o jornal de Carlos Lacerda, a UDN e setores do alto oficialato para a deposição do presidente Vargas em 1954.
** Promovido pelo Ministério do Orçamento e Gestão.

Continuamos discutindo o aumento dos militares com a área econômica, difícil, mas vai ter que ser dado, não tem mais jeito. Eles vão ter que começar a rever as falhas, nossas inclusive, com os funcionários públicos civis, com as categorias que não foram beneficiadas.

Discutimos também o aumento do salário mínimo, com dificuldade, na área econômica, basicamente o Pedro Malan e o Bier — mas com muita insistência também o Martus Tavares — com medo de que a gente dê aumento sem ter fontes, essas coisas. Mas chegamos a algumas fontes que são passíveis de serem quantificadas.

Depois recebi a Força Sindical, vieram o Paulinho, o Medeiros, este meio barbado, emagrecido, todos eles de roupa de caminhantes, porque vieram pelas estradas,* não sei o quê, longa discussão, os jornais presentes, FGTS, o salário mínimo, expliquei a necessidade de financiamento, aleguei a responsabilidade fiscal, o desejo do governo de avançar e disse que vamos apresentar fontes, citei algumas.

Saí para ver o Nizan, que está lançando o iG, e quando abri a porta vi que havia um bando de trabalhadores ligados à Força Sindical, já estava a meio caminho, resolvi voltar e cumprimentar o pessoal. Sucesso absoluto, grande alegria, manifestações de apreço a mim, e tal, quando chegou o Medeiros e disse: "Então, o senhor vem direto às nossas bases?".

"Não são suas bases, são minhas", brinquei e fui embora.

Jantei com Armínio Fraga, a Gilda Portugal também veio, jantou com a Ruth. Armínio já estava informado da decisão do Malan de ir embora, e tanto Armínio quanto Malan coincidem com meu ponto de vista de que o melhor candidato para substituir o Malan é Pedro Parente, pessoa muito diferente, é mais operacional, menos teórico, tem menos reconhecimento no exterior, mas o Armínio supre essa parte.

Ontem também conversei com o Armínio sobre a reunião de hoje do Copom, eu disse que achava que devíamos baixar os juros, o Armínio não disse isto, mas até pareceu concordar comigo. Hoje, quarta-feira, entretanto, resolveu não baixar os juros, me transmitiu por telefone a decisão do Copom.** Acho que é um erro, porque já seria possível dar um sinal, ele retrucou: "Não, não dá, porque só de aumento dos tribunais foram 12,5%". Ora, isso não tem nada a ver com taxa de juro, são sinais que "o mercado" capta, é coisa de espiritismo, não de análise econômica, é de conservadorismo de mercado. Na próxima vez serei mais insistente e tentarei obter algo mais efetivo, porque é necessário.

Com o Armínio passei tudo em revista, ele me perguntou do Itamaraty, porque o Lampreia disse a ele que estava com vontade de ir embora. Eu disse que dos embaixadores, dos mais novos, os mais efetivos são o Rubens Barbosa e o Sérgio Ama-

---

* A Força Sindical organizara a Marcha do Salário Mínimo, caminhada entre São Paulo e Brasília completada por trezentos manifestantes. Medeiros propusera um projeto de lei para o reajuste do mínimo até US$ 100.

** A Selic se manteve em 16,5% ao ano.

ral, que talvez o Sérgio Amaral seja mais apropriado para ser ministro. O Lampreia prefere o Seixas ou então o Celso Lafer, na média todos preferem o Celso Lafer, que é uma pessoa com a cabeça moderna, é leal e serviu bem nas funções com que teve que se haver. Provavelmente vou nomear o Celso. Não está ainda decidido na minha cabeça, mas provavelmente farei assim.

Hoje, quarta-feira, a família Schurmann veio nos visitar no Palácio da Alvorada, Recebi o Lúcio Alcântara. O Arruda, que estava almoçando aqui com o Vilmar para discutir problemas de governo, me informou que a coisa está muito ruim no Congresso, porque o Aécio tinha se lançado formalmente [à presidência da Câmara] e o Geddel o apoiou formalmente. Como resultado, o PSDB no Senado estaria inclinado a apoiar o Jader. Eu disse: "Olha, Arruda, você é o líder do governo, não se meta nisso, eu vou falar com o Teo". Telefonei ao Teotônio, disse: "Teo, melhor dizer que por enquanto essas assinaturas de apoio são sinais, que ainda não são coisas fixadas".

Ele: "Mas a bancada aqui disse que quem apoiasse o Aécio na Câmara teria nosso apoio no Senado".

"Bom, quer dizer então que a política brasileira vai girar em torno do Aécio? O Aécio é o ponto fixo?"

Eu já tinha dito isso ao Aécio. O governo, no caso, mudaria seus compromissos por causa dele? As outras alianças se quebrariam? Aí telefonei para o Pimenta e pedi que ele agisse, porque isso me parece uma coisa bastante desastrada.

À tarde recebi o Dante de Oliveira para conversar sobre o Mato Grosso, depois recebi o Quintão e os comandantes da Aeronáutica e do Exército, para assinar as promoções, e voltei a me reunir com a área econômica sobre o financiamento do salário mínimo. Passei um tempo no telefone por causa dessas questões todas, e ainda Clinton anda atrás de mim por causa da reunião da Haia sobre clima e eu atrás do Chirac para cumprimentá-lo pelo discurso que fez.* Aliás, telefonei também para o rei da Espanha, o Juan Carlos, para felicitá-lo pelos 25 anos de reinado.

Nesse meio-tempo tive que receber no final do dia a CUT, que veio com o João Felício, o novo presidente, junto também do Aloizio Mercadante e de uns doze homens e mulheres dirigentes nacionais da CUT. Até que a conversa foi boa, minha posição é difícil, porque eles dizem: "É, não houve aumento do funcionalismo", e tal, e eu disse: "Não é verdade, houve, mas foi pouco. Para algumas carreiras mais bem protegidas, até que o aumento foi razoável, mas para a massa dos funcionários, não". Foi realmente difícil defender a política do governo.

Já quanto ao salário mínimo foi mais fácil, eles não acreditam que eu penso o que penso, acho que deveríamos ter um imposto de solidariedade, tirar mais dos

---

* VI Sessão do Convênio Geral das Nações Unidas sobre Mudanças Climáticas (COP-6). Os EUA, a União Europeia e os países em desenvolvimento divergiram sobre o mecanismo de compensação das emissões de gases do efeito estufa através de créditos de carbono. A conferência não chegou a um consenso.

ricos. Isso eu penso mesmo e disse que apoiaria esse tipo de coisa, pois já tinha discutido no governo essa matéria. É dificílimo, porque cada vez que eu digo isso sai no jornal que eu estou querendo tirar dinheiro da classe média, os jornalistas que mais ganham se defendem como se fossem da classe média e põem isso no jornal. Já cansei de dizer que sou favorável ao imposto de renda, e no Brasil acham ruim haver imposto de renda. Os que ganham mais, acima de 10 mil reais, deveriam pagar 1%, 2%, 3% a mais de imposto solidariedade, para aumentar o salário mínimo. O Aloizio Mercadante disse que vai apresentar uma emenda desse tipo. Tomara, acho que devemos apoiar.

Terminado isso, fiquei até quase nove horas da noite despachando, vendo confusões. Vou ao Espírito Santo, cada viagem minha é sempre uma confusão, os governadores querem que eu assine convênios que não estão prontos ainda, há suspeita de todo tipo, de que possa haver aproveitamento disso e daquilo, enfim, é um inferno. Além de tudo, telefonemas de toda parte por causa da situação tensa na área política, o Serra falou comigo, o Madeira, o Arthur Virgílio, todos que estão ligados ao tema. Mais uma confusão, porque recebi pela Rose [de Freitas] o recado de que o Antônio Carlos gostaria de ter um encontro com três do PSDB, três do PMDB e três do PFL. Quase montei um encontro, porém Antônio Carlos agora é contra!, ainda mais agora. Enfim, o rolo político é total. Vim pra casa, fiquei conversando com a Ruth, agora vou ver um pouco de televisão e depois dormir.

HOJE É SEXTA-FEIRA, DIA 24 DE NOVEMBRO, são oito da manhã. Vou partir daqui a pouco para o Rio de Janeiro, depois para Vitória. A quinta-feira foi um dia muito complicado por causa dos rolos que continuam repercutindo, Aécio candidato, o PMDB apoiou o PSDB na Câmara, Antônio Carlos está reclamando para o Pedro Parente que eu não teria cumprido o acordo — não sei qual acordo — feito quando ele esteve aqui com o Tasso. Diga-se de passagem que ele colocou em todos os jornais que esteve com o Tasso aqui. Não houve acordo nenhum sobre nada.

Por outro lado, Inocêncio está nervoso porque acha que eu fiz totalmente o contrário do acordo dele com o PSDB [para ser presidente da Câmara], mas o que eu fiz foi telefonar ao Pimenta e ao Teo para reclamar e pedir que não fechassem o acordo [de apoio do PMDB a Aécio] antes da hora.

De fato, houve um esgarçamento da aliança partidária em função da disputa pelas mesas. Antônio Carlos passou a procurar vários senadores do PSDB, Geraldo Mello, Artur da Távola, para evitar que venham a ser candidatos. Também mexeu no PMDB, porque ontem, quinta-feira, esteve comigo o senador do PMDB de Minas Gerais, dono da Cotemiras,* que veio discutir as infâmias que fizeram com a doação dele para a campanha. Não houve doação nenhuma, ao contrário,

---

* José Alencar.

o PSDB o está ajudando. No final, disse que pensava que talvez pudesse ser uma alternativa, embora seja fiel ao Jader — a mesma conversa de vários senadores do PMDB, na expectativa de uma "boquinha" e de pegar o lugar que o Jader parece considerar ser dele.

O responsável por toda essa confusão é o Antônio Carlos. Ele se intrometeu no PMDB, fez um veto ao Jader. Não quero julgar aqui se o Jader fez isso ou aquilo, politicamente Antônio Carlos se intrometeu na disputa, prejudicando o presidente do outro partido que faz parte da base aliada. Obviamente houve repercussão na Câmara, houve uma mudança de aliados na Câmara e o Inocêncio espirrou. Para o governo era preferível que o PFL e o PMDB se organizassem para disputar e o PSDB entendesse, e seria fácil fazê-lo entender, mesmo que ficasse contrariado ao não ter espaço na Câmara. Na medida em que o PSDB passou a ter esse espaço, é muito difícil dissuadir Aécio. Então, vamos ter tempestade e todos vão dizer que o presidente devia ter feito isso ou aquilo, como é de hábito no Brasil. A verdade é outra: na realidade se o PFL tivesse contido Antônio Carlos e se o PMDB se unir mesmo em torno do Jader, parece que o PMDB vai se unir, vou ver como faço com o PSDB. Mas para ele se unir ao PFL com todo esse clima, é difícil. É o rolo político.

Ontem falei com o Clinton por telefone, primeiro mandei um fax, finalmente ele me achou e pude falar com ele. Depois falei com Chirac a respeito das mudanças climáticas. Com Clinton, conversa normal, ele acha que entendeu errado a posição do Brasil, pensa que nós somos contrários à regra de considerar as florestas existentes como parte do jogo do mecanismo limpo, porque queremos destruir as florestas. Não é isso, é que temos muitas florestas, portanto podemos cobrar dos americanos e dos europeus a responsabilidade do custeio da mudança climática. Esse é o nosso ponto de vista. Ele disse que vai sensibilizar os negociadores lá e eu, da nossa parte, também me esforçarei para chegar a algum acordo. Gostei do entendimento. Clinton me disse que foi muito duro para eles convencerem os republicanos... Conversamos muito ligeiramente sobre a situação da América do Sul, ele disse que não tem condições de vir aqui agora, nem irá à posse do Fox, porque tem que terminar a questão com que está mexendo, a de Israel e Palestina, e também a da Irlanda,* e vai se dedicar a outros conflitos internacionais, a casos de conflito aberto. Com Chirac há coincidência de pontos de vista.

Outra delegação que esteve aqui veio com o [José Carlos] Martinez, presidente do PTB. Ele me disse que vai haver fusão entre o PTB e o PDT, ele vai ser presidente da fundação,** eles vão ter dois terços e os brizolistas um terço. Disse que foi ao Rio a pedido de Cesar Maia, para um almoço em que o Cesar Maia iria elogiar o Ciro,

---

* Clinton atuava como mediador entre os governos britânico e irlandês e os líderes políticos do separatismo católico da Irlanda do Norte.
** O novo *think tank* partidário resultaria da fusão entre as fundações Ivete Vargas (PTB) e Alberto Pasqualini (PDT). O projeto de fusão partidária não foi adiante.

mas Cesar Maia combinou com Martinez que não iria deixar o Ciro se espalhar. No discurso, segundo Martinez me disse, Cesar Maia começou citando o Guevara, "*No hay que perder la ternura*",* referindo-se às grosserias que Ciro tem feito. Martinez disse que a posição de Cesar Maia com o Ciro como candidato é a de que é preciso deixar o tempo passar para que o tempo mostre seu perfume. Depois de quatro anos o Ciro vai poder mostrar a que veio. Cesar Maia teria dito pessoalmente ao Ciro: "A pior coisa é a traição. Você traiu os tucanos, você está agredindo os tucanos, e quem faz isso com eles faz comigo". O Ciro ficou enraivecido, mas depois deu um abraço nele para agradecer a franqueza. Esse é o jogo político brasileiro. Difícil saber por fora o que foi mesmo que aconteceu por dentro.

Ontem à noite também conversei muito com Serra sobre o futuro. Não contei a ele a questão do Malan, mas comecei a discutir algumas mudanças eventuais e levantei o nome do Sérgio Amaral para o Ministério das Relações Exteriores, que ele achou excelente, e o do Cacá [Diegues] para o Ministério da Cultura.

---

* O lema atribuído ao revolucionário argentino é "*Hay que endurecerse, pero sin perder la ternura jamás*".

25 DE NOVEMBRO A 10 DE DEZEMBRO DE 2000

Críticas da imprensa. Posse do novo presidente do México. Encontro com Eduardo Jorge

Hoje é sábado, dia 25 de novembro. Ontem fui ao Rio de Janeiro e fiz uma palestra para os militares que terminaram os cursos superiores, como faço habitualmente na Escola Naval, nada de extraordinário. Depois almocei com os comandantes militares, dois ou três generais mais e o ministro da Defesa, almoço descontraído. Conversamos sobre os países vizinhos, o Brasil, e sobre como as relações são hoje fluidas entre as Forças Armadas, o governo, o Congresso e a própria sociedade. Enfim, um regozijo pelo fato de o Brasil estar em melhor estado do que a Argentina, do que o Peru, e por aí vai.

Depois fui a Vitória, cancelaram boa parte do programa, na verdade havia manifestação da CUT, mas era pífia, eu nem vi, umas 150 pessoas, disseram os jornais, mas cancelaram os eventos. Foi bom cancelar, porque ia me cansar. Fui à inauguração de um terminal privado para receber o material que vai ser utilizado nas perfurações de petróleo,* o que mostra a energia que tem o Brasil nessa matéria. O governador Zé Ignácio fez um discurso primoroso, eu até pedi a cópia. Na verdade foi um discurso que me enaltece, isso sempre satisfaz, mas ele foi muito claro também sobre como o Brasil mudou, como ele mudou o Espírito Santo. Foi muito bom. Fiz um discurso de improviso de maneira entusiasmada, depois voltei para Brasília.

No avião vim conversando com o Tourinho sobre questões do setor elétrico e energético, parece que a pendência com quem paga a energia não fornecida por Angra 2 está bem encaminhada,** também é um pepino, discutimos o futuro de Furnas, talvez dividir a parte de transmissão da parte de geração, deixar Luís Carlos [Santos] com a de transmissão e privatizar a parte de geração. Acho que isso vai ser importante, vai ser necessário, mas me ponderou Tourinho, e com razão, que devemos esperar que termine essa confusão toda do Congresso. Ele está preocupado com isso, disse que vai falar com Antônio Carlos, porque Antônio Carlos ainda o ouve, Tourinho é uma pessoa equilibrada.

Voltei para cá, despachei com Silvano [Gianni], que conseguiu escapar de uma maledicência da *IstoÉ*, depois fiquei vendo televisão, uma discussão sobre telenovela, que me tinha sido dada pelo Lauro César Muniz, um desses famosos autores de novela. Muito interessante, mostra, digamos, como as novelas entram em te-

---

* Terminal da Companhia Portuária Vila Velha, primeiro do gênero construído pela iniciativa privada no país.
** Isto é, o ressarcimento devido a clientes empresariais e domésticos da usina, cujo funcionamento sofria interrupções frequentes.

mas delicados e essenciais para a formação de uma sociedade mais modernizada no Brasil. Vi uma pitada de violência excessiva, me parece, é uma espécie de pot-pourri de 35 anos de telenovela.

Visto isso, tomei um banho de banheira, de imersão, estava cansadíssimo, fui deitar, quis ver televisão no quarto, não foi possível, estava quebrada, e dormi praticamente às nove e meia.

Acordei às sete da manhã de hoje, voltei a dormir e acordei só às dez horas. Passei o dia inteiro trabalhando. Trabalhei com Martus Tavares, um rapaz muito competente, dedicado e bom, sobre o orçamento de 2001, reforma tributária, enfim, as questões habituais. Despachei com Eduardo Graeff, e como a Ruth não está aqui neste sábado, eu estou sozinho, aproveitei para trabalhar mais com Eduardo Graeff a respeito do cooperativismo, porque ele está trabalhando nessa matéria. Martus almoçou comigo, ficou aqui até há pouco, e agora estou mexendo em papéis, depois espero não fazer mais nada. Há uma grande bagunça no palácio porque a Rede Record está montando um cenário para o Boris Casoy me entrevistar amanhã à noite, vamos ver.

HOJE É DOMINGO, DIA 26 DE NOVEMBRO. Passei o dia recebendo algumas pessoas. De manhã, depois da natação, recebi o Pimenta, para conversar sobre o imbróglio das mesas da Câmara e do Senado, as licitações das bandas C, D e E* e tecnologia de terceira geração, enfim, uma porção de problemas dessa natureza. Eu queria que ele conversasse com Armínio Fraga sobre a melhor maneira de fazer o leilão, para aproveitar ao máximo esses leilões de frequência que vão acontecer.

Depois recebi o Vilmar, almocei com ele, pedi algumas pesquisas, a visão do Vilmar é sempre bastante pessimista, e estamos nos preparando para uma mudança ministerial. Vilmar gosta muito de fazer especulações políticas, conversou com todo mundo no palácio [do Planalto] na quinta-feira, ele é muito, muito arguto, conversamos sobre a situação, e sempre a preocupação sobre se o PT vai crescer, não vai crescer, quem vai ser candidato, quem não vai ser, falta isso, falta aquilo no governo, e no fim está tudo bem. É isso mesmo, falta muita coisa, há dificuldades, há crise, mas vamos comparar com a Argentina, ver o que está acontecendo lá. Nós, aqui, penando para ver de quanto vai ser o aumento. Lá: qual vai ser o corte dos salários! Estamos crescendo pouco, 4%, daí para cima, estamos recessivos, e eles estão tentando bater à porta do FMI. Já demos a volta por cima; quer dizer: vamos olhar o futuro com um pouco mais de otimismo, com mais confiança.

Mas há um problema complicado por aqui: o mundo mudou. Vilmar ficou impressionado com a conversa que teve no México com os intelectuais. Segundo ele,

---

* Novas frequências de serviço móvel celular (2,5G) abertas pelo governo à iniciativa privada em 2002.

a maioria já considera o México integrado no Nafta, e veja: aqui ainda há quem queira fechar a economia, acham que estamos cedendo muito ao Mercosul, acham que a Alca não vai acontecer, e nossos candidatos potenciais, Serra, Tasso e outros do PSDB, para não falar do Pimenta, se ele se meter a candidato, são contra a política econômica que estamos fazendo. Nós estamos modernizando o Brasil contra a opinião dos mais próximos a mim. Já repeti tantas vezes isto... eu disse que já houve a revolução copernicana, e o pessoal aqui pensando para trás.

Acabei de ler um comentário do Wilson Figueiredo no *Jornal do Brasil* no qual ele diz que, por mais que eu me esgoele, só vão dizer que eu sou mais neoliberal. Mas é melhor ser mais neoliberal do que neolítico.* Eu não quero ser neoliberal, mas ser neolítico é pior, e aqui nosso problema é que estamos sob a ameaça de um ataque de "neoliticismo" por parte dos chamados aliados, e mais ainda dos chamados adversários — aí, então, é "neoliticismo" puro. O futuro do Brasil é preocupante, porque é uma questão de conceito, de cabeça, de ideia, de capacidade de conduzir este país para enfrentar os desafios atuais, e não ficar remoendo coisas do passado. Bem, são reflexões.

Fora isso, me preparei para conversar com Boris Casoy à noite. Li todos os jornais, intriga para todo lado, como sempre, é uma coisa chata. *Veja* traz uma reportagem sobre "O estilo de Paulo Henrique", tentando insinuar uma coisa ou outra, nada de concreto, dizendo que a Abin teria vigiado o Paulo Henrique ou que um malucão qualquer teria uma carta insinuando que o Paulo teria se metido numa concorrência privada, da White Martins, uma coisa hospitalar.** É mentira. Paulo não tem nada a ver com a White Martins. Essa carta foi parar na mão do general [Cardoso], talvez [enviada] por mim mesmo ou pela Presidência, que mandou um psicólogo olhar o caso do homem, que já foi condenado. É um chantagista e a *Veja* dá asas a esse cidadão.

É o cúmulo, um araponga da própria Abin cobra o Cardoso! É o setor mais reacionário dos arapongas, há indício claro disso, porque um desses arapongas da Abin, no Rio, andou querendo remexer nesse caso que apareceu agora na *Veja*. É uma briga interna de arapongas em cima do pobre do general Cardoso, e a *Veja* dá espaço, fica nesse sensacionalismo. Estão falando da casa do Paulo em Tranco-

---

* Na coluna de 26 de novembro, intitulada "Discurso sobre a falta de método", o jornalista escreveu que "o PSDB paga alta taxa por estar num governo que se deixou confundir, por inépcia, com o neoliberalismo contra o qual o presidente Fernando Henrique Cardoso esbraveja em vão. [...] Até que os resultados prometidos cheguem à vida dos brasileiros, o presidente terá de aguentar a classificação. Melhor neoliberal que neolítico".

** João Batista Vinhosa, empresário fluminense, escrevera cartas à Presidência da República para denunciar Paulo Henrique Cardoso e fora entrevistado por agentes da Abin. Duas semanas antes, a revista publicara que a agência monitorava o governador Itamar Franco, o procurador Luiz Francisco de Souza e funcionários do Ministério da Saúde.

so — eu nem conheço. Antônio Carlos me telefonou há pouco e disse que a casa é modesta, ainda está em construção, o Paulo comprou o terreno do Calé [Carlos Eduardo Régis Bittencourt], amigo dele de juventude, que eu conheço bem e hoje é dono de muita coisa em Trancoso. Quando Paulo comprou aquilo, não valia nada. Não tem nada, só fofoca.

Depois apresentam o Paulo ao lado da Thereza Collor, agora ao lado da Vanvan, dizendo que ela é uma pessoa discreta, depois, no meio, se diz que não... enfim, a nossa imprensa está chafurdada nisso. E a coisa não é só contra o Paulo. Eduardo Suplicy deu uma entrevista realmente patética na *Veja*, dizendo que é candidato, e a *Veja* provoca Eduardo como se a Marta tivesse tido uma queda por um assessor francês* na campanha, uma coisa horrorosa. A *IstoÉ* diz que a filha do Antônio Carlos, a Tereza [Mata Pires], namoraria não sei quem que se beneficiou no governo dele...** Olha, realmente estamos indo para o lodaçal.

A imprensa quer vender. Reitero sempre: o neoliberalismo opera, sim, mas a imprensa quer liquidar com os homens do governo, e não está percebendo que, fazendo isso, liquida o Estado também, e liquida, portanto, a crença do país na capacidade de controle do mercado. A crítica ao mercado vem com esse viés de crítica absolutamente irresponsável que não é propriamente ao sistema econômico; é uma crítica aos políticos, como se todos fossem uma cambada só. Muitos são, mas nem todos, ainda bem.

E vem o Cândido Mendes a me criticar,*** dizendo que eu podia ter dispensado o PFL, "como disse o Sérgio Motta", o sábio Sérgio Motta. Sérgio foi, na época, o maior defensor da aliança com o PFL, porque não tínhamos estrutura para ganhar e muito menos para governar. E o Cândido, que vive levantando recursos da Unesco, agora fica tentando analisar o Brasil, publicando uma "deitação" de regra.

Outro, no *Jornal do Brasil*, dizendo: "Covas é dez",**** embora ele esteja mal, e Fernando Henrique, nota o. Por quê? Porque almocei com artistas na casa do Toninho Drummond.***** Ora, ele é meu amigo de vinte anos, estou careca de almoçar na casa dele. Não atribuo a isso nenhuma negociação com a Globo, é tudo distorção. Ele até é muito útil lá, senão a Globo vai fazer campanha contra o Zé Gregori, que quer implantar uma coisa boa, um regime de autorregulação, que na mídia não estão querendo, mas que vão ter que engolir por causa da portaria do Zé. Alguns jornalistas

---

* O argentino Luis Favre.
** César Mata Pires, genro de ACM e sócio da empreiteira OAS.
*** Em entrevista ao *Jornal do Brasil*, o professor e sociólogo qualificou o segundo mandato de Fernando Henrique de "uma regressão democrática".
**** Título do texto publicado por Fritz Utzeri, diretor de redação do jornal, em sua coluna de opinião.
***** O presidente e o ministro da Justiça se encontraram com Vera Fischer, Toni Ramos e outros atores de *Laços de família*, que fora censurada pela Justiça do Rio.

não entendem a dialética da política e cobram de mim comportamentos que seriam absolutamente cretinos se eu os assumisse. Aí, sim, eu me esborracharia no chão.

Fora isso, Jader me telefonando preocupado porque Antônio Carlos está fazendo complô com o PT, que está querendo o voto do PT e para isso diz que apoia os 180 reais do salário mínimo. Antônio Carlos diz que não sabe por que eu não assumo já os 170 reais, deixando entender que eu não tenho determinação. O que eu tenho é responsabilidade, o que falta a ele. Tirar de onde o dinheiro?

Dentro de alguns minutos, vou receber o Pedro Malan, que deve estar irritado, porque saiu uma fofocada imensa nos jornais, novamente a questão do Everardo e do secretário da Camex, a imprensa a mil, o Armínio já me telefonou preocupado. Enfim, haja paciência.

HOJE É DIA 27 DE NOVEMBRO, SEGUNDA-FEIRA, quase onze e meia da noite. Gravei ontem um longo programa com Boris Casoy, foi bom, pude enfrentar a questão da infâmia da *Veja* com Paulo Henrique. Uma questão delicada, que Boris colocou com precisão e também delicadeza, de modo que pude responder com toda a tranquilidade, dizendo que esse tipo de infâmia é o cotidiano da política. Aliás, jornais e revistas do fim de semana publicaram coisas vergonhosas, acusaram a filha de Antônio Carlos, uma coisa baixa, Antônio Carlos revidando e acusando Jader na Sudam outra vez, uma confusão que só Deus sabe. E, claro, isso tudo é caldo de cultura para a descrença do povo nas instituições; razões existem para isso, mas há também muita vontade de destruição, não sei se da mídia ou da própria sociedade. Eu não entendo, é um momento, digamos, de expor as tripas da sociedade brasileira, não o cérebro, não o coração.

Dito isso, fiquei muito cansado, saíram todos às duas da manhã, Malan jantou aqui com Catarina, Boris Casoy e seu assessor principal, Dalmo [Pessoa], mais a Ana, Vilmar, Andrea Matarazzo. Eu estava muito cansado, não consegui dormir, aqui fez um barulho de refrigeração horrível.

Hoje passei o dia no Alvorada, mas não sem trabalhar. Recebi muita gente, recebi um grupo da Social Democracia Sindical, com o Alemão [Enilson Simões], o [Antônio] Flores, o Zé Ibrahim [José Ibrahim] e outros mais, para discutir FGTS etc. com o Dornelles. Recebi o coronel [José Maria] Fonseca, comandante do Regimento de Cavalaria Dragões da Independência, um homem que ajudou muito a Ruth no Comunidade Solidária.

Recebi um grupo de empresários de moda* com a famosa Gisele Bündchen, que é uma moça simpática, muito jovem, tem quase dois metros de altura. Vieram muitas outras pessoas, umas cinquenta, para dizer que o Brasil está dando certo na moda, na confecção, exportando, enfim grande alegria nesse setor.

---

* Representantes da Associação Brasileira da Indústria Têxtil e de Confecção.

Depois dos despachos habituais, pedi uma massagem, porque eu estava muito cansado. Tentei ver um filme, não lembro do nome, e não aguentei de cansaço. Ainda vou ler uns papéis e, em seguida, dormir.

Em tempo: falei por telefone com a Ruth, ela estava em São Paulo, foi para a festa de Sérgio Motta,* depois visitou o Covas, deixou um recado meu para ele, falei com Bia, que estava na casa dela, e com Paulo. Tenho que dar um apoio maior, porque ele está sendo vítima de muita safadeza por ser meu filho, todos querendo achar pelo num ovo.

Falei com Sardenberg por telefone, ele está em Paris por causa da Conferência do Clima [de Haia], falei com Rubens Barbosa, que está em Washington, para ver a confusão do Gore e do Bush. O Rubens disse que vão continuar a insistir na questão do Gore, enfim, telefonemas também não faltaram hoje.

HOJE É QUARTA-FEIRA, DIA 29 DE NOVEMBRO, são quatro da tarde, às cinco e meia embarco para o México para assistir à transmissão de comando do Zedillo para o Fox.

Ontem o dia começou complicado. Uma reunião de manhã com Fernando Bezerra, que veio me trazer algumas informações sobre as denúncias do Antônio Carlos na Sudam. Segundo Bezerra, há tramoias que não são dele, evidentemente, nem do superintendente atual da Sudam.** Ele afastou o secretário executivo,*** um homem ligado ao Jader, que, segundo ele, é correto. Mas tramoia ele fez, daí uma comissão de sindicância. Dizem os do PMDB que por trás dessa tramoia, uma fábrica**** que foi feita lá com um financiamento apressado, estariam o Jorginho Murad e o pessoal do Maranhão. Dizem que eles é que estavam forçando e que até há uma fotografia do Sarney com o pessoal da fábrica. Eu não sei. Entramos na guerra dos dossiês. O Bezerra é cauteloso, me disse que o Jader não ia gostar, mas que resolveu levar adiante. Tomaram o depoimento de alguém, um empresário,***** que declarou que eles pediram propina a ele para liberar o recurso; já é outro assunto, não o da fábrica. O Fernando Bezerra recebeu o empresário, mandou liberar o recurso imediatamente e soube que no depoimento do empresário consta que efetivamente uma senhora qualquer tomou esse dinheiro e que essa senhora, para mostrar

---

* Cerimônia de fundação do Instituto Sérgio Motta.
** Hugo de Almeida.
*** Maurício Vasconcelos, ex-superintendente da Sudam.
**** A Usimar Componentes Automotivos, cujo projeto de instalação em São Luís previa incentivos da Sudam, receberá R$ 44 milhões de financiamento público sem oferecer garantias de crédito. O conselho da Sudam aprovara o projeto em dezembro de 1999, em sessão presidida pela governadora do Maranhão.
***** Teodoro Hübner Filho, dono da Usimar.

que estava bem apadrinhada para pedir a propina, teria ligado para um sobrinho do Jader, um deputado do Pará cujo nome esqueço agora.* Isso complica as coisas.

Depois fui para cerimônias de entrega de credenciais, recebi os pioneiros da televisão,** voltei aqui correndo para o almoço no Palácio da Alvorada com Michel Temer, com quem falei com muita franqueza sobre a situação. Vou voltar a essa questão das mesas da Câmara e do Senado depois.

Em seguida fui à CNI para o lançamento da Investe Brasil, que é uma agência de captação de investimentos no exterior. Fiz um discurso forte, fui bastante aplaudido, sem o saber respondi ao [Luiz Carlos] Mendonça de Barros, que continua como se fosse viúvo-órfão do Sérgio Motta, a pregar um desenvolvimentismo. Eu até ia telefonar para o Mendonça, pelo aniversário dele, ainda bem que não telefonei, porque ia fazer um papel pança. Ele me ataca, e eu ainda com espírito aberto.

Depois recebi uma pessoa muito estranha chamada Wafic Rida Said, presidente de uma firma de investimento internacional, ele veio com Tasso, parece que quer investir em petróleo. Falei depois por telefone com o Philippe Reichstul, para saber se a oferta tinha base, Philippe ficou de ver do que se tratava. Ainda recebi o João Araújo, para discutir a questão da Som Livre.

Os aborrecimentos começaram daí em diante. Primeiro, discussão sobre o salário mínimo, uma discussão infindável, tivemos várias durante o dia. Ao final, quando eu vinha aqui para casa altas horas da noite, fiz uma conferência no viva--voz com o Amir Lando*** e também com os líderes do governo. Chegou-se ao entendimento de ampliar o mínimo até 180 reais. Os deputados abrem mão da verba específica para as emendas deles; mandei anunciar imediatamente, o que foi feito.

À noite, além do Jovelino Mineiro, que jantou aqui, esteve o Padilha. Conversamos longamente sobre as leis e sobre o futuro dele, Padilha, que está querendo deixar o Ministério dos Transportes. Ele não aguenta mais o DNER, vive lá na corda bamba, uma situação perigosíssima, até em matéria de corrupção dos outros. Tem conseguido evitar se envolver, mas diz que é um inferno. Isso ontem.

Hoje é meu último dia aqui antes de viajar para o México, imagine a confusão, muita trabalheira. Recebi o Barjas, um homem prático, imaginativo, para discutir problemas do nosso programa do Nordeste, o Projeto Alvorada. Recebi o Xico Graziano com urgências sobre o PSDB; o Raul Jungmann, que veio discutir com um grupo de pessoas as mudanças que está fazendo; assinei um decreto mudando a forma de atuação do Incra;**** depois me reuni de novo com Aloysio e Pedro Parente;

---

* José Priante (PMDB-PA).
** Audiência com atores dos primórdios da televisão no país, que completava cinquenta anos da primeira transmissão.
*** Senador (PMDB-RO) e relator do Orçamento de 2001.
**** O decreto nº 3676/2000 remanejou mais de mil cargos técnicos do Ministério do Orçamento e Gestão para o Incra.

e fui à televisão mostrar que o governo se empenhou e conseguiu aumentar o salário mínimo, eu disse que o Congresso foi razoável, porque realmente apresentaram fontes para financiar o aumento do salário mínimo.

Mais tarde ainda recebi o Jader Barbalho, que me tinha telefonado aflito. O Jader está fora de si e praticamente deu um ultimato: ou o governo diz o que quer e atua na questão das mesas, ou o PMDB sai do governo. Eu disse: "Olha, Jader, você está trazendo para o presente o que eu imaginei fosse acontecer no ano que vem. Não pense você que estou me omitindo por desejo meu ou por tibieza; é porque tenho que pensar que o Brasil não é governável, no meu caso, sem os três grandes partidos. Preciso, portanto, montar uma estratégia que mantenha a aliança. E também não haverá sucessão vitoriosa sem esses três grandes partidos".

Entendo a posição dele, Antônio Carlos está fustigando sem parar — aliás, me mandou uma carta cobrando ações na Sudam —, está fustigando sem parar o Jader, fustigando todo mundo. Com seu espírito atrabiliário, quer indicar quem vai ser o presidente do Senado, quem vai ser candidato à minha sucessão, quem vai ser presidente da Câmara, e por aí vai. E, ao fazer acusações pesadíssimas, colocou o Jader num mato sem cachorro. Jader revida, Antônio Carlos não liga, se considera vestal, e o fato é que o Jader me disse que chegou ao seu limite, que não vai ser presidente de um Senado desmoralizado e quer saber qual é o jogo a jogar. E também vai rever sua posição política. Respondi: "Já que você me disse que o PMDB sai do governo, você está precipitando uma decisão sobre o futuro".

Vou conversar com os outros parceiros do governo para ver o que faço. Pedi ao Jader que não externasse opinião por enquanto, para evitar mais turbulências, e também que ele ajudasse na votação de algumas leis. Ele falou que vai ajudar. Eu disse: "Essa ajuda é importantíssima no Congresso". E com a briga do PMDB com o PFL, como é que ficamos? Sem os dois no governo, não há como votar. Então, praticamente, estamos num impasse. Comuniquei isso ao Aloysio, ao Marco Maciel e ao Padilha, que já sabia, e a mais ninguém. Vou ver na volta o que faço. Mas estamos realmente antecipando o futuro, a tragédia da Câmara e do Senado que vai acontecer em fevereiro. Claro que tudo acaba tendo uma solução, mas vai ser penoso. Estou sentindo que o sistema de alianças está quebrado, rachado, aí tenho que ver com o PSDB que rumo tomar.

Agora vou ter uma reuniãozinha rápida com Malan e com Martus, para discutir o orçamento de 2001 e ainda os gastos deste ano. Em seguida vou ao aeroporto.

HOJE É DOMINGO, DIA 3 DE DEZEMBRO, estou de volta ao Brasil. Tentei gravar no México, mas infelizmente o gravador não funcionou, então vou reconstituir o que aconteceu nesses dias.

Viajei para lá na quarta-feira à noite, dia 29 de novembro. Fui com Sarney e conversei com ele sobre algumas questões, depois os jornais publicaram, distorcendo. Sarney, na verdade, quer ser presidente do Senado, mas não vai se meter em bola dividida, gostaria que houvesse uma solução construída e de consenso. Vê-se que, cada vez que há uma dificuldade colocada pelo Antônio Carlos, ele vem mais violento contra o PMDB do que contra o PFL. Então isso mostra o sentimento dele, Sarney, de que ele pode chegar a presidente do Senado. Mas, repito, ele reiterou que não entra em bola dividida e que vai estar sempre comigo, estamos juntos. Claro que eu não disse isso à imprensa, eu disse que o Sarney já teria dito antes a mim que é pelo consenso e que no decorrer da viagem não conversei nada a fundo.

Antônio Carlos telefonou duas vezes ao Sarney para cobrar minha declaração, porque podia parecer que ele estava retirando a candidatura. Eu não sei o que Sarney disse ao Antônio Carlos. A mim voltou a dizer que dissera ao Antônio Carlos a mesma coisa que a mim e que acha, com sinceridade, que o Antônio Carlos está metendo os pés pelas mãos, o que vai dificultar a candidatura dele, se ele continuar a insistir em uma coisa muito pessoal.

Almocei, durante a viagem, com os que foram conosco, inclusive com o [Augusto] Marzagão, que levei por uma gentileza, e o Vilmar Faria. Chegamos ao México na quarta-feira mesmo, e não havia mais nada a fazer senão dormir.

No dia seguinte, quinta-feira, tive o almoço com o Fox, o Lagos e o De la Rúa. Havia certo mal-estar, porque nesse ínterim o Lagos tinha feito um acordo entre o Chile e os Estados Unidos para entrar no Nafta, e não nos disseram uma palavra sobre essa questão. Mas o assunto não foi levantado na presença do Fox. Do Fox tive melhor impressão desta vez do que da outra em que ele esteve comigo no Brasil. Atento, tomando notas, um misto de empresário, de caubói e de pessoa que quer colocar uma agenda moderna em prática, às vezes resvalando para um populismo mais assim de direita. Mas me pareceu com certa noção das coisas, não me pareceu deslumbrado, tive a melhor impressão da nossa conversa. A tentativa de formar um G4 com Brasil, Argentina, Chile e México morreu naquele almoço; tanto De la Rúa quanto eu não queríamos. Imagino que foi uma manobra de chancelaria, feita basicamente pelo Jorge Castañeda com as ligações que ele tem com a esquerda chilena, para servir de ponte (essa esquerda é patética) para o Nafta; esse G4 esvaziaria o Mercosul. O Mercosul também não vai cair nessa conversa tão fácil.

Um artigo teria sido preparado pelos assessores para os quatro grandes, entre aspas, assinarem. Tal artigo nem foi cogitado na nossa reunião. Mandamos dizer, pela chancelaria, que não tinha cabimento — eu escolho os artigos que escrevo, com quem escrevo. Foi pixotada dele, talvez do filho do Ricardo Lagos,* não tenho certeza desta última parte. Houve um mal-estar, porque o presidente do Uruguai, que não tinha sido convidado para o almoço, foi convidado na

---

* Ricardo Lagos Weber, economista e negociador chileno com o Nafta.

última hora, às duas da tarde, e o almoço era às duas e meia. Foi ele quem me contou depois. Manobra com o propósito de isolar os países "pequenos". Visão grandiosa de chileno e de mexicano não apoiada por mim e também não, acho, que pelos argentinos.

Eu tinha recebido, antes desse almoço, de manhã, a Beatriz Paredes, que foi senadora, deputada do PRI e muito ligada ao Mercosul, ao Parlatino, ao Brasil. Tivemos uma boa conversa.

Dei uma longa entrevista para a Televisa, ela teve boa repercussão, foi repetida três vezes. Dei outras entrevistas de menor significado e recebi quinze empresários mexicanos que têm interesse na continuidade do acordo comercial Brasil-México. Fiquei surpreendido pelo fato de que muitos deles têm fábricas no Brasil, os mexicanos estão investindo aqui. Nenhum brasileiro, que eu saiba, está investindo no México. Estamos mais provincianos do que os mexicanos. Aliás, nós somos provincianos. Cada vez que eu digo isso, que somos caipiras, o mundo vem abaixo. Vem abaixo, mas é certo.

O jantar formal oferecido pelo Zedillo foi no Palácio Nacional, no Zócalo, numa sala especial chamada Tesouraria, discurso do Zedillo, e não se via grande entusiasmo. Aliás, é de notar que ele fez um excelente governo, garantiu a democratização no México, mesmo assim sai com a oposição do seu partido e com uma espécie de desconfiança de grande parte da elite mexicana, com a queixa de que ele não fez o que devia ter feito. Fico me perguntando o que ele deveria ter feito. Imposto a vitória do PRI? Teria sido uma tragédia. Acho que o Zedillo cumpriu um excelente papel no México e marcou a história mexicana. A meu ver é assim. Eu disse isso em minha entrevista à televisão de lá.

No dia 1º de dezembro, sexta-feira, fomos à posse no Congresso Nacional.* Discurso longuíssimo do Fox, repetitivo, parece que ele ainda não é capaz de fazer ele mesmo o seu discurso, pôs todos os temas em pauta, um misto de como Clinton faz no Congresso, no mesmo estilo, mas sem o brilho do Clinton, falando dos índios e das mulheres. Tudo com boas intenções, se comprometendo com teses difíceis, duvido que ele consiga cumprir as metas. Entretanto, o que me chamou a atenção não foi isso, que é normal nos discursos de posse, e sim a organização do PRI. Estava todo o PRI presente, numeroso, agressivo com Zedillo, nenhum aplauso para ele, e bastante desaforado, interpelando, interrompendo o discurso do Fox, ele até com bastante calma. O edifício do Congresso do México é imponente, aí a gente vê o que é um Estado espanhol. O Palácio do Zócalo é fantástico, o Congresso do México também, comparado com eles o nosso aqui de Brasília (que foi um momento de grandeza do Brasil) parece pequenininho. Não temos realmente nenhum palácio com aquele sentido espanhol de presença do poder, do Estado. Nada. O México, sim.

---

* Congreso de la Unión.

Eu me encontrei com o Gabriel García Márquez, achei-o bem-disposto, ele teve um câncer, parece que linfático, muito disposto, muito amável comigo e, naturalmente, com todos os presidentes que lá estavam.

Fui almoçar com um grupo de amigos, revi o Victor Urquidi,* que me ajudou muito no tempo em que eu estava fazendo o livro *Dependência e desenvolvimento na América Latina*.** A tradução para o inglês, a primeira,*** foi feita pela Marjory Urquidi, mulher dele. O Victor é diretor do Colegio de México, um economista influente, está muito bem-disposto. Almocei com Carlos Fuentes, que foi me ver, gosto do Carlos Fuentes, temos relações boas, antigas, com o Pepe Reyna [José Luis Reyna], atual embaixador do México no Brasil, com o Jorge Navarrete,**** o Iglesias, o Sarney, o Celso Lafer, e também o Juan Somavía, que hoje é secretário-geral da OIT, uma conversa de amigos muito agradável. Depois fui para a casa da embaixada, para receber o Hugo Chávez e a Madeleine Albright.

Hugo chegou muito aflito, tenso, dizendo que está sendo escanteado, que ele é presidente do Pacto Andino, que não consegue fazer reunião porque dão desculpas várias, está sendo acusado de estar se metendo na Colômbia, na Bolívia. Eu disse a ele que também no lado Sul, no Uruguai, na Argentina, no Equador. Ele jura de pés juntos que não está fazendo nada, disse: "Tenho um coração grande, posso estar colocando meu coração do lado dos movimentos, mas não estou fazendo coisa nenhuma. Eu fui à Bolívia, tirei fotografias, mas foi uma coisa pública, foi um afeto, na própria prefeitura [de La Paz], na entrega de chaves, tinha gente da oposição, estão dizendo que estou financiando, que estou dando dinheiro, 20 milhões de dólares, não sei para quem. A única vez que me meti na Colômbia foi quando o irmão de um alto funcionário, acho que da Casa Militar, lá do presidente Pastrana, foi sequestrado,***** pediram que eu ajudasse, mandei um helicóptero, arriscando a vida de uma pessoa minha para liberar o cara, mas jamais me meti".

Em dado momento eu disse a ele: "Vou continuar defendendo, abalizando sua boa vontade. Agora, você está entrando em muitas coisas, tome cuidado, inclusive na OIT, está mudando o sistema sindical, o Somavía, que é um homem ligado à democracia cristã, o sogro dele****** é ligado ao Allende, gente nossa, gente amiga de toda a vida, está preocupado com você, manda alguém falar com ele".

Ele me disse: "Estou entrando em contato com a administração americana, com Bush talvez".

---

* Economista e professor mexicano.
** Rio de Janeiro: Zahar, 1970.
*** *Dependency and Development in Latin America*. Berkeley: University of California Press, 1979.
**** Presidente da TV pública do Chile.
***** Federico Arango, irmão do almirante Gabriel Arango, chefe da Casa Militar da Presidência da Colômbia, foi sequestrado por guerrilheiros da ELN em 1999.
****** Hernán Santa Cruz, jurista e diplomata chileno morto em 1999.

Eu acrescentei: "Pode ter certeza de que eu vou te ajudar, mas você tem que conter sua retórica".

Ele praticamente chorou. Emocionou-se quando falei em ajudar. Eu continuo com a mesma opinião: ele não sabe o que vai fazer, quer reformar, quer ajudar o povo, tem uma retórica muito forte, tem ideias. Entretanto, no quadro mental dele, as ideias são dos anos 1960, é esse o problema. E pode pôr em risco muita coisa, porque é desbocado, fala demais. Não desbocado no mau sentido; é desregrado no falar, se entusiasma.

Depois encontrei a Madeleine Albright, e foi uma boa conversa. Ela começou com o seguinte: "Acho que perdemos boas oportunidades de cooperar mais". Ela tem razão, o Brasil continua desconfiado dos Estados Unidos — além do necessário. Não na área econômica, ela disse isso claramente. Na questão da democracia, não. Não obstante, [não avançamos]. Eu disse a ela que somos provincianos, como eles eram, e talvez até o sejam ainda. O Brasil não sabe o papel [global] que pode desempenhar. É difícil mover. Mas, em termos de democracia, vamos jogar juntos, vamos adiante em várias partes da América Latina. E até no mundo podemos ter uma participação maior. Mas ela foi franca, achou que perdemos uma oportunidade. Talvez tenhamos perdido mesmo. É verdade, não podemos tirar a castanha com a nossa mão para eles comerem. Temos que olhar isso, porque o que eles querem muitas vezes não cabe.

Sobre o Hugo Chávez, cumpri o que disse a ele, dei minha opinião com franqueza [a Madeleine Albright], é a mesma do Clinton. Ele me havia dito que Chávez era um reformador, mas eles estão decepcionados, cansados, reclamação muito forte de ingerência na Colômbia. Eu disse que vou continuar dando apoio ao Chávez, não às loucuras dele, mas à ligação dele com o Brasil, com a América Latina e tudo mais. Ela disse que acha que eles também não têm nenhum interesse em transformar a Venezuela em uma nova Cuba. Mostrou preocupação de que se entenda o Plano Colômbia como um plano de intervenção, *à la* Vietnã. Eu disse: "Tenho dito e redito, ainda na entrevista à Televisa falei que não acho isso e que entendo a questão do narcotráfico". Enfim, foi uma boa conversa com Madeleine Albright.

Depois desse encontro, voltei ao hotel* e, à noite, fui ao jantar no castelo Chapultepec, que o imperador Maximiliano reformou como sua residência. No centro da cidade, num serro, um frio danado, formal. Fox discursou, pedi a palavra, por instância do Jorge Batlle, do Uruguai, fiz uma saudação ao papel do México na América Latina, parece que pegou bem. De passagem, contei ao Chávez, rapidamente, minha conversa com Madeleine Albright, disse que ela tinha mencionado a necessidade de ele mostrar que tem uma conduta mais responsável; por exemplo, agora que o Iraque vai cortar a produção de petróleo é hora de ele dizer uma palavra sobre isso. Ele me falou que dirá, não sei se vai dizer. Peguei de passagem

---

* Hotel Intercontinental, ao lado do parque de Chapultepec.

também o Pastrana e contei que tinha conversado com o Chávez. Pastrana ficou nervoso, muito indignado, disse que era mentira, que o Chávez tinha realmente participado mais ativamente do que disse a mim. "Então", eu respondi, "me dê elementos, para eu ter informações concretas." Enfim, essas cúpulas servem para esse tipo de conversa assim ao pé do ouvido, que têm influência e mostram nossa capacidade de articular e de agir.

No dia seguinte, ontem, voltei de manhã para o Brasil, vim com Enrique Iglesias, de quem gosto muito, e com o Julio María Sanguinetti e a mulher dele.* Tivemos uma excelente conversa, juntamente com o Celso Lafer e o Lampreia. O Julio disse o seguinte: "O Jorge Batlle não é o filho político do pai dele; é muito mais ligado ao tio. O tio, ou tio-avô, não sei, é que é o modelo dele". (O pai, ele não me disse isto, era muito ligado ao Sanguinetti e foi um batalhador.) "O Jorge é uma pessoa muito cuca fresca. Por exemplo, foi eleito e, vinte dias antes da posse (Sanguinetti foi visitá-lo quando ainda presidente), ele me disse: 'Você, Julio, tem status, você é um estadista, eu não, *yo soy un loco de mierda*'. No fundo é um pouco isso, ele é um impulsivo. Então ele não sabe tanta coisa, tem ligação com a pecuária e a exportação para os Estados Unidos, para os *ganaderos*, que, assim como para os chilenos, é a mesma coisa. O Mercosul está vivendo sua maior crise." (O que é verdade. Depois eu falo sobre o Chile.) "Vivemos uma crise. Então é preciso que você faça uma marcação cerrada no Jorge. Ele é uma pessoa que muda de ideia. É boa pessoa, mas tem esse tipo de pensamento e, se não tivermos o Uruguai junto com a Argentina e o Brasil, o Mercosul pode ir para o espaço, porque os chilenos já estão desembarcando".

Sanguinetti contou a seguinte anedota: "O Mercosul é a união entre o bom gosto e a sobriedade brasileira, a honestidade paraguaia, a alegria uruguaia, a simplicidade e a humildade argentina e a sinceridade chilena!". A sinceridade chilena por quê? Porque os chilenos cometeram uma pequena traição. Eu disse ao Lagos, lá no jantar de homenagem ao Zedillo (depois pude falar com o Lagos sozinho): "Olha, Ricardo, a sensação nossa é de termos sido enganados, porque soubemos que vocês estão em negociações com o Nafta pelos americanos e não por vocês! Isso criou uma sensação muito ruim". Ele disse: "Ah, eu vi nos jornais..." Pois é. Ele me deu umas explicações mais ou menos esfarrapadas de por que aconteceu isso, que ele estava em Brunei — de novo o informal na política — com Clinton e outros mais** e que o Clinton o convidou para jogar golfe. Como ele não sabe jogar golfe, quem foi jogar foi o primeiro-ministro de Cingapura. Quando voltaram da partida, o Clinton anunciou que Cingapura iria entrar numa relação direta, comercial, com os Estados Unidos, aí o Chile ficou irritado, porque

---

* Martha Canessa.
** Para a XII Reunião de Chefes de Estado e de Governo da Apec (Asia-Pacific Economic Cooperation), em novembro de 2000.

a Jordânia já tinha feito esse acordo, ele entendia a jogada, mas não Cingapura. Sem saber disso, o Clinton propôs que também o Chile entrasse logo [no Nafta], ainda na administração dele. O Ricardo iria para o Silicon Valley, lá perto de São Francisco, perto de San José.

Lagos iria para o Silicon Valley e combinaram que, nessa oportunidade, ele acertaria o acordo com os Estados Unidos. Só que os americanos insistiram que no acordo houvesse uma referência aos mesmos termos do acordo feito com a Jordânia, o que inclui cláusula trabalhista e cláusula ambiental. Então, Lagos disse que não se sentia em condição de aceitar a proposta e foi embora na terça-feira, entendendo que não haveria acordo. Por isso não teria me informado. Nesse meio-tempo, creio que o filho dele continuou negociando com os americanos, e chegaram a uma fórmula intermediária em que não se faz referência ao acordo jordaniano, tampouco ao acordo tipo "Canadá", como o Ricardo preferiria. Não sei. O fato é que saíram dois comunicados, um americano, outro chileno. Eu disse: "Tudo bem, você tem que explicar isso com mais detalhes à chancelaria brasileira". Depois, pelo Lampreia, eu soube que a Soledad [Alvear], a ministra do Exterior do Chile, tentou falar com ele. Lampreia foi bastante cortante e disse que de agora em diante decidir uma questão comercial fica mais difícil. Ela não pode querer ter todas as vantagens do Mercosul com essa emenda do Nafta. A ambiguidade chilena vai dar trabalho. Temos um potencial de crise no Mercosul.

Conversei com Lampreia, em mais de uma oportunidade, dizendo o seguinte: "Estão todos loucos para entrar no Nafta: Uruguai, Colômbia, Chile, e a Argentina, se puder, fará uma declaração de apoio ao Chile. Estamos ficando isolados no Mercosul. Acho que o Brasil tem que estudar mais em profundidade o que vai acontecer com a Alca. Precisamos fazer uma análise setor por setor, porque de repente os demais países vão para a Alca e nós não estamos preparados para tirar nenhum partido disso. Pressente-se um mundo que está ficando pior para nós". *Para nós*, quer dizer, veja como é curioso! No Brasil a esquerda me chama de neoliberal, e na verdade estou fazendo o possível e o impossível para, através do Mercosul, construir algum tipo de barreira a um mercado avassalador. Daqui a pouco o que vai acontecer é o predomínio desse mercado avassalador: globalização crescente da América Latina, vontade de integração num mercado único hemisférico, e isso acaba com nossa política comercial.

A capacidade de ação política dos Estados está diminuindo crescentemente, isso não vai acontecer no meu governo, porque não haverá nem tempo e porque vou segurar o que puder, graças à minha visão, que não é tão copernicana quanto pensam. Até que a realidade talvez se imponha — essa realidade vai se impor no futuro. Se se eleger alguém do PT, tipo Lula, ou tipo Itamar, desastre para o Brasil, que perde o caminho, e depois deles virá outro que abaixará as calças. Se for eleito alguém mais equilibrado, tentará ver como vamos nos defender melhor nesse novo mundo que está sendo forjado pela revolução já ocorrida, graça à tecnologia, nas finanças e em tudo mais, sem que tivéssemos tido a capacidade de criar uma nova forma de distribuir o poder mundial.

Por falar em base de poder mundial, parece que o Putin tem uma visão mais dura e vai tentar fazer da Rússia um poder mais efetivo nos próximos vinte anos. A China terá peso nos próximos trinta anos. Nós, no Brasil, tínhamos que estar nos preparando para os próximos trinta anos, mas estamos cogitando apenas os próximos dois meses.

Lendo os jornais de hoje, a *Folha* já entrou na crise total: "A águia dos americanos quebrou a asa".* Parece que estão felizes, porque vai haver uma tragédia sobre a outra. Quando cheguei aqui ontem, o Matarazzo me tinha deixado um recado, falei quase à meia-noite com ele, preocupado porque a *Folha* viria com novas manchetes. E veio: "Matarazzo tentou obter 6 milhões de reais, obteve 3 milhões no caixa dois da campanha".** Não tem caixa dois nenhum, é onda da *Folha*. Não, o Matarazzo não precisou obter nada [de recursos adicionais], são anotações que eventualmente existem, fantasiosas, de gente no começo da campanha imaginando o que poderia acontecer [com a arrecadação]. Não obstante, a *Folha* faz onda sobre onda. Nós olhando o futuro, pensando em como vamos constituir uma nação, um Estado-nação, porque eu vou ter que forçar uma presença mais ativa do Estado neste mundo que é muito adverso a isso. Não obstante, eles no que mais me criticam é por não defender o Estado. São eles que estão destruindo o Estado e criando condições para um avassalador predomínio do mercado. O mercado deveria erigir uma estátua aos jornalistas da *Folha*.

HOJE É TERÇA-FEIRA, DIA 5 DE DEZEMBRO, são três horas da tarde. No domingo, tivemos uma sessão muito agradável de chorinho, vieram pessoas daqui de Brasília,*** veio o Armandinho [Armando Macedo], foi muito simpático, muita gente.

Segunda-feira, ontem, recebi o Celso Amorim e o Mike Moore, que é o secretário-geral da OMC, conversa normal sobre esse tipo de questão, problemas da OMC. Depois de Seattle, o que fazer, o que não fazer, temas dessa natureza.

Depois do almoço fui ao Rio de Janeiro participar de uma conferência mundial do cooperativismo.**** Discurso pra cá, discurso pra lá, voltei no avião conversando

---

* Com a breve chamada "A águia pousou", a *Folha* noticiou, na principal manchete do caderno Dinheiro, que diversos setores da indústria americana haviam sofrido contração nos últimos dois semestres.

** Na matéria "Planilha mostra como Matarazzo agiu por recursos", o jornal publicou que o ministro-chefe da Secom arrecadara R$ 3 milhões de empresas para o suposto caixa dois da campanha de 1998, metade da meta projetada de R$ 6 milhões.

*** Membros do Clube do Choro de Brasília.

**** O presidente abriu o Rio Cooperativo 2000, no Riocentro, que reuniu o XII Congresso

com Dornelles sobre como ele via a confusão na Câmara, Senado, Mesa. Ele acha que eu devo simplesmente ignorar tudo, que não devo me meter, porque ao me meter acabo perdendo. Não há como dar uma solução boa para a questão. Além do mais, foram os parlamentares que criaram o caso, foi basicamente Antônio Carlos, agora se fazendo de inocente. Eu disse: "Sua opinião é correta, eles criam dificuldade para que eu me meta. Vão dizer que sou omisso se eu não me meter. Se eu me meter, dirão que a confusão é porque me intrometi, e os que perderem ficarão ainda com mais raiva de mim. Alguns cobram que tenho que liberar o PSDB. Se eu liberar o PSDB, o PFL e o PMDB vão ficar contra, eu presido um governo de coalizão, não sou o presidente do PSDB apenas. Então é mais complicado". As opiniões do Dornelles, como sempre, são inteligentes e sensatas.

No Rio de Janeiro, no helicóptero, conversei com o Garotinho e com o Conde, conversa mole para boi dormir. Li uma entrevista do Itamar, dizendo que ele aceitou ser embaixador porque era pobre. Não sabe que o presidente atual também vai sair pobre. Nunca falei uma palavra contra ele. Quero deixar a Presidência, para ser mais desenvolto na minha percepção sobre as pessoas. Um homem que pouco fez pelo Brasil [Itamar] tentou ser dono do real e agora se esqueceu disso porque acha que não está dando certo — ele não tem coerência política. Voltei tarde da noite, naturalmente.

Hoje, terça-feira, almocei com Serra. Vou agora receber o Aécio Neves, que quer falar comigo sobre a candidatura dele na Câmara. À noite vou jantar com Jorge Bornhausen, Marco Maciel e o [Hugo] Napoleão, para discutir as questões do PFL.

Diga-se de passagem, parece que o Jader ficou menos aflito depois da declaração do Sarney;* acalmou-se um pouco mais. Antônio Carlos continua atacando.

Hoje de manhã tive uma longa conversa com Fernando Bezerra, homem correto. A Sudene é uma podridão, ele acha que talvez seja melhor acabar com ela, eu também acho.** "Vai em frente, Fernando", eu disse. "Ponha em disponibilidade todo o pessoal de lá, crie uma coisa nova." Vi na *Folha* que eu estava me acomodando ao clientelismo. Não é que eu esteja me acomodando; não tenho fôlego para acabar com ele, porque o clientelismo são os partidos da Câmara, a base de sustentação dessa gente é clientelista, sobretudo no Norte e Nordeste, mas não só lá. Eu faço o que posso contra o clientelismo, e vou continuar fazendo. Acho que vale a pena ir em frente, estourar essa gente. Tentei acabar com o DNOCS, e a primeira pedra veio do Tasso; além dele veio Inocêncio, na Codevasf toda a família Coelho mais o PFL; na Sudene e Banco do Nordeste são os cearenses, enfim, a estrutura de poder

---

Brasileiro de Cooperativismo, o II Fórum Global da Aliança Cooperativa Internacional e outros eventos da área.

* Sarney anunciou sua intenção de concorrer à presidência do Senado.

** A Sudene e a Sudam foram extintas em fevereiro de 2001. O rombo das duas autarquias somava mais de R$ 4 bilhões.

local. Não é questão de eu querer; é de poder. Acho uma boa brecha esse negócio da Sudam, e Fernando Bezerra tem a cabeça mais nova, é um homem correto, talvez possamos estourar os interesses acomodados na Sudam.

À noite tive um jantar com o Bornhausen, o Marco Maciel, o Napoleão e o Luiz Eduardo. Qual é a ideia? O Bornhausen, que é o mais pragmático, quer garimpar votos para ver se consegue ganhar; o que interessa a ele, mesmo, é que o Inocêncio ganhe na Câmara. No Senado, eles acham que o Sarney ganha. Sarney prometeu ao Antônio Carlos que vai disputar. Pode ser. Ele já disse uma porção de coisas, e ganha. Eu disse: "Se é assim, o governo não tem nada a fazer: ganhou, ganhou; perdeu, perdeu. Quem rompeu a aliança foi a disputa entre o PFL e o PMDB. Na verdade o Antônio Carlos, então não há por que cobrar de nós, do governo". Essa foi a essência da conversa, eles estão contrafeitos com a questão do Antônio Carlos, sabem que é isso, e estão preocupados, porque acham que deveríamos lançar logo uma agenda de programas para a sucessão de 2002 e discutir nomes de pessoas.

HOJE É QUINTA-FEIRA, DIA 7 DE DEZEMBRO. Ontem almocei com o Sérgio Amaral e o sondei sobre a possibilidade de ele vir a chefiar o Itamaraty. Claro, ele disse que vem e vem contente. Ele está muito *up to date* em matéria de política comercial. O problema é que os jornais vêm dizendo que eu vou botar o Celso Lafer, que é uma pessoa de primeira ordem e vai ficar numa posição difícil. Vou passar por tê-lo queimado e fritado pela segunda vez. Preciso pensar no Brasil. Vou meditar melhor sobre essa questão e farei o que for necessário.

À tarde, a única coisa importante foi o encontro com o presidente da Lombardia, Roberto Formigoni, um dos líderes da direita católica italiana. Ele está fazendo um acordo com o Sebrae, vê-se que é um político, e o Berlusconi é o líder dele. Enfim, essa nova direita. Estive também com o Robert Rubin, ele foi o secretário do Tesouro dos Estados Unidos na época de nossa crise e ajudou no que pôde. Hoje é o presidente do Citigroup,* veio fazer uma visita de cortesia.

Recebi também o Paulo Cunha, para falar sobre o grupo Ultra, o leilão da Copene. Ele estava preocupado, como estava preocupado também o empresário que eu tinha recebido no dia anterior, o Emílio Odebrecht. Mas os dois não pediram nada. O Emílio, contra minha expectativa, acha que se a Dow ganhasse não seria uma tragédia para ele; antigamente era, agora não. Por quê? Porque ele [o grupo dele] ficaria sendo o único grupo nacional. Parece que ele compete mais com o Ultra do que com a Dow, porque, se a Dow ganhar, o BNDES, a Petrobras, claro, vão ficar mais inclinados a se ligarem a um grupo nacional. Enquanto no caso do Paulo Cunha, o que ele deseja mesmo é que o BNDES acelere os papéis necessários [os documentos da licitação], para ele poder se apresentar na competição. Claro, ele

---

* Diretor e membro do conselho administrativo do grupo.

também gostaria que o governo fizesse saber à Dow que ela não é do nosso agrado. Mas não podemos fazer isso dessa maneira, até porque a Constituição não permite. Todo mundo sabe que eu preferiria mesmo que ganhasse um grupo nacional, mas é minha preferência pessoal. Temos que andar com muito cuidado.

No meio disso tudo, uma grande confusão: Antônio Carlos e Jader de novo se engalfinharam feia e pesadamente no Senado. Uma coisa lamentável, acusação de um e outro, também Pedro Simon [entrou na briga],* estamos em plena lama, em pleno lixo, todo mundo diz que eu preciso fazer alguma coisa, eu já registrei aqui: fazer o quê, com o Antônio Carlos fora de controle? Aliás, hoje de manhã ele esteve comigo não sei para quê, disse que precisava falar comigo. Ele está sem fofocas da Bahia, e eu recebi três deputados que saíram do PFL para entrar no PMDB.** Eu não sei exatamente o que será, mas isso gera confusão.

Fora isso, vi hoje de manhã um artigo do Kennedy Alencar resumindo o que andei dizendo nos últimos dois dias às pessoas que falaram comigo!*** É impressionante, contam tudo, tudo, tudo. O artigo não está errado nem é maldoso, mas é uma falta de respeito total, já não há possibilidade de uma relação correta entre os seres políticos, com o país assim tão conturbado. Essa compulsão por aparecer na mídia é enlouquecedora. É inacreditável essa cumplicidade entre mídia e Congresso, é lamentável! Parece Washington no início, quando virou capital, quando era fácil a comunicação entre o poder e a mídia, tudo muito promíscuo, muito negativo, um clima horroroso.

Ontem à noite o Lucena passou aqui com o Eduardo Jorge. Abatido, o Eduardo tem sofrido muito e cobra do governo estar sendo perseguido. Eu disse: "Não, Eduardo, você não está sendo perseguido pelo governo; é a mídia. Você saiu do poder, precisa estar preparado para ser atacado, começando pela Globo. Você sabe o que aconteceu, foi muita onda com a compra do apartamento,**** você não fez nada errado, eu sei". Ele me disse que o Banco Central não lhe está dando o atestado de que não há nenhum cheque [irregular] dele ou nas contas dele. Não existe nada, mas o Banco não está dando esse atestado, vou ver com Armínio por que não. Ele disse que a Receita Federal já forneceu o atestado de que os bens dele são com-

---

* O senador gaúcho subiu à tribuna para defender a candidatura de Jader Barbalho à presidência da Casa e foi rebatido por ACM, que tornou a acusar o senador paraense de ser o cabeça do esquema de corrupção na Sudam. Jader treplicou atacando o presidente do Senado e suas relações com a empreiteira OAS.
** Jonival Lucas, Leur Lomanto e Roland Lavigne, todos da Bahia.
*** Na matéria "FHC dará ministério a derrotado no Congresso", o repórter da Folha de S.Paulo reconstituiu as tratativas do presidente com a cúpula do PFL sobre as eleições na Câmara e no Senado.
**** Alusão ao apartamento da família Caldas Pereira em São Conrado, no Rio, adquirido em janeiro de 2000 e avaliado pela imprensa em R$ 1,2 milhão.

patíveis com a renda, mas não o do último ano. Ele precisa o do último ano, e o governo está lento. Eu disse: "Eduardo, não é o governo, é algum funcionário, você sabe como é isso". Mas não! O governo e o Planalto são culpados. Ele acha que o Planalto ajudou muito a difundir coisas contra ele. A Ana tem opinião diferente a respeito disso, ela é muito ligada ao pessoal da Globo, fica temerosa que Eduardo tenha feito alguma coisa equivocada. Por mais que eu diga que não há nada, não adianta. O Eduardo mencionou o Sergio Otero, eu disse: "Mas, Eduardo, eu mesmo recomendei o Sergio Otero. Lucena leu o inquérito, ficou uma coisa no ar. O Sergio interfere, mas não basta ser correto, tem que parecer". Enfim, voltamos aos temas recorrentes, pois vivemos dias difíceis, a mídia querendo politizar tudo.

Estou modernizando o Brasil, botando coisas nos eixos, inclusive a questão da moral pública, como agora no caso da Sudam, mas estou apoiado por forças arcaicas, algumas delas até mesmo misturadas com a podridão no Congresso. Este é o drama, a chave da política brasileira: há um bando de gente desligada da história. O Muro de Berlim já caiu e não percebem. Amanhã vão servir a qualquer outro governo, como fizeram no tempo de Getúlio, como no tempo de Juscelino. Eu dou apoio às mudanças, eles são contra! Por posição ideológica, e ideológica no pior sentido da palavra. Então quem quiser mexer com o Brasil, modernizar o Brasil, botar o Brasil em ordem para o seu povo, e com mais correção na política, tem que se apoiar nas forças que existem no Congresso, que são a expressão de tudo o que há no Brasil de bom e de ruim. Vem junto. Desse modo se torna fácil acusar o governo, porque ele está apoiado por gente realmente metida em muita confusão. Quadro difícil, mas é o quadro do Brasil. Não é novidade.

HOJE É SEXTA-FEIRA, DIA 8 DE DEZEMBRO, estou me preparando para ir à Bolívia, na verdade a Puerto Suárez, na fronteira com Mato Grosso do Sul, para inaugurar o gasoduto da Bolívia/Mato Grosso do Sul, e posteriormente fazer com o gás a redução do minério de ferro que lá existe.* Depois vou a Mato Grosso, onde vamos fazer funcionar a primeira unidade geradora da usina de Manso.** Mato Grosso, que não tinha energia, vai exportar energia, tanta é a energia que estamos pondo lá. Essa região toda do Oeste está dando um salto fantástico, é um novo Bra-

---

* O presidente autorizou o início das obras de três termelétricas abastecidas pelo Gasoduto Brasil-Bolívia: duas em Mato Grosso do Sul (Corumbá e Três Lagoas) e outra em Puerto Suárez, num total de 438 MW de potência e investimentos de R$ 650 milhões, com participação da Petrobras. Também foi inaugurado um ramal do gasoduto entre a fronteira boliviana e a capital mato-grossense.

** Construída no rio das Mortes a 90 km de Cuiabá por uma parceria entre Furnas e empresas privadas, a usina tem potência instalada de 212 MW.

sil. De lá vou a São Paulo e, depois, passar o fim de semana em Ibiúna. Amanhã, sábado, visitarei de manhã o Mário Covas antes de ir para Ibiúna. Volto no domingo.

Fatos principais do dia de ontem. De manhã, Antônio Carlos esteve aqui, veio manso, muito afetuoso. Ele é estranho, jeito irônico, veio conversar comigo afetuoso, tocando na minha mão a toda hora. Feliz, apesar de toda a confusão horrível, vi as notícias nos jornais, repercussão muito negativa para os dois [ACM e Jader], mas ele acha que ganhou no Senado. Ele me disse: "Você sabe" — "o senhor sabe", como ele diz —, "o Sarney é candidato!". Eu sei que ele é candidato, não sei se vai disputar, mas, enfim, vamos ver. Depois discutimos a aprovação do orçamento e das medidas tributárias essenciais antes do encerramento do Congresso [ano legislativo]. Eu vou ter que convocar automaticamente o Congresso, porque quando assino medidas provisórias ele é convocado automaticamente, e precisamos renovar medidas provisórias, de modo que isso não é inconveniente.

Fora isso, uma longa conversa no fim do dia com Arthur Virgílio. Arthur é um homem inteligente, quer brigar com Amazonino, quer ir fundo. Acho que de agora em diante são definições mesmo.

E, à noite, com o Serra. Muito aborrecido com as declarações do Covas, que está apoiando extemporaneamente o Tasso e lançando o Geraldinho em São Paulo. Quer dizer, atropelando o Serra de frente. Além do mais, o Covas denunciou o convênio com o SUS,* quer dizer, quer brigar com o governo federal. Estranha a personalidade do Covas no momento em que ele provavelmente está no fim da vida, sabe Deus. Em vez de uma reconciliação, quer mais briga, quer dar o troco porque foi preterido no passado, segundo ele pensa. É verdade, eu sou duas vezes presidente, ele tentou contra o Collor, mas não conseguiu, isso pesa. E o Serra sempre foi visto pelo Covas como adversário. Parece que ficou muito magoado porque o Serra — não sei se é verdade — teria passado informações a Eliane Cantanhêde sobre a primeira operação do câncer dele, quando ele tinha pedido ao Serra para não falar do assunto. Não sei se é verdade.

Fora isso, orçamento, dificuldades de toda natureza o dia inteiro. Recebi para o almoço o pessoal da Pérez Companc, uma empresa argentina** que tem interesse no Brasil, vai se associar ao Polo Petroquímico do Sul e não vai concorrer ao leilão da Copene. Foi o que entendi. Essa questão da petroquímica é muito embrulhada, mas foi a informação que recebi de todos eles nesta semana. Só o pessoal da Dow Chemical não apareceu por aqui nos últimos dias; se tivesse aparecido, eu conversaria também. Conversa fiada, naturalmente, nada de me comprometer com quem quer que seja.

* Na proposta de orçamento para 2001, o governo federal reduzira em 48% os investimentos no estado de São Paulo. A verba prevista para melhorias no SUS paulista caíra de R$ 72,8 milhões em 2000 para R$ 8 milhões em 2001.

** Comprada em 2002 pela Petrobras.

Hoje eu li uma declaração do [Rüdiger] Dornbusch* que achei boa. Eu não gosto do Dornbusch porque ele é escandaloso, uma espécie de Andre Gunther Frank** da economia. O Dornbusch também gosta de ser iconoclasta, vem ao país e destrói tudo. Mas até fez declarações favoráveis à economia brasileira e disse uma coisa sobre a América Latina na qual ele tem razão: havendo tempestade lá fora, temos que ter o cuidado de criar condições especiais para o mercado interno. Foi isso que me levou a me empenhar mais no aumento do salário mínimo nesta semana, além da justiça social. O aumento não prejudica, senão que ajuda a economia. Acho que temos que baixar mais a taxa de juros, vou falar com o Armínio quando ele voltar dos Estados Unidos. Na outra semana converso com ele, porque é importante dar um sinal de atividade econômica aqui dentro. Eu sei que isso vai pesar, puxar a balança comercial, porque vai haver mais importação, contudo mais vale alguma dificuldade nessa área do que ter desemprego. Em todo caso, vou discutir com ele. Certamente a maioria dos economistas quer o equilíbrio fiscal a todo custo, mas vou insistir.

HOJE É DOMINGO, DIA 10 DE DEZEMBRO. Como registrei, na sexta-feira fui a Mato Grosso, fui à Bolívia, Puerto Suárez, depois a Mato Grosso do Sul, a Corumbá, mais tarde a Mato Grosso, a Cuiabá, à Chapada dos Guimarães, Puerto Suárez, e jantei em São Paulo. Dia pesado mas bom. A inauguração na Bolívia foi importante, temos três termoelétricas na região de Corumbá, Puerto Suárez e Três Lagoas, isso pode permitir o aproveitamento do minério de ferro de Mutum. É bom para o Brasil, é bom para a Bolívia. E se fez também uma extensão do gasoduto que vai trazer gás para Corumbá e depois o levará para Cuiabá. Trata-se de um desenvolvimento grande, um salto no coração da América do Sul, no coração do Brasil. Fortalece o Brasil, fortalece a integração nacional.

Em Mato Grosso do Sul, o Zeca do PT fez um discurso (talvez o único equivalente ao discurso do Zé Ignácio reconhecendo o que eu fiz pelo Espírito Santo) agradecendo ao governo federal e a mim. Qualificou como uma insensatez da imprensa dizer que eu seria de direita, concorda que temos que pôr as finanças públicas em ordem, agradeceu efusivamente o apoio que eu tenho dado a Mato Grosso [do Sul] etc. etc., uma coisa que me tocou muito. Respondi no mesmo tom, aproveitei para falar que a polarização excessiva entre monetarismo, desenvolvimentismo, equilíbrio fiscal e crescimento torna-se sem sentido.*** Gostei também da visita a

---

* Economista alemão, professor do MIT.
** Historiador e sociólogo germano-americano.
*** "Às vezes, vejo, nos jornais, uma discussão estéril: estabilidade ou desenvolvimento? O governador respondeu. Tem que fazer o ajuste fiscal. Isso não é de esquerda, não é de direita, é do povo, que não pode ver o seu dinheiro indo embora pelo ralo de políticos incompetentes e incapazes de tomar decisão, de ter a firmeza de dizer a verdade ao país". (Biblioteca da Presidência.)

Mato Grosso. Lá o Dante foi exuberante, como ele é, está fazendo um bom governo. Brinquei muito com ele, porque ele "fez"; e algumas de "suas" obras são do governo federal.

De lá fui para São Paulo, voltei muito cansado. Dormi e, ao acordar, no sábado, recebi a informação de que tinham prendido o juiz Nicolau, Lalau.*

Sábado de manhã, fui visitar o Mário Covas, eu e a Ruth; a Lila [Covas]** estava com ele. Mário está abatido, como é natural, apesar da energia dele; anda com certa dificuldade, mas firme. Sabe Deus quanto tempo vai durar; de repente dura mais do que todos nós. Isso nunca se sabe. Não conversei de assunto delicado algum. Ele me disse que o Ibama atrasou tanto o parecer sobre a privatização da Cesp Paraná que atrapalhou o leilão.*** Parece que é verdade. Também perguntou se eu não mandava no Padilha, por causa dos atrasos no financiamento do rodoanel. Eu disse: "Não é o Padilha; é porque não temos dinheiro, conseguimos algum. Depois de muito esforço, liberamos 55 milhões, que serão transferidos para São Paulo acho que na segunda ou terça-feira". Mas Covas estava bem.

Dei uma entrevista rápida falando só de coisas positivas e fiquei muito indignado com a declaração de um juiz**** dizendo que é ilegal, inconstitucional, o projeto aprovado pela Câmara que permite a quebra de sigilo bancário.***** Não é nada inconstitucional, porque o projeto submete a decisão ao juiz; apenas dá prazo para que o juiz decida, caso contrário a falta de prazo induziria a liminares. Tal como está em vigência é terrível. Eu tenho prazo para aprovar o que vem do Congresso, não é o presidente do Congresso quem proclama automaticamente a lei. Por que não dar o prazo aos juízes? Tem que haver prazo para quem toma decisões.

Depois fui a Ibiúna com a Ruth. Lá visitamos ontem mesmo o Boris Fausto e a Cinira, conversa agradável, nossos papos revisam o vento da história, e se repetiram hoje de manhã. Chegou o Clóvis Carvalho para almoçar conosco, Clóvis é uma pessoa de alma limpa. Aproveitei para falar sobre a gestão do Banco do Brasil, a presença muito grande de um dos diretores, que se chama Vicente [Diniz],******

---

* O juiz do TRT-SP se entregou à Polícia Federal de São Paulo depois de quase oito meses foragido.
** Mulher de Mário Covas.
*** O leilão da estatal energética paulista, com preço mínimo fixado em R$ 1,7 bilhão, fracassara em 6 de dezembro por falta de concorrentes.
**** Paulo Costa Leite, presidente do STJ.
***** O projeto de lei complementar 220/1998, aprovado pela Câmara em 6 de dezembro e convertido na lei complementar nº 105, de 10 de janeiro de 2001, autorizou a Receita Federal, o Banco Central e órgãos de proteção ao crédito a acessarem e intercambiarem dados sigilosos de inadimplentes e suspeitos de crimes, sem autorização judicial. O projeto também estabelecia prazos para a Justiça decidir sobre pedidos de quebra de sigilo.
****** Diretor de Finanças e Mercado de Capitais do BB.

qualquer coisa assim, começou a ofuscar a diretoria, falta maior perseverança nas decisões, enfim, o Clóvis tem alguma crítica ao BB. E saiu na *Veja* uma matéria chata sobre a Petros e a Previ.* Eu não conheço os personagens lá citados, pode ser verdade que manipulem recursos, sabe Deus, é difícil o controle, ele quase não existe, veja o caso da Sudam, que é escandaloso; com essas notícias a opinião suspeita que estejamos em conivência. Não é conivência, é falta de instrumento adequado de controle, e a Presidência fica de janela o dia inteiro.

Conversei com Clóvis sobre a petroquímica. Percebi que ele está preocupado com a desnacionalização da petroquímica. Eu disse: "Falei com todos, falei com [Gregorio] Pérez Companc,** com Emílio e com o Paulo Cunha. Este não pediu nada de extravagante, apenas que o BNDES apresentasse os documentos em tempo, para a empresa dele poder participar do leilão [da Copene]. O Pérez Companc disse que, no futuro, talvez se interesse pelo Polo Sul em associação com a Odebrecht, provavelmente comprando a parte da Ipiranga. Ele me falou de vários entendimentos, não pediu nada, tive até a sensação de que não vai entrar no leilão. A Dow Química, apesar do que saiu no jornal, que tinha me pressionado, é mentira, ninguém me procurou para falar do assunto. E, para minha surpresa, Emílio Odebrecht prefere que a Dow Química ganhe, em vez do Paulo Cunha. Imagino que porque assim ele fica sendo o único empreendedor nacional e o BNDES e a Petrobras teriam que ajudá-lo mais do que a Dow Química, porque não cabe ajudar a Dow Química. O jogo é complicado".

Emílio me telefonou hoje e disse que os deputados que andam falando contra o leilão, dizendo que o governo está desnacionalizando, não têm o endosse dele. A posição do Emílio é o contrário da que eu imaginava, tem a lógica que acabei de explicar. Contei tudo isso ao Clóvis e disse que o governo não pode entrar fundo nessas questões, tem que fazer o leilão limpo. O BNDES já fez anteriormente uma aliança um pouco forçada com Paulo Cunha. Vamos ver se mantém a aliança. Isso talvez implique que, se o grupo dele ganhar o leilão, depois os ajudemos na expansão, o que levará a ações do governo em outros polos, como o de Paulínia ou do Gás Químico do Rio e de outros que já têm o apoio do BNDES e da Petrobras. No caso de a Petrobras se desfazer de 15% de cada uma das centrais [petroquímicas] e resolver tomar uma posição mais ativa na produção do que eles chamam *downstream*, pode ser que isso ocorra. Expliquei ao Clóvis, é muito difícil entender todo esse processo.

Dito isso, vim para Brasília e já me reuni com Malan e com o Martus para finalizar o orçamento, discutir o aumento dos militares, muita dificuldade, e também muita irritação minha, porque saiu um artigo do Kennedy [Alencar], na *Folha*,

---

* Na reportagem "Pela porta dos fundos", publicada na edição de 13 de dezembro, a semanal acusou de corrupção e enriquecimento ilícito os ex-presidentes da Petros (Francisco Gonzaga) e do Telos (Paulo César Ferracini), além do ex-diretor de investimentos da Previ, João Bosco da Costa.
** Presidente do grupo Pérez Companc.

dizendo que eu teria sido informado de uma tratativa do governo com a Polícia Federal para que o juiz Nicolau fosse bem tratado e, com isso, não acusar Eduardo Jorge.* Infâmia total! Fiquei indignado. Temos que reagir com indignação, já fiz uma carta, falei agora à noite de novo com o Lamazière, para mandar para a *Folha*. A *Folha* não quer publicar amanhã porque eu disse que eles têm que esclarecer isso sob pena da lei. Uma infâmia dessas não tem cabimento, nenhum repórter perguntou nada a mim nem a ninguém. A *Folha* disse que o governo nega, mas se nega é com base no quê?, perguntam. Eduardo me disse que ele não tem nada a temer, que o Banco Central vasculhou tudo, todos os cheques, que não há nenhum cheque de ninguém caindo em conta dele. O Banco Central não dá esse atestado, eu falei com Malan, é preciso dar o atestado, porque não é somente para Eduardo Jorge, é para qualquer cidadão. E, no caso, é de interesse do governo deixar claro que não havia nenhuma ligação entre Eduardo Jorge e o juiz Nicolau nesse maldito edifício que foi feito em São Paulo.

Isso me aborreceu bastante.

---

* Na matéria "Acordo prevê que Nicolau preserve EJ", o jornal publicou que Lalau se entregara à PF depois de negociar seu silêncio em relação ao ex-secretário-geral da Presidência. Segundo Alencar, o acordo teria sido costurado pelo próprio ministro da Justiça com a defesa do juiz e anuência do presidente.

14 A 31 DE DEZEMBRO DE 2000

ACM ataca o presidente. Visita do presidente sul-africano. Reunião com o PMDB. Cúpula do Mercosul em Florianópolis. Descanso em Buritis

Hoje é quinta-feira, 14 de dezembro, são sete e quarenta e cinco da manhã, vamos recuperar esses dias, porque não tive tempo sequer para gravar. Segunda-feira, 11 de dezembro, dia complicado. Recebi o sr. Jacques Diouf que é diretor da FAO, coisa de rotina, e à tarde o embaixador Hisashi Owada, presidente do Instituto de Relações Internacionais japonês.* Ele é pai da princesa Masako, casada com o príncipe herdeiro do Japão.**

As preocupações foram as de sempre, que se repetem todas as semanas: como fazer o orçamento, combate à sonegação, essas questões que ocupam muito tempo de mobilização, de convencimento, e mesmo de dar declarações, como dei quando fui visitar Mário Covas, defendendo a lei que combate a sonegação. Sob o pretexto de defesa dos direitos individuais, querem evitar que a Receita tenha acesso a dados que permitam chegar à sonegação, e por aí vai.

Mas o fato grave foi outro. É que Antônio Carlos, na entrevista que deu na segunda-feira, dia 11, aos correspondentes estrangeiros, disse que eu era muito bom, íntegro, não sei o quê, mas tolerante com a corrupção;*** citou o caso do DNER e o caso da Sudam. Eu nem dei bola, porque não percebi a gravidade, até que no fim do dia me telefonou o Raul Jungmann, sempre combativo, indignado. Então fui ver direito a declaração, e é inacreditável mesmo Antônio Carlos nos acusar de prevaricação. Telefonei imediatamente ao porta-voz e pedi que ele reagisse, dizendo que não há preço que valha uma aliança, porque a corrupção não pode ser o preço a pagar para a manutenção de uma aliança — foi o argumento que Antônio Carlos deu para justificar eu não fazer nada contra a corrupção. Ocorre que esses dois casos foram descobertos pelo governo.

No caso da Sudam, já havia uma auditoria no Ministério da Fazenda que mostrava desmandos totais. Eu mandei que Malan avisasse o Tribunal de Contas da União e que mandasse os resultados ao Bezerra. Já tinha mandado uma carta dura

---

* The Japan Institute of International Affairs (JIIA).
** Príncipe Naruhito.
*** No registro do *Jornal do Brasil*, ACM declarou durante um almoço com a imprensa no Rio de Janeiro que "o presidente Fernando Henrique é um homem altamente sério e digno. É incapaz de participar de qualquer corrupção. Entretanto, tem sido tolerante, para manter essa aliança [com o PMDB] com a presença de algumas pessoas que não poderiam estar de modo algum no seu governo".

ao Bezerra pedindo que ele fosse fundo na questão da Sudam. Bezerra veio a mim e disse que estava de acordo, vamos até ao limite de fechar a Sudam, se necessário. E, no caso do DNER, a Advocacia-Geral da União está processando os que fizeram malandragem. Antônio Carlos sabe disso. Ele está usando má-fé porque quer atacar o PMDB e, ao atacar o PMDB, ele me ataca, porque ele não consegue se livrar dessa ambiguidade própria de sua alma. O porta-voz reagiu, mas ele não tem força expressiva suficiente para contrastar com o Antônio Carlos. É um rapaz do Itamaraty, não pode enfrentar esses embates políticos, não tem o desembaraço para enfrentá-los.

Isso provocou um mal-estar muito grande. Na segunda-feira, jantei com Vilmar, Andrea Matarrazzo e Paulo de Tarso, que trabalha na Tarso Loducca, para ver minha apresentação [pronunciamento] de fim de ano, pois ele [Paulo de Tarso] está dando alguns conselhos ao PSDB nessa matéria.

Na terça-feira, o mal-estar cresceu com a questão do Antônio Carlos. Recebi o Aroldo Cedraz,* que substitui o Benito Gama, que veio falar comigo também. Briga de baiano, naturalmente, a mesma história de sempre. O Cedraz é um deputado bom. Benito Gama foi ativo na CPI do Collor, Antônio Carlos jamais gostou dele, não perdoou que ele tivesse ficado a favor do impeachment do Collor, e agora o persegue. O Benito Gama veio me dizer que a Bahia está podre, que é preciso fazer alguma coisa e que ele está disposto a seguir um caminho firme, não sair do PFL, mas, que se houver um sinal mais firme, ele sai.

Além disso, recebi os oficiais recém-promovidos e fui ao almoço no Clube do Exército, como é habitual uma vez ao ano. No almoço anunciei o aumento.** Foi difícil arrancar o aumento, Malan e Martus resistindo muito, o Pedro Parente ajudando, o ministro Quintão também, porque está pressionado. Tinha que haver aumento mesmo, mas é claro que teremos que nos adaptar à Lei de Responsabilidade Fiscal, e não podemos tratar os militares diferentemente do tratamento dado ao salário mínimo. A imprensa fez uma tremenda fofocagem dizendo que fui pouco aplaudido e que o Gleuber foi muito aplaudido. É verdade, o Gleuber foi mais aplaudido do que eu, e fez um excelente discurso, de elogio taxativo a mim, inclusive. E fez a reclamação sobre o orçamento, como faz todo ano, como eu também faço. É certo que os militares queriam mais, e especialmente um general, que eu não conheço, só o vi nesse dia, teve um comportamento mais desaforado. Mas não comigo, isso não chegou a mim.

---

* Deputado federal (PFL-BA), suplente de Benito Gama, licenciado da Câmara para assumir a Secretaria Estadual de Indústria, Comércio e Mineração da Bahia.
** O governo concedeu aumento médio de 28,2% aos militares das três Forças, inclusive pensionistas, escalonado em dois anos. O presidente também anunciou a edição de uma medida provisória para reestruturar a remuneração das carreiras militares (MP 2131/2000).

Depois fui ao Itamaraty para o Prêmio Jovem Cientista,* fiz discurso etc. Cansadíssimo. Recebi o Tápias com o Ozires [Silva],** para discutir a questão da Varig,*** e o presidente da IBM na América Latina,**** muito entusiasmado com o Brasil e com as preocupações habituais. Veio falar comigo o líder do PMDB na Câmara, Geddel Vieira Lima, que se sente muito abandonado, no fundo porque ele queria que eu rompesse com Antônio Carlos. De fato, eu devia ter rompido, se eu não dependesse da administração do Congresso para o Brasil.

Telefonei ao Bornhausen e disse: "Bornhausen, ACM passou do limite, não dá mais!".

"Eu sei", disse ele, "eu sei, presidente, mas a sua reação por intermédio do porta-voz já foi boa."

Repliquei: "Foi fraca a reação!".

Melhor seria demitir o ministro de Antônio Carlos [Rodolfo Tourinho]; se o fizesse, teria aplausos da opinião pública e Antônio Carlos faria um carnaval no Congresso, o PFL também, e não votaríamos as leis de importância vital para o Brasil, que finalmente votamos nesta semana. Mas ainda falta o orçamento. É sempre assim, estou entre a cruz e a caldeirinha, tenho que engolir sapos porque tenho um programa para o Brasil, não estou aqui para dar show de personalidade, como alguns estão. Mas isso é entendido como tibieza minha. Comecei a formar em meu espírito a ideia de que vou fazer uma mudança mais forte do governo, e aí daremos o troco necessário ao Antônio Carlos.

À noite, jantei com o Thabo Mbeki, presidente da África do Sul.***** Homem que eu conheço e que tem visão das coisas. Tivemos uma conversa muito interessante. Ele explicou que [José] Eduardo dos Santos, o presidente de Angola, tinha pedido que ele desse asilo ao Savimbi, que ele não queria, mas no fim concordou. Quando concordou, [José] Eduardo dos Santos mandou um emissário, irritado com ele — disse que não entende o comportamento do [José] Eduardo dos Santos. Provavelmente há muita corrupção e o pessoal quer manter a guerra. Fiquei de transmitir isso ao Itamaraty, o que já fiz, para pressionarmos o Eduardo dos Santos e ver se ele tira o Savimbi de Angola e se chega a algum entendimento que leve a paz a Angola.

Mbeki também me disse que a mensagem do príncipe árabe que esteve aqui — ele conhece — é favorável também a uma reunião do Brasil com a África do

---

* Cerimônia de entrega do XVI Prêmio Jovem Cientista e do I Prêmio Jovem Cientista do Futuro, oferecidos pelo CNPq em parceria com o grupo Gerdau e a Fundação Roberto Marinho.
** Presidente da Varig e ex-ministro da Infraestrutura (governo Collor).
*** A empresa aérea cessou atividades em 2006, depois do fracasso da recuperação judicial iniciada no ano anterior.
**** Donn Atkins, gerente-geral da IBM Latin America.
***** Recebido em visita oficial.

Sul, a Índia, a China e a Arábia Saudita, para mostrar que existe um mundo próspero que não é o Primeiro, mas que também não é tão miserável quanto o resto do mundo. Acredita que os sauditas ficaram muito impressionados com o que viram no Brasil e que pretendem ir mais fundo nas relações conosco. Mbeki tem uma noção bastante razoável de todas essas matérias. Conversamos, inclusive, sobre a oposição aqui no Brasil, ele é um ex-quadro comunista, entende as coisas. Disse ainda que tinha tido um encontro com Bush, o qual deu sinais de maior abertura para com a África. Isso provavelmente por causa do general [Colin] Powell, que vai ser secretário de Estado.

Falei com Bezerra de novo, para reforçar a possibilidade de acabar com a Sudam. Muita fofoca em torno de Antônio Carlos.

À noite recebi o Padilha, que veio aqui junto com o Aloysio e o Serra, e comecei a abrir o jogo para eles. Eu disse: "O que eu faço? Não vou abrir o jogo todo, porque tudo vai para a imprensa, mas vou fazer uma mudança mais ampla no governo, dando os espaços cabíveis a Antônio Carlos".

HOJE É SÁBADO, DIA 16 DE DEZEMBRO. Resta registrar o que aconteceu na quinta-feira, 14, e ontem, sexta-feira.

Na quinta-feira, o dia começou com a visita de Michel Temer, Padilha e Moreira Franco, como tinha sido combinado na véspera com o Moreira. A conversa foi a seguinte: comuniquei a eles que, diante dos fatos que estão correndo ultimamente, que mostraram como está difícil compor as mesas do Congresso, e depois da briga do Antônio Carlos com Jader, portanto do PMDB com o PFL, rompeu-se o cimento da base de governo. Não tenho condições de pedir ao Aécio que retire a candidatura na Câmara, porque o desentendimento é generalizado. Eu disse que iria comunicar aos partidos, de maneira mais formal, que estava diante de um fato político novo e que iria extrair as consequências disso.

Isso foi dito e, pouco depois, chegou o helicóptero. Assinei algumas medidas com Pedro Parente e fui embora para Santa Catarina. Almocei no avião e, quando chegamos, não parei mais de trabalhar.

Primeiro a inauguração de um hotel novo, um resort na praia em que fiquei, o Costão do Santinho. Depois fui a uma coisa simpática: lançaram com outro título nova edição* da parte de um livro que escrevi com Octavio Ianni.** A parte histórica do livro, escrita por mim. Fiz um comentário, um discurso, contando um pouco a época. Claro, os jornais só puseram uma coisa que eu disse, fazendo autoironia,

---

* *Negros em Florianópolis: relações sociais e econômicas*. Florianópolis: Insular, 2000.
** *Cor e mobilidade social em Florianópolis: aspectos das relações entre negros e brancos numa comunidade do Brasil Meridional*. São Paulo: Companhia Editora Nacional, 1960.

mostrando que naquela época eu era mais pedante do que hoje,* escrevi um livro — não este, outro — cheio de citações.**

Acabei de ler uma entrevista admirável do Caetano Veloso, que lançou um novo disco*** e deu uma entrevista na internet queixando-se do mesmo que eu vou me queixar agora: de estarmos sujeitos aos caprichos da imprensa. E, disse ele, isso não tem solução, porque a imprensa é medíocre e muda o que se escreve ou diz de forma medíocre. Transformam a ironia, o gosto por certa irreverência, autoirreverências, em uma *boutade* boba.

Depois recebi o Guga [Gustavo Kuerten],**** que foi muito simpático, eu não o conhecia, é um rapagão alto, grande, veio com a mãe e o irmão.***** Dei uma entrevista à imprensa que causou um pouco de confusão, mas dessa vez a confusão da imprensa é até compreensível, porque eu disse que não podia sair pelo mundo gritando "pega ladrão", o que seria uma falta de compostura.****** Imediatamente a moça do *Globo* perguntou: "Quer dizer que o senhor está dizendo que Antônio Carlos não tem compostura?". "Não diga isso", contestei, "não foi o que eu falei; falei de mim." O que houve é que em minhas palavras me referi a um tipo de leitura que o Althusser faz de Marx, falei sobre a leitura do que não foi escrito, a *lecture symptômale*. No dia seguinte, não tiveram dúvida, fizeram a *lecture symptômale* do que eu não tinha dito... No caso, havia certo sentido, porque era fácil fazer o contraste, e até foi útil. Mas protestei energicamente sobre o Antônio Carlos estar dizendo que eu tenho "tolerância para com a corrupção", quando na

---

* "Naquela época, eu era bastante mais pedante do que ainda sou. Então, não tanto neste livro, mas o outro livro, sobre o Rio Grande do Sul, é extremamente cheio de citações, sofisticado, tem discussões teóricas muito abstratas, porque tem a discussão do método etc.". (Biblioteca da Presidência.)

** *Capitalismo e escravidão no Brasil Meridional: o negro na sociedade escravocrata do Rio Grande do Sul*. Rio de Janeiro: Difel, 1962.

*** *Noites do norte*. O cantor e compositor dispensou a divulgação do novo CD na imprensa e fez seu lançamento diretamente no portal da Globo na internet.

**** O tenista vencera o torneio de Roland Garros em junho e conquistara a Masters Cup no início de dezembro de 2000, tornando-se o primeiro tenista sul-americano a terminar uma temporada em primeiro lugar no ranking mundial.

***** Alice e Rafael Kuerten.

****** No registro da *Folha de S.Paulo*: "Eu tenho horror à corrupção, mas o que eu não posso é acusar [alguém] do que eu não sei. E isso eu não faço, porque, na vida pública, eu acho que a gente tem de ter compostura. Não é possível sair dizendo por aí 'fulano roubou', 'não-sei-quem roubou'. Eu não sei. O diz-que-diz, não". Questionado se se referia a ACM, Fernando Henrique negou: "Não tirem da minha boca o que eu não disse. Aqui alguns de vocês [repórteres] são metidos a entender de sociologia, coisa e tal. Vocês se lembram do Althusser, que falava aquela coisa da leitura do Marx pelo que ele não escreveu? Deu no que deu — deu em bobagem. E eu não vou fazer isso".

verdade, nos dois casos que ele citou, fomos nós que abrimos as portas, investigando, e a fundo. Isso não vai ter solução. Apenas reitera minha disposição de dar um ponto final nessa verborragia do Antônio Carlos.

Dei uma entrevista longa para a RBS, depois recebi o presidente da Federação das Indústrias do Rio Grande do Sul, que levou um documento pedindo que se reveja a proibição de financiamento para as empresas estatais, quando bem organizadas. Depois tivemos um jantar oferecido pelo governador, longuíssimo, brinde pra cá, brinde pra lá, apresentação teatral, fui dormir muito cansado.

No dia seguinte, sexta-feira, ontem, acordei cedo para dar início aos trabalhos do Mercosul.* Estavam presentes os presidentes De la Rúa, da Argentina; Lagos, do Chile; Banzer, da Bolívia; Batlle, do Uruguai; o do Paraguai** e eu. A reunião foi boa, tudo está nos jornais, e não houve conversa particular mais interessante salvo a que tive durante o espetáculo da noite da quinta-feira com o Jorge Batlle. Ele disse o seguinte: "Vocês, o Brasil à frente, deviam pegar os sócios do Mercosul, pedir uma audiência ao Bush e botar o Bush na defensiva". O Itamaraty não gostou da ideia, Lampreia não gostou muito da ideia, achou sem cabimento. Eu tinha dito ao Battle que nós temos um encontro no Canadá na Cúpula das Américas,*** essa pode ser a oportunidade. Eu não sei se a ideia é tão má assim, a de uma posição politicamente mais afirmativa. Um jogo político. Não sei.

Pelo que vi hoje nos jornais e na televisão, caiu bem o que eu disse a respeito do Mercosul.**** O Lagos deu as explicações que já registrei aqui, sobre a posição do Chile, com mais detalhes. Fiz certa ironia, como se esperassem do Mercosul um "abre-alas", como o Lampreia era na Mangueira; se não desse certo a autonomia do Chile — acho discutível que dê —, então nós faríamos força para o Chile, junto com o Mercosul, obter mais vantagens de acesso ao mercado americano.

Vi hoje que Roberto Teixeira da Costa foi aos Estados Unidos e recolheu a impressão de que era difícil para o Bush retomar com energia a Alca. Eu penso a mesma coisa. Eles vão levar algum tempo lá em grande confusão. Ao ver estampadas nos jornais minhas intervenções sobre o Mercosul, achei bom, porque foi tudo discutido de porta aberta, ou seja, com a televisão transmitindo. Bom para o país ver como a gente leva uma reunião dessas, como defende os interesses do Brasil e da região sem que esteja sujeito às interpretações da imprensa. Estava lá o Clóvis

---

* XIX Reunião do Conselho do Mercado Comum e dos Chefes de Estado do Mercosul, no resort Costão do Santinho.
** Luis González Macchi.
*** Agendada para abril de 2001, em Quebec.
**** Referindo-se às negociações dos países do Mercosul para a entrada na Alca, o presidente afirmou: "Nós não queremos simplesmente abrir aqui, para importar, importar e importar, e nós não exportarmos nada. [...] A discussão tem que chegar a um ponto tal em que os dois lados tenham vantagens. Um lado só, não".

Rossi, que não é medíocre no que diz respeito às questões internacionais; ele é bem preparado. É ranzinza, mal-humorado e às vezes faz injustiças, mas este não é o momento para ficar discutindo jornalistas individuais.

Ainda fui visitar o Amin, o governador, e a prefeita, que é a mulher dele, a Ângela [Amin]. Tenho admiração pelo trabalho que ela está fazendo, é uma mulher inteligente e combativa. Foi uma reunião agradável no palácio, com a presença também de Jorge Bornhausen e a mulher.* Comi mariscos antes e depois, no jantar. Na família do Amin, ele é o único filho homem, de pai libanês** e mãe*** de origem italiana, nascida na Suíça. Uma senhora de 77 anos. Ele tem três irmãs,**** todo mundo muito simpático, gente de classe média alta, ambiente bom. De lá fui à casa do Padilha, para um jantar. Foi todo mundo: PMDB, PSDB, PFL, enfim, PTB, foi confraternização mesmo. Tudo de primeira ordem, aproveitei para dizer ao Jorge Bornhausen que, para mim, o Antônio Carlos está no limite. Sei que amanhã, domingo, verei nos jornais mais ironias dele. Jorge me disse que, quando eu achar necessário, que o chame, e nós liquidamos a fatura. Todo mundo está louco para se livrar do Antônio Carlos.

Na verdade, quem vai ter que fazer a operação final sou eu; é questão de semanas, senão de dias. Temos que ver com calma, para organizar todas as posições, mas sou eu quem vai ter que dar uma cortada feia mesmo. Realmente ele ultrapassou os limites da compostura, não se pode ter um aliado que fique desmoralizando permanentemente não só o governo mas a mim, com ironias que levam ao descrédito do governo e do presidente. Isso não tem cabimento.

Pimenta esteve comigo, passou em revista o de sempre, ele está mais do que convencido, como eu também, que chegou a hora de cortar o jogo do Antônio Carlos. À noite, telefonei para o Marco Maciel, que deu sinais nesse sentido também.

HOJE É QUINTA-FEIRA, DIA 21 DE DEZEMBRO. O fato de eu não ter registrado nada nestes últimos dias mostra que andamos com muitas atividades, apesar de ser fim de ano.

Domingo foi um dia dedicado a questões domésticas.

A segunda-feira, dia 18, foi diferente, porque começamos com a gravação do programa [pronunciamento] de Natal. Deu trabalho, eu mesmo escrevi o texto, reescrevi, na verdade, mudei bastante. A Bia, minha filha, deu a opinião de que o texto inicial não era nem carne nem peixe, tinha dados de prestação de contas e dados mais emocionais de fim de ano. Ela queria que a fala fosse num tom emo-

---

* Dulce Bornhausen.
** Esperidião Amin.
*** Elza Marini.
**** Elaine, Elisabeth e Teresinha Amin.

cionado, eu também; deixei nesse tom, acho que ficou bom. Deu muito trabalho, a Ana Tavares não estava sabendo que iríamos gravar lá embaixo [no subsolo do Alvorada], ficou nervosa, e eu com ela, foi até injusto de minha parte, porque a Ana é uma pessoa extraordinária, mas há momentos em que ela exagera na noção do que é da competência dela, que ela deve saber, e não sei o quê, então fiquei irritado. Depois o Iris Rezende veio me trazer um novo desembargador de Goiás.*

Tivemos a festa de Natal dos servidores no Alvorada, abracei todo mundo, fotografias, simpático e cansativo.

Recebi o Paulo Rabello de Castro, que é diretor-presidente de uma SR Rating; recebi o Roger Agnelli, presidente da Vale do Rio Doce, ele veio falar dos planos de desenvolvimento da Vale; e também recebi o general [Benedito] Leonel, que veio em visita de cortesia. Ainda recebemos a Carmo Sodré, que no dia seguinte, terça-feira, iria com a Ruth ver em que ponto estão as obras da fazenda.

Na terça-feira, 19, recebi o Philippe Reichshtul e o Tourinho para discutir a nova marca da Petrobras,** do grupo todo da BR, porque estamos querendo dar um impulso ainda maior à Petrobras e à BR.

Depois fui ao palácio [do Planalto] para uma série de atos. Primeiro, com os campeões paraolímpicos e olímpicos, fiz discurso,*** e ainda gravei um programa de rádio — um pouco diferente do programa de televisão — para o dia de Natal.

Vim correndo almoçar no Palácio da Alvorada com o Conde mais seis assessores dele, um que foi secretário de Habitação, Sérgio Magalhães, e uma moça chamada Maria Alice Rezende [de Carvalho],**** que trabalha com ele. Naturalmente o Conde tem algum interesse em participar do novo governo, não foi bem explícito, mas era isso. Eu não disse nada a ele, que deixou claro que apoiaria o Serra e a Roseana Sarney. Foi um almoço educado e agradável. Me parece que hoje, quinta-feira, saiu no jornal que ele teria dito que foi convidado por mim para ser ministro ou secretário. Isso não é certo. Não sei se ele disse, mas, se disse, não é verdadeiro.

Depois fui correndo ao Palácio do Planalto para uma cerimônia sobre como melhorar a qualidade da educação infantil, da Fundação Orsa,***** discursos, muitas moças, professoras, tudo muito agradável. Saiu nos jornais que eu fiz uma

---

* Sebastião de Oliveira Castro Filho, novo ministro do STJ.
** O governo estudava alterar a marca da empresa para Petrobrax, a fim de facilitar sua inserção internacional.
*** Na ocasião, o presidente sancionou a lei nº 10 098, que estabeleceu padrões de acessibilidade em espaços públicos e privados de todo o país.
**** Ex-assessora da Secretaria Municipal de Educação.
***** Entrega do I Prêmio Qualidade na Educação Infantil, iniciativa do Ministério da Educação em parceria com a Fundação Orsa e a União Nacional dos Dirigentes Municipais de Educação (Undime).

brincadeira dizendo que o povo brasileiro é beijoqueiro, porque uma das moças me perguntou: "Qual é meu prêmio? Posso beijar o presidente?", e eu disse: "Pode!", e todas beijaram. Beijei todo mundo, essas professoras são fantásticas, se matam pelo Brasil afora para criar melhores condições para a educação infantil. Nós temos que atender melhor a educação infantil.

Em seguida, dei medalhas às pessoas que se distinguiram por atos de bravura,* festa organizada pelo Zé Gregori, que recém-apareceu vindo de Palermo** e pediu que eu desse uma força à festa, coisa que fiz, porque o Zé tem sido muito criticado pela Globo, sobretudo pela decisão que tomou naquela portaria que a Globo está utilizando como se fosse uma peça de censura da mídia. Verdade que há um artigo que deveria ter sido redigido de outra maneira.

Depois me reuni com o presidente da Assembleia Consultiva do Conselho Mundial de Energia,*** que veio junto com uma porção de pessoas me convidar a fazer em Buenos Aires o encerramento do Congresso Mundial deles.****

O mais importante do dia é que recebi o [João] Capiberibe, governador do Amapá, que veio se queixar, com razão, do que está acontecendo no Amapá.***** Veio cercado pela Marina Silva, pelo governador do Acre, pelo Célio de Castro, prefeito de Belo Horizonte, pelo novo prefeito de Macapá,****** eu creio, enfim, por um grupo expressivo, apoiado também pelo governador [Ronaldo] Lessa, de Alagoas. Eu já tinha dito a ele, eu e o Aloysio, que iríamos mandar alguém lá para ver o que fazer, porque a questão não diz respeito somente a mim. Posso fazer uma intervenção, contudo isso é algo gravíssimo, porque o impeachment será votado pela Assembleia, o governador vai perder, recorrerá ao Supremo, que certamente dará ganho de causa a ele.

Depois disso, ainda tivemos um jantar, marcado pelo embaixador Frederico Araújo, com o Malan e a Catarina mais o Caramuru e a mulher dele. Houve o jantar

---

* Medalha de Distinção por Atos de Bravura, concedida pelo Ministério da Justiça.

** O ministro da Justiça viajara à Itália para negociar a extradição de Salvatore Cacciola, dono do Banco Marka, cuja prisão por crimes financeiros fora decretada pela Justiça brasileira. Cacciola fugira para a Europa valendo-se de sua dupla cidadania. Foi preso em 2007 durante uma viagem a Mônaco e extraditado pelo governo local.

*** Gerald Doucet.

**** XVIII Congresso Mundial de Energia, em outubro de 2001. Fernando Henrique não compareceu à reunião.

***** Em outubro, a Assembleia amapaense aprovara o impeachment de Capiberibe por supostos desvios de verbas do Fundef em 1998. O governador se mantinha no cargo com uma liminar do STF. Em 21 de dezembro, o processo de impedimento foi suspenso pela comissão processante formada por deputados estaduais e desembargadores, que apontou cerceamento do direito de defesa do governador. Capiberibe concluiu o mandato.

****** João Henrique Pimentel (PSB).

porque o Caramuru foi recém-nomeado embaixador. Fui com a Ruth e também com a Carmo, foi agradável, são coisas que de vez em quando valem.

Na quarta-feira, ontem, portanto, fomos os quatro, Ruth, Carmo, eu e o Fred, à minha fazenda (minha, não; agora não é mais minha) para ver a casa. Há dezoito meses que essa casa está passando por uma reforma grande, a Carmo é caprichosa, ela tem recursos, tem gente que trabalha na fazenda deles, eles mandam para lá, demoram a chegar, mas ficou ótima. E até descansei.

Voltei para cá e me encontrei com o Aloysio e o Moreira, que vieram falar sobre as rixas entre o Jader e o Antônio Carlos.

Eu não registrei, mas esta semana fui procurado pelo Marco Maciel e pelo Bornhausen, e a conversa foi sobre um encontro que o Marco teria tido com o Antônio Carlos. Marco pediu que ele desse uma trégua (isso eu soube depois, pelos deputados do PFL que estiveram comigo). O Bornhausen e o Marco estão reclamando do Antônio Carlos, porque os demais partidos estão apoiando o Aécio na Câmara em função do veto que o Antônio Carlos colocou no Jader. Eles querem encontrar uma saída para isso, então me pediram que eu falasse com o Temer, coisa que fiz. Antes disso eu já tinha falado para o Temer não definir uma questão de ordem na qual se pede que se decida que o maior partido é o PSDB. Isso iria tumultuar ainda mais o encaminhamento de uma solução política, já difícil, para o caso da Câmara. Não vejo como encaminhar, porque o Aécio a esta altura está forte, e também não há como apoiar à força a candidatura de Inocêncio. Isso vai requerer um entendimento entre o PMDB e o PFL. O PFL tinha sido informado, e já reafirmei minha disposição de ir fundo, e até mesmo de mexer no ministério, porque não suporto mais essas permanentes estocadas do Antônio Carlos. Chega!

Isso foi o que houve de mais significativo nessa conversa, que foi longa.

Depois a Ruth foi para São Paulo com a Carmo. Recebi aqui dezesseis senadores que vieram com o Arruda me felicitar e, mais tarde, o Serra muito aflito, porque o Mário Covas reiterou a candidatura do Tasso e relegou o Serra a um papel menor, o que é injusto. Recebi o Serra, mesmo sobrecarregado, porque eu tinha que dar uma força a ele.

Jantei com Armínio Fraga, ele estava eufórico porque baixaram 0,75% na Selic, o que vai ter um efeito grande. Armínio veio conversar porque estava preocupado com muitas coisas, entre as quais a saúde do Malan, que mais uma vez voltou a ser precária. O Malan já me tinha avisado que iria embora por causa disso, e fiquei mais preocupado ainda. Armínio cheio de ideias, em geral boas. Queremos incrementar uma porção de coisas da reforma monetária, a relação entre a Fazenda e o desenvolvimento das exportações, que podem estar mais ligadas ao Itamaraty, a questão da Camex e outras mais.

Hoje, depois da natação habitual, fui receber o [Sérgio] Besserman, presidente do IBGE, no Planalto, e me entregaram os resultados do Censo do Brasil. A esta altura, temos 170 milhões de pessoas, é muita gente. Essa quantidade imensa de gente vai dar mais problemas de velhice, de juventude, de criança, de gerência, de emprego, mas é o país. O país cresceu, isso é positivo.*

Depois fui ao Natal dos funcionários do Planalto, dessa vez fiz um discurso breve e voltei a falar com o Serra, atropelado também pelos problemas orçamentários, muito preocupado com a questão política. Eu tinha falado com Vilmar antes de conversar com Serra, ele me deu detalhes das suas conversas com Moreira Franco e com Aloysio, PMDB, PFL, aquela confusão toda. Telefonei ao Michel Temer para dizer que houve a conversa com o pessoal do PFL, que ele [Temer] precisa se mover para restabelecer o entendimento entre o PMDB e o PFL. Enfim, o trivial ligeiro, mas hoje é 21 de dezembro e continuo trabalhando: assinei uma enorme quantidade de medidas provisórias, leis, decretos, enorme, pilhas, pilhas e pilhas, a irracionalidade do sistema político e institucional brasileiro.

Isso feito, vim para o Alvorada almoçar com o Aloysio, o Madeira, o Vilmar e o Pimenta. Discutimos sobre o que fazer ou não fazer com a minha ansiedade pelas mudanças ministeriais que se aproximam. Todos reconhecem um ponto: que eu não devo me meter, os partidos que se organizem, se não entenderem os recados; eu tenho dado recados e vou dá-los cada vez mais fortes. Entretanto, a coisa é mais embrulhada do que parece. Todo mundo tem a mesma opinião. Vejo que o Aloysio e o Madeira prefeririam que houvesse uma composição no Senado e na Câmara entre PMDB e PFL. Eu disse: "Bom, e o PSDB? O que nós vamos fazer com ele?". Nesta altura a decisão não pertence a nós, depende do PMDB. O Madeira e o Vilmar são mais cautelosos, embora este último às vezes vá mais na linha do Aloysio. É uma operação muito, mas muito difícil. Ficaram aqui até tarde, saíram às cinco da tarde.

Depois que eles se foram, falei melhor com Pimenta, que me contou uma conversa dele com o João Roberto Marinho no Rio de Janeiro. O João Roberto também acha que é preciso botar um ponto final nessa confusão toda com o Antônio Carlos, mas está muito ressentido com a portaria do Zé Gregori. Pimenta vai tentar acertar essa questão, vamos ver.

Depois disso, ainda vim aqui para cima [onde fica o apartamento presidencial no Alvorada] e o Silvano veio para cá cheio de leis e decretos. Agora estou fazendo um pouco de hora para jantar com Matarazzo e os colaboradores dele.

Amanhã de manhã, recebo o Fabio Feldmann para ver o que fazer com as mudanças climáticas e essas coisas que me atormentam, e também a ele, tanto assim que o Fabio não me dá paz nem próximo do Natal. Aliás, ninguém me dá paz. É impressionante como todos querem alguma coisa. Passei o dia discutindo o orçamen-

---

* O Censo 2000 contou 169 799 170 habitantes no país, com 86,2 milhões de mulheres e 83,6 milhões de homens. A população urbana era de 137,9 milhões, e a rural de 31,8 milhões. Havia 53,8% de brancos, 6,21% de pretos e 38,5% de pardos. A mortalidade infantil caiu quase 40% em relação a 1990. A queda da taxa de analfabetismo em relação ao início da década foi de 6,5 pontos percentuais.

to, houve um superávit primário forte em novembro,* o que dará certa folga para usar melhor os recursos, com um pouco mais de eficiência em sua utilização, não deixando tudo para o ano que vem. Assim poderemos atender às demandas que possam ser pagas em dezembro, para não deixar como "restos a pagar" uma enorme quantidade de dinheiro.

Depois de receber o Fabio Feldmann, irei ao Rio de Janeiro — depois do almoço — me encontrar com o meu pessoal, com Ruth e as crianças, Bia e Paulo já estão lá; Luciana chegará no sábado. O Getúlio está meio arrevesado com a Ruth por alguma razão que não sei qual seja e não vai comigo; vai no sábado. É melhor, assim não se criam dificuldades no Rio de Janeiro, e a tensão em família não fica elevada. Isso passa.

No Rio vou me encontrar com o Eduardo Eugênio e com o [Anderson] Rossi,** não sei bem o que eles querem, vão me encontrar amanhã mesmo lá. Também no sábado o Paulo Alberto [Artur da Távola] irá com o suplente dele,*** o novo senador, para conversar comigo. Não vou parar de trabalhar nem no Natal. No sábado à noite passaremos pela casa de Lampreia e Lenir e vamos jantar no Antiquarius.

Domingo é a ceia de Natal e dia 25, segunda-feira, almoço de Natal. Voltaremos para Brasília na terça-feira, dia 26, aí retomarei os registros.

Em tempo: as notícias econômicas são muito positivas,**** clima de otimismo: 80% da população está contente, acho que o ano que vem vai ser melhor ainda. Nas pesquisas o ótimo/ bom subiu, empata com o ruim/ péssimo; o regular tem a maior parte do apoio da população. Por volta de 26%, 27% de ruim/ péssimo e também de ótimo/ bom, e regular é o resto, não sei exatamente quanto, mas é por volta de 43%. Enfim está começando a haver horizonte até mesmo nessas avaliações, que não levo muito a sério porque elas variam muito de momento para momento. Entretanto, quando se faz uma curva do ano todo, é fácil verificar que o ótimo/ bom, que começou com 26%, chegou ao máximo em fevereiro, em 28%, voltou a cair e agora subiu de novo, está em 26%. O regular gira ao redor de 49%, 48%, 46%; o mais baixo de regular foi 40% em fevereiro e hoje está em 47%. O ruim/péssimo, que chegou muitas vezes a ter 37%, caiu, está em 27%. Então, se vê que a aprovação do governo está melhorando.

---

* R$ 5,4 bilhões, melhor resultado mensal desde o início da série, em 1991. O ano fechou com superávit primário de 3,51% do PIB.
** Assessor da Firjan.
*** Nilo Campos. Artur da Távola se licenciou do Senado para assumir a Secretaria Municipal de Cultura do Rio de Janeiro.
**** O PIB cresceu 4,3% em 2000. A inflação fechou o ano a 5,97% (IPCA). No último dia útil do ano, o dólar valia R$ 1,95. O desemprego era de 5,97%.

Esqueci de registrar que na quarta-feira, dia 20, falei com o novo presidente dos Estados Unidos, o [George W.] Bush. Eu tinha recebido um recado através do Rubens Barbosa que um assessor dele atenderia o telefone e, se eu chamasse, o Bush me atenderia. Eu chamei, ele me atendeu, foi uma conversa amena, falei do pai dele, ele disse que o pai tinha ficado muito impressionado com a conversa que teve comigo num almoço aqui e que também o Clinton, com quem ele tinha estado na véspera, fez recomendações para que ele falasse comigo e pediu que tivéssemos um bom entendimento. Clinton repetiu a ele os elogios que sempre me faz, e eu disse que estou disposto a seguir colaborando, que é muito importante para o hemisfério um bom entendimento do Brasil com os Estados Unidos e que na primeira oportunidade conversaríamos. Disse-lhe que iria mandar uma carta sugerindo algumas coisas para a reunião de cúpula que vai haver no Canadá. Essa foi a conversa rápida com Bush.

Mandei também uma carta ao presidente da Nigéria, [Olusegun] Obasanjo, com quem eu tinha falado por telefone, a respeito de um lote de campos de petróleo da Petrobras; ela tem dois lotes lá.

O Nelson Jobim me telefonou duas vezes, a primeira para dizer que aquele... esqueço o nome dele agora, é um brasileiro que teve uma porção de negócios aqui e vive nos Estados Unidos, é muito amigo do Bush e conhece o Nelson.* Ele falou com Nelson e quer vê-lo pessoalmente, vão se encontrar em Paris para ter uma conversa, porque o Bush pediu que ele fosse intermediário de conversas entre mim e o Itamaraty. Vamos ver do que se trata. Disse o Nelson que é para discutir questões da Alca, porque a opinião americana é que o Uruguai e a Argentina vão logo seguir o Chile. Entretanto, sem o Brasil isso não funciona. Por outro lado, ele quer discutir a possibilidade de eu ser secretário-geral das Nações Unidas, para substituir o atual secretário. A história me pareceu um pouco fantasiosa, nunca falei nem cogitei desse assunto, em todo caso eu disse ao Nelson que vou estar no Canadá e que se o Bush quiser realmente falar comigo antes da reunião eu passo para um almoço na Casa Branca. Pode ser no Canadá também. Apenas preliminares de contatos normais. Como Nelson é do Supremo e não pode se meter em política, tudo isso tem que ser muito discreto. Se for verdade, vale a pena obter uma informação pela via não oficial do que o governo americano está pensando fazer.

HOJE É SEXTA-FEIRA, DIA 29 DE DEZEMBRO, estou na fazenda Córrego da Ponte em Buritis. Só para rememorar: tudo que eu disse que iria acontecer no Rio de Janeiro aconteceu normalmente — além do jantar agradável com Lenir e com o Lampreia e também com o Sebastião Rego Barros e a Tite. No dia seguinte, o Sebastião me procurou para conversar sobre a posição da Argentina, do Brasil e

---

* Mario Garnero, do grupo Brasilinvest.

sobre o Mercosul. Contei a conversa com o Batlle e ele me disse para não esquecer o barão do Rio Branco, ou seja, que o Brasil tem que ter uma boa política no Prata e uma boa política com os americanos. Ele, Sebastião, acha que a nossa política no Prata é um pouco exagerada, no sentido de reclamar muito, de tratar mal os argentinos, sem entender que essa aliança nos é vantajosa, portanto, sem que façamos muitas concessões. Ele faz críticas à atitude um pouco soberba do Itamaraty. Ele sabe, como eu também, que o Felipe Lampreia não tem muita empatia com essa coisa sul-americana. Sugeriu substituir o Felipe Lampreia pelo Seixas. Eu disse: "Da sua geração, além do Felipe, seria você". Ele não topa, precisa refazer a vida financeira. O Seixas Corrêa é um homem muito inteligente, competente, mas talvez seja um pouco ao estilo do Itamaraty, mais da área política que da econômica. Não tenho certeza. Outro nome é o Celso Lafer, que tem todas as qualidades; além do mais, como já registrei, tenho um problema de gratidão para com o Celso. Ele talvez seja menos agressivo do que se necessita agora. O mais agressivo e da nova geração é o Sérgio Amaral. Percebi que a opinião do Rego Barros é que eu deveria nomear o Celso Lafer e manter o Seixas na Secretaria-Geral do Itamaraty, fazendo, dessa forma, um Itamaraty mais ameno do que o Itamaraty do Lampreia, e tão consistente quanto. Fora isso, conversamos um pouco sobre o Lampreia, que vai embora. Ele está deprimido, me parece, sem ânimo depois de seis anos. Não vai embora por razão política nem pessoal, porque gosto muito dele, e ele de mim e da Ruth. Não é por aí.

Nada mais a registrar, a não ser as fofocas. Serra teria declarado que eu teria dito que entre ele e o Tasso há um empate e que, portanto, eu não estaria preocupado em escolher. Eu não disse nada disso e Serra também não disse nada ruim. Provavelmente a imprensa cogitou. No dia seguinte saiu um artigo, esse, sim, ruim, do Kennedy Alencar,* que deve ter sido passado por gente que conversa comigo. O balanço que ele faz é mais favorável ao Tasso do que ao Serra. Não é meu pensamento. Eu acho, como já disse tantas vezes aqui e está no artigo [do Kennedy Alencar], mas com outro peso, que o Serra está mais preparado, mais maduro, e até conta com mais apoios políticos do que o Tasso, embora o Tasso possa ser mais leve como candidato. Mas minha preferência pelo Tasso não foi expressa, eu não disse nada à imprensa. Eu digo a duas ou três pessoas, elas falam com mais três ou quatro e depois eu sou criticado por entrar na discussão da sucessão.

Quando voltamos do Natal, recebi no Alvorada a Comissão de Orçamento para discutir como iriam votar. Fiz um apelo, agradeci, na verdade eles inflaram o orçamento com receitas que não são consistentes, mas também ataram as despesas às receitas, se não entrar receita não haverá despesa. A solução não é tão ruim quanto parece e o clima do encontro foi ótimo.

* "Para FHC, Tasso é melhor candidato", publicado na *Folha* em 24 de dezembro de 2000.

Recebi depois o pessoal do [João] Coser, deputado do PT,* que veio agradecer o modo como o tratei quando ele foi acusado na questão do juiz Nicolau.** Houve também uma palavra do Giovanni Queiroz, que é do PDT,*** agradecendo o modo pelo qual os tratei. Fui buscar café eu mesmo, criando uma situação de simpatia com a oposição, coisa que se torna crescente nesses dias. É a Mensagem do Natal.

Nenhum progresso na discussão sobre a composição das Mesas da Câmara e do Senado. Antônio Carlos calou mais a boca, me telefonou para me desejar bom Natal e ao mesmo tempo me pedir desculpas pelo que teria dito de ofensivo a mim. É a técnica dele: fere e depois sopra.

Fora isso, o Aécio se firmando nos partidos, o que eu vou fazer? Depois eles vão querer que eu tire o Aécio da disputa, será impossível. A culpa de tudo é do Antônio Carlos, que abriu essa discussão prematura, desse jeito impertinente. Não que ele não tenha as razões, mas é um modo de fazer desastrado. Estou falando no telefone com meio mundo, todos aflitos por recursos financeiros, esse foi, digamos, o ramerrão dos pedidos. Alguns ligaram apenas para expressar desejos de um bom Natal. Não falei com todos porque eram muitos. As notícias econômicas continuam se confirmando como excepcionalmente positivas.

Eu, a Ruth, a Bia, o Duda e os filhos e uma amiga da Júlia viemos para a fazenda e não temos feito nada de especial. Nem tem acontecido nada, salvo que houve uma questão com o nome da Petrobras: a logomarca Petrobrax tinha sido apresentada, mas a reação foi muito forte, então a cancelamos para evitar exploração política em torno do nada.

Deixei de anotar, mas neste final de ano falei com praticamente todos os presidentes da América do Sul. O Chávez me telefonou, o Pastrana também, eu já tinha telefonado ao Jorge Batlle, recebi telefonema do presidente do Chile, o Lagos, telefonei para De la Rúa, faltaram o do Paraguai e o da Bolívia. E o do Peru, que não conheço bem.**** Mas todos me desejaram votos de felicidade, uma coisa normal.

Fora isso, os comentários de sempre, e também nos jornais: Serra e Tasso, o Serra é mais preparado na administração federal do que o Tasso, o Serra discorda da política econômica do governo... Eu sei, mas ele não é uma pessoa com ideias tão pouco ajustadas em matéria de economia, como dizem. O Tasso é bom administrador, é bom amigo, nesse aspecto dá no mesmo tanto um quanto outro.

* Pelo Espírito Santo.
** Em 1996, Coser solicitara R$ 18 milhões em verbas adicionais para as obras do TRT-SP.
*** Deputado federal por Minas Gerais.
**** Valentín Paniagua, presidente do Congresso, assumira a Presidência peruana depois da renúncia e fuga de Alberto Fujimori em meados de novembro.

O Ciro continua com as impertinências dele. Insiste na tecla de que sou tolerante com a corrupção. Se eu não fosse presidente, responderia que eu nunca andei de Audi nem fazia lobby aqui em Brasília. Poderia dizer uma porção de outras coisas desse tipo. O Ciro não tem o direito de posar dessa maneira contra mim, não tem a menor base para isso, é apenas um despreparado, uma pessoa audaciosa. É mais audacioso do que o Collor, e talvez até saiba menos do que o Collor das engrenagens da política, porque o Collor, bem ou mal, conhece essas engrenagens desde menino, porque vivia o clima de Brasília. O Ciro, não. O Ciro é a aventura por si mesma. Embarca nas coisas com aquela cara de Antônio Conselheiro do Ceará e diz o que lhe dá na cabeça, e sabe Deus fazendo o quê. Falei com o Conde também, que está insistindo muito em ser ministro, engraçado. É um erro, ele não tem por que querer, ele perdeu a eleição. É difícil colocar alguém que perdeu a eleição num ministério, não fica bem.

Rascunhei a mudança ministerial que me parece mais adequada. Se fosse possível, eu unificaria os ministérios das Comunicações, dos Transportes e também o de Minas e Energia e poria uma só pessoa lá: o Pedro Parente. No lugar de Pedro Parente, eu possivelmente poria o Martus — fica uma coisa mais técnica — e deixaria o Orçamento subordinado à Fazenda. Temos que arranjar um ministro do Planejamento e de Gestão, não sei ainda quem, são ideias que estou amadurecendo. Assim como continuo às voltas com o que decidir entre o Celso Lafer e o Sérgio Amaral. Eu disse aqui que o Rego Barros é totalmente favorável ao Celso Lafer, embora ele reconheça as virtudes do Sérgio Amaral. Tenho que tomar uma decisão que não é fácil, dada a velocidade que quero imprimir ao Itamaraty. Não sei também se há tempo, em dois anos de mandato, para colocar alguém tão jovem na carreira como o Sérgio Amaral. Seria algo transformador nas expectativas deles.

Neste momento vejo as crianças na frente de casa. O Pedro, meu neto, já cavalgando muito bem, ele até galopa. Tem sete anos, o rapaz é bom.

HOJE É DOMINGO, DIA 31 DE DEZEMBRO. Eu passo o tempo agradavelmente na fazenda, tomando sol e arrumando a casa, a casa está agradável, é simples, nada de luxo, mas bastante confortável.

Acabei de ler um livro que se chama *México: la ceniza y la semilla*, de Héctor Aguilar Camin,* muito bom. É sobre as mudanças no México não só com a eleição do Fox, mas as transformações todas, o fim do PRI, as mudanças sociais, culturais, o futuro, o que vai acontecer no país. Livro bem escrito, cheio de insights interessantes. Talvez um pouco repetitivo, mas vale a pena ler, até porque a história da mudança social do México não é muito diferente da mu-

---

* Cidade do México: Cal y Arena, 2000.

dança social no Brasil, com suas tragédias e seus sonhos. [*Canto de pássaros*] Este barulho são os passarinhos cantando, fazendo uma barulheira fantástica, muito agradável.

ÍNDICE REMISSIVO

1984 (Orwell), 201
3G, tecnologia, 554, 593
500 Anos do Brasil, comemorações dos, 160n, 188n, 238, 288, 327n, 389, 423, 453, 467, 491n, 509n, 520n, 523n, 530n, 536n, 538n, 550n

À espera de um milagre (filme), 635n
Ab'Saber, Aziz, 648n
ABA (Associação Brasileira de Antropologia), 619
Abad, Susana, 731n
Abap (Associação Brasileira de Agências de Publicidade), 124
ABB (Asea Brown Boveri), 133, 159, 240
Abbado, Claudio, 690
ABC Paulista, 78n, 268, 522, 559n
Abdenur, Roberto, 574n
Abdo, José Mário Miranda, 739
Abdulaziz ibn Abdul Rahman Al-Saud (fundador do reino da Arábia), 675n
Abdullah, príncipe herdeiro da Arábia Saudita, 675
Abia (Associação Brasileira das Indústrias da Alimentação), 74, 348
Abi-Ackel, Ibrahim, 217, 218
Abin (Agência Brasileira de Inteligência), 197n, 198, 199, 219, 345n, 550n, 553, 617n, 753
ABN Amro Bank, 696
ABP (fundo de pensão holandês), 696n
Abranches, Sérgio, 122, 574
Abrão, José, 116, 539n
Abras (Associação Brasileira de Supermercados), 319n, 676
Abreu, Alexandre Libonati de, 198n
Abril, grupo, 278n, 429n, 555
Abrucio, Fernando, 438n, 443, 469
absolutismo, 485
Abubakar, Atiku, 730n
Academia Brasileira de Letras, 347n, 637
Ação Empresarial (fórum de grandes empresários), 508
Acaraú (CE), 450n
Acatauassu, Carlos, 344n

ACC (Adiantamento de Crédito de Câmbio), 123
Acioli, Bruno, 159n
Ackerman, Werner, 738
ACM *ver* Magalhães, Antônio Carlos
aço, produção de, 30n, 124, 348, 472; *ver também* ferro, minério de; siderurgia
Açominas, 611
Acordo de Belfast (1998), 151n
Acordo Militar Brasil-Estados Unidos, 607
Acre, 62, 191, 240n, 255, 270, 287, 291, 292, 311, 352, 353, 367n, 421, 593n, 632n, 634, 710, 744, 783
ADCS (Ações Declaratórias de Constitucionalidade), 355n
ADFL (Aliança das Forças Democráticas para a Libertação do Congo-Zaire), 322n
Adins (Ações Diretas de Inconstitucionalidade), 355
Adler, 552
Adlon, Hotel (Berlim), 574, 575
Administração Penitenciária de São Paulo, 707n
aduaneiras, tarifas, 539n
ADVB (Associação dos Dirigentes de Vendas e Marketing do Brasil), 667
Advocacia-Geral da União *ver* AGU
AEB (Associação de Comércio Exterior do Brasil), 123n
Aeronáutica, 122, 156, 270, 349n, 361n, 392, 399, 407, 408, 409, 411n, 413, 418, 420, 421, 422, 442, 561, 616, 651n, 715, 747; *ver também* FAB (Força Aérea Brasileira)
aeroporto de Rio Branco, 292
Aeroporto Internacional Antônio Carlos Jobim, 254n
Aeroporto Internacional Augusto Severo (Parnamirim), 503n
Aérospatiale-Matra, 407n
AES (Applied Energy Services Corportation), 39n, 172n, 352n, 358
AEW&C (avião), 160n
Afonso, José Roberto, 543
África, 292, 305, 368, 383, 466n, 556n, 599, 650, 685, 695, 700

África do Sul, 30n, 216, 322n, 361, 537n, 575, 621, 777
Agência Brasileira de Cooperação, 241n
Agência de Desenvolvimento Tietê-Paraná, 243n
Agência Espacial Brasileira, 447
Agência Nacional de Águas, 141n, 264, 600, 607
Agenda 21 Brasileira, 580
Agenda Única Nacional de Turismo, 497n
AGF (Aquisição do Governo Federal), 434
Agnelli, Roger, 782
Agnelo, Geraldo Majella, d., 533
Agostinho, Santo, 458
agricultura/agricultores, 119, 132, 147, 149, 205, 226, 246n, 255n, 272, 279, 281, 285, 289, 313, 324, 337, 338n, 350, 366, 368, 372, 386, 390, 449, 465, 507, 508, 510, 550n, 557, 606, 657, 683, 687; *ver também* reforma agrária; safras agrícolas
AGU (Advocacia-Geral da União), 35n, 39n, 131, 197, 198, 365, 407, 450, 456, 458, 528, 545, 549, 552n, 583, 634, 637, 646, 724n, 776
águas profundas, petróleo em, 375, 730n
Aguilar Camin, Héctor, 790
Aidar, Rubens Tavares, 651n
aids, 111, 300, 322, 576, 621, 700
Aith, Marcio, 626n
Ajufe (Associação dos Juízes Federais do Brasil), 487n
ajuste fiscal, 29, 31n, 33, 36, 43, 47, 51, 52, 54, 55, 57, 64, 65, 67, 69, 73, 76, 78, 79, 106, 109, 113, 129, 131, 136, 183n, 205, 212n, 233, 288, 292, 336, 551, 636, 771n
Akbo, campo de (Nigéria), 730n
Aladi (Associação Latino-Americana de Integração), 589n
Alagoa Grande (PB), 647n
Alagoas, 122, 268n, 539n, 640, 641n, 783
Alahuhta, Matti, 133n
albaneses, 134n, 143, 174n
Albânia, 297n
Alberto, João, 154n, 164
Albright, Madeleine, 68, 174, 514, 638, 650, 761, 762
Albuquerque, Roberto Cavalcanti de, 209
Alca (Área de Livre Comércio das Américas), 62, 63, 205, 223, 296, 396, 399, 418, 553, 568, 578, 640, 664, 684n, 728, 734, 753, 764, 780n, 787
Alcalay, Milos, 538n
Alcântara, Eurípedes, 195n
Alcântara, Lúcio, 122, 135, 383, 407, 460, 651, 747
Alcatel, 91, 522
Alcione (cantora), 405

Alckmin, Geraldo, 501, 502, 524, 556, 559, 664, 665n, 679, 683, 685, 687, 723, 770
álcool, 187, 284, 285, 316, 375, 385, 396, 445
Alegre, Manuel, 150, 612n
Aleluia, José Carlos, 186n, 289, 434
Além da linha vermelha (filme), 190
Alemán, Arnoldo, 512n, 516
Alemán, José Miguel, 517
Alemanha, 53, 61, 64, 103n, 126, 127, 135, 141, 144, 146, 147, 150, 151n, 157n, 175n, 225, 226, 326, 328, 348, 366, 380, 382n, 458, 489, 494, 556n, 572, 574, 575n, 613, 681, 688-94
Alemanha Oriental, 689
Alemão *ver* Simões, Enilson
alemão, idioma, 613
Alencar, Célia, 140
Alencar, José, 189, 357n, 748n
Alencar, Kennedy, 768, 773, 788
Alencar, Marcelo, 140, 307, 502, 563, 687
Alex (jogador de futebol), 631n
Alfonsín, Raúl, 401, 640
Algar, 232, 332n
Aliança Cooperativa Internacional, 765n
Alianza para el Trabajo, la Justicia y la Educación (coalizão argentina), 261n
Alierta, César, 676
alíquotas tarifárias, 237
Allende Bussi, Isabel, 494
Allende, Salvador, 494, 495, 671, 761
Alleyne, George, 497
Almeida, Hugo de, 756n
Almeida, Luciano Mendes de, d., 713
Almeida, Maria Hermínia Tavares de, 687
Almodóvar, Pedro, 98n
Almunia, Joaquín, 493
ALN (Ação Libertadora Nacional), 236n
Alstom, 159
Altes, Frits Korthals, 694n
Althusser, Louis, 779
Alto Paraíso, 254
Alto Taquari, 276
Alto-Comando do Exército, 419n
Alusa Companhia Técnica de Engenharia Elétrica, 64n
Alvarenga, Tales, 195, 644
Álvares, Élcio, 122, 129, 229, 255, 345, 371, 387, 407, 409, 411-3, 420, 422, 442, 444-8, 465, 610
Álvarez, Carlos Alberto, 401, 700, 701, 714
Alvarez, Glênio, 571n
Alvarez, Luiz Carlos, 159n, 393
Alvear Valenzuela, Maria Soledad, 567, 764
Alves Filho, Garibaldi, 505n

Alves, Hermano, 42
Alves, Jorge, general, 710
Alves, José Carlos Moreira, 105, 525, 646, 724
Alves, Márcio Moreira, 42, 252, 668
Alves, Margarida, 647n
Alvorada, Palácio da, 30n, 52, 72, 86, 88, 102, 127, 133, 136, 144, 159n, 160, 164-6, 168, 189, 193, 209, 210, 217, 228n, 229, 236, 244, 249-50, 262, 268, 274-6, 290, 295, 304, 306, 314, 316, 326, 328-30, 337, 341, 352, 356, 365, 368, 372, 405-6, 409, 413-6, 432, 439, 447, 448, 458, 465, 472, 475-6, 480, 492, 500, 507, 509, 522, 528, 548, 560, 565, 578, 583, 585, 597, 608, 616, 632, 638, 647-8, 659-61, 663, 667, 672-3, 702, 718-9, 745, 747, 755, 757, 782, 785, 788
AL-X ou A-29 (avião), 313n
Alzugaray, Domingo, 368, 555, 646
Amadeo, Edward, 117, 552, 622, 647
Amador de Deus, Zélia, 620n
Amapá, 364n, 783
Amaral, Ricardo, 612, 614
Amaral, Rosário, 87
Amaral, Sérgio, 30, 48, 52, 67, 81, 87, 122, 164, 383, 460, 463, 478, 577, 737, 746, 747, 750, 767, 788, 790
Amato, Giuliano, 380n, 575n, 576
Amazonas, 171n, 203, 204, 240n, 243, 255, 311, 349, 448, 456, 463, 464, 632
Amazônia, 166n, 169, 196n, 204, 208, 252, 291, 293, 295, 303, 349, 357, 572, 578, 611, 657, 706, 709
Ambev, 332n, 348, 471
Amélia (filme), 568n
Amélia de Leuchtenberg, imperatriz consorte do Brasil, 693
Amerada Hess, 62
América Central, 512, 513, 517, 743
América do Sul, 68, 147, 256, 261, 269, 304, 393, 395, 454, 470, 523, 557, 568, 577-8, 583, 589, 602, 624, 639, 650, 656, 662, 664, 665, 688, 720, 729, 749, 771, 789
América do Sul 2000, seminário (Itamaraty), 640n
América Latina, 140, 147, 153, 169, 194n, 204n, 224n, 227, 256, 296n, 304, 305, 347n, 373n, 383, 396, 410, 454, 466n, 482, 488, 525, 553, 558n, 573, 588, 600, 601, 647, 662, 688, 733, 741, 762, 764, 771, 777
America Star (subsidiária da Alcatel), 91n
American Express, 238
Americas Telecom, 516, 519
Americas Telecom 2000 (feira), 516n

Amin, Ângela, 781
Amin, Elaine, 781n
Amin, Elisabeth, 781n
Amin, Esperidião, 176n, 184, 192, 218, 354, 406, 508, 510, 558, 676, 712, 732, 781
Amin, Esperidião (pai), 781n
Amin, Teresinha, 781n
Amorim, Celso, 30, 765
Amsberg, Claus Felix von, 700n
Amsterdã, 694, 695, 697, 698
Amusátegui, José María, 608
AMX (aviões), 270
Ana Carolina (cineasta), 568
Anac (Agência Nacional de Aviação Civil), 413n, 422, 446n
analfabetismo, 536n, 785n
Anápolis, 446, 658
Anastasia, Antonio, 519n, 629
Anatel (Agência Nacional de Telecomunicações), 91n, 94, 238, 283, 412n, 415, 433, 443, 460, 500, 553, 592, 593, 594, 618
Andrade Gutierrez, grupo, 190n, 418n
Andrade, Carlos Drummond de, 416n
Andrade, Clésio, 37n, 207, 265, 266, 317, 335, 451, 645
Andrade, Evandro Carlos de, 546
Andrade, Sérgio, 418
Andrea, Matarazzo, 596
Andrew, príncipe (duque de York), 401
Andrews, base de (EUA), 175
Aneel (Agência Nacional de Energia Elétrica), 238, 433, 739
Aner (Associação Nacional de Editores de Revistas), 244
Ângelis, Ovídio de, 162, 249n, 262, 273, 298, 335, 541
Angola, 30, 138, 148, 241, 242, 262, 283, 322n, 620, 777
Angra 3 (usina nuclear), 688
Angra dos Reis (RJ), 689, 727
Anhembi, complexo do, 438
anistia (1979), 419
ANJ (Associação Nacional de Jornais), 324n, 555
Annan, Kofi, 225
Anos de renovação (Kissinger), 140n
ANP (Agência Nacional do Petróleo), 46, 211, 285, 433, 460, 671
ANP (Agência Nacional do Petróleo, Gás Natural e Biocombustíveis), 46n, 211, 216n, 285, 332, 672n, 729n
Antaq (Agência Nacional de Transportes Aquaviários), 238n

Antarctica, Companhia, 348, 471
Antiquarius, restaurante (Rio de Janeiro), 786
Antônio (funcionário do Rede Sarah), 455
Antônio Conselheiro, 790
Antônio Geraldo (irmão de FHC) *ver* Cardoso, Antônio Geraldo
ANTT (Agência Nacional de Transportes Terrestres), 238n
Antuérpia, 697, 700
Anvisa (Agência Nacional de Vigilância Sanitária), 652
Aparecida (SP), 110n
Apec (Asia-Pacific Economic Cooperation), 763n
Apex (Agência de Promoção de Exportações e Investimentos), 472, 521n
aposentadoria/aposentados, 29n, 43, 59n, 66, 142n, 183, 184, 277, 288n, 341, 345n, 489, 498, 647n, 724n, 738, 743n
aposentados no Brasil, número de, 43
aprovação do governo, índices de, 37, 84, 95, 125, 188, 279, 317, 326, 340, 373, 418, 443, 451, 571, 645, 698, 786
aquecimento global, 445
Aquí estoy y aquí me quedo: testimonio de um gobierno (Samper), 601n
árabe, idioma, 675
Arábia Saudita, 662, 675, 778
Aracaju, 46, 48, 268n, 344n
Aracruz Celulose, 633
Arafat, Yasser, 703
Aragão, Murillo de, 122
Arango, Federico, 761n
Arango, Gabriel, almirante, 761n
Araújo, Frederico, 176, 405, 458, 604, 659, 702, 705, 783
Araújo, João, 757
Araújo, Maria Lúcia, 300n, 415n
Araújo, Serafim Fernandes de, d., 105, 678
Arbed (Aciéries Réunies de Burbach-Eich-Dudelange), 386n, 433, 521
Arbix, Glauco, 471
Arcelor, conglomerado, 386n
Archer, Madeleine, 536
Archer, Renato, 536
Ardaillon, Danielle, 127, 416, 659
Areva, 688n
Argaña, Luis María, 133, 347
Argaña, Nelson, 347n
Argentina, 31, 34, 49, 50n, 62-3, 68-9, 76, 82, 93, 97, 112, 139, 147, 194-5, 204-5, 216n, 261, 263, 266-9, 286, 290, 294, 301, 306, 318, 322, 335, 341, 344, 346, 347n, 363, 377, 395, 399-403, 449, 460, 462, 468, 483, 489-90, 495, 502, 523, 528, 539, 553, 573, 575n, 577, 582, 588, 595, 598, 602-3, 616, 629, 631, 635, 639-40, 647, 650n, 663n, 700, 702, 706, 713-4, 717-20, 728, 737, 743-4, 751-2, 759, 761, 763-4, 780, 787
Argus, Don, 535
Arias, Francisco, 514n
Arida, Pérsio, 33n, 57, 61, 67, 82, 83, 91, 98, 225, 437, 451
Arko Advice, grupo, 122
Arledge, David, 623
Armandinho *ver* Macedo, Armando
armas químicas, 695
armas, campanha pela proibição da venda de, 372
Arns, Paulo Evaristo, d., 288, 337, 651
Arns, Zilda, 337
Arpa, Programa (Áreas Protegidas da Amazônia), 611n
arqueologia, 389
Arraes, 642
arroz, 119, 509n
Arruda, Inácio, 739n
Arruda, José Roberto, 35, 162, 166, 206, 233, 257-8, 262, 273-4, 277-8, 324, 394, 407, 431-2, 435, 463, 507, 526, 597, 630, 642, 646, 661, 717-8, 747, 784
Artur da Távola, 166, 211, 302, 463, 468, 495, 502, 598, 601, 748, 786
Arzú Irigoyen, Álvaro, 376, 378, 517
Ásia, 57, 62, 103, 270, 383, 466n, 525, 659, 669, 695
Ásia Menor, 574
Assembleia Constituinte (1987-88), 360n
Assembleia Consultiva do Conselho Mundial de Energia, 783
Assembleia Geral da ONU, 208
Assembleia Nacional de Portugal, 492
Assentamento Cauaçu (CE), 450n
assessora de Élcio Álvares *ver* Resende, Solange
Assis Brasil (AC), 271n
Assmann, Plínio, 225
Associação Brasil Connects, 532n
Associação Brasileira da Indústria Têxtil e de Confecção, 755n
Associação Comercial do Rio de Janeiro, 222n
Associação dos Magistrados Brasileiros, 335n, 658
Associação Nacional dos Prefeitos, 522
Associação Paulista dos Empresários de Obras Públicas, 64n
Associação Saúde Criança Renascer (ONG), 276

Assumpção, José Afonso, 628n
Assunção (Paraguai), 133n, 214, 269, 539n, 557n, 622n
Assunção, Paulo, 629n
AT&T, 662
Ata Presidencial de Brasília (1998), 255n
Atacama, deserto de, 500n
Aterro do Flamengo, 224n
Atkins, Donn, 777n
Atlanta, 629
atos de bravura, medalhas por, 783
Auchincloss, Louis, 598n
Auditório Nereu Ramos da Câmara dos Deputados, 497n, 523n
Austrália, 526, 714
Áustria, 227
automobilísticas, indústrias, 78, 255, 259, 267, 290, 407, 429, 522, 604, 643, 653, 660, 661
Autoridade do Canal do Panamá, 741n
Autoridade Nacional Palestina, 703n
autoritarismo, 214, 677, 683
Autran, Christina, 719
Avança Brasil, Programa, 300, 304, 309, 313, 315, 328, 347, 462
"Avelino Arredondo" (Borges), 415n
Aventis, 146n, 600
Aydar, Bia, 300
Ayerza, Palacio (Buenos Aires), 603n
Azambuja, Marcos, 126, 577, 685
Azeredo, Delmiro, 110
Azeredo, Eduardo, 37n, 188n, 359
Azeredo, Zenaide, 422
Azevedo, Beatriz, 682
Aznar, José María, 150, 223, 226, 377, 436, 493, 613, 677, 678, 720, 741

Babenco, Hector, 568
Bacha, Edmar, 71, 437
bacia de Campos, 608
Badenes Júnior, Francisco, 446
Bahia, 114, 117, 126, 215, 229, 231-3, 236, 241-3, 254-5, 263, 268-9, 275, 328, 367n, 372, 407, 424, 434, 506, 516, 523, 528n, 530, 533, 545, 547, 548, 559, 566, 572, 643, 652, 653, 667, 681, 682, 716n, 718, 768, 776n
Bahia Sul Papel e Celulose S.A., 351n
baía de Guanabara, 451, 650n
Balaban, Maria Delith, 257, 612, 627, 642, 667
balança comercial, 264, 284, 495n, 540, 771
balanço de pagamentos, 727
Bálcãs, 138n, 175n
Balsas (MA), 523n

Bambino ver Barros, Sebastião Rego
bancada ruralista, 289, 312, 324n
Banck, Geert, 695
Banco Bamerindus, 206, 394n, 464
Banco BBA, 71n, 635n
Banco Bilbao Vizcaya ver BBV
Banco Bradesco, 94n, 314, 332n, 433, 465
Banco Central da Alemanha, 135
Banco Central da Austrália, 714
Banco Central do Brasil, 32, 33, 38, 44, 49-54, 56-7, 60, 65-7, 72-5, 79, 83, 85, 88, 90, 92, 101, 107, 109, 113, 115, 118, 136, 149, 152, 154-6, 158-9, 163, 166-8, 169n, 176, 179, 181-2, 201, 206n, 265n, 272n, 285, 292, 300, 301, 324, 364, 367, 370, 371n, 373, 393n, 394, 395, 433, 436, 437, 460, 469, 470n, 490, 503, 558, 608, 645, 686, 695, 699, 714n, 729, 768, 772, 774
Banco Central dos EUA ver Federal Reserve (Fed)
Banco da Basileia, 436
Banco da Inglaterra, 152, 478
Banco da Terra (programa de crédito do BNDES), 145n, 340, 450
Banco do Brasil, 37, 48, 61, 63, 67n, 85, 99, 109, 167n, 190, 191, 193, 210n, 229, 230, 231, 242, 244, 249n, 264n, 272, 277n, 281, 298, 324, 328, 347, 366, 391, 408, 416, 434, 442n, 465, 499, 502, 508, 541, 604, 632, 642, 643, 653, 730, 772
Banco do Estado de Santa Catarina (Besc), 210, 218
Banco do Nordeste, 217, 244, 247, 249, 295, 405, 441, 766
Banco Econômico, 216n, 367n, 394n, 430n, 464
Banco Excel, 394n, 464
Banco FonteCindam, 136, 146, 149n, 153n, 154, 176n, 201
Banco Interamericano de Desenvolvimento ver BID
Banco Itaú, 30n, 112, 260n, 285, 465, 699n
Banco Marka, 136n, 146, 149n, 153n, 154, 164, 168, 176, 179, 182n, 201n, 248, 783n
Banco Mundial, 29n, 50n, 53, 80n, 118, 121, 231, 275, 304, 331, 334, 525n, 526n, 527, 611n, 647, 707
Banco Opportunity, 34, 39n, 57n, 172, 190, 193, 225, 332n, 333, 352n, 459, 593n
Banco Pactual, 67n
Banco Popular de Bangladesh, 629
Banco Real, 696
Banco Safra, 54n
Banco Santander, 230n, 464n, 608
Banco Santos, 532
Banco Unibanco, 184n, 260, 465, 624n

banda cambial, 48, 167n
banda larga de internet, 407, 553
Bandeirantes (TV) Rede Bandeirantes, 45
Bandeirantes, Palácio dos, 81, 225n, 250, 338, 723, 732
Banespa (Banco do Estado de São Paulo S.A.), 230, 285, 298, 299, 392, 432, 459, 464, 465, 469, 683, 686
Banestado (Banco do Estado do Paraná S.A.), 699
Bangladesh, 629
Bangu 1, penitenciária de, 537n
BankBoston, 115
Banque de France, 370
banqueiros, 30, 70, 74, 129, 314, 380n, 449n, 714, 722
Banzer, Hugo, 96, 97, 228, 402, 497, 500, 587, 663n, 684, 780
Baptista, Carlos de Almeida, brigadeiro, 413, 446
Barak, Ehud, 703
Barbados, 742n
Barbalho, Jader, 40, 44, 49, 59-60, 100, 113, 130, 136, 140, 143, 156, 159, 161-3, 167-8, 177-8, 185-6, 203, 205, 207n, 208-9, 213, 228, 234, 244, 247, 273-4, 276, 280-1, 295, 304, 328n, 329, 331, 334, 344-5, 355-6, 364-5, 368, 388, 393-4, 424, 434, 439-40, 460, 470, 501, 508, 510-2, 516, 518-9, 530, 537, 544-5, 547, 549, 573, 626, 639, 653, 658, 667, 702, 705, 708, 711, 715-6, 718-9, 736, 747, 749, 755-8, 766, 768, 770, 778, 784
Barbieri, Leonardo, 62n
Barbieri, Marcelo, 62
Barbosa, Carlos Alberto Leite, 171, 173
Barbosa, Gibson, 557n
Barbosa, Rubens, 30, 57, 61, 280, 526, 623, 746, 756, 787
Barbosa, Rui, 695
Barcelos, Ailton, 166
Bardella, Cláudio, 332n
Barreto, Bruno, 560n
Barreto, Luiz Carlos, 560
barroco brasileiro, 210
Barros Neto, Antero Paes de, 372
Barros, André, 601n
Barros, Antero de, 169
Barros, Fábio Monteiro de, 618
Barros, Guilherme, 446
Barros, José Roberto Mendonça de, 44, 46, 50, 62, 64, 290, 333, 557, 558
Barros, Luiz Carlos Mendonça de, 54, 61, 163, 167n, 169, 190, 233, 260, 277, 280, 333, 757
Barros, Maria Cristina Rego, 417, 787
Barros, Nísia Mendonça de, 333

Barros, Oscar de, 626
Barros, Paulo Alberto Moretzsohn Monteiro de ver Artur da Távola
Barros, Sebastião Rego, 30, 76, 137, 362, 400, 417, 671n, 713, 734, 787, 788
Barroso, José Manuel Durão, 291
Barzelay, Rogério, 356n
bascos, 236, 722, 741
Basileia (Suíça), 436, 478
Bastos, Elide Rugai, 438n
batalha da rua Maria Antônia (1968), 551n
Batista, Egberto, 526
Batista, Eike, 659n
Batista, Eliezer, 219, 624, 656, 659, 669, 671n, 727, 728
Batista, Fulgencio, 373
Batista, Rosane, 717n
Batlle Berres, Luis, 488n
Batlle y Grau, Lorenzo, 488n
Batlle y Ordóñez, José, 488n
Batlle, Jorge, 369n, 392, 393, 399, 461, 488, 588, 590, 602, 663n, 762, 763, 780, 788, 789
Battan, Ítalo, 610n
Battenberg, J. T., 657n
Baviera, 691, 692, 693
Bayerischer Hof, Hotel (Munique), 692n
BB Seguros (Banco do Brasil Seguradora), 190, 502, 626
BBC (British Broadcasting Corporation), 151, 354, 721
BBV (Banco Bilbao Vizcaya), 285, 464
BC ver Banco Central do Brasil
BCP Telecomunicações, 300n
Beatriz, rainha da Holanda, 694, 695, 696, 698, 700
Beijing, 174n
Beijing + 5 (reunião da ONU sobre mulheres), 578
Beirão, Nirlando, 412n
Bejani, Carlos Alberto, 707n
Béjart, Maurice, 740
Belém (PA), 148n, 307, 364, 723n
Beleza americana (filme), 536
Belford Roxo (RJ), 726n
Bélgica, 152n, 386, 398, 436n, 558, 666
Belgrado, 134n, 174n
Belize, 512n, 513, 517
Bell Lemus, Gustavo Adolfo, 570
Bell, Gustavo, 31n, 335
Belloch, Santiago, 236
Belo Horizonte, 105, 110, 393, 571, 606, 659n, 664, 674n, 678, 707, 783
Belo, Carlos Ximenes, d., 621n

bem-estar social, 107, 172
Benfica (Rio de Janeiro), 418
Ben-Hur ver Ferreira, Eurídio Ben-Hur
Benigni, Roberto, 87n
Bentes, Solange, 347n
Berger, Óscar, 517n
Bergman, Ingrid, 444
Berkeley, 462, 478, 485, 512, 517
Berlim, 238, 489, 493, 522, 557, 560, 574, 575, 576, 577, 589, 688, 690, 692, 693, 694, 769
Berlusconi, Silvio, 493, 767
Bermudes, Sergio, 207
Bernardino, Angélico, d., 388
Bernardino, Mário, 65
Bernardo, Paulo, 533
Bernhard van Lippe-Biesterfeld, príncipe da Holanda, 696n
Bernhardt, Sarah, 568
Bertram, Hans-Bodo, 326n
Besserman, Sérgio, 429, 784
Bethell, Leslie, 296
Betti, Paulo, 483, 579
Beyhaut, Gustavo, 337
Bezerra, Fernando, 84, 113n, 164, 169, 184, 206, 219, 228, 247, 249n, 264, 270, 273-4, 295, 298, 315, 316, 320, 335, 341, 397, 405, 432, 434, 440-1, 450, 457, 466, 522, 555, 572, 583, 632, 638, 641, 657, 690, 756, 766-7, 775, 778
Bezerra, Lauro, 619n
BHP Billiton, 535
Bia (filha de FHC) ver Cardoso, Beatriz
Bianchi, Egydio, 246, 415, 418, 668, 733
Bianchi, Sérgio, 659n
Bianco, José, 602
Bibia ver Gregori, Maria Filomena
Bíblia, 369
Biblioteca da Presidência, 80n, 130n, 193n, 222n, 319n, 320n, 357n, 505n, 523n, 524n, 548n, 611n, 623n, 672n, 732n, 733n, 771n, 779n
Biblioteca do Congresso Americano, 132
bibliotecas populares, 632
Bicudo, Hélio, 417
BID (Banco Interamericano de Desenvolvimento), 29n, 30n, 50n, 51, 53, 80n, 116, 173, 231, 263, 318, 365n, 385, 395, 403, 489, 612, 663n
Bier, Amaury, 44, 48, 50, 178, 200, 241, 265, 276, 300, 338, 408, 417, 478, 504, 542, 544, 582, 594, 608, 686, 724, 734
Bierrenbach, Flavio, 416
Biguaçu (SC), 509
Bilachi, Jair, 37
Bilbao (Espanha), 347n

Billington, James, 132
bingo eletrônico, 348, 387, 458, 466
BIS (Bank for International Settlements), 152n, 436, 478
Bisky, Lothar, 689
Bittar, Rosângela, 417
Bittencourt, Carlos Eduardo Régis, 754
Bizerra Júnior, Fernando, 429n
Black, Conrad, 153n
Blair, Tony, 42, 150, 151, 152, 153, 226, 281, 381n, 382, 396, 419, 493, 604, 697, 699
Blanca, Valéria, 350
Bloch, Grupo, 64n
Blok, Vlaams, 700n
BNDES (Banco Nacional de Desenvolvimento Econômico e Social), 33n, 34, 39n, 54n, 61n, 137, 145n, 163, 167, 169, 179-80, 190, 193, 195n, 197n, 209, 215, 223, 233, 242, 244, 249n, 272, 277-8, 286, 300, 303, 312, 315, 329n, 335, 337, 340n, 351, 357-8, 389, 398, 417-8, 432, 434, 437n, 438, 448, 453, 468, 475, 480-1, 485-6, 513, 543n, 551, 552, 564, 596, 608, 611, 624, 642, 645, 650, 682, 688, 698, 725, 727, 767, 773
Boa Vista (RR), 741n
Bobos in Paradise: The New Upper Class and How They Got There (Brooks), 726
Boca Juniors (time de futebol argentino), 598
Bode, Thilo, 196
Boeing, 491, 696
Bogart, Humphrey, 444
Bogo, Vicente, 133
Bogotá, 349n
boi-bumbá, 463n
Bola de Nieve (cantor), 444
Bolaffi, Gabriel, 102
Bolaños, Jorge, 466
bolha financeira americana, 98
Bolívar, Simón, 742n
bolivarianismo, 303
Bolívia, 31, 96, 255n, 337, 346, 357n, 369, 397, 399n, 454n, 497, 500, 509, 519, 520, 528, 568, 587, 602, 663n, 684, 761, 769, 771, 780, 789
Bolkan, Florinda, 379
Bolsa Cidadã (Goiás), 602
Bolsa da Austrália, 526
Bolsa de Curitiba, 699n
Bolsa de Londres, 39
Bolsa de Nova York, 39, 155n, 343n, 346, 433, 459
Bolsa de São Paulo, 39n, 48n, 51, 59, 64n, 74n, 82n, 90n, 109n, 118n, 158n, 169n, 191n, 216n, 280n, 282n, 318n, 343n, 525n
Bolsa de Seul, 526

Bolsa de Tóquio, 39, 526
Bolsa do Rio de Janeiro, 70, 158n, 280n
Bolsa Escola, 533, 602, 622, 661, 706
Bolsonaro, Jair, 421
Bom Dia Brasil (programa de tv), 292n, 433, 539, 654n
bomba atômica, 58, 445
Bompreço, grupo, 35n
Bonaparte, Josefina, 577
Bonaparte, Napoleão, 356, 590
Bone, Roger, 538n
Bonex (Bonos Externos), 76, 82
Bonn (Alemanha), 146, 147n, 574n
Boonstra, Cor, 696n
Bope (Batalhão de Operações Especiais), 584n, 585
Borges, César, 215n, 216, 232, 268, 457, 506, 634
Borges, Jorge Luis, 415, 590
Borges, José Osmar, 541n
Borges, Pio, 34, 37, 64, 124, 163, 233
Borja, Célio, 238n, 405, 447
Bornhausen, Dulce, 781n
Bornhausen, Jorge, 35, 86, 124, 130, 136, 140, 156, 162, 168, 184-5, 192, 210-1, 218, 220, 222, 229, 231, 243, 272-3, 275, 278, 298, 329, 357-8, 385, 406, 439, 447, 474, 475, 479, 492, 497, 507-8, 510, 516, 518, 534-5, 540, 546, 562, 569, 586, 594, 624, 638, 641, 676, 704-5, 707-8, 726, 736, 766-7, 777, 781, 784
Bosch, 693
Bósnia, 691n
Bossa nova (filme), 560
Botafogo *ver* Gonçalves, José Botafogo
Botelho, Nélio, 266, 267, 535, 539
Botelho, Yolanda de Arruda, 694n
Boueri, Fernanda, 485
Bozano Simonsen (banco), 408, 447, 464
br (Distribuidora Petrobras), 45, 133, 213, 782
br-060 (rodovia), 658
br-101 (rodovia), 210n
br-277 (rodovia), 540n
br-316 (rodovia), 307n
br-317 (rodovia), 271n
br-364 (rodovia), 271n, 291n, 744n
br-367 (rodovia), 531n
br-381 (rodovia), 431
Bracher, Bia, 635n
Bracher, Cândido Botelho, 635n
Bracher, Fernão, 635
bradies, 154
Bradies bonds, 63
Brady, Nicholas, 63

Braga, Benedito, 600n
Braga, Kati Almeida, 423, 598
Braga, Saturnino, 206, 448
Bragança, Sérgio, 154n
Brahma, 332, 348, 471
Brandão, Lázaro, 332n
Brandão, Octavio, 409
Brandemburgo, 692
Brandimarte, Vera, 157
Brant, Roberto, 156, 381, 383, 384, 479, 540
Brascan, 337
Brasil (navio-escola), 254n
Brasil + 500, programação, 531n, 546n
Brasil em Ação (plano de metas econômicas), 37, 304, 338n
Brasil Empreendedor, programa, 372, 405, 638
Brasil Telecom, 468n, 593n, 648n
Brasil, Grupo, 603
Brasil, Ivo, 600n
Brasileiro do Século, prêmio, 406
Brasileiro, Silas, 580
Brasília, 41, 48, 51, 61, 75, 80-1, 102, 106, 122, 124, 132n, 134-5, 139, 161, 165n, 167, 171, 175n, 177n, 180, 182, 185, 191n, 197n, 228, 239, 245, 249, 255, 263, 267, 273-4, 277, 279, 288, 296-7, 305, 324, 331, 334, 337-8, 340, 348, 349n, 350, 357n, 361-2, 371, 380, 390, 392-3, 397, 399, 417, 421, 429, 432, 435n, 438, 461, 463, 468, 472, 476, 478, 485, 489, 492, 506-7, 510, 523, 531, 537n, 538, 551n, 552, 558, 561, 563, 587, 589, 591, 602, 604, 609, 617n, 626, 637, 643n, 647n, 649, 651, 653n, 654, 658, 660, 661n, 666, 670, 676, 680, 681, 687, 698, 706n, 723, 734, 746n, 751, 760, 765, 773, 786, 790
Brasilinvest, grupo, 787n
Bräuer, Walter, brigadeiro, 122, 387, 407, 411, 412, 413, 418, 420, 421n, 422, 442, 447
Brazelton, Thomas, 653
Brazilian Traction Light and Power, 337n
Brazilian-American Chamber of Commerce (InterContinental Hotel), 173
Bresser-Pereira, Luiz Carlos, 34, 74, 85, 90, 102, 135, 192, 208, 248, 249, 250, 251, 252, 254, 255, 281, 294, 381, 478, 522, 574, 575, 733, 745
Bretton Woods, acordos de, 588
Breyer, Stephen, 172
Bridas, grupo, 204n
Brindeiro, Geraldo, 177n, 265, 487, 712
Brito, José Antônio Nascimento, 188
Brito, Raimundo, 97
Brito, Ronaldo, 314n
Brittan, Leon, 334

Britto, Antônio, 268, 269, 456, 623
Brizola, Leonel, 126, 218, 297, 344, 422, 423, 424, 591, 624, 739
Brooks, David, 726n
Brown, Gordon, 152
Brown, Mark Malloch, 496
Bruggisser, Philippe, 236n
Brunei, 763
Buarque, Chico, 406n
Buarque, Cristovam, 34, 257, 324, 353, 661
Budapeste, 251
Buena Vista Social Club (filme), 511
Buenos Aires, 30n, 50, 92, 100, 135, 204, 205, 256, 261n, 335n, 347n, 363, 399n, 400, 404, 553n, 598n, 602, 603, 604, 635, 648, 713, 743n, 783
Buffara, João Carlos, 535
Buffara, Luiz Antônio, 348n, 535n
bug do milênio (falha computacional), 322
Bulgária, 634
Bulgheroni, Carlos, 204
Bulhões, Félix, 447
Bündchen, Gisele, 755
Bundestag (Parlamento alemão), 691
Bundesverband der Deutschen Industrie (Confederação da Indústria Alemã), 146n, 691n
Bündnis 90/Die Grünen (aliança alemã), 689n
Bunge, grupo, 341n, 508, 624n
Burgmans, Antony, 697n
Buritis (MG), 44, 357, 391n, 423, 597, 599, 605, 606, 669, 673, 775, 787
burocracia, 87, 104, 179, 351, 358, 403
Bush, George, 400, 513, 729, 756, 761, 778, 780, 787
Bush, George H. W., 623, 787
Bush, Jeb, 623
Bussche-Haddenhausen, Gösta von dem, 700n
Bustani, José Maurício, 695
Buzek, Jerzy, 495n

Caballero Vargas, Guillermo, 186
Caballero, Carlos, 570
Cabaña Las Lilas, restaurante (Buenos Aires), 204n
Cabo de Santo Agostinho (PE), 658
Cabo Verde, 622
Cabral, Bernardo, 463
Cabral, Paulo, 324, 344, 526, 555, 642, 652
Cabral, Pedro Álvares, 491n, 492n
caça-níqueis ilegais, 348n
Cacciola, Salvatore, 149n, 153n, 182, 783n
Cade (Conselho Administrativo de Defesa Econômica), 471

Cadin (Cadastro Informativo de Créditos Não Quitados do Setor Público Federal), 229, 285, 289, 324, 330n, 337
Caetano, 779
Cafu *ver* Caldeira, Jorge
Cafundó (filme), 483n
Caiado, Ronaldo, 130, 391
Caics (Centros de Atenção Integral à Criança), 106n
Caio Fábio, pastor, 352
Caixa de Sustentação dos Aposentados do Paraná, 475
caixa dois, esquemas de, 589n, 718, 724n, 733, 734n, 740, 745n, 765
Caixa Econômica, 35, 44, 60, 85, 129, 178, 213, 225, 277n, 340, 344, 348, 465, 473, 524, 604, 646n, 739
Caixas do Sul, 41n
Calabi, Andrea, 37-8, 64, 104, 179, 230n, 242, 249, 260, 264, 281, 287-8, 312, 314-5, 323, 336, 351, 367, 386, 389, 397, 407, 434, 448, 468, 469-70, 480, 482, 485-7
Caldeira, Jorge, 290, 296, 356, 379, 390, 406, 414, 490, 572, 574, 648
Caldera, Rafael, 31n, 515n
Calé *ver* Bittencourt, Carlos Eduardo Régis
Calheiros, Renan, 97, 99, 104, 149, 153, 156, 177n, 198, 205-9, 215, 219, 220, 221, 240, 244, 246-7, 254, 258-9, 263, 265, 410, 639n, 667
Calila Participações, 635n
Callao (Peru), 256
Camaçari (BA), 215n, 367n, 407n, 434n
Câmara Alta e Câmara Baixa da Holanda, 694, 695
Câmara Americana de Comércio, 655
Câmara Brasileira da Indústria da Construção, 129n
Câmara de Comércio e Indústria Luso-Brasileira (Lisboa), 493n
Câmara de Desenvolvimento, 272, 274, 281, 397, 434, 472, 638, 688, 736
Câmara de Política Econômica, 265, 305, 370, 432, 433, 465, 650, 729
Câmara de Relações Exteriores e Defesa Nacional, 217n
Câmara dos Comuns (Inglaterra), 80n
Câmara dos Deputados, 29n, 58n, 62, 70, 76n, 81, 94n, 95n, 115-6, 119, 130, 136, 145, 156, 157n, 169, 177, 183, 185n, 186, 216, 219n, 222, 223n, 248, 257n, 263-5, 288, 310, 324, 328, 348n, 353, 355n, 368, 392, 406, 414, 422, 429n, 433n, 439, 441, 444, 452n, 453, 463-4, 468-9, 471, 473, 475-

7, 479n, 481, 497n, 498, 504n, 534, 552n, 562n, 563, 581, 586n, 604, 630n, 657, 662, 705n, 710, 711, 724, 747-9, 752, 757, 758, 766, 768n, 772, 776n, 777-8, 784-5, 789
Câmara Espanhola de Comércio, 613n
Câmara, Helder, d., 685
Camargo Corrêa, grupo, 125n, 242n, 314, 332n, 729n
Camargo, Aspásia, 314, 529
Camargo, Hebe, 134n
Camargo, Irene, 314n
Camargo, Maria, 314n
Camargo, Maria Campomar de, 314n
Camargo, Nicéa (ex-Pitta), 494, 499, 508
Camargo, Sérgio, 314, 529
Camargo, Sonia, 314
Camarinha, Roberto, 361, 457
Camata, Gerson, 127, 440, 442
câmbio ver taxa de câmbio
Camdessus, Michel, 29, 36, 48, 49, 61, 64, 68, 69, 70, 72, 76, 77, 121, 126, 370, 445, 661, 662
Cametá (PA), 307
Camex (Câmara de Comércio Exterior), 44, 306n, 333, 489n, 729, 755, 784
caminhonaço em Brasília (agosto de 1999), 272, 273
caminhoneiros, greve dos, 254, 264, 266, 285, 309, 535, 538, 539
Camões, Luís de, 488
Campanha da Fraternidade (CNBB — 1999), 108n
Campelo, João Batista, 207, 211n, 215, 219
Campeonato Mundial de Clubes (2002), 127
Campinas, 96n, 509n, 635
Campo das Princesas, Palácio do (Recife), 725n
Campo Grande, 620n, 649n
Campos do Jordão, 97, 98, 100
Campos, Eduardo Siqueira, 274, 289, 372, 566
Campos, João Elísio Ferraz de, 659
Campos, Neudo, 741
Campos, Nilo, 786n
Campos, Roberto, 74, 115, 120, 347, 643n
Campos, Wilson, 296n
Canabrava, Ivan, 658
Canadá, 237n, 374, 382n, 553n, 575n, 576, 709, 728, 764, 780, 787
cana-de-açúcar, 187, 385n
Canal do Panamá, 293, 741n
Canal do Trabalhador (CE), 631, 633
Canessa, Martha, 763n
Canhim, Romildo, general, 41
Canoas (RS), 509n, 725
Cantanhede, Alexandre, 561

Cantanhêde, Eliane, 250, 770
Capes (Coordenação de Aperfeiçoamento de Pessoal de Nível Superior), 208, 443
Capiberibe, João, 75n, 364, 783
capitais americanos, 68
capital estrangeiro, 464, 465, 483, 555, 732
"Capitalism's Last Chance?" (Soros), 103n
capitalismo, 66, 72, 75, 103, 107, 108, 119, 137, 201, 271, 323, 343, 364, 378, 465, 479, 496, 515, 556, 622
Capitalismo e escravidão no Brasil Meridional (Fernando Henrique Cardoso), 779n
Caraballo, Octavio, 508
Caracas, 45, 293, 513, 684n
Caramuru, Marcos, 93, 396, 705, 783, 784
Carandiru, Casa de Detenção do, 33n
Carazzai, Emílio, 35, 44, 60
Cardoso Filho, Joaquim Inácio Cardoso (primo de FHC), 368, 625
Cardoso, Alberto, general, 80, 122, 169, 196-8, 205-6, 208, 211, 217, 219-20, 229, 240, 266, 286, 294, 303, 310, 369, 386, 390-1, 411-2, 422-3, 431, 442, 446, 461, 473, 476, 519, 521, 524-5, 535, 539, 542, 547, 550n, 552-3, 571, 579, 582-3, 585, 594, 597, 602, 613, 629, 635, 673, 710, 753
Cardoso, Andreia (sobrinha de FHC), 139
Cardoso, Antônio Geraldo (irmão de FHC), 636
Cardoso, Augusto Inácio, marechal (tio-avô de FHC), 209n
Cardoso, Beatriz (filha de FHC), 46n, 98, 100, 114, 137, 139, 159, 182, 215n, 287, 312, 333, 362, 396-7, 418, 421, 423, 453, 456-7, 461, 485, 506, 538, 568-9, 598, 605, 637, 643, 676, 719, 721, 722, 756, 781, 786, 789
Cardoso, Carlos Joaquim Inácio (primo de FHC), 594
Cardoso, Ciro do Espírito Santo, general, 209n, 210n, 442
Cardoso, Dulcídio do Espírito Santo, general, 140, 209n, 210n
Cardoso, Felipe, 566
Cardoso, Helena (neta de FHC), 354, 421, 643, 665
Cardoso, Joana (neta de FHC), 354, 421, 643, 665
Cardoso, Joaquim Inácio, marechal (avô de FHC), 209n
Cardoso, Leônidas, general (pai de FHC), 62n, 109, 140, 209n, 419, 481, 654, 655
Cardoso, Luciana (filha de FHC), 54, 105, 121n, 243, 317, 325, 413, 418, 468, 478, 485, 490, 506, 568-9, 598, 605, 643, 661n, 668, 676, 786
Cardoso, Mariana (sobrinha de FHC), 636
Cardoso, Nayde Silva (mãe de FHC), 409n, 583

Cardoso, Newton, 192, 357
Cardoso, Paulo Henrique (filho de FHC), 44, 137, 139, 144, 154, 220, 239, 276, 287, 290, 296, 347-8, 354, 396-7, 406, 417-8, 421, 445, 447, 490, 503, 506, 524-5, 527, 531, 568, 574, 605, 665, 676, 681, 683, 692, 717, 719, 721, 730, 753, 755, 786
Cardoso, Ruth, 44, 62, 73, 81, 84, 86-7, 96, 98, 100, 103-6, 113-4, 124, 139, 143-4, 151, 154, 160-1, 164, 170, 172, 182-3, 195-6, 202, 208, 215, 223, 225, 233, 235, 240, 243, 247, 253-4, 262, 274-6, 286-7, 290, 296, 300, 303, 307, 312, 318, 321, 325-6, 330, 333-4, 337, 347-8, 350, 354, 361, 368-9, 371, 374-6, 380, 387-8, 390, 397, 401-2, 406, 413-5, 417-8, 421-3, 444, 449, 452, 457-8, 461-3, 478, 485, 487, 491, 496, 502-3, 505-6, 511, 516, 536, 538, 545, 551, 560, 568-9, 573, 578, 583, 587, 589, 591, 598, 604, 613, 619-20, 624-5, 629, 636, 643, 645, 648-9, 652, 659, 665, 668, 675-6, 687, 695, 702, 706, 712, 719, 721, 722, 726, 730, 733, 738, 740, 746, 748, 752, 755-6, 772, 782, 784, 786, 788-9
Caribe, 147n, 169, 194n, 224n, 517, 625
Carlos V, rei da Espanha, 721
Carmencita *ver* Sutter, Carmen Cariola
Carmute *ver* Sousa, Maria do Carmo Campelo de
Carnaval, 41, 46, 91, 100, 177, 485, 490n, 491
Carne trêmula (filme), 98
Carneiro, Dionísio, 67
Carneiro, Itanor, 158n
Carneiro, João Geraldo Piquet, 235
Carneiro, Laura, 538
Carneiro, Sonia, 577
Carpi, Celina, 635n
Carta de Curitiba, 464n
Carta de Goiás, 497
CartaCapital (revista), 112
Cartagena, 585, 587, 588, 589
Cartas na mesa (filme), 72
Cartes de la France à l'heure de la mondialisation, Les (Védrine), 641
Caruso, Marcos, 604n
Carvalheira, Marcelo, d., 110, 222
Carvalho, Antônio Carlos de, comandante, 42
Carvalho, Ari de, 64, 596
Carvalho, Celita Procópio de, 315
Carvalho, Clóvis de Barros, 46-8, 52, 56, 63, 67, 75, 87-8, 97, 99, 114, 116, 135, 177n, 197, 203, 207, 210, 218-9, 221, 226, 228, 229, 232, 240, 242-5, 249-50, 253, 260, 266, 268, 270, 272, 287, 300, 306-10, 312-4, 318, 321-2, 412, 420, 437, 478, 557, 628, 661, 665, 666, 669, 772-3
Carvalho, José Carlos, 45n, 607n
Carvalho, Lilibeth Monteiro de, 146
Carvalho, Luís Carlos Schmidt de, 210n
Carvalho, Maria Alice Rezende de, 782
Carvalho, Maria do Socorro, 166n
Carvalho, Otaviano de, 210n
Carvalho, Paula Vieira de, 159n
carvão, 570
Carville, James, 280n
Casa Branca (Washington D.C.), 171, 173, 678, 787
Casa Civil, 40n, 46, 97, 103, 183, 232, 240, 242, 243, 247, 248, 249n, 252, 266, 392, 450, 458, 564, 567, 652n, 655n, 656, 694, 729
Casa da Dinda, 177
Casa da Moeda, 405n
Casa das Caldeiras (São Paulo), 551
Casa de Hannover (dinastia europeia), 613
Casa de los Huéspedes Ilustres (Cartagena), 588n
Casa de Los Pinos (Cidade do México), 194
Casa de Rui Barbosa (Rio de Janeiro), 699
Casa do Brasil (Santarém), 492n
Casa Militar, 136n, 197n, 198, 210, 215, 252, 710, 761
Casa Rosada (Buenos Aires), 363n, 401, 714n
Casa Sul-americana, 148
Casablanca (filme), 444
Casé, Regina, 601
Casona, La (Caracas), 514
Casoy, Boris, 125, 304, 305, 752, 753, 755
Casseta & Planeta (programa de TV), 287
Castañeda, Jorge, 647, 664, 759
Castello Branco, Humberto de Alencar, marechal, 210, 214, 419
Castells, Manuel, 196, 197, 201, 202, 203, 204, 208, 209
Castelo Branco, Paulo, 220
Castelo, João, 232
Castilho, José Marcos, 689n
Castillo San Felipe de Barajas (Cartagena), 587n
Castillo, Pilar del, 613n
Castro Filho, Sebastião de Oliveira, 782n
Castro, Antônio Barros de, 209, 234, 381, 557n, 727
Castro, Célio de, 659, 665, 707n, 783
Castro, Erik de, 715n
Castro, Fidel, 45, 160, 227, 228, 311, 339, 373, 374, 375, 376, 377, 378, 466, 741, 742, 743
Castro, José de, 39, 40, 653
Castro, Luís Augusto de Araújo, 399
Castro, Paulo Rabello de, 782
Castro, Paulo Rabelo de, 67
Castro, Reginaldo de, 265n, 674, 684
Catalunha, 722

Cátedra Rui Barbosa de Estudos Brasileiros (Universidade de Leiden), 696n
Catende, fazenda (PE), 528
Causa Radical, La (partido venezuelano), 514n
Cavalcanti, Geraldo Holanda, 210
Cavalheira, Marcelo, d., 655
Cavallo, Domingo, 69, 71, 82, 92, 93, 263, 468, 714
Cazuza (cantor), 300, 415n
CBF (Confederação Brasileira de Futebol), 127n, 328n
CBI (Confederação da Indústria Britânica), 152n
CBN (Central Brasileira de Notícias), 143, 730
cc5, contas, 201
ccc (Comando de Caça aos Comunistas), 551
CCR (Convênio de Pagamentos e Créditos Recíprocos), 589, 608
CDSE (Companhia de Desenvolvimento do Sudeste), 624n
CDU (Christlich Demokratische Union Deutschlands), 690, 693
Ceal (Conselho de Empresários da América Latina), 204n, 558, 635, 662
Ceará, 33, 58, 166n, 237, 275, 282, 308, 312, 359, 416, 450, 631n, 651, 681, 739, 790
CEBDS (Conselho Empresarial Brasileiro para o Desenvolvimento Sustentável), 240n
Cebds (Conselho Empresarial Brasileiro para o Desenvolvimento Sustentável), 447n, 574n
Cebrap (Centro Brasileiro de Análise e Planejamento), 451, 452, 496
Cebri (Centro Brasileiro de Estudos e Relações Internacionais), 671, 673
Cechin, José, 96
Cecilio, Neila, 333n
Cedraz, Aroldo, 776
Cefet (Centro Federal de Educação Tecnológica), 390
Cehab (Companhia Estadual de Habitação), 519n
Celmar S.A. Indústria de Celulose e Papel, 351n
celulares ver telefonia celular
Cemig (Companhia Energética de Minas Gerais S.A.), 39, 45, 49, 172, 352, 357, 358, 359
Cenibra Celulose Nipo-Brasileira S.A., 351n
Cenp (Conselho Executivo das Normas-Padrão), 582n
Censo 2000, 429, 784
Center for International Affairs da Universidade Harvard, 138n
Center for Latin American Studies (Berkeley), 462n
Center for Latin American Studies (Harvard), 176
Central do Brasil (filme), 144n

Central Globo de Jornalismo, 546n
Central Termelétrica de Co-geração de Energia da CSN, 417n
Centro Cívico de Curitiba, 390n
Centro Cultural de Belém, 148n
Centro Cultural O Menino e o Mar (ONG), 404n
Centro Cultural Sérgio Motta (São Paulo), 416
Centro de Convenciones de Atlapa, 741n
Centro de Convenções da Bahia (Salvador), 643n
Centro de Estudos Brasileiros (Oxford), 296
Centro de Estudos Brasileiros (Universidade de Salamanca), 721
Centro de Instrução de Guerra na Selva (Manaus), 708, 709
Centro de Pesquisas em Ciências Sociais de Berlim, 575n
Centro de Treinamento do Banco do Brasil, 347
centro-esquerda, política de, 419, 512
Cepal (Comissão Econômica da ONU para a América Latina e o Caribe), 323, 369, 410
Cepeda, Fernando, 639
Cerqueira, Francisco Tenório, 553n
Certa herança marxista (Giannotti), 666n
Cesp (Companhia Energética de São Paulo S.A.), 106, 358, 772
cesta básica, 183
CGT (Confederação Geral dos Trabalhadores), 439
Chá com Mussolini (filme), 620
chacina da Candelária (1993), 585
Chaco, região do, 346n
Chagas, Helena, 127
Chagas, Sheila, 429n
Chama do Conhecimento Indígena, Cerimônia de acendimento da, 385, 389n, 423n
Chapada dos Guimarães, 771
Chapada dos Veadeiros, 253
Chapecó, frigorífico, 650n
Chapultepec, castelo de (Cidade do México), 762
Charlottenburg, castelo de (Berlim), 575n
Charnaux, Maria Lúcia, 396n
Charpak, Georges, 575n
Chateaubriand, Gilberto, 400
Chauí, Marilena, 485
Chaves, Aureliano, 39n, 94, 105
Chávez, Hugo, 45n, 91, 127, 128, 169, 195, 227, 262, 290, 293, 298, 300, 303-4, 310-1, 339, 376, 418, 513-5, 517, 570, 587, 588, 650, 661, 662, 663n, 684, 688, 743, 761, 762, 763, 789
Chechênia, guerra da, 383
Chelotti, Vicente, 112, 113, 207, 716
Chemello, Jayme, d., 110, 222, 388, 509, 533, 605, 656

Chesf (Companhia Hidro Elétrica do São Francisco), 403, 580, 600n
Chicago Sun-Times, 153n
Chiernajowsky, Liliana, 401n
Chighizola, Horacio, 400n
Chile, 31, 34, 117, 167, 195, 215, 226, 228, 235, 262, 306, 347n, 354, 363, 377n, 399n, 401, 403, 418, 451n, 462, 483, 485, 488, 492-6, 499-500, 506, 553, 567-8, 573, 575n, 576, 601, 602, 603, 616n, 647, 663n, 738, 759, 761n, 763, 764, 780, 787, 789
China, 84, 138n, 159, 174, 348, 382, 445, 561, 564, 629, 636, 659, 669, 678, 695, 765, 778
Chinaglia, Arlindo, 393n
Chirac, Jacques, 126, 175, 223, 226, 227, 228, 455, 577, 578, 747, 749
Chissano, Joaquim, 620, 621
chorinho, 765
Chrétien, Jean, 575n, 576, 728
Christie, Keith, 374n
Churchill, Winston, 80
CIA (Central Intelligence Agency), 552n
Ciampi, Carlo, 551
Ciampi, Carlo Azeglio, 379n
Ciampi, Franca, 551
Cícero, Paulino, 357, 597
Cidade do México, 194n, 395n
cigarros, campanhas contra, 196, 562n, 652, 656n
cigarros, fabricantes de, 144, 145
Cimeira do Rio de Janeiro, 194n, 224, 226, 227n
Cimi (Conselho Indigenista Missionário), 523n, 529, 550, 571
cinema, 72, 87, 143, 354, 485, 670, 671
Cingapura, 608, 666, 669, 708, 763, 764
"Cinquenta anos em cinco", lema (Plano de Metas do governo JK), 410n
Cintra, Antônio de Ulhoa, 531
Cintra, Marcos, 686
Cisjordânia, 703n
Cisplatina, 303
Citibank, 98, 716n
Citigroup, 176n, 767
cítricos, exportação de, 30
Ciudad Guayana (Venezuela), 515
Civita, Roberto, 278, 279, 449, 555, 712, 718, 719
Clarín, El (jornal argentino), 290, 502
Clark, Helen, 495n, 575n
Claro (operadora), 300n
classe média, 42, 43, 142, 143, 178, 184, 200, 309, 422, 515, 551n, 600, 604, 631, 639, 643, 721, 748, 781
Cláudio Manoel (humorista), 287

Claus, príncipe consorte da Holanda, 694, 700
Claussen, Roberto, 354
Clemenceau (porta-aviões), 578n
Cleveland, 654
clientelismo, 302, 766
Clinton, Bill, 31, 49, 68, 73, 76, 78-9, 123, 148, 151n, 171, 173-5, 259, 279-81, 296, 334, 342, 380-3, 385-6, 395-7, 445, 494, 513, 567, 575n, 576, 589, 650, 669, 671, 691, 698, 727, 747, 749, 760, 762, 763, 764, 787
Clinton, Hillary, 175
Clube da Aeronáutica (Brasília), 409, 420, 421
Clube das Nações, 624
Clube do Choro de Brasília, 765n
Clube do Exército (Brasília), 776
CNBB (Conferência Nacional dos Bispos do Brasil), 108, 110, 222, 349, 388, 509, 533, 655, 656, 662, 683, 685, 704
CNI (Confederação Nacional da Indústria), 84, 132, 352, 446n, 583, 638, 645, 659, 757
CNM (Confederação Nacional dos Municípios), 177n
CNN (Cable News Network), 151, 172n, 225, 527, 662, 721
CNPq (Conselho Nacional de Desenvolvimento Científico e Tecnológico), 85, 255n, 443, 511, 777n
CNT (Confederação Nacional do Transporte), 37, 125, 188n, 207n, 265, 335, 373, 405, 540, 698
CNTE (Confederação Nacional dos Trabalhadores em Educação), 338n
Coaf (Conselho de Controle de Atividades Financeiras), 177n
Coastal Corporation, 623
Coca-Cola, 144, 176n, 471, 732
cocaína, 156, 661n
cocaleros, camponeses, 685n
Codesp (Companhia Docas do Estado de São Paulo), 216n
Codevasf (Companhia de Desenvolvimento dos Vales do São Francisco e do Parnaíba), 766
Código de Conduta da Alta Administração Federal, 652, 653, 654, 656n, 660
Código de Trânsito Brasileiro, 64, 267
Código Penal, 341
Coelho Filho, Marco Antônio, 159n
Coelho, Clementino, 302
Coelho, Fernando Bezerra, 302
Coelho, Marco Antônio, 159, 361, 362
Coelho, Nilo, 372
Coelho, Ronaldo Cezar, 182, 184, 229, 233, 302, 502, 563, 658, 730, 738n

Cofins (Contribuição para o Financiamento da Seguridade Social), 29n, 212, 231, 332, 744n
Cohen, William, 372, 607n, 708
Cohn-Bendit, Daniel, 131
Colaninno, Roberto, 371
Colapso da modernização: Da derrocada do marxismo de caserna à crise da economia mundial, O (Kurz), 103n
Colégio Eleitoral, 419
Colégio Eleitoral dos Estados Unidos, 729n
Collares, Alceu, 320n, 672n
Collor, Fernando *ver* Mello, Fernando Collor de
Colnago, César, 610
Colômbia, 31, 45, 110, 228, 255n, 256, 261, 286-7, 293-4, 298, 303, 310, 311, 318, 335, 339, 349, 357n, 376, 383, 553, 570, 579, 585, 587-8, 590-1, 601-2, 639, 650, 660, 661n, 663, 664, 708, 761, 762, 764
Colomé, Abelardo, 374
Colônia (Alemanha), 146n
Columbia, Universidade, 706
Comandatuba (BA), 529
Comando Militar da Amazônia, 709n
Comando Militar do Leste, 350n
Comando Militar do Nordeste, 391n
Comando Militar do Oeste, 649n
combustíveis, 139, 144, 187, 264, 285, 308, 429, 543n, 648, 649, 650n, 678
comércio internacional, 127, 359, 660
Comgás, 587
Comissão Brasil-México Século XXI, 330
Comissão da Verdade, 219n
Comissão de Assuntos Econômicos do Senado, 88n, 113n, 229n, 316, 394, 406, 448, 503, 565
Comissão de Ciência e Tecnologia, Comunicação e Informática da Câmara, 330n
Comissão de Constituição e Justiça da Câmara, 441n
Comissão de Constituição e Justiça do Senado, 105, 186, 289, 475, 502
Comissão de Controle de Empresas Estatais, 131n
Comissão de Coordenação Política, 471
Comissão de Direitos Humanos da Câmara, 219n, 662n
Comissão de Ética Pública, 194n, 558n, 652n
Comissão de Mortos e Desaparecidos Políticos do Ministério da Justiça, 42n
Comissão de Orçamento, 331, 788
Comissão de Seguridade Social da Câmara, 320n, 335n
Comissão Especial da Reforma Tributária, 385n
Comissão Europeia, 147, 151, 228, 334n, 381, 386
Comissão Interamericana de Direitos Humanos, 417, 657
Comissão Interministerial de Mudança Global do Clima, 447n
Comissão Nacional do V Centenário do Descobrimento do Brasil, 141n
Comitê Olímpico Internacional, 562
commodities, 284, 396, 650, 660
Commonwealth, 517
Companhia das Docas do Estado da Bahia, 114n
Companhia de Geração Elétrica Tietê, 358n
Companhia Docas do Pará, 344n, 355, 360, 368, 460
Companhia Docas do Rio de Janeiro, 302n
Companhia Siderúrgica Belgo-Mineira, 386n, 521n
compulsórios, 115, 118, 429
Comunidade Ativa, Programa, 233, 596
Comunidade Econômica Europeia, 327n
Comunidade Solidária, Programa, 106, 132, 135, 233, 250, 272, 274, 276, 596, 648n, 653n, 665, 755
comunidades ribeirinhas, 463n
Conade (Conselho Nacional dos Direitos da Pessoa com Deficiência), 197n
Conceição, Ricardo, 366
Conde, Luís Paulo, 141, 218, 227, 658, 659, 665, 723, 745, 766, 782, 790
Condomínio Diários Associados, 324n
Conexão Roberto D'Ávila (programa de TV), 308n
Confederação das Indústrias da Alemanha, 691
Confederação de Indústrias da Holanda, 698
Confederação Helvética, 236
Confederação Nacional da Agricultura, 657
Confederação Nacional dos Governadores, 268n
Conferência de Ministros de Defesa das Américas, 708
Conferência Nacional da Indústria da Construção, 546n
"Conferência Governança Progressista para o Século XXI" (encontro da Terceira Via em Florença), 362n
Conferência Ministerial da Organização Mundial do Comércio (Seattle), 368n
Conferência Mundial sobre a Ciência para o Século XXI (Budapeste), 251n
Conferência sobre Federalismo Cooperativo, Globalização e Democracia, 547n
Conforto, Sérgio, general, 649n
Congo *ver* República Democrática do Congo
Congregação para os Bispos (Vaticano), 379n
Congresso Americano, 132, 588, 760

ÍNDICE REMISSIVO 807

Congresso Anfictiônico (1826), 741
Congresso Brasil-Portugal: Ano 2000, 327
Congresso Brasileiro de Avicultura, 369
Congresso Brasileiro da Atividade Turística, 497n
Congresso da Venezuela, 310
Congresso do México, 760
Congresso do Peru, 255, 259
Congresso Mundial de Jornais, 584
Congresso Nacional, 29, 31n, 32, 37, 41, 43, 48-9, 58-9, 64-5, 67-9, 73, 76, 85, 95, 111, 112n, 142, 156, 158n, 161, 163-4, 184, 186, 193, 222, 229n, 237, 259, 262, 266, 270, 272, 273n, 274, 278, 280-1, 283-4, 288n, 289, 318-9, 326, 335-6, 339, 345, 347n, 348-50, 354, 355, 359n, 364, 371, 384-5, 387, 394, 401, 404n, 409, 410, 430-2, 435, 441, 449, 458, 464, 473, 475, 477n, 481n, 482, 494, 503-4, 506, 511n, 523n, 526n, 533, 540-2, 544, 546-7, 549, 551, 555n, 570, 580, 591, 598, 608n, 609, 618, 620, 622, 630, 633n, 638, 645, 647, 652, 660, 669n, 674, 684n, 736, 747, 751, 758, 768, 769, 770, 772, 777-8
Conic (Conselho Nacional das Igrejas Cristãs do Brasil), 687
Conpib (Conselho Nacional dos Povos Indígenas do Brasil), 523n
Conselho Administrativo da Embratel, 684
Conselho Coordenador das Ações Federais, 137n, 219n
Conselho da Federação Russa, 566
Conselho de Defesa Nacional, 628
Conselho de Ética do Serviço Público, 194
Conselho de Reforma do Estado, 235n, 333n
Conselho de Segurança da ONU, 138, 175n, 316n, 319
Conselho Empresarial Brasil-Venezuela, 513n
Conselho Europeu, 493, 649
Conselho Mundial de Energia, 783
Conselho Municipal de Buenos Aires, 603
Conselho Nacional de Desenvolvimento Rural Sustentável, 338n, 563n
Conselho Nacional de Educação, 490
Conselho Nacional de Política Energética, 726
Conselho Nacional de Procuradores-Gerais, 338n
Conselho Nacional de Resistência Timorense, 415n
Conselho Nacional dos Direitos da Mulher, 124, 347
Conselho Permanente da CNBB, 387, 388
Consenso de Washington, 312, 318, 323, 403, 673
Constantinescu, Emil, 630

Constituição argentina, 403
Constituição brasileira, 125, 131, 183n, 230n, 349n, 359, 368n, 384, 455, 512, 554, 577n, 611, 651, 662, 740, 768
Constituição peruana, 256n, 563n, 565
Constituição venezuelana, 91, 310
construção civil, 317, 340, 546
construção naval, 727
Construgiro, Programa, 340n
Contag (Confederação Nacional dos Trabalhadores na Agricultura), 117, 338, 528, 535, 544, 547, 549, 550, 551, 647, 655n, 673
Conti, Mario Sergio, 421, 422, 430, 562
contribuição de inativos, 43n, 73, 326, 336n, 347n
Convenção contra a Tortura e Outros Tratamentos ou Penas Cruéis, Desumanos ou Degradantes (1984), 655n
Convenção Nacional de Supermercados, 319n
Conversas com economistas brasileiros v. 2 (org. Rego & Mantega), 451n
Conversas com sociólogos brasileiros (org. Bastos, Abrucio, Loureiro & Rego), 438n
conversibilidade, 92, 93, 360
Cook, Robin, 227
Cooperativa Aurora, 646
cooperativismo, 580, 752, 765
COP-6 (Sessão da Convenção-Quadro das Nações Unidas sobre Mudanças Climáticas), 747n
Copa do Mundo (1998), 65
Copa do Mundo (2002), 602n, 622n
Copa do Mundo (2006), 127, 328n, 448n
Copa Libertadores da América (2000), 598
Copacabana Palace, Hotel, 91n
Copel (Companhia Paranaense de Energia), 165, 453, 475, 645
Copene (Companhia Petroquímica do Nordeste S.A.), 367, 434n, 767, 770, 773
Copenhague + 5 (Conferência das Nações Unidas), 599
Copesul (Companhia Petroquímica do Sul), 456n
Copom (Conselho de Política Monetária do Banco Central), 306, 329n, 370, 528, 558, 565, 650n, 746
Cor e mobilidade social em Florianópolis: aspectos das relações entre negros e brancos numa comunidade do Brasil Meridional (Cardoso & Ianni), 778n
Cordeiro, Marcelo, 330
Córdoba (Argentina), 261, 269
Coreia do Sul, 284, 348n, 407
Corinthians (time de futebol), 438

Coroa Vermelha (BA), 520, 523, 532, 550, 571n
Corrêa, Luiz Felipe Seixas, 44, 128, 143, 194, 241, 263, 266, 396, 706, 734, 788
Corrêa, Marcos Sá, 138, 668n
Corrêa, Marilu Seixas, 143n
Corrêa, Maurício, 41, 110, 361, 525
Corrêa, Pedro, 405
Corrêa, Villas-Bôas, 138
Córrego da Ponte, fazenda (MG), 44n, 357, 391n, 423n, 597n, 605n, 669n, 673, 676, 784, 787
Correia Neto, Alberto, 283
Correia Neto, Jonas, 421
Correia, Oscar Dias, 238n
Correia, Petrônio, 582, 652
Correio Braziliense, 79, 135, 140, 159n, 197, 324, 526, 527, 530, 631, 642, 643, 649
Correios e Telégrafos, 229, 246n, 415, 416, 418, 653n, 668n, 669
corrupção, 81, 118, 133, 147, 148, 155n, 177, 181, 194, 205n, 216n, 257n, 289n, 295n, 309, 316, 334, 348, 401, 430, 431, 466, 494, 496, 499, 501, 515, 516n, 522, 537, 541, 542, 545, 568, 587, 589, 601, 606, 650, 653, 654, 678n, 691n, 695, 700, 714, 716, 727, 757, 768n, 773n, 775, 777, 779, 790
Corte de Direitos Humanos, 417, 655n
Corte Internacional de Haia, 646, 688, 695
Corte Suprema da Venezuela, 310
Corumbá, 96, 337n, 454, 587n, 769n, 771
Coser, João, 630, 789
Cosesp (Companhia de Seguros do Estado de São Paulo), 627
Cosipa (Companhia Siderúrgica Paulista), 348n
Costa Neto, Valdemar, 257, 258
Costa Rica, 395, 500, 511, 512, 513, 517
Costa, João Bosco da, 773n
Costa, José Luiz Machado e, 708
Costa, Roberto Teixeira da, 558, 635, 671n, 780
Costão do Santinho, resort (Florianópolis), 778, 780n
Costin, Claudia, 235n, 254, 257
Coteminas (Companhia de Tecidos Norte de Minas S.A.), 733, 748
Cotia, 242
Couchepin, Pascal, 236
Council of Americas, 509
Couriel, Alberto, 369
Couromoda 2000, 438n
Coutinho, Marcos, 629n
Couto, Ronaldo Costa, 130
Covas Neto, Mário, 258n
Covas, Mário, 80, 81, 97, 106, 114, 134, 155, 157, 169, 180-2, 186, 211, 225, 234, 239, 241-2, 244, 250, 258, 259-60, 263-4, 265, 280, 298, 304, 314, 320, 327, 332, 337-8, 341-2, 344-5, 352-4, 365n, 406, 424, 435, 438, 449, 457, 464, 472, 477, 484, 501, 523-4, 528, 538, 540, 547, 549, 556, 559, 562-3, 569, 572, 594, 597, 604, 611-3, 618, 625n, 654, 670, 680-1, 687, 702, 711, 723, 735, 754, 756, 770, 772, 775, 784
CPE (Companhia de Propósito Específico), 163n
CPI (Comissão Parlamentar de Inquérito), 41, 130, 133, 136, 137n, 138, 141, 149n, 153, 154, 155n, 157, 158, 159, 160, 161, 162, 163n, 164, 166, 167, 168, 169, 176, 179, 182n, 185n, 191, 197, 201, 206, 230n, 231, 235, 276, 300, 303, 345n, 366, 367, 369, 387, 393, 411, 442n, 446n, 494n, 537n, 538n, 562, 566n, 608n, 609, 610, 630n, 638, 639, 647n, 674, 716, 776
CPLP (Comunidades dos Países de Língua Portuguesa), 151, 525, 586, 599, 606n, 607, 610, 621, 622
CPMF (Contribuição Provisória sobre Movimentações Financeiras), 29n, 36, 40, 61, 76, 91, 95, 101, 104, 109, 111, 113, 114, 115, 116, 119, 120, 121, 122, 123n, 124, 127, 129, 332n, 417n, 448
CPTM (Companhia Paulista de Trens Metropolitanos), 681n
Crawford, Daniel, 684
Craxi, Bettino, 677, 678
Credit Suisse (banco), 261
Crédito Rural do Banco do Brasil, 366n
créditos de carbono, mercado de, 445n, 747n
crescimento econômico, 56, 98, 645, 672n, 700
Criança Renascer *ver* Associação Saúde Criança Renascer (ONG)
crime organizado, 412, 446, 473, 478
crimes eleitorais, anistia de, 415
crise asiática (1997), 57, 67n, 173n, 262
crise cambial, 52, 73, 101, 149n, 213, 216n
"crise final" do capitalismo, 103
crise russa (1998), 29n, 173n
Croácia, 691n
Crockett, Andrew, 436
Cronicamente inviável (filme), 659
Crônicas do Brasil contemporâneo (José Sarney), 409n
Crossair, 236n
CRT (Companhia Rio-Grandense de Telecomunicações), 93n, 593n
Crusius, Yeda, 672n, 684
Cruvinel, Tereza, 127, 258, 524, 545, 546, 639, 647
Cruz, Alberico de Souza, 656
Cruzeiro do Sul (AC), 291n, 292

ÍNDICE REMISSIVO 809

CSN (Companhia Siderúrgica Nacional), 117, 129, 137, 269, 296, 348, 350, 386, 389, 394, 397, 398, 417, 433, 521, 522, 725
CSU (Christlich-Soziale Union in Bayern), 693n
CTA (Centro Técnico Aeroespacial), 100n, 407n, 651n
CTNBio (Comissão Técnica Nacional de Biossegurança), 124n
CT-Petro (Plano Nacional de Ciência e Tecnologia do Setor Petróleo e Gás Natural), 460n
Cuba, 45, 160, 192, 228, 280, 292, 349, 363, 368, 371, 372, 373, 374, 375, 376, 377, 378, 466, 511, 561, 664, 685, 721, 741, 742, 762
Cubas, Raúl, 31n, 91, 98, 128, 133, 134, 135, 186, 346, 466
Cuiabá, 276, 769n, 771
Cultura e as revoluções da modernização, A (Weffort), 490n
Cunha, Aécio Ferreira da, 192n
Cunha, Eduardo, 190, 519n
Cunha, Paulo, 54, 223n, 434, 468, 486, 767, 773
Cúpula das Américas, 62, 780
Cúpula do Milênio, 662
Cúpula do Sul, 466, 489n
Cúpula Econômica do Mercosul, 545n
Cúpula Ibero-Americana, 160, 736, 740
Cúpula Sul-Americana, 523, 652, 662, 668
Curitiba, 57, 130n, 390, 463, 464n, 540n, 572, 687n, 699, 723, 725
currency board, 50, 51, 66, 68, 69, 70, 71, 76, 82, 83, 85, 93, 301
Curtiz, Michael, 444n
CUT (Central Única dos Trabalhadores), 77, 78, 162, 292, 337, 439, 456, 509, 528n, 542, 618, 655n, 736, 747, 751
Cutait, Raul, 247, 249
Cutolo, Sérgio, 35, 117, 135, 197, 246n

D. Jaime (Ribeiro), 488n
d'Aguiar, Rosa Freire, 552n
D'Alema, Massimo, 226, 380, 382, 436, 493, 495, 496, 576n
d'Aragon, Frédérique, 629n
D'Avila, Luiz Felipe, 414
D'Ávila, Roberto, 308
DAC (Departamento de Aviação Civil), 446
Daft, Douglas, 732n
Dahl, John, 72
Daily Telegraph, 153
Daley, William, 472
Dalina (empregada do Palácio da Alvorada), 356, 417, 565, 587

Damasceno, Raymundo, d., 110, 222, 288, 349, 509, 651, 655, 687
DaMatta, Celeste, 259
DaMatta, Roberto, 259, 286, 418, 574
Dantas, Daniel, 332n, 333, 459, 686
Dantas, José Lucena, 80n, 161, 250, 366, 463, 612, 699, 768
Darabont, Frank, 635n
Darlan, Siro, 740n
DAS (Direção e Assessoramento Superior), cargos, 317
Dassault Aviation, 407n
Datafolha, 84n, 95n, 326n, 418n, 501n, 664n
Davos (Suíça), 76, 82, 83, 92, 545
De Hoge Veluwe, parque nacional (Otterlo, Holanda), 694n
De la Rúa, Fernando, 261, 357, 363, 395, 399n, 400, 401, 402, 403, 490, 495, 557, 573, 575n, 576, 602, 603, 663n, 700, 713, 714, 715, 719, 720, 737, 743, 759, 780, 789
De olhos bem fechados (filme), 354n
Declaração de Beijing (IV Conferência Mundial sobre a Mulher), 578n
Declaração de Copenhague sobre desenvolvimento social (1995), 599n
déficit cambial, 40
déficit da Previdência, 40, 311, 498
delegação olímpica brasileira, 649
Delfim Netto, Antônio, 109, 115, 192, 284, 285, 342, 343, 391, 564, 730, 737
Delgado, Paulo, 381, 383, 586, 599, 606, 607
Delgado, Tarcísio, 707n
Delich, Francisco, 648
Delphi Automotive Systems, 657
DEM (Democratas), 32n
demagogia, 91, 96, 182, 214, 275, 376, 394, 397, 431, 477, 503, 505, 511, 548n, 642
Demes, Mussa, 184, 332, 337, 338, 357, 358, 367, 385, 417n, 586n
democracia, 48, 49, 135n, 222, 227, 311, 359, 376, 419, 454, 488, 523, 537, 541, 550, 552, 583, 587, 621, 644, 664, 670, 677, 678, 682, 688, 689, 697, 731, 733, 741, 761, 762
Democracia Cristã (Alemanha), 689
Denival (garçom do Palácio da Alvorada), 560
Departamento de Aviação Civil, 413
Departamento de Ciências Políticas da Universidade de Paris, 165
Departamento de Estudos e Pesquisas do BC, 371n
Departamento de Presídios e Penitenciárias de São Paulo, 707

Dependência e desenvolvimento na América Latina (Cardoso & Faletto), 722n, 761
desemprego, 78, 108n, 110, 120, 125n, 150, 179n, 183, 224, 289n, 301, 305, 308, 326, 350, 424, 536, 573, 591, 660, 683, 771, 786n
desenvolvimentismo, 306, 307, 312, 313, 334, 486, 757, 771
"Desenvolvimento e Estabilidade", seminário (Instituto Teotônio Vilela), 306n
desenvolvimento social, 172, 305, 448, 599
desenvolvimento sustentável, 240
desigualdade social, 493, 497, 556, 641, 679, 682n, 684
desregulamentação financeira, 318n
Deutsche Bank, 141
Deutsche Gesellschaft für Auswärtige Politik (Sociedade Alemã de Relações Internacionais), 690n
Di Tella, Guido, 135n, 270, 346, 401
Di Tella, Torcuato, 135, 639
Dia da Árvore, 328, 678
Dia da Criança, 340
Dia do Diplomata, 163, 556
Dia dos Evangélicos, 393
Dia do Meio Ambiente, 203n, 204
Dia do Soldado, 295, 652
Dia do Trabalho, 419n
Dia Internacional da Mulher, 105
Dia Mundial de Lutra Contra a Aids, 111
Dia Mundial Sem Tabaco, 196
Dia, O (jornal), 64, 111, 417, 596
Diário Oficial, 187
Diários Associados, 642
Dias, Álvaro, 166, 482n, 687, 708n
Dias, Guilherme, 408, 507
Dias, José Carlos, 245, 246, 248, 249n, 259, 263, 265, 336, 341, 364, 369, 387, 407, 414, 416, 461, 475, 478, 497, 518, 519, 520, 521, 524, 525, 629
Dias, Maurício, 417, 646
Dias, Osmar, 708n
Dieese (Departamento Intersindical de Estatística e Estudos Socioeconômicos), 120, 224
Diegues, Cacá, 750
diesel, 187, 266, 267, 284, 285
Dinamarca, 158, 165, 436, 699
Dines, Alberto, 181, 182, 199
Dini, Lamberto, 380n
Diniz, Abilio, 414, 421n
Diniz, Abílio, 33n
Diniz, Ana, 414n
Diniz, Vicente, 772

Diouf, Jacques, 775
Diplomacy (Kissinger), 460
Dirceu, José, 53, 127, 327, 353, 393, 541, 543, 591, 592
direita política, 142, 174, 297, 327, 355, 363, 376, 391, 419n, 422, 425, 517, 521n, 524, 525, 693, 700, 703n, 704, 759, 767, 771
direitos autorais, proteção de, 160n
direitos humanos, 42, 174, 197, 219n, 375, 395, 415, 417, 462, 517, 520, 586, 593, 599, 655, 695, 731
Diretas Já, movimento das, 420
dirt floating, 83
dirty floating, 53
disciplina fiscal, 318n
distribuição de renda, 152, 272, 488, 556, 557
Distrito de Irrigação Formoso (TO), 119n
ditadura militar (1964-85), 42, 74n, 109n, 149n, 218, 292, 356, 419n, 421, 550n, 564n, 614, 643, 644n, 669n, 688n
ditaduras do Cone Sul, 552n
dívida externa, 39, 63, 108n, 110, 289n, 394n, 437n, 459, 640, 647, 655, 656
dívida interna, 66, 69, 70, 71, 76n, 78, 80, 82, 83, 110, 112, 274, 301
dívida rural, 366n
divisão internacional do trabalho, 108
DM9DDB (agência de publicidade), 219n, 300n
DNER (Departamento de Estradas e Rodagem), 81, 218, 363, 370, 371, 757, 775, 776
DNIT (Departamento Nacional de Infraestrutura de Transportes), 218n
DNOCS (Departamento Nacional de Obras Contra as Secas), 766
Docas de Belém, 364
Docas do Rio de Janeiro, 302, 335
DOI-Codi (Destacamentos de Operações de Informações/ Centros de Operações de Defesa Interna), 643n
dólar, 33, 48-53, 57, 59-66, 72-5, 77-8, 82-3, 85-6, 88, 91, 93, 97, 104, 107, 109, 111, 115, 118, 120-2, 125-7, 134-6, 154, 161, 163, 169n, 173, 191, 203, 206, 216n, 264, 266, 268, 280n, 282, 289, 292-3, 298, 301, 308, 311, 318, 334, 343n, 357, 359, 360n, 367n, 370, 375, 424, 433, 471, 476-9, 489, 497, 498, 515, 608, 616, 633, 636n, 640, 644, 674n, 675, 676, 689, 691, 695-6, 707, 720, 761, 786n
dolarização da economia, 50, 62, 71, 76n, 100, 204, 205, 360n
Dona Marta, morro (Rio de Janeiro), 537n
Dornbusch, Rüdiger, 771
Dornelles, Francisco, 74, 162, 192, 200, 203, 266, 267, 282, 284, 290, 330, 439, 472n, 474, 503, 504, 506, 526, 535, 539, 647, 710, 755, 766

dossiê Cayman, 167, 190, 221, 224, 352, 499, 526, 617, 626, 642
Doucet, Gerald, 783n
Dow Chemical, 767, 770, 773
Dow Jones, índice (Bolsa de Nova York), 343n, 433n, 525n
DPA (Deutsche Presse-Agentur), 141
Draghi, Mario, 436
Dresdner Kleinwort Benson (banco), 153n
drogas, 221, 520, 593; *ver também* narcotráfico
DRU (Desvinculação de Recursos da União), 429, 433, 438, 439, 454, 459, 482
Drummond, Antonio Carlos, 191, 258, 272, 507, 754
Duarte, Regina, 340
Duda *ver* Zylbersztajn, David
Duhalde, Eduardo, 205, 261, 335, 344n, 363n
Duisberg, Claus-Jürgen, 141n, 326
Duomo de Florença, 380, 381, 382
Dupeyrat, Alexandre, 39, 40, 42, 58, 101, 597n
DuPont, 176n
Duque de Caxias (RJ), 46n, 218, 338n, 454n, 726
Durante, Mauro, 40, 41, 653
Durban (África do Sul), 537n
Dutra, Olívio, 36, 40, 66, 75n, 94, 95, 112, 115, 124, 126, 193, 263, 269, 353n, 438, 456, 506, 623, 624

E o vento levou... (filme), 444n
EBC (Empresa Brasileira de Comunicação), 53n
Ebus, Jan, 697n
EBX, grupo, 659n
eclipse no Hemisfério Norte, 280
Eco, Umberto, 722
ECO-92 (Conferência das Nações Unidas sobre Meio Ambiente e Desenvolvimento), 630n
École des Hautes Études en Sciences Sociales, 575n
ecologia, 292, 305, 402, 694
economia brasileira, 39, 53, 102, 147, 153, 164, 522, 623, 682n, 714, 771
economia mundial, 39, 71, 323, 429, 478, 479
Economic Club (Nova York), 175, 176
Economist, The, 136, 342, 368
EDF (Électricité de France), 624
Eduardo Jorge *ver* Pereira, Eduardo Jorge Caldas
educação infantil, 783
efeito estufa, 448, 747n
Efeito Tequila (crise cambial de dezembro de 1994), 52n
EGF (Empréstimo do Governo Federal), 434
Egito, 709

Eichel, Hans, 689n
Eisa (estaleiro), 727n
El Paso, grupo, 582
El Salvador, 512n, 513, 517, 590, 741, 742
Eldorado dos Carajás, massacre de (1996), 292, 423
Eleanor Roosevelt Center, 722n
eleições municipais, 163, 234, 501n, 555n, 610n, 614, 664n, 672, 681, 682n, 683, 687, 703, 710n, 718, 720, 723, 725, 730
eletricidade *ver* energia elétrica
Eletrobrás, 516n
Eletronorte (Centrais Elétricas do Norte do Brasil S.A.), 243n, 580
Elf Aquitaine, 217
Elizabeth II, rainha da Inglaterra, 401, 696, 721
ELN (Ejército de Liberación Nacional — Colômbia), 339, 761n
Eluf, Jacques, 332n, 333
Elvira, Maria, 674
EMB-145 (avião), 160n, 313n
EMB-314 Super Tucano (avião), 313n
Embraer (Empresa Brasileira de Aeronáutica S.A.), 160, 236, 270, 313, 407, 408, 420, 447, 578, 678
Embrapa (Empresa Brasileira de Pesquisa Agropecuária), 166, 412, 557
Embratel (mpresa Brasileira de Telecomunicações S.A.), 618n, 684
emissões globais de CO_2, 445
Empresário industrial e desenvolvimento econômico no Brasil (Fernando Henrique Cardoso), 465n
enchentes, 429, 431, 435n, 621, 638, 640, 649
Encol (construtora), 37n
Encontro Nacional de Desburocratização, 745
energia elétrica, 144n, 172, 204, 329, 347, 370, 432, 480, 607, 619, 632, 644, 751, 769
energia nuclear, 689
Engel, Wanda, 106, 239, 286
Engels, Friedrich, 305
Engenheiro Passos (RJ), 431
Engenheiro Sérgio Motta, usina hidrelétrica (Porto Primavera), 106
Engesa (fabricante brasileira de equipamentos bélicos), 408
ensino médio, 490
EPL (Ejército Popular de Liberación — Colômbia), 339n
Época (revista), 71n, 116, 272, 446, 452, 487, 491, 495, 510, 654
Equador, 31, 195, 255, 289, 293, 294, 311, 357n, 374,

376, 395, 450, 455, 496, 499, 567, 587, 589, 602, 608, 663n, 761
equipe do Real, 437n
Era dos extremos, A (Hobsbawm), 641
Erco Engenharia, 38n
Eris, Ibrahim, 67
ERJ-145 (aviões), 236n, 678n
Erundina, Luiza, 501, 502, 555, 659, 665n, 686
Escobar, Ruth, 404
Escola Jovem, Projeto, 490n
Escola Naval (Rio de Janeiro), 423n, 538n, 751
Escola Paulista de Medicina, 331n
Escola Superior de Guerra (Rio de Janeiro), 122, 221, 222, 392, 616, 637
Eslovênia, 710
Espanha, 93, 156n, 236, 237, 347n, 348n, 374, 377, 458, 493, 595, 613, 616, 677, 713, 717, 720, 722, 741, 742, 743, 747
espanhol, idioma, 613
especulação, 49, 55, 64, 83, 84, 101, 107, 110, 150, 197, 300, 360, 470, 479, 660, 675
Espírito Santo, 106, 190, 210, 215, 268n, 345n, 411, 412n, 431, 442, 444, 446, 465, 492n, 614, 630, 657n, 710, 748, 751, 771, 789n
Espírito Santo, Felicíssimo do (bisavô de FHC), 209n
Esplanada dos Ministérios, 297, 338n, 544n
esquerda política, 62, 142, 151n, 175, 185, 202, 296, 297, 299, 309, 325, 327, 397, 419, 422, 432, 461, 488, 493, 495, 496, 512, 533, 634, 641, 642, 644, 727, 759, 764, 771n
Estado de Minas, O, 99
Estado de S. Paulo, O, 31, 37, 53, 67, 75, 78, 82, 104, 125, 149, 155, 157, 159n, 166, 168, 180, 196, 230, 237, 265, 277, 278, 299, 305, 312, 332n, 334, 365, 390, 395, 471, 472, 511, 567, 568, 579, 582n, 617, 619, 625, 628, 636, 654, 664, 673, 677, 681, 687n, 698, 708, 709, 727
Estado Novo, 312n
Estado-Maior do Exército, 41n
Estados Unidos, 29-30, 36, 39, 53, 56-7, 59-63, 68-70, 74, 77, 79, 83, 89, 105, 121-2, 126, 138, 140, 145, 151n, 160, 168-74, 182, 183, 209, 227, 232, 250, 262, 270, 293-4, 300, 304, 331, 343, 347-8, 365, 372, 374-5, 380n, 381, 382n, 418, 436, 462-3, 472, 478, 483, 493, 514, 515, 517, 525-7, 538, 545, 551, 553n, 556, 567n, 568, 575n, 583, 598, 600-1, 607, 610, 612, 615, 623, 626, 628, 634, 640n, 647, 650, 651, 653, 655, 663-4, 669, 695, 708, 714, 722, 728-9, 731-2, 747n, 759, 762-4, 767, 771, 780, 787
Estaleiro Mauá, 608n

Estatuto da Microempresa e da Empresa de Pequeno Porte, 323, 326, 329, 330n, 337
Estatuto das Sociedades Indígenas, 523n
Estevão, Luiz, 141, 235n, 569, 597, 610, 612, 617, 618, 619, 634
Estigarribia, José Félix, general, 346
Estigarribia, José Fernández, 346, 347, 466
Estórias roubadas (peça de teatro), 604n
Estrada de Ferro Sorocabana, 242n
estradas, pavimentação de, 271n
ETA (Euskadi Ta Askatasuna — País Basco), 236n, 741, 742
Ética protestante e o espírito do capitalismo, A
ética protestante e o espírito do capitalismo, A (Weber), 108n
Eu, tu, eles (filme), 601
Eugênio, d. *ver* Sales, Eugênio, d.
euro, 62, 205n, 478, 699
eurobonds, 39n, 50n
Europa, 32, 44, 56, 62, 91, 100, 126, 138, 143-4, 146-8, 149n, 150, 152-3, 155, 157, 163, 170, 194, 227, 267, 294, 297, 305, 322, 327, 333-4, 342, 346, 368, 373n, 377-8, 383, 391n, 400, 419, 436, 455, 463, 478, 488, 510, 552, 578, 631, 632, 641, 688-9, 693, 697, 699, 702, 728, 783n; *ver também* União Europeia
evangélicos, 369, 393, 565
Exame (revista), 614
Executivo *ver* Poder Executivo
Exército, 41n, 113, 283, 320n, 325, 326, 349, 353n, 374, 386, 392, 419n, 429n, 543n, 552, 561, 566, 597n, 605, 606, 611, 631, 644n, 654n, 669n, 670, 673n, 676, 677, 682, 709, 710n, 725, 747, 776
Exército da Indonésia, 685
Exército de Libertação do Kosovo, 134n
Eximbank, 173
Expedito Filho, 55, 195n, 486n
Expo Center Norte (São Paulo), 670
exportações, 30, 93, 96, 100, 104, 116, 118, 121, 123, 126, 242, 263n, 264, 351, 390, 395, 396, 464, 472, 479, 540, 558, 578, 647, 650, 658, 697, 705, 729, 730, 734, 737, 744n, 763, 784
Exposição Agropecuária Nacional do v Centenário, 536n
Exposição dos Repórteres Fotográficos Credenciados no Palácio do Planalto, 291n
Exposição Universal de 2000 (Expo 2000 — Hannover), 573n, 574n
Express, L' (revista francesa), 454
extrema-direita, 376, 419n, 517, 700

F-16 (avião), 148
Faap (Fundação Armando Álvares Penteado), 314n, 315
FAB (Força Aérea Brasileira), 156n, 177n, 180, 413, 420, 446, 452n, 491n, 715; *ver também* Aeronáutica
Fabius, Laurent, 436, 445
Fábrica de Esperança (ONG), 352
Fadul, Francisco, 316
Fafá de Belém (cantora), 405n
Fahd ibn Abdulaziz Al-Saud, rei da Arábia Saudita, 675n
Falcão, José, d., 274, 565, 651
Faletto, Enzo, 722
família real da Baviera, 693
Fan, Renata, 456n
Fantástico (programa de TV), 304, 430
FAO (Organização das Nações Unidas para Alimentação e Agricultura), 371n, 379, 380, 775
Fapesp (Fundação de Amparo à Pesquisa do Estado de São Paulo), 248, 484, 531
FARC (Forças Armadas Revolucionárias da Colômbia), 45n, 298, 310, 311, 339, 349
Faria, Regina, 286
Faria, Silvia, 567, 579
Faria, Vilmar, 106, 164, 170, 187-8, 196, 203, 208-9, 216, 217, 219, 240, 246-8, 250-1, 257, 268, 277-8, 286, 292, 298, 307-8, 312, 315, 317, 330, 340, 346, 363, 369, 381, 383, 451, 452, 460, 470-1, 501, 523, 551-2, 582, 604, 619, 626, 627, 645, 648n, 706, 747, 752, 755, 759, 776, 785
Farias, PC, 177n, 619, 716
Farkas, Melanie, 485
Farsul (Federação da Agricultura do Estado do Rio Grande do Sul), 657n
fascismo, 181, 551, 620
Fassino, Piero, 380n, 496
FAT (Fundo de Amparo ao Trabalhador), 350, 509, 562
Fausto, Boris, 102, 225, 340, 356, 362, 391, 552, 772
Fausto, Cinira, 225, 552, 772
Favre, Luis, 754n
Fazendeiro do ar (Drummond de Andrade), 416n
fazendeiros, 271, 492, 509, 657
FBI (Federal Bureau of Investigation), 526, 626n
FDP (Freie Demokratische Partei), 689n
Febem (Fundação do Bem-Estar do Menor), 362
Federal Reserve (Fed), 61, 64, 80n, 84, 343n, 433n, 718
federalismo, 345, 547
Federica de Hannover, rainha, 613n

FEF (Fundo de Estabilização Fiscal), 177n, 268n, 284, 345, 364, 393, 405, 433, 438
Feffer, Daniel, 634n
Feffer, David, 634n
Feffer, Jorge, 634n
Feffer, Max, 102, 135, 240, 468
Feghali, Jandira, 320, 335, 727
Feira Internacional de Calçados, Artigos Esportivos e Artefatos de Couro, 438n
Feira Internacional de Produtos, Serviços, Equipamentos e Tecnologia para Supermercados, 319n
Feldmann, Fabio, 44, 73, 188, 354, 357, 445, 447, 680, 681, 683, 705, 730, 785, 786
Felício, João, 618n, 747
Felipe de Bourbon, príncipe das Astúrias, 613n
Felipe II, rei da Espanha, 721
Felipe VI, rei da Espanha, 613n
Felipe, Antônio Dias, 258n
Felipito *ver* Pérez Roque, Felipe
Fenabrave (Federação Nacional da Distribuição de Veículos Automotores), 643, 652, 653
Fenaseg (Federação Nacional das Empresas de Seguros Privados e de Capitalização e Previdência Complementar Aberta), n, 659
Fernandes Júnior, Rubens, 667n
Fernandes, Emília, 185
Fernandes, Fernando Lourenço, 135
Fernandes, Florestan, 259, 260, 271
Fernandes, Rubem César, 647
Fernández, Jaime, 513n
Fernández, Leonel, 373, 517
Fernández, Mario César, 702
Fernández, Roque, 403
Fernando de Noronha (PE), 177n, 181
Fernando Henrique Cardoso e a reconstrução da democracia no Brasil (Goertzel), 157n
Ferolla, Sérgio, brigadeiro, 651
Ferracini, Paulo César, 773n
Ferranti, David de, 304
Ferraz, José Maria, 626n
Ferreira, Aloysio Nunes, 188-9, 194, 199-200, 203, 207, 235, 239, 242, 248-50, 257, 262, 266, 268, 270, 273, 277, 280-1, 284, 285, 289, 294-5, 305, 314-6, 319, 321, 327, 330, 335, 349, 355, 358, 364, 372, 381, 385, 392, 408-9, 432, 457, 458, 461, 468, 474, 476-7, 481-2, 484, 489, 501-2, 504, 507, 516, 518, 520, 523, 534, 539, 541-3, 547-9, 553, 555, 562-4, 568-9, 580-1, 585, 591, 595, 605, 610, 633, 638, 655, 670, 686, 724, 733-4, 739, 757, 758, 778, 783-5
Ferreira, Carlos Eduardo Moreira, 352

Ferreira, Edemar Cid, 531
Ferreira, Eurídio Ben-Hur, 620
Ferreira, José de Castro, 39, 40, 42, 290
Ferreira, José Ignácio, 106, 215, 610, 710, 751, 771
Ferreira, Mafalda Durão, 150n
Ferreira, Manuel Alceu Affonso, 245, 246, 248, 458
Ferrer, Aldo, 639
Ferrez, Marc, 667
Ferro, Fernando, 446
ferro, minério de, 587, 697, 769, 771
Ferronorte, 276
Ferrostaal, 692
Festa da Uva (Caxias do Sul), 41
Fetag (Federação dos Trabalhadores na Agricultura), 528
Fetransul (Federação das Empresas de Logística e Transporte de Cargas no Estado do Rio Grande do Sul), 657n
FGTS (Fundo de Garantia por Tempo de Serviço), 393, 524, 525n, 646, 649, 680, 710, 746, 755
Fiat, 188, 732
Fiergs (Federação das Indústrias do Rio Grande do Sul), 657n
Fies (Fundo de Financiamento ao Estudante de Ensino Superior), 178
Fiesp (Federação das Indústrias do Estado de São Paulo), 65, 86, 160, 287, 396, 478, 554, 555
Fifa (Federação Internacional de Futebol), 328n, 438n, 448
Figaro, Le (jornal francês), 497
Figueiredo, Euclides, general, 419n
Figueiredo, João Batista, general, 39n, 217n, 219n, 419, 420, 430, 538
Figueiredo, Lauro, 600n
Figueiredo, Ney, 446, 473, 583, 590, 638
Figueiredo, Wilson, 220, 753
Figueres, José María, 517
filantropia, 248, 722
Finam (Fundo de Investimentos da Amazônia), 466, 657n
Financial Times, 136, 151, 153, 368
Finlândia, 495
Finor (Fundo de Investimentos do Nordeste), 466, 657
Fiore, Ottaviano de, 632n
Fipe (Fundação Instituto de Pesquisas Econômicas), 119, 127, 129n, 135, 301, 350n
Firjan (Federação das Indústrias do Estado do Rio de Janeiro), 226, 392, 457, 473, 678, 786n
Fischer, Stanley, 47, 50, 56, 61, 64, 65, 66, 68, 70, 71, 76, 84, 87, 90, 93, 109, 110, 171, 172, 490, 494

Fischer, Vera, 754n
Fishlow, Albert, 706
fisiologismo, 178, 213, 412n
Fistel (Fundo de Fiscalização das Telecomunicações), 460
Fittipaldi, Emerson, 186
Fitzgerald, Niall, 697n
Flacso (Facultad Latinoamericana de Ciencias Sociales), 616, 738n
Flamarique, Alberto, 701n
Fleischer, David, 252
Fleury Filho, Luiz Antônio, 122, 245n, 246, 289, 328, 487
Florença (Itália), 151, 342, 346, 354, 362, 366, 369, 371n, 373, 379, 380, 381, 382, 396, 419, 436, 489, 495, 576, 620
Flores, Antônio, 755
Flores, Carlos Roberto, 512n, 517
Flores, Francisco, 512n, 517, 590, 741n, 742
Flores, Murilo, 166
Florestas Rio Doce S.A., 351n
Florianópolis, 134n, 210n, 507, 509n, 510, 775
Flórida, 296, 623, 729
fluxo de capitais, 201, 300
FMI (Fundo Monetário Internacional), 29n, 30, 47, 48, 52n, 53, 55-6, 59n, 61, 64, 66, 68, 70, 73-4, 77-9, 80n, 83, 89n, 90, 93, 103, 107-8, 112, 114-5, 119-20, 122, 135n, 152, 216n, 309, 312, 322, 325, 331, 334, 360n, 370, 379-80, 382-3, 388, 433, 436, 445, 450, 460, 490, 493, 501, 525, 526, 527, 552, 573, 622, 647n, 655n, 656, 662n, 679, 718, 720, 731, 743, 752
FMNL (Frente Farabundo Martí para la Liberación Nacional — El Salvador), 590n
Foch (porta-aviões), 578
Fogaça, José, 113, 207, 246, 381, 383, 389n, 440, 447, 479
Folador, Dorcelina, 362n
Folha de S.Paulo, 72, 75, 84-6, 94, 95, 100, 104n, 125, 132, 149n, 157n, 159n, 176n, 179, 190-1, 193, 197, 199n, 202, 213, 230, 240, 250, 258, 279, 296-7, 299, 301, 303, 324, 326, 330, 332n, 340, 360, 362, 363, 367, 401n, 409, 411-2, 418, 435, 438, 440, 475, 485, 486n, 525n, 526, 527, 562, 581n, 594, 599n, 620, 624-6, 631, 635-6, 642, 644, 649, 724, 725, 733-4, 740, 745-6, 768, 773-4, 779n, 788n
Fonda, Jane, 172, 175, 368
Fonseca, Álvaro Augusto, 317
Fonseca, Gelson, 44, 79, 135, 161, 170, 292, 319, 598
Fonseca, José Maria, coronel, 755
Fonseca, Marcos Giannetti da, 636

Fonseca, Roberto Giannetti da, 489, 636, 729
Fontes, Arthur, 668n
Fontoura, Walter, 577
Força Aérea ver FAB (Força Aérea Brasileira)
Força Sindical, 77, 132, 162, 183, 337, 439, 509, 522, 736, 746
Forças Armadas, 45, 142n, 197, 214, 229, 325, 345, 349, 392, 519, 521, 553, 561, 582, 613, 641, 645, 651, 654n, 664, 751
forças de paz, 30n, 134n, 316n
Forças Democráticas para a Libertação do Congo-Zaire, 322n
Ford, 78n, 176, 213, 215, 216, 229, 231, 232, 233, 234, 236, 241, 254, 263, 268, 269, 624
Foreign Affairs (revista), 138
Formiga, Marcos, 321n
Formigoni, Roberto, 767
Formoso do Araguaia (TO), 119
Foroxá Waiwai, cacique, 618n
Fortaleza (CE), 117, 450, 631n, 659, 672, 739n
forte de Copacabana, 371n, 423, 424, 429, 442n, 562
Forte Netto, Luiz, 687n
Fortes, Heráclito, 130, 586
Fortes, Márcio, 678
Fórum Brasileiro de Mudanças Climáticas, 681, 730
Fórum de Líderes Empresariais, 96n
Fórum Econômico Mundial, 76n, 545n
Fórum Empresarial Mercosul, 91n, 100
Fórum Mundial de Editores, 584
Fórum Nacional (seminário de discussão econômica do Inae), 209n, 260n
Fórum Nacional de Ouvidores de Polícia, 197n
Fórum Nacional de Segurança Alimentar, 338n
Forza Italia (partido), 493n
Fourtou, Jean-René, 600
Fox, Vicente, 495, 604, 647, 749, 756, 759, 760, 762, 790
Fraga, Armínio, 51, 57, 67, 75-7, 82, 84-93, 97, 101-3, 105, 107-10, 113n, 115, 118-23, 125-6, 129, 134, 154-5, 159n, 161, 168-9, 194, 218, 225, 237, 265, 274, 277, 288, 292, 294, 300, 304, 306, 308, 312-3, 318, 321, 324, 329, 341, 367, 370, 387, 393-4, 448, 473, 480, 486, 490, 503, 505, 526, 528, 532, 558, 565, 608, 616, 628, 647, 683, 686, 688, 711, 714-5, 718-20, 737, 746, 752, 755, 768, 771, 784
Fraga, Lucyna, 225n
Frajmund, Raymond, 167
Framatome, 688
França, Eriberto, 619n

França, 53, 65, 91, 115, 126, 138, 150, 170, 210, 223, 226, 227, 305, 346, 348, 356, 357, 359, 366, 381, 382n, 408, 419, 436, 454, 455, 485, 496, 575n, 577, 578, 621, 641, 688, 693
francês, idioma, 613, 621, 695
Francisco, Joaquim, 273
Franco Júnior, Augusto, 661n
Franco, Albano, 46, 48, 268, 345, 634, 650
Franco, António de Sousa, 111n
Franco, Ariosto Borges, 661n
Franco, Augusto de, 648
Franco, Gustavo, 29, 32, 33, 38, 44, 45, 46, 47, 48, 49, 50, 54, 55, 62, 71, 92, 213, 301, 313, 437, 570, 609, 714, 715
Franco, Itamar, 36, 37n, 38-42, 45, 49, 53, 55, 58, 66, 75n, 78, 79, 89n, 90, 92, 94, 97, 99-101, 105-6, 110, 112, 114-6, 126-7, 139, 146, 150-1, 169, 172, 188-9, 192-4, 218, 246, 247, 290n, 342, 352, 353n, 357, 358, 359, 389n, 392, 394, 423-4, 432, 435, 438, 475, 480, 540, 592, 597, 606, 610-1, 628, 640, 652-3, 657, 661, 666, 669-70, 671n, 673-5, 678-9, 690, n, 719, 732n, 739, 753n, 764, 766
Franco, Julio César, 670n
Franco, Wellington Moreira, 60, 133, 135-37, 155n, 156, 159, 161, 168, 187, 199, 207-8, 212, 240, 244, 246, 262, 277, 279, 345, 431n, 432, 563, 626, 632, 639, 778, 785
Frank, Andre Gunther, 771
Frayssinet, Fabiana, 662
Frederick, príncipe herdeiro da Dinamarca, 165
Frei, Eduardo, 31n, 195, 226, 399, 401, 490
Frei, Marta, 228
Freile, Heinz Moeller, 608
Freire, Roberto, 58, 448, 461, 495, 583, 591, 739
Freitas, Marcos Aurélio, 600n
Freitas, Rose de, 411, 748
Freitas, Teresinha, 535n
Frente Ampla (Uruguai), 369
Frente Parlamentar Brasil-África, 620n
Frente Parlamentar da Saúde, 135, 327n
Frente Parlamentar do Cooperativismo, 580n
Frente Republicana Guatemalteca, 376n
frentistas, 308
Frepaso (Frente País Solidario — Argentina), 261n, 363n, 700n
Frias Filho, Otávio, 94, 202, 303, 480, 538, 734
Frias, Luiz, 480, 538, 635
Friso, príncipe da Holanda, 696
Fritsch, Winston, 153, 433, 437n
From Third World to First: The Singapore Story 1965-2000 (Lee Kuan Yew), 708n

Frota, Sílvio, general, 421
Fuentes, Carlos, 761
Fujimori, Alberto, 31n, 255, 256, 259, 261, 294, 295n, 395, 563, 565, 566, 567, 570, 575, 576, 587, 588, 589, 663n, 664, 674, 675, 677, 678, 682, 708, 731, 789n
Fujimori, Pedro, 563n
Funai (Fundação Nacional do Índio), 97, 98, 104, 214, 414, 509, 532, 571
Funcef (Fundação dos Economiários Federais), 277n, 344, 355, 593n
funcionalismo público, 40, 43, 282, 341, 411n, 439, 476n, 477, 489, 498, 504, 559n, 566, 636, 685n, 696n, 746, 747
Fundação Antônio e Helena Zerrenner, 471n
Fundação Brasileira para o Desenvolvimento Sustentável, 421n
Fundação Bunge, 341n
Fundação Círculo de Montevidéu, 373
Fundação Getulio Vargas, 119n, 350n, 438n
Fundação Guggenheim, 347n
Fundação Moinho Santista, 341
Fundação Orsa, 782
Fundação Padre Anchieta, 361n, 550n
Fundação Palmares, 383
Fundação Roberto Marinho, 777n
fundamentalismo de mercado, 191
Fundef (Fundo de Manutenção e Desenvolvimento do Ensino Fundamental e de Valorização do Magistério), 130, 237, 268n, 345, 460, 783
Fundo Constitucional do Nordeste, 397
Fundo de Contingência, 173
Fundo Setorial de Ciência e Tecnologia em Saúde, 656n
Fundos Constitucionais de Financiamento, 247, 249, 252, 270, 295, 405, 434, 441, 466, 472
Fundos de Participação, 295
fundos de pensão, 39n, 167n, 190, 277, 351, 408, 433, 593n, 696
Funres (Fundo de Recuperação Econômica do Estado do Espírito Santo), 657n
Funttel (Fundo para o Desenvolvimento Tecnológico das Telecomunicações), 631n
Furnas Centrais Elétricas, 155, 163, 169, 192n, 287, 290, 397, 403, 468, 579, 580, 581, 646, 751, 769n
Furtado, Celso, 552
Furukawa, Nagashi, 707n
Fust (Fundo de Universalização dos Serviços de Telecomunicações), 460, 659

G7 (Grupo dos Sete), 66, 152, 175, 576, 578n
G8 (G7 mais a Rússia), 175n, 382, 577, 639
Gabriel, Almir, 58, 219, 344, 355, 364, 365n, 460
Gabrielli, Gerson, 229
Gall, Norman, 130
Gallo, Robert, 722
Gallotti, Octavio, 220, 712, 713
Galofre, Mario, 570, 601
Galvão, Ilmar, 525
Gama, Benito, 776
GAP (Grupo de Análise e Pesquisa), 45n
García Márquez, Gabriel, 515, 761
Garcia, Alexandre, 180
Garcia, Carlos, 721
Garcia, Carlos Moreira, 458, 719
Garcia, Hélio, 326
Garcia, Luiz (piloto de fórmula 1), 186n
Garcia, Luiz Alberto, 232, 332n
Garnero, Mario, 787n
Garotinho, Anthony, 36, 40, 75n, 95, 96, 218, 227, 260, 282, 307, 354, 365, 431, 451, 453, 475, 519, 525, 584, 591, 642, 643, 671, 730, 766
Garzón, Baltasar, 377n
gás, 63, 96, 134, 203n, 216, 219, 275, 347, 396, 397, 463, 480n, 483, 497, 513n, 540, 584, 591, 608n, 619n, 648, 672n, 769, 771
Gasbol (Gasoduto Brasil-Bolívia), 96n, 454n, 509, 769
gasolina, 95n, 120, 187, 200, 284, 287, 308, 332, 445, 513n, 573, 648
Gaspari, Elio, 75, 288, 321, 342, 372, 373, 486, 487, 627, 668
Gasparian, Dalva Funaro, 396n
Gasparian, Fernando, 137, 167, 335, 366, 396, 463, 552, 560, 600
Gaudenzi, Luiz Américo, 668
Gávea Pequena (Rio de Janeiro), 106, 137, 140, 219n, 226, 227, 286, 287, 325n, 331, 332n, 396, 414, 415, 418, 423, 429, 491, 505, 672n, 739
Gaviria, César, 395, 565, 568, 685, 708
Gaza, 703n
Gazeta Mercantil, 96, 104, 275, 319n, 334, 340
GDF Suez, 633n
Gebrin, Hassan, 669n
Gedic (Grupo Executivo de Desenvolvimento da Indústria do Cinema), 670n
Geisel, Ernesto, general, 305, 410, 419
Genebra, 30, 206, 591n, 599, 655n, 734
General Electric, 176n
General Motors *ver* GM
General Theory of Employment, Interest and Money, The (Keynes), 334n

ÍNDICE REMISSIVO 817

genéricos, medicamentos, 98
Genoino, José, 180, 305, 353, 359, 422, 550, 592
Genoma, Projeto, 468, 484
Genoud, José, 648n
Genro, Tarso, 77, 672n, 723n
George, David Lloyd, 598
George, Edward, 152, 478
Gerardo, José, 248, 367
Gerdau, grupo, 269, 332n, 595, 611n, 777n
Gerdau, Jorge ver Johannpeter, Jorge Gerdau
Germana (amiga de Helena Cardoso), 354
Gershman, Carl, 368
Ghisi, Ademar, 211
Ghosn, Carlos, 572
Gianni, Silvano, 392, 411, 420, 421, 751, 785
Giannotti, José Arthur, 61, 113, 199, 217, 321, 333, 438, 478, 485, 629, 665, 666, 681
Giavarini ver Rodríguez Giavarini, Adalberto
Giddens, Anthony, 201, 362, 604
Gijón (Espanha), 722
Gil, Flora, 601
Gil, Gilberto, 601, 728n
Gilda (irmã de FHC) ver Oliveira, Gilda Cardoso de
Gilli, César Augusto, 651n
Gini, coeficiente, 556
Gini, Corrado, 556n
global bonds, 155n
globalização, 32, 62, 260, 323, 332, 344, 346, 359, 373n, 408, 512, 526, 527, 538, 588, 700, 714, 730, 764
Globo (TV) ver Rede Globo
Globo, O, 42, 46, 48, 92, 127, 142, 159n, 223, 252n, 272, 410, 448, 456, 470, 474, 492, 519, 527, 546, 589, 636, 643, 644, 718, 779
Globo, Organizações, 94n, 291n, 507n
GloboNews, 180, 181, 191, 277, 304, 305, 372, 430, 506, 592, 597, 603, 639, 642, 649
Globopar, 94n
Glücksburg, dinastia, 613n
GM (General Motors), 268, 623
GNT, canal, 668n
Godoy, Paulo, 64, 286
Goertzel, Ted, 157
Goes Filho, Synesio Sampaio, 378, 379
Góes, Walder de, 87
Goh Chok Tong, 669
Goiânia, 97, 658, 679n, 723n
Goiás, 130n, 144, 247, 251, 254, 262n, 286, 291, 317, 365, 391, 416, 466, 497, 566n, 582, 602, 626, 646, 653, 658, 782
Gois, Ancelmo, 499

Goldemberg, José, 385, 445, 726
golden share, 408
Goldenstein, Lídia, 438, 574
Goldman Sachs (banco), 82, 696n
Goldman, Alberto, 199, 242, 243, 248, 249, 251, 329, 458, 459, 527, 580, 632
golpe militar (1964), 507
Golub, Harvey, 238n
Gomes, Ciro, 77, 78, 146, 189n, 231, 260, 298, 301, 302, 303, 311, 327, 338, 342, 353, 368, 416, 435, 438, 457, 461, 491n, 501, 502, 510, 528, 547, 569, 577, 584, 592, 631, 633, 657, 659, 672, 702n, 703, 739, 749, 790
Gomes, Severo, 131, 568
Gonçalves, Geísa, 584n
Gonçalves, José Botafogo, 306, 400, 468, 706
Gonçalves, Luís Antônio, 153n
Gondrona, Mariano, 100
Gonzaga, Francisco, 773n
González Macchi, Luis, 134n, 387, 459, 465, 466, 663n, 670, 780n
González, Felipe, 613
Gore, Al, 650n, 669, 729, 756
Goulart, João, 219n, 552n, 705
Gourevitch, Lisa Hirschman, 630n
Gouvêia, Gilda Portugal, 235, 236, 629, 746
GP Rio 200 (Fórmula Indy), 186n
Gracie, Ellen ver Northfleet, Ellen Gracie
Grã-Cruz da Ordem Nacional do Cruzeiro do Sul, medalha da, 630n, 706n
Grã-Cruz da Ordem Nacional do Mérito, medalha da, 144, 630n
Grã-Cruz da Ordem Nacional Juan Mora Fernández (Costa Rica), 512n
Gradiente, 332n
Graeff, Eduardo, 54, 99, 104, 116, 142, 161, 187, 215, 219, 234, 270, 369, 381, 430, 484, 619, 626, 627, 635, 653, 752
Grael, Lars, 620
Gramacho, Wladimir, 733n
Grameen Bank, 629n
Grand Hotel Firenze (Florença), 382n
Grande Colômbia, 742n
Grande Guerra Africana (Segunda Guerra do Congo), 322n
Grande Salto Adiante (China), 564n
Grande sertão: veredas (Guimarães Rosa), 511
Granja do Torto, 109, 112n, 143, 536
grãos, 119n, 166n, 337n, 449n, 537n
Gratz, José Carlos, 446n
Gravataí (RS), 623
Gray, John, 152

Graziano, Francisco, 132, 166n, 281, 405, 564, 580, 628, 757
Greca, Rafael, 130, 135, 141, 186, 224, 330, 348, 370, 387, 466, 477, 491, 492, 530, 531, 534, 535n
Grécia, 575n, 613n
Green Mile, The (filme), 635n
Greenpeace, 196
Greenspan, Alan, 61, 64, 304, 343, 478, 714
grego, idioma, 613
Gregori, José, 38, 77, 87, 102, 124, 143, 191, 235-6, 240, 244, 245, 250-2, 265, 300, 313, 340, 361, 366, 413, 437, 511, 520, 521, 524-5, 535-6, 539, 540, 542-4, 547, 550, 553, 564, 568, 571, 582-3, 585-6, 593-5, 599, 600, 602, 610, 624, 630, 648, 659, 665-6, 676, 682, 706-7, 711-2, 739, 740, 754, 783, 785
Gregori, Maria Filomena, 366
Gregori, Maria Helena, 87, 102, 143n, 245, 250, 340, 437, 458, 511, 536, 659, 665
Gregory, Afonso, d., 388
Grendene, 65
greves, 33, 34, 131n, 264, 266, 267, 279, 285, 290, 335n, 337, 350n, 481, 483, 484, 498, 535, 538, 539, 543, 559n, 566, 567, 571, 592, 597, 618n, 710, 719, 725
Grito da Terra, 117, 544
Groenink, Rijkaman, 696n
Gros, Francisco, 470, 480, 481, 485, 486, 489, 562, 682, 688, 698
Grossi, Esther, 185
Grossi, José Gerardo, 248
Grossi, Pedro, 342, 417
Grossi, Tereza, 166n, 393, 460, 490, 503
Grupo Brasil, 603
Grupo Carlos Jereissati, 190
Grupo de Trabalho Interministerial para Valorização da População Negra, 620n
Grupo do Rio, 194n, 579, 585n, 656
Grupo dos 77, 466
GSI (Gabinete de Segurança Institucional), 80n, 219n, 497, 550n, 709n
Guanabara, Palácio, 519n
Guanaes, Nizan, 300, 305, 306, 315, 503, 650, 746
guaraná Antarctica, 348
Guarda Presidencial, 391n, 669
Guardado, Facundo, 590n
Guardian, The, 152n
Guarnieri, Gianfrancesco, 728n
Guatemala, 376, 395n, 512n, 513, 517, 587, 588, 741n
Gudin, Eugênio, 312
Guedes, Paulo, 67

Guerra do Chaco, 346
Guerra do Golfo (1990-91), 671
Guerra do Pacífico (1879-83), 500n
Guerra Fria, 138, 151n, 743
guerra química, combate à, 695
Guerra, Rafael, 328n
Guerra, Sérgio, 707n
Guerreiro, Antônio, 447
Guerreiro, Carol, 283n
Guerreiro, Renato, 283, 415, 500, 553, 592, 618n
Guevara, Che, 750
Guga *ver* Kuerten, Gustavo
Guiana, 187, 357n, 617, 663
Guiba *ver* Navarro, Heiguiberto
Guidon, Niède, 390n
Guillaume, Gilbert, 688n, 695n
Guimarães, Evandro, 291
Guimarães, Ulysses, 360, 705
Guiné-Bissau, 316, 621
Guise, duque de, 485
Gusmão, Arnaldo, 607n
Gusmão, Mário, 352
Gusmão, Roberto, 471
Gusmão, Xanana, 415, 509, 621
Gut, Rainer, 261
Gutemberg, Luiz, 210, 476
Guterres, António, 111, 148, 149, 150, 153, 295, 318, 376, 377, 378, 396, 492, 493, 494, 575n, 576, 621, 649, 697, 741
Guterres, Luísa, 150n
Guterres, Mariana, 150n
Guterres, Pedro, 150n

Habana (clube cubano), 377
habitação popular, 162, 335
Hafers, Luís Marcos Suplicy, 366
Haia (Holanda), 462n, 646, 688, 694, 695, 698, 700, 747, 756
Halliburton, 607n
Halonen, Tarja, 495n
Hamburger, Amélia, 531
Hamburgo, 697
Hamu, Mariângela, 180, 365
Hanan, Samuel, 274, 311
Handelsblatt (jornal alemão), 141
Hannover (Alemanha), 560, 572, 573, 682, 689, 692
Harazim, Dorrit, 668
Hargreaves, Henrique, 39, 40, 99, 653, 732
Harmon, James, 173
Harrington, Anthony, 538n, 664n, 706
Harrington, Hope, 538n
Hartung, Paulo, 206, 461, 610, 614, 710

ÍNDICE REMISSIVO 819

Harvard, Universidade, 135n, 138, 176, 200, 301n, 308, 346, 363, 653
Hauly, Luiz Carlos, 35n
Havana, 160n, 161n, 363n, 371n, 741n, 742n
Havelange, João, 328
Hedda Gabler (Ibsen), 444n
Helder, d. *ver* Câmara, Helder, d.
Helen Kellog Institute for International Studies, 570n
Helena (neta de FHC) *ver* Cardoso, Helena
Helena, Heloísa, 158n
helicóptero oficial da Presidência, 326
Hendricks, Barbara, 722
Henkel, Hans-Olaf, 146, 691
Henrik, príncipe consorte da Dinamarca, 165n
Henrique III, rei da França, 485n
Hércules C-130 (avião da FAB), 156n
Hermann Neto, João, 302, 600
Herndl, Marcus, brigadeiro, 413
Herrera Vegas, Jorge Hugo, 460
Herrera, Alejandra, 283, 443, 629
Heslander, Paulo, 213
Hess, John, 62
hidrólise enzimática da celulose, 385n
Higienópolis (São Paulo), 478n, 732n
Himalaia, 281n
Hino Nacional, 531, 611
Hiroshima, 58
Hirschman, Albert, 629, 630
História indiscreta da ditadura e da abertura 1964-1985 (Couto), 130n
Hitler, Adolf, 460
Hobsbawm, Eric, 636, 641
Hoescht, 146, 600
Hoffmann, José Hermeto, 338, 657
Hohenzollern, dinastia, 613n
Holanda/Países Baixos, 152n, 205n, 227n, 346, 462, 575n, 681, 691n, 694n, 695n, 696n, 698n, 699
Holbrooke, Richard, 653
Hollinger International, 153n
Homem do Ano, prêmio de (Portugal), 493n
Honduras, 512n, 513, 517
Hora do Brasil (programa de rádio), 53
Hospital Albert Einstein (São Paulo), 477
Hospital das Clínicas (São Paulo), 33n
Hospital do Rim e Hipertensão (São Paulo), 331, 332
Hospital Sarah Kubitschek (Brasília), 339, 444, 455, 458, 560, 636, 712
Hospital Sírio-Libanês (São Paulo), 247
Hotel Vela Branca (Porto Seguro), 530n

Houaiss, Antônio, 365n
Hoxha, Enver, 297n
HSBC (Hong Kong and Shanghai Banking Corporation), 206n
Hübner Filho, Teodoro, 756n
Hugau, Anita, 165n
Humberto (personal trainer de FHC), 444, 712
Humberto, Cláudio, 99, 283, 629, 729
Hummes, Cláudio, d., 533, 686
Hungria, 251n
Huntington, Samuel, 138, 140
Hurd, Douglas, 152
Hushon, John, 582n
Hussein, Saddam, 32n, 175, 650
Hutton, Will, 152

Iabaday, Henrique, 523n
Ialá, Kumba, 316n, 621n
Ianni, Octavio, 778
IAT Comércio Exterior, 332n
Iate Clube (Brasília), 503
Ibama (Instituto Brasileiro do Meio Ambiente e dos Recursos Naturais Renováveis), 214, 453n, 595, 772
IBGE (Instituto Brasileiro de Geografia e Estatística), 120, 179n, 301, 329n, 350n, 424n, 429, 536, 556n, 625, 636n, 683, 707, 784
Ibirapuera, parque do (São Paulo), 531n
Ibiúna, 98, 100, 102, 103, 339, 340, 360, 361, 362, 551, 660, 665, 666, 770, 772
IBM Latin America, 777
Ibope (Instituto Brasileiro de Opinião Pública e Estatística), 37, 279n, 454, 571, 627
Ibovespa, índice, 216n, 433n
Ibrahim, José, 755
Ibsen, Henrik, 444
Icaza, Antonio de, 374n
Icaza, José Luis, 608
ICMS (Imposto sobre Circulação de Mercadorias e Serviços), 96n, 112n, 332n, 464, 596
ICSU (International Council for Science), 251n
Idalina (camareira), 133
Idesp (Instituto de Estudos Econômicos, Sociais e Políticos de São Paulo), 132n
IDH (Índice de Desenvolvimento Humano), 567n, 583, 595, 606, 607, 622, 632, 633, 634, 671
Iedi (Instituto de Estudos para o Desenvolvimento Industrial), 223, 332, 407, 449
Iéltsin, Boris, 138, 383
iene, 62
Ifri (Institut Français des Relations Internationales), 164n

ig, portal, 684, 746
Iglesias, Belarmino, 204
Iglesias, Enrique, 30n, 51, 64, 69, 76, 121, 171, 173, 263, 318, 323, 365n, 399, 403, 489, 588, 663n, 743, 761, 763
Iglesias, Roberto Raúl, 648n
Igreja Adventista do Sétimo Dia, 352n
Igreja Batista Palavra Viva, 352n
Igreja católica, 108, 189, 267, 291, 379, 388, 391, 532, 558, 605, 606, 620, 637, 662, 678, 684, 704
Igreja Renascer em Cristo, 327n
Igreja Universal, 181n, 189, 258, 474, 606, 620
II Assembleia do Movimento Mundial pela Democracia, 733n
II Fórum Global, 570n
II Plano Nacional de Desenvolvimento (1975-79), 305n, 410n
III Conferência Mundial contra o Racismo, a Discriminação Racial, a Xenofobia e Formas Conexas de Intolerância (Durban), 536n
Ilha Grande (RJ), 421
Ilha Solteira, hidrelétrica de (SP), 276n
Ilhas Cayman, 167, 258, 300
Imbassahy, Antonio, 682n, 716
impeachment, 41, 94, 128, 133, 180, 185, 191, 193, 197, 199, 422, 619n, 631, 738, 745, 776
Imperatriz (MA), 388
Imperial Igreja de Nossa Senhora da Glória do Outeiro, 637n
Império do Brasil, 345
importações, 30, 57, 472n, 489, 540, 596, 659, 663, 697, 744, 771
imposto de combustível, 95, 120n, 123
imposto de renda, 299, 348, 657, 716, 721, 744n, 748
Imposto Territorial Rural, 43n
imprensa, 32, 36-7, 41, 48, 59, 88-9, 92, 111, 119-20, 140, 152, 155n, 156, 157n, 160, 164, 167, 169, 175-6, 177n, 180, 190-2, 196n, 203, 205, 207, 213-5, 216n, 219, 228, 232, 239-40, 242, 245, 248, 254, 256-8, 263, 265, 270, 275, 277-8, 284, 290, 292, 305-6, 320, 332, 345, 360, 381, 390, 399, 404, 410-1, 414-5, 417, 423, 430, 440, 442n, 444, 448, 454, 470, 476, 479, 482-3, 486, 492, 494n, 503n, 505, 509, 512, 516, 519, 521n, 522n, 526, 528, 531, 536, 538, 543, 548, 550n, 552-3, 574, 576-7, 581, 593-4, 599, 601, 603, 607, 610, 612, 614, 617, 619, 622-4, 627, 634, 636-7, 639, 642-4, 660, 662-4, 667, 668n, 670, 677, 705, 707-9, 711, 714, 716, 720, 733-4, 744, 751, 754-5, 759, 768, 771, 775n, 776, 778, 779n, 780, 788

Inae (Instituto Nacional de Altos Estudos), 209n, 260, 552
Incal (construtora), 618n, 619n
Incor (Instituto do Coração do Hospital das Clínicas da Universidade de São Paulo), 654
Incra (Instituto Nacional de Colonização e Reforma Agrária), 132, 214, 246, 416, 528n, 539n, 543, 605n, 713, 757
Independência do Brasil, 271
Indesp (Instituto Nacional do Desporto), 348n
indexação salarial, 411
Índia, 122, 172, 445, 636, 638, 652, 778
indicadores sociais, 429, 448, 536n, 625n
índices de pobreza, 599
índios/indígenas, 389, 450n, 496, 509, 513, 515, 520, 523, 528n, 529, 531, 532, 537, 550, 571, 618, 685n, 760
Indonésia, 59, 60, 316n, 685
"Indústria no início do século XXI, A" (conferência internacional da CNI), 132n
indústrias/industrialização, 34, 53, 119, 124, 145n, 146, 161, 215n, 223n, 269, 288, 330, 438, 441, 459, 462, 553, 564n, 693
inflação, 37n, 52, 54, 56, 57, 65, 66, 68, 69, 72, 83, 88, 90, 98, 107, 119, 125n, 127, 129, 130, 134, 153, 172, 173n, 179n, 209, 216n, 265, 279, 284, 301, 329, 334, 350, 370, 382, 387, 395, 424, 433, 437, 459, 465, 480, 491, 498, 503, 504, 525n, 588, 611, 636n, 660, 702, 717, 786n
"Information Technology in Global Capitalism" (Castells), 201
informatização, 162, 643n, 659
Infraero (Empresa Brasileira de Infraestrutura Aeroportuária), 413, 420
infraestrutura, 305, 439, 605n, 624n, 727
Inglaterra, 39, 52, 53, 57, 59, 60, 61, 63, 126, 146, 150, 151, 152, 153, 154, 155n, 227, 348, 377, 401, 460, 478, 538, 696, 721; ver também Reino Unido
inglês, idioma, 79, 90, 146, 151, 175, 176, 200, 301, 322, 381, 478, 509, 574, 621, 640, 689, 690, 691, 695, 733
Inglis, Martin, 216n
INSS (Instituto Nacional do Seguro Social), 131, 178, 196n, 239, 388, 393, 423, 477, 661
Institute for Advanced Study (Princeton), 629n
Institute for International Economics (Washington), 318n
Institute for International Studies (EUA), 570
Instituto Cultural Brasileiro (Alemanha), 690n
Instituto de Relações Internacionais (Japão), 775
Instituto Farol do Saber, 466n

ÍNDICE REMISSIVO 821

Instituto Federal do Sertão Pernambucano, 390n
Instituto Histórico Geográfico Brasileiro, 337
Instituto Ibero-Americano (Berlim), 692n
Instituto Moreira Salles, 336, 673
Instituto Nacional do Emprego e de Formação Profissional (Angola), 241n
Instituto Rio Branco, 163n, 564
Instituto Sérgio Motta, 756n
Instituto Tancredo Neves, 497n
Instituto Teotônio Vilela, 122, 135n, 306n, 392n
Insulza, José Miguel, 195
integração regional, 237
Interfet (International Force for East Timor), 320n
Interior: Los hechos clave de la seguridad del Estado en el último cuarto de siglo (Belloch), 236
Internacional Socialista, 380n, 493, 495
internet, 87, 98n, 103, 290, 456, 479, 499, 553, 554, 579, 604, 654, 684, 779n
Internet 2.0 (banda larga), 407
Investe Brasil, 757
investimento estrangeiro, 424, 728
IOF (Imposto sobre Operações Financeiras), 341n
Ioschpe, Ivoncy, 407
IPA (Índice de Preços no Atacado), 350n
IPC (Índice de Preços ao Consumidor), 119n, 135, 301, 350n
IPCA (Índice Nacional de Preços ao Consumidor Amplo), 83, 216n, 265n, 329n, 424n, 459n, 636n, 660n, 786n
Ipea (Instituto de Pesquisa Econômica Aplicada), 275, 679n, 700
IPI (Imposto sobre Produtos Industrializados), 78, 97, 254, 255n, 263, 332n, 449n, 522
Ipiranga (São Paulo), 268
Ipiranga, grupo, 434n, 456n, 457, 473, 773
Iprev (Instituto de Previdência do Estado de Santa Catarina), 676n
IPT (Instituto de Pesquisas Tecnológicas do Estado de São Paulo), 225, 670
IPTU (Imposto Predial e Territorial Urbano), 360
IRA (Exército Republicano Irlandês), 151n
Iraque, 32, 175n, 516, 662, 695, 762
Irlanda, 122, 749
Irlanda do Norte, 151, 152n, 749n
IRPJ (Imposto sobre a Renda das Pessoas Jurídicas), 43n
irrigação, questão da, 119, 298, 503
Irving, Amy, 560
Isabel (neta de FHC) *ver* Vaz, Isabel Cardoso

Isabel, princesa, 637n
islamismo, 703n
ISO (International Organization for Standardization), 203
Israel, 703, 704, 749
ISS (Imposto sobre Serviços), 332n
Istambul, 554
IstoÉ (revista), 55n, 114, 116, 144, 169, 279, 345, 346, 368, 406, 430, 444, 466, 555, 617, 674, 699, 751, 754
IstoÉ Dinheiro (revista), 533
ITA (Instituto Tecnológico de Aeronáutica), 407
Itacuruçá (RJ), 726
Itaipu Binacional (usina hidrelétrica), 165, 186, 187, 295, 387, 466, 475, 541, 562, 734
Itajubá (MG), 431, 432
Itália, 42, 150, 151, 177, 181, 226, 346, 348, 354, 371, 379, 380, 382n, 400, 423, 461, 493, 495, 496, 551, 575n, 576n, 593, 693, 715, 732, 783n
Itamaraty, 30-1, 44, 84, 87n, 135, 138, 143, 163, 165, 176, 187, 200, 225, 232, 255, 293, 295, 314, 316, 318, 322, 325, 327, 341, 369, 370, 386, 395, 405n, 406, 419, 447, 451, 454, 462-3, 465, 470, 482, 497, 525, 531, 547, 556-7, 568, 570, 597, 616, 640n, 656, 658n, 659, 663n, 664, 667, 676-7, 682, 694, 708, 730, 734n, 737, 742, 745-6, 767, 776-7, 780, 784, 787-8, 790; *ver também* Ministério das Relações Exteriores
Itaúna (MA), 307n
Itochu, grupo, 608n
ITU (International Telecommunications Union), 554n
Iugoslávia, 134, 138, 139, 143, 147, 148, 149n, 174n, 209, 691
IVA (Imposto sobre Valor Agregado), 332, 385n, 595
Iveco, 732
Ivester, Douglas, 144

Jaboatão, 641
Jabor, Arnaldo, 199, 221, 288, 319, 321, 576, 581, 617, 629
Jacarta, 316n, 415n
Jacini, Wantuir, 206n
Jagan, Janet, 187
Jagdeo, Bharrat, 663n
Jaguaribe, Hélio, 135, 396, 523, 639
Jaguaribe, Izabel, 668n
Jaguaribe, Roberto, 135
Jaguariúna (SP), 330n
Jaime Câmara, Organização, 286, 324
Jalil, Mustafa Mohamad Abdul, 688
Jango *ver* Goulart, João

Japão, 39, 348, 351, 382n, 386, 445, 472n, 576, 588, 639, 656, 659, 660, 775
Jardim Botânico (Rio de Janeiro), 584
Jardim de Napoli, restaurante (São Paulo), 732
Jardim, Arnaldo, 302
Jeaneau, Jean-Pierre, 709n
Jeco ver Poppovic, Jorge
Jefatura de Gabinete de Ministros (Argentina), 403n
Jefferson, Roberto, 328, 547, 595
Jereissati, Carlos, 190, 193
Jereissati, Joana Queiroz, 635n
Jereissati, Renata Queiroz, 651
Jereissati, Tasso, 58, 60-1, 63, 72, 75, 91, 124, 141, 144, 181, 217, 237-40, 242, 245, 275, 281, 291, 301-4, 308, 311, 354, 364-6, 406, 416, 441, 450, 457, 460, 463, 491, 501, 526-8, 540, 547, 566, 569, 572, 580-1, 597, 614, 634-5, 651, 654, 661, 702, 711, 719, 725, 732, 736-7, 748, 753, 757, 766, 770, 784, 788-9
Jerônimo Dix-Huit Rosado Maia, adutora (Mossoró), 503n
Jerusalém, 703
JIIA (The Japan Institute of International Affairs), 775n
Joana (neta de FHC) ver Cardoso, Joana
João Monlevade (MG), 521n
João Paulo II, papa, 371n, 375, 379, 388, 509n, 558
João Pessoa (PB), 110n, 566n, 737n
Jobim, Nelson, 198, 220, 221, 336, 359, 361, 372, 421, 482, 484, 487, 498, 673n, 675, 716, 719, 787
Jogos Pan-Americanos de Winnipeg (1999), 237n
Jogos Parapan-Americanos da Cidade do México (1999), 395n
Johannesburgo, 368
Johannpeter, Jorge Gerdau, 269, 296, 332n, 508n, 586, 592, 596, 611n
Joinville, 305, 409, 739
Jordânia, 764
Jordão, Fátima Pacheco, 687
Jordão, Fernando Pacheco, 687
Jorge, José, 639
jornada de trabalho, 577
Jornal da Tarde, 75, 78, 125
Jornal de Brasília, 210, 324, 354n, 476
Jornal do Brasil, 87n, 126n, 141, 159n, 176n, 181, 188, 199n, 220n, 306n, 353, 355, 417, 422, 429, 430, 439, 440, 527n, 577n, 625, 631, 646, 679n, 690, 753, 754, 775n
Jornal do Commercio, 336
Jornal Nacional (noticiário de TV), 191, 218n, 242, 541, 716

jornalistas, 32, 42-3, 99, 104, 107, 125, 139, 151, 153, 155, 159, 165, 167, 176, 192, 196, 199n, 201-2, 230, 236, 239, 251, 254, 275, 277, 283, 292, 342, 350, 354n, 383, 390, 399, 442, 470, 486n, 491, 494, 499, 527, 577, 598, 599, 615, 619, 624, 645-6, 668n, 674n, 679, 720, 730, 748, 753-4, 765, 781
José, d. ver Falcão, José, d.
Jospin, Lionel, 126, 151n, 381, 382, 436, 575n, 577, 578, 641
Josselin, Charles, 578
JP Morgan (banco), 277n
Juan Carlos I, rei da Espanha, 377, 595, 613, 616, 721, 722, 741, 747
Jucá, Teresa, 740
Jucazinho, barragem de (PE), 298
judeus, 380, 468
Judiciário ver Poder Judiciário
Judiciário, Poder, 464
Juiz de Fora (MG), 41, 146, 606, 707
Júlia (neta de FHC) ver Zylbersztajn, Júlia Cardoso
Juliana, rainha da Holanda, 696n
Junco, Eduardo, 374n
Jungmann, Raul, 63, 117, 177n, 188, 214, 229, 240, 246, 278, 327, 357, 368, 369, 372, 391, 416, 502, 528, 535, 539, 541, 542, 543, 544, 586, 593, 605, 664, 673, 687, 704, 713, 757, 775
Junqueira, Aristides, 220, 221, 235, 237
Juppé, Alain, 419, 436
Jurado Nacional de Elecciones (Peru), 565n
Jurong Port (Cingapura), 608n
juros ver taxa de juros
Justiça do Trabalho, 189, 200, 203

Kabila, Laurent, 322
Kadafi, Muammar, 650, 688
Kandir, Antônio, 167, 184, 338, 348n, 385, 388, 417, 435, 464, 729
Kapaz, Emerson, 302
Karajan, Herbert von, 239
Karam, Alfredo, 538
Karp, Eliane, 731n
Kaufman, Gerald, 153
Keeping the Faith (filme), 612
Keidanren (Federação das Organizações Econômicas do Japão), 659, 730
Kelman, Jerson, 141, 600, 607
Kennedy, John F., 513
Keynes, John Maynard, 334
Kia Motors, 407
Kiefer, Anselm, 694
Kim Jong-pil, 407

Kinder Morgan, 582n
Kinshasa (República Democrática do Congo), 322n
Kiseliova, Emma, 203
Kissinger, Henry, 140, 460
Klabin Papel e Celulose, 421n, 462
Klabin, Armando, 649
Klabin, Daniel, 421, 671n
Klabin, Israel, 421, 649
Klima, Viktor, 227
Klotz, Edmundo, 74
Knapp, Carlos, 236
Knopfli, Francisco, 452n
Koch-Weser, Caio, 380, 436, 445, 490, 494
Kocka, Jürgen, 575n
Kohan, Alberto, 263
Kohl, Helmut, 147, 148, 689, 690, 697
Köhler, Horst, 370n, 380n, 493, 494, 552
Kok, Wim, 227, 575n, 697, 698, 699, 700
Köpf, Klara, 573n, 689
Kosovo, 134, 138, 143, 147, 148, 151, 160, 174, 182, 691n
Kotscho, Ricardo, 196n
Kozak, Carmen, 679
Kraemer, Eleonora, 378
Kramer, Dora, 159n, 318, 320, 417, 470, 536
Krens, Thomas, 347n
Krugman, Paul, 100, 101, 102, 103
Kubitschek, Juscelino, 184n, 406, 410, 420, 461, 705, 732, 769
Kubitschek, Márcia, 406
Kubitschek, Maria Estela, 406
Kubrick, Stanley, 354
Kuerten, Alice, 779n
Kuerten, Gustavo, 779
Kuerten, Rafael, 779n
Kugelmas, Eduardo, 333
Kuito (Angola), 30
Künast, Renate, 689n
Kurz, Robert, 103

La Boca, restaurante (Buenos Aires), 402, 403
La Fonte, grupo, 190
La Paz, 500n, 761
Labastida, Francisco, 495, 605
Labour Party, 152n
Lacerda, Carlos, 303, 420, 745n
Lacerda, Márcio, 98, 104
Laços de família (telenovela), 740n, 754n
Laet, Cristiana, 38n
Lafer, Celso, 30, 34, 61, 65, 66, 124, 135, 171, 186, 187, 191, 220, 225, 232, 233, 241, 242, 244, 245, 254, 381, 401n, 523, 574, 603, 604, 671n, 734, 747, 761, 763, 767, 788, 790
Lafer, Mary, 233
Lafontaine, Oskar, 61
Lage, Carlos, 374
Lago, Pedro Corrêa do, 667n
Lagos Weber, Ricardo (filho), 759n
Lagos, Ricardo, 226, 262, 354, 363, 401, 418, 485n, 488, 489, 490, 494, 495, 575n, 603, 616, 663n, 677, 678, 682, 759, 763, 764, 780, 789
Lagranha, Hugo, 725n
Laif (fundo de investimentos), 277n
Lajeado (TO), 566n
"Lalau", juiz ver Santos Neto, Nicolau dos
Lamazière, Georges, 161, 207n, 336, 448, 528n, 774
Lambert, Richard, 153
Lambroschini, Charles, 497
Lamounier, Bolívar, 132, 330, 368, 381, 604
Lampreia, Lenir, 151, 225n, 401, 694, 726, 786, 787
Lampreia, Luiz Felipe, 30, 44, 63-4, 68, 76, 82, 91, 97, 113, 122, 135, 147, 151, 171-4, 176, 204-5, 220, 223, 225, 228, 256, 263, 266, 269-70, 283, 286, 290, 303-4, 306, 309-11, 315, 353, 368, 372, 386, 400, 405, 407, 447, 454-5, 461-2, 478, 488-9, 493, 495, 513-4, 528, 553, 563, 565, 575, 587-8, 599, 615-6, 631, 658-60, 667, 671, 678, 682, 685, 694, 703-4, 720-1, 726, 728, 730, 734, 746-7, 763-4, 780, 786-8
Lamy, Pascal, 662n
Landim, José Francisco Paes, 387
Lando, Amir, 757
Lanterna na popa, A (Campos), 347n
Lanznaster, Mário, 646n
Laraia, Roque, 259, 414, 532n, 619
Laranjeiras, Carlos, 260n
Laranjeiras, Palácio (Rio de Janeiro), 410
Larosière, Jacques de, 370
latifúndios/latifundiários, 43, 362
Latorre, Eduardo, 513n
Laurent, restaurante (São Paulo), 462, 463
Laurixto, Joaquim, 367
lavagem de dinheiro, 201n, 400, 626n
Lavareda, 562
Lavigne, Roland, 768n
Lavín, Joaquín, 354n, 363, 418
Leão, Adelmo Carneiro, 606n
Leão, Odelmo, 192, 284, 522, 595
Lecourtier, Philippe, 454, 455
Lee Kuan Yew, 708n
Leekpai, Chuan, 200
Legislativo ver Poder Legislativo

Legislativo, Poder, 464
Lei da Anistia, 419
Lei da exploração do petróleo, 139
Lei das Mensalidades, 392
Lei das Sociedades Anônimas, 555, 729
Lei de Direitos Autorais, 405n
Lei de Educação Ambiental, 160
Lei de Genéricos, 98
Lei de Informática, 330
Lei de Responsabilidade Fiscal, 77n, 264, 444, 449, 453, 454, 456, 459, 464n, 518, 537, 542, 543, 544, 546, 776
Lei Geral de Telecomunicações, 412
Lei Kandir, 96n, 112, 268n, 345, 352, 463n, 464
Lei Pelé, 416
"Lei Postal", 669n
Lei Ronaldinho, 667
Lei Rouanet, 702
Leiden (Holanda), 695
Leirner, Adolfo, 438
Leitão, Miriam, 272, 290, 291, 292, 481, 504, 574, 649
Leite, Antônio Dias, 557, 738
Leite, João, 659, 664, 707n
Leite, Paulo Costa, 508, 718
Léman, lago (Genebra), 591
Lemos, Ana Amélia, 184, 414
Lemos, Carlos, 102
Leonel, Benedito, general, 197, 782
Lerner, Jaime, 89, 110, 165, 200, 229, 295, 390, 453, 463, 475, 645
Lessa, Bia, 574, 682, 692
Lessa, Ronaldo, 75n, 353n, 354, 640
Leste Europeu, 689
Letícia (Colômbia), 339
Letter Express, 122
Levy, Herbert, 319
Levy, Jonah D., 346n
Levy, Luiz Fernando, 96
Levy, Michel, 300
Lewis, Cedric, 240
Li Guoxin, 84n
Líbano, 270n
liberalismo, 259, 312n, 488
Liberato, Gugu, 134n
Liberdade, Palácio da (Belo Horizonte), 110, 671
Líbia, 650n, 662, 688
Libra (empresa), 635
Líder Táxi Aéreo, 628n
Liga das Nações, 598, 640n
Light, 624
Light do Rio de Janeiro, 432

Lima (Peru), 255, 256, 257
Lima Júnior, Paulo Tarso Flecha de, 706n, 719
Lima, Afrísio Vieira, 114, 545
Lima, Alceu Amoroso, 246
Lima, Carlos Araújo, tenente-coronel, 709n
Lima, Elisabeth Gomes, 210n
Lima, Geddel Vieira, 111n, 114, 117, 126, 137, 177n, 208, 247, 265, 273, 365, 410, 434, 440, 441, 510, 533, 544, 545, 547, 549, 595, 614, 618, 626, 639, 653, 682, 684, 712, 747, 777
Lima, Jorge da Cunha, 361, 362, 478, 624, 687
Lima, Lúcia Flecha de, 171, 172, 379, 380, 706
Lima, Paulo, 504
Lima, Paulo Tarso Flecha de, 68, 171, 172, 288, 379n, 380, 706, 719, 728n
Lima, Rui Moreira, 715
Lima, Vera Dulce Cardoso de, 561
Limeira (SP), 633n
Lindh, Anna, 228n
línguas neolatinas, países de, 210n
Linhão Guri-Macaguá, 515n
Linhares, José, padre, 328
Link, corretora, 163n
Lipset, Seymour, 135
Lisboa, 146, 148, 149n, 150, 378, 493n
livre comércio, 223, 400, 706
Llach, Juan José, 402, 468
Lobão, Edison, 274, 667
Lôbo, Cristiana, 597, 684
Lôbo, Lélio, brigadeiro, 270
Lockheed, 696n
Lodge, Henry Cabot, 640
Lomanto, Leur, 768n
Lombardia, 767
London School of Economics, 152, 362n
Londres, 30, 39, 42, 82, 123, 126, 155n, 370, 377n, 383n, 478, 696n, 737
"Lonely Superpower, The" (Huntington), 138
Lopes, Alcedir Pereira, general, 709n
Lopes, Ernâni, 327
Lopes, Francisco, 32-3, 38, 44-8, 50-1, 53-4, 56, 60, 66-7, 69-73, 75-6, 82, 85-9, 92, 101-2, 136n, 141, 149, 153-4, 158, 159-60, 176n, 181, 185, 188n, 231n, 248, 451, 523, 628
Lopes, José Geraldo, 651n
Lopes, Juarez Brandão, 61, 102, 132, 208, 340, 372, 738
Lopes, Xuxa, 568
López Murphy, Ricardo, 403, 502, 715
Lorentzen, Erling, 633
Loureiro, Maria Rita, 438n
Lourenço, Ana Dias, 283

Lovatelli, Sabine, 238
Lovejoy, Thomas, 354, 357
Loyola, Gustavo, 118n
Lucas, Colin, 296
Lucas, d. ver Neves, Lucas Moreira, d.
Lucas, Jonival, 768n
Lucas, Luiz Paulo Vellozo, 610n, 614, 710n
Lucena, Cícero, 737
Lucena, Humberto, 331
Lucena, Maria Edith de, 349n
Lucena, Zenildo de, general, 41, 349, 418
Lucent Technologies, 522n
Luciana (filha de FHC) ver Cardoso, Luciana
Luciano, d. ver Almeida, Luciano Mendes de, d.
Ludwig-Maximilians-Universität München (LMU), 693n
Luft, Romeu, 657n
Luís Eduardo Magalhães, prêmio (Instituto Tancredo Neves), 497
Luís Eduardo Magalhães, usina hidrelétrica (TO), 566n
Lula ver Silva, Luiz Inácio Lula da
Luther King, Martin, 546
Luxemburgo, 386n
Luz do Saber, projeto (Amazonas), 463n
Luz no Campo, programa, 347, 397, 658
Lyonnaise des Eaux, grupo, 633

Macapá, 783
macarthismo, 638, 640, 649
Macdonnell, A. G., 590
Macedo, Armando, 765
Macedo, Edir, 474, 620
Maceió, 640, 641
Macfarlane, Ian, 714n
Machado, Renato, 654
Machado, Ronaldo, 652n
Machado, Sérgio, 118n, 166n, 186n, 394, 406, 452, 547, 580, 651
Machado, Vera, 652
Machel, Graça, 631
Machinea, José Luis, 403, 713, 715, 720
machista, cultura, 451
Maciel, Everardo, 123, 178, 184, 187, 212, 241, 254, 298, 300, 305, 332, 335, 337, 338, 352, 358, 360, 367, 386, 443, 473, 625, 652, 657, 672, 705, 711, 721, 744, 755
Maciel, Marco, 35, 37, 84, 111-2, 123, 178, 191, 202, 212, 214n, 216, 220-1, 229, 231, 238, 241, 243, 254, 274, 275, 278, 300, 302, 315, 320, 329, 335, 338, 385, 388, 439, 443-4, 447, 453, 474, 475, 479, 497, 508, 518, 527, 533-5, 547-80, 585-6,
618, 624, 625, 638, 641, 652, 657, 687, 690, 699, 705, 707-8, 710-2, 719, 721, 744, 758, 766-7, 781, 784
MacKay, Kenneth "Buddy", 296
maconha, 217, 482
Macri, grupo, 650n
Macris, Vanderlei, 547
Macrométrica (consultoria), 149n, 154n, 158n, 159n, 181, 628
Madeira, Arnaldo, 53, 82, 116, 122, 135, 141-2, 156, 159, 181-2, 217, 218, 228, 237, 238-9, 242-3, 247-50, 268, 273, 281, 289, 314, 331, 359, 404, 432, 435, 438, 449, 474, 504, 522-4, 542, 548, 563, 569, 595, 661, 724, 748, 785
Madri, 713, 719, 720, 741n
Madureira, Marcelo, 287
máfia italiana, 348
Magalhães Júnior, Jutahy, 719
Magalhães, Antônio Carlos, 30n, 31, 35-6, 45, 49, 53, 57, 82, 88-9, 92, 97, 107, 110, 112, 113n, 114-5, 117-8, 124, 126, 130, 133, 135-6, 137n, 142, 143, 146, 155-9, 161, 164, 168-9, 180, 196-7, 199, 206, 209, 212-4, 215-7, 220, 222, 229, 231-5, 238, 241, 243, 260, 272-80, 285-7, 304, 319-20, 328n, 329, 331, 334-5, 344, 354, 360, 364-6, 369, 379, 389, 391, 394, 404, 409-11, 424, 429-31, 434, 438-41, 448, 452, 471, 474, 476-82, 486-7, 489-90, 494, 497-9, 503-12, 516, 518-9, 522-3, 526-7, 530, 533-4, 536-7, 540-1, 544-9, 551, 562, 566, 573, 580, 585-6, 598, 601, 607, 614-5, 626, 632-4, 653, 658, 667, 682, 684, 690, 703n, 704-6, 708, 711-2, 715-8, 736-7, 748-9, 751, 754-6, 758-9, 766-8, 770, 775-81, 784-5, 789
Magalhães, família, 430n, 716n
Magalhães, Flávia, 579
Magalhães, Juraci, 117n, 659, 739n
Magalhães, Luís Eduardo, 31n, 114, 117, 366, 476, 494, 497, 498, 530, 607, 719
Magalhães, Michele, 607
Magalhães, Paula, 607n
Magalhães, Paulo, 441n
Magalhães, Rafael de Almeida, 137, 219, 336, 389, 624, 656, 659, 727
Magalhães, Roberto, 723
Magalhães, Sérgio, 782
Magalhães, Tereza, 260n
Magela (personal trainer de FHC), 444, 712
Magela, Geraldo, 263, 684
Maggie, Yvonne, 619
Mahler, Gustav, 242
Mahuad, Eduardo, 589n

Mahuad, Jamil, 31n, 195, 289n, 376, 450, 451, 496, 589
Maia, Cesar, 502, 657, 665n, 723, 738, 749, 750
Maia, José Agripino, 447
Maia, Oto Agripino, 478
Maierovitch, Wálter, 219, 519, 520, 521, 524
Maihold, Günther, 692n
Maio de 1968, movimento estudantil de, 131n
Making Openness Work: The New Global Economy and the Developing Countries (Rodrik), 346n
Maksoud Plaza, Hotel (São Paulo), 546n, 548n
Malan, Catarina, 225n, 460, 560, 755
Malan, Cecília, 88n
Malan, Pedro, 30, 32-8, 40, 44-8, 50-1, 53-6, 59-61, 63-8, 70-2, 74-86, 88-93, 96-7, 101-2, 104, 109-10, 112, 115-8, 121-6, 129, 149, 153-4, 156-7, 161-2, 164, 168, 176, 178-9, 183, 200, 218, 223-5, 231-5, 237, 241, 243-5, 249, 252, 254, 261, 265, 269-70, 276-7, 280-2, 284-5, 292, 294, 298, 300, 306-10, 312-3, 318, 321, 323, 329, 331, 343, 345-6, 358, 370-1, 380, 385-6, 388, 392-3, 420, 436-7, 441, 448, 453, 459, 469-70, 473, 475, 477, 480, 483, 486, 490, 494, 500, 502, 504, 511, 516, 526, 532, 538-40, 542, 544, 547, 560, 562, 564, 565, 568, 573, 579, 582, 583, 586, 594-5, 622, 630, 636-8, 647-9, 655-6, 672, 683, 688, 699, 705-6, 714-5, 717-20, 724, 734, 737-8, 744, 746, 750, 755, 758, 773-6, 783-4
Malásia, 67, 72
Maldaner, Casildo, 176, 185
Malick, Terrence, 190n
Malmaison, Château de (França), 577
Malta, Dacio, 127
Malta, Magno, 369n
Maluf, Paulo, 114, 117, 190, 192, 230, 247n, 419, 474, 499, 501, 541, 659, 665n, 685, 686, 687, 723, 725, 735
Malzoni, família, 361
MAM (Museu de Arte Moderna), 337n, 400n
Mamirauá, Projeto, 203, 204
Manaus, 133, 203n, 310, 633n, 702, 708, 709
Manchete (revista), 64n
Manchete (TV) *ver* Rede Manchete
Mandela, Nelson, 214n, 631
Mané, Ansumane, general, 316
Mangaratiba (RJ), 726
Manhumirim (MG), 218n
Manso, Maurício, 159n
Manso, usina hidrelétrica de (MT), 769
Mantega, Guido, 451
Mãos Limpas, operação (Itália), 181

Mapuera, aldeia indígena (PA), 618
Maputo (Moçambique), 606, 607n, 620
Maquiavel, Nicolau, 302
Marambaia, restinga da (RJ), 137, 414, 421, 422, 423, 485, 490, 491, 538, 726
Maranhão, 47, 48, 268n, 366, 476n, 612, 667, 704n, 756n
Maranhão, José, 94, 658
Marcha das Margaridas, 647
Marcha do Salário Mínimo, 746n
Marcha dos Cem Mil (1999), 279n, 287, 327
Marcha em Defesa e Promoção da Educação Pública (1999), 338n
Marcha Mundial das Mulheres, 647
Marchezan, Nelson, 630
Marcinha (amiga de Luciana Cardoso), 485
Marcinho VP *ver* Oliveira, Márcio Amaro de
Marés, Carlos Frederico, 414n, 509, 532
Margrethe II, rainha da Dinamarca, 158, 165
Margulies, Donald, 604n
Mariana (MG), 713n
Mariana (prima de FHC), 409
Mariani, grupo, 367n
Marie Christine, princesa de Kent, 721n
Marighella, Carlos, 236n
Marinha brasileira, 42, 133, 160, 197, 199n, 203, 254, 349, 391, 538n, 561, 631
Marinho Neto, Anísio, 338
Marinho, João Roberto, 94, 181, 191, 272, 418, 538, 570, 571, 652, 718, 785
Marinho, Luiz, 78
Marinho, Roberto, 188, n, 507, 538, 611
Marini, Elza, 781n
Marisa (empregada de FHC em Ibiúna), 361
Marítima Engenharia, 584
Marković, Mirjana, 175n
Marona, Mario, 350
Marques, Maria Silvia Bastos, 117, 127, 129, 137, 245, 397
Martabit, Jorge, 601
Martínez de Hoz, José Alfredo, 502
Martínez, Gutenberg, 117
Martinez, José Carlos, 327, 497, 749
Martinho da Vila (cantor), 405n
Martini, Carlo Maria, d., 722
Martins, Adalberto, 605n
Martins, Antônio, 716
Martins, Franklin, 235, 252, 292, 372
Martins, José de Souza, 372
Martins, Luciano, 45, 76, 137, 161, 192, 278, 280, 292, 363, 373, 374, 375, 378, 429, 561, 639
Marulanda, Manuel, 339

Marx, Karl, 42, 271, 323, 666, 779
Marx: vida & obra (Giannotti), 666n
marxismo, 103, 271, 339, 592
Marzagão, Augusto, 342, 759
Masako, princesa do Japão, 775
Masi, Domenico de, 379
Masserdotti, Franco, d., 523n
Massot, Affonso de Alencastro, 694
Masters Cup (torneio de tênis), 779n
Mata-Hari, 694
Matarazzo, Andrea, 34, 45, 48, 52, 80, 136, 187, 211, 219, 248, 279, 307, 312, 315, 330-2, 337, 340, 361, 363, 368, 379, 404, 409, 418, 449, 460, 471, 473-4, 504, 531, 549, 562, 568, 579-80, 582, 597, 598, 619, 631, 645, 650, 654, 681, 705, 724, 730, 733, 739, 755, 765, 776
Matarazzo, fábrica (São Paulo), 551
Matarazzo, Sonia Malzoni, 361n
Mato Grosso, 36, 198, 268n, 276, 337n, 362, 533, 557, 747, 769, 771
Mato Grosso do Sul, 40, 106, 263, 268n, 454, 587, 769, 771
Matos, Adilson, 199n
Mattar, Hélio, 532
Matusevicius, Marcos, 309, 561
Mauch, Cláudio, 49, 159n
Maurício (professor de natação de FHC), 712
Maurício (professor de natação), 444
Mbeki, Thabo, 214n, 575n, 576, 777, 778
McCaffrey, Barry, general, 294
McDonough, William, 61n
McLarty, Thomas, 296
MDIC ver Ministério do Desenvolvimento, Indústria e Comércio Exterior
Medalha de Distinção por Atos de Bravura, 783n
Medef (Mouvement des Entreprises de France), 115n
Medeiros, Luiz Antônio, 132, 183, 268, 497, 498, 534, 562, 746
medicamentos, preços dos, 265
Médici, Emílio Garrastazu, general, 557
Médicis, Adriana, 215n, 235, 417n, 506
Médicis, João Augusto de, 87, 167, 215, 235, 417, 418
medidas provisórias ver MP (Medida Provisória)
Mein, John, 655n
meio ambiente, 45, 172n, 188, 203, 328, 340n, 354, 395, 397, 451, 453, 512, 580, 595, 630, 672n, 680
Meio-Oeste americano, 510
Meira Filho, Luiz Gylvan, 447
Meireles, Andrei, 55

Meirelles, Henrique, 115
Melles, Carlos, 331, 496, 534, 540
Mello, Evaldo Cabral de, 295, 699
Mello, Fernando Collor de, 67n, 75, 80, 99, 146, 177, 179, 185, 188, 190, 194, 238, 301, 323, 324n, 327, 368, 385n, 389n, 405n, 421, 423, 430, 447, 470n, 525, 526n, 550n, 619, 634, 646n, 660n, 703, 705, 754, 770, 776, 777n, 790
Mello, Geraldo, 166, 748
Mello, João Manuel Cardoso de, 451
Mello, Leopoldo Collor de, 190n
Mello, Marco Aurélio, 347, 634
Mémoires d'Hadrien (Yourcenar), 491, 497
Memorial da América Latina, 733
Mena, Carlos Eduardo, 601n
Mendes, Amazonino, 255, 274, 311, 417, 632, 770
Mendes, Cândido, 754
Mendes, Chico, 291
Mendes, Gilmar, 103, 368, 450, 456, 458, 484, 502, 549, 637, 646, 670, 673, 712, 724
Mendes, Rubens Moreira, 274
Mendes, Sam, 536n
Mendonça, José Roberto ver Barros, José Roberto Mendonça de
Mendonça, Luiz Carlos ver Barros, Luiz Carlos Mendonça de
Meneguelli, Jair, 439
Menem, Carlos, 31n, 50n, 62, 76, 91, 97, 98, 100, 106, 195, 204, 205, 223, 226, 261, 266, 267, 269, 286, 290, 335n, 341, 344, 346, 363, 375, 399, 400, 401, 714
Meninos do Morumbi, coral dos, 667
mensalidades escolares, reajustes de, 387n, 392
Mercadante, Aloizio, 136, 167n, 169, 180, 199, 591, 601, 747, 748
mercado financeiro, 119, 182, 293, 324n, 376, 433
Mercedes-Benz, 146
Mercosul (Mercado Comum do Sul), 62, 63, 91, 93, 100, 106, 148, 149n, 151, 160, 204, 205, 214, 215, 216, 226, 232, 256, 263, 266, 269, 272, 286, 293, 306, 335, 341, 369, 395, 399n, 400, 418, 454, 462, 482, 488, 489, 513, 539, 545n, 546, 553, 567, 568, 577, 588, 600, 601, 602n, 603, 616, 660, 661n, 688, 693, 706, 714, 728, 753, 759, 760, 763, 764, 775, 780, 788
Merenda Escolar, 265
Mérito Naval, medalhas do, 211
Merkel, Angela, 689n
Mesquita, Fernão, 125
Mesquita, Fernão Lara, 635
Mesquita, Rui, 196, 332n, 617, 628, 635
Mestrinho, Gilberto, 328n, 462, 508

Meta, consultoria, 627n
metalúrgicos, 78, 522
metrô de Caracas, 293, 513n
metrô de São Paulo, 341
metrô do Rio de Janeiro, 730
México, 50, 52, 57, 121, 158, 159, 160, 161, 194, 195, 249, 284, 298n, 330, 374, 376, 378, 419, 449, 495, 517, 553n, 557, 573, 587, 589, 604, 647, 664, 722, 728, 742n, 751, 752, 756, 757, 758, 759, 760, 761, 762, 790
México: la ceniza y la semilla (Aguilar Camin), 790
Meyer, Luiz, 333, 478, 510, 511, 681, 687, 712, 733
Meyer, Regina, 333, 510, 511, 687, 733
Miami, 626n, 741n
Michael, Andréa, 733n
microcrédito, 272, 629n
"milagre econômico" durante a ditadura militar, 564n
Milão, 722
milho, 434, 638
Miliband, David, 152
Miliband, Ralph, 152
Milošević, Slobodan, 134n, 138, 139, 174n, 175, 182, 691
Minas Gerais, 36, 39, 42, 43, 47, 50n, 94, 99, 105, 126, 145, 172, 188, 190, 193, 218, 221, 232, 246, 248, 290n, 320, 326, 357, 365, 424, 429, 431, 435, 438, 472, 534, 592, 597, 610, 611, 612, 638, 653, 659, 669, 673, 674, 676, 732, 748, 789n
Minassian, Teresa, 90, 322, 370
Mindlin, José, 255
Mineiro, Bento, 726n
Mineiro, Jovelino, 127, 145, 240, 243, 333, 437, 510, 568, 569, 612, 631, 634, 670, 676, 726, 757
Ministério da Administração, 187, 252n
Ministério da Aeronáutica, 122, 156, 270n, 407n, 715
Ministério da Agricultura, 165n, 200, 206n, 240, 328, 351, 434, 736, 745n
Ministério da Cultura, 141n, 246, 247, 586n, 598, 632n, 750
Ministério da Defesa, 122, 142, 209, 210, 214, 266, 345n, 347, 350, 386, 399, 403, 411, 412n, 413, 420, 422, 429, 442, 444, 446, 447, 452n, 453, 461, 502, 528, 538n, 582, 607, 613, 655n, 708, 715, 751
Ministério da Educação, 36, 71n, 124, 130, 178n, 236, 282, 314, 338n, 385n, 402, 437, 468, 511, 629, 656, 667n, 782n
Ministério da Fazenda, 29, 36, 37, 41, 44, 46, 52, 54, 55, 63n, 67, 71n, 72, 75, 77, 78, 79, 83, 89, 90, 93, 109, 153n, 156, 172, 176n, 177n, 232, 234, 272n, 290, 303, 306n, 312, 323, 338, 370, 379, 380, 388, 401n, 429n, 433, 437n, 441, 483, 491, 583, 609, 622, 628, 656, 669, 699, 729, 737, 744, 775, 790
Ministério da Indústria, do Comércio e do Turismo, 34, 37n
Ministério da Justiça, 40, 41, 42n, 97n, 104, 106, 112, 113, 156, 194, 197n, 198, 200, 205, 206, 207, 217, 218, 220, 221, 235, 237, 238, 239, 240, 243, 245, 248, 252, 258, 259, 265, 341, 405n, 471, 473, 497, 509, 521, 536, 586, 593, 594, 609, 627n, 629n, 740n, 754n, 774n, 783
Ministério da Previdência Social, 96n, 125, 330n, 449n
Ministério da Reforma Agrária, 63n, 124n, 327, 338n, 340, 502, 563, 564, 676
Ministério da Saúde, 36, 109, 145, 196, 248, 294, 331, 349, 562n, 571n, 621, 638, 653n, 661n, 681, 687, 718, 753n
Ministério das Comunicações, 54, 142, 163, 167n, 212n, 283, 412n, 431n, 468n, 618n, 653n, 668n, 790
Ministério das Relações Exteriores da Argentina, 400
Ministério das Relações Exteriores, 30, 151n, 200, 225, 245, 246n, 400, 466, 563, 567, 575, 678, 685, 728, 750; *ver também* Itamaraty
Ministério de Ciência e Tecnologia, 34n, 105, 192, 203n, 208, 245, 246, 247, 248, 249n, 251, 281, 407n, 443, 473, 536n, 671
Ministério de Integração Nacional, 234, 236, 247, 249n, 252, 272n, 435, 442n
Ministério de Minas e Energia, 39n, 97, 114, 243, 330n, 357, 557n, 570, 571n, 607, 648, 790
Ministério de Políticas Urbanas, 247, 249n
Ministério do Açúcar (Cuba), 375n
Ministério do Comércio Exterior (Itália), 380
Ministério do Desenvolvimento, Indústria e Comércio Exterior, 30n, 220, 225, 232, 233, 242, 245, 247, 249, 272n, 274, 300, 306, 312, 313, 319, 333, 417, 483, 528, 532, 572, 593, 729, 744
Ministério do Esporte e Turismo, 130n, 387, 416, 466n, 540
Ministério do Exército, 132, 208
Ministério do Meio Ambiente e Recursos Hídricos, 35n, 45, 73, 314n, 453, 607, 671
Ministério do Orçamento e Gestão, 40n, 97n, 101, 104, 116, 141, 223, 249, 408, 617n, 745n, 757n
Ministério do Planejamento *ver* Ministério do Orçamento e Gestão

ÍNDICE REMISSIVO 829

Ministério do Trabalho, 61n, 74n, 162n, 266
Ministério dos Transportes, 73, 81, 82, 95, 123, 203, 247, 264, 266, 273, 281, 338, 341, 347, 363, 371, 392, 393, 539, 757, 790
Ministério Público, 153, 155n, 348n, 446n, 452n, 458, 523n, 530, 535n, 608n, 634, 645, 654, 740n, 745n
Miraflores (Peru), 256
Miranda (MS), 649n
Miranda, Gilberto, 114, 117, 171, 190, 192, 526, 628
Miranda, Mauro, 91, 416, 653
Miranda, Ricardo, 617n
Miró, Horacio, 261n
missa da Anunciação de Nossa Senhora (Palácio da Alvorada), 133
MIT (Massachusetts Institute of Technology), 101n, 771n
Mitsubishi, 608n
Mitterrand, François, 455
Mitú (Colômbia), 349n
Miyaguti, Aldo, 51, 561
MNA (Movimento dos Países Não Alinhados), 376n
Moçambique, 361, 606, 607, 616, 620, 621n, 647
Moco, Marcolino, 151
Molinari, Ruy, 512n
Mônaco, 449n, 783n
Monde, Le (jornal francês), 366
Mondrian, Piet, 694
monetarismo, 306, 307, 312, 313, 334, 486, 771
Montagnier, Luc, 722
Montclair, Stéphane, 165
Monte do Templo (Jerusalém), 703n
Montealegre, Eduardo, 517n
Monteiro Filho, Agílio, 221
Monteiro, José Antônio, 211n
Monteiro, José Maria, 502, 627
Monteiro, Roberto das Chagas, 716
Montenegro, Carlos, 454
Montenegro, Carlos Augusto, 627, 629
Montenegro, Fernanda, 144, 406n
Montenegro, república de, 134n
Montesinos, Vladimiro, general, 294, 295, 674, 677, 682, 717
Montesquieu, 497
Montesquieu — Le moderne (Juppé), 419, 436
Montevidéu, 269, 371, 373, 399n, 488
Montoro Filho, André, 250n
Montoro, Eugênio Augusto, 250n
Montoro, Fernando, 250n
Montoro, Franco, 130, 234, 245n, 249, 250, 252, 253, 274, 416, 636n, 668n
Montoro, José Ricardo, 250n

Montoro, Lucy, 250
Montoro, Maria Lúcia, 250n
Montoro, Mônica, 250n
Montoro, Paulo Guilherme, 250n
Montreal Informática, 627, 629
Monumento ao Trabalhador (Volta Redonda), 350n
Moody-Stuart, Mark, 623
Moore, Mike, 201n, 397n, 765
Moraes Filho, José Ermírio de, 123, 332n, 726
Moraes, Antônio de, 726
Moraes, Antônio Ermírio de, 74, 225, 332n, 333, 638
Moraes, Marcus Vinicius Pratini de, 123, 249, 264, 267, 281, 284, 285, 289, 300, 302, 313, 315, 316, 324, 337, 365, 366, 386, 405, 434, 457, 611, 658, 671n, 728
Moraes, Olacyr de, 277, 728
Moraes, Vinicius de, 553n
Morais, Djalma, 45, 653
Morcego, praia do (Ilha Grande), 421
Moreira, Sérgio, 323, 372, 472
Morelli, Mauro, d., 338
Moreno, Jorge Bastos, 127, 191, 239, 448, 452, 470, 474
Morgan Stanley (banco), 155n, 470n
Mori, Yoshiro, 576n
Moro, José Vitório, 651n
mortalidade infantil, 536n, 785n
Mortes, rio das, 769n
Moscoso, Mireya, 376, 512n, 517, 682, 741, 742n
Moscou, 29n, 281, 409, 743
Mossoró (RN), 503, 505
Mostra do Redescobrimento, 531, 546n
Mota, Humberto, 222
Motorola, 330
Motta, Sérgio, 31n, 106, 127n, 142, 212, 230, 244, 257, 277, 283, 320, 349, 390, 412, 415, 416, 651, 653, 754, 756, 757
Motta, Wilma, 106, 212, 412, 604
Motta, Zezé, 728n
Moura, Joaquim Pina, 295, 493
Movimento União Brasil Caminhoneiro, 264n, 266n
movimentos sociais, 279, 520, 528, 535, 544, 550n, 655n
Movimiento Quinta República (partido venezuelano), 514n
Mozarteum Brasileiro, 238n
MP (Medida Provisória), 58, 139, 142n, 178, 186, 215n, 229n, 255n, 268, 337n, 366n, 385, 387n, 389, 392n, 394, 410, 434, 435, 439, 440n, 441,

449, 450, 466, 476, 477, 479, 481, 507, 518n, 526n, 527, 533, 539, 548n, 551n, 601, 649, 652, 657n, 770, 776n, 785
MPLA (Movimento Popular de Libertação de Angola), 31n, 148, 283, 493
MR-8 (Movimento Revolucionário 8 de Outubro), 297
MST (Movimento dos Trabalhadores Rurais Sem Terra), 229, 240, 309, 391, 423n, 492, 523, 528, 529, 530, 531, 539, 541, 542, 543, 544, 546, 547, 549, 550, 551, 559, 566, 597n, 605, 606, 647n, 655n, 657, 667, 669, 670, 671, 673, 675, 676, 677, 678, 683, 685, 687, 704, 732
muçulmanos na Alemanha, 693
mudanças climáticas, 445, 447, 683, 705, 730, 749, 785
Mugabe, Robert, 322, 323
Müller, Werner, 146
multinacionais, empresas, 137, 351, 412
Mundaú, rio, 641n
Mundial de Clubes da Fifa, campeonato, 438n
Mundo Novo (MS), 362n
Munique, 692
Muniz, Lauro César, 751
Muniz, Orlando, 713n
Murad, Jorge, 164, 612, 756
Muro de Berlim, 769
Murphy ver López Murphy, Ricardo
Musa, Said, 512n
Museo Nacional de Bellas Artes (Buenos Aires), 400
Museu do Homem Americano (São Raimundo Nonato), 390n
Museu Guggenheim (Nova York), 347
Museu Imperial (Petrópolis), 395
Museu Kröller-Müller (Otterlo, Holanda), 694
Museu Marmottan Monet (Paris), 577
Museu Nacional (Rio de Janeiro), 619
Museu Nacional de Belas Artes (Rio de Janeiro), 210n, 226n
Museu Pergamon (Berlim), 574n
Mutún (Bolívia), 96, 587, 771

Nabuco, Joaquim, 238, 295
Nação mercantilista: Ensaios sobre o Brasil, A (Caldeira), 290n
Nación, La (jornal), 362
Nações Unidas ver ONU (Organização das Nações Unidas)
Nafta (North America Free Trade Agreement — Acordo de Livre Comércio da América do Norte), 553, 557, 753, 759, 763, 764

Nakano, Yoshiaki, 90
Namíbia, 335
Nanterre (França), 131
Napoleão I, imperador da França ver Bonaparte, Napoleão
Napoleão, Hugo, 274, 586, 736, 766, 767
Napoleon and His Marshals (Macdonnell), 590
narcotráfico, 160, 196, 198, 286, 293n, 294, 309, 339, 345, 366, 367, 369, 387, 399, 411, 420, 442n, 446n, 478, 521n, 525, 537n, 540, 544, 582, 601n, 663, 664, 709, 762
Nardes, João Augusto, 289
Naruhito, príncipe herdeiro do Japão, 775n
Nascimento, Luiz, 125, 314, 332n, 418, 729
Nascimento, Sandro, 584n
Nassif, Luis, 104, 159n, 230
natação, 184, 284, 361, 390, 409, 414, 485, 712, 752, 784
Natal (RN), 503, 505
Natal de 1999, 413, 414, 416, 419, 421
Natal de 2000, 781, 782, 785, 786, 788, 789
National Bureau of Economic Research (EUA), 714n
National Endowment for Democracy (EUA), 368
National Security Council (EUA), 678n
Nature (revista), 484n
Navarrete, Jorge, 761
Navarro, Heiguiberto, 268
Navas, Samuel, 601n
navegação de cabotagem, 480n
Naya, Sérgio, 188n
nazismo, 175n, 700
Nê ver Mineiro, Jovelino
Negri, Barjas, 294, 325, 757
Negros em Florianópolis: relações sociais e econômicas (Cardoso & Ianni), 778n
neoliberalismo, 108, 238, 293, 297, 318n, 323, 381, 382, 436, 515, 599, 666, 679, 713, 735, 753, 754, 764
Nery, Sebastião, 729
Neschling, John, 242n
networks, 201, 202
Neves, Abílio Baeta, 208, 443n
Neves, Aécio, 114, 116, 130, 192, 232, 264, 328, 331, 406, 414, 434, 439, 441n, 449, 463, 473, 474, 475, 503, 510, 522, 533, 534, 542, 580, 581, 595, 604, 657, 710, 724, 747, 748, 749, 766, 778, 784, 789
Neves, Antônio Pimenta, 159n
Neves, Lucas Moreira, d., 379
Neves, Tancredo, 349, 419, 442, 668n
New Labour, 152, 496
New York Times, The, 103, 145

New York University em Florença, 381
Neynsky, Nadezhda, 634*n*
Nicarágua, 512*n*, 516
Niemeyer, Oscar, 350*n*, 406*n*
Nieuwenhoven, Jeltje van, 695*n*
Nigéria, 275, 730, 787
niilismo, 191, 202, 296
Nippon Steel, 351*n*
Nishiya, Edna, 54, 333
Nissan, grupo, 572
Nobel *ver* Prêmio Nobel
Noblat, Ricardo, 135, 159*n*, 324
Noboa, Gustavo, 451, 496, 587, 589, 663*n*
Nóbrega, Maílson da, 52, 67, 104, 122, 367
Nogueira, Tânia, 452, 582
Nogueira-Neto, Paulo, 678
Noites do norte (disco de Caetano Veloso), 779*n*
Nokia, 133, 522*n*, 662
Noordeinde, Palácio (Holanda), 694*n*
Noronha, Otávio, 105
Norquisa, 367*n*
Northfleet, Ellen Gracie, 712, 718, 724
Northland, Patricio, 662*n*
Norton, Edward, 612*n*
Nossa Terra, Nossa Escola, programa, 246*n*
Nostradamus, 280*n*
Notícias de uma guerra particular (documentário), 537*n*
Notícias do Planalto (Conti), 421*n*, 422, 430
Nova Jersey (EUA), 130
Nova York, 39, 61, 63, 64, 71, 123, 155, 161*n*, 175*n*, 176, 343, 346, 433, 459, 474, 496, 570, 578, 662
Nova Zelândia, 495, 575*n*
Novais, Fernando, 485
Novais, Orieta, 485
Novais, Pedro, 264, 273
Novo Norte (projeto de desenvolvimento), 243
Novo século — Entrevista a Antonio Polito, O (Hobsbawm), 636*n*, 641
novos-ricos, 590
Núcleo de Estudos Agrários e Desenvolvimento Rural do Ministério da Reforma Agrária, 340*n*
Nujoma, Sam, 335
Number 10 Policy Unit (assessoria econômica do governo britânico), 152*n*
Nunciatura Apostólica, 388
Nunes, Augusto, 272, 491
Nuriyah, Sinta, 685*n*

O'Donnell, Guillermo, 722
OAB (Ordem dos Advogados do Brasil), 265, 674, 678, 684

OAS, Grupo, 260, 430*n*, 494*n*, 499, 754*n*, 768*n*
Obama, Barack, 607*n*
Oban (Operação Bandeirante), 644
Observer, The, 152*n*
Obuchi, Keizo, 386
Oceania, 466*n*
Odebrecht, Emílio, 145, 240, 254, 260, 261, 473, 486, 638, 767, 773
Odebrecht, Marcelo, 635
Odebrecht, Organização, 145*n*, 293, 367, 434, 456*n*, 457*n*, 513, 634, 773
ODM (Objetivos de Desenvolvimento do Milênio), 662*n*
OEA (Organização dos Estados Americanos), 42, 171, 173, 395*n*, 563, 565, 566, 567, 568, 575, 576, 584*n*, 682, 731, 742, 766*n*
Official Loyal Opposition Shadow Cabinet (Inglaterra), 153*n*
OIT (Organização Internacional do Trabalho), 290*n*, 355*n*, 449, 761
Oiticica, Hélio, 400
Okinawa, ilha de (Japão), 576*n*, 639, 727
Olimpíadas de Sydney (2000), 649*n*
Olinda, 641, 685
Olinda restaurada: guerra e açúcar no Nordeste 1630-1654 (Cabral de Mello), 699*n*
Olinto, Antônio, 347
Oliveira, Adriano, 618*n*
Oliveira, Conceição, 658
Oliveira, Dante de, 36, 169, 198, 337, 458, 479, 569, 747
Oliveira, Francisco de, 451
Oliveira, Gilda Cardoso de (irmã de FHC), 86, 259, 368, 414, 436, 561
Oliveira, Inocêncio de, 122, 169, 280, 282, 285, 338, 358, 385, 449, 453, 474, 475, 479, 504, 507, 533, 586, 595, 624, 748, 749, 766, 767, 784
Oliveira, José Aparecido de, 39, 40, 58, 94, 151, 653
Oliveira, Luís Roberto Cardoso de, 259, 414
Oliveira, Márcio Amaro de, 537
Oliveira, Miguel Darcy de, 138, 196, 286
Oliveira, Octavio Frias de, 72, 94, 191, 538, 644
Oliveira, Pastor, 474*n*
Oliveira, Ricardo Sérgio de, 191
Oliveira, Roberto Cardoso de, 259, 368, 414, 436, 561, 619
Oliveira, Rodolfo Cardoso de, 436
Oliveira, Rosiska Darcy de, 124, 137, 138, 506
OLP (Organização para Libertação da Palestina), 703*n*
OMC (Organização Mundial do Comércio), 171, 200, 201, 216, 232, 368, 395, 397, 445, 472*n*, 765

On the Edge. Living in Global Capitalism (ed. Giddens & Hutton), 201n
ONGS (Organizações Não Governamentais), 227, 291, 397, 529, 536, 537, 567, 568, 599, 733
ONU (Organização das Nações Unidas), 30n, 32, 111, 134, 138, 147, 161n, 172, 174, 175, 197, 208, 225n, 316n, 317, 319, 320, 466, 578, 599n, 630n, 648n, 653, 655, 662, 667n, 695, 747n, 787
Opaq (Organização para a Proibição de Armas Químicas), 695n
Opep (Organização dos Países Exportadores de Petróleo), 684
Operação Condor, 552
Operação Raposa do Deserto (Iraque — 1998), 32n
Opertti, Didier, 208
Opinião Nacional (programa de TV), 549n
opinião pública, 139, 158, 216, 217, 239, 252, 270, 289, 334, 416, 420, 425, 431, 506, 509, 519, 543, 545, 547, 572, 605, 610, 617, 639, 673, 675, 677, 710, 777
Opstelten, Ivo, 697n
orçamento da República, 285, 454
Ordem de Rio Branco, grã-cruz da, 255n
Ordem do Mérito Cultural, cerimônia da, 365, 728
Ordem do Mérito do Transporte Brasileiro, cerimônia da, 405n
Ordem do Mérito Militar, medalhas da, 353
Ordem Nacional do Mérito, 265, 648, 736
Orden El Sol del Perú, grã-cruz da, 255n
Orenstein, Luiz, 34
Organização Democrata-Cristã da América, 298
Organização Internacional de Cooperativas Agrícolas, 580
Organização Pan-Americana de Saúde, 497
organizações financeiras, 43
Oriente Médio, 703, 708
Orinoco, rio, 513n, 515
Oriximiná (PA), 618n
Ornelas, Waldeck, 89, 96, 124, 162, 196, 239, 268, 330n, 341, 477, 479, 510, 541, 647
Orós, açude (CE), 631n
Orquestra Filarmônica de Berlim, 238, 690
Orquestra Sinfônica do Estado de São Paulo ver Osesp
Orquestra Sinfónica Juvenil Simón Bolívar (Venezuela), 663n
Ortega, Daniel, 517
Orwell, George, 201
Oscarito, 506
Oscips (Organizações da Sociedade Civil de Interesse Público), 132n

Osesp (Orquestra Sinfônica do Estado de São Paulo), 241n, 242n
Otan (Organização do Tratado do Atlântico Norte), 134, 138, 143, 147, 148, 174n, 182, 209, 227, 381n
Otavinho ver Frias Filho, Otávio
OTCA (Organização do Tratado de Cooperação Amazônica), 357n
Otero, Sergio, 699, 717, 769
Otterlo (Holanda), 694n
Ouro Branco (MG), 611n
Ouro Preto (MG), 642n
Outlook (revista americana), 365
over shooting, 77
Overland Advisory Services, 626n
Oviedo (Espanha), 717, 720, 722
Oviedo, Lino, general, 128, 133, 134, 347, 557n
Owada, Hisashi, 775
Oxford, Universidade de, 131, 296

Pacajus, açude (CE), 631n
Pacheco e Chaves, João, 414
Pacheco, Carlos, 251, 443
Pacífico, oceano, 256, 337n, 500n
Pacto Andino, 255, 588, 661n, 761
Pacto de Desenvolvimento Local, Integrado e Sustentável, 596n
Padilha, Eliseu, 36, 73, 95n, 97, 99, 101, 114, 123, 154, 164, 177n, 187, 202, 209, 228, 234, 264, 267, 273, 285, 335, 338, 347, 363, 414, 421, 422, 434, 440, 441, 457, 461, 508, 535, 539, 565, 569, 595, 608, 610, 639, 690, 712, 715, 727, 739, 757, 758, 772, 778, 781
Padrão iX (empresa), 717n
Pádua, Luiz Mário de, 653n
Paes, Eduardo, 504
Pagotto, Aldo, d., 388
PAI (Plano de Ação Imediata), 437
Paim, Paulo, 185, 497, 506
País Basco, 722, 741
Países Baixos ver Holanda
países em desenvolvimento, 318, 466n, 494, 576, 747n
países industrializados/desenvolvidos, 48, 368, 445
Paiva, Paulo, 40, 97, 101, 102, 103, 116, 121, 126
Paiva, Tomás Ribeiro, general, 561
Palácio da Cidade (Rio de Janeiro), 227
Palacio de Convenciones de Cuba, 376
Palacio de la Legislatura (Buenos Aires), 603n
Palácio de la Moneda (Chile), 495, 671n
Palacio de la Revolución (Havana), 373

Palácio del Quirinale (Roma), 379
Palácio Municipal de Lima, 255, 256
Palácio Real de Amsterdã, 694, 695, 696
Palácio Rio Negro (Petrópolis), 396
Palácio San Martín (Buenos Aires), 401
Palavra do Presidente (programa semanal de rádio), 86n
Palazzo Borghese (Roma), 379n
Palazzo Pamphili (embaixada do Brasil em Roma), 379
Palazzo Vecchio (Florença), 382
Palermo, 783
Palestina, 703, 749
Palmas (TO), 119n, 566n
Palmeira, Guilherme, 535
Palmeiras (time de futebol), 598
Palmeiras de Goiás, 658
Paltrow, Gwyneth, 144n
PAN (Partido Acción Nacional — México), 495
Panamá, 293, 294, 376, 512n, 517, 682, 717n, 721, 736, 740, 741, 742n, 744, 745
pan-americanismo, 742n
Panday, Basdeo, 396n
Paniagua, Valentín, 789n
Panitchpakdi, Supachai, 201
Pantanal, 649
Paquistão, 395n, 445n
Pará, 58, 291, 307, 344n, 355, 360, 364, 365, 368, 460, 522, 620, 632n, 757
Para siempre (disco de Bola de Nieve), 444
Parada Naval 500 Anos, 538n
Paraguai, 31, 91, 98, 128, 129, 133, 134, 135, 186, 187, 214, 216, 294, 295, 346, 386, 459, 465, 466, 473, 557, 602, 603, 622, 663n, 670, 734, 780, 789
Paraíba, 94, 187, 248, 291, 298, 316, 388, 393, 566, 641n, 658, 737
Paralamas do Sucesso (grupo musical), 405
Paraná, 43, 89, 106, 110, 111, 165, 166n, 200, 221, 229, 295, 327n, 371, 388, 390, 391, 439, 453, 474, 475, 539, 562, 572, 638, 687, 707, 772
Paraná, rio, 106n, 243, 466
Paranhos, José Maria da Silva *ver* Rio Branco, barão do
Paredes, Beatriz, 760
Parente, Pedro, 37, 40, 46, 48-50, 56, 82, 84-6, 89-90, 96-7, 101, 102, 104, 115-7, 121, 141, 210, 223, 234, 236, 241, 243-5, 248, 249n, 250-1, 257, 262, 264, 270, 273, 276, 279-81, 284-5, 288, 292, 294, 296, 308-9, 315, 323-5, 327-8, 330-1, 335, 336n, 341, 370-2, 385-6, 407-9, 411-3, 420, 430-1, 435, 440, 442, 447, 450, 459, 464, 468, 476-7, 480, 483, 486, 489-90, 500-1, 503-4, 507, 516, 519-20, 522, 534, 542, 544-5, 547-9, 557, 562, 564, 571, 579, 582, 585, 594, 595, 602, 605, 608, 610, 637, 648-9, 653, 655, 677-8, 682-3, 686, 709, 719, 724, 734, 744, 746, 748, 757-6, 778, 790
Parga, Luís Carlos Belo, 154n, 158, 162, 185n, 206n
Parintins (AM), 463
Paris, 50, 61, 123, 126, 129, 210, 349, 419, 455n, 467, 516, 541, 572-3, 576-8, 626, 630, 685, 703, 756, 787
Paris, Universidade de, 131n, 165
parlamentarismo, 260, 318, 405
Parlamento alemão, 574n, 691
Parlamento argentino, 403
Parlamento Europeu, 131, 147n, 148, 396
Parlamento holandês, 694
Parlatino (Parlamento Latino-Americano), 733, 760
Parnamirim (RN), 503n
parque gráfico do *Correio Braziliense*, inauguração do, 526
Parque Hotel (Montevidéu), 399
Parque Nacional da Serra da Capivara (PI), 389
Partido Colorado (Paraguai), 128n, 133n
Partido Colorado (Uruguai), 369n, 488n
Partido Comunista Chinês, 564n
Partido Comunista Italiano, 380n
Partido Democrata (EUA), 175n, 650n
Partido do Socialismo Democrático de Berlim, 693
Partido Justicialista (Argentina), 714n
Partido Liberal (Paraguai), 459
Partido Liberal da Alemanha, 689
Partido Popular (Espanha), 493n
Partido Socialista do Chile, 494n
Partito Democratico della Sinistra (Itália), 496
Pascoal, Hildebrando, 367n
Pasquale, Dijandir dal, 580
Passando a Limpo (programa de TV), 125n, 304n
Passarinho, Jarbas, 41, 355, 364
Passos, Gilberto, 461
Pasta Rosa, caso da, 113n, 166
Pastoral da Criança, 337
Pastore, Affonso Celso, 65, 66, 67, 74, 355
Pastrana, Andrés, 31n, 228, 256, 261, 262, 298, 311, 339, 376, 383, 570, 590, 663n, 761, 763, 789
Pastrana, Nohra Puyana de, 228n
pataxós, índios, 520n
Patrício, Luciano, 437
Patten, Christopher, 728
Paulinho da Força Sindical *ver* Silva, Paulo Pereira da

Paulínia (SP), 773
Paulino, frei, 349
Paulista, avenida, 559
Paulo (garçom do Palácio da Alvorada), 561
Paulo Henrique (filho de FHC) *ver* Cardoso, Paulo Henrique
Paulo I, rei da Grécia, 613n
Paulo, d. *ver* Arns, Paulo Evaristo, d.
Paulo, João, 723n
Payen, Gérard, 633
Paz e Terra, Editora, 137n
PCB (Partido Comunista Brasileiro), 409n, 527
PCdoB (Partido Comunista do Brasil), 185, 292, 296, 297, 320n, 739n
PDS (Partei des Demokratischen Sozialismus), 689n
PDT (Partido Democrático Trabalhista), 36, 75n, 126n, 185n, 198n, 320, 369n, 448, 464, 474, 497, 600, 642, 643, 665, 672n, 689, 738, 749, 789
PDVSA (estatal venezuelana), 513n
PEC (Proposta de Emenda Constitucional), 36, 76, 129n, 141n, 186n, 188n, 189, 223n, 262n, 347n, 349n, 359, 368n, 370, 371, 385n, 389n, 417n, 433n, 439n, 441n, 479n, 482n, 555, 586n
Pecly, Valter, 250, 405, 418, 458, 584, 604n
Pedreira, Fernando, 167, 417, 467, 527, 546, 600
Pedreira, Monique, 167
Pedro (neto de FHC) *ver* Zylbersztajn, Pedro Cardoso
Pedro I, d., 693
Pedro II, d., 637n
Pedrosa, Mino, 617n, 646
Peixoto, Carlos, 262
Pelé, 187, 416
Pellegrino, Nelson, 538, 662n
Pelotas, 110n, 388n
Peña, Félix, 603
Pentágono (EUA), 607n
Pepsi, 348
Pera, Marília, 568
Pereira, Antônio Tavares, 539n
Pereira, Dulce, 382, 586, 599, 610, 620, 622
Pereira, Eduardo Jorge Caldas, 34-5, 37, 63, 128, 136, 169, 208, 213, 257, 262-3, 365, 397, 454, 470, 536, 608-11, 613, 615-6, 617n, 618-9, 622, 624-7, 629-30, 632, 633, 635-9, 642-3, 645, 647, 649-50, 654, 667, 672, 724n, 734, 745, 751, 768, 774
Pereira, Francelino, 357n
Pereira, Mauro César, almirante, 538
Pereira, Merval, 159n, 272, 507, 643
Peres, Jefferson, 448, 464, 569n

Pérez Companc, Gregorio, 773
Pérez Companc, grupo, 770, 773n
Pérez Roque, Felipe, 228, 742
Pérez, Carlos Andrés, 514
Perez, José Fernando, 248, 484, 648n
Perillo, Marconi, 144, 317, 391, 466, 569, 582, 646
Periscinoto, Alex, 136, 315
Pernambuco, 35, 75, 193, 214, 217, 274, 282, 295, 298, 303, 338, 388, 390n, 497, 518, 528, 580, 639-40, 641, 658n, 681, 710, 719
Perondi, Darcísio, 328n
Perri, Flávio, 176
Persson, Erik, 568n
Persson, Goran, 575n
Pertence, Sepúlveda, 235, 354n
Pertence, Suely, 354
Pertiné, Inés, 743n
Peru, 31, 240n, 254-9, 275, 294, 311, 357n, 395, 500, 528, 553, 560, 563, 565, 567-8, 575, 587, 589, 602, 663n, 674-5, 677-8, 682, 685, 708, 717, 719-20, 731, 751, 789
peso argentino, 100
Pessis, Anne-Marie, 390n
Peti (Programa de Erradicação do Trabalho Infantil), 449n
Petrelli, Mário, 734n
Petrelluzzi, Marco Vinicio, 706
Petrič, Ernest, 710n
Petrobras (Petróleo Brasileiro S.A.), 34, 37, 46, 48, 60, 63n, 99, 104, 105, 109, 114, 117, 127, 129, 131, 133, 139, 140, 155, 163, 203, 216n, 228, 236, 237, 275, 278, 295, 332, 351n, 396, 397, 416, 451, 453, 457n, 478, 497, 513n, 543, 561n, 584, 607, 608, 650, 653, 672n, 726, 727, 730, 767, 769n, 770, 773, 782, 787, 789
petroleiros, greve dos, 543n
petróleo, 62, 63n, 139, 165, 187, 200, 203n, 216, 217, 267n, 282, 293, 331, 332, 346, 370, 371, 375, 377, 416, 432, 460, 479, 480n, 513, 515, 561, 596, 602, 608, 619n, 623, 650, 660, 671, 672, 675, 677, 678, 684n, 720, 730, 751, 757, 762, 787
Petrolina (PE), 298, 302n, 390, 391
Petrópolis, 318, 385, 395, 396, 402
petroquímica, 145, 351, 367, 386, 389, 434, 459, 468, 470, 486, 726, 770, 773
Petros (Fundação Petrobras de Seguridade Social), 351, 593n, 773
PFL (Partido da Frente Liberal), 30n, 32, 35, 37, 44, 47, 60, 67n, 81, 89, 95, 114-5, 122n, 130n, 132, 137, 141, 144, 154n, 162, 167, 169, 180, 184n, 192-3, 214, 215n, 217, 219, 229n, 255n, 273, 274n, 278, 282, 295, 298n, 303, 328n, 329, 331n, 344, 345n,

352n, 353n, 357, 364, 365, 367n, 369n, 387n, 391, 406, 412n, 415, 425, 434, 439, 441n, 444n, 446, 447, 450, 463n, 468, 472, 474-8, 496n, 497n, 498, 503n, 504-5, 507-10, 518, 522, 526, 527, 530, 533, 534n, 535, 538n, 540, 545-6, 548, 562, 566n, 569, 581, 586, 602n, 618, 638, 639n, 641, 665, 667, 682n, 686n, 687n, 697, 702, 703n, 705, 707n, 710, 713n, 725, 736, 741n, 748-9, 754, 758-9, 766-8, 776n, 777-8, 781, 784-5
Philip Morris International, 176n
Phillips, 696
Piauí, 389
Piazza del Duomo (Florença), 380
Piazza della Signoria (Florença), 382
PIB (Produto Interno Bruto), 56, 67, 109, 120, 178, 179n, 292, 338n, 429, 518, 564n, 622, 625, 636n, 679n, 786
Picard, Dennis, 171
Pimenta ver Veiga Filho, João Pimenta da
Pimenta, Luiz Fernando, 563
Pimenta, Wagner, 411
Pimenta, Wagner Antônio, 189
Pimentel, João Henrique, 783n
Pinheiro, Flávio, 668n
Pinheiro, Jonas, 713
Pinheiro, Paulo Sérgio, 233, 525, 586, 657
Pinho Filho, Demóstenes Madureira de, 235
Pinho Neto, Demósthenes Madureira, 44, 50, 53, 56, 176, 235
Pinochet, Augusto, 354n, 377, 671n
Pinto, Luís Costa, 71, 72, 491, 654
Pinto, Paulo Sérgio, 486
pinturas rupestres, 389n
Pio VII, papa, 356
Pio, Carlos, 252
Piot, Peter, 111n
Piqué, Josep, 613
Piracicaba, 376
pirataria de CDS, 174, 405n
Pirenópolis, 164, 391
Pires, Alexandre, 405
Pires, César Mata, 260n, 754n
Pires, Pedro Rodrigues, 622
Pires, Tereza Mata, 754
piso salarial nacional, 337
PIS-Pasep, 332
Pitsuwan, Surin, 200n
Pitta, Celso, 230n, 298, 392, 494n, 499, 686
Pitta, Nicéa ver Camargo, Nicéa (ex-Pitta)
Piva, Horácio Lafer, 65, 554, 555, 592
Pizzolato, Henrique, 568n

PL (Partido Liberal), 59, 189n, 257n, 357, 369n, 534n, 606, 686n
Planalto, Palácio do, 47, 58, 73, 77, 87, 132n, 135, 144-5, 160, 180, 186, 189, 196n, 201, 207, 233, 234, 236-8, 244, 250, 265, 274, 280, 282, 291n, 295, 308, 315, 318, 322, 327, 347, 353, 365-6, 370, 372, 375n, 387, 405, 439, 449, 464n, 471, 475, 480, 486, 518, 522, 531, 533, 542, 580, 584, 586, 602, 605, 616, 618, 625, 630, 633, 648, 706, 712, 718, 730-1, 745, 782, 785
Plano Brady (EUA), 63n
Plano Bresser, 525
Plano Collor I, 525
Plano Collor II, 324n, 525
Plano Colômbia (do governo dos EUA), 293n, 664, 762
Plano Cruzado, 437, 525, 596
Plano Cruzado II, 144
Plano de Metas (governo JK), 410n
Plano FHC, 437, 491
Plano Geisel, 305, 410
Plano Nacional de Segurança Pública, 476n, 579, 595n
Plano Nacional de Viação, 307
Plano Plurianual ver PPA
Plano Real, 69, 71n, 84, 153n, 162n, 219, 313, 323, 437n, 491, 596, 608, 652, 702
Plano Verão, 525
planos de saúde, 331n
Playboy (revista), 482
players, 351, 386, 389, 456
Plebiscito Nacional da Dívida Externa (2000), 655n
PMDB (Partido do Movimento Democrático Brasileiro), 34-6, 40, 49, 55, 60, 62, 75, 81-2, 84, 91-2, 94-5, 97, 98, 111, 113n, 114-8, 123-4, 126, 127n, 130, 131, 133-7, 140, 141n, 142, 154n, 155-6, 164, 168-9, 171, 176n, 177-8, 182n, 185, 186n, 189n, 192, 203, 205-8, 212-4, 217, 218n, 219, 234, 235n, 240n, 243-4, 246-7, 250, 251, 259, 262, 264n, 265, 268, 270, 273, 276, 278, 281-2, 289n, 295, 296n, 297n, 302, 303, 305, 328n, 330, 331, 349, 353n, 360, 364, 365, 366, 370, 388, 393, 406, 407, 414-5, 417n, 424, 434, 440, 447, 450, 462n, 469, 470, 474, 503-4, 505n, 508, 518-9, 522, 524, 530, 534n, 546, 548-9, 555, 569, 572, 580n, 608, 614, 618, 628n, 639, 653, 658, 665, 674n, 682n, 684, 687n, 697, 702, 703n, 705, 710, 712, 715-6, 725, 737n, 739n, 748, 749, 756, 757n, 758-9, 766-8, 775-8, 781, 784-5
Pnad (Pesquisa Nacional por Amostra de Domicílios), 625

PNBE (Pensamento Nacional das Bases Empresariais), 302n
PNUD (Programa das Nações Unidas para o Desenvolvimento), 496
pobreza, combate à, 106n, 272n, 286, 404n, 567, 596, 606, 616, 622, 632, 633
Pochman, Marcio, 635
Poder Executivo, 78, 194n, 210n, 238, 309, 335n, 355n, 389n, 394, 404n, 411, 430, 431, 592, 609, 634
Poder Judiciário, 105, 130, 133, 136, 137n, 155n, 157, 189n, 194, 200, 216, 235n, 335n, 338, 481, 482, 498, 566n, 606, 609, 633, 639, 667n, 719n
Poder Legislativo, 216, 335n, 430, 441
Poitiers (França), 621
Policarpo Júnior, 486n
Policentro (empresa), 717n
Polícia do Exército, 320n, 429n
Polícia Federal, 112-4, 149, 153, 156n, 158, 176n, 197-9, 205-8, 211, 213, 219-21, 244, 363, 369, 473, 519, 520, 521, 525, 543, 553, 557n, 625, 628, 641, 646, 671n, 709, 716, 772, 774
Polícia Militar, 309, 371, 611, 710
Polícia Rodoviária Federal, 539, 586n
Polígono da Maconha (Pernambuco), 217, 391
Politeno, 434n
política agrícola, 85, 130, 147
política cambial, 32, 33, 38, 50, 54, 501
política econômica, 35, 44, 58, 108, 277, 281, 343, 364, 564, 608n, 638, 714, 715, 753, 789
política externa, 50, 233, 255n, 353, 568, 582, 583, 603, 664, 690
política industrial, 276, 737
política interna, 79, 393, 460, 567
política internacional, 127, 460, 669, 673
política monetária, 38, 49, 52, 54, 55, 56, 69, 73, 121, 152
política mundial, 138, 262
políticas educacionais, 557
Politique Étrangère (revista), 164n
Polo Gás Químico do Rio de Janeiro, 773
Polo Gás-Químico, 454
Polo Petroquímico do Sul, 456n, 770, 773
Polônia, 495
Pont, Raul, 456
Pontal do Paranapanema, 676
Ponte, Luiz Roberto, 129
Poppovic, Jorge, 361
Poppovic, Malak, 658
Poppovic, Pedro Paulo, 71, 235, 361, 485, 658
popularidade do governo, índices de *ver* aprovação do governo, índices de

populismo, 91, 143, 214, 759
pôquer, 72, 102, 340, 361, 391, 458
porta-aviões, 578
Portas da justiça, As (filme), 96
Portela, Laércio, 470
Portes, Gilberto, 542, 605n
Portillo, Alfonso, 376n, 517, 587
Porto (Portugal), 110
Porto Alegre, 77n, 94, 116, 184n, 393, 456, 509, 623n, 672, 679, 684, 712n, 723n
Porto Primavera, usina hidrelétrica de *ver* Engenheiro Sérgio Motta, usina hidrelétrica
Porto Seguro (BA), 423n, 528n, 530, 531, 532, 550n
Porto, Arlindo, 357n
Portocarrero, Hélio, 329
Portugal, 39, 42, 90, 111, 144, 145, 146, 148, 149, 150, 156, 291, 295, 316n, 318, 327, 371n, 377, 378, 379, 452, 485, 491, 492, 493, 494, 496n, 529, 531, 575n, 612, 649, 766n
português, idioma, 175, 613, 695
Posada Carriles, Luis, 742n
Posella, Lamartine, 352
Possi, Zizi, 405
Postal, Marcos, 374, 375
poupança, 80, 81, 324
Pouso Alegre (MG), 432
povo brasileiro, 53, 203, 525, 783
Povo, O (jornal cearense), 359
PPA (Plano Plurianual de Ação), 103, 131, 143, 223, 301, 304, 306, 317, 321, 328, 329, 331, 462
PPB (Partido Progressista Brasileiro), 74, 109, 120, 144, 166, 176n, 192n, 217n, 284, 289n, 298n, 328n, 352n, 367n, 405, 421, 472, 474, 501
PPG7 (Programa Piloto para a Proteção das Florestas Tropicais do Brasil), 578
PPR (Partido Progressista Renovador), 41n
PPS (Partido Popular Socialista), 58, 77n, 302, 326, 461, 463n, 502, 601, 610, 614, 659, 710, 739n, 740, 745
Praça dos Três Poderes, 312
Praça é Nossa, A (programa de TV), 320
Prado Júnior, Bento, 444, 485
Prado, Lúcia Seixas, 444
Praia do Saco (SE), 46
Prakosa, Muhammad, 685n
Prata, Expedito, 127
Prata, José, 412n
Pratini *ver* Moraes, Marcus Vinicius Pratini de
precatórios, 81, 112, 176, 229, 230, 231, 262, 280, 298, 314, 363, 369, 392, 430, 494, 499, 541
Prêmio de Qualidade do Governo Federal, 416
Prêmio Direitos Humanos, 415

ÍNDICE REMISSIVO 837

Prêmio Eleanor Roosevelt (EUA), 722
Prêmio Jovem Cientista, 777
Prêmio Moinho Santista, 706
Prêmio Nobel, 71n, 172, 575, 621n
Prêmio Príncipe de Astúrias de Cooperação Internacional (Espanha), 713, 717, 718, 722
Prêmio Qualidade na Educação Infantil, 782n
Prescott, John, 496
presidencialismo, 164, 247
Presidente segundo o sociólogo — Entrevista de Fernando Henrique Cardoso a Roberto Pompeu de Toledo, O (livro), 321n
presos políticos, 33, 219n
Prestes, João, 409
Prestes, Lúcia, 409n
Prestes, Luís Carlos, 409
Previ (Caixa de Previdência dos Funcionários do Banco do Brasil), 37n, 190n, 193, 277n, 351, 386, 408, 417, 568, 580n, 593n, 626, 627, 632, 773
Previdência Social, 40, 42, 43, 59, 79, 89, 96, 122, 125, 131, 142, 143, 178, 196, 222, 239, 264, 273, 274, 277, 279, 281, 283, 288, 295, 335, 336, 341, 344, 352, 353, 393, 454, 477, 479, 483, 487, 498, 503, 504, 510n, 645, 655, 726
Prevmóvel (Unidades Móveis da Previdência Social), 393n
PRI (Partido Revolucionario Institucional — México), 495, 760, 790
Priante, José, 331n, 757n
Primeira Guerra Mundial, 640n
Primeiro Mundo, 61, 708
Princeton, Universidade, 130, 570, 629, 653
privatizações, 37, 48, 85, 109, 152, 163n, 165, 167, 169, 172, 173n, 197, 230n, 236, 290n, 297, 299, 318n, 350, 351, 352, 358, 359, 381, 388, 397, 403, 408, 412, 415, 418, 432, 433, 437n, 468, 512, 562, 579, 580, 581, 604, 644, 683, 686, 699, 743, 751, 772
Proálcool (Programa Nacional do Álcool), 187, 284
Proclamação da República, 736
Procter & Gamble, 176n
Procuradoria-Geral da República, 177n, 220n, 626, 738n
Prodi, Romano, 147, 151n, 381n, 386
produtividade, 91, 508, 596
Produtividade e Cidadania, Programa de, 124n
Proença, Francisco Renan, 657n
Proer (Programa de Estímulo à Reestruturação e ao Fortalecimento do Sistema Financeiro Nacional), 185n, 195, 206n, 633

Proex (Programa de Financiamento às Exportações), 100n
professores, greve de, 559n
Programa de Crédito Educativo, 178n, 178n, 193n
Programa de Desenvolvimento Integrado Socieconômico, 632n
Programa de Fortalecimento das Micro, Pequenas e Médias Empresas, 330n
Programa de Habitação para População de Baixa Renda, 161n
Programa de Melhoria e Expansão do Ensino Médio, 490n
Programa de Renovação e Reciclagem da Frota Nacional de Veículos, 500
Programa Federal de Assistência a Vítimas e a Testemunhas Ameaçadas, 244n
Programa Nacional de DST/Aids, 621n
Programa Nacional de Qualificação do Trabalhador 2000, 509n
Programa Nacional do Livro Didático, 463n
Programa Prioritário de Termoeletricidade, 483n
Progressive Governance, 574, 647, 691
Proinfo (Programa Nacional de Informática na Educação), 106n
Projeto Alvorada, 632n, 666, 671, 757
Projeto FX (renovação da frota brasileira de caças supersônicos), 616n
Projeto Serviço Civil Voluntário, 528n
Prokófiev, Serguei, 690
Prolan (empresa), 717n
Pronaf (Programa Nacional de Agricultura Familiar), 132, 278, 350, 369, 449n, 502, 528, 544n, 633
propinas, 181, 206, 363, 519n, 545, 696n, 701n, 756, 757
protecionismo, 395, 400, 459, 660, 727, 728
protestantismo, 108
protestos de rua na era FHC, 297n, 299
Protetores da Vida, projeto, 340n
Protocolo de Quioto (1997), 445n
Protocolos del Istmo, 742n
Prússia, antiga, 690
PSB (Partido Socialista Brasileiro), 75, 206n, 302, 353n, 364n, 501, 555n, 600, 641, 642, 643n, 659n, 783n
PSD (Partido Social Democrata), 291
PSDB (Partido da Social Democracia Brasileira), 32, 35-6, 46, 53, 58, 73, 77, 80-2, 95, 106, 114-6, 118, 122, 124-5, 130n, 132n, 133n, 134, 137-8, 140, 142, 144n, 156, 166-7, 169n, 177-8, 180-2, 188, 193, 197-9, 206n, 218-9, 228-9, 232n, 233, 243,

258, 264, 276, 278, 282, 285, 295, 296n, 300n, 302-3, 306-8, 311, 326n, 328n, 329-31, 350, 353, 356, 364-6, 372n, 380, 392-3, 395, 406-7, 411n, 414-6, 424-5, 434, 439-40, 441n, 448, 450, 457, 463-4, 470, 472-4, 485, 497, 500-4, 510, 518, 522-3, 526, 534, 540, 546-8, 556, 563, 569, 571n, 572, 579-81, 597-8, 604, 610, 614, 617n, 618, 626, 630n, 638, 646, 651, 653, 657, 659-60, 662n, 664, 667, 672n, 678n, 679n, 684n, 686-8, 697, 703, 707-8, 710-1, 718, 719n, 724, 726n, 733n, 738n, 740, 741, 745n, 747, 748, 749, 753, 757, 758, 766, 776, 781, 784, 785

PSDI (Partito Socialista Democratico Italiano), 461n

PSI (Partito Socialista Italiano), 461n

PSTU (Partido Socialista dos Trabalhadores Unificado), 509, 571

PT (Partido dos Trabalhadores), 36, 40, 53, 62, 67, 75n, 77, 86, 94, 127, 136n, 142, 158, 167, 177-8, 180n, 181, 185, 191, 199, 204, 206n, 228n, 230n, 255n, 257, 261, 262n, 263, 271, 273, 291, 292, 296-7, 299, 303, 327, 338, 342, 352, 353, 359, 362, 381n, 383, 384, 391, 393, 418n, 421n, 439n, 446n, 448n, 454, 474n, 476, 478, 498, 501, 505, 519, 528, 533, 538n, 541-3, 546, 555n, 568, 583-4, 586, 591-2, 601, 606-7, 620, 622-3, 630, 649, 656, 657, 662, 672, 679, 684, 687, 689, 703n, 710, 716-8, 723, 725, 733, 738-40, 744-5, 752, 755, 764, 771, 789

PTB (Partido Trabalhista Brasileiro), 81, 116, 121, 122n, 213n, 284, 289, 295, 296, 303, 327, 328, 357n, 474, 497, 504n, 534n, 547, 647, 657, 665, 676, 738, 749, 781

PUC (Pontifícia Universidade Católica), 67, 97, 438, 678

Puerto Ordaz (Venezuela), 513n

Puerto Suárez (Bolívia), 587, 769, 771

Pugliese, Araci, 154

Quadros, Dirce Tutu, 731n
Quadros, Jânio, 482n, 705, 731
Quando Nietzsche chorou (Yalom), 71
Quantum Fund, 101n
Quartel-General do Setor Militar Urbano, 528
Quebec, 780n
queimadas, 307, 572, 579
Queirós, Byron, 441
Queiroz, Giovanni, 789
Queiroz, Romeu, 326, 472
Queiroz, Ursicino, 327, 328
Querari (AM), 349n
Quércia, Orestes, 192, 273, 302, 327, 349, 468, 469, 477, 524, 572, 625n

Querol, Francisco, 741n
Quinn, Anthony, 579
Quintão, Geraldo, 131n, 144, 145, 198, 365, 407, 447, 448, 452, 453, 461, 528, 607, 651, 708, 747, 776
Quintella, Wilson, 243, 439, 557, 648
Quioto (Japão), 445
Quiroga Ramírez, Jorge, 369
Quitandinha, Palácio (Petrópolis), 318, 395
Quito, 451n

Rabinovitch, Jacques, 332n
Racional Engenharia, 332n, 333
racismo, 536, 621
Racy, Sonia, 180, 654
Rádio Bandeirantes, 136
Rádio Itatiaia, 145
Rádio Manchete, 327
Rádio Nova Brasil FM, 327n
Rádio Vaticano, 707
Radiobrás, 53, 86, 716n
RAI (Radiotelevisione Italiana), 380
Rainha, José, 492
Rajastão, 445n
Ramalho, Elba, 187
Ramos, Lílian, 41
Ramos, Toni, 754n
Ramos-Horta, José, 621
Rangel, José Vicente, 310, 515
Rapisarda, Alfio, d., 222, 388
Raposa Serra do Sol, reserva indígena de (RR), 509
Rasmussen, Poul Nyrup, 436n
Ratinho (apresentador de TV), 134n
Rato, Rodrigo, 237
Rau, Christina, 691
Rau, Johannes, 691
Raytheon, 171, 628n
RBS (Rede Brasil Sul), 93, 184, 414, 652n, 780
Reale Júnior, Miguel, 265, 341, 450, 458
Reale, Miguel, 732
Reale, Miguel (pai), 265
Receita Federal, 123n, 167, 212, 302, 332, 352, 385n, 437n, 555, 658, 721n, 768, 772
Recife, 156n, 391n, 600, 658n, 667, 685, 699, 707, 723, 725
Recoleta (Buenos Aires), 403
recursos hídricos, 511n, 619n
Rede Bandeirantes, 45, 196, 198, 405, 411, 412, 483n, 624n, 652n
Rede CNT, 327n
Rede Globo, 41, 80, 89, 180, 181, 189, 191n, 218,

ÍNDICE REMISSIVO 839

287, 291, 292, 294, 304, 350, 410, 411, 433, 442, 462, 474, 494, 499, 507, 523, 529, 545, 555, 570, 617, 620, 627, 629, 635, 649, 654n, 740, 754, 768, 769, 783
Rede Manchete, 64, 278, 372, 449
Rede Record, 125n, 181, 189, 258n, 606, 752
Rede Vida, 244, 651
Rede$_{TV}$!, 64n, 372, 656
Refis (Programa de Recuperação Fiscal), 337, 386, 441, 477, 537, 554
reforma administrativa, 186n, 282
reforma agrária, 102, 145, 229, 322, 340, 391n, 449, 450, 539, 543, 544, 556, 586, 593, 605n, 656
Reforma Agrária Solidária (assentamento no Ceará), 450
reforma da Previdência, 43n, 122, 239, 279, 281, 644
reforma do Estado, 488
reforma tributária, 67, 125, 141, 153, 184, 212, 223, 241, 298, 300, 305, 332, 335, 339, 343, 358, 360, 367, 385, 386, 388, 390, 391, 393, 404, 417, 435, 438, 443, 448, 449, 453, 508, 554, 555, 565, 586, 591, 592, 595, 600, 604, 638, 691, 752
regime cambial, 46, 47, 52, 581
regime militar *ver* ditadura militar (1964-85)
Regimento de Cavalaria Dragões da Independência, 755
Rego, José Marcio, 438, 443, 451, 469
Reichstag, edifício do (Berlim), 691
Reichstul, Henri Philippe, 129, 131, 139, 140, 478, 568, 650, 730, 757, 782
Reichstul, Maria Augusta Gomes, 131n, 568
Reino Unido, 32n, 138n, 144n, 152n, 348n, 382n, 496
Reis, Fernando Guimarães, 656n
Reis, Sérgio, 405n
Reis, Silvério dos, 106, 110
Reischtul, Henri Philippe, 726
remédios, 98, 300, 630
Renach (Registro Nacional de Carteiras de Habilitação), 627n
Renault, 572
Renavam (Registro Nacional de Veículos Automotores), 627n
renda familiar per capita, 556, 707n
renda média dos trabalhadores, 625n
renda mínima, 452, 602
Rennó, Joel, 139, 140, 155n
Renoir, Pierre-Auguste, 694
Renor (Refinaria do Nordeste), 275n
República (revista), 414

República Centro-Africana, 556n
República Democrática do Congo, 322
República Dominicana, 160, 371n, 373, 513
Requião, Maurício, 687n
Requião, Roberto, 182, 388, 503, 642, 687, 729
Resende, André Lara, 33, 44, 50, 54, 61, 65, 66, 67, 70, 71, 76, 82, 83, 102, 167n, 190, 199, 437n
Resende, Solange, 345n, 411, 412n, 420, 444, 446n
Resende, Temilson, 199n
Reserva Extrativista Chico Mendes (Xapuri), 291n
reservas cambiais do Brasil, 29n, 50, 107n, 123n, 360n
Resgate do soldado Ryan, O (filme), 143
Residenz (palácio na Baviera), 693
Resumo da história: fatos e personagens que marcaram a política brasileira, O (Kramer), 536n
Reuters, 136, 151, 176, 454
Revolução burguesa no Brasil, A (Fernandes), 259, 271
Revolução dos Cravos (Portugal — 1974), 156
revolução liberal de 1842, 94
Reyes, Juan Francisco, 512n
Reyna, José Luis, 761
Rezek, Francisco, 646, 688, 695
Rezende, Iris, 91, 112, 113, 305, 506, 653, 782
Rhodes, Bill, 98
Rhône-Poulenc, 146, 600
Ribeirão Preto, 376
Ribeiro, André, 186n
Ribeiro, Antônio de Pádua, 105
Ribeiro, Arthur, 331, 332, 333, 463
Ribeiro, Nicias, 522
Ribeiro, Paulo de Tarso, 471n
Ribeiro, Tomás, 488n
Ricardo (funcionário de uma loja de luminárias), 668
Richardson, Bill, 175
Ricupero, Rubens, 303n, 661
Rigotto, Germano, 141, 184, 338
Rijksmuseum (Amsterdã), 698
Rio Branco (AC), 271n, 291n, 292, 744n
Rio Branco, barão do, 303, 788
Rio Branco: O Brasil no mundo (Ricupero), 303n
Rio Cooperativo 2000, 765n
Rio d Janeiro, 396
Rio de Janeiro, 36, 41, 43, 46, 55, 64, 73, 91, 104, 106, 121, 127n, 129, 134, 137, 140, 141, 144-7, 149, 156n, 158, 165, 166n, 190n, 194, 197, 216, 218, 219n, 222, 224-6, 254, 256, 266-7, 268n, 276, 280, 282, 286, 290n, 295, 297n, 302, 307, 319, 321, 331,

335, 336, 342, 352, 368, 371, 391, 395, 414, 417-8, 422, 431n, 432, 435, 454, 461, 472, 485, 491, 502, 505, 507, 513n, 516, 519, 525, 527, 545, 551n, 552, 562, 571n, 584, 606, 608, 625, 629, 630n, 633n, 636-8, 643n, 653, 657-8, 661n, 667, 669, 671-2, 676-7, 688, 709, 723, 726, 730, 739, 745, 748, 751, 765-6, 768, 775n, 785, 786, 787
Rio Grande do Norte, 166n, 457, 505, 641n
Rio Grande do Sul, 36, 41, 66, 93, 94, 113, 115, 120, 124n, 126, 133, 193, 205, 215, 232, 268, 269, 273, 289, 309, 328, 338, 353, 388, 391, 393, 414, 456, 623, 624, 657, 658, 661, 684, 718, 779n, 780
Rio Largo (AL), 641
Rio Palace Hotel, 545n
Rio Quente (GO), 497n
Riocentro, 319n, 419, 516n, 676n, 765
Ripper, Miriam, 468
Rivaldo (jogador de futebol), 602n, 622n
Riz, Liliana de, 635
Rocca, Roberto, 204
Rocha, Célio, 199n
Rocha, Fernando, 715
Rocha, Renato, 715
Rocha, Sonia, 700
Rockefeller, David, 176, 308
Roda viva (peça de teatro), 551n
Roda Viva (programa de TV), 159, 304, 401n
Rodada do Milênio, acordo comercial da, 368n, 386, 397
Rodésia, 322
Rodley, Nigel, 655n
Rodoanel (São Paulo), 477, 604, 680, 681, 772
Rodrigues, Araci Martins, 723
Rodrigues, Carlos Alberto, 606, 620
Rodrigues, Cincinato, 117n
Rodrigues, Edmilson, 723n
Rodrigues, Fernando, 101, 190, 202, 279n, 526
Rodrigues, Leôncio Martins, 48, 340, 354, 361, 362, 723
Rodrigues, Newton, 527
Rodrigues, Roberto, 557n, 580
Rodrigues, Roque, 415
Rodrigues, Rui, 219
Rodríguez Giavarini, Adalberto, 400, 402, 403, 495, 575, 713, 720, 743
Rodríguez, Isaías, 515n
Rodríguez, José Joaquín, 512n
Rodríguez, Miguel Ángel, 395, 512n
Rodrik, Dani, 346
Rogério (personal trainer de FHC), 444, 458, 712
Roland Garros (torneio de tênis), 779n
Rolândia (PR), 380n

Roma, 371n, 373, 379, 462n, 465
Romão, Wilson, 716
Romênia, 630
romeno, idioma, 630
Ronaldo Nazário (jogador de futebol), 667n
Ronchetti, Marcos, 725n
Rondônia, 203n, 274, 276, 593n, 602, 632n
Rondonópolis (MT), 468
Roraima, 207n, 509n, 515, 632n, 740
Roriz, Joaquim, 34, 257, 295, 305, 314, 324, 371, 476, 506, 507, 666, 667
Rosa, Guimarães, 511
Rosa, Luiz Pinguelli, 730
Rosa, Sérgio, 568n
Rosales, Ulises, 375n
Rosanvallon, Pierre, 575
Rosseto, Miguel, 40n, 456
Rossi, Anderson, 786
Rossi, Clóvis, 199, 599, 600, 668, 781
Rossi, José Arnaldo, 423
Rossi, Marcelo, padre, 244
Rossini, Gioachino, 690
Roterdã, 697
Rotschild, Emma, 172, 625, 629
Rotschild, família, 172
Rouanet, Sergio, 728n
Rouquié, Alain, 454n, 496
Roussely, François, 624
Roveda, Ayrton, 474n
royalties de Itaipu, 165, 295, 475n, 562
royalties do petróleo, 165, 282, 371
RPR (Rassemblement pour la République), 455n
RRB Informática, 717n
Ruanda, 322n
Rubaiyat, restaurante (São Paulo), 204
Rubén, Guillermo, 259
Rubin, Robert, 29, 30, 36, 73, 79, 83, 103, 121, 171, 172, 173, 174, 767
Rudenstine, Neil, 308
Ruggero, 200
ruralistas, 273n, 321, 324, 366n
Russell, David O., 516n
Rússia, 122, 134, 138n, 147, 175n, 348, 382n, 383, 400, 445, 472n, 525, 566, 689, 693, 695, 765; *ver também* União Soviética
Ryff, Tito, 519

Sá, Ângelo Calmon de, 113n, 216n
Sá, Fernanda Bornhausen, 275
Saad, João, 45, 483, 624, 652
Saad, Márcia, 652n
Saad, Maria Leonor, 652n

Saad, Marisa, 652n
Saad, Ricardo, 652n
Sabesp (Companhia de Saneamento Básico do Estado de São Paulo), 562
Sabina-Poggio Mirteto, diocese de (Roma), 379n
Saboia, Gilberto, 608
Saboia, Henrique, almirante, 538
Saboya, Patrícia, 146n, 659, 739n
Sachs, Ignacy, 648
Safatle, Claudia, 608, 609
Safra, Edmond, 449
Safra, Joseph, 54, 74, 449
Safra, Vicky, 449
safras agrícolas, 119, 166, 405, 472, 536, 537, 572, 638, 737
Saguier, Miguel, 186
Said, Wafic Rida, 757
Saint-Jean-de-Luz (França), 661
Sakakibara, Eisuke, 445n
Sala de Actas do Museo Bolívar (Panamá), 742n
Sala São Paulo (estação Júlio Prestes), 241n
Salamanca, 721
Salão e Seminário Qualidade Brasil, 670
salário mínimo, 43, 119, 162, 183, 289, 371, 389, 394, 404, 424, 437, 439, 441, 454, 476, 477, 478, 479, 480, 483, 485, 487, 489, 496, 497, 498, 500, 502, 503, 504, 505, 506, 507, 508, 509, 510, 511, 516, 518, 526n, 530, 533, 534, 541, 544, 545, 546, 547, 550, 551, 571, 618, 662, 690, 705, 717, 719, 730, 734, 738, 746, 747, 755, 757, 758, 771, 776
Salek, Namir, 320
Sales, Eugênio, d., 267, 418, 533, 549
Salles Júnior, Walter, 421
Salles Neto, José Carlos de, 244
Salles, João Moreira, 506, 537, 668
Salles, Marisa Moreira, 506n
Salles, Mauro, 224, 331, 332n, 334
Salles, Pedro Moreira, 260, 506, 668
Salles, Walter Moreira, 184, 671n, 673
Salomon Smith Barney (banco), 155n
Salvador (BA), 379n, 643n, 667, 683n, 716
Sampaio, Firmino, 516
Sampaio, Jorge, 150, 377, 378, 492, 529, 530, 531, 612, 621, 741
Samper, Ernesto, 588, 601
San José, 512, 764
Sandoval, Luiz, 98, 134n, 323, 555
saneamento, 135, 541, 562, 622, 633n, 634, 737
Sangalo, Ivete, 405
Sanguinetti, Julio, 31n, 51, 76, 91, 195, 373, 395, 399, 402, 462, 482, 483, 488, 702, 719, 763

Sanofi, 146n
Sansone, Margarita, 492
Sant, Roger, 172n
Santa Catarina, 110, 176, 210, 211, 218, 268n, 406, 462, 508, 509, 558, 638, 676, 710, 739, 778
Santa Cruz Cabrália (BA), 520, 531n
Santa Cruz de la Sierra (Bolívia), 96n, 337n
Santa Cruz, Hernán, 761n
Santa Maria, fazenda (SP), 676
Santa Rosa (RS), 273
Santana, Angela, 251
Santarém (Portugal), 492, 696
Santayana, Mauro, 40, 58, 94, 101, 432, 732
Santer, Jacques, 147n, 228
Santiago (Chile), 256, 616n, 738n
Santilli, Márcio, 104
Santo Domingo, 371, 372, 373, 517
Santos Neto, Nicolau dos, 157n, 608, 609, 612, 614n, 617n, 619n, 627, 651, 652, 667, 772, 774, 789
Santos, Antônio Carlos Viana, 658
Santos, António de Almeida, 197
Santos, Eduardo (embaixador), 41, 124, 164, 173, 225, 226, 266, 346, 366, 383, 405, 470, 552, 557, 604, 612, 692, 705, 706, 708
Santos, Flávia Gomes dos, 380
Santos, José Eduardo dos (presidente de Angola), 283, 322, 777
Santos, José Orcírio Miranda dos, 40, 86, 263, 297, 353, 533, 649, 738, 771
Santos, Júlio Cesar Gomes dos, cabo, 113, 166n, 369, 380, 628, 715
Santos, Luís Carlos, 155, 165, 169, 290, 397, 631, 646, 751
Santos, Manoel José dos, 117, 528, 535, 550
Santos, Maria Lúcia dos, 726n
Santos, Murilo, 421
Santos, Paulo de Tarso, 173, 631
Santos, Paulo de Tarso da Cunha (filho), 631, 660, 776
Santos, Roberto, 73
Santos, Silvio, 98, 323n, 405, 555
São Bernardo do Campo, 78n, 559n
São Francisco, rio, 298, 329n, 341, 388, 580, 582, 583, 600, 607, 632
São João da Palma, movimento autonomista de (Goiás, 1821-23), 566n
São João del Rei, 442
São José do Pericumã, Fazenda, 130n
São José dos Campos, 100, 407, 431
São José dos Pinhais (PA), 57n
São Luís (MA), 47n, 211n, 756n

São Luís do Quitunde (AL), 641
São Marcos (RS), 388n
São Paulo, 33, 39n, 43, 44, 48n, 50, 53, 64, 70, 74n, 78, 80-2, 84, 90n, 93, 94, 97-8, 106, 109n, 118n, 119-20, 122n, 125, 127n, 132, 134-5, 154, 157n, 158n, 159n, 160-1, 163, 169n, 178, 204, 211, 215-6, 221, 224n, 225, 229-30, 235n, 239, 241, 242, 245n, 247, 249, 251, 254, 256, 258n, 259, 263, 268-9, 273, 276, 280n, 282, 286, 288n, 290n, 298n, 300, 302, 307, 312, 317, 318n, 327n, 330, 331-2, 335, 337-8, 341, 343n, 345, 358n, 361, 376, 380, 388, 392, 401n, 404, 406, 413, 416, 417n, 421, 424, 431n, 435-6, 438-40, 456-62, 469, 472, 476-7, 478, 482n, 484-5, 494, 499, 501-2, 506, 524, 525n, 527, 531, 533, 537-8, 541, 544, 546-8, 549n, 551n, 555n, 559, 562-3, 568-9, 572, 597, 603-4, 609, 613, 616, 618, 627n, 631, 636n, 644n, 645, 649, 651, 652-6, 659, 664n, 665, 670, 672, 676, 680-1, 683, 685, 686n, 703-4, 706, 720, 723n, 730, 731, 733, 746n, 756, 770-2, 774, 784
São Paulo (porta-aviões), 578n
São Raimundo Nonato (PI), 389, 390
São Tomé e Príncipe, 622
Sapienza, Vitor, 302
Saraiva, Iram, 211
Sardenberg, Carlos Alberto, 334
Sardenberg, Ronaldo, 73, 74, 249, 251, 281, 308, 407, 443, 447, 473, 484, 616, 618, 632, 648, 656, 671, 730, 739, 756
Sarney, família, 367
Sarney, José, 35, 39n, 52n, 130, 131, 143, 156, 218n, 356, 389n, 409, 429, 437, 452, 453, 491, 536n, 538, 542, 607, 640, 646n, 647, 658, 703, 704, 705, 716, 717, 736, 756, 758, 759, 761, 766, 767, 770
Sarney Filho, José, 35, 44, 117, 144, 164, 206, 264, 278, 307, 328, 340, 349, 357, 447, 453, 580, 595, 600, 607, 645, 650, 658, 704
Sarney, Roseana, 47n, 48, 55, 75, 161, 164, 206, 345, 347, 352, 353, 406, 476, 477, 569, 612, 658, 678, 702n, 704, 711, 716, 717, 756n, 782
satélites, 91n
Saúde da Família, programa, 349n
Savimbi, Jonas, 30, 148, 149, 283, 493, 777
SBPC (Sociedade Brasileira para o Progresso da Ciência), 618, 730n
SBT (Sistema Brasileiro de Televisão), 134, 258n, 320, 323, 610n, 727
Scalco, Euclides, 187, 459, 541, 726, 734
Schacht, Hjalmar, 460
Schahin, Salim, 99, 584

Schelb, Guilherme, 642n
Schraven, Jacobus, 698n
Schröder, Gerhard, 147, 148, 151n, 224, 226, 227, 228, 281, 380n, 382, 445, 490, 494, 573, 574, 688, 689, 691, 692, 697, 699
Schröder-Köpf, Doris, 573, 689
Schurmann, família, 747
Schwarz, Grecia, 102, 478
Schwarz, Roberto, 102, 478, 485
SDE (Secretaria de Direito Econômico), 471n
SDI (Socialisti Democratici Italiani), 461
Seabrex (terminal de frutas na Holanda), 697n
Seattle, 368, 386, 395n, 397, 765
Sebrae (Serviço Brasileiro de Apoio às Micro e Pequenas Empresas), 257, 323, 472, 653n, 670, 767
secas no Nordeste, 162, 298, 309, 316, 321, 351
Secovi (Sindicato das Empresas de Compra, Venda, Locação e Administração de Imóveis Residenciais e Comerciais de São Paulo), 317
Secretaria da Administração Pública e Reforma do Estado, 235n
Secretaria de Comunicação Social, 136n, 315n
Secretaria de Desenvolvimento Urbano, 161n, 632
Secretaria de Planejamento Urbano, 117n
Secretaria de Políticas Regionais, 162n, 234n, 247
Secretaria Estadual de Indústria, Comércio e Mineração da Bahia, 776n
Secretaria Municipal de Cultura do Rio de Janeiro, 786n
Secretaria Nacional Antidrogas, 136n
Secretaria Nacional de Direitos Humanos, 197n, 593, 599
Secretaria-Geral da Presidência, 116n, 249n, 330n, 661n
Século XIX na Fotografia Brasileira, O (exposição do Itamaraty), 667n
Sedutora tentação (filme), 612n
Segall, Beatriz, 604
Segall, Lasar, 204
Segall, Maurício, 204
Segunda Guerra Mundial, 588, 715
Segunda Intifada Palestina, 703n
segurança pública, 217, 461, 487, 540, 547, 562, 567n, 571, 583, 593, 594, 602, 642
seguro-desemprego, 183
Seiler, Evangelina, 137, 139, 287, 354, 490, 506, 665, 721, 754
Seillière, Ernest-Antoine, 115
Seis histórias brasileiras (série de documentários), 668n

ÍNDICE REMISSIVO 843

Selic, taxa, 33, 56n, 59, 76, 88, 99, 118, 169n, 265n, 274, 329, 370n, 558n, 565n, 650n, 746n, 784
Seligman, Milton, 106, 112, 113, 116, 170, 220, 221, 233, 274, 300, 314, 319
Semana da Pátria, 312
Semana do Meio Ambiente, 203n
Semana Nacional Antidrogas, 219, 594
Seminário Realizações e Desafios de um Programa Social-democrata no Brasil (Instituto Teotônio Vilela), 392n
Sen, Amartya, 172, 625, 629, 630
Senad (Secretaria Nacional Antidrogas), 369, 519, 520, 521, 536
Senado, 30n, 31, 36, 40, 76, 82, 85, 88, 89, 92, 105, 107, 113n, 114, 118, 130, 134, 136n, 143, 155n, 157n, 161, 165, 166, 177n, 184, 185, 186n, 189, 199n, 211, 216n, 229, 231, 233, 248, 272, 273, 282, 287, 288, 298, 302n, 338n, 341, 345, 350, 353, 355n, 364, 368, 388, 394, 404n, 406, 415, 434, 440n, 441n, 448, 452n, 459, 463, 464n, 466, 471, 477, 482, 503, 508, 510, 516, 518n, 523, 526, 537, 551n, 561, 569n, 582, 600, 627, 632, 638, 639n, 642, 647, 649, 650, 658, 660, 668, 704, 705, 714, 717, 718, 729, 736, 747, 752, 757, 758, 759, 766, 767, 768, 770, 785, 786n, 789
Senado americano, 175n
Senado argentino, 648
Senado dos Estados Unidos, 640n
Senai (Serviço Nacional de Aprendizagem Industrial), 241n
Sendas, Arthur, 222
Sendero Luminoso, 240, 677
Senna, Adrienne, 177n
Senna, Ayrton, 406n
Sensus, Instituto, 698n, 702n
Senta a pua! (documentário), 715
Sepetiba, porto de (Rio de Janeiro), 389, 579, 624n, 669, 727
sequestro de Abílio Diniz, 33n, 421n
sequestro do ônibus da linha 174 (Rio de Janeiro), 584, 585, 591
Serafini, Anna Maria, 380n
Sérgio Motta — O trator em ação (Prata, Beirão & Tomioka), 412n
Sergipe, 46, 55, 65
Serpa, Jorge, 139, 397
Serpro (Serviço Federal de Processamento de Dados), 627n, 699n, 717
Serra (ES), 345n
serra da Mantiqueira, 431
Serra Leoa, 556n
Serra Talhada (PE), 298n

Serra, José, 36, 54, 58-9, 63, 67, 71-2, 75, 78, 94, 98, 109, 111, 143-4, 156, 196, 202, 217, 223, 236, 239, 242, 244-8, 251, 265, 272, 276, 278, 281-2, 286, 290, 294, 300, 307-8, 312, 318, 324-5, 329, 332, 338-40, 342-3, 349, 355, 358, 362, 370, 386, 406, 408-9, 421, 430, 432, 451-2, 457-9, 470, 480, 485-7, 491, 495, 501, 510, 512, 523, 527-8, 540-1, 547, 569, 571-2, 580-1, 597, 598, 602, 614, 624-5, 630, 638, 651-2, 656, 660, 672, 677, 683, 686, 690, 702-4, 707, 723-4, 733, 738, 748, 750, 753, 766, 770, 778, 782, 784-5, 788-9
Serrano, Marisa, 662
Serrinha, barragem de (PE), 298
Sérvia, 134n
Sese Seko, Mobutu, 322n
Sest (Secretaria de Controle de Empresas Estatais), 131
Sete de Setembro, 314, 666
Sete Lagoas (MG), 732n
Setenta e seis anos de minha vida (Schacht), 460n
setor privado, 53, 96, 190, 205, 288n, 334, 403, 473, 498, 505, 672n
setor produtivo, 82, 124, 386, 424, 498, 592n
Setúbal, Olavo, 30, 84, 112, 638
Seul, 526
Shadow: Five Presidents and the Legacy of Watergate (Woodward), 340
Sharon, Ariel, 703n
Sharp, 130
Sheldon, 362
Shell, 275, 623, 696
sherpa (grupo étnico nepalês), 281, 294
Shihab, Alwi, 685n
Sichuan Airlines, 678n
siderurgia, 30, 137, 145, 205, 348, 389, 396, 398, 459, 570
Siemens, 688, 693
Sierra Maestra (Cuba), 374
Silicon Valley, 333, 764
Silva, Alberto da Costa e, 637
Silva, Aníbal Cavaco, 612n
Silva, Benedita da, 418, 665n, 727
Silva, Cândida Rego de Araújo e (avó parterna de FHC), 409n
Silva, Carlos Eduardo Lins da, 360
Silva, Evandro de Paula e, 443n
Silva, Fábio Roberto Costa da, 357n
Silva, Floriano Vaz da, 651n
Silva, Ivan Fonseca e, 216nn
Silva, Joaquim Antônio da, 361
Silva, José Graziano da, 353

Silva, José Luís Lopes da, general, 350n
Silva, Jusmar, 362n
Silva, Luiz Inácio Lula da, 77, 89n, 119, 126, 127, 143, 185, 210, 228n, 230, 271, 297, 303, 327, 338, 353n, 383, 421, 482, 501, 509, 541, 568, 580n, 584, 607, 631, 702, 703, 723n, 735, 745, 764
Silva, Marina, 62, 783
Silva, Ozires, 777
Silva, Paulo Pereira da, 78, 183, 268, 337, 509, 522, 746
Silva, Vicente Paulo da, 162, 550, 551
Silveira, Ênio, 485
Silveira, Joélcio de Campos, general, 391n
Silveira, José Néri da, 162, 506, 724n
Silveira, José Paulo, 37
Silveira, Luís Henrique da, 305, 409, 739
Simas Filho, Mário, 646
Simitis, Kostas, 575n
Simões, Enilson, 755
Simões, Nilton, 332n
Simon, Pedro, 95, 96, 182, 211, 308, 314, 404, 490, 503, 639, 642, 661, 679, 739, 768
Simonsen, Roberto, 312
Simpson, Andrew, 484, 648n
SIN (Servicio de Inteligencia Nacional — Peru), 294n
Sindicato dos Metalúrgicos de São Bernardo, 78
Sindicato dos Metalúrgicos de São Paulo, 78, 97, 337
Sindicato dos Trabalhadores Rurais de Alagoa Grande (PB), 647n
sindicatos, 78, 86, 268, 279n, 337, 397, 710
Sinfonia nº 2 (Mahler), 242
Singer, Paul, 157, 451
Síntese de Indicadores Sociais 1999, 536n
Sintra (Portugal), 150
SIP (Sociedade Interamericana de Prensa), 275
Sirotsky, Nelson, 184, 652
Sistel (Fundação Sistel de Seguridade Social), 351, 408
sistema bancário mundial, 121
sistema financeiro, 70, 107, 115, 136, 137n, 138, 141, 149, 154, 194, 611n
Sistema Financeiro de Habitação, 465, 528
sistema internacional, 107, 147
Sivam (Sistema de Vigilância da Amazônia), 113, 166, 171, 270, 313, 628
Slate (revista eletrônica), 101n
Slater, Rodney, 347n
Smedt, Pierre-Alain de, 572
Smithsonian Institution, 354n
Snecma, 407n

SNI (Serviço Nacional de Informações), 419n, 550, 553, 614
Só Pra Contrariar (grupo musical), 405
Soares, João Barroso, 150n
Soares, Maria Barroso, 396n
Soares, Maria de Jesus Barroso, 150
Soares, Maria Olímpia, 150n
Soares, Mário, 42, 148, 150, 327, 396, 452, 453, 492, 493, 531, 679n
Soares, Rinaldo Campos, 348
Sobral (CE), 388
Social Democracia Sindical, 509, 755
social-democracia, 297, 392, 396
Social-Democracia Alemã, 691
socialismo, 381n, 493, 512, 556, 641
Sociedade da Informação, programa, 407
Sociedade Rural Brasileira, 366n
Sociedade Viva Cazuza, 415n
Sodano, Angelo, d., 509n, 532, 703, 704
Sodré, Maria do Carmo, 333, 510, 568, 612, 668, 726, 782, 784
Sofia, rainha consorte da Espanha, 613, 721, 722, 741
soft landing, 346, 478, 525
soja, 276n, 511
Sola, Lourdes, 333, 604
Solana, Javier, 381
Solanet, Marie-Laure, 171
Solpart, 190, 648n
Som Livre, 757
Somavía, Juan, 290, 761
Sombart, Werner, 271
Sono, rio do, 580, 583
Sorocaba, 362, 571n
Soros Fund Management, 51n
Soros, George, 51, 52n, 57, 85, 87, 89, 90, 101n, 103, 107
SOS Mata Atlântica (ONG), 678n
Sosa, Cecilia, 310n
Soskice, David, 575n
Sosnik, Douglas, 174
Sotero, Aloísio, 315, 316, 321n
Sousa, Dório Antunes de, 444n, 446n
Sousa, Genésio Bernardino de, 218n
Sousa, Maria do Carmo Campelo de, 225, 478, 604, 681, 733
Southern Electric, 172n, 352n
Southern Eletric, 39n
Souto, Humberto, 211
Souto, Paulo, 566
Souza Filho, Jonas Pereira de, 710
Souza, Gilda de Mello e, 715
Souza, Josias de, 440n

Souza, Luiz Francisco de, 458, 466n, 642, 681n, 753n

Souza, Paulo Renato Costa, 36, 38, 54, 63, 66-7, 99, 124, 130, 131, 177n, 178, 181, 183, 208, 223, 224, 231, 233, 237, 247-8, 265, 268, 282, 308, 312, 314, 317, 338, 340-1, 365, 388, 392, 406, 437, 443-4, 463, 468, 471, 489-90, 501, 548, 564, 598, 626, 629, 656, 677, 686, 706

SPD (Sozialdemokratische Partei Deutschlands), 691n

Sperotto, Carlos, 657n

Spiegel, Der (jornal alemão), 681

Spielberg, Steven, 105, 143n

Spínola, Noêmio, 141

SR Rating, 782

Standard & Poor's (agência de risco), 50n

State of the Union (relatório norte-americano), 78, 259

Staub, Eugênio, 332n

Stédile, João Pedro, 549, 550

Stefanini, Fulvio, 561

Steinbruch, Benjamin, 129, 137, 335, 386, 389, 397, 433, 635, 725

Steinbruch, Ricardo, 635n

Steiner, Max, 444n

Stern, Nicholas, 707

STF *ver* Supremo Tribunal Federal

Stiglitz, Joseph, 334n, 525, 647, 648

STJ *ver* Superior Tribunal de Justiça

STM *ver* Superior Tribunal Militar

Stoiber, Edmund, 692, 693, 694

Stolpe, Manfred, 692n

Stroeher, José Mário, d., 388

Stroiev, Igor, 566

Strong, Maurice, 630

Sturzenegger, Luiz Carlos, 245

Suan Juan de Manzanillo, forte de (Cartagena), 588n

Suape (PE), 275, 338, 580n

Suassuna, Ney, 113, 114, 117, 118, 165, 187, 316, 370, 388, 394, 406, 448, 565, 658

Suaudeau, Laurent, 462n

Suazilândia, 556n

Subcomissão Permanente do Judiciário, 639n, 667n

Sucatão (Boeing 707 da Presidência da República), 491, 578

sucroalcooleiro, setor, 186, 187, 315

Sudam (Superintendência do Desenvolvimento da Amazônia), 187n, 442n, 466n, 541, 545, 549, 755, 756, 758, 766n, 767, 768n, 769, 773, 775, 776, 778

Sudeco (Superintendência do Desenvolvimento do Centro-Oeste), 442n

Sudene (Superintendência do Desenvolvimento do Nordeste), 315, 316, 320, 321, 442n, 466n, 766

Sudeste asiático, 57n, 103

Suécia, 152n, 228, 575n

Suharto, 685

Suíça, 76, 92, 152n, 214n, 236, 781

Sul América Seguros, 627n

Sullivan, Silvestre, 97

Summa cum laude (Pedreira), 167

Summers, Larry, 61, 64, 69, 83, 121, 171, 395, 396, 402, 494

Sun-Times Media Group, 153n

superávit primário, 29n, 101, 109, 120n, 136n, 216n, 325, 786

Superior Tribunal de Justiça, 105, 483, 508, 609, 661n, 679, 718, 772, 782

Superior Tribunal Militar, 350, 413, 416, 651n

supermercadistas, 91, 319

Suplicy, Eduardo, 206, 448, 452, 503, 546, 745, 754

Suplicy, Marta, 501n, 555, 659, 664, 665n, 685, 686, 687n, 723, 725n, 754

Suprema Corte americana, 172

Supremo Tribunal Federal, 41, 99n, 105, 159, 162, 183, 194, 198n, 218n, 220, 231, 235, 238, 252, 265, 326, 335, 336, 342, 347n, 355n, 359, 372, 405n, 429n, 458, 481, 483, 487n, 489, 509n, 525, 609, 632, 634, 649, 673, 712, 718, 719, 724, 783n

Suriname, 357n, 663

SUS (Sistema Único de Saúde), 145n, 196n, 265, 325, 328, 770

Susep (Superintendência de Seguros Privados do Banco Central), 329

Sutherland, Peter, 82

Sutter, Carmen Cariola, 495

Suzano, grupo, 102n, 240n, 634n

Swissair, companhia, 236

tabaco, indústrias de, 145n

Tabatinga (AM), 339

Tafisa (fábrica de aglomerado de madeira), 110

Tailândia, 200

TAM Linhas Aéreas, 491, 578

Tambellini, Flávio, 601

Tambellini, Flávio Ramos (filho), 601n

Tang Jiaxuan, 678

Taniguchi, Cássio, 687, 723

Tanure, Nelson, 188n

Tanzânia, 322n, 700n

Tápias, Alcides, 242, 312, 313, 314, 320, 323, 324, 329, 330, 333, 343, 370, 372, 385, 386, 397, 405, 407, 448, 456, 461, 468, 469, 470, 472, 480, 486, 487, 489, 500, 532, 568, 572, 581, 608, 616, 659, 682, 686, 688, 729, 734, 737, 744, 777
Tarassiuk, Boris, 142n
tarifas, 144, 215, 255, 279, 370, 405, 433, 489, 539n, 603, 607, 660, 663, 713, 737, 744
Tarso Loducca (empresa), 776
Tavares, Ana, 79, 99, 103, 161, 176, 190, 192, 207, 225, 242, 247, 250, 278, 306, 340, 350, 363, 366, 411, 448, 470, 481, 491, 502, 521, 594, 612, 619, 633, 636, 637, 677, 682, 755, 769, 782
Tavares, José, 684
Tavares, Maria da Conceição, 157
Tavares, Martus, 101, 102, 187, 235, 249n, 273, 276, 292, 294, 345, 370, 371, 393, 410, 421, 484, 503, 506, 543, 546, 595, 607, 617, 618, 632, 637, 649, 650, 651, 653, 658, 660, 661, 662, 676, 686, 724, 734, 746, 752, 758, 773, 776, 790
taxa de câmbio, 38, 45, 49, 50, 51, 53, 54, 55, 56, 57, 58, 59, 60, 63, 64, 66, 67, 68, 69, 71, 72, 74, 79, 83, 85, 88, 90, 93, 98, 100, 107, 118, 121, 154, 172, 201, 213, 263, 286, 301, 313, 318n, 360n, 367, 433, 459, 707n, 714, 720, 727
taxa de crescimento, 304, 323, 525, 536
taxa de juros, 33, 38, 40, 45, 46, 49, 50, 52, 55, 56, 57, 61, 64, 68, 69, 70, 71, 72, 73, 76, 77, 79, 82, 83, 86, 90, 98, 99, 100, 109, 118, 119, 120, 134, 150, 152, 168, 169, 191, 213, 223n, 265, 274, 276, 280, 285, 301, 306, 307, 319, 324, 329, 341, 370, 387, 395, 433, 473, 478, 479, 525n, 528, 543, 544n, 558, 581, 582, 611, 650, 720, 725, 727, 746, 771
taxa Tobin, 359, 382
Tban (taxa interbancária), 56n
Tchuruk, Serge, 522n
TCU ver Tribunal de Contas da União
Te Deum (música sacra), 531
Teatro Bolshoi (Moscou), 409
Teatro Colón (Buenos Aires), 402
Teatro Municipal de Pirenópolis, 391
Teatro Municipal de São Paulo, 256
Teatro Municipal do Rio de Janeiro, 226, 256
Teatro Nacional (Brasília), 740n
Teatro Nacional de San José, 512
Teatro Renaissance (São Paulo), 604n
Techint, 204, 269
Tefé (AM), 203
Teixeira, Ariosto, 354
Teixeira, Miro, 198, 359, 422, 591, 600, 738
Teixeira, Paulo, 621

Teixeira, Ricardo, 127, 328
Tejofran Saneamento e Serviços Gerais, 258n
Tel Aviv, 703
Tele Centro Sul, 468n, 593, 594, 648
Tele Norte Leste, 190n, 198n
Telebrás (Telecomunicações Brasileiras S.A.), 37n, 93n, 167n, 190n, 197, 198n, 230, 297, 303, 351n, 408, 412n, 593n
Telebrasília, 669n
Telecom Italia, 94n, 190, 371, 593n, 648
telecomunicações, 91, 184n, 213, 231n, 255n, 480n, 511n, 516, 522n, 554
telefonia celular, 64n, 94n, 133n, 232, 300n, 330n, 500, 522, 592, 618, 752n
Telefónica, 93, 127n, 593n, 613, 676
Telemar, consórcio, 190, 193, 195n, 198, 213n, 418n
Telemig (Telecomunicações do Estado de Minas Gerais S.A.), 213
telenovelas, 752
Telerj (Telecomunicações do Estado do Rio de Janeiro S.A.), 190n, 198, 199, 653
Teles, Sérgio Chagas, almirante, 122, 133n, 160, 387
Televisa, 760, 762
Telles, Lygia Fagundes, 485
Telles, Marcel, 332n
Telles, Sergio, 270
Telmex, 300n
Telos, 773n
Temer, Michel, 34, 35, 49, 52, 57, 81, 133, 177, 178, 185n, 207, 209, 213, 214, 216, 217, 222, 229, 231, 234, 246, 247, 252, 272, 273, 280, 281, 282, 285, 304, 319, 320, 329, 335, 349, 385, 409, 434, 440, 464, 469, 470, 471, 477, 481, 489, 497, 498, 524, 542, 544, 548, 554, 555, 586, 638, 653, 712, 715, 757, 778, 784, 785
Temer, Milton, 185, 393
Teodoro Sampaio (SP), 676n
"teoria geral do emprego, do juro e da moeda", 334
Terceira Via, 151, 226, 294, 342, 354, 362, 366, 368, 371n, 381, 392, 393, 396, 419, 460, 478, 489, 522, 560, 574
Terceiro Mundo, 323
Terceiro Setor, 132
Terminal Almirante Maximiliano da Fonseca (Angra dos Reis), 727
Terminal da Companhia Portuária Vila Velha, 751n
termoelétricas, 471, 483, 580, 771
Terra, Osmar, 273
Terragno, Rodolfo, 403n

terrorismo, 256, 387, 688, 731, 741, 742, 743
Tesouro da Inglaterra, 152*n*
Tesouro da Itália, 380, 436*n*
Tesouro dos Estados Unidos, 29*n*, 53, 61*n*, 63, 64, 68, 73, 74, 78, 79, 103, 121, 329*n*, 720, 767
Tesouro Nacional, 94, 206, 282, 295, 299, 325, 393, 430, 435, 465, 477, 522, 537, 634, 672*n*, 676, 688, 710
Tesouro paulista, 358
Tess, Eduardo, 340
teto salarial, 35*n*, 45, 335, 347*n*, 354, 372, 481, 483, 485, 487, 489, 490, 496, 498, 504
têxteis, 263
Thatcher, Margaret, 152, 153, 355
Théâtre Montparnasse (Paris), 444*n*
Thompson-Flores Neto, Francisco, 147, 650
Thomson (indústria aeronáutica francesa), 171*n*, 407*n*
Tietê, rio, 243, 439
Tietmeyer, Hans, 135
Tijuca, floresta da (Rio de Janeiro), 140
Timor Leste, 312, 315, 318, 320, 326, 415, 509, 621, 685
Tintim *ver* Pinho Neto, Demósthenes Madureira
Tiradentes, 106*n*, 642
Tirofijo *ver* Marulanda, Manuel
Tite *ver* Barros, Maria Cristina Rego
Tito, Ronan, 240
TJLP (Taxa de Juros de Longo Prazo), 324, 329
Tobin, James, 71, 359*n*, 382
Tocantins, 119, 286, 372, 566, 583, 593*n*, 600, 632*n*
Tocantins, rio, 580
Todescan, José Hildebrando, 485
Toledo (Espanha), 721
Toledo, Alejandro, 563*n*, 565, 566, 568, 589, 678, 708, 731
Toledo, Roberto Pompeu de, 321, 560, 591
Toller, Paula, 405
Tombini, Alexandre, 371
Tomioka, Teiji, 412*n*
Tóquio, 39, 526, 572, 656
Torgan, Moroni, 369*n*, 538
Torre de Belém (Lisboa), 491*n*
Torre, Ignacio Gómez de la, 721*n*
Torres, Fernanda, 601
totalitarismo, 684
Totalitarismo tardio — O caso do PT (Tavares), 684
Touraine, Alain, 170, 495, 577, 664
Tourinho, José Artur Guedes, 545
Tourinho, Rodolfo, 97*n*, 114, 165, 169, 211, 234, 236,

238, 241, 243, 285, 289, 329, 330*n*, 332, 347, 352, 357, 386, 397, 415, 433, 439, 454, 456, 468, 470, 471, 480, 516, 571, 579, 580, 581, 632, 650, 671, 734, 751, 777, 782
TR (Taxa Referencial), 324, 528
trabalho infantil, 355*n*, 395, 397, 449
Trad, Nelson, 328
tráfico de drogas *ver* narcotráfico
Trancoso (Porto Seguro), 753, 754
transgênicos, 124, 647*n*, 671
Transnordestina, 275, 585
Tratado da Cooperação Amazônica, 514
Tratado de Assunção (1991), 269, 539*n*
Tratado de Maastricht (1992), 205
Tratado de Roma, 462*n*
Tratado de Versalhes (1919), 640
Tratado do Itamaraty (Ata Presidencial de Brasília — 1998), 255*n*
trem urbano de São Paulo (CPTM), 681
Três Lagoas (MS), 769*n*, 771
Três reis (filme), 516*n*
Tribuna da Imprensa, 303, 729*n*, 745
Tribunal de Contas da União, 211, 535*n*, 633, 775
Tribunal Penal Internacional, 462
Tribunal Regional do Trabalho, 189, 235*n*, 569*n*, 595, 608*n*, 614, 616, 617*n*, 618, 630, 632, 633, 651, 652, 653, 772, 789*n*
Tribunal Regional Federal, 230*n*, 541*n*, 712*n*
Tribunal Superior do Trabalho, 189, 203, 411, 609, 630, 651
Tribunal Superior Eleitoral, 162, 609, 738*n*
Trinidad e Tobago, 396
Triunfo (RS), 456*n*
Troisgros, Claude, 228
Tropical, Hotel (Manaus), 708*n*
trotskismo, 66, 350, 393, 643*n*, 657
Trovoada, Miguel, 622
TRT *ver* Tribunal Regional do Trabalho
Truman, Harry S., 607*n*
TSE *ver* Tribunal Superior Eleitoral
TST *ver* Tribunal Superior do Trabalho
Tucanos (aviões), 148, 313
Tucuruí (PA), 243, 580, 729
Tukano, Álvaro, 523*n*
Tuma, Romeu, 686, 716, 728
Tunga, 400
Tunísia, 678*n*
turismo, 255, 379, 497
Turner, Ted, 172, 368, 629
Turquia, 554*n*, 693
Turra, Francisco, 165, 166
Turrini, Heitor, frei, 349

Tuta *ver* Reichstul, Maria Augusta Gomes
TV a cabo, 405
TV Alterosa, 610
TV Cultura, 159n, 304, 361, 401n, 406, 549n
TVE (TV Educativa), 308n, 549n

Ubatumirim, praia de (Ubatuba), 404
Ubre Blanca (vaca cubana), 374n
UCR (Unión Cívica Radical — Argentina), 261n, 363n
Ucrânia, 142, 348n
UDI (Unión Demócrata Independiente — Chile), 354n
UDN (União Democrática Nacional), 745n
UDR (União Democrática Ruralista), 391
UFPA (Universidade Federal do Pará), 620n
UFRJ (Universidade Federal do Rio de Janeiro), 209n, 571n, 730n
Uganda, 322n
UGT (União Geral dos Trabalhadores), 439n
Ultra, grupo, 54n, 223, 434, 457n, 486n, 767
UN Foundation, 172, 361, 496n, 625, 629, 631n
Unaids (programa de aids das Nações Unidas), 111n
UNB (Universidade de Brasília), 252, 259n, 618n
Undime (União Nacional dos Dirigentes Municipais de Educação), 782n
UNE (União Nacional dos Estudantes), 618n, 673
Unesco (Organização das Nações Unidas para a Educação, a Ciência e a Cultura), 167, 251n, 467n, 516, 616n, 754
Unger, Roberto Mangabeira, 301
União Europeia, 43, 63, 147, 150, 151, 160, 194n, 205n, 224n, 226, 327n, 381n, 455, 493, 577, 662n, 688, 728, 734, 747n; *ver também* Europa
União Latina, 210
União Soviética, 356, 375n, 409n, 621; *ver também* Rússia
Unicamp (Universidade Estadual de Campinas), 353n, 366n, 629n
Unifesp (Universidade Federal de São Paulo), 331n
unificação da Alemanha, 689, 693
Unilever, 697
Unita (União Nacional para a Independência Total de Angola), 30n, 148n, 149
United Nations Foundation *ver* UN Foundation
Universal, El (jornal venezuelano), 514n
Universidad de la República (Uruguai), 369
Universidad de los Andes, 639n
Universidade Católica de Pelotas, 388n

Universidade da Baviera, 693
Universidade da Califórnia em Berkeley, 462n
Universidade de Buenos Aires, 135n, 635, 648
Universidade de Leiden, 695
Universidade de Notre Dame (Indiana, EUA), 570n
Universidade de Salamanca, 721
Universidade do Acre, 710
Universidade Federal de Minas Gerais, 246
Universidade Rutgers, 629
Universidade Santa Úrsula (Rio de Janeiro), 405
Universidade Solidária, Programa, 235n
Universidade Stanford, 525n
universidades, 104, 296, 372, 388, 511n, 618n, 695
Uranga, Juan José, 460n
Urban Bäckström (banco sueco), 436n
Urbano Santos (MA), 211n
Urquidi, Victor, 761
Urucu, rio, 203
Uruguai, 31, 51, 91, 208, 248, 258n, 306, 369, 392, 399, 461, 462, 483, 485, 488, 552n, 553, 573, 588, 590, 602, 603, 650, 663n, 702, 759, 761, 762, 763, 764, 780, 787
URV (Unidade Real de Valor), 702, 719n
Usimar Componentes Automotivos, 756n
Usiminas, 348, 351, 357, 417
USP (Universidade de São Paulo), 33n, 102n, 119n, 233n, 333n, 350n, 372n, 385n, 451n, 465n, 531n, 551n, 678n, 687n
Utopia desarmada (Castañeda), 647
Utzeri, Fritz, 417n, 754n

Vajiralongkorn, príncipe herdeiro da Tailândia, 200n
Valdés, Juan Gabriel, 354, 377
Vale do Acre (AC), 292
Vale do Paraíba, 431
Vale do Purus (AC), 292
Vale do Rio Doce, Companhia, 137, 219, 351, 389, 396, 398, 417, 535, 624n, 726, 782
Valenzuela, Arturo, 678
Valle, Marcos, capitão, 561
Valor Econômico (jornal), 538, 608, 609, 610, 612, 614
Vampeta (jogador de futebol), 631n
Van Gogh, Vincent, 694
Vanhoni, Ângelo, 687n, 723n
Vânia, Lúcia, 679n
Vanvan *ver* Seiler, Evangelina
Vargas Llosa, Álvaro, 731n
Vargas Llosa, Mario, 731
Vargas, Aristela, 516
Vargas, Benjamin, 220

Vargas, Getúlio, 184n, 210n, 220, 286, 303, 345, 420, 442n, 461, 607n, 622, 673, 745n, 769
Vargas, Israel, 105
Vargas, José Israel, 105, 445, 467, 516, 577
Varig (Viação Aérea Rio-Grandense s.a.), 777
Vasco (time de futebol), 438
Vasconcellos, Luiz Augusto, 626, 627, 632
Vasconcelos, Jarbas, 75, 193, 217, 237, 275, 304, 316, 391, 497, 580, 640, 641, 719
Vasconcelos, Maurício, 545n, 756n
Vaticano, 147n, 371n, 379, 478, 509n, 558, 666, 703, 707
Vaz, Getúlio, 105, 121n, 220, 325, 415, 418, 468, 478, 490, 506, 569, 643, 668, 786
Vaz, Isabel Cardoso (neta de FHC), 121, 279, 312, 325, 478, 485, 490, 565, 643
Vázquez, Tabaré, 369, 392, 488
Vedovato, Roberto, 188n
Védrine, Hubert, 305, 641
Veiga Filho, João Pimenta da, 35-6, 45, 54, 64, 75, 96, 107, 110, 112, 114, 135-6, 140, 142, 151, 156, 159, 161, 164, 166-8, 183, 185, 187-9, 206-7, 220-3, 229, 232, 235-40, 242-50, 257, 258, 262, 268, 273, 276, 278-9, 327, 341, 360, 364, 366, 406, 415-6, 418, 431, 432, 435, 463, 468, 470, 474-5, 481, 500, 502, 520, 523, 528, 530, 540-1, 553-4, 560, 563, 569, 572, 579-81, 585, 592, 597, 612, 617, 624, 626, 630, 638, 646, 650, 653-4, 658, 660, 662, 668-9, 724, 747, 748, 752-3, 781, 785
Veiga, Anna Paola Pimenta da, 151n
Veja (revista), 55, 117, 138, 149, 193, 195, 405, 446, 486, 619, 626, 627, 644, 669, 674, 711, 712, 715, 716, 717, 745, 753, 754, 755, 773
Velasco, Nilda, 160
Velho, Gilberto, 286, 619
Velloso, Carlos, 159, 183, 194, 220, 221, 229, 231, 335, 336, 361, 548, 634, 670, 675, 679, 688
Velloso, João Paulo Reis, 209, 410
Velloso, Raul, 122, 131, 274
Venetiaan, Ronald, 663n
Venezuela, 31, 45, 83, 91, 127, 139, 169, 195, 255n, 262, 287, 293, 294, 298, 310, 311, 318, 327, 357n, 376, 449, 496, 499, 500, 511n, 513, 514, 515, 516, 538, 553, 568, 570, 587, 602, 650, 663, 717n, 720, 743, 762
Ventura, Zuenir, 668n
Verhofstadt, Guy, 436n
Verissimo, Luis Fernando, 527
Vermeulen, Jean-Luc, 217
Vermont, 714, 715, 718
"Vete de mí" (canção), 444, 445
Viana, Hélio, 416
Viana, Jorge, 62, 75n, 191, 255, 270, 271, 291, 292, 297, 353n, 421, 634, 710, 738, 744
Viana, Maria Carolina, 710n
Viana, Marian, 710n
Viana, Tião, 62n
Vianna, Branca, 506n
Vianna, Herbert, 405
Vianna, Renato, 331, 462
"Vice into Virtue? Progressive Politics and Welfare Reform in Continental Europe" (Levy), 346n
Vicente, Luiz André Rico, 611
Vicentinho *ver* Silva, Vicente Paulo da
Vicunha, grupo, 275, 332n, 635n, 725n
Viegas, André, 637n
Vieira, Eduardo Eugênio Gouvêa, 457, 473, 638, 786
Vieira, Gleuber, general, 41, 110, 122, 132, 255, 371, 411, 412, 413, 442, 582, 651, 655, 709, 776
Vieira, João Bernardo "Nino", 316
Vieira, João Pedro Gouvêa, 457n
Vieira, José Eduardo de Andrade, 206, 745
Vieira, Luís Guilherme, 158n
Vieira, Paulo Afonso, 218n
Vietnã, 143, 762
Vila Boa de Goiás, 291
Vila Rica (MG), 642n
Vila Velha (ES), 106n, 751n
Vilela Filho, Teotônio, 77, 122, 125, 130, 168, 181, 185, 232, 356, 406, 414, 439, 457, 475, 522, 580, 581, 597, 604, 612, 640, 641, 710, 747, 748
Villa Borghese (Roma), 379
Villa La Pietra (Florença), 381
Villaça, José, brigadeiro, 561
Villalonga, Juan, 93, 613
Villas-Bôas, Orlando, 532n
Vinhosa, João Batista, 753n
Virgílio Neto, Arthur, 182, 184, 219, 228, 233, 241, 242, 304, 434, 435, 463, 474, 533, 562, 579, 580, 586, 607, 622, 626, 630, 657, 740, 748, 770
Visco, Vicenzo, 380n
Vita è bella, La (filme), 87
Vitória (ES), 210n, 610, 710, 748, 751
Vitório, Ricardo, 539n
Viva Rio, Movimento, 372, 647
Volcker, Paul, 84, 714
Volkswagen-Audi, 57
Volta Redonda, 350, 417
Votorantim, grupo, 74n, 123n, 332n, 358
Vox Populi, 37, 125, 188, 216, 317, 326, 373n, 451, 645, 698
Voz do Brasil, A (programa de rádio), 53n

Waack, William, 635
Waddington, Andrucha, 601n
Wagner, Richard, 690
Wahid, Abdurrahman, 685
waiwai, índios, 618n
Wall Street Journal, 136
Wallstrasse (Berlim), 574n
Washington Post, The, 372, 662
Washington, D.C., 42, 68, 69, 73, 75, 121, 172n, 173, 176, 280, 312, 318, 323, 331, 403, 494, 526n, 584n, 626, 671, 673, 756, 766n
Wasmosy, Juan Carlos, 128, 459
Watergate, escândalo do (EUA), 340
Weber, Aluízio, brigadeiro, 407, 447
Weber, Max, 108n, 271, 682
Weffort, Francisco, 135, 208, 238, 365, 443, 490, 491, 541, 598, 632, 715, 728
Weis, Luiz, 687
Weisser, Alberto, 508
Wellink, Nout, 695n
Wenders, Wim, 511
Werneck, Dorothea, 472
Werneck, Rogério, 97
West Point, 517
White Martins, 753
Whitman, Christine, 130
Willem-Alexander, príncipe herdeiro da Holanda (atual rei), 696
Williamson, John, 318n, 673
Wilson, Carlos, 295, 303
Wilson, Woodrow, 362, 598, 640
Woodrow Wilson (Auchincloss), 598n
Woodstock, 714n
Woodward, Bob, 340
WWF (World Wildlife Fund), 611

Xapuri (AC), 291n
xavantes, índios, 531
Xico *ver* Graziano, Francisco
Ximenes, Paulo César, 67
Xingó, usina hidroelétrica de (rio São Francisco), 580
Xingu, Parque Indígena do, 389, 531, 532n
Xylella fastidiosa (bactéria), 468, 484n

Yalom, Irvin D., 71n
Yazbek, Ricardo, 317
Years of Renewal (Kissinger), 140n
Yglesias, Rafael, 512n
York, duque de *ver* Andrew, príncipe
Young, Andrew, 629
Yourcenar, Marguerite, 491
Yunes, João, 487
Yunus, Muhammad, 629

Zaghen, Paolo, 249n, 264, 632
Zaire, 322n
Zancan, Glaci, 618n
Zarvos, Claudia, 506
Zé Eduardo *ver* Vieira, José Eduardo de Andrade
Zea, Leopoldo, 330
Zeca do PT *ver* Santos, José Orcírio
Zedillo, Ernesto, 52, 159, 160, 194, 195, 226, 227, 228, 330, 374, 376, 377, 557, 587, 588, 604, 647, 741, 742, 756, 760, 763
Zedillo, Nilda, 195, 228
Zeffirelli, Franco, 620n
Zehetmair, Hans, 692
Zeit, Die (jornal alemão), 141
Zhu Rongji, 174
Zimbábue, 322, 621, 700
Zito, José Camilo, 218, 726
Zócalo, Palácio do (Cidade do México), 760
Zona Franca de Manaus, 133n, 330n
Zoza *ver* Médicis, João Augusto de
Zylbersztajn, David, 46, 98, 100, 102, 104, 137, 139, 211, 212, 215n, 220, 237, 285, 287, 332, 385, 387, 397, 418, 421, 445, 493, 506, 569, 582, 598, 637, 648n, 672, 719, 729, 789
Zylbersztajn, Júlia Cardoso (neta de FHC), 100, 253, 333, 421, 505, 506, 643, 719, 789
Zylbersztajn, Pedro Cardoso (neto de FHC), 100, 215, 253, 333, 421, 505, 587, 643, 719, 790

SOBRE O AUTOR

FERNANDO HENRIQUE CARDOSO nasceu no Rio de Janeiro, em 1931. Sociólogo formado pela Universidade de São Paulo, foi professor catedrático de ciência política e hoje é professor emérito da USP. Ensinou também nas universidades de Santiago, da Califórnia em Stanford e em Berkeley, de Cambridge, de Paris-Nanterre e no Collège de France. Foi senador pelo estado de São Paulo e, entre 1992 e 1994, ministro das Relações Exteriores e da Fazenda. Presidiu o Brasil entre 1995 e 2002. É presidente de honra do Diretório Nacional do PSDB, partido que ajudou a fundar.

ESTA OBRA FOI COMPOSTA NA FONTE THE ANTIQUA E IMPRESSA EM OFSETE
PELA GEOGRÁFICA SOBRE PAPEL PÓLEN SOFT DA SUZANO PAPEL E CELULOSE
PARA A EDITORA SCHWARCZ EM MARÇO DE 2017

A marca FSC® é a garantia de que a madeira utilizada na fabricação do papel deste livro provém de florestas que foram gerenciadas de maneira ambientalmente correta, socialmente justa e economicamente viável, além de outras fontes de origem controlada.